머리말

2021년 공표된 IPCC 6차 평가보고서(AR6)는 인간 활동이 지구온난화에 미치는 영향이 '의심할 여지가 없다'라고 하였다. 즉, 21세기 초에 접어들면서 탄소증가로 인한 기후변화는 전 지구(全地球) 기온 및 해수 온도를 상승시켜 회피할 수 없는 재난 유발요인이 되고 있다. 그러므로, 해수 온도의 상승은 해수의 열팽창 및 극지방·그린란드의 빙상·빙하를 녹이면서, 전 지구 평균 해수면의 상승과 태풍의 강대화(强大化)로 폭풍해일과 같은 침수 또는 해안침식 등으로 인한 전 세계 연안 도시의 침수 피해를 날로 증가시키고 있다. 그리고 2013년 공표된 제5차 IPCC 평가보고서(AR5)에서 2100년의 전 지구 평균 해수면 상승은 시나리오 RCP 2.6은 최대 0.5 m, 시나리오 RCP 8.5는 최대 0.82 m 이었으나, 2021년 공표된 제6차 보고서에서는 시나리오 SSP1-2.6은 최대 0.62 m, 시나리오 SSP5-8.5는 최대 1.01 m에 이른다고 예상하여 그 상승률은 시간이 지날수록 점점 증가하는 중이고, 특히, 해수면 상승의 영향 중 남극 스웨이츠 빙하(Thwaites Glacier)와 같이 가능성은 적지만, 영향이 커서 배제할 수 없는 빙상 프로세스를 처음으로 제시하였다.

이에 우리나라는 지구온난화에 따른 해수면 상승으로 인한 태풍 내습 시 연안침수·해안침식 등과 같은 연안 재난의 발생 후 침수·침식 피해를 복구(復舊)만으로 대응하고 있어 기후변화에 따른 반복적인 피해 증가에 취약한 실정이다. 따라서, 피해복구와 같이 연안 재난의 충격(영향)에 주로 경성공법으로만 복구할 것이 아니라, 현재 우리나라에 많이 분포 또는 산재(散在)한 해안사구(2024년 기준 189개소, 면적 50.4 ㎢)와 갯벌(연안사주)(2023년 기준 면적 2443.31㎢)을 이용한 연안 자연-기반 해법(CNbS, Coastal Nature-based Solution) 또는 경성공법(또는 연성공법)과 연안 자연-기반 해법(CNbS)을 조합시킨 하이브리드(Hybrid) 해법을 활용한 '반등(Bounce Back, 反騰)'할 수 있는 지역사회의 능력을 구축하는 연안 레질리언스(Coastal Resilience)가 필요하다. 그러나, 현재까지 연안 레질리언스의 개념수립 및 계획·실행에 관한 체계적인 실무 서적(實務書籍)이 없는 실정이다. 이에 30여년간의 해안·항만 및 방재에 대한 실무경험을 살려 연안 레질리언스(Coastal Resilience)를 널리 알리고 실행하고자, 연안 방재 담당자(국가·지방자치단체와 관계기관 등), 토목공학, 환경공학 및 해안·방재공학 등을 전공하는 대학원생·대학생에게 조금이라도 도움이 되는 이 책을 집필하게 되었다.

아무쪼록 이 책이 기후변화에 따른 연안 재난(연안 침수, 해안침식 등)의 해결책인 연안 레질리언스를 찾고 있는 모든 사람에게 중요한 정보의 원천이 되기를 바라며, 연안 방재실무자(국가·지방자치단체와 관계기관 등), 토목공학, 환경공학 및 방재·해안공학 등을 전공하는 모든 이들에게 도움이 되길 바란다. 끝으로 이 책을 완성하기까지 도움을 주신 저의 김명익 여사님(저자 윤덕영의 어머니), 가족과 다산컨설턴트에 심심한 감사를 드린다.

부산 마린시티 앞 해역을 바라보며

2025년 6월

윤덕영, 김홍선

목차

▷ Chapter 1 해수면 상승 ◁

▷ Chapter 2 연안 레질리언스 ◁

▷ Chapter 3 연안 자연-기반 해법 ◁

Chapter 1

해수면 상승

1.1 기후변화(Climate Change)

1.1.1 개요

1) 기후변화의 정의

기후변화(Climate Change)란 지구의 평균적인 기상 패턴이 오랜 기간에 걸쳐 변화하는 현상을 말한다. 기후변화는 인간의 활동과 자연적인 요인에 의해 발생하며, 지구온난화가 대표적인 현상이다. 최근에는 **기후변화**를 **기후위기**(氣候危機, Climate Crisis) 또는 **기후비상사태**(Climate Emergency)라고도 부르는데, 지구온난화처럼 지구의 평균기온이 점진적으로 상승하면서 전 지구적(全地球的) 기후 형태가 급격하게 변화하는 현상 또는 이러한 변화로 인한 리스크의 증가를 통틀어 일컫고, 인류와 지구에 대한 지구온난화의 위협을 설명하고 공격적인 기후변화 완화를 촉구하는 데 사용한다. 이 용어들은 '지속적인 온실효과 가스(GHG, Green House Gas) 배출로 인해 지구가 직면하고 있는 위협의 심각성을 일깨워주고 기후 옹호에서 오랫동안 빠져 있던 정치적 의지를 자극하는 데 도움이 될 수 있다고 믿는' 사람들이 사용하는 용어이다. 그들은 지구온난화로 인한 기후변화의 대응(완화책과 적응책)에 대중들의 많은 참여와 지원이 필요하므로, 기후변화를 기후위기라고 부르는 것이 대응에 훨씬 큰 영향을 미칠 수 있다고 믿는다.[1] 기후위기에서의 기후란 '충분히 긴 시간에 대한 평균적인 대기 상태'를 말한다. 여기서 말하는 대기 상태에는 예를 들어 기온이나 강수량이 있고, 충분히 오랜 기간, 예를 들어 30년간의 평균치 또는 변동 폭 등의 통계량으로 나타내는 것이다. 원래 기후란 대기의 상태를 가리키는데, 기후에 큰 영향을 주는 지구의 구성요소에는 대기 이외에 해양, 육지, 설빙(雪氷) 등이 있으며, 이들 구성요소는 다양한 영향을 서로 미치고 있다(그림 1.1 참조). 예를 들어 대기는 바람으로 해양에 파도나 해류를 발생시켜 영향을 미치고, 해양은 대기에 열이나 수증기를 주어 영향을 미친다. 이러한 구성요소와 상호작용을 '시스템'으로 파악해 기후 시스템이라고 부른다. 또, 이러한 기후 시스템을 컴퓨터로 시뮬레이션하는 대규모 프로그램을 기후 모델이라고 부르고, 이것을 이용해 기후변화의 재현이나 예측이 이루어진다. 기후 시스템의 평균 상태는 시스템, 즉 지구로의 에너지 출입과 시스템 내에서 에너지 수송으로 결정된다. 태양으로부터의 일사(日射)(태양방사, 단파(短波) 방사라고도 한다.)를 받는 것으로 시스템 내부에 에너지가 들어가서 시스템 내에서의 에너지 수송을 거쳐 지구로부터 방사되는 적외방사1)(赤外放射)(지구방사 또는 장파방사라고도 한다.)로 시스템 밖, 즉 우주 공간으로 에너지가 나간다. 둘 다 방사에 의한 출입이며 지구의 에너지 수지는 방사수지(放射収支)다. 기후는 다양한 요인에 의해, 즉 다양한 시간 규모(Time Scale)로 변동하고 있다. 기후변화의 요인에는 자연적인 요인과 인위적인 요인이 있다. 자연적인 요인에는 대기 자체에 내재(内在)하는 것 외에 해양의 변동, 화산분화에 의한 에어로졸2)(Aerosol)의 증가, 태양 활동의 변화 등이 있다. 특히, 지구 표면의 70%를 차지하는 해양은 대기와의 사이에 해수면을 통해 열이나 수증기 등을 교환하고 있어, 해류나 해수면 수온 등의 변동은 대기의 운동에 큰 영향을 미친다. 한편, 인위적인 요인에는

---

1) 적외방사(赤外放射, Infrared Radiation): 파장 780 ㎚ ~ 1 ㎜까지의 범위의 방사를 말하며, 일반적으로 자외선과 달라서 적외선 에너지는 파장 기준으로 평가하는 것이 아니고 어느 면에 입사하는 방사 에너지로 평가한다.

2) 에어로졸(Aerosol): 대기 중에 떠다니는 고체 또는 액체상의 작은 입자로 10 ㎚ ~ 1 ㎜ 사이의 크기 범위를 가진다.

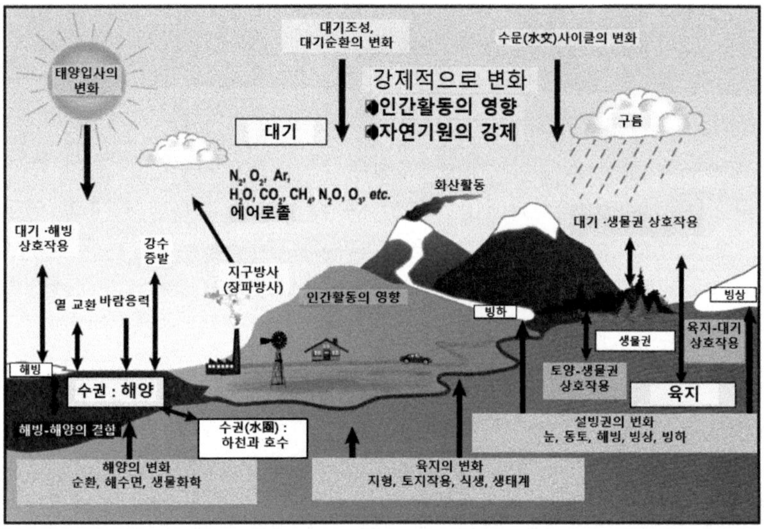

그림 1.1 기후 시스템과 변화 요인

인간 활동에 따른 이산화탄소 등과 같은 온실효과 가스의 증가와 에어로졸 증가, 삼림 파괴 등이 있다. 이산화탄소 등과 같은 온실효과 가스의 증가는 지상 기온을 상승시키고, 삼림 훼손 등 식생의 변화는 물의 순환과 지구 표면의 일사 반사량에 영향을 미친다. 최근에는 대량의 석유나 석탄 등 화석연료 소비로 인한 대기 중 이산화탄소 농도 증가에 따른 지구온난화에 대한 불안이 높아지면서 인위적인 요인에 의한 기후변화의 관심이 높아지고 있다.

기후변화의 정의는 일반적으로 수십 년에서 수백만 년까지 기간의 세계적 규모 또는 지역적 규모의 평균적인 대기의 상태 변화를 의미하는 것으로 기후변화에 관한 정부 간 협의체[3](IPCC: Intergovernmental Panel on Climate Change)의 정의와 유엔기후변화협약[4](UNFCCC: United Nations Framework Convention on Climate Change) 정의로 나눈다.

① IPCC: 기후 특성의 평균이나 변동성의 변화를 통해 확인할 수 있고, 수십 년 혹은 그 이상 오랜 기간 지속하는 기후 상태 변화를 말한다.

② UNFCCC: 지구대기의 조성을 변화시키는 인간 활동에 직·간접 원인이 있고 그에 더해 상당 기간 자연적 기후변동이 관측된 것을 뜻한다.

UNFCCC의 궁극적인 목적은 '인간 활동으로 인한 기후변화가 식량 생산과 지속 가능한 발전을 위협하지 않도록 온실효과 가스 농도를 안정화한다'라고 정하고 있다. 그러나 IPCC는 자연적 및 인위적 영향으로 기후가 변화하는 현상을 기후변화라고 정의하고 온난화와 냉각화를 포함하고 있다.

---

3) 기후변화에 관한 정부 간 협의체(IPCC, Intergovernmental Panel on Climate Change): 기후변화와 관련된 전 지구 위험을 평가하고 국제적 대책을 마련하기 위해 세계기상기구(WMO)와 유엔환경계획(UNEP)이 공동으로 설립한 유엔 산하 국제협의체로 기후변화 문제의 해결을 위한 노력이 인정되어 2007년 노벨 평화상을 수상하였다.

4) 유엔기후변화협약(UNFCCC, United Nations Framework Convention on Climate Change): 유엔기후변화협약은 이산화탄소를 비롯한 온실효과 가스의 배출을 제한해 지구온난화를 방지하기 위해 세계 각국이 동의한 협약으로 정식명칭은 '기후변화에 대한 국제연합 기본협약(United Nations Framework Convention on Climate Change)'이며 이 협약이 채택된 브라질 리우의 지명을 따 '리우 환경 협약'이라 부르기도 한다.

2) 기후변화의 문제

지구의 오랜 역사 측면에서 보면 기후는 반드시 정상적(定常的)이지만은 않고 다양한 변화를 하고 있다. 지구 전체의 기후변화를 가져오는 요인으로는 지구의 공전(公轉) 궤도의 변동이나 태양 활동의 변화는 기후 시스템 외부의 영향에 의한 것이나, 열대 태평양의 해수면 수온이 수년 동안의 시간 규모로 변동하는 엘니뇨[5](El Niño)/라니냐[6](La Niña) 현상은 기후 시스템 내부의 영향에 의한 것이 있다. 기후 시스템의 외부 영향 요인은 크게 자연적인 원인과 인위적인 원인으로 나눌 수 있으며, 주요 원인 중 가장 큰 원인으로는 화석 연료가 연소하여 발생한 이산화탄소 등과 같은 온실효과 가스 증가로 인해 대기 구성 성분이 변화되는 것이다(표 1.1 참조).

기후 시스템 외부인 태양으로부터 방사(放射)하는 에너지를 받으면, 지구는 따뜻해진다. 우주 공간으로 에너지가 방출되면 차가워지지만, 우주 공간으로의 에너지방출을 방해받으면, 지표면 온도는 상승한다(그림 1.2 참조). 이와 같이, 우주 공간으로의 에너지방출을 방해하는 효과를 가진 가스를 온실효과 가스라고 한다. 자연에 존재하는 온실효과 가스로서는 수증기, 이산화탄소(CO_2), 메탄(CH_4), 일산화이질소(N_2O), 오존(O_3) 등이 있으며, 이 때문에 전 지구(全地球) 평균 지표면의 온도는 약 14℃에 유지되고 있다.

인위적으로 발생하는 온실효과 가스로는 이산화탄소, 메탄, 일산화이질소, 하이드로플루오로카본(HFC) 등이 있다. 메탄, 일산화이질소, 하이드로플루오로카본 등의 일정량당 온실효과는 이산화탄소와 비교하여 훨씬 높다. 예를 들어, 하이드로플루오로카본은 이산화탄소의 수십~수만 배가 넘는 온실효과를 가진 것으로 알려져 있다. 다만, 양(量)으로 보면 이산화탄소의 양이 매우 많아, 지구온난화에 가장 영향을 미치는 온실효과 가스는 이산화탄소가 된다. 대기 중의 이산화탄소 농도는 산업혁명(18

표 1.1 전 지구적(全地球的) 규모의 기후변화를 일으키는 주요 원인

기후 시스템 외부 영향	자연적인 원인	태양활동의 변화	➔	대기 상단에서 받는 태양 복사량의 변화
		지구 공전 궤도의 변동	➔	
		화산분화에 따른 에이로졸 증가	➔	지표에서 받는 일사량(日射量)의 변화
	인위적인 원인	화석연료 등이 원인인 온실효과 가스 배출에 따른 대기 조성의 변화	➔	지표면에 도달하는 적외선량의 변화
		산림벌채 및 토지이용의 변화	➔	지표면 반사율의 변화, 이산화탄소 흡수원의 변화 등
		대기오염물질(황산염(黃酸鹽)), 에어로졸 및 흑색 탄소 등) 배출	➔	지표면에서 받는 일사량의 변화, 구름 입경 및 구름양의 변화에 따른 구름의 반사율 변화
기후 시스템 내부 영향	환태평양의 해수면 수온이 수년 규모로 변동시키는 엘니뇨/라니냐 현상 및 태평양의 10년 시간 규모 진동으로 일어나는 대기·해양 작용 등			

5) 엘니뇨(El Niño): 열대 동태평양(혹은 중태평양) 표층 수온이 평년에 비해 높아지는 경년(經年) 기후변동 현상으로서, 열대 서태평양 무역풍의 약화 등과 연관된 것으로 알려져 있으나 그 근본적인 발생 원인은 여전히 뚜렷하지 않다.

6) 라니냐(La Niña): 열대 동태평양 해수면 수온이 평년에 비해 낮아지는 현상을 말하며, 엘니뇨와 반대되는 현상으로서, 엔소(ENSO, El Niño-Southern Oscillation, 엘니뇨-남방진동)와 관련되어 있다.

세기) 이후 급격하게 증가하여 현재의 평균 농도는 400 ppm을 넘었다(그림 1.3 참조). 온실효과 가스는 자연에도 존재(存在)하지만, 과도하게 온실효과 가스가 증가하면 기온도 상승하고 우리 생활에도 영향을 미치게 된다.

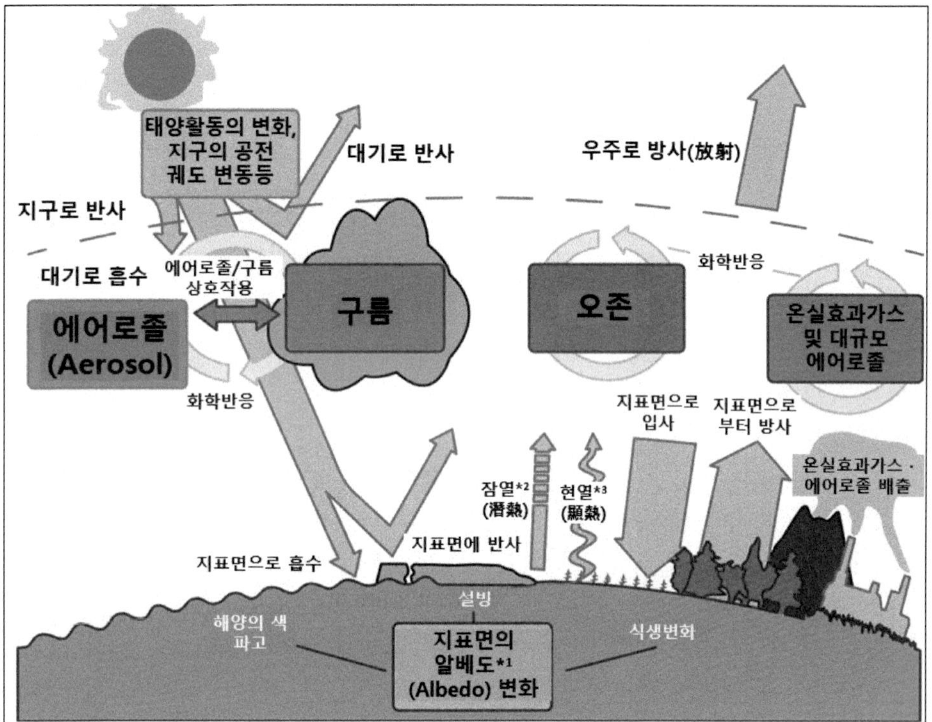

*1 : 알베도(Albedo) : 물체에 입사된 일사(日射)에 대한 반사된 일사의 비율을 말하며 퍼센트(%)로 표현한다.
*2 : 잠열(潛熱, Latent Heat) : 물질이 기체, 액체, 고체 사이에서 상변화를 일으킬 때 흡수하거나 방출하는 열을 말한다.
*3 : 현열(顯熱, Sensible Heat) : 어떤 물체나 열역학적 시스템의 상태 변화 없이 온도가 변화하는 동안 물체가 흡수하거나 전달하는 열을 의미한다.

그림 1.2 기후변화의 주요 원인

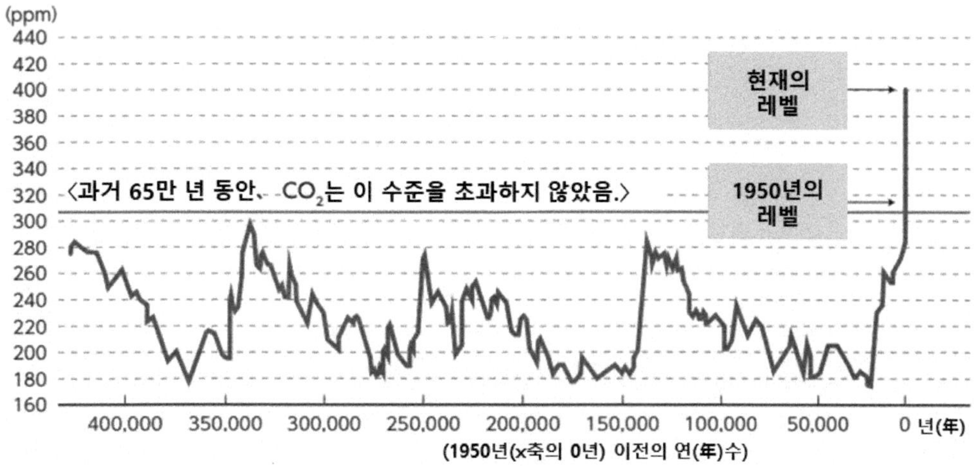

그림 1.3 대기중 이산화탄소(CO_2) 평균 농도의 추이

1.1.2 기후변화의 완화, 적응 및 대응의 의미

과거의 재난 외력은 변동은 있었지만, 일정한 경향으로 방재력(기반시설 정비)이 뒤떨어져 있었으므로 재난이 발생하였다. 현재는 방재력(防災力)이 향상되어 재난이 빈발하지 않을 정도까지 방재력은 향상되었지만, 향후 지구온난화의 영향을 받은 재난 외력이 증대해 간다는 것에 의심은 없는 상황이다. 장래는 완화책으로 재난 외력을 억제하면서 적응책으로 방재력을 상쇄(相殺)(재난 외력과 완화책의 차이)할 필요가 있다(그림 1.4 참조). 이를 해결하기 위해서는 기후변화의 대응책(對應策, Response)이 필요한데, 대응책은 지구온난화의 원인인 온실효과 가스 배출량을 줄이는(또는 식목 등을 통해 흡수량을 증가시킨다) '완화책(緩和策, Mitigation)'과 기후변화에 대한 자연생태계 및 사회·경제 시스템을 조정함으로써 온난화의 악영향(惡影響)을 경감(輕減)하는(또는 온난화의 호영향(好影響)을 증가시킨다) '적응책(適應策, Adaptation)'으로 크게 나눌 수 있다(그림 1.5 참조). 즉, 완화책은 간접적으로 대기 중의 온실효과 가스 농도 제어 등과 같이 자연·인간 시스템 전반에 미치는 영향을 제어하는 반면, 적응책은 직접적으로 특정시스템에 대한 온난화 영향을 제어한다는 특징을 갖는다. 따라서 대부분 경우 완화책의 파급효과는 광역적·부문(部門) 횡단적(橫斷的)이고, 적응책은 지역 한정적·개별적이다. 완화책의 예로는 교토 의정서[7](京都議定書, Kyoto Protocol)와 같은 배출량 자체를 억제하기 위한 국제적 협정과 신재생 에너지, 이산화탄소 고정기술[8](二酸化炭素固定技術) 등을 들 수 있다. 또한, 적응책의 예로는 연안 지역에서 온난화의 영향에 따른 지역 해수면 상승에 대응하기 위한 마루높이가 높은 해안 제방 건설, 더위에 대응하기 위한 쿨비즈[9](Cool-biz) 및 작물 심기의 시기 변경 등과 같은 대증요법[10](對症療法)적 대책이 해당한다. 또한, 최대한의 배출삭감 노력(완화책)을 해도 과거에 배출한 온실효과 가스가 대기 중에 축적되어 어느 정도의 기후변화를 피할 수 없다. 그로 인한 영향에 대해서 취할 수 있는 대책은 변화한 기후 아래에서 악영향을 직접적·최소한으로 억제하는 '적응책'에 한정된다. 그러나, 적응책만으로 모든 기후변화의 영향을 완화하는 것도 불가능하므로 완화책도 함께 추진할 필요가 있다. 적응책은 온난화 대책 전체 중에서는 완화책을 보완하는 것으로 자리매김하고 있지만, 둘 다 온난화 대책으로 필요하다. 완화책의 효과가 나타나려면 오랜 시간이 걸리기 때문에 온실효과 가스 배출량에 대한 대폭 삭감을 위한 신속한 적응을 개시하고, 그것을 장기간에 걸쳐 강화·지속해 나가야 한다.

---

7) 교토의정서(京都議定書, Kyoto Protocol): 기후변화협약에 따른 온실가스 감축목표에 관한 의정서로 교토프로토콜이라고도 하며, 지구온난화 규제 및 방지를 위한 국제협약인 기후변화협약의 구체적 이행 방안으로, 선진국의 온실가스 감축 목표치를 규정하였다. 1997년 12월 일본 교토에서 개최된 기후변화협약 제3차 당사국총회에서 채택되었다.

8) 이산화탄소 고정기술(二酸化炭素固定技術): 대기와 배기가스 중에 포함되는 이산화탄소를 고정하는 기술을 말하며, 기술적으로는 연소시설의 배기가스 중 이산화탄소의 분리회수에 이용되는 물리 화학적 방법, 식물에 의한 고정을 포함한 생물학적인 고정법 및 땅속이나 바닷속으로의 격리와 같은 대규모 고정법이 있다.

9) 쿨비즈(Cool-biz): 여름을 시원하게 보내는 데 도움이 되는 비즈니스를 말하며, 일반적으로 넥타이를 매지 않는 등 근무복장을 편안하게 하는 것을 의미한다.

10) 대증요법(對症療法): 어떤 환자의 질환을 치료할 때, 원인을 제거하기 위한 직접적 치료법과는 달리, 증상을 완화하기 위해 실시하는 치료법을 말한다.

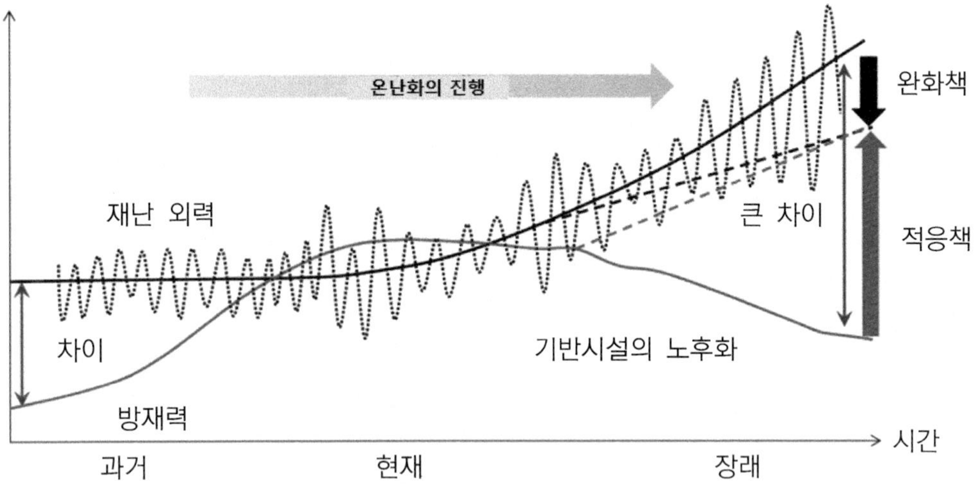

그림 1.4 기후변화로 인한 대응책(완화책과 적응책)의 개념도

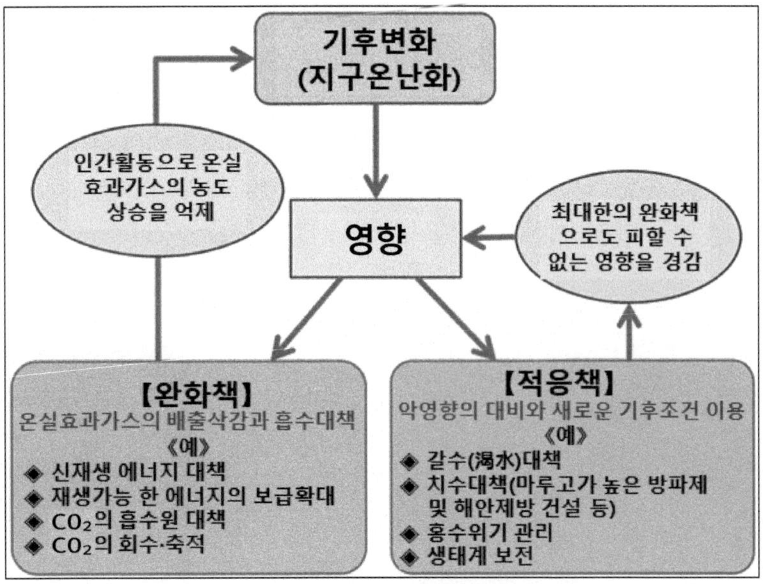

그림 1.5 기후변화의 대응책(완화책과 적응책)

1.2 기후변화에 관한 정부 간 협의체(IPCC, Intergovernmental Panel on Climate Change)

1.2.1 설립

기후변화 문제를 논의할 때 과학적 지식의 집약이 필요 불가결하므로 기후변화와 관련된 과학적, 기술적 및 사회·경제적 정보의 평가를 한 후 얻은 지식을 정책결정자와 기술·공학자들이 널리 이용하게끔 하기 위해, 세계기상기구(WMO, World Meteorological Organization)와 유엔환경계획(UNEP, UN Environment Programme)은 1988년에 기후변화에 관한 정부 간 협의체(이후 'IPCC라고 한다')를 설립하였다. IPCC는 전 지구 195개의 나라·지역이 참가하는 정부 간 조직으로 5~8년마다 정기적인 평가보고서와 부정기적인 특별보고서 등을 작성·공표하고 있다. IPCC의 보고서는 수많은 기존 문헌을 바탕으로 논의되며 최종적으로 많은 과학자와 정부의 검토를 통해 정리된다. 예를 들어, 2021~2022년에 발표된 IPCC 제6차 평가보고서(AR6)는 전 세계에서 발표된 18,000개 이상의 과학 논문 및 과학보고서를 참조하여, IPCC가 65개국에서 엄선한 278명의 집필자가 작성하였다.

1) 조직

IPCC의 조직은 의장단과 3개의 실무그룹(Working Group)과 1개의 태스크 포스(TF, Task Force)로 구성되어 있다(그림 1.6 참조). 제1 실무그룹(WG1)은 기후변화에 대한 물리·과학적 측면 평가, 기후 모델과 기후전망, 기후변화 원인 등을 연구하며, 제2 실무그룹(WGⅡ)은 기후변화에 대한 사회·경제적 취약성, 적응 및 영향평가 등을 다루며, 제3 실무그룹(WGⅢ)은 온실효과 가스 배출 방지·제한을 통한 기후변화의 완화 평가, 완화에 따른 비용·편익 및 정책분석 등을 담당한다. 또한, 사무국은 총회, 의장단과 집행위원회 지원 역할을 하며, 기술지원단(TSU, Technical Support Team)은 각 실무그룹과 태스크 포스 공동의장 산하에 소속되며, 사무국과 같은 지원 역할을 담당한다.

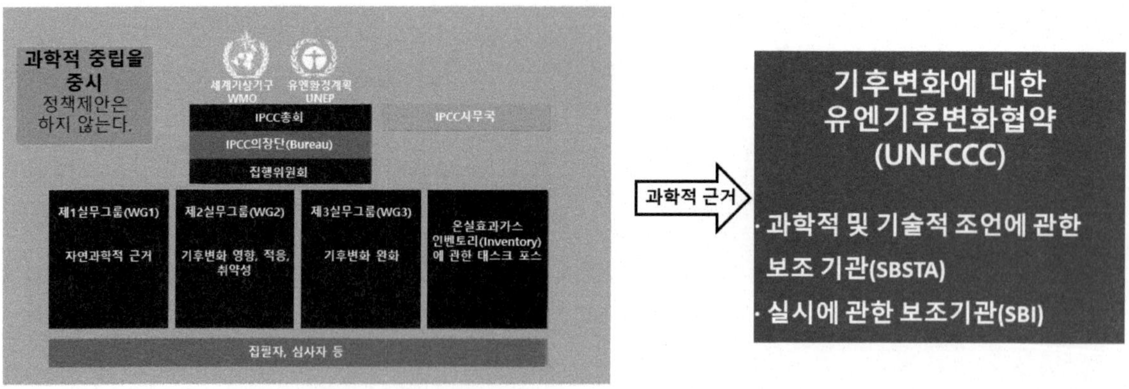

그림 1.6 IPCC 조직도

2) 기후변화 대책(완화와 적응)과 IPCC 보고서와의 관계[2]

기후변화 대책(완화와 적응)과 IPCC 6차 평가보고서(AR6)와의 관계로써 온실효과 가스의 증가와 기후변화는 2021년에 공표된 WG1(자연 과학적 근거) 보고서, 기후변화의 영향과 피해를 회피·경감하는 적응(適應, Adaptation)은 2022년 공표된 WG2(영향·적응·취약성) 보고서, 온실가스 배출억제와 같은 완화는 2022년 WG3(완화) 보고서에 해당하며(그림 1.7 참조), 이들의 식견을 종합한 것이 2023년 공표된 종합보고서이다(그림 1.8 참조).

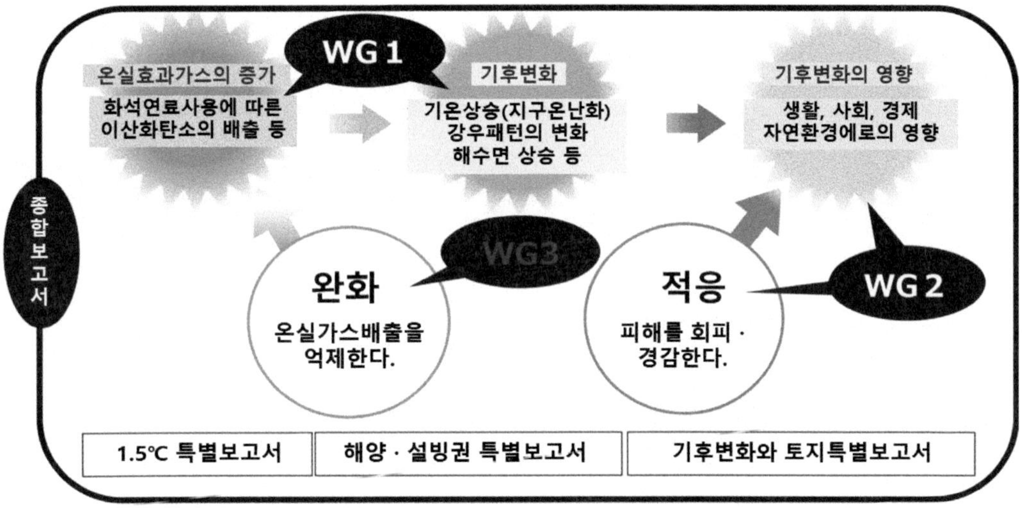

그림 1.7 기후변화 대책(완화와 적응)과 IPCC 6차 평가보고서(AR6)와의 관계

그림 1.8 IPCC 6차 평가보고서(AR6)와의 관계

1.2.2 지금까지의 IPCC 평가보고서

지금까지의 IPCC 평가보고서에서 인간 활동이 지구온난화에 미치는 영향에 대한 평가는 표 1.2와 같다. 평가보고서의 공표(公表)가 거듭될수록 20세기 이후 지구온난화 원인은 인위적일 가능성이 커지고 있음을 알 수 있다. 이 장에서는 기후변화에 따른 해수면 상승에 초점을 두고 있으므로 제4차~제6차 IPCC 평가보고서, 1.5℃ 특별보고서, 해양·설빙권 특별보고서 및 토지 관계 특별보고서 중 해양에 연관한 항목을 발췌하여 정리하였다.

표 1.2 IPCC 평가보고서에서의 인간 활동이 지구온난화에 미치는 영향에 대한 평가

보고서		공표 년	인간 활동이 지구온난화에 미치는 영향에 대한 평가
제1차 보고서 First Assessment Report 1990(FAR)		1990	· '기온상승을 일으킬 것이다.' · 인위적인 온실효과 가스는 기후변화를 일으킬 위험이 있다.
제2차 보고서 Second Assessment Report: Climate Change 1995(SAR)		1995	· '영향이 전 지구의 기후에 나타난다.' · 구별할 수 있는 인위적 영향이 전 지구의 기후에 나타난다.
제3차 보고서 Third Assessment Report: Climate Change 2001(TAR)		2001	· '가능성이 있다(신뢰도 66% 이상).' · 과거 50년 동안 관측된 지구온난화 대부분은 온실효과 가스 농도 증가로 인한 가능성이 크다.
제4차 보고서 Fourth Assessment Report: Climate Change 2007(AR4)	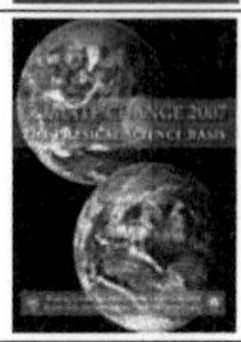	2007	· '가능성이 크다(신뢰도 90% 이상).' · 지구온난화를 의심할 여지가 없다. · 20세기 중반 이후 대부분 지구온난화는 인위적인 온실효과 가스 농도증가에 의한 가능성이 많이 크다.
제5차 보고서 Fifth Assessment Report(AR5)		2013~2014	· '가능성이 매우 크다(신뢰도 95% 이상).' · 지구온난화에는 의심할 여지가 없다. · 20세기 중반 이후 지구온난화의 주된 원인은 인간 활동으로 인한 가능성이 매우 크다.
제6차 보고서 Sixth Assessment Report(AR6)		2021~2022	· 의심의 여지(餘地)가 없다. · 인간의 영향이 대기, 해양 및 육지를 온난화시켜 왔다는 것은 의심의 여지가 없다.

1) IPCC 제4차 평가보고서(AR4)[3]

2007년 발표된 IPCC 제4차 평가보고서(2007)에서는 과거 및 장래의 전 지구(全地球) 평균 해수면 변동에 대해 다음과 같이 결론짓고 있다. 전 지구 평균 해수면은 1961~2003년 동안 1.8±0.5 ㎜/년의 비율로 상승하였고, 1993~2003년에 걸친 상승률은 더욱 높아져, 3.1±0.7 ㎜/년의 비율이었다. 1993~2003년에 걸친 전 지구 평균 해수면 상승률의 증가가 10년 규모의 변동인지 또는 장기적인 상승 경향의 가속(加速)인지는 불분명하다고 하였다. 관측된 전 지구 평균 해수면 상승률이 19세기부터 20세기에 걸쳐 증가하였을 확률이 높다. 20세기 전체를 통한 전 지구 평균 해수면 상승량은 0.17±0.05 m로 추정된다. 전 지구 평균 해수면은 21세기 말(2090~2099년)에는 1980~1999년의 평균 해수면에 비해 0.18~0.59 m 상승할 것으로 전망하였다(그림 1.9 참조).

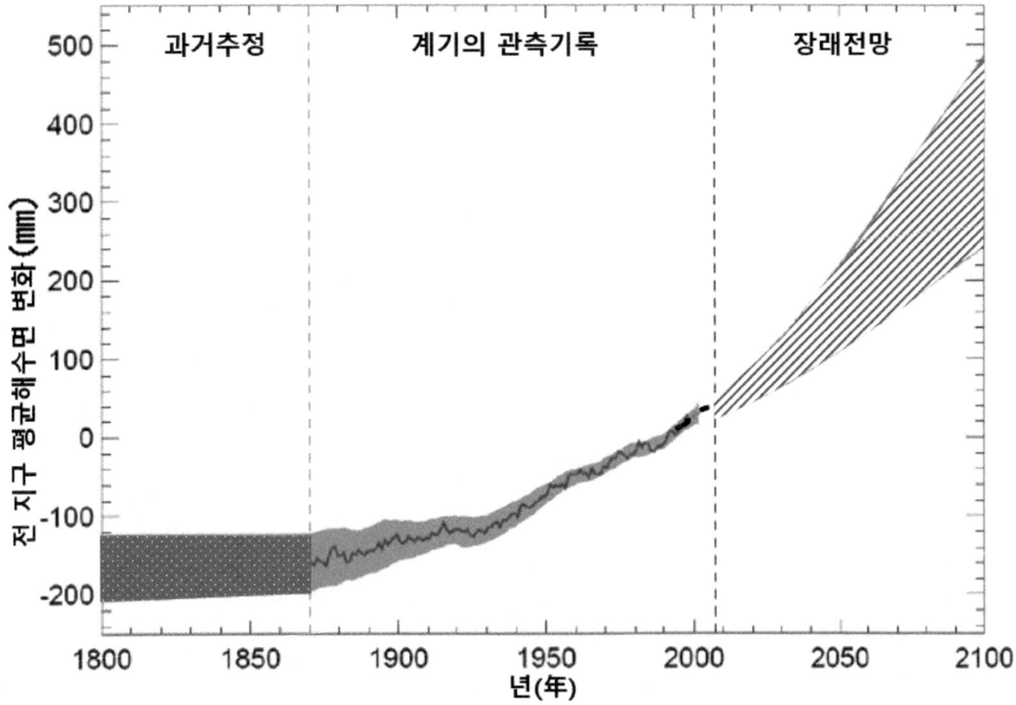

【1870년 이전의 전 지구 평균 해수면의 관측 자료는 없다. 점선(왼쪽)으로 나타낸 그림자는 해수면의 장기적인 추정 상승률의 불확실성을 나타낸다. 회색 실선(중앙)은 조위계에 의한 전 지구 평균 해수면을 재구성한 것이며, 회색(중앙) 그림자는 평활화된 곡선으로 산출된 변동 범위를 나타낸다. Y 축은 1980~1999년의 전 지구 평균 해수면의 평균을 제로(0)로 하고 있다. 회색 파선(중앙)은 인공위성에 탑재된 고도계로 관측한 전 지구 평균 해수면이다. 대각선(오른쪽) 그림자는 SRES(Special Report on Emission Scenarios, 배출 시나리오에 관한 특별보고서) A1B 시나리오로 1980~1999년을 기준으로 한 모델에 의한 21세기 예측 범위이며, 관측 자료와는 독립적으로 계산하였다.】

그림 1.9 전 지구 평균 해수면의 과거 및 장래 예측에 있어서 시계열(時系列)

2) IPCC 제5차 평가보고서(AR5)[4]

2013년 9월부터 2014년 11월에 걸쳐 IPCC 제5차 평가보고서(AR5)는 IPCC 총회에서 승인 및 수락되었다. 제5차 평가보고서(AR5)에서는 제4차 평가보고서(AR4)에 연이어 '지구온난화를 의심할 여지가 없다'라고 재차 확인하였다. 또한, '인간에 의한 영향이 최근 지구온난화의 지배적인 원인이 될 가능성이 매우 크다는 점(신뢰도 95% 이상)'을 나타내었다. 또한, IPCC 제5차 평가보고서(AR5)에서는 기후변화는 모든 대륙과 해양에 걸쳐 자연 및 인간사회에 영향을 주고 있으며, 온실효과 가스의 지속적인 배출로 인해 사람이나 생태계에 있어서 심각하고 광범위한 불가역적인 영향을 초래할 가능성이 크다는 점도 나타내고 있었다. 그리고, 기후변화를 억제하기 위해서는 온실효과 가스 배출을 대폭적이고 계속 억제하여야 하며, 향후 온실효과 가스 배출량은 어떠한 시나리오를 취하더라도 전 지구 평균기온은 증가하여 21세기 말에 기후변동 영향의 리스크11)가 커질 것이다(그림 1.10 참조).

즉, 어느 시나리오를 거치더라도 어느 정도의 지구온난화는 불가피함을 시사(示唆)하고 있다. 그림 1.10에 나타낸 RCP 2.6, RCP 4.5, RCP 6.0, RCP 8.5는 2100년 시점에서 복사강제력에 대응한 온실효과 가스의 농도를 가정한 대표농도경로(代表濃度徑路, Representative Concentration Pathway) 시나리오를 의미한다. 복사강제력이란 기후에 미치는 영향력을 정량적으로 평가하고 비교하기 위한 기준으로 지구 에너지 수지의 균형을 변화시키는 다양한 인위적 원인과 자연적 원인의 영향력을 의미한다. 양(+)의 복사강제력은 지표면을 가열하고, 음(-)의 방사 강제력은 지표면을 냉각시켜 준다. RCP 8.5는 온실효과 가스 배출억제를 위한 추가적인 노력을 하지 않는 경우의 시나리오이며, RCP 2.6은 21세기 말에 온실효과 가스 배출량을 거의 제로(0)로 했을 경우의 시나리오이다. RCP 4.5와 6.0은 그 중간 시나리오이다. 제5차 평가보고서(AR5)는 2100년까지 인위적인 발생원의 이산화탄소(CO_2) 누적 배출량과 예상되는 전 지구 평균기온 변화량의 사이에 거의 비례의 관계가 있다고 분명

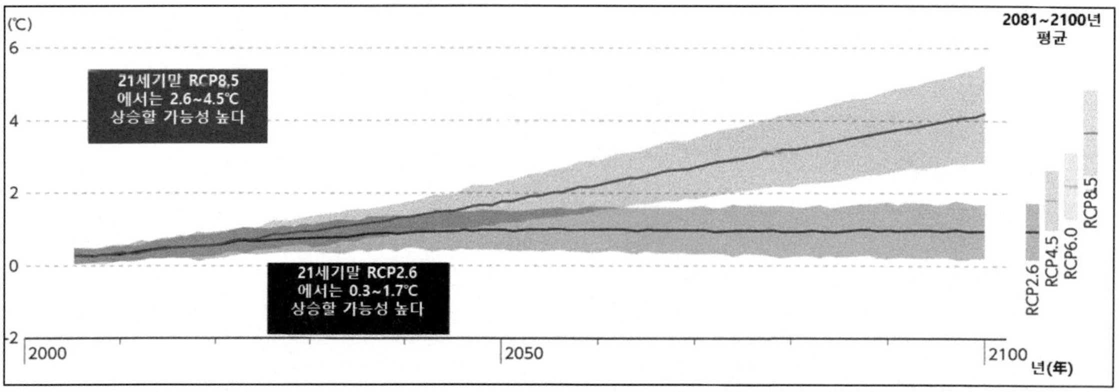

주) 1986~2005년 평균을 기준(0℃)으로 잡은 변화

【RCP 시나리오에 따른 변화】

그림 1.10 전 지구 평균 기온변화

11) 리스크(Risk): 국제연합재난위험경감사무소(UNDRR, United Nations Offices for Disaster Risk Reduction)는 리스크를 '손실의 확률'이라고 간단하게 정의하고 있으며, 개념적으로는 '리스크 = 위험×취약성×리스크 요인의 양'이나 '리스크 = 위험×취약성/역량'이라는 기본방정식으로 표현하고 있다.

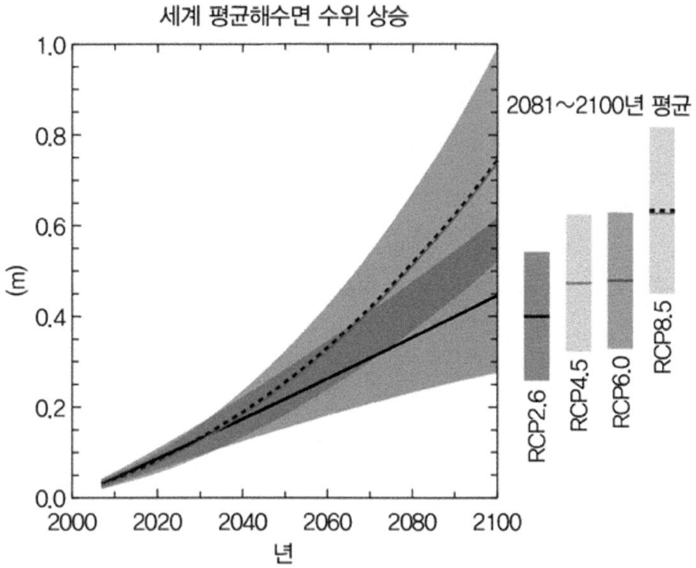

【1986~2005년 평균을 기준(0)으로 잡음, IPCC 5차 평가보고서(AR5)】

그림 1.11 21세기 중의 전 지구 평균 해수면의 상승 전망

히 나타내고 있다. 이는 기후변화의 영향을 일정 이하로 줄이려고 하면 흡수량을 바탕으로 한 인위적인 누적 배출량에 일정한 상한을 두는, 즉 탄소예산[12](Carbon Budget) 존재가 필요하다.

또한, 그림 1.11은 제5차 평가보고서(AR5)에서 발표한 21세기의 전 지구 평균 해수면에 대한 다중 모델로 모의한 결과로, 1986~2005년 평균을 기준(0)으로 잡으면 2100년도에 RCP 2.6은 0.43 m, RCP 8.5는 0.74 m이며, 2081~2100년 동안은 RCP 2.6은 0.40 m(0.26~0.5 m)이고, RCP 8.5는 0.63 m(0.45~0.82 m)이다. 전망 시계열 및 불확실성 측정(그림자 색상으로 채워진 부분)은 RCP 2.6(실선) 및 RCP 8.5(점선) 시나리오에 대해 나타낸 것이다. 2081~2100년 평균에 관련된 불확실성은 모든 RCP 시나리오 각각에 대해서 각 패널(Panel)의 오른쪽 끝에 그림자 처리를 한 수직 막대로 나타내었다.

3) 대표농도경로(RCP: Representative Concentration Pathways)[4]

기후변화를 예측하려면 복사강제력(지구온난화로 발생하는 효과)을 초래할 대기 중의 온실효과 가스 농도나 에어로졸의 양이 어떻게 변화할지 가정(시나리오)해야 한다. RCP 시나리오란 정책적인 온실효과 가스의 완화책을 전제로 포함하고 장래의 온실효과 가스 안정화 수준과 거기에 이르기까지의 경로 중 대표적인 것을 선택한 시나리오이다. IPCC 제5차 평가보고서(AR5) (2013년)는 RCP 시나리오를 바탕으로 기후 예측이나 영향평가 등을 실시하였다. RCP 시나리오는 4가지 시나리오를 가정하였는데, 시나리오의 상호 복사강제력이 분명히 떨어진다는 것을 고려하여 2100년 이후에도 복사강제

12) 탄소 예산(Carbon Budget): IPCC가 지정한 이산화탄소 배출 허용량으로, 지구 평균온도 1.5℃ 또는 2℃까지 배출할 수 있는 이산화탄소의 남은 양을 말하며, 2018년도 IPCC 특별보고서에 따르면 전 지구적으로 연간 42 Gt(기가톤=10억톤(ton))의 이산화탄소를 배출하는데 1.5℃를 위한 탄소 예산은 단지 420 Gt에 불과하고, 2℃ 이하에 머무르기 위한 탄소 예산은 1,170 Gt이다.

표 1.3 RCP 시나리오 설명 및 2100년도 이산화탄소(CO_2) 농도(ppm)

종류	시나리오 설명	2100년 CO_2 농도(ppm)
RCP 2.6	• 저위 안정 시나리오(2100년도의 복사강제력 2.6 W/m^2) • 장래의 기온상승을 2℃ 이하로 억제하는 것을 목표로 개발된 가장 낮은 온실효과가스 배출량의 시나리오	420
RCP 4.5	• 중위 안정 시나리오(2100년도의 복사강제력 4.5 W/m^2)	540
RCP 6.0	• 고위 안정 시나리오(2100년도의 복사강제력 6.0 W/m^2)	670
RCP 8.5	• 고위 참조 시나리오(2100년도의 복사강제력 8.5 W/m^2) • 2100년도 온실효과가스 배출량이 최대인 시나리오	940

력 상승이 이어진다고 하는 '고위 참조 시나리오(RCP 8.5)', 2100년까지 복사강제력이 상승이 최소이거나 줄어드는 '저위 안정 시나리오(RCP 2.6)', 이들 사이에 위치하고 2100년 이후 안정화될 '고위 안정 시나리오(RCP 6.0)'와 '중위 안정 시나리오(RCP 4.5)'가 있다(표 1.3 참조). 'RCP'에 붙은 수치가 클수록 2100년의 복사강제력이 큰 시나리오이다.

4) 2℃ 목표와 1.5℃ 노력 목표[5]

제5차 평가보고서(AR5)(2013년)가 공표된 2년 후인 2015년 유엔기후변화협약(UNFCCC, United Nations Framework Convention on Climate Change)의 제21회 회원국 회의에서 2020년 이후 온실효과 가스 배출의 삭감을 추진하기 위한 대강령(大綱領)으로서 파리협정을 채택하였다. 파리협정에서는 세계 공통의 장기목표로서 전 지구 평균기온 상승을 2℃보다 충분히 하향 조정함과 동시에 1.5℃로 억제하려는 노력을 계속하기로 정했다. 한편, 회원국의 1.5℃에 관한 과학적 지식에 대한 부족도 지적(指摘)되어 유엔기후변화협약은 IPCC의 1.5℃ 기온상승에 주목하여 2℃ 기온상승과의 영향 차이 및 기온상승을 1.5℃로 억제하는 배출경로에 대해서 정리한 특별보고서를 준비하도록 요청하였다. 이를 바탕으로 2016년 4월 IPCC 제43회 총회에서 특별보고서 작성이 결정되었으며, 2018년 10월에 개최된 IPCC 제48회 총회(우리나라 인천에서 개최)에서 1.5℃ 특별보고서(정식 명칭 '1.5℃ 지구온난화: 기후변화 위협에 대한 세계적 대응 강화, 지속 가능한 발전 및 빈곤 퇴치 노력의 맥락에서 산업화 이전 수준인 1.5℃ 지구온난화로 인한 영향 및 관련 지구 전체에서의 온실효과 가스(GHG, Green House Gas) 배출경로에 관한 IPCC 특별보고서')가 수락·승인되었다. 이 보고서에서는 전 지구 평균기온이 2017년 시점에서 산업화(1850년) 이전과 비교하여 약 1℃ 상승하였으며, 현재 경향으로 계속 증가하면 2030~2052년까지의 기온상승이 1.5℃에 도달할 가능성이 크다는 점, 현재~1.5℃ 상승 기간 및 1.5~2℃ 상승 기간에 발생하는 영향에는 중대한 차이가 있다고 서술하였다. 약 1℃라 하면 사소한 상승인 것 같지만, 기온이 약 1℃ 상승하고 있는 '1.5℃ 특별보고서'에서는 향후 평균기온 상승이 1.5℃를 크게 넘지 않도록 하기 위해서는 2050년 전후의 전 지구 이산화탄소(CO_2)배출량이 제로(0)가 되도록 하고, 이를 달성하기 위해서는 에너지, 토지, 도시, 기반 시설(교통과 건물 등 포함) 및 산업 시스템에서 급속하고 광범위한 이행(Transition)이 필요하다고 제시하였다(그림 1.12, 표 1.4, 그림 1.13 참조).

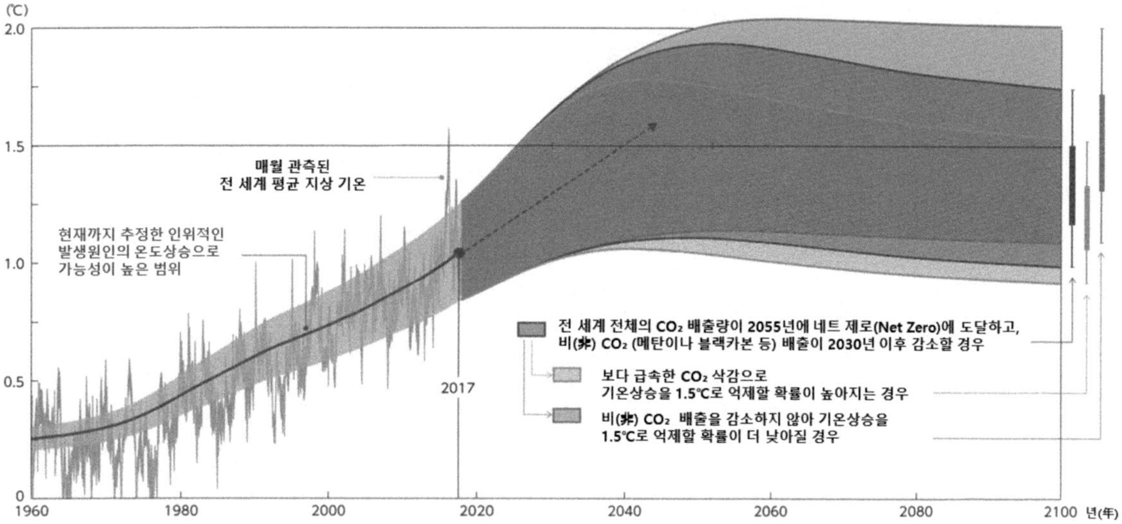

그림 1.12 1850~1900년을 기준(0℃)으로 한 기온상승의 변화

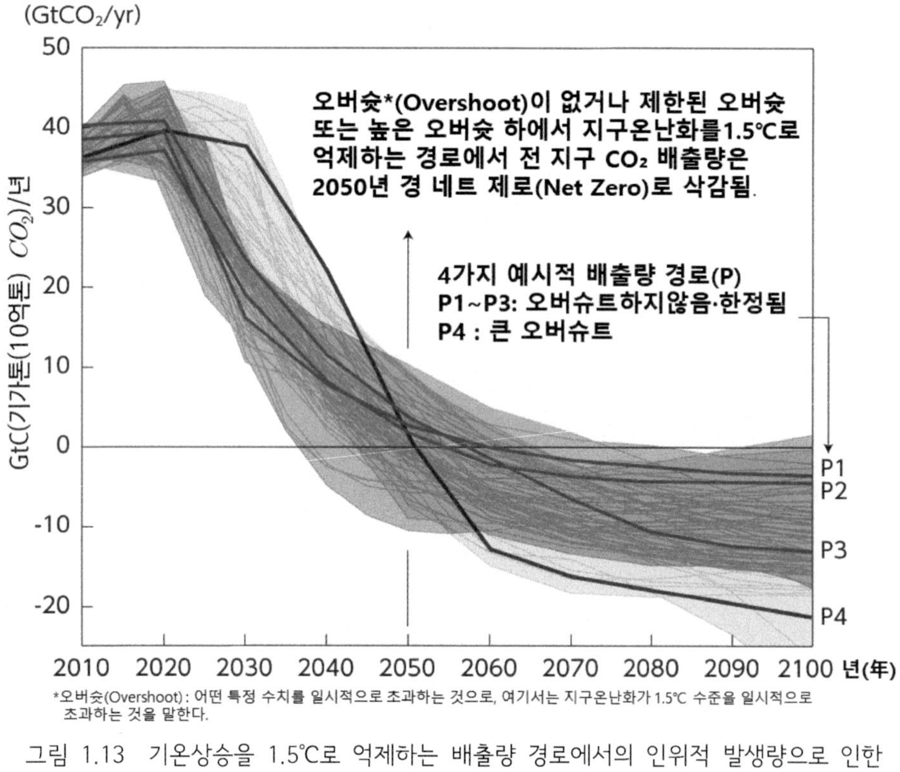

*오버슛(Overshoot) : 어떤 특정 수치를 일시적으로 초과하는 것으로, 여기서는 지구온난화가 1.5℃ 수준을 일시적으로 초과하는 것을 말한다.

그림 1.13 기온상승을 1.5℃로 억제하는 배출량 경로에서의 인위적 발생량으로 인한 CO_2 배출량

표 1.4 1.5℃와 2℃의 지구온난화에 대한 주요 예측의 비교

구분	1.5℃의 지구온난화에 관한 예측	2℃의 지구온난화에 관한 예측
극단적인 기온	• 중위도 지역의 극단적인 더운 날의 기온보다 약 3℃ 기온상승 한다(H). • 고위도 지역의 극단적인 추운 밤의 기온보다 약 4.5℃ 기온상승 한다(H).	• 중위도 지역의 극단적인 더운 날의 기온보다 약 4℃ 기온상승 한다(H). • 고위도 지역의 극단적인 추운 밤의 기온보다 약 6℃ 기온상승 한다(H).
강한 강수현상	• 전 지구의 육지에서 강한 강수 현상의 빈도, 강도 및/또는 양이 증가한다(H). • 여러 개의 북반구 고위도 지역 및/또는 높은 표고(標高) 지역, 동아시아 및 북아메리카 동부는 1.5℃에 비해 2℃의 지구온난화 쪽 리스크가 높아진다(M).	
산림화재	• 2℃에 비해 1.5℃의 지구온난화 쪽이 리스크가 낮다.	
생물종의 지리적범위상실	• 조사된 10만 5천 종(種) 중 곤충의 6%, 식물의 8%, 척추동물의 4%가 기후적 으로 규정된 지리적 범위의 절반 이상을 상실한다(M).	• 조사된 105천 종(種) 중 곤충의 18%, 식물의 16%, 척추동물의 8%가 기후적으로 규정된 지리적 범위의 절반 이상을 상실한다(M).
어획량의 손실	• 해양의 어업은 전 지구 연간 어획량 약 150만 (ton)이 손실된다(M).	• 해양의 어업은 전 지구 연간 어획량 약 300만 톤(ton)이 손실된다(M).
산호초의 소실	• 70~90%가 감소 된다(H).	• 99% 이상이 손실 된다(VH).

주) VH: 매우 높은 신뢰도, H: 높은 신뢰도, M: 중간 신뢰도, 중위도: 위도 30~60°, 고위도: 60~90°

5) 토지이용 대책의 중요성[6]

기후변화에 따라 발생하는 호우나 가뭄 등으로 인해 우리가 지금까지 대지(大地)로부터 받아온 혜택, 특히 식량 생산이 예전처럼 이루어지지 않을 가능성이 있다. 2019년 8월 개최된 IPCC 제50차 총회에서 승인·수락된 토지 관계 특별보고서(정식 명칭 '기후변화와 토지 : 기후변화, 사막화, 토지의 열화(劣化), 지속 가능한 토지관리, 식량안보 및 육지생태계에서의 온실효과 가스 플럭스(Flux) 관련 IPCC 특별보고서')에서는 기후변화와 토지의 관계를 자세히 다루고 있다. IPCC가 기후변화와 토지에 관한 과학적 지식 평가를 지금까지 내린 적이 있지만, 이 보고서에서는 식량 안전 보장과도 깊이 연관된 천연자원 관리를 직·간접적으로 촉진하는 여러 원인에 주목하면서 토지(육지)의 현황이나 관련된 문제에 대해 심도 있게 분석하였다. 이 보고서에서 기후변화는 토지에 대한 추가적인 압박(Stress)을 발생시키는 인간과 생태계에 영향을 주며, 식량 시스템에 대한 기존의 리스크를 악화시켜 2100년에 기온상승이 진정되는 시나리오(RCP 2.6)에서도 2050년의 곡물 가격이 7.6% 상승할 것으로 나타났다. 또한, 토지는 단순히 기후변화의 영향을 받는 주체일 뿐만 아니라 인간의 토지이용 형태에도 큰 영향을 미친다. 구체적으로는 농업, 임업과 그 외 토지이용은 인위적 발생 원인인 온실효과 가스의 총배출량 중 약 23%를 차지하는 동시에, 식품생산에 수반(隨伴)되는 가공, 유통 등을 포함한 세계 식품 시스템은 온실효과 가스의 총배출량 중 21~37%를 차지할 것이다. 덧붙여 우리나라의 농업 분야 온실효과 가스의 배출량 비율은 산업부문(공장 등) 이나 운송 부문에 비해 작은 상황이지만, 우리나라는 식량자급률13)(食糧自給率)이 낮고 식량이나 사료를 수입에 의존하고 있다는 점에서 공급망 전체로 생각하면 식량을 생산한 국가의 농지에서 발생하는 온실효과 가스도 우리나라와도 무관하지 않다. 또, 식품 로스(Loss)·폐기 대책이 기후변화 대책에 유효하다고 본 것도 주목된다. 이 보고서에서

13) 식량자급률(食糧自給率, Degree of Self-sufficiency of Food): 한 나라의 식량 총소비량 중 국내생산으로 공급되는 정도를 나타내는 지표를 말한다.

7) IPCC 제6차 평가보고서(AR6)

IPCC는 제6차 평가보고서(AR6, Sixth Assessment Report(WG1~WG3))를 2021~2022년에 공표하였으며, 종합보고서(Synthesis Report)는 2023년에 공표하였다.

(1) 평가보고서

평가보고서는 기후변화의 과학적, 기술적 평가에 관한 자료로서 평가대상에 따라 구분된 3개의 실무그룹에 따른 보고서로 구성된다. IPCC 제46회 총회(2017년 9월)에서 평가보고서의 윤곽을 아래와 같이 승인하였다.

i) 제1 실무그룹(WG I) 보고서(2021년 공표): 기후변화 과학
ii) 제2 실무그룹(WG II) 보고서(2022년 공표): 기후변화 영향, 적응 및 취약성
iii) 제3 실무그룹(WG III) 보고서(2022년 공표): 기후변화 완화

(2) 종합보고서

3개 실무그룹 보고서 및 특별보고서의 핵심 내용을 통합·평가한 보고서로 IPCC 제52회 총회(2020년 2월)에서 통합 보고서의 윤곽을 승인하였고, WG1~WG3 보고서 및 특별보고서(1.5℃ 지구온난화, 토지 관계 특별보고서, 해양·설빙권 특별보고서)의 식견(識見)을 통합하여 2023년 종합보고서를 공표하였다.

(3) 특별보고서

평가보고서 이외 특별한 주제에 대해 발행한 보고서는 다음과 같다.

가) 1.5℃ 지구온난화

보고서의 정식 명칭은 '1.5℃ 지구온난화: 기후변화 위협에 대한 세계적 대응 강화, 지속 가능한 발전 및 빈곤 퇴치 노력의 맥락에서 산업화 이전 수준에서 1.5℃ 지구온난화로 인한 영향 및 관련 지구 전체에서의 온실효과 가스(GHG, Green House Gas) 배출경로에 관한 IPCC 특별보고서'이다.

나) 기후변화와 토지 관계 특별보고서

정식 명칭은 '기후변화와 토지: 기후변화, 사막화, 토지의 열화(劣化), 지속 가능한 토지관리, 식량안보 및 육지생태계에서의 온실효과 가스 플럭스(Flux) 관련 IPCC 특별보고서'이다.

다) 변화하는 기후에서의 해양·설빙권 특별보고서

정식 명칭은 '변화하는 기후에서의 해양·설빙권에 관한 IPCC 특별보고서'이다.

8) 제6차 평가보고서(AR6, Sixth Assessment Report) 제1 실무그룹보고서(WG1, 정책결정자를 위한 요약본(SPM), 2021년 공표)[8]

2021년 8월 9일 IPCC 제6차 평가보고서(AR6) 제1 실무그룹 보고서(WG1)가 발간되었다. 이 보고서에서 '이번 21세기 중반까지 현 수준의 온실효과 가스 배출량을 유지한다면 2021~2040년 중 1.5℃ 지구온난화를 넘을 가능성이 크다.'라고 경고한다. 1.5℃ 지구온난화는 2015년 유엔기후변화협약 당사국총회(COP, Conference Of Parties)에서 '파리기후변화협정17)(Paris Climate Change Accord)' 체결 시 정한 목표이다. 현재 경향대로라면 20년(2040년) 안에 전 지구 평균기온이 1.5℃ 높아질 가능성이 크다는 것이다. IPCC 제6차 평가보고서(AR6) 제1 실무그룹보고서(WG1)의 주요 요점은 아래와 같다.

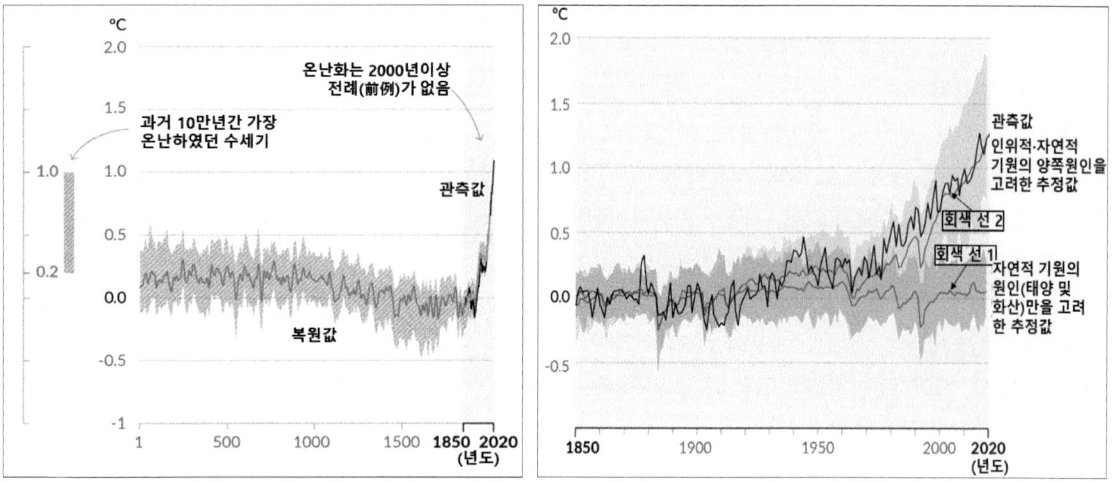

(a) 전 지구 평균 기온변화(10년 평균) 복원치(1~2000년) 및 관측치(1850~2020년)

【과거 2000년의 전 지구 평균기온의 변화(10년 평균치). 가장 오른쪽이 관측된 1850~2020년의 전 지구 평균기온이며, 산업화 이후 기후 시스템 전반(全般)의 변화는 수세기 동안 전례가 없는 상태에 있다.】

(b) 전 지구 평균 기온(연평균)변화 관측치, 인위적·자연적 기원의 양쪽 원인을 고려한 추정치 및 자연적 기원의 원인만을 고려한 추정치(1850~2020년)

【과거 170년 전 지구 평균기온의 변화(연 평균치). 검은 선(위)은 관측 결과, 회색 선(아래) 1은 자연적인 온난화 원인((예). 태양 활동 변동이나 화산폭발 등)만을 바탕으로 온도 변화를 모델로 시뮬레이션한 결과, 회색 선 2(중간)는 인위적인 온난화 원인(인간 활동에 의한 온실효과 가스를 배출하는 등)과 자연적 원인을 근거로 마찬가지로 시뮬레이션한 결과. 색상의 그림자는 모델 시뮬레이션의 가능성이 큰 범위를 나타낸다. 검은 선(관측치)과 회색선 2(인위적 온난화 원인+자연적 원인)의 움직임은 잘 일치하므로 지구온난화에는 인위적 원인이 작용하고 있음을 알 수 있다.】

그림 1.16 지구온난화 역사와 최근의 온난화 원인

---

17) 파리기후변화협정(Paris Climate Change Accord): 2015년 12월 12일 파리에서 열린 21차 유엔 기후변화협약 당사국 총회(COP21) 본회의에서 195개 당사국이 채택한 협정으로 버락 오바마 전 미국 대통령 주도로 체결된 협정이다. 산업화 이전 수준 대비 지구 평균온도가 2℃ 이상 상승하지 않도록 온실가스 배출량을 단계적으로 감축하는 내용을 담고 있으며, '21차 유엔기후변화협약 당사국총회 협정'이나 '파리기후변화협정'이라고도 부른다.

(1) 지구온난화 현상

IPCC 제5차 평가보고서(AR5, Fifth Assessment Report)에서는 '인간에 의한 영향이 20세기 중반 이후에 관측된 온난화의 지배적 원인이었을 가능성이 매우 크다(신뢰도 95% 이상).'라고 하였다. 이것에 대해서, 이번 보고서에는 '인간의 영향이 대기, 해양 및 육지를 온난화시켜 온 것에는 의심의 여지가 없다'라고, 처음으로 단정적(斷定的)인 표현을 사용하였다.

산업화(1850년) 전과 비교한 전 지구 평균기온 상승은 1.5℃ 특별보고서(2018년 공표)에서는 약 0.87℃(2006~2015년)이었으나, 이번에 새로운 자료 세트를 사용하고 또 최근의 온난화를 포함해 계산한 결과, 이미 산업화 전부터 약 1.09℃(2011~2020년) 온난화되었음이 나타났다(그림 1.16(a) 참조). 그림 1.16 (b)는 전 지구 평균기온에 대해 인위적(人爲的)·자연기원적(自然起源的) 양쪽의 원인을 고려한 시뮬레이션(회색 선 2(중간))과 자연 기원적 원인만을 고려한 시뮬레이션(회색 선 1(아래))을 관측치(검은 선(위))와 비교한 그림이다. 인위적·자연 기원적 온난화 원인을 고려한 시뮬레이션이 관측치와 잘 일치하는 모습을 알 수 있다.

(2) 온난화의 장래 전망

이번 보고서에서는 온실효과 가스감축 수준 및 기후변화 적응 대책 수행 여부 등에 따라 장래 사회 경제구조가 어떻게 변화하는가를 고려한 5가지 SSP(Shared Socioeconomic Pathways, 공통 사회경제 경로) 시나리오를 제시하고 있으며(표 1.5, 그림 1.17 참조), 모든 시나리오에서 향후 수십 년간 CO_2 및 기타 온실효과 가스의 배출을 대폭 감소하지 않으면, 21세기 중 지구온난화는 1.5℃ 및 2℃를 초과할 것으로 예측된다. 2018년의 '1.5℃ 보고서'에서 지구온난화가 현재 속도로 진행하는 경우 2030~2052년 사이 1.5℃에 도달한다고 예측하였다.

그리고 이번 보고서에서는 2021~2040년 사이 온실효과 가스 배출량은 매우 적은 시나리오라 하더라도 1.5℃의 지구온난화가 발생하는 것으로 나타났다(표 1.5, 그림 1.18 참조). 시나리오에 따라 추정치는 큰 차이를 볼 수 있다. 시나리오별로, 구체적으로 살펴보면, CO_2 배출량이 매우 많은 최악의 시나리오(SSP 5-8.5)에서는 2081~2100년 사이 4.4℃의 온난화를 전망하고 있는 한편, '파리기후변화협정'의 이른바 1.5℃로 제한하기 위한 노력에 해당하는 2050년에 배출이 제로(0)가 되는 시나리오(SSP 1-1.9)에서는 1.6℃(1.5℃를 0.1℃보다 초과하지 않는 범위 내에서의 일시적 오버슈트(Overshoot))로 인해 억제할 가능성이 큰 것으로 나타났다(표 1.6 참조).

표 1.5 SSP(Shared Socioeconomic Pathways, 공통사회경제경로) 시나리오 의미 설명

종류	의미
SSP 1-2.6	재생에너지 기술 발달로 화석 연료 사용을 최소화하고 친환경적으로 지속 가능한 경제성장을 이룰 것으로 가정하는 경우
SSP 2-4.5	기후변화 완화 및 사회경제 발전 정도가 중간단계를 가정하는 경우
SSP 3-7.0	기후변화 완화 정책에 소극적이며 기술개발이 늦어 기후변화에 취약한 사회구조를 가정하는 경우
SSP 5-8.5	산업 기술의 빠른 발전에 중심을 두어 화석 연료 사용이 높고 도시 위주의 무분별한 개발이 확대할 것으로 가정하는 경우

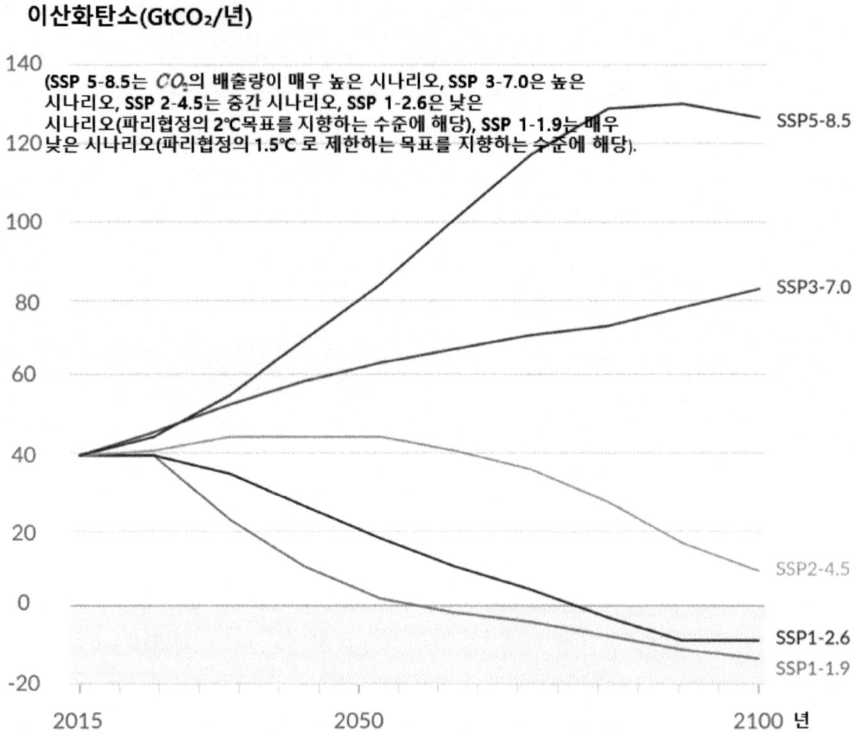

그림 1.17 5가지의 CO_2 배출 시나리오

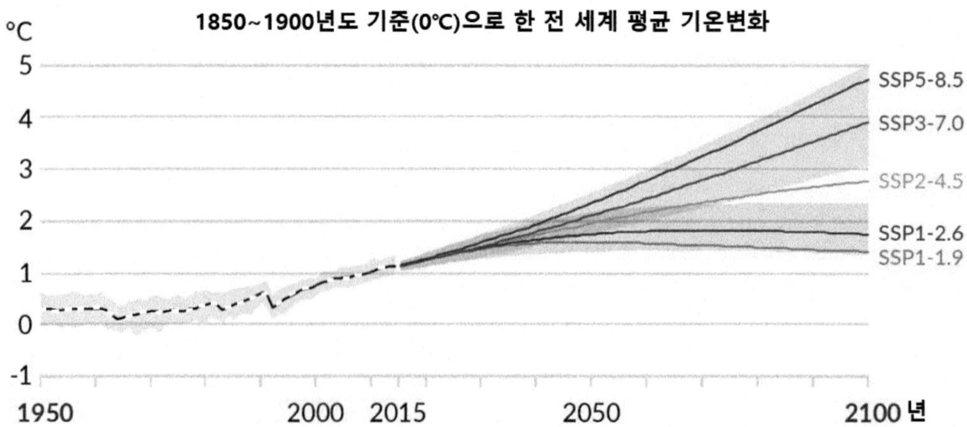

【2015년 이전의 점선은 과거 시뮬레이션 결과, 2015년 이후의 선은 각 시나리오를 나타내며, 그림자는 불확실성의 범위.】

그림 1.18 1850~1900년도를 기준(0℃)으로 한 전 지구 평균 기온변화

표 1.6 2021~2040년, 2041~2060년, 2081~2100년 동안 각 시나리오별 전 지구 평균 기온변화

구분	단기(短期), 2021~2040년		중기(中期), 2041~2060년		장기(長期), 2081~2100년	
시나리오	최량추정치(最良推定値)(℃)	가능성이 매우 큰 범위(℃)	최량추정치(℃)	가능성이 매우 큰 범위(℃)	최량추정치(℃)	가능성이 매우 큰 범위(℃)
SSP 1-1.9	1.5	1.2~1.7	1.6	1.2~2.0	1.4	1.0~1.8
SSP 1-2.6	1.5	1.2~1.8	1.7	1.3~2.2	1.8	1.3~2.4
SSP 2-4.5	1.5	1.2~1.8	2.0	1.6~2.5	2.7	2.1~3.5
SSP 3-7.0	1.5	1.2~1.8	2.1	1.7~2.6	3.6	2.8~4.6
SSP 5-8.5	1.6	1.3~1.9	2.4	1.9~3.0	4.4	3.3~5.7

주) 그림 1.18의 점선은 과거 시뮬레이션 결과, 2015년 이후의 선은 각 시나리오를 나타낸다. 그림자는 불확실성을 나타내고, 각 시나리오의 설명은 표 1.5를 참조 바란다.

(3) 지구온난화의 진행으로 인한 영향

이번 보고서에서는 지구온난화가 이미 열파[18](熱波), 호우 및 열대 저기압(태풍) 등의 극단적인 기상 발생에 영향을 미치고 있다고 하였다. 그리고 지금까지 연구의 진전, 과학적 지식의 축적으로 판단해 볼 때 높은 신뢰도를 갖는 지구온난화는 인간 활동 영향의 결과인 것으로 이번 보고서에서는 새롭게 기술하고 있다. 또한, 지구온난화가 진행될 때마다 열파, 호우 등과 같은 극단적인 현상의 강도와 빈도가 증가한다고 나타내었다. 또, 해수면 수온이나 해수면의 상승(그림 1.19 참조) 등은 CO_2의 무배출(Zero Emission)을 달성하더라도 즉시 멈추는 것은 아니라는 것도 보고서에 명시되어 있다.

(4) 제6차 평가보고서(AR6)의 제1 실무그룹(WG1) 보고서(자연 과학적 근거) - 해수면 변동

이 장에서는 제6차 평가보고서(AR6)의 제1 실무그룹(WG1) 보고서 중 해수면 변동만 발췌하여 서술하였다.

가) 해수면 변동을 발생시키는 주요 과정

해수면 변동은 해양, 빙권(Cryosphere, 氷圈), 고체 지구, 대기 및 육지에서 다양한 공간적 및 시간적 규모에 작용하는 과정에서 발생한다(그림 1.19 참조). 상대적 해수면(RSL, Relative Sea Level) 변동은 지표면에 고정된 계측기(예, 조위계)로 측정할 때 육지 기준점에 대한 지역 해수면(Local Sea Level, 육지를 기준으로 특정 지점의 해수면을 말하며, 전 지구 해수면(Global Sea Level) 이외 요인의 영향을 받는데, 이러한 요인에는 수직 육지 이동, 해류 및 지역 기상 패턴을 포함한다.)의 변동이다. 이 기준 체계는 연안 영향, 위험 및 적응 요구를 고려할 때 사용한다. 반면, 전 지구 해수면(Global Sea Level) 변동은 전체 해양 표면(Ocean Surface)의 변동이며, 우주의 계측기(예, 인공위성)로부터 관찰한 해수면 변동이다.

① 전 지구적 과정

전 지구 평균 해수면(GMSL, Global Mean Sea Level)은 해양의 체적을 해양 면적으로 나눈 변동이다. 이는 해양 밀도 변동('전 지구 평균 온도변화(Thermosteric) 해수면 변동')과 빙권

18) 열파(熱波, Heat Wave): 극단적으로 뜨거운 공기덩어리가 지배하여 기온이 장기간 높은 상태를 말하며, 뜨거운 열대성 기단(氣團)이 지배하는 경우 난방기기를 틀어 놓은 것처럼 뜨거운 기온 상태가 지속(持續)될 수 있다.

또는 육지수(陸地水) 저장 변동에 따른 해양 질량 변화(질량적(Barystatic) 해수면 변동')의 합이다. 입체적 해수면 변동(Steric Sea Level Change)은 '온도변화 관련 해수면 변동'과 '염분(鹽分) 변화 관련 해수면 변동'으로 구성된 해양 밀도의 변동으로 인해 발생한다. '온도변화 관련 해수면 변동(Thermosteric Sea Level Change)(또는 열팽창으로 부른다)'은 해양 온도상승이 해양 밀도를 감소시키고 질량 단위당 체적을 증가시키는 해양 온도변화의 결과로 발생한다. '염도 변화 관련 해수면 변동(Halosteric Sea Level Change)'은 해양 염분 변화의 결과로 발생하며, 염분이 높을수록 밀도가 높아지고 질량 단위당 체적이 감소한다. 두 과정 모두 지역적 규모와 관련이 있을 수 있지만, 온도변화는 전 지구 평균 해수면 변동에 영향을 미치지만, 전 지구 평균 염분 변화는 무시할 수 있다(Gregory 등. 2019). 온도상승 해수면 변동을 발생시키는 과정에 대해서는 널리 알려져 있다. 그린란드와 남극 대륙의 빙상은 동결(凍結)된 담수의 가장 큰 저장소이므로 잠재적으로 해수면 상승에 가장 큰 원인을 제공한다. 빙상[19](Ice Sheet) 체적의 변동은 빙상(Ice Sheet) 표면 또는 빙상 아래쪽의 집적(集積)과 승화(昇華), 빙상 표면 및 빙상 바닥 용융(鎔融), 빙산[20](Iceberg) 분리로 인한 손실 사이의 불균형으로 인해 발생한다(그림 1.20 참조). 빙상은 부유 빙붕[21](Ice Self)에 의해 지탱되는 해양 종단 빙류(氷流)를 통해 대부분 질량을 방출한다. 크레바스(Crevasse)를 관통하는 지표 융해수(融解水)로 빙상 아래가 녹거나, 분리 또는 붕괴로 인한 빙상의 두께와 정도의 변화는 내륙 빙류에 영향

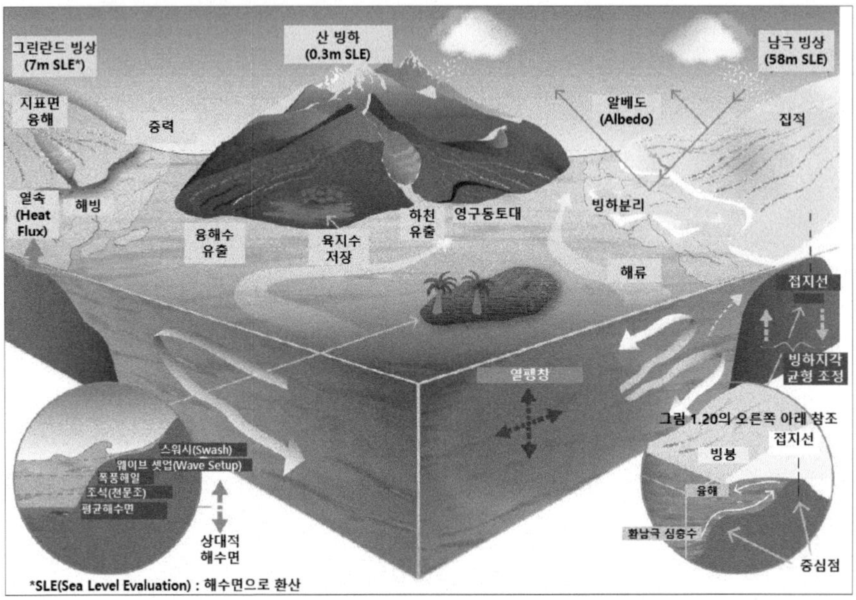

그림 1.19 전 지구 평균 해수면 변동에 영향을 주는 요인

19) 빙상(Ice Sheet, 氷床): 상당한 두께의 얼음으로 덮이고 면적이 5만 ㎢가 넘고 지형에 따라 막히거나 제약되지 않고 광대하게 모든 방향으로 퍼져나가는 빙원으로, 현재 지구에는 빙상은 남극 대륙과 그린란드에만 있다.

20) 빙산(Iceberg, 氷山): 빙산은 빙하나 빙붕에서 깨어져 나와 떠도는 얼음 가운데, 그 높이가 5 m를 넘는 얼음덩어리를 말한다(5 m보다 작으면 부빙(浮氷)이나 유빙(流氷)이라고 한다).

21) 빙붕(Ice Shelf, 氷棚): 빙붕은 얼음(빙하, 빙상)이 바다를 만나 평평하게 얼어붙은 거대한 얼음덩어리로, 일 년 내내 두꺼운 얼음으로 덮여있는 곳을 말한다.

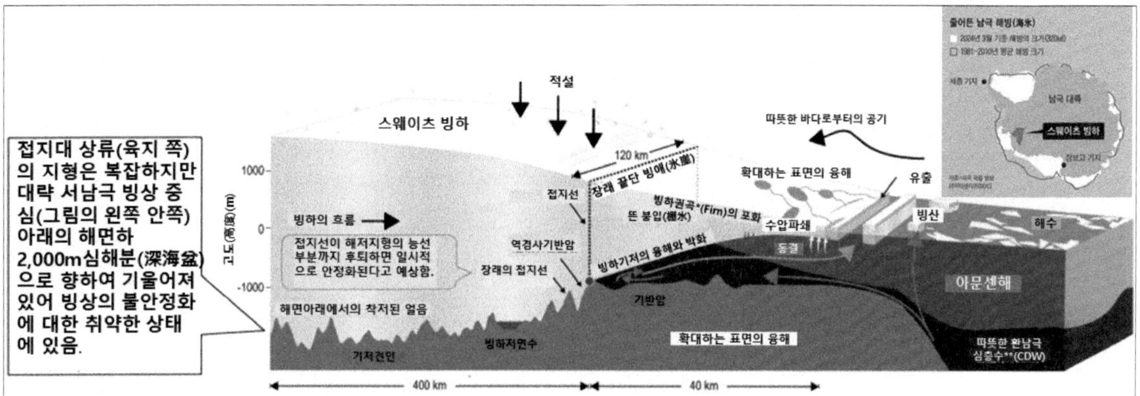

*빙하권곡(Firn) : 얼음과 눈의 중간 상태. 빙하권곡 내 기포는 적어도 부분적으로 서로 연결돼 공기와 물이 순환한다.
**환남극 심층수(Circumpolar Deep Water) : 여러 수괴(水塊)의 혼합으로 만들어진 상대적으로 고온(어는점보다 3.5℃ 이상 높음.)의 고염(高鹽)인 특성을 가진 해수로서 수심 300m아래에서 남극 대륙 주변이 대륙붕으로 유입하는 해수를 의미한다. 저온 저염의 표층수(表層水) 아래에 위치하고, 남극 빙붕(Ice Shelf) 하부의 급격한 용융에 결정적인 역할을 하며, 대륙붕으로의 유입강도, 빈도, 지속시간 및 범위의 변동은 빙붕의 기저 용융(Basal Melting) 속도조절에도 밀접한 관련이 있는 것으로 알려져 있다.

【접지선은 현재 수심 약 600 m의 역경사(逆傾斜) 암반 위를 육지 쪽으로 후퇴하고 있다. 빙하의 말단은 폭이 약 120 ㎞로 상류(육지 쪽 방향)를 향해 넓어져 있으며, 길이 약 40 ㎞의 빙붕(氷棚, 횡단(橫斷) 방향으로 불연속)에 의해 최소한 유지되는 상태이다. 따뜻한 환남극 심층수(CDW)가 빙붕 아래로 유입되어 그 앞 빙붕은 박화(薄化)되어 있고, 그 융해 속도는 접지선 부근 중 몇몇 장소에서는 최대 200 m/년이 된다.】

그림 1.20 지구온난화가 남극 아문젠해의 스웨이츠 빙하(Thwaites Glacier)에 영향을 미치는 과정

을 미칠 수 있다. 빙하[22](Glacier)는 대량 이득과 대량 손실 과정 사이의 불균형을 통해 해수면 변화에 영향을 미치며, 이는 반응 시간(Response Time)이라고 하는 장기간에 걸친 빙하 기하학적 구조의 조정으로 이어진다. 반응 시간은 몇 년에서 몇백 년까지 다양하다. 빙하의 융해수가 모두 바다로 즉시 유입되는 것은 아니다. 빙하의 융해수는 다시 얼거나, 강으로 배출(가정에서 사용하기 위해 정수(淨水)한 물을 사용 후 배출), 증발, 빙하성(氷河性) 호수나 폐쇄된 유역에 저장할 수 있다.

② 지역적 및 특정 지방의 과정

해양 동적 해수면 변동(Ocean Dynamic Sea Level Change)은 지오이드[23](Geoid)에 대한 평균 해수면의 변동을 의미하며, 해양의 순환 및 밀도에 따른 변동에 관련이 있다. 해양의 동적 해수면 변동은 지역마다 다르지만, 정의(定義)상 전 지구 평균은 영(零)이다. 여기에는 대기압에 의한 해수면의 강하(降下)가 포함된다. 지구 중력, 지구 자전 및 점탄성 고체 지구 변형(GRD, Gravitational, Rotational, and Deformational)의 변화는 육지 얼음과 저수지와 해양 사이의 질량 재분배로 발생한다. 현재의 육지 질량 감소는 탄성 고체 지구 융기(隆起)와 인근 상대적 해수면(RSL, Relative Sea Level) 하강으로 이어진다(육지 질량 손실에 대한 한가지 원인의 경우 약 2,000 ㎞ 이내이며, 여러 원인인 경우, 거리는 서로 다른 상대적 해수면(RSL) 패턴의 상

22) 빙하(Glacier, 氷河): 흘러내리는 얼음을 말하며, 얼음은 승화(昇華, Sublimation)하거나 바람에 날려서 없어지는 양 또는 삭박(削剝, Ablation)되는 양보다 더 많은 눈이 쌓이는 곳에서 눈이 다져져 생기며, 얼음이 많아지면 자체의 무게로 흘러내린다. 그러므로 빙하는 극지나 고산지대에서만 만들어진다.

23) 지오이드(Geoid): 평균 해수면에 가장 가까운 등포텐셜면으로 표고(標高)는 평균 해수면으로부터의 연직거리, 즉 지오이드로부터의 연직거리로 정의된다.

호작용에 따라 달라진다). 멀리 떨어져 있으면(육지 질량 손실에 대한 한가지 원인의 경우 약 7,000 ㎞ 이상), 1차 중력 효과로 인해 상대적 해수면(RSL)은 전 지구 평균보다 많이 상승한다. 해양에 물의 추가(追加)와 관련된 지구 변형과 육지 질량 손실의 원인으로 인한 지구 자전축 이동은 전 지구적인 패턴의 공간적 변동성을 증가시키는 2차 효과를 발생시킨다. 해양 자체 내의 해수(海水)의 재분배로 인한 자전적(自轉的), 회전적 및 변형적(GRD) 효과를 자기 인력 및 부하(負荷) 효과라고 한다. 현재에도 빙하 지각 균형 조정[24](Glacial Isostatic Adjustment)은 지구 표면의 얼음과 물 분포에 대한 과거의 변화에 대응하여 지속적인 자전적(自轉的), 회전적 및 변형적(GRD) 효과가 진행 중이다. 질량 재분배 이후 수십~수만 년의 시간 규모에서 지구의 맨틀은 지각 균형 평형으로 진전(進展)하면서 점성적(粘性的)으로 흐르며, 이는 고체 지구 이동과 지오이드 변동을 일으켜 지역적 또는 특정 지방의 해수면 변동을 초래할 수 있다. 침하(지표면 또는 해저의 침하)는 삼각주 지역의 하성 충적물[25](Alluvial Sediment) 압밀, 가스, 석유, 물과 같은 유체 제거 또는 이탄지[26](Peatland)의 배수를 통해 일어날 수 있다. 지진과 화산폭발의 결과로 지각의 지각변형이 발생할 수 있다. 극단 해수면은 단기적 현상(예: 폭풍해일, 조수와 파랑)이 결합하여 발생하는 예외적으로 낮거나 높은 국지적 해수면 높이이다. 상대적 해수면(RSL) 변동은 평균 수위를 변화시킴으로써 직접 적으로 극단 해수면에 영향을 미치고, 조수, 파랑 또는 폭풍해일의 전파를 위해 수위를 조절함으로써 간접적으로 영향을 미친다. 극단(極端) 해수면은 기상 시스템의 발생빈도, 경로 또는 강도의 변화 또는 준설과 같은 인위적 변화의 영향을 받을 수 있다. 극단 정지수면(靜止水面)은 상대적 해수면(RSL) 변동, 조수 및 폭풍해일의 복합적인 기여를 의미한다. 풍파(風波)도 연안 해수면에 영향을 미친다. 극단 총수면은 극단 정지수면과 파랑 설정(파랑 에너지 소산으로 인한 시간-평균 해수면 상승)의 합이다. 해안 영향을 고려할 때 스워시[27](Swash: 개별 파랑으로부터 유도된 해안전면부[28](Shoreface) 위의 수직변위)도 중요하며, 극단 연안 해수면에 포함된다(그림 1.19 참조).

나) 전 지구 평균 해수면 변동 경향

20세기 전 지구 평균 해수면(GMSL)은 지난 3천 년 동안 그 어느 세기보다 빠르게 상승했으며, 1901~2018년 기간 동안 0.20(0.15~0.25)m 상승하였다. 전 지구 평균 해수면(GMSL) 상승은 1960년대 후반부터 가속화되어 1971~2018년 기간 동안 평균 2.3(1.6~3.1)mm/년의 비율이 2006~2018년 기간 동안 3.7(3.2~4.2)mm/년으로 증가하였다. 해양·설빙권 특별보고서(SROCC, 2019년) 이후 발표된 새로운 관측 기반 예상치에 따르면 1901~2018년 기간 동안

24) 빙하 지각균형 조정(Glacial Isostatic Adjustment): 빙하 시대 이후 얼음 질량 분포 변화에 따라 토지의 지속적인 이동 및 변형을 말한다.
25) 하성충적물(Alluvial Sediment, 河成沖積物): 강물에 의해 운반된 퇴적물로서 다양한 모재(母材)가 서로 뒤섞여져 이질성이 높다.
26) 이탄지(Peatland, 泥炭地): 이탄이 집적된 토양으로 습지, 늪 등에 수생식물·선태류(蘚苔類) 및 그 밖의 것이 다소 부식화되어 쌓인 것으로서 원(原) 식물의 조직을 육안(肉眼)으로 식별할 수 있다.
27) 스워시(Swash): 파의 처오름과 처내림을 함께 일컫는 말로써, 해안선에서 파도가 해빈을 따라 밀려 오르거나 내려가는 현상을 일컫는다.
28) 해안전면부(Shoreface):연안의 간조위(Low Water Level) 바깥 지역으로 전빈(Foreshore)으로부터 쇄파대를 지나 바다쪽으로 좁은 지역이며, 폭(Width)은 파랑의 조건에 따라 다르고, 표사이동(Littoral Drift)이 있는 지역이다.

평가된 해수면 상승은 개별 구성 성분의 합과 일치한다. 1901~2018년까지의 총변동은 해양 열팽창(38%)과 빙하의 질량 손실(41%)이 지배적이었다. 그린란드와 남극의 전 지구 평균 해수면(GMSL) 상승 기여도는 1992~1999년보다 2010~2019년 기간 동안 4배 더 컸다. 빙상 질량 손실 증가로 인해 2006~2018년 기간 동안 육지 얼음(빙하 및 빙상)의 총손실이 전 지구 평균 해수면 상승에 가장 큰 영향을 미쳤다. 대양(大洋) 규모에서의 해수면은 1993~2018년 동안 서태평양에서 가장 빠르게 상승하고 동태평양에서 가장 느리게 상승하였다. 지역 해수면의 차이는 해양 역학관계로부터 발생한다. 즉 육지 얼음과 육지-물의 변화로 인한 지구 중력의 변화, 자전 및 변형, 수직 육지 운동으로 인해 발생한다. 해양 역학관계의 시간적 변동성은 1~10년 단위의 시간 규모로 지역적 패턴을 지배한다. 지역 해수면 변동의 인위적인 신호는 2100년까지 대부분 지역에서 나타날 것이다. 지역 해수면 변동은 20세기 동안 준-지구(Quasi-global) 조위계 네트워크 전반에 걸친 극단 정지 수면의 주요 원인이었으며, 다음 세기 동안은 극단 정지 수면의 상당한 발생빈도 증가가 주요 원인이 될 것이다. 관측에 따르면 1960~1980년 기간 동안 매년 5회 발생한 간조 침수 사건은 1995~2014년 기간 동안 연평균 8회 이상 발생하였다(그림 1.21 참조). 극단 해수면의 다른 원인이 일정하게 유지된다는 가정 하에(예, 조석, 폭풍해일 및 파랑기후[29](Wave Climate)), 최근 세기(世紀)당 한 번 발생한 극단 해수면은 2050년까지 조위계의 약 19~31%째[30], 2100년까지 조위계의 약 60(SSP1-2.6)~82%째(SSP5-8.5)로 매년 또는 더 자주 발생할 것이다. SSP1-2.6, SSP2-4.5, SSP5-8.5의 중간 증폭 계수로부터 추정한 바와 같이, 이러한 극단 해수면은 2050년까지 약 20~30배, 2100년까지 약 160~530배 더 자주 발생할 것이다.

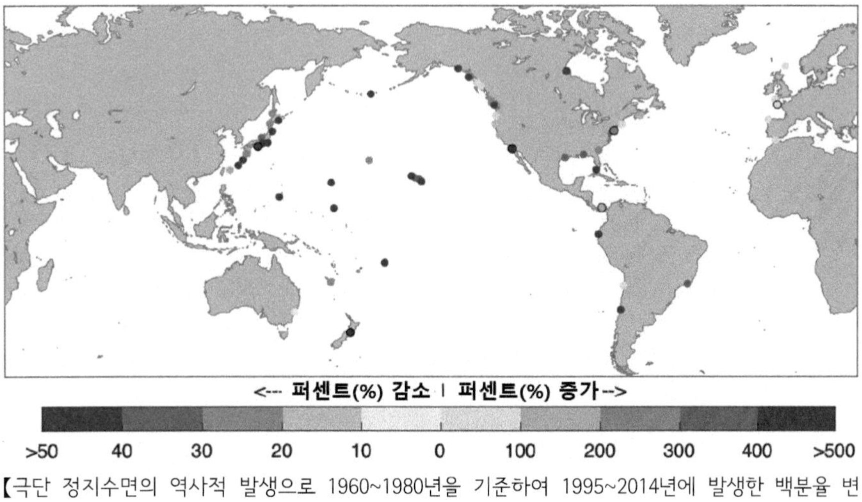

【극단 정지수면의 역사적 발생으로 1960~1980년을 기준하여 1995~2014년에 발생한 백분율 변화로 정확히 알려면(색상 파악) 출처를 참고하기 바란다】

그림 1.21 1960~1980년(연평균) 기준 현재 조수(潮水) 침수 빈도(연평균) 변화

29) 파랑기후(Wave Climate, 波浪氣候): 어떤 지역의 장기 파랑 자료에 근거한 월별 또는 계절별 파랑 특성을 말한다.

30) %째(Percentile, 白分位數): 분포를 작은 쪽에서부터 세어 몇 %째의 값이 어느 정도인지를 나타내는 통계적 표시법으로, 10, 50, 90의 각각의 백분위수는 작은 쪽으로부터 세어 각각 10%째, 50%째, 90%째의 수치에 대응하고 있다. 50 백분위수는 중앙치라고도 하며, 이 값보다도 작은 것이 반, 큰 것이 반 존재하는 것을 나타내고 있다.

21세기 동안 대부분 연안 지역의 예상 지역 해수면 상승은 예상 전 지구 평균 해수면(GMSL) 변동의 중앙치의 ±20% 이내에서 발생할 것이다. 평가한 모든 전 지구 평균 해수면(GMSL)에 대한 원인은 금세기 내내 계속 기여(寄與)할 것이 거의 확실하므로 전 지구 평균 해수면(GMSL)이 최소 2100년까지 계속 상승할 것이 거의 확실하다. 전 지구 평균 해수면(GMSL)은 2050년까지 0.18 m(0.15~0.23 m)(SSP1-1.9)에서 0.23 m(0.20~0.29 m)(SSP5-8.5), 2100년까지 0.38 m(0.28~0.55 m)(SSP1-1.9)에서 0.77 m(0.63~1.01 m) (SSP5-8.5)로 상승할 것이다(표 1.7, 그림 1.22, 그림 1.23, 그림 1.24 참조).

표 1.7 1995~2014년 기준 대비 5가지 공통 사회경제 경로(SSP) 시나리오에 대한 전 지구 평균 해수면 예측치(m)

구분	SSP1-1.9	SSP1-2.6	SSP2-4.5	SSP3-7.0	SSP5-8.5
열팽창	0.12 m (0.09~0.15 m)	0.14 m (0.11~0.18 m)	0.20 m (0.16~0.24 m)	0.25 m (0.21~0.30 m)	0.30 m (0.24~0.36 m)
그린란드	0.05 m (0.00~0.09 m)	0.06 m (0.01~0.10 m)	0.08 m (0.04~0.13 m)	0.11 m (0.07~0.16 m)	0.13 m (0.09~0.18 m)
남극	0.10 m (0.03~0.25 m)	0.11 m (0.03~0.27 m)	0.11 m (0.03~0.29 m)	0.11 m (0.03~0.31 m)	0.12 m (0.03~0.34 m)
빙하	0.08 m (0.06~0.10 m)	0.09 m (0.07~0.11 m)	0.12 m (0.10~0.15 m)	0.16 m (0.13~0.18 m)	0.18 m (0.15~0.21 m)
육지(陸地)-물저장	0.03 m (0.01~0.04 m)	0.03 m (0.01~0.04 m)	0.03 m (0.01~0.04 m)	0.03 m (0.02~0.04 m)	0.03 m (0.01~0.04 m)
합계(2030년)	0.09 m (0.08~0.15 m)	0.09 m (0.08~0.12 m)	0.09 m (0.08~0.12 m)	0.10 m (0.08~0.12 m)	0.10 m (0.09~0.12 m)
합계(2050년)	0.18 m (0.15~0.23 m)	0.19 m (0.16~0.25 m)	0.20 m (0.17~0.26 m)	0.22 m (0.18~0.27 m)	0.23 m (0.20~0.29 m)
합계(2090년)	0.35 m (0.26~0.49 m)	0.39 m (0.30~0.54 m)	0.48 m (0.38~0.65 m)	0.56 m (0.46~0.74 m)	0.63 m (0.52~0.83 m)
합계(2100년)	**0.38 m (0.28~0.55 m)**	**0.44 m (0.32~0.62 m)**	**0.56 m (0.44~0.76 m)**	**0.68 m (0.55~0.90 m)**	**0.77 m (0.63~1.01 m)**
합계(2150년)	0.57 m (0.37~0.86 m)	0.68 m (0.46~0.99 m)	0.92 m (0.66~1.33 m)	1.19 m (0.89~1.65 m)	1.32 m (0.98~1.88 m)
상승률 (2040~2060년)	4.1 ㎜/년 (2.8~6.0 ㎜/년)	4.8 ㎜/년 (3.5~6.8 ㎜/년)	5.8 ㎜/년 (4.4~8.0 ㎜/년)	6.4 ㎜/년 (5.0~8.7 ㎜/년)	7.2 ㎜/년 (5.6~9.7 ㎜/년)
상승률 (2080~2100년)	4.2 ㎜/년 (2.4~6.6 ㎜/년)	5.2 ㎜/년 (3.2~8.0 ㎜/년)	7.7 ㎜/년 (5.2~11.6 ㎜/년)	10.4 ㎜/년 (7.4~14.8 ㎜/년)	12.1 ㎜/년 (8.6~17.6 ㎜/년)

【2100년에 대한 개별 기여도를 나타내며, 중앙치(가능한 범위)를 나타낸다. 셀(Cell)은 중간 신뢰도를 갖는 예측 과정을 나타낸다.】

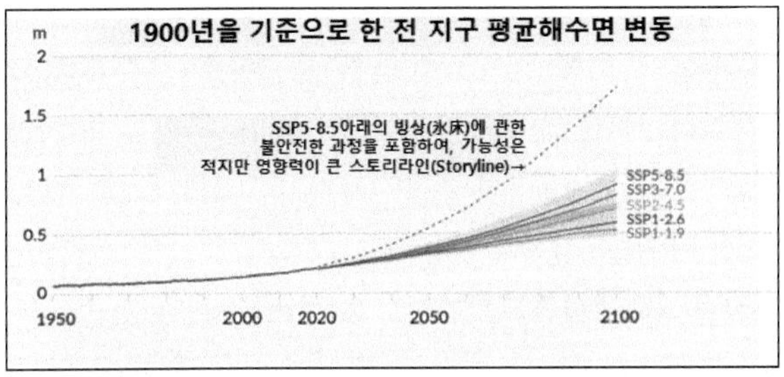

(a) 1900년도를 기준으로 한 전 지구 평균 해수면 변동

【과거의 변화는 관측치(1992년 이전에는 조위계, 그 이후에는 인공위성에 탑재된 고도계에 의함.), 장래 변화는 CMIP[31](접합 대순환 모델 비교프로젝트, Coupled Model Intercomparison Project), 빙상 및 빙하에 대한 모델의 시뮬레이션에 근거해 관측상의 제약을 평가된 것. SSP 1-2.6 및 SSP 3-7.0은 가능성이 매우 큰 범위를 나타낸다. 해수면 변동에 대해서는 불확실성이 높은 프로세스의 분포를 추정하기 어려워 가능성이 큰 범위만을 평가하고 있다. 파선의 곡선은 이들 불확실성이 높은 프로세스의 잠재적인 영향을 나타내는데, 이것은 가능성은 적지만, 영향력이 크므로 배제할 수 없는 빙상 프로세스를 포함한 SSP 5-8.5 예측의 83%째를 나타내지만, 이들 프로세스에 관한 예측의 신뢰도가 낮으므로 이 곡선은 큰 가능성 범위의 일부를 구성하지 않는다. 1900년을 기준으로 한 변화는 1995~2014년에 대한 시뮬레이션된 변화에 0.158 m(1900년부터 1995~2014년까지 관측된 전 지구 평균 해수면 상승)를 더하여 계산된다.】

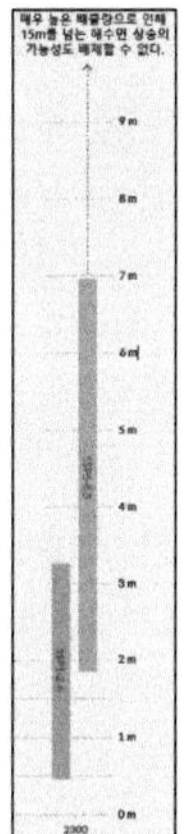

(b) 1900년도를 기준으로 한 2300년 전(全) 지구 평균 해수면 변동

【다른 시나리오에서는 2100년 이후 시뮬레이션의 개수가 너무 적어 타당성이 있는 결과를 얻을 수 없으므로 2300년 시점의 예측은 SSP 1-2.6과 SSP 5-8.5뿐이다. 그림자는 17~83%째의 범위를 나타낸다. 파선 화살표는 가능성은 적지만, 영향력이 크므로 배제할 수 없는 빙상 프로세스를 포함한 SSP 5-8.5 예측의 83%째를 나타낸다.】

그림 1.22 전 지구 평균 해수면(GMSL) 변동

이러한 전 지구 평균 해수면(GMSL) 상승은 주로 빙하와 빙상에서 발생하는 열팽창과 대량 손실로 발생하며, 육지-물 저장량의 변동은 약간의 영향을 미친다. 이러한 범위 예측에는 깊은 불확실성을 갖는 빙상 관련 과정은 포함하지 않는다. 2100년 이전 많은 양의 전 지구 평균 해수면(GMSL) 상승은 예상보다 빠른 해양 빙붕 붕괴, 남극 주변의 갑작스럽고 광범위한 해양성 빙상 불안정(Marine Ice Sheet Instability)과 해양성 빙벽 불안정(Marine Ice Cliff Instability)(그림 1.25 참조)의 시작, 예상보다 빠른 지구 지표면 질량 균형 및 그린란드에서의 유출로 일어날 수 있다(표 1.9 참조). 이러한 과정의 특징은 제한된 과정 이해, 평가 자료의 제한된 효용성, 외부 강제력의 불확실성, 불확실한 경계조건 및 변수에 대한 높은 민감도로 발생하는 깊은 불확실성을 갖는다. 가능성은 적지만 영향력이 큰 스토리라인(Storyline)은 2100년까지 해수면 상승에 1m 이상을 추가로 영향을 미칠 수 있다고 예측한다(그림 1.22(a)

31) CMIP(접합 대순환 모델 비교프로젝트, Coupled Model Intercomparison Project): 과거-현재-장래 기후변화의 이해증진을 도모하기 위한 전 지구 모델링 그룹이 참여하는 프로젝트로 CMIP결과는 IPCC 평가보고서에서 활용한다. 즉, 다중모델 컨텍스트(Context)에서 복사성 강제의 변화에 대응하거나 자연적이고 강제적인 가변성으로부터 발생하는 과거, 현재 및 장래 기후변화를 더 잘 이해하는 것으로, 이러한 이해는 역사적 기간의 모델 성능평가와 장래 추정의 다양성의 원인에 대한 정량화를 포함한다. 이상적인 실험은 모델 응답에 대한 이해를 높이기 위해 사용되며, 이러한 장시간 규모 응답 외에도 다양한 시간과 공간 규모에서 기후 시스템의 예측 가능성을 조사하고 관찰된 기후 상태의 추정을 하는 실험을 수행하는 것으로 CMIP의 중요한 목표는 표준화된 형식으로 다중모델 출력을 공개적으로 사용할 수 있도록 하는 것이다.

참조). 2100년 이후에도 전 지구 평균 해수면(GMSL)은 지속적인 심해 열 흡수와 그린란드 및 남극 빙상의 대량 손실로 인해 수 세기 동안 계속 상승할 것이며, 수천 년 동안 상승을 유지할 것이다. 1995~2014년 기간에 비교하여, 2100년 이후 얼음 질량 플럭스(Ice-mass Flux)가 증가하지 않는다고 가정할 때, 2150년까지 전 지구 평균 해수면(GMSL)은 0.6 m(0.4~0.9 m)(SSP1-1.9)에서 1.4 m(1.0~1.9 m)(SSP5-8.5) 사이로 상승할 것이다.

2300년까지 전 지구 평균 해수면(GMSL)은 SSP1-2.6에서는 0.3~3.1 m 사이, 해양성 빙애[32](氷厓) 불안정이 없는 경우 SSP5-8.5에서는 1.7~6.8 m 사이, 해양성 빙애 불안정을 고려할 때 SSP5-8.5에서는 최대 16 m 사이로 상승할 것이다(표 1.8, 그림 1.22(b) 참조).

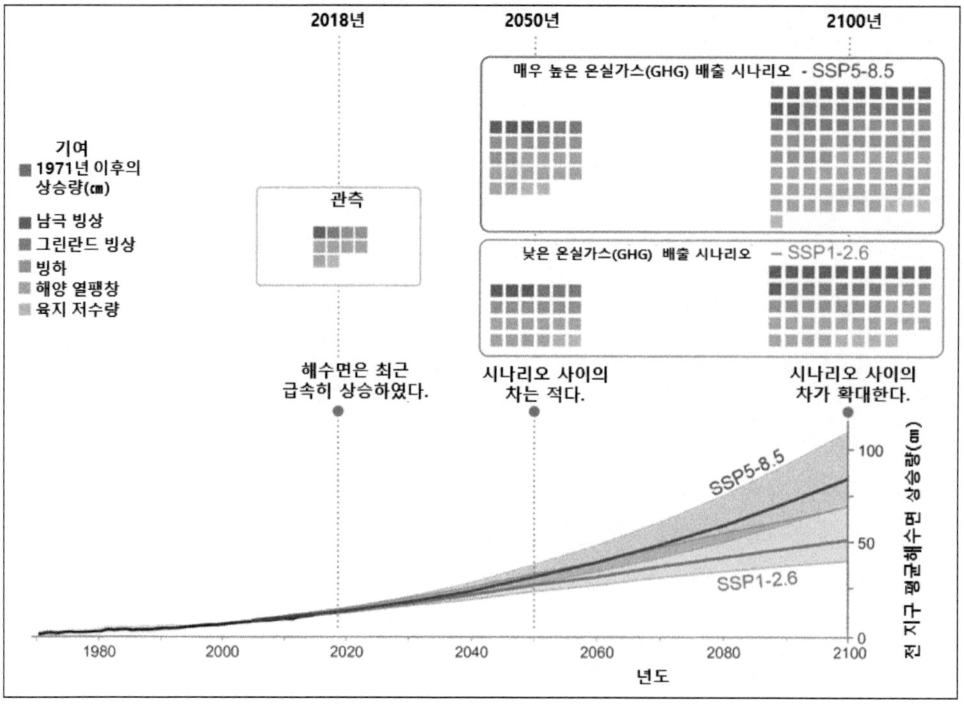

【IPCC 제6차 평가보고서(AR6)와 비교하면 매우 높은 온실가스(GHG) 배출 시나리오에서 약 0.1 m 상향 조정(남극 빙상의 영향 증가)에 되었으며, 정확한 색상 파악을 알려면 출처를 참고하기 바란다.】

그림 1.23 IPCC 6차 보고서(AR6)의 전 지구(全地球) 평균 해수면 상승량과 주요 요인(要因)

32) 빙애(氷厓): 빙하가 퇴적되어 생긴 절벽 또는 빙하의 얼음이 무너지면서 생긴 절벽을 말한다.

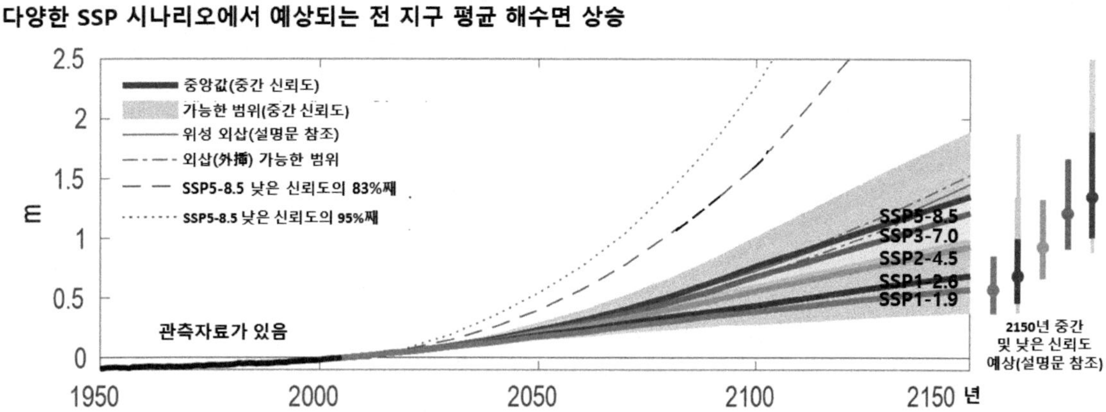

【중간 신뢰도가 있는 예측이 있는 프로세스로 인해 SSP 시나리오의 전 지구 평균 해수면(GMSL)이 변할 가능성이 크다. 오른쪽에 예측과 2150년의 가능한 범위를 나타낸다. 오른쪽의 옅은 음영 범위와 더 얇은 옅은 음영 범위는 구조화된 전문가 판단(SEJ, Structured Expert Judgment)및 해양성 빙애 불안정(MICI, Marine Ice Cliff Instability) 예측을 포함한 SSP1-2.6 및 SSP5-8.5에 대한 낮은 신뢰 과정을 갖는 예측의 17~83%째 및 5~95%째 범위를 나타낸다. 검은색 선은 과거 전 지구 평균 해수면(GMSL) 변동을 보여주고, 굵은 실선과 일점쇄선 선은 각각 1993~2018년 인공위성에 탑재된 고도계로 관측한 경향과 가속도를 추정하는 평균 및 가능한 범위를 나타내며, 정확한 색상 파악을 알려면 출처를 참고하기 바란다.】

그림 1.24 다양한 공통 사회경제 경로(SSP, Shared Socio-economic Pathway) 시나리오에서 예상되는 전 지구 평균 해수면 상승

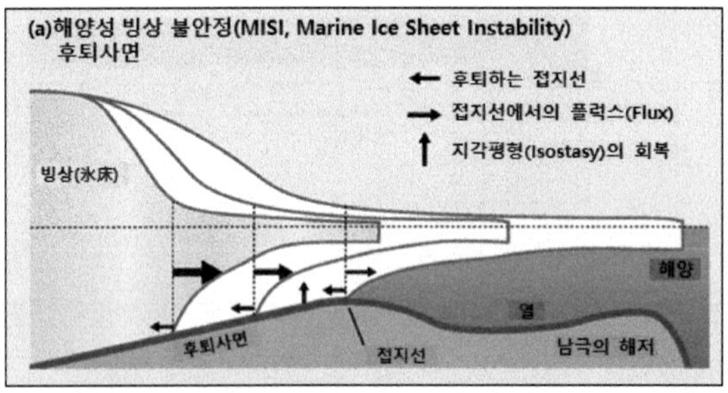

(a) 남극의 해양성 빙상 불안정(MISI, Marine Ice Sheet Instability) 개략도

【지지(支持)하는 빙붕이 엷어지면서 빙상의 흐름이 가속화되고 바다에서 빙연(氷緣)이 엷어지다. 빙상 하부 해저는 빙상 내부로 내려가는 후퇴 사면이 되어 얼음이 얇아져 접지선이 후퇴하면 바다로 유출되는 얼음 흐름(플럭스)이 증가하여 빙상 박화(薄化)는 더욱더 진행한다.】

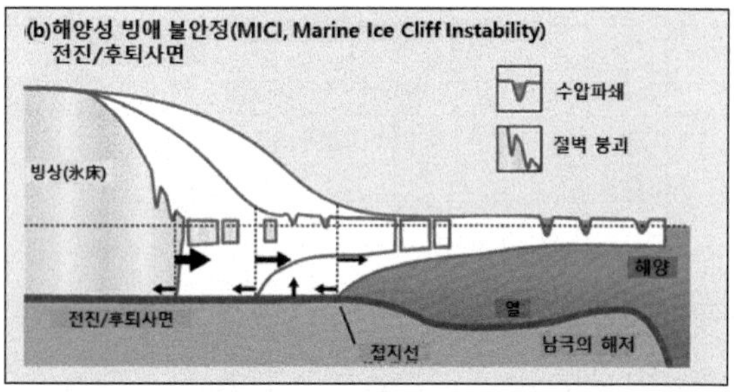

(b) 남극의 해양성 빙애 불안정(MICI, Marine Ice Cliff Instability) 개략도

【빙붕 하부의 융해 및/또는 수압파쇄에 의한 빙붕 붕괴로 빙애(氷崖)가 형성된다. 빙애고(氷厓高)가 높아지면(총 얼음 두께가 800 m 이상 또는 수면으로부터 100 m 높이), 절벽의 얼음이 견딜 수 있는 것보다 더 큰 압력이 가해져 말단 유출을 반복함으로써 구조적으로 절벽이 무너진다.】

그림 1.25 남극의 해양성 빙상·빙애 불안정 개략도

표 1.8 1995~2014년과 2300년의 총 변동 및 개별 기여도에 대한 전 지구 평균 해수면(GMSL) 예측

구분	낮은 배출량	RCP2.6		SSP1-2.6			
1995~ 2014년과 비교	AR5	SROCC	AR5이후 발표된 범위	2100년 이후 빙상 가속 없음	빙상 기여를 평가	MICI	SEJ
열팽창	0.07~0.46 m			0.19~0.35 m			
그린란드	0.14 m			0.22~ 0.39 m	0.11~0.25 m		0.28~ 1.28 m
남극	0.21~0.25 m			-0.05~ +1.14 m	-0.14~ +0.78 m	0.71~ 1.35 m	-0.11~ +1.56 m
빙하	해당 없음			0.12~0.29 m			
육지수(陸地水) 저장	-0.03m	0.07~ 0.37 m		0.05~0.10 m			
합계(2300년)	0.38~ 0.82 m	0.57~ 1.04 m	0.3~2.9 m	0.8~2.0 m	0.6~1.5 m	1.4~2.1 m	1.0~3.1 m

구분	높은 배출량	RCP8.5		SSP5-8.5			
1995~ 2014년과 비교	AR5	SROCC	AR5이후 MICI가 없는 발표범위	2100년 이후 빙상 가속없음	빙상 기여를 평가	MICI	SEJ
열팽창	0.28~1.80 m			0.92~1.51 m			
그린란드	0.30~1.18 m			0.53~ 0.88 m	0.32~1.75 m		0.40~ 2.23 m
남극	0.02~ 0.19 m	0.60~ 2.89 m		-0.39~ 1.55 m	-0.28~ 3.13 m	6.87~ 13.54 m	0.03~ 3.05 m
빙하	0.29~0.39 m			0.32m			
육지수(陸地水) 저장	해당 없음			0.05~0.10 m			
합계(2300년)	0.89~ 3.56 m	2.25~ 5.34 m	1.7~6.8 m (14.1 m까지)	1.7~4.0 m	2.2~5.9 m	9.5~16.2 m	2.4~6.3 m

【낮은 배출량 예측: IPCC 5차 보고서(AR5), 해양·설빙권 특별보고서(SROCC)의 RCP2.6 및 발표된 예측, SSP1-2.6(해양성 빙애 불안정(MICI, Marine Ice Cliff Instability), 구조화된 전문가 판단(SEJ, Structured Expert Judgment)), 높은 배출량 예측: IPCC 5차 평가보고서(AR5), 해양·설빙권 특별보고서 (SROCC)의 RCP8.5 및 발표된 예측, SSP1-8.5(해양성 빙애 불안정(MICI, Marine Ice Cliff Instability), 구조화된 전문가 판단(SEJ, Structured Expert Judgment)).】

다) 21세기 해수면 상승의 하이엔드(High-end) 스토리라인(Story Line)(그림 1.22(a) 참조)

이 스토리라인은 해수면 상승이 발생할 수 있는 시기 또는 해수면 상승이 가속화(加速化)하는 잠재력에 대한 정량화의 매우 불확실한 과정을 고려한다. 따라서 이러한 과정은 2100년까지 해수면 상승 가능성에서 평가된 상한선을 고려하지 않으며, 가능한 범위는 최소한 중간 신뢰도로 예측할 수 있는 과정만 포함하기 때문이다. 해양·설빙권 특별보고서(SROCC)가 언급한

바와 같이, 낮은 리스크 감수성(甘受性)을 가진 이해관계자(예: 연안 도시의 중요 기반시설에 대한 장기 투자를 계획하는 이해관계자)는 2100년까지 전 지구 평균 해수면이 0.63~1.01 m(SSP5-8.5) 범위 이상으로 상승할 확률이 최대 17%째(SSP 5-8.5 예측의 83%째이므로 그 이상일 확률은 17(100-83)%째이다.)에 달할 것이라고 보기 때문이다(그림 1.22 (a), Siegert 등. 2020 참조). 일부 지배 과정은 장기적인 해수면 상승에 영향을 미치는 비율에 대한 이해가 제한적이므로, 현재로서는 2100년 이전에 높은 해수면 상승을 일으킬 가능성을 확실하게 정량화할 수 없다(Stammer 등. 2019). 이러한 높은 불확실성에 비추어 금세기 내에 전개될 하이엔드 해수면 시나리오의 잠재력과 조기 경보 신호를 알고자 할 때 스토리라인 접근 방식을 사용한다. 이 과정에서 하이엔드 해수면 상승에 연관된 주요 불확실성은 '발생한다면'이 아니라 '언제 일어날 것인가?'라는 점에 미리 주목해야 한다. SSP5-8.5 시나리오의 경우, 향후 온난화 시나리오는 수 세기~천 년의 시간 규모에서 2100년까지 해수면 범위인 1.01 m의 상한선을 초과할 예정이지만, 예견된 해수면에 얼마나 빨리 도달할지는 불확실하다. 따라서 전 지구 평균 해수면은 2100년 이전의 가능한 범위보다 훨씬 높을 수 있으며, 이는 구조화된 전문가 판단(SEJ, Structured Expert Judgment)에 따른 빙상 기여도 평가(Bamber 등. 2019)에 반영되어 향후 예상 해수면 상승률이 2100년에 2.3 m까지 SSP5-8.5 낮은 신뢰도 예측의 95%째에 달할 것이다. 2100년의 이러한 하이엔드 해수면 상승에 대한 그럴듯한 스토리라인은 강력한 온난화 시나리오를 가정한다. 이 스토리라인은 예상보다 빠른 해양 빙붕 붕괴와 남극의 광범위하면서 급격한 해양성 빙애 불안정(MICI)과 해양성 빙상 불안정(MISI)의 시작, 예상보다 빠른 그린란드의 지표면 질량 균형과 동적 얼음 손실의 변화를 담고 있다. 개념적 연구는 이러한 과정에 대한 적절한 정도의 증거를 제공하지만, 장래 전개를 정량화하는 데 있어

사진 1.1 남극 아문젠해의 스웨이츠 빙하(Thwaites Glacier)와 위치도

상당한 불확실성과 합의를 이루지 못하는 이유는 제한된 과정 이해, 제한된 평가 자료 가용성, 모델 시뮬레이션의 누락 또는 미숙한 표현, 불확실한 경계조건 및 변수에 대한 높은 민감도, 불확실한 대기 및 해양 강제력 때문이다. 특히, 남극에서의 심한 온난화로 빙상 모델이나 빙상 예측에 사용하는 현재 기후모델에서 아직 설명할 수 없는 과정 때문에, 떠다니는 빙상이 예상보다 일찍 붕괴를 시작할 수 있다. 이러한 과정은 표면 용융수의 수압파쇄[33](Hydrofracturing), 해양 순환 변화에 의한 해양 열력(熱力) 증가를 포함한다(Hellmer 등. 2012, 2017, Silvano 등. 2018, Hazel과 Stewart 2020). 특히 스웨이츠 빙하(Thwaites Glacier)(사진 1.1 참조)와 파인 아일랜드 빙하(Pine Island Glacier) 빙붕은 금세기에 잠재적으로 붕괴(崩壞)되어, 2100년 이전에 해양성 빙애 불안정(MICI)을 발생시킬 수 있다(DeConto와 Pollard 2016, DeConto 등. 2021). 플라스틱으로 만든 빙상이 높은 점성의 활동 법칙을 따르는 빠르게 흐르는 빙류(氷流)의 작용을 받는다고 가정하여 수리모형실험을 한 경우, 해양성 빙상 불안정(MISI)은 대부분 모델에서 시뮬레이션한 것보다 더 빠르고 빨리 전개(展開)되었다(Sun 등. 2020). 하이엔드 해수면 상승은 해양 피드백인 추가적인 용융을 유발하는 얼음 공동(空洞)의 융해수 기반 전도 순환 변화(Jeong 등. 2020), 성층화 증가로 빙붕과 접촉하면서 따뜻해진 해수의 수직 혼합 감소(Golledge 등. 2019, Moorman 등. 2020, Sadai 등. 2020), 또는 대륙에 도달하는 따뜻하고 습한 공기의 양이 줄어들어 빙상에 대한 적설로 인한 질량 증가를 제한할 수 있는 해양 빙하의 피복 증가로부터 발생할 수 있다(Sadai 등. 2020). 또한, 그린란드에서는 현재 예상보다 강력한 질량 손실이 발생할 수도 있다(Aschwanden 등. 2019, Khan 등. 2020, T. Slater 등. 2020). 예를 들어, 온난화로 인한 대기 순환의 동적 변화는 여름철 차단을 강화하여, 2019년 여름 기록적인 500 Gt(Gigaton) 이상의 질량 손실과 비슷한 극단의 용융 사건을 그린란드에서 더 자주 발생시킬 수 있다(Delhasse 등. 2018, Sasgen 등. 2020). 수치모델로 잘 표현하지 못하는 극지방의 구름 과정은 융해수, 암설(岩屑) 및 색소성 조류(藻類)로 인한 알베도(Albedo) 증가를 피드백할 수 있듯이(Cook 등. 2020) 지표면 용융을 더욱 증진한다(Hofer 등. 2019). 남극 대륙에 대해 논의된 기저 용융(Basal Melt) 및 해양성 빙상 불안정(MISI)과 관련된 얼음 역학 과정은 빙상이 해수와 접촉하는 한, 그린란드에서도 발생할 수 있다. 이 모든 과정의 강도는 현재 지구 평균기온과 극증폭[34](Polar Amplification)에 크게 의존하며, 전 지구 평균 해수면의 피드백을 통한 추가적인 연관성을 가진다(Gomez 등. 2020). 이러한 공동 강제력의 의존성은 프로세스가 강한 상관관계가 있음을 의미한다. 따라서 이들의 불확실성과 하이엔드 해수면 상승에 대한 연쇄반응의 기여도가 모두 결합할 것이다. 따라서 남극 대륙의 빙상 붕괴와 관련된 한두 개의 프로세스가 그럴듯한 범위에서 추가적인 해수면 상승을 유발(誘發)하거나, 여러 과정이 적절한 수준에서 추가 해수면 상승에 대한 개별 기여도를 초래하는 경우 하이엔드 해수면 상승이 발생할 수 있다. 두 경우 모두 2100년까지 전 지

33) 수압파쇄(Hydrofracturing, 水壓破碎): 고압의 물을 주입하여 지하의 암석을 파쇄하는 기술을 말하며, 여기에서는 남극 표면 용융수에 의한 빙상의 파쇄를 일컫는다.

34) 극 증폭(Polar Amplification): 전 지구 복사평형에 변화가 생길 때 발생하는 온도변화가 극 지역에서 전 지구 평균보다 훨씬 크게 나타나는 현상을 의미한다. 극 증폭의 결과로 온실가스 증가에 의한 온난화 현상은 북극 지역에서 지구 평균에 비교해 두 배 이상 강하게 나타나고 있다.

구 평균 해수면 상승은 예측의 83%째에서 1.6 m, 예측의 95%째에서 2.3 m까지 도달하는 낮은 신뢰도를 갖는 과정을 포함한 예측에서 알 수 있듯이 평가된 가능한 범위보다 상당히 높을 것이다. 하이엔드 해수면 상승의 잠재적 구동력은 확인할 수 있고, 훨씬 빠른 해수면 상승에 대한 조기 경고를 제공할 수 있는 스웨이츠 빙하는 일부 지역에서 더 빨리 녹고 다른 지역에서는 시뮬레이션 모델보다 느리게 녹고 있다. 스웨이츠 빙하에서 조수(潮水)와 따뜻한 유수(流水)의 채널링[35](Channelling)이 용융(鎔融)에 미치는 영향은 분명하며(Milillo 등. 2019), 부유(浮遊) 빙붕은 예상보다 훨씬 일찍 지표 융해수로 인한 수압파쇄로, 잠재적으로 취약해질 수 있다. 또한, 빙하는 현재 후퇴율이 30년 후 도달할 수 있는 깊은 기반암 지역으로 후퇴하고 있다(Yu 등. 2019, 그림 1.20 참조). 따라서 스웨이츠 빙하는 대규모 해양성 빙상 불안정(MISI) 또는 해양성 빙애 불안정(MICI)(Golledge 등. 2019, DeConto 등. 2021)을 겪을 수 있는 강력한 후보로, 남극에서 해수면 상승 가속화 경보를 조기에 모니터링하는 데 이상적 장소이다. 이러한 경고는 향후 수십 년 내에 관찰할 수 있다(Scambos 등. 2017).

35) 채널링(Channelling): 일반적으로 유체가 고체 충전물의 층(層) 안을 국부적으로 흐르는 현상을 가리킨다.

(5) 제6차 평가보고서(AR6) 제1 실무그룹(WG1)의 정책결정자를 위한 요약본(SPM)과 종래 IPCC 보고서 요약본의 비교(표 1.9 참조)

표 1.9 IPCC 제6차 평가보고서(AR6) 제1 실무그룹의 정책결정자를 위한 요약본(SPM)과 종래 IPCC 보고서 요약본 비교

구분	IPCC 제6차 평가보고서(AR6) WG 1의 정책결정자를 위한 요약본에서의 평가	종래 IPCC 보고서 요약본에서의 평가	
		IPCC 제5차 평가보고서(AR5) WG 1	1.5℃ 특별보고서, 토지관계 특별보고서, 해양·설빙권특별보고서
기후 시스템에 대한 인간의 영향	● 인간의 영향이 대기, 해양 및 육지를 온난화시켜 왔던 것에 의심의 여지가 없다. ● 광범위한 급속한 변화가 대기, 해양, 설빙권 및 생물권에서 일어나고 있다.	● 기후 시스템의 온난화에는 의심할 여지가 없다. ● 기후 시스템에 대한 인간의 영향은 명료하다.	
온실가스 효과	● 2019년 대기 중 온실가스 농도는, CO_2(이산화탄소): 410 ppm - 산업화(1850~1900년도) 전보다 약 47% 높음 CH_4(메탄): 1866 ppb - 산업화 전보다 약 156% 높음 N_2O(아산화질소): 332 ppb - 산업화 전보다 약 23% 높음	● 2011년의 대기 중 온실효과가스 농도는, CO_2: 391 ppm - 산업화 전보다 약 40% 높음 CH_4: 1803 ppb - 산업화 전보다 약 150% 높음 N_2O: 324 ppb - 산업화 전보다 약 20% 높음	
기온	● 산업화 이전과 비교한 세계 평균기온은, ▷ 2001~2020년: + 약 0.99℃, ▷ 2011~2020년: + 약 1.09℃* *AR5에서의 평가와의 차이 내역은, 2003~2012년 이후의 기온상승으로 + 약 0.19℃, 방법의 개량이나 자료 세트로 +약 0.1℃ ● 산업화 이전과 비교한 2011~2020년 기온상승은, ▷ 육지에서 약 +1.59℃ ▷ 해상에서 약 +0.88℃ ● 산업화 전과 비교한 인위적 기원의 기온상승량은 +약 1.07℃	● 산업화 전과 비교한 세계 평균기온은, 2003~2012년: +약 0.78℃ ● 1880~2012년의 세계 평균기온 상승량은 약 0.85℃	● 산업화 전과 비교한 세계 평균 기온 GMST[주3)]는 2006~2015년: +약 0.87℃(1.5℃ 특별보고서) ● 산업화 이전과 비교한 육지 평균기온은 2006~2015년: +약 1.53℃(토지관계 특별보고서) ● 인위적 기원의 지구온난화의 진행속도는 현재 +약 0.2℃/10년(SR1.5)

	○ 산업화 전과 비교한 2081~2100년의 세계 평균기온은, ▷SSP1-1.9: +1.0~1.8℃(약 1.4℃) ▷SSP1-2.6: +1.3~2.4℃(약 1.8℃) ▷SSP2-4.5: +2.1~3.5℃(약 2.7℃) ▷SSP3-7.9: +2.8~4.6℃(약 3.6℃) ▷SSP5-8.5: +3.3~5.7℃(약 4.4℃) 2041~2060년의 세계 평균기온은, ▷SSP1-1.9: +1.2~2.0℃(약 1.6℃) ▷SSP1-2.6: +1.3~2.2℃(약 1.7℃) ▷SSP2-4.5: +1.6~2.5℃(약 2.0℃) ▷SSP3-7.9: +1.7~2.6℃(약 2.1℃) ▷SSP5-8.5: +1.9~3.0℃(약 2.4℃) 2021~2040년의 세계 평균기온은, ▷SSP1-1.9: +1.2~1.7℃(약 1.5℃) ▷SSP1-2.6: +1.2~1.8℃(약 1.5℃) ▷SSP2-4.5: +1.2~1.8℃(약 1.5℃) ▷SSP3-7.9: +1.2~1.8℃(약 1.5℃) ▷SSP5-8.5: +1.3~1.9℃(약 1.6℃) SSP1-1.9에서는 1.5℃를 0.1℃보다 넘지 않는 범위에서 일시적으로 오버슈트	○ 1986~2005년과 비교한 2081~2100년의 세계 평균기온은, ▷RCP2.6: +0.3~1.7℃(약 1.0℃) ▷RCP4.5: +1.1~2.6℃(약 1.8℃) ▷RCP6.0: +1.4~3.1℃(약 2.2℃) ▷RCP8.5: +2.6~4.8℃(약 3.7℃) 2046~2065년의 세계 평균기온은, ▷RCP2.6: +0.4~1.6℃(약 1.0℃) ▷RCP4.5: +0.9~2.0℃(약 1.4℃) ▷RCP6.0: +0.8~1.8℃(약 1.3℃) ▷RCP8.5: +1.4~2.6℃(약 2.0℃)	○ 산업화 전과 비교한 2081~2100년의 세계 평균기온은, ▷RCP2.6: +0.9~2.4℃(약 1.6℃) ▷RCP4.5: +1.7~3.3℃(약 2.5℃) ▷RCP6.0: +2.0~3.8℃(약 2.9℃) ▷RCP8.5: +3.2~5.4℃(약 4.3℃) 2031~2050년의 세계 평균기온은, ▷RCP2.6: +1.1~2.0℃(약 1.6℃) ▷RCP4.5: +1.3~2.2℃(약 1.7℃) ▷RCP6.0: +1.2~2.0℃(약 1.6℃) ▷RCP8.5: +1.5~2.4℃(약 2.0℃)(해양·설빙권 특별보고서)
	○ 향후 수십 년간 CO_2 및 기타 온실효과 가스 배출이 대폭 감소하지 않는 한 21세기 내내 지구온난화는 1.5℃ 및 2℃를 초과 ○ 육지에서는 해면 부근보다 1.4~1.7 배의 속도로 기온이 상승 ○ 북극 지역의 기온이 세계평균의 약 2배 상승	○ 산업화 이전과 비교한 21세기 말의 세계 평균기온의 상승량은 RCP2.6을 제외한 모든 시나리오에서 1.5℃를, RCP6.0과 RCP8.5에서는 2℃를 초과 ○ 북극 지역은 세계평균보다 빠르게 온난화	○ 지구온난화가 현재의 속도로 진행될 경우 2030~2052년 사이에 1.5℃의 지구온난화에 도달(1.5℃ 특별보고서)

열대저기압	● 강한 열대 저기압(허리케인 3~5등급)의 발생 비율은 과거 40년간 증가(내부 변동만으로는 설명할 수 없다.) ● 북서 태평양의 열대 저기압은 그 강도의 피크에 이르는 위도가 북쪽으로 천이(遷移)(내부 변동만으로는 설명할 수 없다.) ● 이벤트(Event) 어트리뷰션(Attribution) 이나 물리학적인 이해는 인위적 기원의 기후변화가 열대 저기압에 수반하는 호우를 증가시켰음을 시사	● 강한 열대 저기압의 활동도는 1970년 이후 북대서양에서 증가	● 전 지구적으로 허리케인 4~5 등급의 열대 저기압 비율이 최근 수십 년간 증가(해양·설빙권 특별보고서) ● 인위적 기원의 기후변화는 인위적 기원의 강제력에 의한 열대지역의 확대와 관련하여 최근 수십 년의 서부 북태평양 열대 저기압이 생애 최대강도가 되는 위도의 극(極) 쪽으로의 이동에 영향을 미칠지도 모른다.(해양·설빙권 특별보고서) ● 인위적 기원의 기후변화는 열대 저기압과 함께 관측된 강수, 바람 및 극단적인 해수면 수위를 증대시키고 있다(해양·설빙권 특별보고서).
	○ 매우 강한 열대 저기압(허리케인 4~5 등급)의 발생 비율과 강도 최대 규모의 열대 저기압의 피크시 풍속은 전 지구적 규모에서는 지구온난화의 진행과 함께 상승	○ 북서 태평양과 북대서양에서는 강한 열대 저기압의 활동도가 증가	○ 열대 저기압의 평균 강도, 허리케인 4~5등급의 열대 저기압 비율 및 열대 저기압에 따른 강수량의 평균은 2℃의 지구온난화의 경우 어느 기준 기간과 비교해도 증가(해양·설빙권 특별보고서) ○ 열대 저기압에 수반되는 강한 강수는 1.5℃의 지구온난화의 경우보다 2℃의 지구온난화의 경우가 증가(1.5℃ 특별보고서).

설빙권(雪氷圈)	● 북극의 해빙은 1979~1988년부터 2010~2019년 사이에 9월 40%, 3월 10% 감소 ● 인간의 영향은 1950년 이후 북반구 봄의 적설 면적 감소에 기여 ○ 5가지 시나리오(SSP) 모두, 북극권에서는 2050년까지 9월(1회 이상)에 실질적으로 해빙이 없는 상태가 된다. ○ 빙하의 융해는 수십 년에서 수 세기에 걸쳐 계속된다. ○ 21세기 동안 그린란드 빙상 손실 지속 ○ 융해된 영구동토층으로부터의 탄소의 유출은 백년의 시간 규모(Time Scale)로 불가역적	● 1979~2012년 북극 지역 연평균 해빙 면적 감소 비율은 3.5~4.1%(45~51만㎢)/10년 ● 1967~2012년 북반구 적설 면적의 감소율은, 3월과 4월 평균: 약 1.6%/10년, 6월: 약 11.7%/10년 ○ RCP8.5 시나리오에서는 21세기 중반까지 9월의 북극해에서 해빙이 실질적으로 존재하지 않는 상태가 된다. ○ 21세기 동안, 전 지구 평균 지상 기온의 상승과 함께, 북극역의 해빙 면적이 축소해, 두께가 계속 얇아지는 것, 또 북반구의 춘계의 적설 면적이 감소할 가능성은 매우 크다. 세계적인 규모로 빙하의 부피는 더욱 감소할 것이다.	● 1979~2018년 9월 북극 지역의 해빙 면적 감소율은 12.8 ± 2.3%/10년(해양·설빙권 특별보고서) ● 북극 지역의 6월 적설 면적은 1967~2018년 사이 13.4±5.4%/10년의 속도로 합계 약 250만㎢ 감소(해양·설빙권 특별보고서) ● 수 세기 내에 수 미터의 해수면 수위 상승을 일으킬 가능성이 있는 남극에 있어서 얼음의 유출 및 후퇴의 가속화가 관측되고 있다. (해양·설빙권 특별보고서) ○ 1.5℃ 및 2℃의 지구온난화의 경우에 북극해에서 여름 해빙이 실질적으로 존재하지 않을 확률은, 1.5℃: 100년에 1번의 비율, 2℃: 적어도 10년에 1회(1.5℃ 지구온난화) ○ 지구온난화가 1.5℃ 및 2℃에서 안정되었을 경우에 21세기말까지 북극해에서 9월에 실질적으로 해빙이 없는 상태가 될 확률은, 1.5℃: 약 1% 2℃: 10~35% (해양·설빙권 특별보고서) ○ 2015~2100년에 예측되는 빙하의 질량 감소는 RCP2.6:18±7%(해수면 상승 환산 94± 25 mm), RCP8.5:36±11%(해수면 상승 환산 2004±44 mm)(해양·설빙권 특별보고서)

해수면	● 전(全) 지구 평균 해수면은 1901~2018년 사이에 약 0.20 m 상승 ● 전 지구 평균 해수면 상승률은, ▷1901~1971년: 약 1.3 mm/년 ▷1971~2006년: 약 1.9 mm/년 ▷2006~2018년: 약 3.7 mm/년 ● 전 지구 평균 해수면은 1901~2010년 사이에 약 0.19 m 상승 ● 전 지구 평균 해수면의 상승률은, ▷1901~2010년: 약 1.7 mm/년 ▷1971~2010년: 약 2.0 mm/년 ▷1993~2010년: 약 3.2 mm/년 ● 전 지구 평균 해수면은, 1902~2010년 사이에 약 0.16 m 상승 (해양·설빙권 특별보고서) ● 전 지구 평균 해수면의 상승률은, ▷1901~1990년: 약 1.4 mm/년 ▷2006~2015년: 약 3.6 mm/년 (해양·설빙권 특별보고서) ● 1971~2018년의 해수면 상승 요인은, ▷열팽창: 약 50% ▷빙하 감소: 약 22% ▷빙상 감소*: 약 20% ▷육지의 저류량 변화: 약 8% *빙상(氷床) 감소율은 1992~1999년과 2010~2019년 사이에 4배로 증가 ● 적어도 1971년 이후에 관측된 전 지구 평균 해수면 상승의 주요인은 인간 활동이다.	● 전 지구 평균 해수면은 1901~2010년 사이에 약 0.19 m 상승 ● 전 지구 평균 해수면의 상승률은, ▷1901~2010년: 약 1.7 mm/년 ▷1971~2010년: 약 2.0 mm/년 ▷1993~2010년: 약 3.2 mm/년 ● 1970년대 초 이후의 해수면 상승에 대해서는, 지구온난화로 인한 빙하의 질량 감소와 해양의 열팽창을 합하면 관측된 전 지구 평균 해수면 상승의 약 75%를 해당된다.	● 전 지구 평균 해수면은, 1902~2010년 사이에 약 0.16 m 상승(해양·설빙권 특별보고서) ● 전 지구 평균 해수면의 상승률은, ▷1901~1990년: 약 1.4 mm/년 ▷2006~2015년: 약 3.6 mm/년 (해양·설빙권 특별보고서) ● 2006~2015년 전 지구 평균 해수면 상승에서 빙상 및 빙하에 의한 기여가 약 1.8 mm/년으로 가장 크고, 해양의 열팽창에 의한 기여는 약 1.4 mm/년 (해양·설빙권 특별보고서) ● 1970년 이후의 전 지구 해수면 상승의 지배적인 원인은 인위적 기원의 강제력(해양·설빙권 특별보고서)

해수면	○ 1995~2014년을 기준으로 한 2100년까지의 세계 평균 해수면 수위 상승량은, SSP1-1.9: 0.28~0.55 m SSP1-2.6: 0.32~0.62 m SSP2-4.5: 0.44~0.76 m SSP5-8.5: 0.63~1.01 m ○ 지역적인 평균 해수면 수위 상승량은 세계 연안부의 약 3분의 2에서는 세계 평균의 ±20% 이내 ○ 해양심부의 온난화와 빙상의 융해가 계속되기 때문에 해수면은 수백 년에서 수 천 년에 걸쳐 계속 상승하고, 상승한 상태가 다시 수 천 년에 걸쳐 계속	○ 1986~2005년을 기준으로 한 2081~2100년의 전 지구 평균 해수면 상승량은, ▷RCP2.6: 0.26~0.55 m ▷RCP4.5: 0.32~0.63 m ▷RCP6.0: 0.33~0.63 m ▷RCP8.5: 0.45~0.82 m ○ 2081~2100년의 해수면 상승률은 8~16 mm/년 ○ 열팽창에 기인하는 해수면 상승은 수 세기에 걸쳐 계속되기 때문에 2100년 이후에도 전 지구 평균 해수면 상승이 계속될 예정이다.	○ 1986~2005년을 기준으로 한 전 지구 평균 해수면 상승량은 2081~2100년에 ▷RCP2.6: 0.26~0.53 m ▷RCP8.5: 0.51~0.92 m 2100년에 ▷RCP2.6: 0.29~0.59 m ▷RCP8.5: 0.61~1.10 m (해양·설빙권 특별보고서) ○ 2300년까지의 해수면 상승량은 RCP 2.6에서 0.6~1.07 m, RCP 8.5에서 2.4~5.4 m (해양·설빙권 특별보고서) ○ 2100년의 해수면 상승률은, ▷RCP2.6: 약 4 mm/년 ▷RCP8.5: 약 15 mm/년 (해양·설빙권 특별보고서) ○ 21세기에 지구온난화가 1.5℃로 억제되었다고 해도 2100년 이후에도 해수면 수위 상승은 계속(1.5℃ 특별보고서)
		● 1970년 이후 극단적으로 높은 조위(潮位) 발생빈도 증가	
극단 해수면	○ 과거 백 년에 1회 발생한 것과 같은 극단 해수면이 2100년까지는 모든 조위계 설치 장소의 반수 이상에서 적어도 연 1회 발생 ✓ 해수면 상승은 저지대(低地帶) 연안부에 있어서 침수의 빈발화(頻發化)와 심각화 및 대부분 사빈(砂濱)해안에 있어서의 침식 유발	○ 21세기 말에는 극단적으로 높은 조위 발생빈도가 증가	○ 역사적으로는 백 년에 한 번의 확률로 발생한 것과 같은 국소적인 해수면이 모든 RCP 시나리오에서 2100년까지는 대부분 장소에서 적어도 매년 발생 (해양·설빙권 특별보고서)

9) 제6차 평가보고서(AR6, Sixth Assessment Report) 종합보고서(정책결정자를 위한 요약본(SPM), 2023년 공표)-해수면 변동[9]

(1) 전 지구 평균 해수면 변동에 대한 현황과 장래 경향

기후변화로 대기, 설빙권 및 생물권에서 광범위하고 급격한 변화가 발생하고 있다. 인간이 초래한 기후변화는 이미 전 세계 모든 지역에 많은 날씨와 극단 기후에 영향을 미치고 있다. 이에 따라 자연과 사람에 대한 광범위한 악영향과 이와 관련된 손실과 피해가 발생하고 있다. 역사적으로 현재의 기후변화에 가장 적게 영향을 받은 취약한 커뮤니티는 불균형적으로 영향을 받는다. 인간의 영향이 대기, 해양 및 육지를 온난화시켜 왔다는 것은 의심의 여지가 없다. 1901년과 2018년 사이에 전 지구 평균 해수면은 0.20 m(0.15~0.25 m) 증가하였다. 평균 해수면 상승률은 1901~1971년 사이에 1.3 ㎜/년(0.6~2.1 ㎜/년), 1971~2006년 사이에 1.9 ㎜/년(0.8~2.9 ㎜/년), 2006년과 2018년 사이에는 더 증가하여 3.7 ㎜/년(3.2~4.2 ㎜/년)까지 증가하였다. 기후변화는 육지, 담수, 설빙권, 연안 및 해양 생태계에 상당한 피해를 주고, 점점 돌이킬 수 없는 손실을 초래하고 있다. 일부 생태계에 미치는 영향, 예를 들어 빙하 후퇴로 인한 수문학적 변화의 영향, 일부 산의 변화 및 영구동토층 해빙으로 인한 북극 생태계의 변화 등은 비가역성에 접근하고 있다. 온난화가 심해짐에 따라 모든 지역은 점점 더 기후 영향 요인의 동시 변화 및 다중 변화를 경험할 것이다. 복합적인 폭염(暴炎)과 가뭄은 여러 지역에서 동시에 발생하는 것을 포함하여 더 빈번해질 것이다. 예상되는 다른 지역적 변화는 열대저기압 또는 온대성 폭풍의 강화, 건조 및 산불 날씨의 증가를 포함한다. 기후변화로 인한 리스크, 예상되는 악영향 및 이와 관련된 손실과 피해는 지구온난화가 증가할 때마다 증가할 것이다. 현재보다 1.5℃의 지구온난화에서 더 높고, 2℃의 경우에서는 한층 더 높다. IPCC 5차 평가보고서(AR5)와 비교하여 지구온난화 수준이 더 낮은 수준에서도 총 리스크 수준이 최근 관측된 영향의 증거, 적응 한계를 포함하여, 인간과 자연 시스템의 노출 및 취약성에 대한 새로운 지식에 따르면, 높음으로부터 매우 높음으로 변화하였다고 평가된다. 전 지구 지표면 온도를 제한해도 수십 년 또는 더 긴 대응 시간 규모를 갖는 기후 시스템 구성 요소의 지속적인 변화를 막지는 못한다. 해수면 상승은 지속적인 심해 온난화와 빙상 융해로 인해 수 세기에서 수천 년 동안 피할 수 없으며, 해수면은 수 천년 동안 상승한 상태를 유지할 것이다. 그러나 심층적이고, 신속하며, 지속적인 온실가스 배출감축은 추가적인 해수면 상승 가속화와 잠재적으로 예상되는 장기적인 해수면 상승을 제한할 것이다. 1995~2014년 대비 SSP1-1.9 온실가스 배출 시나리오 하에서 전 지구 평균 해수면 상승 가능성은 2050년까지 0.15~0.23 m, 2100년까지 0.28~0.55 m이다. 반면에 SSP5-8.5 온실가스 배출량 시나리오의 경우 2050년까지 0.20~0.29 m, 2100년까지 0.63~1.01 m이다. 향후 2000년 동안 전 지구 평균 해수면은 온난화가 1.5℃로 제한되면 약 2~3 m, 2℃로 제한되면 2~6 m 상승할 것이다. 해수면 상승은 지속적인 심해 온난화와 빙상 융해로 인해 수 세기에서 수천 년 동안 피할 수 없으며 해수면은 수천 년 동안 상승한 상태를 유지할 것이다. 전 지구 평균 해수면 상승은 21세기에도 계속될 것이며, 전 지구 해안선의 2/3을 따라 전 지구 평균 20% 이내의 지역에서 상대적 해수면이 상승할 것이다. 한계치 초과의 규모, 속도, 시기 및 해수면 상승의 장기적 영향은 배출

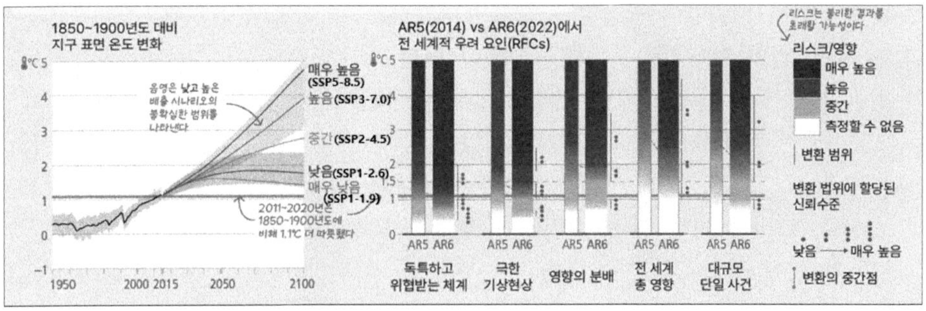

(a) 낮은 지구온난화 수준에서 높은 리스크가 발생할 것으로 평가

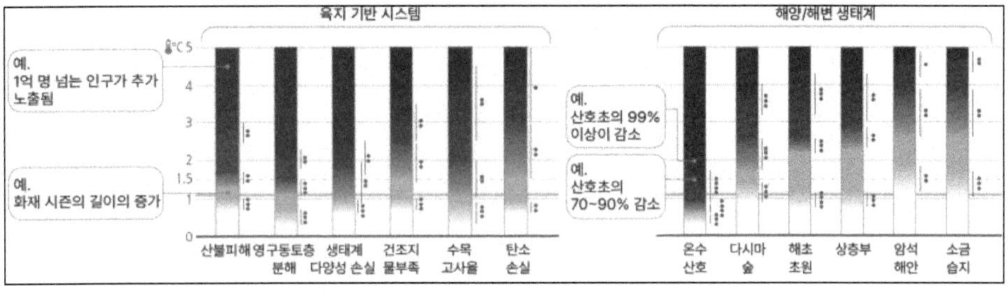

(b) 시스템에 따라 다른 리스크

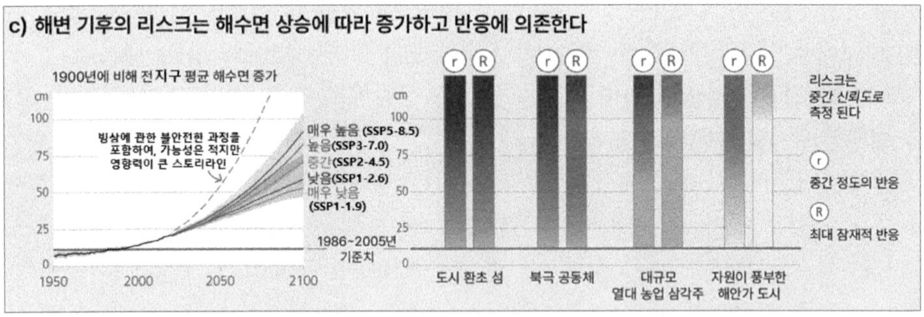

(c) 해수면 상승에 따라 증가하고 반응에 의존하는 연안 기후의 리스크

【(a) 1850~1900년 대비 ℃ 단위로 전 지구 지표면 온도변화를 나타낸다. 이러한 변화는 CMIP모델 시뮬레이션을 과거에 시뮬레이션된 온난화에 기반한 관측 제약 조건과 평형 기후 민감도의 업데이트된 평가를 결합하여 얻은 것이다. 낮고 높은 온실가스(GHG: Green House Gas) 배출 시나리오에 대한 가능성이 매우 높은 범위가 표시된다 (SSP1-2.6 및 SSP3-7.0)(왼쪽). AR6(두꺼운 불씨) 및 AR5(얇은 불씨) 평가를 비교한 전 지구 우려 요인(RFC, Reasons for Concern). 리스크 전환은 일반적으로 업데이트된 과학적 이해와 함께 더 낮은 온도로 이동했다. 적응이 적거나 없다고 가정하여 각 RFC에 대한 다이어그램이 표시된다. 선은 AR5와 AR6에서 중간 리스크에서 높은 리스크로 전환되는 중간 지점을 연결한다(오른쪽). (b) 육지와 해양생태계에 대한 선택된 전 지구 리스크는 적응이 낮거나 전혀 없는 지구온난화 수준으로 리스크가 일반적으로 증가함을 보여준다. (c) 1900년 대비 ㎝ 단위의 전 지구 평균 해수면의 변화. 역사적 변화(검은색)는 1992년 이전의 조위계와 이후의 인공위성에 탑재된 고도계로 관측하였다. 2100년까지의 장래 변화(회색 선 및 음영)는 CMIP, 빙상 및 빙하 모델의 시뮬레이션을 기반으로 하는 관측 제약 조건으로 일관되게 평가되며 SSP1-2.6 및 SSP3-7.0에 대한 가능성의 범위가 표시된다. 오른쪽 - SROCC 기준 기간(1986~2005년)과 관련하여 두가지 대응 시나리오 하에서 평균 및 극단 해수면 변화로 인해 2100년에 4개의 예시가 되는 해안 지역에 대한 연안 침수, 침식 및 염류화의 통합 리스크 평가는 평균 해수면 상승으로 직접적으로 유발된 것 이상의 극단 해수면 변화를 설명하지 않는다. 극단 해수면의 다른 변화를 고려하면(예: 저기압 강도의 변화로 인해) 리스크 수준이 증가할 수 있다. "중간 정도의 대응 없음"은 현재의 노력을 설명한다(즉, 더 이상 중요한 조치 또는 새로운 유형의 조치가 없음). "최대 잠재적 대응"은 최소한의 재정적, 사회적 및 정치적 장벽을 가정하고 현재와 비교하여 최대한으로 이행된 대응 및 상당한 추가적 노력의 조합을 나타낸다. (여기에서, '현재'는 2019년을 나타낸다.) 평가 기준은 노출 및 취약성, 연안 재난, 현장 대응 및 계획된 재배치를 포함한다. 계획된 재배치는 관리된 후퇴 또는 재정착을 의미한다. 그래프는 불꽃모양(문헌을 기반으로 전문가가 추출한 결과)으로 정확한 색상 파악을 알려면 출처를 참고하기 바란다.】

그림 1.26 평가된 기후 결과와 관련한 전 지구 및 지역 기후 리스크의 하위 집합

량에 달려있으며, 배출량이 많을수록 해수면 상승속도가 더욱 빨라진다. 상대적 해수면 상승으로 인해 최근 과거 100년에 한 번 발생했던 극단 해수면 현상이 2100년까지 모든 조위계 위치의 절반 이상에서 적어도 매년 발생할 것이며, 해안 생태계, 사람 및 기반시설에 대한 리스크는 2100년 이후에도 계속 증가할 것이다(그림 1.26 참조). 2℃에서 3℃ 사이의 지속적인 온난화 수준에서 그린란드와 서남극 빙상은 수천 년에 걸쳐서 거의 완전히 그리고 돌이킬 수 없게 소실될 것이다. 빙하 질량 손실의 확률과 속도는 전 지구 지표면 온도가 높을수록 증가한다. 수 천 년에 걸친 전 지구 평균 해수면 상승의 전망은 과거 온난한 기후 동안 재구성된 수준과 일치한다. 전 지구 평균 해수면은 지구 온도가 1850~1900년보다 2.5~4℃ 높았을 때인 대략 300만 년 전에 오늘날보다 5~25 m 더 높았을 가능성이 크다. 수십 년 또는 더 긴 대응 시간 규모로 인한 기후 시스템의 피할 수 없는 변화의 추가적인 예에는 지속적인 빙하 용해 및 영구동토층 탄소 손실이 포함된다. 잠재적으로 매우 큰 영향에 관련된 가능성이 작은 결과의 확률은 지구온난화 수준이 높을수록 증가한다. 주어진 시나리오에 대해 매우 가능성이 큰 범위의 평가 이상의 상당한 수준의 온난화를 배제할 수 없으며, 이는 기후 시스템의 여러 측면에서 평가된 것보다 더 큰 지역적 변화로 이어질 것이라는 높은 신뢰도가 있다. 주어진 온실가스 배출 시나리오에 대해 가능성이 매우 큰 평가 범위 내에서 지구온난화에 대해서도 지역 규모의 가능성이 작지만, 영향이 큰 결과가 발생할 수 있다. 전 지구 평균 해수면이 예상범위 - 매우 많은 온실가스 배출 시나리오 (SSP5-8.5) 하에서 2100년까지 2 m에 근접하고, 2300년까지 15 m를 초과하는 - 이상으로 상승하는 것은 빙상 과정의 깊은 불확실성으로 인해 배제할 수 없으며 저지대 연안역의 인구에 심각한 영향을 미칠 것이다. 또한, 해안가 인간 거주지를 잠식하고 해안 기반시설을 손상하는 지속적인 해수면 상승과 극단 해수면 현상의 내습 빈도와 규모 증가, 저지대 해안 생태계의 침수 및 손실, 토지 염류화 확대, 이로 인한 생계, 건강, 복지, 문화적 가치, 식량 및 물 안보에 대한 리스크를 발생시킬 것이다(그림 1.26 참조).

(2) 전 지구 평균 해수면 변동에 대한 대응

해수면 상승은 서서히 진행되는 변화와 극단 해수면 현상의 발생빈도 및 규모 증가에 대한 모두의 원인이 되므로 독특하고 심각한 적응 문제를 제기한다. 이러한 적응 문제는 높은 해수면 상승률에서 훨씬 더 일찍 발생할 것이다. 진행 중인 해수면 상승 및 지반침하에 대한 대응에는 방호, 수용, 선제적 이주 및 계획된 이주가 포함된다. 이러한 대응은 결합 및/또는 순서화되고 미리 계획되며 사회문화적 가치와 일치하고, 포괄적인 지역사회 참여 과정의 지원을 제공받는경우 더 효과적이다. 습지와 같은 생태계-기반 해법은 환경 및 기후 완화에 대한 공동 혜택을 제공하고 침수 방호 비용을 절감하지만, 최소한 1.5℃ 이상의 지구온난화에서는 장소에 따라 물리적 한계를 갖고 있으며, 0.5~1 ㎝/년을 넘는 높은 해수면 상승률에서는 효과를 상실한다. 방조제는 단기적으로 영향을 효과적으로 줄일 수 있지만, 장기 적응 계획에 통합되지 않는 한 장기적으로 고착화(固着化)하여, 기후 리스크에 대한 노출이 증가할 수 있으므로 비적응적(非適應的)일 수 있다(그림 1.27 참조).

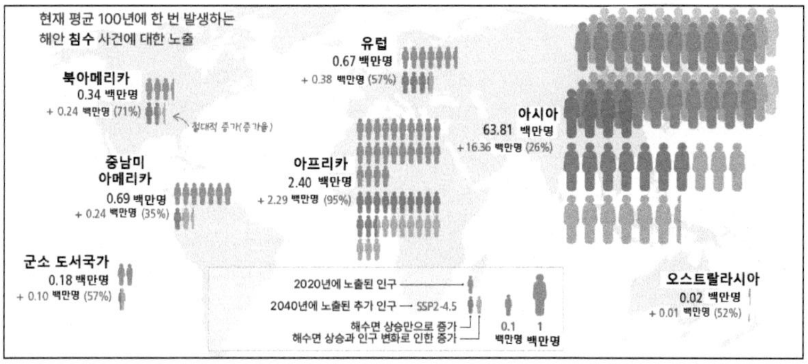

(a) 2020~2040년까지 해수면 상승에 노출된 인구 증가

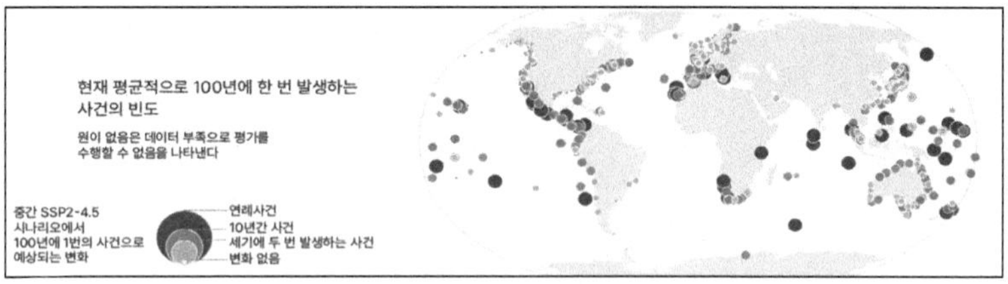

(b) 2040년까지 극단 해수면 현상의 빈도 증가

【(a) 연안 침수 현상은 인구의 많은 비율이 노출되는 인구밀도가 높은 전 세계의 여러 지역에 영향을 미친다. 이 패널은 중간 온실가스 배출 시나리오(SSP2-4.5)와 현재 적응 조치를 기반으로 2020년에서 2040년(해수면 상승 및 인구 변화로 인한)의 증가로 묘사된 100년간의 침수 현상에 노출된 인구의 단기 예상 증가를 나타낸다. 장래 해수면 상승으로 인한 연안 지역에서의 이주는 시나리오에서 고려하지 않는다. (b)는 2040년에 평균 해수면 상승, 조수 및 폭풍해일의 조합으로 인한 극단 수위의 중앙치 확률을 예측했으며, 이는 과거 연평균 1%의 확률이었다. 원의 정확한 색상 파악을 알려면 출처를 참고하기 바란다.】

그림 1.27 단기적으로 더 심각하거나 빈번한 복합 및/또는 연속적인 기후 리스크에 직면 하는 전 지구(全地球)(위해(危害) 정도, 노출된 인구, 사람, 자산, 또는 생태계 취약성 정도의 변화로 발생하는 리스크의 변화)

가) 평균 해수면 상승의 대응

① 해수면 상승에 대한 통합적 대응

연안 지역사회는 이용할 수 있는 수단의 비용, 편익 및 상충이 균형을 이루고 시간의 흐름에 따라 조정할 수 있도록 평균 해수면 상승에 대한 특정 상황별 대응과 통합적인 대응책을 만들어내야 하는 어려운 선택에 직면해 있다. 통합적 대응에서 중요한 역할을 하는 유형으로서는 5가지로 i) 방호, ii) 순응, iii) 확장, iv) 후퇴, v) 생태계-기반의 적응이 있다(그림 1.28. 표 1.10 참조).

i) 방호(防護, Protection)는 평균 해수면 또는 극단 해수면(ESL, Extreme Sea Levels)의 내륙 진행 및 다른 영향을 차단함으로써 연안 리스크와 영향을 감소시킨다(그림 1.28(b) 참조). 방호에는 다음을 포함한다. ⓐ 침수, 침식 및 염수침입으로부터 방호하기 위한 해안 제방, 방조제, 방파제 및 흉벽(胸壁)(하드 구조물(경성공법)이라고도 한다.), ⓑ 양빈(養浜)과 사구(砂丘)와 같은 표사기반(漂砂基盤) 방호(소프트 구조물(연성공법)이라고도 한다.), ⓒ 생태계-기반 적응(EbA, Ecosystem-based Adaptation).

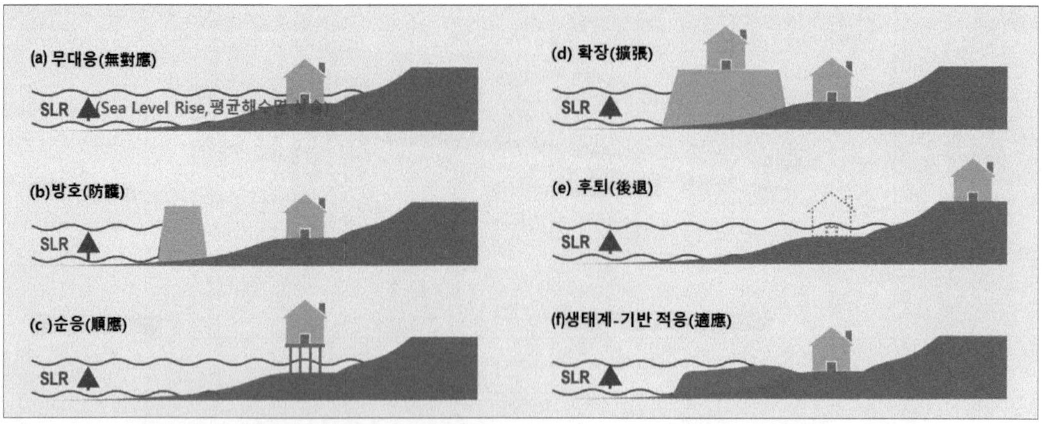

그림 1.28 연안 지역 리스크와 평균 해수면 상승 시 대응책을 나타내는 개념도

또한, 상기 3개 방법을 서로 조합하여 적용하는 하이브리드 대책(Hybrid Measures)으로 일컫는 대책이 있다. 예를 들어, 서식지 형성을 위한 틈새를 보완하도록 특별히 설계된 방조제 앞면에 습지 그린벨트가 이에 해당한다.

ii) 순응(順應, Accommodation)은 해안 거주자, 인간 활동, 생태계 및 인공적으로 조성되는 환경의 취약성을 감소시켜 연안 리스크와 영향을 완화하는 다양한 생물·물리학적 및 제도적 대응을 포함한다(그림 1.28(c) 참조). 따라서 리스크 발생 수준이 증가에도 불구하고 연안 지역의 거주성(居住性)이 가능해진다. 침식 및 침수에 대한 순응 조치에는 건축법규, 주택증고(住宅增高)(예: 기둥을 사용한다.), 높은 층으로의 자산(資産) 이동, 부유식 주택과 정원 등이 있다. 또한, 염분 침입에 대한 순응 조치에는 토지이용의 변화(예: 벼농사로부터 기수성[36](汽水性)/염분 새우 양식업으로 전환) 또는 염분 내성 작물의 품종에 대한 변화가 포함된다. 제도적 대응에는 조기경보 시스템(EWS, Early Warning Systems), 비상계획, 보험 계획 및 세트백(Set Back) 구역이 있다.

iii) 확장(擴張, Advance)은 바다 쪽으로 신규 토지를 매립(埋立) 후 조성함으로써 배후지와 새로 증고된 토지에 대한 연안 리스크를 줄인다(그림 1.28(d) 참조). 여기에는 펌핑(Pumping)된 모래나 다른 주입재(注入材)로 매립한 토지, 폴더리제이션(Polderisation)으로 불리는 배수로 및 펌핑 시스템이 필요한 해안제방으로 둘러싸인 주변 저지대와 자연적인 토지의 확대와 같은 자연적 접근을 지원하기 위해 특별한 의도를 가지고 심는 식물재배를 포함한다.

iv) 후퇴(後退, Retreat)는 연안 재난 위험에 노출된 사람 및 자산을 연안위험 구역 밖으로 이동시킴으로써 연안 리스크를 감소시킨다(그림 1.28(e) 참조). 여기에는 다음과 같이 3가지 하위 범주로 나눌 수 있다. ⓐ 이주(移住, Migration) - 적어도 1년 이상 개인이 자발적으로 영구적 또는 반영구적인 이동을 말한다. ⓑ 피난(避難, Displacement) - 환경 관련 영향 또는 정치적· 군사적 불안으로 인한 사람들의 무의식적이고 예기치 못한 이동을 가리

36) 기수성(汽水性, Brackish): 하구역, 내만(內灣) 또는 석호 등에 해수와 담수의 혼합으로 발생한 저염분의 물을 말한다.

킨다. ⓒ 재배치(再配置, Relocation) - 재정착, 관리적 후퇴·재배치라고도 하며, 이는 일반적으로 국가적 차원으로부터 지역적 차원에 이르기까지 정부가 착수, 감독 및 시행하며 소규모 현장 및/또는 지역사회를 포함한다. 새로운 주거지를 조성하기 위한 관리적 재배치도 할 수 있다. 이 3가지 하위 범주는 명확하게 분리할 수 없다. 모든 가구(家口)의 후퇴 결정은 이론적으로 '자발적' 수 있지만, 실제로는 매우 제한된 선택에서 비롯될 수 있다. 피난은 분명히 극단 사건에 대응하여야 하지만, 이런 후퇴 중 일부는 다른 선택이 있을 수 있다. 재배치 프로그램은 가구(家口)가 자발적으로 선택한 토지를 국가나 지방자치단체에서 예산으로 전부 또는 일부를 매입하는 유인책(Incentive)을 제공함으로써 이룰 수 있다. 후퇴 및 기타 대응 조치에 대한 필요성은 심각한 해수면 상승 위험에 노출되기 쉬운 지역에서의 신규개발을 하지 않음으로써 줄일 수 있다.

v) 생태계를 활용한 적응(EbA, Ecosystem-based Adaptation)은 생태계의 지속 가능한 관리, 보존 및 복원을 기반으로 하는 방호 및 사전 편익의 조합을 제공한다(그림 1.27(f) 참조). 습지나 암초와 같은 연안 생태계의 보전이나 복원을 예로 들 수 있다. 생태계를 활용한 적응(EbA) 대책은 ⓐ 습지대(濕地帶) 경우 폭풍해일 내습 시 장애물로 작용하며 완충공간을 제공하여 파랑을 감쇄시킴으로써 해안선을 방호한다. ⓑ 연안 퇴적물을 포착하여 안정화되면 침식률을 감소시켜 표고(標高)를 증대시킨다. 또한, 생태계-기반 적응(EbA, '3장 연안 자연-기반 해법' 참조)은 자연-기반 특징, 자연-기반 해법(NbS, Nature-based Solution), 생태 공학, 생태계-기반 재난 위험 감소 또는 녹색 기반시설을 비롯한 여러 다른 이름으로도 부른다.

나) 해수면 상승에 대한 대응: 연안 방재[2](그림 1.28 참조)

해수면이 더 높이 상승할수록, 연안 방재는 더욱 어려워진다. 이는 기술적 한계라기보다 주로 경제적, 재정적 및 사회적 장애 때문이다. 따라서 향후 수십 년간 연안의 도시화와 인간으로 인한 지반침하 같은 노출 및 취약성의 지역적 원인을 줄이면 효과적인 대응이 가능해진다. 공간이 제한되고 노출된 자산의 가치가 높은 곳(예: 연안 도시)은 21세기 동안 경성방재(硬性防災, Hard Protection)(예: 해안제방, 호안, 방조제 등)가 특수 상황을 고려한 비용 효율적인 대응 수단이 될 것이지만 예산 투입이 제한된 지역에서는 이러한 투자를 할 여건이 되지 않을 수 있다. 공간이 있는 경우, 생태계-기반의 적응은 연안의 리스크를 줄일 뿐 아니라 탄소 저장, 수질 개선, 생물 다양성 보전 및 생계 지원 등 여러 가지 편익을제공할 수 있다(표 1.10 참조).

표 1.10 평균 해수면 및 극단 해수면의 상승에 대한 대응

<table>
<tr><th colspan="2">대응</th><th>해수면 상승 리스크(기술적/생물 물리학적 한계)를 감소시키는 관점에서 잠재적 효과</th><th>장점 (리스크 저감 이후)</th><th>공동 편익</th><th>단점</th><th>경제적 효율성</th><th>거버넌스 과제</th></tr>
<tr><td colspan="2">경성방재
(硬性防災)</td><td>• 최대 수 m의 해수면 상승.</td><td>• 예측 가능한 안전 수준.</td><td>• 레크리에이션을 위한 해안 제방 또는 기타 토지의 사용.</td><td>• 연안 축소를 통한 서식지의 파괴, 침수 및 침식에 의한 연안 표사, 고착, 방호실패에 따른 파괴적인 결과에 도달할 수 있음.</td><td>• 도시화가 많이 진전된 연안 그리고 인구밀도가 높은 연안 지역에서 찾아볼 수 있음.</td><td>• 빈곤 지역에서는 종종 적용 곤란.
• 목적 간의 갈등(예: 보존, 안전과 관광), 공공 예산의 배분에 관한 갈등, 재정부족.</td></tr>
<tr><td colspan="2">퇴적물 기반의 보호</td><td>• 효과적이지만, 침전물 가용성에 따라 다름.</td><td>• 높은 유연성.</td><td>• 레크리에이션/관광을 위한 해안 보존.</td><td>• 침전물 원천인 서식지의 파괴.</td><td>• 관광 매출이 높은 경우에 해당.</td><td>• 공공 예산의 배분에 관한 갈등.</td></tr>
<tr><td rowspan="4">생태계 기반의 적응</td><td>산호(珊瑚) 보전</td><td rowspan="2">• 0.5 cm/년 해수면 상승까지 효과적임. ••
• 해양 온난화 및 산성화로 인해 강하게 제한됨.
• 1.5℃ 지구온난화에서는 제한적이지만, 2℃ 지구온난화 시 대부분 장소에서 소실됨.•••</td><td rowspan="4">• 지역사회 참여기회.</td><td rowspan="4">• 서식지 획득, 생물다양성, 탄소격리, 관광소득, 수산업 생산성 강화, 수질 개선.
• 식품, 의약품, 연료, 목재 및 문화적 편익을 제공함.</td><td>• 장기적 효과는 해양 온난화, 산성화 및 배출량 시나리오에 따라 다름.</td><td rowspan="4">• 비용-편익 부분에 대한 제한된 증거.
• 인구밀도와 토지의 이용 가능성에 따라 다름.</td><td rowspan="4">• 인·허가(認·許可)를 얻기 어려움.
• 재정 부족.
• 보존 정책 집행의 미흡.
• 단기적인 경제적 이익과 토지의 이용 가능으로 인해 생태계 기반 적응(EbA) 수단이 각하(却下)됨.</td></tr>
<tr><td>산호 복원</td><td>• 안전 수준의 예측 어려움.
• 개발이익 미실현.</td></tr>
<tr><td>산호 복원</td><td rowspan="2">• 0.5~1cm/년 해수면 상승까지 효과적임.••
• 2℃ 지구온난화에서는 감소됨. •••</td><td rowspan="2">• 안전 수준의 예측 어려움.
• 넓은 토지 필요, 육지 쪽으로의 생태계 확장에 있어서는 장애를 제거해야 함.</td></tr>
<tr><td>습지 복원 (염습지, 맹그로브)</td></tr>
<tr><td colspan="2">해안선 확장</td><td>• 최대 몇 m의 해수면 상승까지. •••</td><td>• 예측 가능한 안전 수준</td><td>• 적응에 필요한 재정을 확보하는데 사용가능한 토지 및 토지판매수익을 창출함.</td><td>• 지하수의 염류화, 연안 생태계 및 서식지의 침식과 손실 증대.</td><td>• 토지가격이 높으면 매우 높음.
• 대부분 도심지 연안에서 찾아볼 수 있음.</td><td>• 빈곤 지역은 종종 적용 곤란.
• 새로운 토지 접근과 배분에 관한 사회적 갈등 야기.</td></tr>
<tr><td colspan="2">연안지역의 순응
(건물침수방지, 침수발생에 대비한 조기경보시스템 등)</td><td>• 작은 해수면상승에 매우 효과적임. •••</td><td>• 성숙된 기술.
• 침수 중 쌓인 퇴적물은 표고(標高)를 높일 수 있음.</td><td>• 경관의 연속성 유지.</td><td>• 침수/영향을 방지하지 못함.</td><td>• 조기 경보 시스템 및 건물 표고에 따라서 매우 높음.</td><td>• 조기 경보 시스템은 효과적인 제도 정비가 필요함.</td></tr>
<tr><td rowspan="2">후퇴</td><td>계획된 이전</td><td>• 대안이 되는 안전한 장소가 있을 경우 효과적임. •••</td><td>• 원래 장소의 해수면 리스크 제거 가능.</td><td>• 개선된 서비스(건강, 교육, 주거), 취업 기회 및 경제적 성장에 이용 가능.</td><td>• 사회적 결손, 문화적 정체성 및 복지의 상실.
• 서비스(건강, 교육, 주거), 취업 기회 및 경제적 성장의 쇠퇴.</td><td>• 제한된 근거</td><td>• 주민을 이주시킴에 따라 원래 거주지 및 목적지로부터 이전함으로써 생기는 다양한 이해관계의 조화.</td></tr>
<tr><td>강제 퇴거</td><td>• 원래 거주지의 즉각적인 리스크만 대응.</td><td>• 해당 없음.</td><td>• 해당 없음.</td><td>• 생명 상실부터 생계 및 주권의 상실까지 해당.</td><td>• 해당 없음</td><td>• 생계, 인권 및 형평성에 관한 복잡한 인도주의적 문제가 제기됨.</td></tr>
</table>

*신뢰도 수준(효과를 평가): •••• = 매우 높음; ••• = 높음; •• = 중간; • = 낮음

*이 표는 대응 수단과 그 특성을 정리한 것으로, 모든 수단을 포함하지는 않으며, 대응이 적용 가능한지는 지형과 상황에 따라 다르다.

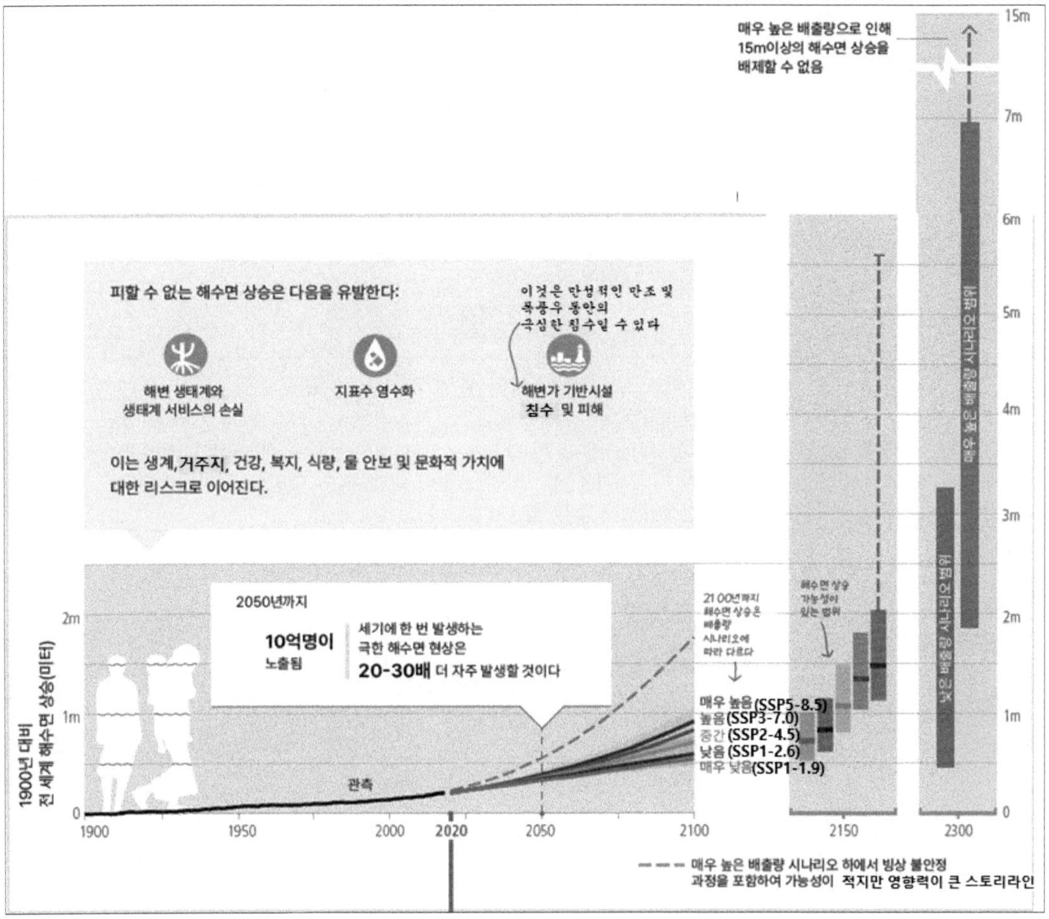

(a) 해수면 상승: 2020~2100년, 2150년, 2300년의 관측 및 예상(1900년 대비)

【(a) 1900년 대비 미터(m) 단위의 전 지구 평균 해수면의 변화. 역사적 변화(검은색)는 1992년 이전의 조위계와 이후의 인공위성에 탑재된 고도계로 관측하였다. 2100년과 2150년의 미래 변화(색깔 있는 선 및 음영)는 CMIP, 빙상 및 빙하 모델의 시뮬레이션을 기반으로 하는 관측 제약 조건으로 일관되게 평가되며, 고려된 시나리오에 대한 중앙치와 가능한 범위가 표시된다. 1995~2014년 대비 2050년까지 전 지구 평균 해수면 상승 가능성은 매우 낮은 온실가스 배출 시나리오(SSP1-1.9)에서 0.15~0.23 m, 매우 높은 온실가스 배출 시나리오(SSP5-8.5)에서 0.20~0.29 m 사이이다. 2100년까지 SSP1-1.9에서 0.28~0.55 m, SSP5-8.5에서 0.63~1.01 m 사이이다. 2150년까지 SSP1-1.9에서 0.37~0.86 m, SSP5-8.5에서 0.98~1.88 m 사이이다. 1900년과 비교한 변화는 1995~2014년에 대한 시뮬레이션된 변화에 0.158 m(1900년부터 1995~2014년까지 관측된 전 지구 평균 해수면 상승)를 더하여 계산된다. 2300년(막대)에 대한 향후 변경은 SSP1-2.6(0.3~3.1 m) 및 SSP5-8.5(1.7~6.8 m)에 대한 17~83%째 범위를 나타내는 문헌 평가를 기반으로 한다. 파선(왼쪽 아래): 빙상 불안정 과정을 포함하여 가능성은 적지만, 영향력이 큰 스토리라인. 이는 매우 불확실한 과정의 잠재적 영향을 나타내며 배제할 수 없는 가능성은 적지만, 영향이 큰 과정을 포함하는 SSP5-8.5 예측의 83%째를 보여준다. 저지대 연안역에는 현재 약 8억 9,600만 명(2020년 전 지구 인구의 거의 11%)이 거주하고 있으며, 2050년까지 5개의 모든 SSP에서 10억 명 이상에 이를 것이 예상된다.】

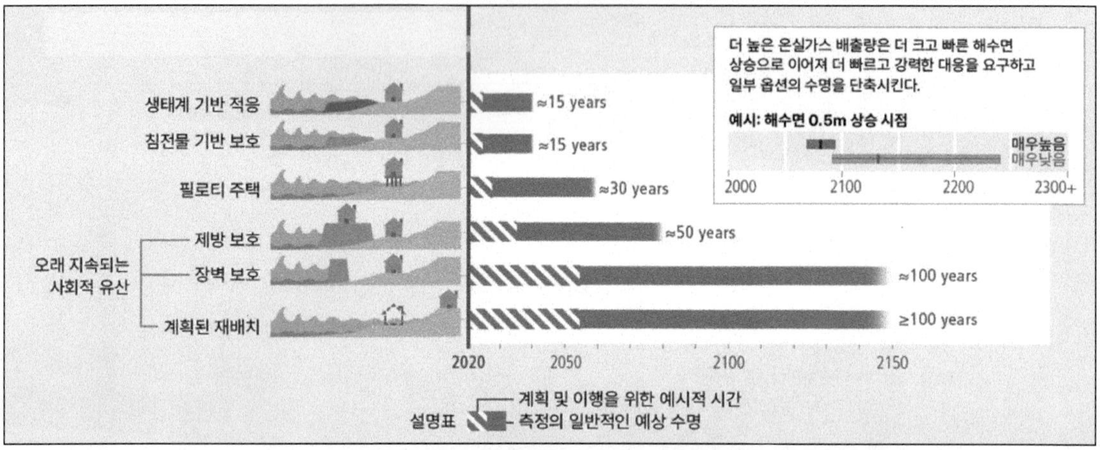

(b) 연안 리스크 관리 조치의 일반적인 시간 규모

【(b) 계획, 이행(빗금 수평 막대)과 현재 해안 리스크 관리 조치의 운영 수명(회색 수평 막대)에 대한 일반적인 시간 규모. 해수면 상승률이 높을수록 더 빠르고 강력한 대응이 필요하며 조치의 수명이 단축된다(삽화). 해수면 상승의 규모와 속도가 2050년 이후 가속화됨에 따라 일부 지역에서는 장기적인 조정이 현재 적응 대안의 한계를 넘어설 수 있으며 일부 작은 섬과 저지대 연안의 경우에는 실질적인 리스크가 될 수 있다.】

그림 1.29 관측 및 예상되는 전 지구 평균 해수면 변화와 그 영향, 연안 리스크 관리의 시간 척도

1.3 우리나라 평균 해수면 변동

1.3.1 현재까지의 우리나라 평균 해수면 변동 추이[10]

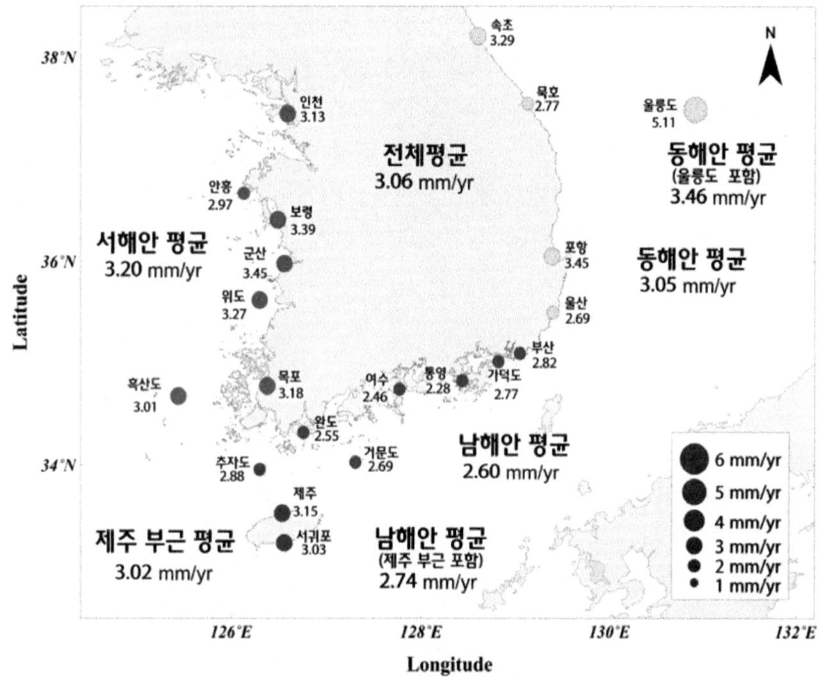

그림 1.30 지역별 해수면 상승 현황(1989~2023년, 최근 35년간, 21개 조위 관측소)

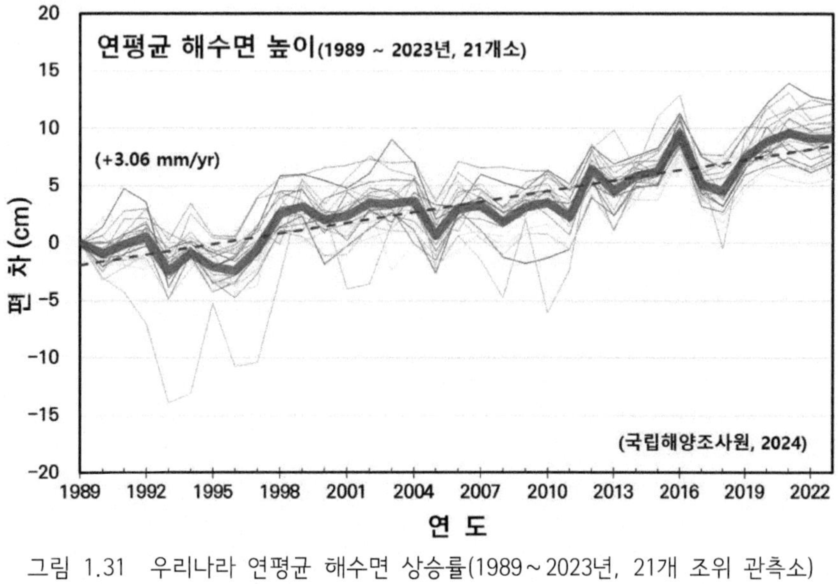

그림 1.31 우리나라 연평균 해수면 상승률(1989~2023년, 21개 조위 관측소)

국립해양조사원은 지구온난화에 따른 기후변화 7대 지표 중 하나인 해수면 장기 변동을 파악하기 위해 2009년부터 연안 조위관측소 자료를 분석하여 매년 해수면 상승률을 발표하고 있다. 우리나라의 평균 해수면은 21개 연안 조위관측소의 해수면 높이 자료를 분석한 결과, 지난 35년(1989~2023년) 동안 매년 3.06 ㎜씩 높아져 총 평균 10.7 ㎝가량 상승하였다. 해역별 평균 해수면 상승률은 동해안이 연 3.46 ㎜로 가장 높았고, 이어서 서해안(연 3.20 ㎜), 남해안(연 2.74 ㎜) 순으로 나타났다. 관측지점별로 보면 울릉도가 연 5.11 ㎜로 가장 높았으며, 이어 군산(연 3.45 ㎜), 포항(연 3.45 ㎜), 보령(연 3.39 ㎜), 속초(연 3.29 ㎜) 순이었다(그림 1.30 참조). 또한, 특히, 해수면이 과거 10년간(2004~2013년) 약 2.8 ㎝ 상승(연 2.79 ㎜)한 것에 비해 최근 10년간(2014~2023년) 약 3.9 ㎝(연 3.88 ㎜)올라, 같은 기간 대비 최근 10년간 1.1 ㎝가량 더 많이 높아졌다.

이러한 결과는 최근 들어 우리나라 연안 해수면의 높이가 최근 10년 새 더 빠르게 상승했음을 시사한다(그림 1.31 참조).

1.3.2 장래 우리나라 평균 해수면 전망

1) IPCC 6차 평가보고서(AR6) 시나리오별 평균 해수면 폭과 상승률[10]

2021년 기후변화에 관한 정부 간 협의체(IPCC)에서 제6차 평가보고서(AR6)를 공표함에 따라, 우리나라 주변 고해상도(수평 약 6 ㎞ 격자) 해양기후 수치예측모델에 공통 사회경제 경로(SSP) 시나리오를 적용하여 2100년까지의 우리나라 주변 해역의 평균 해수면 상승량을 분석하였다. 그 결과, 매우 높은 온실가스(GHG) 배출 시나리오(SSP5-8.5)에서 해수면 높이는 2050년까지 25 ㎝, 2100년에는 82 ㎝까지 상승할 것으로 전망되었다. 반면, 낮은 온실가스(GHG) 배출 시나리오(SSP1-2.6)에서 해수면 높이는 2050년까지 20 ㎝, 2100년에는 47 ㎝까지 상승하는 것으로 나타났다(그림 1.32 참조). 우리나라 해역별 해수면의 상승 폭과 상승률은 모든 시나리오에서 서해(西海)에 비해 동해가 다소 높을 것으로 전망되었다(표 1.11, 표 1.12 참조).

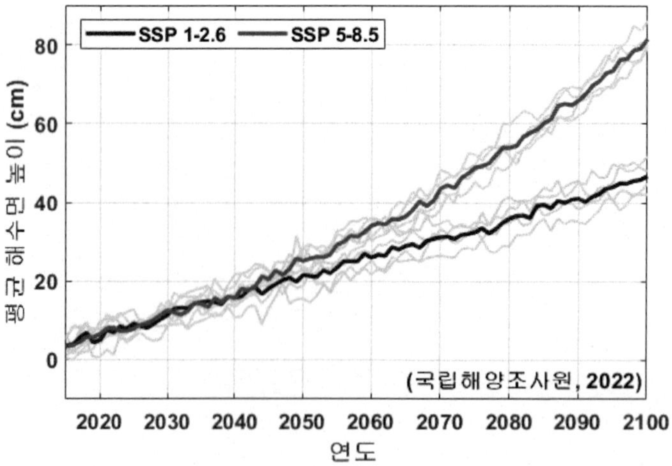

그림 1.32 IPCC 6차 평가보고서(AR6)의 시나리오별 우리나라 주변 해역 평균 해수면 전망

표 1.11 IPCC 6차 평가보고서(AR6)의 시나리오별 2100년도 우리나라 평균 해수면의 상승률

상승률 (㎜/년)	IPCC 시나리오	서해	대한해협	동해	우리 주변 해역 평균
2100년	SSP 1-2.6	5.33	5.47	5.49	5.44
	SSP 5-8.5	9.39	9.57	9.56	9.51

표 1.12 IPCC 6차 평가보고서(AR6)의 시나리오별 2100년도 우리나라 평균 해수면의 상승 폭

상승폭 (㎝)	IPCC 시나리오	서해	대한해협	동해	우리 주변 해역 평균
2015~ 2100년	SSP 1-2.6	45.8	47.1	47.2	46.8
	SSP 5-8.5	80.8	82.3	82.2	81.8

표 1.13 기간별(期間別) 전 지구 및 우리 연안 평균 해수면 상승률 비교(1971~2018년)

구분	1971~2006년	2007~2018년
전 지구 평균(IPCC AR6 WG1 보고서(2021년))	1.9 ㎜/년	3.7 ㎜/년
우리나라 연안 평균(국립해양조사원, 2021년)	2.2 ㎜/년	3.6 ㎜/년

국립해양조사원이 지난 2021년에 IPCC 제5차 기후변화 시나리오(RCP 8.5)를 적용해서 분석한 우리나라 주변 해수면 상승 폭은 2100년까지 최대 73 ㎝로 나타났다. 그러나 이번에 새로운 SSP 시나리오를 적용한 결과, 해수면 높이가 9 ㎝ 정도 추가 상승한 것으로 나타났다. 이는 장래로 갈수록 기후변화에 따른 해수면 상승 속도가 더욱 빨라짐을 의미한다. 또한, 1971~2018년까지 우리나라 연안의 평균 해수면 상승률은 전 지구 평균 해수면의 상승률과 비교하여 볼 때 대체로 비슷한 것으로 나타났다(표 1.13 참조).

2) 우리나라 주요 도시의 지역 해수면 상승량과 상승률[11],[12]

미국 항공 우주국(NASA, National Aeronautics and Space Administration)의 해수면 예측 도구(Sea Level Projection Tool, https://sealevel.nasa.gov/ipcc-ar6-sea-level-projection-tool)에서는 IPCC 6차 평가보고서(AR6) 시나리오별 해수면 예측(1995~2014년 해수면 기준)에 근거한 장래(2020~2150년) 우리나라 주요 연안 도시(부산, 인천, 목포, 속초)의 지역 해수면 상승량을 알 수 있다. 또한, CLIMATE CENTRAL의 해수면 상승과 연안 침수로 위협받는 지역을 보여주는 대화형 지도인 연안 리스크 선별 도구(Coastal Risk Screening Tool, https://coastal.climatecentral.org/)에서는 연안역 표고에 따른 최신 글로벌 모델과 장래 침수 수준에 대한 최신 예측을 결합하여 2100년도 우리나라 주요 연안 도시(부산, 인천, 목포, 속초)의 침수지역(해수면 상승+연간침수)을 나타낸다. 우선 부산, 인천, 목포 및 속초의 IPCC 6차 보고서 (AR6)의 시나리오별(SSP1-2.6, SSP5-8.5) 지역 해수면 상승량과 침수지역(2100년)은 각각 그림 1.33, 그림 1.34, 그림 1.35 및 그림 1.36과 같다. 이들 그

림에서 알 수 있듯이 시나리오 SSP5-8.5일 때 2100년도 해수면 상승량은 인천, 속초, 부산, 목포 순으로 상승량이 크고, 침수면적은 목포가 가장 크며, 인천국제공항의 주변 지역도 침수될 가능성이 크므로 이에 대한 대응책의 수립이 필요하다. 따라서 2029년까지 부산 가덕도에 건설 예정인 가덕 신공항의 건설공사 시 해수면 상승을 감안(勘案)하여 부지 매립높이 및 방파 호안의 마루높이를 결정해야 할 것이다.

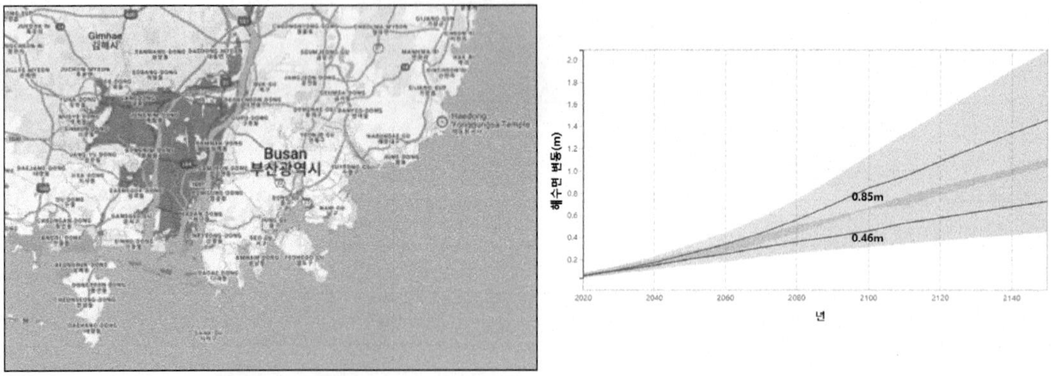

(a) 침수지역(2100년) (b) 지역 해수면 전망(2020~2150년)

그림 1.33 IPCC 6차 평가보고서(AR6)의 시나리오별(SSP1-2.6, SSP5-8.5) 부산의 침수지역과 지역 해수면 상승량

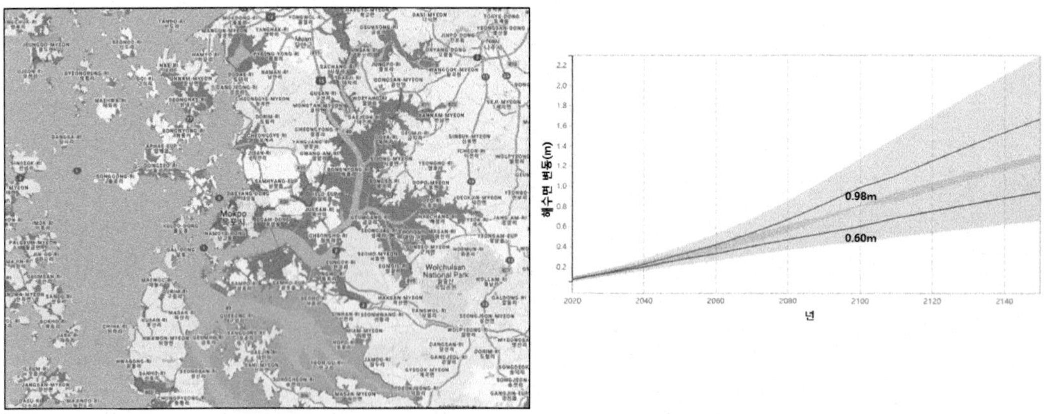

(a) 침수지역(2100년) (b) 지역 해수면 전망(2020~2150년)

그림 1.34 IPCC 6차 평가보고서(AR6)의 시나리오별(SSP1-2.6, SSP5-8.5) 목포의 침수지역과 지역 해수면 상승량

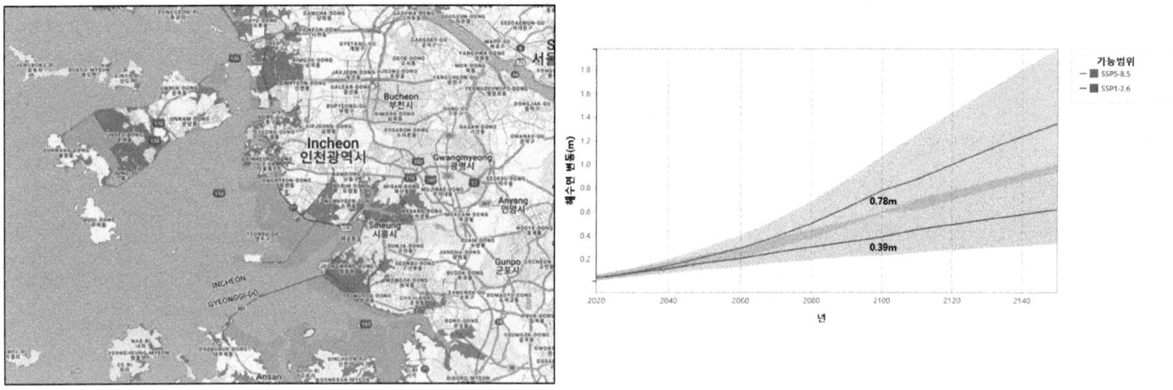

(a) 침수지역(2100년) (b) 지역 해수면 전망(2020~2150년)

그림 1.35 IPCC 6차 평가보고서(AR6)의 시나리오별(SSP1-2.6, SSP 5-8.5) 인천의 침수지역과 지역 해수면 상승량

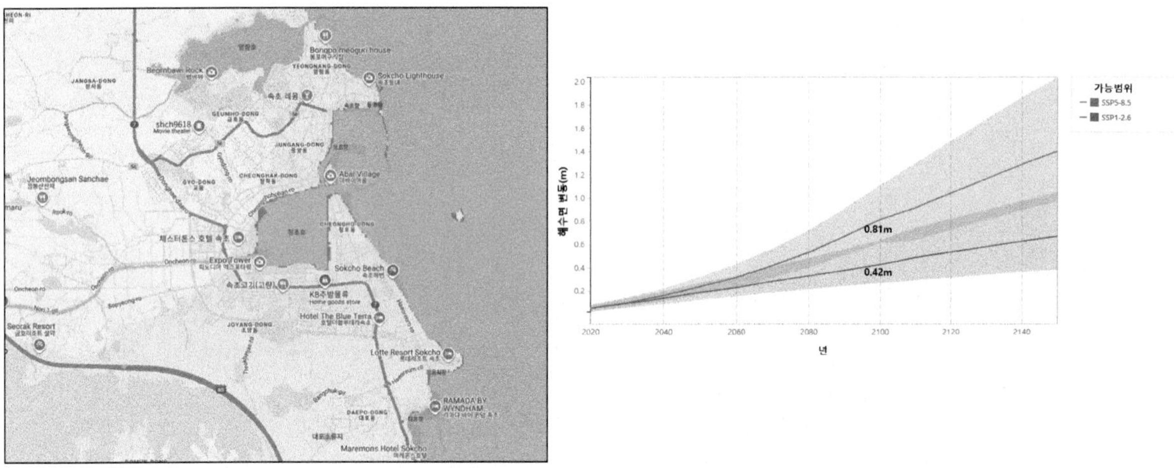

(a) 침수지역(2100년) (b) 지역 해수면 전망(2020~2150년)

그림 1.36 IPCC 6차 평가보고서(AR6)의 시나리오별(SSP1-2.6, SSP 5-8.5) 속초의 침수지역과 지역 해수면 상승량

1.4 해수면 상승에 따른 해안의 영향과 대응책[13]

연안역(Coastal Zone)은 크게 해안(Coast)과 항만(Harbor)으로 나눌 수 있다. 해안(Coast)은 바다와 바로 접해 있는 육지의 가장자리를 의미하며, 기후나 물리적인 지형과 환경, 생물 활동에 따라 다양한 형태를 나타낸다. 해안지형을 보아도 낮고 평탄한 해안, 산과 작은 평지가 교차하는 굴곡이 많은 해안, 심한 파랑에 씻겨 절벽이 이어지는 해안, 양쪽을 끼고 대도시가 발달한 해안 등 여러 가지가 있다. 이와 같이 해안의 기후, 식생 또는 지형 등이 서로 복잡하게 얽혀서 해안의 산업, 교통에 미치는 가치나 관광, 휴양, 해수욕 등 레크레이션의 가치가 발생하여 각기 그 특색을 나타낸다. 해안의 보전은 해안방재, 해안환경 및 해안이용의 3가지 측면이 상호조화(相互調和)를 도모하면서 추진해야 한다. 즉, '해안방재'는 폭풍해일, 지진해일 및 고파랑의 내습으로부터 국민의 생명과 재산을 지키고, 국민의 공통 자산인 해빈37)(海濱)을 침식으로부터 지키는 것이다. '해안환경의 정비와 보전'은 생태계나 역사·문화의 기반이 되는 갯벌, 사빈, 자갈 해변, 갯바위 등과 같은 다양성을 가진 공간 그 자체를 보전하는 것과 동시에 역사·문화의 무대가 된 해안 경관을 보전하여 필요에 따라서 열화(劣化)하는 해안환경의 정비 및 개선을 도모하는 것이다. 또한, '해안이용'은 레크리에이션, 유통, 어장(漁場) 등과 같은 여러 이용 태의 폭주(輻輳)나 이용형태 간 대립의 조정을 도모하여 안전하고 쾌적한 해안이용을 증진하는 것이다. 따라서 각 해안에서 구체적으로 해안방재, 해안환경의 정비와 보전 및 해안이용을 고려하여 해안보전을 계획할 경우, 해수면 상승, 조석, 파랑(파고, 주기, 파향 등), 해변형상 및 표사 등을 검토할 필요가 있다. 특히 기후변화로 인한 해수면 상승은 연안역에 미치는 영향이 막대(莫大)하므로 이에 대한 면밀한 검토 및 대책을 수립하여야 한다. IPCC 5차 보고서(AR5)(2013년)에서 2100년 전 지구 평균 해수면(GMSL)의 추정치(1986~2005년 대비 2081~2100년)는 시나리오

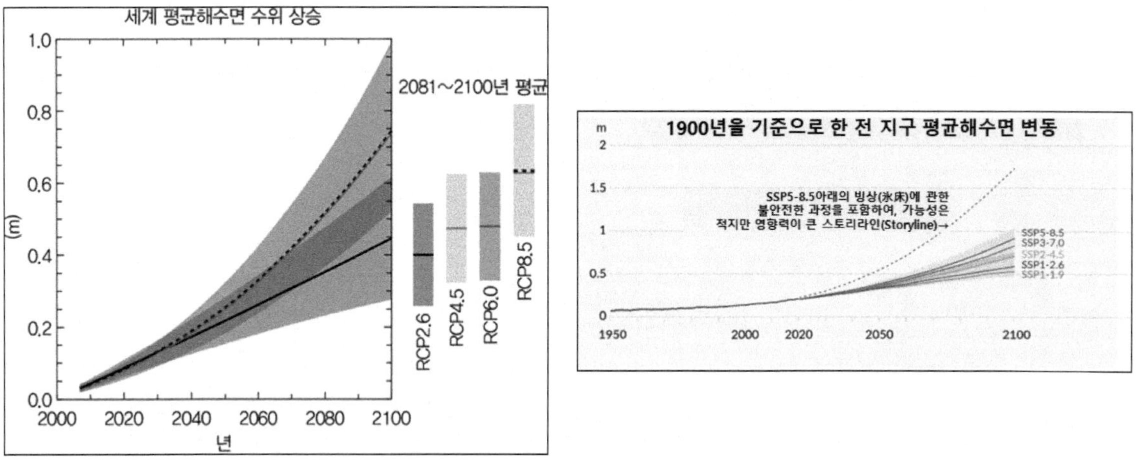

(a) IPCC 5차 평가보고서(AR5)의 전 지구 평균 해수면 (b) IPCC 6차 평가보고서(AR6)의 전 지구 평균 해수면

그림 1.37 IPCC의 전 지구 평균 해수면 상승 경향

37) 해빈(Beach, 海濱): 해안선을 따라서 파랑(Sea Wave)와 연안류(Longshore Current)가 모래나 자갈을 쌓아 올려서 만들어 놓은 퇴적지대를 말한다(그림 3.31 참조). 이 책에서는 간조위·만조위의 해안선인 해변(海邊)과 구분하여 사용하였다.

RCP 2.6은 0.22~0.55 m, 시나리오 RCP 8.5로는 0.45~0.82 m이었으나, IPCC 6차 평가보고서(AR6)(2021년)에서 2100년 전 지구 평균 해수면(GMSL)의 추정치(1900년 대비 2100년)는 시나리오 SSP1-2.6은 0.32~0.62 m, 시나리오 SSP5-8.5로는 0.63~1.01 m로 시간이 지날수록 상승 폭이 점점 증가하고 있다(그림 1.37 참조). 기후변화로 인한 온실효과 가스 증가는 전 지구 기온 및 해수면 수온을 상승시켜 전 지구 평균 해수면을 증가시킨다. 전 지구 해수면 수온의 상승은 지역의 해수면 수온 및 태풍의 강대화를 초래하고, 전 지구 평균 해수면 상승은 지역 해수면 상승을 유발하며, 태풍의 강대화는 폭풍해일 증가 및 고파랑을 발생시킨다. 결국, 이는 해안을 구성하는 해빈, 해안 제방·호안 및 배후지에 큰 영향을 미치는데, 첫째 해빈은 지역 해수면 상승에 따른 정선(汀線)의 후퇴, 파고 증대에 따른 해안침식 증가 및 해수면 수온 상승에 따른 자연 생태계에 영향을 준다. 둘째, 해안 제방·호안 등과 같은 해안구조물의 앞면 수심 증대와 파력 증가에 따른 안정성 저하를 가져온다. 셋째, 해안 배후지에는 지역 해수면 상승, 파고 증대에 따른 침수피해의 증가, 지진해일 또는 폭풍해일 발생 시 침수피해를 증가시킨다(그림 1.37 참조).

따라서, 기후변화에 대한 계획의 예측에 불확실성이 내재하는 것을 근거로 연안역 방재를 고려하는 데 있어서 사전형(事前形) 관리와 적응형(適應形) 관리의 구별이 중요하다. 장래 예측을 과소하게 평가하면 재난 발생 시 대응에 비용과 시간이 걸린다. 또 예측을 과대하게 평가하면 시설은 오버스펙[38](Over-specification)이 된다. IPCC 제6차 평가보고서(AR6)에서는 2100년의 전 지구 평균 해수면 상승은 최고 1 m 정도로 예측하여 불확실성은 약 40 ㎝이다. 연안침식대책시설이나 방재시설의 시설 수명(갱신)은 일반적으로 50년~100년 정도라고 알려져 있으며, 우리나라 경제성장 고도성장기 이후(1980년)에 건설된 시설이 이제 막 갱신 시기를 맞이하려고 하고 있다. 그림 1.39에 나타내었듯이 시설의 계획, 설계에 있어 50년을 하나의 기간으로 생각하고, 향후 착수하는 적응책의 시설에 대해서는 순응적(順應的) 관리에 의해서 갱신해 가는 것이 타당하다. 그때, 시설에 설정하는 여유 높이나 안전율의 여유 속에 불확실성을 도입해, 운용해 나감으로써 적절한 계획으로 할 수 있을 것이다. 기후변화의 장래 영향 예측에 근거한 대체안의 설정이나 기후변화 영향의 모니터링, 장래 영향 예측을 고려하여 계속적 개량을 하는 것이 성패의 열쇠이다. 계획실시가 대체안의 검증이 되어, 재검토 단계에서 장래 영향 예측 결과의 활용으로 이루어지도록, 실시, 모니터링, 장래 영향 예측을 패키지(Package)가 되도록 계획하는 것이 중요하다. 순응적 관리는 불확실성(즉 리스크)을 수반하는 대상을 취급하는 방법으로, 인간 활동이나 사업에 의해서 생기는 리스크를 저감하기 위해서 적용하고 있다. '실천함으로써 배운다' 것이 순응적 관리이지만, 과학적 근거와 활용을 도모해, 다양한 이해관계자와 함께 고민, 협동하면서 창조적으로 관리를 진행하는 것이 중요하다.

38) 오버스펙(Over-specification): 원래는 기계 같은 것에 기능을 지나치게 삽입하는 일을 일컫거나 제품을 발주하는 경우 주문하는 것이 지나치게 많거나 가격에 걸맞지 않게 기능과 성능을 부가시키는 일을 말하지만, 이 장에서는 기후 변화에 따른 해수면 상승 또는 폭풍해일·고파랑에 대비하여 구조물의 마루높이를 너무 많이 높이는 등 과잉투자를 말한다.

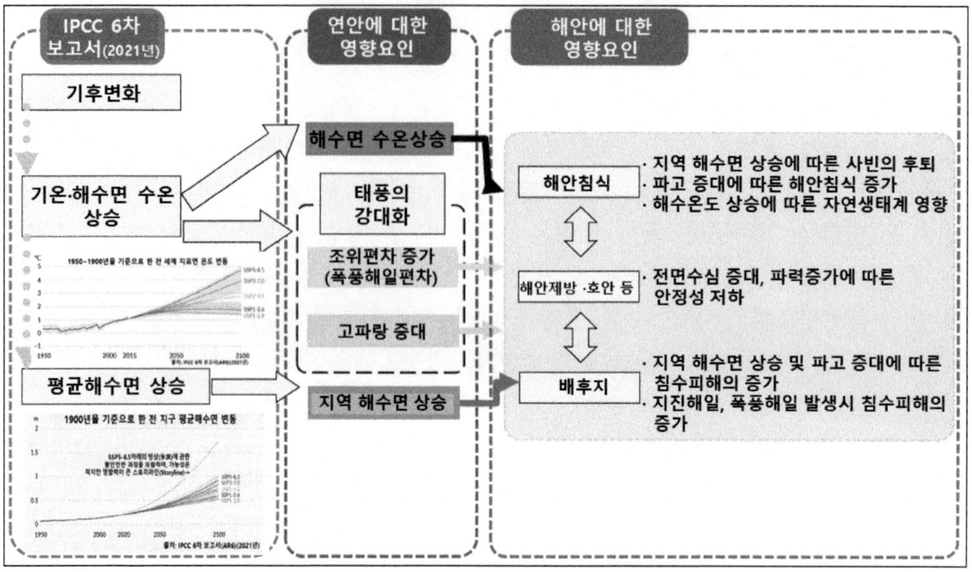

그림 1.38 기후변화에 따른 해수면 상승 시 해안의 영향 요인

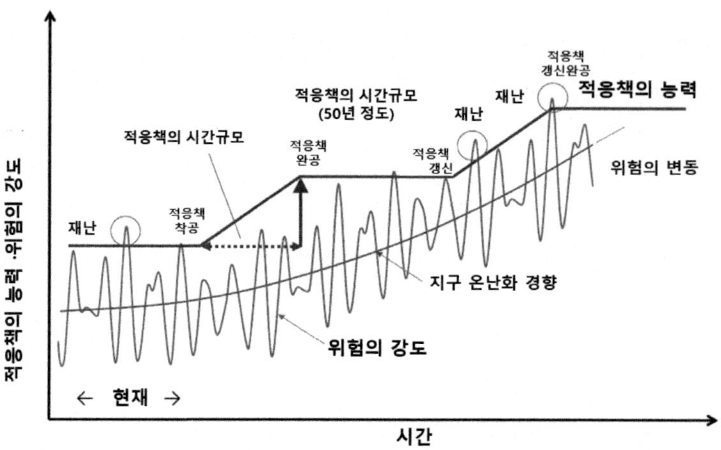

그림 1.39 순응적 관리에 의한 적응책의 개념

1.4.1 해안의 영향 요인

1) 해수면 상승에 따른 해안침식

기후변화의 영향에 따른 해수면의 상승 또는 태풍 강대화로 인한 폭풍해일과 고파랑 증대의 영향이 예측되며, 이러한 영향으로 인한 해안침식이 심해져 연안 표사의 수지(收支) 변화나 해안 표사39)가 변동할 수 있어 정선 후퇴가 예상된다(그림 1.40 참조). 기후변화로 인한 해수면의 상하변동(上下變動)은 사빈에 매우 강한 침식과 퇴적변화를 초래하므로 고파랑에 노출된 사빈 해안의 침식 문제를 다룰 때 브룬(Bruun) 법칙을 적용하여야 한다.[14]

이 법칙은 파랑과 해안류계40)(Nearshore Current System)에 의해 운반되어 활발하게 유동하는 모래(후빈(後濱)의 사구(砂丘)와 전빈(前濱)으로부터 바다로의 유동부분(流動部分))의 수지(收支)가 균형을 이루고 있으면(공급과 소실이 동일), 이를 '동적 평형상태'라고 볼 수 있다. 이 조건으로부터 해수면이 상승하면, 후빈의 사구에서 전빈 부분까지의 침식으로 바다로 운반된 모래가 해저 바닥의 퇴적면을 상승시킨 후 평형을 이루어 해저까지의 수심은 해수면 상승 전과 같게 될 것이다. 해빈 전체의 단면도(그림 1.41 참조, Schwrtz 1967)[15]로 보면, 해빈의 형태는 유지되면서 전체적으로 육지 쪽으로 이동한다. 결과적으로 육지 쪽 부분에서 침식되는 모래의 양이 앞바다 측에서 퇴적되어 해저를 들어 올리는 양과 같아진다. 이와 같이 해수면의 상승은 기본적으로 해안침식을 구동(驅動)하는 작용으로 거기에 반(反)해 후빈의 모래를 남기기 위해서 견고한 구조물(호안, 해안제방 등)로 육지 쪽을 방재하려고 하면, 해안의 경사면이 평형을 이루지 못하고, 호안의 바다 쪽에서는 전빈을 소실하는 결과가 될 것이다. 침식성의 사빈해안에서 정선(汀線)을 고정해 육지의 침식을 막으려고 하면 결과적으로 사빈(전빈(前濱) 또는 조수(潮水)의 간만(干滿)으로 노출하는 부분)을 잃는 구조가 될 것이다. 또 다른 중요한 점은 해수면의 상승(수직 방향)이 작아도 그것이 수평 방향의 변동으로 보면 커질 수 있다. 약간의 해수면 상승이라도 완만한 경사를 가진 사빈 해안에 적용하면, 평형상태를 달성하기 위해서 다량의 사구(砂丘) 침식을 가져와, 결과적으로 정선을 육지 쪽으로 이동시키는 거리는 커진다. 브룬(Bruun)의 법칙은 침식성 해안의 사빈을 보전하려는 계획을 수립할 경우 필수적으로 고려하여야 한다. 일본의 경우 해수면 상승에 따른 일본의 연안역에서의 장래 사빈 소실률을 브룬(Bruun)의 법칙으로 예측한 결과(Udo와 Takeda, 2017), 21세기 말(2081~2100년)까지 RCP2.6에서 62%, RCP4.5에서 71%로 감소한다고 보았다다(그림 1.42 참조).

---

39) 해안표사(On-offshore Drift): 해안선에 직각인 방향으로 움직이는 모래를 말하며, 해안선과 평행하게 움직이는 모래를 연안표사(Longshore Drift)라고 하지만, 이에 대한 우리나라에서는 아직까지 적절한 용어가 없어 이 책에서는 해안표사라 한다.

40) 해안류계(海岸流系, Nearshore Current System): 쇄파대 내 또는 부근에서 주로 파랑 작용으로 인해 발생하는 흐름계로 향안질량수송(向岸質量輸送, Shoreward Mass Transport), 연안류(沿岸流, Longshore Current), 이안류(離岸流, Rip Current) 등으로 구성되어 일종의 순환 형태로 나타나는 흐름 체계를 말한다.

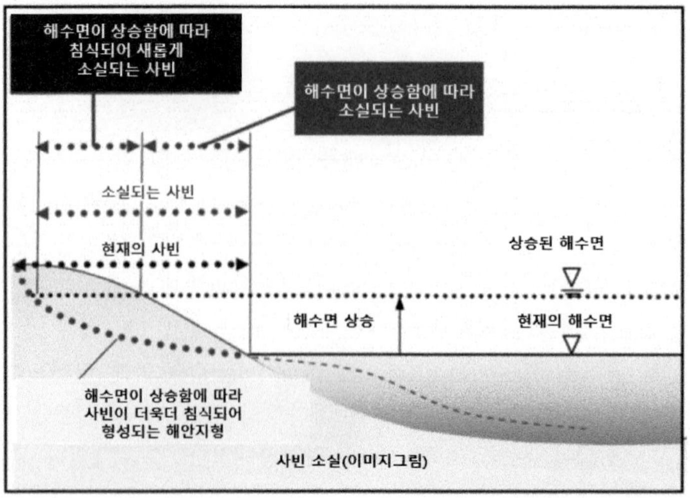

그림 1.40 기후변화로 인한 해수면 상승에 따른 정선의 후퇴

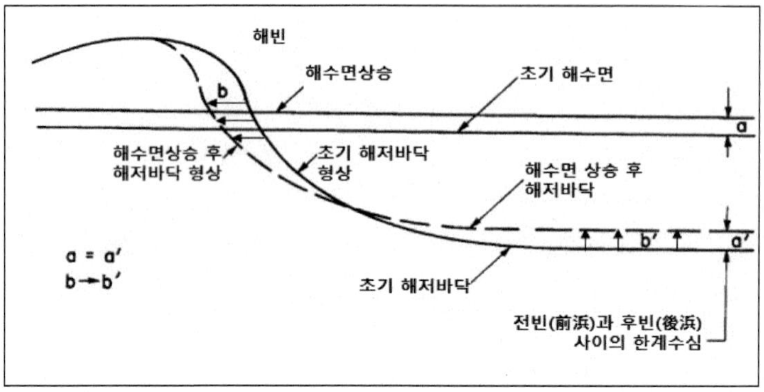

그림 1.41 브룬(Bruun) 법칙에 따른 해수면 상승에 의한 해빈침식

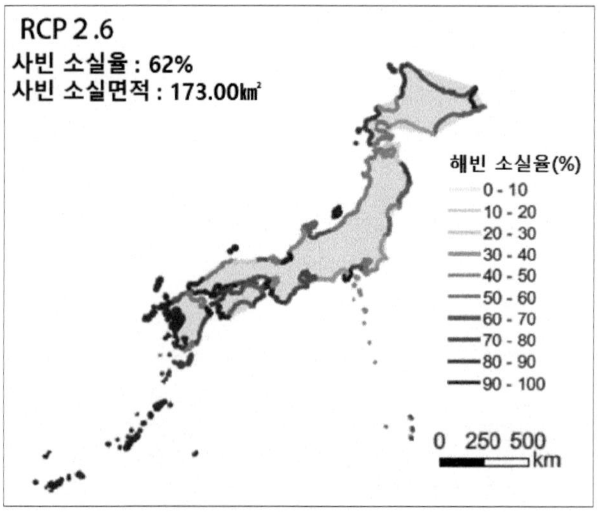

그림 1.42 2081~2100년 일본의 사빈 소실률 예측결과(RCP2.6)

2) 해수면 상승에 따른 해안구조물(감조구역 내 하천구조물, 하수도와 도로 등)에 대한 영향

기후변화에 따른 해수면의 상승으로 해안구조물, 감조구역 내 하천구조물 및 하수도 등이 많은 영향을 받는다. 기후변화에 의한 영향으로서 해수면의 상승 또는 태풍의 강대화 등으로 폭풍해일의 증대, 고파랑 증가 또는 제방·호안 등 앞면의 정선 후퇴나 해안구조물의 소파 기능 저하로 구조물 본체(本體)가 받는 파력 증대가 예측된다. 이 때문에 연안을 방재하고 있는 해안구조물 중 해안 제방·호안은 월파·월류로 인한 세굴로 활동, 전도 또는 도괴(倒壞)의 피해를 본다. IPCC 해양·설빙권 특별보고서(2019년)에서는 역사적으로는 백 년에 한 번의 확률로 발생한 것과 같은 극단 해수면이 모든 RCP 시나리오에서 2100년까지는 대부분 장소에서 적어도 매년 발생하였지만(그림 1.43 참조), IPCC 6차 평가보고서(AR6, 2021년)에서는 과거 백 년에 1회 발생한 것과 같은 극단 해수면이 2100년까지는 전 세계 모든 조위계(潮位計) 설치 장소의 반수(半數) 이상에서 적어도 연 1회 발생할 것이라고 하였다. 특히, 우리나라는 매년 백중사리[41](음력 7월 15일) 시 남해안 또는 서해안의 연안역은 해수역류로 침수 피해를 자주 받아왔는데 기후변화로 해수면이 상승하면 빈번하거나, 심한 극단 해수면이 발생하여 해수 역류로 인한 배후지 침수 피해(만약 태풍 내습 시 폭풍해일과 겹치면 엄청난 피해 발생한다.)를 볼 것이다. 표 1.14는 해수면 상승으로 영향이 예상되는 시설(해안구조물, 하천구조물, 하수도, 도로)의 영향 항목과 예상되는 영향을 정리한 표이다. 또한, 그림 1.44, 그림 1.45, 그림 1.46, 그림 1.47은 해수면 상승으로 영향이 예상되는 시설(해안구조물, 하천구조물, 하수도, 도로)의 외력조건과 영향평가방법을 나타낸 그림이다.

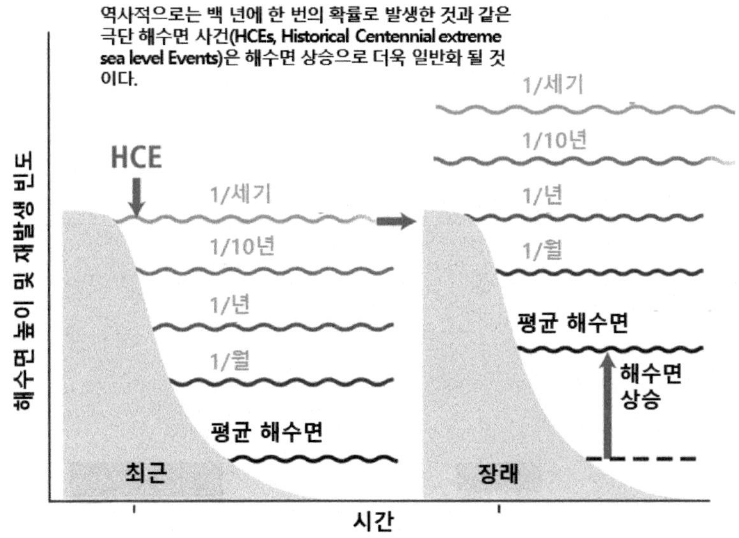

그림 1.43 해수면 상승에 따른 극단 해수면 경향

41) 백중사리(百中-): 해수면의 조차(潮差)가 연중 최대로 높아지는 것을 말하며, 달과 태양과 지구의 위치가 일직선상에 있으면서 달과 지구가 가장 가까운 거리(근지점, Perigee)에 있을 때 발생하며, 그 시기는 음력 7월 15일(백중) 전후로 3~4일간 평소보다 바닷물의 높이가 최대로 높아지게 된다.

표 1.14 해수면 상승으로 영향이 예상되는 시설 및 영향 항목

구분	대상 시설	영향 항목	예상되는 영향
해안	해안 제방·호안	마루높이 부족	·전면수심의 증대에 따라 마루높이가 부족하여 배후지로 월파가 발생하기 쉽다.
	근해(近海) 소파 시설	제체 안정성 저하	·전면수심의 증대에 따라 구조물 앞의 파고가 증대하여 블록의 침하, 산란이 발생하기 쉽다.
	사빈	사빈감소 등 지형변화 발생	·직접적으로 사빈 감소하는 등의 지형변화가 발생한다(해안침식). 또한, 이용할 수 있는 사빈 면적이 감소한다.
	제방	유하(流下) 능력 저하	·출발수위의 상승으로 계획고수위의*1상승이 우려된다.
감조구역 내 하천	수문	수문의 마루높이 부족	·수문의 마루높이가 부족하여 방류 시 월류할 가능성이 있다.
	배수 펌프장	배수 능력 저하	·방류 시 방류 선수위(先水位)가 상승하므로 양정*2(揚程)이 크게 되어 배수 능력이 저하될 가능성이 크다.
	교량	형하고(桁下高) 부족	·형하고가 부족하여 방류 시 교량의 안전성에 영향을 미칠 가능성이 있다.
	취수구	취수 시 염분의 고농도화	·염수(鹽水)의 소상(遡上)에 따라 담수의 취수가 곤란할 가능성이 있다.
감조구역 내 하수도	하수처리장	자연 유하 능력 저하	·방류 선수위가 높게 되어. 자연 유하 능력이 저하될 가능성이 있다.
	펌프장	배수 능력 저하	·방류 선수위가 높게 되어 양정이 커지므로 배수 능력이 저하될 가능성이 있다.
해안가 도로	도로	월파, 침수 빈도 증가	·해안가에 접한 도로는 월파, 침수 빈도가 증가할 가능성이 있다.

*1 계획고수위(計劃高水位): 설계고수위라고도 하며, 계획고수유량을 안전하게 유출시킬 수 있는 하도의 수위로 하도의 종단경사 및 횡단형과 밀접한 관계가 있으며, 계획고수위에 여유 높이를 반영하여 해당 지점의 제방 높이가 결정된다.

*2 양정(揚程, Lift): 펌프가 물을 퍼올릴 수 있는 높이를 말한다.

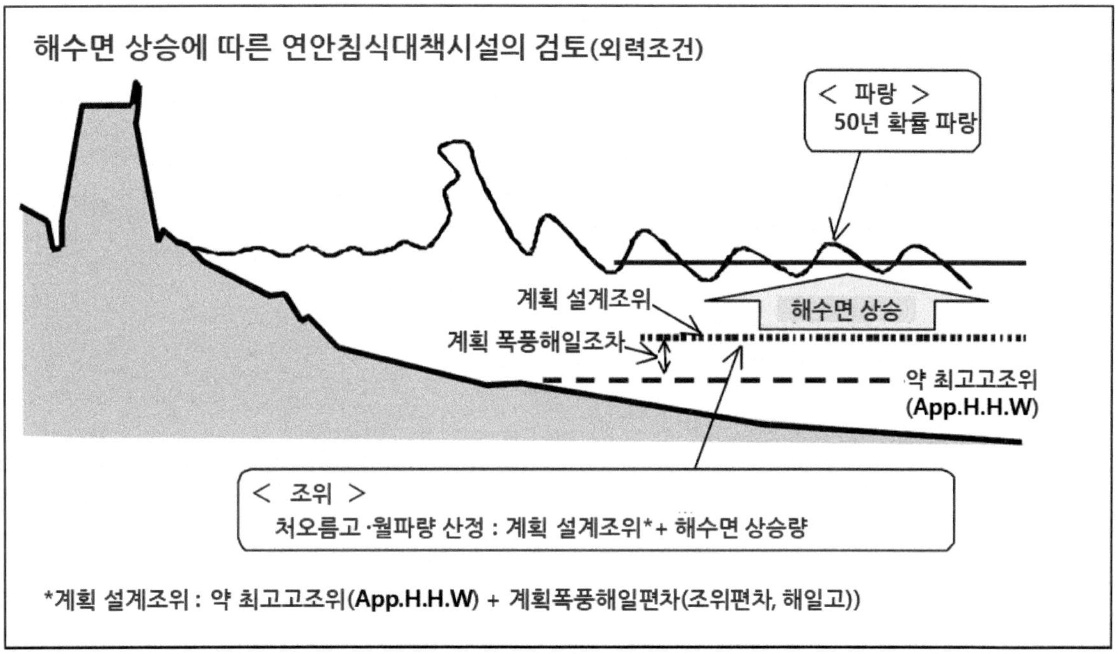

(a) 해수면 상승에 따른 해안구조물 검토(외력 조건)

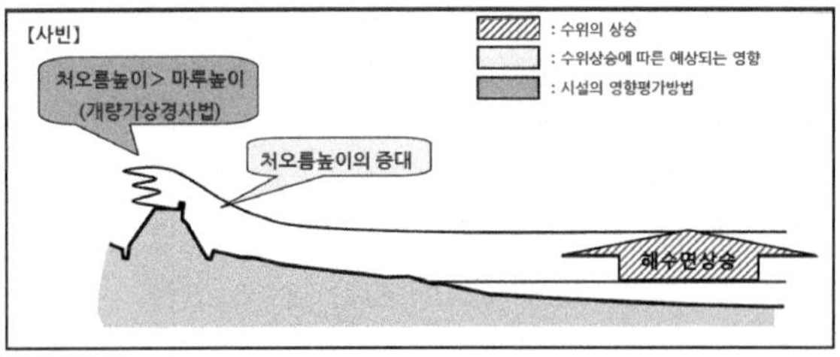

(b) 영향 평가 방법(사빈)

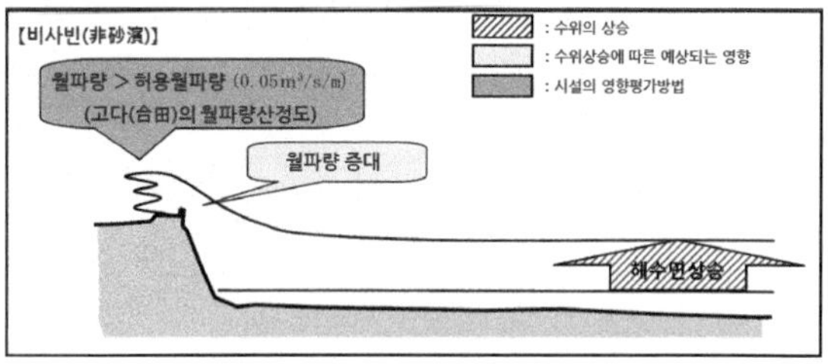

(c) 영향 평가 방법(비(非) 사빈)

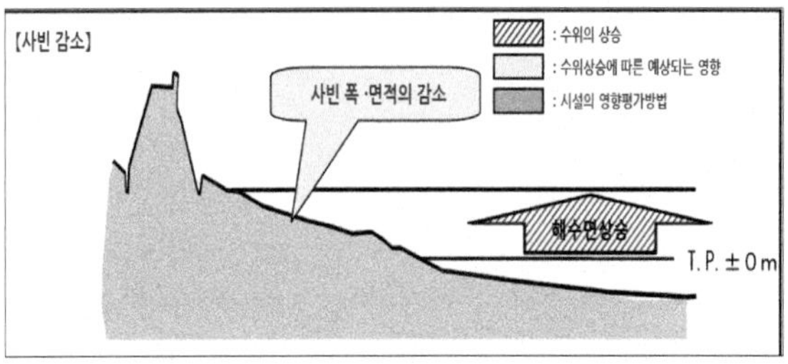

(d) 영향 평가 방법(사빈 감소)

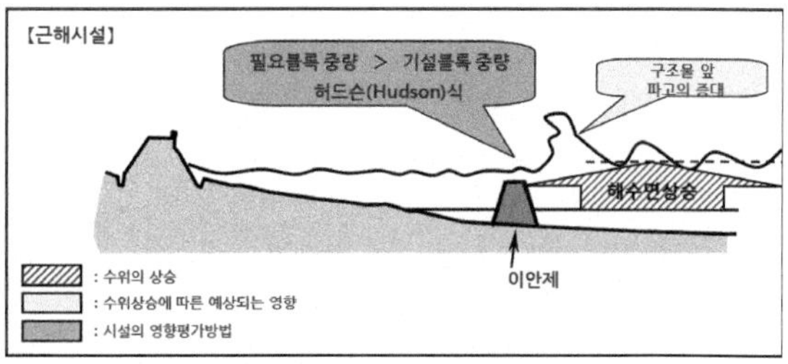

(d) 영향 평가 방법(근해시설)

그림 1.44 해수면 상승에 따른 해안구조물의 외력 조건과 영향 평가 방법

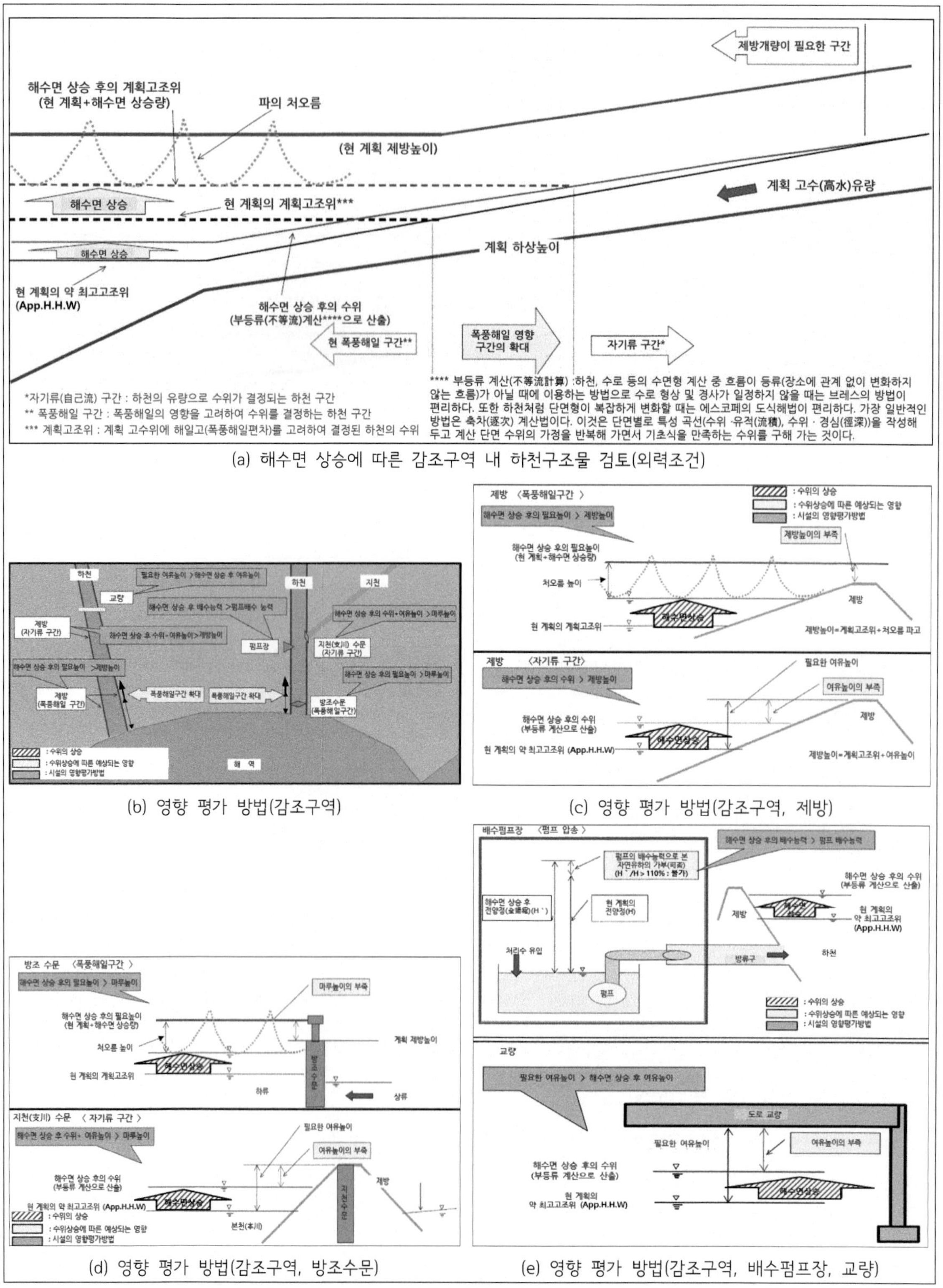

(a) 해수면 상승에 따른 감조구역 내 하천구조물 검토(외력조건)

(b) 영향 평가 방법(감조구역)

(c) 영향 평가 방법(감조구역, 제방)

(d) 영향 평가 방법(감조구역, 방조수문)

(e) 영향 평가 방법(감조구역, 배수펌프장, 교량)

그림 1.45 해수면 상승에 따른 감조구역 내 하천구조물의 외력 조건과 영향 평가 방법

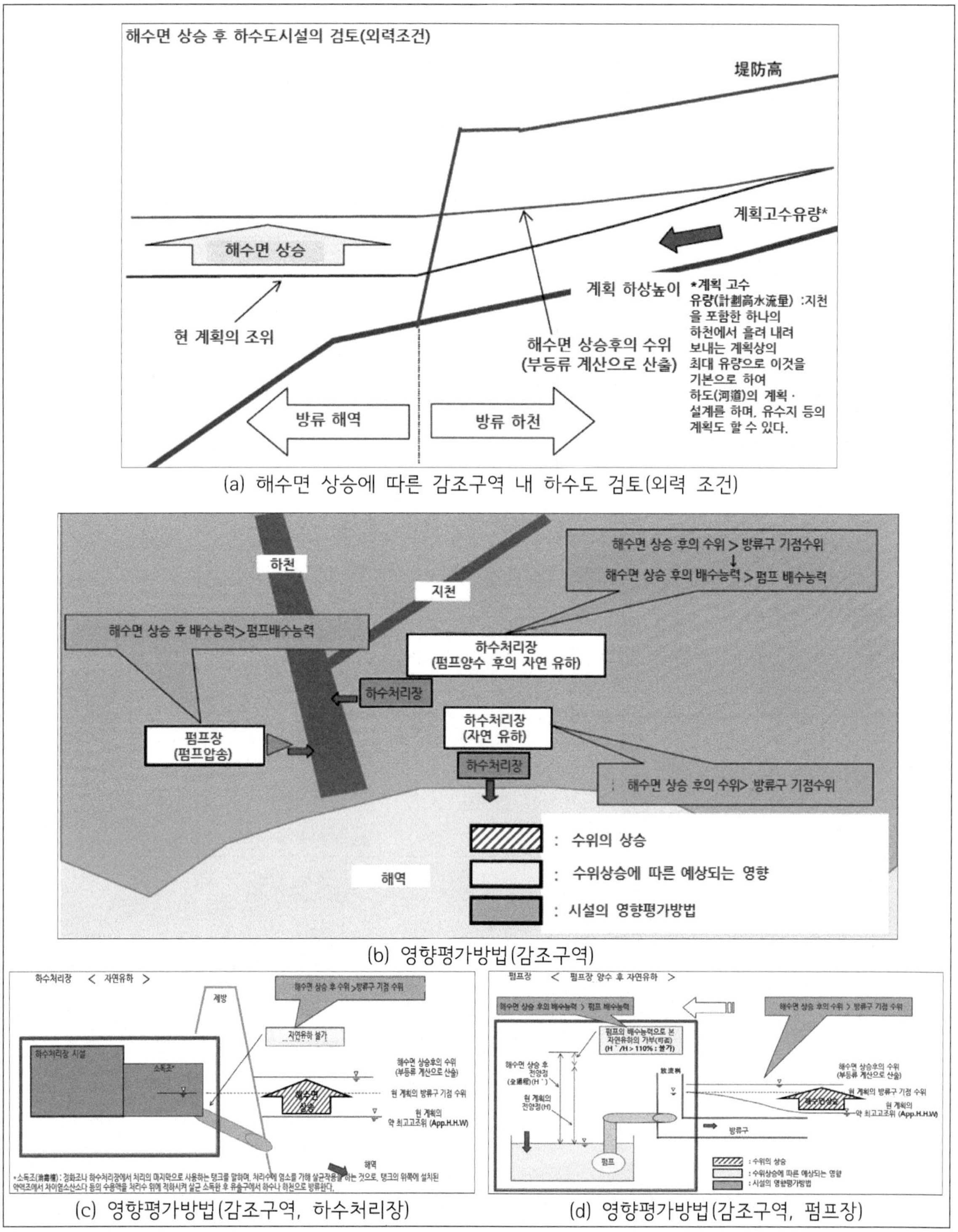

(a) 해수면 상승에 따른 감조구역 내 하수도 검토(외력 조건)

(b) 영향평가방법(감조구역)

(c) 영향평가방법(감조구역, 하수처리장)

(d) 영향평가방법(감조구역, 펌프장)

그림 1.46 해수면 상승에 따른 감조구역 내 하수도의 외력 조건과 영향 평가 방법

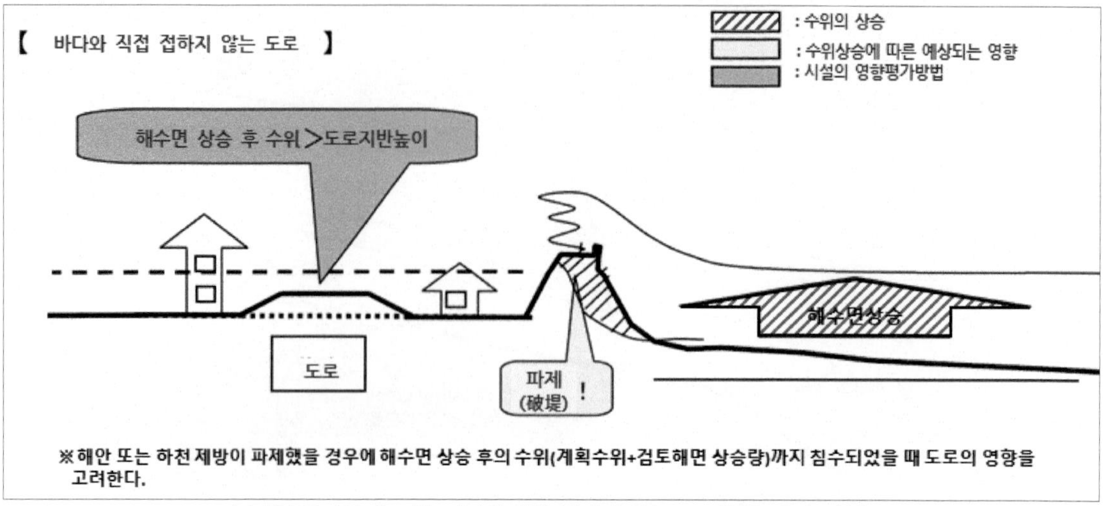

(a) 해수면 상승에 따른 바다와 직접 접하지 않는 도로(영향 평가 방법)

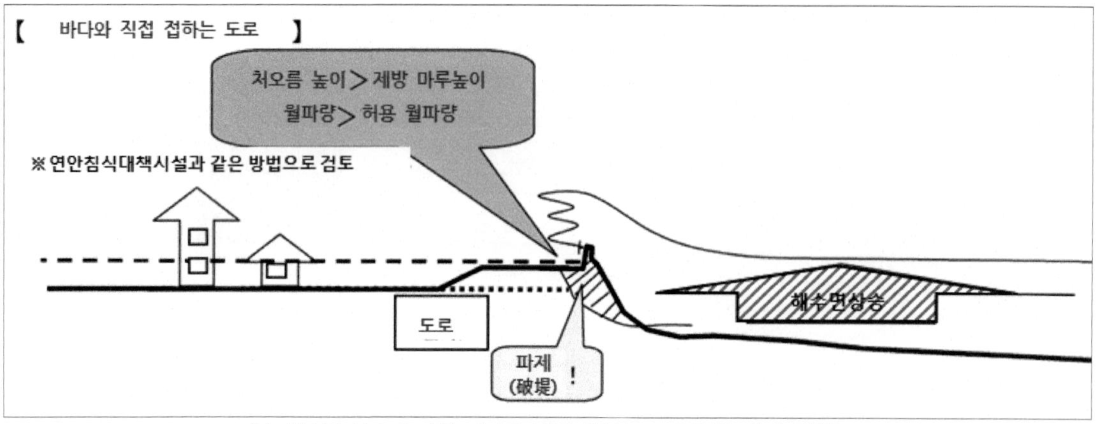

(b) 해수면 상승에 따른 바다와 직접 접하는 도로(영향 평가 방법)

그림 1.47 해수면 상승에 따른 도로의 영향 평가 방법

3) 해수면 상승에 따른 배후지에 대한 영향 요인

기후변화의 영향에 따라 연안과 인접한 배후지에는 지역 해수면 상승 또는 태풍의 강대화에 따른 고파랑·폭풍해일의 증대, 지진해일(기후변화 시에도 지진해일(津波)은 발생할 수 있으며 그 영향은 전 지구 평균 해수면 상승으로 크다는 것을 명심하여야 한다.) 내습 시 해수면 상승의 영향이 예상된다. 이에 따라 연안 재난 시 배후지를 방재하고 있는 해안구조물(해안제방·호안 등)은 월파·월류로 인한 활동, 전도 및 도괴 등의 피해가 예상된다. (그림 1.48(a) 참조). 해수면 상승에 따른 배후지 해안구조물에서의 예상된 피해는 기후변화로 지역 해수면 상승 시 파고 또는 수면이 증가하여 폭풍해일 발생 시 현재보다 더 많은 해수가 월파·월류로 유입되어 세굴로 인한 해안구조물의 상부공 또는 파반공[42](波返工)의 피해가 증가할 것이다. 특히 지진해일 시 호안은 상승한 지역 해수면 때문에 수면의 증가에 따른 월류량 증가로 상부공 또는 파반공의 파괴는 물론 월류에 따른 호안 안비탈 끝 또는 지반의 세굴 증가로 구조물 본체의 전도 또는 활동이 발생하여 배후지에서의 대규모 피해를 초래할 것이다(그림 1.48(b) 참조).

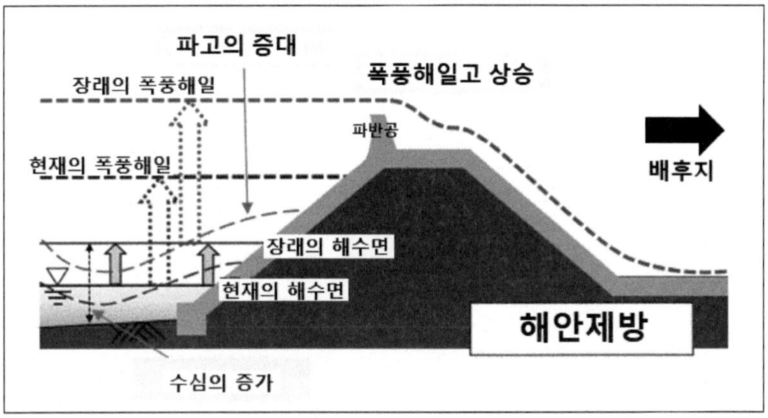

(a) 해수면 상승 또는 태풍 강대화에 따른 배후지 앞 해안제방의 폭풍해일 상승 및 파고 증대

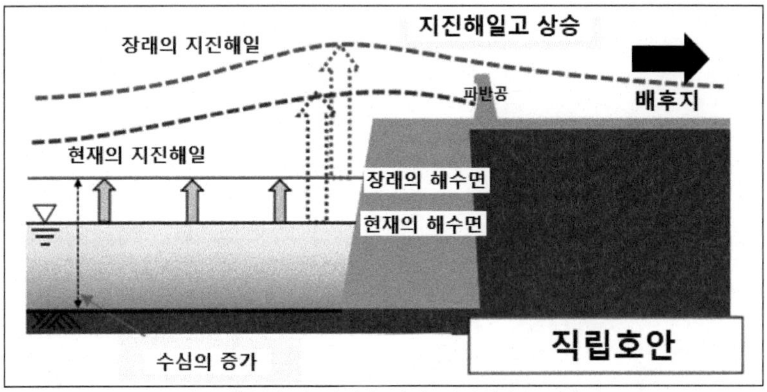

(b) 배후지 앞 직립 호안의 지진해일고 상승

그림 1.48 해수면 상승에 따른 배후지 앞 해안 제방·호안에서의 폭풍해일 및 지진해일 상승

42) 파반공(Parapet Wall, 波返工): 방파제 또는 해안제방(海岸堤防)의 상부공으로 파랑의 월파(越波) 또는 처오름 높이를 감소시키기 위해 바다 쪽으로 오목하게 만든 벽체를 말한다.

1.4.2 해수면 상승에 대한 해안의 대응책[16]

이 장에서는 기후변화로 인한 평균 해수면 상승에 따른 연안침식대책시설 등의 계획 외력 설정에 필요한 기술기준 등을 재검토하고, 구조적 대책, 비구조적 대책 및 구조적·비구조적 대책을 조합한 기후변화 대응책을 자세히 설명하겠다(그림 1.49 참조).

1) 대응책의 목표

기후변화에 따른 해수면 상승은 우리나라 연안에 심각한 영향이 우려되므로 기후변화 예측의 불확실성을 고려하여 해안보전을 추진할 필요가 있다. 즉, 연안정비 기본계획이나 해안구조물 설계 등의 검토 시에는 해수면 상승량과 같은 외력 변동을 현재의 계획이나 설계의 개념에 직접 반영하는 동시에 외력 변화에 대응하기 위한 추가 비용도 고려하면서 필요에 따라 추가 외력 증가도 고려할 수 있다. 따라서, 기후변화로 인한 해수면 상승에 따른 사빈·국토보전, 생태계, 해안구조물 또는 배후지에 대한 영향을 고려하면서, 구조적, 비구조적 또는 구조적·비구조적 대책을 조합하여 전략적이고 순응적으로 추진함으로써 '해수면 상승에 따른 폭풍해일 등의 재난 리스크 증대의 억제' 및 '해안에서의 국토보전'을 도모한다.

2) 대응책의 기본적인 방향

○ 재난 리스크 평가와 재난 리스크에 따른 대책
- 일련의 방재선(防護線) 중 재난 리스크가 높은 곳 파악

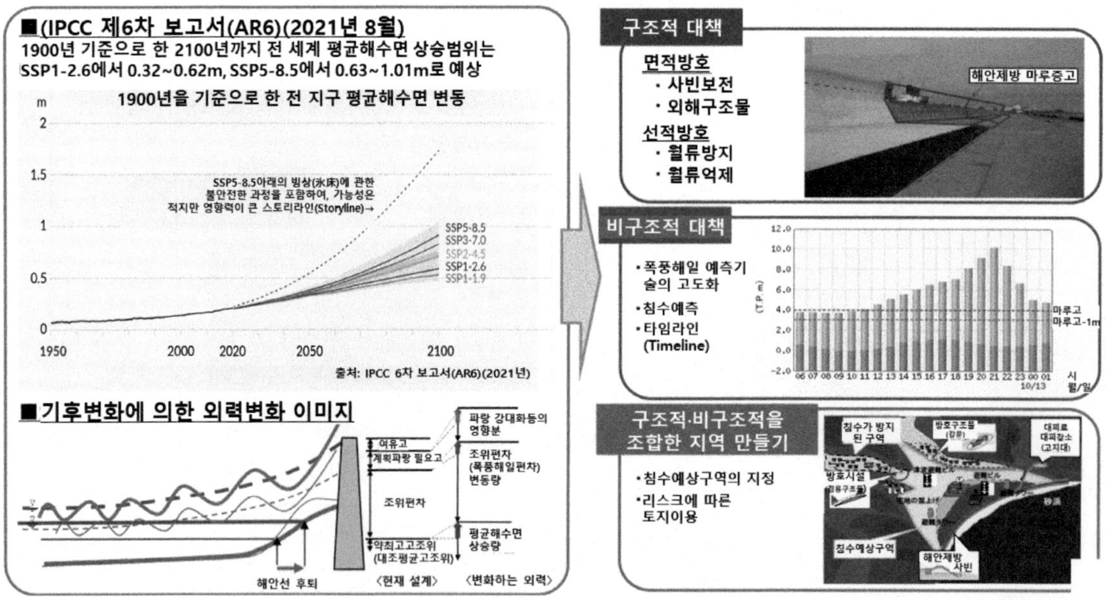

그림 1.49 해수면 상승에 대한 해안의 대응책

○ 방재수준 등을 넘은 초과 외력에 대한 대응
- 배후지 상황 등을 고려하여 '견고하면서 잘 부서지지 않는 구조'의 해안제방 등의 정비 추진
- 비구조적 대책인 폭풍해일·고파랑 등에 대한 적절한 대피를 위한 신속한 정보전달

○ 증대하는 외력에 대한 대책의 전략적 전개
- 해상 모니터링 결과 정기적 평가 및 최적의 구조적, 비구조적 및 구조적·비구조적 대책 조합
- 순응적인 마루높이의 증고(增高)를 가능하게 하는 기술의 개발

○ 진행되는 해안침식에 대한 대응 강화
- 하천 상류로부터 해안까지 유사계(流砂系)에 대한 종합적인 토사관리대책과도 연계한 관계기관과의 광역적·종합적 대책을 추진

○ 타 분야의 대책이나 관계자와 협조 등
- 각종 제도 및 계획에 대응의 관점을 포함한 효과적인 대응의 실시(대응의 주류화)

3) 해안에서 실시하여야 할 대응책

해수면 상승이 해안에 미치는 영향에 대해서 실시할 수 있는 대응책을 표 1.15에 예시하였다. 각각 해안의 장소 특성이나 지역 해수면 상승의 영향에 따라 적절한 대책을 적기(適期)에 실시하는 것이 중요하다.

(1) 구조적 대책

가) 해수면 상승에 따른 해안구조물 마루높이의 증고(增高)와 안전성 강화

기후변화로 인한 해수면 상승 시 해안구조물(호안·해안 제방 등) 마루높이 증고와 안전 성능(安全性能)의 대책은 해수면 상승에 대응할 수 있는 가장 확실한 방법이지만, 비용이 많이 소요되므로 해안구조물 정비의 우선순위를 설정하는 동시에 필요에 따라 비구조적 대책에 의한 피해완화책과 조합한 전략적인 대응이 필요하다. 우선순위는 긴급성 및 방재효과를 종합적으로 평가하여 설정한다. 그림 1.50은 해수면 상승에 대한 호안의 상부공(마루높이) 증고 대책사례이다.

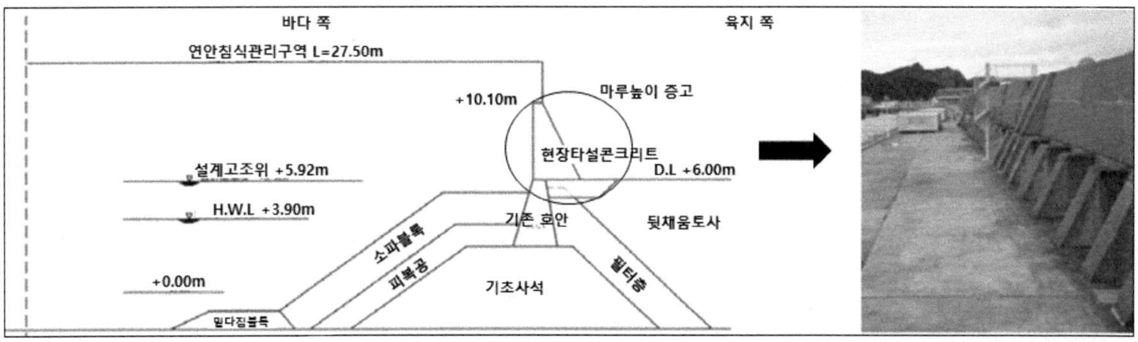

그림 1.50 호안의 상부공(마루높이) 증고에 의한 대책사례

표 1.15 해수면 상승 시 해안에서 실시하여야 할 대응책

항목	영향	대응책(□: 구조적 대책, △: 비구조적 대책)
사빈·국토보전에 대한 영향	• 연안침식대책시설 앞면의 정선 후퇴에 따른 방재기능 저하 • 사빈을 가진 경관의 변화 및 악화 • 해수욕장 감소 등 레저시설에 대한 영향 등 경관 가치의 감소	□ 양빈·침식대책의 실시 △ 해안침식대책에서의 신기술 개발 등 △ 방재선의 세트백(Set Back) 및 도시기능의 이전·집약 등을 고려한 토지이용의 적정화
생태계에 대한 영향	• 사빈 식생의 감소·소멸의 위험성 • 해초(海草)의 갯녹음, 쌍각류(雙殼類)의 조개(대합, 바지락 등) 등 서식 환경의 변화	△ 환경(생태계)을 배려한 정비 및 신공법 등에 대한 조사연구 □ 환경(생태계)을 배려한 정비실시
해안제방·호안에 대한 영향	• 본체의 활동, 전도 및 도괴(倒壞) • 피복공, 상부공의 피해 • 월파와 월류로 인한 세굴에 따른 피해 및 파제(破堤) • 정선 후퇴에 따른 방재기능 저하	△ 기후변화를 고려한 설계 △ 해상(海象) 모니터링 △ 초과 외력이 작용하는 경우의 해안침식 대책시설에 대한 영향 파악 □ 기후변화에 따른 해안제방·호안 등 마루높이 증고 □ 견고하면서 잘 부서지지 않는 구조의 해안제방·호안 등의 정비 △ 생애주기비용을 고려한 최적의 보수·보강 등에 대한 개념 검토 □ 양빈·침식대책의 실시
배후지에 대한 영향	• 월파와 월류에 따른 침수피해의 증가 • 파제로 인한 해수유입을 동반한 침수피해의 증가	△ 연안침식대책시설의 방재기능 파악 △ 생애주기비용을 고려한 최적의 보수·보강 등에 대한 개념 검토 □ 피해 리스크가 높은 장소 및 보수·보강 시기를 고려한 연안침식대책시설의 전략적인 정비 △ 해상 모니터링 □ 기후변화에 따른 해안제방·호안 등 마루높이 증고(增高) □ 관계기관과 연계된 배수기능의 확보 □ 만조위(滿潮位)시 역류(逆流) 방지 대책 △ 시·군·구의 해저드 맵(Hazard Map)작성 지원 △ 대피 판단에 영향을 미치는 정보의 분석·제공 △ 대피계획 수립 및 훈련 실시 추진 △ 방재선의 세트백(Set Back) 및 도시기능의 이전·집약 등을 고려한 토지이용의 적정화

① 기후변화영향을 고려한 설계조위의 산정방법(안)

㉠ 월파를 허용하는 경우

월파를 허용하는 해안 제방 또는 호안의 마루높이 증고를 위한 기준인 기존 설계 조위는 과거의 조위실적(潮位實績) 등에 근거하여 계획하였지만, 기후변화로 인한 해수면 상승을 고려한 설계 조위 산정(안)은 과거(직전(直前) 5년간)의 대조평균고조위(H.W.O.S.T, High Water Ordinary Spring Tide)에 장래 예측기간(시설의 설계사용기간)에 해당하는 해수면 상승량을 더하여 산정한다(표 1.16, 그림 1.51 참조).

㉡ 월파를 허용하지 않는 경우

월파를 허용하지 않는 해안 제방 또는 호안의 마루높이는 과거(직전(直前) 5년간)의 대조평균고조위(H.W.O.S.T, High Water Ordinary Spring Tide)에 장래 예측 기간(시설의 설계사용기간에 해당)에 해당(該當)되는 해수면 상승량과 처오름 높이·월파량으로 결정된 높이를 더하여 산정한다(그림 1.52 참조).

표 1.16 해수면 상승을 고려한 설계 조위 산정방법(안)(월파를 허용하는 경우)

기존 산정방법	기후변화영향을 고려한 산정방법(안)	계획파랑
• 기왕의 고극조위 • 확률분석에 의한 고극조위 • 약최고고조위+조위편차(폭풍해일편차)	• 대조평균고조위+기왕의 조위 편차(폭풍해일 편차) 최대치 • 대조평균고조위[*1]+추산의 조위 편차(폭풍해일 편차) 최대치 • 대조평균고조위+장래 예측에 입각한 조위 편차(폭풍해일 편차) 최대치	30~50년 확률파 기왕의 최대파랑 등

*1: 장래에 예측되는 평균 해수면의 상승량(국립해양조사원에서 발표, 그림 1.32 참조)을 포함한다.

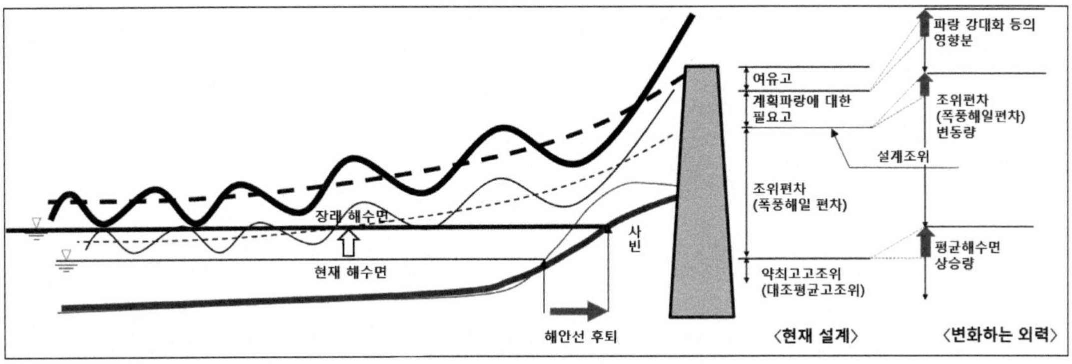

그림 1.51 기후변화로 인한 해수면 상승을 고려한 설계 조위 등의 산정(안)(월파 허용)

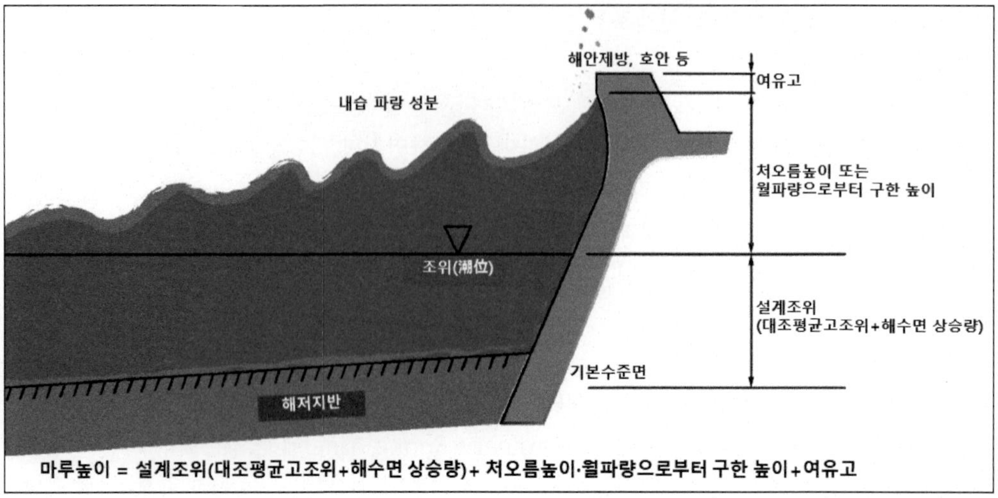

【월파를 허용하지 않는 경우】

그림 1.52 기후변화로 인한 해수면 상승을 고려한 해안제방·호안의 마루높이 산정(안)

② 해수면 상승에 대한 해안 제방·호안의 성능 강화[17]

우리나라 연안의 해안 제방·호안은 해수면 상승에 따른 침수방지기능 및 안전 성능의 저하가 우려되는데, 특히 해안침식이 심하고, 해안 제방·호안의 노후화가 진행되고 있는 해안(동해안, 남해안)은 해안침식으로 처오름 높이 또는 파력으로 세굴이 증대되고, 노후화로 인한 안전성이 저하되는 실정이다. 현재 설치된 해안 제방은 해안 및 항만 설계기준에 따라 바깥 비탈 피복공의 두께가 일률적으로 50 ㎝가 많고, 설계 외력 고려 시 안정성능을 고려하지 않는 경우가 많다. 또한, 우리나라의 대부분 해안 제방·호안은 배수공이 설치되지 않아 내습파의 월파를 처리하지 못해 배후지의 침수를 더욱 가중하고 있다(그림 1.53 참조).

㉠ 해안 제방·호안의 성능 강화를 위한 설계 플로우(Flow)

해안 제방·호안의 피해사례 분석을 통해 피해 패턴을 분류하고 각 패턴의 발생을 평가하는 식(1.1)과 같이 성능함수를 검토한다.

$$Z(\text{성능함수})=R-S(R\text{: 저항, }S\text{: 작용}) \quad (1.1)$$

$$Z>0\text{이면, 파괴 미발생}$$

$$Z\leq 0\text{이면, 파괴 발생}$$

해수면 상승으로 인한 해안 제방·호안의 성능 강화를 위해서는 성능 강화 설계 흐름도(표 1.17 참조)와 성능 강화공법 선정 흐름도(그림 1.54 참조)에 따라 가장 적합한 성능 강화공법을 선정한다. 성능(性能)은 크게 월파방지를 위한 목적 달성 성능과 내파성(耐波性), 흡출 및 공동화에 대한 안전성 등과 같은 안전 성능으로 나눌 수 있다. 성능 강화공법을 선정하기 위해서는 성능 강화공법 선정 흐름도에 따라 ⅰ) 넓은 지역의 침식, ⅱ) 월파, ⅲ) 공동화, ⅳ)파력, ⅴ)세굴에 대해서 판정을 한 후 필요한 대책을 추출한다. 각각의 대책에 필요한 공법은 다음과 같다.

i) 침식방지대책 : 표사 제어시설, 양빈, 돌제, 헤드랜드 등
ii) 월파방지대책 : 해안 제방·호안의 마루높이 증고
iii) 파랑제어대책 : 소파 시설, 양빈 등
iv) 월파허용대책 : 배수공
v) 공동화 대책 : 지수공, 토사충진, 지반개량 등
vi) 파반공의 보강대책 : 파반공 보강
vii) 세굴 대책 : 근고공, 양빈 등

㉡ 배수공 설치

해수면 상승에 따라 해안 제방·호안의 안비탈 선단에 배수공을 반드시 설치한다. 왜냐하면 기후변화에 따른 해수면 상승으로 해안 제방·호안의 월파가 이전보다 빈번해져 배후지를 침수시킬 수 있기 때문이다. 그림 1.53과 같이 해안제방·호안의 안비탈 선단에 배수공을 설치하여 월파를 처리하도록 한다.

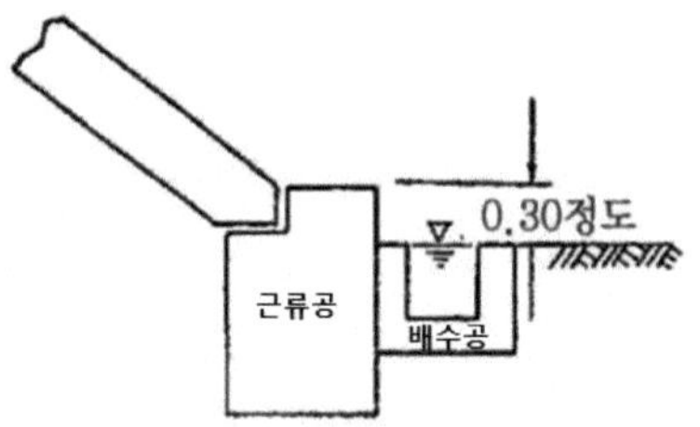

(a) 배수공과 근류공(根留工)을 분리한 구조

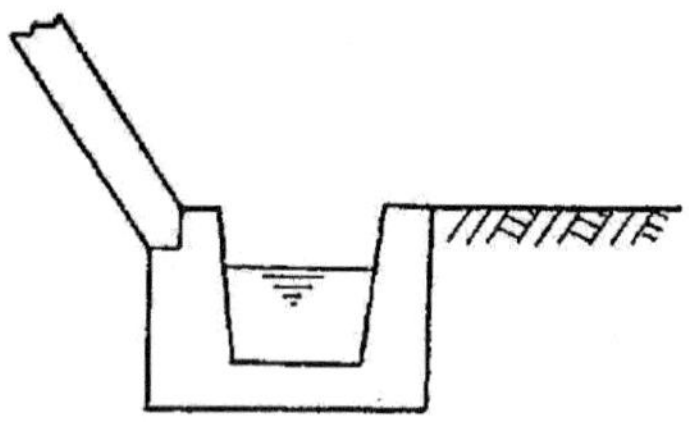

(b) 배수공과 근류공을 겸용한 구조

그림 1.53 해수면 상승으로 인한 월파를 처리하는 해안제방·호안의 배수공(단위: m)

표 1.17 해수면 상승을 고려한 해안 제방·호안의 성능 강화를 위한 설계 흐름도

설계조건의 검토
i) 설계 외력의 파악 • 파랑, 폭풍해일, 지진해일, 지진력 등 설계 외력의 파악 ii) 경년적(經年的)으로 변화하는 자연적 요인 • 기후변화에 따른 온난화에 의한 평균 해수면 상승량의 경년변동 • 해빈 지형의 장기적 변화 • 광역적으로 발생하는 지반 침하량 • 폭풍해일로 발생하는 수위 상승량 및 파고 변화 iii) 대상 시설의 현황 파악과 장래 예측 • 해안 제방·호안의 건전도 평가 • 제방 마루높이의 평가 • 콘크리트와 강재 등 재료의 노후화 • 공동화(空洞化)의 유무 iv) 주변 환경 및 사회 특성의 현황 파악 및 장래 예측 • 제방 강화공법 시공을 위한 용지 제약 조건 • 배후지 자산(인구, 자산)의 추이 • 연안침식대책시설의 필요성 추이
⬇
성능 강화공법 실시 장소의 해안제방·호안 개략설계
i) 해안 제방·호안의 방재목표 수준과 사용기간의 설정 ii) 성능 강화공법의 기본방침 검토 iii) 성능 강화공법의 추출 iv) 성능 강화공법에 대한 시나리오 설정 v) 생애주기비용(LCC, Life Cycle Cost) 산출 vi) 성능 강화공법의 비교 검토 vii) 최적안의 선정
⬇
성능 강화공법 실시 장소의 해안 제방·호안 상세설계
i) 설계조건의 검토 • 설계 조위, 설계파 등(현재 및 장래에 대해서 각각 설정) ii) 구조형식의 검토 iii) 상세설계의 실시 iv) 시공계획의 수립
⬇
유지·관리계획의 수립
i) 건전도 평가 ii) 유지·관리계획 수립

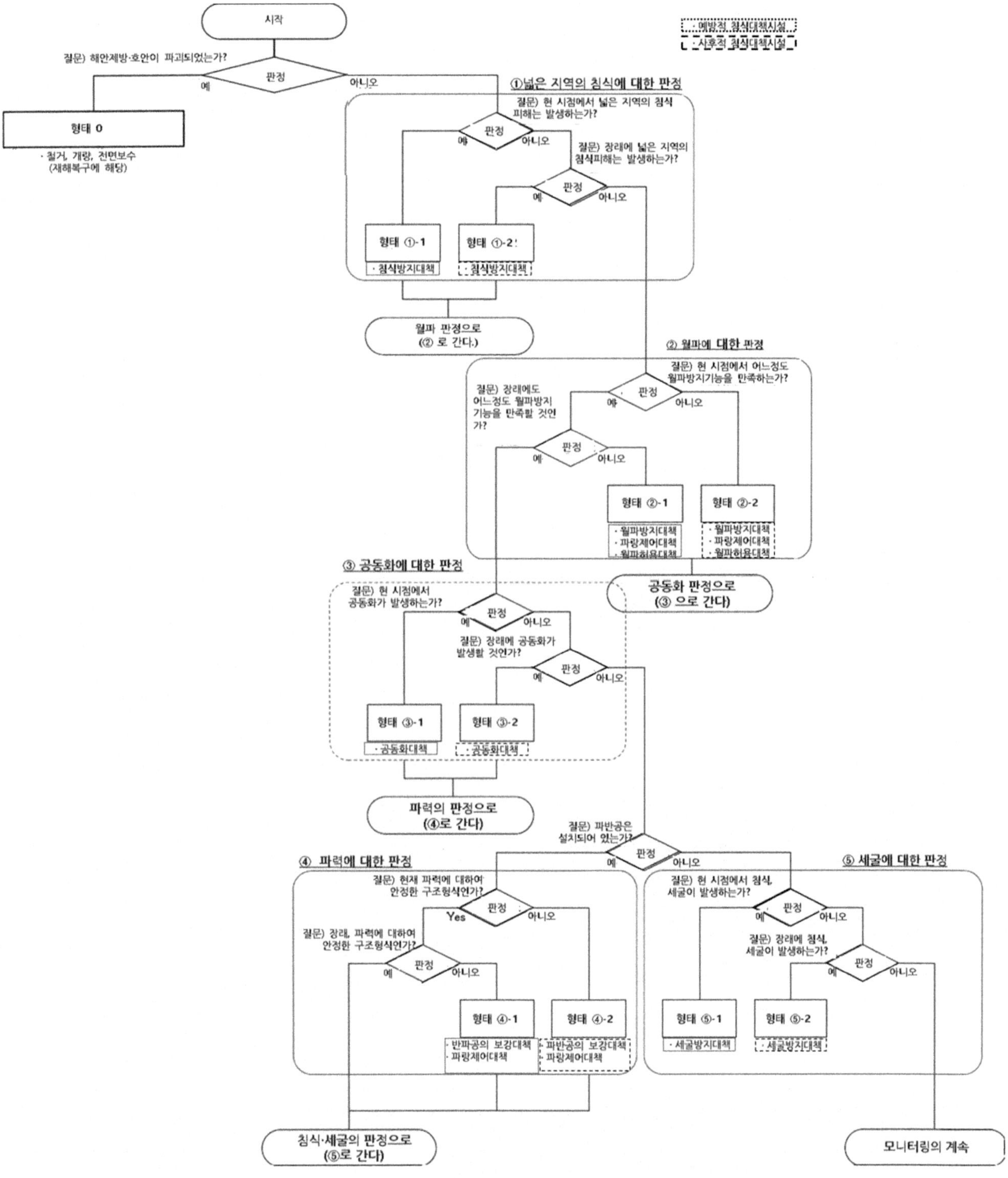

그림 1.54 기후변화로 인한 해수면 상승을 고려한 성능 강화공법 선정 흐름도

나) 예측을 중시한 순응적 사빈 관리와 종합적인 토사관리[18]

파랑을 감쇄시켜 해일 등의 재난으로부터 인명·재산을 지키고, 수많은 동식물의 서식·생육·번식의 장소이며, 문화·역사·풍토의 형성 역할도 가지는 사빈은 평균 해수면의 상승 또는 태풍의 강대화에 따른 고파랑·폭풍해일 증대의 영향으로 소실(消失)이 예측된다. 그러므로 연안침식대책시설의 정비로 사빈을 지키는 동시에 양빈(養濱) 등을 실시하여 사빈을 유지 또는 증진한다. 이를 위해서는 사빈을 모니터링 후 기후변화를 고려하여 평가 및 분류를 하고, 대책을 실시하는 '예측을 중시한 순응적 사빈 관리'를 실행한다. 또한, 육지에서 해안으로의 적절한 토사공급이 도모될 수 있도록 하천 상류에서 해안까지의 유사계(流砂系)에 대한 종합적인 토사관리 대책을 추진한다(그림 1.55, 표 1.18 참조).

이 방법을 우리나라 전국의 전체 연안에 적용하면, 사빈을 그림 1.56과 같이 해안침식에 따라 등급을 매긴 지역 연안 중 침식이 진행되고 있는 a, b 등급인 사빈에 대해서는 연안정비사업과 같은 침식대책사업을 하고, 실시 후에라도 모니터링을 이행하여 지속적인 순응적인 사빈관리를 추진한다(그림 1.57, 그림 1.58 참조).

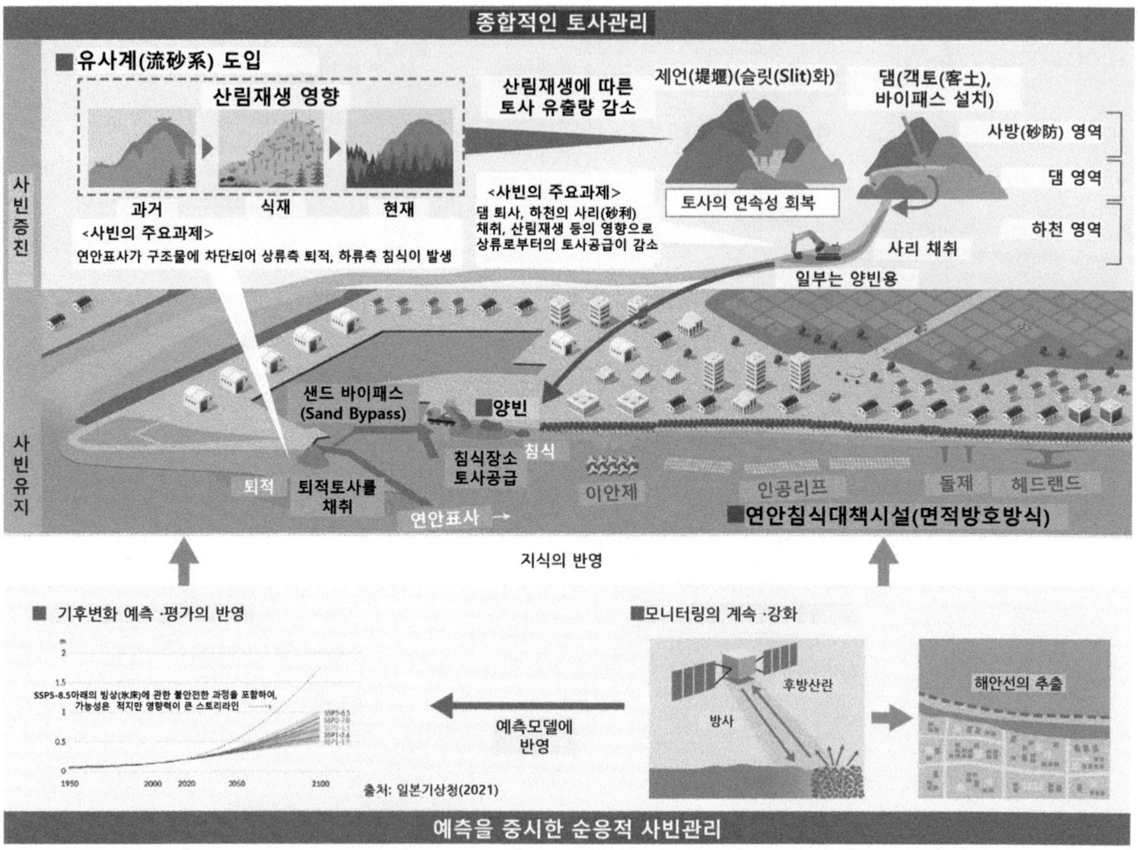

그림 1.55 기후변화에 의한 해수면 상승에 따른 해안침식에 대한 적응책

표 1.18 종합적인 토사 관리와 예측을 중시한 순응적인 사빈 관리 방법

분류	예측을 중시한 순응적인 사빈 관리 방법	종합적인 토사관리	
		사빈 유지	사빈 증진
방법	사빈의 순응적 관리는 아래와 같은 순서로 실시한다. i) 사빈 모니터링 사빈의 평가에 지역의 의견(주민설문)을 듣는다. 인공위성, CCTV 및 드론 활용, 관계기관에 의한 환경조사 등의 모니터링 방법도 고려하여 실시한다. ii) 사빈 및 배후지의 평가·분류 사빈의 방재 기능을 평가하는 동시에 사빈 침식의 정도 및 속도, 연안표사량, 토사 수지, 배후지의 중요도에 따른 과거·현재·기후변화 영향을 고려한 장래에 대해서 평가·분류를 실시한다. 또한, 사빈에 서식하는 특유 생물의 생식이 가진 환경기능과 해수욕, 서핑(Surfing) 및 낚시와 같은 레크레이션기능에 대한 이용형태에 대해서도 평가·분류를 시행한다. iii) 계획 사빈의 요구 성능·관리 지표를 설정하여 연안정비 기본계획에 반영하거나, 연안침식관리구역으로 지정한다.	연안침식대책시설(면적방어공법) 기존 해안제방 및 소파공에 이안제, 수중방파제와 같은 근해 해안구조물과 사빈을 서로 결합한 방재는 물론 환경 및 이용 측면에서도 우수한 면적방어공법으로 연안침식대책시설 정비를 추진한다.	i) 양빈 양빈은 해안에 모래를 인공적으로 공급하여 해빈을 조성하는 것이다. 양빈 시 표사의 상류 쪽에 모래를 투입하여 자연적인 파랑 작용으로 하류 쪽으로 넓어짐에 따라 사빈을 형성하므로 양호한 자연환경 및 해빈 이용의 유지와 연결된다. 또한, 항만·어항 내 해안구조물(방파제, 방사제 등)에 따른 연안표사의 연속성이 저해받는 경우에 구조물의 상류 쪽에 퇴적된 토사를 하류 쪽으로 이동시키는 샌드바이패스(Sand Bypass), 더 상류 쪽 침식이 진행되는 해안에 수송하는 샌드리사이클링(Sand Recycling)을 실시한다. 모래 수송은 덤프트럭 및 선박과 같이 직접 수송하는 방법 외에 펌프를 이용하여 수송하는 방법도 있다. 더욱이 양빈 시 해안이용자와 자연환경도 고려한다. ii) 유사계(流砂系) 도입 방사, 댐, 하천, 해안 등 여러 영역에 있어서 개별 영역만으로 해결하기 곤란한 경우 유사계 또는 토사 이동에 관한 과제를 가진 다수 영역에 대한 종합적인 토사 관리를 추진하고 토사 수지를 고려할 때 토사의 생산억제, 유출의 조절억제 등 필요한 대책을 수립한다. • 방사 영역: 토사 유출의 조절과 하류에 필요한 토사를 안전하게 유하(流下)시키기 위해 투과형 방사제언(防砂堤堰) 설치 및 기존 방사제언의 슬릿화를 실시한다. • 댐(Dam) 영역: 댐 퇴적 토사를 적절하게 하류로 환원시키기 위해 댐 하류로 댐 퇴적 토사의 객토 및 토사 바이패스의 설치를 시행한다. • 하천 영역: 토사 이동의 연속성을 확보하기 위하여 보(洑)·둑(堰)과 같은 하천횡단구조물의 개수(改修)를 실시한다. 또한, 모래가 퇴적되는 하천에는 치수, 수리, 환경보전상 지장이 없는 경우에 사리(砂利) 채취를 허가한다.
소요 기간	현재~ (기(旣) 실시한 곳은, 이후에도 계속·확대가 필요)	현재~ (기(旣) 실시한 곳은, 이후에도 장기 대책이 필요)	현재~ (기(旣) 실시한 곳은, 이후에도 장기 대책이 필요)

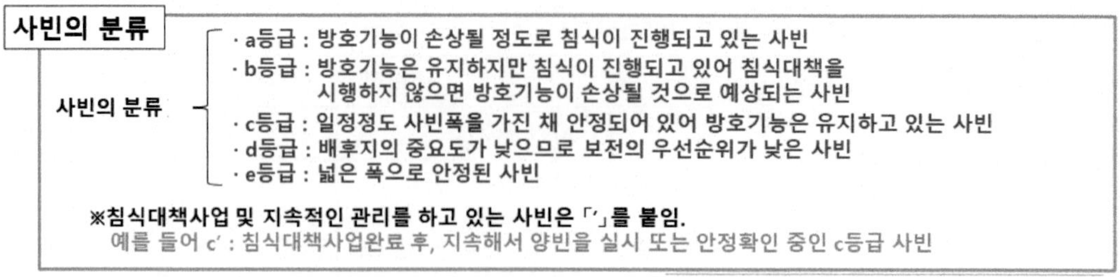

그림 1.56 사빈의 분류

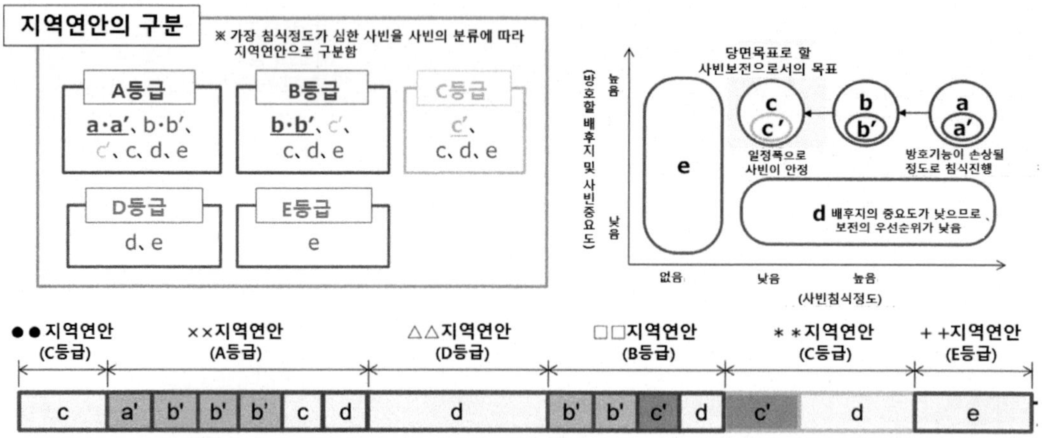

그림 1.57 사빈 등급에 따른 지역 연안의 구분(예시)

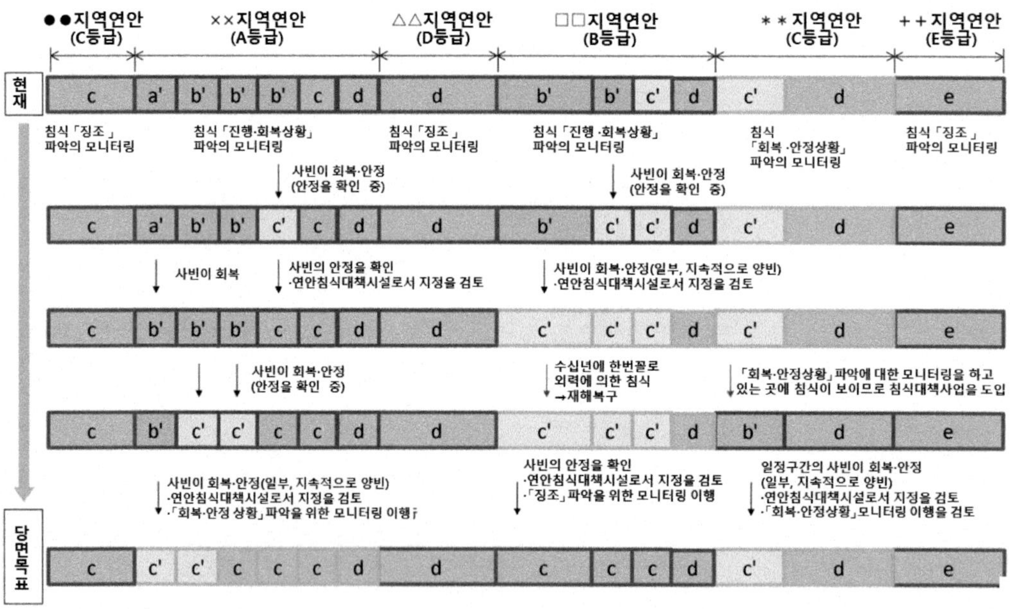

그림 1.58 순응적 사빈 관리 방법(예시)

다) 견고하면서 잘 부서지지 않는 구조를 갖는 해안제방의 정비[19]

기후변화로 인한 평균 해수면의 상승 또는 태풍의 강대화에 따른 고파랑·폭풍해일 증대의 영향으로 기존 해안제방에 대한 월파·월류의 피해가 예상된다. 따라서 신설 해안제방은 해안제방의 육지 쪽 안비탈의 피복공 끝부분을 피복하여 방재하거나 안비탈 경사를 완만하게 설치하는 것과 같은 해안제방을 '잘 부서지지 않은 구조'로 강화할 필요가 있다(그림 1.59 참조). 이렇게 하면 평균 해수면의 상승 또는 태풍의 강대화에 따른 고파랑·폭풍해일 증대, 지진해일이 해안 제방의 마루를 월파·월류할 경우라도 해안제방이 부수어질 때까지의 시간을 지연시켜 주민들의 대피 시간을 벌고, 침수면적과 침수심을 줄이는 재난 저감효과를 본다. 또한, 해안 제방의 육지 쪽 안비탈과 일체 시킨 성토(盛土)·식생(植生)은 해안제방을 보다 '견고하게' 하여 안전 또는 경관·환경 측면에서 나은 효과를 기대할 수 있다(그림 1.60 참조). 그림 1.61은 일본 센다이 남부해안에서 2013~2016년까지 시험 시공한 성토(盛土)·식생(植生) 방조제이다.

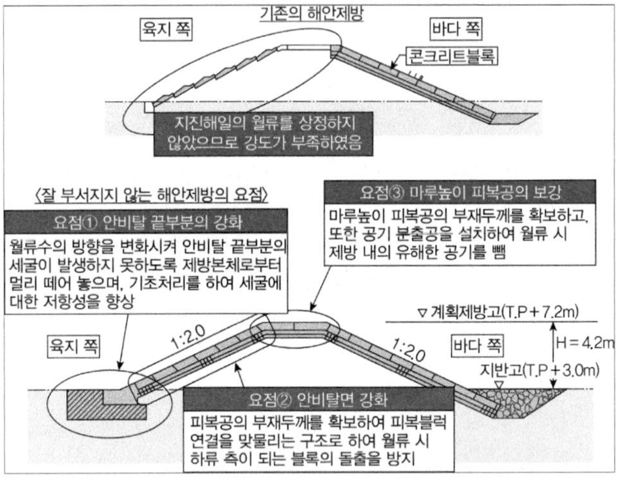

그림 1.59 기존 해안 제방과 '잘 부서지지 않는 구조'의 해안 제방 개념도.

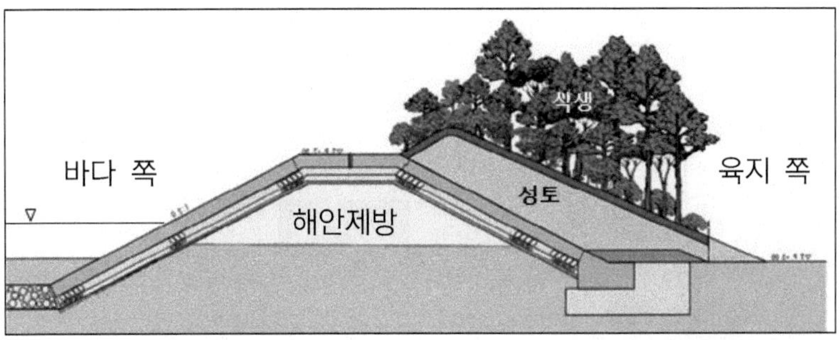

그림 1.60 '잘 부서지지 않는 구조'의 해안 제방과 일체 시킨 성토(盛土)·식생(植生).

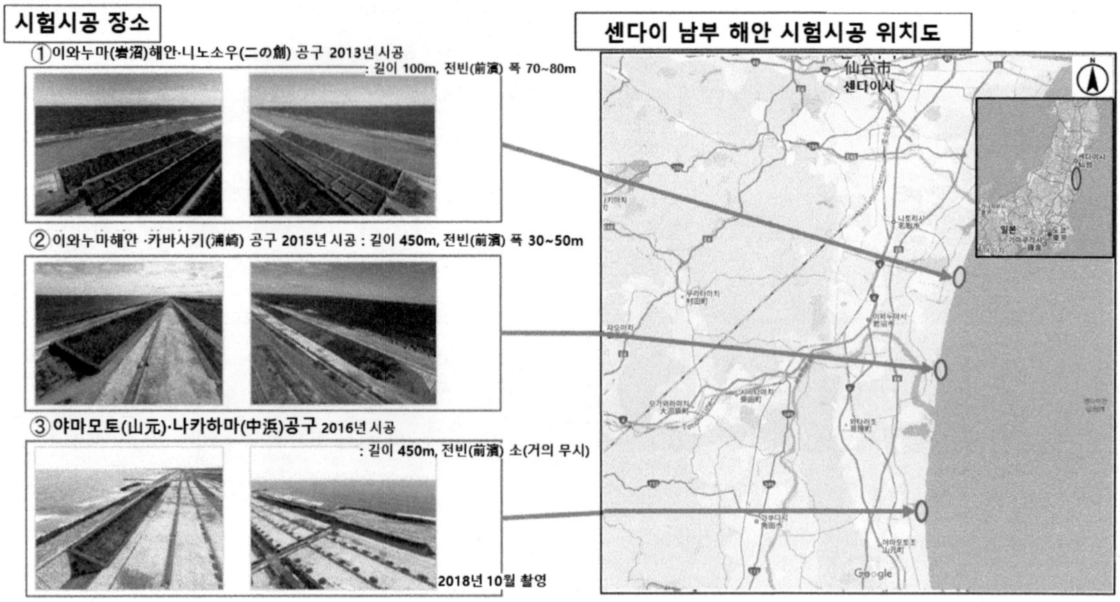

그림 1.61 일본 센다이(仙台) 남부해안에 시험 시공한 성토(盛土)·식생(植生) 방조제

라) 환경(생태계)을 배려한 연안 자연-기반 해법(Coastal Nature-based Solution)

기후변화로 인한 해수면 상승 또는 태풍 강대화로 폭풍해일 또는 고파랑이 심해지면, 연안역의 생태계 및 생물다양성이 위협받는다. 이에 사빈, 사구, 섬, 습지, 맹그로브, 산호초 등 자연-기반 기능을 단독적으로 이용하거나, 사구 내부에 묻힌 콘크리트 벽과 같은 전통적인 회색 기반시설(Gray Infrastructure)과 결합한 연안 자연-기반 해법(CNbS, Coastal Nature-based Solution)은 연안 재난으로 발생하는 위험에 대한 리스크를 줄이고 다양한 환경 및 사회경제적 이점을 제공한다(그림 1.62 참조). 이에 대한 설명은 제2~4장 연안 레질리언스에서 상세히 다루기로 한다.

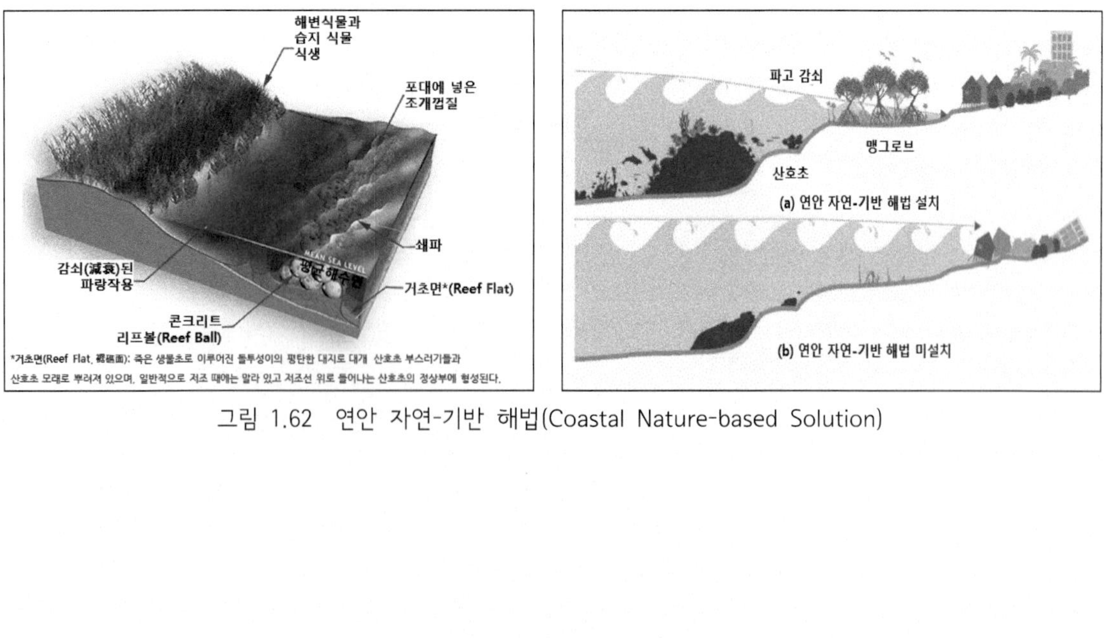

그림 1.62 연안 자연-기반 해법(Coastal Nature-based Solution)

마) 리스크가 높은 장소 및 보수·보강 시기를 고려한 연안침식대책시설의 전략적인 정비[20]

현재 우리나라 연안관리법의 연안정비사업43)(沿岸整備事業)으로 시공된 연안침식대책시설은 거의 20년 이상이 경과(연안관리법의 제1차 연안정비계획(2000~2009년)에 따라 많은 해안구조물이 축조되었다.)되었다. 연안은 해무(海霧), 파랑 및 염해(鹽害) 등 연안침식대책시설에 불리한 환경조건 아래에 있어 이곳에서 시공된 해안구조물은 육지에 비교하여 더 빨리 부식(腐蝕) 또는 열화(劣化)되어 노후화되는 경향이 있다. 따라서, 연안침식대책시설은 향후 노후화된 시설의 급속한 증가가 예상되어, 유지·관리에 필요한 비용의 감축이나 평준화를 도모하면서 계속 방재기능을 확보해 나가기 위해서는 생애주기 관리(LCM, Life Cycle Management)의 개념에 근거한 예방보전형의 유지·관리(그림 1.63 참조)가 중요하다. 연안 관리자가 연안침식대책시설을 양호한 상태로 유지(維持)하고 수리하여 연안 방재에 지장을 주지 않도록 노력하는 것은 의무이지만 국민에게 혜택이 될 수 있도록 생애주기비용44)(LCC, Life Cycle Cost)의 절

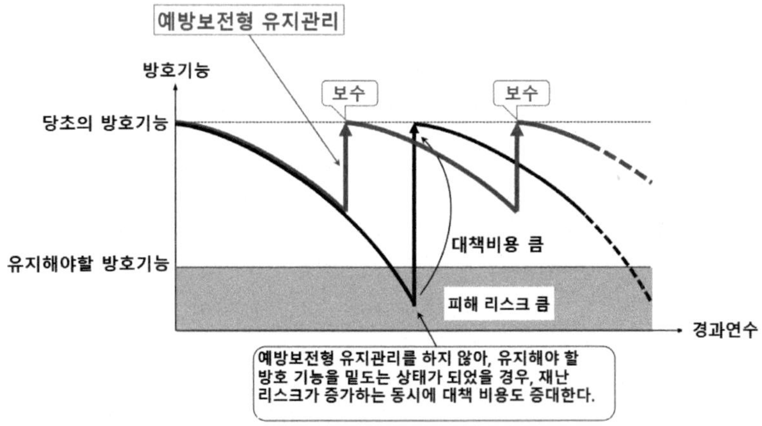

그림 1.63 연안침식대책시설의 예방보전형 유지·관리로의 전환에 대한 개념도

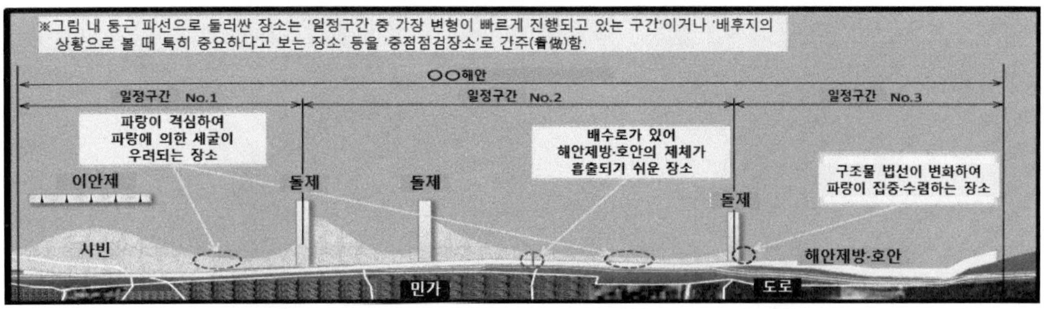

그림 1.64 연안침식대책시설의 중점점검장소 이미지(사례)

43) 연안정비사업(沿岸整備事業): 연안 환경을 보전하고 연안의 지속가능한 개발을 도모하여 연안을 쾌적하고 풍요로운 삶의 터전으로 조성하는 사업으로, 연안보전사업(해일, 파랑, 침식 등으로부터 연안보호 및 훼손연안정비)과 친수연안조성사업(국민이 연안을 쾌적하게 이용할 수 있는 친수공간 조성)으로 나눌 수 있다.

44) 생애주기비용(生涯週期費用, Life Cycle Cost): 구조물을 기획, 설계, 건설하고, 유지·관리하고 철거하기 위해 소요되는 비용의 총액을 말한다.

감을 도모한다. 그러나, 침식대책시설은 변형의 진전과 성능저하와의 관계가 명확하지 않기 때문에 시설의 특성 등에 따라 그림 1.63에 나타내는 것과 같은 곡선을 어떻게 그리는 것이 적당한가에 대한 검토도 필요하다.

이 때문에, 이러한 구조물의 구축·개량을 도모해 가는데, 정비, 점검, 평가, 대책이라고 하는 일련의 흐름의 자료를 기록해, 보존하는 것이 중요하다. 또한, 해안침식대책시설의 적절한 유지·관리를 위해서는 철저한 사전조사(事前調査)로 중점점검장소와 점검 위치를 미리 추출(抽出)하여 순찰 시 그 부분을 집중적으로 점검할 필요가 있다(그림 1.64 참조).

바) 만조위(滿潮位) 시 해수역류(海水逆流) 방지 대책[21]

기후변화로 인한 평균 해수면의 상승 또는 태풍의 강대화에 따른 폭풍해일·고파랑 증대로 해안 인근과 배후지의 우수관로(雨水管路)에 해수의 역류가 예상된다. 특히, 장래 기후변화로 인한 평균 해수면 상승으로 만조(滿潮) 시 또는 대조(大潮) 시 폭풍해일·고파랑이 내습하면 해수역류로 인한 침수피해는 현재보다 더 빈번하거나 가중될 것이다(그림 1.65 참조). 해수역류를 방지하기 위한 대책은 다음과 같이 3가지 방법이 있다.

- 플랩 게이트(Flap Gate)는 관로 내 수위와 조차(潮差)로 인해 자동으로 개폐되는 게이트로 만조(滿潮) 시 폭풍해일 또는 고파랑의 내습 시 해수의 역류를 차단하고, 간조(干潮)시 우수 또는 하천류에 의해 자동으로 개방됨에 따라 우수(雨水)를 배수할 수 있다(그림 1.66(a) 참조).
- 플랩 게이트의 하류에서는 우수관로의 압력상승에 따라 맨홀 뚜껑의 비산(飛散) 및 물 넘침이 우려되는 곳에서는 압력맨홀 뚜껑으로 교체한다(그림 1.66(b) 참조).
- 우수관로로의 역류를 막기 위한 설치 관로용 역류(逆流)방지 수문을 설치한다(그림 1.66(c) 참조).

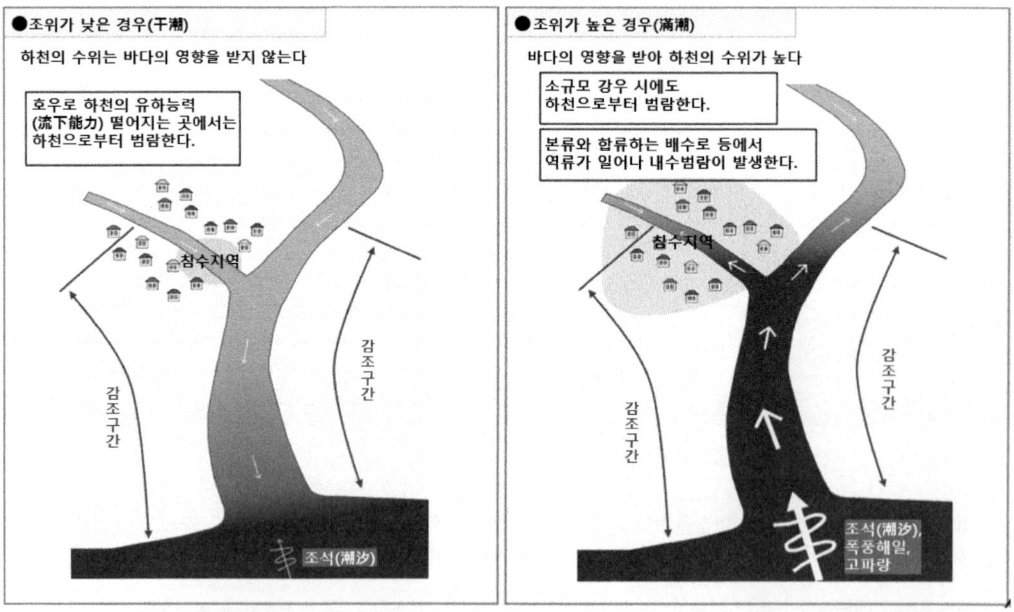

그림 1.65 기후변화로 인한 해수면 상승으로 폭풍해일 또는 조석(특히 백중사리) 시 해수역류

(a) 플랩 게이트(Flap Gate)(좌: 간조(干潮) 시; 우: 만조(滿潮) 시 폭풍해일 또는 고파랑 내습)

(b) 맨홀의 해수 역류 및 압력맨홀 뚜껑

(c) 역류방지수문

그림 1.66 해수 역류 대책

(2) 비구조적 대책[22]

가) 해수면 상승을 고려한 설계

해수면 상승을 기본으로 설정한 외력은 여러 가지 불확실성이 내재(內在)하고 있으므로 '가능한 한 재설계 없는 설계' 또는 '과잉투자가 되지 않는 설계'를 하는 것이 중요하다. 그 때문에 해안구조물 설계 시 미리 대책을 고려한 '선행형 적응책'과 장래 해수면 상승을 확인 후에 대책을 고려하는 '순응형 적응책' 중 어느 쪽이 적절한 대책 방법인가를 선택할 필요가 있다. '가능한 한 재설계 없는 설계'는 '선행형 적응책'과 '순응형 적응책'을 포함한 설계이다. 즉, '선행형 적응책'은 설계사용기간45)(設計使用期間)의 초기 단계에서 해수면 상승을 고려한 대책이고, '순응형 적응책'은 설계사용 기간에 단계적으로 해수면 상승을 고려하는 대책이다(그림 1.67 참조).

45) 설계사용기간(設計使用期間, Design Life): 구조물 또는 부재의 사용 시 목적하는 기능을 충분히 달성해야 할 설계상의 주어진 내용기간으로, 설계전제(設計前提)로서 시설이 목표기능을 유지하는 것을 기대하는 기한을 말하며, 구조물의 내용연수인 물리적으로 사용이 가능한 기간과는 다르다.

예를 들어 폭풍해일을 방재하는 수문을 설계할 경우, '선행형 적응책'은 기후변화로 인한 해수면 상승에 대하여 장래의 보강이 어려운 수문 기둥(門柱) 및 기초공에 대하여 장래 게이트 규모를 고려한 기둥 높이나 기초공이 되도록 사전에 설계하는 것이며, '순응형 적응책'은 설계 시는 해수면 상승을 고려하지 않지만, 기후변화로 인한 해수면 상승과 같은 외력 증가를 확인 후에 대책을 수립하는 것을 말하며, 게이트 규모가 변화할 때마다 권상기(Winch, Hoist) 또는 수문짝(扉體)을 개조하는 것을 뜻한다(그림 1.68 참조).

나) 방재선의 셋백(Set Back) 및 도시 기능의 이전·집약을 고려한 토지이용의 적정화[19]

해양수산부에서 국민안심해안사업으로 추진 중인 중장기적인 해수면 상승에 의한 해안선 후퇴를 고려한 방재선의 세트백(Set back)(그림 1.69 참조)이나 치밀(緻密)한 시(市)의 형성과 같은 도시기능의 이전·집약의 기회를 파악하여 재난 리스크가 높은 침식대책시설 배후의 토지이용 적정화를 실행한다.

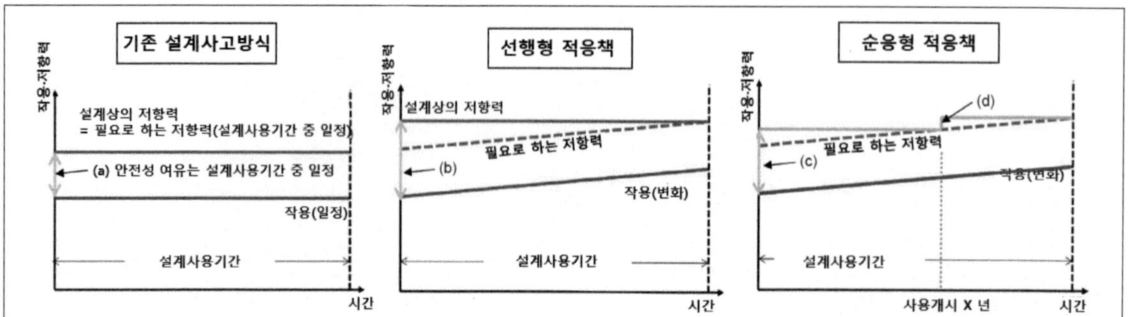

(a) 설계 시점의 외력이 장래에도 일정하다는 전제로 설계상의 저항력 설정
(b) 설계사용기간 중의 작용변화를 근거로 하여 설계사용기간의 초기에 구조물에 대응 실시
(c) 사용 후 X년 후의 작용변화를 고려한 안전성 확보.
(d) X년 후에 설계사용기간 말기(末期)의 안전성을 확보할 수 있는 구조제원이 되도록 추가 공사 실시

그림 1.67 기후변화로 인한 해수면 상승을 고려한 설계의 종류

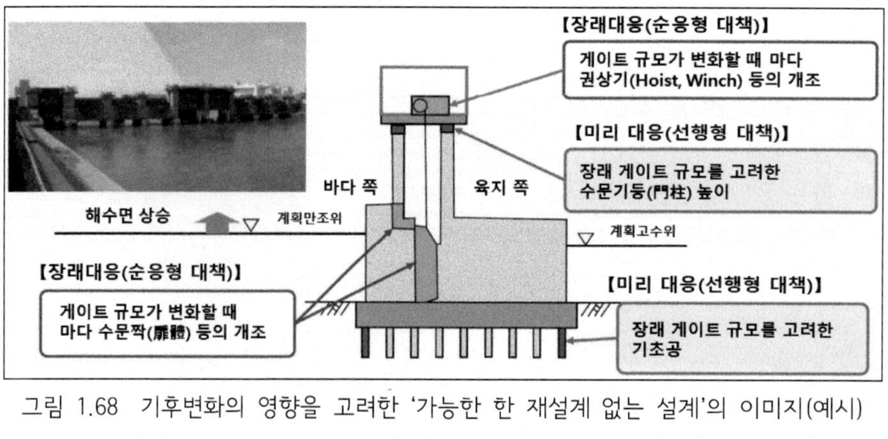

그림 1.68 기후변화의 영향을 고려한 '가능한 한 재설계 없는 설계'의 이미지(예시)

다) 시·군·구의 해저드맵(Hazard Map)작성 지원

태풍 강대화에 따른 폭풍해일·고파랑의 증대, 평균 해수면 상승에 의한 재난 리스크의 증가를 시·군·구의 해저드 맵에 포함할 수 있도록 지원하고 이를 배후지 주민에게 주지(周知)시키고 대피 대책의 추진에 활용한다(그림 1.70 참조).

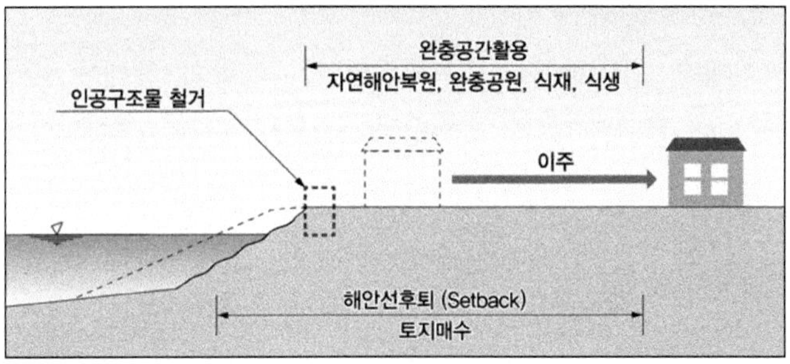

그림 1.69 해양수산부의 국민안심해안사업(해안선 후퇴(Setback))

(a) 창원 마산지역 폭풍해일 침수 예상지도 (b) 창원 마산지역 동서동 폭풍해일 침수 예상 지도

그림 1.70 폭풍해일 침수 예상지도(예시)

라) 해안침식대책에서의 신기술 개발

해수면 상승으로 인한 해안침식의 표사(漂砂)의 예측수치모델 고도화 및 대책공법의 개발과 같은 해안침식대책에 대한 신기술 개발을 진행한다. 또한, 중장기적인 평균 해수면 상승에 따른 정선의 후퇴에 대한 대응 및 대책의 조사·연구가 필요하다.

마) 대피계획 수립 및 훈련 실시 추진

기후변화로 인한 태풍의 강대화에 따른 폭풍해일·고파랑의 증대에 따라 제외지[46](堤外地) 내 기업 및 배후지 주민의 대피에 관한 계획수립 및 훈련실시를 추진한다.

(3) 구조적·비구조적 대책을 조합시킨 대응책

기후변화로 인한 해수면 상승에 전략적으로 대응하기 위해 연안침식대책시설 보수·보강에 맞춘 마루높이 증고(增高)와 같은 구조적 대책과 대피계획 수립·훈련 실시 및 해저드 맵과 같은 비구조적 대책을 서로 조합시킨 대응책이 필요하다(그림 1.71 참조).

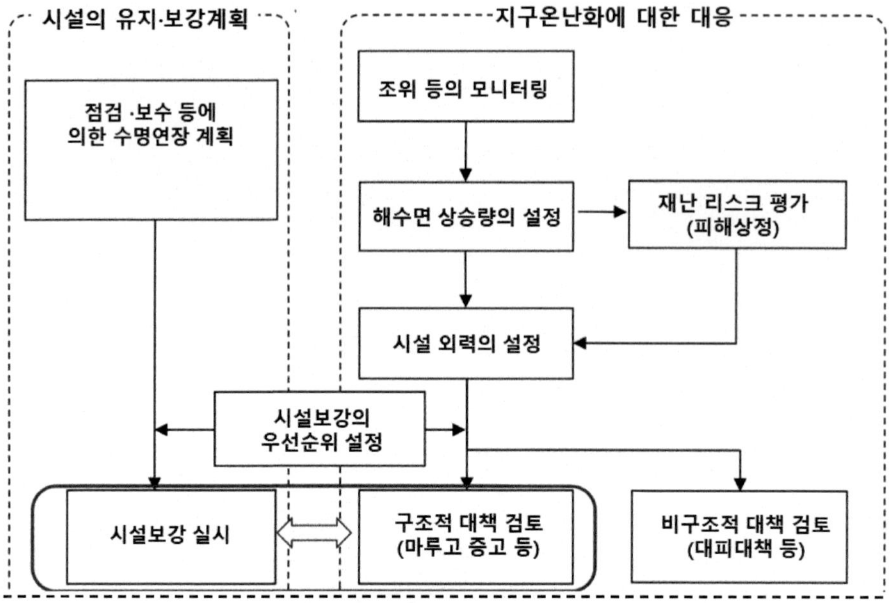

그림 1.71 해수면 상승에 따른 연안침식대책시설의 보강 등 지구온난화에 대한 전략적 대응(구조적·비구조적 대책)

46) 제외지(堤外地, Fore-land): 본래 의미로는 하천제방으로 둘러싸인 하천 쪽 지역으로, 이 장에서는 항만의 방재라인 바깥쪽을 말한다.

1.5 해수면 상승에 따른 항만의 영향과 대응책

온실효과 가스 증가로 인한 기후변화로 전 지구 기온 또는 해수면 수온이 상승하면 전 지구 평균 해수면이 증가한다(즉, 조위상승(潮位上昇)으로 이어진다.)(그림 1.72 참조). 또한, 전 지구 기온·해수면 수온 상승은 태풍의 강대화를 유발하는데, 이에 따라 강한 바람의 증가, 폭풍해일 증대 또는 고파랑을 초래한다. 즉, 강한 바람의 증가는 항만 내 하역 장비에 대한 전도(顚倒) 피해를 증가시킨다. 항만 내 해수면 상승 또는 폭풍해일·고파랑의 증대는 항만구조물(항만시설) 중 특히 항만 전체를 방재하는 방파제 설치 수심의 증대 및 작용 파력증가로 방파제의 안정성을 감소시킨다(표 1.19 참조).

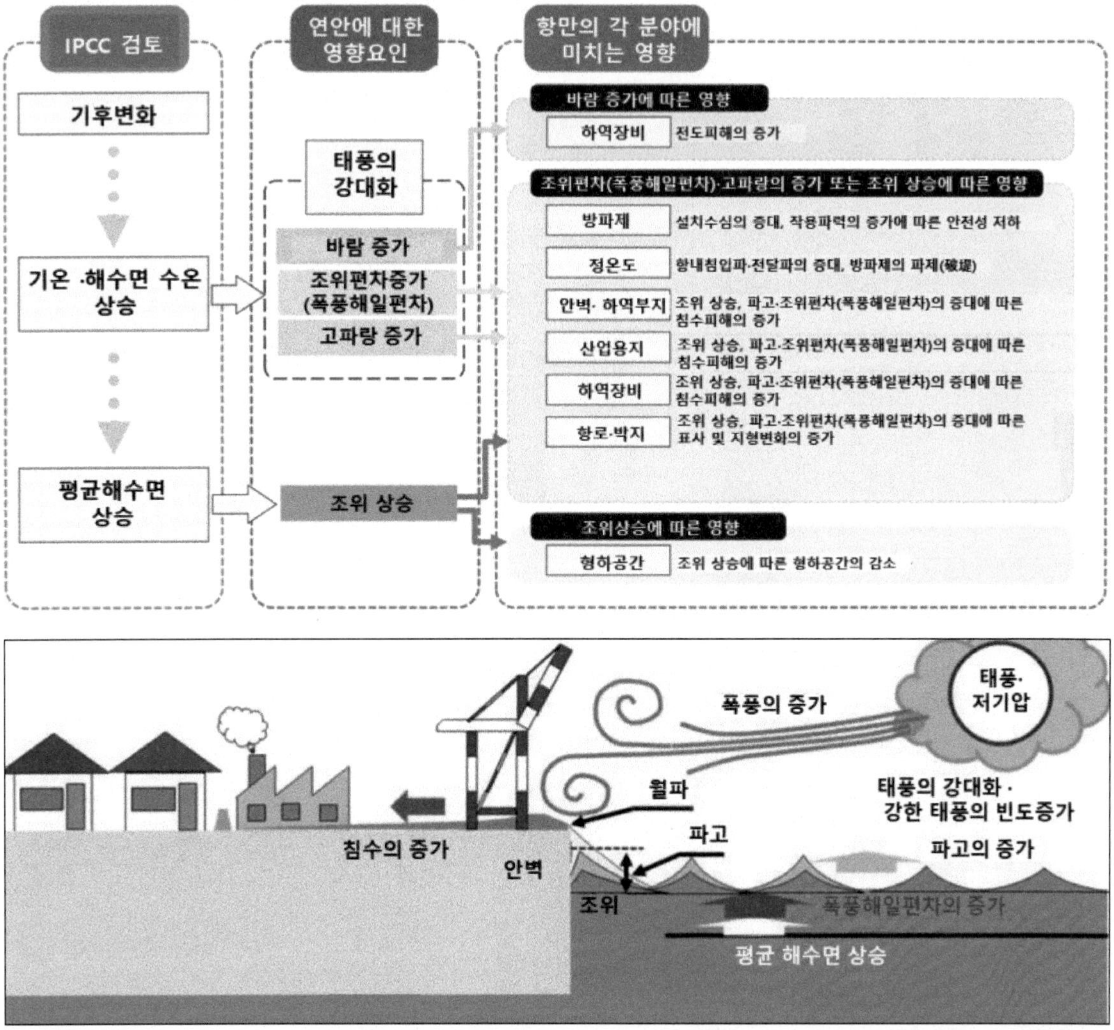

그림 1.72 기후변화에 따른 항만의 영향요인

표 1.19 기후변화에 따른 해수면 상승이 항만구조물(항만시설)에 미치는 영향

구분	시설	구조형식	영향
구조물의 저항력 (안정성)	방파제	중력식	• 본체에 작용하는 파력·부력의 증가로 인한 안정성이 저하된다. • 파고 증대로 인한 소파블록 또는 피복재의 중량이 부족하다.
	안벽	중력식	• 본체에 작용하는 부력의 증가로 인한 안정성이 저하된다. • 잔류수압 증대로 인한 안정성이 저하된다. • 지진 시 동수압의 증대로 인한 안정성이 저하된다. • 평균 해수면 상승으로 본체에 작용하는 토압이 저하된다.
		널말뚝식	• 잔류수압 증대로 인한 안정성이 저하된다. • 지진 시 동수압의 증대로 인한 안정성이 저하된다. • 평균 해수면 상승으로 본체에 작용하는 토압이 저하된다.
		잔교식	• 상부공에 작용하는 양압력 증대로 안정성이 저하된다.
	해안제방·호안	중력식	• 안벽과 동일 • 파고 증대로 인한 소파 블록 또는 피복재의 중량이 부족하다. • 마운드 투과파로 인한 배후지반의 흡출 리스크가 증대된다. • 파력증대로 인한 파반공의 도괴가 발생한다.
		널말뚝식	
마루높이 (월파·침수)	방파제	중력식	• 마루높이 부족에 따라 방파제 배후로의 월파량이 증가한다. • 소파구조의 반사율이 증가한다.
	안벽	중력식	• 마루높이 부족에 따라 에이프런(Apron) 및 하역시설로의 월파량이 증가한다. • 우·배수의 수면경사(水面傾斜)의 저하에 따라 유하능력이 저하된다.
		널말뚝식	
		잔교식	
	해안제방·호안	중력식	• 마루높이 부족에 따라 하역시설 및 공장 등으로의 월파량이 증가한다. • 마운드 투과로 인한 수괴(水塊)로 침수가 발생한다. • 파반공 도괴로 인한 침수가 증가한다.
		널말뚝식	
이용성	안벽	중력식	• 평균 해수면 상승에 따라 선박과 안벽 마루높이 관계가 변화한다.
		널말뚝식	
		잔교식	

따라서, 항만 내 입사파고·전달파고를 증대시켜 항만 정온도[47](港灣靜穩度)를 악화하거나, 극단조건에서는 방파제의 파제(破堤)에 이를 수 있다. 또, 하역부지, 산업용지, 안벽·하역 장비에 침수피해를 일으키고 항로·박지 매몰을 초래한다. 조위상승은 항만 내 교량의 형하고(桁下高)에도 영향을 미쳐 그 밑을 지나는 선박 통항에도 악영향을 끼친다.

---

47) 항만정온도(港灣瀞穩度, Harbor Tranquility, Calmness of Harbor): 항만의 박지(泊地) 내 수면의 정온화 정도를 나타내는 것으로서 통상 박지 내의 파고를 말한다. 또한, 박지 내 파고의 평균치와 그때의 방파제 밖의 파고의 비를 가지고 나타내는 일도 있으며, 선박의 접안, 하역작업과 밀접한 관계가 있으므로 일반적으로 초대형선은 0.7~1.5 m, 중·대형 선박에는 0.5 m, 소형선에는 0.3 m 이하의 정온도로 설계하고 있다. 따라서 그 항구에서 필요한 하역일수에 대해 이 정도의 파고를 억제할 수 있는 방파제의 마루높이, 배치, 항구의 위치를 검토해야 한다.

1.5.1 항만의 영향 요인[23]

1) 방파제에 대한 영향

일반적으로 우리나라와 일본에서 많이 채택하여 설치된 방파제인 혼성제 케이슨에 작용하는 파압 분포는 그림 1.73과 같이 직립 벽에 작용하는 최대파력 및 양압력은 고다(Goda(合田))식을 표준으로 한 보정식을 채용하고 있다. 그림 1.73으로부터 알 수 있듯이 평균 해수면 상승이 일어나면 우선 수심이 커져 케이슨에 작용하는 부력이 증가하기 때문에, 케이슨이 활동(滑動)하기 쉬워진다. 또한, 해수면 상승에 따른 수심의 증가는 파압 분포의 증가로 이어지고, 결국 파력은 증대된다.

또한, 방파제에 대한 기후변화에 의한 영향으로서 평균 해수면 상승, 태풍의 강대화로 인한 폭풍해일 또는 고파랑의 증대 등이 예상된다(그림 1.74 참조). 또한, 방파제 설치 수심 증가, 폭풍해일 상승, 파랑의 파고 및 주기의 증대로 방파제 본체의 안전성 저하, 기초지반의 지지력 저하에 따른 전도 또는 활동의 증가가 우려된다(그림 1.75(a) 참조). 즉, 우리나라 방파제의 대부분을 차지하는 혼성제의 소파 블록 피해 증가에 따라 본체에 작용하는 파력이 증가하여 본체의 안정성 저하도 예상된다(그림 1.75(b) 참조).

사진 1.2(a)는 태풍 '차바(2016년)' 내습 시 월파로 파괴된 부산 사하구 감천항 부두 서(西) 방파제, 사진 1.2(b)는 태풍 '차바(2004년)' 내습 후 일본 시부시항(志布志港) 시부시 방파제 활동파괴 사진이다. 기후변화에 따라 방파제가 방재하는 항구 폭은 현재 그대인 채 설계 조위 및 설계 파고가 증대하는데, 구조형식에 따라 소정의 마루높이를 확보할 필요가 있다.

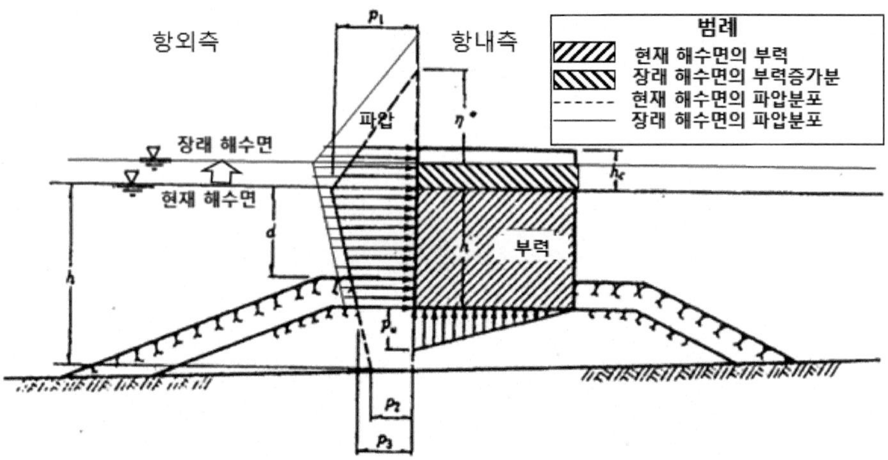

그림 1.73 혼성제 케이슨에 작용하는 파압 및 부력 분포(磯部등, 1991)

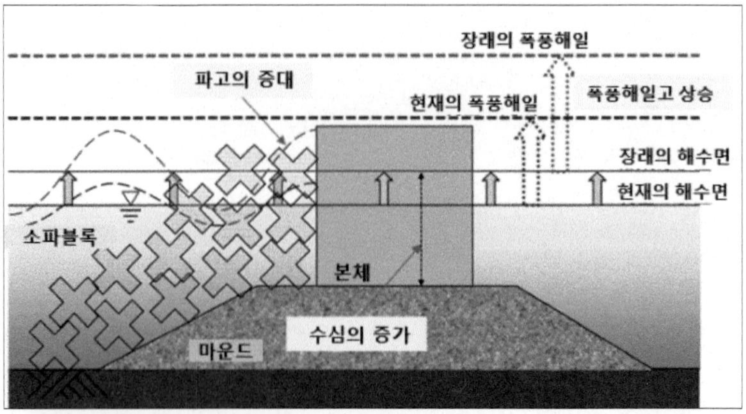

【해수면 상승에 따른 설치 수심과 파고의 증가, 태풍의 강대화에 따른 폭풍해일 상승 또는 파고의 증대.】

그림 1.74 기후변화에 따른 방파제 영향

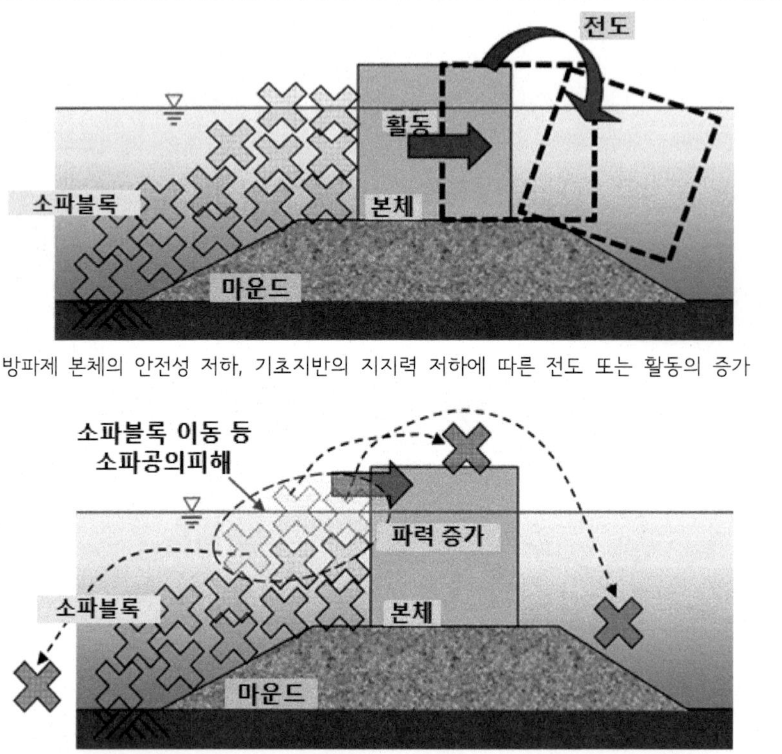

(a) 방파제 본체의 안전성 저하, 기초지반의 지지력 저하에 따른 전도 또는 활동의 증가

(b) 소파블록 피해의 증가에 따라 방파제 본체에 작용하는 파력이 증가하여 본체 안전성 저하

그림 1.75 해수면 상승에 따른 방파제의 예상피해 유형

(a) 태풍 '차바(2016년) 내습 시 월파로 파괴된 부산 사하구 감천항 부두 서방파제

(b) 태풍(TY0416, 2004년) 내습 후 일본 시부시항(志布志港) 시부시 방파제 활동파괴 상태

사진 1.2 기후변화로 인한 태풍 강대화로 파괴된 방파제

2) 항내정온도(港內靜穩度)에 대한 영향

기후변화에 의한 영향으로서 고파랑에 따른 항내침입파(港內侵入波)의 증대, 평균 해수면 상승 또는 파랑·폭풍해일의 증대에 따른 방파제로부터 전달파고(傳達波高)의 증가가 예상된다(그림 1.76 참조). 정온도 악화에 따른 계류선박(繫留船舶) 및 시설에 대한 영향은 물론 방파제가 손상을 본 경우에는 파제(破堤) 장소의 파고가 높아져 정온도를 악화시키므로 항만가동률(港灣稼動率) 저하가 우려된다(그림 1.77 참조). 기후변화에 따른 외력 증가로 방파제가 피해를 보았을 경우 방파제의 길이에 따라 항내정온도가 악화(惡化)되어 방파제 복구까지는 항만기능저하(하역가동률 저하)가 염려된다. 또, 장래의 유의파고(有義波高)나 파향(波向) 변화도 정온도에 악영향을 줄 우려가 있다. 이들 영향에 의한 하역가동률 저하는 물류[48](物流)를 지연시켜 지역경제의 악영향에 끼친다.

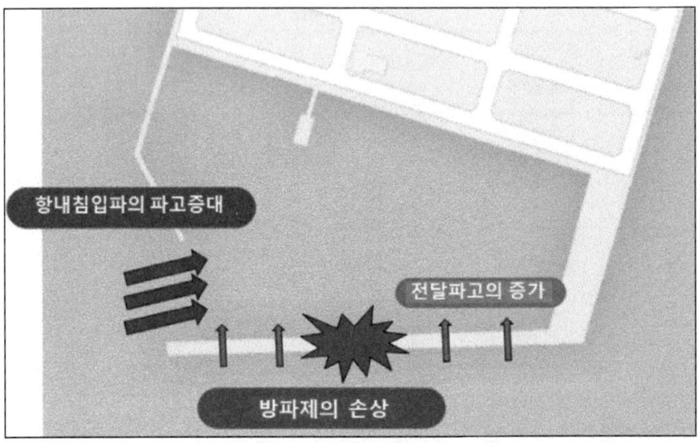

【태풍의 강대화에 따른 파고 증가, 월파를 수반한 전달파 증가】

그림 1.76 기후변화에 따른 방파제 영향

48) 물류(物流, Distribution): 원래 물적유통(物的流通)의 줄임말이었으나 그 의미가 확장되어 물품의 시간적 가치와 공간(Place)적 가치를 창출하는 제반 경제활동을 의미한다.

그림 1.77 방파제의 파제에 따른 항내정온도 검토 사례

3) 하역부지(荷役敷地)·안벽(岸壁)에 대한 영향

기후변화에 따른 하역부지 또는 안벽에 대한 영향으로는 해수면 상승으로 인한 태풍의 강대화에 따른 고파랑·폭풍해일 증대의 영향이 예상된다. 즉, 폭풍해일이나 고파랑 내습 시 월파로 인한 침수 피해가 증가하는 동시에 선박이나 공컨테이너의 표류피해(漂流被害)의 증대가 염려된다. 항만의 방재(防護)라인 바깥(제외지(堤外地))에는 물류 기능이 집중하는 것과 평상시 동시에 다수의 근로자가 근무하고 있다. 안벽 주변은 하역작업 등의 측면에서 마루높이가 설정되어 있어 방재라인이 터미널의 배후에 설정하는 것이 일반적이나, 바다와 직접 면해 있어 태풍(폭풍)이 직접 작용하여 폭풍해일·고파

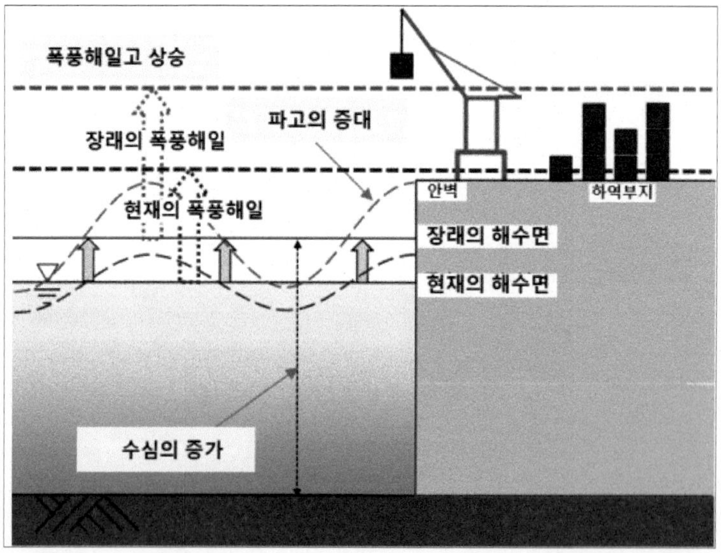

【해수면 상승에 따른 설치 수심 및 파고의 증가, 태풍의 강대화에 따른 폭풍해일 상승 또는 파고의 증대】

그림 1.78 기후변화에 따른 안벽·하역부지 영향(1)

랑의 영향을 받기 쉽다(그림 1.78 참조). 따라서, 제내지[49](堤內地)뿐만 아니라 제외지에서도 외력 증가로 침수면적이 증가한다. 침수심(浸水深)이 수십 센티미터(㎝)라고 해도 하역장비의 동력부(動力部)가 침수되면 복구에는 상당한 시간이 걸리고(사진 1.3(a) 참조), 공컨테이너이라고 하면 수십 센티미터(㎝)의 침수심에도 떠다니므로, 하역부지에 큰 영향을 미칠 것으로 우려된다(그림 1.79, 사진 1.3(b) 참조).

안벽(岸壁)은 선박의 계류(繫留), 승객의 승강(乘降) 및 화물의 하역(荷役)을 안전하고 원활하게 하는 시설이다. 안벽 중 기후변화의 영향을 받는 대상 시설은 기능 면으로 볼 때 선석[50](Berth)길이, 앞면 수심, 마루높이, 안벽의 벽면 및 앞굽(Toe)의 형식(축조한계(築造限界)), 부대설비 등이다. 따라서, 설계 조위 또는 설계 파고가 증대함에 따라 영향을 받는 것은 앞면 수심과 마루높이이며, 앞면 수심은 현재보다 깊게 되므로 문제가 적지만 안벽의 마루높이를 증대시켜야만 한다. 그리고, 소형 접안시설의 마루높이는 낮아 기후변화로 인한 영향을 대형 접안시설보다 더 많이 받는다(그림 1.80 참조). 또한, 평균 해수면 상승에 의한 조위상승에 따라 잔류수위[51](殘留水位)의 영향이 기존보다 크게 되므로 이를 고려하여야 한다.

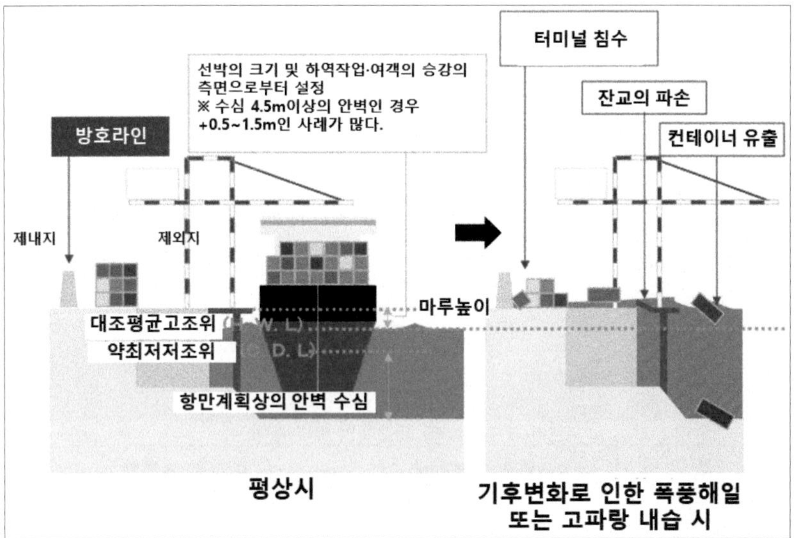

【평균 해수면 상승에 따른 설치 수심 및 파고의 증가, 태풍의 강대화에 따른 폭풍해일 상승 또는 파고의 증대】

그림 1.79 기후변화에 따른 안벽·하역부지 영향(2)

49) 제내지(堤內地, Inland, Landside, Protected Lowland): 제방에 의하여 보호되고 있는 토지. 즉 하천을 향한 제방 안쪽 지역으로 이 장에서는 항만의 방재라인 안쪽을 말한다.

50) 선석(船席, Berth): 항내의 선박을 계선(繫船)시키는 시설을 갖춘 접안장소를 말하며, 보통 표준선박 한 척을 직접 계선시키는 설비를 지닌 수역을 뜻한다.

51) 잔류수위(殘留水位, Residual Wate Level): 안벽의 수밀성이 크고 뒷채움 사석의 투수성이 작은 경우 앞면의 해수의 수위변화에 대해 뒷채움 사석 속의 수위변화는 느리며 안벽을 경계로 하여 앞면과 배후에 수위 차가 생기는데, 배후 뒷채움 사석 속의 수위를 잔류수위라 한다. 안벽의 앞면 수위가 떨어지는 경우 배후수위가 변화의 지연으로 더 높아져 그 압력이 안벽 앞면 방향으로 토압에 가해져 이 수위 차에 의한 압력(잔류수압)이 작용한다.

(a) 태풍 '제비(2018년)' 내습 시 일본 고베항 로코아일랜드 내 전기설비의 침수피해

(b) 태풍 '제비(2018년)' 내습시 일본 오사카만 내 컨테이너 표류

사진 1.3 기후변화로 인한 해수면 상승 또는 폭풍 강대화로 컨테이너 표류 및 전기설비 침수

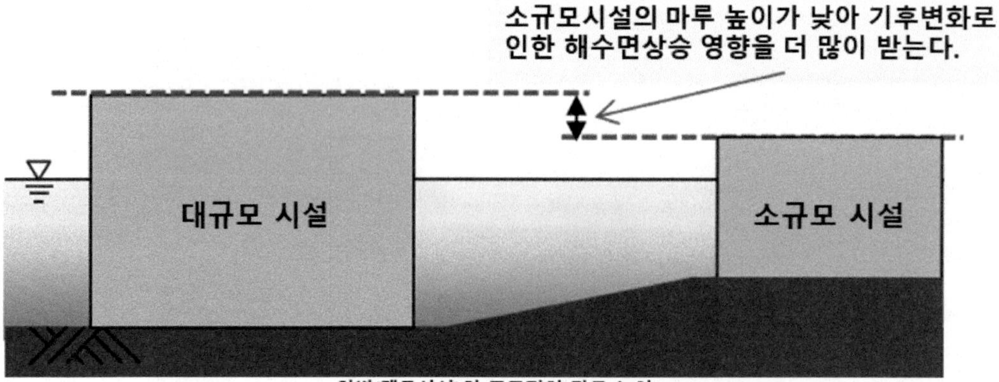

안벽(계류시설)의 표준적인 마루 높이

구 분	조차 3.0m 이상	조차 3.0m 미만
대형접안시설 (수심 4.5m 이상)	약최고고조위 (A.H.H.W)+(0.5~1.5m)	약최고고조위 (A.H.H.W)+(1.0~2.0m)
소형접안시설 (수심 4.5m 미만)	약최고고조위 (A.H.H.W)+(0.3~1.0m)	약최고고조위 (A.H.H.W)+(0.5~1.5m)

출처: 해양수산부(2020), 항만 및 어항설계기준

그림 1.80 접안시설 규모의 크기에 따른차이

4) 산업용지에의 영향

기후변화로 인한 영향으로 항만 내 산업용지에 평균 해수면 상승 및 태풍의 강대화에 따른 고파랑·폭풍해일 증대의 영향이 예상된다. 항만 내 산업용지의 침수 및 적재된 제품의 표류피해에 따른 공장 조업정지, 제품의 출하 정지 등과 같은 피해 발생 시 관련업종에 대한 영향 파급 등으로 지역경제에 미치는 영향이 우려된다. 태풍의 강대화 및 해수면의 상승을 동시에 고려하면, 제외지의 침수고는 크게 높아져 산업·물류 기능에 대한 피해가 확대될 염려가 있다(그림 1.81 참조).

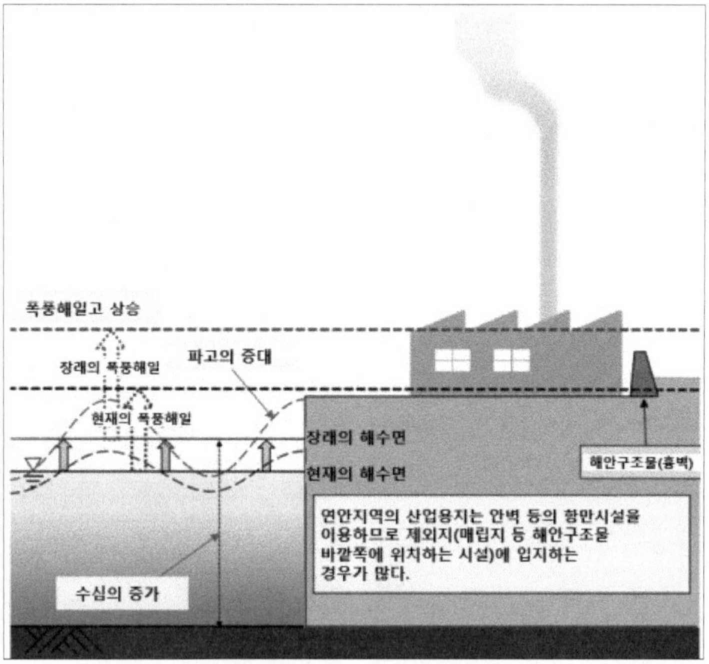

【평균 해수면 상승에 따른 파고의 증가, 태풍의 강대화에 따른 폭풍해일 상승 또는 파고의 증대】
그림 1.81 기후변화에 따른 산업용지 영향

5) 하역 장비에 대한 영향

기후변화로 인한 태풍의 강대화에 따른 풍속의 증대는 항만 내 하역 장비의 전도(顚倒) 피해를 증가시키고 항만가동률(港湾稼働率)을 저하한다. 기후변화로 인한 태풍의 강대화(强大化)로 풍속이 지속적인 증가를 할 것이며, 특히 과거의 강풍에 의한 재난 사례를 넘어서는 풍속이 발생할 가능성이 있다. 또 다른 예상되는 피해로는 태풍의 강대화에 따른 폭풍해일 증대 또는 고파랑 내습 시 월파로 인한 침수로 하역 장비의 전기계통의 고장을 일어날 수 있고, 표류물(공 컨테이너)과의 충돌로 크레인 주행(走行)에 장애를 초래하며, 강한 풍속은 하역 장비의 전도를 유발(誘發)한 후 하역중단으로 이어져 물류에 큰 악영향을 미친다(그림 1.82, 사진 1.4 참조).

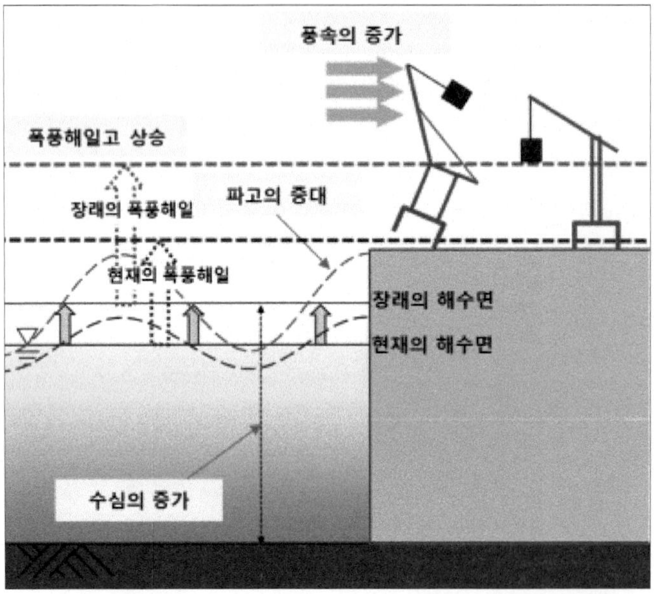

【태풍의 강대화에 따른 풍속의 증대 또는 월파로 인한 침수피해】
그림 1.82 기후변화에 따른 하역 장비 영향

(a) 태풍 '매미(2003년)' 내습(최대순간풍속 50m/s) 시 부산항 신감만부두의 980톤(ton)급 갠트리 크레인 파괴

(b) 태풍 '제비(2018년)' 내습 시 일본 효고현(兵庫県) 니시노미아시(西宮市) 내 항만의 갠트리 크레인 파괴

사진 1.4 태풍 강대화로 인한 풍속 증가로 하역 장비 피해

6) 항로(航路)·박지52)(泊地)에의 영향[24]

하천으로 흘러온 토사는 하구 인근에 퇴적된 후, 파랑과 흐름 작용을 받아 연안 방향과 해안 방향으로 각각 수송된다(그림 1.83 참조). 연안역에서 근해의 파랑이 쇄파하는 수심보다 얕은 영역(쇄파대)에서의 저질 이동량은 증가한다. 이 때문에 천해(淺海) 지역이 굴입(堀込)된 항로 및 박지에 설치

52) 박지(泊地, Mooring Basin): 항 내나 항 외에 각종 선박이 정박·대기하거나 수리 및 하역을 할 수 있는 지정된 수면을 박지라 하며, 일정한 수심이 유지되어야 한다.

된 항만시설은 주변으로부터 수송된 토사 침입으로 매몰에 주의할 필요가 있다. 또한, 항로 및 박지의 준설(浚渫) 후 주변 지역보다 수심이 깊어지면, 즉 파랑의 진행 방향에 따른 수괴운동(水塊運動)은 수심이 깊어질수록 작아져, 항로 및 박지의 바로 인접 지역인 천해 지역은 해저 토사를 밀어 올려 항로 및 박지 내에서 해저에 작용하는 외력(저면(底面) 전단응력)을 감소시키므로, 해저 저질은 부유(浮遊)되지 않아 토사가 퇴적하게 된다(그림 1.84 참조). 그림에서는 항로 내외 파랑의 외력 변화를 도식적으로 나타내지만, 조석류 등의 흐름에 대해서도 수심이 깊어지면 하류 단면의 증가에 따라 깊은 수심의 유속이 감소하므로 역시 저면 전단응력이 저하되어 주변 지역으로부터 부유 토사가 항로 내에 퇴적한다. 기후변화로 인한 태풍의 강대화에 따른 폭풍해일·고파랑 증대 시 항내침입파(港內侵入波)의 증대로 항만 내 표사(漂砂)나 지형변화에 따른 항로·박지의 매몰이 우려된다. 그리고, 기후변화에 따른 빈번한 호우(豪雨)로 인한 하천 출수량의 증가로 유송토사[53](流送土砂)가 증가함으로써 바다 인근 하구부 항로·박지의 퇴적 토사량이 증가할 가능성이 있다. 그리고 해수면 상승으로 갯벌의 파랑

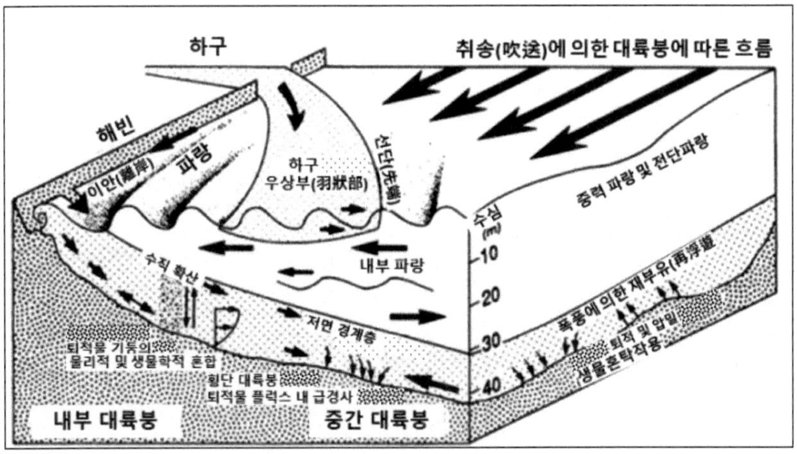

그림 1.83 연안역의 저질 이동에 기인(基因)하는 다양한 외력

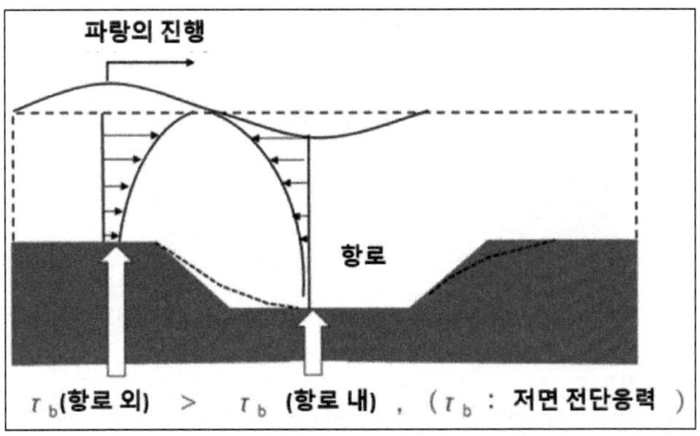

그림 1.84 준설항로 내외(內外)에서의 파랑에 의한 외력 조건 차이

53) 유송토사(流送土沙): 하천의 흐름에 의해 운반되는 토사를 말하며 하천의 바닥에서 수류(水流)에 의해 운반되는 소류사(掃流砂)와 물속을 떠다니며 유송 되는 부유사(浮遊砂)로 구성된다.

이나 흐름의 변화가 생기고, 갯벌·천해의 토사 수송 경향이 변화하여 항로·박지 매몰에 영향을 미칠 가능성이 있다. 외해(外海)에 직접 면한 항만은 기후변화로 인한 태풍 내습 또는 저기압으로 바다가 거칠어질 때의 파고 증가로 인해 이동한계수심[54](移動限界水深)이 깊어지는 변화가 발생하며, 이에 따른 해저 저질의 이동 증가로 항로·박지의 매몰이 발생할 가능성이 있다. 예상되는 피해로는 항로매몰에 따른 선박 통항의 장애 발생과 물류에 대한 악영향이다.

7) 형하공간(桁下空間)에의 영향

기후변화로 인한 해수면 상승에 따라 교량 또는 수문의 형하공간의 감소가 예상된다. 즉, 교량 또는 수문의 형하공간의 감소에 따라 선박의 통항 제한이 예상되어 물류에의 악영향이 우려된다. 해수면 상승으로 수문과 교량의 형하공간이 좁아지면 대형 컨테이너선, 대형 크루즈선과 플레저보트, 작업선과 소형화물선의 통항가능률(시간대)이 감소한다(그림 1.85 참조).

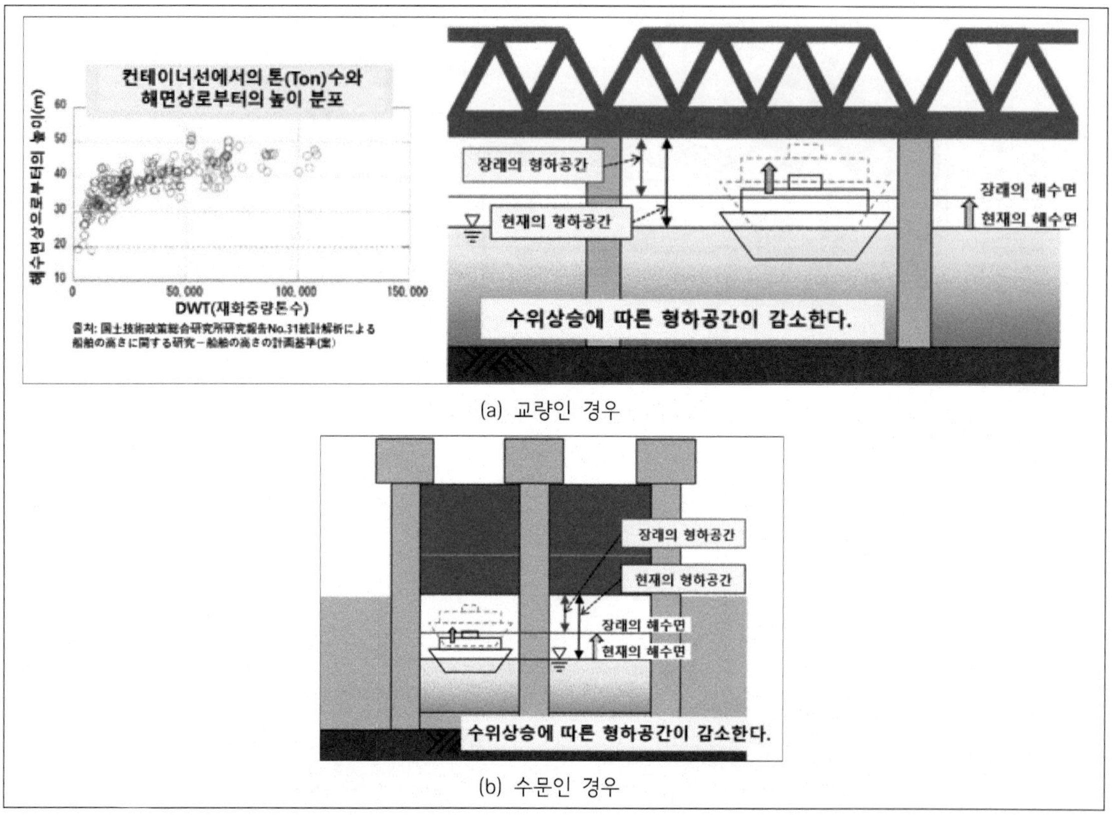

(a) 교량인 경우

(b) 수문인 경우

그림 1.85 기후변화로 인한 해수면 상승에 따른 교량 또는 수문의 형하공간에 대한 영향

54) 이동한계수심(移動限界水深, Critical Water Depth for Sand Movement): 해저의 모래가 어떤 조건에 의해 움직이기 시작하는 수심을 말한다.

1.5.2 기후변화에 대한 항만의 대응책

기후변화에 따른 평균 해수면 상승 또는 태풍의 강대화에 의한 폭풍해일·고파랑 증대로 인해 항만 구조물 등의 계획 외력 설정에 필요한 기술기준을 재검토하고, 구조적 대책이나 비구조적 대책을 조합하여 기후변화 대응책을 구체화한다.

1) 대응책의 목표

항만에서 태풍의 강대화로 폭풍해일·고파랑 등의 침수피해에 따른 임해부(臨海部) 산업이나 물류기능 저하가 우려되고 있는 가운데, 기후변화에 따른 '태풍의 강대화에 의한 폭풍해일·고파랑의 증대' 또는 '중장기적인 평균 해수면 상승'으로 인해 우리나라 항만 및 임해 산업단지에 심각한 영향이 우려된다. 따라서 지속적인 해상 모니터링을 하여 기후변화에 따른 영향의 징후를 정확하게 파악하고, 항만 및 배후지의 사회·경제 활동 및 토지이용의 중장기적인 동향을 고려하여 최적의 구조적·비구조적 대책을 조합하여 전략적이고 순응적으로 추진함으로써, '제외지·제내지에 대한 폭풍해일 등의 재난 리스크 증대 억제' 및 '항만 활동의 유지'를 도모한다. 항만에서 대응책의 목표는 아래와 같다.

- 항만 제외지 및 제내지에 대한 폭풍해일 등의 재난 리스크 증대 억제: 항만의 제외지 및 제내지의 사회·경제 활동이나 토지이용을 고려하면서, 폭풍해일 등의 재난 리스크 증대를 억제하는 대책을 구조적·비구조적 일체로서 전략적이고 순응적으로 추진하고, 기후변화에 따른 재난 리스크 증대를 계획적으로 억제한다.
- 항만 활동의 유지: 항만 내에서 상시적(常時的)으로 활동을 하는 사람들 또는 방문객의 안전 확보 및 항만의 자산 피해 경감, 나아가 항만 활동의 유지와 조기 회복을 목표로 한 대책을 실시한다.

2) 대응책의 기본적인 방향

i) 배후지의 중요도에 따른 방재수준(防災水準)의 설정

- 대응책을 실시하는 데에는 막대한 비용과 시간이 필요하므로 배후지의 중요도(重要度)에 따른 방재수준을 설정하는 동시에 현 사업계획을 활용하여 조기(早期)에 실시할 수 있는 대책을 우선 추진할 필요가 있다. 특히, 기후변화에 따른 태풍의 강대화로 인한 폭풍해일·고파랑 증대에 대응해 나가기 위해 배후지의 이용 상황이나 연안침식대책시설의 정비상황을 근거하여 일련의 방재선(防護線) 가운데 재난 리스크가 높은 곳을 파악하여 재난 리스크에 따른 최적의 구조적·비구조적 대책의 조합에 의한 대책을 추진할 필요가 있다.

ii) 방재수준을 넘은 초과외력(超過外力)에 대한 대응

- 기후변화로 인해 구조물 정비 시 계획한 외력을 넘는 사고의 발생확률이 높아질 것으로 고파랑이나 월파량이 증가했을 때의 피해 완화 대책이나 항만기능의 상실에 대비한 광역적인 항만기능의 대체성(代替性) 확보도 함께 전개할 필요가 있다. 특히, 태풍의 강대화에 따른 폭풍해일·고파랑 증대에 의한 침수피해를 크게 받을 예상되는 제외지에서 가동 중인 기업은 폭풍해일 재난 리스크에 관한 상세한 정보를 받은 후, 사전행동계획을 바탕으로 각 대피 대책을

신속히 진행해 나가는 동시에 침수방지 대책과 대피시설 정비와 같은 기업 스스로 자율방재 투자를 추진하는 방안에 대한 검토를 추진할 필요가 있다. 재난 시에 항만의 중요기능을 최소한 유지할 수 있도록 항만사업 지속계획(BCP, Business Continuity Plan) 수립과 같은 재난 발생 시 대응능력의 향상을 진행할 필요가 있다. 또한, 초과 외력이 작용했을 경우의 항만구조물이나 연안침식대책시설의 안정성 저하에 대한 영향에 관한 조사연구를 진행하여 배후지의 상황을 고려하면서 잘 부서지지 않는 구조를 갖는 항만구조물의 정비를 추진할 필요가 있다.

iii) 대책의 전략적 전개

- 대응책에 따른 효과의 구현(具現)에는 시간이 소요되므로 중장기에 걸쳐 착실하게 실시해야 할 대책은 계획적으로 추진해야 하며, 기초 지식의 충실화 또는 긴급히 전개할 대책에 대해서는 선제적으로 대응할 필요가 있다. 특히, 해수면 상승은 중장기적인 관점에서 대응이 필요한 과제이지만, 기후변화에 수반하는 상승 경향이 명확하게 발생한 후 전국일률적(全國一律的)으로 대응해 나가는 것은 예산 및 인원 등과 같은 각종 제약으로 곤란할 수 있다. 이 때문에, 우리나라 주변 해역의 해수면에 관한 모니터링을 관계기관과 협조하여 지속적인 실시를 하여 그 결과를 정기적으로 평가한 후 전략적인 대응책을 실시토록 지식의 축적을 도모하는 것과 동시에 전국적인 견지에서 지역별의 중요도에 따라 최적의 구조적·비구조적 대책 조합을 고려하면서 우선순위에 따라 선제적으로 전국의 평준화(平準化)를 진행하거나, 필요에 따라 각종 제도를 전략적으로 대응하는 것이 필요하다. 또한, 항만구조물의 보수·보강 측면에서 기후변화로 인한 점진적인 외력 증가에 대하여 보수·보강 비용의 대폭적인 추가비용이 필요하지 않도록 단계적 대응을 한다. 즉, 생애주기비용(生涯週期費用)의 증가를 억제하면서 항만구조물의 신규 정비나 보수·보강 단계에서 미리 장래의 마루높이 증고(增高) 나 마루높이 증고에 따른 하중 증가를 고려한 구조물의 기초를 정비함으로써 순응적인 대응을 가능케 한다. 또, 공유수면 매립 시 기후변화에 따른 평균 해수면 증가를 예상한 매립 지반고(地盤高)를 높게 설정하는 대응에 대한 검토를 추진할 필요가 있다. 요컨대 항만의 측면에서 미리 장래 해수면 상승에 대한 대응을 고려한 정비나 시설 보수·보강을 하는 PDCA[55] (Plan-do-check-act)를 철저히 하면서 순응적인 대책을 실시할 필요가 있다.

iv) 다른 분야 대책과의 연계

- 기후변화에 따른 항만의 재난 위험증대에 대해서는 항만만의 대응으로는 한계가 있다. 이 때문에 항만에서의 각종 제도·계획 부문에 대해서 기후변화에 따른 대응책을 도입함으로써, 여러 정책 및 대응과의 연계에 의한 효과적인 실시를 추진한다. 구체적으로는 항만 이외 분야의 관계행정기관이나 민간 기업 및 시민단체 등과의 협력·제휴로 환경과의 조화를 도모하여 종합적이고 효율적, 효과적인 대책을 전개하는 것이 불가피하다. 또한, 기후변화는 전지구적(全地球的)으로 발생하므로, 국제적인 제휴나 협력을 도모하는 것과 동시에 해외의 대응책과 같은 선진사례를 파악하여 우리나라에서도 적용할 수 있는 대책이 있으면, 그 도입도 검토해야 한다.

---

55) PDCA(Plan-do-check-act): 사업 활동에서 생산 및 품질 등을 관리하는 방법으로 Plan(계획)-Do(실행)-Check(평가)-Act(개선)의 4단계를 반복하여 지속적으로 업무를 개선하는 것으로 본 장에서는 기후변화에 따른 항만구조물의 대응 방법을 의미한다.

3) 항만에서 실시하여야 할 대응책

항만에 미치는 기후변화 영향에 대해서 실시할 수 있는 대응책을 표 1.20에 예시하였다. 각각 항만의 장소 특성이나 기후변화 영향의 발생상황에 따라 대응책을 시기적절(時期適切)하게 실시하는 것이 중요하다. 본 장에서는 크게 구조적·비구조적 대책을 구분하여 서술한다.

(1) 구조적 대책

가) 안벽·배후 터미널 등의 증고(增高) 및 방조벽 설치[25]

① 안벽·배후 터미널 등(신설 또는 기존 시설 보강 시)의 증고

안벽 등의 증고(그림 1.86(a) 참조)는 하역 활동 등에 영향을 주지 않으나, 해수면 상승이 가시화될 때까지 간조(干潮) 시 항만 이용에 영향을 줄 가능성이 있다. 기존 시설을 증고할 경우, 공사 시행은 항만 이용에 영향을 줄 것이다.

표 1.20 기후변화에 따른 항만에서 실시하여야 할 대응책

항목	영향	대응책(□: 구조적 대책, △: 비구조적 대책)
방파제 등 외곽시설 및 항만기능에 대한 영향	• 해수면 및 파랑조건, 폭풍해일 및 변동에 따른 방파제 피해 • 방파제 피해에 따른 정온도 저하 • 해상수송과 연관된 물류기능 저하	△ 기후변화를 고려한 설계 △ 해상(海象) 모니터링, 폭풍해일·고파랑에 따른 영향의 예측·정보제공 □ 빈번화(頻繁化) 및 격심화(激甚化)되는 폭풍해일·고파랑에 대한 항만구조물(시설)의 대응 □ 계류시설 및 방파제의 기능유지(외력 및 단면 등의 재검토) △□ 견고하면서 잘 부서지지 않는 구조의 방파제 등의 기술개발·정비 □ 방사제 등에 의한 항로·박지의 매몰방지·경감대책 △ 항만BCP의 작성
제외지(부두·하역부지, 산업용지 등)	• 침수에 의한 항만·산업시설 피해 • 침수에 의한 컨테이너 등의 유출 피해 확대 • 강풍에 의한 하역기계의 도괴(倒壞)	△ 기상·해상의 모니터링, 폭풍해일·고파랑에 따른 영향의 예측·정보제공 △ 재난리스크의 평가 및 해저드맵 등 홍보 △ 대피 판단에 도움이 되는 정보의 분석·제공(실시간 정보를 포함) □ 안벽·배후 터미널 등의 증고(增高) 및 방조벽 설치 □ 빈번화(頻繁化) 및 격심화(激甚化)되는 폭풍해일·고파랑에 대한 항만구조물(시설)의 대응 □ 기후변화 영향을 고려한 매립지의 지반고 설정 △□ 강풍에 의한 크레인 이탈 □ 컨테이너 등의 도괴(倒壞)·유출대책 및 전기설비 침수대책 추진 □ 관계기관과 연계된 배수기능 확보 □ 만조위 시 해수의 역류방지대책 △ 항만BCP 작성 △ 자율방재 촉진 △ 대피계획수립·훈련실시의 추진 △ 민·관협의회 등 조직으로 지역방재력 향상

배후지(제내지)에 대한 영향	• 침수에 의한 인적피해, 건물피해, 경제적 손실 발생 • 장기침수 등으로 도시기능 마비	△ 연안침식대책시설의 방호기능 파악 △ 방재능력확보 등의 저비용화 △ 생애주기비용을 고려한 최적의 보강·개량 등의 방법 검토 □ 빈번화(頻繁化) 및 격심화(激甚化)되는 폭풍해일·고파랑에 대한 항만구조물(시설)의 대응 □ 피해리스크가 높은 장소 및 보강·개량 시기를 고려한 항만구조물(시설)의 전략적인 정비 △□ 견고하면서 잘 부서지지 않는 구조의 방파제 등의 기술개발·정비 △ 재난리스크의 평가 및 해저드맵 등 홍보 △ 대피계획 수립·훈련실시 추진 △ 민·관협의회 등 조직으로 지역방재력 향상 △ 재난리스크를 고려한 토지이용의 재검토
형하공간에 대한 영향	• 형하공간 감소에 의한 선박통항 불가	△ 해상(海象) 모니터링, 폭풍해일·고파랑에 따른 영향의 예측·정보제공 △ 통항금지구간·시간의 명시 □ 항만기능의 재배치

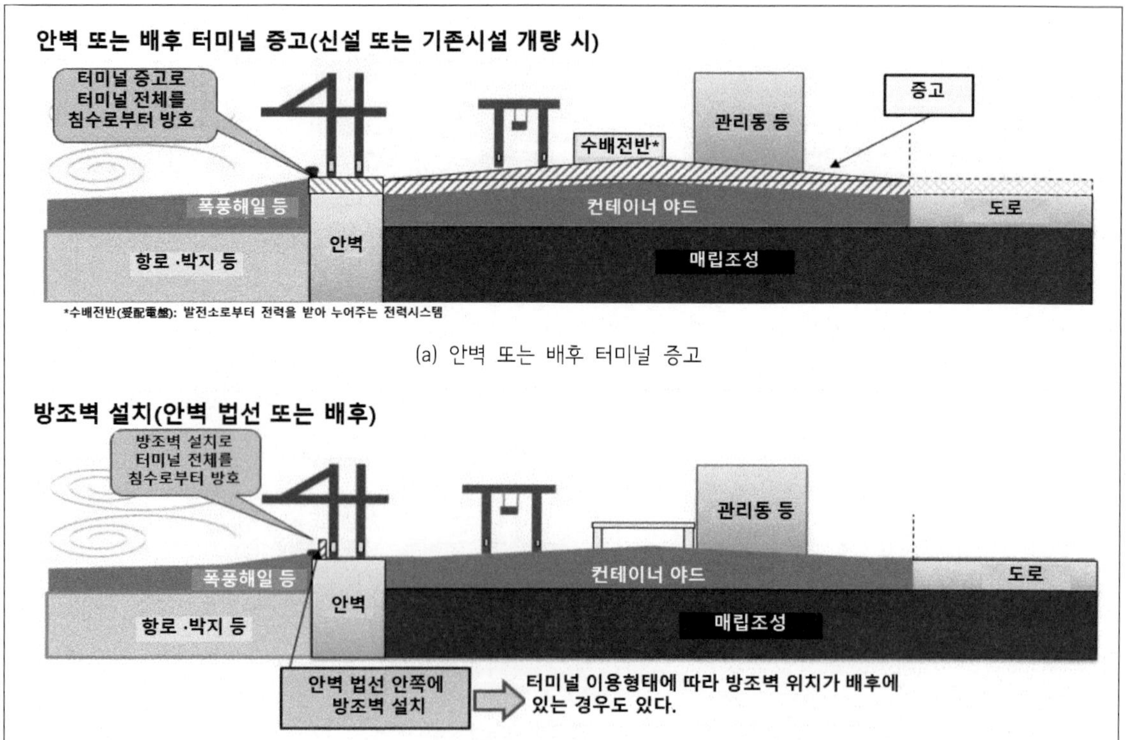

(a) 안벽 또는 배후 터미널 증고

(b) 방조벽 설치

그림 1.86 안벽·배후 터미널 증고와 방조벽 설치

표 1.21 해수면 상승에 따른 안벽·배후 터미널 등의 증고(增高)와 방조벽 설치의 장·단점 및 단점을 완화하기 위한 고려사항

구분	안벽·배후 터미널 등의 증고	방조벽 설치
장점	• 시설을 설치하지 않기 때문에 공간을 확보하기 쉽고 항만 이용(하역작업, 이·접안 작업 등)에 방해가 되지 않는다. • 배후시설이 비교적 단순한 구성으로 단기간 공사가 필요한 경우 또는 대체시설이 확보하기 쉬운 선종(일반화물선 등)의 이용시설에서 시행하기 쉽다.	• 비교적 단순한 공사를 할 수 있다. • 단계적 정비(방조벽 높이의 단계적 변경)가 가능하다. • 배후시설 및 장치가 복잡하여 넓은 면적의 증고 공사가 어려운 경우에 적합하다. • 크루즈선 등의 선종이나 소형선박 등 수평 위치의 불일치가 발생하는 선종에서도 도입할 수 있다.
단점	• 기존시설인 경우 공사에 따른 영향이 크다(공사계획을 면밀하게 작성한 후에, 장기간에 걸친 신중한 공정 관리가 필요하며, 항만 이용 관계자가 볼 때 운용의 중단이 있다). • 크루즈선 등의 선종과 소형선박에서는 하역이나 여객·물자의 이동에 관해서 수평 위치의 어긋남이 발생한다(평균 해수면 상승이 현저하기 전에 증고하였을 경우 간조 시 이용에의 영향, 램프 경사의 변화 등).	• 항만이용·작업에 방해가 되는 경우가 있다(하역, 이·접안 작업, 대형 하역기계나 중장비 등의 바다 쪽으로부터 반입 등).
단점을 완화하기 위한 고려사항	• 신규시설건설의 단계에서 증고를 미리 시행한다. • 기존 시설 공사에 검토(단계적 공사 시행 등)는 중장기적인 시점에서 시간을 들여 시행한다.	• 방조벽의 위치에 대해서 검토한다(안벽 법선과 방조벽 사이의 거리, 방조벽과 계선주와의 거리 확보 등) • 방조벽 높이는 가능한 한 낮게 한다. • 방조벽의 일부를 가동식, 육갑(陸閘) 및 개구부를 설치하며 벽을 타고 넘기 위한 계단도 설치한다. • 이·접안 작업 등 관계자와 협의·조정한다(안전대책에 대한 검토, 계류삭 파단(破斷)을 방지하는 운용의 시행, 방조벽 설치 시 위치나 형태의 조정, 하역작업과의 일치 등)

② 방조벽 설치

방조벽의 설치는 안벽 법선 안 또는 배후 쪽 에이프런[56](Apron)에 설치할 수 있지만(그림 1.86(b) 참조), 하역 활동을 비롯한 항만이용에 방해가 될 가능성이 있다. 이 때문에 방조벽과 계선주를 일체화하는 대응도 고려할 수 있다. 표 1.21은 해수면 상승에 따른 안벽·배후 터미널 등의 증고(增高)와 방조벽 설치의 장·단점 및 단점을 완화하기 위한 고려 사항을 요약한 표이다.

③ 평균 해수면 상승에 따른 선종별(船種別) 영향분석

기후변화로 인한 평균 해수면 상승에 따른 선종별(船種別) 항만이용 시 영향과 안벽의 증고(增高)시 항만 이용(특히, 접안)에 미치는 영향에 알아보기로 한다.

56) 에이프런(Apron): 안벽 법선으로부터 창고까지의 부두 지역을 말하며, 잔교식에서는 상판 부분을 말한다. 컨테이너 전용부두에서는 바다와 접하여 하역용 컨테이너 크레인과 컨테이너 운반용 트레일러 또는 스트래들 캐리어(Straddle Carrier)가 자유롭게 움직일 수 있는 넓은 구역을 일컫는데, 부두 끝단에서 약 30 m 정도 폭의 공간이 필요하다.

㉠ 컨테이너선(표 1.22 참조)

- 평균 해수면이 상승하면 계선에 미치는 영향은 적다. 또 지금까지 순차적인 선형(船型)의 대형화에 대응하여 갠트리 크레인을 대형화하고 있어, 이 대응의 규모와 비교해 평균 해수면의 정도는 작아, 양정(揚程)은 확보할 수 있다.
- 증고에 대해서는 미리 평균 해수면 상승을 예상하여 마루를 올려도 간조 시 이용의 영향은 예상되지 않는다. 한편, 기존 시설의 보강으로서 증고는 공사 중 컨테이너선의 하역작업 중단이 우려된다.
- 안벽 법선에 방조벽 설치를 하는 경우 기본적으로 문제는 없으나, 이·접안 작업 시 영향을 고려해야 한다. 한편, 에이프런 뒤에 방조벽 설치는 차량통행에 대한 영향에 대해 우려가 있다. 컨테이너선의 대형화가 진행되고 있으므로 하역 작업은 평균 해수면 상승의 영향을 받기 어렵다. 대책을 실시하는 경우 기존 시설의 증고에 대해서는 운영과의 양립(兩立)이 과제이다.

㉡ 크루저(Cruiser)선(표 1.22 참조)

- 평균 해수면이 상승할 경우, 선측 해치로 승객의 승·하선 또는 하역을 시행하는데, 이것은 선측 데크에 고정되어 설치되어 있으므로 영향이 있으며, 탑승교(Boarding Bridge)의 경사가 바뀌기 때문에 승객의 배리어 프리(Barrier Free) 대응에 영향을 줄 가능성이 있다.
- 해수면이 상승할 경우, 미리 평균 해수면의 상승을 예상하고 마루를 높이면, 간조시 이용에 영향을 미칠 수 있다.
- 안벽 법선에 방조벽 설치하면 하역이나 승하선에 영향을 줄 수 있다. 에이프런 배후에 방조벽 설치하면 문제는 없으나, 이 경우 가능하면 차량의 통행을 배려하여 가동식 육갑[57](陸閘)의 설치가 바람직하다. 크루즈선은 승객이나 물자의 이동이 수평적이므로 수위변동의 영향을 받기 쉽다. 단, 선박 측의 해치를 여러 개 설치하면 수위변동 영향을 감소할 수 있다.

㉢ 페리(Ferry)(국내)(표 1.23 참조)

- 페리는 흘수(吃水) 조정으로 일정한 조위 차에 대응하고 있어 어느 정도의 수위상승에 대응할 수 있고, 또 사전에 안벽의 마루높이를 높혀도 운용이 가능하다.
- 페리는 공공성이 높은 수송이므로 기존시설의 공사로 인한 수송중단은 피해야 한다.
- 내륙 야드 쪽에 방조벽 설치는 주차공간을 감소시키므로 안벽 법선에 설치하는 것이 바람직하다.

㉣ RORO선[58](국내)(표 1.23 참조)

- 평균 해수면이 상승하면 램프(Ramp)의 경사가 커져 차량의 승하차에 영향을 줄 수 있다.
- 램프의 위치는 간조위(干潮位) 시 너무 낮아질 수도 있다.
- 안벽 법선에 방조벽 설치하면 램프의 이용에 영향을 발생시킬 가능성이 있어 차량통행을 검토한 후 에이프런보다 육지 쪽에 설치하는 것이 바람직하다.

---

57) 육갑(陸閘): 하천 또는 해안 등의 제방을 평상시에는 생활을 위해 통행할 수 있도록 개방시켜 두지만, 침수가 예상될 경우 수문 등으로 막아 잠정적으로 제방의 역할을 할 목적으로 설치된 시설을 말한다.

58) 로로선(Roll On /Roll off): 철강 전용 운반선으로 화물의 선적, 하역 시 기중기를 사용하지 않고 차량이 직접 화물을 싣고 선박 안으로 드나들 수 있으므로 작업능력이 일반선에 비해 60% 이상 뛰어난 장점이 있다.

표 1.22 기후변화로 인한 해수면 상승과 안벽 증고 시 컨테이너선 및 크루저선에 미치는 영향과 대책

선종			컨테이너선	크루저선
평균 해수면 상승에 따른 영향			• 이·접안(離·接岸) 작업에 미치는 영향은 적다. • 양정(揚程)은 만조위(滿潮位)를 기준으로 설정되어 있지만, 일반적으로 수위 변동분 정도의 여유는 있다. • 최근 대형화되고 있는 컨테이너선의 규모를 고려하여 하역기계를 도입하고 있는 터미널이 일반적이다.	• 이·접안(離·接岸) 작업에 미치는 영향은 적다. • 크루저 선측(船側)에 설치된 해치[*1](Hatch)에서 화물이나 승객의 승·하선을 시행하지만, 해치가 정해진 갑판[*2](Deck)에 설치되는 경우가 많아 선체 상승의 영향은 크다. • 승객에 대해서는 탑승교(Boarding Bridge)의 경사가 커져 배리어 프리[*3](Barrier Free) 측면에서 문제가 발생하고, 또한 화물에 대해서는 지게차로 들어 올리는 높이가 높아져 위험성이 증가한다. • 선측의 해치 수를 늘리는(복수 데크에 설치) 대응을 하면 영향을 저감할 수 있다.
대책	평균 해수면 상승을 예상한 마루높이로 안벽을 증고 【신규정비】	사전대책	• 미리 평균 해수면 상승을 예측한 마루높이라도, 간조 시 계류나 하역에는 일반적으로 영향은 없다.	• 미리 평균 해수면 상승을 예측한 마루높이라고 할 경우, 간조 시 화물의 하역에 지장이 생길 수 있다.
	단계적인 안벽 증고 【기존시설 보강】	단계적 대책 (사후대책)	• 기존 설치된 터미널 경우에는 일반적인 운영에 미치는 영향이 우려된다. • 대체지를 확보하면 대응가능하다.	• 실제 평균 해수면 상승에 맞춰 단계적으로 마루높이를 높이는 것이 바람직하지만, 일반적인 운영에 미치는 영향도 예상한다.
	안벽 법선 쪽으로 방조벽 정비 【기존시설 보강】	단계적 대책 (사후대책)	• 문제는 없지만, 계선주와 방조벽의 위치에 고려가 필요하다. 계선주보다 방조벽이 바다 쪽에 설치되는 경우에는 계선삭(繫船索)이 방조벽에 스치는 것을 고려한다.	• 안벽 법선 상에 방조벽이 있는 경우, 하역이나 승객의 승·하선에 영향을 미친다.
	에이프론(Apron) 배후의 방조벽정비 【기존시설 보강】	단계적 대책 (사후대책)	• 에이프런보다 육지 쪽에 방조벽을 설치할 경우 차량통행에 지장을 줄 수 있다.	• 차량의 통행을 고려하여 가동식(可動式) 육갑(陸閘)을 설치할 수도 있다.

*1 해치(Hatch): 화물을 싣고 내리거나, 사람이 출입하기 위하여 갑판(Deck)에 열려 있는 구멍을 말한다.

*2 갑판(Deck, 甲板): 규모가 큰 배·군함 위에 나무·철판을 깔아놓은 넓고 평평한 바닥을 말한다.

*3 배리어 프리(Barrier Free): 건물이나 거주환경에서 층을 없애는 등 장애가 있는 사람이 사회생활을 하는 데 물리적인 장애(배리어)를 제거함을 말한다.

표 1.23 기후변화로 인한 해수면 상승과 안벽 증고 시 페리와 RORO선에 미치는 영향과 대책

선종			페리(국내)	RORO선(국내)
평균 해수면 상승에 따른 영향			• 계선에 따른 계선삭의 장력이 변할 가능성은 있지만, 해수면 상승 1 m 정도라면 문제는 없다. • 밸러스트[*1](Ballast) 조정으로 현재도 일정한(3~4 m 정도의) 조위 차에 대응하고 있다. • 차량 승·하차 램프는 해수면 상승에 대응할 수 있지만, 승객 승하선 브리지는 경사가 커져 배리어 프리측면에서 영향을 미친다. • 안벽이 침수되었을 경우는 영향이 미친다.	• 계선에 대해서는 방충재[*2](防衛材)와 선박의 위치 관계가 변화하는 것에 유의할 필요가 있다. • 차량 승·하차 램프에 대해 수위 상승한 경우 차량의 승·하차에 영향을 미칠 가능성이 있는데, 특히, 램프가 고정된 지역의 경우 승·하차 시 위험성이 증가할 가능성이 있다. • 황천(荒天) 시 침수 리스크가 높아진다.
대책	평균 해수면 상승을 예상한 마루높이로 안벽을 증고 【신규정비】	사전대책	• 미리 평균 해수면 상승을 예측한 마루높이를 한 경우라도 밸러스트 조정으로 일정한 대응은 가능하다.	• 미리 평균 해수면 상승을 예측한 마루높이를 할 경우, 램프의 위치가 너무 내려 있으면, 안벽에 접촉하지 않도록 고려할 필요가 있다.
	단계적인 안벽 증고 【기존시설 보강】	단계적 대책 (사후대책)	• 기존에 설치된 터미널의 경우에는 일반적인 운영에 미치는 영향이 우려되나, 공공성이 높은 수송이므로 운항은 멈출 수 없다. • 대체지가 확보되면 대응 가능하지만, 현재의 항만이용상황을 고려하면 공간적 여유는 없다.	• 기존 터미널의 경우에 일반 운영에 미치는 영향이 우려된다.
	안벽 법선 쪽으로 방조벽 정비 【기존시설 보강】	단계적 대책 (사후대책)	• 문제는 없지만, 계선주와 방조벽의 위치 관계를 검토가 필요하다. • 이미 이러한 대응을 하는 항만이 있는데, 방조벽 설치와 함께 전원설비 등의 위치도 증고(增高)시킨다.	• 램프를 이용한 차량의 승·하차에 지장이 생긴다.
	에이프론(Apron)배후에 방조벽정비 【기존시설 보강】	단계적 대책 (사후대책)	• 에이프런보다 육지 쪽에 방조벽을 설치할 경우 주차공간이 감소한다.	• 에이프런보다 육지 쪽에 방조벽을 설치하는 것은 가능하지만, 차량이 통행할 수 있도록 일부를 게이트식으로 할 필요가 있다.

*1 밸러스트(Ballast): 공선항해 및 황천항해 시 감항성 및 복원력을 유지하고 적·양하 작업 시 적정 배수량을 유지하며, 힐링(Heeling) 및 트림(Trim)을 조절하기 위해 선내에 채우는 물 또는 중량물을 말하며, 선박평형수라고도 한다.

*2 방충재(Fender,防衛材): 접안(계류)시설의 앞면 또는 배의 뱃전에 장치한 완충물(緩衝物)로 선박을 부두에 묶어둘 때 또는 다른 배의 옆에 댈 경우에, 접촉에 의한 충격을 완화시켜 서로의 손상을 방지하기 위해 사용한다.

㉢ 벌크선(석탄, 곡물)(표 1.24 참조)

- 평균 해수면이 높아질 경우, 언로더[59](Unloader)의 하역에는 영향이 없지만, 잔교(棧橋) 하부의 바닥판은 부력을 받을 가능성이 있다.

---

59) 언로더(Unloader): 일반적으로 부두에 설치하여 선박에서 석탄, 광석 등의 벌크화물을 하역하고, 부두에 있는 다른 운반 설비(벨트 컨베이어, 호퍼, 트럭 등)로 공급하기 위하여 만들어진 기중기로 크레인(Crane)이라고 부르지 않고 특별히 언로더(Unloader)라고 한다.

- 벌크 터미널은 하역기계부터 배후 저장시설까지 일체적인 고정장치로서 운용되고 있어, 운용 개시 후의 전체적인 증고는 어려워, 방조벽의 설치가 주된 대책이 될 것이다.

ⓑ 일반 화물선(500 GT[60](Gross Tonnage) 이하)(표 1.25 참조)

- 하역(이동식 하역기계 또는 고정식 하역기계)에 대해서는 영향이 없지만, 방충재와 접촉하는 위치가 변화되어 기능을 상실할 가능성도 있다.
- 증고 시킨 경우, 간조위(干潮位)를 포함하여 하역 그 자체에 영향은 없지만, 선원 또는 선창[61](船倉)의 하역 작업원의 상·하선에 영향을 줄 가능성이 있다. 하역을 위한 시설은 비교적 간단하므로 기존시설의 공사인 경우라도 대체 선석[62](Berth)을 이용할 수 있다.
- 방조벽 설치는 대형선보다 건현[63](乾弦)의 위치가 낮아 방조벽이 선박의 측면과 접촉할 우려가 있다. 방조벽의 높이를 고려하거나, 방조벽의 위치를 약간 육지 쪽으로 하는 고려가 필요하다.

표 1.24 기후변화로 인한 해수면 상승과 안벽 증고 시 벌크(석탄, 곡물)선에 미치는 영향과 대책

<table>
<tr><th colspan="2">선종</th><th>벌크(석탄)선</th><th>벌크(곡물)선</th></tr>
<tr><td colspan="2">평균 해수면 상승에 따른 영향</td><td>• 언로더로 의한 하역과 관련하여 양정은 수위 변동분 정도의 여유가 있다.
• 잔교 하부에 수면이 있지만, 해수면이 상승한 경우에 부력이 작용하여 바닥판에 미치는 영향이 우려된다.
• 장치에 미치는 영향은 설치된 수면의 높이에 달려 있지만, 기존 장치에 대해서는 문제가 없을 것이다.</td><td>• 언로더에 의한 하역과 관련하여 어느 정도 수위의 상하에서는 하역작업에 큰 지장은 없다.
• 장치에 미치는 영향은 설치된 수면의 높이에 달려 있지만, 기존 장치에 대해서는 문제가 없을 것이다.</td></tr>
<tr><td rowspan="2">대책</td><td>시설의 증고</td><td>• 하역은 컨베이어를 거쳐 배후의 저탄장에 이르기까지 수송 장치가 일체화되어 있어 일단 정비를 한 후의 증고는 쉽지 않다.</td><td>• 어느 정도 수위의 상승 또는 하강으로도 하역작업에 큰 지장이 없으므로, 미리 잔교만 증고시킨 경우라면 하역에 문제가 없을 것이다.
• 하역은 컨베이어를 거쳐 배후의 사일로[*1](Silo)에 이르기까지 수송 장치가 일체화되어 있어 일단 정비를 한 후의 증고를 위해서는 대규모 공사가 필요하다.</td></tr>
<tr><td>방조벽 설치</td><td>• 저탄장의 침수는 허용되지 않으므로 이를 방재할 수 있는 적절한 위치에 방조벽의 설치가 필요하다.</td><td>• 문제는 없지만, 우수 배수에 대한 검토가 필요하다.</td></tr>
</table>

*1 사일로(Silo): 선박으로부터 하역된 곡물이나 사료 같은 유동 상태의 화물이나, 시멘트와 같은 가루 형태의 화물을 저장하도록 설치된 원통형 창고를 말한다.

60) 총톤수(Gross Tonnage, 總噸數): 우리나라 해사 법령 적용에 있어서 선박의 크기를 나타내는 지표로써, 용적톤(Capacity Tonnage)으로서 선체의 밀폐된 공간의 총 용적에서 상갑판 상부에 있는 추진, 항해, 안전, 위생에 관계되는 공간을 차감한 전체용적을 톤수로 환산(100입방피트(ft^3))(=1톤)한 것이다.

61) 선창(船倉): 화물을 싣는 상갑판 아래의 용적을 말하며, 구획을 나누어 다종의 화물을 적재할 수 있게 하고 복원성에 이용할 수 있다.

62) 선석(Berth, 船席): 항 내에서 선박을 계선(繫船)시키는 시설을 갖춘 접안장소를 말하며, 보통 표준선박 한 척을 직접 계선(繫船)시키는 설비를 지닌 수역을 뜻하고, 이런 의미에서 통상 선박을 접안시킬 수 있는 부두 수에 따라 제 몇 버스라 부르기도 한다.

63) 건현(Freeboard, 乾舷): 선체 중앙부 상갑판의 선측 상면으로부터 만재흘수선까지의 수직 거리를 말한다.

표 1.25 기후변화로 인한 해수면 상승과 안벽 증고 시 화물선에 미치는 영향과 대책

선종			일반 화물선(500GT이하)
평균 해수면 상승에 따른 영향			• 방충재와 접촉하는 위치가 변화되어 기능을 발휘하지 못할 가능성이 있다. • 하역(이동식 하역기계 또는 고정식 하역기계)에 대해서는 영향이 없다.
대책	평균 해수면 상승을 예상한 마루높이로 안벽을 증고 【신규정비】	사전대책	• 미리 평균 해수면 상승을 예측한 마루높이로 할 경우, 간조위를 포함해 하역 자체에 미치는 영향은 없을 것 있지만, 선원이나 선창에서의 하역 작업원의 상·하선에 영향이 있을 가능성이 있다.
	단계적인 안벽 증고 【기존시설 보강】	단계적 대책 (사후대책)	• 확실하게 방충재의 기능을 하여 선박의 계류 안전성을 확보할 수 있다면 문제가 없다. • 증고 공사를 하는 경우 동일 항만 내 다른 안벽을 대체시설로써 사용할 수 있다면 문제는 없으나, 특히 이동식 하역기계에 의한 하역의 경우, 육지 쪽의 필요 설비는 비교적 간단하다.
	안벽 법선 쪽으로 방조벽 정비 【기존시설 보강】	단계적 대책 (사후대책)	• 대형선과 달리 건현의 위치가 낮아 방조벽이 선박의 측면에 접촉할 우려가 있어 그다지 바람직하지 않고, 방조벽의 높이를 고려하거나 방조벽의 위치를 약간 육지 쪽으로 하는 검토가 필요하다. • 방조벽을 선박의 측면에 접촉하는 높이로 설치할 수밖에 없는 경우에는 방조벽이 충분한 강도를 갖게끔 하여 방충재로써 이용할 수 있도록 검토가 필요하다.
	에이프론(Apron) 배후의 방조벽정비 【기존시설 보강】	단계적 대책 (사후대책)	• 트럭 등에 의한 하역작업에 지장이 없으면 문제는 없다.

④ 계류시설로써 방조벽 설치사례: 일본 고베항(神戸港) 효고부두(兵庫埠頭)

㉠ 대책의 내용

일본 고베항의 효고 부두(兵庫埠頭)는 제외지(堤外地)이지만, 2018년 태풍 '제비' 내습 시 폭풍해일 피해가 발생하자 긴키지방정비국(近畿地方整備局)이 주최한 대책위원회의 검토를 계기로 방조벽 대책을 수립하였다. 이 지역은 물류 관련 기업의 창고군(倉庫群)이 있어 고베항 물류의 중요한 역할을 담당하고 있지만(그림 1.87 참조), 이 창고군을 모두 증고(增高)하는 것은 어렵다고 판단되어 효고 부두를 둘러싼 방조벽의 설치를 선택하였다. 또한, 해당 지역을 둘러싼 방조벽 설치 외에 배수설비(맨홀 펌프) 3개소를 정비했고, 대피 장소로서 지구 내 지반증고(地盤增高), 도로의 증고도 시행하였다. 방조벽의 설계는 외력 계산 및 그 결과에 근거하여 대상조위(對象潮位) 조위를 결정한 후 필요한 구조계산을 하였다. 방조벽의 증고는 지역 내 장소에 따라 다르지만, 낮은 장소는 0.2 m, 높은 장소는 1.5 m에 달한다.

㉡ 항만이용의 영향에 대한 고려

효고 부두에서는 계류시설을 통한 본선 하역 활동은 빈번하게 이루어지고 있지 않고, 선박의 대형화로 인해 본선 하역기능은 이미 다른 부두로 이전하였다. 계류시설에 대해서는 일부 규모가 작은 내항선의 중장비, 곡물을 하역하는 것 외에는 주로 휴게(休憩) 선석으로써

이용하고 있다. 방조벽의 설치 시 설치자와 항만이용자의 조정 상황 및 대응 상황은 아래와 같다(사진 1.5 참조).

- 중장비의 수송을 고려하여 방조벽을 설치하지 않는 개구부를 3곳을 설치하였고, 개구부는 폭풍해일이 예상되는 경우 모래포대로 대응한다.
- 선사(船社)의 요청에 따라 선원들이 쉽게 승·하선할 수 있도록 일부 계단을 설치하였다.
- 이용하는 선박의 규모가 작으므로, 이·접안 작업은 선원들이 직접 할 수 있다.
- 육지 측 사업자가 방조벽과 하역 설비와의 위치 관련 요청을 하여 방조벽의 위치를 육지 쪽에 약간 어긋나게 설치한 부분이 있다.
- 공사 단계 시 단계 시공 또는 대체지 제공에 대해 항만이용자와 협의하였다.

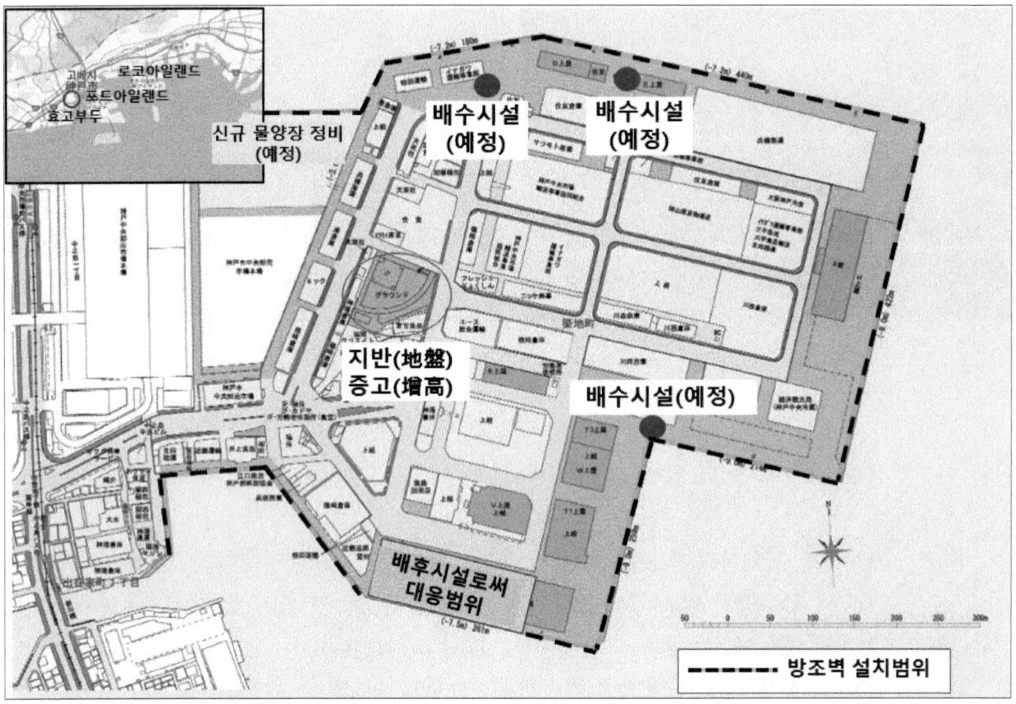

그림 1.87 일본 고베항 내 효고 부두(위치도(그림의 왼쪽 위))의 방조벽과 대책시설 설치범위

(a) 일반 방조벽 (b) 방조벽 내 계선주 설치 (c) 방조벽 내 계단 설치 (d) 방조벽 내 개구부

사진 1.5 일본 고베항 효고 부두의 방조벽 설치상황

⑤ 기존시설의 보강공사 사례: 일본 고베항(神戸港) 포트아일랜드 내 RC-6, RC-7

㉠ 사업개요

일본 고베항의 포트아일랜드(Port Island) 내 RC-6, RC-7 컨테이너 터미널(그림 1.88 참조)은 고베항 부두공사(神戸港埠頭公社)가 건설한 연속 선석(Berth)으로 운영개시 이후 30년 정도 경과 한 가동 중인 터미널이다. 해당 터미널에서는 2014년부터 내진공사(耐震工事)를 하고 있으며, 긴키지방정비국(近畿地方整備局)이 배후 야드의 액상화 대책을 위한 보강공사를 하고 있다(그림 1.89 참조). 이 공사에서 발생하는 토사를 재활용하여 배후 야드의 높이를 높이기 때문에, 폭풍해일로 인한 피해 저감에도 효과적이다.

향후 기후변화의 적응책으로써 기존시설의 증고(增高) 공사를 할 때 공사와 컨테이너 터미널의 하역 운용과의 조정이 문제가 된다. 이 사례는 이미 일정 수준의 가동률로 운용되고 있는 기존의 컨테이너 터미널에서 배후 야드를 단계적으로 보강하는 공사이므로, 단계적인 시공 방법 또는 관계자와의 조정이 중요하다.

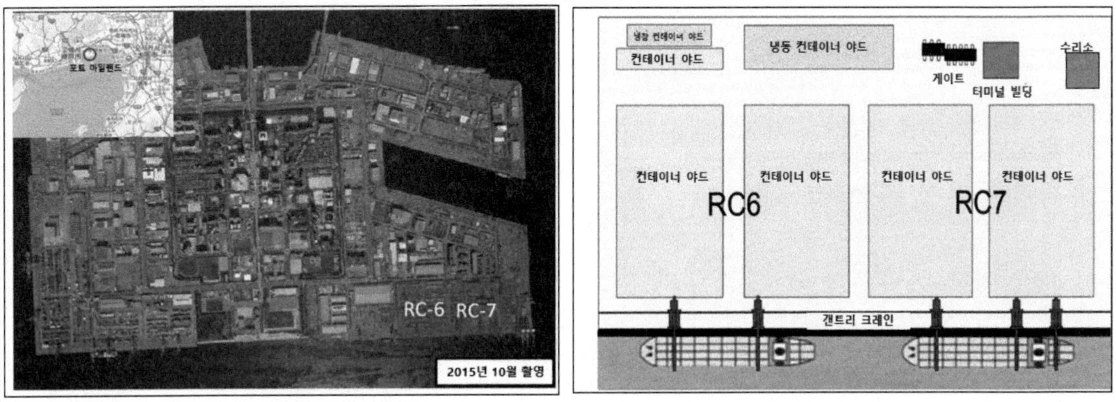

(a) 위치도 (b) 배치도

그림 1.88 일본 고베항(神戸港) 포트아일랜드 내 RC-6, RC-7 컨테이너 터미널 위치도와 배치도

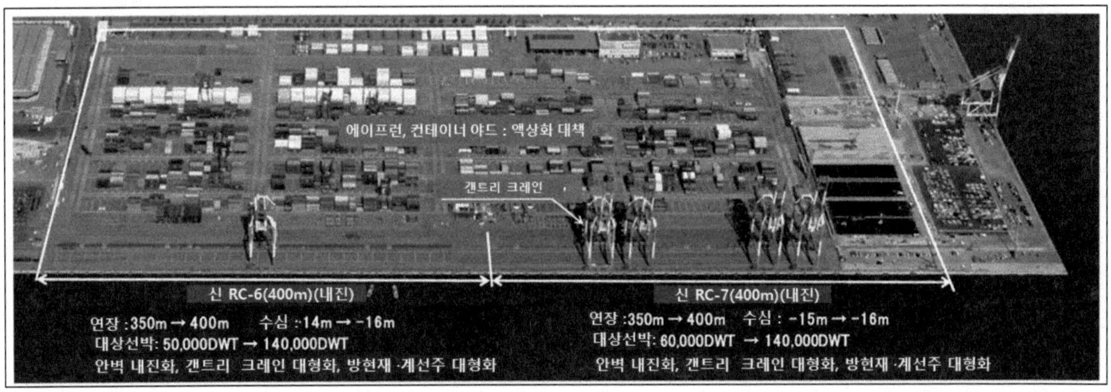

그림 1.89 일본 고베항(神戸港) 포트아일랜드 내 RC-6, RC-7 컨테이너 터미널 보강공사

ⓛ 대책공사의 내용

내진공사(耐震工事)는 수제선(水際線)으로부터 70 m에서부터 배후 220 m까지의 배후 야드를 대상으로, 타이어로 움직이는 갠트리 크레인(RTGC, Rubber Tired Gantry Crane)이 가동할 수 있는 한계 경사를 고려하면서 야드의 액상화 대책을 시행한다. 이 공사의 결과, 배후 야드의 높이가 증가한다. 컨테이너 터미널을 운영하면서 공사를 하므로 공사는 단계적으로 시공되고 있다. 구체적으로는, 전체를 16개의 블록으로 분할(냉장·냉동 보관 장치(Reefer, Refrigerated or Cold Storage Unit) 대응의 슬롯(Slot)과 그 이외의 슬롯은 나누어 분할), 매년 1블록을 대상으로 공사를 하였다. 공사 블록 범위를 세분화시키면 공사 완료까지 시간이 걸리지만, 단계적인 공사를 해서 컨테이너 장치 개수를 확보하면서, 항만기능을 유지하고 있다. 이 외에도 지중(地中) 장애물로 인한 현장 불일치 등도 있어 10년째 공사가 계속되고 있다. 1블록은 대체로 200 m×50 m의 범위이며, 본 컨테이너 터미널에서는 컨테이너를 4단으로 적재한다. 그림 1.90은 가상(假想)의 터미널 배치도에서 구분(여기에서는 13블록)시킨 이미지를 나타낸 것이다.

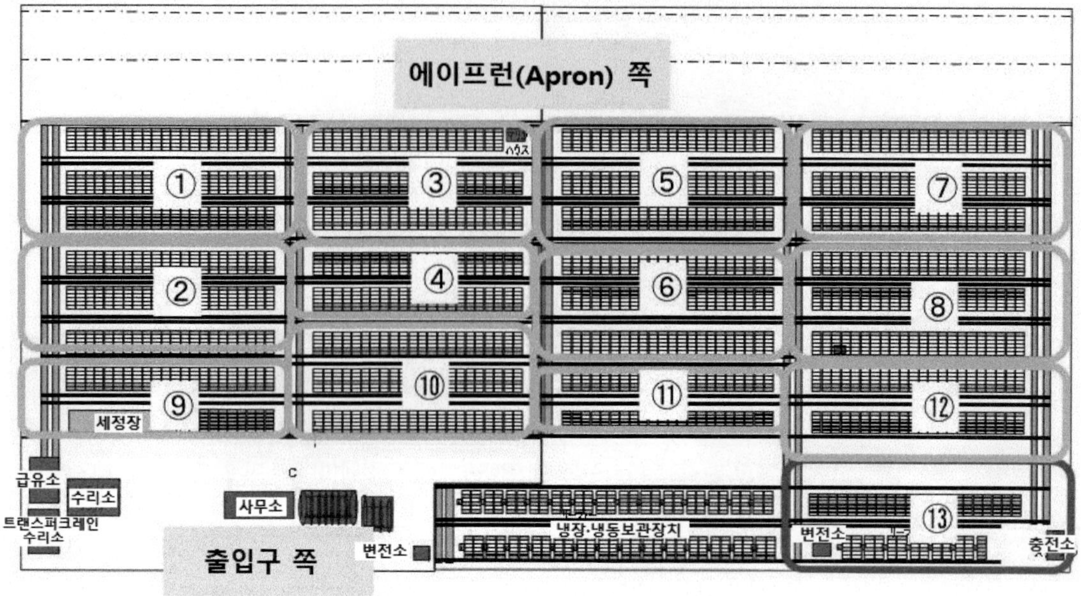

그림 1.90 단계적 공사의 구분도(가상 터미널 이미지)

㉢ 항만 이용의 영향에 대한 고려와 문제점

- 대체지(代替地)로 확보할 수 있는 면적으로부터 시공 면적을 견적해, 실제 현장에서 운영할 때 지장이 생기지 않는지를 항만이용자와 조정해, 대체지 구분이나 면적을 결정하는 방법을 취한다.
- 공사 시공 방법에 대해서 터미널 이용자, 시공 회사와 킨키지방정비국이 정기적인 협의 및 조정을 하고 있으며, 현장에서도 자주 공정(工程)에 대해 협의한다.
- 일부 배후 야드를 이용할 수 없게 되어, 컨테이너 터미널 밖의 토지를 대체지로 확보해 활용하고 있으며, 섀시[64](Chassis)나 공(空) 컨테이너를 두는 곳으로 활용하고 있다.
- 공사를 하는 시행 범위는 점용으로 하고, 공사용 펜스로 둘러싸고 있다(사진 1.6 참조). 그러나, 기존 컨테이너 터미널에서 단계적인 공사를 시공함에 따른 다음과 같은 문제점도 있다.
  - i) 매년 예산 제약으로 공사 시행 범위와의 일치 확보 곤란
  - ii) 단계적 정비는 터미널 내 동선의 매년 변경을 전제(前提)하므로 하역에 영향을 주지 않는 공사 계획의 작성, 조정 및 트레일러 운전자 등에게 정보제공이 필요
  - iii) 공사 완공 시기의 준수

공사 시행 계획은 관계자 간 조정이나 대체지 확보도 포함해 주도면밀하게 작성할 필요가 있으며, 공사 기간의 엄수가 요구된다. 또한, 이러한 대응을 일정 기간에 걸쳐 시행할 필요가 있다. 상기 사항도 포함하여 본 사례의 문제점과 대응에 따른 고려 사항은 표 1.26에 정리하였다. 많은 사항은 시공 구역이 변경될 때마다 검토 및 대응이 필요하다. 이 중에서

64) 섀시(Chassis): 컨테이너를 탑재하여 일체화되는 트레일러의 대차로서 조합 형태(Combination Type)가 대부분이다.

사진 1.6 일본 고베항(神戸港) 포트아일랜드 내 RC-6, RC-7 컨테이너 터미널 보강공사의 상황

표 1.26 RC-6, RC-7 컨테이너 터미널 보강공사의 문제점과 고려 사항

구분	문제점	대응 시 고려사항
야드 내 시설배치·동선의 검토	• 터미널의 생산성 유지	• 터미널 내 적재 개수의 확보 및 냉장·냉동 보관 장치(Reefer) 구역을 확보한 형태를 고려한 시공순서 검토와 제안
	• 컨테이너 야드 전체의 운영성을 고려한 동선 확보	• 트레일러, 샤시, 갠트리 크레인(RTGC) 동선 확보와 관계자에게 주지(周知)
	• 하역기계(갠트리 크레인, (RTGC))의 동선 확보	• 하역기계(갠트리 크레인,(RTGC))급유소 및 수리소로의 동선 검토와 제안
	• 공사용 차량의 동선 확보	• 공사용 차량의 동선 및 기타 차량의 동선과 교착(交錯) 방지
높이·배수계획의 검토	• 증고 완료 후 구역과 증고 완료 전 구역 간에 단차(段差)가 발생할 수 있으므로, 이것을 해소하기 위한 증고 완료 시 구역에로의 새시 (Chassis) 통로 확보	• 증고 완료 시 구역으로의 가설 슬로프(Slope)의 제안
	• 배수 시스템 확보	• 기존 배수관과 증고 구역 내 배수관과의 접속성 확보 • 강우강도*1(降雨强度) 개선

*1 강우강도(Rainfall Intensity, 降雨强度): 비가 내리는 상태의 강도로 단위 시간 동안의 강우량을 말한다. 단위 시간으로는 보통 1분간을 취하나 이것을 1시간당 강우량으로 추산해서 mm/hr로 나타내는 일이 많다.

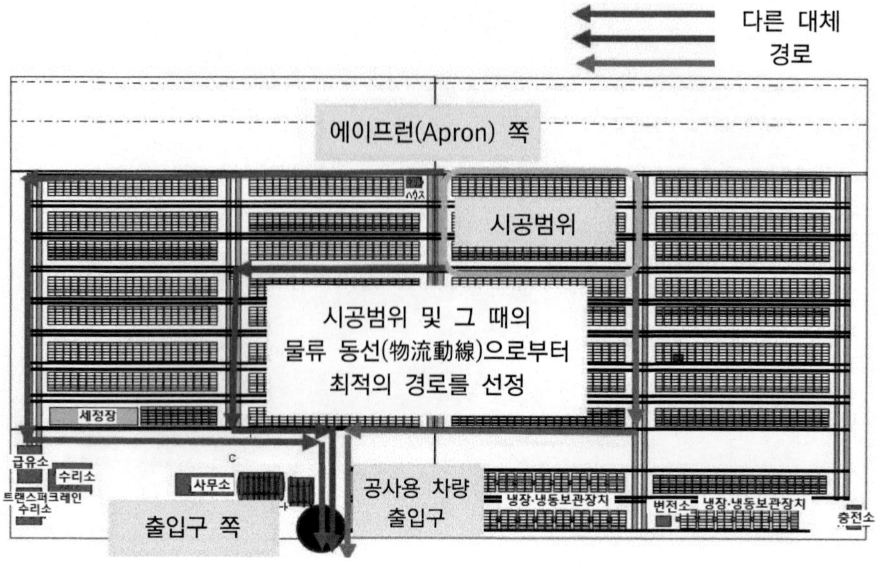

그림 1.91 공사용 차량의 동선 검토도(가공 터미널에 대한 이미지)

도 공사 차량 및 하역 관련 차량의 동선 확보는 중요하며, 특히 관계자와의 협의·조정이 중요하다. 공사 시작 전 터미널 입구로부터 공사 시공 범위까지의 거리나 하역 관련 차량의 혼잡한 곳 등을 고려하여, 공사 차량의 안전한 통행을 위해 필요에 따라 가설도로 개설(開設)도 하면서, 최적의 경로 검토와 터미널 이용자와의 조정이 필요하다. 그림 1.91은 가상의 터미널 배치도 내 공사 차량 동선을 나타내었다.

공사 시작 시와 완공 후 운영 시 터미널 내 하역 관계 차량 동선의 변경도 필요하다. 이때 운전자의 혼란이나 사고를 방지하기 위해 터미널 이용자와같이 동선 및 안전대책을 검토하고 안내도를 작성한다. 또한, 사전에 화물차량협회의 운전사에게 주지(周知)시키거나 터미널 입구 게이트에서 안내도를 배포시킨다. 기존 시설의 증가는 항만이용자에게 일정한 영향을 계속 미치기 때문에 해당 대책의 적용성에 대해서는 더욱 심도 있는 검토가 필요하다.

⑥ 기타 방조벽 설치사례

㉠ 일본 타카마츠항(高松港)

다카마쓰항에서는 난카이 트로프[65](南海 Trough) 등에서 발생할 가능성이 있는 지진해일 대책으로 컨테이너를 취급하는 아사히(朝日) 지구 등에서 안벽 법선에 방조벽을 설치하였다(사진 1.7 참조). 방조벽 높이(75 ㎝)는 지진해일의 예상 높이와 기존의 마루높이를 비교하여 그 부족분을 보강하는 것으로 안벽의 계선주 배후 갠트리 크레인의 레일보다도 바다 쪽에 설치되어 있다.

65) 난카이 트로프(南海トTrough): 일본 시즈오카현(静岡県) 쓰루가만(駿河湾)에서 규슈(九洲) 동쪽 태평양 연안에 이르는 수심 4,000 m 해저협곡지대로, 이 지역에서는 그간 100~150년 간격으로 규모 8~9의 대지진이 발생해 왔다. 특히 일본 문부과학성 지진조사위원회는 2018년을 기준으로 향후 30년 이내 이 일대에서 대지진이 일어날 확률을 80%로 예측한 바 있다.

사진 1.7에 나타낸 바와 같이 일부는 가동식(可動式)으로, 항만이용자와의 협의·조정사항은 다음과 같다.

- 방조벽의 위치는 하역업자와 협의·조정하였다. 협의 사항에는 안벽 법선보다 육지 쪽인 터미널 배후의 선택지도 있었다. 하역업자의 의향은 컨테이너의 유출방지를 하려는 의도가 있어 안벽 법선에 설치하였다.
- 방조벽 안팎의 왕래는 계단으로 하고, 육갑(陸閘)은 설치하지 않았다. 항만이용자는 방조벽에 의한 이·접안 작업의 효율성 저하와 계단으로 벽을 타고 넘어가는 발생할 수 있는 위험성 증가에 대해 우려하고 있었다.
- 방조벽 설치로 인한 컨테이너 크레인의 하역에 미치는 영향은 없다.
  본선(本船) 하역을 하는 터미널이지만, 방조벽의 높이가 비교적 낮은 점과 방조벽 안팎의 왕래를 배려하고 있는 점에서 이러한 대책의 시행이 가능하였다.

(a) 일반 방조벽 (b) 일반 방조벽의 높이(75 ㎝)

(c) 가동식 방조벽 (d) 방조벽 중 계단 설치 장소

사진 1.7 일본 타카마츠항의 방조벽 설치 상황

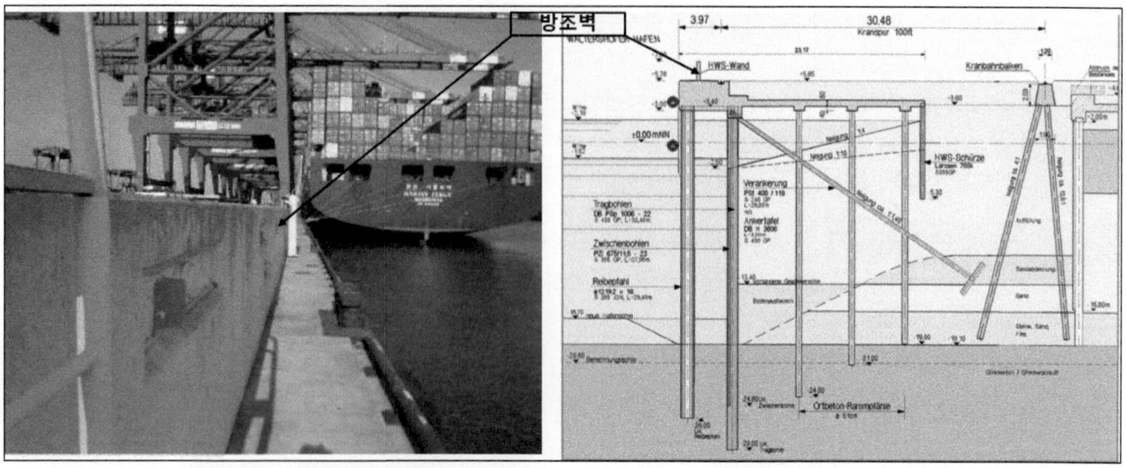

그림 1.92 독일 함부르크항의 방조벽 설치 상황

【사진 중 원내(圓內)는 방조벽 상에 설치된 계선주】

사진 1.8 인도네시아 탄중마스(Tanjung Mas)항 컨테이너 터미널의 방조벽

㉡ 독일 함부르크항(Hamburg Port) 컨테이너 터미널의 방조벽 설치

독일 함부르크항 컨테이너 터미널에서는 잔교형식의 안벽 법선에 방조벽이 설치된 곳이 있다(그림 1.92 참조). 하천항인 해당 항구는 홍수로 인한 터미널 시설의 침수 가능성이 있으므로 방조벽을 설치하였다.

- 1980년대에 홍수 피해가 발생하여 당시 건설하고 있었던 안벽은 하역작업에 지장이 없도록 안벽 법선으로부터 30~40 m 정도 육지 쪽에 방조벽을 설치하였다.
- 한편, 최근의 대형선이 이·접안(離·接岸)하는 신규 안벽에서는 안벽 법선에서 1~2 m 떨어진 위치에 높이 1.8 m의 방조벽을 설치하고 있다.

㉢ 인도네시아 탄중마스(Tanjung Mas)항 컨테이너 터미널의 방조벽

인도네시아 탄중마스항 컨테이너 터미널의 방조벽은 안벽 법선에 설치되어 있는데(사진 1.8 참조), 방조벽 위에 계선주가 일체로 설치된 점이 특징이다. 이 지역의 컨테이너 터미널은 지반이 침하하고 있어 그 대책으로서 이러한 방조벽을 설치하였다.

- 높이 약 1 m의 방조벽이 설치되어 있는데, 이 위치는 안벽 법선에 가장 가까운 위치이다. 이 방조벽이 없으면, 만조(滿潮) 시 터미널이 침수되게 되어, 이러한 침수는 터미널 운영을 방해한다. 방조벽의 설치와 함께 터미널을 증고시켜 증고 전보다 높이가 1 m 높아졌다.

나) 계류시설 및 방파제의 기능 유지(외력 및 방파제 단면 등의 재검토와 대응)[26]

최신지식에 근거한 기후변화로 인한 전 지구 평균 해수면 상승을 반영한 설계심해파 등을 통해 방파제, 안벽 및 호안에 대한 내파성능(耐波性能)을 조사하여 중요하고 긴급성이높은 항만구조물(방파제, 안벽, 호안 등)에 대한 마루높이 증고 및 구조물 전체에 대한 보수·보강을 한다(그림 1.93 참조).

기후변화로 인한 강대화가 예상되는 폭풍해일·고파랑으로부터 항만 내 침수를 방재하기 위해서는 방파제 및 안벽의 마루높이 증고, 방조벽 설치 및 임항 교통시설의 증고 등 다중방재개념66)(多重防護概念) 도입으로 피해를 경감시킨다(그림 1.94 참조).

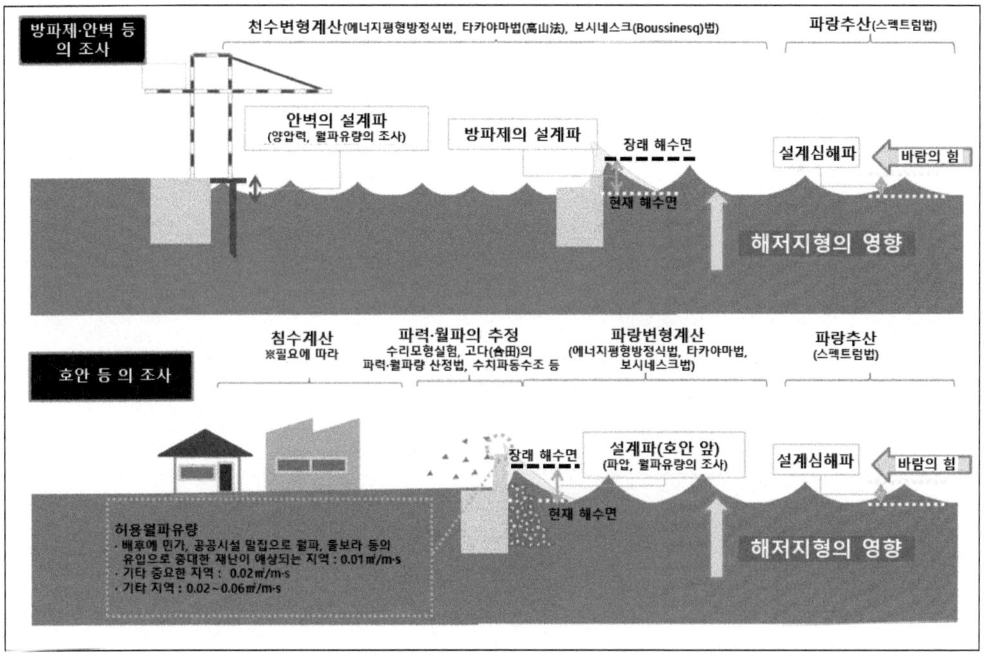

그림 1.93 기후변화로 강대화가 예상되는 폭풍해일·고파랑 내습 시 항만구조물(방파제, 안벽 및 호안 등)에 대한 영향의 조사

66) 다중방재개념(多重防護概念): 원자력 시설에 대한 안전성 확보의 기본적 개념 중 하나로, 원자력 시설의 안전대책이 다단적(多段的)으로 구성된 것을 뜻하는데, 이 장에서는 기후변화에 따른 연안 재난으로부터 항만을 방재하기 위한 여러 단계의 구조적 대책을 말한다.

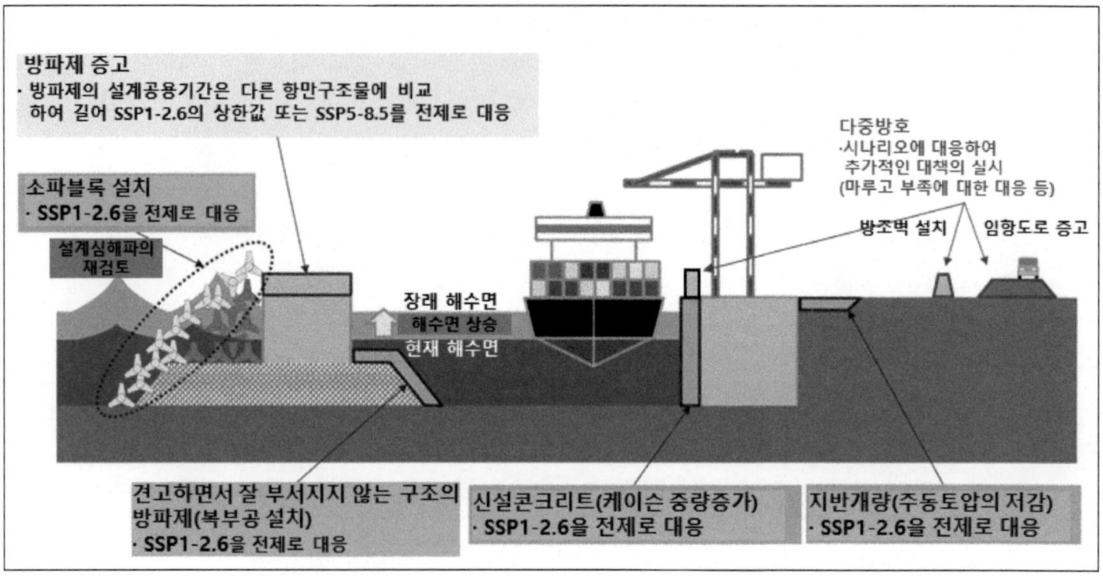

그림 1.94 기후변화로 강대화가 예상되는 폭풍해일·고파랑 내습 시 항만구조물의 다중방재개념적인 대응

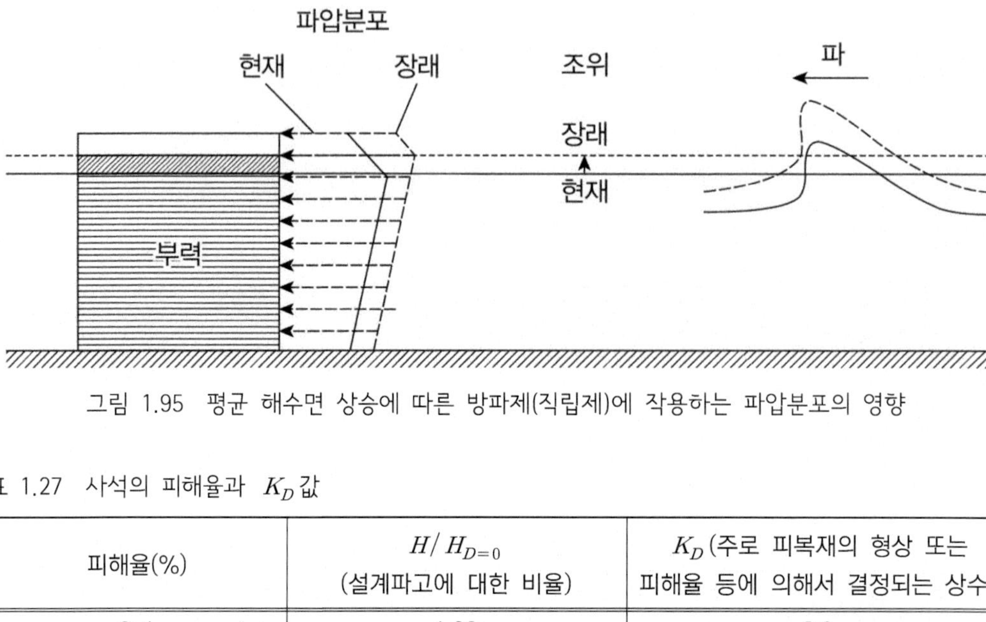

그림 1.95 평균 해수면 상승에 따른 방파제(직립제)에 작용하는 파압분포의 영향

표 1.27 사석의 피해율과 K_D 값

피해율(%)	$H/H_{D=0}$ (설계파고에 대한 비율)	K_D (주로 피복재의 형상 또는 피해율 등에 의해서 결정되는 상수)
0~1	1.00	3.2
1~5	1.18	5.1
5~15	1.33	7.2
10~20	1.45	9.5
15~40	1.60	12.8
30~60	1.73	15.9

① 방파제에 작용하는 외력(파력 등) 재검토

항만구조물 중 대표적인 외곽시설인 방파제에 작용하는 파력은 기후변화로 인한 평균 해수면 상승으로 수심 변화의 직접적 영향뿐만 아니라 수심 변화에 따른 파랑변형을 받는다. 즉, 기후변화로 인한 평균 해수면 상승으로 말미암아 수심이 증대되면 방파제(직립제)에 작용하는 부력이 커져 마찰저항력이 감소하고, 파압 분포도 현재보다 커지는데, 특히 방파제를 쇄파대(碎波帶) 내에 설치하는 경우 방파제 본체 앞의 파고가 증대함에 따라 방파제의 활동에 대한 안정성이 저하된다(그림 1.95 참조).

타카야마(高山, 1990)는 이때 안전율이 얼마나 떨어지는지를 이론적으로 도출하였다. 방파제 보강이라는 관점에서 보면 우선 방파제의 마루높이는 해수면 상승분 정도의 높이가 필요하다. 그때의 파력에 대한 활동에 대해서 케이슨이 안전하면 괜찮지만, 전도(顚倒)에 대해서 불안정하게 되거나 지반지지력이 부족하거나 하면 큰 문제가 된다. 또한, 방파제 앞면에 사석 또는 소파 블록을 설치한 경우, 파랑에 대한 안전성을 확보하기 위한 필요중량을 허드슨 공식(1959)이라 불리는 식으로 산정한다(식(1.2) 참조). 이 식에 따르면, 기후변화로 인한 해수면 상승 또는 태풍의 강대화로 파고가 증대되면, 파고의 3승에 비례하여 사석 또는 블록의 최소질량이 증가하게 된다.

$$M = \frac{\rho_r H^3}{N_s^3 (S_r - 1)^3} \tag{1.2}$$

여기서, M: 사석 또는 블록의 안전에 필요한 최소질량(ton)

ρ_r: 사석 또는 블록의 밀도(ton/㎥)

S_r: 사석 또는 블록의 해수에 대한 비중

H: 안정계산에 사용되는 파고(m)

N_s: 피복재의 형상, 경사, 피해율 등에 의해 결정되는 계수(안정계수)

($N_s^3 = K_D \cot\alpha$, α : 사면이 수평면과 이루는 각(°), K_D : 주로 피복재의 형상 또는 피해율 등에 의해서 결정되는 상수)

표 1.27은 기후변화로 인해 파고(波高)가 조금 증가하더라도 사석의 중량을 일정할 경우 피해율이 급격히 증대하는지를 나타낸다.

② 방파제 단면의 대응

기후변화로 인한 해수면의 상승 또는 태풍의 강대화에 따른 폭풍해일·고파랑 증대의 영향으로 방파제 상부공(上部工)의 마루높이 증고(增高) 및 본체의 활동에 대한 대응이 필요하다. 방파제 마루높이는 소요 마루높이까지 상부공을 증가시키면 되지만, 활동대책으로서는 본체의 중량을 늘리는 대응이 필요하다. 이때의 대응방안으로써 유의할 사항은 다음과 같다(그림 1.96 참조).

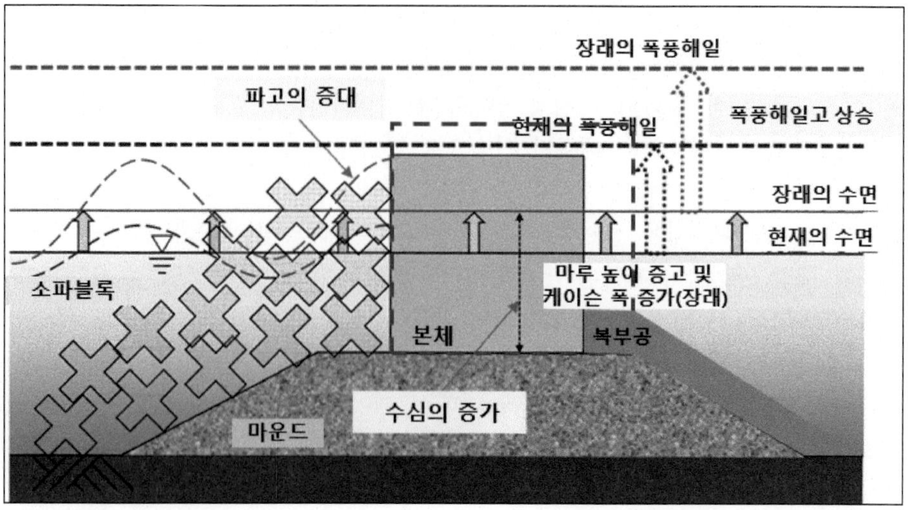

그림 1.96 기후변화에 따른 평균 해수면 상승 또는 태풍 강대화로 인한 폭풍해일·고파랑 증대 시 방파제 단면의 대응

- 상부공 마루높이의 증고에 따라 파랑의 수압면(水壓面)이 넓어져 본체에 작용하는 파압이 증대하여 활동, 지반 반력 등이 더욱 위험 쪽으로 작용하게 된다.
- 본체의 안정에는 본체 중량을 증가할 필요가 있지만, 상부공을 보통 콘크리트로 늘리는 증고하는 것만으로는 해당 시설의 안정성을 확보할 수 없으므로 높은 비중(比重)을 갖는 중량 콘크리트로 증고하여야 한다.
- 활동저항만을 고려하면 항내 쪽에 활동저항용 사석(복부공(腹部工))의 투입도 고려할 수 있으나, 파고의 증대와 상부공 마루높이 증고에 따른 사석 마운드 또는 하층토(下層土)의 임계지지력 600 kN/㎡이상(일본 설계 지침)에 상회(上廻)할 수 있어 사석 마운드 또는 하층토의 지지력 손상 외에 케이슨의 저판(底板)에 대한 부담이 과중해질 수도 있다.
- 지반 반력을 억제하기 위한 대응책으로서는 케이슨 폭을 확대하거나 케이슨 후면에 사석이나 소파 블록으로 복부공(腹部工)을 설치하면 지반 반력의 저감과 파고 증대에 따른 활동에 대응할 수 있다.

③ 중력식 안벽 단면의 대응

기후변화로 인한 평균 해수면 상승으로 인한 조위(潮位)의 영향으로 본체에 작용하는 부력의 증가, 조위상승에 따른 배면(背面)으로부터 작용하는 토압(土壓) 저하, 잔류수위(殘留水位) 상승에 따른 수압의 증가 및 지진 시 동수압(動水壓)의 증가 등이 발생하여 중력식 안벽(케이슨식)은 상부공 마루높이의 증고 및 활동에 대한 대응이 필요하다. 증고는 필요 마루높이까지 상부공을 증고하고, 활동은 본체의 중량을 증가시키는 대응이 필요하다. 이 때문에 본체 중량을 증가시키는 것은 시공상 어려우므로 그나마 시공이 가능한 상부공 중 마루높이의 증고 또는 본체의 확폭공법(擴幅工法)이 필요하다(그림 1.97 참조).

그러나 이마저도 현실적으로 어려울 수 있으므로 폭풍해일에 따른 침수 리스크를 감소시키

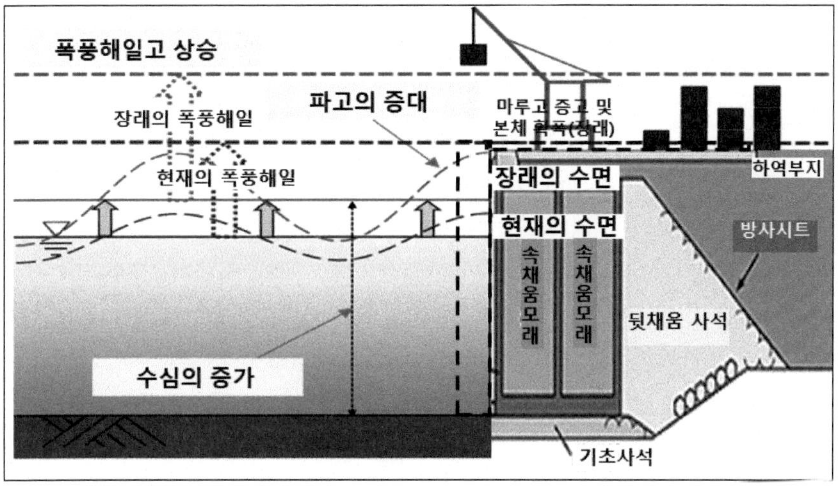

그림 1.97 기후변화에 따른 평균 해수면 상승 또는 태풍 강대화로 인한 폭풍해일·고파랑 증대 시 중력식 안벽 단면의 대응

사진 1.9 폭풍해일의 침수 리스크 저감을 위해 중력식 안벽 수제선 부분의 증고(지수벽)

기 위해 안벽 수제선(水際線)에 지수벽(止水壁)을 설치한 사례가 증가하고 있다(사진 1.9 참조). 즉, 지수벽으로 인해 하역작업에 지장이 없도록 지수벽 법선(法線)은 계선주(係船柱) 부분을 우회하는 형상으로 하였고 계류삭(繫留索) 작업용으로는 계단·트랩(Trap)을 설치하였다.

④ 널말뚝식 안벽 단면의 재검토

기후변화로 인한 평균 해수면의 상승 또는 태풍의 강대화에 따른 고파랑·폭풍해일 증대의 영향으로 널말뚝식 안벽은 평상과 지진 시 약간 다른 거동을 한다. 널말뚝식 안벽일 때 부력을 고려하지 않지만, 해수면 증가로 인한 널말뚝 앞면에 작용하는 토압(土壓)의 감소량이 널말뚝 앞면에 작용하는 수압의 증가량보다 커 오히려 안전 쪽으로 작용하게 된다. 그 외에 부위(타이로드, 배띠공, 버팀공)에 대해서는 평상시는 널말뚝 앞면과 같은 모양으로 안전 쪽으로 작용하는 경향이 보이지만, 지진 시는 동수압이 가해져 약간 위험 쪽으로 작용하는 거동을 갖는다. 이 때문에 널말뚝식 안벽에 필요한 대응방법은 상부공 마루높이의 증고이다(그림 1.98 참조).

다) 계류시설 상의 차막이를 활용한 기후변화에 대한 침수대책

일본 히로시마현(広島県) 쿠레항(呉港)의 잔교식(桟橋式) 안벽은 노후화(老朽化)로 인해 1 m 침하(沈下)되어 평상시 대조(大潮) 때 만조(滿潮)에도 안벽 위까지 침수되어, 하역작업에 지장을 초래하고 있어 항만관리청인 쿠레시(呉市)가 긴급적인 대응으로서 기존의 차막이를 철거한 후 연속적인 벽 모양의 차막이를 신설하였다(최대높이 60 ㎝)(사진 1.10 참조).

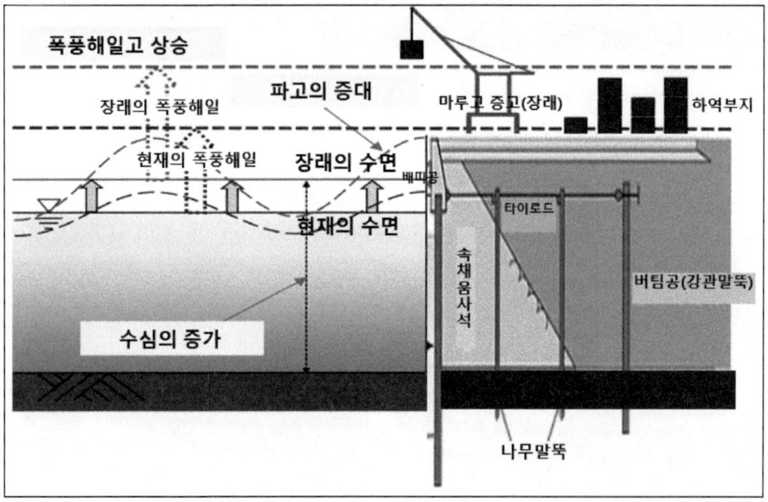

그림 1.98 기후변화에 따른 평균 해수면 상승 또는 태풍 강대화로 인한 폭풍해일·고파랑 증대시 널말뚝식 안벽 마루높이 증가

사진 1.10 계류시설 상의 차막이를 활용한 기후변화로 인한 침수대책(일본 쿠레항(吳港))

라) 항로·박지의 매몰방지(埋沒防止)·경감 대책[27]

① 방사제 등에 의한 매몰방지 대책

방사제67)(防砂堤) 등에 의한 매몰방지대책으로서 항로·박지로의 토사 침입을 저지하기 위해서 그 상류 쪽(토사가 운반되어 오는 쪽)에 어떤 대책이라도 실시하는 것이 일반적이다. 구체적으로는 그림 1.99에 나타낸 바와 같이 연안 표사 침입을 막기 위해서 방사제의 근해(近海)로의 연장 또는 이안제 등과 조합으로 연안 표사를 제어하는 이외에 상류 쪽에 포켓준설68)(Pocket浚渫)이라고 하는 심굴부(深堀部: 깊은 수심부를 의미) 준설을 하여 수심을 확보하여야만 하는 항로·박지로의 토사 침입을 막는다. 다만, 자연 외력(파랑, 조류, 해류 등)으로 수송된 토사를 모두 막을 수 없으므로, 이들 대책을 실시하더라도 방사제 배후 돌아 들어가는 토사의 퇴적 및 포켓 준설 내 쌓인 토사의 배제 등 수시로 주변 지역을 포함한 지형변화의 모니터링하는 등 항로 및 박지의 유지 관리가 필요하다. 더욱이 매몰대책시설의 설치로 연안 표사의 차단이 생길 가능성이 있는 경우에 그 하류 쪽의 해안침식을 충분히 주의할 필요가 있으므로, 이 점에 대해서는 상류 쪽에 퇴적된 토사를 하류 쪽으로 이송(移送)하는 샌드바이패스69)(Sand Bypass) 공법실시 등 지형 변화를 고려한 종합적인 해역의 토사관리가 중요하다.

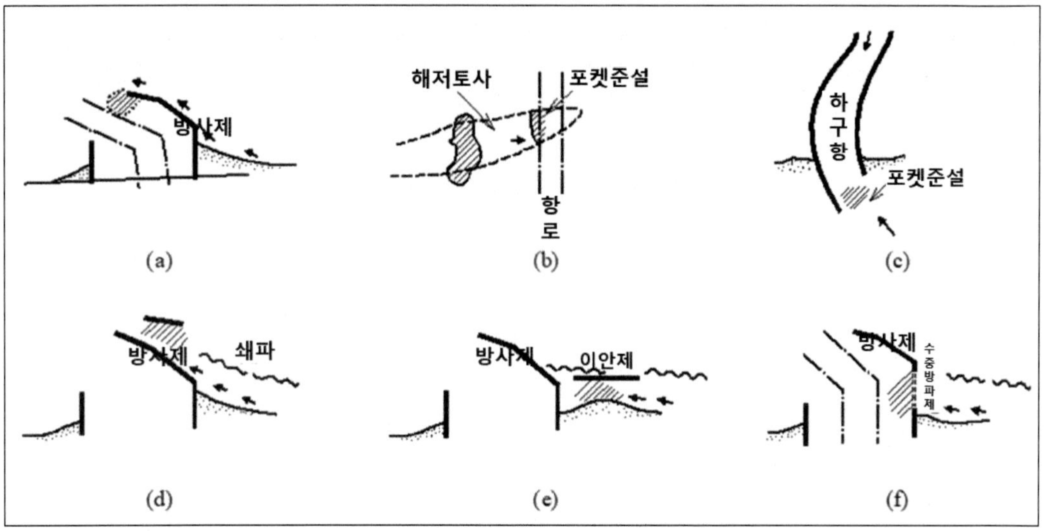

그림 1.99 방사제 등에 의한 항로·박지의 매몰방지 대책

---

67) 방사제(防砂堤, Groyne): 해안 표사((On-offshore Drift)가 항 내 또는 항로에 유입하는 것을 방지하기 위해 설치하는 외곽시설의 한 종류로서 그 기능은 하천이나 해안에서 흐름에 의한 침식을 방지하고 방사제의 양쪽에 토사의 퇴적을 유도하며, 해안에서는 연안 표사가 항내로 진입하지 않도록 하여 수심을 유지하는 데 있다.

68) 포켓준설(Pocket浚渫): 항로나 박지 내 매몰을 막기 위해 가장 심하게 퇴적된 해저 토사를 부분적으로 준설하는 것을 말한다.

69) 샌드바이패스(Sand Bypass): 연안 표사가 심한 해안에 축조된 항만 등에 의해 연안 표사가 저지되어 항구의 위쪽에 토사가 퇴적되고 반대로 아래쪽에 침식이 생긴 경우에 위쪽 해안에 퇴적된 토사를 인공적으로 아래쪽 해안으로 이송하는 공법으로 위쪽 해안의 적당한 위치에 포사지(捕砂地)를 만들고 효율적으로 퇴사(堆砂)시켜 충분한 토사를 확보하는 방법이 취해지는 경우가 많다.

② 그 이외의 대책

하구항이 많은 유럽에서는 하도 내 토사의 퇴적억제를 목적으로 수제공[70](水制工)으로 수류(水流)를 제어하거나 하도로부터 굴입(掘込)된 박지의 입구에 생기는 퇴적물 제어가 목적인 수류제어구조물(그림 1.100 참조)을 설치한다. 이 시설의 특징은 간조(干潮) 하천 지역의 흐름과 토사의 수송 방향 특성을 고려하여, 창조[71](漲潮) 시 입구지역에 형성된 수평와(水平渦)의 중심부에서 발생하는 토사의 퇴적을 감소시키기 위해 평면적으로 날개 형태의 벽을 설치하여 박지 입구부의 수평와(水平渦) 발생을 제어(그림 1.101 참조)한다. 즉, 유황(流況)을 제어함으로써 항로 및 박지(泊地)의 토사 퇴적을 방지하는 개념에 근거한 대책공법이다. 또, 다른 매몰방지대책으로서는 안벽 전면(前面)의 퇴적 토사를 프로펠라(Propeller)로 형성

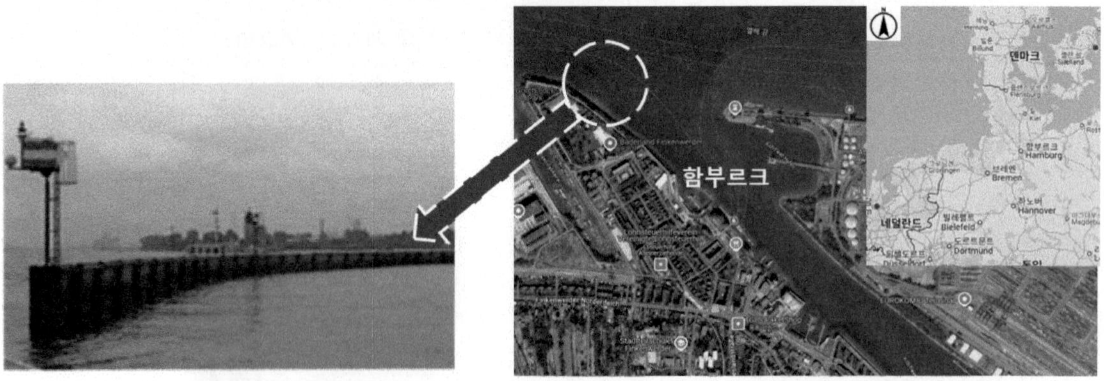

그림 1.100 하천항(독일 함부르크항)의 굴입 박지 입구부에 설치된 수류제어형의 매몰방지대책 구조물

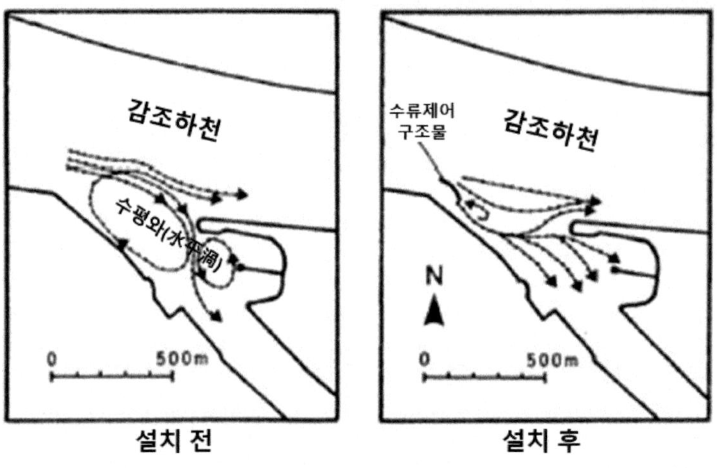

【그림 1.100중 원내에 수류제어구조물을 설치함에 따라 창조(漲潮)시 형성된 수평와(水平渦)(설치 전)가 설치 후에는 형성되지 않는다.】

그림 1.101 하천항(독일 함부르크항)의 수류제어구조물 설치 전/후의 흐름 형태 변화

70) 수제공(水制工, Groin): 호안이나 하안의 전면부에 설치하는 구조물로써, 하천에서 수로의 흐름방향과 물이 흐르는 속도를 제어하여 하안이나 제방을 흐르는 물에 의한 퇴적 또는 침식작용으로부터 방호하기 위한 목적으로 설치된다.

71) 창조(Flood Tide, Rising Tide, 漲潮): 간조(Low Tide)에서 만조(High Tide)로 해면이 점차 상승하는 사이를 말하며 밀물이라고도 한다.

된 수류로 강제배제하는 시설(사진 1.11 참조), 샌드바이 패스용 펌프 시설과 같은 모양으로 해저면(海底面)에 집적(集積)된 토사(특히 부드러운 오니[72](汚泥)를 대상)를 펌프로 배송하는 시설 등 동력을 이용한 매몰대책시설이 있다. 한편, 퇴적 토사가 주로 실트(Silt) 및 점토의 세립분(細粒分)(오니분)인 경우 그 퇴적특성을 고려한 대책을 하는 경우가 있다. 그 특징은 오니분이 퇴적할 때 고함수(高含水) 상태로 압밀(壓密)을 받으면, 강하게 뭉쳐진 저니(底泥)의 습윤밀도가 깊이 방향으로 변화한다. 이 때문에 새로운 오니가 퇴적된 상태에서는 습윤밀도가 저층으로 갈수록 서서히 상승하는 수직 구조를 나타내는데 특히 습윤밀도가 1,200 kg/㎥까지로 높아져 선박의 항행에는 지장이 없는 고농도수층(高濃度水層, Fluid Mud)을 형성하는 경우가 있다(그림 1.102 참조). 이때 수심측정방법인 음향측심기기를 사용하면 이 탁수(濁水) 윗면인 밀도 도약층(跳躍層)이 해저라고 여겨지는 경우가 있으므로, 이것에 근거한 수심관리(준설)를 하면 고함수비의 연니(軟泥)를 배제하는 비효율적인 준설을 시행할 수 있다. 이 때문에 고농도수층의 생성이 현지한 항만에서는 그림 1.102와 같이 습윤밀도에 의한 수심관리가 필요하다. 항로준설 직후 및 고파랑의 내습 직후 퇴적물의 공급량 이력에 따라 유동 오니층의 두께도 변화하므로 오니가 퇴적하는 항로·박지 지역에서는 수심 모니터링에 대한 실시 시기도 주의할 필요가 있다.

(a) 낙조 시

(b) 창조 시

사진 1.11 프로펠러형 토사 소류(掃流) 장치

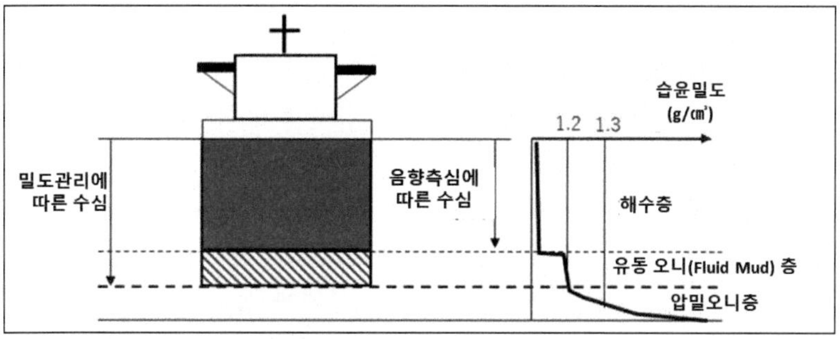

그림 1.102 오니(汚泥)의 퇴적특성을 고려한 항로 수심 평가방법

72) 오니(汚泥): 수중의 오탁 물질이 침전해서 생긴 진흙 상태의 물질을 말하며, 슬러지(Sludge)라고도 한다.

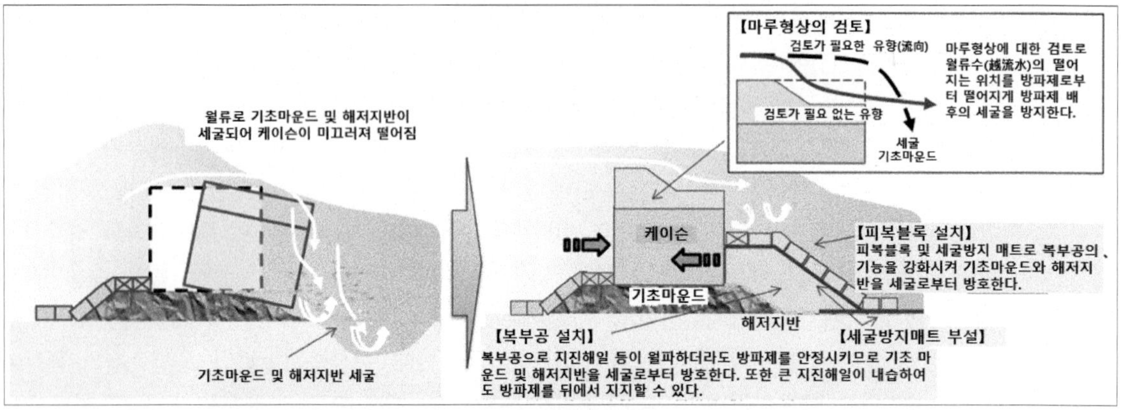

그림 1.103 '견고하면서 잘 부서지지 않는 구조'의 이미지(방파제)

마) '견고하면서 잘 부서지지 않는 구조'의 방파제 등에 대한 기술개발·정비[28]

방파제 등과 같은 항만구조물은 재난으로 인해 인명, 재산 또는 사회·경제 활동에 중대한 영향을 미칠 우려가 있거나 설계 외력을 초과하는 규모의 외력을 받은 경우에도 감재효과(減災效果)를 발휘할 수 있도록 '견고하면서 잘 부서지지 않는 구조'와 관련된 기술개발을 추진하는 동시에 정비를 추진한다. 기후변화로 인한 평균 해수면의 상승 또는 태풍의 강대화에 따른 고파랑·폭풍해일 증대의 영향(기후변화 시에도 지진해일(津波)은 발생할 수 있으며 그 영향은 전지구 평균 해수면 상승으로 크다는 것을 유념)으로 기존방파제 등과 같은 항만구조물은 월파·월류가 이전보다 빈번하게 발생할 것이다. 따라서 이에 따른 대책으로서는 2011년 동일본 대지진해일 때 피해를 보았던 방파제의 사례를 참고하여 기후변화로 인한 월파·월류가 발생하여 방파제의 본체가 움직이더라도 기능을 잃지 않는 '견고하면서 잘 부서지지 않는 구조'를 갖는 새로운 방파제의 설계 방법을 적용하여야 한다. 이 방법은 기존방파제에 대해서도 견고함을 증가시킬 수 있는데, 종래 방파제 설계(2011년 동일본 대지진해일 이전) 시 기본적으로 월파·월류된 방파제 거동에 대해서는 검증하지 않아 동일본 대지진해일 시 지진해일이 방파제 월류한 후 본체 주변부분의 세굴 등으로 방파제가 전도·붕괴되는 피해가 많이 발생하였다(그림 1.103 참조).

바) 재난 리스크 파악 및 보수·보강 시기를 고려한 항만구조물의 전략적인 안전점검·정비[28]

향후 기후변화로 인해 급속한 노후화·열화(劣化)의 진행이 예상되는 항만구조물의 유지·관리에 대한 현상과 과제를 근거하여 생애주기비용의 절감이나 항만구조물(시설)의 기능을 안정적으로 확보하기 위해 설계·점검 후 유지·관리 계획부터 유지공사(維持工事)에 이르기까지 종합적이고 중점적으로 대응할 필요가 있다(그림 1.104 참조).

항만구조물은 일반적으로 엄격한 해양환경 조건 아래에 놓이게 되므로 재료의 열화, 손상 등으로 설계사용기간 중 성능저하가 발생할 것으로 우려된다. 이 때문에 항만구조물(시설)이 설계사용기간 중 요구성능을 충족하지 못하는 상황에까지 이르지 않도록 계획적이고 적절하게 유지·관리할 필요가 있다. 유지·관리를 확실하게 하기 위해서는 점검진단 등의 시기, 방법, 빈도 등 기본적인 절차에 따라 유지를 가능하게 하도록 유지·관리 계획을 수립할 필요가 있다. 현재 노후화된 항만구조물은 기후변화(특히 평균 해수면 상승으로 이전에 영향을 받지 않았던 곳이 해수의 영향을 받으므로 노후화·열화의 면적이 커진다.)로 인해 급격히 증가하는 한편, 유지·관리, 보수·보강에 투입할 수 있는 재원(財源)이나 인원은 한계가 있다. 항만구조물(시설)

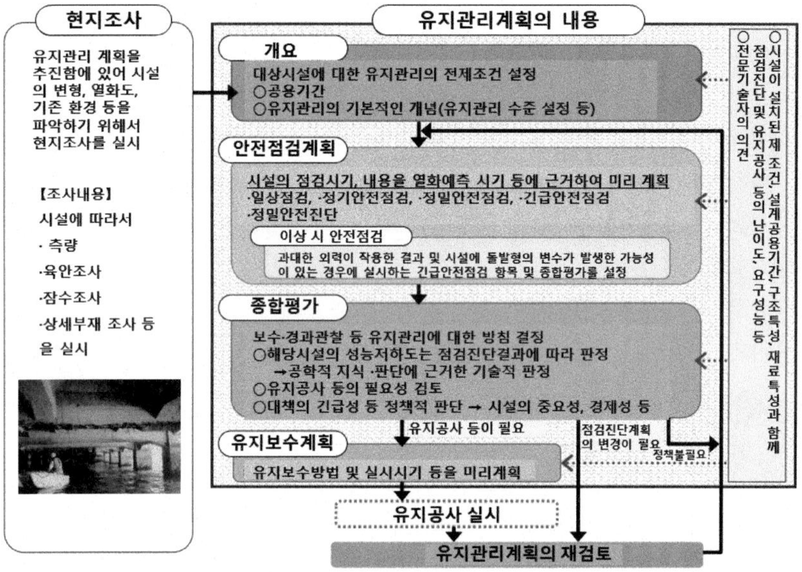

그림 1.104 항만구조물(시설)의 유지·관리계획에 대한 개요 및 순서도

대응방침

생애주기비용의 감축과 시설기능을 안정적으로 확보하기 위해 항만구조물(시설)의 소유자 및 관리자가 협조하면서 다양한 시점에서 공공시설에 머무르지 않고 비관리청 항만시설을 포함해 종합적이고 중점적으로 대응한다.

【설계·점검】

- 설계 단계부터 항만구조물(시설)점검이 용이한 설계 기법의 확립
- 항만구조물(시설)의 점검 포인트 및 열화하기 쉬운 곳을 고려한 점검 진단에 관한 기준의 책정
- 정기점검, 보수실적 등의 유지관리 정보 데이터베이스 구축

【계획】

- 항만구조물(시설)의 생애주기비용 감축, 항만구조물(시설)의 수명 연장화에 기여하는 유지관리 계획 및 예방보전 계획의 책정 등
- 비관리청 항만시설의 유지관리 계획 수립 촉진

【실시】

- 유지관리·보수·보강에 관한 공사 발주 로트(Lot)*의 고안, 적정한 적산체계 확립
- 한국해양과학기술원 등 연구기관과의 연계에 의한 기술개발 촉진

*로트(Lot) : 항만구조물(시설)의 유지관리를 위하여 동일조건·공정 하에서 만들어진 항만구조물(시설) 표시하는 번호.

그림 1.105 장래 항만구조물(시설)의 유지·관리 등에 관한 과제에 대한 대응 방침

단위별로 작성하는 유지·관리 계획에 따라 계획적인 점검을 하는 동시에 항만 단위별로 작성하는 예방보전계획을 토대로 각 항만구조물(시설)의 수명 연장과 함께 기능이 저하된 항만구조물(시설)의 통폐합이나 시방서(示方書)의 재검토 등을 계획적으로 추진하여 효율적인 항만으로 재편하는 등 전략적인 자원관리에 의한 노후화 대책을 추진한다. 향후 최근 연구개발이 진행되는 드론(Drone), 로봇기술 등을 적극적으로 활용한 유지·관리업무의 효율화를 목표로 한다.

i) 예방보전형(豫防保全形) 유지·관리에로의 전환(그림 1.105, 사진 1.12, 사진 1.13 참조)

항만구조물(시설)의 노후화 상황, 이용 상황 및 우선순위 등을 고려하여 항만 단위(港湾單位)로 예방보전 계획을 수립하고, 이에 기초하여 계획적이고 효율적으로 보강공사를 실시함으로써 생애주기비용을 억제하면서 각 항만구조물(시설)의 수명연장화(壽命延長化)를 도모한다. 즉, 유지·관리 계획에 근거한 확실한 유지·관리를 한층 더 추진하며, 특히 장래에도 확실한 기능확보가 필요한 항만구조물(시설)에 대해서 중점적으로 유지·관리를 한다. 또한, 보수·보강비용의 감축·평준화를 도모하기 위해 '예방보전(豫防保全)'이라는 개념에 입각한 유지·관리를 추진한다. 항만구조물(시설)을 예방보전형 유지·관리로 전환하면 설계사용기간 중 저비용(低費用)으로 보강공사를 실시하여 수명 연장화를 도모할 수 있으나, 만약 항만구조물(시설)의 성능열화(性能劣化)가 심각한 설계사용기간의 마지막 무렵에 실시하면 고비용(高費用)의 보강비용이 소요된다(그림 1.106(a) 참조). 그리고 기후변화를 고려한 유지·관리는 전 지구 평균기온 2℃ 상승 시나리오인 SSP 1-2.6에 맞추어 설계사용기간 중 보강공사를 실시하여 저비용으로 수명 연장화를 도모하는 것이다(그림 1.106(b) 참조).

사진 1.12 항만구조물인 잔교식 안벽의 예방보전형 유지·관리 사례(1)

사진 1.13 열화(劣化)된 항만구조물(방파제, 안벽)의 예방보전형 유지·관리 사례(2)

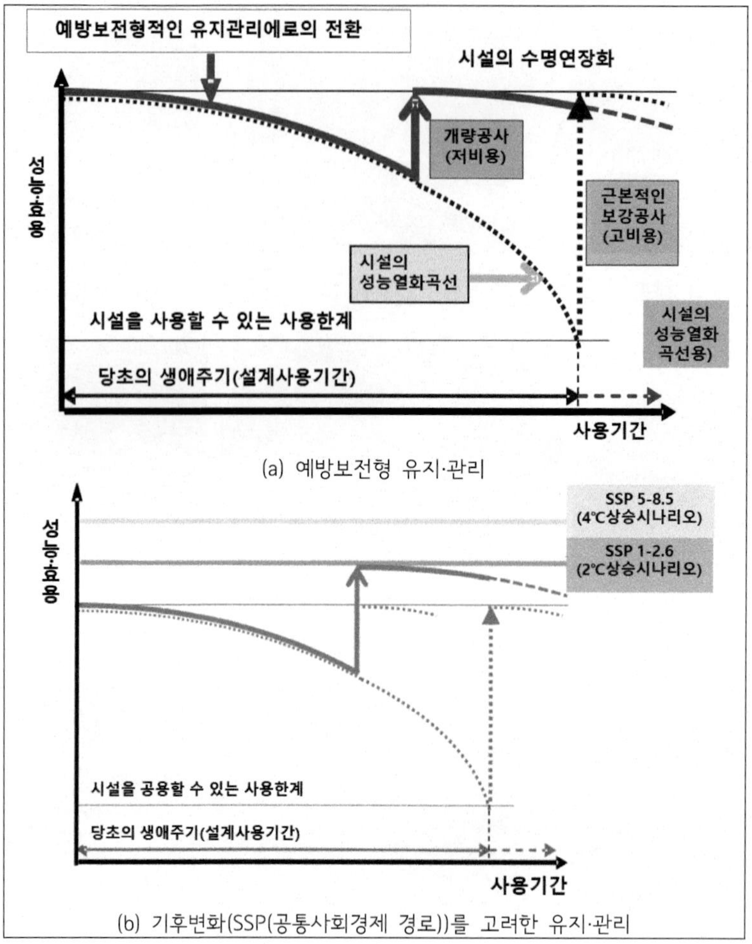

그림 1.106 예방보전형 및 기후변화를 고려한 유지·관리 개념도

③ 항만구조물(시설)의 기후변화 대응책(보강)에 대한 실시 적기(適期, Timing)[29]

항만구조물(시설)의 기후변화 대응책에 대한 실시 적기는 아래 3가지 케이스로 구분하여 실시할 수 있다(그림 1.107 참조).

- 보강 시까지 필요한 성능을 만족하는 케이스 1(그림 1.107(a) 참조): 보강시에 향후 기후변화 영향의 예측을 고려한 필요한 외력 수준을 설정하고 이를 바탕으로 대책을 실시한다.
- 현재는 필요한 성능을 만족하지만, 보강 시기까지 성능이 부족한 케이스 2(그림 1.107(b) 참조): 보강 시기를 앞당겨 그 시점의 기후변화 영향의 예측을 고려한 필요한 외력 수준을 설정하고 그에 기초하여 대책을 실시한다.
- 현재 필요한 성능을 만족하지 못하는 케이스 3(그림 1.107(c) 참조): 신속하게 기후변화 영향을 고려한 필요한 외력 수준을 설정하고 이를 바탕으로 대책을 실시한다.

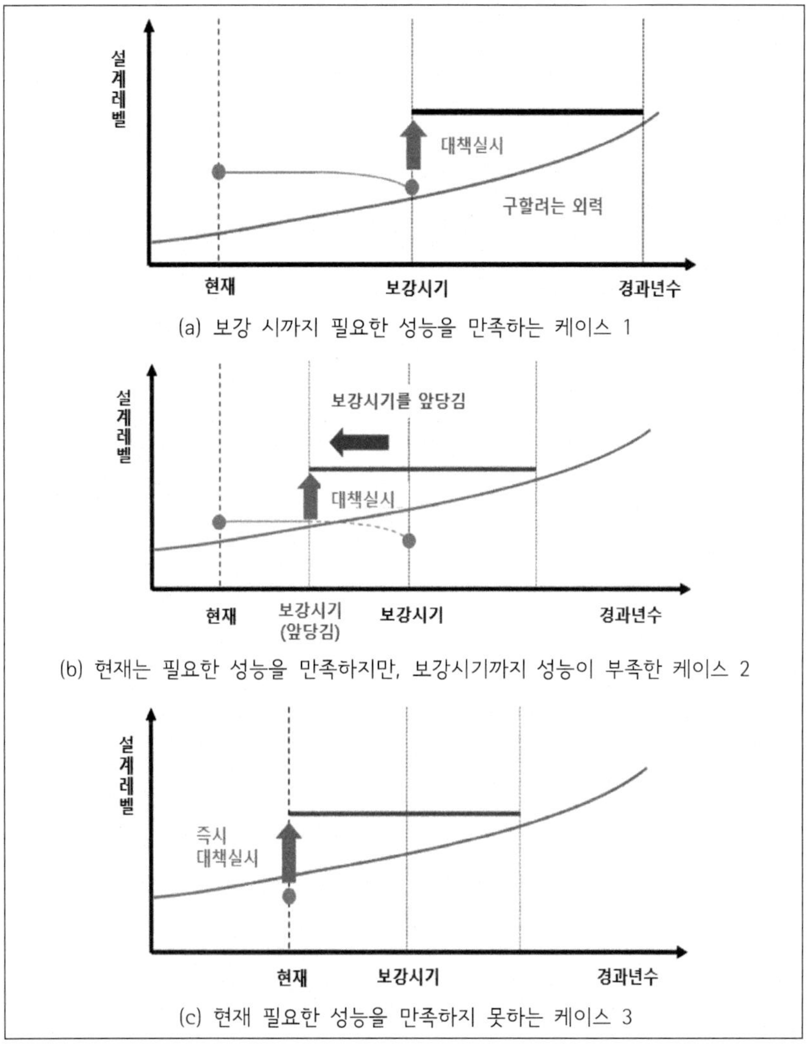

(a) 보강 시까지 필요한 성능을 만족하는 케이스 1

(b) 현재는 필요한 성능을 만족하지만, 보강시기까지 성능이 부족한 케이스 2

(c) 현재 필요한 성능을 만족하지 못하는 케이스 3

그림 1.107 항만구조물(시설)의 기후변화 대응책(보강)에 대한 실시 타이밍

④ 유지·관리에 관한 신기술 개발·도입

항만구조물(시설)의 유지·관리 효율화를 위해서 해결해야 할 과제는 조석(潮汐) 등에 의한 작업시간의 제약, 수중(水中)이나 협애(狹隘) 장소 등의 열악한 환경, 점검진단비용 증가, 작업에 따른 안전사고 발생과 사용 중인 안벽 폐쇄 등으로 이를 해결하기 위해서는 항만구조물(시설)의 생애주기관리(生涯週期管理) 고도화(高度化)를 통한 점검진단 및 성능평가에 관한 기술개발이 절실하다(사진 1.14 참조). 또한, 항만구조물(시설)의 손상을 조기에 발견할 수 있으며, 점검 사각지대도 해소를 위해 스마트 센서 등 사물인터넷[73](IoT) 기술을 활용하여 항만구조물(시설)의 상태 정보를 실시간으로 측정하고, 이를 기반으로 항만의 노후

73) 사물인터넷(Internet of Things): 세상에 존재하는 유형 혹은 무형의 객체들이 다양한 방식으로 서로 연결되어 개별 객체들이 제공하지 못했던 새로운 서비스를 제공하는 것을 말한다.

도, 잔여 수명 등을 예측하는 기술의 개발이 필요하다. 특히, 이 기술이 개발되면 태풍 등 재난·재난 발생에 선제적으로 대응하고, 항만 피해복구 현장에서 스마트 센서, 무인 로봇 등을 활용하여 안전하게 공사할 수 있다(그림 1.108 참조).

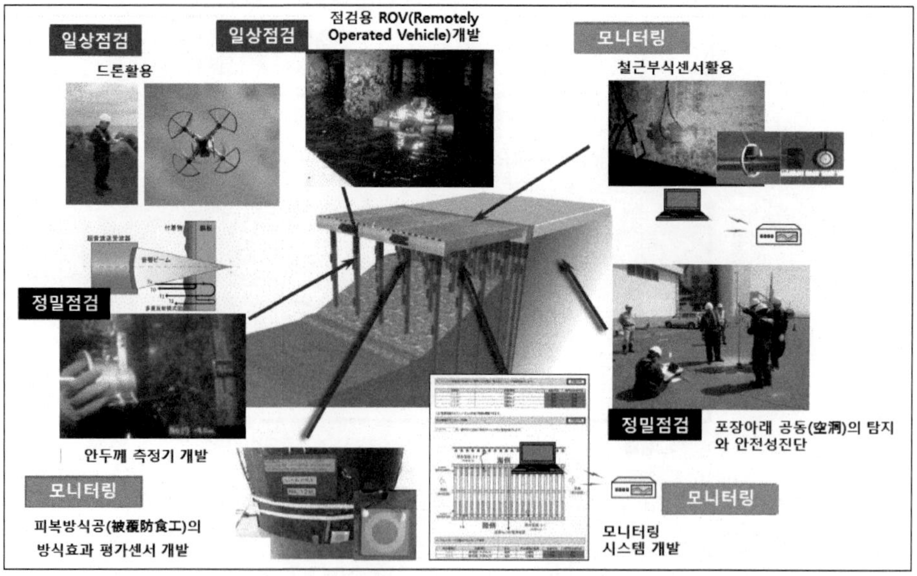

사진 1.14 항만구조물(시설)의 유지·관리에 관한 신기술 사례

그림 1.108 ICT기반 항만기반시설 스마트 재난대응 기술개발 R&D 개요도

(6) 컨테이너 등의 도괴(倒壞)·유출대책 및 전기설비의 침수대책 추진[30]

가) 컨테이너 등의 도괴

기후변화로 인한 태풍의 강대화에 따른 폭풍해일·고파랑의 증대로 컨테이너 등이 도괴(倒壞) 가능성의 빈도가 높아지고 있다. 컨테이너의 도괴로 컨테이너 내의 화물이나 컨테이너 자체의 파손 외에 하역기계 등 다른 시설의 피해나 폭풍해일 침수에 의한 항로·박지(泊地)로 유출되는 컨테이너의 피해 증대 가능성이 있어 항만기능이 장기간 정지될 염려가 있다(사진 1.15, 사진 1.16 참조). 폭풍(태풍)에 따른 컨테이너의 도괴 대책으로서는 컨테이너의 적재 단수(積載段數)를 줄이거나 컨테이너를 벨트로 잘 고박(固縛)시키는 방법이 있다(사진 1.17 참조). 공 컨테이너는 3단(段) 적재(積載)이하로 적재하는 것이 좋으며 적재방법은 계단식(사진 1.18 참조), 고박 방법은 종고박(縱固縛) 및 횡고박(橫固縛)을 병행(竝行)하는 것이 바람직하지만, 컨테이너 야드의 협애(狹隘) 상황이나 작업시간 등에 따라 상기 대책을 실시하기 어려운 경우에는 풍동실험[74](風動實驗) 결과를 참고하여 효과가 높은 대책을 검토할 필요가 있다(그림 1.109 참조). 단, 적재 단수가 너무 낮으면 폭풍해일이 발생했을 경우 작은 침수심(浸水深)에도 컨테이너가 부상(浮上)할 수도 있음을 유의할 필요가 있다.

나) 컨테이너 등의 유출(流出)

기후변화로 인한 태풍의 강대화에 따른 폭풍해일·고파랑의 내습 시 컨테이너 등이 바다로 유출될 가능성이 크다. 폭풍해일로 인한 침수로 컨테이너가 수역(水域)에 유출될 경우, 떠다니던 컨테이너가 항로·박지 내에 가라앉을 수 있으며 컨테이너에 대한 해저탐사(海底探査) 또는 인양 등의 항로개계작업(航路開啓作業) 중에는 선박의 통항(通航)을 방해할 수 있다. 또한, 부유된 컨테이너가 선박이나 항만구조물(시설) 등과의 충돌이나 파랑으로 해안의 육지 쪽으로 처오

(a) 일본 고베항의 태풍 '제비'(2018)로 인한 공컨테이너 도괴·유출

(b) 일본 고베항의 태풍 '제비'(2018)로 인한 유출된 공컨테이너 회수상황

사진 1.15 공컨테이너 도괴 및 회수상황

74) 풍동실험(風動實驗, Wind Tunnel Test(Experiment)): 모형 또는 실물의 실험체가 바람에서 받는 영향 또는 그 주변의 기류(氣流) 성상(性狀)에 미치는 영향을 조사하기 위해 풍동을 사용하는 실험을 말한다.

를 때 피해가 더욱 가중될 가능성이 있다. 컨테이너의 유출대책 중 특히 얕은 침수로 부상(浮上)할 가능성이 있는 공(控)컨테이너에 대한 대책이 중요하다. 공컨테이너는 크기가 클수록 침수심이 작아진다. 일반적으로 컨테이너의 저판부(底板部)는 프레임(Frame)이나 터널 리세스(Tunnel Recess) 등을 고려한 약 15 ㎝ 높이의 통수(通水)되는 공간이 있다. 이 공간을 고려할 경우, 40ft. 공컨테이너는 일단적(一單積)일 때는 24~27 ㎝, 2단적일 때는 34~40 ㎝의 침수심에서 부상하기 시작한다(그림 1.110, 표 1.28 참조). 컨테이너에 작용하는 부력을 낮추기 위해서는 컨테이너 문을 개방하는 조치와 함께, 만일 떠다닐 때 항로·박지로의 유출을 방지하기 위한 방지벽(책) 등의 설치를 검토할 필요가 있다(사진 1.19 참조). 또한, 고박(苦縛) 등의 도괴 대책이 유출방지에 도움이 된다는 점에서 붕괴대책과 함께 검토할 필요가 있다. 태풍 내습 시 침수나 폭풍 등에 의한 컨테이너 거동(擧動)은 충분히 해명되어 있지 않다는 점에서 수치 모델실험이나 수리모형실험을 통한 검증을 하는 것이 바람직하다. 또한, 수역에 컨테이너가 유출되었을 경우 대비하여 항로·박지의 개계(開啓)작업(탐사·인양 등) 시 사전에 작업순서를 정리하고 필요에 따라 관계기관과 사전협의하는 것이 중요하다.

(a) 일본 요코하마 혼목구 부두의 태풍 '파사이'(2019)에 의한 공컨테이너 산란(散亂)

(b) 공컨테이너 산란방지를 위한 벨트로 고박(固縛)

사진 1.16 공컨테이너 산란 및 고박 상황(1)

(a) 사다리꼴 모양 적재방법

(b) 래싱벨트[75](Lashing Belt)로 종고박(縱固縛)

사진 1.17 컨테이너 고박 상황(2)

75) 래싱벨트(Lashing Belt) : 벨트 또는 와이어를 이용해서 컨테이너를 고정하거나 화물을 컨테이너에 고정하는 것을 말한다.

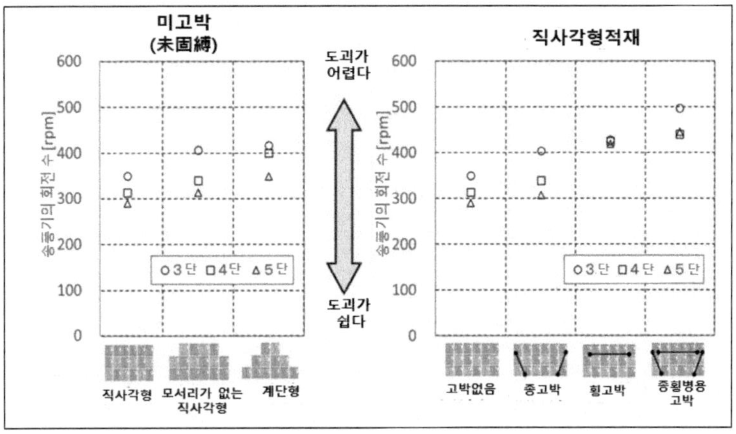

그림 1.109 컨테이너 도괴대책과 관련된 풍동실험(風動實驗) 결과

사진 1.18 일본 오사카항의 컨테이너 적재 단수 경감(왼쪽: 5단, 오른쪽: 3단)

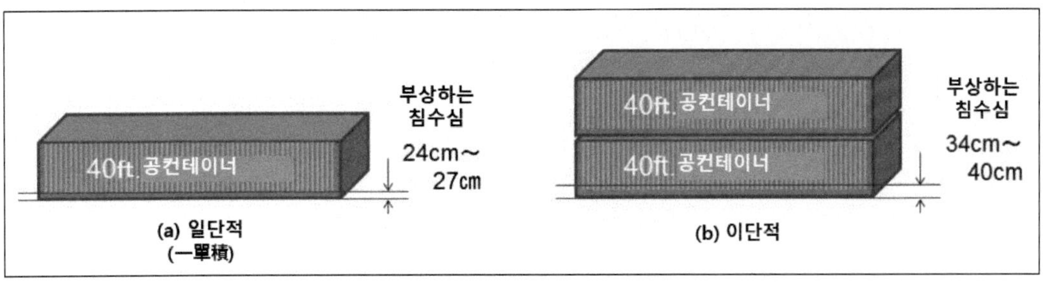

그림 1.110 40 ft. 공컨테이너가 부상(浮上)하는 침수심

표 1.28 공컨테이너가 부상하는 침수심

컨테이너	제원			외부부피 (㎥)	자중(自重)범위 (ton)	부상하는 침수심 h(㎝) *1	
	길이 L(m)	폭 W(m)	높이 H(m)			공(空)	적(積) *2
12ft.	3.715	2.450	2.500	22.8	1.4~1.7	30~33	84
20ft.	6.058	2.438	2.591	38.3	1.7~2.4	26~31	173
40ft.	12.192	2.438	2.591	77.0	2.9~3.8	24~27	115
20ft.냉동	6.058	2.438	2.591	38.3	2.5~3.5	31~38	173
40ft.냉동	12.192	2.438	2.591	77.0	4.3~5.6	29~33	115

*1: 침수심 h = 컨테이너중량 / (밑면적 × 해수밀도)+15 ㎝ (컨테이너 바닥에 15㎝ 통수성 부분을 고려)
*2: 적(積) 컨테이너는 최대적재중량 24.0 t(20 ft.), 30.5t(40 ft.), 6.5 t(12 ft.)로 계산

사진 1.19 컨테이너 유출 방지벽

다) 전기설비의 침수

하역기계 등 전기설비의 침수피해가 예상되는 경우, 전기설비를 높은 위치에 설치하는 등의 침수대책을 검토한다. 컨테이너 터미널의 갠트리 크레인(Gantry Crane)과 냉동 컨테이너 등 전기로 가동하는 시설에 대해서는 폭풍해일 등으로 수배전[76](受配電) 설비, 분전반(分電盤), 구동용 모터, 냉동 컨테이너 콘센트 등이 침수되면 터미널 기능이 장기간 정지될 우려가 있다(그림 1.111 참조). 또한, 하역 장비가 작동하지 않을 경우, 복구 점검 및 조사에 지연(遲延)이 발생하기 때문에 복구의 장기화가 우려된다. 더욱이 제외지에 있는 기업 및 창고 등의 수·배전 설비 침수로 기업의 생산 활동이나 물류 활동에 영향을 미칠 것이다. 이 때문에 하역기계 등 전기설비의 침수대책은 시공조건, 이용상의 영향 및 정비비용 등을 종합적으로 고려한 후에 다음 중 하나의 대책을 검토한다.

76) 수배전(受配電): 발전소에서 생산된 전력을 받는 것을 '수전(受電)'이라 하고, 필요로 하는 만큼의 전력을 분배해 주는 것을 '배전(配電)'이라 말한다.

- 예상된 폭풍해일이나 파랑을 고려하여 설비(設備)를 가능한 한 높은 위치에 설치한다(사진 1.20 참조).
- 설비가 설치된 상옥[77](上屋) 등은 침수에 견딜 수 있는 구조로 한다.
- 침수에 견딜 수 있는 구조의 설비를 설치한다.

전기설비의 설치 높이 검토는 폭풍해일이나 파랑에 의한 최대수위의 상세한 확인이 필요한 경우 수치 모델실험 또는 수리모형실험 등의 실시가 바람직하다. 또한, 상옥(上屋) 등이 침수에 견딜 수 있는 구조로는 방수문(防水門)이나 수밀문(水密門)의 설치가 필요하다. 그러나 이러한 대책을 실시하기 전이나 어떤 이유로 인해 대책을 실시할 수 없는 경우는 모래포대 등으로 응급조치를 검토할 필요가 있다(사진 1.21 참조).

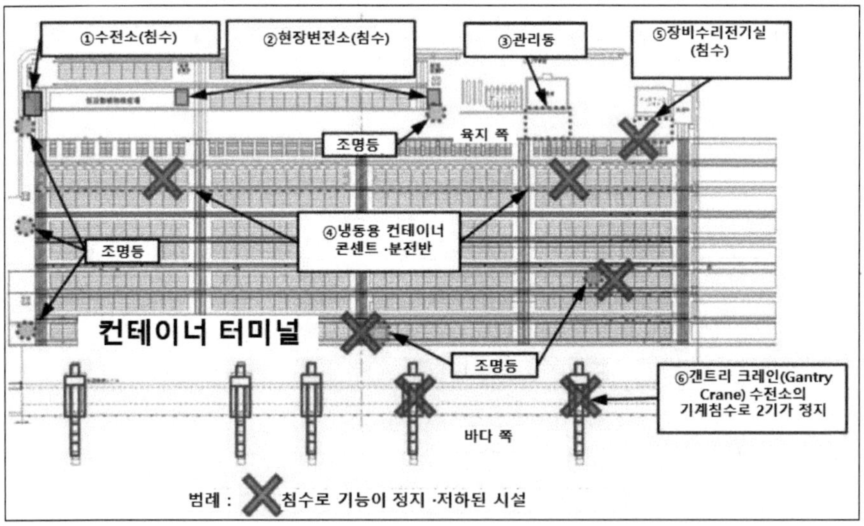

(a) 2018년 태풍'제비'로 인한 일본 고베항 로코아일랜드 내 전기설비의 침수피해

(b) ① 수전소 침수(바닥으로부터 30 ㎝)

(b) ② 현장변전소의 침수피해

그림 1.111 2018년 태풍'제비'로 인한 일본 고베항 로코아일랜드 내 전기설비의 침수피해

77) 상옥(上屋, Penthouse, Shed): 수송 화물을 보관 · 선별하거나, 작업 또는 대기하는 데 사용하기 위해 부두 안 이나 부두 가까이에 지은 건물을 말한다.

(a) 전기설비의 증고사례 (b) 하역장비의 구동모터 증고사례

사진 1.20 전기설비의 침수대책

(7) 강풍에 의한 크레인 이탈

기후변화에 의한 폭풍(태풍)의 강대화에 따른 풍속의 증가에 대비해 갠트리 크레인 등의 일주[78](逸走)대책 및 기술개발을 한다(그림 1.112 참조). 즉, 폭풍(태풍)에 의한 하역기계의 전도 또는 일주를 방지하기 위해 전도 방지를 위한 앵커를 설치한다(사진 1.21 참조).

사진 1.21 합판과 모래포대 등으로 전기설비에 대한 차수판(止水板) 설치사례(응급조치)

• 일시 및 발생장소: 2006년 11월 7일 14시 10분경 일본 니가타항(新潟港) 히가시미나토구(東港区)
• 사고개요: 강풍으로 갠트리 크레인이 150m 일주(逸走)한 후 엔드 스토퍼(End Stopper)와 충돌해 도괴
• 사고영향: 복구까지 1년 6개월, 항만 관계자 3명 부상

그림 1.112 갠트리 크레인(Gantry Crane) 일주(逸走) 사고

78) 일주(逸走, Escape Lash): 주행할 수 있는 것, 특히 레일에서 주행하는 차량, 크레인 등이 레일 위에서 제어를 실수해 레일에 따라서 한계 밖의 위험한 곳까지 달려간 것을 말한다.

사진 1.22 갠트리 크레인의 전도·일주(逸走)방지 앵커 설치(예)

(8) 기후변화의 영향을 고려한 매립지의 지반고 설정

항만 내 매립지는 일단 조성하면 영구히 토지로 활용된다. 수제선(水際線)을 안벽이나 산업용지로써 이용하기 위해 항만구조물인 안벽이나 호안 배후를 매립한 후 '제외지'로 조성되는 경우가 많다. 제외지에 대해서는 직접적인 침수 리스크 완화책을 찾기 어렵다. 따라서, 향후 매립지를 조성할 때는 안벽 등의 수제선 이용과 일련의 물류(物類) 동선(動線)과의 적합성을 고려하면서, 태풍의 강대화에 따른 폭풍해일·고파랑의 증대를 미리 고려한 지반고를 확보함으로써 침수 리스크를 감소하는 것이 바람직하다.

(9) 만조위(滿潮位) 시 역류방지대책(逆流防止大策)[31]

기후변화로 인한 평균 해수면 상승 후의 만조위 시에는 항만구조물 등에 설치된 배수관을 통해서 해수면보다 지반고가 낮은 배후지로 해수가 역류할 우려가 있으므로 배수구에 역류방지밸브 설치 등의 대책을 검토한다. 그림 1.113은 2004년 8월 만조위 시 태풍 '차바' 내습으로 해수가 우수관로(雨水管路)로 역류(逆流)하여 엄청난 피해가 발생한 일본 고베항(神戸港) 산노미야미나미지구(三宮南地區) 피해 원인과 대책을 나타낸 것이다.

(10) 형하공간 감소로 인한 항만기능의 재배치

해상교량은 항만과 가까이 있어 기후변화에 의한 강한 폭풍(태풍)의 증가에 따라 폭풍(태풍) 시 강풍으로 표류(漂流)한 선박이 교량과 충돌할 가능성이 커지고 있다. 실례로 사진 1.23과 같이 2018년 9월 4일 오후 1시 반 경 태풍'제비'의 영향에 따라 일본 오사카만(大阪湾)에서 유조선(선장 89 m, 2,591 ton)이 강풍으로 표류된 후 일본 간사이국제공항(関西国際空港)과 육지를 연결하는 연락교와 충돌하여 교량 일부를 파손시켰다. 따라서, 장래의 해수면 상승으로 인한 선박 통항 시 교량 형하고에 문제가 발생할 우려가 있거나 표류된 선박의 충돌 가능성이 있는 교량 앞면에 방충설비를 배치하는 등 항만기능의 재배치를 도모한다(그림 1.114 참조).

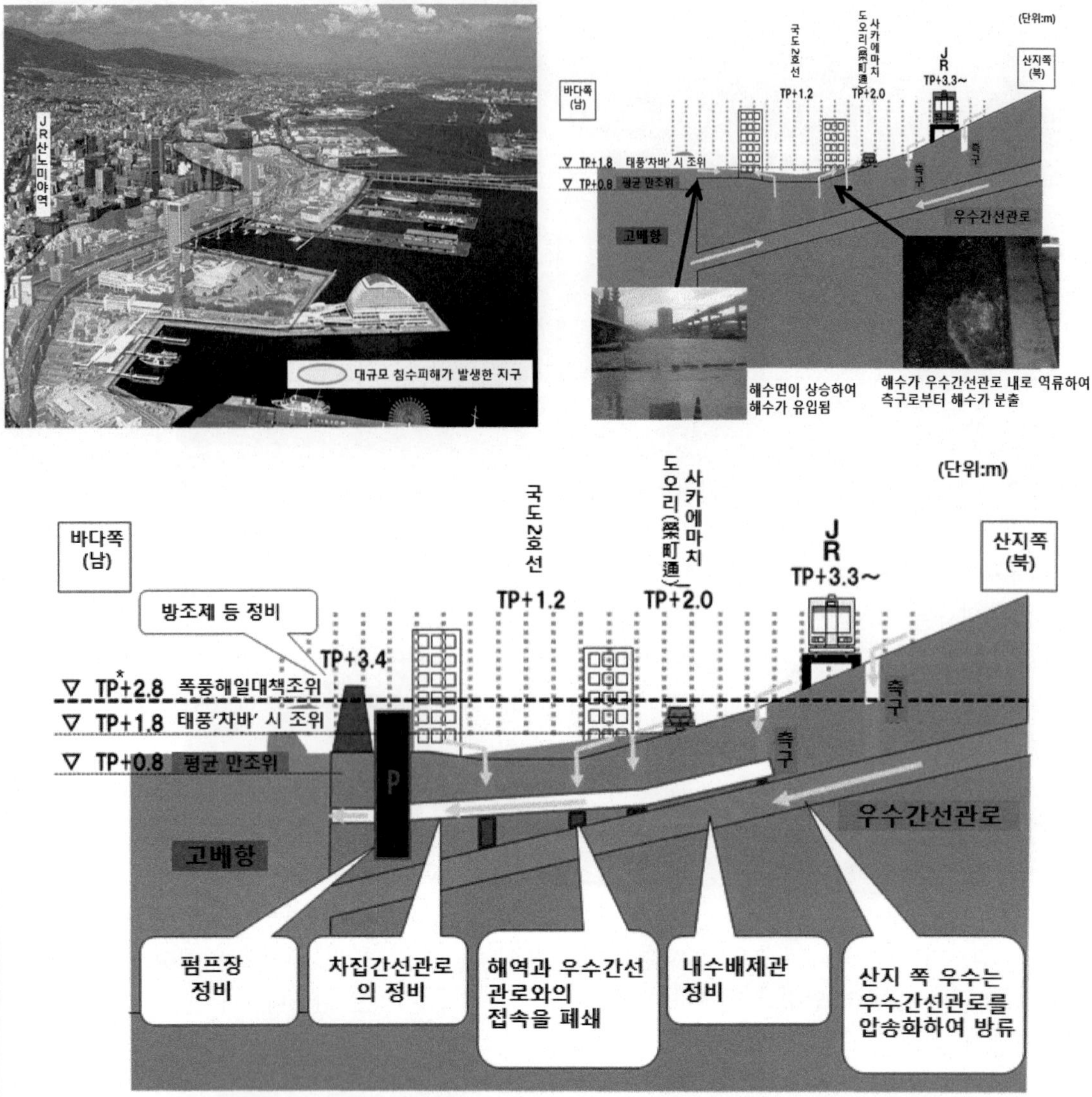

*TP(東京湾平均海面, Tokyo Peil):도쿄만 평균 해수면으로 일본의 표고(標高) 기준이 되는 해수면(海水面)의 높이이다.

- 일시 및 발생장소: 2004년 8월, 일본 고베항(神戸港) 산노미야미나미지구(三宮南地區)
- 피해개요: 태풍 '차바'(2004년)가 고베항의 만조 시에 내습하여 해수가 관거(管渠)로 역류하여 해운창고와 상업시설의 침수 이외에 긴급대피로로 지정된 국도 2호선을 7시간 동안 통제시키는 등 도시기능을 마비

그림 1.113 만조위 시 태풍 내습으로 우수관로에 해수가 역류하여 피해가 발생한 일본 고베항(神戸港) 산노미야미나미지구(三宮南地區) 피해원인과 대책

사진 1.23　2018년 태풍'제비' 내습 시 간사이국제공항의 연락교와 충돌한 표류된 유조선

그림 1.114 해상교량 앞면에 방충설비 설치

2) 비구조적 대책

(1) 기후변화를 고려한 항만구조물(시설) 설계: 요구성능(要求性能)[32]

가) 요구성능의 설계사고방식

항만구조물(시설)의 요구성능(要求性能)은 '항만구조물(시설)에 필요한 성능'으로 사용성, 복구성, 안전성, 운영성, 시공성 및 유지·관리성으로 나눈다(그림 1.115 참조). 지금까지의 항만구조물(시설) 설계는 구조물 설계 시점에 있어서 최근의 외력에 근거하여 왔지만, 향후 장래에는 항만이 원활한 사회경제 활동의 장이 되고, 배후의 인명·재산을 방재하기 위해서는 기후변화에 따른 외력의 변화(그림 1.116 참조)를 고려한 장래의 외력 변화를 고려하여 장래 외력에 대해서 시설에 요구되는 성능이 발휘하는 설계를 할 필요가 있다(그림 1.117 참조). 즉, 기후변화로 외력이 변화하여도 시설의 역할이 바뀌지 않으면 시설에 필요한 성능은 변하지 않고, 따라서 그 시설의 요구성능은 사용기간에 걸쳐 변화하지 않아야 한다. 이때 장래의 외력을 예

측하기 위한 전제조건이 되는 기온상승 시나리오는 전 지구(全地球) 평균기온 2℃ 상승(SSP1-2.6)으로 한다(그림 1.118 참조).

장래 기후변화를 고려한 시설의 설계에서는 설계 조위나 설계 파고 등으로 대표되는 작용의 설계사용 기간의 시간 변화를 설계 시점에서 적절하다고 판단한 각종 예측모델을 이용하여 설정할 수 있다.

그러나, 설계 시점에서 시간 변화를 고려하여 설정한 작용과 실제 작용은 설계사용 기간에 괴리(乖離)가 있을 가능성이 있는 것 외에도 각종 예측모델에서의 결과도 차이가 있다. 이 때문에, 설계 시점에서 설정한 작용이 해당 시설의 설계사용기간 중에 상향 또는 하향될 리스크가 있다는 것에 유의하고, 그때 발생하는 해당 시설의 구조적인 응답이나 운영 및 편리성에 대한 영향을 고려한 후에 대상 시설의 구조계획이나 구조 설계를 해야 한다.

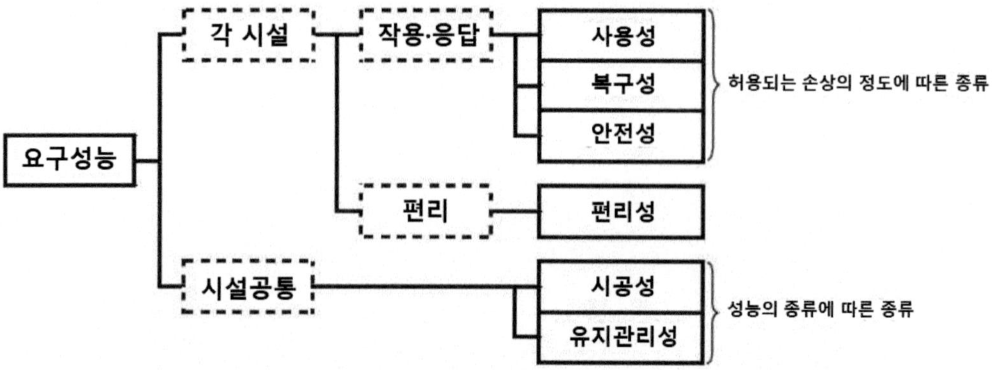

그림 1.115 요구성능의 종류

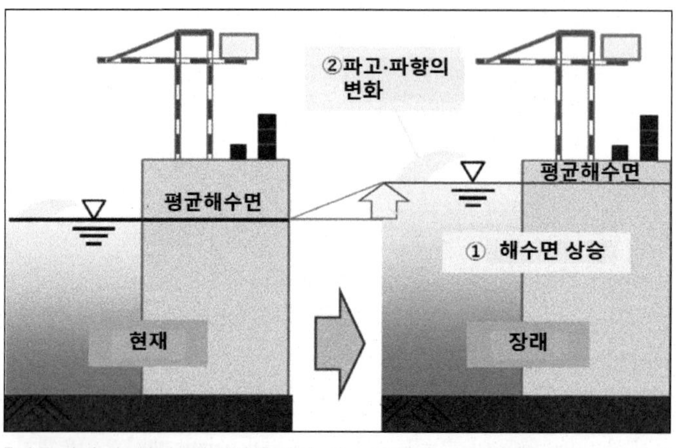

【기후변화에 의한 설계사용기간 중 외력(① 해수면의 상승, ② 내습 파랑의 변화)의 변화를 예상.】

그림 1.116 설계사용기간 중의 외력 변화

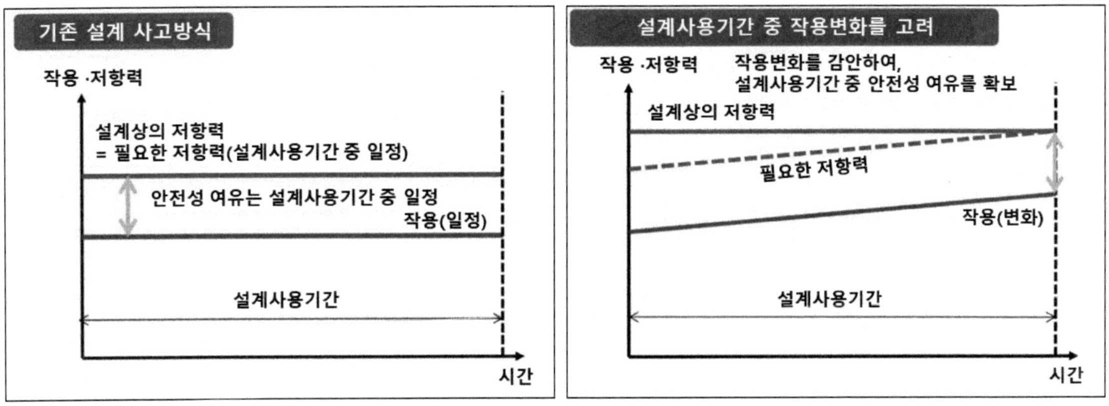

(a) 기존 설계 사고방식 (b) 설계사용기간 중 작용변화를 고려

그림 1.117 설계사용기간 중의 작용변화를 고려한 설계상 작용·저항력 설정.

SSP(공통사회경제 경로)x-y 표기에서 x, y의 값 의미

x	y
SSP시나리오의 번호를 나타낸다. SSP1 : 지속가능 SSP2 : 중용(中庸) SSP3 : 지역대립 SSP4 : 격차 SSP5 : 화석연료 의존	IPCC 5차(AR5) RCP(대표 농도 경로, Representative Concentration Pathway) 시나리오의 숫자를 표시하며, 21세기 말 대기 상층부의 대략적인 방사강제력(W/㎡)을 나타낸다.

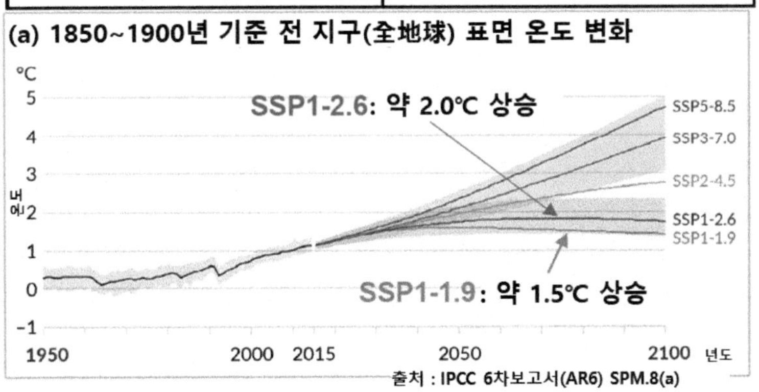

그림 1.118 IPCC 6차 평가보고서(AR6)의 시나리오 SSP 1-2.6

앞서 서술한 바와 같이 전제조건으로 하는 기온상승 시나리오는 2℃ 상승이지만, 이보다 높게 상승할 가능성도 고려한다. 기후변화에 의한 향후 외력 증대를 전제로 하면, 기후변화에 의한 시설에 작용하는 외력이 증대함으로써 향후 요구성능을 만족하지 않게 될 개연성이 높아져 시설의 불안정화에 진전될 우려가 있다. 따라서 기후변화에 대한 항만시설 또는 항만기능의 취

약성을 파악하는 경우, 과거 기술기준이 적용되고 있는 시설이라도 해당 시설의 현(現) 기후 및 장래 기후에 대한 보유 성능 등을 최신 기술기준에 따라 검토하는 것이 바람직하다. 보수·보강 시설의 착공 시에도 최신 기술기준의 검토 결과를 바탕으로 착공할 필요가 있다. 또, 인접해서 서로 영향을 미치는 일련의 시설군(施設群)에 대해서는 기후변화에 대한 항만기능의 취약성을 파악하기 위해 일련의 시설군을 합쳐서, 우선 일련의 시설군을 구성하는 각 기존시설의 최신설계조건(설계심해파 등)에 대한 현재의 시설성능을 파악하는 동시에 작용변화에 따라 장래 시설성능이 저하될 가능성이 있는 시설을 파악한다. 시설이 피해를 보았을 때의 항만기능 저하에 대한 영향을 근거로 대책 구간의 우선순위를 매긴다. 이와 같이 기후변화에 의한 외력 증대의 명확화를 바탕으로 항만시설의 유지·관리 방식을 재검토할 필요가 있다.

나) 항만구조물의 적응책 선정

항만구조물의 설계 사용기간 내 예상되는 작용의 시간 변화에 대해 시설의 요구성능을 확보하는 대책으로서는 앞 장('1.4.2 해수면 상승에 대한 해안의 대응책 (2) 비구조적 대책 (가) 해수면 상승을 고려한 설계' 참고)에서 서술한 바와 같이 i) 설계 사용기간의 초기 단계에서 대응하는 '선행형 적응책(先行形適應策)'과 ii) 설계사용기간에 단계적으로 대응하는 '순응형 적응책(順應形適應策)'으로 나눌 수 있다(그림 1.119 참조).

선행형 적응책(그림 1.119(a) 참조)이란, 설계사용기간 중 기후변화에 따른 작용시간 변화를 고려하여 설계사용기간의 모든 시점에서 요구성능을 확보할 수 있는 단면 제원으로서 해당 기간의 초기 단계에서 대응하는 방안이다. 선행형 적응책을 선택할 경우, 현시점에서 장래 외력 변화(평균 해수면 상승량, 폭풍해일 편차(조위 편차)·파랑의 증대량 등)가 불확실성을 가진다는 제약 조건 하에서 설정해야만 하기에 설계 단계에서 가정한 것과 비교해 괴리(乖離)가 있을 리스크도 있다.

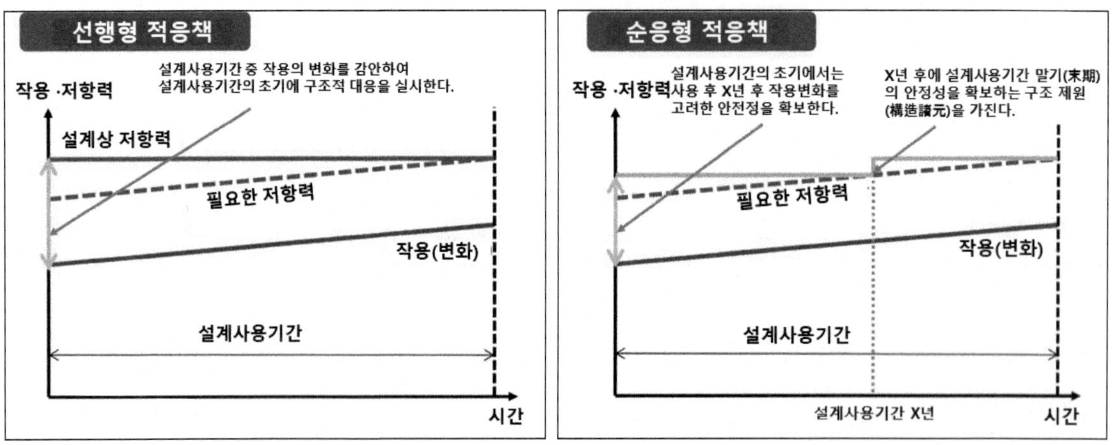

(a) 선행형 적응책　　(b) 순응형 적응책

그림 1.119 항만구조물의 선행형 적응책과 순응형 적응책

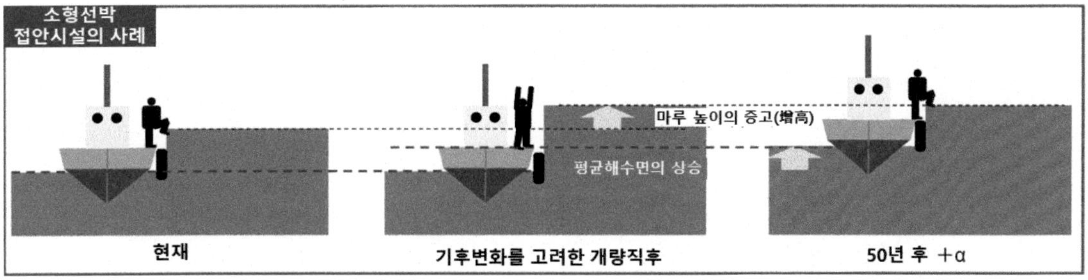

그림 1.120 소형 선박 접안시설의 적응책

한편, 순응형 적응책이란 설계 사용기간의 모든 시점에서 요구성능을 확보할 수 있는 단면 제원을 설계 시점에서 검토하되, 실제 보수·보강은 부재나 구조적인 특성에 따라 해당 기간 중의 적절한 시기에 단계적으로 대응하는 대책이다. 순응형 적응책은, 예를 들어 그림 1.119(b)의 경우, 사용 후 X년 후 추가 공사의 실시는 애초 시점부터 설계 대상인 작용 수준을 선정하는 것이 전제조건이 된다는 점에 주의를 기울인다. 예를 들어, 그림 1.120과 같이 소형선박의 접안이 설정된 대상 시설의 설계에 이용되는 조위가 설계사용 기간에 걸쳐 크게 변동이 예상되는 경우, 계류시설의 마루높이를 사전 적응책의 개념에 비추어 설정하면, 설계 사용기간의 초기 단계에서 선박으로부터의 하역이나 승객의 승하선이 어려운 단면 제원이 되는 등 해당 시설의 사용성이 현저하게 손상을 입을 가능성이 있다. 이런 경우, 시설의 마루높이에 대해 순응형 적응책의 적용을 고려할 수 있다. 순응형 적응책에서는 시설의 설계사용기간 중 실제 외력이 설계 단계에서 가정한 것과 비교해 작은 경우 시설 측에서 유연하게 대응할 수 있다는 이점도 있다. 그러나, 단계적인 대책에 필요한 비용이 선행형 적응책과 비교하여 비경제적인 경우도 있고, 시설이용 상황에 비추어 운영 중인 시설에 대한 추가 공사가 힘든 경우이다.

각 적응책의 선택은 항만의 시설에 대해서 예상되는 작용의 시간 변화, 대상 시설의 설계사용기간 중 운영성의 확보 및 경제성 등에 근거하여 결정한다. 단, 순응형 적응책의 적용에 있어서 그 적용 시기를 설계 단계에서 검토하는 것이 바람직하다. 또, 대상 시설 또는 항만 내의 각 시설에 대한 적응책의 적용에 있어서 어느 한쪽에 한정할 필요는 없고, 시설의 이용상황이나 구조적인 특성 등에 따라 적절히 조합해 적용할 수 있다.

예를 들어 그림 1.121과 같이 일본 오사카부(大阪府)에서 추진 중인 신기즈가와(新木津川) 방조수문(防潮水門)의 개수(改修)는 기후변화 대응에서 '가능한 한 재설계가 없는 설계'의 개념으로, 부재별로 다른 내용연수, 갱신 시기, 보강 여부 등을 바탕으로 미리 기후변화 대책을 고려하는 '선행형 적응책'과 장래의 기후변화를 확인한 후 대책을 수립하는 '순응형 적응책' 중 적절한 대책 방법을 선택할 필요가 있다고 보고, 운영 도중의 개수(改修)가 기술적 및 비용적으로 곤란한 기초공 또는 수문 기둥(門柱) 등은 '선행형 적응책'으로 하고, 내용연수가 짧은 기계·전기설비나 후 시공이 가능한 부재 등은 '순응형 적응책'으로 하였다. 순응형 적응책의 적용에 있어서 배출 시나리오의 불확실성에 대한 대응의 관점에서 그 적용이 쉽도록 구조상의 연구나 검토도 중요하다. 또, 시설의 운영성이나 경제성 등의 관점에 비추어 순응형 적응책의

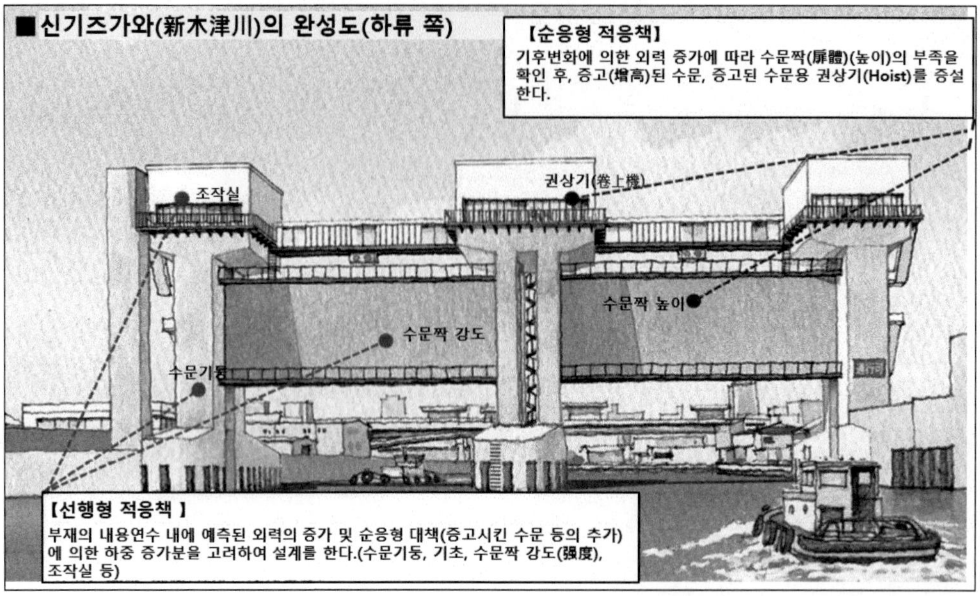

그림 1.121 일본 오사카부 신기즈가와(新木津川) 방조수문(防潮水門)의 개수(改修) 완성도

채용이 비교적 어렵다고 예상되는 시설이나 공법에 대해서는 장래 재설계 방지의 관점에서 순응형 적응책을 전제로 한 설계를 하는 것이 바람직하다. 설계 단계에서 예측 폭이 있는 값을 설계에 포함하는 것은 곤란하므로, 외력의 불확실성 폭을 넓게 설정하거나, 성능조사 대상에 따라 예상하는 외력을 구분해서 사용하는 등의 유연한 대응이 필요하다.

다) 각종 항만구조물에서의 적응책

① 수역 시설

항로·박지 등의 수역 시설에 대해서는 파랑 증대에 의한 묘박[79](錨泊) 수역의 감소나 강수량 및 하천 출수량의 증대에 따른 하천 토사 공급량의 증대에 의한 매몰이 발생할 가능성이 있다. 묘박 수역에 대해서는 방파제 연장 등에 의한 정온도 확보, 항로·박지 매몰에 대해서는 방파제 정비, 표사 제어나 포켓 준설 등에 의한 유지·관리 등의 대책이 있다. 또, 항로에 교량과 같은 횡단 구조물이 있는 경우 해수면 상승으로 형하 공간이 감소할 우려가 있는 점에 유의할 필요가 있다.

② 외곽시설

방파제나 호안 등의 외곽시설에 대해서는 외력(해수면, 폭풍해일 편차, 파랑)의 증대에 따라 주로 본체(本體)에 작용하는 부력이나 파력의 증대로 안정성이 저하됨과 동시에, 처오름·월파에 대한 배후지 방재성능도 저하되고, 전달파(傳達波)로 배후 수역의 정온도(靜穩度)도 저하된다. 특히 배후지 방재성능에 대해서는 조위 상승으로 배후지보다 조위가 높은 상

79) 묘박(Anchoring, 錨泊):선박이 해상에서 닻을 내리고 운항을 정지하는 것을 말한다.

태가 되면, 월파나 강수가 자연적으로 배수되지 않게 된다. 이러한 점을 바탕으로 호안 배후지에 대한 침수 방재나 방파제 배후 항로·박지의 정온도 확보를 목적으로 안정성이나 마루높이가 부족한 경우에는 마루높이를 높이거나 제체의 확대 등의 대책을 실시할 필요가 있다.

③ 계류시설

안벽 등의 계류시설에 대해서는 외력(해수면, 폭풍해일 편차, 파랑)의 증대에 따라 본체에 작용하는 부력이나 배후지의 잔류수위 상승으로 안정성이 저하된다. 또한, 직립 벽에 작용하는 수평 파력이나 잔교(棧橋)의 바닥판(床板)에 작용하는 양압력(陽壓力)이 높아진다. 파랑의 상승으로 하역기계 등의 피해, 월파·월류에 의한 계류시설의 마루나 배후지의 침수가 발생할 우려가 있다. 한편, 대책으로는 배후지가 이용되고 있는 점이나 전면(前面) 해역을 선박이 항행할 가능성이 있으므로, 이들 제약 조건을 정리한 후 계류 및 하역 기능의 확보를 목적으로 계류시설의 마루높이를 높이거나 흉벽 설치 등의 적절한 대책공법을 검토할 필요가 있다. 신규로 정비하는 계류시설에 대해서는, 대부분 경우, 미리 평균 해수면 상승량을 예상한 높이로 정비해도 계류·하역 작업에 큰 지장은 생기지 않지만, 크루즈 안벽 등에 대해서는, 여객의 승하선 또는 수화물의 양하(揚荷)를 하는 선박 측면의 개구부가 안벽(岸壁)의 마루보다 아래가 되는 등의 그 승·하선이나 양하가 곤란해질 가능성이 있다. 따라서 안벽을 사용하는 선박에 따라 방침을 결정할 필요가 있다. 한편, 기존에 설치된 컨테이너 터미널을 방재하는 계류시설은 평균 해수면의 상승을 예상해 증고(增高)시키는 경우, 터미널을 운영하면서 그 운영 효율을 고려하면서 계획적이고 단계적인 공사를 할 필요가 있다. 이러한 공사가 곤란하고, 공사 기간 중의 대체지를 확보할 수 없는 경우에는, 배후지 또는 안벽에 방조벽 정비 등과 같은 대책을 실시할 필요가 있다. 또한, 평균 해수면 상승량을 예상한 마루높이로 정비할 경우, 상시 지각변동에 의한 융기·침강도 함께 고려할 필요가 있다. 그리고, 내진강화시설과 같이 대규모 지진 직후부터 운영을 염두에 두는 시설의 경우, 단층면과 설계대상 지점과의 위치 관계에 따라서 대규모 지진 시 지각변동으로 시설 주변의 지반이 융기·침강되는 것에 주의할 필요가 있다.

라) 사용 단계에서의 지속적인 성능 파악

① 목적

기후변화에 따른 작용의 시간 변화를 고려할 경우, 그 변화에는 다양한 공통 사회경제 경로(SSP) 시나리오의 불확실성을 포함한다. 설계 단계에서 예상한 외력 변화와 실제 외력 변화가 다른 경우, 시설에서 대응이 필요하므로 그림 1.122 및 그림 1.123에 나타낸 바와 같이, 사용 단계의 외력 변화를 계속 적으로 감시하고, 구조물의 성능을 파악하는 것이 필요하다.

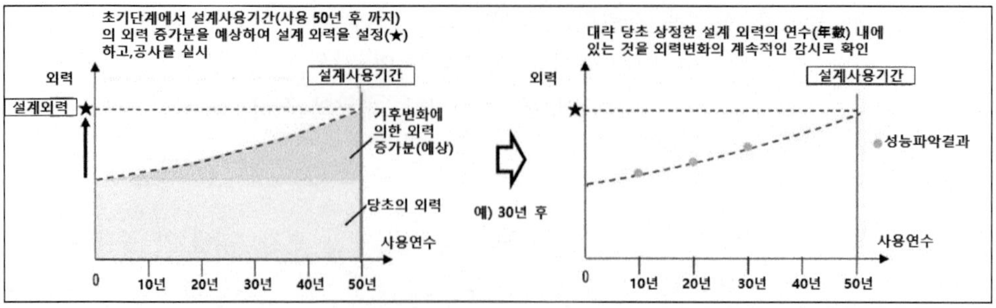

그림 1.122 선행형 적응책의 지속적인 성능 파악

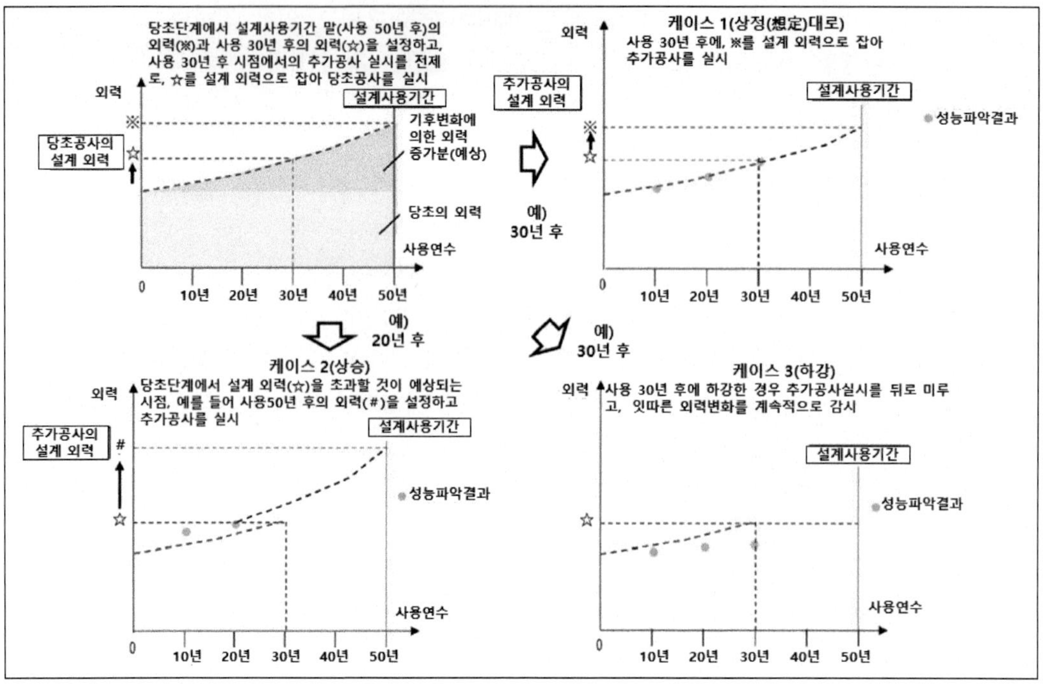

그림 1.123 순응형 적응책의 지속적인 성능 파악과 추가 공사 시 설계 외력의 설정

② 실시 방법

기후변화의 영향에 의한 외력 증대에 대해서는 현시점의 IPCC에서도 여러 시나리오가 있어 해수면 상승이나 태풍의 영향 등에 불확실성을 가진다. 따라서 시설의 설계사용 기간에 작용 대상 시설에 대한 요구성능을 확보할 수 있는 수준이 되었는지를 국내외 최신 기후변화 예측 정보를 활용하여 지속적으로 확인하는 것이 바람직하다. 또한, 조위의 장기적인 관측이나 추산 결과에 따라 설정할 확률 해역의 파랑 등의 정기적인 확인이 필요한 동시에 이들 자료를 바탕으로 한 대상 시설의 성능을 계속 적으로 파악해야 한다. 외력 작용이 시설의 요구성능을 확보할 수 없는 수준에 이르렀다고 판단할 경우는 해당 수준의 작용에 대

해서 대상 시설의 성능평가를 한 후 보강의 필요성을 판단한다. 또, 확인 결과에 근거하여 필요에 따라, 확인하는 시간 간격이나 지점수(地點數) 및 항목에 대하여 유연하게 변경할 수 있다. 이때, 앞서 설명한 바와 같이 향후 예상되는 평균 해수면의 상승률과 같은 속도로 지각변동에 의한 융기·침강이 발생하는 지역도 있으므로, 수위 관측자료 분석 시에는 국토지리정보원의 전자기준점 정보를 활용하는 등 보정할 필요가 있다.

③ 외력의 변동이 예상과 다른 경우의 대응(상승, 하강)

순응형 적응책을 채택할 경우, 사용 단계에서의 지속적인 성능 파악 결과를 바탕으로 추가 공사의 타이밍을 파악할 필요가 있지만, 그림 1.124에 나타내는 것과 같이 설계 시에 예상한 외력(설계 외력)의 증가량과 비교해서 실제 외력의 증대량이 크다고 판단하는 경우(외력이 상승하는 경우), 외력치가 설계 외력을 초과하는 시점 전에 앞당겨 대책의 실시를 검토한다.

한편, 실제 외력의 증가량이 작다고 판단하는 경우(외력이 하강하는 경우), 대책 실시 시기를 뒤로 미루는 동시에 계속해서 사용 단계에서 성능 파악을 하고, 외력치가 설계 외력을 초과하는 시점보다 전에 대책 실시를 검토한다. 한편, 선행형 적응책·순응형 적응책 중 어느 것을 채택하는 경우라도 애초 단계의 장래 예측과 사용 후의 장래 예측에 차이가 있는 경우, 최신의 장래예측에 근거해 외력을 재검토하고 대상 시설의 성능평가를 한 후, 보강의 필요성을 판단하는 것이 바람직하다. 또한, 애초 단계의 장래 예측이 외력의 경년(經年) 변화 실적과 차이가 있는 경우, 외력을 재검토하고 대상 시설의 성능평가를 한 후 보강의 필요성을 판단하는 것이 바람직하다. 기후변화에 따른 외력의 장래 예측의 불확실성을 고려하여 대상 시설에 대한 추가 공사의 필요 여부 및 대책공법의 선정을 효율적으로 실시하기

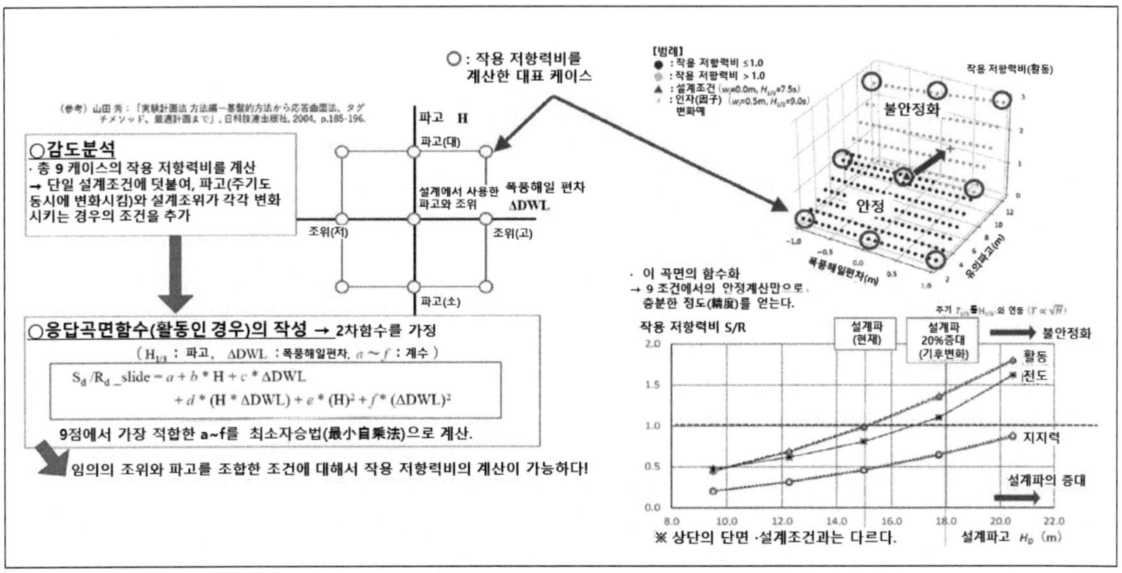

그림 1.124 응답 곡면함수의 검토도(檢討圖)

위해 설계조건에 대해 일정한 폭을 설정한 후 해당 조건의 변화에 대한 성능조사 결과의 변화를 감도분석(感度分析)하는 방법인 응답곡면법(応答曲面法) 방법[80]도 제안되어 있다. 그림 1.124에 나타내는 것과 같이 응답곡면을 작성해 둠으로써 임의 설계조건의 변화에 대해 안정성을 즉시 산출할 수 있다.

(2) 협동방재추진(協同防災推進)

항만시설의 설계 사용기간에 걸쳐 지속적인 영향이 예상되는 기후변화에 대해서 개별 시설에서만 내침수성(耐浸水性)·안정성을 확보하는 것이 아니라 항만 내 전체에서 서로 인접하고 영향을 미치는 일련의 시설군(施設群)에서 내침수성을 확보하는 것이 필요하다. 이 때문에 항만의 기후변화 적응책 실시에 있어서 민관(民官)의 다양한 관계자가 각각의 시설을 소유·관리하고 있는 항만의 특징에 비추어, 관계자가 협동하여 내침수성 등을 검토·실시해 나갈 필요가 있으므로 '협동 방재 계획'으로서 관계자 간에 적응 수준이나 기후변화 적응 시기에 관한 공통의 목표 등을 정하고, 이를 공통 인식하는 것이 바람직하다(그림 1.125(b) 참조). 협동 방재 계획이 정해진 항만에서는 협동방재 계획의 적응 수준이나 기후변화 적응 시기에 관한 공통의 목표에 맞추어 시설의 계획 조건·이용 조건을 설정할 필요가 있다.

가) 목적

항만시설에 따라 사용 개시 시기나 보수·보강 시기 등이 달라 동일 항만 내의 시설이라도 반드시 기후변화 적응책을 실시해야 하는 시기는 같지 않다. 항만 내에서 서로 인접하여 영향을 미치는 일련의 시설군에서 기후변화 적응 수준·시기의 개념이 일치하지 않은 상태로 개별적으

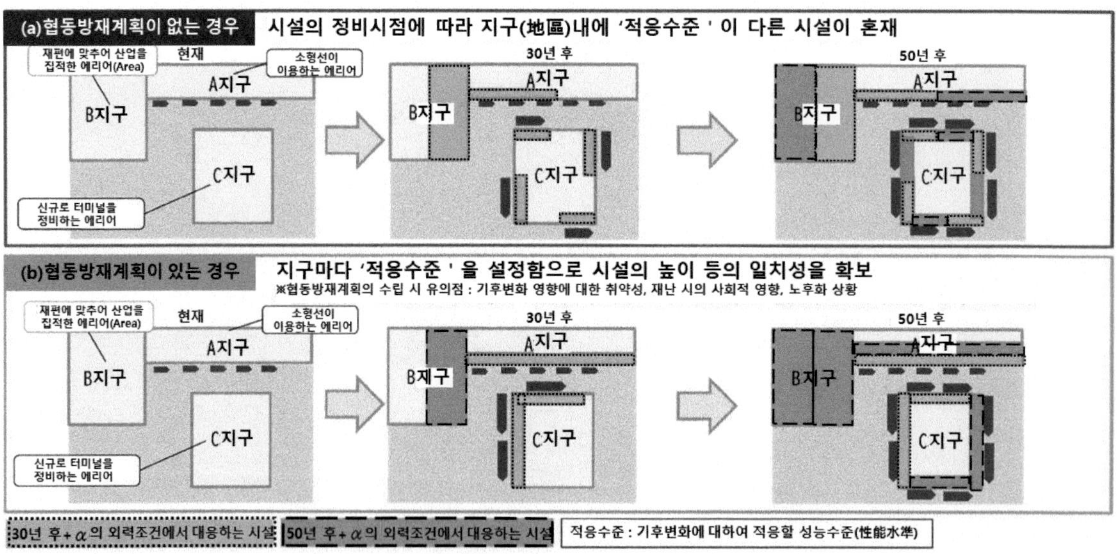

그림 1.125 협동 방재 계획의 유무에 따른 지구별 적응 수준의 일치성

80) 気候変動に伴う作用条件の変化に対する既存防波堤の応答曲面法を用いた改良設計手法(宮島ら,2023)(土木学会論文集B3(海洋開発))

로 대책을 실시한 경우, 시설별 기후변화 적응의 개념 차이에 따라 일련의 시설군 내에 내파 성능이나 마루높이와 관련된 적응 수준이 다른 시설이 혼재하게 된다(그림 1.125(a) 참조). 이 경우, 폭풍해일·고파랑 등의 재난 시에 적응 수준이 낮은 시설부터 고파랑으로 인한 파괴나 높은 고파랑·폭풍해일로 침수가 발생하고, 그 피해가 일련의 시설군의 적응 수준이 높은 다른 시설에도 영향을 미쳐 결과적으로 일련의 시설군 전체의 기능이 훼손될 가능성이 있다(그림 1.126 참조). 따라서 항만 내 또는 일련의 시설군을 포함한 지구 내에서 민관 관계자 간의 일치성을 유지 및 연계하여 협동방재계획에 근거한 기후변화에 대한 적응을 통일적이고 계획적으로 실시함으로써 효율적인 대책 효과의 구현과 항만의 편리성 확보가 가능하다.

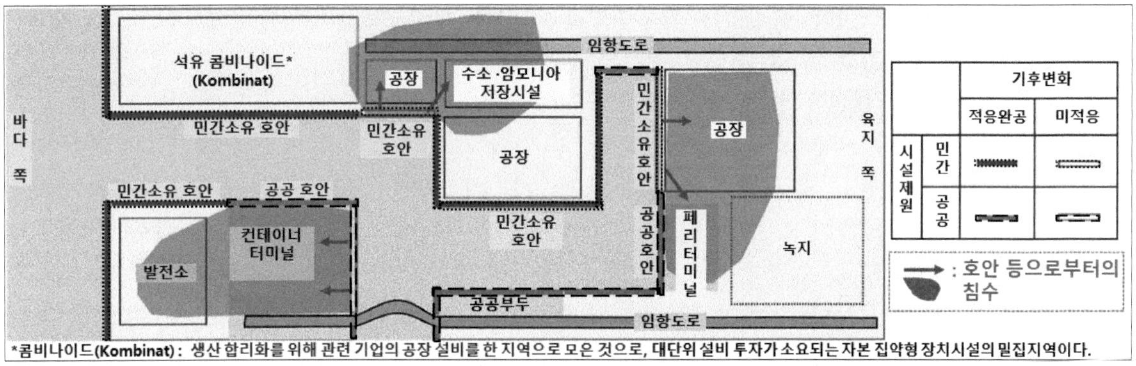

그림 1.126 협동 방재 계획이 없을 경우의 침수 예상

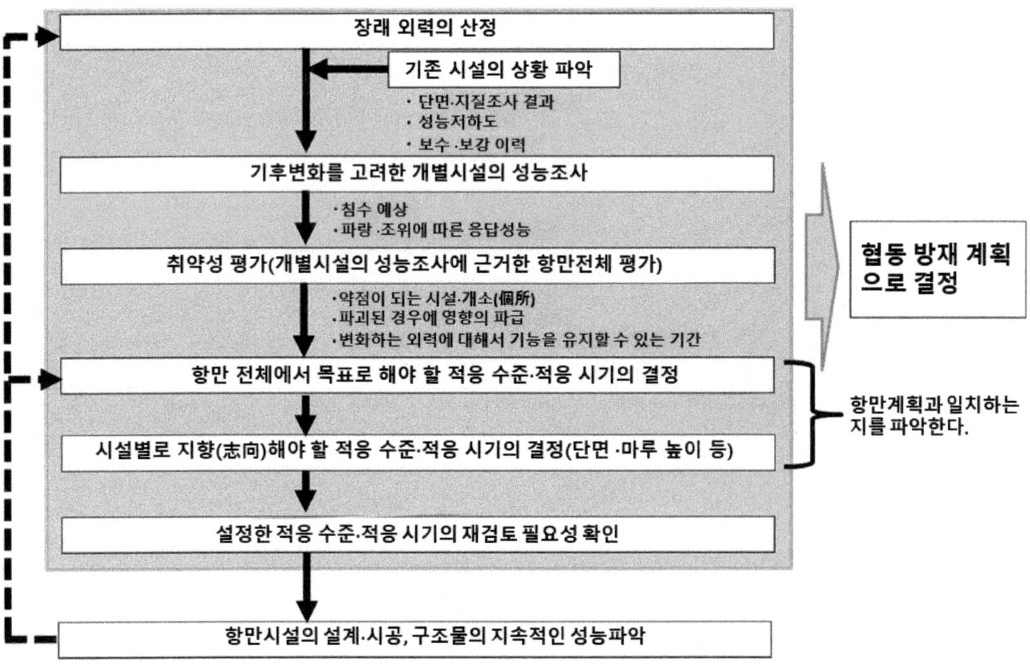

그림 1.127 협동방재 계획의 검토 흐름

나) 검토의 흐름

협동 방재 계획의 검토 흐름을 그림 1.127에 나타내었다.

i) 장래 외력의 산정: 장래 외력의 산정 결과를 정리한다.

ii) 기존 시설의 상황 파악: 협동 방재 계획을 검토하려는 항만 내 또는 일련의 시설군을 포함한 지구 내의 기존 시설의 상황을 파악한다. 구체적으로는 표 1.29에 나타내는 바와 같이 유지·관리계획서, 설계보고서 또는 준공도 등을 통해 시설의 단면이나 지질조사 결과, 성능저하도, 보강·보수 이력, 잔존성능 등을 파악하고 정리한다.

iii) 기후변화를 고려한 개별 시설의 성능조사

항만 내 또는 일련의 시설군을 포함한 지구 내의 기존 시설 상황을 바탕으로 바로 앞 장에서 서술한 바와 같이('(1) 기후변화를 고려한 항만구조물(시설) 설계: 요구성능(要求性能)' 참고), 기후변화를 고려한 시설의 성능조사를 한다.

iv) 취약성 평가(개별 시설의 성능조사에 근거한 항만 전체의 평가)

항만 내 또는 일련의 시설군을 포함한 지구 내 시설의 취약성 평가를 한다. 각 시설의 성능조사 결과를 근거로 약점이 되는 단면·시설 및 그때의 기능 훼손 원인(침수, 활동 또는 전도 등), 파괴되었을 경우나 침수되었을 경우의 일련의 시설군의 기능에 대한 영향의 파급이나, 증가하는 외력에 대해서 성능을 유지할 수 있는 기간을 정리한다.

v) 항만 전체에서 목표로 해야 할 적응 수준·적응 시기의 결정

각 시설의 성능조사·취약성 평가를 토대로 인접 시설이나 영향 범위의 시설에서 일치된 '항만 내 또는 일련의 시설군을 포함한 지구 내마다 목표로 해야 할 적응 수준'을 설정한다. 예를 들어 그림 1.128과 같이 방파제로 정온을 유지하는 수역에 접하는 안벽 및 안벽 배후의 침수를 방재하는 호안이 같이 기능하고 있는 시설군을 예상하면, 이 중 어느 하나의 시설이 기능이 부진(不振)하게 된 경우, 일련의 시설군으로서 기능도 손상할 가능성이 있다. 상기 iii)기후변화를 고려한 시설의 성능조사와 iv) 시설의 취약성 평가 결과를 바탕으로 일련의 시설군으로서 기능을 확보하기 위해 목표로 해야 할 최적의 적응 수준을 설정한다. 따라서 항만 전체가 아니라, 일련의 시설군을 포함한 지구(地區)마다 적응 수준을 설정할 수 있다.

표 1.29 기존 항만시설의 상황 파악에 사용하는 문헌 예

항목	파악방법	비고
기존 시공 도면 (평면도·단면도)	• 유지·관리계획서, 설계도, 준공도	
지질조사 결과	• 토질조사 보고서, 설계보고서, 유지·관리계획서	
수심측량 결과	• 수심측량 보고서, 설계보고서, 유지·관리계획서	
시설의 성능저하도	• 유지·관리계획서(점검 결과)	
보수·보강 이력	• 유지·관리계획서, 개량공사 준공도	
잔존성능	• 설계보고서, 유지·관리계획서(점검결과)등 으로부터 산출	

vi) 시설별로 목표할 적응 수준·적응 시기의 결정

항만 전체에서 목표할 적응 수준·적응 시기에 맞도록 시설마다 목표할 적응 수준·적응 시기를 결정한다(표 1.30 참조). 그 결정에 근거하여 시설의 설계·시공을 진행한다. 그 후 사용 단계에서의 외력 변화에 대해 지속적인 모니터링을 하여 구조물의 성능을 파악한다.

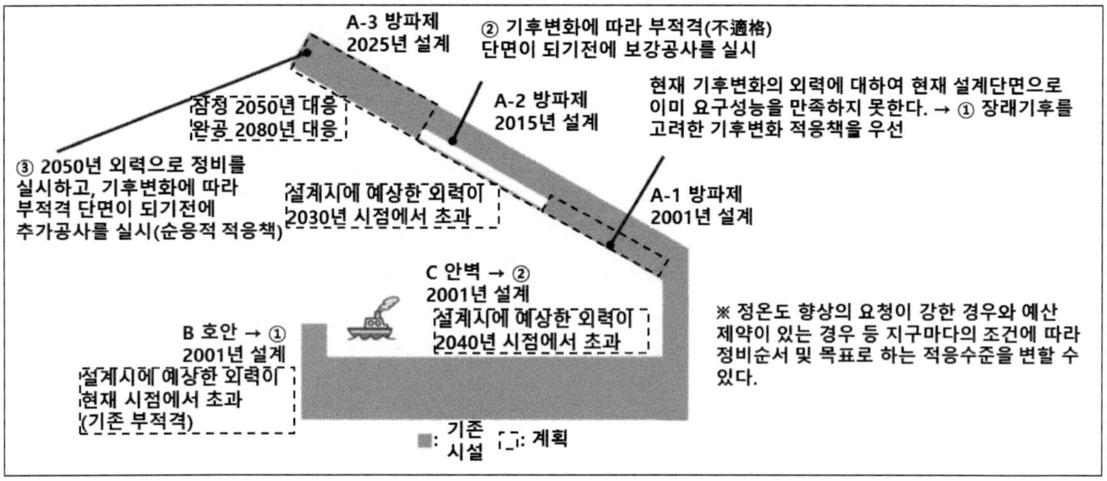

그림 1.128 항만 내 또는 개별 지구마다 목표할 적응 수준의 설정

표 1.30 그림 1.128의 항만 내 또는 개별 지구 내마다 목표할 적응 수준의 정리

구분		A-1 방파제	A-2 방파제	A-3 방파제	B 호안	C 안벽
현재의 파랑·조위에 대한 성능조사	마루높이	○	○	○	×	○
	안정성	×	○	○	×	○
성능 부족이 되는 연수		(이미 ×)	2030년	(잠정) 2050년	(이미 ×)	2040년
마루높이의 성능(사용성)		-	-	-	× 월파량 초과	○→× 안벽이용 지장
안정성 지수	활동	×	○→×	○→×	×	○
	전도	○	○	○	○	○
	지지력	○	○	○	×	○
	부재 저항력	○	○	○	○	○
영향이 큰 작용 외력		파랑	파랑	폭풍해일 편차 (조위 편차)	파랑	폭풍해일 편차 (조위 편차)
목표 할 적응 수준		잠정 2050년, 완공 2080년				
정비 우선순위		①	②	③	①	②

vii) 설정한 적응 수준·적응 시기의 재검토 필요성 확인

지속적인 모니터링 결과를 바탕으로 v)·vi)에서 설정한 적응 수준이나 기후변화의 적응 시기를 재검토할 필요성을 확인하고 적절히 재검토한다.

다) 협동 방재 계획에서 합의할 내용

협동 방재 계획에서 성능조사의 항목인 '마루높이'와 '안정성'에 주목하여 합의한다. 또, 시설의 배치나 손상 시 상호 영향을 고려하여, 목표할 적응 수준이나 정비 순서를 포함한 합의·도출을 도모하는 것이 바람직하다. 그리도, 시설 정비·보강의 각 단계에서도 시설 상호의 영향으로 요구성능을 충족시키지 않는지 확인할 필요가 있다. 기후변화를 고려한 여러 시설(방파제, 호안, 안벽 등)의 성능조사 결과를 표 1.30에 나타내었다. 표 1.30에서는 예시로서 현재 기후에서 성능을 만족하지 않는 시설(기존 부적격 시설)의 정비 순서를 1위로 하고 있지만, 방파제 연장에 따른 항내정온도의 향상에 대한 사회적인 요청이 큰 때도 있다. 그런 경우, A-1 방파제의 기능 부적격에 따른 항내 정온도의 저하나 복구에 필요한 비용, A-3 방파제 신설에 따른 항내정온도의 향상 등을 종합적으로 고려한 후 관계자 합의를 도출시킬 필요가 있다.

라) 항만기본계획 또는 장기 구상과의 일치

항만계획은 항만관리청이 10~15년 후의 항만 능력, 항만시설의 규모와 배치, 항만의 환경 정비와 보전 등의 사항을 결정하는 것이다(우리나라에서는 해양수산부가 10년 단위로 항만기본계획을 수립하며, 5년 단위로 계획의 타당성을 검토한다). 항만계획에 있어 목표 연도의 항만 능력(취급 화물량이나 선박 승·하선 승객수 등)을 정하며, 이것에 따라 항만시설의 규모 및 배치를 전체적이고 종합적으로 정하고, 항만계획의 목표 연도를 향해서 항만 이용 상황의 변화 전망이나, 관련된 다른 계획을 고려한다. 항만계획에 반영된 외곽시설의 규모 및 배치는 외곽시설이 방재하는 수역시설 및 계류시설의 이용 상황 등을 고려하여 충분히 기능을 발휘할 수 있도록 정한다. 또, 장기 구상은 20~30년의 장기적 시점에서 항만 공간 이용의 기본적인 방향으로서 항만관리청(우리나라에서는 해양수산부)이 정한다. 협동방재계획에서 합의를 도모하려는 일련의 시설군은 항만기본계획 또는 장기구상과 일치시킬 필요가 있다.

마) 유지·관리계획과 일치

유지·관리계획은 항만시설의 손상, 열화, 그 밖의 이상(異狀)에 대한 계획적이고 적절한 점검·진단의 시기, 대상으로 하는 부위 및 방법 등에 대해 정하는 것이다. 기후변화 적응책을 고려한 개별 시설에 대해서는 외력이 시간이 지남에 따라 변화한 상태에서도 요구성능을 확보할 필요가 있으므로, 그 유지·관리 계획에 기후변화에 따른 사용 단계에서 지속적인 성능 파악에 관한 계획과 순응형 적응책을 채택하는 경우의 적응에 대한 개념을 포함하는 것이 바람직하다. 또한, 기술기준 대상 시설의 효율적이고 효과적인 유지·관리·갱신을 도모하기 위해 시설별로 작성하는 유지·관리 계획을 바탕으로 항만 별 각 시설의 유지·관리·갱신에 관한 우선순위를 정하여 비용의 평준화를 도모하기 위한 중기적인 계획인 예방보전계획을 수립한다. 사용기간 중의 기후변화에 따른 순응형 적응책의 실시에 대해서도 예방보전계획과 관계되므로 양쪽

을 일치시키는 것이 바람직하다.

(3) 재난 리스크의 평가 및 해저드맵[81](Hazard Map) 등 통보

기후변화에 따른 영향(해수면, 폭풍해일, 파랑)에 대한 모니터링을 정확하게 한 후 항만구조물의 보수·보강 시에 기후변화에 수반하는 영향의 평가, 재난 리스크의 평가 및 적응책의 검토를 실행하여 항만별로 최적안(最適案)을 추출(抽出)한다. 즉, 초과외력 발생의 위험 평가에 대한 지식을 충분히 알도록 노력함과 동시에 평균 해수면 상승 또는 태풍의 강대화에 따른 폭풍해일·고파랑의 증대에 따른 재난위험 증대를 항만의 이용자 등에게 주지(周知)시키고 대피 대책을 추진한다. 제외지는 침수 리스크가 높아 최대 규모의 외력에 따른 해저드 맵의 제공뿐만 아니라 비교적 발생빈도가 높은 수준의 외력에 대한 침수 리스크도 제시하는 등 입지 특성을 고려한 세심한 정보제공이 필요하다. 재난리스크 평가는 그림 1.129와 같은 순서로 실시하며, 재난리스크 평가 후 위험하다고 판명되면 배후지의 중요도에 따라 구조적 또는 비구조적 대책을 검토한다.

- 구조적 대책: 단계적 증고(방재대책), 배수시설의 정비(사후 대응), 견고하면서 잘 부서지지 않는 구조로 시공 등

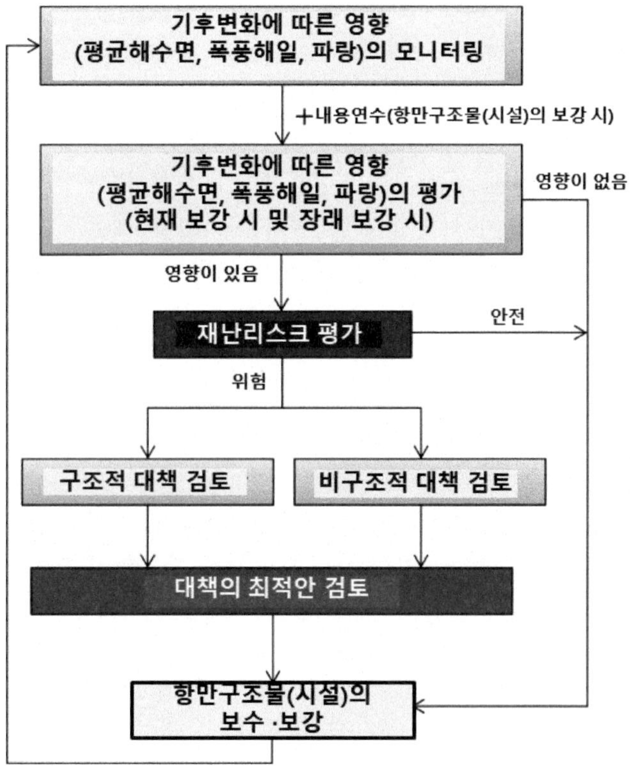

그림 1.129 항만구조물(시설) 재난리스크 평가 순서도

81) 해저드맵(Hazard Map): 지진·화산분화·태풍 등이 일어날 경우, 재난을 일으키기 쉬운 각종 현상인 진로·도달 범위·소요시간 등을 나타낸 지도이다.

- 비구조적 대책: 해저드 맵에 따른 위험지역에 대한 주지·주의환기, 대피훈련 등 일반적으로 항만 구조물(시설)의 증고공사(增高工事)를 실시하기 위해서는 내용연수를 통한 기후변화에 미리 대응하기 위해 정비 시 필요 마루높이에 대응높이(가칭)를 더한 값으로 한다(그림 1.130 참조).
- 장래의 필요 마루높이 = 정비 시의 필요 마루높이 + 대응 높이(가칭)

대책의 최적안 검토는 항만구조물(시설) 배후지의 경제성, 인구, 재산 등의 조건으로부터 정비 시 필요 마루높이에 대하여 장래 대응 높이를 어느 정도 고려할 것인가(0~다음번 시설 보강 시까지 연안 재난을 방재할 수 있는 높이)를 검토한다. 외력에 대하여 구조적 대책(항만구조물 마루높이 증고 등)에 의한 방재가 곤란한 경우는 비구조적 대책(해저드 맵 정비, 대피훈련 등)으로 대응한다.

(4) 항만 사업지속계획(BCP, Business Continuity Plan) 작성[33]

'사업지속계획(BCP, Business Continuity Plan) '이란 '예측하지 못한 사건이 발생하였어도 중요한 업무를 중단하지 않거나, 중단하였어도 가능한 단기간에 복구할 수 있도록 하기 위한 계획, 시스템, 순서 및 리스크 분석의 결과 등을 나타낸 문서'를 말한다. 특히 '항만 사업지속계획(BCP)'은 '위기적(危機的) 사건으로 피해가 발생하였어도 항만의 중요기능이 최저한도(最低限度)로 유지될 수 있도록 위기적 사건 발생 후 실행하는 구체적인 대응(대응계획)과 평상시에 실행하는 관리활동(관리 계획) 등을 나타낸 문서'를 말한다. 항만 BCP는 위기적 사건 발생 시 실행력을 높이기 위해 중요기능의 저하를 최소한도 억제하기 위한 대응에 그치지 않고 그것을 실시하기 위해 평상시부터 계속적으로 실시할 관리활동을 포함하여 정의하고 있다(그림 1.131 참조). 따라서 그림 1.132에 나타낸 바와 같이 항만 BCP를 수립하지 않아(실선) 사건 발생 시 항만기능을 잃어 그것을 전처럼 복구하는데, 노력과 시간이 많이 소요되지만, 항만 BCP 수립하면(파선) 사건이 발생하더라도 항만기능을 전과 같이 복구하는데 소요되는 노력과 시간을 줄일 것이다.

(5) 기상·해상 모니터링과 폭풍해일·고파랑에 따른 영향의 예측·정보제공

조위 및 파고 등의 관측자료를 취득한 후 폭풍해일·고파랑 침수예측 등에 대한 수치 모델 실험을 하여 기후변화의 영향을 정기적으로 평가하는 동시에 관계기관에 정보를 제공한다. 폭풍해일·고파랑에 의한 영향예측에 대해서는 국지(局地) 기상 모델을 도입한 고정밀 폭풍해일·고파랑·환경의 결합한 추산모델을 구축해 태풍이나 대형 온대저기압에 의한 폭풍해일을 예측 가능케 하는 동시에 국지적인 풍속·기온을 고려함으로써 환경예측을 고도화한다.

(6) '단계별 폭풍해일·태풍(폭풍) 대응계획', 대피계획 수립 및 대피 훈련 시행 추진

기후변화로 인한 태풍의 강대화에 따른 폭풍해일·고파랑의 증대 등을 고려하여 항만에 대한 '단계별 폭풍해일·태풍(폭풍) 대응계획'을 수립한다(표 1.31 참조). 이 대응계획은 폭풍경보급(暴風警報級) 이상의 태풍(폭풍) 접근 시에 예상되는 표준적인 방재 행동을 미리 시계열적(時系列的)으로 정리하고,

관계자가 신속하고 원활한 방재 행동을 효과적·효율적으로 실시하기 위한 계획으로, 제외지의 기업이나 배후지 주민의 대피에 관한 계획 작성 및 훈련 시행을 포함한다. 특히 제외지에서는 지역방재계획(시군구)에 따른 대피와 항만관리청과의 협조를 도모하고, 이용자 등의 원활한 대피활동을 지원한다.

(7) 협의회 등 조직으로 지역방재력 향상

항만관리청·민간기업·주민 등으로 구성된 협의회 등의 조직에 의해 대피계획의 작성, 훈련 시행 등을 촉진하고, 항만 주변 지역에 대한 방재력 향상을 도모한다.

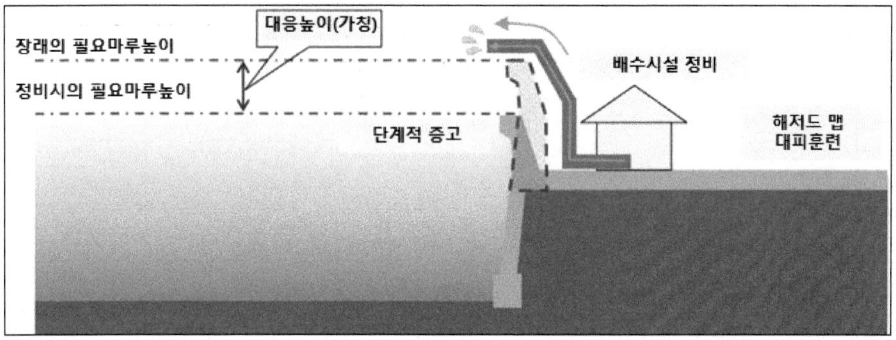

그림 1.130 항만구조물(시설)의 대응높이 개념

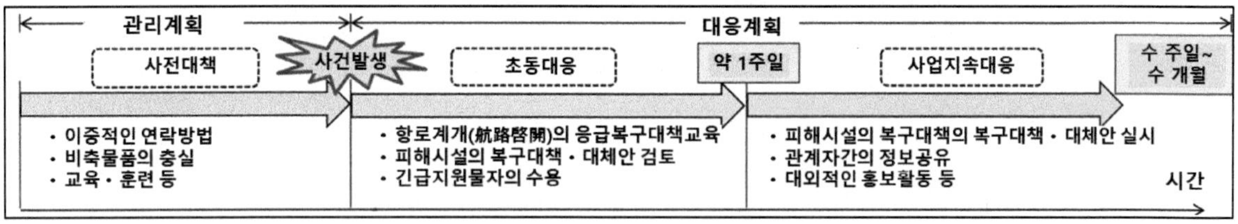

그림 1.131 항만 BCP 순서

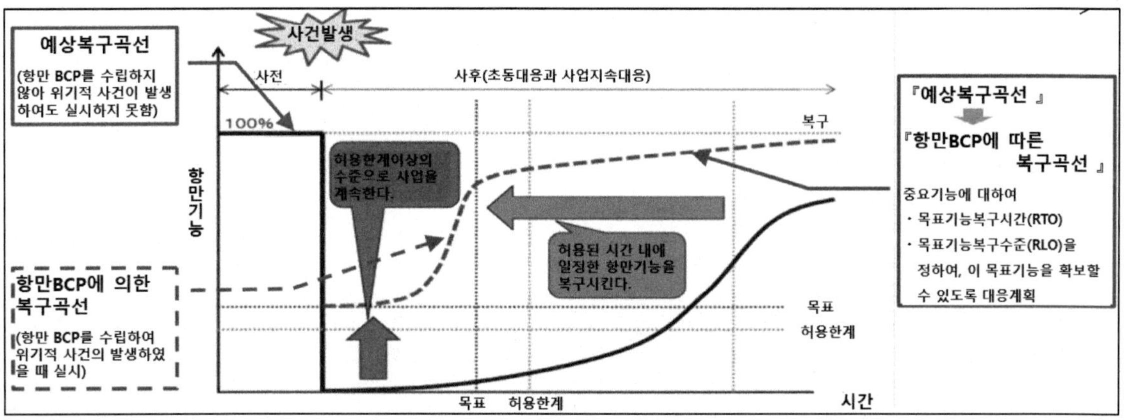

그림 1.132 항만 BCP 개념도

표 1.31 단계별 폭풍해일·태풍(폭풍) 대응계획

방재정보	단계	시간기준	정보수집	체제	대책	항만관리자의 대응 등
• 경보급 현상이 예상되는 태풍 발생	단계 ① 준비·실시 단계	-120h (5일 전)	• 해상·기상정보 수집 • 해상안전정보 수집 • 기상정보 등의 내부 공유 • 파랑추산정보 수집 • 침수규모의 예상 (수시로 상기행동을 실시)		• 입출항 재항선석관리	• 사전대책준비의 주의환기
		-72h (3일 전)		• 비상체제의 구축·확인 • 재난대응인원확인 (야간소집시 행동확인포함)	• 시공사·보유선박에 대책준비 지시 • 감시카메라(CCTV), 소나(Sonar) 등 재난시 사용자재의 동작확인	
		-48h (2일 전)			• 시공사·보유선박에 대책실시 지시	• 사전대책실시 주의환기 • 제외지로부터 대피시기, 수문·육갑 등의 폐쇄시각 통보
• 강풍주의보 발표 • 폭풍해일주의보 발표	단계 ② 대응확인단계	-24h (1일 전) ~ -12h (0.5일 전)		• 방재담당자의 대기·소집지시 • 관계기관의 담당직원에의 정보수집체제 확인 • 일반직원에 정보통보 (일반직원에 교통기관 운영정보 통보 등)	• 시공사·보유선박에 대책상황의 확인(순찰 등) • 방조제, 호안 등의 감시·관리(순찰 등) • 수문·육갑 등의 폐쇄지시 • 시공사에게 작업선박을 대피예정장소로 대피준비지시	• 수문·육갑 등의 폐쇄 상황의 확인, 정보공유 • 사전대책 실시상황의 확인, 정보공유 • 시설관리자에게 수문·육갑 등의 폐쇄지시 • 제외지 입주 사업자에게 대피주의 정보의 공유 • 하역정지상황의 확인, 정보공유
• 폭풍경보발표 • 폭풍해일경보 발표	단계 ③ 행동완료단계	-12h ~ -6h		• 침수 등의 우려가 있는 사무소의 직원에 이동지시	• 각 대책의 대피완료 후 확인 • 수문·육갑 등의 폐쇄확인 • 방조제, 호안 등의 감시·관리(순찰 등)	• 사전대책완료의 확인 • 수문·육갑 등의 폐쇄 완료확인 • 임항도로의 통행금지 상황확인
	태풍접근시 (폭풍해일·폭풍발생)				• 피해상황을 감시카메라로 감시 등	
• 경보해제 • 체제해제	태풍통과후 (폭풍해일·폭풍약화)			• 자율방재단에 출동요청	• 시설점검(육안검사) 등	• 피해상황의 조사의뢰

(8) 연안침식대책시설의 방재 기능 파악

초과 외력이 작용하는 경우의 연안침식대책시설에 대한 영향을 고려하여 기존의 연안침식대책시설이나 항만구조물(시설)의 구조, 정비 시의 설계 조건, 내진성, 열화상황(劣化狀況), 보수·보강 등의 이력을 정확하게 파악·평가하여 피해 리스크가 높은 시설의 검토 등에 도움이 되는 정보를 정비한다.

(9) 방재능력확보 등의 저비용화

향후 항만구조물(시설)의 노후화가 급속히 진행됨에 따라 방재능력을 저비용으로 확보하거나 향상하는 기술개발에 착수하여 실용화를 추진한다.

(10) 생애주기비용(LCC)을 고려한 최적의 보수·보강 등의 고려방법 검토

기후변화에 따른 외력 증가에 대해 대폭적인 추가비용을 필요로 하지 않는 단계적인 대응을 할 수 있도록 시설의 신규정비나 보수·보강 단계의 설계에서 외력 증가에 대한 대응을 고려한 후 생애주기비용을 고려하여 최적의 신규정비나 보수·보강 등을 하는 방안을 검토한다.

(11) 재난리스크를 고려한 토지이용의 재검토

중장기적으로는 연안에서의 토지이용 재편 등을 통해 항만 방재(港湾防護) 라인의 재구축 등과 함께 폭풍해일 등으로부터 재난위험이 낮은 토지이용으로의 근본적인 전환을 추진한다.

(12) 통항금지구간·시간의 명시

장래의 해수면 상승이 실제로 선박 통항에 영향을 미칠 때는 해수면의 상승량을 적절히 파악하는 동시에 선박의 통항금지 구간·시간을 명시(明示)하여 교량·수문 등과 선박과의 충돌 방지를 도모한다.

3) 구조적·비구조적 대책을 조합시킨 대응책

항만기능이나 산업기능이 집적되어 있어 기후변화에 따른 폭풍해일 등에 의한 피해가 예측되는 연안역 등에 대해서는 단계별 폭풍해일·태풍(폭풍) 대응계획 외에 관계 행정기관이나 민간 기업에 의한 구조적·비구조적 대책 실시와 대피유도 계획 등의 검토가 필요하다. 이 때문에 항만의 제외지 등 가운데 물류·산업활동에 중대한 영향을 미치는 피해가 예상되는 지역을 선정하여, 항만관리청·해안 관리자, 시·군·구 등의 재난관련부서, 관련 민간기업, 지방기상청 등과의 협조로 구조적 ·비구조적 대책을 포함한 '지역감재계획(地域減災計劃)'을 수립하여 필요한 대책을 수립한다. 그때, 재난 시에도 항만에서의 기업의 물류·산업 활동이 일정 규모로 계속할 필요가 있는 경우도 고려한다(그림 1.133 참조).

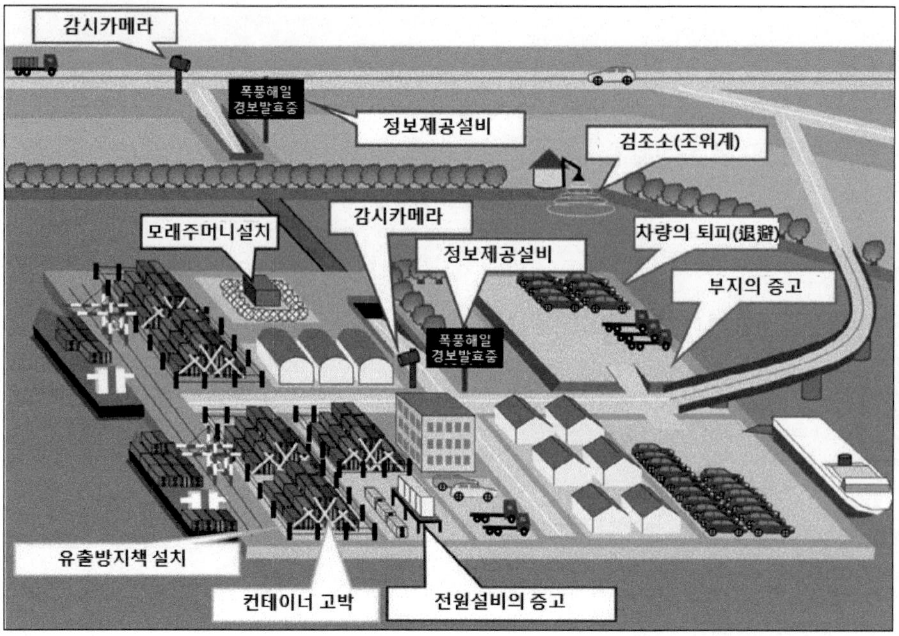

그림 1.133 항만의 구조적·비구조적 대책을 포함한 '지역감재계획' 이미지

Chapter 2

연안 레질리언스

2.1 연안 레질리언스(Coastal Resilience)의 개요

2.1.1 연안 레질리언스 정의[1]

레질리언스(Resilience)란 변화하는 상황에 적응하고 비상사태로 인한 혼란을 견뎌내고 빠르게 회복할 수 있는 능력이다. 즉, 나쁜 일이 발생한 후 다시 회복하는 것을 의미한다. 이러한 극복 또는 회복 능력은 개인, 크고 작은 지역사회, 기반시설, 환경에 적용되는 개념이다. **연안 레질리언스(Coastal Resilience)란 "태풍, 폭풍해일, 해안침식, 연안 침수·범람, 지진해일과 같은 위험한 사건이 발생한 후 단순히 영향(충격)에 대응이 아니라, '반등(Bounce Back, 反騰)'할 수 있는 지역사회의 능력을 구축"**하는 것을 의미한다. 많은 정보를 가지고 있고 준비된 지역사회는 기후변화로 인한 해수면 상승에 적응하는 등 기상 및 기후 관련 사건에서 빠르게 반등할 기회를 잡는다. 신속하게 반등할 수 있는 능력은 인간의 건강, 환경 및 경제적 부정적인 충격(영향)을 감소시킨다. 성공적으로 회복할 수 있는 지역사회의 능력은 개인, 가족, 기업, 학교, 병원 및 기타 지역사회의 강점인 역량에 관련이 있다. 또한, 최근 경제적 또는 심리적·경관적인 이유로 연안과 같은 높은 리스크가 상존(常存)하는 지역으로 이주하는 사람들이 많다. 이러한 인구 증가는 연안 인근에 있는 주택, 기업, 기반 시설에도 리스크 요인으로 작용하여 연안 재난(고파랑, 폭풍해일, 해안침식, 지진해일 등) 발생 시 높은 피해 리스크를 갖게 한다. 연안 재난 발생 시 모든 지역사회는 위험에 직면하므로 레질리언스가 중요하다. 레질리언스는 단기적인 위험 사건이 장기적인 지역사회의 재난으로 변화함을 방지하는 능력이다. 지금까지 대부분 지역사회는 긴급 상황에 효과적으로 대응할 준비가 되어있지만, 지역사회가 그 여파(餘波)를 회복할 준비는 제대로 되지 않았다.

2.1.2 레질리언스(Resilience) 이론의 유래[2]

레질리언스 이론은 생태계82)(生態界) 내 개체군 변동의 연구로부터 비롯되었다. 홀링(Holling)은 생태계의 동적 거동을 레질리언스와 안정성이라는 두 가지 고유한 특성으로 잘 정의할 수 있다고 제안하였다. 레질리언스는 원래 내부 역동성이 그대로 유지된 상태에서 환경변화를 흡수하는 시스템의 능력을 측정하는 시스템 내 관계의 지속성을 의미하였다. 안정성은 일시적인 교란 후 평형상태로 돌아가는 시스템의 능력을 나타내며, 빠른 복귀일수록 시스템이 안정적이다(단단히 감긴 스프링의 안정성을 고려하여 스프링을 잡아당겼다가 놓으면 스프링은 다시 잡아당기기 전 스프링 상태로 되돌아갈 수 있다). 원래 안정성에 대한 정의는 등장 이후 수십 년 동안 레질리언스 이론의 진화에 대한 표현으로, 이제 레질리언스가 공식화되는 방법, 즉 교란으로부터 회복하거나 반등하는 능력이 레질리언스와 거의 비슷한 동의어다. 홀링(Holling)은 레질리언스를 생태적(生態的) 레질리언스와 공학적 레질리언스라는 두 가지 형태로 나누었다. 생태적 레질리언스는 시스템을 다른 행동 체제로 전환할 수 있는

82) 생태계(生態界): 생물이 환경과 상호 작용하여 형성되는 체계로 생물학적 구성요소와 비생물학적 구성요소는 영양소 순환과 에너지 흐름을 통해 서로 연결되어 있다.

동적 불안정성을 포함하여 시스템 역동성을 평형 정상 상태에서 벗어나게 하는 조건을 강조하면서 지속성, 변화와 예측 불가능성에 초점을 맞춘다. 동적(動的) 시스템의 언어를 빌면, 시스템이 여러 초기조건에 대해 진화하는 경향이 있는 조건을 끌개[83](Attractor)라고 한다. 생태적 레질리언스는 여러 개의 잠재적 평형(여러 개의 동적 끌개)의 존재를 인정하므로 통제 및 구조적 조직의 근본적인 변화를 겪기 전에 시스템이 지속할 수 있는 교란의 양으로 정의된다. 이에 비해 공학적 레질리언스는 단일의 광범위한 평형 정상 상태(단일의 지배적인 동적 끌개) 주변에서 시스템 안정성을 촉진하는 조건을 강조하면서 효율성, 일관성 및 예측 가능성에 초점을 맞춘다. 공학 및 경제학의 안정성에 대한 고전적인 고려 사항에서 파생된 교란 저항과 평형상태로의 복귀 속도는 공학적 레질리언스의 척도로 사용된다. 생태적 레질리언스와 공학적 레질리언스는 레질리언스 연속체의 최종 구성요소에 비하여 상호 배타적이지 않는다. 생태적 시스템은 교란이 공학적 레질리언스의 속성인 교란에 대해 어느 정도의 저항력을 나타낼 수 있으며, 교란이 임계점을 초과하면 다른 상태인 생태적 레질리언스의 속성으로 재구성할 수 있는 능력을 보유할 수도 있다.

2.1.3 연안 레질리언스를 평가하기 위한 개념 및 체계[3]

연안 레질리언스에 필요한 체계는 해결할 문제, 관련 이해관계자 및 사용할 지식에 따라 달라진다. 다양하고 복잡한 연안역[84](沿岸域) 상황 때문에 연안 레질리언스 문제를 해결할 수 있는 '모든 것에 적합한' 체계는 없다. 이 장에서는 이러한 체계의 일반적인 적용에 따른 기본 원칙과 로드맵에 근거한 6단계 접근 방법을 제시하며, 이를 통해 연안 레질리언스 문제를 이해하고 해결할 수 있다.

1) 지속 가능한 개발(SD, Sustainable Development) 개념

지속 가능한 개발 개념은 전형적인 연안 레질리언스 문제인 인간의 기본적인 욕구와 자연자본[85](Natural Capital) 보전(保全) 사이의 내재적 긴장을 이해하는 데 도움이 되는 데 사용할 수 있다. 이러한 긴장의 주요 원인은 해안지대[86](Coastal Area)의 인구밀도 증가, 역사적으로 환경파괴의 대명사였던 기술 발전, 자원 사용에 대한 신규 수요를 창출할 수 있는 생활 수준 향상이다. 최근 일부 국가에서는 생활 수준 향상으로 나은 환경 품질과 기술 발전에 대한 수요가 증가하고 있으며, 이에 따라 친환경적인 관행이 이루어지고 있다는 점에 주의해야 한다. 브루던트란드 위원회 보고서(Brundtland Commission Report, United Nations, 1987)는 지속 가능성(Sustainability)을 "장래 세대가 자신의

---

83) 끌개(Attractor): 동역학계의 시간 변화에 따라서 초기 상태에 상관없이 최종 상태가 근접하게 되는 일련의 구역들을 말한다.
84) 연안역(Coastal Zone, 沿岸域): 「연안관리법」 제2조에 의하면 연안이란 연안해역과 연안육역을 말하며, 연안해역은 바닷가(만조수위선으로부터 지적공부에 등록된 지역까지 사이)와 만조수위선으로부터 영해의 외측 한계까지의 바다를, 연안육역은 무인도서와 연안해역의 육지 쪽 경계선으로부터 500m('항만법'에 의한 지정항만, '어촌 · 어항법'에 의한 제1종 어항 및 제3종 어항 또는 '산업입지 및 개발에 관한 법률'에 의한 산업단지의 경우에는 1,000m) 범위 안의 육지지역('하천법' 제2조 제1항 제2호의 규정인 하천구역을 제외한다)으로서 연안통합관리계획에서 정한 지역을 말한다.
85) 자연 자본(Natural Capital): 경관, 공간, 자연의 평화와 같은 생태계의 자산으로 에너지, 광물, 열대, 대기 등이 있다.
86) 해안지대(Coastal Area, Coastal Fringe, Coastal Region, 海岸地帶): 해안선과 경계한 육지 및 바다 부분을 말한다.

필요를 충족할 수 있는 능력을 손상하지 않으면서 현재의 필요를 충족하는 것"으로 정의하였다. 이 정의에는 인간과 환경 시스템의 상호 의존성으로 발생하는 피드백(Feedback)을 포함한다.

2) 사회-생태 시스템(SES, Social-Ecological Systems) 체계

사회-생태 시스템(SES) 체계는 생태적 시스템과 사회적 시스템의 역동성(力動性)을 명시적으로 결합하는 개념에 근거하고 있으며, 생태적 및 사회적 프로세스를 다양한 공간 및 시간 규모에서 상호작용을 하는 방법을 분석함으로써 레질리언스 문제를 해결할 수 있다(Folke, 2006). 이 접근 방법은 자연과학과 사회과학의 심층적인 경험적 이해를 기반으로 한 정책 관련 시나리오를 개발하는 데 사용할 수 있으며, 이를 통해 연안 사회-생태 시스템[87](CSES, Coastal Social-Ecological Systems)의 적응형 관리에 이바지할 수 있다(Osterblom 등. 2013). 특히 많은 천연자원 관리 문제가 생태계와 사회시스템 간의 역동성 및 불가분한 연결이라고 인식하지 못하는 데서 비롯되기 때문이다. 사회-생태 시스템(SES)은 복잡한 적응 시스템으로 여겨지며, 즉 공간(공간적 임계점)과 시간(시간적 임계점)에서 복잡한 성질을 가진 채 변화하는 수많은 상호작용 요소로 구성된다. 또한, 비선형적이고 예측할 수 없는 역동성을 가지면서 사회적 프로세스와 생태적 프로세스 사이에 피드백을 보이며, 한 사회-생태 시스템(SES)에서 다른 사회-생태 시스템(SES)의 정보를 추정할 수 없다(Delgado-Serrano 등. 2015). 레질리언스는 변형 가능성, 적응 가능성 및 취약성과 함께 역동성 및 장래 경로를 지배하는 중요한 사회-생태 시스템(SES) 속성으로, 이러한 속성을 조합하여 고려해야 한다(Walker 등. 2004). 변형 가능성은 생태적, 경제적 또는 사회적 구조로 인해 기존 시스템을 지속할 수 없을 때 근본적으로 새로운 시스템을 생성할 수 있는 능력이다. 적응 가능성은 사회-생태 시스템(SES)에서 행위자가 레질리언스에 영향을 미치는 능력(즉, 관리)이며, 취약성은 교란에 대한 노출, 민감성 및 적응 능력을 의미한다(Villasante 등. 2022a). 복잡한 사회-생태 시스템(SES)의 많은 특성을 고려해야 레질리언스를 해결할 수 있고, 이러한 특성을 동시에 처리할 수 있다. 이것이 바로 사회-생태 시스템(SES)의 다양한 표현이 제안되는 이유이다. 아래의 (1) 장과 (2) 장에서 설명할 적응 주기 개념과 오스트롬(Ostrom) 체계도 사회-생태 시스템(SES) 체계이다. 적응 주기 이론은 생물-물리학적 프로세스를 이해하기 위해 사용할 수 있으며(Gunderson & Holling 2002), 오스트롬 체계는 사회, 정치 및 거버넌스 프로세스에 가장 적합하다(Ostrom 2009).

(1) 적응 주기(Adaptive Cycles)와 상호 영향 관계

적응 주기 개념은 시스템 내 거동(擧動)을 잘 이해하고 적응 주기 내에서 시스템의 위치를 추정 및 추적하여 효과적이고 적응적인 개입을 계획함으로써 사회-생태 시스템(SES)의 지속 가능한 관리를 위한 기회를 제공한다(Castell & Schrenk 2020). 적응 주기 개념은 시간 경과에 따른 변화의 자연스러운 역동성 관계를 설명하며, 연안 사회-생태 시스템(CSES)을 포함한 복잡한 사회-생태 시스템(SES)의

---

87) 연안 사회-생태 시스템(CSES, Coastal Social-Ecological Systems): 연안 사회와 생태계 간의 밀접하게 연결된 상호작용을 이해하기 위한 개념이다.

적응 시스템을 이해하는 데 도움이 될 수 있다. 이 이론은 적응형 시스템이 자원 개발, 자원 보전, 자원 방출 및 재구성으로 인한 빠른 성장이라는 네 가지 단계를 순환한다고 가정한다(Gunderson & Holling 2002, 그림 2.1 참조). 시스템은 자원의 축적에 연관되는 증식(增殖)인 개발 단계에서 대부분 시간을 소비하는 경향을 가진다. 보전 단계는 종종 시스템이 중단될 때까지 시스템이 안정화되는 평형상태라고 한다. 시스템이 개발로부터 보전으로 이동함에 따라 시스템의 잠재력(즉, 가능한 장래 대응 범위)과 연결성(즉, 구성요소 간의 관련성)은 증가한다. 그러나 시스템 내 구성요소 간의 높은 연결성으로 인해 시스템이 연쇄적 교란에 취약해짐에 따라 레질리언스는 감소한다. 이는 시스템이 임계점(Tipping Point)(즉, 새로운 상태로의 전환이 촉발되는 점)에 도달할 때이다.

방출 단계는 극단적이거나 우발적인 사건과 같은 교란 또는 인간이 유발한 과도한 개발 또는 상업적 붕괴로 축적된 자원이 빠르게 방출되는 것이 특징이다. 그런 다음, 재구성 단계와 새로운 개발 단계가 이어진다. 연안 사회-생태 시스템(CSES)의 적응 주기의 한 예로 프랑스의 굴 양식 산업을 들 수 있다. 굴 양식 산업의 발전은 굴 유생 채집의 숙달(熟達)로 가능해져, 어린 굴은 살아있는 생물량이 증가하는 연안역의 굴 받침대(Growing Bed)에서 인공적으로 자라게 하여 생산량이 급증하였다. 이에 따라 새로운 생산자가 유입하였고, 사회경제적 관계의 증식에 따라 다양한 생산지에서 굴을 사용하는 등 점점 더 복잡한 공급망이 형성되었다. 그러나 과잉 개발을 자극한 활동의 매력과 질병이나 침입종에 노출된 공급망의 개방성으로 생산 위기(예: 19세기 초)를 초래(招來)하였다. 이러한 위기는 '방출' 단계에 해당하며, 이후 재편 단계를 거쳐 굴 생산은 새로운 종, 새로운 기술, 산업의 정치적 지지 및 생산자의 사회적 인지도(Mariojouls & Proou 2015)의 변화와 함께 다시 시작되었다.

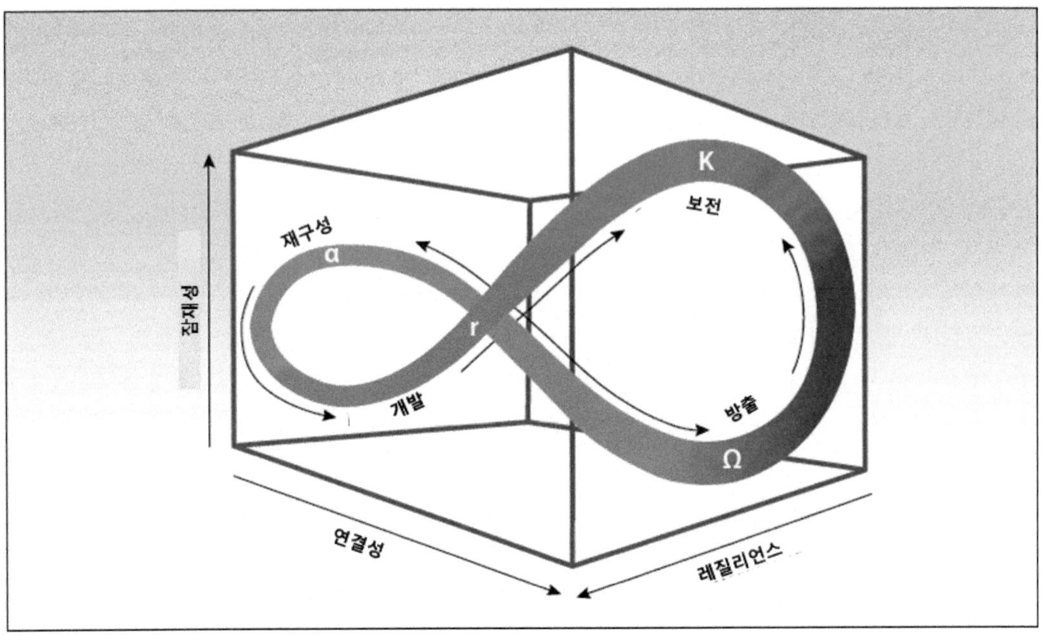

【복잡한 적응 주기는 네 가지 단계로 나타난다. 개발(r), 보전(k), 방출(ω) 및 재구성(α).】

그림 2.1 잠재성, 내부 수준의 연결성 및 레질리언스에 따라 사회-생태 시스템(SES) 내에서 형성되는 군더선(Gunderson)과 홀링(Holling)의 적응 주기

(2) 오스트롬(Ostrom) 체계

연안(沿岸)에 특히 적합한 체계는 오스트롬[88](Ostrom, 2005, Ostrom, 2009) 체계이다. 이 체계는 사회과학으로부터 시작하였으며 지속 가능한 지역 자원의 이용을 보장하기 위한 집합적 행동을 가능하게 하는 거버넌스 요인에 초점을 맞추고 있다. 이러한 거버너스 요인은 합법적인 자원 이용자를 지정하고 다른 사람을 배제하는 능력, 관리하는 자원을 다른 자원과 분리하는 능력, 사용 규칙 결정의 포괄성, 규칙이 조건에 얼마나 적합한지, 조정 및 집행하는 규칙 정도와 방법, 자원에서 생성된 이익의 분배 방법, 권리 인식, 자원 시스템이 다른 시스템 내에 중복되는 방법에 대한 인식 등과 관련이 있다(Ostrom 1990). 이 체계는 유명한 사회단체가 수자원(水資源)과 양식장과 같은 자연 공유자원[89](共有資源)을 사용하는 데 적합하다. 예를 들면, 거버너스 및 제도적 역동성(Biesbroek 등. 2017), 사회적 관계(Nkhata 등. 2008), 사회 학습(de Kraker, 2017), 마지막으로 문화 및 지역사회 레질리언스(Faulkner 등. 2018)와 같은 다양한 사회과학 주제의 교훈과 사회적 레질리언스를 향상하는데 필요한 적응 역량 요인과 같은 광범위한 이슈에도 적용할 수 있다(Cinner & Barnes 2019).

3) 구동력(驅動力)-압박[90]-상태-충격(영향)-대응 체계

구동력-압박-상태-충격(영향)-대응(DPSIR, Driver-Pressure-State-Impact-Response) 체계는 복잡한 환경 문제를 구조화하고 사회과학과 자연과학 전반에 걸친 개념적 탐구를 연결하기 위해 개발하였다(그림 2.2 참조). 1970년대에 단순 스트레스-반응 모델로 시작하여 나중에 압박-상태-대응 모델(OECD, 1993)에 적용하였으며, 유럽환경청(EEA, European Environment Agency)은 인간 시스템과 자연 시스템 간의 인과(因果)관계를 명확히 하고 지속 가능한 개발을 위한 진전을 평가하는 데 도움을 주고자 구동력 및 충격(영향)을 추가하였다(Lewison 등. 2016). 구동력-압박-상태-충격(영향)-대응(DPSIR) 체계의 범위는 다음과 같이 정의된다(Gabrielsen & Bosch 2003).

- 사회적, 인구학적, 경제적 발전과 그에 따른 생활 방식 변화, 소비 수준 및 생산 패턴을 나타내는 구동력(驅動力)
- 인간 활동에 의한 자원 및 토지 사용, 물질의 방출(예: 배출량), 물리적 또는 생물학 작용제(生物學作用制)의 방출 등 인위적 활동으로 인한 상태 변화 또는 '문제의 원인'을 설명하는 압박 지표
- 한 지역의 물리적 현상(예: 온도), 생물학적 현상(예: 어족(魚族) 자원) 및 화학적 현상(예: 대기 중 CO_2농도)의 양과 질을 설명하는 상태 지표

88) 오스트롬(Ostrom) 체계(Framework): 공동체가 효과적으로 자기 조직화(自己 組織化)하여 공유자원을 관리할 수 있는 조건을 강조하는 8가지 설계 원칙으로 구성되어 있는데, 주요 원칙에는 명확하게 정의된 경계, 집단 선택 배열, 자원 사용을 모니터링하고 제재하는 메커니즘이 포함된다.

89) 공유자원(Common Resources, 共有資源): 소유권이 특정한 개인에게 있지 않고 사회구성원 전체에게 있는 자원을 말한다. 공기, 하천, 국공유지, 비록 토지 또는 산이 사유(私有)일지라도 그로 인해 형성되는 아름다운 자연경관도 이에 속하며, 자연적인 것뿐만 아니라 공공의 목적으로 축조된 항만이나 도로도 공유자원에 속한다.

90) 자연 시스템과 그에 따른 사회시스템에 대한 상태 변화 메커니즘으로 압박은 인간 활동으로 발생한다. 압박은 긍정적인 충격을 미칠 수도 있고 부정적인 영향을 미칠 수도 있지만, 이 장에서는 연안 사회-생태 시스템(CSES)에 미치는 부정적인 영향으로 '문제의 원인'으로 간주한다.

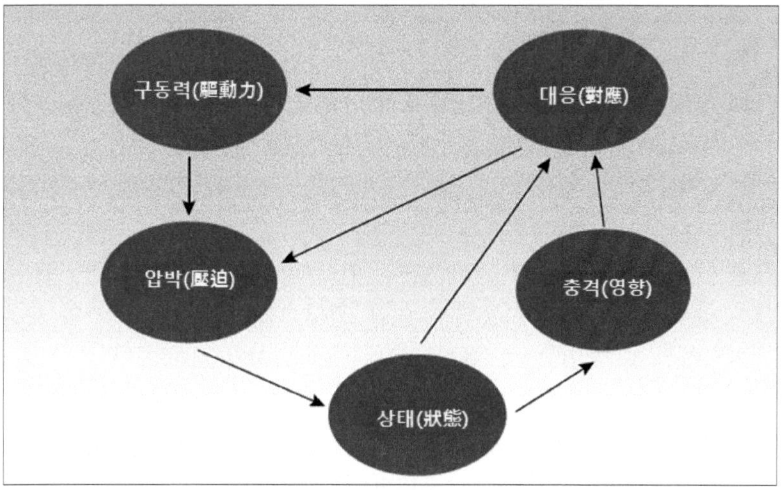

그림 2.2 구동력-압박-상태-충격(영향)-대응(DPSIR) 체계의 모식도

- 인간 및 생태계 건강, 자원 효용성, 제조 자본 손실, 생물다양성 등 환경의 기능에 영향을 미치는 사회-생태 시스템(SES) 상태의 변화로 발생하는 충격(영향)
- 사회(그룹 또는 개인)와 정부가 충격(영향)을 완화하기 위해 환경변화를 예방, 보상, 개선 또는 적응하기 위해 취하는 실행인 대응

구동력으로 시작하여 환경 상태에 대한 압박을 통과하고 생태계 기능과 인간 복지에 미치는 충격(영향)은 인과관계가 적용하지만, 대응은 네 가지 범주에 모두 적용할 수 있다(Smeets & Weterings 1999). 예를 들어, 각 인위적 활동(예: 양식업 또는 도시화)은 구동력이거나 압박이 될 수 있으며, 부영양화(수역의 영양염류가 농후화(濃厚化)되는 과정)와 같은 환경 문제는 상태 또는 충격(영향)으로도 볼 수 있다.

4) 통합 연안역 관리(ICZM, Integrated Coastal Zone Management)

통합 연안역 관리(ICZM)는 연안역의 지속 가능한 관리를 촉진하는 역동적이고 종합적이며 반복적인 접근방식이다. 이 접근방식은 생태 시스템의 경계 내에 머무르면서, 환경, 경제, 사회, 문화 및 레크리에이션과 균형의 유지를 목표로 한다. 또한, 이러한 목표 달성에 필요한 도구, 즉 모든 관련 정책 영역, 부문 및 관리 수준, 시공간에서 육지 및 해양 구성성분과 통합하는 것을 목표로 한다. 실제로 통합 연안역 관리(ICZM)는 상호 관심의 개발 모델을 구상하고 실현하기 위해 모든 연안역 내 이해관계자의 협력이 필요하다. 통합 연안역 관리(ICZM)는 1992년 리우 회의[91](Rio Conference) 이후

91) 리우 회의(Rio Conference): 1992년 6월 3일~6월 14일까지 브라질의 리우데자네이루에서 열린 유엔 환경 개발 회의(UNCED)로 지구 정상 회담이라고도 하며, 세계 185개국 대표단과 114개국 정상 및 정부 수반들이 참여하여 지구 환경 보전 문제를 논의한 회의로 선언적 의미의 '리우 선언'과 '아젠다 21'을 채택하였다. 그 외에 '지구온난화 방지 협약', '생물 다양성 보전 협약' 등에 각각 수십 개 나라가 별도 서명함으로써 지구 환경 보호 활동의 수준이 한 단계 높아지는 성과를 낳았다.

채택된 '의제 21[92](Agenda 21)'의 17장에서 공식화되었으며, 해안지대에 대한 육지 오염의 연쇄적 충격(영향)과 보호에 대한 전체적인 접근방식의 필요성을 인식하였다. 통합 연안역 관리(ICZM)는 승인된 용도와 경제활동의 혼합이 개발과 환경 보호의 균형을 맞추기 위해 환경에 가능한 최소량의 피해를 초래하는 경우 다중 부문 개발 계획을 사용할 수 있다. 이러한 다중 목표 정책을 달성하려면 모든 단계의 과학적 지식을 기반으로 한 5단계 접근방식이 필요하다(GESAMP 1996). 첫 번째 단계는 통합 연안역 관리(ICZM)가 실현할 환경을 정의하는 것으로, 가용 데이터를 사용하여 신속한 평가와 관심 사항에 대한 우선순위를 결정해야 한다. 두 번째 단계는 모든 가능한 실행을 고려하는 동안 의사 결정 및 법규 준수를 이끄는 데 사용되는 연안 생태계를 조정하는 구조와 프로세스에 대한 대안(代案)과 지식을 계획하는 단계이다. 세 번째 단계는 여러 회기(回期)가 필요할 수 있는 정치적 협상 과정에 이해관계자를 함께 참여시켜 통합 연안역 관리(ICZM) 계획에 대한 제도적 동의와 예산지원을 모색한다. 네 번째 단계는 통합 연안역 관리(ICZM)계획의 운영적 실행에 해당하며, 계획의 결과를 평가할 수 있도록 모니터링하는 단계를 포함한다. 다섯 번째 단계는 전체 통합 연안역 관리(ICZM) 규정이 새로운 회기 내에 개정(改正)될 수 있도록 연안 개발을 위한 지속 가능한 규제를 평가하고 모색하는 데 전념한다.

5) 생태계 서비스 평가(ESA, Ecosystem Service Assessment) 체계

생태계 서비스[93](Ecosystem Service)는 생태계와 생태계에 의존하는 사회 간의 연결을 체계적인 방법으로 설명한다. 생태계 서비스는 인간 사회에 이익을 제공하며, 인간 사회는 이러한 서비스가 인간 행복에 공헌하는 데 가치를 부여한다. 생태계 서비스 평가(ESA) 체계는 생태계 보전과 생물다양성을 주장하며 2005년 유엔의 밀레니엄 생태계 평가를 통해 대중화되었다. 개념적 체계는 생태계 기능과 생태계 기능이 제공하는 서비스 및 그에 따른 인간 행복에 대한 공헌과 연결한다(Gómez-Baggethun 등. 2010). '생태계 서비스 및 생물다양성의 경제[94](TEEB, The Economics of Ecosystem Services and Biodiversity)' 이니셔티브는 기관의 역할로써 이 체계를 보완하고 생태계 서비스 접근 방법을 운영하기 위한 의제를 제안하였다. 생태계 서비스 및 생물다양성의 경제(TEEB)는 생태계 서비스 평가(ESA)를 운영하기 위한 3단계 접근방식을 선호한다(Braat & de Groot 2012). ⅰ) 생태계 서비스를 파악 및 특성화하여 생태계가 제공할 수 있는 역량을 산정(算定)하고, ⅱ) 생태계 서비스를 생물·물리학적 단위로 먼저 평가한 후 화폐적 단위로 가치를 매기며, ⅲ) 이러한 가치를 사용하여 새로운 관리 수단을 개발하면 사회-생태 시스템(SES)의 레질리언스를 향상할 수 있다. 그러나 모든 서비스를 화폐적 가치로 평가할 수 있는 것이 아니며, 어떤 경우는 바람직하지 않을 수 있

---

92) 의제 21(Agenda 21): 의제 21은 유엔 시스템, 정부와 주요 그룹의 조직이 환경에 인간이 영향을 미치는 모든 분야에서 전세계적, 국가적 및 지역적으로 취해야 할 포괄적인 행동 계획이다.

93) 생태계 서비스(Ecosystem Service): 생태계의 생태적 기능을 사용함으로써 사회가 얻는 사회적 및 경제적 혜택(이익)을 말한다.

94) 생태계 서비스 및 생물다양성의 경제(TEEB, The Economics of Ecosystem Services and Biodiversity): '자연의 가치를 가시화'하는 데 초점을 맞춘 글로벌 이니셔티브(Initiative)인 기관으로써, 주요 목표는 모든 수준의 의사 결정에 생물다양성과 생태계 서비스의 가치를 주류화하는 것이다. 의사 결정권자가 생태계와 생물다양성이 제공하는 광범위한 혜택을 인식하고 경제적 측면에서 가치를 입증하고 필요한 경우 의사 결정에서 이러한 가치를 포착하도록 돕는 구조화된 가치 평가 접근 방식을 따라 이 목표를 달성하는 것을 목표로 한다.

다. 일부 생태계 서비스는 제공하는 이익 때문이 아니라 그 자체로 가치가 있는 내재적(內在的) 가치를 지니고 있다(Austen 등. 2019). 대부분 생태계 서비스는 대체 불가능한 것으로 여겨지며, 동등(同等)하지 않다(Huetting 등. 1998). 따라서 화폐적 가치 평가 방법만으로의 적용은 윤리적으로 문제가 있고 오해의 소지가 있을 수 있다(Austen 등. 2019). 실제로 생태계 서비스의 화폐적 가치 평가는 비용·편익 분석을 하는 데 사용되지만, 생태계가 사회에 대한 복잡한 비도구적(非道具的) 가치의 원인이 되는 상황에서 이를 위한 상호절충으로 사용해서는 안 된다. 그럴 경우, 다중 기준 분석, 통합 가치 평가 또는 참여적 다중 기준 분석과 같은 수익 창출이 필요 없는 대체 가치 평가 방법(Gómez-Baggethun & Martin-López 2015, Austen 등. 2019)이 이러한 종류의 가치 평가에 적합하다.

6) 리스크(Risk), 취약성(Vulnerability)과 적응 능력(Adaptive Capacity)(RVA)

사회-생태 시스템(SES)을 나타내는 효율적인 운영 방법은 레질리언스를 손상하거나 강화할 수 있는 리스크, 취약성 및 적응 능력에 초점을 맞추는 것이다. 이렇게 하면 관리할 수 있거나 관리해야 할 구성성분, 즉 감소시킬 필요가 있는 압박과 증가시켜야만 하는 긍정적인 피드백을 가능하게 하는 성분을 찾아 사회-생태 시스템(SES) 분석의 복잡성을 줄인다. 일부 경우에는 리스크에 대한 대응도 적응형 관리에서 고려해야 한다. 이러한 대응은 예상치 못한 충격(영향)을 미칠 수 있으며, 심지어 의도했던 리스크를 줄일 수도 있기 때문이다(Simpson 등. 2021). 취약성은 사회-생태 시스템(SES)의 생태적 및 사회적 구성성분을 모두 포함한다. 일반적으로 취약성은 리스크에 노출된 결과로 정의하며, 이는 리스크에 대한 민감도(두 가지(생태적, 사회적 구성성분) 모두 취약성을 증가시키는 것)와 적응 능력(취약성을 감소시키는 것)이 결합한 결과이다(Adger 2006). 전 지구(全地球) 규모의 통계 분석을 통해 리스크를 추정할 수 있지만, 민감도(Sensitivity)는 사회적 생태 시스템의 각 구성성분에 따른 고유한 특성과 사람들의 선호도에 따라 다르다. 그러나 취약성을 관리하면 사회-생태 시스템(SES)에서 레질리언스를 구하는 문제를 반전시켜 레질리언스를 보장할 수 있다. 이러한 관점에서 볼 때 레질리언스는 사회-생태계 시스템(SES)의 취약성을 줄이기 위해 리스크에 대한 노출을 최소화하고 적응 능력을 강화하는 데 이용할 수 있는 목표로 대체(代替)할 수 있다. 해수면 상승, 극단(極限) 사건 및 인간 안전과 관련된 문제는 취약성에 대한 적응형 관리 접근방식이 필요한 일반적인 문제이다. 적응형 관리 접근방식은 장기적으로 사회-생태 시스템(SES)을 수정하고 티핑 포인트(Tipping Point, 즉, 시스템이 상태를 빠르게 변화시키는 임계점)를 초과할 수 있는 장기간에 걸친 사건을 해결하는 데에도 적합하다. 1978년 홀링(Holling)은 처음으로 복잡한 사회-생태 시스템(SES)을 관리하는 방식으로 적응형 관리를 계획하였다. 적응형 관리 접근방식은 시간 경과에 따라 새로운 정보에 적응하기 위한 기본 계획 및 비상계획을 개발하여 단계적 접근 방법을 제공하는 '적응형 정책 결정(Adaptive Policymaking)'과 시간의 경과에 따라 실행을 순서화하는 방법, 즉, 잠재적인 구속(예: 나은 대안이 있음에도 불구하고 변화에 대한 개방성을 제한하여 최적이 아닌 정책 사용) 및 경로 의존성(예: 이전 결정, 습관 및 행동에 근거한 결과)에 대한 식견을 제공하는 '적응형 경로(Adaptation Pathways)'로 구성된다(Haasnoot 등. 2013). 적응형 관리는 지역사회의 후퇴(Retreat)와 같은 권장 전략을 개발하는 것을 포함하여 연안역의 침수리스크에 대처하는 데 광범위하게 사용되어 왔다(Bednar-Freidl 등.

2022). 적응형 관리 접근방식은 갈등을 최소화하면서 높은 사회적 혜택(이익)의 도달을 목표로 하는 연안역에서 필요하다(Schup 등. 2019). 적응형 관리 접근방식은 계획 결정 시 깊은 불확실성(예: 가능한 결과를 알 수 없거나 전문가가 동의하지 않는 불확실성)을 고려하는 데 도움이 되며, 입안자(立案者)가 장래에 대한 전략적 비전을 세우고, 단기 실행에 전념하며, 장래 실행으로 이끌 체계를 수립해야 한다고 제안한다. 깊은 불확실성이 남아 있는 한, 적응 실행에 대한 단계적 접근방식의 횟수를 높이거나 더 많이 증가시킴을 권장한다. 적응형 정책 결정은 정책 프로세스가, 예를 들어, 새로운 상황이나 새로운 지식이 발생할 때, 관리해야 할 사회-생태 시스템(SES)의 변화에 맞춰 적응할 수 있도록 보장해야 한다. 평가 및 개선의 정책 주기는 최대 10년 이상이 걸릴 수 있으며, 생태계의 변화는 1년에서 다음 해까지 발생할 수 있다. 적응형 경로는 특히 여러 이해관계자의 관점과 연안 지역사회에 대한 레질리언스 문제의 복잡성을 알아차리는데 적합하다(Townend 등. 2021). 예를 들어, 네덜란드는 남극에서 발생하는 빙상 질량 손실의 깊은 불확실성을 해결하기 위해 적응형 경로 계획을 채택하였다. 이 적응형 경로는 해수면 상승의 영향이 크고 가능성이 낮은 시나리오를 가질 수 있어(Haasnoot 등. 2020), 네덜란드의 연안 침수에 영향을 미칠 수 있다. 리스크 관리 접근방식은 리스크 분석에 의존하며, 이는 부정적인 사건의 위협, 취약성 및 결과를 특성화하여 중요한 기능의 예상 손실을 결정하는 것을 포함한다. 확률적 정량적 방법(즉, 주어진 리스크가 발생할 가능성을 예측하는 방법)에 근거한 리스크 분석 및 리스크 관리는 예측할 수 있어 예상할 수 있는 긴장 상황을 처리하는 데 널리 채택하여 왔었다(Linkov 등. 2014). 연안역에서는 해수면 상승 및 침수 문제를 해결하기 위해 자주 리스크 관리를 사용하고 있었다. 침수 리스크에 대한 표준 접근 방식은 기반시설, 법률과 규제를 통한 통제로 침수 위협을 제어하는 것이다. 이는 저항 기반 전략으로 알려져 있으며 극단적인 변화의 위협을 가능한 한 제거하고 사회에 미칠 수 있는 악영향의 잠재력을 최소화하는 것을 목표로 한다(Morrison 등. 2018). 리스크 관리에 초점을 맞춘 것은 레질리언스에 대한 좁은 정의를 의미하며, 이는 "평형정상(平衡定常) 상태 근처의 안정성, 즉, 교란에 대한 저항과 평형상태로의 회복 속도가 속성(屬性)을 측정하는 데 사용되는 상태"로 볼 수 있다(Gunderson & Holling, 2002). 그러나 실제로 생태계나 인공 구조물이 극단 사건에 어떻게 대응하는 방법에 대해서는 알려진 것은 많지만, 이러한 시스템이 시간과 공간에 따라 어떻게 회복되는가에 대해서는 알려진 바는 훨씬 적다. 이는 장래 폭풍(태풍) 발생 가능성을 근거하여 해안제방을 건설하는 등과 같은 초기 위험 및 관련 피해에 대한 사전 증거를 바탕으로 리스크를 결정하는 공학적 전략이 유리하다(Smith & Fishchbacher 2009). 그러나, 이 접근 방식은 연안 지역사회가 인지(認知)하는 불확실성과 다양한 리스크에 효율적으로 대처하지 못한다. 대부분 리스크 관리체계는 단일 리스크 형태를 고려하지만, 지역사회의 레질리언스는 본질적으로 다차원적이다(Almutairi 등. 2020). 이러한 이유로 생태계와 인간 사이의 상호작용으로 인한 예측할 수 없는 자연 위험 또는 예기치 않은 결과에 대처할 수 있는 적응형 관리 방식(Morrison 등. 2017)을 통해 리스크관리 및 취약성 접근방식을 개선해야 한다(Adger 2006).

7) 기후 레질리언스 경로(CRP, Climate Resilient Pathways) 체계

기후변화에 관한 정부 간 협의체(IPCC, Intergovernmental Panel on Climate Change)의 제5차 평가보고서(AR5)에서, Denton 등(2015)은 사회가 지속 가능한 발전을 이루기 위해서는 기후 레질리언스 경로에 혁신적 변화(예: 인간의 제도(制度), 기술적 및 생물학적 시스템, 사회적 프로세스)를 검토하면서 대응을 지연(遲延)시키기보다는 지금 당장 행동을 취해야 한다고 강조하였다. 그는 "기후 레질리언스 경로에 대한 추구(追求)는 기후변화 충격(영향)에 대한 취약성을 파악하고 리스크를 줄이기 위한 기회를 평가하며 지속 가능한 발전의 목표에 부합하는 행동을 취하는 것이 포함된다"라고 말하였다. 그는 완화, 적응 및 의사결정을 통해 리스크를 관리하고 취약성을 줄이는 사회의 역할과 역량을 강조하였다. 또한, 레질리언스 경로의 개발이 복잡하고 다각적(多角的)인 시스템 내에서 변화를 관리하기 위한 반복적이고 계속 적으로 진화하는 프로세스를 제공하여 지속 가능한 발전 목표에 기여(寄與)할 수 있다고 제안하였다.

레질리언스는 다양한 기후 레질리언스 경로에 대해서 의사결정을 하는 기회 공간을 갖는 여정(旅程) 또는 프로세스이다(그림 2.3 참조). 기후 레질리언스 경로의 활성화 조건은 영향, 적응 및 취약성에

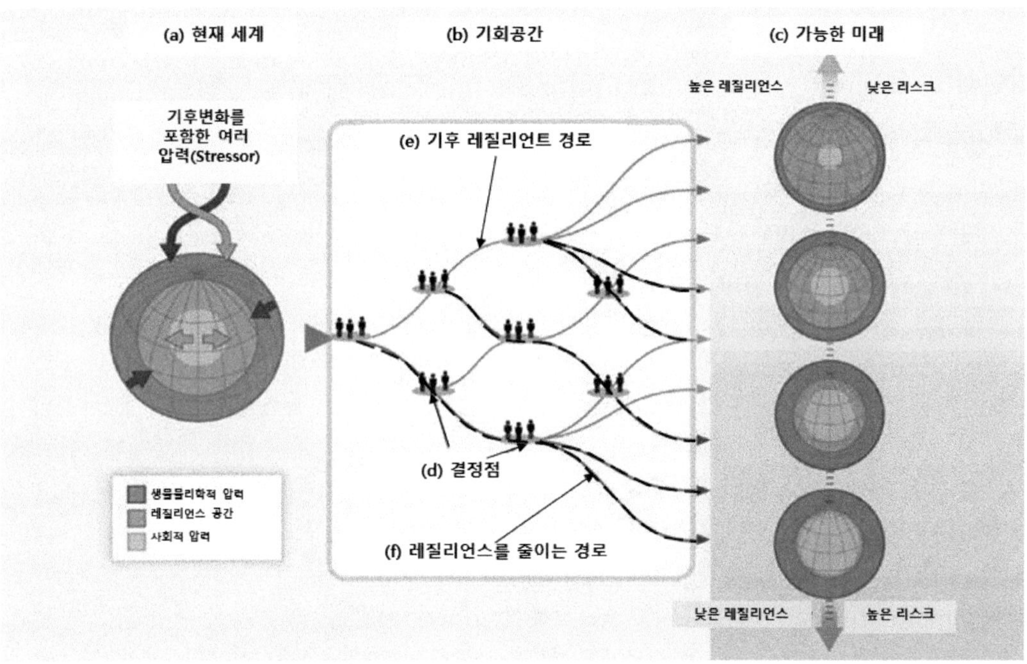

【(a) 현재 우리의 세계는 기후변화, 기후 변동성, 토지 사용 변화, 생태계 악화, 빈곤 및 불평등, 문화적 요인 등 생물물리학적 및 사회적 압박 요인으로 대표되는 여러 방향의 레질리언스에 충격(영향)을 미치는 여러 압박 요인의 위협을 받고 있다. (b) 기회 공간은 다양한 수준의 레질리언스와 리스크를 가진 다양한 (c) 가능한 장래로 이어지는 결정점과 경로를 나타낸다. (d) 결정점은 기회 공간 전체에 걸쳐 조치 또는 조치 실패를 초래하며, 이들은 함께 기후변화와 관련된 리스크를 관리하거나 관리하지 않는 프로세스로 구성된다. (e) 기회 공간 내의 기후 레질리언스 경로(회색 실선)는 적응 학습, 과학 지식 증가, 효과적인 적응, 완화 조치 및 리스크를 줄이는 기타 선택을 통하여 레질리언스적 세상으로 이어진다. (f) 레질리언스를 낮추는 경로(회색 파선)는 불충분한 완화, 부적응, 학습과 지식 이용 실패를 수반할 수 있으며, 가능한 장래에서 돌이킬 수 없는 경로일 수 있다(IPCC, 2014).】

그림 2.3 기회 공간과 기후 레질리언스 경로

관한 IPCC 제6차 평가보고서(IPCC, 2022b)의 18장에 나타나 있다. 기후 레질리언스 경로 체계는 연안 지역사회가 현재 상황으로 가는 경로, 그들이 속한 사회-생태 시스템(SES)의 레질리언스와 어떻게 관련되는지, 장래 레질리언스는 어떤 모습이며, 향후 레질리언스 시스템을 달성하기 위해 어떤 결정을 내려야 하는지 이해하는 데 도움이 된다(Farrell 등. 2023). 기후변화에 관한 정부 간 협의체(IPCC)의 기회 공간(즉, 다양하며 가능한 장래로 이어지는 결정점 및 경로, 그림 2.3 참조)과 기후 레질리언스 경로 접근 방식의 적응을 통한 아일랜드의 "연안 및 해양 레질리언스 구축" 프로젝트('4.2.3 아일랜드 마하리스 반도' 참조)는 연안 지역사회가 레질리언스를 강화하고 기후 조치 참여에 대한 장벽(障壁)을 확인하는 프로세스에 참여할 수 있는 협력 체계를 보여주었다. 이 체계는 이해관계자에게 참여와 토론을 지원하여 이해관계자가 내린(또는 이루어지지 않은) 결정과 더 많은(또는 덜) 기후 레질리언스를 갖는 상태로 이어지는 경로를 분석할 수 있도록 지원한다. 이는 결정적이고 유익한 것으로, 입증된 조치뿐만 아니라 실수 또는 놓친 기회를 자세히 조사하는 데 유용하다(Farrell 등. 2023). 경로 접근 방식은 해안 과학, 정책, 거버넌스 및 관리의 지식 격차를 논의하고, 이를 지역 규모의 레질리언스를 향상하는 데 필요한 프로세스와 결정의 맥락(脈絡)에 배치할 수 있는 구조를 제공함으로써 지역의 사회-생태 시스템(SES)의 역량을 구축하는 로드맵으로 이어질 수 있다.

8) 지역사회 레질리언스(CR, Community Resilience) 체계

기후 및 사회경제적 문제에 대응할 수 있는 적응 능력을 갖춘 '레질리언스가 있는' 지역사회를 이해하기 위해 광범위한 연구가 수행되었다. '레질리언스' 평가를 위해 일반적으로 적용되는 모델이나 체계가 없을지라도, 연안 지역사회 레질리언스(Coastal Community Resilience)(Courtney 등. 2007), 연안 지역사회 위험 방재 레질리언스 지수(Coastal Community Hazard Protection Resilience Index)(Ewing, 2015), 어촌지역사회 레질리언스 체계(Rural Coastal Community Resilience Framework)(Jurjonas & Sekamp 2018), 지역사회 레질리언스지수(Community Resilience Index) 등과 같은 여러 지역사회의 레질리언스 체계는 연안역과 구체적으로 관련되지만, 이에 국한되지는 않는다. Patel 등(2017)은 '지역사회 레질리언스'이라는 용어가 여전히 유동적인 개념이며, 다르게 이해되고 적용된다는 사실을 발견하고, 다음과 같이 지역사회 레질리언스에 중요한 9가지 핵심 요소를 확인하였다. ⅰ) 지역적 지식, ⅱ) 지역사회 네트워크 및 관계, ⅲ) 소통, ⅳ) 의료, ⅴ) 거버넌스 및 리더십, ⅵ) 자원, ⅶ) 경제적 투자, ⅷ) 대비, ⅸ) 지적(知的) 전망.

지역사회 레질리언스(CR) 체계는 서로 타 그룹에 속하는 사람들, 일부는 이해관계가 공유되고 일부는 독립적이거나 상충(相衝)되는 이해관계를 가진 사람들의 행동을 조직화하기 위한 조정과 토론을 가능케 한다. 지역사회 레질리언스 체계는 다양한 실행자(개인, 가정, 사회단체, 지역사회, 국가)가 어떤 구조나 프로세스를 통해 조치를 촉진하는지, 그리고 마찬가지로 조치를 방해할 수 있는 상황을 평가하는 데 매우 유용하다. 이 체계는 연안역 레질리언스를 향상하거나 감소시킬 수 있는 조치의 구동력과 장벽을 이해하는 데도 사용할 수 있다.

9) 연안 레질리언스 문제의 해결

많은 연안역에서 레질리언스의 문제는 복잡하므로 난제(難題)이다. 레질리언스는 흔히 복잡한 예측이 어려운 연안 레질리언스 역동성 관계를 수반하며 생태적, 경제적 및 사회적 특성이 상호작용을 해 발생한다. 복잡성을 줄이려면 연안 레질리언스에 충격(영향)을 미치는 중요 문제를 확인한 후 다음 부수적인 문제를 파악하는 것이 필요하다. 연안 레질리언스에 충격(영향)을 미치는 일반적인 문제는 다음과 같다.

- 인위적인 압박이 증가하고 상호작용을 하는 상황에서 천연자원 과잉 개발, 생태계 교란 및 우발적 유출이나 오염과 같은 환경피해를 포함한 생대적 문제
- 기후변화 상황에서 침수, 해수면 상승 및 극단 사건에 대한 연안과 주민의 노출을 포함하는 위험 및 리스크 문제
- 인간 활동에 충격(영향)을 미치는 환경적 압박이 커지는 상황에서 경제성장, 일자리 창출 및 비즈니스의 생존 가능성에 대한 요구를 포함한 경제 개발 문제
- 형평성, 지역사회 응집력, 전통적인 활동을 포함한 사회적 유산보존에 관한 사회적 문제: 자원이나 자연에 대한 접근을 억제하거나 제한할 때 형평성은 위협을 받을 수 있다. 전체 사회-생태 시스템(SES)의 역동성이 (생태적 또는 경제적) 제도(制度) 전환으로 이어져 사람들의 가치에 영향을 미칠 수 있을 때 응집력과 유산은 위협에 처한다.
- 불완전한 지식의 맥락에서 생태적 및 사회적 레질리언스를 보장하고 사회적, 경제적 또는 정치적 이해관계가 상충(相衝)되는 이해관계자 간의 협상력이 불충분할 때 효율적인 해결책을 수립할 수 있는 연안 거버넌스의 능력에 관련된 관리 문제: 관리문제는 레질리언스 문제를 고려하지 않거나, 관리계획에 통합되었지만, 운영조치 없거나 비효율적인 운영 조치가 시행될 때 발생한다.

레질리언스는 예측할 수 없는 생태적 프로세스, 인간 활동의 변화 또는 이전에 고려(考慮)한 해결책의 비효율성 때문에 유지 또는 향상하기 곤란한 경우가 많다. 이러한 이유로 레질리언스의 유지 또는 향상에 영향을 미치는 문제를 초기 진단하면, 연안 사회-생태 시스템(CSES)의 관련 구성 요소 및 프로세스를 선택하고, 추가 분석에 사용할 레질리언스 체계를 선택할 수 있다. 이 초기 진단은 여러 가지 문제를 나타낸다. 표 2.1은 이러한 초기 진단에 포함될 수 있는 몇 가지 선택된 레질리언스, 그 원인으로 발생하는 구체적인 압박, 각 문제를 해결하기 위한 기존 레질리언스 체계의 사용에 대한 요약을 나타내었다. 일부 체계는 주로 상황을 분석적으로 평가 및 초기 진단을 제공하며 궁극적으로 가능한 실행(DPSIR, ESA, SES, SD)을 추천하는 데 적합하지만, 다른 체계는 운영성이 뛰어나 관리 및 거버넌스 개선에 구체적으로 기여(寄與)할 수 있다(CR, CRP, ICZM, RVA).

표 2.1 연안 레질리언스 문제를 해결하기 위한 가능한 체계의 사례 선별

레질리언스에 영향을 끼치는 문제의 종류	특징	문제를 일으키는 가능한 원인의 예(例)	문제를 해결하기 위한 체계를 사용할 수 있는 예
생태적 문제	서식지 파괴	도시화 인구 과밀화	연안 환경용량[95](Carrying Capacity)에 대한 토지계획 적응을 위한 ICZM[*2] 대중의 인식 향상을 위한 ESA[*2]
	천연자원 과잉개발[*1]	이용자 간 상충	사용자 상호작용 및 그에 따른 출현속성[96](Emergent Properties)에 대처하기 위한 SES[*2]
	수질	오염	오염원 식별을 위한 DPSIR[*2] 수질에 관련된 서비스의 다양성을 입증하고 자연-기반 해법(Nature-based Solutions)을 촉진하기 위한 ESA[*2]
위험과 리스크 문제	해안침식	침수 방재 기후변화	적응능력 개선을 위한 RVA[*2] 자연-기반 해법을 촉진하기 위한 ESA[*2]
	해수면 상승	불합리한 침수 방재 기후변화	취약 지역 식별을 위한 RVA[*2] 다단계 적응 능력 평가를 위한 SES[*2] 관리 효율성 향상을 위한 CRP[*2]
	극단 사건 (즉, 폭풍(태풍), 침수)	기후변화	리스크 노출 최소화를 위한 RVA[*2] 리스크에 대처할 수 있는 역량 향상을 위한 CRP[*2]
경제 개발 문제	경제성장	연안 자원의 매력	자연 자본(즉, 천연자원 재고(在庫))의 보전을 양립(兩立)할 수 있는 용도를 보장하는 SD[*2]
	직업창출 또는 유지	연안 인구 증가	경제성장 이익의 사회적 분배 보장을 위한 SD[*2] 경제 투자에 대한 사회적 요구에 대처하기 위한 CR[*2]
	기업 취약성	환경 구속	연안 기업의 수익성과 적응 능력을 보장하기 위한 RVA[*2]
사회문제	형평성	자원에 대한 제한적 접근	기회의 공평한 분배를 보장하는 SD[*2] 해안지대와 관련된 사회적 요구의 다양성을 입증하기 위한 ESA[*2]
	사회 융합	사회적 변환	취약 계층 식별을 위한 RVA[*2] 사회 적응 탐색을 위한 SES[*2] 변화에 대한 사회적 전유(專有)를 달성하기 위한 CR[*2]
	유산보존	상황 변화	연안에서 제공하는 문화 서비스의 다양성과 중요성을 이해하기 위한 ESA[*2] 연안의 정신적 표현의 다양성을 나타내는 SES[*2]
관리문제	관리 부재(不在)	레질리언스 문제에 대한 무지	레질리언스 문제와 그 원인을 밝히기 위한 DPSIR[*2]
	관리 실패 수질	불합리한 실행	육지 및 해양 관리정책 간의 일관성을 보장하는 ICZM[*2] 이해관계자 인식 개선을 위한 ESA[*2] 예기치 않은 효과를 줄이고 관리 효율성을 높이기 위한 RVA[*2] 제도적 복잡성 조사를 위한 SES[*2]

*1 예를 들어, 오랫동안 어업정책으로 관리를 받은 전문 어업인(어민(漁民))뿐만 아니라, 레크리에이션 낚시꾼이나 자연 관찰자 등 다양한 사용자 형태로 천연자원인 해양자원을 이용하는 경우도 있다.

*2 CR(Community Resilience): 지역사회 레질리언스, CRP(Climate Resilient Pathways): 기후레질리언스경로, DPSIR(Driver-Pressure-State-Impact-Response): 구동력-압박-상태-충격(영향)-대응, ESA(Ecosystem Service Assessment): 생태계 서비스 평가, ICZM(Integrated Coastal Zone Management): 통합연안역관리, RVA(Risk, Vulnerability and Adaptive capacity): 리스크, 취약성 및 적응 능력, SES(Social-Ecological System): 사회-생태 시스템; SD(Sustainable Development): 지속가능한 개발.

95) 환경용량(Carrying Capacity, 環境容量): 자연의 레질리언스를 잃지 않는 최대 인공 부하량(負荷量)을 말한다.

96) 출현 속성(Emergent Properties): 별도로는 어떤 개념의 특성도 아니지만, 이 개념들의 조합에서 생겨나는 속성을 말한다.

10) 연안 레질리언스 향상을 위한 6단계 접근 방식(그림 2.4 참조)

지속 불가능한 상황에 직면하면 연안역 관리자는 문제를 이해하고 해결하기 위해 즉시 사용할 수 있는 분석적인 체계나 제도적(制度的) 수단을 활용하고 싶은 유혹에 빠질 수 있다. 그러나, 연안 레질리언스는 복잡한 시스템으로 어떤 한 가지 방법론으로는 모든 상황을 맞출 수 없다. 그 대신 실용적이고 광범위한 영역(Spectrum, 領域)적인 접근방식을 추천한다. 즉, 연안 레질리언스 역동성의 핵심인 복잡성(Complexity), 불확실성(Uncertainty) 및 적응(Adaptation)은 연안 시스템의 레질리언스를 관리하려는 모든 실천의 핵심이 되어야 한다. 사회-생태 시스템(SES) 및 통합 연안역 관리(ICZM) 체계를 실현하기 위한 추천 사항에 근거하여, 담당 실무자들이 연안 레질리언스를 위해 전략적으로 사용하기 위한 접근 방식을 구조화할 수 있는 다음 6단계(그림 2.4 참조)를 권장한다. 이 6단계 중 처음 두 단계는 횡단적(橫斷的)인 기본 원칙으로 전체 프로세스에 적용된다. 그런 다음 3~6단계는 순차적(順次的)으로 수행하여야 한다. 다차원적이고 역동적인 레질리언스 문제의 측면과 레질리언스 체계의 복잡성 때문에, 6단계 접근방식은 해안공학, 환경공학, 생태학과 사회경제학의 교육을 받고 경험이 있는 관리자, 전문가와 연구원으로 구성된 핵심 팀이 시행하여야 한다. 장기적으로 이를 통해 점진적으로 효과적인 결과를 얻을 수 있는 충분한 학습유형별 경험을 확보할 수 있어야 한다.

- 1단계: 장기적이고 적응적인 관리 프로세스를 계획한다.

'문제의 복잡성'과 '이해관계자 간 차이'를 정치인과 관리자가 해결하기 어렵더라도(Head 2019), 적응적, 참여적 및 단일 학문 분야에 국한되지 않는 종합적이며 문제 지향적인 접근방식(Xiang 2013)이 필요하다. 이를 위해서는 시스템적 사고(즉, 시스템의 일부 간 상호작용을 살펴봄으로써 복잡성을 이해하는 것, '3.1.4 시스템 접근 방식을 사용한 연안 자연-기반 해법(CNbS)의 계획과 실행' 참고), 상호 생산적 및 적응적인 관리에 대한 새로운 접근 방식이 필요하다(Head & Alford 2015).

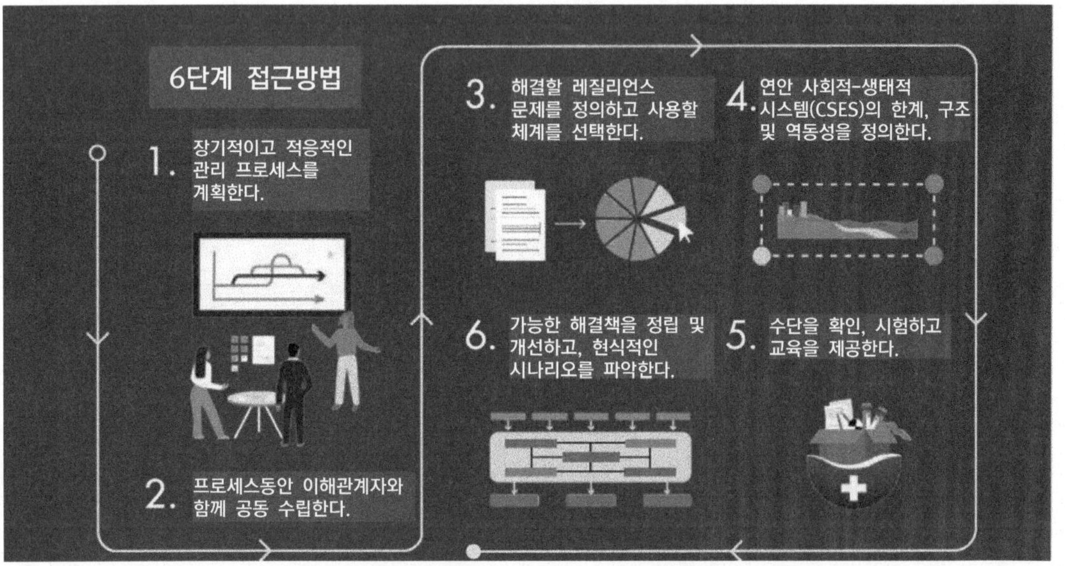

그림 2.4 연안 레질리언스를 구축하는 6단계 접근 방식

관리자는 시간의 경과에 따른 연안 레질리언스의 재평가, 재조정, 적응 및 반복을 달성할 수 있도록 장기간 지속적인 프로젝트 형태로 운영한다.

- 2단계: 관리 프로세스 동안 이해관계자와 함께 공동 수립한다.

이해관계자는 이 6단계에 걸쳐 공정하고 투명한 방법으로 공동 수립에 참여해야 한다. 연안 레질리언스 문제는 지역 주민, 전문가 또는 시민단체 대표, 원주민, 연안에서 멀리 떨어져 있지만, 연안역에 깊은 관심을 보이는 이해관계자('안락의자(Armchair) 이해관계자'라고도 한다)를 포함하여 다양한 역량과 비전을 지닌 다양한 이해관계자가 참여하는 사회적 과정이다(Gurney 등. 2017). 이해관계자는 위협자, 잠재적 피해자 또는 두 역할을 하는 사람으로서 레질리언스 문제에 관여한다. 따라서 이해관계자는 문제와 시스템 한계를 정의하고(3단계와 4단계), 그들의 지식을 활용하여 레질리언스 문제와 시스템 문제점을 개선하고, 가능한 해결책을 확인하고 선택하는 데 관여해야 한다(5단계와 6단계). 이해관계자의 참여를 위한 기법은 해결해야 할 주제에 따라 달라지며 회의, 포커스 그룹[97](Focus Group) 및 공개 토론회가 이에 해당한다. 모든 관계 이해관계자는 누락시킨 내용이 없는지 곰곰이 따져봐야 하며, 이는 프로세스 전반에 걸쳐 지속하여야 한다. 이해관계자 참여는 다양한 형태의 지식이 프로세스에 통합될 수 있도록 보장하므로 관리 정책의 사회적 수용성(受容性)을 향상한다. 이를 통해 인간 사회의 적응 역량을 발휘할 수 있는 핵심 요소인 사회 조직과 기관(즉, 개인 또는 그룹이 환경변화에 어떻게 대응할지 선택할 수 있는 능력)의 적응성이 향상된다.

- 3단계: 해결할 레질리언스 문제를 정의하고 사용할 체계를 선택한다.

문제의 틀(Frame) 잡기와 정의는 제안된 해결책 형태에 영향을 미치며(Head 2019), 이는 전체 레질리언스 관리 프로세스를 결정한다. 문제의 틀 잡기는 핵심 문제를 선택하는 것을 포함하며, 이러한 문제를 정의할 때 '선별적 분류(Triage)'와 같은 하위 문제와 방법(Pendleton 등. 2015)이 유용하다. 선별적 분류는 다음과 같은 질문에 답하여 핵심 요소를 구별하는 구조화된 의사결정 접근 방법이다. 사람들에게 가장 중요한 것은 무엇인가? 무엇이 가장 변하게 될 가능성이 큰가? 우리의 관리 역량에는 무엇이 포함되나? 문제 정의는 관련 이해관계자 목록의 변경으로 이어질 수 있다. 핵심 및 하위 문제를 파악하면 다음 단계는 가장 적합한 체계를 선택하는 것이다.

- 4단계: 연안 사회-생태 시스템(CSES)의 한계, 구조 및 역동성을 정의한다.

연안 사회-생태 시스템(CSES)의 한계, 구조 및 역동성을 정의하려면 연안 레질리언스 문제의 관리 가능한 구성 요소와 프로세스를 파악하여 연안 시스템의 적응 능력을 강화해야 한다. 이는 규모에 따라 달라지는 주요 구성 요소를 정의하는 것을 의미한다. 즉, 주요 프로세스와 시간이 지남에 따라 어떻게 변하는지, 생태적, 사회적, 지리적, 경제적 한계 및 외부 구동력과의 상호작용을 뜻한다. 구성 요소는 예를 들어 강 유역, 서식지, 동식물 군집, 종(種)과 그 특성, 개인, 지역사회, 사용자 그룹, 단체, 행정 단위 또는 기관 등이 있다. 이러한 구성 요소를 결정하는 데는 지리적 경계가 아닌 '문제보

---

97) 포커스 그룹(Focus Group): 인터뷰 참여자 간 상호작용을 적극적으로 활용하는 인터뷰 방법이다. 참여자들이 주어진 논제에 집중하도록 하며, 유효하고 풍부한 데이터를 비교적 쉽게 얻을 수 있다. 인터뷰 참여자도 연구의 참여자로 생각하며 존중하고 중시하는 개념이 깔려있다.

관소(Problemshed)'(즉, 위태로운 문제에 초점을 맞춘 공간 단위) 개념이 유용하다(Mollinga 등. 2007). 연안 사회-생태 시스템(SES)의 관련 주요 프로세스와 구성요소를 파악하려면 데이터 마이닝[98](Data Mining)(예: 경향 또는 상황 변화를 파악하기 위한 시계열 분석)이 필요하며 수치 또는 정성적(定性的) 모델을 사용하여 향상할 수 있다. 주요 프로세스에는 서로 다른 시간 규모가 관련될 수 있으며, 가장 위협적인 변화가 가장 빠른 속도로 발생하면 레질리언스가 손상될 수 있다. 마찬가지로 서로 다른 공간 규모는 위협적인 프로세스에 따라 고려할 수 있다. 연안 생태 프로세스는 외부 변화 원인의 충격(영향)을 받을 수 있지만, 연안 관리 기관은 일반적으로 광범위한 제도적 및 정치적 시스템에 속해 있으므로, 레질리언스가 필요한 지역에 이니셔티브(Initiative)의 제약이나 유인책(Incentive)을 행사할 수 있다. 구성요소, 프로세스와 원인이 지역, 국가 또는 전 지구(全地球) 인가를 파악하면 어느 정도 관리해야 하는지 결정하는 데 도움이 된다. 이 단계는 또한 관련 이해관계자 목록의 변경으로 이어질 수 있다.

- 5단계: 수단을 확인, 시험하고 교육을 제공한다.

연안 레질리언스를 구축하고 향상하는 수단은 자연-기반 해법(NbS, Nature-based Solutions), 하이브리드 해법, 회색 기반시설[99](Gray Infrastructure) 또는 기타 기술 개입, 적응형, 부문 간 및 일관성 있는 정책, 역량 강화, 대중 인식을 포함한 관리 및 정책 해결책으로 구성된다. 가장 적합한 해결책은 문제와 연안 사회-생태 시스템(CSES)의 특성에 따라 달라지며, 다양한 수단의 결합이다. 예를 들어, 기술적 해결책은 연안 주민의 인정(認定) 또는 동의 후 채택하여야 하므로 이해관계자의 동의를 받아야 하며 사회적 학습 또는 교육이 수반되어야 한다. 가능한 수단을 파악하는 방법에는 기술 혁신(예: 새로운 기반 시설 또는 사용자 관행의 변화), 관리 실패를 구별하기 위한 제도적 분석 및 사회적 요구를 알아차려 사회적 수용성 조건을 평가하기 위한 설문조사 등이 포함된다. 주요 실행자와 일반 대중의 공동 제작 및 교육뿐만 아니라 연구, 시험, 모니터링에 대한 장기적인 투자도 필수적이다.

- 6단계: 가능한 해결책을 정립 및 개선하고, 현실적인 시나리오를 확인한다.

마지막 단계는 실행해야 할 수단을 선택하는 것이다. 가능한 관리의 대안(Option)은 레질리언스 달성을 위한 예상 효율성, 기술적 및 재정적 타당성, 사회적 수용 가능성 등과 같은 기준에 따라 선택해야 한다. 관리 대안의 채택을 높이는 데 이해관계자의 참여와 동의가 중요하며, 이는 공공 참여로 발생할 수 있는 광범위한 사회적 목표를 고려해야 한다. 여러 해결책이 가능한 경우 의사결정분지도[100](意思決定分枝圖) 또는 편익-비용분석을 사용하여 기술 해결책을 평가하거나 개선할 수 있다. 잠재적 해결책의 결합은 시나리오 모델링 및/또는 다중 기준 분석을 통해 평가해야 한다.

---

98) 데이터 마이닝(Data Mining): 데이터베이스 내에서 어떠한 방법(순차패턴, 유사성 등)에 의해 관심 있는 지식을 찾아내는 과정으로, 데이터 마이닝은 대용량의 데이터 속에서 유용한 정보를 발견하는 과정이며, 기대했던 정보뿐만 아니라 기대하지 못했던 정보를 찾을 수 있는 기술을 의미한다. 많은 데이터 가운데 숨겨져 있는 유용한 상관관계를 발견하여, 미래에 실행할 수 있는 정보를 추출하여 의사 결정에 이용하는 과정을 말한다.

99) 회색 기반시설(Gray Infrastructure): 도시 내 도로, 상업지구, 그리고 공업지구와 같이 콘크리트로 만든 기반 사회기반 시설을 말한다.

100) 의사결정분지도(意思決定分枝圖, Decision Tree): 의사 결정 지원 계층적 모델로, 우연한 사건 결과, 자원 비용, 유용성을 포함한 의사 결정과 그에 따른 가능한 결과의 트리와 같은 모델을 사용한다.

2.1.4 연안에 미치는 압박과 충격(영향)[4]

연안역은 증가하는 인간의 점유(占有), 자원개발, 인위적 요인으로 인한 기후변화로 심각한 생태적 및 사회적 충격(영향)을 받고 있다. 특히 전(全) 세계 연안은 부영양화, 오염, 어류 자원의 과도한 남획, 기후변화와 같은 여러 압박의 충격(영향)을 받으며 해수면 상승, 서식지 손실 또는 황폐화 등이 가중되고 있다. 재생에너지 및 블루바이오 기술[101](Blue Biotechnology)과 같은 신흥 분야를 포함한 블루이코노미[102](Blue Economy)의 활동이 확대함에 따라 연안 사회-생태 시스템(CSES)의 레질리언스를 유지하면서 이러한 활동을 어느 정도까지 발전시킬지 결정하는 것이 점점 더 중요해지고 있다. 압박은 생태계 상태와 그에 따른 인간 복지에 영향을 미치며, 이는 연안 사회-생태 시스템(CSES)의 레질리언스를 약화(弱化)할 수 있다(그림 2.5 참조). 그 구동력에는 기후변화, 인간 활동뿐만 아니라 인구 및 경제성장, 관광과 같은 사회적, 인구 통계학적, 경제적 발전이 포함된다. 압박은 하나 이상의 인위적 요인으로 발생할 수 있으며, 외인성(外因性) 관리 불가능한 압박(ExUPs, Exogenic Unmanageable Pressures) 또는 내인성(內因性) 관리 가능한 압박(EnMPs, Endogenic Manageable Pressures)으로 나눌 수 있다. 외인성 관리 불가능한 압박(ExUPs)의 핵심 구동력은 관리하는 연안역(즉, 지역 또는 전 세계)의 외부에서 발생하므로 관리자는 연안 사회-생태 시스템(CSES)을 넘어서는 규모의 관리 및 정치적 실행이 필요하다. 그러나, 연안 사회-생태 시스템(CSES)에 미치는 이러한 압박의 충격(영향)은 완화 및 적응 실행을 통해 지역 수준에서 해결할 수 있다. 예를 들어, 기후변화로 발생하는 압박은 주로 전 세계적으로 발생한다. 정치적 불안정성, 실업 또는 인구 증가와 같은 구동력은 국가적인 문제일 수 있지만, 이러한 모든 충격(영향)은 다른 방식으로 특정 연안 사회-생태 시스템(CSES)에 충격(영향)을 미친다. 내인성 관리 가능한 압박(EnMP)의 원인은 연안 사회-생태 시스템(CSES)의 관리 경계 내에 있으며 그 충격(영향)은 연안 사회-생태 시스템(CSES) 내에서 관리 할 수 있다. 이 장에서는 가장 중요한 12가지의 내인성 관리 가능한 압박(EnMP)과 기후로 인한 외인성 관리 불가능한 압박(ExUP)(그림 2.6 참조)이 연안에 미치는 충격(영향)에 대하여 설명한다. 즉, 전 지구 차원으로부터 지역 차원으로의 원인과 경향, 이러한 개별 압박과 상호작용이 연안에 충격(영향)을 미치고 연안 사회-생태 시스템(CSES)의 레질리언스를 위협하는 방식에 대해서 알아보겠다.

1) 외인성(外因性)(기후로 유발(誘發)된) 압박

화석연료 소비 증가로 인한 전 지구적인 온실가스 배출량 증가는 연안 시스템에 기후로 유발된 압박으로 이어져 연안 사회-생태 시스템(CSES)의 레질리언스에 부정적인 충격(영향)을 미친다. 이러한 압박에는 전 지구 해수면 온도(SST, Sea-Surface Temperature) 증가, 해수면 상승(SLR, Sea-Level Rise), 해양 열파(MWH, Marine Heatwaves)를 포함한 극단 사건, 연안 침수, 폭풍(태풍) 강도와 내습 빈도 증가, 해양 산성화(OA, Ocean Acidification) 및 해양 탈산소화(Deoxygenation) 등이 있다.

---

101) 블루바이오 기술(Blue Biotechnology): 지식, 상품 및 서비스를 생산하기 위해 살아있는 수생(水生) 생물에 과학과 기술을 적용하는 것을 말한다.

102) 블루이코노미(Blue Economy): 전 세계 해양 및 수자원의 지속 가능한 이용과 보호를 위한 개념 혹은 전략으로 사용하는 용어이다.

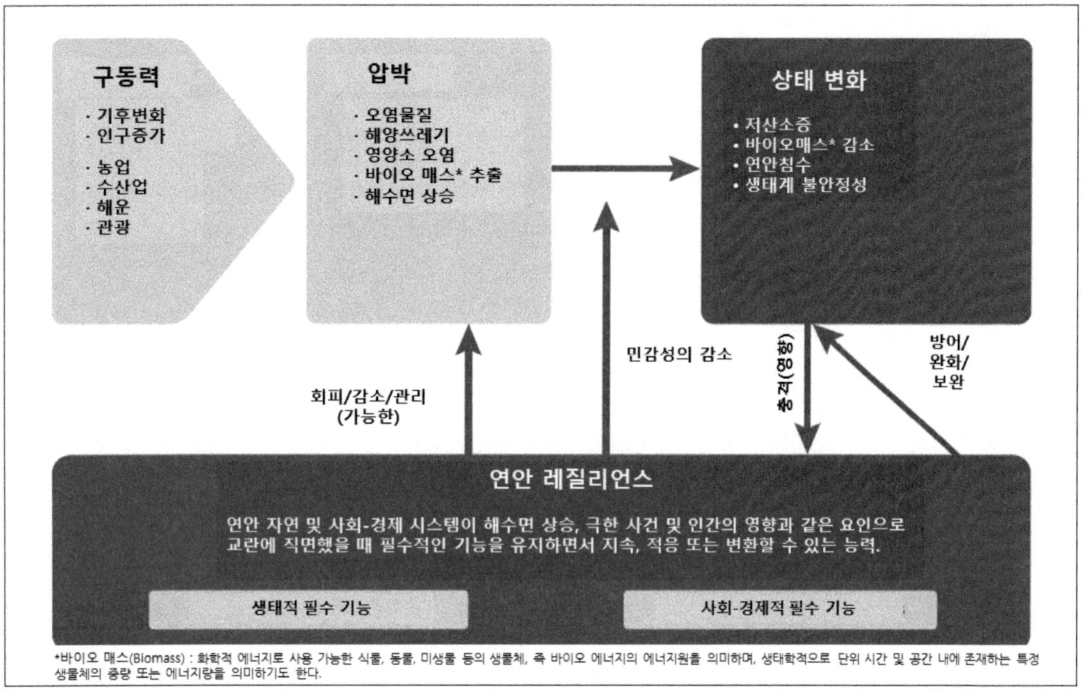

【압박은 인위적인 구동력으로 발생하며 생태계 상태에 충격(영향)을 주어 연안 사회-생태 시스템(CSES)의 레질리언스를 약화시킨다. 압박은 연안 사회-생태 시스템(CSES)이 추가적인 교란을 흡수하는 능력과 필수 기능을 감소시킨다. 연안 사회는 압박을 회피 또는 저감(低減)하며, 방재를 강화하고 충격(영향)을 완화함으로써 연안 사회-생태 시스템(CSES)의 레질리언스를 약화시키는 리스크를 줄일 수 있다.】

그림 2.5 연안 레질리언스에 미치는 구동력, 압박 및 상태 변화, 상호작용, 충격(영향)의 예

그림 2.6 연안 압박의 개요

(1) 전 지구 해수면 온도(SST, Sea-Surface Temperature) 상승

전 지구 해수면 온도(SST)는 1850~1900년부터 2011~2020년 사이에 0.88℃ 증가하였다. 1980년 이후 전 지구 해수면 온도(SST)의 증가는 0.6℃였으며 변화 속도는 지역적으로 다양하였다(Fox-Kemper 등. 2021). 이러한 온난화는 종(種) 구성의 변화, 즉 손실과 혜택(이익) 등 다양한 방법으로 연안 생태계에 충격(영향)을 준다. 온도는 종의 번식 및 이동 시간을 변화시켜 이전에 같이 진화하였던 종(種) 간에도 생태학적 불일치를 유발한다(예: 포식자와 그 먹이, Wilson 등. 2021). 온도상승이 모든 유기체에 같은 방법으로 충격(영향)을 미치지 않기 때문에 이러한 불일치는 생태계의 기능에 알려지지 않았던 결과를 초래한다. 온도는 특히 착생(着生) 또는 부동(不動) 동물의 종(種) 존재도(存在度)와 구성, 연안 생태계의 탄소격리 잠재력에도 충격(영향)을 미친다(Vye 등. 2020). 현재 배출경로에 따르면 전 지구 해수면 온도(SST)는 해양생태계(IPCC, 2021)에 대한 부정적인 충격(영향), 식량 생산과 탄소저장 잠재력과 같은 여러 생태계 서비스에 대한 충격(영향)이 증가함에 따라 21세기 내내 계속 증가할 것이다. 지구온난화의 충격(영향)인 평균 전 지구 온도의 상승은 잠재적인 전 세계 어업의 어업 어획량 감소로 이어질 수 있다(Prellezo 등. 2023). 전 지구 해수면 온도(SST) 증가와 관련된 주요 지식 격차에는 향후 해수면 온도(SST)변화가 먹이망[103](Food Web) 및 종 간의 기타 상호작용에 어떤 영향을 미칠지, 해수면 온도(SST) 증가가 다른 압박과 어떻게 서로 작용할지 등이 포함된다.

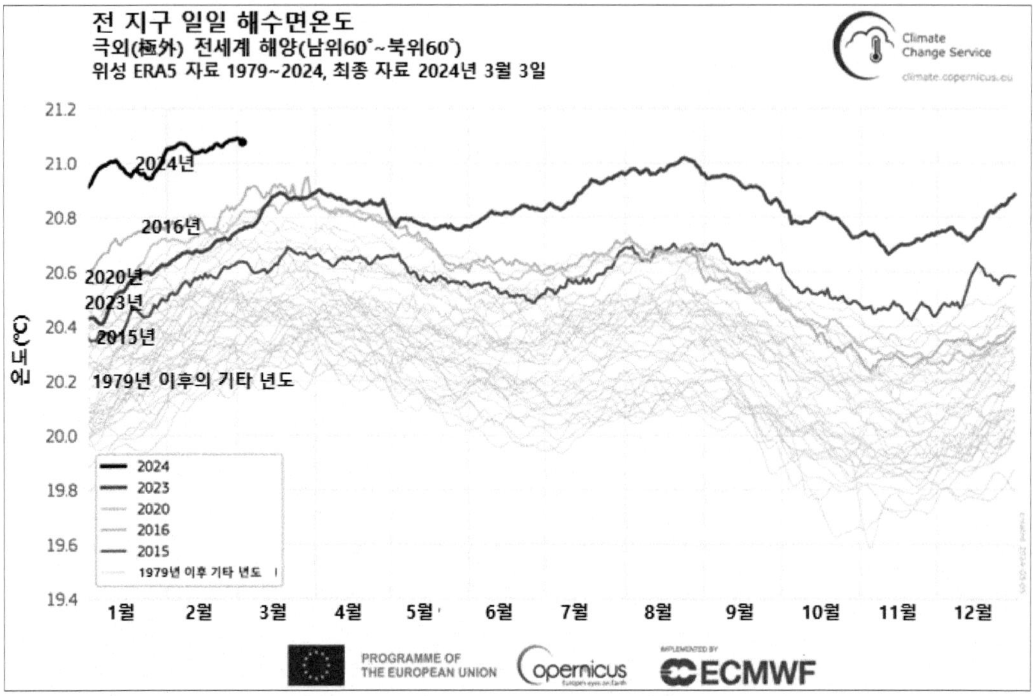

【1979~2024년 사이의 극지방외(남위 60°~ 북위 60°) 전 지구 해수면 온도의 일평균(°C)을 나타내었는데, 이 중 2015년, 2016년, 2020년, 2023년, 2024년은 굵은 실선 나타내었다.】

그림 2.7 2024년 3월 현재 전 지구 해수면 온도

103) 먹이망(Food Web): 먹이 연쇄의 조합을 먹이망이라 정의하며 복잡한 영양 단계를 포함하는 먹이망이 먹이연쇄보다 더 정확하게 에너지 흐름을 나타낸다.

【색상 범주는 1991~2020년 기준 기간의 온도 분포 백분율을 나타내었다. 극('가장 차가운' 및 '가장 따뜻한') 범주는 1979~2023년 기간을 나타내고, 값은 얼음이 없는 바다에 대해서만 계산하였다. 2024년 2월 기준으로 색상을 정확히 구별하려면 출처를 참고 바란다.】

그림 2.8 2024년 2월 전 지구 해수면 온도 백분율(%)

2024년 현재 전 지구 일일(日日) 해수면 온도(SST)와 전 지구 해수면 온도(SST) 백분율을 각각 그림 2.7 및 그림 2.8에 나타내었는데, 우리나라 주변 해역은 대체로 해수면 온도(SST)가 매우 따뜻한 지역에 속하고 있다.

(2) 극단 사건: 해양 열파(MHW, Marine Heatwaves)

해양에서 발생하는 극단 사건은 드물지만, 해양 시스템에 심각한 충격(영향)을 미친다(Gruber 등. 2021). 이 중 해양 열파(MHW)는 지난 수십 년 동안 전 세계 해역에서 강도와 내습 빈도를 증가시켰다(Oliver 등. 2018). 이러한 경향은 장래에도 부분적으로 변화하는 기후 경향의 영향을 받을 것이 예상되며(Frölicher 등. 2018), 북극해는 해양 열파(MHW)의 내습 빈도가 가장 많이 증가한 지역 중 하나이다(Fox-Kemper 등. 2021). 해양 열파(MHW)는 비정상적으로 높은 해양 온도, 즉 30년간 측정한 기준치보다 90% 이상 높은 온도로 5일 이상 계속되는 기간을 말한다(Hobday 등. 2016). 그림 2.9는 미국 국립해양대기국(NOAA)의 2024년 7월 말 기준 전 지구 해양 열파에 대한 평가를 나타낸 그림으로써 전 세계 해양의 35%가 해양 열파 상태이고, 월별 관측치는 1991년 관측을 시작한 이후로, 14번째로 높다. 미국 국립해양대기국(NOAA)은 2024년 7월 35%인 해양열파(MHW) 범위가 2024년 10월까지 약 30%로 감소할 것이라고 예상했는데, 이 예측은 라니냐(La Niña)의 발달과 어느 정도 관련이 있다. 해양열파(MHW)는 계속해서 강한 기후의 충격(영향)을 미치고 있으며, 해양열파(MHW) 강도가 여름철 더위에 의해 가속화되기 때문에 북반구에서 강도가 세어지고, 특히 우리나라 주변 해역은 강도가 세어질 것이 예상된다[5].

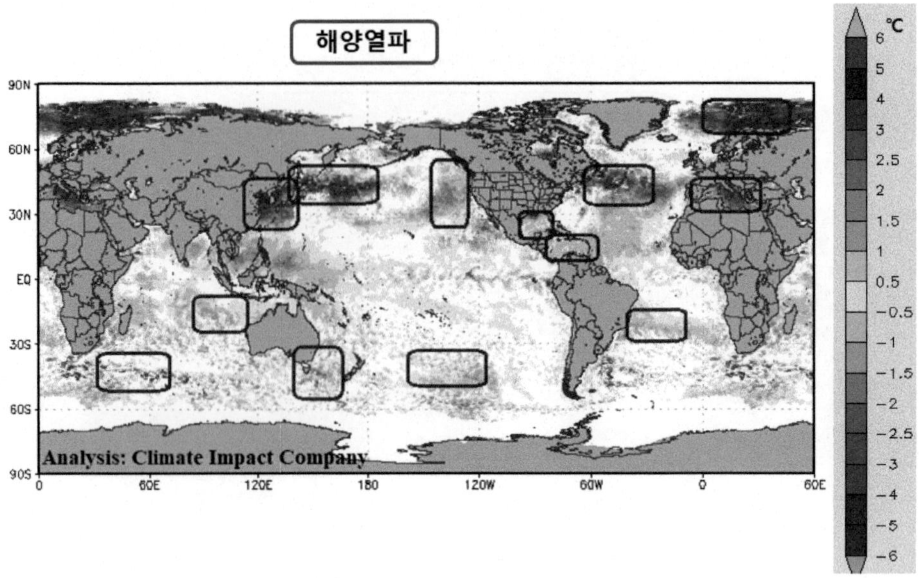

【색상을 정확히 구분하려면 출처를 참고 바란다.】

그림 2.9 2024년 7월의 전 지구 해수면 온도 이상현상(SSTA, Sea Surface Temperature Anomaly)과 해양 열파(MHW) 위치

(3) 해수면 상승(SLR, Sea-level Rise)[6](그림 2.10, 그림 2.11 참조)

1880년 이후 전 지구 평균해수면은 약 21~24 ㎝ 상승하였다. 해수면 상승은 대부분 빙하와 빙상에서 발생하는 녹은 물과 온난화에 따른 해수의 열팽창 때문이다. 2023년 전 지구 평균해수면은 1993년보다 10.14 ㎝ 높았으며, 이는 위성 기록(1993~현재)에서 가장 높은 연간 평균치이다. 일부 대양에서는 위성 기록이 시작된 이래 해수면이 15~20 ㎝까지 상승하였다. 바람과 해류의 강도에 자연적인 변동성이 발생하여 해양의 심해층(深海層)이 열을 저장하는 정도와 장소에 영향을 미치기 때문에 지역적 차이는 존재한다. 2006~2015년 전 지구 평균해수면은 연간 3.6 ㎜ 상승하였으며, 이는 20세기 대부분 기간의 연평균 1.4 ㎜의 2.5배에 달하였다. 금세기 말까지 전 지구 평균해수면은 온실가스 배출량이 향후 수십 년 동안 상대적으로 낮은 경로를 따르더라도 2000년 수준보다 높게 상승할 가능성이 크다. 특정 육지지점의 과거 및 장래 해수면 상승은 지반 침하, 상류 홍수 조절, 침식, 지역적 해류, 사라진 빙하 시대(Ice Age)의 압축 중량으로 인해 지반이 반등(反騰)하거나 침하(沈下)하는 지역적 요인에 따라 지구 평균보다 높거나 낮을 수 있다. 지구 기온이 계속 따뜻해짐에 따라 추가적인 해수면 상승은 피할 수 없다. '온실가스가 얼마나 많고 언제까지 배출될 것인가'라는 명제는 장래 온실가스 배출률이 결정한다. 그러나, 또 다른 불확실성의 원인은 지구가 따뜻해지면서 남극과 그린란드의 대형 빙상이 안정적이고 예측 가능한 방법으로 녹을지, 아니면 기후 티핑포인트104)(Climate Tipping Point)에 도달하여 급격하게 붕괴할 여부이다. 미국 국립해양대기국(NOAA)의 2022년 보고서에 따르면 온실가스 배출량과 온난화 가능성이 가장 낮은 경로(1.5℃)에도 2100년까지 지구 평균해수

104) 기후 티핑포인트(Climate Tipping Point): 안정한 상태의 기후상태에서 급격한 변화를 통해 또 다른 안정된 상태로 바뀌게 되는 임계점을 말한다. 일반적으로, 기후 시스템이 외부 강제력에 대해 점진적으로 반응하다가 어느 순간 작은 강제력에도 급격하게 변화하는 지점으로 정의한다.

면이 2000년 수준보다 최소 1 m 이상 상승할 것이라고 결론지었다. 급격한 빙상 붕괴를 유발하는 온실가스 배출량이 매우 높은 경로에서는 2100년에는 해수면이 2000년보다 2 m 더 높아질 수도 있다.

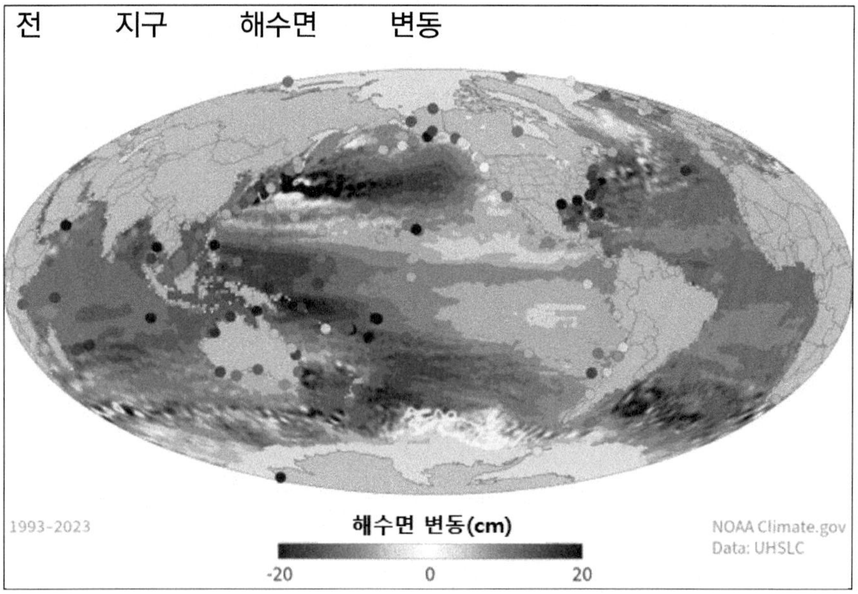

【1993~2023년까지 전 지구 대부분 해양에서 해수면이 상승한 것을 의미한다. 일부 대양에서는 헤수면이 15~20 ㎝ 상승하였다. 연안의 국지적 해수면 변동률(점)은 지반 침하로 인한 지질학적 과정으로 전 지구 평균 해수면 변동률보다 크거나, 빙하기 빙하의 손실로 인한 수(數)세기 동안의 지반 질량 반등과 같은 과정으로 전 지구 평균 해수면 변동률보다 작을 수 있다. 색상을 정확히 구분하려면 출처를 참고 바란다.】

그림 2.10 전 지구 해수면 변동(1991~2023년)

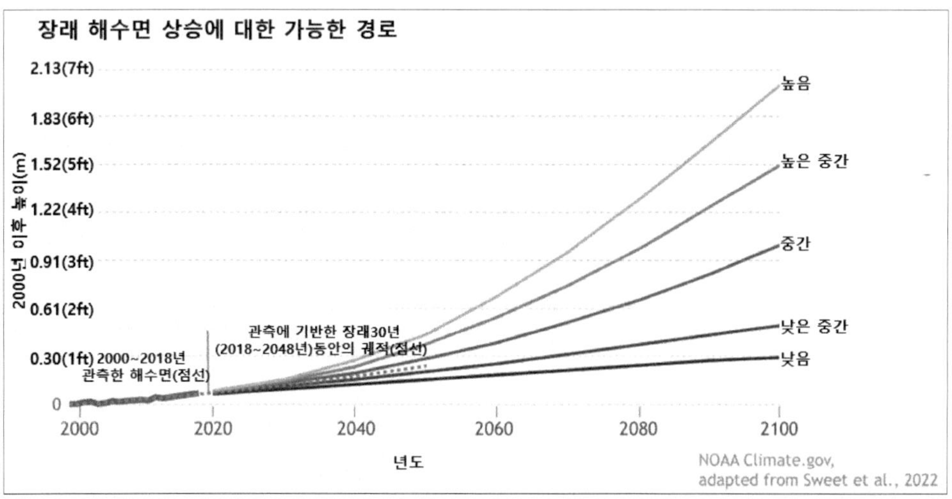

【2000~2018년까지 관측된 해수면(점선)과 향후 6개 경로(5개 회색 선과 1개 점선)에 대한 장래 해수면 2100년까지의 경로는 장래 온실가스 배출량과 지구온난화 비율에 따른 가능한 빙하 및 빙상 손실률의 차이에 따라 다르다.】

그림 2.11 장래 해수면 상승에 대한 가능한 경로

(4) 극단 사건: 연안 침수, 폭풍해일 및 파랑

평균해수면 상승은 드문 극단 해안 수위(ECWL, Extreme Coastal Water Levels)를 증가시켜 연안 지역사회의 일시적인 침수에 대한 노출을 늘린다. 평균해수면, 조석의 변화, 폭풍(태풍)의 내습 빈도와 규모의 변화는 극단 해안 수위(ECWL)의 변동을 일으키며, 이는 다시 폭풍해일과 파랑의 변화를 유발한다. 또한 지진해일(Kopp 등. 2021)과 기상해일[105](Meteotsunami)도 극단 해안 수위(ECWL)를 발생시킬 수도 있다. 과학자들은 폭풍해일, 파랑, 평균해수면 변동 사이의 상호작용을 이제 연구하기 시작하였다. 과학자들은 지금까지 폭풍해일, 호우, 후속 하천홍수 및 지상 유출 증가 사이의 상호작용과 같은 다른 여러 리스크의 동시 발생을 연구하지 않았다. 이러한 복합적 리스크의 영향은 하구(河口)와 같은 노출 지역의 리스크를 증폭시키고 개별적 기후 관련 구동력으로만 발생하는 영향보다 큰 극단 해안 수위(ECWL)로 이어질 수 있다. 21세기 동안 극단 해안수위(ECWL)의 증가가 예상되므로 여러 지역에서 심각한 영향을 받아 침수가 자주 발생할 것이다(Bevacqua 등. 2019). 산재(散在)한 샘플링(일반적으로 조위계(檢潮器, Tide Gauge)로 한 장소 측정만 가능), 흩어져 존재하는 과거 정보 및 지역 특성의 영향(예: 수심 측량)으로 특정해안의 극단해안수위(ECWL) 확률을 산정하기가 어렵다. 그러나 이러한 정보는 리스크 관리 및 예방이 필수적이다. 침수고(浸水高)가 높을수록 해안제방, 주택 및 기타 기반시설의 피해 리스크를 포함하여 주민의 생명과 재산에 대한 리스크도 증가하여 관광, 레크리에이션 및 운송에 잠재적인 충격(영향)을 미칠 수 있다. 적은 침수 발생 빈도에 저항하도록 설계된 연안 방재 기반시설은 이러한 극단적인 사건의 발생빈도가 증가함에 따라 리스크에 처할 가능성이 크다. 또한, 연안 침수는 폭풍(태풍)의 영향을 받는 하구에서부터 사빈(砂濱)에 이르기까지 연안 서식지에 리스크를 초래한다. 극단 해안수위(ECWL)의 주요 지식에 대한 격차(隔差)는 폭풍해일, 호우 및 관련 연안 돌발(突發) 침수 및 하천홍수와 같은 여러 리스크 요소의 복합 효과, 따뜻한 기후에서 이러한 복합 사건의 발생 빈도, 강도와 원인의 변화, 연안 특정 지점의 극단 해안수위(ECWL) 확률을 예측하는 방법, 해수면 변동과 장래 폭풍(태풍) 경로 행태의 변화에 대한 불확실성 사이의 연관성에 대한 이해 등을 포함한다.

(5) 해양 산성화(OA, Ocean Acidification)(그림 2.12 참조)

해양 산성화(OA)는 해양과 해양 산성화(OA)가 제공하는 서비스에 위협이 되고 있다. 전 지구적 해양 표면의 pH[106](Hydrogen Exponent)는 산업혁명 이후 8.2에서 8.1 미만으로 감소하였으며(Gattuso 등. 2014), 이는 해양이 차지하는 대기 중 직접적인 이산화탄소(CO_2) 농도 증가의 결과이다. 이러한 pH 감소는 약 30%의 해양 산성도 증가에 해당한다. 앞으로도 해양 산성화(OA)가 계속 증가할 것이 거의 확실하다(IPCC, 2019). 특히 [107]연안수역(沿岸水域, Coastal Waters)에서 지역적 및 계절적 해양 산성화(OA) 변동이 심하므로, 연안역에서의 해양 산성화(OA) 측정과 예측은 어렵다

105) 기상해일(Meteotsunami): 저기압으로 인한 대기압의 급격한 변화(기압점프 차이 약 3㍱)로 발생하는 것을 말하며 외해에서 기압변화로 시작한 파랑이 연안 가까이 도달하면 공진현상(共振現象)과 해저지형 등의 영향을 받아 파고가 매우 커지는 현상을 일컫는다.

106) pH(Hydrogen Exponent): 수소이온의 이온 지수로 1기압, 25℃에서의 물 1ℓ는 10^{-7}Mole인 수소이온을 가지므로 그 pH는 7이다. pH가 7보다 작은 수용액은 산성, pH가 7보다 큰 수용액은 알칼리성이다.

107) 연안수역(沿岸水域, Coastal Waters): 육지와 바다 사이의 경계에 있는 수역으로, 해안으로부터 일정 거리 이내의 해역을 의미한다.

(Gattuso 등. 2014). 그리고 심해(深海)는 해양의 지표수(Surface Water)보다 산성(酸性)인데, 산성 비료의 유출, 영양염류 부하, 부영양화, 해안지대(Coastal Area)에서의 용승[108](Upwelling) 등 해양산성화(OA)의 지역적 원인도 있기 때문이다(Kelly 등. 2011). 해양 산성화(OA)는 온난화 및 해양 탈산소화[109](Ocean Deoxygenation)를 포함하여 전 지구적인 해양 압박과 상호작용을 한다. 이러한 스트레스 요인이 현재 및 장래 해양생태계와 그들이 제공하는 생태계 서비스에 미치는 영향은 광범위하다. pH의 감소는 굴과 같은 조개류 종의 석회화율 감소와 같은 해양생물에 광범위한 영향을 미치며(Hoppit & Schmidt, 2022), 생물 다양성과 이러한 종(種)이 제공하는 생태계 서비스의 손실을 일으킬 수 있다(Zunino 등. 2021). 해양 산성화(OA)는 석회화 장애 외에도, 해양생물의 신진대사, 번식(예: 일부 무척추동물의 유충 발달에 영향을 미친다.) 행동과 생존에 영향을 미치고 먹이망(Food Web)을 변화시켜 생물 다양성 손실과 같은 해양생태계의 피해를 초래할 수 있다(Doney 등. 2020). 이는 관광, 양식 및 어업과 같은 해양 서비스에 의존하는 사회와 경제에 부정적인 영향을 끼친다. 해양 산성화(OA)로 탄산칼슘이 용해되어 서식지(즉, 산호 및 조개껍질로 구성된 암초(暗礁))를 파괴하면 해안 방호력(防護力)도 감소한다(산호초 등은 파랑 에너지를 소산 또는 감쇠). 또한, 해양 산성화(OA)는 해양이 탄소흡수원 역할로 할 수 있는 능력을 감소시킨다(Goodwin 등. 2009).

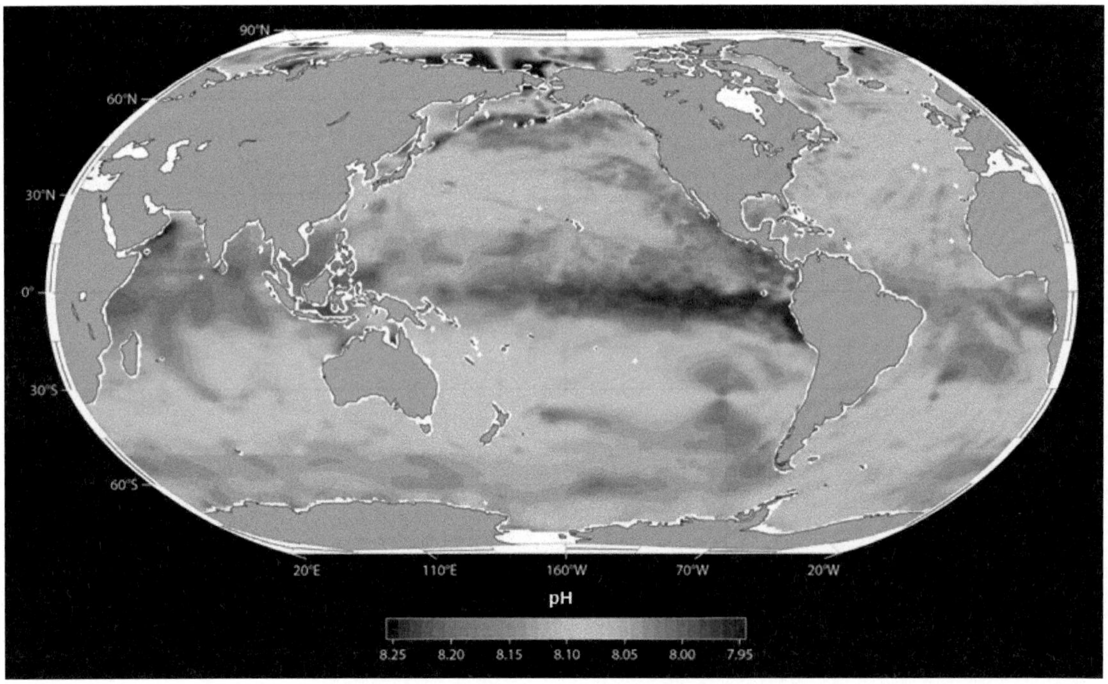

【색생을 정확히 구분하려면 출처를 참고 바란다.】

그림 2.12 2020년 전 지구(全地球) 대양 해수면에서의 pH(전체 규모)

108) 용승(湧昇, Upwelling): 표면에서 물의 발산(Divergence) 때문에 심층수가 위로 상승하는 것을 말하는데, 용승류라고도 하며, 해수면 부근의 해수가 바람 등의 인력에 의해 어느 구역에서 사방으로 유출되었을 때 질량보존법칙으로 심층의 해수가 해면으로 올라온다.

109) 해양 탈산소화(Ocean Deoxygenation): 기후변화와 인간 활동 등에 의해 해양환경 내 산소 농도가 감소하는 현상을 말한다.

2) 내인성(內因性) 압박

(1) 부영양화[110](Eutrophication) 및 탈산소화(Deoxygenation)(그림 2.13 참조)

부영양화는 대기, 육지, 강, 인접한 연안역으로부터 유입 또는 오염된 퇴적물의 교란으로 수중 환경에 영양염류가 점진적으로 풍부해지는 과정이다. 연안수역에 대한 주요 인위적(人爲的) 영양염류 공급원은 농업의 화학 비료, 폐수 및 화석연료 연소(Malone & Newton 2020)를 포함하며, 일부 양식(養殖) 관행과 선박으로부터의 배출도 연안수역에 영양염류를 공급한다. 영양염류가 풍부해지면 원양성(遠洋性) 1차 생산(유기물)이 증가하여 연쇄적인 충격(영향)을 미치기 시작한다. 여기에는 유해(有害)한 조류(藻類) 번식을 유발할 수 있는 식물성 플랑크톤 바이오매스(Biomass) 증가, 물 투명도[111](Water Clarity, 透明度) 감소, 햇빛 차단으로 인한 저서성(底棲性) 식생의 차광(遮光), 저서와 원양 먹이망 구조의 변화, 어류 보충 부족(Fish Recruitment Failure), 해저 바닥층의 저산소증(즉, 저산소 상태) 리스크 증가 및 이와 관련된 저서 생물종의 손실, 서식지 손실, 생물 지구화학적 경로의 변화, 생물 다양성 감소를 포함한다(Kemp 등. 2009). 이러한 생태계 구조와 기능의 변화는 어업과 해양 관광업에 직접적인 영향을 미치는 식량 제공, 레크리에이션 활동, 영양염류 순환, 탄소 저장 등 연안 생태계가 공급하는 물질과 서비스에도 주요한 충격(영향)을 미친다. 연안 부영양화의 주요 메커니즘은 잘 파악하고 있으며 조류(藻類) 번식, 저생(底生)생물의 서식지 손실 및 산소 고갈과 같은 주요 징후는 전 세계적으로 빨리 관측할 수 있다(Breitburg 등. 2018). 부영양화의 기본 메커니즘은 일반적으로 알고 있지만, 부영

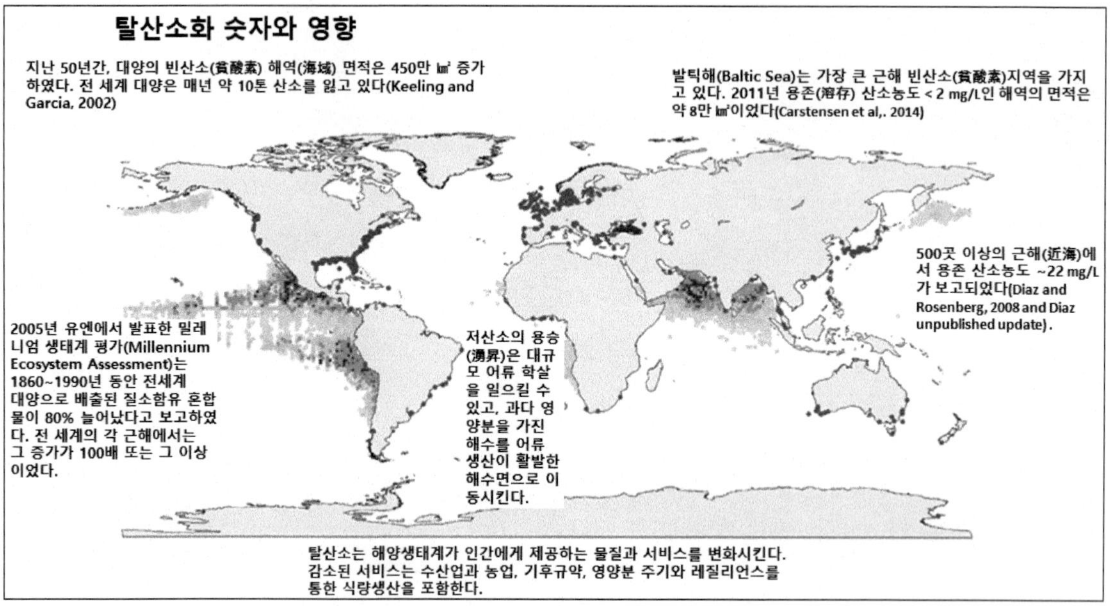

그림 2.13 전 지구 대양의 탈산소화 영향

---

110) 부영양화(Eutrophication, 富營養化): 강·바다·호수 등의 수중생태계의 영양염류(질소(N), 인(P) 등)가 증가하여 조류(藻類)가 급속히 증식하는 현상을 말한다.

111) 물의 투명도(Water Clarity, 透明度): 가시광선이 물을 얼마나 깊이 관통하는지를 설명하는 용어로, 빛의 침투 외에도 물의 투명도라는 용어는 수중 가시성을 설명하는 데도 자주 사용된다.

양화의 충격(영향)은 지역별 및 시스템별로 크게 의존하기 때문에 정량적 예측이 어렵고 보편적인 인과관계를 설정하는 것이 불가능하다. 연안 시스템은 물리적, 수문형태학적(水文形態學的) 및 생물학적 특성과 시스템이 겪는 기타 압박의 차이로 영양염류 투입에 대한 민감도와 레질리언스는 크게 차이가 난다. 따라서, 지역별로 관리 실행을 위해 개별 생태계에 대한 영양염류 수지(收支)와 영양염류 투입량 변화에 대한 민감도를 측정하는 지표를 구축해야 한다(Cloern 2001).

(2) 침입종(Invasive Species)

해양 비토착종(NIS, Non-indigenous Species) 즉, 인간 활동으로 이전 또는 현재 자연 범위 밖에서 들어온 종(種)의 유입과 확산은 주로 해운 및 양식 활동 때문에 전 세계의 연안수역에서 증가하고 있으며(Galil 등. 2014), 온난화로 인한 해양생물 종의 서식 가능 범위 확대로 그 수가 많아지고 있다(King 등. 2021). 선박평형수112)(Ballast Water)와 선체 오염을 통한 해운(海運)이 해양 비토착종(NIS)의 가장 큰 원인이다. 해양 비토착종(NIS)은 토착종(土着種)의 생물 다양성에 부정적인 충격(영향)을 미치며, 이를 침입종 또는 외래종이라고 한다. 이들의 영향은 토착종의 유전적 다양성 변동부터 종 멸종에 이르기까지 다양하며 전체 생태계와 그들이 제공하는 서비스를 변화시킬 수 있다(Corrales 등. 2020). 침입종은 조류(藻類)에서 어류에 이르기까지 생태계의 모든 수준에서 발견될 수 있으며, 침입 잠재력, 지리적 범위, 생태 및 경제적 충격(영향)은 다양할 수 있다(Molnar 등. 2008). 침입종의 영향을 받는 생태계 서비스로는 어업과 관광 부문 등에 충격(영향)을 미치는 바이오매스 생산과 연안 보전이 포함된다. 우리나라에서도 2019년 기준 해양 침입종으로 17종을 지정하고 있는데, 자포동물인 해파리류 5종, 식물플랑크톤 5종, 태형동물인 이끼벌레 3종, 극피동물인 불가사리 2종, 식물 2종이 지정되어 있다.[7] 특히, '코클로디니움'은 식물플랑크톤의 일종으로 우리나라를 포함한 극동(極東)

사진 2.1 인천시 강화군 해안가에 자라고 있는 '영국갯끈풀'

112) 선박평형수(Ballast Water): 선박의 균형을 유지하기 위해 선박 내부에 저장하는 바닷물로, 일반적으로 유조선이나 화물선 등의 선박은 하역작업 시 화물을 내리고 출항할 때 선박의 안전운항을 위하여 프로펠러 잠김과 부력에 의한 선박의 부유를 방지하고 배의 균형을 잡기 위하여 선박 좌우의 밸러스트 탱크에 바닷물을 채우고 다른 항구로 이동, 화물의 적재 시 이 물을 버린다. 그러나 선박평형수는 임의 배출 시에는 해양생태계를 교란할 수 있다.

해역에서 유해 적조를 일으키고 있다. 해마다 발생하여 물고기의 아가미에 딱 달라붙어 호흡곤란을 일으켜 여름철 양식 어가에 큰 피해를 유발하고 있다. 또한, 세계 100대 침입종 중 하나인 '영국갯끈풀'은 원산지는 아메리카 대륙, 유럽 및 북아프리카인데, 이 식물은 최대 150 ㎝ 이상 성장할 수 있다. 국내 90% 이상이 강화도 지역에 분포하고 있으며 갯벌에 침입해서 원래 살고 있던 토종 갯벌 식물과 패류(貝類), 게 등 저서생물의 서식지를 파괴하여 갯벌의 육지화를 유발한다(사진 2.1 참조).

(3) 해양 바이오매스 추출: 어업

어업 및 낚시는 해양 환경에서 가장 오래되고 널리 퍼진 인간 활동 중 일부이며(Jackson 등. 2001), 생물 다양성 손실과 생태계 기능 변화의 주요 원인이다(Jacquet & Pauly 2022). 세계수산양식국(SOFIA, State of World Fisheries and Aquaculture) 보고서에 따르면 해양 어업은 1980년대 후반부터 연간 약 8천만 톤(ton)으로, 상당히 안정적으로 유지되고 있다(FAO, 2022). 어업은 동물과 포식자 및 경쟁자를 위한 먹이를 직접 제거하는 것부터 특정 크기 개체의 제거, 동물의 번식 능력을 변화시키는 것, 서식지 형성 유기체와 저서 생태계(예: 해초, 홍합층)를 손상하는 것까지 다양한 효과가 있다. 이러한 제거의 간접적이고 연쇄적인 효과에는 포식자 먹이 및 경쟁 역학관계의 변화, 서식지 구조 및 구성의 변화를 포함한다(Crowder 등. 2008). 이러한 효과의 결합은 연안 생태계의 구조와 기능에 영향을 미치고 임계점을 넘어 어업을 붕괴시킨다(Möllmann 등. 2021). 어업이 연안 레질리언스에 미치는 영향을 이해하기 위한 핵심 지식에는 어업이 개체군 규모 스펙트럼에 미치는 영향과 포식자 먹이, 모집 및 경쟁 구동력에 미치는 영향 이해, 다양한 어업 관행과 강도가 생태계 기능 및 서비스에 미치는 영향 이해, 어류 트롤링 장비가 저서 서식지에 미치는 장기적인 영향, 먹이 및 포식자 종의 채취가 연안 생태계의 레질리언스에 미치는 영향, 표적 종뿐만 아니라 어구에서 잡히는 모든 종의 개체군 역학관계, 기후변화 및 기타 압박이 연안 사회-생태 시스템(CSES)의 어업 레질리언스에 미치는 영향 등이 포함된다.

(4) 오염 물질 및 해양 쓰레기

현재 전 세계 연안역을 따라 대규모 산업단지가 조성되어 있는데, 이 중 상당수는 심하게 오염되었고, 퇴적물은 이러한 오염 물질을 저장하고 있으며, 현재 중금속, 유기염소(탄소, 염소 및 때때로 다른 여러 원소를 포함하는 화학 물질), 폴리염화 비페닐(PCB, Polychlorinated Biphenyls), 방사성 폐기물의 2차 오염원으로 작용하고 있다(Tierney 등. 2016). 일부 해안지대는 해류, 조석 및 바람의 상호작용으로 천연 및 플라스틱의 부유 잔재(殘滓)가 퇴적되고 축적되기 쉽다. 플라스틱은 토양과 합쳐져 파랑이나 바람으로 운반된 유기물과 결합한 토양 형성을 가속화(加速化)시켜 연안 경관과 서식지를 변화시킨다(Bastesen 등. 2021). 해양 쓰레기는 85%가 플라스틱으로 이루어져 있어, 흡수와 섭취, 먹이망 영향, 유해 화학 물질 방출, 바이러스 매개체 등을 통해 해양 및 연안 시스템에 리스크를 초래한다. 플라스틱이 해양에 들어가면, 미세 플라스틱과 나노 플라스틱으로 알려진 작은 조각으로 분해된다. 그 후 많은 해양생물이 이것을 섭취하면 해양생태계를 교란하고, 섭취한 화학 물질을 방출할 수 있어 연안 생물다양성, 어업, 관광 및 양식(養殖)에 큰 압박이다. 연안 정유공장이 여전히 가동 중이며 송유관과 유조선으로 석유를 공급받고 있다. 지난 10년 동안 해양 및 해안지대의 기름 유출 건수와 유출 빈도는 전 세계적으로 감소했지만(ITOPF, 2023), 여전히 소량의 기름 유출이 발생하고 있다. 연안역에서 가장 큰 환경 충격(영향)은 대규모 기름 유출이다(UN, 2016). 난파선(難破船)과 좌초선(坐礁船)은 선박이 사용했던 연료와 화학 물질을 주변 해역으로 누출(漏出)하거나 침출(浸出)할 수 있다(Byrnes & Dunn, 2020). 선박이 배출하는 오염 물질은 연안수역으로 누출되는 데, 누출되는 오염 물질에는 기름 및 유류수(油類水), 하수(下水), 평형수, 오염 방지 화합물, 고형 잔여물(폐기물 및 기타), 운영잔류물(가스가 대기로 방출되기 전에 유해 물질을 제거하기 위해 배기가스 정화 시스템에 사용되는 집진기(集塵器) 제품) 및 기타 위험 물질을 포함한다. 방오제(防汚劑)는 선박 선체의 생물오염을 방지하지만, 그 속에 포함된 화학 물질은 주변 해역으로 침출(浸出)될 수 있다. 트리부틸틴(TBT, Tributyltin)은 한때 방오제로 광범위하게 사용하였지만, 독성으로 인해 2008년부터 이용을 금지하고 있으며, 구리 및 아연 기반 화합물로 대체하였다. 일반적으로 독성이 있을 수 있고, 특히 항만의 퇴적물에 축적될 수 있어, 살생물제[113](Biocide)는 이 화합물의 향상을 촉진한다(Byrnes & Dunn 2020). 크루즈선과 여객선은 '블랙워터(Blackwater)'(예: 하수)와 '재활용수(Gray-water)'(예: 싱크대, 샤워기, 세탁기의 오수)와 같은 폐수를 발생시킨다. 둘 중 오염되고 미처리된 블랙워터는 해안선으로부터 12해리(海里) 이내에는 배출할 수 없지만, 둘 다 박테리아, 바이러스, 기생충, 총고형물[114](總固形物) 및 부유 고형물, 질소를 포함하고 있다. 이러한 배출은 간조(干潮) 교환 지역에서 특히 중요하며 조류 대발생[115](Algal Bloom), 점액질 및 부영양화에 영향을 끼칠 수 있다(Carich & Mackelworth 2014). 빌지수[116](Bilge Water), 탱크 청소 폐수 및 냉각수는 기름, 기타 윤활유 및 화학 물질을 포함한 오염 물질을 제공한다. 또한, 해상 교통은 이산화탄소(CO_2), 질소산화물(총칭(總稱) NOx), 황산화물(총칭 SOx), 탄소 및 입자상 물질 등 해양에 영향을 미치는 다양한 종류의 대기 배출을 유발한다. 이러한 배출은 배기가스에서 오염 물질을 제거하는 집진기 시스템을 사용하여 완화할 수 있다. 선박으로부터 오염 방지를 위한 국제협약(MARPOL, International Convention for the Prevention of Marine Pollution from Ships)에는 석유, 유해 물질, 하수 및 황과 질소산화물에 의한 오염 방지를 위한 규정을 포함한다. 오염 물질은 기능 감소 또는 생태계 붕괴를 유발할 수 있으며 어업, 관광업, 양식업 등의 부문에 영향을 미칠 수 있다.

(5) 해저의 인위적 교란

골재(骨材)라고도 불리는 모래 및 자갈과 같은 해양 퇴적물은 콘크리트 생산과 양빈(養濱) 모래를

113) 살생물제(Biocide, 殺生物製): 인간, 농작물, 가축에게 피해를 주는 세균, 박테리아, 해충, 쥐를 포함한 생물체를 죽이거나 퇴치하거나 무력화시키는 용도로 사용하는 모든 제품을 가리키며, 보존제, 살균제, 살충제, 살서제(쥐약), 방부제 등 을 모두 포함한다.

114) 총고형물(總固形物, Total Solids): 수중에 있는 여과(용해)성 고형물과 현탁성 고형물(부유물질)을 합한 총량을 말한다.

115) 조류 대발생(Algal Bloom): 수환경(水環境)에서 식물플랑크톤으로 작용하는 광합성 조류가 비정상적으로 많이 자라나는 현상으로, 환경 제한요인의 생장 제한 효과 때문에 잘 자라지 못하던 조류들이 그 제한 효과가 없어지면 단기간에 많이 증식하여 나타나는 현상을 말한다.

116) 빌지수(Bilge Water): 선박의 바닥에 고인 오염된 물, 기관실(機關室) 등에서 나온 연료 기름과 윤활유 등이 많이 포함된 물로, 그대로 바다에 버리면 해양(海洋)을 오염시킬 수 있다.

포함한 다양한 산업 및 건축 용도로 사용한다. 연안방재가 필요한 해안침식과 연안역의 도시화가 증가함에 따라 지난 30년 동안 전 세계의 골재 총수요는 3배(연간 최대 400억 톤(ton)) 증가하였다(Oberle 등. 2019). 이러한 수요의 증가함에 따라 기존 골재 자원이 고갈되고 해양 환경에서 불법적이고 지속 불가능한 모래 채취가 증가하고 있다(Torres 등. 2017). 이와는 반대로, 연안 일부 지역의 높은 퇴적률로 인해 항만과 항로(예: 네덜란드 셸트 하구(Scheldt Estuary) 및 덴마크 와덴해(Wadden Sea))를 유지하기 위해 퇴적물의 준설(浚渫) 또는 매몰 방지가 이루어진다. 이러한 해양 퇴적물의 채취, 준설 또는 매몰 방지는 해양과 연안 환경의 온전함에 충격(영향)을 미친다. 이러한 활동은 저서 서식지를 교란하고 퇴적물에 연관된 저서동물 또는 식물을 직접 제거함으로써 해저에 충격(영향)을 끼치며, 개체 수, 종 다양성 및 지역사회 바이오매스에 심각한 지역적 감소를 초래하는 경우가 많다(Cooper 등. 2011). 이러한 해양 퇴적물의 변화는 먹이망을 통해 어류, 조류(藻類), 해양 포유류에도 영향을 미치며 해저가 회복되는 데 몇 년에서 수십 년이 소요된다(Walker 등. 2016). 원래 해저의 일부를 그대로 유지하는 것이 충격(영향)을 받는 저서 서식지의 개체 수와 회복에 가장 좋은 방법이다(Schultze & Nehls 2017). 항만과 하구로부터 발생하는 퇴적물은 종종 중금속, 트리부틸틴(Tributyltin) 수소화물, 미세 플라스틱 및 기타 유해 오염 물질로 인해 심하게 오염될 수 있다(Borja 등. 2016). 준설, 매몰방지 및 채취를 통해 깊은 퇴적층을 부유(浮遊)시켜 노출하면, 이러한 물질이 해수기둥[117](Sea Water Colum)으로 방출되어 먹이사슬에 축적된다. 이러한 활동으로 퇴적물과 결합한 유기물, 황화물 또는 암모늄이 해수기둥으로 방출되면 어류 및 기타 해양 생물에게 중요한 농도인 수질과 산소 수치가 감소할 수 있다(Schultze & Nehls 2017). 따라서, 저서생물(底棲生物) 생태계의 기능에 관련된 모든 생태계 서비스가 충격(영향)을 받는다. 또한, 선박 운항 시 선박 후미에서 스크루의 후류(後流)로 인한 해저 교란과도 관련이 있다. 즉, 선박 운항은 천해(淺海)에서 해저 바닥의 퇴적물을 자극하여 방파제 및 해저에 침식을 일으킬 수 있다(Byrnes & Dunn 2020). 또한, 어선에 사용되는 트롤링 장비도 해저 교란을 유발할 수 있다.

(6) 소음

수중 소음은 자연(예: 해양 포유류의 울음소리, 딱총새우, 파랑 등)과 인위적 발생원(예: 선박, 해양 건설, 음파 탐지기, 해양 에너지 장비) 중 하나 또는 모두에서 발생할 수 있다. 해양생물이 자연의 소리를 감지하는 능력에 새롭고 부자연스러우며, 자주 크거나 지속적인 인위적 소음이 추가되면, 충격(영향)을 미칠 수 있는데, 일부 음원(音源)은 해양생물의 행동 변화나 물리적 피해를 일으킬 가능성이 있다. 예를 들어, 해양생물이 먹이를 구하는 것을 하지 못하게끔 하는 스트레스의 증가로 이어질 수 있으며, 극단적인 경우는 해양생물을 움직이지 못하게 하여 죽음으로 내몰 수 있다(Duarte 등. 2021). 특히 연안역에 관련이 있는 수중 소음원에는 레저 보트, 선박, 준설 및 골재 채취, 건설, 에너지 추출이 포함된다. 인위적 소음의 영향은 발생원과 그 음향 특성(강도, 빈도 등), 소음이 방출되는 기간, 소음이 전파되는 지역의 물리적 조건, 소리를 감지하는 종의 소음 민감도 및 일반적인 소리 사용에 따라 달라진다(Thomsen 등. 2021). 광범위한 연안 시스템으로 추정해 볼 때, 수중 소음의 생태

117) 해수기둥(Sea Water Column): 해양의 어떤 지점의 해수면에서 수직으로 심해에 이르는 일정한 양의 물기둥 형태를 말한다.

계 영향은 어업과 관광업 같은 부문에 간접적으로 영향을 미칠 가능성이 있다. 특히, 이러한 경향은 블루이코노미[118](Blue Economy) 개발에 대한 지속적인 집중과 해양 에너지 추출 및 해운과 같은 부문의 발전적인 성장에 악영향을 끼칠 수 있다.

(7) 해양·연안 기반시설

해양·연안 기반시설에는 양식, 관광, 도시화, 주택, 항만, 에너지 장비와 연안 방재를 위해 개발된 구조물이 포함된다. 연안 개발은 역사적으로 주로 사회경제적 요청에 따라 이루어졌으며 생태적 또는 문화적 고려 사항에 대한 강조는 크지 않았다(Floerl 등. 2021). 연안경화(沿岸硬化)는 육지에만 국한되지 않는다. 조간대[119](Intertidal Zone)와 연안대(Nearshore Zone)(즉, 해안선과 비교적 가까운 근빈역(近濱域)의 면적, 일반적으로 수심 20 m이하)는 방조제 또는 방파제와 같이 건설된 구조물에 의해 점점 많이 변화되고 있다. 연안은 상업 및 항해 활동(항만, 마리나, 돌제(突堤)) 또는 토지 매립을 위해 변화할 수 있으며, 이는 자연적인 바다-연안 구동력을 바꿀 수 있다. 심해에서는 해양 에너지 플랫폼의 개발이 새로운 충격(영향)으로 이어지고 있다. 아크타르 등(Akhtar 등. 2022)은 대규모 클러스터 해양 풍력 발전소가 기온 및 바람과 같은 육지의 기후를 변화시킨다고 하였다.

2.1.5 연안 레질리언스를 구축하기 위한 수단, 장벽 및 협력자[8]

연안역의 압박과 충격(영향)은 레질리언스를 구축하기 위해서는 인간의 대응이 필요하다는 것을 알려준다. 그러나 연안역에서 다양하게 서로 작용하는 압박은 제어하기가 매우 어렵다. 연안역은 여러 경제 활동, 문화 또는 정치적 합의를 보유하고 있으며, 이는 정의로운 전환을 향한 거버넌스 노력과 레질리언스 향상에 영향을 미친다. 해양·연안 및 육지 공간의 많은 사용자, 외인성 및 내인성 압박의 환경과 경제·사회적 영향 사이의 경쟁은 시스템의 복잡성과 연안 공간 내 여러 사용자를 고려한 연안역 관리에 대한 종합적이고 체계적인 접근 방법의 필요성을 상기시킨다(Bennett 등. 2022). 레질리언스 구축과 향상의 과제는 사람들의 실행을 조직화하려는 정치적 및 과학적 시도이다(Farrell 등. 2023). 즉, 과학적 측면은 과학적 관측과 모델 예측을 통해 압박의 충격(영향)과 압박이 인간의 삶, 물리적 및 자연자본을 어느 정도 방해할 수 있는지를 알아내는 것을 의미한다. 또한 정치적 측면은 이념, 사회적 가치와 패러다임, 나이 및 성별과 같은 인구 통계학적 요인, 정치적 요인을 포함한 인간의 심층적인 현상을 의미한다. 인간 행동에는 연안 지역 특유의 요인을 포함하여 많은 장벽과 협력자가 있다. 연안 레질리언스 향상에 대한 협력자와 장벽에 정치적 잣대를 적용하면, 역사적으로 생성된 취약성의 바탕이 되는 구조적 불평등과 같은 환경별, 사회-생태적, 문화적, 정치적 프로세스를 수

118) 블루 이코노미(Blue Economy): 무한한 잠재력이 있는 시장으로, 자연의 원리를 차용(借用)하거나 자연에서 영감을 받는 청색 기술(Blue Technology)을 경제 전반으로 확대한 것을 말한다.

119) 조간대(Intertidal Zone, 潮間帶): 조석 변화에 따라 해수면이 가장 낮은 간조 시에는 수면 위로 노출되고, 해수면이 가장 높은 만조 시에는 수면 아래에 잠기는 연안 지역을 말한다.

용해야 할 필요성이 강조된다(Grasham 등. 2021). 이 장에서는 관리와 정책 선택, 과학 데이터, 기술과 관측, 관련 장벽 및 협력자를 포함하여 연안 레질리언스를 구축하기 위해 사용할 수 있는 '수단'에 대해 논의한다. 연안 방재 및 자연-기반 해법(NbS)은 연안 압박에 대한 레질리언스를 구축하는데 사용할 수 있는 특정 수단의 예로 설명한다.

1) 레질리언스를 구축하는 경로

레질리언스의 개념은 점차 전통적인 관리 접근 방법을 대체(代替)하고 있으며 연구 프로그램과 정부 전략 보고서에서 보편화되고 있다. 한 국가의 정부(政府) 내에서의 레질리언스란 기후 행동 및 생물다양성, 생태계 손실, 인간 건강을 포함한 기타 정책 분야에서 지역사회와 부문의 적극적인 참여를 표현하는 것을 뜻한다(Patel 등. 2017). 이것은 무엇이 레질리언스를 구성하는지, 레질리언스가 정부, 개인, 지역사회 및 산업에 대해서도 같은 것인가에 대한 논쟁을 일으켰다(Nelson 2011). 연안 레질리언스를 향한 경로는 먼저 압박을 최소화하고 최소화할 수 있는 연안역에 대한 압박과 위협에 대한 효과적인 대응을 개발에 중점을 두어야 하며, 동시에 연안 지역사회의 사회-정치-경제적 통합성과 복지를 유지하는 데 초점을 맞추어야 한다. 인간의 압박과 바람직하지 않은 변화를 되돌리기 위한 상당한 지역적 및 전 지구적 관리 노력이 이루어지지 않으면, 압박으로 인한 상황 변화가 이루어진 후 세대 간 형평성 측면에서 매우 높은 비용이 발생하여, 잠재적으로 돌이킬 수 없는 생태적 및 사회경제적 비용이 발생하여 장래 세대에 부정적인 영향을 미칠 수 있다. 적절한 대응은 장벽(障壁)에 직면할 수 있지만, 잠재적인 촉매제의 혜택도 받을 수 있다. 이는 초국가적 합의, 관리 및 정책 체계, 제도 및 법규에 의존하는 중요한 과제이다. 연안 레질리언스의 성공은 연안 사회-생태 시스템(CSES)의 압박에 대응하고, 적절한 규모와 수준의 조치를 결정하며, 정책 일관성, 통합 및 실행에 적응할 수 있는 레질리언스를 갖춘 연안 지역사회에 달려 있다.

연안 사회-생태 시스템(CSES) 관리의 초점은 해안선을 침식과 같은 압박으로부터 어떻게 '구할' 수 있는지 또는 침수 방지가 될 수 있는지를 묻는 것에서 벗어나, 자연과 사람 모두에게 이익을 주기 위해 변화에 적응하고 변화할 수 있도록 지속 가능한 종합적인 방식으로 관리하는 방법을 고려하는 것이다. 따라서, 연안역에 연관된 정책 및 법규는 유연성을 구축하고, 레크리에이션 및 자연을 위한 공간 조성과 같은 공동 혜택(이익)을 활용하며, 공동 설계, 인식 제고, 의사 결정과 정책 실행을 위해 다양한 이해관계자를 참여시켜야 한다(OECD, 2019). 연안역의 다양한 용도를 고려할 때 획일적인 관리 접근 방식은 존재하지 않는다. 효율적인 연안 관리의 장벽(障壁)으로서는 정책이나 지침이 충분히 검토되지 않거나 충분한 모니터링과 위임 시행이 없는 경우가 포함된다. 중앙정부는 좋은 계획에 관한 결정을 내리기 위해 해변, 사구[120](砂丘), 습지, 양식(養殖), 오염, 인간 건강 등 모든 것이 어떻게 연결되어 있는지 인식하고 평가해야만 한다. 레질리언스를 가능케 하려면 시스템 접근 방식('3.1.4 시스템 접근 방식을 사용한 연안 자연-기반 해법(CNbS)의 계획과 실행' 참조)과 종합적 관점이 필요하다. 역사적으로 연안역에 대한 압박과 극단 사건의 리스크도 연안 점유를 막지 못하였다. 특히, 사

120) 사구(Sand Dune, 砂丘): 바람에 의하여 운반된 퇴적물이 쌓여 형성된 언덕 모양의 퇴적 지형을 말한다.

람들은 문화와 장소 정체성에 근거한 혜택(이익)을 대가(代價)로 개인적 피해를 초과하는 리스크를 감수하였다(Costas 등. 2015). 이러한 리스크에 대한 사람들의 지역적 인식은 정책 입안자, 연안 관리자, 보험사 및 과학자의 비전과 다를 수 있으며, 이는 사회 및 경제 개발 요구를 충족하기 위해 만들어진 새로운 기후 및 환경정책의 운영을 복잡하게 만들 수 있다. 장래에 레질리언스적 상태로 가기 위해서는 서로 다른 이해관계자 그룹의 내부 또는 이해관계자 그룹 간의 협상과 타협이 필요하다. 또한, 변화로 인해 특정 실행이 더 이상 충분하지 않을 때 관리 전략에 임계점이 존재한다는 점도 인식하는 것이 중요하다.

(1) 레질리언스가 있는 지역사회

지역 수준에서 지역사회의 적응 역량을 가능하게 하는 5가지 주요 상호 연결 요인, 즉 자산, 유연성, 사회 조직, 학습과 기관이다(Cinner 등. 2018). 이러한 5가지 요인을 해결하여 적응 역량을 강화하면 연안 사회-생태 시스템(CSES)의 레질리언스에 작용하는 여러 상호작용 압박에 적응할 수 있다. 이러한 5가지 요인은 예를 들어 국가 수준에서 적응 역량을 강화하는 데 관련이 있을 수 있지만, 이러한 넓은 맥락에서 효과를 검증하려면 데이터수집이 필요하다. 이 5가지 요인은 아래에 예를 들어 설명하겠다.

- 자산: 사람들이 필요할 때 활용할 수 있는 자산에는 금융, 전문성, 도구, 기술, 정보, 지식, 천연 및 기타 자원이 포함된다. 이러한 자산은 공공 또는 민간 자원일 수 있다. 시간이 경과에 따라 정책 및 경제 부문은 상당한 변화로 붕괴할 수도 있는 기반시설과 사회, 경제, 사회 생태 및 정치 구조를 만들었다. 새로운 정책은 유지하기 어려운 위험하고 비용이 많이 드는 장기 투자를 요구할 수 있으며, 이는 중요한 수익 창출 조치를 방해할 수 있다(Whitney 등. 2017). 지역사회 자산은 여러 가지이며, 외부 자산에 접근할 수 있는 능력이 다양하다.
- 유연성: 경제적, 사회적 다양성과 지식이 풍부하고, 소통이 잘 되는 혁신에 개방적인 지역사회는 전략을 변경하는 유연성을 가진다. 유연성의 장벽으로는 단일 산업에 대한 의존도, 기반시설과 인간의 안주(安住) 행태(行態)와 같은 이전 접근 방식의 유산(遺産), 이전 정책의 제도적 유산, 사회적 또는 지리적 고립, 지식 및 데이터 부족, 기존 해결책과 산업에 대한 막대한 투자, 자산 부족 등이 있다.
- 사회 조직: 사회 조직이란 집단으로서 조직하고 행동하며, 협력하고, 지식을 공유할 수 있는 능력을 말한다. 이는 공식적이거나 비공식적일 수 있으며, 공적이거나 사적일 수 있다. 전통적으로 정책은 경제 부문에 기반을 두고 있으므로, 기존 부문 목표와 정책을 조정하고 합치며 새로운 정책을 통합하는 데 어려움을 겪는 고립된 정책집단이 생겨났다(Piet 등. 2019). 이해관계자가 중심이 되는 상향식 정책 수립은 수용할 수 있는 정책을 가능하게끔 한다. 신뢰는 '사회적 자본'으로 생성될 수 있으며, 이는 유대감(예: 유사한 배경이나 관심사를 가진 그룹을 하나로 묶는 강력한 사회적 관계) 또는 버팀목(예: 일반적으로 사회 전반에 걸쳐 나누어지는 그룹을 하나로 연결하는 연고(緣故))이 될 수 있다. 강력한 집단 관계(사회적 자본 결합)는 이해관계자에게 권한을 부여함으로써 만들어질 수 있지만, 버팀목 자본이 부족할 경우 마찰을 일으킬 수 있다(Agnitsch 등. 2006).

- 학습: 불확실성을 관리하면서 변화를 인식하고 적응하는 방법을 학습하는 것은 적응 역량을 향상하는 데 중요한 요인이다. 연안역 주민들은 지역사회에 필요한 체계적인 자연 및 사회 과학적 지식을 학습하는 것이 필요하다. 이러한 학습에 대한 장벽은 이러한 지식을 모든 이해 당사자와 공유하지 않거나, 메시지의 뜻을 이해할 수 없거나, 지역사회가 지식이 보내는 메시지를 숨기는 경우이다.
- 기관: 기관은 개인 또는 그룹의 사람들이 환경변화에 대응하는 방법을 선택할 수 있는 능력이다. 기관은 상황을 관리하고 사건을 통제할 수 있는 능력에 대한 사람들의 신뢰로 만들어지며, 권한 부여, 동기 부여 및 이해가 필요하다. 또한, 기관은 지역 프로젝트에 대한 투자와 소유권을 부여함으로써 설립할 수 있다. 지역사회에서 변화의 원인을 통제할 수 없을 때 지역사회 내에는 기관이 필요한데(Folke 등. 2007), 영국에서는 중앙정부가 해양 보호 구역[121](MPAs, Marine Protected Areas)의 지정 프로세스를 상향식이 아닌 하향식으로 통제한 경우가 이에 해당한다. 이러한 하향식 프로세스로의 전환으로 프로세스로부터 광범위한 이해관계자가 이탈하였고 보호구역의 제안에 대한 지지(支持)가 감소하였다(Gaymer 등. 2014). 또한, 기관은 지식, 기술, 혁신 잠재력과 같은 재정적 및 기타 자산뿐만 아니라 이해관계자를 포함하고 의사결정을 내리고 적용할 수 있는 정치적 공간을 제공하는 것과 같은 조직적 요인도 가능하게 한다.

(2) 실행의 규모 및 수준

압박에 대한 정책대응을 운영할 규모를 파악하는 것은 기본이다(Folke 등. 2007). 다극적(多極的) 거버넌스는 사회-생태 시스템(SES)의 레질리언스를 향상하기 위한 핵심 원칙으로써, 잘 연결된 여러 지배 기관 간의 상호작용을 통해 규칙을 만들고 시행하는 것을 포함한다. 그러나 이러한 형태의 거버넌스를 실현하는 방법에 대한 원칙이 부족하다는 것은 어려운 과제이다(Biggs 등. 2012). 기후, 생물다양성 및 지속 가능한 개발을 위한 전 지구적 목표의 실행은 중앙정부 내 한 명의 장관이나 정책집단의 책임을 넘어서야 한다. 정부 전체/사회 전체 관점의 측면에서 모든 정책집단과 광범위한 이해관계자의 적극적인 참여가 필요하다. 이를 위해서는 높은 수준의 정치적 책임, 전략적 정책 이양(移讓), 효과적으로 작용하는 제도적인 조정 메커니즘이 필요하다.

연안역의 관리부문에서 발생하는 누적효과(累積效果)로 최고 관계 당국(예: 국가-주(州) 또는 국가 간의 상호작용을 촉진하는 국제기구)이 정책을 만들어야 한다고 가정(假定)하는 것은 유혹적일 수 있다. 그러나 연구자들은 소규모 이해관계자 그룹 또는 '연안 지역사회'가 본질 차원이라는 것을 발견하였는데(Agnitsch 등. 2006), 연안역은 사람들이 자신의 삶을 경험하고 만들어 가는 곳이기 때문이다. 지방, 지역 및 국가 차원의 가능한 정책적 해결책인 포트폴리오가 있다. 그러나, 국가 및 지역 실행자 모두에게서 정보를 제공받는 지방자치단체는 기후변화 및 연안관리의 대응에 중요한 역할을 담당한다(Porter 등. 2015). 기후변화는 새로운 자원 수요 및 도전이 있는 지방자치단체의 새로운 책임 영역이다. 기후 완화 및 적응을 포함한 레질리언스가 있는 연안 계획을 효과적으로 수립할 수 있도록

121) 해양보호구역(Marine Protected Area, 海洋保護區域): 해양생태계 및 해양경관 등 특별히 보전할 필요가 있어서 국가 또는 지방자치 단체가 보호구역으로 지정하여 관리하는 구역을 의미하며, 세계자연 보전연맹(IUCN)에서는 바다, 조간대, 해저와 그 지역에 서식하는 생물, 역사적/문화적 유산이 법/제도와 기타 관리 수단에 의해 보전적 관리가 이루어지고 있는 지역이라고 정의하고 있다.

지방자치단체에 지원을 제공하기 위한 역량 강화 프로그램, 재정 및 인적 자원과 수단 동원이 필요하다. 연안 생태계 및 기타 자연-기반 해법(NbS)에 대한 방재, 개선과 복원 계획은 지역적 및 국가적으로 우선(優先)시되어야 한다. 이러한 계획은 공정하고 사회적, 경제적 및 환경적 요인을 고려해야 하며, 특히 소외된 지역사회에 부정적인 영향을 미치지 않도록 조정하여야 한다. 연안을 너무 크거나 너무 작은 규모로 관리하면 지역사회 간에 경쟁이 발생하여 지역 불균형이 심해지며, 자원이 분산되어 부문 관리가 잘못될 수 있다. 두 극단적인 수준(지역과 세계) 사이에서, 부문별 차이뿐만 아니라 다른 연안역에서 운영되는 동일 부문 간의 차이와 연안역의 다양한 사회경제적 역할을 인식하면서 '지역'은 유연하고 효과적인 수준의 거버넌스이어야 한다(Graziano 등. 2022). 레질리언스 체계는 개인, 가정, 사회단체와 지역사회로부터 지방, 지역 및 국가에 이르기까지 모든 수준에서 조치를 촉진할 수 있는 구조 또는 프로세스를 평가하는 데 사용되어야 한다. 연안 레질리언스의 향상 또는 손상(損傷)시키는 조치에 대한 협력과 장벽을 이해하려면, 각 사례가 서로 다른 이해관계자를 포함하는 매우 특정한 지역적 맥락 내에 존재한다는 점을 이해하는 것이 이 체계에서부터 영감(靈感)을 끌어낼 수 있다.

(3) 정책 일관성, 통합 및 실행

연안 레질리언스를 강화하기 위한 주요 과제 중 하나는 모든 부문과 다양한 수준의 거버넌스에 걸쳐 정책대응은 일관성을 가져야 하며, 이는 서로 악화시키거나 상충하지 않는 목표를 조정하여 종합적인 접근 방식을 갖는다는 것을 의미한다. 이는 지역사회의 적응역량에 필요한 사회 조직의 증진을 위해 필요하다. 정부, 공공 및 민간 기관, 민간 관계자를 포함한 거버넌스 기관은 전통적으로 경제 부문별로 조직된 갇힌 원인(Siloed Origin)을 반영하는 사고방식과 작동 방식에 '구속되는(Locked into)' 경향이 있다. 사일로[122](Silo)는 통합 접근 방식을 개발하기 위한 노력에서 극복하기 어려운 제도적 장벽을 만들어낸다.

정책 일관성은 기후변화 정책 내에서 문제가 될 수 있으며, 부문별로 목표를 다르게 해석하는 다른 정책들이 기후변화에 어떻게 대응하는지에 있어서도 문제가 될 수 있다. 일관성은 정책과 정책이 실행으로 전환되는 방법에 중요하다. 정책 일관성, 즉 정책이 동일 쟁점 및 선택을 전달한다는 것과 정책 통합, 즉 정책이 '현장에서' 제도적 구조(構造)와 노력에 따라 효과적으로 전환된다는 점 사이에는 차이가 있다(Di Gregorio 등. 2017). 연안관리 정책의 발달에는 국가가 기존 역량을 평가하고 주어진 기간 내에 합리적으로 도달할 수 있는 역량 수준과 부합(符合)하는 장래 정책을 설계하는 단계별 접근 방식이 포함되어야 한다(OECD, 2003). 현재와 장래의 기후변화에 대응하기 위해서는 긴급하고 혁신적인 변화가 필요하지만, 많은 정책 시스템에서는 변화에 저항하는 뿌리 깊은 제도적 정책, 계획 관행과 '구속효과[123](Lock-in Perspective)'를 통한 평소와 같은 사업의 지속성 때문에(Cooper & McKenna 2008) 여전히 무활동(無活動)이 우세하다(Groen 등. 2023). 새로운 국가 정책 및 지역

122) 사일로(Silo): 보통 밀폐된 둥근 탑 모양의 건축물로 목초·곡식 등을 저장하여 적당히 발효시켜 가축의 사료로 사용되는 데, 이 장에서는 추상적인 의미인 제도적 장벽을 의미한다.

123) 구속효과(Lock-in Perspective): 특정한 업체의 제품이나 서비스를 이용하는 것이 다른 업체를 선택하는 것을 제한해(전환 비용, 절차적 불편 발생 등으로 인해) 기존 업체의 것을 계속 이용하는 현상으로 이 장에서는 뿌리 깊은 제도적 정책과 계획 관행 때문에 사업추진을 개선하지 않고 지속하는 현상을 말한다.

정책은 이러한 장벽을 파악하여 극복하고 새로운 혁신적이고 지속할 수 있으며, 레질리언스가 존재하는 경제 공간을 개발할 수 있는 메커니즘을 갖추고 있는 것이 무엇보다 중요하다(Anton 등. 2020). 새로운 관리 접근 방식을 촉진하기 위해서는 경제적, 사회적, 문화적 지속 가능한 개발을 존중하면서 환경보전을 우선시하는 참여 도구가 필요하다. 유럽연합(EU)의 연안 협력 육지-해양 통합 플랫폼(Coastal Collaborative Land-Sea Integration Platform)[124]은 육지-해양 경계를 넘어 관리와 계획을 통합할 수 있는 도구의 좋은 사례이다. 이 플랫폼은 지식 교환과 공유 해법, 모범 사례, 지침, 로드맵, 여러 지역의 육지-해양 상호작용 및 시나리오 시스템 모델과 이해관계자가 경험을 교환할 수 있는 포럼을 제공한다. 또한, 미국 국립해양대기국(NOAA)이 개발한 연안 레질리언스 지수는 지역사회가 극단 상황에 대한 대비 수준을 평가할 수 있도록 자체 평가 도구의 좋은 사례인 해안 폭풍 프로그램(Coastal Storms Program)을 제공한다[125].

(4) 자금 조달

자금은 압박에 대처할 수 있게 인간 사회의 적응능력과 레질리언스를 향상하는 중요한 자산이다. 세계 경제와 지속 가능성 목표를 일치시킬 필요가 있는데, 이를 위해서는 정부 정책의 변혁적(變革的)인 변화와 뿌리 깊은 인간 가치, 교육 시스템 및 행동의 급진적인 전환이 필요하다(Nyström 등. 2019). 중앙정부(기획재정부)와 중앙은행으로부터의 하향식 영향력은 은행과 금융 시장의 변화를 주도하기 위해서 필요하다(Jouffray 등. 2019). 자연자본이 국가 경제와 사회에 미치는 다양한 사회적, 경제적 가치와 자연이 다른 사회적 목표와 어떻게 상호 의존하는지를 민간과 공공 의사 결정, 지표와 회계 시스템에 반영해야 한다(IPBES, 2022). 기후변화로 인한 전 지구 평균 기온상승을 산업화 이전 수준과 비교하여 1.5℃로 제한하였지만, 2022년 현재 2025년까지 생물 다양성 손실을 멈추는 데 필요한 자연-기반 해법(NbS)에 필요한 투자가 절반에도 미치지 못하며, 2030년 목표를 이루는 데 필요한 투자는 3분의 1에 불과하다(UNEP, 2022). 연안 자연-기반 해법(NbS)에 대한 투자는 전체 자연-기반 해법(NbS) 투자의 9%에 불과하여, 기후변화를 완화하고 적응, 식량안보 및 생물 다양성을 지원하는 해양의 잠재적 역할을 고려할 때 증가시켜야만 한다(UNEP, 2022). 2022년 현재 해양보호구역(MPA, Marine Protected Areas)에 대한 전 세계 투자액은 9억 8천만$(1조 3천억 원, 2024년 10월 환율 기준)에 불과하지만, 30×30 목표[126](Target)를 달성하기 위해서는 80억~110억 달러($)(약 11조~149조 원, 2024년 10월 환율 기준)가 필요하며, 자연-기반 해법(NbS)에 대한 민간 부문 투자액은 현재 전체 자연-기반 해법(NbS) 투자의 17%에 불과하며 증가시켜야 한다(UNEP, 2022). 해양 부문에 관련된 높은 리스크를 극복하는 방법인 안정적인 규제, 정책 환경, 고품질(高品質)의 투자 가능한 프로젝트는 지속 가능한 해양 경제를 위해 자금을 조달받는 것이 필요하다(Sumaila 등. 2021).

124) https://coastal-xchange.eu/
125) https://toolkit.climate.gov/tool/coastal-resilience-index
126) 30×30 목표(Target): 2022년 캐나다 몬트리올에서 열린 제15차 유엔 생물다양성협약(CBD) 당사국총회(COP15)에 참석한 회원국들이 '2030년까지 전 세계 육지와 해안, 해양의 30%를 보호구역으로 정해 관리한다'는 '30×30' 목표에 만장일치로 합의했다.

2) 관측, 모니터링, 데이터 및 모델

연안 프로세스 및 변화에 대한 지식과 이해는 기후변화 및 기타 연안의 압박이 자연 자본, 개발과 기반 시설에 미치는 단·중장기 리스크를 감소시키는 정보에 근거한 계획과 결정을 내리는 데 매우 중요하다. 지식에 대한 접근성의 향상과 개선은 인간 사회의 자산, 유연성, 학습 및 기관('(1) 레질리언스가 있는 지역사회' 참조)을 강화하므로 적응역량을 높이는 데 핵심적인 역할을 한다. 지속 가능한 레질리언스가 있는 경로를 채택하려면, 복잡한 해안지대 시스템에 작용하는 구동력과 여러 압박 및 서로 영향을 끼치는 압박 사이의 상호작용을 이해하여야 할 필요가 있다. 또한, 연안 레질리언스에 대한 혁신적인 해결책을 개발하는 데 크게 공헌할 수 있는 지역 주민과 원주민 지식과의 통합, 우선순위 지정을 포함한 향상된 관측, 모니터링, 데이터 분석과 저장 및 모델링 능력도 필요하다(Porri 등. 2023).

(1) 연안 관측 및 모니터링 서비스

적절한 공간 및 시간 규모에서 연안 사회-생태 시스템(CSES)의 변화를 이해하고 예측하려면 연안역에서의 다중 플랫폼(즉, 인공위성, 비행기와 현장에서 기기(器機)로 관측)과 다중 규모의 관측이 필요하다. 인공위성을 사용하면 높은 시공간적 해상도를 가진 데이터를 구할 수 있지만, 지표면 아래에서 일어나는 변화를 포착하기 위해서는 현장 관측도 중요하다. 연안 관측 및 모니터링 서비스는 아래와 같이 연안역 내 상태와 압박을 평가하고 많은 수의 다양한 모니터링 조건을 충족시키는 데 유용하다.

- 수치 모델, 인공위성과 현장 관측에서 높은 시공간적 해상도를 가진 환경 데이터(파랑, 생물지구화학, 해빙, 대기 등)를 제공
- 과거, 거의 실시간 및 예측을 위한 하천 유입량(담수, 퇴적물, 영양염류, 폐기물 등)을 제공.
- 연안역에 관련된 특정 프로세스(예: 조석, 파랑, 용승(湧昇), 하강, 유해 조류 번식, 부영양화, 폭풍해일을 포함한 극단 해수면)를 설명.
- 육지/해양의 자연 특성과 인간의 이용에 따른 상태와 변화에 대한 맵핑[127](Mapping)
- 육지/해양의 서식지 현황, 서식지 변화, 종 분포 및 이동(침입종 포함)에 대한 데이터 제공.
- 해양/육지의 오염(쓰레기 포함) 및 영양염류 풍부에 대한 데이터 제공.

또한, 연안 압박의 적응 및 완화를 위해 실행된 수단과 해결책의 성공 여부를 사후 점검하고 잠재적인 수정 사항을 알리기 위해 모니터링이 필요하다. 이러한 서비스 사용의 장벽으로는 특정 관할권의 제도적 체계와 호환되지 않거나, 최종 사용자의 요구와 관련이 없는 경우(Lawrence 등. 2021), 실무자가 데이터를 사용하고 추출할 수 있는 충분한 교육을 받지 않는 경우이다. 연구 기관, 민간 기업, 환경 기관, NGO(Non-governmental Organization), 지방자치단체, 정부와 지역사회가 연안역의 압박을 완화하는 서비스와 이니셔티브를 통해 그들의 철학 및/또는 구조를 재정립해야 하는 관측 관련 장벽이 여전히 존재한다. 이러한 장벽에는 관측을 위한 장기간 자금 조달, 데이터 접근과 관리, 낮은 기후정보 신뢰성, 데이터 생산자와 최종 사용자 간의 참여 또는 소통 부족, 특히 대규모로부터 소규모로의 공간 또는 시간적 규모의 추정을 위한 크기의 문제가 포함된다.

127) 맵핑(Mapping): 위성영상, 항공사진측량, (항공 및 지상) 라이다(LiDAR), 드론(Drone) 측량 등에 의해 얻어진 영상 및 점군(點群, Point-cloud) 등을 해석도화 및 데이터처리 등에 의해 수치 지도 등을 만드는 과정을 일컫는다.

(2) 데이터

전체적으로 통합된 데이터 세트를 사용하여 개발한 서비스는 운영관행을 간소화(簡素化)할 수 있다. 그러나, 연안역에서 어려운 계획 결정을 내리기 위해서 여러 환경 및 사회 데이터 세트의 효용성과 통합이 도전 과제이며 필요하다(Rumson 등. 2017). 따라서 데이터 수집, 분석 및 시각화에 대한 새로운 접근 방식이 필요하다. 급속한 기술 발전은 연안역에 대한 환경과 사회·경제 데이터 세트의 데이터 수집, 관리와 분석에 혁명을 일으키고 있다(Pollard 등. 2019). 그러나 모든 중요한 과학적 문제에 답하고 연안 및 해양자원의 지속 가능한 사용에 대한 정보에 입각한 데이터 주도적 관리 결정을 내릴 수 있는 올바른 데이터가 있다는 의미는 아니다(Guidi 등. 2020). 엄청난 신규 데이터와 기존 데이터의 양(量) 증가는 처리가 힘들어, 복합적이고 이질적인 데이터 세트를 처리하고 다양한 환경을 사회활동과 연결하기 위해서는 새로운 분석 접근 방식이 필요하다(De Alencar 등. 2020). 예를 들어 인공위성 기반 데이터 세트의 사용은 큰 저장공간 및 처리 요구조건 때문에 제한적이며, 연안역에서는 대부분 미개척 상태로 남아 있다. 고급 알고리즘[128](Algorithm)과 방법론을 통해 수심 측정, 지형 및 토지 피복과 같은 주요 물리적 매개변수를 자동화하여 작업 흐름을 크게 가속화(加速化)할 수 있다.

(3) 모델링, 예측, 시나리오 분석 및 조기 경보 시스템

지구(地區) 및 지역 규모의 연안 변화 모델링은 다양한 압박이 어떻게 나타나고 상호작용을 하는지 이해하는 데 매우 중요하며, 주요 지표에 대한 지속적인 관측과 모니터링을 통해 모델을 검증해야 한다. 예측 및 시나리오 분석은 수치 모델을 사용하여 장래를 분석하는 데 사용되는데, 예측은 예상되는 상황에 근거하여 하나의 가능한 장래를 제공하는 반면, 시나리오 분석은 다양한 조건에서 발생할 수 있는 상황에 기반하여 여러 가지 가능한 장래를 알려준다. 예측은 단기 계획에 더 적합하며, 시나리오 분석은 장기계획 및 가능한 장래를 분석하는데 유용하여 어업 부문과 같은 갈등 해결을 위한 예측 거버넌스 역량을 구축하는 데 도움이 된다(Spijkers 등. 2021).

연안 변화에 대한 정확한 예측 및 시나리오 분석을 위해서는 지방, 지역 및 전 지구 요인을 자세하게 고려해야 하며, 해수면 변동의 지역적 비율(예: 최상의 시나리오로부터 최악의 시나리오까지), 기타 자연과 인간의 영향에 대한 지식을 기반으로 하는 신뢰할 수 있는 모델이 필요하다(Cooper 등. 2011). 두 경우 모두 장래 예측 범위를 나타내기 위해 불확실성 분석을 포함하여야 한다. 빅데이터(Big Data), 머신러닝[129](Machine Learning) 및 데이터 마이닝(Data Mining)과 같은 '앙상블[130](Ensemble)' 모델링의 발전은 기후변화에 대한 연안 생태계의 반응에 대한 단기(~10년) 및 장기(100년~) 시나리오로 분석할 수 있으며, 확률론적 방법(즉, 사건 발생 가능성을 예측하는 방법)은 생태계

---

128) 알고리즘(Algorithm): 특정한 일이나 문제를 해결하기 위하여 수행하는 해결 과정 혹은 방법을 의미한다. 특정한 일을 수행하며 문제를 해결해 간다는 점에서 프로그램과 동일하나, 알고리즘은 특정한 일이나 문제를 해결하기 위하여 만든 명령어들의 유한 집합(Finite Set)이라고 할 수 있다.

129) 머신러닝(Machine Learning): 인간의 학습 능력과 같은 기능을 컴퓨터에서 실현하고자 하는 기술 및 기법을 말한다.

130) 앙상블예측시스템(Ensemble Prediction System): 수치예보모델이 가진 초기장(初期場)의 불확실성과 예측성의 한계를 극복하기 위하여 초기조건, 경계조건, 물리 과정 등을 다르게 수행한 다수의 예측 결과를 분석하여 종합적으로 예측하는 방법을 앙상블 예보라고 하며 이를 구현할 수 있도록 설계된 예측 시스템을 말한다. 결정론적 수치예보모델이 하나의 예측결과를 제공하는 데 반해 앙상블예보는 확률적인 예측이 가능하므로 예측성이 감소하는 중기예측 이상의 영역에서 유용하게 활용될 수 있다.

역학관계와 대체(代替) 상태 또는 잠재적 임계점을 설명할 수 있다(Dakos & Kéfi 2022). 해안선 수치 예측모델링의 한 가지 예로써 '연안 발달 예측(Forecasting Coastal Evolution)' 수치 모델(Davidson 2021)이 있는데, 퇴적물 수지(Sediment Budget) 또는 해수면 변동에 따른 해안선 변화를 며칠(예: 폭풍(태풍) 사건)부터 수십 년, 그 이상까지 예측할 수 있다. 이 수치 모델은 파랑, 조석 및 해수면 상승에 대한 데이터와 과거 및 현재 해빈 측정 결과(예: 퇴적물 양(量))를 통합시켜, 침식 및 침수에 대한 방재를 포함한 해빈(海濱)으로부터 제공되는 생태계 서비스인 연안 레질리언스와 연결할 수 있다.

생태계는 서로 다른 지리적 지역마다 기후변화에 다르게 반응하기 때문에, 소규모 공간과 시간 규모 하에서 현재의 기후 예측에 대한 높은 불확실성을 줄이기 위해서는 현지(Local) 및 지역(Regional) 수준에서 향상된 예측이 필요하다. 인공위성 관측(Mentaschi 등. 2018)을 통한 지리 공간 데이터는 전 지구/해분[131](海盆) 기후변화 수치예측 모델의 지역적 '규모 축소화[132](Downscaling)'을 가능케 하여, 연안의 취약한 지역을 따라 레질리언스를 구축하고 향상하기 위한 방재 및 적응 조치를 개발하는 데 도움이 될 수 있다. 여러 스트레스 요인이 연안 사회-생태 시스템(CSES)에 미치는 충격(영향)과 정책 구동력(驅動力)이 미칠 수 있는 충격(영향)을 해결하려면 복잡한 접근 방식이 필요하다. 이를 위해서는 물리적 모델의 결과치를 생물·지구화학적 모델과 연결한 후, 이를 사용하여 생태적 모델과 네트워크적 모델을 구동시켜야 하며(Wedding 등. 2022), 이를 사회경제적 모델과 연결하여 물리적 환경에 미치는 변화가 연안 사회-생태 시스템(CSES)의 사회경제에 어떤 영향을 미칠지 알아야 한다. 이를 통해 디지털 트윈 오션[133](DTO, Digital Twin Ocean)의 기반이 마련된다.

예측 또는 시나리오 분석 목적의 연안 변화 수치 모델링은 연안 관리자와 의사 결정자 모두에게 모델링 가정, 불확실성 및 결과를 시각화하고 전달해야 하는 과제에 직면해 있다(예: Payo 등. 2020). 수치 시뮬레이션 결과의 시각화는 어려운데, 데이터 탐색 및 가설 검증을 위하여 전문가들이 선호하는 이론적인 과학적 시각화 기법이 항상 연안 관리자와 의사 결정자를 관여시키지 않기 때문이다. 의사 결정에 사용하는 환경 모델은 알기 쉽고 재현할 수 있고 시스템 특성을 적절히 표현해야 한다. 예를 들어, 지표하(地表下) 지질학은 오랫동안 중규모(Meso-scale) 연안 발달의 중요한 요인으로 인식하였지만(즉, 10~100년 세월과 10~100 km 길이의 규모인 차수(次數)에서, Cowell 등. 1992), 수치 모델이 지표면을 충분히 표현하는지 확인하는 문제는 자주 원(原) 지질학 데이터를 확보하기 어려워 임시방편 방법으로 접근하고 있었다.

관측, 데이터, 모델링 및 예측은 모두 강력한 조기 경보 시스템의 개발에 필요하며, 이 시스템은 주요 교란, 위험 또는 해안 변화(예: 지형학 또는 생태학)를 감지하고 예측하는 데 필요하다. 이 시스템은 기후변화 및 기타 압박에 관련된 취약성, 리스크 및 충격(영향)을 줄이고 연안 지역사회와 관련

131) 해분(海盆, Ocean Basin, Sea Basin): 해저지형의 일종으로 원형 또는 정방형에 가까운 평면형을 나타내는 해저의 요지(凹地), 분지(盆地)를 말하며 해저 분지라고도 한다. 예를 들면, 북대서양 해분, 북아메리카 해분, 중앙 인도양 해분, 동해 해분 등이 있다. 태평양, 대서양, 인도양에서는 중앙 해령과 대륙 연변부의 사이에 있는 수심 5000 m 이상의 심해저가 해분이라 불린다.

132) 규모 축소화(Downscaling): 저해상도의 기후모형 데이터를 기후변화 적응대책 수립 등에 활용하기 위해서는 고해상도의 데이터로 변환해야 하는데, 이러한 변환과정을 말한다.

133) 디지털 트윈 오션(DTO, Digital Twin Ocean): 유럽에서 개발한 해양 관측, 인공 지능, 고성능 컴퓨터에서 작동하는 고급 모델링을 결합한 일관적이고 고해상도이며 다차원적이고 거의 실시간의 가상 해양 시스템을 말한다.

이해관계자가 적기에 대비 및 대응할 수 있도록 지원한다.

(4) 레질리언스 지표

사회-생태 시스템(SES) 레질리언스를 측정하기 위해 사용할 수 있는 많은 지침이 있다. 한 가지 예로 이러한 개념을 운영하여 전 세계적 정책 우선순위를 해결하는 레질리언스, 적응 및 전환 평가 체계(Resilience, Adaptation and Transformation Assessment Framework)가 있다(O'Connell 등. 2015). 그러나, 실제 상황에서 레질리언스 변수의 측정치를 예측하는 능력은 주로 학문 분야에 따른 다양한 접근 방식 때문에 여전히 어려운 과제로 남아 있다. 생태학에서 공학적 레질리언스와 생태적 레질리언스는 서로 다른 계량법(計量法)을 사용하여 독립적으로 연구되는 대안적인 '세계관'으로 인식했다. 핌(Pimm, 1984)은 공학적 레질리언스를 "교란 후 시스템이 기준 상태로 돌아가는 속도"로 정의하였지만, 홀링(Holling, 1973)은 생태적 레질리언스를 "시스템이 다른 상태로 넘어가기 전에 흡수될 수 있는 교란의 크기"로 정의하였다. 이러한 격차를 해소(解消)하기 위하여 생태적 레질리언스에 대한 일관된 개념과 측정을 개발하기 위한 노력이 계속되고 있다(Dakos & Kéfi 2022). 발트해(Baltic Sea)의 해양생태계 영역에 대한 연구(Tomczak 등. 2013)와 다른 지역(Heymans & Tomczak 2016)에서도 생태적 네트워크 분석을 통해 생태적 레질리언스를 정량화했지만, 사회적 및 지역사회 레질리언스의 측정은 제한적이다(Saja 등. 2019). 또한, 생태적 및 사회적 레질리언스를 평가하기 위해 사람과 자연 모두에 대한 취약성 평가를 측정해야 한다.

사회-생태 시스템(SES) 레질리언스를 측정할 수 있는 단일 숫자나 계량법은 없으며, 연안 레질리언스를 측정할 수 있는 표준화된 접근 방식도 없다. 표준화된 레질리언스 지표(指標)는 레질리언스에 대한 압박과 위협이 존재하는 장소와 레질리언스와의 편차(偏差)가 일어나는 장소를 파악하는 데 필요하다. 이러한 지표는 초국가적, 국가적, 지역적 노력을 조정하고, 지역사회 및 관계 당국과 협력하여 레질리언스를 구축하는 데 필요한 출발점이 될 것이다.

3) 연안 방재

기후변화에 따른 지속적인 해수면 상승, 폭풍해일, 연안 침수 및 침식의 영향을 최소화하기 위해 해안선에는 연안 방재 및 리스크 감소 조치가 필요하다. 연안 방재는 연안 재난 시 레질리언스의 중요한 구성성분으로 연안 방재구조물의 손상을 최소화하고 배후의 인명과 재산을 방재하는 데 도움이 된다. 연안 방재는 회색(Gray) 및 청록색 기반시설[134](Blue-green Infrastructure)로 구성되며(Schoonees 등. 2019), 이는 '자연스러움'의 정도에 따라 자세히 분류한다(Chávez 등. 2021). 청록색 기반시설에 대한 대중의 인식은 크게 높아졌지만, 해안지대 내 조성은 여전히 제한적이며, 회색 기반시설을 가장 빈번하게 설계와 건설한다(Arkema 등. 2017). 연안 방재전략의 선택은 상황과 장소에 따라 달라, 때로는 항만 내 회색 기반시설 밖에 실현할 수 있는 대안이 없을 수도 있다. 예를 들어 연안 방재전략이 수질, 해저지형, 퇴적물 특성 및 생물 등의 환경에 미칠 수 있는 잠재적 충격(영향)을 계획 또는

134) 청록색 기반시설(Blue-green Infrastructure): 지속 가능한 환경을 만들기 위해 함께 기능을 하는 녹색 공간과 청색 공간의 네트워크로, 예를 들어 수로, 습지, 야생동물 서식지 및 기타 자연 지역이 상호 연결된 네트워크를 말하며, 자연-기반해법(Nature-based Solution)으로 조성한 기반시설이다.

모니터링할 때 항상 고려하는 것이 중요하다(Greene, 2002). 연안 관리 개입의 정보에 따른 현지(現地) 결정을 내리기 위해서는 기존 개입에 관한 정보가 필요하다. 그 정보는 레질리언스 구축 및 향상에 대한 효력(예: 리스크 감소), 연안 생태계에 미치는 충격(영향), 사회·경제적 충격(영향), 해수면 상승 및 극단 기상 현상과 변화에 대비하는 장기적 평가에 대한 정보이다. 또한, 연안 방재에 대한 레질리언스 해법은 회색과 청록색 해법의 혼합이 될 수도 있다(Singhvi 등. 2022).

(1) 회색 기반시설(Gray Infrastructure)[8]

연안역 내 회색 기반시설은 '경성(硬性)' 공법으로 만든 인공 구조물이 포함되며, 일반적으로 '해안구조물'이라고도 부른다. 해안구조물은 기후변화에 따른 해수면 상승 또는 태풍 강대화로 인한 폭풍해일·고파랑이나 지진해일 등과 같은 연안 재난에 의한 해수의 침입 또는 침식으로부터 연안 또는 배후 연안역을 방재하기 위한 시설이다. 구체적으로는 방파제, 해안제방, 호안, 돌제, 이안제, 수문(수문), 소파공 등이 있다(그림 2.14 참조). 회색 기반시설인 해안구조물은 그 배후에 있는 인명, 재산 및 기반시설 등을 연안 재난으로부터 방재하는 중요한 역할을 하고 있다.

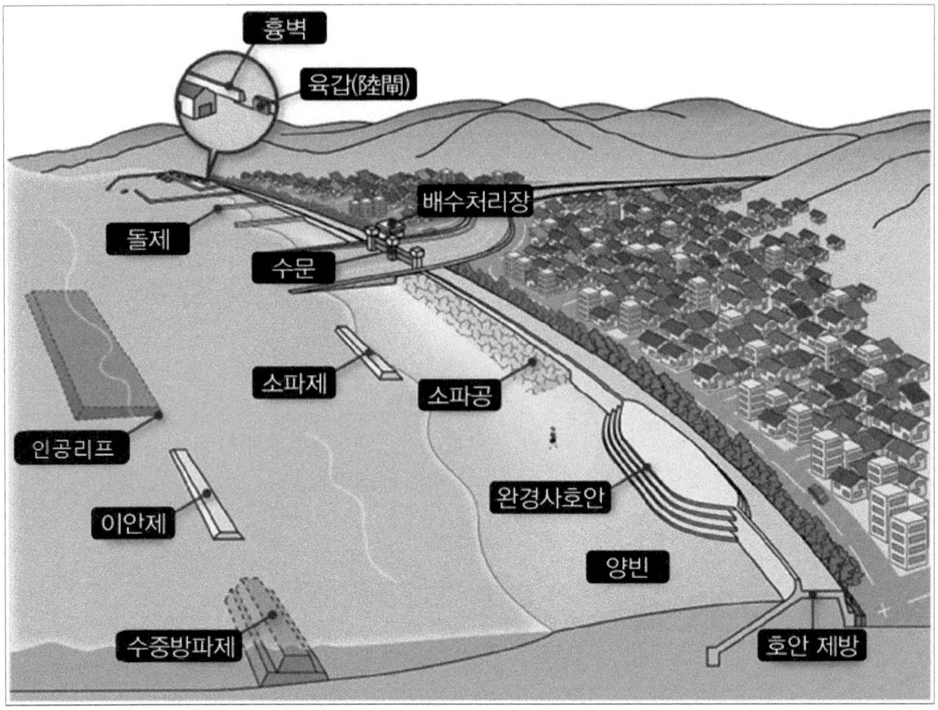

그림 2.14 연안 회색 기반시설(해안구조물)의 종류

가) 해안제방(海岸堤防, Coastal Levee, Sea Dyke)

해안제방은 성토 및 콘크리트 등으로 현 지반을 높게 하여 고파랑(高波浪) 및 해일 등으로 인한 해수 침입을 방지하고 파랑에 의한 월파를 감소시키는 동시에 육지가 침식되는 것을 방지하는 시설을 말한다(그림 2.15 참조).

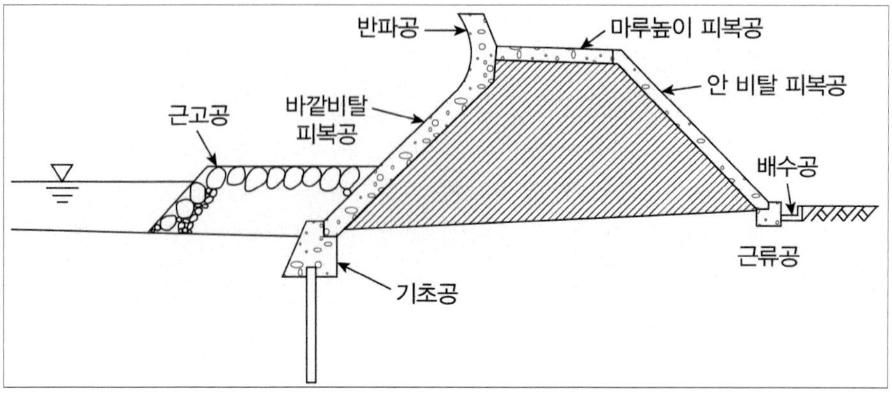

그림 2.15 해안제방의 개념도

나) 호안(護岸, Revetment)

호안은 현 지반을 피복(被覆)하여 고파(高波) 또는 해일 등으로 인한 해수 침입을 방지하고 파랑에 의한 월파를 감소시키는 동시에, 육지가 침식되는 것을 방지하는 시설을 말한다. 호안 설계는 자연조건, 배후지 토지이용 및 중요도, 인접한 연안침식대책시설, 해빈 및 해수면 이용상황, 시공조건 등을 충분히 고려한 설계를 할 필요가 있다(그림 2.16 참조).

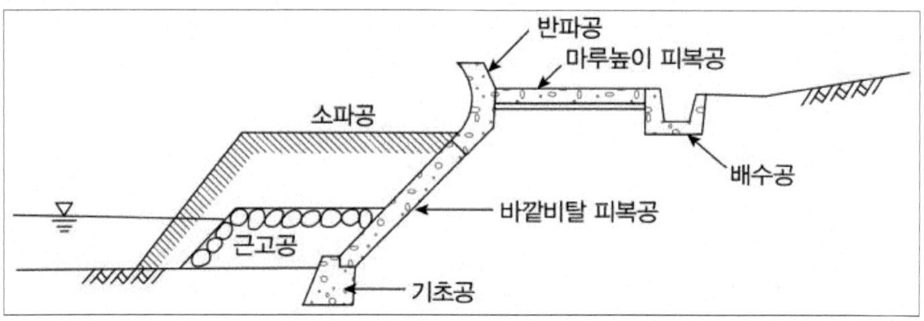

그림 2.16 호안의 개념도

다) 돌제(突堤, Groin)

돌제는 육지부터 바다 쪽으로 가늘고 길게 돌출된 형식의 구조물로 그림 2.17에 나타낸 바와 같이 여러 개의 돌제를 적당한 간격으로 배치한 돌제군으로서 기능하는 경우가 많다.

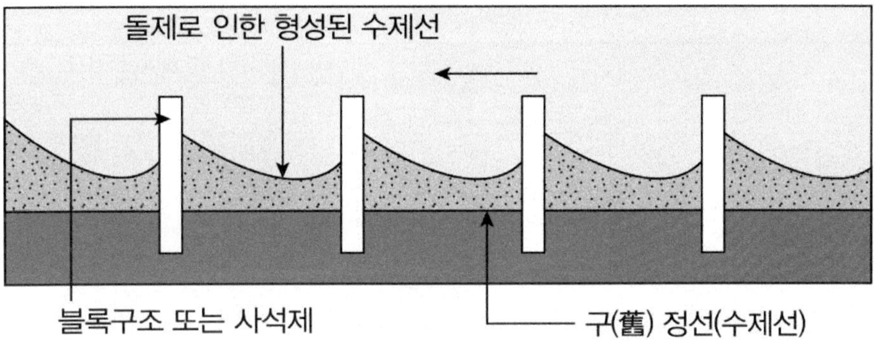

그림 2.17 돌제군(突堤群)에 의한 사빈 회복

라) 이안방파제(離岸防波堤, Offshore Breakwater)

정선(汀線)으로부터 떨어진 바다 쪽에 정선과 평행하게 설치시켜 상부를 해수면 상에 보이게 하는 시설로 파력을 약하게 하여 월파를 감소시키거나 이안제(離岸堤) 배후에 모래를 쌓아두어 사빈 침식 방지를 목적으로 한다(그림 2.18 참조). 이안제에는 설치 수심이 5 m 이하에 사석 및 소파 블록을 해저에 쌓아 올리는 '종래형 이안제'(그림 2.18(a) 참조)와 설치 수심이 약 8~20 m인 수심에 설치하는 유각식(有脚式) 또는 새로운 중력식 형식의 이안제인 '신형식 이안제'(그림 2.18(b) 참조)가 있다.

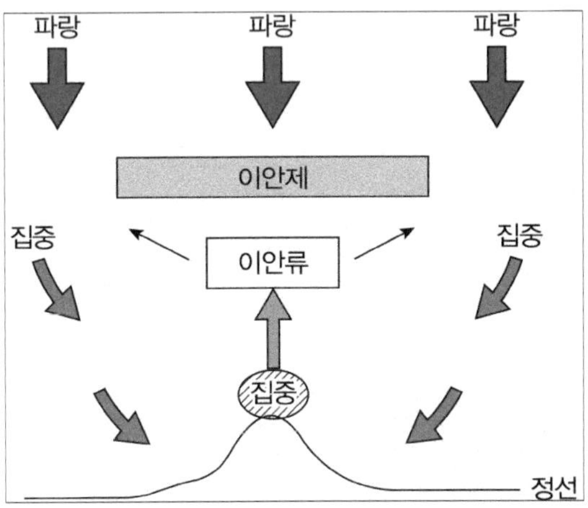

(a) 종래형 이안제

(b) 유각식 이안제

그림 2.18 이안제에 의한 사빈 회복

마) 수문(Gate, 水門)

항 입구 폭이 비교적 좁은 경우 항 입구부에 설치하여 폭풍해일, 지진해일 또는 고파랑을 차단하는 시설로서 섹터 수문(Sector Gate), 플랩 수문(Flap Gate)과 리프트 수문(Lift Gate)이 있다(그림 2.19 참조).

구분	Sector Gate(섹터 수문)	Flap Gate(플랩 수문)	Lift Gate(리프트 수문)	
			수직형	아치형(VISOR)
형상		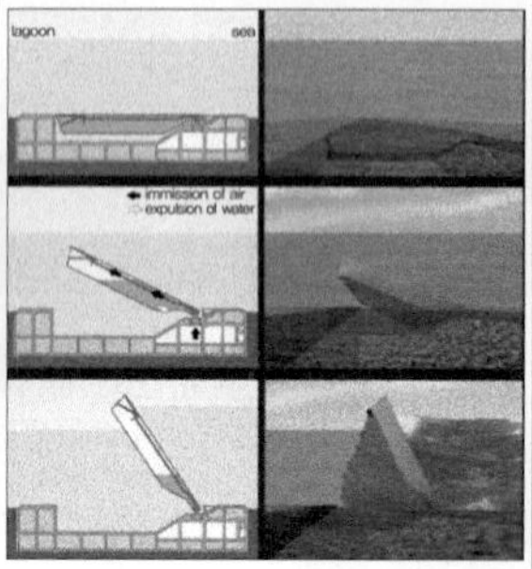	 	 
특성	•거대한 양쪽 여닫이 라운드형 수문(水門) 형태 •평상시 양 측면에 거치 •해일예보 시 수문을 닫아 해일에 대응	•함체(函體) 및 부체를 수중에 설치 •평상시 수중에 가라앉은 형태로 있음 •해일예보 시 압축공기 주입으로 수문을 세워 해일에 대응	•평상시 수문을 상부에 올렸다가 재난 예보 시 수문을 내려 해일에 대응 •구조형태에 따라 수직형과 아치형으로 구분됨 •비교적 항로 폭이 작은 하천이나 항내에 설치	
효과	•도시 및 항만 전체를 대상으로 해일 방재 •수문 건설이 선박 운항에 지장 없고, 유지·관리와 경제성 우수 •지역의 랜드마크화 유리	•도시 및 항만 전체를 대상으로 해일 방재 •환경변화 요인을 최소화현 상태 유지 가능 •자연훼손이나 추가 공간 확보가 필요 없음	•개별하천 및 항만 일부만 해일 방재 가능 •지역의 랜드마크화 및 관광 자원화 가능	
적용 사례	•네덜란드 델타 프로젝트 - 메슬란트 폭풍해일 베리어 (Maeslant Storm Surge Barrier)	•이탈리아 모세 프로젝트 - 베니스 리도, 말라모코, 치오지아 갑문	•삼척항 지진해일 수문(수직형) •오사카 기즈가와(木津川) 수문(아치형)	

그림 2.19 수문의 종류 및 특성

바) 소파공(消波工, Wave Dissipating Works)

파랑 에너지를 분산(分散) 또는 소실시키는 것을 목적으로 하는 구조물 또는 구조물을 사용한 공법을 말한다(그림 2.20 참조). 고대 로마 시대 때 사석방파제 내 공극(空隙)과 석재의 조합에 의해 파랑에너지를 흩뜨려 소실(消失)시키는 원리를 응용한 것으로 현대에서는 사석 대신에 파랑 크기에 맞춘 각종 중량을 가진 이형 콘크리트 블록을 쌓아 올려 대응한다. 이형 블록 연구는 1940년대부터 시작하였는데 프랑스에서 개발한 '테트라포드'로 알려진 소파 블록이 가장 최초로 그 후 여러 가지 종류의 블록이 개발되었다.

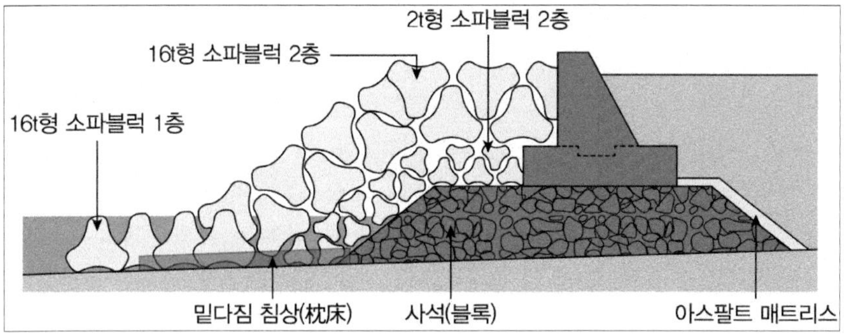

그림 2.20 소파공 표준단면도(예)

대부분 경우 연안 회색 기반시설(해안구조물)은 단일 목적의 구조물이며 설계사용기간(設計使用期間)은 약 50년으로 예상한다. 연안 회색 기반시설(해안구조물)은 침식 또는 침수로부터 방재하고 연안역의 배후지역에 대한 존립 가능성과 사회경제적 활동을 유지한다. 연안 회색 기반시설(해안구조물)은 특정 지역의 극단 및 기후 리스크로부터 가장 예측할 수 있는 수준의 방재를 제공하기 때문에 역사적으로 선호해 온 전략이었다. 그러므로, 연안 회색 기반시설(해안구조물)은 연안역의 '지방' 또는 '지역' 연안 프로세스에 대한 사전 지식 없이 널리 사용하였다. 이에 따라 표사부족(漂砂不足) 및 상습적인 해안 침식, 해변 강하(Beach Lowering), 연안 표사 차단(즉, 해안선과 평행하게 이동하는 모래), 서식지 및 생물 다양성 손실, 해안 압착(海岸壓搾)(인공 구조물이나 인위적인 조치로 자연 서식지가 손실되거나 생태계의 질(質)이 저하되어, 다른 연안 프로세스와 함께 해수면 상승에 따라 자연적으로 발생할 수 있는 해당 서식지의 해침[135](Transgression))등 인접 연안에서 의도하지 않은 결과를 초래한다. 따라서 연안 회색 기반시설(해안구조물)은 연안 레질리언스를 향상하는 장애물이거나 조력물(助力物)이 될 수 있다. 특히 장래 기후변화를 고려하여 기반시설을 유지하고 보강·개수하지 않으면 잘못된 안정감을 제공하고 시간의 경과에 따라 태풍 또는 폭풍과 해수면 상승으로부터 연안 지역사회와 기반시설을 적절히 방재하지 못할 수 있다. 현재 연안 회색 기반시설(해안구조물)에 대한 계획 결정은 연안 방재 개발로 발생하는 리스크(예: 생태계 파괴, 서식지 감소 및 변경, 자연 프로세스에 대한 충격(영향), 인접 해안선으로의 침식 증가, 연안의 미관 감소, 해안 압착에 대한 기여)에 초점을 맞추고 있다. 파국(破局)을 초래할 수 있는 연안 회색 기반시설(해안구조물)을 건설하면 환경 변화 속도가 가속화됨에 따라 장기적인 연안 레질리언스를 감소시켜 실패 가능성이 커진다. 따라서 연안 회색 기반시설(해안구조물)은 장래 세대를 위한 자산이 아닌 부채를 창출하여 제거 또는 교체 비용을 부담하여 장래 세대의 레질리언스를 낮출 수 있다(Hirschfeld & Hill 2017). 그러므로 시설의 계획 결정은 기후 위험으로부터 실제 기반시설에 미치는 리스크를 고려해야 한다(Flannery 등. 2015). 특정 상황에서 레질리언스를 구축하기 위한 한 가지 가능한 해결책은 기반시설을 제거하거나 재배치하는 것일 수 있다. 연안 회색 기반시설(해안구조물)은 다기능적(多機能的)이고 지속 가능하며 레질리언스를 강화해 자연과 협력하는 생태계 서비스를 제공해야 한다는 요구가 점점 더 커지고 있다(Naylor 등. 2017).

135) 해침(Transgression, 海侵): 해수면의 상승이나 육지의 침강으로 해안선이 육지 쪽으로 이동하고 육지가 해수에 의하여 덮이는 현상을 말한다.

(2) 청록색 자연-기반 기반시설(Green-blue Infrastructure)(그림 2.21 참조)

청록색 자연-기반 기반시설은 연성(軟性)공법 기반시설 또는 친환경 회색 기반시설(즉, 생태학적으로 강화된 경성(硬性) 기반시설)로 구성될 수 있다(Schoonees 등. 2019). 연성(軟性)공법 기반시설에는 동적 연안 방재(즉, 외부 압박에 적응할 수 있는 잠재력을 가진)에 영향을 미치는 다양한 육지 자연-기반 해법(NbS) 및 연안 자연-기반 해법(NbS)으로 나눌 수 있다. 자연-기반 해법(NbS)에는 염습지[136](Salt Marsh), 습지, 사구(砂丘) 및 해변 생태계, 켈프 [137](Kelp) 숲, 해초지, 패류초(貝類礁) 및 홍합 하상(Mussel Beds)의 보전과 복원 및 인공 리프(Artificial Reef)조성 등 완전한 자연 해법을 포함한다(Temmerman 등. 2013). 자연 과정을 모방한 양빈(養浜)(자연 과정을 활용하지 않을 때는 회색 기반시설로 분류할 수도 있지만), 식생 사구와 습지 및 '녹색' 구조 공학(예: 식생 공학, 사구 안정화에 도움이 되는 모래 울타리)을 자연 관리 해법으로 분류한다.

(3) 하이브리드(Hybrid) 해법

하이브리드 해법은 자연(청록색)적 측면과 회색 공학적 측면이 안정적인 기능을 발휘하도록 필요한 장소에서 자연적 특성을 회색 기반시설에 결합한 것이다(Schoonees 등. 2019)(그림 2.22 참조). 이 접근 방식은 자연-기반 시설과 건설-기반 시설을 결합하여 두 가지의 강점을 살리고 약점을 최소화함으로써 최대한의 연안 방재를 제공한다(Sutton-Grier 등. 2015). 예를 들어 폭풍해일 또는 고파랑에 대한 첫 번째 방재선 역할을 하는 습지 제방[138](Levee) 시스템, 사구-제방(Dyke) 시스템, 환경이

그림 2.21 자연-기반 해법(NbS, Nature-based Solution)의 종류

136) 염습지(Salt Marsh, 鹽濕地): 바닷물이 드나들어 염분변화가 큰 습지(Marsh)를 말하며, 염생식물(Halophyte)이 서식한다.

137) 켈프(Kelp): 17세기에서 18세기에 걸쳐서 유리나 도기의 제조에 필요한 소다(탄산나트륨)의 공급원으로 유럽에서는 해조를 태워 나트륨이나 칼륨이 풍부한 해조회(海藻灰)를 얻어 이것을 켈프라고 불렀다. 그 후 미국에서는 해조재의 원조(原藻)가 되는 대형 갈조류를 총칭하여 켈프라고 부르게 되었다.

138) 제방(Dyke, Dike, Levee): 수류(水流)를 일정한 유로(流路) 내로 제한하고 범람을 방지할 목적으로 축조되는 구조물을 말한다.

변천하는 간척지 내 이중 제방(그림 2.23 참조), 해안 제방(Sea Dike) 앞에 배치된 인공 해변, 사구 또는 패류초(貝類礁, Shellfish Reefs) 등은 방재선의 수명을 연장하고 추가적인 혜택(이익)을 제공한다(Schoonees 등. 2019).

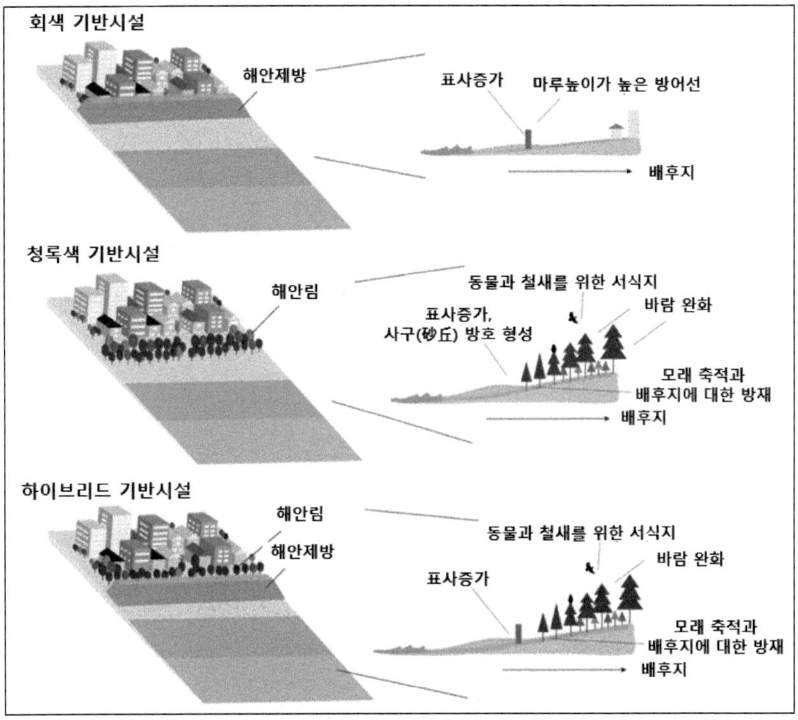

그림 2.22 회색, 청록색 및 하이브리드 기반시설의 개념 설명

그림 2.23 연안 방재를 위한 하이브리드 해법의 사례인 환경이 변천하는 간척지 내 이중 제방

연구에 따르면 이러한 기술은 적용할 수 있지만, 주류(主流) 공학적 관행에 대한 채택은 여전히 제한적인 것으로 나타났다(Moraes 등. 2022). 하이브리드 공학적 접근 방식은 자연-기반 해법(NbS)의 기반시설이 부적절하여 실현 불가능하거나 너무 불확실하여 필요한 레질리언스와 방재를 제공하지 못할 때 적용할 수 있다. 이러한 하이브리드 해법 중 일부는 자연 서식지를 대체할 수 있는 열악(劣惡)한 것으로 여길 수 있으며, '위장환경주의[139](Greenwashing)'가 새로운 개발을 수용하게끔 보이게 할 수도 있지만(Firth 등. 2020), 항상 그런 것은 아니다.

4) 연안 방재 및 리스크 관리를 위한 상황별 계획

모든 연안의 물리적 환경은 같지 않으므로 물리적 환경이 연안 방재전략의 선택에 상당한 영향을 미칠 것이다(Haasnoot 등. 2019). 해안침식을 완화하고 연안 침수 안전을 강화하기 위한 연안 방재 구조물의 필요성은 대규모 연안 경관 형태에 따라 달라진다. 예를 들어 하성삼각주[140](River Delta)로 형성된 광범위한 저지대 연안 경관, 피오르[141](Fjord), 광범위한 절벽 해안선과 완만한 경사지를 가진 고지대 및 높은 지형의 해안선이 배후에 있는 경제적으로 가치 있는 좁은 저지대 등과 같이 지방 특유의 지형에 맞추어 따라 다양한 전략을 실행해야 한다. 이탈리아 북동부 연안의 베니스(Venice)~라벤나(Ravenna)와 벨기에~네덜란드 연안의 셸트-라인-뮤즈(Scheldt-Rhine-Meuse) 삼각주 등과 같은 하성삼각주(河成三角洲)가 형성된 광범위한 저지대 연안역은 연안 침수 방재가 가장 필요한 지역이다. 이 지역의 해안선을 현재 위치로 유지하는 것을 목표로 하는 '현상유지' 해결책은 침식과 범람에 대한 단기적인 방재 측면에서 분명한 장점이 있을 수 있지만, 예상되는 해수면 상승을 고려할 때 장기적으로는 지속 불가능한 목표이다. 광범위한 육지 침수 방재를 구축하는 것이 더 나은 해결책일 수 있으며, 이를 위한 하이브리드 회색-녹색 해법이 핵심이다. 예를 들어 이중 제방 사이의 환경에 따라 변천하는 간척지를 조성하는 개념(Zhu 등. 2020, 그림 2.24 참조)은 자연 프로세스를 활용하여 저지대(低地帶)의 높이를 점진적으로 증가시켜 장기 침수 안전을 유지하는 능력을 향상한다. 이 개념은 많은 논의가 진행 중이며 네덜란드에서는 대규모 시범사업이 논의 중이다. 네덜란드의 첫 번째 시범사업[142]은 외부 제방이 주요 침수 방재 역할을 하는 남아 있는 시스템을 사용하지만, 향후 제방과 그 사이의 토지 시스템이 주요 침수 방재 기능을 한다. 이러한 해결책은 넓은 면적이 필요하여 넓은 공간을 가진 농촌 환경에서만 적용할 수 있다. 반대로 연안에 바로 인접하여 고지대(高地帶)가 배후에 있어 경제적으로 가치 있는 좁은 저지대인 경우, 일반적으로 자연에 근거한 방재 및 후퇴를 위한 공간이 부족하다. 해양 자연-기반 해법(NbS)을 적용할 수 없을 때(예: 파랑을 소산(消散)시키는 암초를 복원), 유일한 선택은 공학적 방재전략을 적용하는 것이다. 높은 지형의 해안선은 지질과

139) 위장환경주의(Greenwashing): 기업이 실제로는 환경에 악영향을 끼치는 활동을 하면서도 마치 친환경을 추구하는 것처럼 홍보하는 것을 말한다. 사회적 가치를 중시하는 ESG(환경·사회·지배구조)가 경영 화두로 떠오른 가운데 '친환경 이미지 세탁'을 노리는 일부 기업의 행태를 꼬집은 용어다.

140) 하성삼각주(River Delta, 河成三角洲): 강과 바다가 만나는 하구에서는 유속이 줄어들면서 운반되던 물질이 퇴적하여 수면보다 높은 퇴적층이 형성된 이 지역은 희랍문자 'Δ'와 비슷하게 생겨 '델타'라고도 한다.

141) 피오르(Fjord): 빙식곡(氷蝕谷)이 바닷물에 잠긴 곳을 말하며, 피오르는 빙식곡의 지형을 유지해서 양쪽 측벽(側壁)이 급경사나 절벽이며 주변 바다보다 더 깊은 경우가 대부분이다.

142) https://www.provinciegroningen.nl/projecten/dubbele-dijk/

연안 구동력 때문에 변화한다(예: 퇴적물공급 감소로 해변이 좁아지고 절벽의 침식이 가속화된다.). 높은 지형은 침수로부터 안전하지만, 해안침식은 심각한 충격(영향)을 미쳐 치명적이고 돌이킬 수 없는 위험이 될 수 있다. 그러나, 대부분 관련 지역이 안전하고 피해가 소규모 토지 또는 재산 손실로 제한되는 경우, 비싼 연안 방재 공사에 투자하지 않고 지역사회에 손실을 보상할 수 있다. 많은 회색 및 자연-기반 해법(NbS)은 전통적으로 '현상 유지'를 목표로 한다. 그러나 경사가 완만하면서 광범위한 지역에서는 관리형 재배치 또는 연안 세트백 구역[143](Setback Zone)을 만드는 것도 하나의 선택이다. 어떤 지역에 공학적 방재를 제거하여 정기적으로 침수를 일으키고, 해수면 상승과 공생(共生)할 수 있도록 하는 관리형 재배치를 적용할 때, 도시개발은 고지대로 후퇴시켜 개발하여야 한다. 연안 세트백 구역을 적용할 때, 완충 구역은 일부 또는 모든 형태의 개발이 금지되거나 제한되는 곳을 지정하므로 때때로 비주기적인 연안 침수로 인해 해당 구역은 경제적 피해에 둔감해질 수 있다.

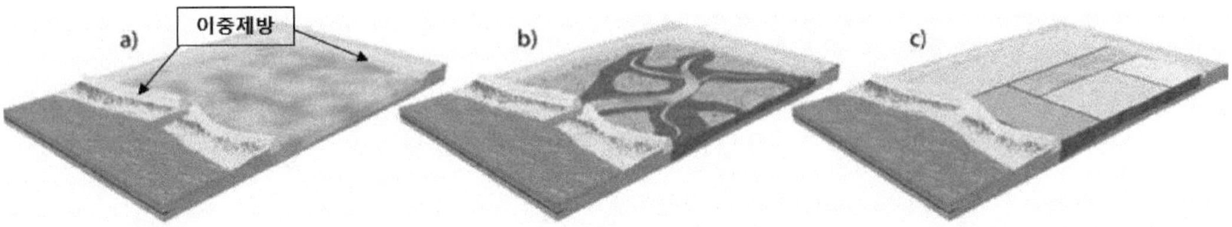

【(a) 제방은 육지에 대한 퇴적물 퇴적을 억제하므로 이중 제방을 뚫는다. (b) 조석(潮汐)은 이중 제방 내로 퇴적물을 유입시켜 환경이 변천하고 있는 간척지의 지반 높이를 높인다. (c) 환경이 변천한(지반높이의 증고) 간척지의 이중 제방을 결국 폐쇄하여 농지와 같은 원래 기능으로 돌아갈 수 있다.】

그림 2.24 이중 제방의 진화

143) 세트백 구역(Setback Zone): 일반적으로 건축에서 도로 등의 개방감을 확보하기 위해 대지 경계선 등에서 물리적, 법적 이유로 외벽을 뒤로 물리는 것을 말하지만, 여기에서는 연안 재난(해수면 상승, 폭풍해일 및 침수 등)의 피해를 미연(未然)에 방지하고자 사전에 후퇴하여 조성하는 것을 일컫는다.

Chapter 3

연안 자연-기반 해법

3.1 연안 자연-기반 해법(CNbS, Coastal Nature-based Solutions)의 개요

3.1.1 자연-기반 해법(NbS, Nature-based Solutions)의 정의[1]

자연-기반 해법(NbS, Nature-based Solutions)은 2022년 유엔총회에서 '사회적, 경제적, 환경적 과제를 효과적이고 적응적(適應的)으로 해결하는 동시에 인간 복지, 생태계 서비스, 레질리언스 및 생물다양성 이익을 제공하는 자연적 또는 변화된 육지, 담수, 연안 및 해양생태계를 보호, 보전, 복원, 지속 가능한 사용 및 관리하기 위한 실행'으로 정의하였다(UNEA, 2022). 자연-기반 해법(NbS)은 생태계 접근 방법, 지속 가능한 관리, 생태계-기반 재난 리스크 감소, 자연, 녹색 기반시설 및 청록색 기반시설 구축과 같은 광범위한 접근 방식을 포함하는 '포괄적인 개념'이다. 기후변화에 적응하기 위해 자연-기반 해법(NbS)을 사용하는 것을 '생태계-기반 적응(EbA, Ecosystem-based Adaptation)'(그림 1.27(f) 참조)이라고도 한다. 자연-기반 해법(NbS)은 기후 레질리언스를 구축하고 적응과 생물다양성 목표를 충족하며 재난 리스크 감소에 공헌하는 기회이다. 자연-기반 해법(NbS)은 여러 전 세계적인 사회적 과제를 동시에 해결한다(Cohen-Shacham 등. 2016). 자연-기반 해법(NbS)은 기존 자연 지역의 보호 및/또는 향상하거나 이전(以前) 범위와 기능에 대한 자연 지역의 복원으로 구성할 수 있다. 자연-기반 해법(NbS)은 다양한 환경적(생물 다양성 회복, 탄소격리144)(Carbon Sequestration), 사회적 혜택(오염 감소, 인간 건강 관련 혜택, 열 감소)) 및 경제적 혜택(관광, 비용 효율적인 해법, 새로운 경제, 녹색 일자리)의 파악하고 촉진하며, 적절한 경우에 수익화할 수 있다. 예를 들어, 연안 푸른 탄소145)(Blue Carbon) 생태계를 국가 온실가스 목록에 포함하기 위해서는 탄소 흐름을 측정하는 연안 서식지 보전 또는 복원 프로젝트도 중요하지만(Cott 등. 2021), 아직도 많은 연구가 필요하다. 연안 방재를 위해 자연-기반 해법(NbS)을 사용할 때는 이러한 실행이 생태계에 도움이 되도록 처음부터 자연을 설계 전략에 포함하여야 한다. 연안 방재와 생태계 지속성(즉, 원인 발생 후 평형상태로 돌아갈 수 있는 생태계의 능력)은 레질리언스를 갖는 연안 방재전략을 수립할 때 고려하는 두 가지 강력한 상호 의존적 문제이다. 회색 기반시설의 침수 방재는 일반적으로 최소 50년 동안 견딜 수 있도록 설계하지만, 자연-기반 해법(NbS)은 생태계가 계획된 침수 방재 목표의 수명인 최소한 50~100년 동안 지속할 것을 요구한다(Bouma 등. 2014). 동적(動的)인 해안선(즉, 자연-기반 해법(NbS)과 통합한 해안선)의 생태계는 해수면 상승 또는 폭풍(태풍) 증가와 같은 외부 압박에 적응할 수 있고, 폭풍(태풍) 후 빠르게 회복할 수 있어(Bridges 등. 2015) 가능한 지속할 수 있지만, 주로 회색 기반시설(해안구조물)로 보강된 정적(靜的)인 해안선은 지속할 수 없다(Möler 2019). 연안 생태계는 연안 방재를 위해 선택한 해법에 따라 손상을 입거나 향상될 수 있다. 즉, 연안 방재전략은 해안선을 물리적으로 이동시켜 생태계를 변화시킬 수 있어 생태계 지속성을 달성하기 위해서는 보전과

144) 탄소 격리(Carbon Sequestration, 炭素隔離): 대기 중 배출되는 이산화탄소를 불용성 탄산염 형태로 고정하여 지하 또는 지상의 특정 공간에 저장하는 과정을 말한다.

145) 푸른 탄소(Blue Carbon): 2009년에 도입된 개념으로 해양과 연안 생태계에 포획된 탄소를 의미한다(Nelleman 등. 2009). 생물량 소각(Biomass Burning)과 화석 연료의 소비로 발생하는 갈색 탄소(Brown Carbon)나 검은 탄소(Black Carbon)에 대비되는 개념으로 생물이 광합성을 통하여 생태계의 식물과 토양에 저장하는 탄소를 '녹색 탄소'라고 부르는데, 최근까지 주로 육지생태계만이 고려하였다. 최근 과학자들은 연안 생태계가 육지에 비교하여 면적은 작지만, 매우 높은 효율로 탄소를 흡수하는 것에 주목하여 해양과 연안 생태계에 생물량으로 저장되는 탄소를 '푸른 탄소'라고 부르고 있다.

적극적 복원 생태계의 조합이 필요하다. 또한, 기후변화(지구온난화, 폭풍(태풍), 해수면 상승, 산성화 및 탈산소화)가 연안 생태계의 장래에 어떤 영향을 미칠지 평가하는 것도 필수적이다. 예를 들어, 바람 패턴이 변화되면 연안 생태계에 다양한 형태로 영향을 미친다. 일부 생태계는 평균풍속의 작은 증가에도 민감하지만, 다른 생태계는 빈번한 폭풍(태풍)의 영향에 대응한다(de Smit 등. 2021). 따라서 기후변화로 변화하는 바람 조건은 자연-기반 연안 방재에 중요한 생태계의 지속성을 예측하는 데 사용될 수 있다. 우수한 현지(現地)의 관리를 통해 현재 상황을 정확히 분석·평가 할 수 있으면, 장기간 투자를 지속하는 연안 생태계 복원과 보전에 투자할 수 있어, 중요한 생태계 서비스를 지원하고 자연 상태로의 질량과 에너지의 흐름을 회복할 수 있다(Chávez 등. 2021).

표 3.1 연안 방재를 위한 자연-기반 해법(NbS) 개발의 장벽. Deely 등. 2020 (CC BY 4.0)에서 수정

제도적(制度的) 및 거버넌스 장벽
명확한 리더십 부재
역할 및 거버넌스 책임
조직 간 및 기관 간 협력
장기 비전
법률과 법규
기후변화 정책 부재
경쟁 우선순위
사회-문화적 측면
문화 및 행동
자연-기반 해법(NbS)에 대한 사회적 인식
지역사회 권한 부여
장래 토지 사용에 미치는 영향
지식
지식의 결여
기관의 경험 부족
기술 지침 부족
성공사례 부족
부정적인 과거 경험
명확한 인과(因果) 관계 부족
기술 및 생물-물리적 측면
현장 제약
설계 과제
구축 문제
자금 및 시장
자금 부족
이익과 비용 산정
제공자와 사용자 연결

특정 자연-기반 해법(NbS) 효과는 생태계의 상태와 그 이력(履歷)에 따라 달라진다(Riisager-Simonsen 등. 2022). 장래 연안 방재전략 수립 시 생태계 기능에 미치는 충격(영향)에 대한 고려는 항상 여러 전문분야 체계를 포함하여야 한다. 최근의 기후 레질리언스 경로 분석과 통합하면, 기후 레질리언스를 갖춘 장래 연안을 설계하는 데 도움이 될 수 있다. 실행에 대한 과학적, 경제적, 사회적, 거버넌스의 협력과 장벽을 이해하기 위해서는 연안 자연-기반 해법(CNbS, Coastal Nature-based Solution)의 물리적, 생태적 및 사회-경제적인 긍정적 또는 부정적 영향을 측정, 모델링 및 모니터링하는 여러 전문분야의 프로젝트가 필요하다. 복원되었거나, 장기적인 우수한 관리 조치 또는 인간의 간섭 부족 중 어느 한쪽으로 말미암아 자연 그대로인 연안 서식지는 생물 다양성 보전, 영양소 유지, 탄소격리, 수질 조절, 생태 관광 및 레크리에이션을 포함한 광범위한 생태계 서비스를 제공한다. 예를 들어, 연안 서식지의 자연적인 복원은 해안침식과 연안침수에 대하여 자연적인 방재 또는 완충 역할을 하는 연안 형태를 크고 강하게 개선함으로써 침식과 침수의 리스크를 줄일 수 있다. 이를 통해 식생을 통한 연안 지형의 안정성을 강화할 수 있어 해수면 상승, 폭풍(태풍), 해안 침식 및 사태(沙汰)(2024년 미국 캘리포니아주 연안도시 랜초 팔로스 버디스(Rancho Palos Verdes)의 해식애 인근 급격한 지반이동으로 비상사태를 선포)의 충격(영향)을 줄일 수 있다. 연안 식물의 뿌리구조는 연안환경에서 토양을 보전하며, 뿌리와 새싹을 포함한 식생(植生) 구조는 해안지대의 퇴적물을 보전한다. 뿌리구조와 식생 구조는 폭풍(폭풍해일 또는 고파랑) 내습 시 내륙 장벽의 역할을 할 수 있는 식생 피복의 증가, 파랑 에너지의 최대 60% 소산(消散)(Cunniff & Schwartz, 2015), 침수 발생 가능성과 풍속의 감소(Zhu 등. 2020)(European Environment Agency, 2021b)를 초래하여 해안침식의 충격(영향)에 대한 레질리언스가 있는 안정적인 물리적 연안 서식지를 제공한다. 일반적으로 생태계를 효과적으로 복원하는 방법에 대한 개념적, 기술적 이해력을 가지고 있지만, 성공적인 완성을 위해서 다음 사항이 필요하다. i) 복원 프로젝트에 최첨단 기술의 지식을 적용하기 위한 과학자와 실무자 간 효과적인 소통, ii) 최첨단 기술이 지형 규모에 적용될 수 있도록 과학자와 민간 계약업체 간 협력 연구 iii) 복원 프로젝트가 인접 시스템의 장기적인 환경과 사회·경제적 경향 및 활동과 잘 연결될 수 있도록 연안관리에 대한 사고방식의 전환, iv) 높은 복원 비용을 충당할 수 있는 충분한 재원을 확보해야 한다. Deely 등(2020)은 자연-기반 해법(NbS)의 개발을 저해하는 제도적, 거버넌스적, 사회문화적, 기술적, 생물물리학적, 지식 및 자금(資金) 장벽(障壁)이 있다는 사실을 발견하였다(표 3.1 참조). 따라서, 연안 레질리언스의 성공은 연안 자연-기반 해법(CNbS, Coastal Nature-based Solution)이 필수적이므로 이에 대해서 상세히 알아보겠다.

3.1.2 연안 자연-기반 해법(CNbS)의 종류와 기능

1) 개요[1]

연안 시스템은 기후변화에 따른 해수면 상승, 태풍의 강대화, 개발 및 인구 증가, 지형변화의 복합적인 영향으로 인해 침수에 점점 더 취약해지고 있다(Woodruff 등. 2013). 이러한 현실은 기후변화에 따른 해수면 상승과 태풍의 강대화 등에 대한 리스크를 줄이기 위해 습지, 해변과 사구(砂丘)의 수용력에서 비롯된 접근 방식, 생물 활동적 암초 및 폭풍해일과 파랑의 영향을 줄이기 위한 기타 자연 지형 활용과 같은 생태계-기반 접근 방식을 이용하려는 노력을 불러일으켰다(Temmerman 등. 2013). 침수 리스크 관리에 생태계-기반 접근 방식을 적용할 수 있는 잠재력은 물리적, 지형적 또는 생태적 환경에 따라 달라지지만, 이러한 접근 방식의 중요성과 적용 사례는 전 세계적으로 증가하고 있다(Temmerman 등. 2013). 오늘날의 자연-기반 해법(NbS)을 뒷받침하는 개념과 관행은 친환경 기반 시설 운동에 깊은 뿌리를 두고 있다. 이러한 운동은 자연 시스템이 다양한 생태계 혜택(이익)과 서비스를 제공할 수 있다는 사실에 바탕을 둔 프레드릭 로 올름스테드(Frederick Law Olmsted), 워렌 매닝(Warren Manning)과 유진 오둠(Eugene Odum)의 노력에서 비롯된 160년간에 걸친 환경 운동과 보전 이니셔티브에서 비롯되었다(Benedict과 Mcmahon 2002, 2006, Ely와 Pitman 2012). 녹색 기반시설(Green Infrastructure)이라는 용어로 대변되는 다양한 조치는 고려 중인 문제, 기회 또는 목표의 상황(狀況)에 근거를 둔다. 일부 사람은 녹색 기반시설을 '공개공지 또는 공원(Davies 등. 2006, Mell 2010, Mell 등. 2009)'라고 하며, 다른 일부에게는 '환경친화적인 것으로 정의되는 공학적 구조물(예: 빗물정원[146](Rain Garden)과 같은 우수(雨水) 관리 특징)'을 뜻하며, 다른 실무자들은 생물 다양성의 혜택(이익)과 서식지 단편화[147](Habitat Fragmentation) 감소를 강조하는 '자연 지역 네트워크(예: 수변 통로(Riparian Corridor, 水邊通路)에 늘어선 습지)의 보전'을 의미한다(Lafortezza 등. 2013, Wickham 등. 2010, Williamson 2003).

연안의 녹색 기반시설 조성은 기후변화로 인한 해수면 상승 또는 태풍 강대화의 리스크와 침수피해를 줄이고 레질리언스를 촉진하는 물리적 기반을 제공하는 연안 및 근빈역[148](近濱域) 경관 요소(예: 산호초, 사구, 울타리섬(Barrier Island))를 조성하는 것이다. 자연의 물리적, 생물학적, 지질학적, 화학적 과정의 작용을 통하여 형성되는 자연적인 지형은 시간이 지남에 따라 생성(生成)되고 진화한다. 자연적인 연안 지형은 연안의 산호초(예: 산호와 굴), 울타리섬, 사구, 해변, 습지, 해안림(海岸林) 등 다양한 형태를 띤다. 연안 시스템은 사회경제적 맥락에서 자연적인 지형과 조성되는 지형을 포함한다(McNamara 등. 2011). 연안 시스템을 구성하는 자연적인 지형과 조성되는 지형 간의 관계와 상호작용은 연안 취약성, 신뢰성, 리스크와 레질리언스를 결정하는 중요한 변수이다. 또한, 연안 자연-기반 해법(CNbS)은 자연의 지형 중 두드러진 특색을 모방할 수 있어, 연안 리스크 감소와 같은 특정 서비스를 제공하기 위해 인위적인 계획, 설계 및 조성으로 구축하는 특징을 가진다. 연안 시스템 중 연안 자연-기반 해법(CNbS)으로 구축하는 구성요소로는 침식 제어 및 폭풍(태풍) 리스크 감소를 위한 기반시설(예: 방조제, 해안제방 등)은 물론 경제 및 사회적 기능을 제공하는 기반시설(예: 수운(水運)수로, 항만, 주거용 주택 등)을 포함한 자연-기반과 관련 구조물을 포함한다. 연안 자연-기반 해법(CNbS)의 범위는 기존 자연적 지형(예: 울타리섬, 사구, 습지 등)으로부터 이를 계획, 설계 및 조성에 이르기까지 넓다. 따라서 자연, 자연-기반, 비구조적 및 구조적 조치는 연안 레질리언스 및 리스크 감소를 지원하기 위해 사용할 수 있는 전체 실행을 설명하는 데 사용하는 용어이다(USACE 2013). 표 3.2와 표 3.3은 각각 연안 시스템에 속하는 자연 및 자연-기반, 비구조적 및 구조적 조치에 관한 특징의 사례와 함께 이러한 특징의 성능에 영향을 미치는 요인에 대한 목록을 나타낸다. 연안 레질리언스와 리스크 감소에 대한 통합적인 접근 방식은 연안 시스템과 지역사회를 지원하기 위해 전체 일련의 조치를 조합시켜 사용한다.

---

146) 빗물정원(Rain Garden): 도시 유출(Urban Runoff)을 줄이기 위해 도심의 빗물이 땅에 스며들지 않고 강으로 흘러가지 않도록 빗물을 흡수하는 정원을 조성하는 것을 말한다.

147) 서식지 단편화(Habitat Fragmentation, 棲息地斷片化): 도로나 택지, 토목공사 등을 통해 생물의 서식지가 조각나서 연속성이 단절되는 것을 말하며, 개체군의 단편화를 일으킨다. 서식지 단편화가 일어나면 각 서식지 조각의 면적이 줄어들고 각 서식지 조각 간의 거리가 멀어지게 되며, 각 서식지 조각의 가장자리 비율이 증가하게 된다.

148) 근빈역(近濱域, Nearshore Zone): 해빈(海濱)은 단면이 겪는 환경에 따라 4가지 영역으로 분류되는데(그림 3.31 참조), 파랑이 해안으로 전파되는 원빈(遠濱, Offshore), 수심이 얕아 파랑이 부서지는 근빈(近濱, Nearshore), 파랑으로 인하여 해수가 적셔지는 전빈(前濱, Foreshore), 파랑의 영향을 받지 않으나 파랑에 의해 밀려온 모래가 쌓인 후빈(後濱, Backshore)으로 구성된다. 이 중 근빈이 이루는 지역을 말한다.

표 3.2 연안 자연-기반 해법(CNbS)의 종류와 특징

사구와 해빈	식생(植生)이 있는 습지(예, 늪)	패류초(貝類礁)와 산호초	울타리섬	해안림/관목 군집
장점 및 프로세스 • 외해 파랑의 쇄파 • 파랑 에너지 감쇠 • 내륙으로의 해수 이동 감소	장점 및 프로세스 • 외해 파랑의 쇄파 • 파랑 에너지 감쇠 • 내륙으로의 해수 이동 감소 • 침투 증가	장점 및 프로세스 • 외해 파랑의 쇄파 • 파랑 에너지 감쇠 • 내륙으로의 해수 이동 감소	장점 및 프로세스 • 파랑 감쇠 또는 소산 • 퇴적물 안정	장점 및 프로세스 • 파랑 감쇠 또는 소산 • 해안선 침식 안정화 • 토양 보유
성능 요인(成果要因) • 버엄[*1](Berm) 높이와 폭 • 해빈 경사 • 퇴적물 입경 크기 및 공급량 • 사구 높이, 마루 높이와 폭 • 식생의 존재	성능 요인 • 늪(Marsh), 습지[*2](Wetland) 또는 수생식물(SAV, Submerged Aquatic Vegetation) 높이와 연속성 • 식생 형태와 밀도 • 공간범위	성능 요인 • 초(Reef)[*3]의 폭, 높이와 거칠기	성능 요인 • 섬 높이, 길이와 폭 • 토지 피복 • 틈(Breach) 민감성 • 본토 해안과의 접근성	성능 요인 • 식생 높이와 밀도 • 숲 밀도 • 퇴적물 성분 • 대지(臺地) 높이
일반적인 연안 리스크 감소 요인 : 폭풍해일 및 파고/주기, 수위.				

*1 버엄(Berm): 파랑에 의해 밀려온 퇴적물이 쌓여 후안(Backshore)에 둔덕을 이룬 지형으로 수평이거나 육지를 향해 약간 경사져 있고, 단일 또는 다중으로 나타나며 다중일 경우 계단식 형상을 보인다.

*2 습지(Wetland): 자연 또는 인공이든, 영구적 또는 일시적이든, 정체된 물 또는 흐르는 물이든, 담수, 기수 또는 염수이든, 간조 시 수심 6 m를 초과하지 않는 '늪, 습원, 이탄지, 하천변, 섬, 양식장, 연못, 저수지, 논 등을 포함하는 지역'을 말하며, 습지의 주요한 4개의 종류는 늪(Marsh), 소택지(Swamp), 산성이탄습원(Bog) 그리고 이탄습원(Fen)이 있다.

*3 초(礁, Reef): 초는 파랑에 저항력이 있는 강한 부착성 생물체의 집단서식으로 형성된 굳은 암석체를 말한다.

표 3.3 연안 시스템과 관련된 비구조적 및 구조적 특징의 예

비구조				구조				

범람원 정책 및 관리	침수 방지 및 영향 감소	침수 경보 및 대비	재배치	해안 제방	해일 방파제 (수문)	방조제 및 호안	돌제	이안방파제 (離岸防波堤)
이익 및 프로세스 • 범람원 개발의 개선 및 제어 • 피해의 기회 감소 • 자연적 연안 환경의 개선	이익 및 프로세스 • 피해의 기회 감소 • 지역사회 레질리언스 향상 • 기타 여러 곳의 침수 잠재력 증가 없음	이익 및 프로세스 • 피해의 기회 감소 • 지역사회 레질리언스 향상 • 대중 인식과 책임감 개선	이익 및 프로세스 • 피해의 기회 감소 • 기타 여러 곳의 침수 잠재력의 증가 없음 • 자연적 연안 환경의 개선	이익 및 프로세스 • 해일과 파랑 감쇠 또는 소산 • 침수 감소 • 취약 지역에 대한 리스크 감소	이익 및 프로세스 • 해일 및 파랑 감쇠 • 염분 감소 • 해수 침입	이익 및 프로세스 • 침수 감소 • 월파 감소 • 구조물 배후 해안선 안정화	이익 및 프로세스 • 해안선 안정화	이익 및 프로세스 • 구조물 배후 해안선 안정화 • 파랑 감쇠
성능 요인 • 파고 • 수위 • 폭풍 지속 시간 • 기관 간 협업	성능 요인 • 파고 • 수위 • 폭풍 지속 시간	성능 요인 • 파고 • 수위 • 폭풍 지속 시간	성능 요인 • 파고 • 수위 • 폭풍 지속 시간	성능 요인 • 제방 높이, 마루 폭 및 경사 • 파고 및 주기 • 수위	성능 요인 • 방파제 높이 • 파고 • 파랑 주기 • 수위	성능 요인 • 파고 • 파랑 주기 • 수위 • 세굴 방지	성능 요인 • 돌제 길이, 높이, 방향 투과성과 간격 • 바다 쪽 끝의 깊이 • 파고 • 수위 • 연안 수송율	성능 요인 • 방파제 높이 및 폭 • 방파제 투과성, 해안선과의 접근성, 방향 및 간격
일반적인 연안 리스크 감소 요인: 협업 및 공동 책임 체계, 파고, 수위 및 폭풍 지속 시간.				일반적인 연안 리스크 감소 요인: 폭풍해일 및 파고/주기, 수위.				

2) 연안 자연-기반 해법(CNbS)의 기능[1]

자연 지형은 시간이 지남에 따라 물리적, 지질학적, 생물학적 및 화학적 과정의 작용을 통해 생성된다. 반면, 연안 자연-기반 해법(CNbS)으로 조성된 연안의 자연 지형은 연안 리스크 감소 및 기타 생태계 서비스(예: 어류와 야생동물 서식지)와 같은 특정 서비스를 제공하기 위해 인위적(人爲的) 설계, 공학적 지식 및 조성으로 이루어진다. 즉, 연안 자연-기반 해법(CNbS)은 자연에서 구동(驅動)하는 프로세스에 의해 작동(作動)하며, 그 결과 조성된 기능과 서비스를 유지하기 위해 인위적인 개입이 포함되어야 한다. 따라서, 연안 자연-기반 해법(CNbS)은 해수면 상승(Borsje 등. 2011)과 해안 폭풍(태풍)(예를 들어, Gedan 등. 2011, Lopez 2009)으로 위협받는 연안역의 레질리언스를 향상하는 데 사용할 수 있다. 예를 들어, 해빈(海濱)은 해안 폭풍(태풍) 리스크 감소와 레질리언스를 제공할 수 있는 자연적 지형으로, 연안의 경사진 해저바닥으로부터 파랑이 쇄파하며 파랑 에너지는 쇄파대149)(Surf Zone)에서 소산(消散)한다. 이렇게 부서진 파랑은 자주 연안사주150)(Offshore Bar)를 형성하여 파랑을 원빈(Offshore, 遠濱)에서 감쇠시킨다. 해빈의 배후에 있는 사구(砂丘)는 폭풍해일 또는 고파랑으로 인한 침수를 줄여 사구 육지 쪽의 폭풍해일 또는 파랑의 내습을 막는 물리적 장벽으로 작용할 수 있다. 사구는 폭풍(태풍)이 치는 동안 침식될 수 있지만, 폭풍(태풍) 이후 해빈 복구를 위한 퇴적물원(堆積物源)으로 제공하는 경우가 많다. 연안 자연-기반 해법(CNbS)으로 만든 해빈과 사구는 자연 해빈과 자연사구와 비슷한 기능을 제공할 수 있으며 연안 리스크를 줄이기 위해 특별히 설계되고 유지 관리하는 자연-기반인 기반시설이다. 이러한 연안 자연-기반 해법(CNbS)에는 지속적인 침식과 기타 자연과정을 완화하기 위한 양빈151)(Beach Nourishment)도 포함한다. 연안 자연-기반 해법(CNbS)인 양빈, 사구 조성 및 복원을 통해 연안 시스템에 모래를 공급하면 파랑 및 폭풍해일에 대한 리스크 감소 기능이 강화된다. 연안 습지는 파랑을 감쇠시키고 퇴적물을 안정시켜 해안 폭풍(태풍) 방재 기능을 제공할 수 있다. 습지 내 조밀한 식생과 얕은 수심(水深)의 물은 폭풍해일을 다소 늦출 수 있으며 습지의 육지 쪽으로 향하는 폭풍해일을 줄이거나 통과하는 시간을 지연시킬 수 있다(Wamsley 등. 2009a, 2010). 또한, 습지는 파랑 에너지를 소산(消散)시키는데, 폭풍해일 위로 전파하는 파괴적인 파랑 에너지의 양을 잠재적으로 줄일 수 있다. 이러한 영향의 크기는 식생의 형태, 경직성과 습지의 구조, 폭풍(태풍) 경로에 대한 습지 위치 및 면적 등 습지의 특성에 따라 달라진다. 습지는 폭풍해일 전파를 지연시킬 수 있지만, 물이 방향을 바꿔 다른 곳에서 국지적인 폭풍해일의 증가를 일으킬 수도 있다. 연안 리스크 감소를 개선하거나 장래 조건(예: 기후변화로 인한 해수면 변동에 따라 습지의 이동이 가능하다. 또는 해수면 상승에 따라 기존 습지는 수몰될 수 있다.)에 따라 습지의 적응능력을 고려한 설계를 포함하여, 연안 자연-기반 해법(CNbS)으로 계획·설계 및 조성된 습지는 자연 습지와 같은 방식으로 작동해야 한다. 연안 자연-기반 해법(CNbS)은 해안 폭풍(태풍)으로 인한 리스크 감소와 관련된 공학적 기능을 제공하는 것 외에도, 연안 생태계 및 지역사회를 지원하는

149) 쇄파대(Surf Zone): 쇄파가 주로 발생하는 지역을 의미하고, 쇄파대의 영역은 쇄파가 발생한 지점부터 파랑의 처오름 지점까지를 말하여, 쇄파대는 심해로부터 전파되어 온 파랑 에너지가 쇄파로 인하여 급격하게 소산되는 지역이다.

150) 연안 사주(Offshore Bar, Longshore Bar, 沿岸砂洲): 해빈(海濱)에서 가까운 연안 해저에 파랑에 의한 퇴적작용으로 형성되고, 해안선에 평행하게 발달한 모래나 자갈의 퇴적 둔덕으로 평소에 수면 위로 노출되지 않는 해저지형을 말한다.

151) 양빈(Beach Nourishment): 해안 침식 저감·방지 또는 해빈 안정성 제고 등을 목적으로 해빈에 인위적으로 모래를 공급하여 넓히는 것을 말한다.

기능을 포함하여 다양한 추가 생태계 서비스를 제공할 수 있다. 연안 리스크 감소와 레질리언스에 대한 진정한 시스템 접근 방식은 연안 프로젝트와 연안 자연-기반 해법(CNbS)으로 발생하는 전체 기능의 범위, 서비스 및 혜택(이익)을 고려해야 한다. 여기에는 어업 및 레크리에이션 어업(낚시), 관광, 정수(淨水) 기능 제공, 멸종위기에 처한 민감한 종에 대한 서식지 제공, 양식업(養殖業)에 관련된 혜택(이익)이 포함된다. 예를 들어, 방파제는 파랑 에너지를 감쇠시켜 해안선의 침식을 방어함은 물론, 추가적인 레크리에이션 기회, 귀중한 수생 서식지, 탄소 또는 영양염류 격리를 제공할 수 있다. 그러나 생태계 이익과 서비스의 전달 시 긍정적 또는 부정적으로 변화시킬 수 있는 기능(예: 구조적, 연안 자연-기반 해법(CNbS) 및 비구조적) 간의 상호작용도 있다는 점을 인식하는 것도 중요하다. 이러한 기능을 통합하기 위한 시스템 접근 방식(그림 3.4 참조)은 긍정적인 상호작용을 활용하고 부정적인 상호작용을 최소화하기 위함이다. 연안 자연-기반 해법(CNbS)으로 조성한 연안 습지, 해안림 또는 패류초와 같은 자연지형은 환경적, 사회적 혜택(이익)을 제공하지만, 연안 리스크 감소 또는 레질리언스에도 영향을 미칠 수 있다. 연안 자연-기반 해법(CNbS)과 비구조적 조치를 결합하면 이러한 조치에서 파생되는 환경적, 사회적 혜택(이익)을 향상할 수 있다. 이러한 형태의 조치를 결합하면 기후변화로 변동하는 해수면과 해안 폭풍(태풍)에 대한 사회적 취약성을 줄일 수 있지만, 일부 비구조적 조치는 시간이 지남에 따라 습지 이동을 허용하거나 레크리에이션에 관련된 혜택을 감소시킬 수도 있다. 따라서 연안 자연-기반 해법(CNbS)과 연안 자연지형을 개별적 또는 서로 조합시켜 조성 후 파급되는 생태계 혜택(이익)과 서비스에 대해 완전히 이해하면, 리스크 감소 전략에 대한 계획수립과 혜택(이익) 파악에 도움이 될 것이다. 이것은 서식지와 파랑의 감쇠를 증가시키는 습지 복원과 같이 상호 보완(補完)적인 서비스일 수도 있고, 사구 조성과 같이 자연경관의 조망(眺望)을 경쟁하는 리스크 감소를 위한 서로 상충(相衝)하는 서비스일 수도 있다. 기후변화로 인한 해수면 상승이 연안 환경에 영향을 미치는 상황에서 구조적, 연안 자연-기반 해법(CNbS)과 비구조적 특징을 통합시킨 조합이 제공하는 서비스와 혜택(이익)을 종합적으로 파악하면, 레질리언스적인 연안 시스템을 지원하는 의사 결정에 중요한 정보를 얻을 수 있다.

3.1.3 연안 자연-기반 해법(CNbS)의 원칙, 체계와 결과(CNbS)[2]

1) 연안 자연-기반 해법(CNbS)의 원칙

연안 자연-기반 해법(CNbS)의 5가지 기본 원칙은 연안에서의 성공적인 침수 리스크 관리152)(FRM, Flood Risk Management)에 매우 중요하다.

첫째, 기존 구성요소와 프로젝트, 그리고 상호 연결성을 활용하기 위하여 시스템 접근 방식(Systems Approach, 그림 3.4 참조)을 사용한다. 침수 리스크 관리(FRM) 시스템에는 많은 프로세스와 구성요

152) 침수 리스크 관리(FRM, Flood Risk Management): 기후변화로 인한 해수면 상승 또는 태풍 강대화에 따른 폭풍 해일·고파랑 등과 같은 침수 재난을 완화하고 대비하며, 리스크를 분석하고, 침수로 인한 부정적인 영향을 완화하기 위한 리스크 분석 시스템을 제공하는 것을 말한다.

소(침수 리스크 관리(FRM) 및 생태계 복원을 위한 기존 프로젝트 포함)를 포함한다. 그러므로, 침수 리스크 문제에 대한 해결책을 제공하기 위한 연안 자연-기반 해법(CNbS)의 초기는 기존 및 장래에 이러한 구성요소와 프로젝트가 존재할 수 있는 상호 연결 시스템의 생성 및 관리에 따른 검토를 해야 한다. 따라서 시스템 접근 방식은 모든 관련 물리적, 생물학적, 사회적 프로세스와 그 상호작용을 고려해야 한다. 시스템 접근 방식은 이러한 프로세스와 시스템이 초기에 계획한 프로젝트 범위나 영역보다 더 광범위한 경우가 많다. 그러나, 전체 연안역에 걸친 문제를 인식하는 시스템 기반 접근 방식은 갈등을 줄이고 시너지 효과를 극대화하여 지속 가능한 해결책을 찾을 수 있도록 한다.

둘째, 지역사회, 이해관계자, 협력자와 여러 전문분야의 일원을 참여시켜 혁신적인 해결책을 개발한다. 종합적인 침수 리스크 관리(FRM)의 관행을 발전시키기 위해서는 혁신이 필요하다. 이 혁신은 리스크를 감소시키는 리스크 관리도 포함된다. 연안 자연-기반 해법(CNbS)을 지원하는 혁신에는 근본적인 수준에서 여러 전문분야의 팀원들로 구성된 팀 구성도 포함된다. 여러 전문분야에서 지식과 기술을 습득하여 온 팀원들로 구성된 팀을 구성해야만, 문제 해결에 가장 적합한 전문 지식과 기술을 제공할 수 있다. 마찬가지로 이해관계자와 영향이 미치는 지역사회 구성원의 조기 참여 및 빈번한 참여는 혁신의 핵심이다. 이러한 협력은 모든 관련 정보, 아이디어 및 전략을 수집하는 방법이기도 하다. 또한, 이러한 지역사회와 이해관계자의 참여와 함께 의사 결정 과정에서 모든 관점을 적절히 주장 및 표현할 수 있도록 보장하여야 한다. 요약하면, 이 원칙을 달성하기 위해서는 다음 두 가지 핵심 요소가 포함되어야 한다.

- 지역사회의 발전 요구를 충족하기 위해 새로운 선택을 발전시키는 혁신적이며, 창의적인 방법으로 협력할 수 있는 여러 전문분야의 팀원들로 구성된 팀의 협력자와 팀원을 포함
- 연안 자연-기반 해법(CNbS)과 관련된 해법의 최종 사용자인 지역사회와 이해관계자의 참여

셋째, 여러 가지 혜택(이익)을 창출하는 지속 가능한 레질리언스를 갖는 해결책을 파악한다. 지속가능성의 결과는 일반적으로 향상된 인간 삶의 질, 발전된 사회적 형평성, 증진된 환경 건전(健全)함으로 파악된다(Redman 2014). 반면에 레질리언스를 갖는 해결책의 의미는 지속적인 압박 또는 파괴적인 사건 이후라도 시스템이 위협에 대비하고, 충격(영향)을 흡수하고, 회복하며, 적응할 수 있도록 하는 해결책이다(Marchese 등. 2018). 그러나 마르케세 등(Marchese 등. 2018)은 이러한 체계의 실행이 정상적(正常的)이거나 극단적인 운영 조건 아래에서도 사람과 환경에 혜택(이익)을 제공하는 공통적인 목표를 가지고 있으며, 최상의 사례는 유사성(類似性)에 근거한 레질리언스와 지속 가능성 사이에 충돌이 최소화되어야 한다는 것을 발견하였다. 이러한 최적의 해결책은 침수 리스크 관리(FRM)의 혜택(이익) 이외에 여러 다른 이익(이하 공동 혜택(이익)[153)](Co-benefit))을 제공하는데, 다음과 같이 지역사회를 위한 광범위한 생태계 서비스가 포함된다. (ⅰ) 서식지 및 관련 종(種), (ⅱ) 어업, (ⅲ) 탄소 저장 및 격리를 통한 기후변화 완화, (ⅳ) 관광 및 레크리에이션, (ⅴ) 인간 건강 및 레크리에이션 가치, (ⅵ) 수질 및 퇴적물 관리. 이러한 공동 혜택(이익)에 관련된 지역 수익원에는 항해, 상업, 어업과 관광에 관련된 수익원이 포함될 수 있다. 지속 가능한 레질리언스를 갖는 해결책은 다목적으로 여러 가지 혜택(이익)을 제공할 가능성이 가장 크다. 이러한 해결책에는 다음과 같은 구성요소를

153) 공동 혜택(이익)(Co-benefit): 환경 보호 정책이나 전략이 본래의 목적 외 다른 영역에도 긍정적인 효과를 주는 것을 가리키는 말이다.

포함할 가능성은 크지만 이에 국한되지는 않는다.

- 비구조적 조치(예: 생명과 재산 보호, 강화된 건축법, 확정된 대피 경로에 대한 정보를 전달하는 의사소통과 교육)
- 해안·항만 공학(예: 방파제, 방조제와 해안 제방 등)
- 자연에서 작용하는 물리적, 생물학적, 지질학적, 화학적 과정(예: 기존 습지, 산호초 시스템 또는 섬)을 통해 시간이 경과에 따라 '생성되고 진화'되는 자연지형
- 자연지형의 특성을 모방하지만, 리스크 감소를 제공하기 위한 인위적인 설계, 공학적 지식 및 조성으로 만들어진 자연-기반 지형(예: 폭풍(태풍) 영향을 최소화하기 위해 새로이 조성된 습지 또는 섬)

검토 중인 시스템에 따라 이러한 해결책 중 하나 또는 둘 이상을 적용할 수 있다. 연안 환경에서 연안 자연-기반의 접근 방식은 해수면 상승을 방호하고 파랑 에너지를 흡수하기 위해 여러 부분(예: 낮은 마루높이를 갖는 소규모 제방과 일체가 되는 습지 및 암초 등)과 관련이 있다. 안타깝게도 경험에 따르면 많은 지역사회는 자연스럽고 지속 가능한 해결책을 우선시하기보다는 큰 레질리언스에 대한 요구에 더 관심(빠른 성과와 비용 대비 혜택(이익)을 많이 가지려는 생각)을 가지는 것으로 나타났다. 그러나 지역사회는 (일부) 해결책을 만들고 유지하는 데 관심이 있는 상황에서 자연스럽고 지속 가능한 해결책을 선호할 수 있으며, 프로젝트팀(기술팀)은 이러한 요청을 고려해야 한다. 분석 중인 시스템에서 레질리언스를 높이려면 먼저 연안 자연-기반 해법(CNbS)에 대한 선택을 검토하고 평가하는 것이 좋다. 그럴 때 공학적 기능(즉, 구조적 조치)의 추가를 고려해야 한다. 어떤 의미에서는 연안 자연-기반 해법(CNbS)의 추가를 기초로 삼아야 하는데, 최대한의 환경과 사회적 공동혜택(이익)을 창출하는 동시에 원하는 침수 리스크 관리(FRM)의 성과를 달성하는 자연경관(즉, 자연 특징)과 그에 대한 추가(즉, 자연-기반 특징)를 사용함으로써 이를 달성할 수 있다. 물론 이런 목표는 단일 연안 자연-기반 해법(CNbS)의 적용에서부터 대규모 구조적 조치와 결합한 다수의 연안 자연-기반 해법(CNbS)의 연쇄(連鎖)로 구성된 공격적인 적용에 이르기까지 상당한 수의 선택이 존재할 수 있다. 그러나, 해결책이 기존 접근 방식에 크게 의존하는 지역에서도 시스템 내 자연 프로세스를 개선하기 위해 가능한 한 폭풍(태풍)과 침수 리스크 완화에 영향을 미치는 연안 자연-기반 해법(CNbS)을 포함하여야 한다.

넷째, 프로젝트 또는 시스템 성능에 대한 리스크를 예측, 평가 및 관리한다. 폭풍(태풍)이나 침수와 관련된 리스크를 완화하기 위한 접근 방식을 고려할 때 리스크와 불확실성을 수용하고 적극적으로 관리해야 한다. 프로젝트 성능에 관련된 리스크 회피적 사고방식(리스크의 미고려)은 연안 자연-기반 해법(CNbS)에 대한 전략의 통합을 저해하고 과도한 공학에 대한 의존을 조장하며 기존 구조적 조치(예: 방조제, 호안과 해안제방 등)로의 회귀(回歸)할 수 있으므로 이는 피해야 한다. 연안 자연-기반 해법(CNbS)에 대한 전략은 때때로 복잡하거나 비용 구조가 달라 모니터링과 유지보수가 증가하므로, 기존 전통적인 구조적 조치와 같은 수준의 리스크 감소를 제공하도록 설계와 유지보수를 강요받는 경우가 많다. 연안 자연-기반 해법(CNbS)에 대한 대안을 고려하는 대신 기지(旣知)의 결과와 제한된 결과를 가진 기존 해법에 묶여 있으면, 궁극적으로 여러 가지 추가적인 부가 이익을 가진 강력하고 레질리언스를 갖는 실행을 추진하는 데 방해가 된다. 대신, 혁신적인 해법은 리스크 및 성능과의 신중한 균형이 필요하므로 이를 수용해야 한다.

다섯째, 변화를 예상하고 적응적(適應的)으로 관리한다. 시스템의 조건은 자주 역동적이기 때문에 모든 프로젝트는 잠재적으로 해로운 여러 가지 영향을 받기 쉽다. 이는 구조적, 비구조적 조치 또는 연안 자연-기반 해법(CNbS)을 포함한 모든 프로젝트에 적용된다. 자연을 대상으로 일할 때, 변화를 예측하고 수용하는 것이 노력의 핵심이 되어야 한다. 이와 관련한 연안 자연-기반 해법(CNbS)의 프로젝트는 '건설(조성) 후 망각(忘却)하는' 특징을 갖는 전통적인 토목공학과 해안공학 원칙에만 의존하는 접근 방식과는 다르다. 전통적인 구조적 조치와 관련된 이러한 특징은 매우 역동적인 시스템과는 상반(相反)된다. 이에 비해 연안 자연-기반 해법(CNbS)은 시간이 지남에 따라 변화하지만, 적응력도 높다. 이는 향후 프로젝트와 연계된 성능, 운영 및 유지보수와 관련하여 불확실성을 초래할 수 있다. 그러나 이러한 변화를 신중하게 예측하면, 구조화된 좋은 프로젝트를 개발할 수 있어, 프로세스에서 고려된 예측할 수 없었던 해로운 결과를 크게 줄일 수 있다. 예를 들어, 적응형 관리 계획을 수립하기 위해 시간과 에너지를 투자하면, 리스크 관리를 최적화하여 모든 연안 자연-기반 해법(CNbS)의 프로젝트가 갖는 불확실성을 해결할 수 있다.

2) 연안 자연-기반 해법(CNbS)의 체계(Framework)[3]

침수 리스크 관리(FRM)에 대한 계획을 수립할 때 다양한 분야의 실무자들은 자주 기존 체계에 대한 지침을 요청해 왔다. 연안 자연-기반 해법(CNbS)에 대한 지침의 체계는 모든 계획 또는 공학적 프로젝트에 사용되는 체계와 비슷하다. 연안 자연-기반 해법(CNbS)의 체계는 여러 개념을 연속적으로 구성하는 5단계(Phase)로 나뉜다. 단계는 범위설정(Scoping), 계획(Planning), 의사 결정(Decision-Making), 실행(Implementation) 및 운영(Operation)이다. 그림 3.1은 체계를 구성하는 다양한 단계와 이들이 서로 어떻게 관련되는지 나타낸다. 그림 3.1에서 볼 수 있듯이, 이러한 단계는 프로젝트의 초기 범위설정(Scoping) 단계에서 운영(Operation) 단계로의 전반적인 진행 상황을 강조한다. 이 체계의 특징은 프로젝트 개발의 후반 단계에서 발견하거나 밝혀진 정보를 추가 고려 사항으로 고려할 수 있으며, 그 결과 이전에 완료된 단계에서 다시 검토할 수 있다는 점이다(피드백(Feedback)). 그림 3.1의 오른쪽 위에 나타낸 '새로운 정보 발견'에 소요되는 주기(週期)('적응형 관리')는 선호(選好)한 연안 자연-기반 해법(CNbS)의 선택 또는 선택하기 전에 발생하는 다양한 선택과 추가 입력을 고려하는 데 필요한 추가 시간을 말한다. 물론 이 흐름도에는 이전 단계 중 하나를 재검토해야 하는 요인을 내포(內包)하고 있다. 예를 들어, 설계 프로세스는 새로운 데이터가 제공될 때 또는 이전에 실행된 조치의 기능성과 성공에 대한 새로운 정보를 확보할 때(때로는 다른 시스템에서도) 설계변경을 할 수 있다.

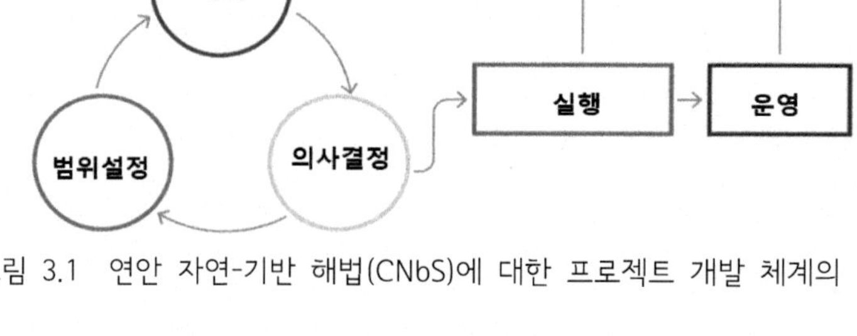

그림 3.1 연안 자연-기반 해법(CNbS)에 대한 프로젝트 개발 체계의 단계

3) 연안 자연-기반 해법(CNbS)의 결과(Outcome)[4]

연안 자연-기반 해법(CNbS) 프로젝트의 개발을 고려할 때는 가장 높은 성공 가능성을 제공하고, 예측할 수 있는 문제와 예기치 않은 비용을 피할 수 있는 접근 방식을 아는 것이 중요하다. 이 접근 방식에는 각 단계에서 바람직한 결과를 파악하는 것이 포함되어야 한다. 지난 10년 동안 연안 자연-기반 해법(CNbS) 프로젝트를 전체적인 침수 리스크 관리(FRM) 전략에 통합시키면서 많은 성공을 거둔 것(미국과 유럽 등 선진국에서는 이미 시행 중이다)은 잘 만들어진 체계적이고 점진적인 접근 방식 계획에 근거를 두었기 때문이다. 여기에 제시된 각 체계의 단계에는 프로젝트를 다음 단계로 발전시킬 수 있는 예상 결과를 포함한다.

그림 3.2는 체계의 여러 단계 및 각 단계와 관련한 예상해야 할 높은 수준의 결과를 나타낸다. 그림 3.1과 3.2에 나타낸 체계는 침수 리스크 관리(FRM) 프로젝트의 여러 단계를 보여준다. 다양한 규모의 프로젝트에 대한 시스템 전체의 평가에도 비슷한 개념을 사용할 수 있다. 규모가 큰 (국가) 정책과 (지역) 전략 개발에 초점을 맞출 수 있고, 규모가 작은 특정 지방(현지)의 침수 리스크 관리(FRM) 실행에도 집중할 수 있다.

(1) 연안 자연-기반 해법(CNbS) 체계의 단계(Phase) 내 스텝154)(Step)[5]

이 장에서는 그림 3.2에 요약된 체계의 단계 내 여러 스텝에 대한 자세한 내용을 설명한다. 즉, 성공적인 연안 자연-기반 해법(CNbS)의 프로젝트를 달성하기 위한 연속적인 조치를 쉽게 설명하기 위하여 주로 선형(線型) 방식을 제시한다. 스텝의 순서는 추천 체계를 정확하게 나타낸 것이지만, 많은 스텝이 동시에 시작할 수 있는 상호 연결된 조치를 유발하기 때문에 스텝의 순서는 강제적이라기보다는 예시적이다. 그림 3.3의 여러 단계 또는 스텝 사이의 화살표는 존재하는 반복적인 프로세스와 잠재적 피드백 루프(Feedback Loop)를 나타낸다.이는 특히 (ⅰ) 선호하는 연안 자연-기반 해법(CNbS)의

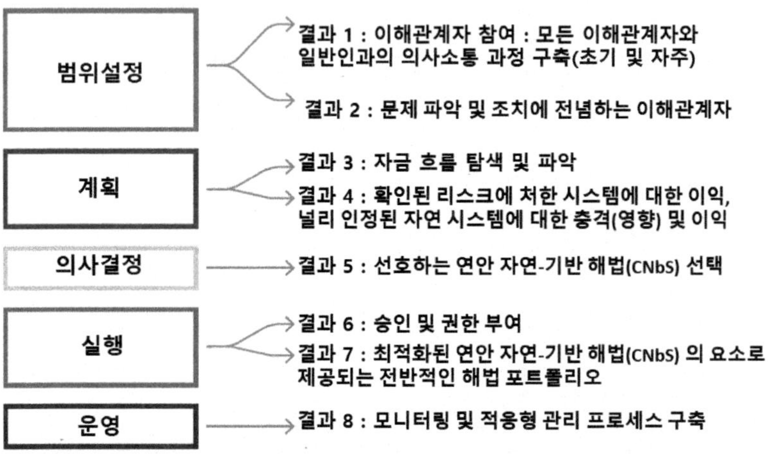

그림 3.2 연안 자연-기반 해법(CNbS)의 각 단계와 관련된 높은 수준의 결과

154) 이 장에서는 문맥상 'Phase'를 단계로 번역하였으므로 'Step'은 스텝으로 번역하였다.

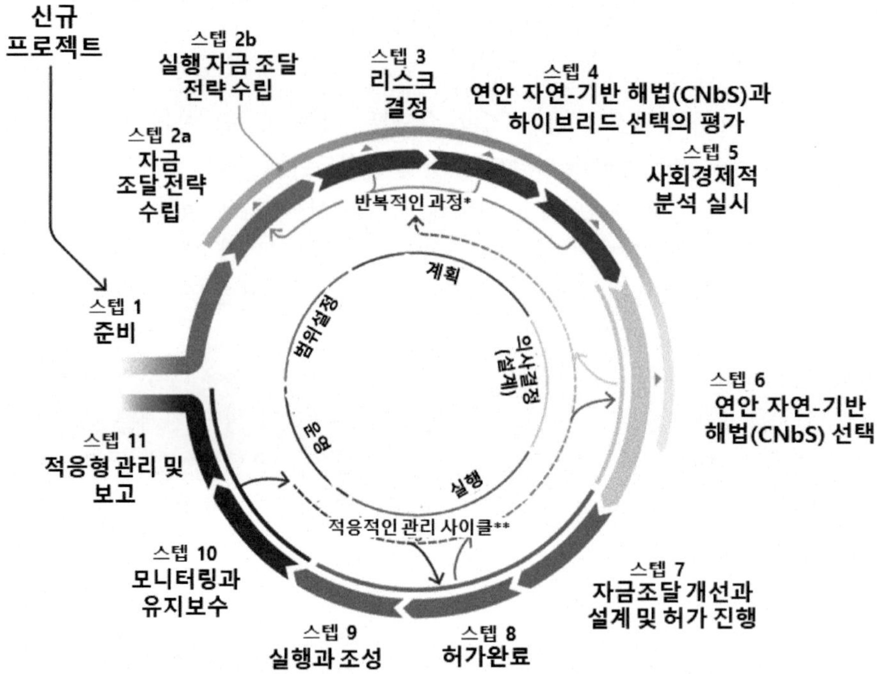

* 실용적이고 선호하는 연안 자연-기반 해법(CNbS) 선택을 파악하는 반복 프로세스
** 실용적이고 선호하는 연안 자연-기반 해법(CNbS) 선택을 지원하는 적응형 관리 사이클

그림 3.3 체계 단계와 연안 자연-기반 해법(CNbS)의 프로젝트 착수에 상응하는 스텝

선택을 명확히 파악하기 위해 조사 및 분석에 대한 독특한 재정적 고려 사항과 (ii) 연안 자연-기반 해법(CNbS) 프로젝트의 실제 조성 및 운영을 각각 강조하는 범위설정(Scoping)과 계획 단계(Planning Phase)의 스텝에서 분명하게 나타난다. 만약 시간 내에 연관된 스텝을 완료하지 않아 상응하는 단계의 결과를 달성하지 못한다면, 프로젝트팀(기술팀)은 프로젝트를 다음 단계로 진행하기 위해서는 주의를 기울여야 기해야 한다(그림 3.3 참조). 이 장에서 제공하는 정보는 권장 사항을 통합한 연안 자연-기반 해법(CNbS) 프로젝트에 대한 신중하고 체계적인 접근 방식의 성공을 위해서 필요하다.

가) 범위설정 단계(Scoping Phase)(스텝 1~2)

① 개요

범위설정은 파악된 요구, 문제에 대한 초기 평가 또는 조사를 제공한다. 스텝 1인 준비는 문제와 목표를 정의하기 위해 이해관계자와 협력자를 파악 후, 조직과 소집(召集)하는 것을 포함한다. 구체적으로 스텝 1은 (i) 실무자에게 이해관계자와 프로젝트 협력자를 파악, 조직 및 소집하도록 지시하는 것, (ii) 문제를 정의하는 것, (iii) 시스템을 정의하는 것, (iv) 기회와 제약을 파악하는 것, (v) 파악한 목표를 기반으로 시스템의 전체 목표를 설정하는 것, (vi) 연안 자연-기반 해법(CNbS) 요소의 잠재력을 포함한 프로젝트 목표를 달성하는 방법에 대한 비전을 개발하는 것을 포함한다. 이 스텝의 조치에는 다음을 포함하지만 이에 국한하지 않을 수 있다.

i) 계획자, 경관 건축가, 다양한 과학자, 사회경제학자, 수문학자, 생태학자, 엔지니어를 포함하는 여러 전문분야의 팀원들로 구성된 팀의 프로젝트팀(기술팀) 구성, ii) 폭풍(태풍) 또는 침수 리스크 문제, 프로젝트 목적과 필요성을 공동으로 정의, iii) 원하는 결과를 달성하기 위해 프로젝트 목표와 시스템의 목표를 일치, iv) 해당 토지, 허가, 거버넌스 및 자금 조달 요건을 파악하는 프로세스 시작, v) 문제 파악, 기회 및 제약 사항을 알리는 데 필요한 이해관계자 참여를 위한 공청회 개최에 따라 궁극적으로 향후 스텝에 대한 지역사회 지원에 대한 비전 제시.

연안 자연-기반 해법(CNbS) 프로젝트팀에는 다음과 같이 기술팀, 기타 여러 이해관계자 및 분야가 포함되어야 한다.

- 기술팀은 조사 계획과 설계, 데이터 수집과 분석, 대규모 프로젝트팀에 기술 정보를 분석하여 전달하는 업무를 담당한다.
- 대규모 프로젝트팀은 지방 자치 단체 또는 기타 지역사회 대표, 허가기관의 관계자, 재무계획가 또는 대출 기관의 관계자, 비용 추정가, 의사 결정자, 프로젝트 후원자, 프로젝트 협력자로 구성할 수 있다.

범위설정 단계(Scoping Phase)인 자금 조달 분석 전략 수립과 실행자금 조달전략의 수립인 스텝 2a 및 2b에는 다음과 같은 자금 조달 메커니즘 파악과 예비 비용 추정치 작성이 포함된다.

i) 선택한 계획에 도달해야 하는 계획 단계(Planning Phase) 조치의 계획수립, ii) 설계와 실행 계획 준비, iii) 조성, iv) 모니터링 및 유지보수, v) 적응형 관리.

고려 중인 프로젝트 목표와 시스템의 전체 목표를 충족하면서(비용 제한에 따라) 가능한 프로젝트 형태를 알기 위해 자금 조달 조사와 분석을 한다. 따라서 자금 조달 분석 전략을 결정하는 것은 그 자체로 상호 배타적이지 않은 병렬 경로에서 발생하는 2단계 프로세스(스텝 2a 및 2b)이다.

- 스텝 2a는 시스템과 연안 자연-기반 해법(CNbS)의 대안을 검토할 조사의 일환인 실행할 실제 연구, 평가 및 분석에 대한 비용과 자금 조달전략을 수립한다.
- 스텝 2b는 자금 조달전략을 수립하고 장래 건설 및 유지보수를 위한 예상 비용을 반복적으로 분석하여 최종적으로 선택할 예상 연안 자연-기반 해법(CNbS)안을 제시한다. 스텝 2b는 스텝 2a에서 스텝 5까지 생성된 결과물(프로젝트 선택 포함)을 통해 알 수 있다.

실제 연안 자연-기반 해법(CNbS)의 선택 또는 선택들에 대한 자금 조달전략은 범위설정 단계에서 시작하지만, 자금 조달전략을 개선하고 궁극적으로 프로젝트의 실제 비용을 결정하는 프로세스는 계획 단계(Planning Phase)에서 이루어지고, 의사 결정 단계(Decision-Making Phase)에서 계속되며 실행단계(Implementation Phase)에서 종료된다.

② 결과

i) 결과 1: 이해관계자 참여 - 모든 이해관계자 및 대중(大衆)과의 의사소통 구축(초기 및 자주)

- 모든 이해관계자와 대중은 다른 이해관계자가 서로 다른 정도로 관여하기를 원하고 있음을 인식하고 적절한 방식으로 참여 필요

ii) 결과 2 : 문제 파악 및 조치에 전념하는 이해관계자

- 침수와 폭풍(태풍) 피해의 범위를 알 수 있는 데이터 및 기록 수집
- 침수에 대한 리스크 관리(FRM)의 공학적 및 사회경제적 영향을 미치는 정보 조사
- 주요 리스크와 이러한 리스크의 근본 원인을 나타내는 관심 지역의 맵핑(Mapping)
- 이해관계자의 정보와 문서화 요청 사항 수집
- 프로젝트 목표 파악
- 프로젝트 목표를 달성하기 위한 가능한 수단 및 조치 파악
- 기본 조건 분석을 시작하고 다양한 연안 자연-기반 해법(CNbS)의 선택을 평가하기 위한 예산(자금) 성의와 자금 조달 확보(즉, 프로젝트 선정으로 이어지는 실제 조사를 완료하기 위한 자금 조달)

나) 계획 단계(Planning Phase)(스텝 3~5)

① 개요

계획 단계(Planning Phase)는 갈등을 줄이며 지속 가능한 해결책을 마련하고, 시너지 효과를 극대화하기 위해 시스템을 완전히 평가하는 스텝 3인 리스크 결정으로부터 시작한다. 시스템에 대한 이해를 높이기 위해서는 관련 물리적, 생물학적, 사회적 프로세스, 침수 리스크 문제와 해결책에 대한 동적 영향 또는 상호 의존성에 대해 자세한 조사를 포함할 수 있다. 이러한 지식을 습득하려면 다음이 필요할 수 있다.

- 기존 데이터 또는 기록 수집 및 검토, 관련 위험, 취약성 및 리스크 분석 수행
- 다양한 조건에서 수위, 침식이력(浸蝕履歷) 및 퇴적물 운반 형태의 변화를 이해하기 위한 모델링

스텝 4단계인 연안 자연-기반 해법(CNbS)과 하이브리드 선택의 평가에서는 프로젝트 목표를 충족하는 구조적 조치와 통합된 연안 자연-기반 해법(CNbS) 또는 연안 자연-기반 해법(CNbS) 선택의 초기와 후속의 반복적 구별을 다룬다. 이 스텝에서는 여러 전문분야의 팀원들로 구성된 팀이 데이터를 수집하고, 이해관계자와 협력자의 모임 개최 또는 워크숍에 참여한다. 뒤에서 설명할 '3.1.5 연안 자연-기반 해법(CNbS)의 성능' 및 '3.1.6 연안 자연-기반 해법

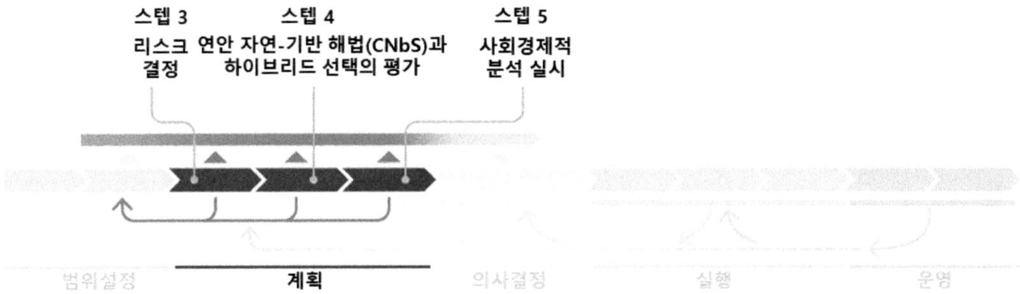

(CNbS)의 혜택(이익) 및 비용'은 이 스텝에서 고려할 수 있는 부가적인 이해를 제공한다. 연안 자연-기반 해법(CNbS)의 사용 정도를 결정하고 사용할 수 있는 최상의 데이터, 성능 지표, 예비 설계 및 모델링 노력을 기반으로 연안 자연-기반 해법(CNbS) 또는 하이브리드 선택을 평가하는 관련 분석도 이 스텝에서 검토한다. 분석 시 고려해야 할 사항은 다음과 같지만, 이에 국한되지 않는다.

- 시스템의 지형학적 맥락에 맞는 연안 자연-기반 해법(CNbS)의 일관성
- 시스템의 기존 물리적, 생물학적, 화학적 프로세스를 고려한 연안 자연-기반 해법(CNbS)의 개념 지원
- 상호 지원되는 특징의 조합을 이용할 수 있는 잠재력
- 스텝 3에서 평가한 침수 리스크에 처한 시스템의 위험과 취약성을 관리하는 데 필요한 선택의 영향

스텝 4와 스텝 5에서는 적절한 시간을 할애하여 다음을 수행한다.

- 현장 조건과 연안 자연-기반 해법(CNbS)의 선택 분석을 통합하기 위해 데이터와 정보(예: 온라인 데이터베이스, 출판 문헌, 자원 기관)를 수집하고 평가한다(시스템과 연안 자연-기반 해법(CNbS)에 대해 잘 아는 다양한 분야의 전문가 그룹이 포함된 여러 전문분야의 팀원들로 구성된 팀의 지식과 기술을 최대한 활용).
- 지역사회와 이해관계자 참여를 통해 기존 출처를 통해서도 제공되지 않은 현장별 정보를 수집한다(이해관계자는 시스템의 문제 및 과제에 대한 역사적 관점을 가지고 있으므로 귀중하면서 고유한 지식을 제공할 수 있다.).

궁극적으로 연안 자연-기반 해법(CNbS) 선택 파악과 선호 연안 자연-기반 해법(CNbS) 선택을 지원하는 데 필요한 증거(데이터 및 분석)의 양은 상황과 의사 결정을 위한 여러 전문분야의 팀원들로 구성된 팀의 요구사항과 자료획득의 노력에 달려있다. 계획 단계의 마지막 스텝인 5는 사회경제적 분석이다. 이 스텝에서는 연안 자연-기반 해법(CNbS)과 하이브리드 선택의 타당한 경제적, 사회적, 생태적 비용과 혜택(이익)에 대한 평가를 포함한다. 비용 고려 사항(스텝 2a 및 스텝 2b 단계로 다시 연결)도 계속해서 분석에 포함하여야 하며, 예상되는 연안 자연-기반 해법(CNbS)의 파생 혜택(이익)과 비교하여 가중치를 두어야 한다. 사회경제적 서비스와 생태적 서비스의 공동 혜택(이익)('3.1.6 연안 자연-기반 해법(CNbS)의 혜택(이익) 및 비용' 참조)에 대한 검토는 선택(구조적, 비구조적, 연안 자연-기반 해법(CNbS), 하이브리드)을 결정하는 데 핵심적인 역할을 할 것이다. 그러나 연안 자연-기반 해법(CNbS)과 하이브리드 선택에 대한 다기능적 특

성을 고려할 때, 혜택(이익)에 대한 심도있는 검토를 하여 기존 구조적 프로젝트를 넘어서는 투자와 역량이 필요하다. 대안 간의 등급 순위를 매길 수 있도록 범주를 파악, 가중치를 부여한 이후 등급을 매기는 평가표(표 3.4의 '반정량적(半定量的)인 평가 분석표' 참조)는 유용한 계획 단계의 결과이다. 대안 분석 결과에 정확하게 접근하면 의사결정 단계에서 최종 고려할 수 있는 높은 우선순위인 연안 자연-기반 해법(CNbS) 또는 하이브리드 선택을 파악할 수 있다.

② 결과

ⅰ) 결과 3: 자금 조달 흐름 탐색 및 파악

- 다양한 연안 자연-기반 해법(CNbS)의 선택에 대한 자금 조달전략
- 가능한 연안 자연-기반 해법(CNbS)의 선택에 대한 초기 비용 추정치(실제 및 잠재적 재무 자원의 파악에 부분적인 근거)
- 자금 조달 요청을 정당화하기 위해 가능한 연안 자연-기반 해법(CNbS)의 선택에 대한 초기 비용-편익 분석

ⅱ) 결과 4: 파악된 리스크에 처한 시스템에 대한 혜택(이익)과 자연 시스템에 미치는 영향 수용

- 다음을 포함하되 이에 국한되지 않는 리스크, 사회 및 환경 영향 평가:
  - 현재, 장래 위험 노출 및 취약성을 나타내는 지도 및 데이터 세트
  - 재난 리스크 저감을 위한 토지 사용, 생태계 존재 및 건전성(健全性), 생태계의 중요성을 보여주는 지도 및 분석
  - 여러 재현 기간[155](Return Period)에 관련된 결과 예상치에 대한 프로젝트의 현재 침수 지역을 나타내는 수치 모델 결과 및 관련 결과물
- 전체 통합 시스템 분석을 통한 침수 리스크 관리(FRM)의 혜택(이익)과 연안 자연-기반 해법(CNbS) 선택의 기타 공동 혜택(이익) 파악 및 정량화
- 전체 프로젝트 목표에 부합하는 연안 자연-기반 해법(CNbS) 대안에 대한 측정할 수 있는 프로젝트 성능 기준 설정
- 모든 당사자가 제안된 접근 방식에 연관된 결과를 이해하는 이해관계자와 대중과의 성공적인 의사소통

155) 재현 기간(Return Period, 再現期間): 예를 들어, 홍수에 대하여 평균적으로 보면 몇 년에 한 번밖에 일어날 것 같지 않은 규모의 홍수라고 하는 확률적인 취급 방법에서 이 '몇 년'이라고 하는 기간을 일반적으로 재현 기간이라 하며 '확률 년'이라고도 한다.

표 3.4 파악, 가중 및 후속 등급 등 특정 범주를 포함한 평가표 예제

범주의 목적: 레질리언스

목적	측정 및 성능척도	해변	복합 사구	섬	습지 플랫폼	초(礁)	담수 습지	수중수생 식물
생태계 레질리언스 증가	• 어류와 야생동물 서식지 - 종 다양성 (0에서 10까지의 척도를 사용하여 10이 가장 좋은 과거값을 반영하는 다양성 범위)	#	#	#	#	#	#	#
사회 레질리언스 향상	• 폭풍(태풍) 관련 사망률 - 10년 평균 사망자 수 (0 = 10, 0-10 = 7, 11-50 = 4, 50-100 = 1, 〉100 = 0)							
	• 방재(防災)된 역사 지구(地區) - 지구의 수 (0-10 = 3, 11-50 = 5, 50-100 = 8, 〉100 = 10)							
	• 인구 변화 - 예상 10년 평균 인구 변화(백분율) (임의 감소 = 0, 0%-1% = 3, 1%-3% = 5, 3%-5% = 7, 〉5% = 10)							
경제 레질리언스 향상	• 복구 기간 - 태풍피해 이후 복구할 수 있는 개월(個月) 예상 (0~3개월 = 10, 4~6개월 = 5, 7~12개월 = 3, 〉12개월 = 1)							
	• 고용 인구 비율 - 예상 실업률 (〈4% = 10, 5%-7% = 5, 〉7% = 3)							
구조적 특성 레질리언스 향상	• 풍수해 보험에 가입된 인구 - 풍수해 정책의 적용을 받는 주택 비율 (0%-20% = 3, 21%-50% = 5, 51%-75% = 7, 〉75% = 10)							
	• 연평균 피해 방지 - 현재 상태에 대한 추정치 (매우 낮음 = 0, 거의 동일 = 5, 매우 높음 = 10)							
	• 항만을 포함한 상업용 건물과 공장의 기반시설 밀도 - 밀도가 높을수록 좋음(거주자 1,000명당 구조물). (〈1,000 = 3, 1,001-1,500 = 5, 1,500-2,000 =7, 〉2,000 = 10)							

다) 의사결정 단계(Decision-Making Phase)(스텝 6)

① 개요

스텝 6인 연안 자연-기반 해법(CNbS)의 선택은 실무자 팀이 계획 단계(Planning Phase)의 마지막 때 개발, 개선 및 제안된 선호 선택을 선정하도록 요청한다. 일반적으로 원하는 수준의 레질리언스 선정 또는 ‘설계 사건(Design Event)’에 근거(根據)하여 결정을 내린다. 연안 자연-기반 해법(CNbS), 구조적 또는 비구조적 개입을 합친 계층화 또는 중첩(Nested) 접근 방식을 사용하면 가장 우수한 레질리언스를 제공할 수 있다. 새로 제안된 선택을 평가하는 시스템은 기존 침수 리스크 감소 계획과 관련 기존 조치(예: 비구조적, 전통적 또는 자연-기반)를 포함한 기존 리스크 관리 전략과 통합하여야 한다. 표 3.4와 같은 두 번째 평가표(표 3.5 참조)를 의사 결정 단계에서 만들어 계획 단계의 대안 평가 분석 중 유사한 순위를 매기면 선호 대안을 확실하게 파악할 수 있다. 이 평가의 기준은 다음과 같다. 궁극적으로 (ⅰ) 어떤 책임 있는 당사자가 어떤 투자 방식에 기꺼이 투자할 의향이 있는지, (ⅱ) 토지 취득 요건, (ⅲ) 허가, 거버넌스 또는 자금조달 조건에 초점을 맞출 것이다. 대부분 경우 비용(예: 조성과 유지보수)에 관련된 혜택(이익)의 다양성과 규모가 연안 자연-기반 해법(CNbS) 대안의 최종 선택을 위한 결정 요인이 된다. 표 3.5는 대안을 더욱 차별화하기 위한 예시이다. 이러한 두 번째 표(표 3.5 참조)를 사용하면 선호하는 대안 간의 미묘한 차이를 시각적으로 나타내는 데 도움이 될 수 있으며, 일부 경우에는 정량화할 수 있다. 대안 선택을 선정하는 프로세스의 핵심 부분은 리스크 관리 전략 개발에 참여한 전문 지식과 기술이 풍부한 지역사회 구성원, 이해관계자, 의사 결정권자와의 참여이다(예: 범람원 관리 담당자, 지자체 담당자, 연안 관리자, 자원 기관 담당자). 이 프로세스에는 연안 자연-기반 해법(CNbS) 대안 분석 결과와 기존 리스크 관리 전략을 통합하는 예상 혜택(이익)에 대해 협력자, 이해관계자와 대중에게 보고하는 것이 포함된다.

② 결과

결과 5: 선호하는 연안 자연-기반 해법(CNbS)의 선택

- 실제 자금 요구 사항을 확인하고 선호 연안 자연-기반 해법(CNbS)의 선택에 대한 프로젝트 비용 추정치 작성
- 선호 연안 자연-기반 해법(CNbS)의 선택의 자금조달을 정당화하기 위한 비용-편익 분석 완료
- 최종 비용을 충당(充當)하기 위한 충분한 재무 및 현물 자원의 확보와 제공
- 연안 자연-기반 해법(CNbS)의 선택 시 지역사회 구성원과 이해관계자의 참여

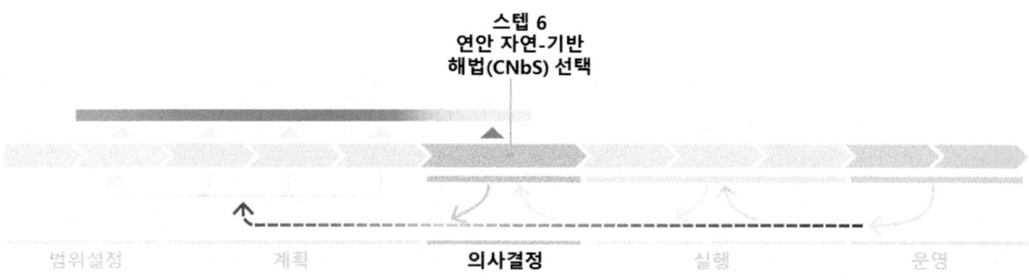

표 3.5 예제 평가표

구분	측정	가중	프로젝트 1	프로젝트 2	프로젝트 3	프로젝트 4
혜택(이익)	침수 리스크 감소 수준	#	#	#	#	#
	퇴적물 침식 저감 수준					
	서식지 및 어장(漁場) 개선					
	관광 및 레크레이션 기회					
	기후변화 완화					
	건강향상					
	수질 및 퇴적물 공급 개선					
환경	멸종 위기에 처한 종 또는 기타 주요 천연 자원의 존재					
	장기 지속 가능성					
	기후변화에 대한 레질리언스					
	계획된 생물군에 적합한 수질					
	계획된 프로젝트에 적합한 지층(地層)					
실행	토지 소유					
	토지 취득의 장애					
	도전 과제 허용					
	항로 간섭					
	이전에 검증된 프로젝트					
	건설장비에 대한 접근성					
	지역사회 지원					
	프로젝트에 대한 반대					
경제	재정 기여					
	토지 취득 비용					
	프로젝트 비용					
	혜택(이익)에 대한 경제적 가치					

라) 실행단계(Implementation Phase)(스텝 7~9)

① 개요

실행단계(Implementation Phase)에 진입하면 범위설정과 계획 단계에서 진행되었지만, 완전히 해결되지 않은 프로젝트 또는 시스템의 알 수 없는 사항 중 이전 스텝(예: 스텝 2~6)을 재검토하여 명확성을 높이거나 조성 중에 발생할 수 있는 문제를 줄여야 한다(그림 3.3 참조). 스텝 7인 자금조달 개선과 설계 및 허가 진행 조치에는 다음과 같은 실행단계의 여러 초기 조치를 포함하고 있다.

- 선정한 선택 포트폴리오(Portfolio)에 대한 개략 설계 계획, 도면, 재료, 인건비, 운송 및 운송 수수료와 실행(또는 조성(건설)) 일정 작성
- 예상 비용 상세 산정
- 자금조달 전략 개선

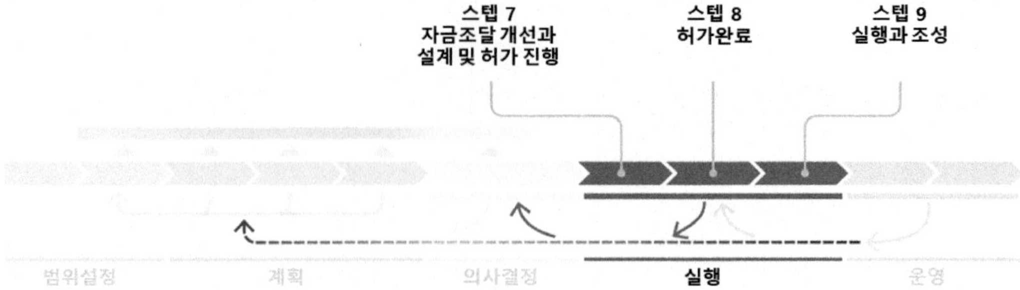

- 충격(영향)에 대한 자세한 계획 및 평가를 바탕으로 허가와 환경 적용 업데이트 및 마무리
- 이용할 수 있는 데이터 격차와 추가 조사의 필요성 파악

스텝 8인 허가 완료에는 다음 조치가 포함된다.

- 계약업체의 시공 가능성 검토를 포함한 필요한 추가 조사 시행
- 설계, 계획 및 시방서(示方書)의 확정
- 조성에 필요한 허가 및 환경 허가 취득
- 조성과 실행 계약 체결

스텝 9인 실행 및 조성에서 프로젝트팀(기술팀)은 조성공사가 잘 되어 가는지 감독하고 적시에 필요한 현장 침수 리스크 관리(FRM)에 대한 공학적인 변경 사항에 동의해야 한다. 또한, 프로젝트팀(기술팀)은 협력자, 이해관계자와 모든 이해당사자에게 정기적인 업데이트를 제공해야 한다. 이 스텝이 끝나면 조성된 준공 도면을 준비하고 자금출처 기관과 허가 당국에 조성공사 완료를 통지해야 한다. 실행과 조성 프로젝트의 설정, 기간 및 관련 비용은 단기적인 단일 조성(예: 인력과 장비를 소규모(하나씩)로 동원하여 조성하는 습지 또는 해변)부터 완료하는데, 몇 년씩 소요(所要)될 수 있는 장기적인 다단계 연안 자연-기반 해법(CNbS)의 조성 프로젝트(예: 실제 조성 단계가 많은 대규모 습지군(濕地群) 조성)에 이르기까지 다양할 수 있다. 단기적인 단일 조성 프로젝트는 매력적일 수 있어, 시스템 내의 다른 조치나 프로그램을 활용하면 전반적인 비용 절감(및 단위 비용당 큰 이익)을 달성할 수 있다. 예를 들어, 항만과 주운(舟運) 수로의 유지를 위해 준설된 퇴적물은 다단계 프로젝트의 일환인 연안 자연-기반 해법(CNbS) 조성에 유용(有用)하게 사용할 수 있다.

② 결과

ⅰ) 결과 6: 승인 및 권한 부여

- 토지 사용 변경, 설계 승인, 건설 허가, 환경 영향 평가 승인 및 허가를 포함한 제안된 조치 및 개입에 대한 승인 획득
- 연안 자연-기반 해법(CNbS)의 개입을 유지하기 위한 거버넌스 접근 방식에 대한 합의
- 연안 자연-기반 해법(CNbS)의 설계 및 침수 리스크 관리(FRM) 공사 시방서 승인
- 공사 일정 및 중요 설계변경 승인
- 선호 연안 자연-기반 해법(CNbS)의 선택에 대한 최종 비용 승인 및 자금조달 방법 확정

ii) 결과 7: 최적화된 연안 자연-기반 해법(CNbS) 요소를 갖춘 전체 해법 포트폴리오 제공
- 후회 없는 저비용 전략에 초점을 맞춘 조치에 대한 설계와 실행 계획 완료
- 조성완공 및 연안 자연-기반 해법(CNbS)의 선택 실행
- 협력자, 이해관계자와 지역사회에 프로젝트 상태에 대한 최신 정보 전달
- 허가 당국에 전달된 프로젝트 완료 확인
- 모니터링, 유지보수, 적응형 관리계획 개발 및 승인

마) 운영 단계(Operation Phase)(스텝 10~11)

① 개요

연안 자연-기반 해법(CNbS)의 조성이 완료되면 프로젝트의 운영 단계(스텝10~11)를 시작한다. 연안 자연-기반 해법(CNbS)의 최적 성능을 위해서는 프로젝트의 장기적인 성능을 촉진할 수 있는 조치인 모니터링, 유지보수 및 적응형 관리 계획의 수립이 필요하다. 즉, 프로젝트 운영은 적응형 관리와 향후 연안 자연-기반 해법(CNbS)의 의사결정을 위한 정보를 제공할 것이다. 운영 단계에서 배운 교훈은 장래의 연안 자연-기반 해법(CNbS)의 프로젝트에 대한 귀중한 통찰력을 제공할 수 있으며, 나중에 사용하기 위해 정보를 보관하는 것도 이전 단계를 재검토하는 또 다른 이유가 될 수 있다. 스텝 10인 모니터링 및 유지보수는 프로젝트팀(기술팀)이 실제 프로젝트의 현장 장소를 구성하는 지역을 모니터링하고 유지하기 위한 프로토콜과 절차를 따라야 한다. 프로젝트의 규모와 복잡성은 모니터링에 투자할 노력(및 자금조달) 수준에 영향을 미치므로 최종 모니터링 계획과 승인은 다음과 같다(일반적으로 말하자면).
- 전통적으로 특성화되고 안정적인 시스템 내에서 성공을 입증해 온 소규모 연안 자연-기반 해법(CNbS)의 프로젝트는 모니터링 측면에서 적은 노력이 소요된다.
- 시스템이 복잡하거나 새로 시작되었거나 역동성이 높은 대규모 자연-기반 해법(CNbS)의 프로젝트는 포괄적인 모니터링 계획이 필요할 가능성이 크다. 모니터링 계획이 확정되기 전에 몇 번의 반복이 필요할 수 있다.

적응형 관리 계획(스텝 11)을 실행하는 것 외에도 연안 자연-기반 해법(CNbS)의 모니터링과 유지보수는 기존 연안 자연-기반 해법(CNbS)의 프로젝트를 실현하기 위한 누적(累積) 스텝에 연결되는 가장 소홀히 다루어 온 조치이다. 프로젝트의 일환인 연안 자연-기반 해법(CNbS)을 추진하는 데 관심이 있는 사람들의 경험은 우수한 모니터링 및 유지보수 계획을 수립에 도움이 된다. 목표가 종합적인 레질리언스 전략이라고 가정할 때, 연안 자연-기반 해법(CNbS)의 프로젝트 완공 후 시간이 지남에 따라 중요한 변수에 대한 타당한 평가를 소홀히 하고 저렴하고 피상적인 평가만 수행하려는 유혹을 피해야만 한다. 왜냐하면, 일회성 검토는 형태와 식생 및 서식지의 초기 생존 가능성에 관한 결정만 제공하기 때문에 제한된 변경 조치만 제안할 수 있다. 그 결과 최대 '투자 수익률[156](Return on Investment)'을 제한하고 광범위한 원래 성능

156) 투자 수익률(Return on Investment, 投資收益率): 기업의 순이익을 투자액으로 나눈 비율로 기업의 경영성과 측정기준으로 널리 사용된다.

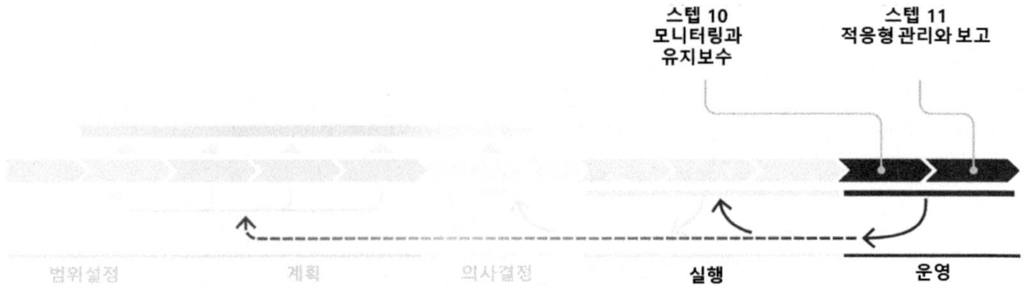

목표의 달성을 방해할 수 있다. 대신 잘 만들어진 모니터링 계획을 채택하여 다음을 수행한다.

- 계획 및 실행 단계(그림 3.1, 그림 3.2 참조) 동안 보관한 정보 및 데이터와 함께 프로젝트의 의도한 목표와 표준(Benchmark)적인 성공 기준을 고려하여 연안 자연-기반 해법(CNbS) 프로젝트의 성공 기준을 정한다.
- 침수 리스크 관리(FRM) 혜택(이익) 및 생태계 서비스 공동 혜택(이익)을 평가하기 위해 사전 결정되고 승인된 지표를 평가하여 성능을 결정할 수 있도록 한다.
- 표준적인 성공 기준 또는 성능 지표를 미달성한 후보 시정(是正) 조치를 파악한다. 그러면, 적응형 관리계획을 활성화하는 방법과 시기를 알 수 있다(스텝 11).
- 프로젝트의 성공적인 요소, 이를 확장하는 기회(예: 섬이나 습지의 규모)와 이를 통해 얻을 수 있는 혜택(이익)을 파악한다.

모니터링 및 유지보수에 대한 조치 보고는 지역사회, 이해관계자 및 의사결정자의 참여를 유지하는 데 기본이 되기 때문에 스텝 10의 중요한 요소이다. 현장 데이터, 업데이트된 수치 모델 예측 및 유지보수 조치에 대한 정기적이고 정확한 보고는 다음과 같은 사항을 제공한다.

- 관련된 모든 사람이 프로젝트의 실행 가능성을 계속 인식하는 방법
- 필요한 적응 관리를 포함한 필요시 개입을 시작할 수 있는 가장 빠른 기회(스텝 11) 포착 가능
- 예상치 못한 사건이나 상황으로 체계 프로세스의 초기 단계(예: 범위설정 또는 계획 단계)를 재검토해야 하는 귀중한 정보

스텝 11인 적응형 관리와 보고에는 이전에 정의된 프로젝트 목표를 달성하기 위한 시정 조치 또는 가능한 경우, 특히 성공한 프로젝트의 요소를 확장하기 위해 수행하는 구체적인 조치가 포함된다. 여러 전문분야의 팀원들로 구성된 팀의 적응형 관리는 시스템 전반의 자산 관리 전략에 대한 종합적인 관리 계획을 기반으로 한다. 이 계획은 실행단계 동안 수정, 업데이트와 완전히 정의된 전략을 실현할 수 있도록 전체 침수 리스크 관리(FRM) 전략의 일부로 공식화 시켜야 한다. 스텝 11은 체계의 마지막 스텝으로 인식되지만, 시스템 또는 프로젝트에 영향을 미치는 상황 때문에 프로젝트팀(기술팀)은 조성 후 언제든지 연안 자연-기반 해법(CNbS) 프로젝트를 재검토하고 이에 상응하는 업데이트를 수행할 수 있다(그림 3.3 참조). 또한, 연안 자연-기반 해법(CNbS)의 지속 가능성을 보장하기 위해 범위설정과 계획 단계의 해당 평가 및 설계 스텝으로 돌아가 시스템, 프로젝트 대안 및 자금조달 선택을 재검토할 수도 있다. 특히

연안 자연-기반 해법(CNbS)의 프로젝트(및 주변 시스템)의 모니터링이 예상치 못한 결과 또는 변화를 나타내는 경우 더욱 그렇다. 그러나 이러한 재평가 및 수정이 수행되어야 하는 수준은 사례별로, 개별적으로 이루어져야 한다(예를 들어, 연안 자연-기반 해법(CNbS) 프로젝트의 조성 시 설계 높이의 불일치로 인해 목표 식생 밀도를 달성하지 못하고 있는 경우, 향후 성공에 필요한 추가적인 퇴적토 공급이 전체 목표일 수 있다).

② 결과

결과 8: 모니터링 및 적응형 관리 프로세스 수립

- 지표, 목표치, 역할 및 책임, 모니터링 방법 및 기간을 포함하는 모니터링 계획의 관리
- 유지보수 계획의 특정 조항에 명시된 대로 발생하는 수리 또는 유지보수 조치
- 준비 및 전달 중인 모니터링 보고서
- 시작 기준에 따라 관리하는 적응형 관리 계획
- 교훈을 공유하고 필요한 경우 프로젝트를 변경하거나 개선하려는 조치에 동의하기 위해 수립된 의사결정 프로세스

3.1.4 시스템 접근 방식(Systems Approach)을 사용한 연안 자연-기반 해법(CNbS)의 계획과 실행[6]

1) 시스템 접근 방식(Systems Approach)의 개요

(1) 시스템 접근 방식(Systems Approach)의 정의

시스템 접근 방식의 가장 기본적인 특징 중 하나는 시스템 내 형태와 관계를 파악함으로써 즉각적인 사건이나 지역 문제를 넘어서는 넓은 관점을 강조한다. 이러한 깊고 광범위한 이해는 사회와 자연 모두에 부가가치가 있는 효과적이고 **다기능적**(多機能的)인 해결책의 근거를 제공(提供)한다. **시스템 접근 방식에 대한 구체적인 해석은 분야에 따라 다르지만, 이러한 해석의 공통 속성에는 폭, 관계, 피드백이 포함된다.** 그림 3.4는 상호 작용하는 시스템의 여러 예를 나타낸다. 연안 자연-기반 해법(CNbS)의 맥락에서 이는 문제에 대한 폭넓은 이해와 시스템의 자연적, 공학적 및 사회적 행동과 잠재적 해결책의 부정적 및 긍정적 효과에 대한 이해를 의미한다. 이를 위해서는 피드백과 인과관계(因果關係)를 포함하여 시스템 내 역동적인 물리적, 생태적 및 문화적 측면과 프로세스를 고려해야 한다. 시스템 접근 방식으로 문제를 인식(認識)하면, 발생, 악화 또는 영향을 받는 시스템의 중요한 측면을 이해할 수 있게 한다. 시스템의 모든 측면을 이해할 수 있는 사람은 아무도 없으므로 시스템적 사고(思考)는 문제 해결을 위한 지원을 구축하는 데 중요한 집단적 탐구, 지식 교환, 조정된 행동 및 다양한 분야 간 협력을 위한 도구이기도 하다.

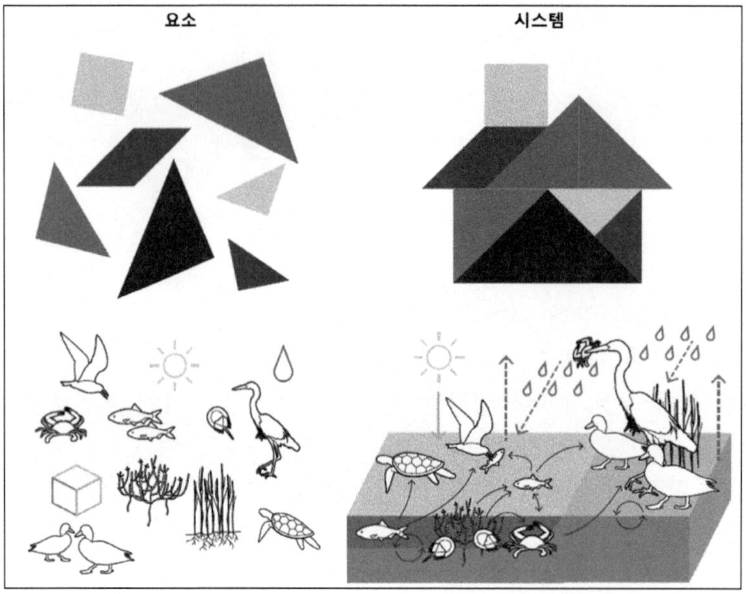

【다양한 구성 요소 또는 속성이 큰 그림으로 점진적으로 축적된다.】
그림 3.4 시스템 접근 방식(Systems Approach)의 정의

(2) 시스템 접근 방식(Systems Approach)의 유인책과 장점

시스템 접근 방식은 특히 침수 위험 관리(FRM) 시스템에 유용한데, 왜냐하면 개입(介入)의 단기와 장기 효과를 평가하는 데 필수적인 지속 가능하고 장기적인 사고를 촉진하기 때문이다. 시스템적 사고는 생태학, 공학, 사회적 고려 사항 등 시스템의 여러 측면을 고려(考慮)하므로 다기능적인 해결책을 파악하여 부가가치를 창출하는 해결책을 촉진할 수 있다('3.1.6 연안 자연-기반 해법(CNbS)의 혜택(이익)과 비용' 참조). 시스템적 사고는 의도하지 않은 비용과 결과를 파악하여 잠재적 혜택(이익)을 최적화한다. 이는 결국 큰 사회적 지원으로 이어질 수 있다. 연안 자연-기반 해법(CNbS)의 고유(固有)한 시간적 변화를 고려하면 적응형 관리도 가능하다('3.1.7 연안 자연-기반 해법(CNbS)의 적응형 관리' 참조). 실행 관점에서 문제나 해결 공간을 폭넓게 고려할수록 추가적인 요구 사항을 해결할 수 있는 실현 가능한 해결책을 찾을 수 있는 잠재력이 크다. 이는 비용 효율성 측면에서 혜택(이익)을 제공하고 여러 출처의 자금을 활용할 기회를 파악할 수 있으며, 이 중 일부는 즉각적인 침수 리스크 문제를 해결하는 것보다 공동 혜택(이익)에 더 관심이 있을 수 있다. 여러 전문분야의 팀원들로 구성된 팀 간의 학습과 협력을 촉진함으로써 시스템 성능에 연관된 다양한 정신 모델을 구체화할 수 있으며, 이는 잠재적으로 혁신적인 해결책이나 자원 활용 기회로 이어질 수 있다. 시스템 접근 방식을 취하는 것이 다양한 상황에서 상당한 진전을 이루는 핵심 요인이라는 것이 밝혀졌다.

2) 시스템 접근 방식(Systems Approach)의 원칙

첫째(원칙 1), 생명 안전은 침수 리스크 관리(FRM)가 시작되는 곳이지, 끝나는 곳이 아니다. 모든 침수 리스크 관리(FRM) 시스템의 주요 동기는 침수로 인한 인명 손실과 사회경제적 충격(영향)을 줄이기 위한 것이다. 시스템 접근 방식을 사용하여 침수 리스크 분석의 범위를 확장하는 것은, 이 주요 목표에 대한 초점을 줄이는 것이 아니라 추가적인 사회경제적 및 환경적 충격(영향)을 고려하는 데 도움이 된다. 시스템 접근 방식의 관리 조치는 다양한 잠재적 결과를 가진 다목적 조치로 간주한다. 예를 들어, 미국 북동부는 허리케인 '샌디'(2012년) 내습 후 침수 리스크 관리(FRM) 목표를 달성하고 귀중한 생태계 서비스를 제공할 수 있는 역량을 가지고 있었기 때문에, 연안 습지와 굴 암초[157] (Oyster Reefs)와 같은 연안 자연-기반 해법(CNbS)을 추진하였다. 이러한 연안 자연-기반 해법(CNbS)의 가장 중요한 목표는 프로젝트팀(기술팀)과 의사 결정자가 단일 주요 목표를 넘어 의사결정의 효과를 적절하게 이해하고, 의사결정에 관련된 사회적 및 생태적 외부 효과를 고려하며, 소수가 아닌 다수의 목표에 최적화하도록 권장(勸奬)하는 것이다(Kates 등. 2001).

둘째(원칙 2), 침수 리스크 관리(FRM)는 상호 연결된 사회·생태적 환경을 내포(內包)한다. 자연 생태계, 기반시설 및 사회시스템은 단순히 개별적인 객체들의 집합이 아니라, 물, 에너지, 자원 및 환경을 공유하는 복잡한 네트워크에 내포된 작동 요소를 포함한다. 침수 리스크 관리(FRM) 시스템의 전체적인 관점은 물리적, 생태적, 사회적 과정 간의 관계를 명확히 인정하고 프로젝트에서 유역, 지역 규모에 이르기까지 중첩된 공간 프레임 구조를 고려한다. 이러한 사회·생태적 시스템(Ostrom 2009)은 이미 짧은 시간 규모로 관리하기가 복잡하며, 긴 시간 규모로도 효과적인 관리가 점점 어려워지고 있다.

셋째(원칙 3), 지속 가능한 시스템은 교란에 대해 레질리언스적이다. 교란은 모든 시스템이 가변적이고 변동하는 조건 아래에서 실행된다. 생태적 맥락(Lake 2000)에서 교란은 다음과 같이 시간 규모에 따라 구분된다. 단기적이고 이산적(離散的)인 사건(예: 돌발 홍수[158](Flash Flood)), 천천히 발생하여 적당한 지속 기간을 갖는 사건(예: 가뭄), 그리고 기저(基底) 조건의 장기적인 변화(예: 해수면 상승). 자연재난은 '물리적 환경의 요소로 인간에게 해롭고 인간 이외의 힘으로 발생하는 요소'로 정의된다(Burton 등. 1978). 학문적 관점과 관계없이, 시스템의 변동성, 교란 및 위험에 대한 레질리언스는 시스템 결과의 장기적인 기능성과 지속 가능성의 중요한 측면으로 일관된 역할을 담당한다. 예를 들어, 2004년 인도양 지진과 지진해일 동안 재앙적인 사건에 대한 시스템 레질리언스의 한 구성 요소가 분명해졌는데, 맹그로브는 지진해일로부터 상당한 방재를 제공하였다(Patel 등. 2015). 레질리언스의 개념은 시스템 접근 방식과 통합적으로 연결되어 있다. 자연 시스템 역학관계를 고려하고 포괄함으로써, 연안 자연-기반 해법(CNbS)은 전통적이고 구조적인 침수 리스크 관리(FRM)의 접근 방식과 비교하여 교란에 더 레질리언스적이다.

넷째(원칙 4), 시스템 전반에 걸친 계획은 투자 가치가 있는 프로세스이다. 시스템 접근 방식은 지속 가능하며, 이는 '미래 세대의 요구를 충족시키는 능력을 손상치 않으면서 현재의 요구를 충족해야 한다'라는 것을 의미한다(WCED 1987). 지속 가능한 침수 리스크 관리(FRM) 시스템은 현재의 생명 안전 리스크와 사회경제적 피해를 줄이는 동시에 다른 추가적인 혜택(이익)과 가치(원칙 1)를 제공하

157) 굴 암초(Oyster Reef): 큰 군집을 형성하는 조밀한 굴 집합체를 말하며, 굴 유생(Larvae)은 단단한 기질에 정착해야 하므로 돌이나 다른 단단한 해양 잔해 위에 새로운 굴 암초를 형성할 수 있는데, 결국 굴 암초는 오래되거나 살아있지 않은 굴 껍질에 알을 깔고 번식한다.

158) 돌발 홍수(Flash Flood, 突發洪水): 유역의 면적이 좁은 지역에 집중적인 강우 현상이 일어날 때 하천에 유입되는 물의 양이 짧은 기간에 급증하여 잠시 나타나는 홍수를 말한다.

고, 시스템에 대한 장기적인 비전을 바탕으로 오늘날의 요구 사항을 균형 있게 조정하는 것을 추구(追求)해야 한다. 연안 자연-기반 해법(CNbS)의 유산은 가치 있는 생태계를 조성하거나 유지하면서 침수 리스크를 줄이거나 강력한 협력 관계를 맺는 것과 같은 긍정적인 영향뿐만 아니라, 재정 부채나 특정 서식지 손실과 같은 부정적인 영향을 미칠 수 있다. 그리고, 세대 간 의사결정의 형평성은 유산 결과 이외에도 설계 적응성, 의사결정의 가역성(可逆性), 장래 의사 결정자를 위한 대안의 보전을 요구한다(Costanza 등. 1998). 의사결정에서 잠재적으로 숨겨진 결과를 나타내는 것은 그림 3.5에 나타난 빙산 모델로 특징지어지는 시스템 접근 방식의 널리 알려진 장점으로, 사건(빙산의 꼭대기)의 명백한 결과뿐만 아니라 근본적인 형태, 구조 및 심적(心的) 모델(수면 아래 위치한 모델)도 고려하는 것이 중요하다. 명백한 것을 넘어서면, 근본적인 제도적 구조와 대중의 인식을 고려한 침수 리스크 문제 해결에 대한 다양한 접근 방식이 나올 수 있다. 또한, 자연적인 침수 리스크 관리(FRM)를 오염 처리, 자연 서식지 복원, 상수도 공급 보호와 같은 시스템의 다른 문제와 연결할 가능성을 촉진(促進)한다. 시간이 지남에 따라 지속 가능한 침수 리스크 관리(FRM)는 비기능적인 목표보다는 장기적인 기능을 위해 점점 더 광범위한 목표를 추구하는 경향을 가진다. 예를 들어, 시스템 접근 방식은 인명 안전 위험을 줄이면서 생태계(예: 기능적 범람원), 사회(예: 열 조절 및 공원), 경제(예: 폭풍(태풍) 피해 감소)에 대한 공동혜택(이익)을 증가시킨다. 이러한 시스템은 이러한 목표를 선제적(원칙 1)은 물론 민감하게 사건에 대응(원칙 3)한다. 단기 결과는 일반적으로 높은 정확도로 정량화하기가 쉬우나, 장기 결과는 예측 능력(예: 모델링), 물리적 조건(예: 기후변화), 사회적 가치(예: 침수 리스크 및 환경에 대한 태도)의 불확실성이 커 예측하기 어렵다. 따라서 모니터링과 적응형 관리는 단기 및 장기 결과를 실질적으로 공평하게 균형 잡기 위한 중요한 성분이다('3.1.7 연안 자연-기반 해법(CNbS)의 적응형 관리' 참조).

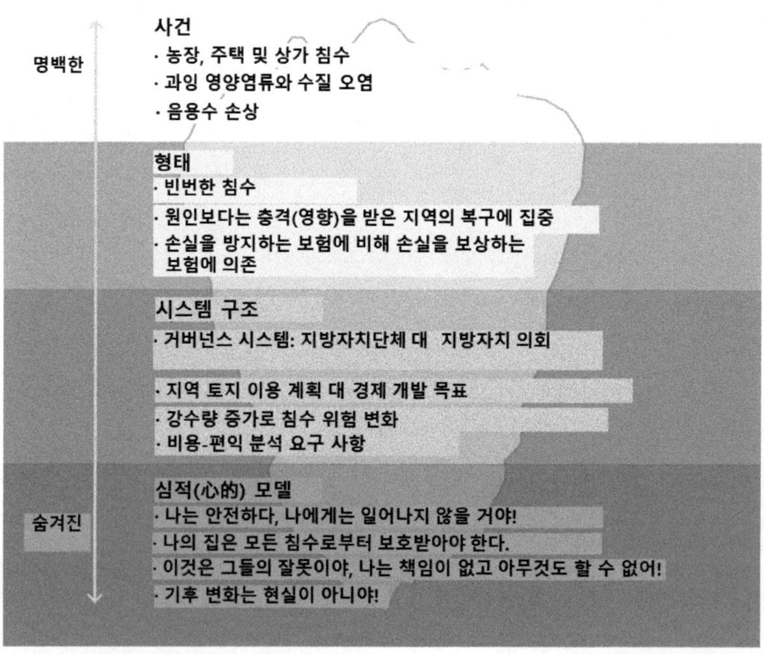

그림 3.5 침수 리스크 관리(FRM)에 적용된 시스템적 사고의 빙산 모델

다섯째(원칙 5), 단기적인 혜택(이익)은 장기적인 결과와 균형을 이루어야 한다. 시스템적 사고는 시간, 전문 지식, 관계 및 자원에 대한 투자(및 헌신)이다. 시스템 접근 방식이 항상 단순하지 않을 수 있으며, 간단한 결과와 해결책이 빠르게 나타날 수 있다. 그러나 다양한 이해관계자와 협력자를 대상으로 집단적이고 여러 분야에 걸친 조사는 정보 공유를 강화하고 관계를 발전시키며, 양호한 결정, 잘 조정된 행동, 부가가치, 차입(借入) 자금조달, 장기적인 시스템의 경로 개선으로 이어질 가능성이 크다. 시스템 접근 방식은 한 번의 참여와 계획으로 수용할 수 없으며, 대신 반복적이고 다단계의 프로세스로 간주해야 한다는 점이다. 반복적인 시스템 계획의 특성은 복잡한 프로세스에 대한 이해를 높이고, 불확실성에 대처하며, 시간에 따른 변화(예: 기후변화)에 적응하고, 사회의 변화하는 가치에 맞춰 시스템을 진화시키는 강력한 도구가 된다.

3) 실행(Implementation)

모든 리스크 감소 프로젝트, 특히 연안 자연-기반 해법(CNbS)을 고려하는 프로젝트에 시스템 접근 방식을 사용하면 많은 혜택(이익)이 있다. 그러나 프로젝트 실행 시 시스템 관점을 사용하려면 몇 가지 주요 문제에 주의를 기울여야 한다. 이 장에서는 맥락화, 분석, 결정 및 관리와 같은 주요 스텝을 통해 이러한 노력을 지원할 수 있는 접근 방식을 서술하겠다.

(1) 맥락화(脈絡化, Contextualize)

모든 프로젝트의 시스템 맥락을 잡기 위해서는 시작 및 설계 과정 초기에 적절한 해결책을 광범위하게 개발해야 한다. 침수 리스크 관리(FRM)를 위한 일부 자금출처는 시스템 접근 방식을 채택할 수 있는 범위를 제한할 수 있다. 즉, 채택 범위의 제한은 프로젝트의 지연(遲延) 초래 또는 성공을 제한하거나 전체적인 혜택(이익)을 감소시킬 수 있다. 시스템 맥락에는 사회적 측면(예: 이해관계자 참여)과 자연적 시스템 측면(예: 프로젝트가 설정한 자연 시스템의 시간적 및 공간적 규모 설정)을 모두 포함한다.

가) 사회

연안 자연-기반 해법(CNbS)은 일반적으로 침수 리스크 감소, 생태계 복원, 레크리에이션 및 기타 생태계 서비스와 같은 다양한 결과와 혜택(이익)을 제공하기 때문에 사회적 맥락이 특히 중요하다. 이러한 다기능성으로 인해 프로젝트 초기에는 철저한 이해관계자 분석을 수행하고 프로젝트에 가장 적합한 참여 수준을 결정하는 것이 필수적이다. 프로젝트 개발 초기에 지역주민, 기업, 정부 기관 등 요구 사항의 이해는 침수 리스크 감소에 대한 기대를 파악하고 잔여 리스크를 인식하는지 확인하는 것이다. 또한, 조기 참여는 실행 중인 리스크 감소 프로젝트가 지역 내 사회경제적 활동과 균형을 이루도록 보장한다.

나) 시간과 공간

시스템 관점에서 고려되는 시간적 및 공간적 규모는 문제 접근 방식에 깊은 영향을 미친다. 모든 리스크 감소 프로젝트에는 이해관계자의 참여와 자연적 역학관계에 대한 이해가 모두 수반되어야 하므로 고려할 시스템 규모를 이해하는 것이 필수적이다. 그림 3.6은 슬링어(Slinger) 등(2013)이 네덜란드 연안 정책에 대한 통합 규모 계층 구조를 나타낸 그림이다. 자연적 규모 측면에서 연안 지형학자나 정책 결정자는 일반적으로 수십 ㎞의 공간적 규모에서 검토하지만, 지역 해안 공학자들은 개별 양빈 프로젝트의 프로젝트 규모만 살펴볼 때, 일반적으로 수백 m에서 수 ㎞ 정도이다. 정책 실행의 차이는 지역적 차이로 이어져 전체 시스템 효율성을 저하할 수 있다. 경성(硬性) 공법으로 구조물을 건설하거나 지역 해변의 양빈(養濱)은 지역 이해관계자에게 혜택(이익)이 될 수 있지만, 시스템 규모 측면에서 실행되는 정책 목표와 충돌할 수 있다. 시스템 전반에 걸친 마스터플랜[159](Master Plan) 또는 비전은 이러한 정책실행의 차이를 줄이는 데 도움이 될 수 있다. 또한, 리스크를 줄이기 위해 생물의 성장에 의존하는 연안 자연-기반 해법(CNbS)의 경우, 침수 위협을 고려하여 생물학적 반응의 시간 의존성을 고려해야 한다. 따라서 여러 목표를 갖는 생태계가 필요로 하는 조건을 이해하는 것이 중요하다. EcoShape(네덜란드 재단)는 연안 자연-기반 해법(CNbS)의 침수 리스크 감소 프로젝트(ecoshape.org 2021)를 위해 목표 종과 서식지의 사용에 관한 유용한 데이터를 모았다. 일부 연안 자연-기반 해법(CNbS)(예: 맹그로브 숲)은 완전한 효과를 발휘하기까지 수년간의 성장(成長)이 필요하다. 그러나 다른 연안 자연-기반 해법(CNbS)은 실행 후 곧바로 효과를 발휘할 수 있다(예: 사구 조성).

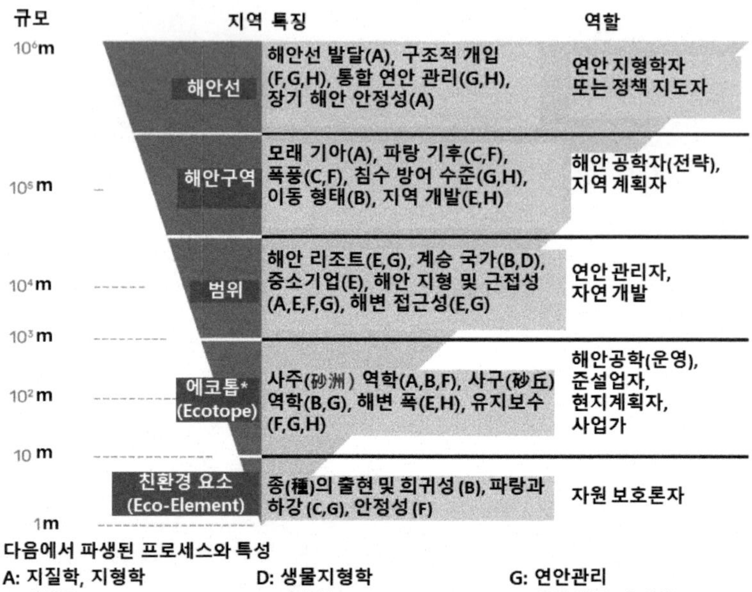

다음에서 파생된 프로세스와 특성

A: 지질학, 지형학
B: 생태학
C: 해양학, 유체역학
D: 생물지형학
E: 경제학
F: 해안공학
G: 연안관리
H: 공공 행정 및 계획

*에코톱(Ecotope) : 공간을 공유하는 개별 유기체 규모의 생태 서식지로 인접하거나 겹치는 많은 생태원이 함께 모여 생태 지역 또는 더 큰 단위를 구성한다.

그림 3.6 네덜란드 연안을 위한 통합 규모 계층 구조

159) 마스터플랜(Master Plan): 일반적으로 말하는 계획이 목표나 방침을 구체적인 활동에 연결하기 위한 구체적 계획인데 반하여 마스터플랜은 목적을 추구하는 것이며, 현 상태에서 바로 활동으로 옮길 수 있는 것이 아니고 몇 개의 장애를 극복하고 장래의 목적을 추구하기 위한 기본 계획이다.

시간이 소요되는 프로젝트는 본질적으로 하이브리드 프로젝트로 실행할 수 있는데, 초기에는 프로젝트의 효과를 높이기 위해 전통적인 침수 리스크 요소(예: 낮은 마루높이의 흙 제방(구조적 조치))를 식재(植栽)(연안 자연-기반 해법(CNbS))와 함께 사용할 수 있다(그림 3.7 참조). 어떤 자연 규모에 집중할지 결정하는 것은 재정 자원, 이해관계자의 관심사, 장기적 및 단기적 혜택(이익) 비교와 같은 문제에 따라 달라질 수 있다. 갤럽(Gallop, 2015) 등은 다루는 규모에 따라 다양한 측면을 고려해야만 한다고 언급하였다(그림 3.8 참조). 지형학적 요인뿐만 아니라 생태적 및 생물·지구화학적 피드백 메커니즘도 시간적 및 공간적 규모에 따라 다를 수 있다. 이러한 다양한 규모는 연관되어 있지만, 서로 다른 규모 간의 지식 전달은 간단하지 않다. 지형학적 변화에 대해 갤럽(Gallop, 2015) 등은 규모 전달의 여러 주요 불확실성을 파악하였다.

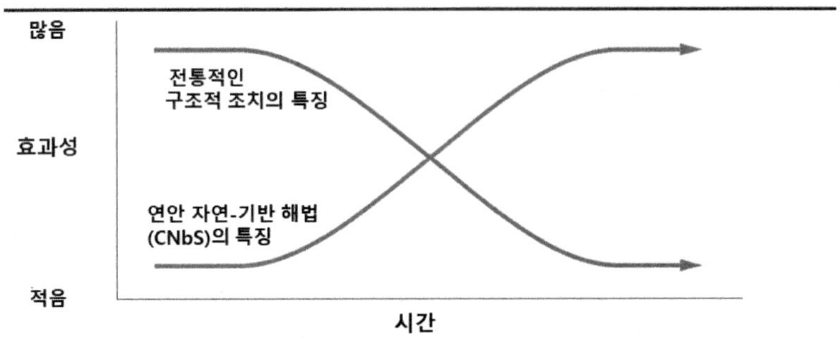

그림 3.7 하이브리드 프로젝트에서 기능의 변화 효과에 대한 개념적 표현

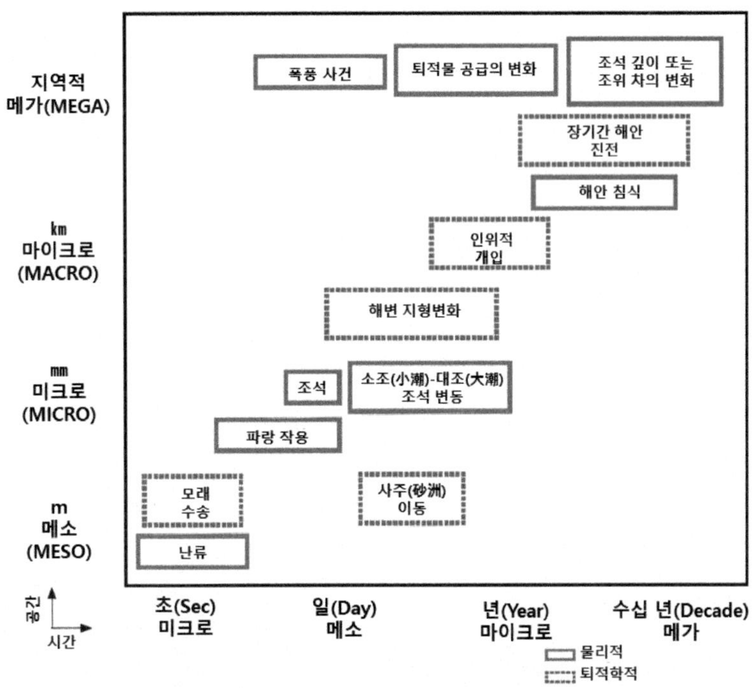

그림 3.8 다양한 공간적 및 시간적 규모에서 진행 중인 다양한 프로세스

예를 들어, 주요 불확실성으로는 퇴적물 운반에 대한 다양한 하상(河床) 지형과 생태적 요인의 불확실성, 지형학적 발달에 대한 일시적 및 극단적 사건의 기여, 그리고 이러한 사건 이후 평형 회복 기간 등을 들 수 있다('3.2 연안 레질리언스를 갖는 해빈과 사구' 참조). 다양한 규모의 자연 과정에 대한 이해는 소규모 또는 대규모 개입에 중점을 두거나, 두 가지를 결합한 통합 침수 리스크 프로그램을 실행하는 가장 좋은 방법인 비전을 개발하는 데 사용할 수 있다.

(2) 분석

연안 자연-기반 해법(CNbS)을 개발하기 위한 시스템 분석은 여러 가지 방식으로 수행할 수 있다. 시스템의 종류와 규모에 따라 설계 과정 동안 분석이 어떻게 진행되는지가 부분적으로 결정된다. 상호 연관성이 작은 소규모 문제는 대규모적(공간적 및 시간적) 상호 연관 문제와 다르게 접근할 수 있다. 또한, 개입이 장기간이면 예측 결과의 불확실성이 증가하므로 분석 기법은 이를 인지(認知)하고 조사할 필요가 있다. 분석 중에는 문제를 너무 복잡하게 만들지 않고 적절한 복잡성을 가진 모델이나 평가 도구를 만드는 것이 과제가 된다. 이러한 모델은 일반적으로 시스템 전반에 걸친 평가를 얻기 위해 여러 분야의 전문 지식이 필요하다. 작은 시간적 및 공간적 규모에서 사용할 수 있는 지식은 신뢰성이나 필수 프로세스 정보를 잃지 않고 큰 규모로 전환(轉換)하거나 그 반대로 되어야 한다(Gallop 등. 2015). 또한 (자연)시스템에 대한 현재 지식 격차를 파악하는 것도 필수적이다. 문제의 해결책은 조성이 완료된 후 모니터링을 통해 조사를 수행함으로써, 큰 지식을 얻고 불확실성을 줄일 수 있다. 이 새로운 지식은 유사한 연안 자연-기반 해법(CNbS)을 최적화하거나 확장하는 데 필수적일 수 있다. 분석을 위한 접근 방식은 문제, 시스템 및 프로젝트의 필요에 맞추어 조정하여야 한다.

예를 들어, 그림 3.9와 같이 전 세계의 많은 지역에서 맹그로브와 같은 자연적 특징에 의해 제공되는 생태계 서비스에 대한 지역사회의 의존성은 효과적인 침수 리스크 관리(FRM)와 지역사회의 수용 및 지원을 위해 생태계 연결성을 이해하는 것이 중요하다('3.1.6 연안 자연-기반 해법(CNbS)의 혜택(이익)과 비용' 참조). 맹그로브를 침수 리스크 관리(FRM) 시스템에 효과적으로 통합하기 위해서는 시스템 수준의 생태적 연결성을 분석한다. 열대 해안의 경우 맹그로브, 해초 초원, 산호가 서로의 지속성과 생태계 기능을 지원할 수 있는 것으로 나타났다. 길리스 등(Gillis 등. 2014)은 검토를 통해 생태계 간의 중요한 연결성(예: 퇴적물과 영양염류의 흐름)을 발견(發見)하였으며, 이는 단일 생태계 내의 기능과는 다른 시스템 규모의 기능을 제공하였다(그림 3.9 참조). 동시에 여러 서식지를 결합하면, 추가적인 침수 감소 조치(예, 맹그로브, 수중 식물과 산호초의 파랑 감쇠 효과를 활용)를 제공할 수 있다. 이러한 연결성의 결과로 지속 가능한 자연-기반의 연안 방재 시스템을 구축하려면 목표 생태계(예: 파랑 감쇠 맹그로브)를 직접 복원하는 대신 연결성을 복원해야만 하는 경우가 있다. 따라서 침수 리스크 감소에 있어 자연지형의 역할을 알아내기 위해 실시한 분석은 이러한 상호작용과 연결성을 고려하는 것이 중요하다. 이 예는 열대 해안의 경우에 마찬가지이지만, 염습지의 경우 식생 습지와 인접한 갯벌, 주변 퇴적물 시스템 간의 연결성을 고려하는 것이 필수적이다.

(3) 결정

연안 자연-기반 해법(CNbS)을 실행하기 위해 어떤 접근 방식을 취할지 결정하는 것은 생성된 모든 정보와 취할 수 있는 다양한 접근 방식을 고려할 때 복잡할 수 있다. 시스템 접근 방식을 사용하

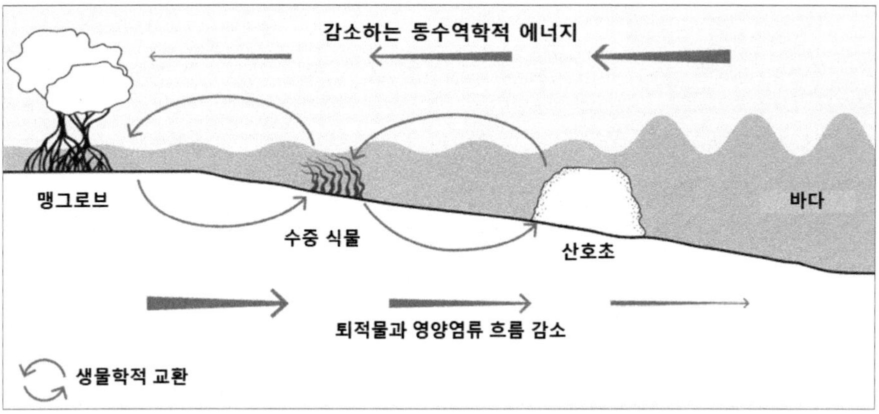

【화살표(위) 파랑이 외해로부터 연안으로 입사하면 산호초, 수중식물 및 맹그로브 숲 등으로 인하여 파랑 에너지가 소산(消散)되어 동수역학적 에너지가 감소한다. 화살표(아래) 소산된 파랑 에너지로 인하여 해안 침식이 약해져 연안으로부터의 퇴적물과 영양염류의 흐름이 감소한다.】

그림 3.9 육지, 맹그로브 숲, 수중 식물, 산호초와 해양 시스템 간의 연결 개념화

그림 3.10 자연적 특징과 생태계 서비스 혜택(이익) 간 관계의 단순화 표현

는 프로젝트 실행의 여러 측면을 검토하는 방식은 시스템마다 다르다. 위험 완화와 침수 리스크 감소 프로젝트인 경우, 의사 결정의 표준 접근 방식은 비용과 편익을 정량화하기 위해 금전적 접근 방식을 사용하는 비용-편익 분석이다. 경제적 효율성의 개념은 리스크 감소 프로젝트 결정에서 중심이 되어 왔다. 생태계 서비스는 여러 프로젝트 혜택(이익)을 리스크 감소 결정에 통합하는 한 가지 방법으로 볼 수 있다. 연안 자연-기반 해법(CNbS) 프로젝트의 경우 자연 시스템 특성에 근거한 이 접근 방식이 잠재적으로 유용할 수 있다(그림 3.10 참조). 대중이 프로젝트의 효과를 어떻게 평가하는지 고려함으로써 생태계 서비스 접근 방식은 모든 이해관계자의 개별 의견은 아니더라도 일반적으로 사회적 가치를 암묵적으로 포함한다(예: de Brito와 Evers 2017, Hochrainer-Stigler와 Lorant 2018). 다중 기준 분석과 기타 접근 방식은 이해관계자의 견해를 직접적으로 고려하는 데 사용해 왔다(예: de Brito와 Evers 2017, Hochrainer-Stigler와 Lorant 2018).

(4) 관리

프로젝트 실행 후에는 모니터링을 통해 감지된 현장 결과를 시스템의 원래 목표와 연결하는 것이 중요하다. 이는 침수 리스크 관리(FRM) 및 연안 자연-기반 해법(CNbS) 프로젝트의 의사결정에 특히 중요한데, 이는 많은 불확실성(예: 생태계가 어떻게 대응할지, 예상보다 더 극단적인 조건으로 인한 피해 등)과 직면하기 때문이다. 적응형 관리는 불확실성을 줄이는 기법을 사용하여 생태계를 관리하기 위한 레질리언스적인 정책을 개발하기 위해 거의 40년 전에 처음 제안되었다(Holling 1978). 적응형 관리의 전제는 최상의 지식을 활용하여 관리 계획을 수립하고 실행하는 동시에, 결과로부터 학습하여 의사결정을 조정하고 개선할 수 있는 제도적 구조를 구축할 것을 제안하는 것이다(McLain과 Lee 1996). 적응형 관리 프로세스는 문제를 정의하고 현재의 이해를 파악하여 시스템을 개선하는 유익한 조치를 실행하는 일련의 활동을 포함하며, 모니터링과 평가를 통해 지속적인 학습을 가능하게 한다. 네덜란드 연안관리 전략인 '해안선을 지켜라.'라는 시스템 관점에서 개발되었다. 이 전략은 해안선을 1990년과 같은 위치에 유지하는 동시에 가능한 경우 자연을 위한 공간을 만드는 것을 목표로 한다. 기준관리의 체계(van Koningsveld와 Mulder 2004)는 여러 주요 성능 지표(conscience-eu.net, n.d.)를 모니터링하여 프로젝트 초기에 정의된 목표를 테스트하고 개선하는 수단이다(그림 3.11 참조).

이해관계자의 효과적인 참여는 공통의 이해를 달성하고 합의에 도달하며 갈등을 줄이는 데 필수적이다. 또한, 이해관계자 참여는 프로젝트 진행 상황에 대한 정보를 전파하고, 필요한 조정사항에 관한 대화(對話)의 기회를 제공한다. 적응형 관리의 근본적인 측면은 결과 평가가 의사 결정과 관리 행동의 조정을 개선하는 점진적인 과정이다(Murray와 Marmork 2003). 적응형 관리의 핵심은 모든 결과를 예측할 수는 없지만, 바람직하지 않은 결과에서도 학습할 기회가 존재한다는 이해(理解)이다. 프로젝트가 구축된 후 대응이 발생하는 이유를 이해하여 효과적인 대응을 개발하려면, 프로젝트 상자 밖에서의 사고(思考), 장기적인 책임, 시스템 맥락 및 역학관계에 대한 지식이 필요하다. 학습 내용을 습득하여 조치를 평가하고 조치나 정책을 수정하는 측면에서 루프(Loop)를 수행하는 것이 프로세스에서 가장 중요하다(Westgate, Likens, Lindenmayer 2013).

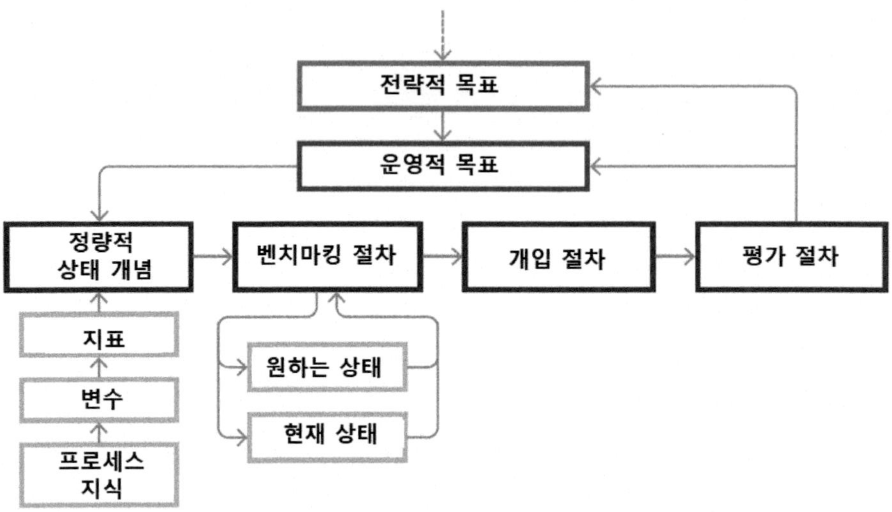

그림 3.11 기준 관리체계의 틀

3.1.5 자연-기반 해법(CNbS)의 성능(Performance)[7]

1) 개요

성능은 '시스템이 하나 이상의 원하는 목표와 선언된 목표를 달성할 수 있는 능력'이다. 성능은 연안 자연-기반 해법(CNbS)이 원하는 혜택(이익)을 창출하고 있는지 확인하기 위해 미리 수립된 일련의 지표를 사용하여 측정한다. 지표는 일반적으로 정량화할 수 있는 연안 자연-기반 해법(CNbS)의 특정 매개변수 또는 속성으로, 원하는 성능측면과 관련이 있다. 연안 자연-기반 해법(CNbS)과 관련된 여러 상호 연관된 성능의 종류에는 다음을 포함한다.

- 연안 자연-기반 해법(CNbS)의 맥락에서의 **침수 리스크 관리(FRM)** 성능은 침수 또는 피해가 발생하거나 프로젝트의 수명 동안 발생할 수 있는 모든 사건에 관해 침수 리스크 관리(FRM)에 영향을 미치는 물리적 힘의 감소를 의미한다. 침식 감소는 침수 리스크 관리(FRM) 성능의 구성성분에 포함되는데, 지속적인 해안침식으로 인해 장래 침수 리스크 관리(FRM) 성능이 저하될 수 있기 때문이다. 침수 리스크 관리(FRM) 성능의 두 가지 측면은 연안 자연-기반 해법(CNbS)을 포함한 조치 시스템이 위험에 미치는 영향인 '시스템 성능'과 연안 자연-기반 해법(CNbS) 및 기타 조치에 미치는 위험의 영향인 '구조적 성능'이다.
- **생태적 성능**이란 연안 자연-기반 해법(CNbS)이 원하는 생태 기능을 생산하는 것이다. 생태적 성능에는 수질과 같이 원하는 생태계 재화와 서비스의 생산이 포함된다.
- **사회적 성능**에는 인간의 건강, 행복, 형평성뿐만 아니라 레크리에이션, 문화, 교육적 공동 혜택(이익)을 포함하여 연안 자연-기반 해법(CNbS)이 창출하는 바람직한 사회적 공동 혜택(이익)을 의미한다.
- **경제적 성능**에는 경제적 피해 감소뿐만 아니라 이 특징으로 인해 발생하는 다른 침수 리스크 관리(FRM), 생태적 및 사회적 공동 혜택(이익)에 연관된 경제적 가치를 의미한다.

연안 자연-기반 해법(CNbS) 성능을 최적화하고 특정 장소나 스트레스 요인의 시나리오에 대한 최상의 연안 자연-기반 해법(CNbS)의 관행을 결정하려면 프로젝트 조치와 결과를 명확하게 개념화해야 한다. 성능 측정은 효과적인 적응형 관리 전략의 핵심 구성성분이다.

2) 연안 자연-기반 해법(CNbS)의 성능 설명

연안 자연-기반 해법(CNbS)의 시스템 성능은 공급원-경로-수용체-결과(SPRC, Source-Pathway-Receptor-Consequence)의 개념 모델('위험-성능-노출-결과' 모델로도 일컫는다.)을 사용하여 시스템 성능을 결정하는 것이다(그림 3.12 참조). 이 접근 방식은 환경 오염 물질에 관련된 리스크를 나타내기 위해 개발하였으며, 이후 영국 환경청(Environment Agency)이 채택한 후 침수 리스크 평가에 전 세계적으로 적용되고 있다(Narayan 등. 2012, Grilli 등. 2017). 미국 육군 공병단(USACE)은 현재의 엔지니어 규정에 침수 리스크 위험을 설명하는 것과 비슷한 접근 방식을 채택하고 있다(USACE 2019).

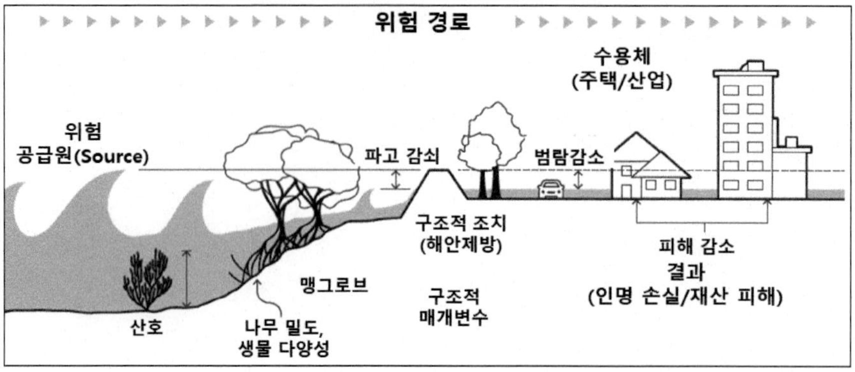

그림 3.12 성능 종류와 지표(指標)와의 연결을 통한 연안 자연-기반 해법(CNbS)의 공급원-경로-수용체-결과(SPRC) 개념 모델

그림 3.12에서 연안 자연-기반 해법(CNbS)의 성능을 설명하는 첫 번째 단계는 모든 관련 위험 공급원(Hazard Source)을 명확하게 파악하고 정량화하는 것이다. 위험 공급원은 급격하거나 예전부터 장기간 지속된 공급원일 수 있다. 일반적으로 침수 리스크 관리(FRM)의 리스크 평가는 해안 폭풍(태풍)과 같은 급격한 위험 공급원에 초점을 맞추지만, 미해결된 해안침식과 같은 장기간 지속된 위험 공급원은 수년에 걸쳐 시스템의 효과적인 성능을 저하(低下)시킬 수 있다. 연안 위험 공급원에는 바람, 해일, 파랑과 같은 급격한 폭풍(태풍) 관련 위험 공급원뿐만 아니라 해수면 상승, 조수, 바람과 항주파(航走波), 제방 손상 과정과 같은 장기간 지속된 위험 공급원도 포함된다. 연안 위험 공급원에는 해안 폭풍(태풍)에 연관된 강우(降雨)와 유출도 포함될 수 있다. 하천 위험 공급원에는 소하천과 하천의 범람에 관련된 강수, 유출수, 흐름, 홍수 등이 포함된다. 연안과 하천의 위험 공급원은 연안으로 유입(流入)하는 하천과 결합하여 복합 침수로 이어질 수 있다. 이러한 위험 공급원의 정량화는 각 위험에 관련된 물리적 매개변수 또는 매개변수의 통계적 분포와 이들 간 상관관계의 데이터를 통해 평가하는 것을 포함한다. 또한, 이러한 매개변수가 시간에 따라 직접적(예: 상대적 해수면 상승)이거나 간접적(예: 해수면 상승으로 인한 파고 증가)으로 어떻게 변화할지 평가하는 지도 포함한다.

성능을 설명하는 두 번째 단계는 연안 자연-기반 해법(CNbS) 또는 구조적 조치가 위험 경로를 어떻게 변경하는지 결정하는 것이다. 경로는 시스템을 통한 물의 이동을 의미하며, 조치가 이러한 경로를 어떻게 변경하는지를 포함한다. 연안 자연-기반 해법(CNbS) 또는 구조적 조치가 없는 경로를 이해하는 것은 위험이 시스템을 통해 어떻게 진행되는지와 위험을 해결할 수 있는 조치를 결정하는 데 매우 중요하다. 실행된 연안 자연-기반 해법(CNbS)의 조치가 침수 피크의 지속 시간을 줄이거나 파랑으로 인한 침수를 늦추는 방식으로 위험 경로를 변경하는 방식은 연안 자연-기반 해법(CNbS)이 침수 리스크 관리(FRM) 성능을 제공하는 주요 조치가 아니더라도 전체 공학적 시스템 성능에 기여(寄與)한다. 위험 경로 분석에는 위험이 조치 실행 역량을 초과할 때, 예를 들어 월파 및 제방 손상(損傷)의 경우 침수 모델링[160](Inundation Modeling)을 포함하여야 한다. 피크(Peak) 수위에 근거한 정적(靜的) 침수 맵핑(Mapping)은 침수를 과대 예측하여 배후지로 유입되는 물의 양을 제한하는 연안

160) 침수 모델링(Inundation Modeling): 수치 모델을 사용하여 침수의 정도와 깊이를 예측하는 과정으로, 침수의 영향을 줄이는 데 도움이 될 수 있다.

자연-기반 해법(CNbS) 조치의 영향을 착각(錯覺)하게끔 한다. 예를 들어, 습지와 제방을 결합하면 습지가 제방의 틈 크기를 제한하여 배후지로 유입되는 물의 흐름을 지연시키기 때문에 제방 손상 시 침수를 줄일 수 있다(Zhu 등. 2020).

성능을 설명하는 세 번째 단계는 위험의 영향을 받을 수 있는 수용체(受容體)를 파악하는 것이다. 일반적으로 수용체는 위험의 영향을 받는 구조물, 기반시설, 사람 및 생태계이며 시스템이 위험에 노출되는 것으로 개념화할 수 있다. 비구조적 침수 리스크 관리(FRM) 조치(즉, 구조물 높이, 종합 대피 계획 등)는 수용체를 위험 영역에서 제거하여 위험 경로가 남아 있음에도 불구하고 위험에 대한 노출을 줄이려는 것이다.

마지막으로, 수용체가 위험의 영향을 받는 경우, 발생할 수 있는 피해 또는 손상이 그 결과이다. 결과에는 구조물, 재산 또는 생태계에 대한 손실, 스트레스, 생명 손실, 또는 위험으로 인한 기타 부정적인 신체적, 생태적, 사회적, 경제적 피해가 포함된다. 결과는 어느 위치에서든 (모델링된) 위험과의 관계를 조사하여 결정할 수 있다(이 중 가장 잘 알려진 예는 건물의 특정 수심에 관련된 경제적 또는 재정적 피해액을 알려주는 침수심(浸水深)-피해액 관계이다). 공급원-경로-수용체-결과(SPRC)의 프로젝트 성능 모델은 궁극적으로 위험 경로(연안 자연-기반 해법(CNbS) 또는 구조적 조치 사용)를 해결할 뿐만 아니라 (비구조적 조치 사용을 통해) 위험에 처한 수용체의 수를 줄임으로써 부정적인 결과를 최소화하려는 것이다.

3) 연안 자연-기반 해법(CNbS)의 성능평가

연안 자연-기반 해법(CNbS)의 성능은 프로젝트 목표와 목표가 달성되고 있는지를 판단하기 위해 명확한 방법론을 적용하여 평가하여야 한다. 또한, 프로젝트의 필요와 요구 사항에 따라 선택된 성능 평가 방법은 적응형 관리계획이 설정된 모니터링 프로그램에 정보를 제공하는 데 사용한다. 사용한 방법과 프로젝트 단계와 관계없이, 모든 방법은 정의된 성능 기준에 관련된 성능 지표의 측정을 통해 성능을 평가한다. 성능 기준은 연안 자연-기반 해법(CNbS)의 성능을 평가하는 기준이며, 성능 지표는 성능 기준의 충족(充足) 여부를 결정하는 지표이다. 성능 기준과 지표는 프로젝트가 기대에 부합하는지를 결정하기 위해 연안 자연-기반 해법(CNbS)의 목표와 명확하게 연결되어야 한다. 성능 기준과 지표는 다음과 같이 프로젝트의 유효성(Efficacy), 효율성(Efficiency)과 효과성(Effectiveness)을 반영해야 한다(Checkland와 Poulter 2006).

- 연안 자연-기반 해법(CNbS)의 성능의 맥락에서 유효성(有效性)은 프로젝트 침수 리스크 관리(FRM) 목표를 달성하는 데 필요한 범위 내에서 위험 경로를 변경시키는 조치의 능력이다.
- 효율성은 금전적 또는 환경적 등 최소한의 비용으로 프로젝트 목표를 달성할 수 있는 조치 시스템의 능력이다.
- 효과성은 넓은 프로젝트 목표(예: 공동 혜택(이익) 발생 또는 침수 영향 최소화)를 달성하려는 조치 시스템의 능력이다.

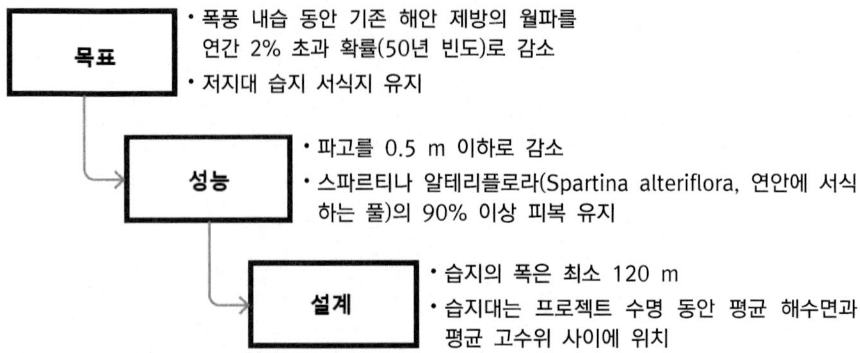

그림 3.13 프로젝트 목표에 사용된 연안 자연-기반 해법(CNbS)의 성능 지표와 설계기준 결정의 예

유효성과 효과성은 같은 것처럼 보일 수 있지만 구분해야 한다. 특정 지표의 유효성은 해당 지표가 규정된 기준 이하로 수위를 낮출 수 있는 여부를 설명하는 반면, 효과성은 종합적인 개념이다. 프로젝트의 조치가 항상 침수 리스크가 잔존(殘存)하는 지역의 개발을 부추긴다면, 침수 리스크를 최소화하기보다는 증가시키기 때문에 유효성은 있을 수 있지만, 효과성은 없을 수 있다.

그림 3.13에 나타낸 사례와 같이 선택된 성능 지표와 기준은 프로젝트 목표와 직접적인 연관을 가져야 하며, 특히 여러 목표를 달성하기 위한 프로젝트에서 연안 자연-기반 해법(CNbS)을 설계하는 데 사용되는 기준과 제약 사항을 알려주어야 한다. 프로젝트 목표는 프로젝트 성능을 평가하는 데 사용될 성능 기준을 결정하며, 해당 설계기준과 연결되어야 한다. 성능 평가는 프로젝트 단계에 따라 다르게 고려된다. 표 3.7과 그림 3.14는 프로젝트 진행 중 성능 평가가 어떻게 변화하는지 보여준다. 계획 단계와 의사결정 단계('연안 자연-기반 해법(CNbS) 체계의 단계(Phase)에서 자세히 설명', 그림 3.3 참조)는 전체 공급원-경로-수용체-결과(SPRC) 체계를 분석하여 침수 리스크 관리(FRM)와 생태적, 사회적 및 경제적 성능의 개념이 프로젝트 목표에 어떻게 부합하는지 결정한다. 따라서 계획 단계와 의사결정 단계의 성능평가는 프로젝트 목표와 가장 직접적으로 관련된 복합 지표에 의존한다. 예를 들어, 엄격한 피해 감소 비용-편익 분석을 프로젝트 정당성의 일환(一環)으로 사용하는 경우(의사결정 단계 중), 프로젝트 비용은 프로젝트 수명 동안 발생하는 해안 폭풍(태풍)으로 발생할 예상 피해액보다 작거나 같아야 한다. 피해액 감소 외에도 사업 중단 회피나 여가(餘暇) 수익 창출과 같은 다른 유형의 경제적 혜택(이익), 심지어 생활 안전 및 복지 혜택(이익)과 같이 수익 창출이 불가능한 혜택(이익)까지 포함하면 프로젝트 비용-편익이 크게 달라질 수 있어 다양한 프로젝트 대안을 선택할 수 있다. 그러나 프로젝트를 실행하면 전체 프로젝트 목표를 계속 적으로 달성하기 위해 침수 리스크 관리(FRM) 시스템의 개별 연안 자연-기반 해법(CNbS)의 요소를 주기적으로 평가해야 하는 모니터링 및 관리로 초점이 이동한다.

실행 단계에서 성능을 평가하는 데 사용되는 지표는 사구 높이나 식생 피복과 같은 시스템을 쉽게 측정할 수 있는 특성으로 계획 단계에서 정의된 성능 기준과 직접 적으로 관련이 있다. 모니터링 지표는 반드시 침수 리스크 목표를 직접적으로 보여주지 않으며, 대신 연안 자연-기반 해법(CNbS)의 상태를 포착하고 정의된 성능 기준이 계속 만족하는지 파악할 필요가 있다. 운영 단계에서 개발된

표 3.7 연안 자연-기반 해법(CNbS)의 프로젝트 단계에서의 성능 평가 요구 사항

단계	성능 기준	필요한 지표 종류	필요한 데이터
범위설정	프로젝트 목표가 성능 기준을 시사(示唆)한다.	간접 - 과학적 증거, 사례 연구 및 전문 지식이 있다.	시스템에 대한 기존 데이터
계획	성능 기준은 프로젝트의 유효성, 효율성 및 효과성과 관련이 있으며, 이는 잠재적인 위치와 조치 크기를 나타낼 것이다.	계산 - 조치의 단순 표현을 모델에 적용한다.	시스템에 대한 기존 데이터, 시스템에 대한 새로운 데이터(즉, 현재 수심측량 데이터, 연안 자연-기반 해법(CNbS)의 매개변수 세트, 구조물 목록)
의사결정 (설계)	각 조치의 조합이 유효성, 효율성 및 효과성 측면에서 프로젝트 성능 기준을 충족하는 정도이다.	계산 - 유체 역학, 공학, 생태학, 사회 및 경제 모델을 결합하여 모든 프로젝트 목표를 완벽하게 평가한다.	새로운 데이터가 필요하지 않다. 계획 단계의 모델을 사용하여 결정을 알린다.
실행	설계 및 실행 후 성능 기준의 유효성, 효율성 및 효과성을 극대화한다.	계산 - 설계를 마무리하기 위한 개별 조치에 대한 고해상도 모델링을 한다.	제안된 프로젝트 지역의 높은 해상도를 위해 새로운 데이터가 필요할 수 있다.
		직접 - 계약된 방법을 사용하여 프로젝트가 시방서(示方書)를 충족하는지 확인한다.	설계 및 계약 시방서에 자세히 설명된 대로 구축된 프로젝트 데이터이다.
운영 (적응형 관리 계획을 안내서로 사용)	연안 자연-기반 해법(CNbS)이 합의된 유효성, 효율성 및 효과성 기준을 사용하여 설계된 대로 실행된 정도를 말한다.	직접 - 해안선 침식률과 같은 성능을 직접 적으로 정량화하는 지표이다.	주기적 및 사후 측정 지표.
		간접 - 함수를 나타내는 대용(代用) 또는 반정량적 지표	대용 또는 인덱스 기반 지표의 주기적 또는 사후 측정.
		계산 - 최소한의 수용 가능한 기능을 제공하는 연안 자연-기반 해법(CNbS)의 특성을 정의한다.	조치 성능에 영향을 미치는 연안 자연-기반 해법(CNbS)의 특성(즉, 사구 높이 또는 식생 밀도)의 주기적 및 사후 측정.

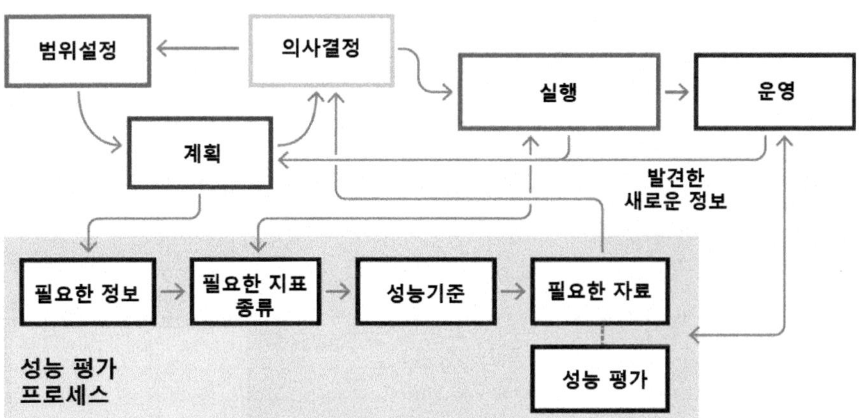

그림 3.14 연안 자연-기반 해법(CNbS)의 프로젝트 진행 중 성능 평가 요구 사항

성능 기준은 주어진 목표에 대해 최소한의 수용할 수 있는 기능을 제공하는 연안 자연-기반 해법(CNbS)의 속성인 측정 가능한 한계 상태(Limit State)에 근거한다. 예를 들어, 필요한 파랑 감쇠 기능을 달성하기 위해서는 습지 폭은 미리 계산된 값 이상이어야 하며, 모니터링은 파랑 감쇠를 직접 측정하는 것이 아니라, 습지 폭을 주기적으로 측정해야 한다. 연안 자연-기반 해법(CNbS)의 조건이 정의된 성능 기준을 충족하지 못하면, 프로젝트가 필요한 수준의 성능을 계속 제공할 수 있도록 관리 조치를 한다.

모니터링 예산은 거의 항상 한정적이기 때문에 프로젝트의 가장 중요한 측면(일반적으로 목표와 관련된 것)을 포착하기 위해 모니터링 지표를 신중하게 선택해야 한다. 침수 리스크 관리(FRM), 생태적, 사회적 및 경제적 성능 간의 상호 의존성은 공통 성능 지표를 파악하는 데 사용할 수 있다. 예를 들어, 해변과 사구는 중요한 침수 리스크 관리(FRM) 기능을 제공하지만, 폭풍(태풍) 기간 사이에는 레크리에이션 지역이기도 하여 관광업 및 관련 수익 창출을 통해 추가적인 경제적 공동 혜택(이익)을 제공할 수도 있다. 침수 리스크 관리(FRM)와 레크리에이션 성능은 해변 폭과 같은 간단한 지표를 사용하여 대략 적으로 평가할 수 있다.

연안 자연-기반 해법(CNbS)의 성능은 개별 요소가 아닌 시스템 전체로 평가하여야 한다. 연안 자연-기반 해법(CNbS), 구조적이거나 비구조적 지표의 조합은 일반적으로 모든 위험 공급원을 하나의 해결책으로 해결할 수 없거나 하나의 지표만으로는 제공할 수 없는 추가적인 공동 혜택(이익)을 원할 때 사용한다. 개별 요소를 분리하는 것은 조치 시스템 요소 간의 잠재적인 시너지(또는 적대적) 효과를 무시할 수 있나. 일부 경우에 있어서 개별 요소의 분리는 결합한 조치 시스템의 구조적 요소를 과도하게 설계되거나, 연안 자연-기반 해법(CNbS)의 요소 성능을 부정확하게 포착할 수 있다. 이 장에서는 프로젝트-규모의 성능에 초점을 맞추지만, 개별 프로젝트는 넓은 연안 시스템 내에서 실행되어 넓은 지리적 지역에 대한 혜택(이익)(예: 침수 리스크 관리(FRM) 또는 기타 관련)을 창출하는 경우가 많다. 시스템 전반의 혜택(이익)을 얻으려면 프로젝트 수준뿐만 아니라 지역 시스템 수준에서도 성능을 이해해야 한다. 지역 규모의 성능을 평가하려면 공통된 지표와 기준을 사용하여 지역 내 여러 프로젝트를 평가하는 넓은 광범위한 전략이 필요할 수 있다.

4) 연안 자연-기반 해법(CNbS)의 성능 역동성

연안 자연-기반 해법(CNbS)의 성능은 시간 규모에서 역동적(力動的)이다. 폭풍(태풍)이나 침수 사건에서 연안 자연-기반 해법(CNbS)의 성능은 구조적 조치의 성능보다 더 크게 변할 수 있는데, 이는 연안 자연-기반 해법(CNbS)의 조건과 기하학적 구조가 작용력(作用力)(예를 들어, 해수면 상승, 폭풍 해일, 고파랑 등)에 대응하여 변화하기 때문이다. 또한, 연안 자연-기반 해법(CNbS)의 성능은 교란으로부터의 회복, 기후, 해수면 또는 경관 변화로 인한 물리적 힘의 변화에 대한 대응, 또는 관리 조치에 따른 대응으로 인해 수년~수십 년에 걸쳐 변화한다. 그러나 구조적 조치와 달리 연안 자연-기반 해법(CNbS)은 변화하는 조건에 적응할 수 있는데, 연안 자연-기반 해법(CNbS)의 생물학적 구성성분이 성장하고 성숙함에 따라 성능이 유지(維持)되거나 시간이 지남에 따라 개선될 수 있다. 갯벌(연안 습지)은 해수면 상승으로 인한 연안 침수 증가에 대응하여 축적될 수 있는데, 굴 암초(Oyster Reef)

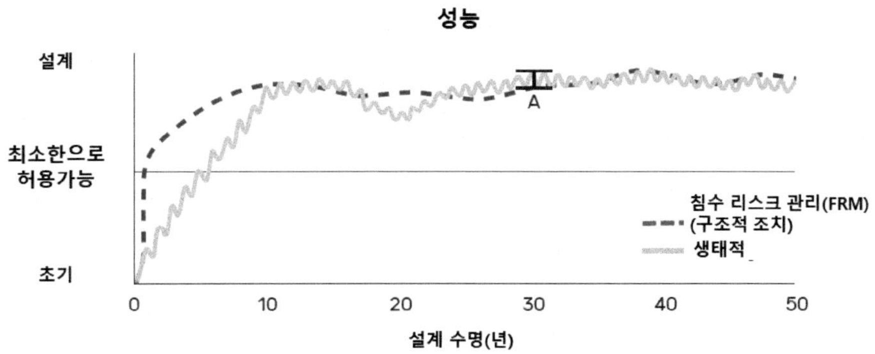

【점선은 침수 리스크 관리(FRM)(구조적 조치) 성능을 나타내고 실선은 생태적 성능을 나타낸다. 최소한으로 허용할 수 있는 침수 리스크 관리(FRM)(구조적 조치) 성능은 즉시 달성되는 반면, 전체 공학적 및 생태적 성능은 전체 설계 수준에 도달하는 데 10년이 걸린다. 값 A는 생태적 성능의 일반적인 계절적 변화를 나타낸다.】

그림 3.15 새로운 연안 자연-기반 해법(CNbS)의 성능 역학 개념화된 예시

는 껍질을 축적하고 새로운 유생(幼生)을 모을 수 있어, 초[161](礁, Reef) 높이를 증가시켜 초 구조를 강화할 수 있다. 구조적 조치의 성능과 신뢰성은 이와 반대로, 건설완공 직후에 가장 높으며, 시간이 지남에 따라 구조적 조치가 열화(劣化)됨에 따라 성능은 저하된다.

연안 자연-기반 해법(CNbS)의 성능평가는 연안 자연-기반 해법(CNbS)의 역동적 특성, 그에 작용하는 물리적 구동력, 그리고 연안 자연-기반 해법(CNbS)이 방재하고자 하는 자산을 반영해야 한다. 연안 자연-기반 해법(CNbS)은 생태계가 제공하는 서비스에 의존하여 혜택(이익)을 제공하고 성능을 전달하므로, 성능은 자연 생태계의 역학관계를 반영할 것으로 예상한다. 예를 들어, 식생이 활성(活性) 성장 단계에서 휴면(休眠) 성장 단계로 이동함에 따라 성능은 계절적으로 변할 수 있다. 현장 관리 또는 조성 후, 연안 자연-기반 해법(CNbS)의 기능은 다양한 속도로 발전하며, 성능 기대치는 다양한 연안 자연-기반 해법(CNbS)의 기능이 발전하는 데 필요한 성숙 시간을 반영해야 한다(그림 3.15 참조). 토공과 식재가 필요한 현장에서는 연안 자연-기반 해법(CNbS)의 물리적 형태(예: 높이)에 의존하는 기능이 즉시 실현되거나 1~2년의 동안 개발될 수 있으며, 생물다양성과 같은 다른 생태적 성능 요소들은 훨씬 더 오래 걸릴 수 있다. 특히, 유지보수가 없는 경우, 환경조건은 열화(劣化)와 이에 따른 연안 자연-기반 해법(CNbS) 및 구조적 조치의 성능저하를 초래할 수 있다. 그러나 열화된 연안 자연-기반 해법(CNbS)에 대한 유지보수 조치는 성능을 회복하거나 향상할 수 있지만, 구조적 조치의 유지보수는 상당한 복구 노력 없이는 성능을 향상하지 못할 가능성이 크다. 예를 들어 해변의 경우, 모래를 해변이나 근빈역(近濱域) 및 해안전면부(Shoreface)에서 직접 준설 후 공급하는 일상적인 양빈(養濱)으로 열화를 방지한다(그림 3.31 참조). 열화율(劣化率)은 극단적인 사건의 빈도에 따라 달라질 수 있지만, 시스템과 과거 프로젝트에 대한 지식을 사용하여 예측할 수 있다.

물리적 환경과 연안 자연-기반 해법(CNbS) 조건의 장기적인 변화는 계획하거나 예기치 않은 시스템 변화에 대응하여 프로젝트 설계 및 성능 기준에 상당한 적응이 필요할 수 있다. 연안 자연-기반

161) 초(Reef, 礁): 해면 또는 해면 근처에 있는 바위 또는 경화된 물질로 항해에 장애가 될 수 있는 해저지형으로서, 단단한 암초, 산호 등으로 되어있는 곳으로 항해할 때 위험한 부분이다.

해법(CNbS)은 해수면 상승과 같은 장기적인 환경 변동을 해결하기 위해 점진적으로 실행하고 구축할 수 있다. 일부 경우에 새로운 성능 기준을 충족하기 위한 변경이 구조적 조치보다 연안 자연-기반 해법(CNbS)의 조치가 더 쉬울 수 있다. 예를 들어, 섬 면적의 증가와 표고를 증고시켜(성토(盛土)로 가능하다) 해일(폭풍해일 또는 지진해일)의 감쇠 성능을 높이는 것은 홍수벽을 새로이 축조 또는 개조(改造)하여 마루높이를 높이는 것(콘크리트 또는 널말뚝 등의 재료와 공학적 설계가 필요하다)보다 비교적 쉽게 수행할 수 있다.

5) 연안 자연-기반 해법(CNbS)의 레질리언스(Resilience)

레질리언스라는 용어는 중요한 기반시설과 리스크 관리에 적용할 때 시스템의 부작용에 대비, 흡수, 회복 또는 적응할 수 있는 능력을 의미하며(NAS 2012), 레질리언스를 높이기 위해 많은 연안 자연-기반 해법(CNbS)의 조치가 추진되고 있다. 그러나, 레질리언스의 정의는 맥락에 따라 다른 뜻을 가질 수 있는 설명적 용어이므로 보편적이지 않다. 연안 자연-기반 해법(CNbS)과 관련된 레질리언스의 네 가지 일반적인 용도는 침수 리스크 관리(FRM), 생태적, 지역 사회적, 제도적 레질리언스이다.

- **침수 리스크 관리(FRM)의 레질리언스**는 침수 리스크 관리(FRM) 시스템이 교란에 얼마나 잘 저항하고 교란으로부터 회복할 수 있는지를 측정하는 것으로, 안정적인 평형 상태 주변에서 허용할 진동이 있는 시스템 안정성에 중점을 둔다(Holling 1996). 고도(高度)로 설계된 시스템의 경우, 침수 리스크 관리(FRM)의 상태는 파괴점(破壞點)까지 상당히 고정되어 있을 수 있다. 연안 자연-기반 해법(CNbS)은 침수 리스크 관리(FRM) 기능을 부여하도록 설계되어 침수 리스크 관리(FRM) 맥락에서 고려되어야 하지만, 침수 리스크 관리(FRM)의 레질리언스만 고려하는 것은 연안 자연-기반 해법(CNbS)이 기능하기 위해 생물학적 구성성분에 의존하기 때문에 충분하지 않다.
- **생태적 레질리언스**는 시스템의 안정성을 방해할 수 있는 교란이나 시스템 변수의 기타 섭동(攝動)에 직면하여 생태계를 지속시키는 특성(Holling 1973)으로 연안 자연-기반 해법(CNbS)의 생물학적 구성성분을 평가하는 데 사용된다. 레질리언스가 있는 생태 시스템에 관련된 지속성은 구조적 조치보다 연안 자연-기반 해법(CNbS)을 사용하는 데 중요한 동기가 되며, 이는 항상 바람직한 상태로 회복하기 위해 개입이 필요하다. 연안 자연-기반 해법(CNbS)은 생태적 레질리언스와 생태적 안정성의 균형을 맞춰야 한다. 큰 교란, 특히 인위적 개입과 같은 만성 스트레스 요인과 결합할 때 매우 안정적인 생태 시스템을 영구적으로 변화시킬 수 있다.
- **지역사회 레질리언스**는 지역사회가 교란으로부터 지속되고, 회복할 수 있는 능력을 의미한다. 레질리언스가 높은 지역사회는 침수 사건 이후 신속하고 완전하게 회복할 수 있으며, 침수 리스크 관리(FRM)와 다른 기반시설 개입, 비상 대응, 리스크에 대한 의사소통, 완화와 같은 강력한 비구조적 조치를 통해 레질리언스가 낮은 지역사회보다 더 큰 규모의 침수 사건을 견딜 수 있다(Koliou 등. 2018). 레질리언스가 높은 지역사회는 지역사회의 지속성뿐만 아니라, 침수 리스크 관리(FRM) 시스템의 지속적인 기능, 특히 기능을 위해 일상적인 유지보수가 필요한 경우에도 매우 중요하다.
- 침수 리스크 관리(FRM)의 맥락에서 **제도적 레질리언스**는 정부와 기관이 침수 사건을 사전(事前)에 계획, 예측, 운영, 대응 및 적응할 수 있는 능력이다. 제도적 레질리언스를 위해서는 기관이

연안 자연-기반 해법(CNbS)을 포함한 침수 리스크 관리(FRM)의 기반시설을 효과적으로 관리하고 지속하며, 침수 사건의 발생 전, 발생 중 또는 발생 후에 긴급 소통과 같은 중요한 기능을 유지하고, 침수 사건의 발생 전, 발생 중 또는 발생 직후에 신속하게 결정을 내려야 잠재적인 피해를 줄일 수 있다(Curt와 Tacnet 2018). 제도적 레질리언스는 침수 리스크 관리(FRM), 생태적 및 지역사회 레질리언스를 강화한다.

시스템 레질리언스를 평가하기 위해 레질리언스 개념은 레질리언스의 네 가지 측면(대비, 흡수 역량, 회복 가능성, 적응 역량)을 사용하여 조치할 수 있는 개별 구성성분으로 파악하여야 한다. 연안 자연-기반 해법(CNbS)의 레질리언스는 표 3.8에 나타낸 네 가지 개념(대비, 흡수, 회복 및 적응)을 사용하여 평가할 수 있다(Francis와 Bekara 2014, NAS 2012, Curt와 Tacnet 2018). 이러한 각 구성성분을 측정하기 위한 지표가 제안되었지만, 침수 관련 위험에 대한 다른 공동 혜택(이익)의 레질리언스를 높일 수 있는 연안 자연-기반 해법(CNbS)을 포함한 지표는 말할 것도 없고 보편적으로 받아들여지는 지표는 없다. 레질리언스가 프로젝트 목표인 경우, 레질리언스의 종류와 프로젝트가 레질리언스를 가질 수 있는 교란 종류를 지정해야 한다. 프로젝트 레질리언스를 평가하는 데 사용되는 지표는 레질리언스의 네 가지 측면도 반영해야 한다. 침수 리스크 관리(FRM), 생태적, 지역사회 및 제도적 레질리언스와 관련된 네 가지 레질리언스 측면의 예는 표 3.8에 나타내었다.

대비(Preparedness)는 침수 이전에 시스템이 침수 사건으로부터 흡수, 회복 및 적응하는 능력에 영향을 미치는 모든 작업을 포함한다. 대비에는 연안 자연-기반 해법(CNbS)의 체계와 공급원-경로-수용체-결과(SPRC) 모델과 같은 리스크 평가 기법의 적용을 포함하는 침수 리스크 관리(FRM) 계획의 측면이 포함된다. 또한, 대비는 적절한 모니터링 및 관리 조치를 통해 연안 자연-기반 해법(CNbS)을 포함한 기존 기반시설의 유지·관리, 지역사회 레질리언스를 높이는 조치, 대비 시스템이 침수 사건을 잘 흡수, 회복 및 적응할 수 있도록 제도적 레질리언스를 높이는 조치도 포함할 수 있다.

표 3.8 침수 리스크 관리(FRM), 생태적, 지역 사회적, 제도적 레질리언스의 네 가지 측면 예시

	대비	흡수	회복	적응
침수 리스크 관리(FRM)	빠르거나 느린 전진 속도로 이동하는 폭풍(태풍)을 견딜 수 있도록 설계된 해변/사구	설계된 대로 실행된 조치	폭풍(태풍)이 지나간 후 몇 주와 몇 달 만에 해변의 체적이 증가	해수면 상승으로 인한 사구의 마루높이 증가
생태적	습지 침입종은 적절한 바이오메스를 확보하기 위해 적절히 관리	지상 식생은 사라졌지만, 뿌리 시스템은 그대로 유지	폭풍(태풍)이 지나간 후 몇 주 만에 식생이 다시 싹트기 시작한 뿌리 시스템	자연적으로 축적되고 이동하는 습지
지역사회	긴급 대응 통신의 발달	의무 대피 명령을 준수한 지역사회	폭풍(태풍)이 지나간 후 며칠 만에 지역사회로 돌아갈 수 있는 대피자	대피 경로를 유지하기 위한 표고(標高)가 낮은 도로의 증고(增高)
제도적	적절한 자금 지원 및 교육을 받는 재난 관리기관	폭풍(태풍) 시 비상대응 인력 간의 소통 유지	보수·수리를 위한 긴급 자금 조달 및 신속한 배분	복합 침수 리스크를 고려한 정책 발전

흡수 역량(Absorptive Capacity)은 시스템이 상태를 변경하지 않고 흡수할 수 있는 능력으로, 일반적인 침수 리스크 관리(FRM)의 평가 접근 방식을 사용한 연안 자연-기반 해법(CNbS)과 기타 형태의 침수 기반 시설에서 쉽게 포착할 수 있다. 따라서 일부 경우에는 연안 자연-기반 해법(CNbS)의 흡수 능력을 초과한 상태에서도 파괴가 발생하지 않고 단순히 상태만을 변경할 수 있다. 예를 들어, 사구(Dune) 시스템을 침식하는 폭풍(태풍) 사건은 사구의 흡수 능력을 초과했지만, 사구 시스템은 여전히 침수 리스크 관리(FRM) 기능을 수행하여 시스템 파괴로 이어지지 않는다. 생태적 맥락에서 흡수 역량은 생태적 상태를 변화시키는 데 필요한 교란의 정도에 따라 정량화할 수 있다(예: 사구의 주요 식생을 소귀나무(Wax Myrtle)와 같은 관목에서 솔트 헤이(Salt Hay, 염생초류의 풀)와 같은 안정화된 풀로 변경하는 것). 사구의 상태가 변화되면, 사구의 상태는 유지보수 작업이나 자연적인 과정을 통해 변하지 않는 한, 다음 교란을 흡수하는 능력이 변화되어 레질리언스의 다음 개념인 회복력(Recoverability)으로 이어진다.

회복력(Recoverability)은 레질리언스를 갖는 연안 자연-기반 해법(CNbS)이 회복할 수 있게 하는 힘으로, 즉 교란 후에도 기능을 회복할 수 있다. 연안 자연-기반 해법(CNbS)은 다른 구조적 조치와는 달리 어느 정도 자기복구(自己復舊) 능력이 있다. 회복력은 복구 없이 기능이 회복되는 정도와 기능이 회복되는 속도에 따라 평가될 수 있다. 주요 폭풍(태풍) 사건 동안 해변과 사구는 크게 침식될 수 있다. 그러나 해변은 비교적 빠르게 회복할 수 있으며, 해변 형태의 일부는 수개월에 걸쳐 회복된다(Morton 등. 1994). 해변과 사구의 완전한 회복에는 오랜 시간이 걸릴 수 있지만(때로는 10년 이상 걸릴 수도 있다), 사구 시스템은 자가 치유(治癒)의 능력이 있으며, 울타리 설치나 연안(해안전면부)에 양빈과 같은 간단한 조치를 추가함으로써 프로세스를 향상할 수 있다. 연안 자연-기반 해법(CNbS)은 지역사회 레질리언스에 대한 투자와 개발을 대체할 수 있는 대안은 아니지만, 연안 자연-기반 해법(CNbS)은 강력한 지역사회 레질리언스가 부족한 지역사회에 비용이 많이 드는 복구 노력 없이 일부 침수 리스크 관리(FRM) 기능을 복구할 수 있는 수단을 제공하여, 자원(자금 등)을 침수 리스크 관리(FRM)를 위한 기반시설에 투입하여 대체하는 대신 지역사회의 다른 중요한 구성성분을 복구하는 데 투자할 수 있도록 한다.

적응역량(Adaptive Capacity), 즉 시스템이 변화하는 조건에서 전개(展開)할 수 있는 능력으로 회복력의 최종 개념이다. 연안 자연-기반 해법(CNbS)은 원래 높은 적응역량이 있지만, 구조적 조치는 비용이 많이 드는 보강(補强)이나 개수(改修) 없이는 거의 또는 전혀 적응역량이 있지 않다. 물리적, 생태적, 사회적 및 경제적 조건은 시간이 지남에 따라 변화하므로 적응형 침수 리스크 관리(FRM) 시스템은 이상적으로 설계된 대로 성능을 계속 제공할 수 있다. 일부 경우에는 시스템 변경이나 새로운 정보가 침수 리스크 관리(FRM) 시스템이 견딜 수 있는 필요한 수준의 성능을 제공하기에 불충분하거나 다른 힘으로 인해 조기(早期)에 성능 손실을 초래할 수 있다(예: 2005년 허리케인 '카트리나' 내습 시, 미국 루이지애나주 뉴올리언스 지역의 지반 침하율이 예상보다 높아 제방이 설계 수준의 방재를 제공하지 못하는 사례). 연안 자연-기반 해법(CNbS)은 일부 구조적 조치의 경우처럼 보강·개수나 완전한 재설계 없이 필요에 따라 크게 또는 증고(增高) 시키기 위해 추가 양빈 모래만을 공급할 수 있기만 하면 가능하므로 본질적으로 적응력이 높다.

6) 연안 자연-기반 해법(CNbS)의 성능 평가를 위한 생애(生涯) 주기 접근법

일반적으로 투자 결정은 연안 자연-기반 해법(CNbS)을 포함한 침수 리스크 관리(FRM) 조치 시스템의 전체 예상 프로젝트 수명(壽命)[162]을 고려한 생애 주기 접근 방식을 사용하여 이루어진다. 목표는 전체 수명 비용을 최소화하면서 침수 리스크 관리(FRM)와 원하는 공동 혜택(이익) 모두에 대한 성능을 최적화하는 것이다. 이를 달성하기 위해서는 연안 자연-기반 해법(CNbS)과 기타 침수 리스크 관리(FRM) 조치의 성능이 전체 프로젝트 생애의 전(全) 주기에 걸쳐 투영(投影)되어야 하며, 필요한 성능을 달성하기 위한 유지보수 조치도 필요하다. 유지보수 조치는 연안 자연-기반 해법(CNbS)이 정의한 제한조건(Limiting Condition)에 도달하면 발생하는데, 이는 연안 자연-기반 해법(CNbS)의 열화, 손상 또는 파손으로 인해 초래된다. 연안 자연-기반 해법(CNbS)의 열화율과 손상 또는 파손 가능성은 해당 현장의 교란 조건, 해당 현장이 지역 조건에 의해 어떻게 영향을 받고 그 조건이 어떻게 변화하는지, 그 장소의 인위적 활동이 어떻게 전개할지, 연안 자연-기반 해법(CNbS)의 생애 동안 자연적 및 인위적 교란이 어떻게 변화할지에 따라 다르다. 자연적인 회복을 예상할 수 있으므로 모든 연안 자연-기반 해법(CNbS) 손상에 복구가 필요한 것은 아니다. 예상되는 프로젝트 수명에 따라 이러한 장래 조건을 예측하는 용이성은 달라질 수 있다. 장래 조건의 예측은 항상 현재 또는 과거 조건보다 큰 불확실성을 수반하지만, 가능성 있는 장래 변화를 검토해야 한다. 현장과 연안 자연-기반 해법(CNbS) 자체의 역학관계를 이해하면 폭풍(태풍)뿐만 아니라 일반적인 조건에 따라 연안 자연-기반 해법(CNbS)의 성능이 시간이 지남에 따라 어떻게 변화할 수 있는지 알 수 있다. 침수 및 폭풍(태풍) 통계는 프로젝트 생애 주기 동안 손상이나 파손으로 이어질 수 있는 특정 교란이 얼마나 발생할 가능성을 알려주고, 상당한 유지보수 비용이 발생할 가능성을 대략 적으로 예상할 수 있다. 그러나 침수나 폭풍(태풍) 사건으로 손상되지 않더라도 현장의 변화와 열화(劣化)가 발생하여 성능이 불충분할 수 있다. 예상되는 장래 조건의 전체 범위를 모델링하는 것은 불가능하지만, 열화 속도는 모델링 도구를 사용하여 예측할 수 있다.

영국의 환경청(Defra and EA, 2013)은 일반적인 침수 방재 자산인 사구, 자갈 해변 및 습지와 같은 연안 자연-기반 해법(CNbS)에 대한 표준 조건-등급 열화 곡선을 사용한다. 이 접근 방식은 지역 조건에 따라 필요한 유지보수 체제의 범주(範疇)를 사용하며 유지보수 요구 사항과 가능한 열화 곡선을 예측하여 계획을 수립하는 데 도움을 준다. 현장 조건과 허용할 수 있는 조건 등급에 따라 이러한 연안 자연-기반 해법(CNbS)의 생애 주기는 비교적 짧거나 길 수 있으며, 프로젝트 생애 주기 동안 커다란 복구 조치가 필요하지 않다. 각 현장과 상황은 고유(固有)하여 열화와 관련된 유지보수의 예측이 가능하지만, 이러한 도구(열화곡선)는 대안을 비교하여 연안 자연-기반 해법(CNbS)의 유지보수와 관련된 상대적인 생애 주기 비용을 결정하는데 유용하다. 그림 3.16은 만성적인 열화가 발생하는 환경에서 전체 생애 주기 동안 단일 구조적 조치(강널말뚝(Sheet Pile))를 사용하는 것과 연안 자연-기반 해법(CNbS)을 구조적 조치와 결합(하이브리드 해법)하여 사용하는 것의 두 가지 침수 리스크 관리(FRM) 대안의 성능을 개념화한 사례를 나타낸 것이다. 결합한 구조적 조치의 만성적인 열화를 줄이기 위해 연안 자연-기반 해법(CNbS)이 그렇게 클 필요는 없다는 점에 유의한다('3.4 연안 레질

162) 이 장에서는 Life를 수명(壽命) 또는 생애(生涯)로 문맥에 맞게 사용하였다.

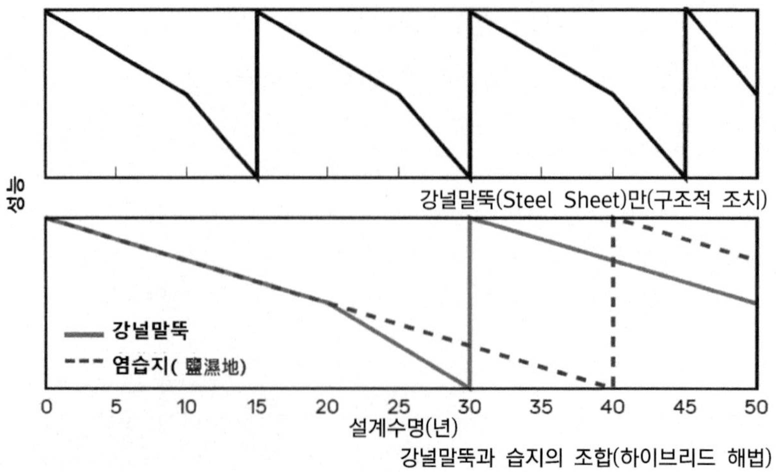

그림 3.16 50년 동안 두 가지 침수 리스크 관리(FRM) 대안의 성능을 개념화한 예시(豫示)

리언스를 갖는 환경적, 사회적 및 공학적 혜택(이익)을 위한 구조적 조치 강화' 참조). 첫 번째 대안(그림 3.16 위, 구조적 조치)은 강널말뚝만 나타낸다. 예상 수명은 15년이므로 전체 생애 주기(50년) 동안 세 번 보강 또는 개수(改修)가 필요하다. 두 번째 대안(그림 3.16 아래, 하이브리드 해법)은 강널말뚝과 결합한 연안 자연-기반 해법(CNbS)의 조치인 염습지(鹽濕地)를 나타낸다. 습지의 존재는 널말뚝의 예상 수명을 연장(15년→30년)하므로 널말뚝은 한 번만 보강 또는 개수(改修)가 필요하다. 강널말뚝과 결합한 연안 자연-기반 해법(CNbS)인 염습지는 원하는 성능 수준을 유지하기 위해 생애 주기 동안 한 번만 개수 또는 복원이 필요하다. 또한, 성능 평가는 예상되는 혜택(이익)이 전개되고 완전히 전달될 것이 예상되는 시간적 지평[163](Time Horizon)도 고려해야 한다. 이 시간적 지평은 개별 연안 자연-기반 해법(CNbS) 조치의 예상 유지보수 간격(예: 양빈 등)보다 길 수 있다. 이런 경우 전체 프로젝트 수명 동안 예상되는 혜택(이익)을 전달하기 위해 여러 연안 자연-기반 해법(CNbS)의 유지보수 조치가 필요하다.

7) 불확실성 및 연안 자연-기반 해법(CNbS)의 성능 평가

침수 리스크 관리(FRM)에 대한 모든 리스크 기반 접근 방식은 성능 추정치의 불확실성과 그 불확실성의 원인을 다루어야 한다. 연안 자연-기반 해법(CNbS)의 채택, 설계 및 적응 관리에 관한 결정은 특히 다른 대안과 비교할 때 성능에 관한 불확실성을 고려해야 한다. 침수 리스크 관리(FRM)에 관한 불확실성은 두 가지 원인에서 비롯된다. 즉, 시스템의 '자연스러운 변동성'(즉, 완화적 원인)과 시스템의 '알 수 없는 미지(未知)의 원인'(즉, 인식적 원인)이다. 자연 시스템 변동성은 정량화될 수 있으며 무작위(無作爲)한 폭풍(태풍) 사건 특성뿐만 아니라, 시스템과 연안 자연-기반 해법(CNbS)을 특성화하는 데 사용되는 데이터의 무작위 오차도 포함된다. 알려지지 않은 시스템 미지(未知)의 원인

163) 시간적 지평(Time Horizon): 장래의 특정 프로세스가 평가되거나 종료될 것으로 가정되는 고정된 시간 지점을 말한다.

은 여러 가지와 관련이 있을 수 있지만, 예를 들어 시스템의 불완전한 특성, 기후나 해수면 변동으로 인한 시스템 상태의 변화, 모델 오차, 표본 크기, 측정 오차 등을 포함할 수 있다. 연안 자연-기반 해법(CNbS)에 관련된 많은 잠재적 원인(특히 침수 위험의 적절한 특성화와 관련된 측면)은 구조적 조치와 연안 자연-기반 해법(CNbS) 모두에서 같으므로 구조적 조치와 관련된 미지의 원인보다 클 수도 있고 아닐 수도 있다. 비록 완전하지는 않지만, 연안 자연-기반 해법(CNbS)의 성능 평가의 불확실성은 다음 네 가지 문제를 해결함으로써 개선된다. (ⅰ) 침수 리스크 관리(FRM)의 성능 모델에 연안 자연-기반 해법(CNbS)을 적절히 통합하는 것, (ⅱ) 연안 자연-기반 해법(CNbS)의 역동성을 이해하고 정량화하는 것, (ⅲ) 연안 자연-기반 해법(CNbS)의 장기 전개(展開)와 유지보수 조건을 이해하는 것, (ⅳ) 연안 자연-기반 해법(CNbS)의 혜택(이익)과 공동 혜택(이익)을 완전히 고려하는 것. 이 네 가지 문제 모두 불확실성의 요소를 가지고 있으며 연안 자연-기반 해법(CNbS)에만 국한(局限)되지 않는다.

연안 자연-기반 해법(CNbS)을 침수 리스크 관리(FRM)의 성능 모델에 통합하는 것은 제한적이며 모든 연안 자연-기반 해법(CNbS)에 대한 표준 모델 특성이 확립되지 않았다. 폭풍(태풍)이나 침수가 발생하는 동안 연안 자연-기반 해법(CNbS)의 상태는 항상 이해되지 않는 방식으로 변할 수 있다. 연안 자연-기반 해법(CNbS)의 모델링과 관련된 불확실성은 침수 리스크 관리(FRM) 시스템의 적절한 개념화, 수치 모델의 적절한 적용, 개선된 수치 모델, 위험에 대한 연안 자연-기반 해법(CNbS)의 대응을 설명하는 개선된 데이터, 넓은 범위의 조건에서 침수 리스크 관리(FRM)의 성능 측면을 측정함으로써 줄일 수 있다.

연안 자연-기반 해법(CNbS)의 성능에 연관된 불확실성은 침수 리스크 관리(FRM) 프로젝트에 있어 가장 큰 불확실성이 아닐 수 있다. 생태적 및 사회적 공동 혜택(이익)의 정량화와 관련된 불확실성은 높으며, 이러한 공동 혜택(이익)은 조사된 조치와 관계없이 많은 침수 리스크 관리(FRM)의 조사에서 자주 무시된다. 연안 자연-기반 해법(CNbS)은 생태적 및 사회적 공동 혜택(이익)을 제공할 잠재력이 크기 때문에 이러한 종류의 공동 혜택(이익)을 무시하면 지역사회의 혜택(이익)을 극대화하지 못할 결정을 내릴 수 있다. 그러므로 단순히 높은 실제 또는 인식된 수준의 불확실성 때문에 혜택(이익)을 무시해서는 안 된다. 특히 경제적 결과의 추정치는 자주 침수 리스크 관리(FRM)에서 불확실성의 가장 큰 원인이 되므로, 연안 자연-기반 해법(CNbS) 또는 구조적 침수 리스크 관리(FRM)의 성능에 대한 불확실성의 상대적 차이는 사회적 또는 경제적 성능에 대한 불확실성과 비교할 때 작을 수 있다. 대신, 의사결정 및 투자와 관련된 불확실성을 투명하게 관리하기 위해 모든 혜택(이익)을 포함하는 일관된 체계를 개발해야 한다.

3.1.6 자연-기반 해법(CNbS)의 혜택(이익)과 비용[8]

1) 개요

이 장에서는 침수 방재 및 해안선 안정화로 예방할 수 있었던 연안 기반시설과 재산의 피해와 같은 사회적, 경제적 측면에서의 연안 자연-기반 해법(CNbS)의 리스크 감소 혜택(이익)을 평가하는 지침을 제공한다. 연안 자연-기반 해법(CNbS)에 의한 침수 및 침식 리스크 감소는 퇴적물 포착(捕捉)과 파랑감쇠(波浪減衰) 등과 같은 연안 자연-기반 해법(CNbS)의 다양한 프로세스를 통해 달성할 수 있다. 모델링의 발전으로 연안 자연-기반 해법(CNbS)의 리스크 감소 혜택(이익)을 평가할 수 있는 역량은 향상하고 있다. 예를 들어, 최근 분석에 따르면 미국 내 산호초는 연간 18억 달러($)(2.5조 원(₩), 2024년 11월 환율 (1달러($)=1400원(₩))) 이상의 침수 리스크 감소 혜택(이익)을 제공하는 것으로 추정된다(Storlazzi 등. 2019). 또한, 염습지와 맹그로브 습지는 미국 전역에서 연간 침수 리스크를 15~25%까지 감소시킨다(Narayan 등. 2017, Narayan, Bitterwolf, Beck 2019). 최근 전 세계의 맹그로브 방재의 비용-편익비(BCR)는 5 대 1 이상(BCR≧5)으로 추정되었다(GCA 2019). 이 장에서는 연안 자연-기반 해법(CNbS)이 제공하는 공동 혜택(이익)을 평가하는 접근 방식에 관해서도 설명한다. 여기에는 어업을 위한 서식지, 관광 및 레크리에이션 기회, 탄소 저장 및 격리, 인간건강 혜택(이익)(Barbier 등. 2011)이 포함된다. 공동 혜택(이익)을 평가하는 것은 목표 자원에 대한 상충 관계와 잠재적 영향을 예측하고, 여러 기관과 이해관계자와의 공유 목표를 정의하며, 연안 자연-기반 해법(CNbS)의 실행에 따른 경제적, 사회적, 생태적 성능을 포착하는 성능 기준 개발을 지원하는 공통 용어(用語)를 확립하는 데에도 중요하다(NSTC 2015). 이 장에서는 (ⅰ) 연안 자연-기반 해법(CNbS)의 리스크 감소 혜택(이익)을 정량화하기 위한 경제적 접근 방식과 (ⅱ) 경제적 및 사회적 측면에서 공동 혜택(이익)을 평가하기 위한 접근 방식에 대한 지침을 통해 혜택(이익) 정보의 이해와 적용을 발전시키는 것을 목표로 한다.

(1) 혜택(이익)의 정의

그림 3.17에 나타낸 바와 같이 이 장에서의 혜택(이익)은 다음과 같이 두 가지 범주로 나눌 수 있다.

- 리스크 감소 및 레질리언스 혜택(이익): 이것은 연안 자연-기반 해법(CNbS)의 리스크 감소 특성으로, 특히 침수 방재와 침식 제어이다. 침수 방재는 침투, 침수 저장 또는 파랑·해일(폭풍해일 또는 지진해일) 감쇠를 통한 (폭풍(태풍)) 해수의 흡수를 통해 달성한다. 연안 자연-기반 해법(CNbS)은 해안선을 안정화하여 침식을 줄이는 데 도움이 될 수 있다. 연안 자연-기반 해법(CNbS)은 해수면 상승이나 지반침하와 같은 변화하는 조건에 적응할 수 있으므로 레질리언스적 해결책인 경우가 많다.
- 공동 혜택(이익): 이는 연안 자연-기반 해법(CNbS)에서 파생(派生)된 관련 혜택(이익)으로 정의한다. 예를 들어, 연안 자연-기반 해법(CNbS)의 공동 혜택(이익)에는 어업을 위한 서식지, 자연-기반 관광 및 레크리에이션 기회, 탄소 저장 및 격리, 인간 건강상의 혜택(이익)을 포함한다.

(2) 연안 자연-기반 해법(CNbS)의 혜택(이익) 평가 요약

연안 자연-기반 해법(CNbS)의 리스크 감소 혜택(이익)과 공동 혜택(이익)을 평가하는 첫 번째이자 가장 기본적인 단계는 자연 지형의 변화가 혜택(이익) 제공의 변화로 어떻게 이어지는지 명확히 인식하고 평가하는 것이다(그림 3.18 참조). 예를 들어, 연안습지 회복·복원은 식생 잎, 줄기, 가지의 마찰 효과를 통해 파고의 변화를 초래할 수 있으며, 이는 돌출(突出)된 버엄(Berm)과 기타 해안구조물

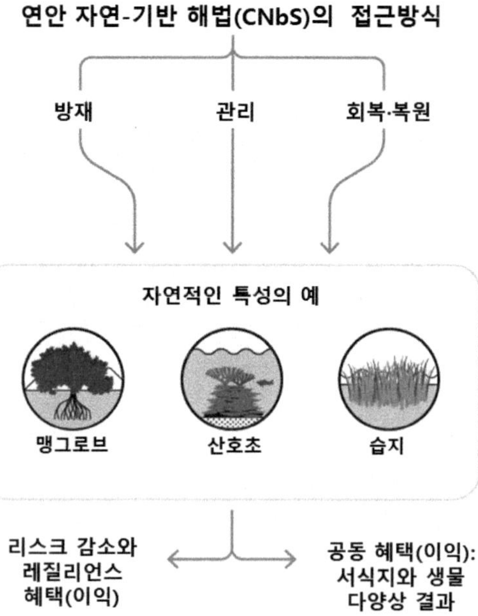

그림 3.17 연안 자연-기반 해법(CNbS)의 프로젝트가 제공하는 리스크 감소 및 공동 혜택(이익)

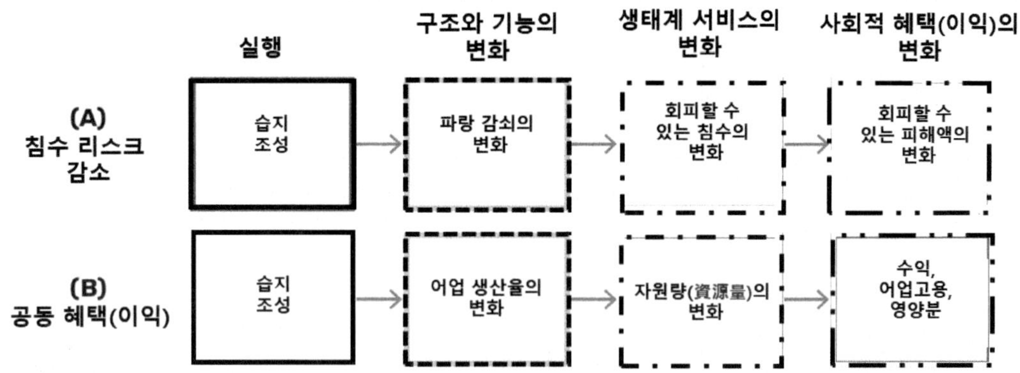

그림 3.18 연안 자연-기반 해법(CNbS)의 혜택(이익), 리스크 감소 및 공동 혜택(이익)에 대한 적용을 평가하기 위한 개념 모델

의 모양에 영향을 미쳐 피해와 유지·관리 비용에 영향을 미칠 수 있다(그림 3.18 (A) 참조). 어업과 같은 다른 공동 혜택(이익)에도 비슷한 관계가 존재한다. 이러한 연안습지는 어류 피난처와 채집을 위한 서식지를 제공하며, 이는 다시 많은 자원 생물량, 어획량, 영양염류 혜택(이익)으로 이어질 수 있으며 어업 관련 생계(生計)를 지원할 수 있다(그림 3.18 (B) 참조). 그림 3.18의 개념 모델은 관리 조치나 정책(실선 상자)으로 발생하는 연안 자연-기반 해법(CNbS)의 변화를 연안 자연-기반 해법(CNbS)(파선 상자)의 구조와 기능의 변화와 연결되며, 이러한 변화가 생태계 서비스(일점쇄선 상자)와 사회적 이익(혜택)(이점쇄선 상자, Arkema 등. 2017)에 어떻게 영향을 미치는지 보여준다. 이 개념 모델은 특정 개입의 혜택(이익)과 비용을 평가하고 대체 설계의 절충안을 완전히 탐구하기 위해 다양

한 종류의 비용과 통합할 수 있다.

두 번째 중요한 평가 단계는 프로젝트 대안의 혜택(이익)을 비교하는 것이다. 이 단계에서는 연안 자연-기반 해법(CNbS)의 프로젝트를 개발하는 기관의 전략적 우선순위와 정책 메커니즘을 이해하는 것이 중요하다. 기관마다 다른 형태의 혜택(이익)을 우선시하며, 그 결과 이러한 혜택(이익)을 비교하기 위해 다양한 의사 결정 지원 체계와 개념 모델을 적용할 수 있다. 일부 환경 보호 단체나 허가기관의 경우 서식지 복원이나 수질 개선이 그 자체로 목표가 될 수 있으며, 긴급 재난 관리기관, 보험 회사, 기업 등과 같은 다른 기관은 리스크 감소 혜택(이익)에 우선순위를 두고 수익 창출이 가능한 공동 혜택(이익)에 집중할 수 있다. 연안 자연-기반 해법(CNbS)을 포함하는 프로젝트 대안은 다양한 의사결정 지원 도구를 사용하여 비교할 수 있다. 수익 창출 혜택(이익)에만 집중하는 프로젝트나 기관의 경우 비용-편익 분석(CBA)을 사용하여 대안을 비교할 수 있다. 문화적 혜택(이익)(예: 미적 품질), 사람들에게 직접적인 혜택(이익)이 없는 '중간' 생태계 서비스(예: 생물 다양성 및 서식지로 나타나는 결과, 무인도 지역의 침식 방지), 사회적 가치를 나타내는 비-화폐화(非-貨幣化) 지표(예: 침수지역 내 빈곤선[164](Poverty Line) 이하의 가족 수), 또는 수익 창출 혜택(이익)과 비-화폐화 혜택(이익)의 융합을 통해 다양한 의사결정 지원 도구를 사용할 수 있다. 여기에는 다중 기준 분석[165](MCA, Multi-criteria Analysis), 비용 효과 분석[166](CEA, Cost-effectiveness Analysis) 또는 덜 구조화된 접근 방식을 포함한다. 넓은 범위의 혜택(이익)과 공동 혜택(이익)을 고려한 효과는 여러 유형의 이해관계자를 프로젝트의 개발과 지속 가능성으로 끌어들이는 가능성을 높인다(각각 다른 유형의 공동 혜택(이익)에 관심이 있다.).

(3) 연안 자연-기반 해법(CNbS)의 체계에서 비용 및 혜택(이익) 평가를 위한 지침 형식

연안 자연-기반 해법(CNbS)의 혜택(이익)은 프로젝트의 각 단계에서 고려하여야 하며, 프로젝트 설계의 필수적인 부분이어야 한다. 연안 자연-기반 해법(CNbS)의 프로젝트 개발 체계의 각 단계에는 혜택(이익) 평가에 대한 다른 접근 방식이 필요하다('3.1.3 연안 자연-기반 해법(CNbS)의 원칙, 체계와 결과 중 연안 자연-기반 해법(CNbS) 체계의 단계(Phase) 내 스텝(Step)', 그림 3.1, 그림 3.19 참조). 이 연안 자연-기반 해법(CNbS)의 평가 체계는 앞에서 서술한 '2) 연안 자연-기반 해법(CNbS)의 체계'와 연계되어 있으며, 이 장에서도 역시 같이 적용한다. 범위설정 단계, 계획 단계, 의사결정 단계 및 실행단계에서 혜택(이익)을 평가하는 프로세스는 반복적이다. 예를 들어, 의사결정 단계에서 프로젝트를 적용할 수 있으며, 이는 범위설정 단계와 계획 단계의 일부로 돌아가 예상 혜택(이익) 전달의 변화를 예측하는 것을 포함할 수 있다. 장기간 시간 규모인 운영 단계의 모니터링 및 평가에서 리스크 감소와 공동 혜택(이익) 전달을 위한 프로젝트 설계의 결점을 드러낼 수 있어, 이 경우에는 적응형 관리가 필요하다.

---

164) 빈곤선(貧困線, Poverty Line): 빈곤과 비빈곤의 경계선으로 생존에 필요한 최저 소득으로 보는 절대개념과 필요한 의·식·주 및 오락, 교육 등 기본수요 충족으로 보는 상대개념이 있다.

165) 다중 기준 분석(MCA, Multi-criteria Analysis): 일상생활과 비즈니스, 정부, 의학과 같은 환경에서 의사결정에 있어 여러 가지 상충(相衝)되는 기준을 명시적으로 평가하는 것을 말한다.

166) 비용 효과 분석(CEA, Cost-effectiveness Analysis): 서로 다른 행동 코스의 상대적 비용과 효과를 비교하는 경제 분석의 한 형태로, 이 분석은 효과 측정에 금전적 가치를 부여하는 비용-편익 분석과 구별한다.

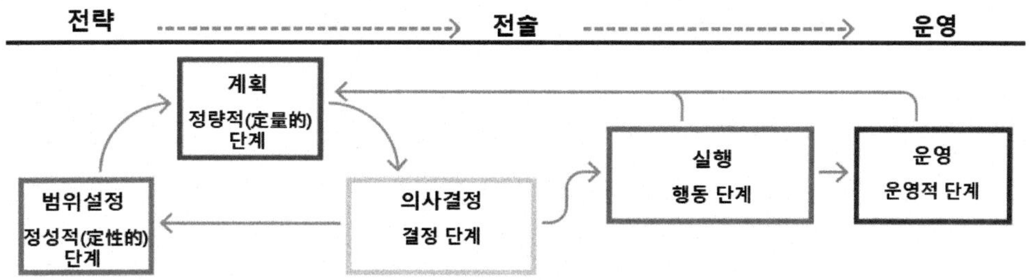

그림 3.19 연안 자연-기반 해법(CNbS)의 프로젝트 개발 체계의 단계

표 3.9 리스크 감소 혜택(이익)에 기여(寄與)하는 연안 자연-기반 해법(CNbS) 기능 예시

기능	연안 자연-기반 해법(CNbS)의 종류			
	해변과 사구	습지 (맹그로브숲 포함)	초(礁)	섬
침수 리스크 감소 혜택(이익)에 대한 기여	파랑과 해일(폭풍해일 또는 지진해일) 감쇠: 육지 쪽으로 해수 이동 속도 저하	해수 저장: 파랑 및 해일(폭풍해일 또는 지진해일) 감쇠	파랑과 해일(폭풍해일 또는 지진해일) 감쇠	파랑과 해일(폭풍해일 또는 지진해일) 감쇠
침식 리스크 감소 혜택(이익)에 대한 기여	파랑과 해일(폭풍해일 또는 지진해일) 감쇠: 퇴적물 공급 및 프로세스의 재조정(지형 역학 적응)	파랑감쇠: 토양 보전	파랑과 해일(폭풍해일 또는 지진해일) 감쇠; 쇄파대 역학 및 퇴적물 운반에 미치는 영향	쇄파대 역학 및 퇴적물 운반에 미치는 영향

2) 연안 자연-기반 해법(CNbS)의 혜택(이익)과 비용

(1) 연안 자연-기반 해법(CNbS)의 리스크 감소 혜택(이익)

연안 자연-기반 해법(CNbS)은 자연 시스템의 생물물리학적 특성을 활용하여 침수 리스크 관리 및 침식 제어를 제공한다. 예를 들어(그림 3.31 참조), 해변 근처의 경사진 근빈역(近濱域) 바닥은 파랑을 쇄파시켜 파랑 에너지를 쇄파대(Surf Zone) 전체로 분산시킨다. 마찬가지로, 사구군(砂丘群)은 사구 안쪽에서 침수와 파랑 내습을 줄이는 물리적 장벽이다(Bridges 등. 2015). 이러한 특징들은 단독으로 또는 다른 연안 자연-기반 해법(CNbS) 및 회색 기반 시설(Gray Infra-structure)과 결합하여 하천홍수, 해안 폭풍(태풍), 해수면 상승으로 인한 리스크를 줄일 수 있다(Borsje 등. 2011, Gedan 등. 2011, Guannel 등. 2016). 일반적으로 연안 자연-기반 해법(CNbS)은 파랑과 해일(폭풍해일 또는 지진해일)의 감쇠, 해수(海水) 저장, 또는 둘 다의 원인으로 발생하는 침수와 침식을 줄인다(Arkema 등. 2017, World Bank 2017). 그러나 모든 유형의 연안 자연-기반 해법(CNbS)이 같은 방식으로 작동하는 것은 아니다. 표 3.9는 각 연안 자연-기반 해법(CNbS)의 유형에서 제공하는 재난 리스크 감소 기능을 요약한 것이다. 침수 리스크는 위험 자체의 함수일 뿐만 아니라, 위험 구역 내에서 노출된 사람들, 재산, 귀중한 토지 및 기타 가치 있는 자산의 규모와 취약성에 따라 달라진다는 점을 명심하는 것이 중요하다.

(2) 연안 자연-기반 해법(CNbS)의 공동 혜택(이익)

연안 자연-기반 해법(CNbS)은 침수와 침식을 줄일 수 있을 뿐만 아니라 지역사회에 다양한 공동 혜택(이익)을 제공한다(Morris 등. 2018). 회색 기반 시설은 생태계에 영향을 미쳐 생태계 서비스의 손실을 초래할 수 있지만, 연안 자연-기반 해법(CNbS)은 자주 공동 혜택(이익)에서 상당한 순이익을 얻을 수 있지만, 항상 그런 것은 아니다. 일부 경우에 이러한 공동 혜택(이익)은 중간 서비스로 나타날 수 있다. 중간 서비스의 예로는 어류의 개체 수(個體數) 또는 서식지의 증가가 있다(그림 3.18 (B)의 파선 상자). 이러한 중간 서비스는 평가하는 데 매우 중요할 수 있는데, 일부 프로젝트 개발자들에게는 리스크 감소를 위한 연안 자연-기반 해법(CNbS)의 주요 공동 혜택(이익)이 서식지와 종 보전 또는 복원·회복이기 때문이다. 공동 혜택(이익)은 최종 서비스로 표현될 수도 있다. 예를 들어, 시장에서 판매되는 생선(生鮮)의 수익, 자연-기반 관광 수익, 또는 지역사회의 수질 개선(Arkema, Scyphers와 Shephard 2017) 등이 최종 서비스에 해당한다. 개념 모델(그림 3.18 참조)에서 확인된 바와 같이, 공동 혜택(이익)의 기능과 그들의 혜택(이익) 및 인간 복지와의 연관성은 연속적이다. 개념 모델은 자연 및 자연-기반의 연안과 공동 혜택(이익)의 상호 연결된 기능을 강조한다. 이는 서식지가 넓은 연안 시스템에 영향을 미치고 영향을 받는 동적 생물-물리학적 피드백 루프이다(Keeler 등. 2012, Olander 등. 2018). 표 3.10은 연안 자연-기반 해법(CNbS)의 6가지 중요한 공동 혜택(이익)의 유형을 설명한다.

(3) 연안 자연-기반 해법(CNbS)의 비용

하이브리드 및 연안 자연-기반 해법(CNbS)과 같은 모든 개입과 구조적 조치는 프로젝트 생애 주기 전반에 걸친 비용과 상충 관계를 분석하는 것을 포함한다. 연안 자연-기반 해법(CNbS)을 방조제, 호안, 해안 제방과 같은 구조적 조치의 대안으로 고려하거나 결합하기 위해서는 비용과 잠재적 상충 관계도 분석할 필요가 있다. 다음은 일반적인 연안 자연-기반 해법(CNbS)의 프로젝트(Bilkovic 등. 2016에서 채택)에서 전체 생애 주기의 주요 비용 항목이다.

- 계획 비용
- 설계 및 허가 비용
- 기회비용을 포함한 프로젝트에 필요한 토지(또는 공간) 취득 비용
- 조성, 방재 또는 복원 비용
- 유지보수 및 모니터링 비용

토지 취득 비용은 일부 연안 자연-기반 해법(CNbS), 특히 도시지역과 좁은 폭의 해안 지역에서 이러한 비용은 주요 구성성분이 될 수 있다. 토지 취득 비용 다음으로, 연안 자연-기반 해법(CNbS) 비용의 다른 주요 구성성분은 설계, 허가, 조성, 방재 및 복원에 투입(投入)되는 비용이다. 그러므로 잘 설계된 연안 자연-기반 해법(CNbS)의 장점은 토양을 보전하고 해수면 상승과 보조(步調)를 맞추는 등 자연적인 과정을 사용하여 '현재 상태 유지'를 할 수 있다는 점이다(Temmerman과 Kirwan 2015). 이는 장기적인 유지 비용과 기반 시설의 업그레이드 필요성을 크게 줄일 수 있다. 일부 상황에서는 제한된 유지 비용으로 인해 연안 자연-기반 해법(CNbS)이 구조적 조치보다 비용 효율적일 수 있다. 조성 비용은 부분적으로 지리적 위치, 연안 자연-기반 해법(CNbS)의 유형과 개입(예: 식재 대(vs.) 수문학적 개입을 통한 복원)에 따라 매우 가변적이다.

표 3.10 연안 자연-기반 해법(CNbS)이 제공하는 공동 혜택(이익)의 예시

서식지
연안 자연-기반 해법(CNbS)은 다양한 혜택(이익)을 제공하는 서식지를 창출한다. 이러한 혜택(이익)은 수생, 식물, 인간 생활 전반에 걸쳐 있다. 여기에는 종(種)들에게 중요한 양식(養殖), 산란 또는 전이 서식지를 제공하는 것(Gillier 등. 2006), 지역 생물 다양성 증가(Christie 등. 2006), 수분(受粉) 매개체 네트워크와 이동 종들을 위한 중요한 통로 및 경유지로서의 역할(Tonieto와 Larkin 2018), 시스템을 통한 에너지 흐름 증가(Palmer, Ambrose, Poff 1997), 관광 증가로 이어질 수 있는 미관(美觀)과 시야를 개선하는 것, 그리고 인간 소비(예: 식수, 어업)로 확장되는 수질 개선 등이 포함된다. 중요한 것은 서식지와 그와 관련된 종들이 단일 프로젝트에서 현실적으로 다룰 수 있는 것보다 많은 공동 혜택(이익)을 제공하며, 사회적 혜택(이익)을 넘어서는 보전 가치를 지니고 있다는 점이다. 이러한 이유로 자연경관 보전은 리스크 감소 가치(價値) 이후 연안 자연-기반 해법(CNbS)의 프로젝트에서의 가장 큰 공동 혜택(이익)이 된다.
어업
어업 생산을 강화함으로써 연안 자연-기반 해법(CNbS)의 프로젝트는 식량 자원을 제공하고 생계를 지원할 수 있습니다. 어류와 새우, 게, 바닷가재 및 기타 조개류의 다양한 집합체는 보전 및 복원된 염습지, 맹그로브 숲, 해초, 굴 암초와 같은 연안 자연-기반 해법(CNbS)에 의존하여 필수 서식지와 먹이를 찾는다(Beck 등. 2011, Peterson, Grabowski, Powers 2003, Jordan, Stoffer, Nestlerode 2011, Arkema 등. 2019). 예를 들어, 맹그로브는 전 세계의 지역 어업 어획량을 증가시키는 것으로 나타났다(Carrasquilla-Henao와 Juanes 2017). 점점 더 많은 실증 현장 연구에 따르면, 연안 자연-기반 해법(CNbS)이 제공하는 복잡한 서식지는 열화(劣化)되거나 경화(硬化)된 해안선보다 높은 수준의 생물다양성과 어업 생산의 지원을 제공하는 것으로 나타났다(예: Scyphers 등. 2011, Humphries와 La Peyre 2015, Gittman 등. 2016). 연안 자연-기반 해법(CNbS)은 상업 및 레크리에이션 어업뿐만 아니라 어업이 제공하는 문화적 혜택(이익)도 지원하는 역할을 한다.
기후변화 완화
토양에 식생이나 유기물이 포함된 연안 자연-기반 해법(CNbS)은 대기 중 이산화탄소를 제거함으로써 지구의 기후를 조절하는 데 도움이 될 수 있다. 예를 들어, 전 세계적으로 해초와 맹그로브 시스템의 분해와 전환은 연간 0.3~1.02 페타그램*(Petagram)의 이산화탄소를 방출한다(Pendleton 등. 2012, Hamilton과 Friess 2018). 이러한 배출량은 전 세계 산림전용 배출량의 3~19%에 해당하며, 연간 60~420억 달러($)(8.4~58조 원(₩), 2024년 11월 환율 (1달러($)=1400원(₩)))의 경제적 피해를 초래한다 (Pendleton 등. 2012). 해초와 맹그로브 숲의 보호와 복원은 탄소를 저장하고 격리하는 데 중요하다. 복원된 해초층과 습지는 토양과 현장 생산을 통해 탄소를 축적할 수 있다(Donato 등. 2011, Mcleod 등. 2011, Davis 등. 2015). 비율은 구획의 나이와 식생 밀도에 따라 달라진다(Davis 등. 2015). 기능적 식물 다양성은 유동적인 소택지(沼澤地) 생태계를 복원할 때 탄소격리에 긍정적인 영향을 미치는 것으로 입증되었다(van Zuidam 등. 2019). 연안 자연-기반 해법(CNbS)의 다른 혜택(이익)과는 달리, 생태계를 생성하는 비교적 가까운 지역사회에 혜택(이익)을 제공되는 경우가 많다(예: 연안 리스크 감소). 서식지 복원으로 인한 탄소 저장 및 격리 증가는 대기 순환으로 인해 전 세계 지역사회에 이익이 된다 (Mandle 등. 2015).
관광과 레크리에이션
연안 자연-기반 해법(CNbS)은 야생동물 관찰과 스포츠 낚시를 포함한 관광 및 레크리에이션 기회를 제공하며, 이는 현지의 생계와 전 세계 연안 국가의 경제를 지원한다. 낚시, 수영, 해변 여행, 보트 타기는 주민과 관광객 모두에게 해안선의 주요 레크리에이션 용도 중 하나이다 (Pendleton, Martin과 Webster 2001, Pendleton, Kildow와 Rote 2006). 연안 자연-기반 해법(CNbS)은 방문객을 유치하고(Arkema 등. 2015, Spalding 등. 2017) 전반적인 생태계 건강을 유지함으로써 이러한 활동을 지원한다(예: 수질 서비스를 통해). 예를 들어, 전 세계 산호초의 30%가 관광 부문에서 가치가 있으며, 추정 가치는 360억 달러($)(50.4조 원(₩), 2024년 11월 환율 (1달러($)=1400원(₩)))로 전 세계 산호초를 가진 국가의 전체 해안 관광 가치의 9% 이상이다(Spalding 등. 2017). 서식지의 넓이와 질(質)은 관광 및 레크리에이션에 대한 소비자 선호도(및 가치)의 핵심 요소이다 (Spalding 등. 2017, Bauer, Cyr와 Swallow 2004, Loomis 2000). 관광 및 레크리에이션에 대한 연안 자연-기반 해법(CNbS)의 상대적 혜택(이익)을 파악하는데 일반적으로 사용되는 지표에는 국가의 국내총생산 기여도, 지원되는 일자리 수, 방문객 수 등이 포함된다.
인간건강
자연이 사람들의 정신적 및 신체적 건강에 긍정적인 영향을 미친다는 많은 증거에 근거하여, 연안 자연-기반 해법(CNbS)은 인간의 건강과 행복에 도움이 될 수 있는 잠재력을 가지고 있다(Depledge와 Bird 2009, Bratman, Hamilton, Daily 2012, Cracknell 등. 2018, Sandifer, Sutton-Grier, Ward 2015). 최근 연구에 따르면 숲속을 걷는 것은 명상증(瞑想症, Rumination)를 낮추는 것으로 나타났다(정신 질환의 리스크 요소로 알려져 있음, Bratman 등. 2015). 해양

생물을 관찰하는 것은 심박수와 혈압을 모두 낮추며 (Cracknell 등. 2018), 야외에서 운동하는 것은 실내에서 동일한 수준의 신체 활동보다 더 큰 심리적 혜택(이익)을 제공한다(Depledge와 Bird 2009). 연안역에 접근하면 스트레스를 줄이고 신체 활동을 증가시키며 끈끈한 지역사회를 형성하는 등 물의 특성은 특히 레질리언스가 뛰어나다(Depledge와 Bird 2009). 연안 자연-기반 해법(CNbS)은 보호하는 지역사회의 건강을 개선할 수 있다. 공원과 같은 특성을 가진 휴양지나 산책로와 같은 침수 저장공간은 신체 활동을 장려하고 비나 침수 사건이 발생할 때 해수를 저장한다. 해안사구는 폭풍해일이나 강풍으로부터 보호하는 동시에 해변이 진화하고 이동하는 데 필요한 재료를 제공하며(Casarin 등. 2012), 다양한 야외 레크리에이션 활동을 지원한다.

수질과 퇴적물 공급

연안 자연-기반 해법(CNbS)의 기능은 침수와 침식을 줄이는 데 도움을 주며, 이는 퇴적물 과정을 통해 수질을 개선하는 메커니즘을 제공한다. 예를 들어, 범람원 숲과 조간대 습지를 포함한 습지의 재연결은 높은 영양 부하를 관리하고 육지 쪽으로의 퇴적물을 증가시켜 하류 퇴적물 부하량(負荷量)을 줄이는 데 효과적일 수 있다. 수질 혜택(이익)은 근해 연안 자연-기반 해법(CNbS)에서도 발생할 수 있다. 예를 들어, 굴은 유기 분해물 또는 식물성 플랑크톤과 같은 입자성 유기물을 먹이로 하는 부유물 섭식자(攝食者)이다. 굴 초(Oyster Reef)는 이러한 미립자를 물기둥 밖으로 끌어내어 다른 생태계(예: 미국 체서피크 만(Chesapeake Bay)의 해초)의 빛 가용성과 인간 및 물고기에 대한 수질을 개선할 수 있다.

* 페타그램(Petagram): 10^{15}그램(g)과 같은 질량의 SI 단위로 기호는 Pg이며, 때때로 기후변화로 인한 온실가스 중 이산화탄소 전체 양(量)의 수치에 사용되며 미터법으로 10^{9} 기가톤(Gigaton)× 10^{3} 톤(ton)× 10^{3}킬로그램(㎏)= 10^{15}그램(g)와 동일하다.

3) 혜택(이익)의 범위 및 정성적 평가

연안 자연-기반 해법(CNbS)의 프로젝트는 그림 3.20에 나타낸 바와 같이 범위설정(Scoping) 단계에서부터 시작된다. 범위설정 단계의 주요 목표는 어떤 공동 혜택(이익)을 평가할 것인지, 어넌 연안 자연-기반 해법(CNbS)이 프로젝트의 주요 초점이 될 것인지 파악하는 것이다. 이 첫 번째 단계에서는 연안 자연-기반 해법(CNbS)의 혜택(이익)과 비용에 대한 높은 수준의 추정치를 근거로 프로젝트 아이디어를 발전시킨 후, 계획 단계와 의사결정 단계에서 혜택(이익)에 대한 상세한 정량적 평가를 수행한다. 리스크 감소 혜택(이익)과 공동 혜택(이익)은 프로젝트의 장소 선정, 개입 유형, 프로젝트를 평가할 지역, 계획 및 평가 시기에 중요한 역할을 한다.

범위설정 단계의 또 다른 중요한 부분은 후속 단계에서 연안 자연-기반 해법(CNbS)의 혜택(이익)을 평가하기 위한 접근 방식을 찾는 것이다. 혜택(이익) 평가에 대한 접근 방식은 실행 및 자금 지원 조직의 전략적 우선순위, 정책과 법적 요구 사항 및 기타 맥락적 요인에 맞추어 조정하여야 한다. 표 3.11에는 세 가지 사례를 나타내었다.

모든 상황에서 프로젝트팀(기술팀)은 연안 자연-기반 해법(CNbS)의 혜택(이익) 평가를 위한 접근 방식(정성적 평가 포함)과 평가에 포함될 혜택(이익) 집합을 정의하는 것이 필수적이다. 여기에서 연안 자연-기반 해법(CNbS)의 혜택(이익) 평가 범위를 지정하기 위한 여섯 가지 핵심 스텝(Step)을 제시한다. 이러한 스텝이나 질문은 순차적(順次的)으로 다룰 필요는 없지만, 이전 스텝에서는 일반적으로 이후 스텝을 알려준다. 이러한 스텝은 평가할 가장 우선순위가 높은 혜택(이익)을 파악하는 데 도움이 된다. 연안 자연-기반 해법(CNbS)의 프로젝트에서 발생할 수 있는 모든 혜택(이익)을 평가하는 것은 비현실적이고 비용과 시간이 많이 들기 때문에 어떤 혜택(이익)을 평가해야 하는지 파악하는 것이 중요하다.

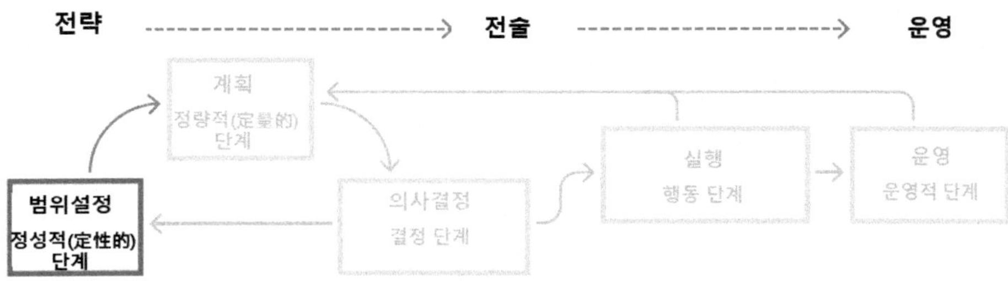

그림 3.20 범위설정 단계

표 3.11 연안 자연-기반 해법(CNbS)의 프로젝트의 유형과 경제 분석 접근 방식의 사례

주요 프로젝트 결과	설명	접근 방식
연안 침수 리스크 감소	이 프로젝트는 주요 목표가 지역사회의 연안 침수 리스크를 줄이는 것이다. 이 프로젝트는 공공 또는 민간 부문의 자금조달을 활용하여 실행할 수 있다. 이 프로젝트는 피해를 피하고 투자자와 이해관계자에게 관련된 공동 혜택(이익)에 대한 자세한 금전적 평가가 필요하다.	프로젝트팀(기술팀)은 투자자들이 리스크 감소와 공동 혜택(이익) 모두에 대해 편익-비용비(BCR, Benefit-cost Ratio)을 획득하는 것이 중요하다는 것을 인식하고 있다. 따라서 비용-혜택(이익)(CBA, Cost-benefit Analysis)는 올바른 접근 방식이다.
서식지 보전 또는 복원	이 프로젝트는 특정 유형의 서식지를 복원하는 동시에 해안 제방 침식을 줄이는 것을 주요 목표로 하는 연안 자연-기반 해법(CNbS)의 프로젝트이다. 이 프로젝트는 서식지를 중간 서비스로 간주한다(그림 3.18 참조). 이런 경우, 많은 서식지를 만드는 혜택(이익)은 복원된 새로운 서식지의 면적이나 특정 종의 수용 능력으로 표현할 수 있지만, 금전적인 측면에서는 그렇지 않다.	혜택(이익)을 중간 서비스로 정량화하고 다-기준 분석(MCA, Multi-criteria Analysis) 또는 비용-효과 분석(CEA, Cost-effectiveness Analysis)을 사용하여 연안 자연-기반 해법(CNbS)의 프로젝트 대안을 비교하는 것이 더 적절하다.
통합 연안 관리	이 프로젝트는 통합 연안 관리 프로그램 또는 개발 계획 과정에서 리스크 감소 혜택(이익)이 여러 사회적, 경제적 성능 중 하나인 연안 자연-기반 해법(CNbS)의 프로젝트이다. 이 경우, 어업이나 관광업과 같은 지역 생계와 관련된 공동 혜택(이익)이 리스크 감소 혜택(이익)보다 동등하거나 더 중요할 수 있으며, 따라서 구조적 조치보다 연안 자연-기반 해법(CNbS)의 선택에 유리하게 작용할 수 있다.	평가에는 통합 관리에 참여하는 참여자와 이해관계자의 다양성과 그들의 가치를 반영하는 혜택(이익)의 상충 분석이 필요하다.

- 1 스텝: 연안 자연-기반 해법(CNbS)의 프로젝트 또는 계획 프로세스에 참여하는 관련 참여자를 파악한다. 프로젝트의 영향을 받을 가능성이 가장 큰 의사 결정자와 이해관계자는 누구이며, 연안 자연-기반 해법(CNbS)이 제공하는 혜택(이익)은 무엇인가?
- 2 스텝: 주요 의사 결정권자와 이해관계자를 포함하여 이러한 참가자들이 직면한 주요 문제, 도전 과제 및 기회를 파악한다. 이러한 문제, 도전 과제 및 기회와 관련된 시나리오에 의해 영향을 받을 가능성이 가장 큰 연안 자연-기반 해법(CNbS)의 잠재적 혜택(이익)은 무엇인가?
- 3 스텝: 시스템에는 이미 어떤 유형의 연안 자연-기반 해법(CNbS)이 존재하는가(연안역 시스템

을 다루는 '3.2 연안 레질리언스를 갖는 해빈과 사구, 3.3 연안 레질리언스를 갖는 갯벌(연안습지), 3.4 연안 레질리언스를 갖는 환경적, 사회적 및 공학적 혜택(이익)을 위한 구조적 조치 강화' 참조)? 프로젝트 실행을 위해 검토 중인 연안 자연-기반 해법(CNbS)의 유형은 무엇이며, 이러한 기능을 제공할 가능성이 가장 높은 연안 자연-기반 해법(CNbS)의 혜택(이익)은 무엇인가?

- 4 스텝: 앞의 질문에 대한 답변이 주어졌을 때, 어떤 관심 분야와 기간의 혜택(이익)을 평가해야 할까?
- 5 스텝: 혜택(이익)을 평가하는 데 사용할 수 있는 데이터, 도구와 기술 역량은 무엇인가?
- 6 스텝: 프로젝트 협력자의 역할과 책임은 무엇인가?

다음 장에서는 이러한 여러 스텝을 적용하여 리스크 감소 혜택(이익)과 연안 자연-기반 해법(CNbS)의 공동 혜택(이익)을 범위설정 단계(정성적 평가 포함)에서 어떻게 적용할 수 있는지 나타낸다.

(1) 연안 자연-기반 해법(CNbS)의 리스크 감소 혜택(이익)의 범위 및 정성적 평가

앞에 설명한 모든 6가지 스텝은 연안 자연-기반 해법(CNbS)의 리스크 감소 혜택(이익)을 고려할 때 필요하다. 그러나 가장 중요한 두 가지 요인은 주요 리스크 요인(예: 침식, 침수, 파랑영향과 폭풍해일)과 연안 자연-기반 해법(CNbS)을 보전하거나 실행할 수 있는 공간적 범위(스텝 2와 스텝 3)를 파악하는 것이다. 이러한 프로젝트 목표의 범위는 정성적 평가에서 잠재적인 프로젝트 장래를 예측할 수 있는 정량적 체계로 전환해야 한다. 이러한 스텝에서 제기된 질문에 답하기 위해 데이터-기반(Data-driven) 접근 방식과 지역적 지식-기반(Local Knowledge-based) 접근 방식을 모두 사용하는 것이 필요한 경우가 많다. 이 장에서는 데이터-기반 접근 방식을 설명하며, 이후 공동 혜택(이익)에 대한 장에서는 참여적(지역적 지식-기반) 접근 방식을 설명한다. 이러한 접근 방식들은 상호 배타적이지 않다. 연안에 대한 다양한 데이터를 사용하여 침수 관리와 연안 자연-기반 해법(CNbS)의 잠재적 혜택(이익)을 알릴 수 있다. 리스크에 처한 현장과 연안 자연-기반 해법(CNbS)으로 높은 (잠재적) 혜택(이익)을 가질 현장은 다양한 잠재적 연안 자연-기반 해법(CNbS)으로 개발할 현장이 갖는 위험, 노출 및 취약성 정보를 겹쳐서 정성적으로 파악할 수 있다. 이 실행은 전 지구적 규모로부터 지역적 규모에 이르기까지 다양하게 수행할 수 있다. 다음 정보는 범위설정 시 리스크 감소 혜택(이익)에 도움을 줄 수 있다.

- 위험: 과거 침수 및 침식 데이터(예: 인공위성 이미지)를 포함한 연안 위험을 파악하여 관측된 영향, 해안선 변화 및 생태계 손실의 원인을 검토한다. 예를 들어, 연안 침수의 심각성은 조수, 해일, 파랑의 처오름과 결합한 총 수위를 추정함으로써 평가할 수 있다(예: Losada 등. 2013, Beck와 Lange 2016).
- 노출과 취약성 맵핑(Mapping)은 침수나 침식에 노출된 값으로, 자산과 기반시설(인위적인 생성(生成) 자본), 사람, 건물, 생태계(자연 자본과 생태계 서비스) 및 기타 자산 측면이 이에 해당한다. 실용적인 접근 방식은 지형 정보, 위성 또는 항공 이미지, 지리 공간 분석을 사용하여 이러한 자산을 파악하는 것이다(Arkema 등. 2013, Hoppler와 Meixler 2016, Silver 등. 2019). 사진 3.1은 인도양 세이셸(Seychelles) 해안 지역의 표고(標高) 등고선을 기준으로 다양한 건물, 도

【범례의 색상을 정확히 구별하려면 출처를 참고 바란다.】
사진 3.1 인도양의 세이셸(Seychelles) 마헤(Mahé) 해안선

로 및 해안지형을 나타낸 사례를 나타내었다(World Bank and Ministry of Environment, Energy and Climate Change of Seychelles 2019).

- 연안 자연-기반 해법(CNbS)으로 복원, 방재 또는 개발할 잠재력이 있는 장소를 파악하여, 연안 생태계와 지형, 그 역사적 변화, 그리고 연안 영향과의 관계를 파악한다. 예를 들어, 산호초는 파랑의 전달과 쇄파에 중요한 역할을 하지만, 해안선의 위치를 결정하는 주요 요인인 쇄파대 내 해류와 퇴적물 수송을 구성하므로 그 영향은 파랑의 감쇠를 넘어선다(Reguero 등. 2018a).

비용과 혜택(이익)에 대한 다양한 시나리오를 분석하는 것은 정량적 평가를 수행하기 전에 변동 범위와 불확실성에 대한 통찰력을 제공할 수 있다. 위험, 노출 및 취약성, 복원 가능성에 대한 정보가 쉽게 제공되지 않거나 시간이 제한적인 경우라도, 리스크 감소 혜택(이익)에 대한 범위설정과 가설에 근거한 정성적 평가는 여러 장소에서 어떤 연안 자연-기반 해법(CNbS)(예: 해초, 산호, 사구)의 조합이 가장 유용할 수 있는지 검토하는 데 필요하다.

(2) 연안 자연-기반 해법(CNbS)의 공동 혜택(이익)의 범위 및 정성적 평가

의사 결정자는 식량안보, 도시화, 서식지 및 생물 다양성 보전과 같은 사회적 문제를 해결해야 한다. 범위설정 단계에서 연안 자연-기반 해법(CNbS)의 잠재적인 공동 혜택(이익)은 연안 자연-기반 해법(CNbS)이 제공할 수 있는 잠재적인 공동 혜택(이익)과 필요성(사회적 문제)을 연결하여 파악한다. 이를 수행하는 실질적인 방법은 현재, 복원 또는 구축된 생태계가 제공할 수 있는 혜택(이익)이나 생태계 서비스를 분석하고, 이들이 정책 목표와 어떻게 상호작용을 하는지 분석하는 것이다. 의사 결정자 외에도 이해관계자도 (잠재적인) 혜택(이익)을 파악하는 데 큰 역할을 한다. 모든 사회적 문제나 이

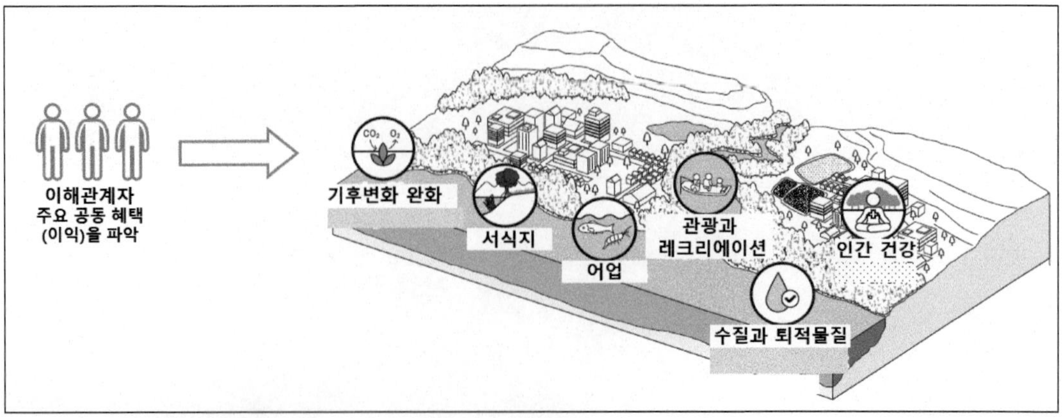

3.21 이해관계자와 소통을 통한 연안 자연-기반 해법(CNbS) 프로젝트의 주요 공동 혜택(이익)의 범위 지정 및 파악

슈는 다양한 이해관계자 그룹에 영향을 미치거나 영향을 받을 가능성이 크다. 공동 혜택(이익)에 대한 범위설정 실행과 정성적 평가는 예상되는 공동 혜택(이익)과 원하는 공동 혜택(이익)을 찾는 것으로부터 시작된다.

이해관계자와의 인터뷰 또는 워크숍을 통해 고려해야 할 혜택(이익)을 파악할 수 있다(Arkema와 Ruckelshaus 2017). 위의 1~6 스텝에 요약된 질문은 리스크 감소 혜택(이익)과 마찬가지로 공동 혜택(이익)에도 적용할 수 있다. 이 과정을 그림 3.21에 나타내었다.

4) 혜택(이익) 및 비용의 정량적 평가

연안 자연-기반 해법(CNbS)의 프로젝트의 계획 단계(Planning Phase)(그림 3.22 참조)에서는 혜택(이익)과 비용을 정량적으로 평가하여 후속의 의사 결정 과정을 지원해야 한다. 표 3.11에서 설명한 바와 같이, 혜택(이익)을 측정하고 정량화하는 방법은 프로젝트 이해관계자의 우선순위와 물론 방법론적 한계 및 데이터 제약에 따라 달라진다.

(1) 연안 자연-기반 해법(CNbS)의 비용 평가

연안 자연-기반 해법(CNbS)의 계획 단계와 의사결정 단계에서는 프로젝트의 생애 주기 동안의 비용을 파악해야 한다. 연안 자연-기반 해법(CNbS) 프로젝트의 비용은 해안구조물에 관련된 프로젝트의 비용과 유사하게 크게 네 단계로 나눌 수 있다(표 3.12 참조). 표 3.12의 연안 자연-기반 해법(CNbS)-맹그로브와 초(礁)-이 그 예이다. 다른 연안 자연-기반 해법(CNbS)에도 비슷한 비용 구성성분이 적용된다.

그림 3.22 계획 단계

표 3.12 주요 비용 구성성분 비교: 연안 자연-기반 해법(CNbS)과 기존 구조물

비용구성성분	연안 자연-기반 해법(CNbS) 비용구성 성분			
	토지 및 허가 ⇒	공급원 및 운반비 ⇒	설계 및 조성보수 ⇒	유지 및 모니터링
맹그로브	• 토지 비용 • 조간대 변경 허가	• 식재를 위한 묘목 비용 • 퇴적물 운반 비용	• 설계 비용 • 현장 접근 • 식재 노동력 • 묘목 보호를 위한 공학적 비용 • 수문학적 복원을 위한 공학적 비용	• 노동 • 모니터링 장비 • 정기적인 점검 및 유지보수
초(礁)	• 외해 변경 허가 • 해양 공간 비용	• 파편(Fragment) 공급 비용 • 산호초 생육 비용 • 현장으로 파편 운반	• 설계 비용 • 현장 접근 • 식재 노동력 • 구조 부품을 위한 공학적 장비	• 노동 • 모니터링 장비 • 정기적인 점검 및 유지보수
해안 구조물	• 토지 비용 • 해안구조물 허가	• 건설 자재 비용(예: 모래, 사석, 피복석, 콘크리트)	• 설계 비용 • 현장 접근 • 건설 노동력 및 공학 장비	• 노동 • 모니터링 장비 • 정기적인 점검 및 유지보수

5) 의사 결정 지원 체계를 사용한 프로젝트 대안의 비용 및 혜택(이익) 비교

기반 시설 프로젝트의 의사결정 단계(그림 3.23 참조)에서는 구조적, 하이브리드 또는 연안 자연-기반 해법(CNbS)과 같은 여러 가지 프로젝트 대안을 개발하고, 다양한 유형의 혜택(이익)과 수익자 간의 집단적 비용, 혜택(이익) 및 상충 관계를 바탕으로 이러한 대안을 평가하고 비교하는 것이 일반적이다. 각 대안에는 고려해야 할 고유한 혜택(이익)과 상충 관계가 있다. 연안 자연-기반 해법(CNbS) 프로젝트의 실행 가능성을 평가할 때, 리스크 감소와 공동 혜택(이익)을 위한 다른 대안들과 함께 비용과 혜택(이익)을 결합하여 평가하는 것이 중요하다. 연안 자연-기반 해법(CNbS)의 혜택(이익), 비용 및 절충안을 결합하여 평가할 수 있는 일반적으로 적용되는 의사 결정 지원 체계에는 다기준 분석(MCA, Multi-criteria Analysis), 비용-효과 분석(CEA, Cost-effectiveness Analysis), 비용-편익 분석(CBA, Cost-benefit Analysis) 및 견고한 의사결정(RDM, Robust Decision-making) 접근 방식이 포함된다. 표 3.13은 연안 자연-기반 해법(CNbS) 프로젝트 대안을 비교하기 위한 의사결정

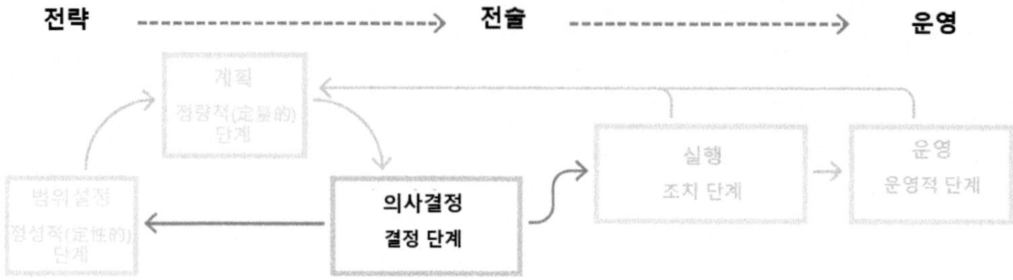

그림 3.23 의사결정 단계

표 3.13 다양한 의사 결정 지원 체계의 특징 및 비교

도구	기회	과제	표준적인 적용
다 기준 분석 (MCA, Multi-criteria Analysis)	다양한 목표와 여러 가치의 고려	반복(Replication)을 방지하는 목표의 가치-근거에 가중치가 필요	서식지나 종의 풍부함(즉, 중간 서비스)과 같이 수익 창출이 어려운 혜택(이익)을 포함하는 연안 자연-기반 해법(CNbS)의 개입
비용-효과 분석 (CEA, Cost-effectiveness Analysis)	향상(向上) 수준 고정비용과 비교해야 할 비용(대안에 대해 연안 자연-기반 해법(CNbS)의 혜택(이익)은 고정된 것으로 가정)	향상 수준을 고정하고 동의해야 함	중요한 무형 효과가 있는 잘 지정된 연안 자연-기반 해법(CNbS)의 프로젝트(예: 인명 손실, 방재 기준)를 초과해서는 안됨
비용-편익(혜택) 분석 (CBA, Cost-benefit Analysis)	비용과 혜택(이익)을 비교하기 위한 엄격한 체계	모든 혜택(이익)을 수익화해야 하며, 무형의 효과를 통합하는데 어려움이 있음	수익성 있는 경제적 혜택(이익)과 비용을 제공하는 잘 지정된 연안 자연-기반 해법(CNbS)의 프로젝트
견고한 의사결정 (RDM, Robust Decision-making)	불확실성과 견고성 문제 해결	기술과 계산기술이 필요함	불확실성이 크고 장기간에 걸친 프로젝트(기후변화의 맥락에서 침수 재현 기간(再現期間)이 불확실해질 수 있음)

지원 도구의 적용 가능성을 나타낸다. 이러한 비용, 혜택(이익) 및 절충안을 평가하는데, 사용되는 특정 접근 방식은 다음과 같은 여러 요인에 따라 달라진다.

- 정책 지침 또는 제약 사항, 그리고 잠재적 투자 규모
- 이해관계자의 동업자(同業者)적 성격과 각 이해관계자 그룹의 목표
- 프로젝트의 거버넌스 구조(예: 이해관계자의 목표가 의사결정 일부로 고려되는 범위)
- 프로젝트팀(기술팀)의 집단 경험과 특정 방법에 대한 친숙함

연안 자연-기반 해법(CNbS)의 프로젝트는 광범위한 직간접적 혜택(이익)과 비용을 가질 수 있다. 예를 들어, 그림 3.24는 다양한 구조적 조치와 연안 자연-기반 해법(CNbS)의 유형에 대해 발생하는 혜택(이익)을 나타낸 그림이다. 이러한 혜택(이익)을 다른 잠재적인 연안 침수 완화 대안과 동시에 상대적으로 평가하려면, 의사결정을 하기 위해 이러한 혜택(이익)을 종합하고 다양한 참여를 위한 시각화가 중요하다. 침수 리스크에 대한 잠재적 해결책 중 하나의 선택은 상충 관계를 포함한다. 연안 자연-기반 해법(CNbS)의 경우, 상충 관계는 비용, 혜택(이익)의 유형 또는 금액뿐만 아니라 변화를 겪고 있는 사람(연안 자연-기반 해법(CNbS)을 적용한 지역에 미치는 영향(충격) 때문에)이 될 수 있

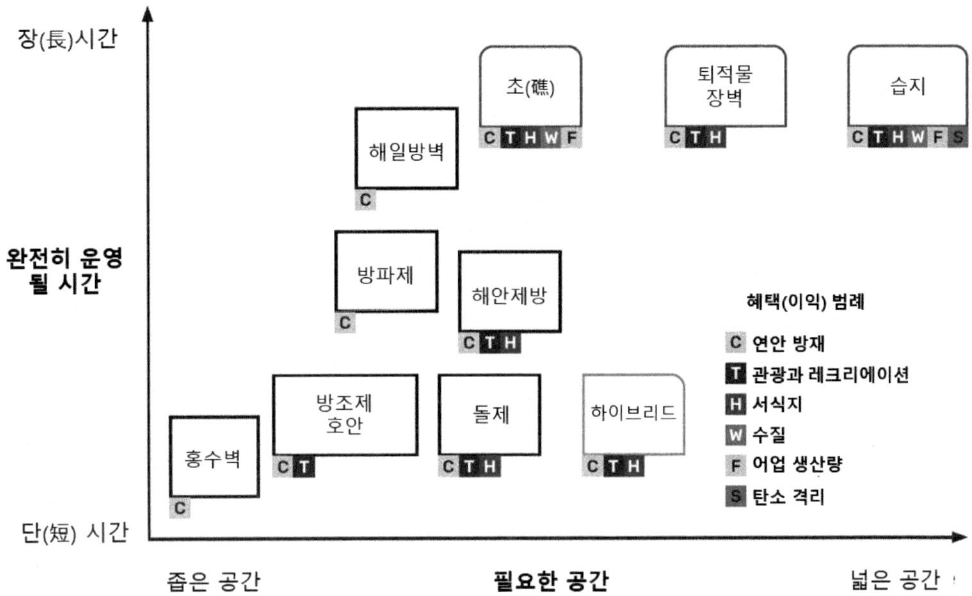

그림 3.24 리스크 감소 측면의 완전한 운영을 위해 필요한 공간 및 시간에 따른 구조적 조치와 연안 자연-기반 해법(CNbS) 유형의 혜택(이익) 비교

다. 단일 혜택(이익)을 모든 혜택(이익)의 대용물(代用物)로 사용해서는 안 된다. 모든 전략이나 잠재적 해결책에는 혜택(이익)과 영향이 있으며, 두 가지를 명확하게 기록하는 것이 중요하다. 연안 자연-기반 해법(CNbS)의 프로젝트조차도 제대로 설계, 배치 또는 관리되지 않으면 연안 환경과 연안 서식지에 부정적인 영향을 미칠 수 있지만, 이러한 영향은 구조적 조치의 부정적인 결과보다는 적다. 예를 들어, 기존 갯벌에 맹그로브를 심거나 연안습지를 포함하는 프로젝트는 귀중한 생물다양성의 손실과 같은 의도하지 않은 부정적인 결과에 주의를 기울여야 한다(Erftmeijer와 Lewis 1999). 해양 산호초도 일부 경우에 해안침식이나 폭풍해일을 악화시킬 수 있어(예: Roeber와 Bricker 2015), 인근 해안선에 의도(意圖)하지 않은 영향을 막기 위해 적절한 위치에 복원하는 것이 중요하다.

6) 연안 자연-기반 해법(CNbS)의 성능 및 혜택(이익)의 모니터링 및 관리

연안 자연-기반 해법(CNbS)의 프로젝트의 실행단계와 운영 단계(그림 3.25 참조)에서 구조적 또는 비구조적 모든 개입은 모니터링이 필요하다. 이는 다양한 성공률로 이루어진다. 연안 자연-기반 해법(CNbS)의 혜택(이익)은 자연 생태계 프로세스와 관리로 인해 시간이 지남에 따라 변할 것이다. 혜택(이익)의 성능을 모니터링하지 않으면, 프로젝트의 유지보수 요구 사항, 프로젝트 개선 사항 및 이해관계자에 대한 사회적, 경제적 혜택(이익)은 알려지지 않을 것이다. 구조적 조치와 달리 연안 자연-기반 해법(CNbS)을 모니터링하려면 침수 또는 침식 감소와 그에 따른 혜택(이익)을 모니터링해야 한다.

이 장에서는 연안 자연-기반 해법(CNbS)의 다양한 혜택(이익)을 모니터링하는데 중점을 두어 설명하겠다. 연안 자연-기반 해법(CNbS)의 역동적 특성은 생물물리학적, 환경적 및 사회경제적 혜택(이익)

을 모니터링하도록 명시적(明示的)으로 설계된 적응형 관리 계획이 필요하다. 모니터링 계획은 프로젝트 당국과 이해관계자의 이해관계를 반영하고 전체 프로젝트 목표와 일치하며 공공 정책 및 투자 조직이 설정한 우선순위에 따라 결정되어야 한다. 모니터링 혜택(이익)은 주요 이해관계자의 참여를 유지하기 위한 수단으로 제공한다. 혜택(이익) 평가는 프로젝트 생애 주기 동안 이루어져야 하며, 성능은 변화의 궤적을 기반으로 평가하여야 하며, 일부 기능은 조성(造成) 후 수년 동안 달성되지 않을 수 있음을 인정해야 한다(혜택(이익) 발생의 예는 그림 3.26 참조). 예를 들어 연안습지의 습지 식생이 퇴적물을 포착(捕捉) 후 그 안에서 적응하여 생육(生育)할 때까지, 침수를 회피하기 위한 높이의 증고(增高)는 몇 년 후에 실현된다. 마찬가지로, 관광 및 영양염류 격리와 같은 공동 혜택(이익)은 서식지가 완전히 정착될 때까지 발생하지 않을 수 있다.

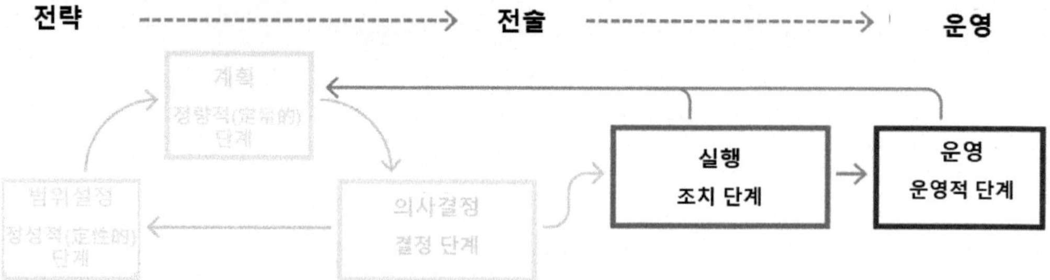

그림 3.25 실행단계 및 운영 단계

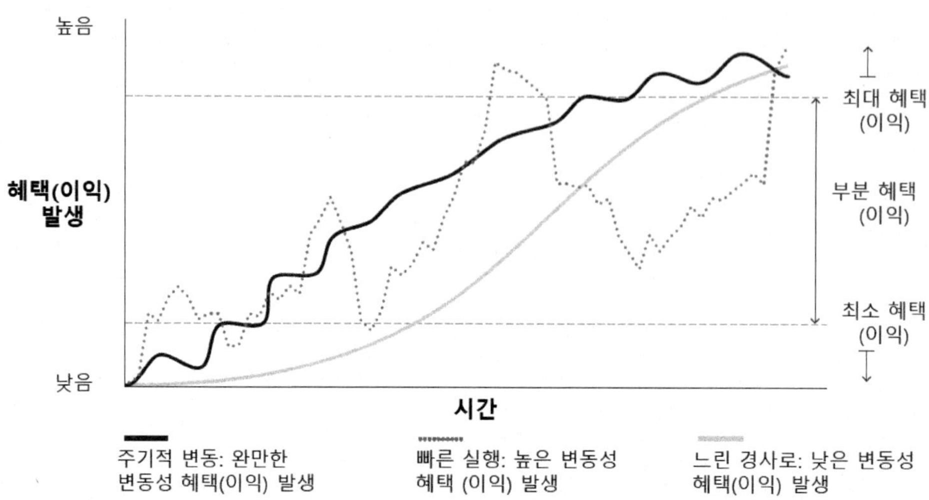

【파선 사이의 면적은 부분적인 혜택(이익)을 나타내고, 위와 아래의 면적은 각각 최대 혜택(이익)과 최소 혜택(이익)을 나타낸다. 검은색 실선은 환경 변동성으로 인해 변동하지만, 시간이 지남에 따라 증가하여 부분적인 혜택(이익)에 빠르게 도달하고 최대에 도달하는 데 시간이 오래 걸리는 혜택(이익)을 나타낸다. 회색 점선은 부분적인 혜택(이익)에 빠르게 도달한 다음 최대에 가까워질수록 환경의 교란으로 인해 변동하다가 연속적인 섭동을 경험하여 혜택(이익)이 많이 감소한다(예: 단기간에 여러 스트레스 요인에 노출되었다가 조건이 안정되면 반등(反騰)하는 굴 암초). 마지막으로 연한 회색 실선은 연안 자연-기반 해법(CNbS)이 구축된 후에야 비로소 발생하는 혜택(이익)을 나타낸다.】

그림 3.26 혜택(이익) 흐름의 역동성

연안 자연-기반 해법(CNbS)은 시스템의 기능 및 성능을 제공하기 위해 물리적, 생태적, 사회적 구성성분의 상호작용에 의존하는 복잡한 시스템이다. 한 구성성분의 피해 또는 파괴가 성능이나 혜택(이익)의 완전한 손실로 이어지지 않을 수 있다. 예를 들어 연안습지나 사구와 같은 식생 지형에서는 폭풍(태풍) 조건이 식생을 손상하여 성능 저하를 초래할 수 있다. 해변과 사구도 폭풍(태풍)이 몰아치는 동안 침식되며, 사구는 부수어질 때까지 급격한 감소에 비해 성능 손실이 없을 수 있다. 관리 조치는 먼저 식생 지형이 침수 감소 혜택(이익)을 스스로 자연적(自然的)으로 회복할지, 아니면 이 기능을 회복하기 위해 적극적인 개입이 필요한지를 결정해야 한다. 이러한 혜택(이익)의 정성적(定性的) 변화를 실패로 간주하여서는 안 되며 지형 자체가 가진 역동적 특성의 일부로 간주하여야 한다.

3.1.7 자연-기반 해법(CNbS)의 적응형 관리[9]

1) 적응형 관리(AM, Adaptive Management)의 정의

적응형 관리(AM)는 수십 년 동안 다양하고 광범위한 정의와 응용 분야로 이루어진 구조화된 의사결정 과정이다(Williams와 Brown 2014, Williams, Szaro와 Shapiro 2009, Canter 와 Atkinson 2010, Stankey, Clark과 Bormann 2005). 다양한 형태의 적응형 관리(AM)는 천연자원 부문 및 환경부문에서 널리 받아들여졌지만, 적응형 관리(AM)의 정의와 변형이 다르므로 적응형 관리(AM)가 무엇이며 어떻게 실행하는지에 대해서는 상당한 불확실성이 있었다(Ruhl과 Fischman 2010, Fujitani 등. 2017, Gregory, Ohlson과 Arvai 2006). 연안 자연-기반 해법(CNbS)의 관리자와 이해관계자는 처음부터 적응형 관리(AM)를 완전히 이해하거나 효과적으로 사용한 경험이 부족할 수 있으므로, 적응형 관리(AM)에 대한 긴밀하고 간결하며 확실한 정의를 내리는 것이 중요하다(가능하다면 프로젝트 초기에). 이것은 또한 관리 부실의 핑계로 적응형 관리(AM)를 사용하는 것을 방지하는 데 도움이 된다. 크레이그와 룰(Craig와 Ruhl 2014)은 다음과 같은 포괄적인 정의를 사용하였다.

적응형 관리(AM)는 구조화된 의사결정 방법으로, 그 핵심은 변화하는 상황이나 연안 자연-기반 해법(CNbS)의 프로젝트의 효과에 대한 새로운 정보 또는 관리한 시스템에 대한 관리 조치를 조정하기 위한 다단계 반복 과정이다.

적응형 관리(AM)는 관리자와 이해관계자가 프로젝트 생애 주기 동안 변화하는 상황을 초래하는 리스크와 불확실성을 해결할 수 있는 구조화된 프로세스를 제공한다. 적응형 관리(AM)는 새로운 정보를 개발하고 사용하여 주요 불확실성을 모니터링하고 평가함으로써 프로젝트 성능에 대한 불확실성을 줄인다. 이를 통해 프로젝트의 생애 주기 동안 프로젝트를 조정하여 프로젝트 또는 시스템 규모에서 예상되는 결과와 혜택(이익)을 충족하거나 개선하고 향후 프로젝트에 정보를 제공할 수 있다(Williams와 Brown 2014, Williams, Szaro와 Shapiro 2009. Canter와 Atkinson 2010, Stankey 등. 2005).

적응형 관리(AM)는 주로 천연자원 관리와 관련이 있지만, 침수 피해 감소 및 운항 기반시설(Navigation Infrastructure)(NRC 2004)을 포함한 다른 유형의 시스템 관리에도 사용할 수 있다. 적응형 관리(AM)는 구조적 조치, 연안 자연-기반 해법(CNbS) 또는 이 둘의 조합이 포함된 프로젝트(하이

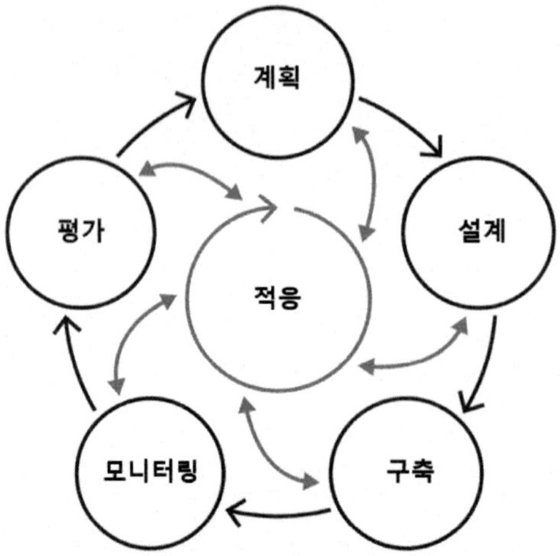

그림 3.27 적응형 관리(AM)의 6가지 주요 구성성분에 대한 개념적 프로세스 흐름 모델

브리드 해법)에 적용될 수 있다. 적응형 관리(AM)의 프로세스의 구성성분은 문헌과 실행의 흐름을 설명하는 데 사용되는 다양한 그래픽에 잘 정의되어 있다(Chades 등. 2017, Holling 1978, McFadden, Hiller와 Tyre 2011, Walters와 Holling 1990, Williams 2011, Williams와 Brown 2014).

그림 3.27은 적응형 관리(AM)의 여섯 가지 주요 구성성분(계획, 설계, 구축, 모니터링, 평가 및 적응)이 상호작용을 하는 유동적이고 연속적인 특성을 보여준다. 중심 구성성분인 적응은 프로젝트 최적화를 위해 계획, 설계, 구축, 모니터링 및 평가의 순서에 따라 어느 단계에서든 적응(또는 변화)을 촉진하기 위해 반복적으로 적용될 수 있다는 점을 나타낸다.

연안 자연-기반 해법(CNbS)의 프로젝트에 적용할 수 있는 적응형 관리(AM)의 두 가지 주요 유형은 수동적 적응형 관리(AM)와 능동적 적응형 관리(AM)이다. 수동적 적응형 관리(AM)는 특정 관리 조치가 원하는 성능 수준을 달성하고 있는지 파악하기 위해 상대적으로 제한된 모니터링 노력을 포함한다. 능동적 적응형 관리(AM)는 뚜렷한 가설 및 관련 모니터링 프로토콜의 맥락에서 관리 조치를 수행하는 엄격한 접근 방식을 포함하며, 제안된 관리 조치가 주어진 결과를 도출하는 여부를 결정하는 것을 목표로 한다(Gold 2006).

2) 사회·생태적 시스템의 맥락에서 본 연안 자연-기반 해법(CNbS)

적응형 관리(AM)를 연안 자연-기반 해법(CNbS) 및 구조 프로젝트에 적용하여 프로젝트 목표에 도달하고 침수 리스크 감소와 사회적 공동 혜택(이익)을 달성하려면 사회 시스템과 생태계 시스템 간의 역동적인 상호작용을 고려해야 한다. 그림 3.28은 이러한 다양한 상호 작용을 나타내는데, 적응형 관리(AM)는 원하는 재화와 서비스를 달성하는 데 중요한 역할을 한다. 사회 시스템은 생태계 시스템의 자원을 사용하고 관리하는 반면, 생태계 시스템은 침수 리스크 감소를 포함한 재화와 서비스를 사회시스템에 제공한다. 연안 자연-기반 해법(CNbS)의 프로젝트에서 적응형 관리(AM)의 목표는 두 시스템(사회 시스템과 생태계 시스템) 프로젝트가 외부 구동력(驅動力)에 의해 동시에 영향을 받아 생애 주기 동안

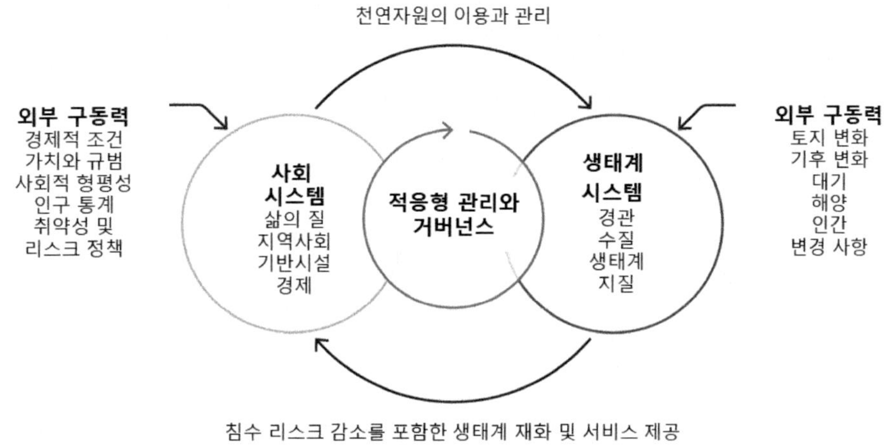

그림 3.28 연안 자연-기반 해법(CNbS)의 적응형 관리(AM) 프로세스 모델

의 프로젝트 성능을 충족하는 방식으로 사회 시스템과 생태계 시스템 간의 역동적 결합을 설명한다. 이 목표는 변화하는 상황이나 연안 자연-기반 해법(CNbS)의 프로젝트 또는 관리되는 시스템의 효과에 대한 새로운 정보에 따라 관리 조치를 조정함으로써 달성한다. 효과적인 적응형 관리(AM)와 거버넌스가 없다면, 결합한 사회 시스템과 생태계 시스템이 불균형해질 수 있으며, 사회 시스템이 천연자원을 사용하고 관리함으로써 제공받는 재화와 서비스의 양과 질이 감소하여 시간이 지남에 따라 침수 리스크와 같은 측면이 증가할 수 있다.

3) 연안 자연-기반 해법(CNbS)에서 적응형 관리(AM)의 혜택(이익)

적응형 관리(AM)를 연안 자연-기반 해법(CNbS)의 프로젝트에 적용하면, 역동적인 사회 및 생태계 시스템 간의 상호작용을 처리할 때 관리 유연성을 제공할 수 있는 구조화된 의사결정 방법을 통해 원하는 목적과 목표를 달성할 가능성을 높일 수 있다. 전반적으로 이 프로세스는 생애 주기 프로젝트 비용을 절감하고 실패 리스크를 줄이며 결과를 개선하며 의사결정을 위한 지식 기반을 확장할 수 있다. 적응형 관리(AM)에 투자하는 혜택(이익)은 다음과 같다.

i) 생애 주기 프로젝트 비용 절감

- 시간이 지남에 따라 알 수 없는 정보를 관리할 수 있어 초기 비용 절감
- 과도한 설계를 하지 않음으로써 비용을 절감하는 동시에 필요에 따라 시간에 따라 설계를 조정하고 프로젝트 수명과 혜택(이익)을 유지할 수 있는 기능을 제공
- 시간 경과에 따른 운영 및 유지보수 비용 최적화

ii) 리스크 감소 및 결과 개선

- 시간이 지남에 따라 적응형 조치를 사용하여 결과와 견고성을 향상
- 불확실성을 최소화할 필요 없이 프로젝트의 단계적인 진행 가능
- 방향을 바꾸거나 전체 전략을 조정할 수 있는 유연성 제공

- 불확실성과 리스크는 시간이 지남에 따라 해결되는 상황에서 자신 있게 혁신할 수 있도록 리스크를 수용
- 환경적인 허가를 촉진하고, 영향에 대한 불확실성을 인정
- 시간이 지남에 따라 다양한 목표와 혜택(이익)을 달성하는 능력 향상
- 자산 레질리언스를 통해 설계 수명 개선

iii) 지식 향상을 위한 적응

- 진행 중인 프로젝트에서 얻은 교훈을 통해 향후 업무 개선
- 모니터링 및 평가를 통해 시스템의 기능 및 성능에 대한 지식 향상
- 계획 및 설계 단계에서 리스크를 조기(早期)에 수용하여 시스템 기능 및 성능에 대한 지식을 신속하게 구축
- 현장에서 신기술을 평가하여 혁신적인 설계로 연결

4) 연안 자연-기반 해법(CNbS)에 대한 적응형 관리(AM)의 적용 가능성

연안 환경 시스템의 역동적 특성과 고유한 불확실성을 고려할 때, 적응형 관리(AM)는 변화에 대응할 수 있는 어느 정도의 유연성을 제공하기 때문에 연안 자연-기반 해법(CNbS)의 프로젝트에 매우 유익(有益)할 수 있다. 기술적 및 경제적 관리 조치는 모니터링을 통해 특정 연안 자연-기반 해법(CNbS)의 성능 지표에 대한 이해가 시간이 경과(經過)로 증가함에 따라 시스템에 대해 많이 알 수 있다. 적응형 관리(AM)가 도출하는 혜택(이익)을 극대화하기 위해서는 특정 프로젝트 조건과 요구 사항에 대한 적응형 관리(AM)의 적용 가능성을 고려해야 한다. 연안 자연-기반 해법(CNbS)의 프로젝트 개발 체계에 대한 범위설정 단계에서 관리자는 다음 세 가지 조건을 근거하여 적응형 관리(AM)의 적용 가능성을 고려한다(Williams, Szaro와 Shapiro 2009, Rist 등. 2013).

- 관리 조치나 관리 중인 시스템의 결과에는 관련성 있고, 측정할 수 있는 불확실성이 존재한다.
- 프로젝트는 제어할 수 있고, 향후 관리 조치로 수정할 수 있다.
- 환경이나 사회에 돌이킬 수 없는 손해를 끼칠 리스크는 적다(무조치(無措置)에 비해).

윌리엄스, 사로 및 샤피로(Williams, Szaro와 Shapiro 2009)도 적응형 관리(AM)의 성공적인 적용은 일반적으로 다음과 같이 다섯 가지 조건과 관련이 있다고 하였다.

- 불확실성(완전한 지식 없는 조치를 하는 능력이라고도 함)에도 불구하고 적기(適期)에 관리 조치를 하는 것이 중요하고 필요하다.
- 프로젝트 성능과 반복적인 의사결정을 알리기 위해 관련 지표와 함께 명확하고 측정할 수 있는 목표를 정의한다.
- 관리와 의사결정은 다양한 대체 조치와 자금 조달의 정당성을 바탕으로 학습과 조정이 가능하도록 시간이 지남에 따라 유연하게 이루어지게 한다.
- 효과적이고 목표로 잡은 모니터링과 시스템 응답의 정기적인 통합을 통해 후속 관리 조정사항을 도출함으로써 시간이 지남에 따라 불확실성을 줄일 수 있다.
- 적응형 관리(AM)의 프로세스 전반에 걸쳐 다양한 이해관계자들이 적극적으로 참여하여 여러 관

점에서 대화를 촉진하고 의사결정에서 협조하도록 한다.

적응형 관리(AM)의 프로세스는 프로젝트 생애 주기의 어느 시점에서든 개발할 수 있지만, 연안 자연-기반 해법(CNbS)의 프로젝트 개발 체계의 계획 단계(Planning Phase) 중 미구축된 프로젝트의 시작부터 적응형 관리(AM)를 적용함이 가장 바람직하다. 이는 이해관계자 참여와 사전 모니터링에 필요한 자금 확보 등 특정 혜택(이익)을 가질 수 있다. 그러나 적응형 관리(AM)는 설계 및 실행과 같은 후반 단계에 있거나 이미 구축된 프로젝트에도 적용할 수 있다.

5) 적응형 관리(AM) 계획 개발

적응은 표 3.14에 나타낸 것처럼 프로젝트의 모든 단계에서 발생할 수 있다. 적응은 자주 자연스럽게 발생하며 항상 적응형 관리(AM)로 인식되는 것은 아니다. 예를 들어, 조성(건설) 중에는 현장의 토질 조건으로 인해 설계가 변경될 수 있다. 이러한 적응을 인식하여 향후 프로젝트에 대한 교훈을 얻고 프로젝트 실행의 효율성을 높이는 것이 중요하다. 적응형 관리(AM) 계획의 설정은 '3.1.3 연안 자연-기반 해법(CNbS)의 원칙, 체계와 결과' 중 '연안 자연-기반 해법(CNbS)의 단계 내 스텝'에서 자세히 설명한 프로젝트의 단계(스텝)를 이상적으로 따른다. 이 특정 접근 방식은 이 장에서 정의된 적응형 관리(AM)의 스텝을 통해 해결하고자 한다. 각 스텝에 대해 간략한 설명을 제공하고 주요 조치를 파악한다. 표 3.14는 프로젝트의 각 단계(앞서 설명한 범위설정 단계, 계획 단계, 의사결정 단계, 실행단계 및 운영단계)에 대한 적응형 관리(AM)의 구체적인 스텝을 나타낸다.

표 3.14 연안 자연-기반 해법(CNbS)의 프로젝트 개발 체계 내 적응형 관리(AM)의 스텝

단계	적응형 관리(AM) 계획 내 스텝	설명	주요 조치
범위설정	1	시간이 지남에 따라 평가할 여러 목표의 우선순위를 정하는 것을 포함하여 적응형 관리(AM) 프로그램의 범위를 파악한다.	• 적응형 관리(AM) 적용의 규모와 범위를 파악한다. • 명확하고 측정할 수 있는(구체적이고, 측정할 수 있고, 달성 가능하고, 관련성이 있으며, 시간제한이 있는) 목표를 파악하고 우선순위를 정한다. • 기능 및 적응형 관리(AM) 프로그램의 설계 수명을 파악한다.
	2	거버넌스를 포함한 적응형 관리(AM)의 이해관계자 역할을 정의한다.	• 지역사회와 이해관계자를 파악한다. • 효과적인 리더십을 통해 이해관계자와 의사결정자의 역할과 책임을 정의한다. • 적응형 관리(AM) 프로세스 전반에 걸쳐 이해관계자를 협력적 의사결정에 참여시키기 위한 참여 계획을 준비한다. • 적응형 관리(AM) 거버넌스 구조(거버넌스 구조 및 의사결정 프로세스 포함)를 정의한다.
	3	모니터링, 평가 및 후속 적응 조치를 포함한 적응형 관리(AM) 프로그램 실행을 위한 자금 조달 전략을 개발한다.	• 모니터링, 평가 및 이해관계자 참여를 위한 자금 지원을 포함한 후속 적응 조치에 필요한 자금을 파악한다. • 자금 조달 전략을 개발하고 잠재적 출처를 평가한다. • 적응형 관리(AM)에 대한 자금이 전체 프로젝트 예산에 포함되도록 한다. • 적응형 조치를 위한 추가 자금 지원과 같은 장래의 필요를 위한 잠재적 자금출처를 파악한다.

계획	4	시간이 지남에 따라 모니터링해야 할 목표와 불확실성에 대한 성능 지표를 파악한다.	• 프로젝트와 관련된 불확실성을 파악한다. • 중요한 관리 불확실성을 우선시한다. • 중요한 불확실성에 대한 허용 가능한 리스크 범위를 파악한다. • 목표와 중요한 불확실성에 대한 성능 지표를 파악하여 우선순위를 정한다.
	5	개념 또는 수치 모델을 사용하여 과학적 접근 방식을 개발한다.	• 개념 모델, 수치 모델 또는 기타 분석 도구를 사용할 필요성을 조사한다. • 모델을 사용하는 경우, 어떤 방법을 사용할지와 결과를 어떻게 사용할지 결정한다.
	6	모니터링 계획을 수립한다.	• 모니터링 계획을 수립할 당사자(전문가와 이해관계자)를 결정한다. • 각 성능 지표에 적합한 모니터링 유형을 결정한다. • 기존 모니터링 네트워크의 목록을 작성한다. • 기존 모니터링 네트워크의 프로젝트별 차이를 평가한다. • 추가 모니터링이 필요한 사항(공간적 및 시간적)을 결정한다. • 데이터 수집과 데이터 관리 프로토콜을 수립한다. • 모니터링 데이터와 정보를 수집하고 공유하는 방법을 지정한다.
	7	데이터 통합 계획 및 결정 임계점을 설정한다.	• 적응형 관리(AM)의 평가를 유발할 각 지표의 성능 기준과 임계치를 설정한다. • 모니터링 데이터의 정기적인 평가를 위한 계획을 세운다. • 도구를 사용하여 복잡한 정보를 통합하여 결정하기 위한 정보를 제공한다. • 의사결정을 지원하기 위해 데이터 분석 및 통합을 모니터링 하기 위한 명확한 계획을 수립한다.
	8	시간이 경과에 따라 가능한 적응형 조치와 실행 시나리오를 파악한다.	• 향후 필요할 수 있는 잠재적 적응 조치 목록을 확인한다. • 적응 조치가 필요한지와 체계의 어느 단계에 있는지 평가한다. • 프로그램 및 프로젝트 규모 결정 간의 연결을 설정한다.
의사결정	9	선호하는 대안을 선택한다.	• 적응형 관리(AM) 계획에 포함될 최종 모니터링 계획, 결정 임계치 및 적응 조치와 재평가 및 향후 의사결정 일정을 결정한다.
실행	10	설계 중 적응시킨다.	• 이전 설계된 유사한 프로젝트에서 얻은 교훈을 후속 설계 수정에 통합시킨다.
	11	조성 중 적응시킨다.	• 조성 중에 확인된 변화에 대한 능동적이고 협력적인 접근 방식을 취하는 기회를 파악한다. • 조성을 지원하기 위한 소통 및 데이터 계획을 수립한다. • 정기적인 조사 및 점검을 하며, 데이터를 모으고, 프로젝트팀 및 계약자와 정기적으로 회의를 진행하며, 조성 단계에서 측량 및 시공을 조정한다.
운영	12	조성 후 적응(운영)시킨다.	• 결과를 주기적으로 모니터링하고 평가한다. • 체계 흐름도의 피드백 루프를 실행한다.

3.1.8 연안 자연-기반 해법(CNbS)의 지형적 구분[10]

연안 자연-기반 해법(CNbS)은 연안 지형에 따라 육지 쪽과 바다 쪽으로 구분하여 사용한다.

1) 육지 쪽 연안 자연-기반 해법(CNbS)

육지 쪽 연안 자연-기반 해법(CNbS)을 사용하여 해안선을 방재하는 데 도움이 되는 방법에는 여러 가지가 있다. 예를 들어, 사구가 있는 해빈은 방조제(Seawall)를 건설할 필요성을 없애고(Temmerman 등. 2013), 염습지(Salt Marsh)는 인명을 방어하는 방조제 손상의 크기를 줄인다(Zhu 등. 2020). 따라서, 만약 회색 기반 시설의 건설비용이 방재 대상인 토지 또는 자산의 가치, 장기적인 보호 가치 및 복원 비용보다 훨씬 높은 경우라고 하면, 해빈, 사구, 연안습지 및 염습지의 복원이 연안 위험의 충격(영향)을 줄이며, 경제적이다. 생태계 복원과 회색 기반 시설을 통합한 하이브리드 해법은 육지 쪽 연안 자연-기반 해법(CNbS)의 성공을 가능케 한다. 예를 들어, 갯벌, 염습지, 해안사구와 같은 조간대(潮間帶) 생태계를 복원할 때는 이러한 생태계가 직면하게 될 위협과 이에 대응할 수 있는 정도를 고려하는 것이 중요하다. 조간대 생태계는 기후변화로 인한 해수면 상승 하에서 제한된 퇴적물 효용성, 해안 압착(壓搾), 고파랑으로 인한 침식 증가로 생태계의 생물이 익사 위협을 받고 있다. 이러한 위협에 대응하려면 이러한 생태계는 육지로 이동할 수 있는 충분한 공간이 필요하며, 이는 연안 관리에 달려 있다. 연안습지 복원에 관한 최근 연구에 따르면 실생[167](Seedling) 식물 확대는 해수면 상승보다 퇴적물 공급, 파고, 갯벌 수심과 같은 지역 조건에 많이 의존한다고 알려져 제어하기 어려운 기후변화의 압박에 비추어 지역 관리 조치의 영향에 대한 희망의 여지를 제공한다(Hu 등. 2021).

2) 바다 쪽 연안 자연-기반 해법(CNbS)

리사거-사이먼슨 등(Riisager-Simonsen 등. 2022)은 바다 쪽 연안 자연-기반 해법(CNbS)을 다음과 같이 분류하였다. i) 지속 가능한 어업 관리 및 해양보호구역(MPA)을 통한 자연 해양생태계의 지속 가능한 사용 및 보호, ii) 관리 가능한 해양생태계의 다원적(多元的) 기능 개선, 즉 해양생태계로부터의 해안선 보호, iii) 저영양(低榮養) 수산양식을 포함한 새로운 복원 또는 계획적으로 설계한 인공 해양생태계, iv) 풍력 발전 선박과 같이 환경 압박을 줄이는 자연에서 영감(靈感)을 얻은 설계 등 (그림 3.29 참조).

바다 쪽 연안 자연-기반 해법(CNbS)에는 통합된 다중 영양 수산양식과 다중 사용 해양 공간도 포함될 수 있다. 이러한 해법은 압박과 충격(영향)을 모두 대상으로 할 수 있다. 육지 쪽 연안 자연-기반 해법(CNbS)과는 달리 연안 방재 측면에서 바다 쪽 연안 자연-기반 해법(CNbS)의 사용은 실무 및 계획 측면에서 비교적 미개척 분야이지만, 현재 해류속도(海流速度)를 줄이고 파랑을 감쇠시키기 위한 켈프(대형 갈조류) 숲(Morris 등. 2020), 해초지(海草地)(Ondiviela 등. 2014), 외해 암초(Hynes 등. 2022), 홍합 하상(Borsje 등. 2011)의 능력은 실증(實證)되었다. 해초지는 전빈[168](Foreshore)을 안정시켜 침식을 방지하고 모래 양빈(養濱)의 필요성을 방지할 수 있다(James 등. 2019). 외해 암초는 해변 또는 방조제의 마루 위로 파랑 처오름(Wave Run-up)을 크게 줄일 수 있지만, 그 효과는 파랑의 작용지점에 따라 크게 달라진다. 경험 법칙에 따르면, 암초 구조가 해중(海中)에서 높아질수록 파랑

167) 실생(Seedling, 實生): 종자에서 발아된 높이 1 m 이하의 어린 식물을 말한다.

168) 전빈(Foreshore, 前濱): 해수의 약최저저조면과 해빈이 만나는 부분에서 해수의 약최고고조면이 해빈과 만나는 부분까지의 해빈 지역을 말한다.

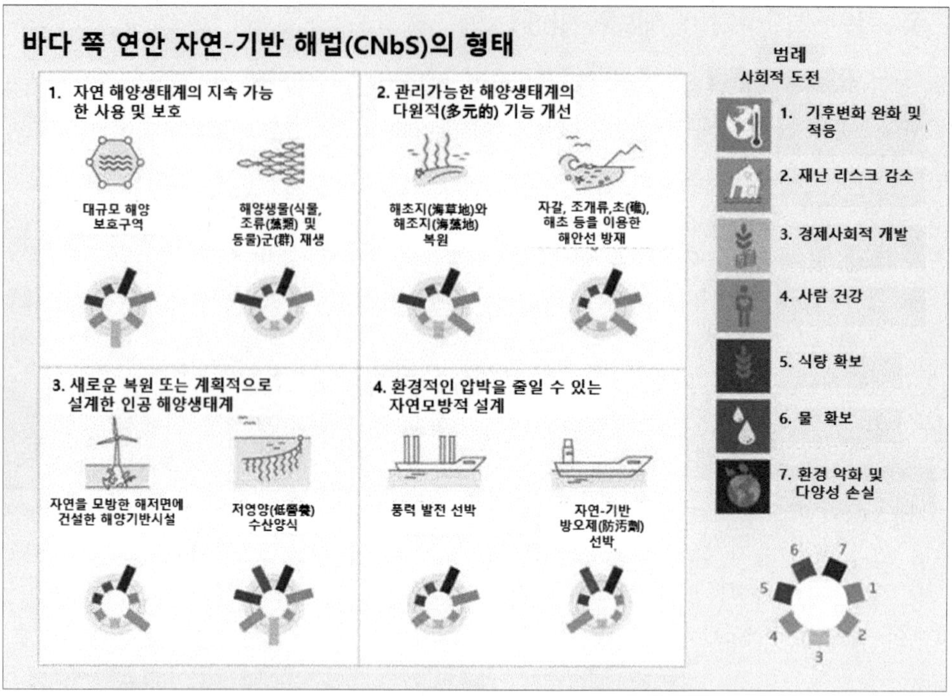

그림 3.29 바다 쪽 연안 자연-기반 해법(CNbS)의 형태

감쇠에 효과적이다(Bouma 등. 2014). 따라서 현재 파랑 감쇠에 효과적인 암초는 기후변화로 인한 해수면 상승에 적응하지 못하면 효과가 떨어진다(James 등. 2023). 마찬가지로 계속 물속에 잠긴 암초는 조차(潮差)가 작은 지역보다 조차가 큰 지역의 파랑을 감쇠시키는 데 효과적이지 않다(Bouma 등. 2014). 바다 쪽 연안 자연-기반 해법(CNbS)의 혜택(이익)은 장소에 따라 매우 다르며, 예를 들어 해초 생태계가 연안 방재를 향상할 수 있는 최적의 조건은 낮은 파랑 에너지를 갖은 천해(淺海)이며, 높은 동수역학적(動水力學的) 조건을 견딜 수 있는 크고 오랜 수명을 가지며 서서히 성장하는 해초종(海草種)이 최상의 방재를 제공한다(Ondiviela 등. 2014). 연안 방재를 위한 대규모 바다 쪽 연안 자연-기반 해법(CNbS)의 실현 가능성과 잠재적 혜택(이익)에 대한 중요한 지식 차이가 있다. 어떤 연안 서식지와 종이 어떤 조건에서 방재를 제공하는지에 대한 현장 특성별 연구가 필요하다. 예를 들어, 모리스 등(Morris 등. 2020)은 켈프(Kelp) 바닥(Bed)이 파랑 에너지를 감쇠시키는 능력은 해저 지형, 서식지 위치, 강제 조건, 켈프 종의 형태와 범위에 따라 달라진다는 사실을 발견하였다. 현장 특성별 해법의 적용 가능성에 대한 이러한 지식 차이에도 불구하고, 대규모 바다 쪽 연안 자연-기반 해법(CNbS)의 잠재적 혜택(이익)은 전 세계의 광범위한 사회적 과제를 해결하는 가능성을 가지고 있어 상업적, 레크리에이션, 환경, 문화 및 사회적 이해관계자에게도 매력적이다. 많은 연구가 필요한 잠재적으로 유망한 자연-기반 해법(NbS)은 저영양 및 통합 다영양(多營養) 수산양식으로, 바다에서 지속가능한 식량 생산으로의 전환을 가능케 하는 데 필요하다(SAPEA, 2017). 저영양 수산양식은 쌍각류(雙殼類), 패류, 해조류와 같은 양식 종을 포함한다. 먹이나 사료 없이 양식하기 때문에 환경에 미치는 영향이 낮고 생물의 다양성을 향상하여 부영양화를 개선할 수도 있다(Krause 등. 2022). '재생 해

양 양식'이라고도 하는 다영양 입체 양식은 한 종의 폐기물을 다른 종에게 먹이로 사용하여 여러 종을 함께 양식하는 것을 포함한다. 또한, 이러한 접근 방식은 투입물이 필요하지 않아 환경에 미치는 영향이 낮으며, 해양생태계를 재건하고, 블루카본[169](Blue Carbon) 및 질소 포집을 제공하며, 과도한 영양염류를 완화하고 비료 및 동물 사료로 사용할 수 있는 제품을 통해 상업적 양식을 지원함으로써 연안 보호에 이바지한다. 수직 해양 양식은 해양 공간의 사용을 극대화하기 위해 다영양 입체 양식과 결합할 수 있다. 저영양 및 다영양 입체 양식을 확대하려면 해산물 산업 내에 존재하는 규제 장벽을 줄이고 이러한 제품에 대한 시장 수요를 늘려야 한다(Krause 등. 2022). 바다 쪽 연안 자연-기반 해법(CNbS)으로서 해양보호구역(MPA)을 통한 적극적인 복원 및 보호는 연안 레질리언스를 향상하면서 대대적인 보전, 생물 다양성 및 기후 완화 목표를 실현할 수 있는 큰 잠재력을 제공한다(Duarte 등. 2020). 해초지, 굴 암초, 홍합 하상과 같은 해안 생태계를 보호하는 해양보호구역(MPA)은 침식과 파랑 감쇠를 통해 연안 방재를 제공하는 동시에 탄소를 격리하고 생물 다양성을 높이며 어업 어획량과 소득을 개선하며 사회 적응을 도울 수 있다. 그러나 이러한 대부분 혜택(이익)은 해안 생태계의 완전한 보호(예: 채취 활동을 허용하지 않는 경우) 또는 높은 보호 수준(예: 일부 유형의 낮은 영향 조치만 드물게 사용할 수 있는 경우)에 의존할 때만 달성할 수 있다(Jacquemont 등. 2022). 이론적 공약(公約)으로부터 실제 해양보호구역(MPA) 지정 및 실현으로 전환하는 것은 어려운 일이다. 바다 쪽 연안 자연-기반 해법(CNbS)으로서 어업 레질리언스를 향상하려면 단기적인 스트레스, 기후변화의 장기적인 경향, 어업 수확량 변화 및 연료비 증가에 대응하기 위한 적응형 관리가 필요하다. 해법에는 수온 상승으로 인한 종 분포 변화를 고려하여 어업 관행의 탄소 발자국[170](Carbon Footprint) 감소, 선박과 장비의 기술 변화, 어업 기술 변화, 목표 종의 변화 등이 포함된다.

---

169) 블루카본(Blue Carbon): 어패류, 잘피, 염생식물 등 바닷가에 서식하는 생물은 물론 맹그로브숲, 염습지와 잘피림 등 해양생태계가 흡수하는 탄소를 뜻한다.

170) 탄소 발자국(Carbon Footprint): 개인이나 기업 등이 상품을 생산하고 소비하는 과정에서 발생하는 이산화탄소 총량을 의미한다.

3.2 연안 레질리언스를 갖는 해빈과 사구[11]

3.2.1 해빈과 사구의 기능

해빈(海濱)과 사구(砂丘)는 파랑 에너지를 소산(消散)시키고 퇴적물을 포집(捕集)할 수 있으며 해수면 상승에 따라 성장할 수 있는 잠재력을 가지고 있으므로 침수 리스크 관리(FRM)에 유용하다. 사구는 바람의 방향, 세기, 모래 공급원의 위치, 모래 입자의 크기 등에 영향을 받으므로, 사구의 지리적 위치에 따라 지형적 특성에 차이가 나타난다. 특히, 사구는 ⅰ) 해빈과 갯벌로부터 바람에 의해 유입된 모래를 저장하였다가 폭풍(태풍)이나 해일이 일어났을 때 모래를 해빈과 갯벌로 되돌려 주는 모래 저장고이자 천연제방 역할을 하며, ⅱ) 사구 모래는 영양염류의 운반자 역할을 통해 해안 생태계 영양 순환을 담당, ⅲ) 지하수를 함유하여 지하수면을 높여 배후 지역에 농업용수를 공급하며, 내륙으로 염류가 유입됨을 방지, ⅳ) 바다-육지 경계에 위치하여 독특한 환경을 지닌 생물 서식처를 제공, ⅴ) 과거 환경을 보전하는 등의 역할을 통해 국토의 해안선을 보호하고 인간의 삶뿐만 아니라 생태계에 중요한 역할을 담당한다(Yoo 등. 2013). 2015년 기준[12] 우리나라에 분포한 일정 규모(면적 2,900 ㎡) 이상의 사구는 약 199개이었다(최광희와 김윤미, 2015, 표 3.15 참조). 이들 사구는 대체로 태안반도 일대와 신안군 도서를 중심으로 충남 해안, 전남 해안, 제주 해안, 그리고 강원도 해안을 따라 주로 분포한다. 사구의 평균 연장(延長)은 약 1,023 m, 평균 폭은 약 168 m, 평균 면적은 약 170천 ㎡이며, 사구별로 편차가 크다. 태안군과 신안군은 남한의 사구 분포에 있어서 가장 주목할 만한 지역이다. 시군별로 볼 때, 가장 사구가 많이 분포하는 곳은 신안군(30개)이었으며, 태안군(29개)

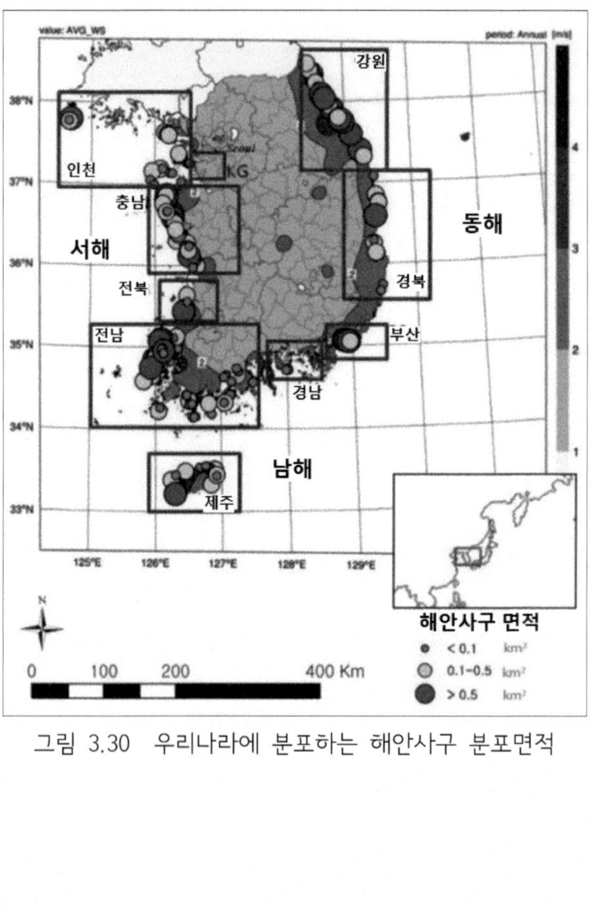

그림 3.30 우리나라에 분포하는 해안사구 분포면적

에도 많은 것으로 확인되었다. 옹진군에도 11개 사구가 있지만, 그 밖의 지방자치단체는 모두 10개 미만으로 조사되었다. 사구지대의 면적은 신안군(7.28 ㎢)이 태안군(7.12 ㎢)에 비해 근소하게 넓었으며, 양양군(2.62 ㎢), 제주시(2.23 ㎢), 강릉시(1.90 ㎢), 서천군(1.63 ㎢), 고창군(1.53 ㎢), 서귀포시(1.04 ㎢) 등이 사구 면적 1 ㎢를 초과하였다. 그러나, 2024년 현재, 개발 등으로 훼손되거나 사구로써 특성을 잃은 사구를 목록에서 제외하면 총 189개이다. 즉, 2024년 국내 해안사구의 면적은 79.4 ㎢(2015년)에서 50.4 ㎢로 약 29 ㎢가 감소하였다. 해안사구 중 절반 이상은 서해안 연안 및 도서 지역에 높은 비율로 분포하고 있는데 전라남도에 58개소, 충청남도에 42개소가 분포하고 있다. 다음은 강원특별자치도로 30개의 해안사구가 확인되었다(그림 3.30 참조). 우리나라 서해안은 겨울철 북서 계절풍의 영향을 직접적으로 받기 때문에 내륙 깊숙이까지 모래가 이동한 것이 확인되었다. 반면 동해안은 북서 계절풍의 영향이 상대적으로 낮고 연안류에 의해 이동된 모래의 재퇴적 현상으로 형성되는 경우가 많으므로, 사구의 연장은 길다.[13] 이 장에서는 우리나라의 연안에서 가장 널리 볼 수 있는 해빈과 사구를 연안 자연-기반 해법(CNbS)을 활용한 연안 레질리언스로 구축하여 기후변화로 인한 해수면 상승(폭풍강대화로 인한 폭풍해일 또는 고파랑 포함) 시 연안 침수와 해안침식에 대응할 필요가 있다. 따라서, 해빈과 사구의 설계 및 실행(입찰, 서식지 조성 등) 뿐만 아니라 적응형 관리, 모니터링, 운영 및 유지 관리, 서식지 및 레크리에이션과 같은 공동 혜택을 제공하는 방법을 설명한다.

표 3.15 우리나라 전국 해안사구 목록

규모	지역	상태			계
		양호	보통	파괴	
대	충청남도	신두, 소황	청포대, 신합		4
	전라북도		고창 명사십리		1
	전라남도		송현, 도찬리, 우전, 둔장, 비금 명사십리, 신지 명사십리		6
	강원도		송지호, 봉포, 양양 동호, 주문진, 맹방	송정, 망상	7
	경상북도	고래불			1
	경상남도·부산	진우도, 신자도			2
	제주도	사계, 신양	월정		3
중	경기도·인천	옥죽동	뒷장술		2
	충청남도	원청, 삼봉, 기지포, 중장, 원산	학암포, 만리포, 해낮이, 몽산포, 신온3리, 백사장, 승언, 다사, 죽산, 송림	꽃지, 열목(운여), 독산	18
	전라북도			동호	1
	전라남도	외기, 시목, 첫구지, 관매도	송석, 송계, 송종, 면전, 금일 명사십리	사구미, 대광, 신성, 원평	13
	강원도	송죽, 고성동호, 향목, 하시동·안인	가평리, 연곡, 사천, 삼척 원평	오호, 삼포, 낙산, 북분, 경포대	13
	경상북도	평해	망양, 화진		3
소	경기도·인천	동굴업, 서포리, 밧지름	울도, 백아, 서굴업, 이일레, 작은풀안, 진리, 큰부리, 사탄동, 조개골, 샛말, 대빈창	방아머리1, 방아머리2, 구봉, 하나개	18

	충청남도	구례포, 도장, 안면	사목, 천리포2, 황골, 화양염전, 항개, 바람아래, 갓바위, 장포, 옥남, 오봉, 삽시, 유부도, 대난지	태안모항, 연포, 몽산포구, 장삼포, 장돌, 월전, 춘장대	23
	전라북도		고사포, 광승	변산, 상록, 구시포	5
소	전라남도	어머리, 내치, 백산, 추포, 성촌, 띠밭넘어	덕산, 모사, 송평, 통호, 군학, 대전, 가동, 남열, 서방축, 흑수평, 북방축, 남우전, 송공, 분계, 백길리, 안좌, 고막, 논두레미, 연소, 옥룡, 익금, 금장, 월송, 중리, 지리, 신전	홀통, 조금나루, 가계, 증의, 산정, 송호, 율포, 장선, 용난굴, 은동, 한운, 통리	44
	강원도		화진포, 공현진, 옥계	송포, 반암, 속초, 죽도, 남애, 남항진, 안인진, 용화	11
	경상북도		후정, 구산, 칠포, 곡강, 봉길	봉산, 장사, 관성	8
	경상남도·부산	도요등	다대포	상주, 남해 송정	4
	제주도	표선	이호, 협재, 하모, 하도, 중문	곽지, 섭지코지, 평대, 함덕, 김녕	11
계		36	103	60	199

3.2.2 해빈과 사구의 특징, 혜택(이익) 및 적용

1) 해빈(Beach)과 사구(Sand Dune)

해빈은 가장 역동적인 해안지형 중 하나로 육지와 바다 사이의 자연적 천이역(遷移域)을 구성하고, 어메니티(Amenity) 및 경제적 자원으로 다양한 종의 서식지를 제공한다. 해빈은 굳지 않은 비응집성 퇴적물의 축적물로써, 건조한 육지와 바다 사이의 경계에 위치하며 동수역학적(動水力學的) 과정과 바람의 적극적인 영향을 받는다(CIRIIA 2010). 해빈의 공간적 한계는 고정되어 있지 않으며 다양한 시간 규모에 따라 변화한다. 데이비스(Davis 1985)에 따르면 해빈의 가능한 공간적 범위는 해안 단면의 후빈(Backshore, 後濱) 및 전빈(Foreshore, 前濱)을 구성하는 파랑 작용의 최상단 한계와 간조 정선(Low Tide Mark, 干潮 汀線) 사이의 범위이다(그림 3.31 참조). 전빈은 일반적으로 경사가 가파르며 해빈에서 가장 활발한 구역이다. 해빈의 성장과 폭은 내대륙붕[171](Inner Shelf, 內大陸棚)과 해안 지역의 경사, 퇴적물의 풍부함과 구성, 조차(潮差)에 따라 크게 달라진다(Wright와 Short 1984). 연안 자연-기반 해법(CNbS)을 설계할 때 해빈 바로 육지 쪽으로 향하는 구역(배후지, 그림 3.31 참조)을 해빈과 함께 고려해야 한다. 사구는 모래 연안 시스템의 필수적인 부분이다. 사구는 바람에 날려온 모래가 후빈에 축적되어 시작되는 모래의 축적으로, 일반적으로 작은 언덕이나 능선 형태로 식생이나

171) 내대륙붕(Inner Shelf, 內大陸棚): 외대륙붕(Outer Shelf)에 대비되는 용어로서, 대륙붕 중 현생 퇴적물(Modern Sediment)이 주로 분포하는 지역을 내대륙붕이라 한다. 지질학에서 주로 사용하는 용어이다.

해안구조물에 의해 안정화된다(CIRIIA 2010). 사구는 간조(干潮) 시 말라버린 해빈의 모래가 바람을 타고 육지 쪽으로 운반된 후 배후지에 퇴적되어 특수 식생이 서식할 수 있는 곳에서 생긴다. 사구는 극단 사건(폭풍해일, 고파랑, 지진해일 등) 동안 바다가 해빈을 메우는데 필요한 임시 퇴적물 저장소를 형성하여 해빈의 침식을 자연스럽게 완충한다. 사구의 크기와 형태는 기후, 지질 및 지형학, 바람과 파랑 상황, 조차에 의존한다(Davidson-Arnott 2010). 해빈 바로 바다 쪽(그림 3.31 참조)에서부터 입사하는 파랑은 모래 해안에서 사주(Bar)와 트로프(Trough)로 특징지어지는 근빈역(Nearshore Zone)의 해저 수심을 통해 변형하지만, 거친 퇴적물(자갈, 왕자갈[172](Cobble), 거력[173](Boulder))로 이루어진 근빈역인 경우는 파랑 변형 기능이 없거나 제한적일 수 있어 해안 경사가 매우 가파를 수 있다. 근빈과 전빈은 자연적으로 역동적이며 높은 에너지와 변화하는 조건을 견딜 수 있는 생태계가 서식한다. 물리적, 생물학적, 지질학적 및 화학적 과정은 자연 해빈과 사구시스템을 만든다. 이러한 자연 시스템은 진화하며 일반적으로 인간 주거지와 기반 시설에 여러 가지 혜택(이익)을 제공한다. 자연-기반 해빈 및 사구시스템은 자연 시스템의 특성을 모방하여 특정 서비스를 제공하기 위해 설계, 엔지니어링 및 건설(조성)로 만들어진다(Bridges 등. 2015).

이러한 자연-기반 시스템과 구조적 조치를 합친 기능을 가진 해법을 하이브리드 해법이라고 한다. 이 장에서는 지질학 및 퇴적학, 지형학적 요소(해빈, 해빈과 사구)를 근거로 다음과 같이 나눈다.

- 모래 해빈과 사구시스템
- 모래-자갈(혼합 퇴적물) 및 자갈 해빈 시스템

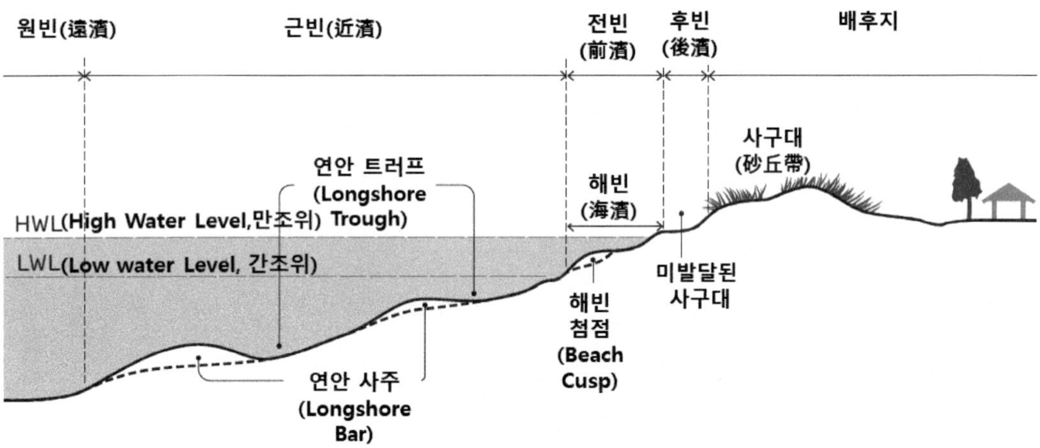

【후빈은 일반적인 만조위(滿潮位)로부터 해빈의 육지 쪽 가장자리까지 이르는 구역으로, 마른 해빈(Dry Beach)이라고도 한다. 이 구역은 사구로 퇴적물을 운반하는 데 중요하다. 전빈은 조간대(潮間帶)이다. 근빈은 간조위, 사주(Bar) 및 트러프(Trough)를 포함한 시스템의 바다 쪽으로 다소 넓은 구역을 나타낸다.】

그림 3.31 모래 해빈·사구 시스템의 표준적인 횡단면 형태

---

172) 왕자갈(Cobble, 王礫): 입자의 지름이 64~256 mm인 커다란 자갈을 말한다.

173) 거력(Boulder, 巨礫): 기반암에서 떨어져 나온 큰 암석 덩어리로 왕자갈(Cobble)보다 크며(256mm 이상) 운반 과정에서 다소 마모되어 약간 둥글게 되어 있다.

2) 해빈과 사구의 발생

루제딕(Luijendijk 등. 2018)의 최근 분석에 따르면 전 세계 부동(不凍) 해안선의 약 30%가 모래 또는 자갈로 구성되어 있다(그림 3.32 참조). 모래 해안선은 아열대 및 중저위도 지역에서 가장 많고, 진흙과 맹그로브 해안이 가장 많은 열대지역에서 가장 적게 분포되어 있다. 1984년부터 2016년까지 해안선의 약 절반이 비교적 안정적이었으며(연간 변화율은 -0.5~0.5m/년), 약 4분의 1이 침식되고 있었으며, 거의 비슷한 양이 증가하고 있었다.

결정적으로 이러한 경향은 공학적 고려 사항과 가장 관련성이 높은 계절적, 1년, 10년, 100년 규모의 변화와 함께 다양한 시간적 규모의 변화에 영향을 받는다. 기후변화는 향후 전 세계 해안선과 연안역 사회가 직면할 리스크로써 상당한 영향을 미칠 것이며, 해수면 상승과 폭풍(태풍) 조건의 변화는 해빈과 사구에 영향을 미칠 가능성이 크다.

해빈과 사구는 육지와 물이 만나는 모든 곳에 형성될 수 있으며 충분한 퇴적물을 이용할 수 있고 축적할 수 있다(Davis 1985). 그 결과 다양한 지형학적 환경에서 발생한다(그림 3.33 참조). 이러한 환경은 낮은 에너지, 중간 또는 높은 에너지 환경(즉, 폐쇄구역에서 노출까지)에 있을 수 있으며 파랑이 우세, 혼합하거나 조수(潮水)가 지배할 수 있다. 파랑 에너지를 제어하는 주요 풍향 및 주기(週期), 취송거리(吹送距離), 수심은 모두 해안의 에너지 환경을 제어하는 추가 요소이다.

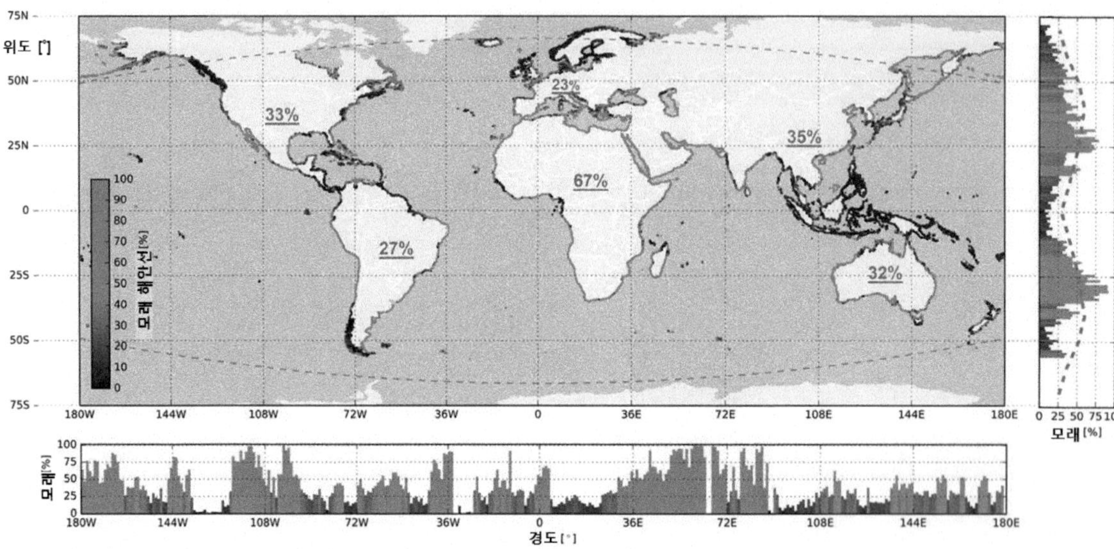

【색칠된 해안선은 모래와 자갈 해안선의 지역적 비율을 나타낸다(연한 회색은 모래 또는 자갈, 짙은 회색은 비(非)-모래). 오른쪽의 그래프는 위도(緯度) 당(當) 모래 해안선의 상대적 발생을 요약하고 있으며, 지도 아래의 그래프는 경도(經度)당 같은 정보를 나타낸다. 지도에서 밑줄 친 백분율은 대륙당 모래 또는 자갈 해안선의 백분율이다.】

그림 3.32 전 세계 모래 및 자갈 해안선 분포

【위치 1: 테르 하이데(Ter Heijde), 네덜란드, 2: 캄퍼듀인(Camperduin), 네덜란드, 3: 카트베이크(Katwijk), 네덜란드, 4: 캄퍼듀인(Camperduin), 네덜란드, 5: 블레이키니 포인트(Blakeney Point), 영국, 6: 블레이키니 포인트(Blakeney Point), 영국, 7: 갤버스턴(Galveston), 미국, 8: 노르데니(Norderney), 독일, 9: 시포드 헤드(Seaford Head), 영국, 10: 크뢰게 버그(Krøge bugt), 덴마크, 11: 불버히스(Bulverhythe), 영국, 12: 스카버러(Scarborough), 영국, 13: 캐드잔드(Cadzand), 네덜란드, 14: 포인트 잉글랜드(Point England), 타마키 강(Tamaki River), 뉴질랜드, 15: 오네헝가(Onehunga), 마누카우 항(Manukau Harbor), 뉴질랜드, 16: 브레켄스(Breskens), 네덜란드】

【파선 직사각형은 연안 자연-기반 해법(CNbS)의 해빈과 사구 프로젝트를 나타낸다. 회색 화살표는 혼스본즈(Hondsbossche)(네덜란드) 연안방재가 경성에서 연성 및 동적인 것으로 어떻게 변화했는지 보여준다.('4.2.5 네덜란드(1) 혼드보즈 사구(Hondsbossche Dune)와 해빈(네덜란드 노르트홀란트(Noord-Holland))' 참조)】

그림 3.33 해법, 설정 및 지형의 함수로서 해빈과 사구 예제의 개요

3.2.3 해빈과 사구의 적용에 대한 가치 및 배경

1) 해빈·사구의 생태계 역할

일반적으로 해빈과 사구는 해안침식과 침수의 첫 번째 방재선이며 다음과 같은 방식으로 이러한 제어(制御) 서비스를 제공할 수 있다.

- 해빈과 근빈역(近濱域)은 입사(入射)하는 파랑 에너지를 감쇠(減殺)시켜 파고와 월파(越波)를 줄인다.
- 사구는 특정 폭풍해일의 수위로부터 방재한다.
- 사구 식생은 퇴적물을 포집하여 안정화하여 침식 속도를 줄이고, 뿌리 통합을 통해 파랑 에너지를 소산(消散)시키며, 기저(基底) 퇴적물의 무결성(無缺性)을 높여 연안 레질리언스를 높인다.
- 사구, 해빈, 근빈역 간의 준(準)-순환(循環) 퇴적물 교환은 다음과 같이 침식 현상의 충격(영향)을 줄인다.
    - 사구는 해빈의 퇴적물 공급원이 되는 재료를 제공함으로써 침식 현상의 충격(영향)을 완충할 수 있다.
    - 자연적인 프로세스와 인위적인 관리 개입(예: 양빈, 재충전(再充塡) 및 재활용 등)으로 충분한 퇴적물을 공급하는 경우 해빈과 사구의 높이는 시간이 지남에 따라 높아진다.

해빈과 사구는 다음을 포함하여 사회 및 생태 서비스를 제공하는 데 중요한 역할을 한다(예: Everard, Jones와 Watts 2010, Barbier 등. 2011, Rodríguez-Revelo 등. 2018).

- 레크리에이션 및 관광, 교육, 미적(경관) 혜택을 포함한 문화 서비스
- 서식지 제공, 대피처 및 마초(馬草) 지역, 물 순환 등 지원 서비스
- 담수, 식량, 건설 자재, 대체 에너지 자원, 어선 양륙(揚陸) 등 서비스 제공

2) 해빈과 사구의 연안 자연-기반 해법(CNbS) 적용을 위한 맥락

자연 해빈과 사구가 있는 경우, 자연적으로 기능하는 시스템이 제공하는 혜택(이익)을 고려할 때, 침수 및 침식 위험을 줄이기 위한 프로세스, 특징 및 구동력의 복원, 유지 또는 향상이 연안 관리자의 첫 번째 목표가 되어야 한다. 자연 시스템에 대한 관리 고려 사항은 퇴적물 종류와 원하는 형상 및 체적을 일치시키는 것이다. 해빈이 안정적이든 혹은 침식 또는 퇴적되는지 간에, 퇴적물의 추가는 해빈과 해안의 체적을 증가시켜 침식에 대한 기존 완충을 강화하고 침수 리스크를 줄인다. 원하는 결과를 얻기 위한 추가적인 공학적 개입이나 자연-기반 해빈 또는 사구가 필요한 경우, 가능한 자연적 과정과 역학관계를 모방하는 것이 좋다. 연안 자연-기반 해법(CNbS)은 물리적 원인에 대한 유사한 고려 사항이 필요하지만, 자연 버엄(Berm) 높이, 입경(粒經)과 사구 구성과 같은 정보가 적을 가능성이 크기 때문에 이러한 프로젝트는 설계 및 유지보수에 대한 큰 융통성이 필요하다. 또한, 다양한 생태적 영향과 서식지 변화로 인해 발생할 수 있는 변화(예: 단단한 암석 바닥으로부터 부드러운 모랫바닥까지, 조하대[174](潮下帶)부터 조간대 또는 지표면까지)를 포함하여 고려해야 할 다른 요인도 있다. 다음은 부가적으로 설계된 개입 또는 자연-기반 시스템의 예이다.

- 전체 돌제군(突堤群)을 설치하는 대신 하위 셀[175](Subcell) 내 해빈 퇴적물의 보유(保有)를 개선하기 위해 연안 퇴적물 수송의 말단(末端)에 하나의 돌제만을 설치
- 사구 크기와 체적을 늘리기 위해 울타리나 이엉(Thatching) 잇기
- 방조제 유지보수 또는 건설 프로젝트의 일환으로 파랑 에너지를 줄이기 위해 전면(前面) 해빈을 복원하거나 조성하는 것은 하이브리드 자연-기반 해빈으로 간주

174) 조하대(Subtidal Zone, 潮下帶): 연안의 저조선(Low Water Line) 아래쪽으로서 항상 물에 덮여 있는 지역을 말한다.
175) 하위 셀(Subcell): 이 장에서는 어떤 해빈의 연안 방향 수송 퇴적물 수지(收支) 시스템을 구성하는 셀(Cell)을 말한다.

- 침식 해빈에 퇴적물을 배치하는 대신 자연스러운 역행(Rollback, 逆行)을 모방하기 위해 침식 해빈의 후면(육지쪽)을 재충전하여 설계 체적을 달성하는 것은 자연-기반 개선으로 간주

일반적으로 인접한 구조물이나 하류(예: 방파제 설치 지점보다 평면적으로 아래) 운항 기반 시설(예: 접근 수로나 항만 내 퇴적 증가)에 영향을 미칠 수 있어 공학적 선택의 영향에 대한 신중한 평가가 필요하다. 모든 실현 가능한 관리 접근 방식인 경우, 이러한 기능을 육지 쪽 공간을 확보하여 이전 및 후퇴를 지원하면 해안과 지역사회의 레질리언스가 강화된다.

3.2.4 사구와 해빈의 개념적 시스템 이해

1) 물리적 시스템

생태적 구성요소, 기존 공학적 구조 및 인위적 개입을 포함한 물리적 시스템의 역학관계를 이해하는 것은 해빈·사구 시스템의 타당성 및 유지·관리 요구 사항을 평가하는 데 필수적이다. 이러한 시스템 이해를 얻기 위한 입증된 방법은 다음과 같다. (i) 관심 지역의 물리적 시스템에 대한 개념 모델 개발, (ii) 고려 중인 연안 시스템에 대한 퇴적물 수지[176](Sediment Budget) 분석 수행, (iii) 예상 해빈·사구시스템의 생태계(生態界)를 뒷받침하는 기존 사구 및 해빈 서식지 평가이다.

(1) 물리적 시스템에 대한 개념적 모델

물리적 시스템의 개념적 모델은 필수 지형학적 요소, 일반 퇴적물 경로, 퇴적물 공급원 및 흡수원, 인위적 개입, 관련 구동력과 프로세스가 어떻게 연결되는지 정성적으로 파악한다. 일반적으로 쉽게 구할 수 있는 데이터, 연구자료 및 문헌을 분석하고 사용할 수 있는 전문 지식을 활용하여 이러한

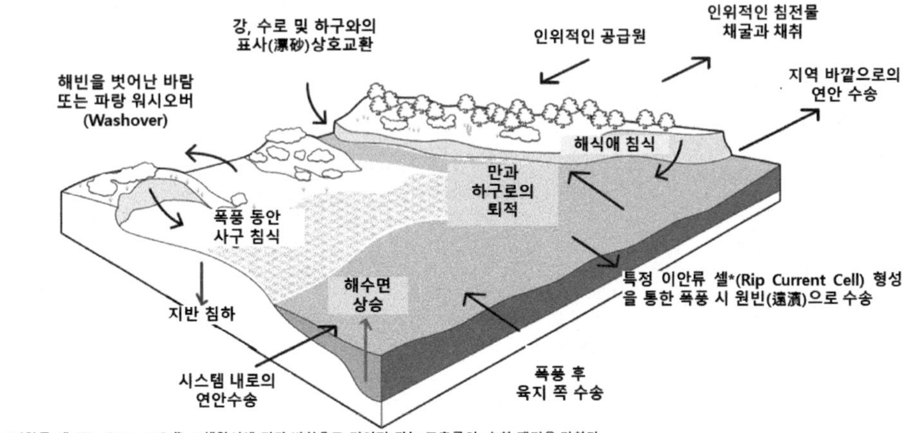

그림 3.34 가상 해빈과 사구의 물리적 프로세스에 대한 개념적 모델

176) 퇴적물 수지(Sediment Budget): 연안에서 표사(漂砂)의 변화량을 파악하기 위해 설정하는 구획을 표사계(Littoral Cell)라고 하고, 표사계에서 표사의 유입과 유출을 추정하는 것을 표사수지(Sediment Budget)라고 하지만, 이 책에서는 모래 이외에 여러 토사(합쳐서 '퇴적물')가 같이 이동하므로 퇴적물 수지라고 한다.

시스템을 이해한다. 프렌치 등(French 등. 2016a)은 개념적 시스템 모델을 도출하기 위하여 해안과 하구 시스템의 맵핑(Mapping)이라고 하는 개념적 체계와 오픈 공급원 지리정보체계[177](GIS, Geographic Information System) 도구를 개발하였다. 그림 3.34는 가상의 해빈 및 사구 시스템의 예를 나타낸다.

상대적 해수면 상승은 연안 시스템에 대한 퇴적물의 침강 역할을 하며, 해수면의 상승 또는 육지 침하(沈下)가 점진적으로 증가하면 퇴적물이 정착(定着)할 수 있는 수용 공간이 만들어진다(예: Jervey, 1988). 또한, 기후변화의 다른 측면인 퇴적물 공급에 대한 잠재력(예: 집수구역(集水區域) 내 강우 강도 또는 원빈(遠濱) 파랑 강도 변화)을 변화시킨다.

(2) 퇴적물 수지 분석(Sediment Budget Analysis)

개념적 물리적 시스템 모델('(1) 물리적 시스템에 대한 개념적 모델' 참조)은 연안 시스템에 대한 정량적 퇴적물 수지 분석을 수행할 수 있는 근거를 제공하며, 개념적 모델과 시스템에 대한 이해를 자세히 설명한다. 퇴적물 수지 분석은 인위적 퇴적물 개입(준설, 양빈)을 포함한 퇴적물 유입(공급원(Source))과 유출(유실원(流失原, Sink))을 정량화하고, 그 결과 순 균형을 의미하는 연안 시스템과 시간 간격(그림 3.35 참조)을 정의한다. 퇴적물 수지 분석은 퇴적물 운반 경로와 교환을 평가하여 연안 시스템과 그 기능 요소(예: 해빈 또는 사구)가 퇴적, 침식 또는 안정적인가 여부를 결정하는 공통 체계 역할을 한다. 해빈-사구 시스템이 퇴적, 침식 또는 안정적인가 여부는 대안(代案) 프로젝트 설계에 대한 연안 관리 계획 및 관련 평가가 알려준다.

예를 들어 침식 해안을 따라 침수 및 침식의 리스크 완화를 위한 해빈과 사구 시스템을 실행하려면 안정적이거나 퇴적하는 해안보다 많은 퇴적물과 퇴적물 재충전이 필요하다. 보웬과 인만(Bowen

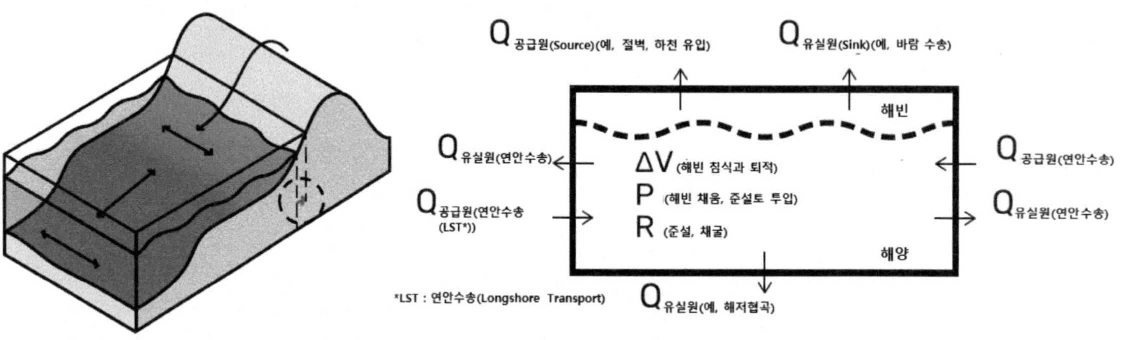

【3D 개략도(왼쪽 그림)는 일반적인 퇴적물 흐름의 방향을 보여준다. 3D 단면의 파선 원 내 화살표는 (상대적인) 해수면 상승 및 퇴적물 공급 부족에 속하는 역행(逆行, Rollback) 효과를 나타낸다. 오른쪽 그림은 다음 퇴적물 수지 분석 방정식의 일부를 구성하는 일반적인 퇴적물 수지 분석 구성요소를 개략적으로 설명한다. ΣQ공급원(Source) − Q유실원(Sink) − ΔV + P − R = 나머지, 여기서 나머지는 시스템이 어느 정도 안정적인지, 침식되는지 또는 퇴적하는지 나타낸다.】

그림 3.35 퇴적물 체적 변화 및 관련 퇴적물 유입 추정과 인위적 개입 측면에서 연안 시스템의 퇴적물수지 분석을 정량화하는 개념

177) 지리정보체계(GIS, Geographic Information System): 컴퓨터를 통해서 현실세계의 공간정보를 표현하는 것이다. 즉, 대상물을 컴퓨터를 통해서 정확한 위치를 표현하고, 그 대상물에 대한 여러 가지 정보를 제공하는 것이다. 즉, 대상물의 위치와 대상물의 속성을 컴퓨터를 통해 표현하는 것으로서, 복잡한 계획과 관리 문제를 해결하기 위해 컴퓨터를 기반으로 한 공간 자료를 입력·저장·관리·분석·표현하는 체계를 말한다.

및 Inman, 1966)은 연안 시스템에 대한 퇴적물 수지 분석 개념을 최초로 개발하고 적용한 사람들이다. 그 이후로 이 방법은 다른 사람들에 의해 개선되었다(예: Jarrett 1977, Dolan 등. 1987, Kana 및 Stevens 1992, Komar 1996, Rosati 및 Kraus 1999, Rosati 2005, Elias, Van der Spek, Lazar 2016). 로버츠와 브룩스(Roberts 및 Brooks, 2018)는 최근 연안 침수 리스크 관리 실무자를 대상으로 퇴적물 수지 분석의 필요성과 모범 사례에 대한 포괄적인 지침서를 개발하였다.

다음 장인 가)~다)에서 퇴적물 수지 분석을 수행하는 데 있어 선정된 세 가지 중요한 문제를 간략하게 다룬다. (ⅰ) 관련 공간 및 시간 규모의 정의 및 구별, (ⅱ) 퇴적물 수지 분석 및 역학관계 이해, (iii) 해안 상태 지표에서 관측되는 장기 경향 및 자연적인 변동성.

가) 공간 및 시간 규모의 정의 및 구별

퇴적물 수지(Sediment Budget) 수립과 연안 관리 및 프로젝트 설계에 적용하는 시간적, 공간적 규모는 일치시켜야 한다(예: Rosati 2005, Cowell 등. 2003, French 등. 2016b). 따라서 고려 중인 연안 시스템의 관련 공간적, 시간적 규모를 정의하는 것은 퇴적물 수지를 정확히 추정하고 시스템 접근 방식을 채택하는 데 있어 중요한 문제이다('3.1.4 시스템 접근 방식을 사용한 연안 자연-기반 해법(CNbS)의 계획과 실행' 참조). 연안 시스템은 시스템 동작을 설명하기 위해 모든 기능적 요소, 계층 구조, 그리고 이러한 요소들 사이의 상호작용을 포함한다(Roberts 및 Brook 2018, French 등. 2016a, 2016b). 대규모 연안 시스템 내의 특정 지형인 해빈과 사구인 경우, 이 시스템이 퇴적물이 대부분 독립적인(폐쇄된 시스템) 연안을 명확하게 정의하는 단위임을 이상적으로 의미한다. 그러나 연안 시스템은 거의 완선히 폐쇄된 시스템이 아니다. 따라서 실제로 이러한 경계는 주로 지형학적 고려 사항을 기반으로 정의된 것이다. 가장 높은 수준에서 연안 시스템의 공간적 규모는 지형학적 배치와 밀접하게 연결된다. 예를 들어, 헤드랜드(Headland), 포켓 비치(Pocket Beach) 해안의 경우 공간적 규모는 일반적으로 개방 울타리섬 해안(Open Barrier Coast)과 대륙 해안(Mainland Coast)보다 작다. 연안 시스템 내의 자연적 특징 또는 지형(예: 해빈, 사구, 절벽, 모래톱 및 연안 트러프(그림 3.31 참조), 폐쇄 수심)을 파악하는 것은 시스템 내 퇴적물을 공유하고 교환하는 시스템의 상호작용 요소의 계층 구조와 하위 경계를 정의하는 데 필수적이다. 또한, 돌제(突堤) 또는 주운(舟運) 수로와 같은 공학적 구조물은 연안 시스템의 다양한 기능 요소의 경계를 정의하는 데 중요한 역할을 한다. 측정 및 모델링 연구에서 얻은 잔차류[178](Tidal Residual Flow)와 퇴적물 수송 패턴에 대한 정보를 사용할 수 있는 경우 이러한 정보를 지원받아 시스템 경계를 구별할 수 있다. 연안 시스템의 지형적 변화의 공간적, 시간적 규모는 특정 장소별이지만, 일반적으로 공간적 규모에 따라 지형적 변화의 시간적 규모가 증가하는 경향이 있다(그림 3.43 참조). 그러나, 퇴적물 수지를 정량화하는 시간 간격은 데이터의 효용성 및 정확성과 같은 실용적인 고려 사항에 따라 달라진다.

178) 잔차류(Tidal Residual Flow, Residual Current, 殘差流): 기본적으로 주기 운동인 조석을 한 주기 동안을 시간 적분하면 그 값은 영이 되므로 조석 현상에 의한 해수의 순이동(純移動)은 없어야 하나, 조석파가 해안선과 해저지형이 복잡한 해역으로 진입하게 되면서 변형된 형태가 되게 되는데 조석 한주기 동안을 시간 적분하게 되면 잔류하는 흐름이 생기게 되는데 이를 조석 잔차류라 하며, 오염물 및 퇴적물 이동에 연관하여 중요한 역할을 한다.

나) 퇴적물 수지 및 연안 시스템의 역학관계 이해

일반적으로 단기간 규모에서는 동수력학적 및 풍화적 작용과 조건이 퇴적물 수지와 해안지형의 변화를 일으킨다. 이러한 조건과 과정을 이해하고 공급원(Source), 유실원(Sink) 및 관련 퇴적물 경로에 대한 정량적 추정치를 얻는 것은 다음과 같은 질문에 답하는 것을 뜻한다.

- 해안 변화를 주도하는 주요 힘은 무엇인가?
- 조석, 풍파 및 너울(Swell), 폭풍해일, 상대적 해수면 상승의 기여도는 무엇인가?
- 관련 총 및 순 연안(Lonshore), 해안 방향(Cross-shore) 퇴적물 수송의 크기 순서는 어떻게 되나?
- 어떤 준순환[179)](Quasi-cyclic) 지형학적 거동이 관련이 있나?

'2.3.6 해빈과 사구의 설계 중 (9) 도구 및 기존 설계지침서'는 이러한 질문을 해결하기 위한 분석을 지원하는 모델링 도구를 설명한다. 그림 3.36은 네덜란드 와덴해(Wadden Sea)에서 데이터가 풍부한 사례에 대한 상세한 퇴적물 수지 분석의 사례를 나타낸다. 이러한 결과는 해당 지역의 양빈 전략과 개별 양빈 전략의 설계에 대한 정보로 나타내었다. 규모 간의 상호작용 현상('3.1.4 시스템 접근 방식을 사용한 연안 자연-기반 해법(CNbS)의 계획과 실행' 참조)은 연안 시스템의 기능 요소 간의 거동 및 상호작용에 연관이 있다. 대규모 프로세스는 소규모 프로세스에 영향을 미치며 그 반대의 경우도 마찬가지이다(예: De Vriend 1991, Cowell 등. 2003, French 등. 2016b). 그림 3.36의 예를 보면, 조석 유입 역학관계는 낙조[180)](落潮) 삼각주와 상호작용을 한다. 낙조 삼각주는 울타리 섬 끝의 해빈과 사구에 영향을 미친다. 마찬가지로 소규모 진화는 넓은 지역의 퇴적물 요구량과 수지에 영향을 미칠 수 있다. 이의 대표적인 예는 낙조 삼각주의 퇴적물 수지(그림 3.36 (A)의 원(圓) 숫자 23 및 24 참조)에 영향을 미치는 유입구 시스템 입구에 준순환(Quasi-cyclic) 지름길 수로(커브 절단(Bend Cutoff))가 형성되어 근빈역(近濱域)의 침식을 유발하는 조석 수로의 육지 쪽 이동을 나타낸다. 수로 제방의 양빈은 이 과정을 늦추는 데 사용할 수 있었다(그림 3.43 참조).

다) 퇴적물의 장기 경향 및 자연적 변동성

연안 시스템과 그 기능 요소의 과거, 현재 및 장래 퇴적물 수지를 이해하려면 단기(일, 월, 년) 변동과 장기(수년, 수십 년, 세기) 경향에 대한 평가가 필요하다. 그러나, 해빈이나 사구와 같이 본래부터 동적인 시스템 요소의 경우 어려울 수 있다. 동적 평형상태에서도 퇴적물량 및 해안선 위치와 같은 기타 해안 상태 지표는 장기 경향에 따라 상당한 단기 변동을 보일 수 있다. 일반적으로 퇴적물 수지의 자연적 변동을 정량화하는 첫 번째 단계는 가능하다면 일련의 수심도(水深圖)와 항공 및 위성 이미지와 같은 기타 정보를 분석하는 것이다(예: Luijendijk 등. 2018 참조). 해빈의 체적 또는 해안선 위치와 같은 유도된 해안 지표의 시계열을 그릴 때, 장기적인 경향과 시스템 거동의 중첩된 변동이 가시화된다. 그림 3.37은 관련된 자연 역학관계와 구조적으로 열화되는 특성을 가진 안정적이고 축적되는 형태학적 특징의 개념적 예를 보여준다.

---

179) 준순환(Quasi-cyclic): 연속적인 주기에서 대략 비슷한 방식으로 반복되는 사건을 말한다.

180) 낙조(落潮, Ebb Tide, Falling Tide): 만조(High Tide)에서 간조(Low Tide)로 해면이 점차 하강하는 사이를 말하며, 썰물이라고도 한다. 일반적으로 반일주조(Semidiurnal Tide)에서는 창조지속시간(Duration of Flood)과 낙조지속시간(Duration of Ebb)이 각각 6.21시간으로 하지만 이 시간은 비조류흐름(Nontidal Flow) 때문에 매우 불규칙적이다.

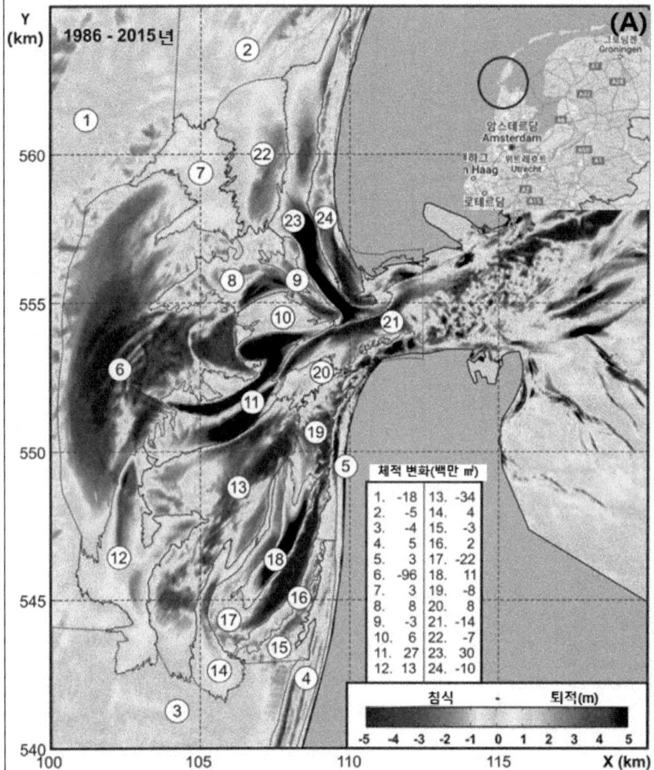

지역명	왼쪽 그림의 원(圓)숫자	체적 변화 (백만 ㎥) (B)		
		+	-	순(純)
ETD*전면(前面)	6,7	3.4	-95.9	-92.5
Noorderhaaks	8,9,10,11	41.6	-2.8	38.8
NUN*	22,23,24	30.9	-17.8	13.1
Marsdiep	20,21	8.8	-14.8	-6.0
Nieuwe Schulpengat	14,15,16,17,18,19	16.8	-33.5	-16.7
Schulpengat	13	0.0	-34.0	-34.0
Zuiderhaaks	12	13.0	0.0	13.0
NH*해안	4,5	8.6	-1.1	7.5
해안 충빈(沖濱)	1,2,3	5.9	-33.0	-27.1
Total		129.0	-232.9	-103.9
ETD 남(南)	4,5,12,13,14,15,16 17,18,19,20,21	47.2	-83.4	-36.2
ETD 중앙	6,7,8,9,10,11	45.0	-98.7	-53.7
ETD 북(北)	22,23,24	30.9	-17.8	13.1

* ETD: 낙조 삼각주, NH: 노스홀랜드(North-Holland) 해안, NUN: 노오더하크스(Noorderhaaks) 사주의 북쪽 확장

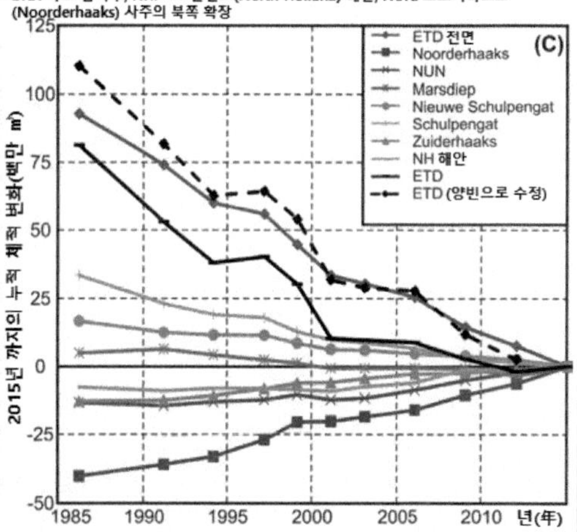

(1) 폐쇄 전(1932년 이전) (2) 적응(1932~1975년) (3) 침식 평형 상태(1975~2001년)

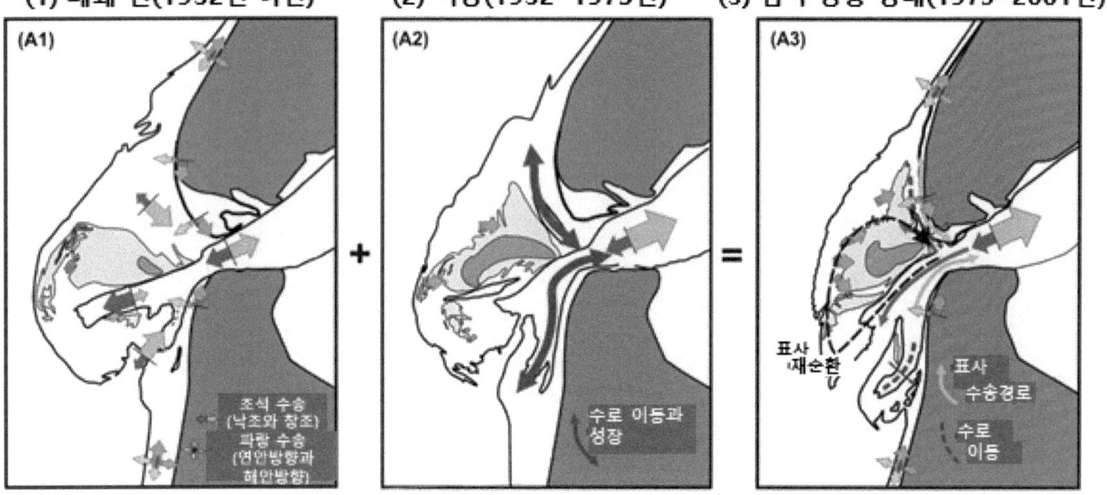

【(A): 다양한 기능 요소를 나타내는 침식 퇴적물 지도와 위치도((A)의 왼쪽 위), (B): 다양한 요소와 시스템 전체의 수지(收支) 변화, (C): 시간 경과에 따른 2015년까지의 지역별 퇴적물 누적 체적 변화량, (A1)~(A3): 1932~2001년 퇴적물 이동 상황,】

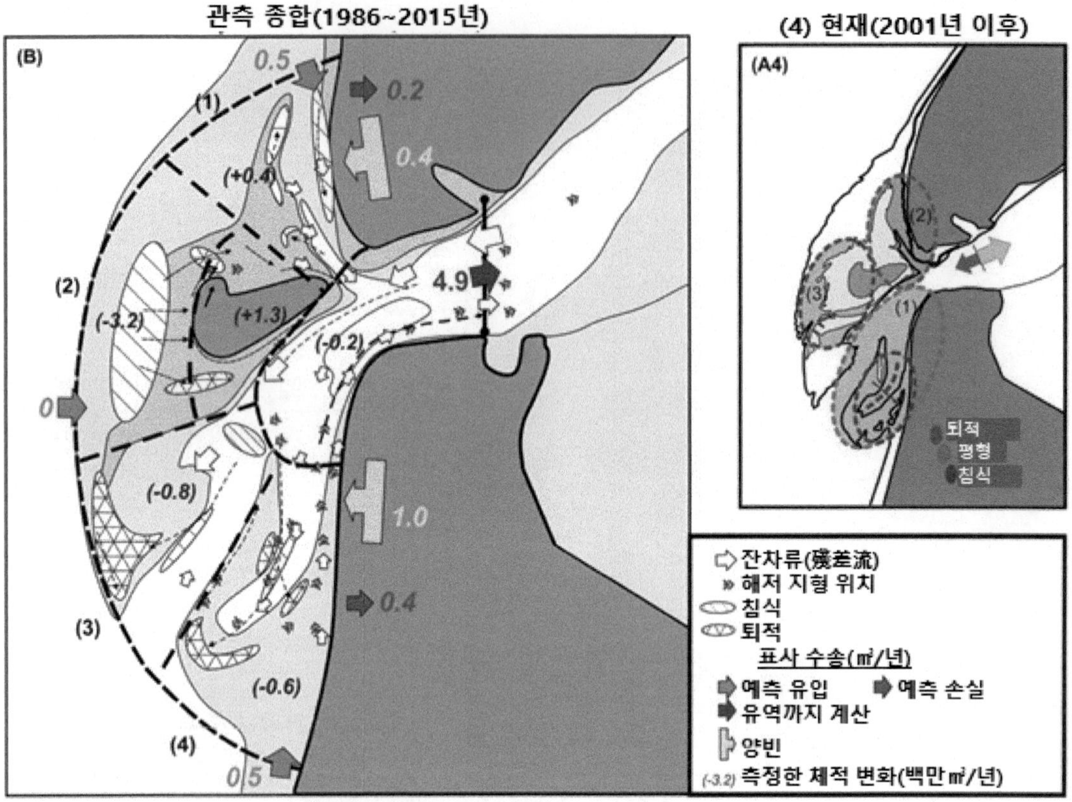

【(B) 및 (A4): 퇴적물 수지 분석의 종합, 확보한 수지에 대한 이해는 해당 지역의 양빈 전략을 정의하고 개별 양빈 체계를 설계하는 데 사용되었다.】

【그림 내 색상을 정확히 구별하려면 출처를 참고 바란다】

그림 3.36 1985~2015년까지 네덜란드 텍셀 유입구(Texel Inlet)에 대한 퇴적물 수지 분석 종합

통계 분석은 시작과 끝의 연도 및 시간 간격이 경향의 정량화와 자연적인 변동성의 특성에 영향을 미치기 때문에 경향과 중첩된 변동을 객관적으로 파악하는 데 도움이 된다. 데이터가 부족한 경우 비교 평가 및 모델링을 포함한 여러 기술이 비슷한 분석을 제공할 수 있다(모델의 수단은 '2.3.6 해빈과 사구의 설계 중 (9) 도구 및 기존 설계지침서' 참조). 일반적으로 퇴적물 수지 분석을 통해 결정되는 퇴적물 수지의 순 변동은 측정의 정확도 및 퇴적물 체적 변화에 대한 인위적 개입의 영향과 연결된 내적 불확실성을 가지고 있다. 일반적으로 이러한 분석은 넓은 면적에 대하여 실시하므로, 상대적으로 작은 규칙적인 수직 측정 오차로 인해 총퇴적물 수지의 50~100%의 오차가 발생할 수도 있다. 다중적(多重的)인 장기 관찰 및 적절한 분석 방법을 통하여 입증된 규칙적 오차의 영향과 가중치를 줄임으로써 퇴적물의 불확실성을 줄일 수 있다.

(3) 해빈 및 사구의 서식지 평가

해빈 및 사구에 대한 연안 자연-기반 해법(CNbS)의 타당성을 평가할 때는 생태계와 제안된 관심 지역의 생태적 기능 및 서비스, 그리고 제안된 모래 채취지(있는 경우)를 파악하는 것이 필수적이다.

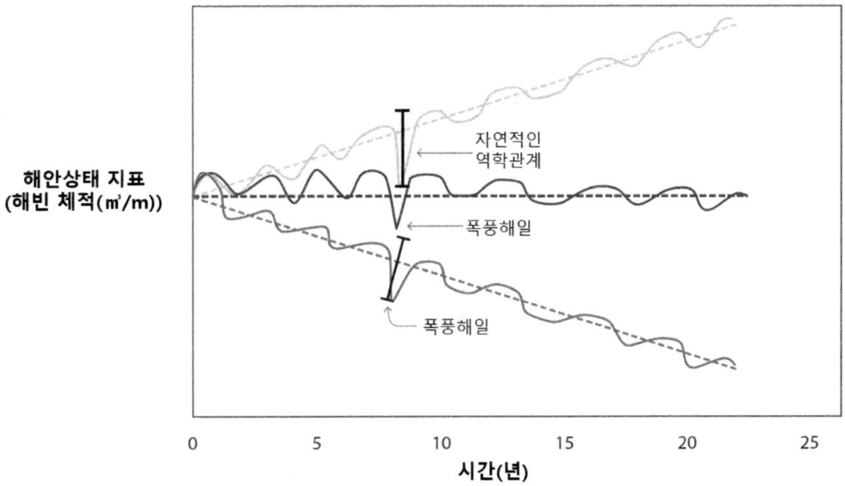

【윗선(연한 회색 선)은 자연적인 역학관계(파랑과 연안류)로 시간과 경과가 함께 증가하는 해빈의 체적(퇴적), 아래선(회색 선)은 폭풍해일이 내습할 때(해빈의 퇴적물을 외빈 또는 원빈으로 이동시킴) 일시적으로 감소하는 해빈의 체적(침식), 중간선(검은 실선)은 윗선과 아래선을 합친 실제 해빈의 체적을 나타낸 선이다.】

그림 3.37 해안 상태 지표로서 퇴적물 체적 변화의 단기 변동과 장기 경향을 나타내는 해빈 체적의 개념에 대한 시계열

생태계는 서식지와 그곳에 있거나 장래에 발견될 수 있는 종으로 구성된다. 해빈, 사구 및 채취지(採取地)는 광범위한 해양 및 육지 동식물의 서식지를 제공할 수 있다. 그림 3.38은 온대 지역의 전형적인 해빈과 사구 생태계의 구성요소를 나타낸다.

근빈(近濱)은 식물성 플랑크톤과 동물성 플랑크톤이 난류(亂流)를 이용하여 서식하는 생산적인 생태계이다. 고농도의 플랑크톤은 조개류(큰 초(礁)를 형성할 수 있음) 및 어류와 같은 다른 종을 유인한다. 반대로 해빈은 대부분 식물과 동물 종에게 너무 가혹한 조건이다. 연체동물(조개, 가리비 등)과 같은 일부 굴(窟)을 파는 생물만이 모래 해빈 생태계에 서식한다(Cater 1988). 일부 규조(珪藻) 식물 개체군은 모래 해빈에 생존할 수 있지만 약간의 1차 생산만 가능하다. 바다의 영향을 받지 않는 멀리 떨어진 곳에서는 겨잣과(科)의 초본(Cakile Maritima)이나 명아줏(Goosefoot)과(科)의 각종 식물과 같은 선구 식물(先驅植物) 종이 서식할 수 있다. 퇴적물이 바다 잘피와 볏과(科)의 잡초를 동반하면 모래를 포집하여 미발달된 사구가 성장하기 시작한다. 폭풍(태풍)이 몰아치는 동안 침식되지 않으면 이러한 미발달된 사구는 높아져, 전사구(前砂丘)를 형성하여 매우 안정적으로 변하면, 배후 지역을 침수로부터 방어할 수 있다. 사구 지형 아래에 강우가 모이면 상당한 담수(淡水) 렌즈(Freshwater Lens)가 생성된다. 지표면(地表面)이 지하수위와 만나는 곳인 사구 슬랙(Slack)은 특징적인 생물 다양성을 갖는 식물 군집과 함께 발생한다. 시간이 지남에 따라 유기물이 축적되어 영양염류[181](Nutrient, 營養鹽類) 함량이 증가하여 많은 천이계열(遷移系列) 종이 정착(定着)할 수 있다. 특히 고정되고 오래된 배후사구(背後砂丘)(회색 사구)에서는 조건이 덜 가혹하여 초지대(草地帶)가 형성된다(토끼나 가축을

181) 영양염류(Nutrient, 營養鹽類): 식물플랑크톤이나 해조류의 골격물질을 구성하고 그것들의 유기물질 합성에 제약요인이 되는 규산염(Silicate), 인산염(Phosphate), 질산염(Nitrate), 아질산염(Nitrite) 등을 총칭해서 영양염류라고 한다. 해양에서 영양염류의 수직분포는 표층 쪽이 적고, 저층 쪽이 많다. 그것은 표층에서는 식물플랑크톤에 의해 소비되고, 저층에서는 표층의 생물 또는 그 사체가 침강해서 박테리아에 의해 분해되어 영양염류가 풍부해지기 때문이다.

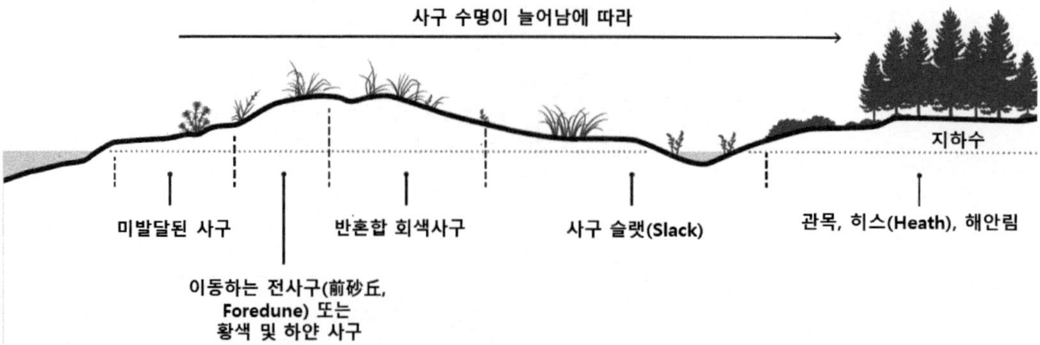

그림 3.38 자연적인 연속(수명의 증가)에 대한 사구 서식지의 개략적인 그림

방목(放牧)하는 경우가 많다). 방목하지 않으면 관목(예: 나무딸기속(屬)의 식물(Bramble) 또는 산사나무(Hawthorn))과 결국 나무(예: 오리나무(Alder) 또는 참나무(Oak))가 잔디 종을 대체한다. 이러한 서식지가 어디에서 어떤 형태로 발생하는지 결정하는 물리적 과정에는 모래 수송, 솔트 스프레이[182](Salt Spray), 퇴적물 및 지하수의 화학적 조건(예: 칼슘 함량), 해수와 지하수의 상대적 영향, 영양염류 효용성이 포함된다. 지속 가능한 해빈과 사구 생태계는 건전한 서식지와 자연적 과정이 필요하다. 건전한 서식지가 존재하면 일반적으로 적절한 종의 조합이 뒤따른다. 번성한 생태계가 되게 지원하려면 다음 사항을 권장한다.

- 높은 영양염류 수준을 피한다.
- 자연적 사구의 역학관계(예: 분출(噴出) 시 모래의 재활성화)를 허용한다.
- 초기 자연천이(自然遷移) 단계에서 적합한 서식지를 제공하는 데 필요한 생태적 연결성을 촉진한다.

자연-기반 해빈·사구시스템을 계획하고 조성할 때 일반적인 사회적 관점의 요구 사항은 식재, 파종 또는 지원 종의 재군체화(再群體化)가 일반적인 동물과 식물의 정착을 지원해야 하는 여부를 결정한다.

2) 사회경제 및 거버넌스 측면

일반적으로 해빈과 사구는 퇴적물을 공유하는 형태적 단위 또는 지형의 계층 구조를 포함하는 대규모 연안 시스템 또는 해안지대의 일부이다(Cowell 등. 2003, French 등. 2016a). 이 시스템은 자주 여러 이해관계자와 관리기관이 혜택(이익) 실현과 프로젝트 거버넌스에 영향을 미친다. 연안 자연-기반 해법(CNbS)에 대한 프로젝트의 혜택(이익)은 시간이 지남에 따라 실현될 것이며, 이로 인한 자금조달과 허가 문제가 발생할 수 있다. 따라서 사회경제적 및 거버넌스 시스템의 공간적·시간적 규모는 물리적 시스템 규모가 어떤 차이가 있는지, 해빈과 사구시스템의 실행 및 관리에 미치는 영향을 평가하고 인식하는 것이 필수적이다. 예를 들어, 양빈 해빈은 연안 순(純) 퇴적물 수송으로 양빈 해빈의 하류(Downdrift) 쪽에 있는 해빈에 퇴적물을 공급한다. 예를 들어, 공간적으로 모두 양빈 해빈의

182) 솔트 스프레이(Salt Spray): 해안 근처의 식물 및 기타 생물 군집에 영향을 미치는 중요한 비생물적 압박으로써, 솔트 스트레스는 환경의 과도한 이온만을 의미하지만, 특히 해안가에서는 Na+ 및 Cl- 이온의 양이 증가한다.

하류 쪽에 있지만, 양빈 해빈에 가까이 있는 지역사회 A와 이보다 멀리 떨어져 있는 지역사회 B로의 이러한 퇴적물 수송은 지역사회 A의 손실과 지역사회 B의 혜택(이익)으로 인식될 가능성이 크다(모두 처음에는 양빈 해빈의 혜택(이익)을 받지만, 시간이 지남에 따라 지역사회 A의 퇴적물은 침식되어 지역사회 B로 수송되기 때문이다). 장기적으로는 두 지역사회 상류(Updrift) 쪽인 양빈 해빈의 혜택(이익)을 받지만, 혜택을 받는 시간적 규모는 다르다. 이 같은 경우는 해안과 사구에 대한 연안 자연-기반 해법(CNbS) 프로젝트의 의도하거나 의도하지 않은 악영향으로 인해 육지 쪽으로 부는 바람이 모래를 증가시키는 경우, 해안 유출구(Outfall)를 확장해야 하는 경우, 안전한 운항을 유지하기 위해 준설을 강화해야 하는 경우가 이에 해당한다.

3.2.5 해빈과 사구의 목표 및 지표

침수와 침식에 대한 연안 레질리언스를 위한 연안 자연-기반 해법(CNbS) 프로젝트의 경우, 프로젝트의 전략목표, 운영 목표 또는 전술 목표를 파악하는 것이 필수적이다(Lodder 등. 2020, Marchand 등. 2011). 일반적으로 전략목표는 연안 개발에 대한 장기적인 비전을 반영한다. 이 비전은 지속 가능한 개발에 대한 일반적인 아이디어를 기반으로 하며, 이상적으로는 자연 및 사회경제 시스템의 상호 의존성을 나타낸다. 전략목표의 예로는 다음과 같다.

- 지속 및 유지 가능한 침수 방지와 사구 및 해빈 시스템의 기타 기능
- 사회적으로 허용할 수 있는 침수 리스크
- 완벽하게 기능하며 자립할 수 있는 생태계
- 레크리에이션 가치 증가 또는 유지
- 레질리언스를 갖는 연안 지역사회

전략목표를 수립하지 않은 채 연안 자연-기반 해법(CNbS)의 적용이 필요할 수 있는 이유가 있는데, 다음과 같다. (i) 해빈·사구 시스템의 만성적(慢性的) 침식, (ii) 침입종(侵入種)으로 인한 사구 생태계의 퇴화(退化), (iii) 해빈의 퇴적물 유입 부족이다.

운영 목표는 전략목표를 달성하기 위해 무엇을 해야 하는지 더 자세히 나타낸다. 이는 서로 다른 전술 간의 선택을 의미하므로 운영 목표는 전술 목표라고도 부른다(Marchand 등. 2011, Garel 등. 2014). 운영 목표는 성능 지표(또는 해안 상태 지표)와 운영 의사 결정 및 적응 관리를 지원하기 위한 벤치마킹 및 평가 절차를 사용하여 SMART(특정(Specific), 측정 가능(Measurable), 달성 가능(Achievable), 관련성(Relevant) 및 기간이 정해져 있는(Time-bound)) 평가를 할 필요가 있다. 다음은 해빈·사구 시스템에 대한 운영 목표의 예이다.

- 사구 저항력을 유지한다(즉, 사구의 횡단면(橫斷面)이 저항할 수 있어야 하는 설계 사건(고파랑, 폭풍해일 등)).
- 특정 사구 서식지를 동적(動的)으로 유지 관리한다.
- 해안방향(Cross-shore) 해빈과 사구의 체적을 동적으로 유지한다.
- 리스크 임계점 또는 감소 목표 지정(예: 연간 예상 피해액은 일반적으로 사용되는 리스크 지표이다).

- 지정된 레크레이션 해빈 구역을 유지한다.
- 해안 폭풍(태풍) 피해 리스크 감소(프로젝트 수명 동안 가장 경제적인 혜택(이익)을 제공하는 계획)를 최적화한다.

1) 목표에서 관리 전략까지

연안 자연-기반 해법(CNbS)인 해빈 및 사구 프로젝트의 목표가 설정되면 정의된 목표('3.1.3 중 6) 연안 자연-기반 해법(CNbS) 체계의 단계(Phase) 내 스텝 중 (2) 계획 단계(Planning Phase)(스텝 3~5)' 참조)를 충족하기 위한 관리 전략을 파악해야 한다. 해빈·사구 시스템에서 가장 적절한 관리 전략은 아래의 네 가지 종류 중 하나이다.

- 방재선(防災線)을 전진시킨다. 육지 지역을 바다 쪽으로 확장하기 위해서는 새로운 방재선을 계획한다.
- 방재선을 유지한다. 즉, 현재 방호선의 정렬을 유지한다.
- 후퇴, 역행(逆行) 또는 재배치 관리. 해안선을 합의된 위치로 육지 쪽으로 이동할 수 있다.
- 아무것도 하지 않는다. 즉, 적극적인 개입을 계획하지 않는다.

관리 전략은 (변경) 목표, 재정 예산 변경 및 장래 조건 등 여러 요인에 따라 지역적으로 다를 수 있으며 시간이 지남에 따라 변화될 수 있다. 예를 들어, 그림 3.39에 나타낸 영국 남부 해안의 풀베이(Poole Bay)와 크라이스트처치 베이(Christchurch Bay) 지도에는 단기, 중기, 장기 검토 사항에 따라 공간적으로 다양한 연안 관리 전략이 표시되어 있다. 이 전략은 관리형 재배치(적극적인 후퇴)와 방재선의 전진을 포함하며, 두 극단적인 유형은 크라이스트처치 베이 주변의 한 정책 단위에서 서로 나란히 발생한다. 또한, 시간이 지남에 따라 전략을 조정할 필요가 있을 수 있다. 이상적으로 적응적인 강력한 해안 계획으로 이러한 조정을 할 수 있다. 적응형 계획은 의사 결정자가 사전적이고 단기적인 조치를 파악하는 데 도움을 주는 동시에 불확실한 장래가 전개될 때 시간이 지남에 따라 적응할 수 있도록 장래의 조치를 안내하는 유연한 체계를 수립할 수 있다. 적응형 계획 및 적응형 관리는 침수 리스크, 침식 완화 전략 및 관련 조치의 성공적인 실행에 매우 중요하다('3.1.7 연안 자연-기반 해법(CNbS)의 적응형 관리' 참조).

(1) 동적 적응형 정책 경로(DAPP)를 사용한 적응형 계획

동적 적응형 정책 경로(DAPP, Dynamic Adaptive Policy Pathways) 접근 방식(Haasnoot 등. 2013, deltares.nl 2019)은 장래 기후 및 사회경제 상황의 불확실성 아래에서 계획을 수립하는 검증된 방법이다. 동적 적응형 정책 경로(DAPP)의 핵심은 단기적으로는 선제적으로 계획하고, 장래가 전개됨에 따라 중장기적으로는 동적으로 대응하는 것이다. 동적 적응형 정책 경로(DAPP)는 불확실한 장래로 나아갈 때 정책 목표를 달성하기 위해 시간 경과에 따른 가능한 일련의 활동 또는 조치를 나타낸다. 향후 조치의 시기는 기후 및 사회경제적 경향을 모니터링하여 계속 적으로 평가한다. 여러 경로가 목표를 달성할 수 있으며, 이들 경로는 조건(예: 해수면) 변화에 따른 조치의 유통기한을 나타내는 교통지도의 인포 그래픽[183](Infographics)(그림 3.40 참조)과 같이 시각화한다. 여러 이해관계자

【범례의 색상을 정확히 구별하려면 출처를 참고 바란다.】

그림 3.39 지역에 대한 공간적으로 다양한 관리 전략을 보여주는 영국 남부 해안의 풀베이와 크라이스트처치 베이 지도

의 참여와 일련의 추가 검토 사항을 통해 선호하는 경로를 선택한다. 동적 적응형 정책 경로(DAPP)는 다음 7단계로 구성된 구조화된 방법이다(Haasnoot, Warren 및 Kwakkel 2019).

i) 의사 결정 맥락에서 계획 프로세스와 관련된 불확실성을 평가하고 의사 결정자 및 이해관계자와 함께 계획의 목표를 파악한다.

ii) 현재와 장래의 상황 변화에 따른 취약점을 평가한다. 적응 임계점과 적응 기회를 파악한다.

iii) 이해관계자의 참여를 통해 장래의 조건(예: 해수면)이 변화함에 따라 목표를 달성하기 위한 모든 잠재적 적응 조치를 확인한다. 전문가 지식과 가능한 경우 퀵 스캔 모델[184](Quick-scan Model)을 사용하여 이 세트를 높은 가능성의 조치로 좁힌다. 침수 리스크 구별을 위한 세부 모델을 사용하여 개별 조치와 조합된 조치의 적응 임계점을 결정한다.

iv) 결과를 사용하여 적응 경로를 개발한다. 이러한 임계점을 사용하여 적응 경로를 개발하고, 각

183) 인포 그래픽(Infographics): 정보, 데이터, 지식을 시각적으로 표현한 것으로, 정보를 빠르고 쉽게 표현하기 위해 사용되는 것으로, 표지판, 지도, 기술 문서 등에 사용되며 컴퓨터 과학, 통계학 등의 개념적 과학적 정보를 알기 쉽게 시각화하는 도구로도 사용된다.

184) 퀵 스캔 모델(Quick-scan Model): 조직 내 프로세스를 간략하게 검사하는 모델로 목표는 신속하고 철저한 분석을 통해 주요 기회, 병목 현상 및 개선 가능성을 파악하는 것으로 그 결과는 개선 구현 및 개선 프로젝트 시작을 촉발할 수 있다.

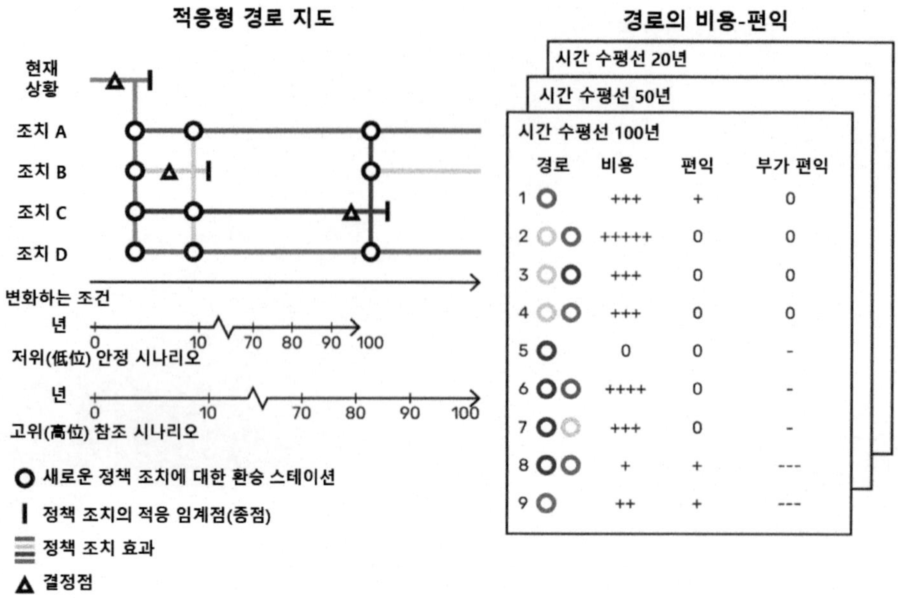

【x축은 변화하는 조건(예: 해수면 상승(m))이다. y축은 현상 상태 및 적응 조치를 나타내며, 각 선 색상은 서로 다른 조치를 나타낸다. 수직 검은색 단선(短線)(적응형 경로 지도의 종점)은 조건이 변화함에 따라 조치가 목표를 달성하지 못한 경우(즉, 적응이 임계점에 도달한 경우)를 나타낸다. 검은색 원(적응형 경로 지도의 환승 스테이션)은 목표 달성을 위해 정상적으로 실행할 수 있는 후속 소치에 대한 대안 선택을 보여준다.】

그림 3.40 비용과 편익을 나타내는 적응형 경로 지도 및 점수 카드

경로는 변화하는 조건에서 목표를 달성할 수 있는 실행 가능한 일련의 조치를 나타낸다.

v) 적응형 계획을 설계한다. 경로는 일반적으로 비용, 공동 편익, 실현 가능성, 지역사회 수용 및 생태적 영향에 관계된 맞춤형 기준 모음을 사용한 다중 기준 분석을 통해 평가한다. 이 평가는 선호하는 경로로 이어진다.

vi) 계획을 실행한다. 선호하는 경로를 선택하면 실행을 위한 재정적 및 정책적 요구 사항과 후회 없는 단기적 조치의 실행 및 설계를 시작한다.

vii) 모니터링 시스템을 설계한다. 변화하는 조건의 신호를 모니터링하는 것은 의사 결정자가 경로에서 다음 단계를 실현하는 과정을 시작해야 할 때 촉발(觸發)하기 때문에 동적 적응형 정책 경로(DAPP) 접근 방식의 핵심 측면이다.

동적 적응형 정책 경로(DAPP)와 같은 적응형 계획 접근 방식은 전통적인 계획 접근 방식에 비해 상당한 혜택(이익)이 있다. 적응형 경로는 장래 시나리오와 거의 무관하므로 계획에서 고려해야 할 시나리오를 둘러싼 정체(停滯)를 완화할 수 있다. 동적 적응형 정책 경로(DAPP)는 적응 임계점과 함께 작동하며, 이는 조건(예: 해수면 상승)의 변화를 수용할 수 있으면서도 지역사회의 목표에 도달할 수 있는 조치의 유통기한이다. 기후 시나리오는 임계점의 타이밍을 알려주며, 이는 계획의 새로운 또는 추가 조치를 실현해야 하는 시점이다. 새로운 기후 시나리오는 적응형 계획의 예상 시점에만 영향을 미친다. 동적 적응형 정책 경로(DAPP)는 허용할 수 있는 리스크 수준과 같은 지역사회 목표에 협력하여, 설계치(設計値)와 같거나 넘어서는 해수면 상승에 따라 목표를 어떻게 달성할 수 있는가를

평가함으로써 설계 사건을 예상한다. 적응형 경로는 조치 간의 의존성을 해명(解明)하고 상황에 몰입(Locked)됨을 확인함으로써 후회 없는 조치로 이어지도록 지원한다. 동적 적응형 정책 경로(DAPP)는 장래가 전개됨에 따라 지역사회가 변화하는 조건에 대응할 준비가 되어 있는지 확인하기 위해 강력하고 충분히 유연한 적응형 계획을 만든다. 동적 적응형 정책 경로(DAPP)는 특정 장래를 계획하는 것이 아니라 장래의 불확실성과 변화하는 조건에 대한 계획을 수용하고 기후 신호를 주의 깊게 모니터링하여 계획의 다음 단계가 필요한 시기를 결정한다.

(2) 뉴질랜드 연안역의 동적 적응형 정책 경로(DAPP)

뉴질랜드의 클리프턴 투 탱고리오 해안 위험 전략 2120(Clifton to Tangoio Coastal Hazard Strategy 2120) (hbcoast.co.nz 2020)은 여러 소규모 해안 지역사회가 지원하는 22 ㎞의 모래와 자갈이 섞인 해안을 따라 향후 100년 동안 연안 위험과 해수면 상승의 영향을 파악하고 대응하기 위한 체계적인 접근 방식을 나타낸다. 이 전략은 장기적인 계획과 의사결정을 위한 플랫폼을 제공한다. 전략(목표)의 비전은 연안 지역사회, 기업과 중요 기반 시설이 연안 위험의 영향에 레질리언스를 갖는 것이다. 목표는 장기적인(100년 이상) 접근 방식을 취하고 경제적, 환경적, 문화적, 사회적 문제를 해결하면서 지역사회에 가장 비용 효율적인 결과를 제공하는 선택지 또는 일련의 선택지를 파악하는 것이다.

자연 시스템, 해안침식과 침수 위험에 관한 종합적 연구와 리스크 평가 후, 이해관계자들은 동적 적응형 정책 경로(DAPP)의 접근 방식과 경로 생성 도구(deltares.nl 2019)를 사용하여 사회적으로 허

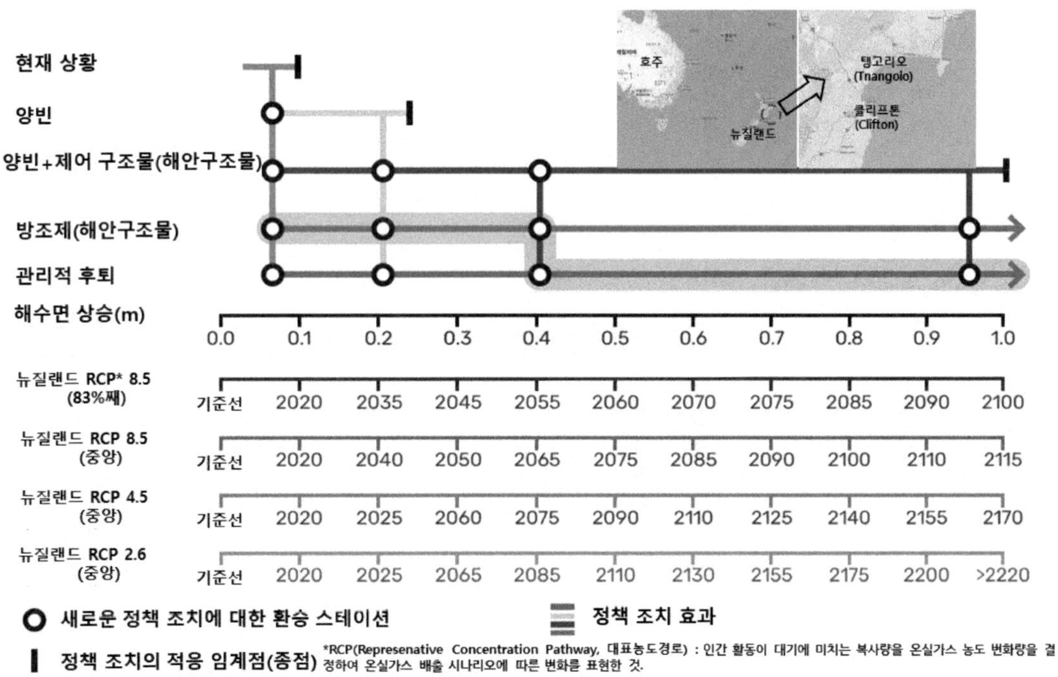

그림 3.41 뉴질랜드의 클리프턴(Clifton) ~ 탱고리오(Tangoio) 해안의 대표 농도 경로(RCP) 시나리오에 맞춘 해수면 상승-기반 정책 조치

용할 수 있는 경로를 도출하였다. 그림 3.41에 제시된 예시는 해안선 침식률이 상대적으로 높으므로 현재 상태를 유지하는 것이 허용되지 않는다는 것을 나타낸다. 가능한 경로는 양빈으로 시작한다. 양빈은 해수면 상승이 현재 수준보다 0.2 m 높을 때까지 지속 가능할 가능성이 높다. 현재 양빈은 퇴적물(모래) 구매비용과 구조물 비용의 균형을 맞추기 위해 제어 구조물(해안구조물)과 함께 비용 효율적으로 유지하여야 한다. 해수면 상승이 0.4 m 이상일 때, 선호되는 전략은 해안 가장자리에서 육지-기반 시설을 제거하는 후퇴를 관리한다(관리형 재배치). 그러나 양빈 또는 방조제 구조물은 최소 0.95 m의 해수면 상승에 대응하도록 설계할 수 있다. 연안 자연-기반 해법(CNbS)의 사용은 지역사회와 그들의 가치를 유지하면서 해안 가장자리에서 점진적인 후퇴를 촉진(促進)하기에 필요한 계획 변경과 대응을 시작할 시간을 제공한다. 회색 음영 경로는 클리프턴 지역을 위한 권장 경로로, 방조제를 포함하고 있으며, 단기적으로는 0~20년, 중기적으로는 20~50년 동안, 이 지역을 방재하고 장기적으로는 관리형 후퇴를 반복한다.

3.2.6 해빈과 사구의 설계

1) 설계 전개(展開)

전략목표와 운영 목표가 수립되면 다음 단계는 가능한 해법의 다양한 조합을 개발하고 평가한다. 이 단계를 통해 다양한 이해관계자가 공식화한 다양한 목적과 결과를 효과적으로 통합하여 의사결정 프로세스를 촉진한다. 프로젝트 설정 시 기존 조건과 해법의 원하는 기능은 주로 어떤 설계 선택을 할 수 있는가를 결정한다. 해빈 또는 사구의 설계는 의도한 기능(예: 해빈과 사구가 일차 방호(독립형) 역할 또는 추가 침수 방호(하이브리드 해법) 역할로 사용하는 경우)에 따라 다르다. 개념 설계[185](Conceptual Design) 단계에서는 해법의 공간 내에서 잠재적으로 상충하는 이해관계를 파악해야 한다. 예를 들어, 침수 방호에 도움이 되는 입경(粒經)이 비교적 큰 모래로 구성된 해빈 시스템은 사구 형성, 해빈 서식지 및 레크리에이션에는 적합하지 않을 수 있다. 그림 3.42는 서로 다른 전략을 반영한 해빈·사구 시스템의 관리를 위한 다음 세 가지 일반적인 개념 설계를 확인한다('3.2.5 해빈과 사구의 목표 및 지표 중 1) 목표에서 관리 전략까지' 참조).

- **후퇴, 역행**(Roll-back) **또는 재배치 관리**를 통해 해빈 시스템은 육지 쪽으로 이동할 수 있다. 이러한 전략의 일환인 양빈은 종종 해빈과 사구 시스템의 육지 쪽으로 이동을 지연시키는 것을 목표로 한다.
- **방재선의 유지**는 해빈 시스템에 모래를 양빈하여 해빈과 해안선의 위치를 유지하는 것이다.
- **방재선의 전진**은 해빈 시스템과 해안선이 바다 쪽으로 이동할 수 있는 충분한 퇴적물량을 해빈에 공급하는 것이다.

선택된 설계는 주로 관심 자원 및 관심 기반 시설과 해안선 간 해안 방향[186](Cross-shore)의 거

185) 개념 설계(Conceptual Design, 概念設計): 구체적으로 상세한 조건을 고려하지 않고, 기본적인 사항만을 고려하여 설계의 개념을 나타낸 설계를 말한다.

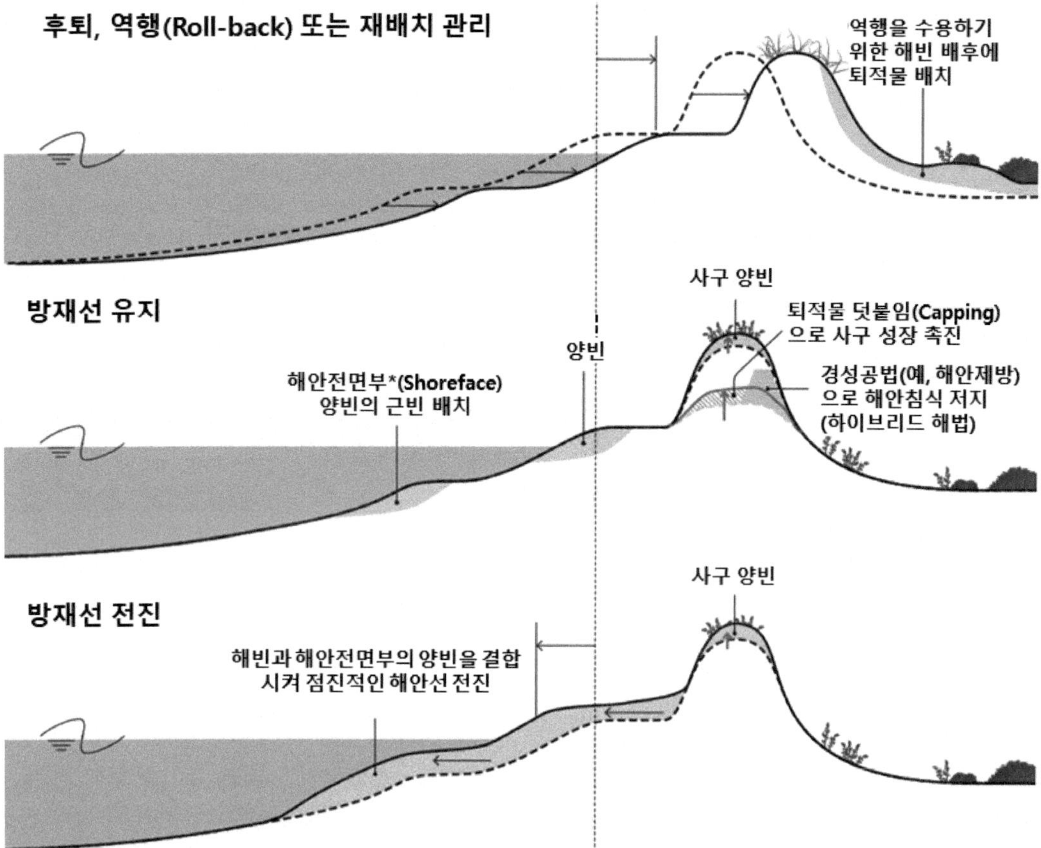

*해안전면부(Shoreface) :연안의 간조위(Low Water Level) 바깥 지역으로 전빈(Foreshore)으로부터 쇄파대를 지나 바다 쪽으로 좁은 지역이며, 폭(Width)은 파랑의 조건에 따라 다르고, 표사(Littoral Drift)가 있는 지역이다.

그림 3.42 해빈과 사구시스템을 위한 세 가지 일반적인 개념 설계

리, 해빈·사구시스템의 상태, 지역의 사용 목적에 따라 달라진다. 선택된 설계는 시간이 경과에 따라 개입이 증가하거나 감소하면서 이행(移行)할 수 있다. 예를 들어, 프로젝트는 후퇴로 시작하지만, 해안선 위치가 임계점에 도달하면 방재선 유지로 전환할 수 있다(그림 3.42 참조). 방재선을 유지할 수 없거나 해빈과 사구 배후에 자원이 재배치되었거나 가치가 낮다고 판단되는 경우 후퇴 설계 또는 아무것도 하지 않는 전략을 채택할 수 있다. 콘크리트, 지오튜브[187](Geotube) 또는 사석과 같은 침식 불가능한 재료로 만들어진 단단한 안전장치 구조는 초기 양빈 계획의 일부로 하거나, 시간이 지남에 따라 필요로 할 때 실행할 수 있다(그림 3.42 참조). 경성공법(硬性工法)과 같은 안전장치인 구조의 특징은 폭풍(태풍)이 발생할 때 최종 방재선이며, 이상적으로는 비교적 심한 폭풍(태풍)이 발생할 때만 사용하여야 한다. 또한, 방재선 전진의 설계를 위해, 바다 쪽으로의 진행은 기간이 소요되는 연속적인 양빈과 함께 완료할 수 있으며, 한 번의 건설 프로젝트 동안 반드시 해빈의 전체 폭으로 구축

186) 해안 방향(Cross-shore): 해안선과 법선(法線)인 방향을 말하며, 해안선과 평행한 방향을 연안 방향(Longshore)이라고 한다.
187) 지오튜브(Geotube): 다공성 내후성 지오텍스타일(Geotextile)로 만들어지고 모래 슬러리(Slurry)로 채워진 튜브 모양의 대형 백으로 방파제, 사구 또는 제방과 같은 인공 해안 구조물을 형성하며, 해안선에 배치되어 파랑에너지를 감쇠시키고 해안침식을 방지한다.

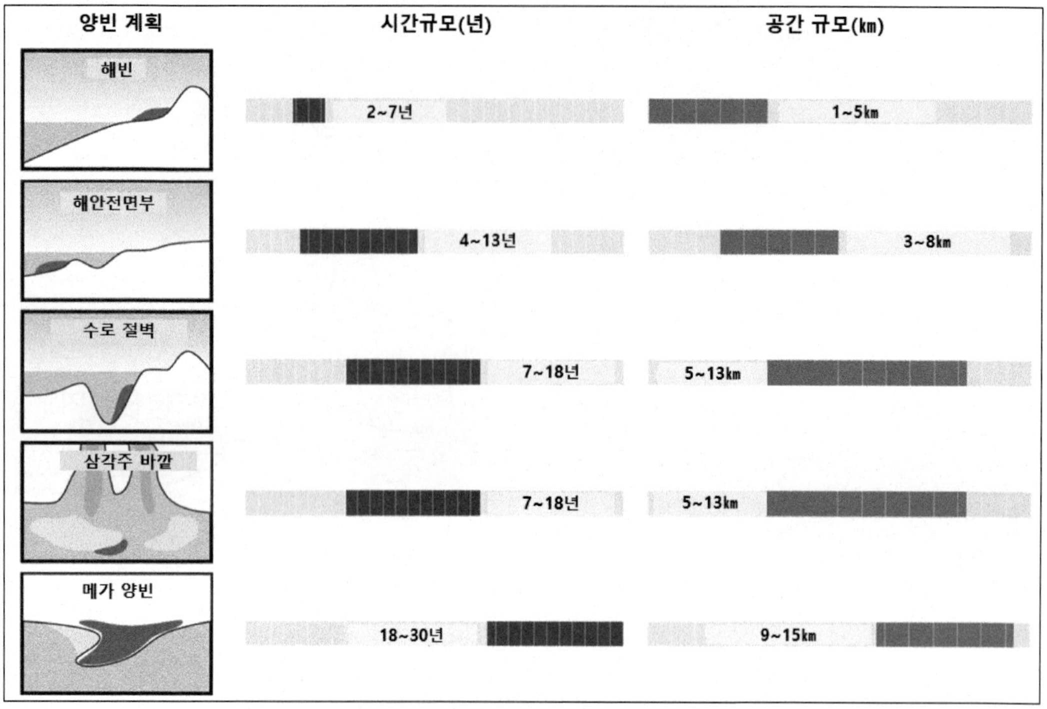

그림 3.43 다양한 양빈 계획의 공간 규모 및 시간 규모

할 필요는 없다(양빈은 해빈을 침식·퇴적 상황을 모니터링 후 전체 폭으로 구축할지 결정하므로). 세 가지 설계 모두에 나타나는 사구(그림 3.42 참조)는 자연 해빈과 사구시스템의 필수적인 부분이며, 해안 폭풍(태풍) 피해 감소와 생태계로서 함께 작동한다. 기존 시스템에 사구가 없거나, 역사적 또는 자연적 조건에 비교하여 적어진 상태인 경우, 사구 기능을 강화하거나 추가하는 것을 심각히 고려해야 한다(그림 3.42 참조). 각 설계의 다양한 구성요소는 개별 또는 조합으로 양빈을 할 수 있다. 예를 들어, 방재선을 유지하는 것은 마른 해빈(Dry Beach)과 사구에 양빈하는 것(또는 단지 양빈하여 사구만 조성)만으로도 가능할 수 있다(그림 3.42의 방재선 유지 참조). 마찬가지로 해안선 아래의 근빈(近濱) 양빈만 사용하여 시스템을 유지할 수도 있다. 이러한 변화는 시스템과 목표에 따라 달라질 수 있다. 대규모 양빈은 델타 및 네덜란드 샌드 모터('샌드 엔진'이라고도 함) 프로젝트와 같은 메가 양빈이 포함될 수 있다('4.2.5 네덜란드 (3) 샌드 모터(Sand Motor)' 참조, 그림 3.43 참조).

2) 설계 원칙과 변수

해빈과 사구의 기하학적 구조는 해안 프로세스와의 상호작용의 성질을 제어하고, 결국, 침식 리스크 관리(FRM) 용량을 근본적으로 지배한다. 해당 지역의 자연조건을 최대한 모방하거나 재창조하고, 다음 두 가지 원칙을 채택하여 자연적인 프로세스에 맞추며 유지보수에 관한 필요 사항을 줄이는 것이 좋다.

- 부자연스러울 정도로 높은 마루(Crest)를 갖는 해빈을 조성하지 않는다. 해빈 폭이 증가하지 않는 한, 마루의 높이를 높이면 해빈 단면의 경사가 증가하여, 파랑을 소산(消散)시키는 해빈의 특성을 감소시켜, 폭풍(태풍)이 몰아치는 동안 해빈의 급경사 및 벼랑과 같은 영향으로 이끌며, 퇴적물의 원빈(遠濱)(그림 3.42 참조)으로의 이동을 촉진한다.
- 정적인 시스템을 만들려고 시도하는 대신, 어느 정도 단면의 발달(發達) 과정을 허용하도록 해빈을 설계한다. 이러한 자유도(自由度)는 폭풍(태풍)과 기후변화와 같은 압박에 대한 적응력을 높여 레질리언스를 향상하는 기본 설계의 관심 사항인 해빈 경사도, 체적 및 폭에 집중하면 마루높이가 자연스럽게 높아진다. 이 접근 방식은 폭풍(태풍)이 발생하는 동안 일부 월파의 발생을 허용한다. 특정 상황에서는 월파를 허용할 수 없지만, 적절한 조건이 존재하는 경우 이 접근 방식은 마루의 증고(增高) 및 후퇴와 같이 해빈 진화(進化) 및 적응에 중요한 프로세스를 촉진하고 자연회복을 진행한다. 인위적으로 마루를 높이지 않고 광범위한 단면을 전개할 수 있어, 필요한 경우 인위적인 제약을 제거하면 해빈과 사구대(砂丘帶) 간의 연결성도 개선할 수 있다. 연결성이 개선되면 해빈과 사구의 레질리언스가 향상되고 많은 침식 리스크 관리(FRM), 생태적, 사회·경제적 혜택(이익)을 제공하는 지속 가능한 시스템이 구축된다.

'3.2.4 사구와 해빈의 개념적 시스템 이해'와 '3.2.5 해빈과 사구의 목표 및 지표'를 바탕으로, 연안 침수 및 침식 리스크 감소와 레질리언스를 위한 연안 자연-기반 해법(CNbS)의 조치로 해빈과 사구를 포함할 때 다음과 같은 주요 설계 매개변수를 고려해야 한다.

- 입경(粒經)
- 해빈 경사
- 활성(活性) 단면 높이
- 현장에서의 체적
- 폭
- 제어 구조물
- 서식지 형태

보전, 환경 개선 및 레크리에이션과 같은 기타 요구 사항은 추가적인 고려 사항으로 필요하다. 다음의 (1)~(7) 장에서는 위에서 언급한 연안 자연-기반 해법(CNbS)의 해빈 및 사구 시스템의 설계 변수를 결정하기 위한 접근 방식을 요약한다.

(1) 입경(粒經)

해안선의 지질학과 퇴적학에서, 특히 양빈 입경은 해빈과 사구의 형태에 많은 영향을 미치므로 양빈과 채취구역(採取區域) 선택에 대한 계획·설계 시 정보를 제공해야 한다. 자갈 해빈은 불연속적인 버엄(Berm)과 능선, 가파른 경사를 가진 단면을 갖지만, 모래 시스템은 일반적으로 경사가 완만하다(예: CIRIA 2010). 이러한 이해를 통해 엔지니어는 설계 시 자연조건을 모방하고, 필요한 경우 적절한 채취 지역을 파악해야 한다.

자연적인 퇴적물의 입경, 분급작용[188](分級作用) 및 밀도를 본뜬 해빈과 사구 설계는 실행 후 해안

188) 분급작용(Sorting, 分級作用): 성질(크기, 모양 혹은 비중)이 유사한 퇴적물끼리 운반과정 중에 선별되는 과정을 일컫는데, 즉 퇴적물은 성질이 유사한 것끼리 자연적으로 모이게 되는데 이러한 현상이 일어나는 역동적 과정을 가리킨다.

생태계의 복원을 지원한다(예: Van Tomme 2013, Winnard 2012). 모래 해빈과 사구 시스템의 경우, 훨씬 미세한 퇴적물을 포설(鋪設)하면, 양빈 모래가 빠르게 유실될 수 있다('(4) 현장에서의 체적' 참조). 지나치게 거친 퇴적물은 레크리에이션, 안전 및 환경에 부정적인 영향을 주게 되어 원치 않는 가파른 해빈(예: 즉, 해빈 상태의 변화, Wright와 Short 1984)을 형성할 수 있다(예: Hearin 2014). 양빈의 입경분포는 모래 해빈의 생태계에도 영향을 미칠 수 있으며, 지나치게 거친 양빈은 저서성(底棲性) 생물군에 악영향을 미친다(Van Tomme 2013). 조간대 해빈에 너무 거칠거나 미세한 퇴적물($75\mu m(=75\times10^{-6}m)$이하)을 포설(鋪設)하면 풍성퇴적물(風成堆積物)의 수송 능력이 감소하여 사구 퇴적물의 퇴적을 감소시킬 수 있다. 풍성퇴적물 수송 및 퇴적물의 변화는 사구 식생의 종 구성에 변화를 일으켜 사구 생태계도 변화시킨다. 예를 들어, 부화한 바다거북이 서식하는 모래 해빈의 경우, 거북이 번식 성공률과 성별의 원치 않는 변화를 피하고자, 채취구역의 추가 퇴적물 특성(예: 5% 미만의 색상 변화율 및 미립자(微粒子) 비율)은 기존 해빈의 자연적인 퇴적물과 일치시켜야 한다(Koch, Forest, Branty 2011). 이러한 추가 조건은 미국 플로리다 해안에 적용된다. 프리스트라스, 베르코위츠와 반조메렌(Priestas, Berkowitz와 Vanzomeren 2019)은 호퍼 준설선[189](Hopper Dredger)를 사용한 준설 및 포설과정에서 퇴적물 색상의 변화와 미립자 비율을 연구하였다. 결과에 따르면 호퍼 준설선의 준설 과정은 색상을 변경하고 미세 퇴적물의 양을 줄여 채취 구역의 퇴적물 특성에 대한 요구 사항을 맞출 수 있음을 알 수 있었다.

이동성이 적은(거친) 퇴적물을 사용할 경우, 얻을 수 있는 잠재적 혜택(이익)은 일반적으로 프로젝트 지역에 오래 남아 있어(이동성이 많거나 미세한 퇴적물에 비해), 폭풍우(해안방향(Cross-shore)으로 침식이 적다)동안 나은 성능을 발휘한다. 이러한 혜택(이익)은 연안 자연-기반 해법(CNbS)의 해빈·사구 시스템에 대한 설계 고려 사항이 될 수 있지만('(4) 현장에서의 체적' 참조), 퇴적물의 입경이 너무 크면 투과성이 증가하여 파랑이 해빈을 통과할 수도 있다.

(2) 해빈 경사

양빈 해빈의 단면은 일반 적으로 사구, 해빈의 버엄, 해빈(전빈) 경사로 구성된 기하학적 형태이다. 기존 해빈·사구 시스템의 양빈을 고려할 때 목표는 입경, 파랑 및 조석 조건에 따라 해안 방향(Cross-shore)의 단면 경사가 달라지는 비교적 안정적인 평형 해안[190](平衡海岸) 방향의 단면을 설정한다. 평형단면은 라이트와 쇼트(Wright 및 Short, 1984)의 해빈 분류 체계에서 볼 수 있듯이 계절에 따라 지형이 달라지는 일시적으로 동적 단면일 수 있다. 해빈에서는 지형의 변화가 자연스러워, 정적 또는 균일한 단면을 기대하는 것은 비현실적이다. 동수역학적 강제력과 결합한 사용 가능한 퇴적물의 종류를 사용하여 예상 해빈 경사를 결정할 수 있다. 조간대 해빈 경사면과 퇴적물 입경 사이의 연관성은 이전 연구에서 관측하였다. 해빈 경사면이 퇴적물 입경과 해빈 노출의 함수라는 것을 발견한 바스콤(Bascom 1951)과 비겔(Wiegel 1964)의 그래프를 그림 3.44(McFall, 2019)의 전 세계의 추가 데이터를 포함하여 확장하였다. 파고와 파향을 사용하여 해빈 노출을 정량화하였고, 노출, 적당한 방재 또는 완전한 방재되는 것으로 구분하였다(Mangor 등. 2017).

189) 호퍼준설선(Hopper Dredger): 버킷 준설선 또는 자항식 펌프 준설선의 선체 일부에 토창(Hopper)을 설치하여 토운선을 사용하지 않고 자신이 스스로 사토장(捨土場)까지 항행하여 토사를 버리는 준설선을 말한다.

190) 평형 해안(平衡海岸): 해안에서 침식과 퇴적작용이 거의 비슷하여 오랜 시간 동안 변화가 없는 해안을 말하며, 보통 경사가 완만한 사빈(砂濱)이 발달해 있다.

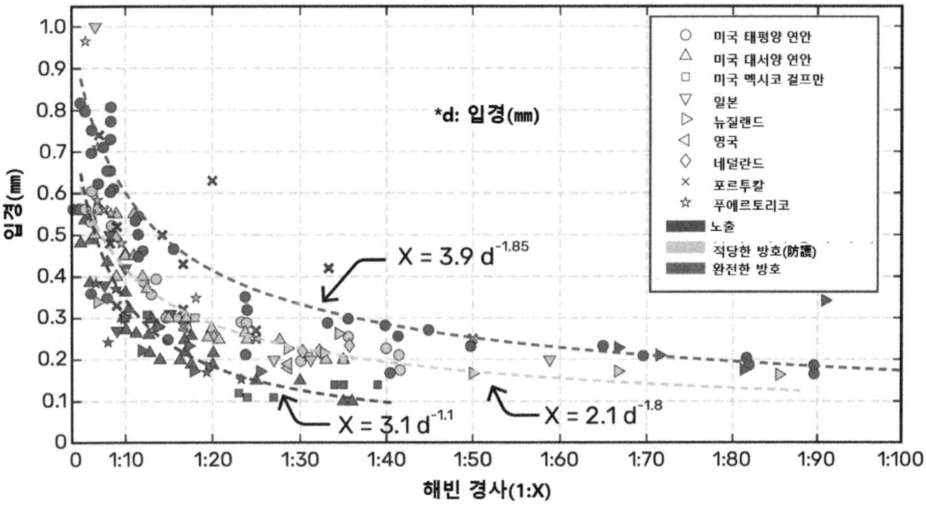

【범례의 색상을 정확히 구별하려면 출처를 참고 바란다.】
그림 3.44 조간대 모래 해빈의 입경-해빈 경사 관계(전 세계의 데이터 포함)

(3) 활성 단면 높이

활성 단면 높이는 해빈의 마루(사구가 있는 경우)로부터 한계수심[191](Depth of Closure)까지의 수직 거리이다. 해빈의 마루는 일반적으로 파랑 에너지와 스워시[192](Swash) 높이에 따른 해빈의 노출에 따라 최고극천문조위[193](Highest Astronomical Tide: HAT) 상 0.5~1.5 m 사이로 다양하다. 사구 높이는 다양한 장소별 조건에 따라 1 m에서 수십 m까지 변동한다. 한계수심은 해안 프로세스(즉, 파랑 작용)로 인해 단면 변동이 크게 일어나지 않는 수심이다. 연안 자연-기반 해법(CNbS)의 계획 일부로 공급되거나 이동된 퇴적물은 활성 단면에서 재분배될 수 있으므로 한계수심의 위치에 대한 지식은 가치가 있다. 반면, 이 지점(바다 쪽으로)을 넘어서 이동하는 모든 물질은 더 이상 동적 연안 시스템의 일부가 아니다. 이용할 수 있는 경우 과거 해빈 단면 정보를 사용하여 활성 해빈 단면의 규모와 범위를 알아야 한다. 그러나 많은 지역에서 정보가 제한되어 있어 다른 경험적 방법을 사용하여 평형단면[194](Equilibrium Profile)과 한계수심을 평가할 수 있다. 할러마이어(Hallermeier) 방법은 일반적으로 파랑 데이터만을 기반으로 한계수심을 결정하는 데 사용한다(Hallermeier 1981). '네덜란드 해안의 한계수심 설정'은 한계수심을 설정하는 방법을 아래에 설명한다. 구한 값은 상당한 공간적 및 시간적 변동성을 나타낼 수 있다.

191) 한계수심(Depth of Closure): 파랑이 심해에서 해안으로 진행할 때, 수심이 깊은 곳에서는 해저에 쌓여 있는 저질이 움직이지 않지만, 수심이 얕아지면 물 입자 운동으로 바닥의 저질이 움직인다. 이와 같이 파랑 작용으로 지형 변화가 일어나지 않은 위치에서의 수심을 한계수심(Depth of Closure)이라고 한다. 해저질(海底質)의 이동 한계수심은 주로 파고에 따라 달라지나, 저질의 입경과 파랑의 주기에 따라서도 변한다. 저질의 입경과 파랑의 주기에 의한 영향은 파고에 비해 작지만, 저질의 입경과 파랑의 주기가 커짐에 따라 이동 한계수심도 증가한다. 일반적으로 이동 한계수심은 5~12 m 정도로 알려져 있다.

192) 스워시(Swash): 파의 처오름과 처내림을 함께 일컫는 말로써 해안선에서 파랑이 해빈면을 따라 밀려 오르는 현상을 일컫는다.

193) 최고극천문조위(Highest Astronomical Tide: HAT): 조석현상에서 발생할 수 있는 가장 높은 조위로 태음(太陰)의 주기인 18.6년마다 발생하는 최고의 조위를 말하며, 조석 현상이 뚜렷한 연안에서는 항해, 연안 구조물 설계, 해양영토 획정, 침수범람 예보 등을 위해 여러 조위 기준면이 사용된다. 국제수로기구(IHO)는 1997년에 해도의 기준면으로 최저 천문조위(Lowest Astronomical Tide, LAT)를 사용할 것을 결의하였다.

194) 평형단면(Equilibrium Profile): 일정한 파를 오랜 시간 동안 작용시켜 평형상태에 도달한 해빈의 단면을 말한다.

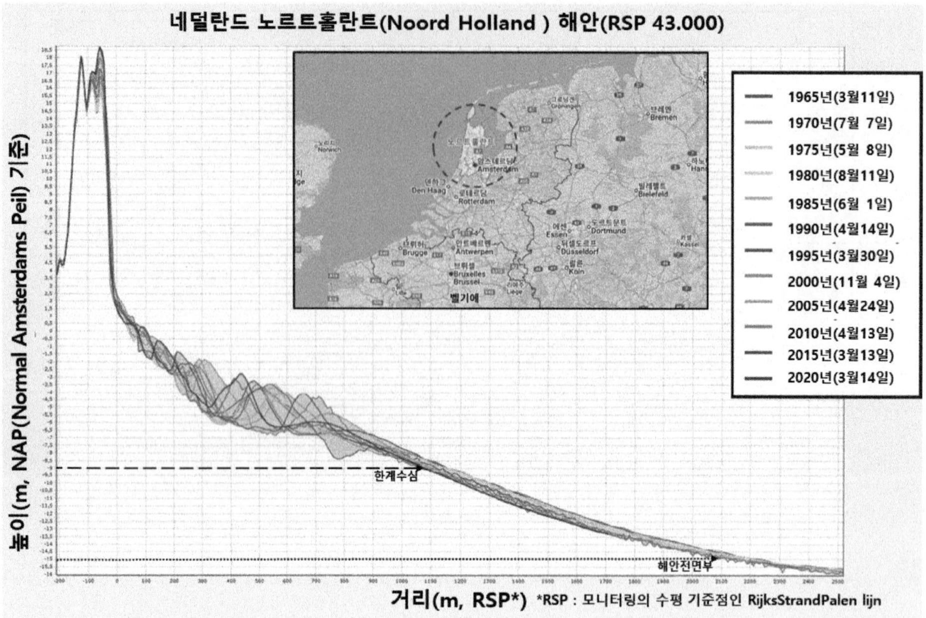

【범례의 색상을 정확히 구별하려면 출처를 참고 바란다.】

그림 3.45 연간 횡단 관측(JARKUS)을 이용한 네덜란드 해안(노르트홀란트)의 한계수심에 대한 공간적 변동성

가) 네덜란드 해안의 한계수심 설정

네덜란드 노르트홀란트(Noord Holland) 해안의 한계수심을 수십 년 동안 조사하였다. 한계수심은 수년에 걸쳐 평균 해수면(MSL, Mean Sea Level)보다 6~7 m 낮은 곳(Marsh 등. 1998)부터 50년 이상의 시간 규모에서 평균 해수면(MSL)보다 10~20 m 낮은 곳(Kleinhans 2002)에 이르기까지 다양하다. 50년 이상의 매년 조사(그림 3.45 참조) 시 육안(肉眼) 평가에 따르면, 단면은 평균 해수면(MSL)보다 아래 약 9 m인 한계수심으로 수렴한다(네덜란드 기준 수준점(Normal Amsterdams Peil[195]), NAP) 또는 Normal Amsterdam Datum). 그러나 해안전면부(Shoreface, 그림 3.42 참조)의 구조적 저하(低下)는 평균 해수면(MSL)보다 최소 15 m 낮은 곳에서 일어나고 있는 것이 분명하다.

(4) 현장의 체적

기존 해빈의 양빈을 위해서는 (계획된) 해빈·사구 시스템의 과거, 현재 및 장래 퇴적물 수지뿐만 아니라 폭풍 시 해빈의 성능을 고려하여 필요한 현장 해빈의 체적을 조사해야 한다. 버엄과 사구 높이가 자연 시스템을 모방한 경우, 해빈의 체적은 폭풍이 몰아치는 동안 해빈 성능에 중요한 요인으로

195) 네덜란드 기준 수준점(Normal Amsterdams Peil, NAP): 서유럽 대부분 지역에서 사용되는 수직 기준점으로 원래 네덜란드에서 사용하기 위해 만들어졌으며, 1879년 프로이센에서 독일의 수직 기준점을 정의하는 데 높이를 사용했고, 1955년에 다른 유럽 국가에서 사용하였다. 1990년대에는 United European Leveling Network(UELN)의 기준 수준으로 사용되었고, 이는 결국 European Vertical Reference System(EVRS)으로 이어졌다.

알려져 있다. 장기적인 침식 경향이 존재할 때 관리나 해안 프로세스의 변화가 없다면, 이러한 경향은 계속될 가능성이 크며 기후변화의 영향에 따라 증가할 수 있다. 지속 가능한 해빈-사구 시스템을 위해서 마이너스(-)의 퇴적물 수지는 보충(補充)하거나 지연시켜야 한다. 대부분 경우 전략이 방재선 유지라면, 해빈 체적의 유지를 위해서는 지속적인 퇴적물 공급이 필요하다. 그러나 퇴적물 부족의 원인(예: 상류 돌제군(突堤群)이나 방파제를 제거 또는 변경)을 해결하여 취약한 장소의 퇴적물 수지를 개선할 수 있다. 양빈을 추가하고 필요한 체적을 결정하는 데 걸리는 기간은 경험적인 손실에 따라 달라진다. 그러나 지나친 초기 침식과 퇴적물 손실이 발생할 수 있으므로 해빈-사구 시스템을 과도하게 많이 채우지 않는 것도 중요하다(van Rijn 2014). “자연 해빈과 사구 시스템, 양빈 설계(Natural Beach and Dune Systems, Nourishment Design)”는 네덜란드의 관행에 근거한 양빈 체적을 결정하는 일반적인 지침을 제공한다. 다른 많은 국가에서도 유사한 원칙을 사용하고 있다. 몇몇인 경우, 침식된 해빈의 역행(Roll-back)을 연안 자연-기반 해법(CNbS)으로 허용하거나 적극적으로 진행하는 것이 나을 수 있다. 예를 들어, 역행은 연안 방향의 파랑 에너지를 감소시키는 평면 형태의 변화(예: 표류(Drift)로부터 스워시(Swash)로 전환)를 발생시키고, 육지 쪽으로의 이동은 안정된 사구, 절벽 및 벼랑 또는 잔존(殘存) 해빈 퇴적물과 같은 새로운 퇴적물 공급원을 활성화(活性化)하는 경우를 들 수 있다. 양빈과 연안 자연-기반 해법(CNbS)의 해빈 조성에 필요한 퇴적물의 체적은 채취 구역 퇴적물의 특성에 따라 달라진다. 양빈과 연안 자연-기반 해법(CNbS)의 해빈 조성에 필요한 퇴적물의 체적은 이상적으로는 비슷하지만((1) 입경 참조), 그렇지 않으면 채움 체적(Fill Volume)과 해빈 단면의 보정을 예상해야 한다(‘나) 체적 보정(補正)’ 참조).

가) 자연 해빈·사구 시스템의 양빈 설계

양빈에 필요한 모래의 체적은 바다 쪽과 연안 방향 퇴적물수송과 같은 다양한 손실 메커니즘을 고려한 일정 기간 또는 한 한 순환주기(循環週期) 수명(壽命) 동안 지정된 설계 요구 사항의 함수이다. 퇴적물의 체적과 해빈 경사는 일반적으로 다음과 같이 결정된다.

- 적절한 경향 분석 방법을 사용하여 약 3~10년 동안 고려된 해안 구획(Coastal Section)을 따라 활성역(Active Zone)에서 매년 침식되는 모래의 체적을 결정한다(‘3.2.4 사구와 해빈의 개념적 시스템 이해 중 (2) 퇴적물 수지분석(Sediment Budget Analysis)’ 참조). 침식되는 모래의 체적 결정은 가급적 긴 기간의 데이터를 사용하지만, 초기 양빈(Earlier Nourishments) 때문에 항상 가능한 것은 아니다.
- 연간 체적에 필요한 수명을 곱하여 고려 중인 해안 구획에 포설할 총 현장 양빈 체적을 구한다. 일반적으로 계약된 총퇴적물 체적은 현장 설계 체적의 1.15배로, 평균적으로 부드러운 중간 모래가 적합하다(중간 미세한 모래에 대한 벌킹계수[196](Bulking Factor), 예를 들어 Bray 등. 1997).
- 계약자와 상의하여 m 당 체적을 결정한다. m 당 퇴적물 체적은 예상 침식의 연안 방향 분포와 양빈 위치(해빈 또는 해안전면부(Shoreface))의 m 당 최소 및 최대 체적의 배치 모두와 일치해야 한다.

196) 벌킹계수(Bulking Factor): 채취 전 모래의 원래 부피와 채취 후 모래의 부피 비율을 말한다.

- 양빈 모래를 사구 선단(先端) 높이와 간조위(干潮位) 사이에 포설하여 자연 해빈 경사면과 비슷한 사빈[197](Sand Beach) 경사면(예: 네덜란드에서 1(수직):30(수평))을 목표로 한다. 해빈 경사면에 대한 엄격한 조건은 바다가 조정하기 때문에 필요하지 않은 경우가 많다. 엄격한 경사면 조건은 계약자에게 리스크를 의미할 수 있으며, 이는 비용으로 전가(轉嫁)될 수 있다.

나) 체적 보정(補正)

거친 퇴적물을 배치하면 해빈 단면이 가파르고 기존 시스템의 지형과 서식지가 변화할 수 있다. 다양한 모래 입도(粒度)에 따른 가능한 결과를 알기 위해 과잉 채움 요인 모델(Overfill Factor Model)(예: Shore Protection Manual(USACE 1984))을 현장 퇴적물과 공급원 퇴적물의 차이에 따라 필요한 채움을 조정하는 데 사용할 수 있다.

육지 모래 공급원의 경우 풍화로 인한 급격한 모래 손실 가능성을 고려해야 하는데, 이러한 공급원은 해양 풍화에 취약한 미세한(Fine) 모래 비율이 높기 때문이다. 이와 같이 모래 손실은 현장 설계량을 달성하기 위해 추가 체적이 필요하거나 풍화에 취약한 미세한 모래의 함량을 줄이기 위해 처리가 필요하다는 것을 의미한다. 쇼어 프로텍션 매뉴얼(Shore Protection Manual(USACE 1984)의 채움 요인 방법은 풍화 과정을 고려하지 않으며 육지 기반 공급원에서 추가로 검토해야 할 요인이라고 하였다.

혼합 모래와 자갈 또는 자갈 해빈은 넓은 입도를 가질 수 있으며 해빈 단면에 따라 분포가 다양하다(Schulmeister 및 Rouse 2003). 지역 필요조건에 따라 공급원(Source) 퇴적물을 분류할 때 많은 재량이 주어질 수 있지만, 단면에 따른 잠재적 퇴적물 손실에 대한 비슷한 평가가 필요하다.

(5) 해빈(海濱) 폭(幅)

퇴적물 배치 시 해안 방향(Cross-shore)으로의 단면 폭은 양빈 체적과 기존 단면 특성의 함수이다. 사구로의 풍성(風成) 수송과 레크리에이션에 필수적 변수인 해빈 폭은 관측, 해빈 경사도와 입경(粒經) 사이의 조정된 관계(그림 3.44 참조), 만조위와 간조위를 고려하여 도출할 수 있다.

(6) 해안구조물 축조 시 고려 사항

연안 자연-기반 해법(CNbS)의 해빈과 사구 프로젝트의 경우, 시스템에서 발생하는 연안 방향 퇴적물의 수송 손실을 줄이기 위해서는 지배적인 입사파 방향에 대해 해빈 방향을 법선(法線)으로 설계하는 것이 좋다. 헤드랜드 및 돌제와 같은 해안구조물을 사용하여 연안 방향 퇴적물 손실을 완화할 수도 있다. 돌제는 연안 방향 퇴적물 수송을 차단하기 때문에 하류 쪽으로의 퇴적물의 부족이 발생할 수 있다. 또한, 양빈을 실행하지 못하거나 충분히 효과적인 선택이 아닌 경우, 해안구조물은 장기 침식을 겪는 자연 해빈과 사구 시스템에 도움이 될 수 있다(예: Simm 등. 2020).

197) 사빈(Sand Beach, 砂濱): 모래가 많이 퇴적된 해안지형으로 해류와 연안류에 의해 운반된 모래가 해안선을 따라 쌓인 지형을 말한다.

(7) 사구 서식지 종류(식생)

사구의 경우, 식생의 안정화 영향은 공학적 성능에 중요한 통제가 될 수 있다(사구의 특성과 관리 권장사항은 '1) 목표에서 관리 전략까지' 참조). 따라서, 사구 생태학자와의 협의는 연안 자연-기반 해법(CNbS)에 대한 조치의 침수 리스크와 서식지 관리의 효율성을 극대화하는 데 필수적이다. 예를 들어, 사구 생태학자의 참여는 부적절한 비토착(非土着) 침입종의 지역 도입 또는 영양염류 살포 중지와 관련된 의도치 않은 부정적인 결과를 피하기 위해서도 필요하다. 또 다른 고려 사항은 식물을 심을 것인지 아니면 자연 재생 또는 정착을 통해 사구 식물이 스스로 성장하도록 하는 것이다. 두 선택 모두 서식지 적합성에 대한 조사가 필요하다. 예를 들어, "베스터셸데 하구의 미발달된 흰 사구에 대한 서식지 조건 및 프로세스 설명(Description of Habitat Conditions and Processes for Embryonic and White Dunes in the Westerschelde Estuary)"은 서식지 적합성을 평가하고 적절한 사구 서식지를 지원하기 위한 개념적 설계를 개발하기 위한 몇 가지 지침을 제공한다. 이 예제의 특정 조건에 대한 값은 네덜란드 베스터셸데 하구 연안을 따라 자연-기반 미발달된 흰 사구의 타당성을 결정하는 데 적절하다(Deltares 등. 2005). 연안 자연-기반 해법(CNbS)의 설계 관점에서 일반적인 중요한 서식지 조건에는 다음을 포함한다. (ⅰ) 충분한 성장 공간, (ⅱ) 풍성(風成) 퇴적물수송이 가능할 만큼 넓은 사빈(砂濱), (ⅲ) 기본 높이 요건(要件)을 유지하기 위한 사구에 최소한의 퇴적물 퇴적이 필요하다('가) 베스터셸데 하구의 미발달된 흰 사구에 대한 서식지 조건 및 프로세스' 참조). 사구 높이, 해빈 폭, 바람 조건, 기후, 풍성 수송 및 성장 공간에 대한 추정치는 현장별로 다르다. 이 추정치는 해당 지역, 인근 해빈·사구시스템과 관련된 과거 데이터, 계산과 전문가의 판단을 활용하여 다른 지역에 대해서도 도출할 수 있다. 데이터 효용성과 기준 지역이 제한된 연안 자연-기반 해법(CNbS)의 해빈 및 사구 시스템의 경우 그림 3.46의 순서도와 해빈 경사 그래프(그림 3.44 참조)를 출발점으로 사용하여 해빈·사구 시스템의 타당성을 평가하고 현장별 개념 설계를 할 수 있다.

가) 베스터셸데(Westerschelde) 하구의 미발달된 흰 사구 서식지 조건 및 프로세스

다음 비생물적 조건과 과정은 미발달된 흰 사구 형성에 매우 중요하다(아래 원 숫자는 그림 3.46 내 번호가 매겨진 직사각형에 해당).

① 솔트 스프레이(Salt Spray): 솔트 스프레이가 너무 낮으면 사구가 초지(草地)나 갈매보리수나무(Sea Buckthorn) 서식지가 된다. 솔트 스프레이는 파랑 에너지(노출, (9)) 및 바람(6)과 상관관계가 있다. 일반적으로 솔트 스프레이의 효과는 사구에서 빠르게 감소하며, 대체로 염해(鹽害)에 강한 종(種)은 사구의 처음 50 m 내(바다 쪽)에서 발생한다.

② 사구 높이: 높이는 풍성(風成) 퇴적물의 퇴적(5) 및 최소 필요 성장 공간을 담당하는 프로세스와 밀접한 관련이 있다. 하구 사례의 예제인 경우, 미발달된 사구와 흰 사구 사이의 천이(遷移)는 평균 해수면 위 7 m 높이에서 발생한다. 미발달된 사구는 소금기 있는 지하수를 선호하며 평균 해수면 위 4~7 m 높이에서 발생할 수 있다. 흰 사구는 평균 해수면 위 7 m 이상의 높이에서 소금기 없는 침투수를 선호한다.

③ 성장 공간: 사구 기슭과 사구 지역의 육지 쪽 경계 또는 장애물 사이의 수평 지역인 성장 공간은 폭풍우 동안 사구 침식을 허용하고, 온화한 날씨 조건에서는 사구가 바다 쪽으로 성장할 수 있어야 한다. 하구 사례의 예제인 경우, 이 공간의 폭은 약 5~10 m이다.

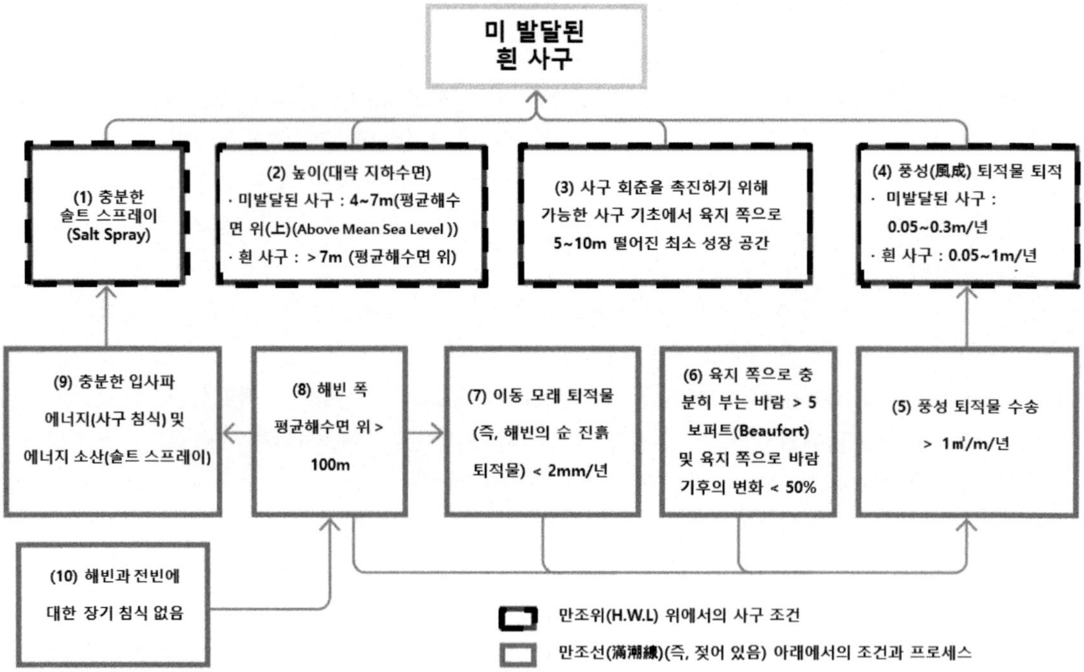

그림 3.46 네덜란드 베스터셸데 하구(Westerschelde Estuary)의 사례 연구를 위해 설정된 미 발달된 흰 사구 서식지의 조건 및 과정 순서도

④ 퇴적물 퇴적: 이 조건에서 순 퇴적물 퇴적은 미발달된 사구의 경우 0.05~0.3 m/년, 흰 사구의 경우 0.05~1.0 m/년일 때 가능하다.

⑤ 풍성 퇴적물의 수송률: 사례 연구 예제의 조건 3)과 4)는 평균 해수면 위 해빈에서 m 당 연간 1 ㎥의 최소 풍성 퇴적물 수송량을 의미한다. 이 과정은 아래 세 가지 요구 사항이 필요하다.

⑥ 바람 조건 및 기후: 육지 쪽으로 부는 바람 조건은 보퍼트 풍력 계급[198](Beaufort Wind Force Scale)이 5(풍속 8.0~10.7m/s) 이상이며, 장래 사구 조성으로 인해 바람 기후가 50% 이상 변화하지 않는다.

⑦ 이동 모래의 효용성(실트가 해빈을 오염시키지 않음): 파랑과 조수(潮水)로 정기적인 재부유(再浮遊)가 발생하면 이 조건이 충족된다. 사례 연구의 예제인 경우, 다음과 같은 조건이 적용된다.

- 해빈에서 시뮬레이션한 실트와 점토의 순 퇴적량은 2 mm/년 미만이다.
- 대표적인 수문 기상 조건에서 평균적으로 시뮬레이션한 모래의 기준 농도는 0 g/ℓ를 초과한다.

⑧ 해빈 폭: 평균 해수면 위에서 사구 기슭까지의 해빈 폭은 100 m 이상이다.

---

198) 뷰퍼트 풍력계급(Beaufort Wind Force Scale): 해상에서 풍속에 따라 변하는 해상 상태를 나타내는 경험적인 측정치로서 13개의 계급(0부터 12까지)으로 구분한 것으로 풍력계급 5는 풍속 8.0~10.7 m/s에 해당한다.

⑨ 파랑 에너지와 소산: 입사하는 파랑 에너지는 해빈 폭, 이동 모래 퇴적물의 효용성, 성장 공간(침식을 통해) 및 솔트 스프레이에 직접적인 영향을 미친다. 정확한 최소 성능치는 알려지지 않았다. 파랑 에너지는 이동 모래 퇴적물 효용성에 가장 중요한 역할을 한다. 진흙이 퇴적되지 않으면 솔트 스프레이와 계절적 사구침식이 발생할 가능성이 크다.

⑩ 장기 침식이 없는 해빈과 전빈: 지속 가능한 사구 유지를 위해 해안을 후퇴시킬 수 없는 경우, 전빈(Foreshore)은 장기적인 순 침식을 겪지 않아야 한다. 해빈과 사구 침식 후 퇴적물의 구조적 손실은 침식된 퇴적물이 재성장(즉, 사구 재생)을 위해 남아 있는 한, 지속 가능한 사구 성장 프로세스를 지원토록 한다. 그렇지 않고 구조적 침식이 발생하는 경우, 해빈과 사구 서식지가 번성할 수 있도록 양빈을 통해 침식을 완화해야 한다.

나) 사구 서식지의 복원

설계자는 자신이 만들고자 하는 서식지의 종류, 자연적 생태 기능 및 서비스 복원에 필요한 복잡성, 서식할 대상(對象) 종(種)을 고려해야 한다. 특정 종(種)의 군(群)(예: 퇴적물 안정화의 극대화를 위해 뿌리 네트워크를 가진 밀집한 종)이 필요할 경우 이를 포함한 조치 설계가 필요하다. 사구 식생의 안정화는 생태학에 최적이 아닐 수 있는 정적인 사구 시스템의 조성을 의미한다. 많은 사구의 서식종(棲息種)은 비교적 큰 모래 역학관계에서 가장 잘 번성한다. 그러나 안정화는 추가적인 침수 방재를 제공할 수 있다. 예를 들어 네덜란드 해안을 따라 있는 일부 지역(예: 헤이그(Hague) 북쪽 메이젠델(Meijendel)과 테르셸링(Terschelling))에서는 자연 모래 역학을 촉진하기 위해 배후 사구의 퇴적물 체적을 늘리고, 생태적 자연천이(自然遷移)를 재설정하여 생물 다양성을 높이기 위한 인위적인 파열(破裂)(사구 마루높이 낮춤)에 착수하였다. 연안 자연-기반 해법(CNbS)의 해빈과 사구 프로젝트의 실행은 기존 생태계에 초기 교란을 일으킬 수 있다. 재양빈(Renourishment)은 반복적인 교란을 초래할 수 있다. 이러한 교란(예: 해빈의 퇴적물 체적 변화)은 계절적인 폭풍우 동안 극적으로 발생하는 대규모 자연 변동성 때문에 반드시 문제가 되지는 않는다. 해빈과 사구 생태계에 미치는 장기적인 영향은 교란 빈도 대비 복원 속도에 따라 달라진다(Palumbi, McLeod 및 Grünbaum 2008). 교란과 복원이 균형을 이루면, 장기적인 생태계 영향은 제한될 수 있다. 그림 3.47은 개념화된 예를 나타낸다.

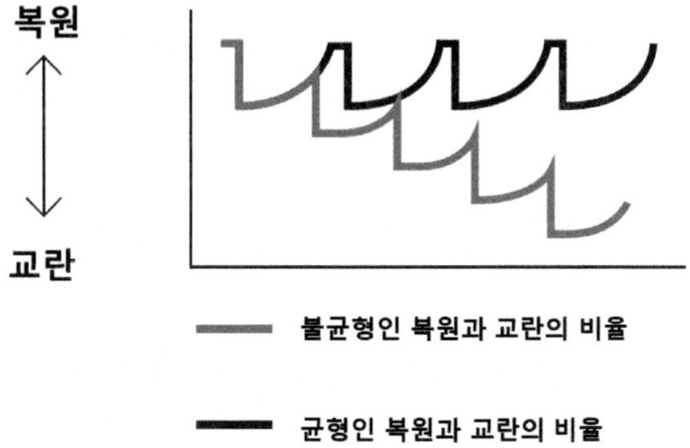

그림 3.47 복원 대(vs) 교란

(8) 비용 및 편익

이 장에서는 연안 자연-기반 해법(CNbS)의 해빈과 사구 프로젝트가 설계, 위치 및 특징적인 지배환경에 따라 달라지므로 이를 정량화하기보다는 비용과 편익에 영향을 미치는 주요 요인을 파악하는 데 중점을 둔다. 편익 평가에서는 간접 편익(비용 또는 손실 회피와 같은), 직접 편익(침수 리스크 감소) 및 공동 편익(예: 서식지 조성 및 레크리에이션)을 고려한다. 프로젝트 진행 여부의 결정은 방문객의 즐거움, 미적 가치 및 서식지 가치와 같은 비화폐화(무형의) 편익도 고려한다. 예를 들어, 영국과 미국에서는 프로젝트당 수익화된 생애 주기 비용과 편익에 중점을 두고 있다. 그러나, 네덜란드와 덴마크에서는 그렇지 않은데, 네덜란드 침수 리스크 관리(FRM)의 비용과 편익은 프로젝트별보다는 광범위한 국가 규모 측면에서 분석한다(ENW 2016). 침수 리스크 기준은 해당 국가에 대한 분석을 근거로 설정한다.

가) 편익

해빈과 사구는 (ⅰ) 입사하는 파랑과 폭풍해일 수위를 감쇠시키고, (ⅱ) 퇴적물을 포집하여 안정화함으로써 침수 및 침식 리스크 감소 서비스를 제공한다. 이러한 침수 및 침식 리스크 감소 서비스 외에도 해빈과 사구는 소중한 해안 서식지이다. 이러한 편익의 수익화가 때때로 까다롭기도 하지만, 연안 자연-기반 해법(CNbS)의 해빈·사구의 실행을 통해 이러한 서식지를 유지하거나 조성하는 것은 필수적인 사회적 편익이다. 표 3.16은 다양한 사례 연구에서 도출된 연안 자연-기반 해법(CNbS)의 해빈 및 사구 편익과 공동 편익의 예를 나타낸다. "네덜란드 카트윅(Katwijk) 연안 자연-기반 해법(CNbS)의 해빈과 사구 보강에 대한 비용-편익 및 다중기준 분석의 예"는 다양한 편익과 비용이 어떻게 측정되고 파악된 사례 연구에 포함되었는지에 대한 예시를 제공한다.

표 3.16 연안 자연-기반 해법(CNbS)의 해빈과 사구 편익 및 공동 편익의 예

광범위한 구분	해빈과 사구 기능	편익
엔지니어링 (침수 리스크 관리(FRM))	파랑 감쇠	• 침수 및 침식 리스크 감소
	해일 감쇠	• 침수 및 침식 리스크 감소
	퇴적물 포집(捕執) 및 지반 조성	• 지반(地盤) 증고(增高)로 해수면 상승에 대한 레질리언스 증가
환경	해빈과 사구 서식종(棲息種)에 대한 서식지 제공	• 건전하고 레질리언스를 가진 연안 생태계에 대한 기여(법적인 자연 보전 목표 달성을 위한 지원)
	동물 및 식물의 다양성과 밀도	• 야생생물을 조망하는 레크리에이션 기회 증가 • 건전한 레질리언스를 가진 연안 생태계에 대한 기여
	어류를 위한 양식장(養殖場)	• 어류 개체 수 증가 또는 유지(자연 및 상업 어업 모두에 대한 가치)
사회·경제	레크리에이션	• 해빈 활동의 가능성 증가 또는 유지 • 방문객과 거주자를 위한 매력적인 환경
	교육	• 교육시설과 사회, 특히 차세대에 대한 연안 자연-기반 해법(CNbS)의 혜택을 보여줄 수 있는 장래성

① 동식물(생물 다양성 및 야생동물)

토지이용 변화와 해빈·사구 시스템의 중지는 생물 다양성에 상당한 악영향을 미칠 수 있다. 관련된 부정적인 요인으로는 서식지 손실, 유전적 침식[199](遺傳的浸蝕), 생태적 연결성 감소, 종의 활력 감소, 종풍부도[200](種豊富度) 상실 등이 있다. 연안 자연-기반 해법(CNbS)을 통한 해빈·사구 시스템의 개선은 특정 위치별 식물군의 목표 증가와 토착 동물군의 재유치를 통해 생물 다양성을 높이는 데 도움이 될 수 있으며(Straatsma 등. 2017), 이는 수많은 생태 기능과 서비스를 복원, 개선 및 보호하는 데 도움이 된다. 다양한 연안 자연-기반 해법(CNbS) 접근 방식의 상대적 효과를 평가하는 한 가지 가능한 방법은 순 환경 비용-편익 분석을 하는 것이다.

나) 비용

프로젝트 비용은 자본 비용(초기에 프로젝트를 실행하는 데 드는 비용)과 유지보수 비용(프로젝트를 보수유지 및 모니터링하기 위한 후속 작업 비용)으로 구성된다. 자본 비용에는 설계

표 3.17 연안 자연-기반 해법(CNbS)의 시스템 구축을 위한 비용 원인 개요

비용원인	연안 자연-기반 해법(CNbS)					비용에 대한 충격(영향)
	양빈	해안전면부 양빈	사구가 자연적으로 형성되도록 퇴적물 포집	완전한 해빈·사구 시스템	해안구조물로 제어하는 해빈	
모래 효용성	×	×		×	×	+++
채취구역까지의 거리	×	×		×	×	+++
배치 가능 시간*	×	×		×	×	++
해빈 장비 (덤퍼 및 불도저)	×			×	×	++
목표 지점에 근접한 수심	×	×		×	×	++
모래 포집 (예: 자연 식생, 울타리)	×	×	×	×	×	+
서식지 조성을 위한 초기 식재	×			×	×	++
경성공법구조물 (하이브리드 해법을 위한)	×			×	×	+++
계획, 허가 및 엔지니어링	×	×	×	×	×	++
모니터링	×	×	×	×	×	++
잠재적인 계약자 수	×	×		×	×	--

×: 해당 사항
+ 또는 -: 프로젝트 비용에 대한 다양한 원인의 상대적 영향을 나타낸다.
+++: 비용에 가장 큰 영향을 미친다.
--: 비용 절감을 나타낸다(예: 많은 계약업자가 조성할 수 있는 설계로 프로젝트 비용을 절감)
* 배치 가능 시간은 연간 작업 가능한 달(月)의 수(예: 레크리에이션, 환경법 준수 또는 수당 신청으로 인한 시간 제외)이다.

199) 유전적 침식(Genetic Erosion, 遺傳的 浸蝕): 다수성 품종의 보급, 자연 재난 등으로 기존에 있던 유전 자원이 계속해서 감소되어 가고 있는 현상을 말한다.

200) 종풍부도(Species Richness, 種豊富度): 군집을 구성하는 생물 종의 많고 적음을 지시하는 지수 혹은 그 개념을 말한다.

용역, 조성(건설), 토지 매입(필요한 경우), 필요한 완화(예: 추가 보완(補完) 서식지 조성), 이해관계자 참여, 인·허가(認·許可)를 포함한다. 유지보수 비용은 프로젝트의 전체 기간에 발생하며, 기후변화 및 해수면 상승의 영향에 관련된 비용뿐만 아니라, 일부 경우에는 해체 비용도 포함한다. 해빈·사구 시스템을 조성, 복원 및 유지 관리하는 데 드는 비용은 현장마다 변동성이 크기 때문에 일반적인 결론을 내리기는 쉽지 않다. 그러나 비용 동기(動機)를 반정량적으로 파악하고 비교하는 것은 가능하다. 표 3.17은 연안 자연-기반 해법(CNbS) 시스템에 대한 비용 원인 개요를 나타낸다.

(9) 도구 및 기존 설계지침서

맞춤형 모델링 도구와 설계지침서의 이용은 성공적인 프로젝트에 필수적이다. 해빈-사구 양빈 프로젝트의 설계를 지원하는 도구로는 웹 애플리케이션, 수치 모델, 해석 모델 및 물리적 모델을 포함한다. 웹 애플리케이션은 전 지구 데이터 또는 해석 모델을 기반으로 기존 연안 상태를 신속하게 예비평가하는 데 사용할 수 있다. 예를 들어,
『쇼어라인 모니터』
(Shoreline Monitor, https://aqua-monitor.appspot.com/?datasets=shoreline)는 위성-기반 해안선의 위치 추정치를 제공하여 장기 해안선 변화에 대한 식견(識見)을 제공하는 반면,
『미-세이프』
(MI-SAFE, https://www.deltares.nl/en/software and data/products/mi-safe-viewer)와 같은 다른 플랫폼은 전 지구 데이터를 기반으로 (식생) 전빈(Foreshore)의 잠재적 침수 리스크 감소 효과를 나타낸다. 또한, 해석 모델도 사용할 수 있다. 예를 들어,
『세디만트 모빌리티 툴』
(Sediment Mobility Tool, https://navigation.usace.army.mil/SEM/SedimentMobility)은 미국 해안선의 한계수심 및 퇴적물 이동성 데이터를 표시하고,
『심플코스트』
(SimpleCoast, https://www.simplecoast.com/toolstutorials/)는 연안역의 해안 문제와 해법을 예비평가하기 위한 다양하고 간단한 도구 모음을 제공한다.

수치 모델을 사용하여 해빈·사구 프로젝트의 예상 공학적 성능을 평가할 수 있다. 풍성(風成) 퇴적물수송에는 동수역학적-구동(驅動) 해빈 퇴적물수송 수치 모델보다 사구 발달에 더 중요한 다양한 모델(예: AeoLiS, Hoonhout 및 de Vries 2016)을 사용한다. 동수역학적-구동 해빈 퇴적물 수송 수치 모델에는 다양한 프로세스 기반 모델이 존재하는데, 다음과 같다.

- 장기 1D 해안선 변동 모델은 연안 수송의 경사를 사용하여 고정 해안 방향(Cross-shore) 기준체계 또는 완전 벡터 기반 중 하나에서 데이터 융합(融合), 해안 방향 폭풍(태풍) 구동(驅動) 프로세스와 결합하여 해안선 위치의 변동을 계산한다. 예를 들어 GENESIS(Hanson 1989), LITPACK(Kristensen 등. 2016), UNIBEST(Tonnon 등. 2018), CoSMoS-COAST(Vitousek 등. 2017)과 ShorelineS(Roelvink 등. 2020) 등이 있다.
- 동수역학적 흐름, 파랑(매개변수(媒介變數) 또는 스펙트럼) 및 퇴적물수송 시뮬레이션을 통한 2D

수평(2DH)(수심-평균) 또는 3D 장기 도메인 모델. 예를 들어 코스탈 모델링 시스템(Coastal Modeling System, cirp.usace.army.mil, 2021), ADCRIRC(Luettich 및 Westerink 1991), Delft3D(Lesser 등. 2004) 등이 있다.

- 폭풍-구동 모델은 횡단(1D) 또는 도메인 모드(2DH, 수심-평균)에서 분석 또는 해결 관련 프로세스 중 하나를 통해 허리케인과 같은 일시적인 사건 동안의 해빈과 사구의 반응을 계산한다. 예를 들어 DUROS(Vella 1986), SBach(Larson 등. 2004), XBach(Roelvink 등. 2009, 2017) 등이 있다.

수리모형실험과 현장 관측은 검증 또는 입력 매개변수 정량화를 위해 해석적인 수치 모델과 결합하여 사용할 수 있다. 또한, 관측은 복잡한 수심 측정 시나리오에서 퇴적물 수송을 예측하는 데 특히 필요하다. 다양한 지형학적 모델링 기술 사용에 대한 지침은 영국 환경청(Environment Agency) 지침서에서 확인할 수 있다(Blanco 등. 2019). 네덜란드의 연안 자연-기반 해법(CNbS)인 샌드 모터(Sand Motor)('샌드 엔진(Sand Engine)'이라고도 한다.)의 개발 및 실행을 위한 도구를 사용하는 방법에 대한 자세한 내용은 예를 들어 톤논(Tonnon 2018) 등, 로엘빙크(Roelvink 2020) 등 및 브리짓스(Bridges 2018) 등을 참조바란다. 해빈 설계 및 관리를 위한 기술 설계지침 매뉴얼은 다음과 같다.

- 코스털 엔지니어링 매뉴얼(Coastal Engineering Manual)(쇼어 프로텍션 매뉴얼(Shore Protection Manual)이라고도 알려져 있다., USACE 1977, 1984, 2002).
- 건설 산업 연구 및 정보 협회 해빈 관리 매뉴얼(CIRIA, Construction Industry Research and Information Association Beach Management Manual, 2010)과 해안 엔지니어링의 돌제(Simm 등. 2020).
- 사구 관리를 위한 설계지침에는 침수 및 해안 방재를 위한 사구 프로세스 및 관리(Sand Dune Processes and Management for Flood and Coastal Defense)(Pye, Saye 및 Blott 2007)와 침수 및 해안 방재를 위한 사구 관리 선택에 대한 조언(Advice on Options for Sand Dune Management for Flood and Coastal Defense)(Pye, Blott와 Guthrie 2017)이 있다.

3.2.7 해빈과 사빈의 실행(입찰, 서식지 조성 등)

1) 입찰(Tendering)

연안 자연-기반 해법(CNbS)을 제공하기 위해 발주자는 작업을 수행할 당사자(일반적으로 계약자)를 선택하고 관리해야 한다('3.1.3 연안 자연-기반 해법(CNbS)의 원칙, 체계와 결과 중 라) 실행 단계(Implementation Phase)(스텝 7~9)' 참조). 입찰 과정 전후에 발주자와 계약자 간의 협의는 시작과 설계 단계에서 발생하였던 프로젝트의 가정(假定)과 장애(障礙)에 대한 지식 교환 및 추가 시험의 기회이다. 조성(건설)의 적시성(適時性)과 비용은 다음과 같은 일반적인 원칙을 준수함으로써 완화할 수 있는 리스크 항목이다.

- 당사자(계약자)는 리스크를 가장 잘 이해하고 제어하기 위해 리스크를 감수(甘受)한다(Simm과 Cruickshank 1998 참조).
- 계획 및 가격 책정 시 가동화(可動化, Mobilization), 임시 작업, 단기 환경 영향, 모니터링 및 적응형 관리를 고려한다.
- 프로세스 초기에 잠재적 계약자를 참여시킨다. 내부 일관성이 부족하거나 현지 표준 또는 업계 관행과 상충하는 계약 또는 필요 사항을 확인하는 데 도움이 될 수 있다.
- 계약의 초점은 기능 사양에 맞춰져야 한다. 계약자가 방법을 결정할 수 있는 여지를 남겨두어야 한다. 예비 설계 단계에서 많은 방법을 준비할수록, 계약자는 프로젝트(및 비용)의 최적화를 실행하기가 어려워진다.
- 연안 자연-기반 해법(CNbS)은 동적이며, 구축된 설계는 시간이 지남에 따라 진화한다. 이를 계약 및 기능 사양과 허용 오차에 반영하여야 한다. 연안 자연-기반 해법(CNbS)은 동적이기 때문에 경성공법(硬性工法) 설계와 다른 기능 사양 및 허용 오차가 필요하다. 이러한 사양과 허용 오차에 자연스러운 변동성을 고려한다.
- 다음 두 가지 인터페이스 관리 질문을 고려한다. 조성(건설)에 영향을 미칠 다른 노력이 진행 중인가? 어떻게 조정할 수 있을까?

프로젝트의 상대적 리스크 개요는 계약 형태에 크게 영향을 받는다. '최선의' 계약 방법은 프로젝트의 복잡성, 자금조달 모델, 일반적인 계약 방법, 발주자와 계약자의 상대적 지적 교양 등 여러 요인에 좌우된다(표 3.18 참조).

표 3.18 다양한 형태의 계약에 대한 상대적 리스크

계약 구성요소			일반적인 이름	연안 자연-기반 해법(CNbS)의 수명에 관련된 시간 체계	계약자 리스크	발주자 리스크
설계	조성(건설)	운영과 유지·보수				
없음	있음	없음	• 공개 입찰 • 제안 요청 • 자격 요청	단기, 연안 자연-기반 해법(CNbS) 수명의 한가운데	성능, 비용, 날씨, 규정 준수	허가, 설계 적합성, 레질리언스
있음	있음	없음	• 설계 및 조성(건설)	중기, 연안 자연-기반 해법(CNbS) 수명의 초기	허가, 설계, 성능, 비용	적합성, 레질리언스
없음	있음	있음	• 설계, 운영, 유지·보수와 이전	중기, 연안 자연-기반 해법(CNbS) 수명	허가, 성능, 비용	적합성, 레질리언스
있음	있음	있음	• 조성(건설), 운영과 이전	장기, 연안 자연-기반 해법(CNbS) 수명의 주요 부분	허가, 설계, 성능, 비용, 적합성, 레질리언스	적합성, 계약업체 역량
있음	있음	있음	• 설계, 조성(건설), 자금조달과 유지·보수	장기, 연안 자연-기반 해법(CNbS) 수명의 주요 부분	허가, 설계, 자금조달, 성능,비용, 적합성, 레질리언스	적합성, 계약업체 역량

※ 기술적 평가의 일부 척도가 포함된 계약 가치는 최저 가격보다 선호되지만, 최종 평가에서 기술적 평가와 가격의 적절한 조합은 계약 형태와 동일한 요인에 따라 달라질 수 있다. 입찰자에게 질문할 충분한 시간을 제공하고 불분명하거나 일관성이 없는 요구 사항에 대한 의견을 제공한다.

2) 퇴적물 공급(Sediment Sourcing)

해빈·사구 시스템을 유지 또는 복원하기 위한 프로젝트에는 일반적으로 퇴적물 공급원(Source)이 필요하다. 퇴적물 공급원의 거리와 접근성에 따라 사용할 수 있는 작업 방법을 결정한다. 육지 모래 및 자갈의 공급원(하천)은 소량(100만 ㎥ 미만)에만 가능하다. 트럭 운송은 제한된 퇴적물 공급량만 제공할 수 있으며, 프로젝트와 채취 구역 간의 지역사회에 영향을 미친다. 원칙적으로 퇴적물의 특성을 조사 및 제어는 쉽지만(트럭 적재물을 검사하거나 처리할 수도 있으므로), 가용량(可用量)이 제한될 수 있다. 특히 육지의 공급 모래(하천 모래)는 바닷모래보다 더 각져(Angular) 경관(景觀)에 덜 적합할 수 있다. 대규모 프로젝트에 퇴적물의 해양 공급원(바닷모래)이 가장 일반적이다. 준설은 장거리 운송 거리에서도 빠른 속도(10,000~100,000 ㎥/일(日))로 퇴적물을 운송할 수 있다. 해양 현장 조사는 비용이 많이 들고 어려울 수 있어 퇴적물을 조사하고, 특성화하는 것이 과제이다(예: 심해, 거친 바다 또는 빠르게 움직이는 해류). 퇴적물을 공급할 때 다음 원칙을 준수한다.

- 원하는 모래 입경 분포와 색상 프로필을 알아야 한다. 일부 지역에서는 이와 관련된 법률이나 규정이 있을 수 있다(예: 미국 플로리다(Florida) 모래 법 및 거북이 둥지로 인한 해빈 모래의 색상 제한).
- 철저한 토양 캠페인[201](Soil Campaign)을 수행한다. 이러한 캠페인 수행에 대한 자세한 내용은 Johnsonand Sraders(2003) 및 PIANC(2016)를 참조한다.
- 입찰자에게 모든 관련 조사의 세부 정보를 제공한다. 잠재적 계약자는 업계표준(법률, 규정, 지침서, 설계서, 시방서와 관행 등)을 사용하여 결과를 세밀하게 해석하므로 발주자에 대한 지반의 변동에 관한 지나치게 광범위한 면책 조항은, 틀리거나 부적절한 데이터의 경우, 발주자를 보호하는 데 거의 도움이 되지 않는다.

3) 퇴적물 인도(引渡)

작업 방법은 가능한 한 계약자가 결정하도록 맡겨 두어야 한다. 그러나 계약서에는 다음과 같이 인도된 연안 자연-기반 해법(CNbS)의 전술적 및 운영 목표를 충족하도록 지원하는 사항이 포함되어야 한다('3.2.5 해빈과 사구의 목표 및 지표' 참조).

- 직원, 하도급 업체와 일반인을 위한 높은 수준의 안전 및 환경 조건을 계약서 내용에 포함한다.
- 계약서에는 해당 작업에 관련된 모든 인허가 조건을 명시한다.
- 엄격하고 상세한 일정은 비용을 상승시키거나 특정 계약자를 배제할 수 있다는 점을 기억하고 계약자에게 명확하고 현실적인 시간 체계를 제공한다.
- 주요 경로에 영향을 미쳐 프로젝트 지연을 초래할 수 있는 잠재적인 내부 및 외부 위협을 명확하게 구별한다.
- 필요한 허용 범위가 연안 자연-기반 해법(CNbS)의 목표와 사용할 수 있는 작업 방법에 적합한지 확인한다. 리스크를 관리하기 위해 허용 범위를 고려하고, 허용 범위가 지불(支拂) 성분과 수

201) 토양 캠페인(Soil Campaign): 토양 건강과 지속 가능한 토양 관리를 촉진하는 운동을 말한다.

락(受諾) 성분을 모두 가질 수 있다는 점을 고려한다.

- 계약서에 작업 품질을 확인하는 방법을 명시한다. 이러한 확인은 수락 및 지급과 연결된다.

4) 서식지 조성 및 식재

해빈·사구 시스템을 복원하거나 재연결하기 위해 여러 가지 연안 자연-기반 해법(CNbS)이 존재한다. 여기에는 용기화(容器化)된 식재의 씨 뿌리기, 분할 및 배치를 통해 풀, 화본형(Graminoid, 외떡잎(單子葉) 식물의 잎 모양으로 벼잎 모양이 대표적임), 포브(Forb, 꽃이 피는 외떡잎식물 및 꽃이 피는 쌍떡잎식물), 관목, 교목(喬木)을 재도입하거나 강화하는 것이 포함된다. 예를 들어 남조류(藍藻類), 균근(菌根), 박테리아와 같은 미생물을 이용한 토양 개량을 통해 유익한 종을 재도입하고 토지 형성 및 미세토양부위[202](Microsite) 생성을 통해 생태학적 복잡성을 추가하여 미생물을 개선함으로써 추가 복원을 제공할 수 있다. 용기화(容器化)된 식재, 분할 또는 씨 뿌리기에 따른 현장별 복원은 적절한 시기와 예산이 허용되는 계획 및 설계 단계에서 고려해야 한다. 또한, 식물 재료(종자, 분할 또는 용기화)는 프로젝트의 프로세스 초기에 양묘장(養苗場)과 종묘상(種苗商)으로부터 주문하고 가장 합리적인 가격과 효용성을 보장하기 위해 예치금을 통해 예약한다.

3.2.8 해빈과 사구의 적응형 관리, 모니터링, 운영 및 유지 관리

기존 기능과 마찬가지로 연안 자연-기반 해법(CNbS)의 해빈과 사구는 시간이 지남에 따라 유지보수가 필요하다. 따라서 적응형 관리, 모니터링, 운영 및 유지보수 조치가 필요하며 처음부터 프로세스에 구축할 필요가 있다. 일반적으로 연안 자연-기반 해법(CNbS)의 적응형 관리는 실행 후 프로젝트의 수명 동안의 관리 조치에 중점을 둔다. 데이터 수집은 궁극적으로 전략적 목표를 달성하기 위해 성능 목표가 충족되는지 확인하는 데 필수적이다. '3.1.7 연안 자연-기반 해법(CNbS)의 적응형 관리'는 일반적인 적응형 관리 기술 및 관리 원칙에 대한 포괄적인 개요를 제공한다.

1) 기술적 측면

적응형 관리 계획에서 성능 지표를 평가하고, 해빈과 사구가 예상되는 침수 리스크 관리(FRM), 사회·경제적, 생태학적 성능을 제공하고 있는지를 결정하는 데 필요한 모니터링을 수행하는 것이 필수적이다. 해빈·사구 시스템의 기하학적 구조는 이러한 평가를 위한 일반적인 모니터링 요구 사항이다. 이러한 모니터링 요구 사항은 해안전면부의 수심, 해빈 높이, 사구의 높이를 조사함으로써 충족된다.

202) 미세 토양 부위(微細土壤部位, Microsite): 혐기적 조건에 있는 입단 구조 또는 이분해성 유기물 잔사가 있는 표면은 생물학적 또는 화학적 작용면에서 국부적으로 전체 토양과는 다른 성질을 나타내는 토양 내 작은 부위를 말한다.

일반적인 방법은 라이다[203](Lidar) 또는 음향측심법[204](Echo-sounding)이다. 모니터링 요구 사항 및 성능 목표의 다른 예로는 서식지 종류, 서식지 면적 및 생물 다양성이 있다. 필요한 데이터를 정의하는 것 외에도 데이터를 평가하는 절차(성능 목표에 대한 보고를 위한)를 적응형 관리 계획에 포함하여야 한다(즉, 성능 목표로 설정된 기준 해안선에 관련된 모니터링 데이터를 사용하여 해안선 위치를 계산하는 방법). 모든 목표를 위해 절차는 개발하여야 한다('3.1.5 연안 자연-기반 해법(CNbS)의 성능'과 '3.1.7 연안 자연-기반 해법(CNbS)의 적응형 관리' 참조).

2) 관리적 측면

적응형 관리 전략의 관리적 측면은 기술적 측면과 나란히 개발할 필요가 있다. 평가 결과를 누구와 공유하고 언제, 누구에 의해 결정을 내릴 수 있는지에 대한 절차를 수립하여야 한다. 결과 보고 방법과 횟수도 설정한다.

해빈·사구의 본질적인 동적 특성, 자연형태 역학관계와 부분적인 생물역학 관계의 확률적 특성을 고려할 때, 기지(旣知)와 미지(未知)를 자유롭게 관리해야 한다. 해빈·사구 시스템의 성장은 처음에 예상했던 것과는 상당히 다를 수 있다. 이는 목표가 여전히 충족되고 있을 수 있으므로 문제가 되지 않을 수 있지만, 나중에 해결될 수도 있다('3.1.5 연안 자연-기반 해법(CNbS)의 성능' 참조). 이는 성능 목표를 재평가할 필요가 있다는 것을 뜻한다. 따라서, 이를 계획하고 미리 정의된 일정에 따라 성능 목표를 재평가할 수 있도록 허용하는 것이 좋다. 비슷한 해빈·사구 또는 기타 연안 자연-기반 해법(CNbS)의 조치에 대한 초기 적응형 관리 주기를 기반으로 습득한 교훈은 재평가 목표를 알리는 데에도 사용할 수 있다. 게다가, 관리 조치의 기록을 강력히 권장한다. 또한, 성능 목표를 달성하지 못할 리스크로 평가되는 리스크 목록을 구성하는 것이 좋다. 관리 조치만 취해야 하는지 아니면 성능 목표를 조정해야 하는지는 현재 연안 자연-기반 해법(CNbS)인 해빈·사구 프로젝트의 전략적 및 전술적 목표에 따라 달라진다. 시간이 지남에 따라 연안 자연-기반 해법(CNbS) 프로젝트의 경계조건과 충족해야 하는 요건이 모두 변경될 수도 있다.

203) 라이다(Lidar): 레이저광을 활용하여 목표물까지의 거리를 측정하는 기법을 말한다.
204) 음향측심법(Echo-sounding, 音響測深法): 배 밑에서 연속적으로 수면 아래 해저로 초음파를 발사하여 해저에서 반사된 초음파가 되돌아오는 데 소요하는 시간을 측정하여 수심을 알아내는 방법이다.

3.3 연안 레질리언스를 갖는 갯벌(연안습지)[14]

3.3.1 개요

이 장에서는 갯벌(연안습지)이 연안역에서 침수 리스크 관리(FRM) 기능을 제공하는 방법과 장소를 설명한다. 연안습지에는 염습지, 기수습지, 맹그로브 숲, 그리고 조석 담수습지가 포함된다. 갯벌(Tidal Flat)은 만조(滿潮) 시에는 해수에 잠겨 있으나 간조(干潮) 시에는 육지로 드러나는 모래와 펄로 이루어진 식생이 없는 조간대 지역으로, 진흙이나 모래로 이루어져 있으며 연안습지와 연관되어 있다. 연안습지는 만조시에 수위선과 지면이 접하는 경계선으로부터 간조시에 수위선과 접하는 경계선까지의 지역을 말한다. 우리나라의 경우 "습지보전법"에 의한 연안습지 대부분이 갯벌이므로 이 둘을 혼용하여 사용하고 있다.

이 장의 목적을 위해, 연안습지라는 용어는 식생 지역과 인접하거나 산재(散在)된 조간대를 모두 포함하며, 이는 개방된 갯벌이 연안습지의 기능과 성능에 매우 중요하기 때문이다. 따라서 이장에서는 갯벌(연안습지)로 같이 간주(看做)하여 설명하기로 한다.

우리나라의 갯벌(연안습지)은 약 5,000년 전부터 한반도에서 공급된 퇴적물과 해수면 상승, 조류와 파랑 등의 물리적 요소와 리아스식 지형이 평형을 이루어온 결과이다. 평균 3~9 m의 조차를 보이며, 평균수심은 55 m(최대수심 약 90 m)로 매우 평평하고 얕은 지형에 주변 내륙의 큰 강으로부터

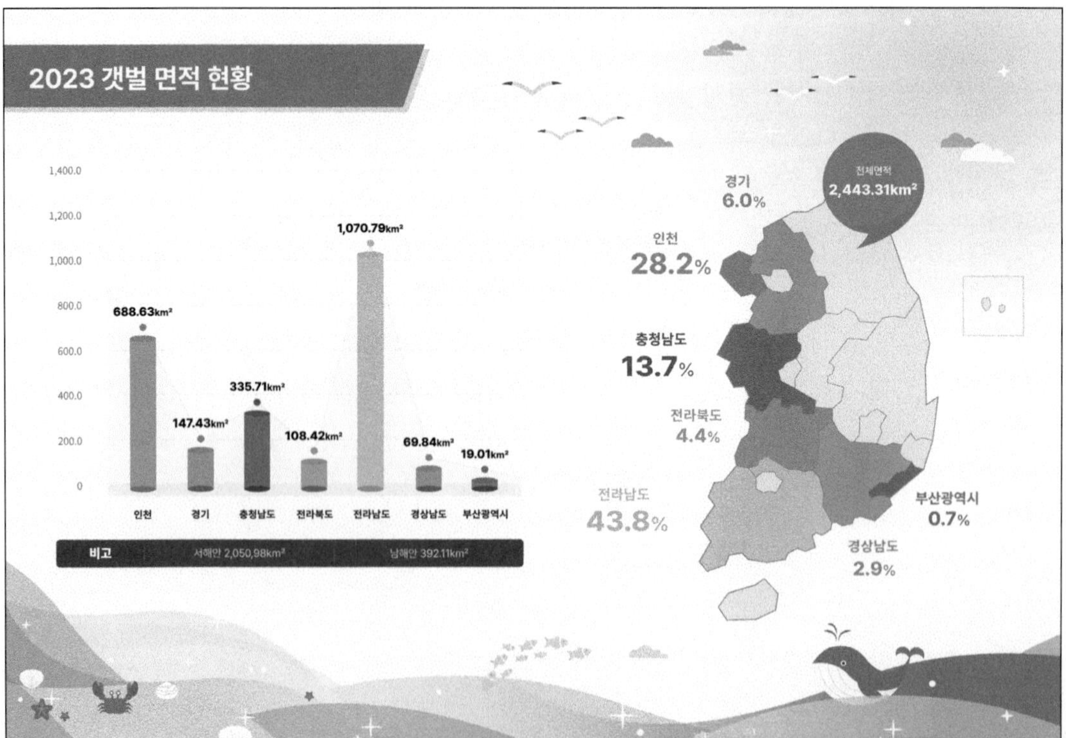

그림 3.48 우리나라 시·도별 갯벌(연안습지)면적 현황(2023년 기준)

표 3.19 우리나라 전국 갯벌(연안습지)의 분포현황(2023년 기준)

구분	면적(㎢)	비율(%)	비고
합계	2443.31	100.0	서해안: 2050.98 ㎢ 남해안: 392.11 ㎢
인천	688.63	28.1	
경기도	147.43	6.0	
충청남도	335.71	13.7	
전라북도	108.42	4.4	
전라남도	1,070.79	43.8	
경상남도	69.84	2.9	
부산	19.01	0.7	

많은 퇴적물을 공급받고 있다. 전체적으로는 경사도가 매우 완만하여 넓은 갯벌(연안습지)의 형성 조건을 충족하고 있다. 우리나라 전체 갯벌(연안습지) 면적은 2023년 기준 2,443 ㎢로, 서해안 지역에 전체 갯벌(연안습지) 면적의 약 83.9%인 2,051 ㎢ 이 분포되어 있고, 나머지는 392 ㎢는 남해안에 분포하고 있다. 시도별로는 전남 약 43.8%, 인천·경기 약 34.2%, 충남 약 13.7%, 전북 약 4.4%, 경남·부산 약 3.6%로 나타났다(표 3.19, 그림 3.48 참조).

우리나라 갯벌(연안습지)의 특징은 아래와 같다.[15]

- 대조차, 다도해, 온대 계절풍 몬순기후의 극적(劇的)인 만남이 만들어낸 세계적으로 독특한 지형: 서해라는 얕은 바다(평균수심 44 m)에서 여름철 집중 강수로, 강으로부터 바다로 유입되는 많은 퇴적물은 여름과 겨울 각기 다른 방향으로 흐르는 대조차(大潮差)의 빠른 조류(潮流)에 의해 한반도 서남해 연안에 확산한다. 퇴적물을 운반하는 빠른 조류는 암석 섬을 만나 힘이 약해지며, 수많은 섬 주변에 다양한 서식지(섬의 모양에 따라 동서남북 4면에 다른 종류의 서식지)를 형성하고 있다(전 세계적으로 다도해 주변에 다양한 갯벌이 형성된 곳은 거의 없다).
- 전 세계 갯벌 종류를 한자리에서 모아놓은 높은 지질 다양성: 우리나라 갯벌은 움직이는 섬, 셰니어205)(Chennier)와 펄 갯벌206) 위에 모래 띠가 형성된 세계적으로 유례 찾기 힘든 특이 퇴적체를 비롯하여 펄 갯벌, 모래 갯벌, 심지어 암반 갯벌까지 지구상에 존재하는 모든 종류의 갯벌이 있다.
- 계절에 따라 바뀌는 갯벌: 겨울철 강한 북서 계절풍의 영향을 받는 우리나라 갯벌은 같은 지역이라도 여름철에는 펄 성분이 많지만, 겨울철에는 모래 성분이 많은 갯벌로 계절적 변화가 나타난다.
- 최대 40 m인 펄 갯벌의 두께: 대조차의 빠른 조류와 암석섬에 의해 파랑과 바람이 약해진 섬의 내측 펄 갯벌은 깊이가 25 m(최대 40 m)에 이른다. 또한 미성숙기, 성숙기, 과성숙기의 펄 갯벌 진화단계를 모두 나타내고 있다.

따라서, 이 장에서는 우리나라 서해안과 남해안에 널리 분포되어 있는 갯벌(연안습지)을 연안 자연-기반 해법(CNbS)을 활용한 연안 레질리언스로 구축하여 기후변화로 인한 해수면 상승(폭풍강대화로

205) 셰니어(Chenier): 모래 크기의 입자들로 구성되며 점토나 진흙 위에 형성된 해빈 구릉을 말한다.
206) 펄 갯벌: 펄(진흙)의 비율이 90% 이상인 갯벌로, 해안의 경사가 완만하고 지형이 굴곡진 곳에 만들어진다.

인한 폭풍해일 또는 고파랑 포함)시 연안 침수와 해안침식에 대응할 필요가 있어, 조성 시 목표와 성능, 설계, 모니터링, 유지보수, 평가 및 적응형 관리 등에 대한 방법을 설명한다.

3.3.2 갯벌(연안습지)의 기능 정의, 가치 및 적용 맥락

- 역할: 역사적으로 갯벌(연안습지)은 오랫동안 인간에게 악영향을 미치지 않는 해안선에 존재해 왔으며, 해안 가장자리의 역동적이고 효과적인 토지 창출자 역할을 해왔었다(Kemp 등. 2013; Kirwan과 Megonigal 2013; Gehrels 2000). 그러나 전 세계 대부분 지역에서 해수면이 계속 상승함에 따라 그 분포가 변할 것으로 예상된다(Mitchell 등. 2017). 갯벌(연안습지)은 연안 침수와 해안침식으로부터 연안 지역사회를 방호하기 위한 비용 효율적이고 레질리언스적인 접근 방식을 제공하며, 해안선 방호 외에도 다양한 혜택(이익)을 제공한다. 기존의 특징들은 이미 연안 침수와 해안침식 리스크를 줄여주고 있으며, 따라서 이러한 특징들을 장래에 유지하고 개선하는 데 이점이 있다.
- 작동 방식: 갯벌(연안습지)은 물의 이동에 대한 저항력을 제공하여 해안선을 방호한다. 조수(潮水)가 갯벌(연안습지)에 침수할 때 얕은 수심과 지상 식생은 반투과성 장벽으로 작용하여 물의 속도를 늦추고 에너지를 감소시켜 결국 해안선과 만나기 전 침수(폭풍해일)를 감소시키고, 파랑의 내륙 쪽으로의 진행을 약화한다.
- 연안 자연-기반 해법(CNbS)의 형태 : 갯벌(연안습지)을 통합한 연안 자연-기반 해법(CNbS)은 다양한 형태를 취할 수 있으며 다양한 목적을 달성할 수 있다(그림 3.49 참조). 갯벌(연안습지)에 대한 연안 자연-기반 해법(CNbS)의 접근방식에는 (i) 기존 갯벌(연안습지) 보전, (ii) 해안침식을 완화하기 위해 해안선을 따라 비교적 좁은 습지 가장자리를 조성하는 것(미국에서는 '살아있는 해

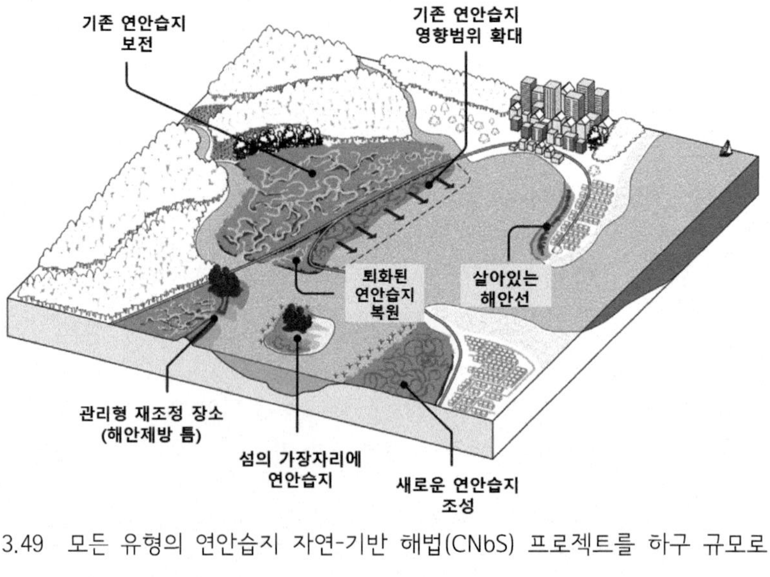

그림 3.49 모든 유형의 연안습지 자연-기반 해법(CNbS) 프로젝트를 하구 규모로 실행

안선(Living Shoreline)'이라고도 함), (iii) 복원을 통해 기존 갯벌(연안습지)의 상태(예: 높이, 밀도, 면적)를 개선하고, (iv) 침수 조절을 위해 이전에 매립된 하구 습지 복원(예: 관리 재조정), (v) 이전에 존재하지 않았던 새로운 갯벌(연안습지) 조성을 포함한다.

'살아있는 해안선(Living Shoreline)'은 미국에서 해안선 침식을 방지하기 위해 고유식생을 사용하는 연안 자연-기반 해법(CNbS)의 한 유형을 설명하는 데 일반적으로 사용되는 용어이다. '살아있는 해안선'은 갯벌, 해초층, 조간대 습지 또는 맹그로브(또는 이들의 조합)와 같은 고유 요소에 의해 지배되는 영향범위를 가지고 있다. 노출된 위치에서 '살아있는 해안선'은 종종 해안의 물가 가장자리와 평행하거나 이를 따라 들어오는 파랑 에너지로부터 해안을 완충하는 구조물을 포함한다. 저파랑 에너지 환경에서는 이러한 구조물이 굴초(Oyster Reef)와 같은 자연 요소로 구성될 수 있으며, 고파랑 에너지 환경에서는 나무나 사석 턱(Sill) 또는 방파제가 필요할 수 있다(사진 3.2 참조).

- 혜택(이익): 혜택(이익)의 크기는 지역, 습지 특성, 사건의 성격에 따라 다르지만, 갯벌(연안습지)의 존재가 인접한 고지대 지역에 상당한 방호를 제공한다는 충분한 증거가 있다. 미국의 34개 주요 허리케인으로 인한 경제적 손실을 분석한 결과(Costanza 등. 2008), 갯벌(연안습지)의 존재 증가는 폭풍(태풍) 관련 손실 감소와 상관관계가 있었다. 2012년 미국 북동부 허리케인 '샌디'와 2004년 인도양 지진해일의 관측 증거에 따르면, 갯벌(연안습지)이 온전한 해안선이 그렇지 않은 해안선보다 이러한 극단적인 사건에서 더 나은 성과를 거둔 것으로 나타났다(Bayas 등. 2011). 갯벌(연안습지)은 연안을 방호하는 역할 외에도 다음과 같은 공동 혜택(이익)으로 높은 가치를지니고 있다. (i) 다양한 해양과 하구 생물에게 필수 서식지 제공, (ii) 고지대로부터 유출되거나 부유하는 퇴적물을 걸러내어 근빈(近濱) 수질을 개선하고, (iii) 야외 애호가들을 위한 여가 기회를 창출하는

【왼쪽 사진: 듀크 대학교 마린 랩(Duke University Marine Lab)의 '살아있는 해안선'. 오른쪽 사진: 국립해양대기국(NOAA) 보퍼트 연구소의 '살아있는 해안선'. 듀크 대학교의 '살아있는 해안선'의 특징으로는 적절한 조석 교환을 촉진하기 위해 갈라진 틈(Notch)이 있는 사석턱(Sill), 고지대로의 이행 구역, 그리고 관목과 나무 완충재가 있다. 국립해양대기국(NOAA)의 '살아있는 해안선'의 특징으로는 파랑 에너지를 줄이기 위해 굴암초(Oyster Reef)가 있는 식생 식재가 포함된다.】

사진 3.2 미국 노스캐롤라이나(North Carolina)주 보퍼트(Beaufort)의 파이버스(Pivers) 섬에 있는 두 개의 '살아있는 해안선(Living Shoreline)'

것. 이러한 이유로 갯벌(연안습지) 생태계를 포괄적인 연안 리스크 감소 전략에 통합하려는 관심이 높아지고 있다.

- 상태와 지속 가능성: 갯벌(연안습지)은 지난 한 세기 동안 놀라운 속도로 사라지고 있다. 모델링된 추정에 따르면 1940년 이후 전 세계 맹그로브 숲의 50%와 전 세계 염습지의 25%가 사라졌으며(Nelleman 등. 2009, MA 2005), 일부 지역(Bromberg와 Bertness 2005, Airoldi와 Beck 2007)에서는 주로 개간지(開墾地)로의 전환으로 인해 최대 80%의 손실이 발생하였다. 다행히도 이러한 손실 속도는 느려졌고, 일부 지역에서는 특히 개발도상국의 맹그로브 숲의 경우 일부 경우 역전되기도 하였다. 그러나 갯벌(연안습지)은 여전히 새로운 연안 개발과 해수면 상승 및 인간이 만든 장벽(해안구조물)의 결합으로 인해 연안 서식지의 자연적인 내륙 이동을 방해하는 리스크에 처해 있다-후자의 과정은 해안압착(海岸壓搾)으로 알려져 있다(Doody 2013, Pontee 2013).

1) 갯벌(연안습지) 및 조간대의 유형 및 설정

갯벌(연안습지)은 남극을 제외한 모든 대륙의 조간대에서 발생하는 식생 생태계이다. 염습지(Salt Marsh)는 온대 지역에서는 갯벌(연안습지)의 지배적인 형태이지만 열대 및 아열대 지역에서는 맹그로브숲으로 대체된다. 염습지는 내륙에서는 기수[207](汽水) 및 조석 담수습지로 대체(代替)한다. 갯벌(연안습지)은 상대적으로 중간 수준의 파랑에너지 환경에서 발달하며, 그 결과 리아스식 해안과 하구 해안선을 따라 흔히 볼 수 있다. 갯벌(연안습지)은 주로 부드럽고 비교적 굳지 않은 퇴적물(예: 모래, 실드, 점토)에서 발생하는데, 이는 식생이 미세한 퇴적물 입자의 포착을 쉽게 하고 입자의 재부유(再浮遊)를 방지하기 때문이다. 갯벌(연안습지)의 입자 크기는 지표면에 대한 조석 에너지의 감소로 인해 육지 방향으로 작아지는 경향이 있다.

맹그로브숲과 염습지는 조류 세곡[208](潮流細谷)으로 나누어진 식생 지역으로 이루어져 있어 다양한 서식지를 이루고, 넓은 하구와의 물과 퇴적물 교환을 유지하는 데 매우 중요하며, 일반적으로 얕은 갯벌로 둘러싸여 있다. 식생 지역은 침수와 염분에 대해 다양한 내성을 가진 다양한 종들로 구성되어 있으며, 일반적으로 저지대는 강한 침수 내성을 가진 종들이 자라는 강한 구역을 나타낸다. 특정 지역 내에서 염습지 식물과 맹그로브의 분포와 성장은 영양염류 가용성, 해안선 에너지 영역(파랑과 조수), 다른 종들과의 경쟁 및 기타 요인들에 의해 조절된다.

기수 습지와 담수습지는 연평균 염분이 메조할린(Mesohaline, 중염분)으로부터 담수에 이르는 조수 영향을 받는 지역에서 발생한다. 염습지와 맹그로브 숲에 비해 기수 습지와 담수 습지는 비교적 다양하지만, 종의 다양성은 위치에 따라 다르다. 일반적으로 갯벌이라고 불리는 식생이 없는 조간대 지역은 종종 연안습지[209](Coastal Wetland)와 연관이 있다. 염습지와 맹그로브숲에 인접한 갯벌은 주로 세밀한 퇴적물로 구성되어 있으며 갯벌이라고도 한다. 이들은 파랑 에너지를 감쇠(減衰)시키고, 연안습지와 연안습지 앞에 있는 갯벌 사이에 퇴적물 교환이 있을 수 있다(예: 폭풍(태풍)이 몰아치는 동안 퇴적물이 파랑에 의해 재부유(再浮遊)되어 습지로 운반될 수 있는 경우).

207) 기수(汽水): 기수는 담수에 비해 염분이 높으나, 해수보다는 낮은 물로 해수와 담수가 만나는 하구와 같은 지역에 존재한다.
208) 조류 세곡(Tidal Creek, 潮流細谷): 연안의 주 조류로와 조간대를 연결하는 비교적 작은 규모의 수로를 말한다.
209) 연안습지(Coastal Wetland): 연안역에 위치하여 바다의 영향을 받는 해초대(Seagrass Bed), 염습지(Salt Marsh), 맹그로브숲습지(Mangrove Swamp), 담수 습지(Freshwater Wetland) 및 석호(Lagoon)를 포함하며, 조석 또는 비조석 및 담수, 기수 또는 염수의 다양한 환경을 갖는다.

2) 적용을 위한 가치와 맥락

갯벌(연안습지)은 다양한 생태계 서비스를 제공한다. 갯벌(연안습지)이 제공할 수 있는 공동 혜택(이익)의 범위는 기존 기반 시설보다 자연-기반 방호를 선택하거나 자연-기반 해법의 경제적 타당성을 입증하는 데 중요하다.

(1) 침수 및 해안침식 리스크 혜택(이익)

갯벌(연안습지)은 다음 다섯 가지 방법으로 침수 리스크 관리(FRM)의 이점을 제공할 수 있다(표 3.20 참조).

i) 장래 침수 위험을 악화시키는 장기적인 해안선 침식을 줄인다.

ii) 연안 퇴적물을 포착하여 안정화함으로써 갯벌(연안습지) 표면 높이를 높이고 결과적으로 장래 침수 리스크를 줄인다.

iii) 입사하는 파랑의 에너지, 즉 파고를 감쇠시킴으로써 갯벌(연안습지)의 서식지나 구조물에 전달되는 파랑 에너지 또는 총 수위의 구성성분을 줄일 수 있다.

iv) 폭풍해일을 감쇠시켜 폭풍해일로 인한 총 수위의 구성성분을 줄인다.

v) 침수 저장을 제공하여 총 침수량을 재분배함으로써 인접 지역의 침수 피해를 줄이거나(McIvor 등. 2012a, 2012b, 2013, 2016, Cunniff와 Schwartz 2015, Pollard, Spencer, Brooks 2019), 폭풍(태풍)에 관련된 강수량으로 인한 유출을 저장한다.

일반적인 공동 혜택(이익)은 침식 감소, 퇴적물 포착, 그리고 파랑감쇠이다(표 3.20 참조).

표 3.20 갯벌(연안습지) 및 조간대 평지(Intertidal Flat)의 침수 리스크 관리(FRM) 방식과 몇 가지 예

해안침식 감소	▷ 필요한 공간 규모: 1~10 m ▷ 잠재적 혜택(이익): • 해안선 후퇴율을 낮추어 장래 침수 리스크를 완화한다. • 호안(護岸)과 같은 구조적 조치를 대체할 수 있다. • 육지 쪽 구조물의 선단 침식을 방지할 수 있다. • 방호 구조물의 유지보수 비용 절감 • 방호 구조물의 수명 연장 ▷ 예시: • 2000년에 침식을 줄이기 위해 미국 노스캐롤라이나(North Carolina)주 파이버스(Pivers) 섬 해안선을 따라 5 m 길이의 연안습지 식물을 심었는데, 좁은 연안습지 가장자리의 침식을 방지하고 여러 차례의 폭풍을 피해 없이 견뎌내었다(Currin 2012, 사진 3.2(왼쪽) 참조). • 인도 순다르반(Sundarban) 지역의 맹그로브는 진흙 삼각주의 침식 속도를 조절하며, 침식 속도가 느릴수록 맹그로브 밀도가 높아진다(Mitra 2020).
퇴적물 포착	▷ 필요한 공간 규모: 1~1,000 m ▷ 잠재적 혜택(이익): • 연안습지 높이와 범위를 유지하거나 증가시켜 현재의 침수 리스크 수준을 장래까지 유지한다. • 호안과 같은 구조적 조치를 대체할 수 있다. • 육지 쪽 구조물의 선단 침식을 방지할 수 있다. • 유지보수 비용을 절감하고 방호 구조물의 수명을 연장한다. ▷ 예시: • 반투과성 댐은 인도네시아 세마랑(Semarang)의 연약한 퇴적물을 가두고 맹그로브를 복원하는 데 사용되었다(Wetlands International 2015, 2016).

	• 네덜란드의 진흙 모터[210](Mud Motor)는 인근 할링겐(Harlingen) 항에서 준설된 진흙 퇴적물을 사용하여 쾨홀(Koehoal) 염습지의 퇴적물을 증가시켜 빠르게 퇴적할 수 있게 하였다(van Eekelen 등. 2017, ecoshape.org 2019).
파랑감쇠	▷ 필요한 공간 규모: 10 m 이상 ▷ 잠재적 혜택(이익) : • 월파와 처오름을 방지하여 침수를 줄인다. • 갯벌(연안습지)과 함께 사용되는 구조적 조치의 필요 높이를 줄인다. • 극단 상황에서 방호 자산의 손상을 줄인다. • 방호 구조물의 유지보수 비용 절감 • 인접 기반시설의 수명 연장 ▷ 예시 : • 베트남에서 17년간의 맹그로브 재조림(再造林)은 태풍 시 해안제방의 파랑 피해를 줄이고 주변 저지대 지역사회의 리스크를 효과적으로 관리하는 것으로 밝혀졌다.(Bolte 등. 2011). • 캐나다 브리티시컬럼비아(British Columbia)주 프레이저(Fraser)강 삼각주에 있는 스터전 뱅크(Sturgeon Bank) 기수 연안습지는 겨울철 파력 에너지 소산의 3분의 1을 차지하고, 여름에는 소산의 3분의 2를 차지한다(Forysinski 2019). 이 연안습지와 기타 지역의 연안습지는 리치몬드(Richmond)시 주변의 해안제방의 전면(前面)을 방호하기 때문에 지속적인 습지 후퇴로 인해 리치몬드 시의 침수 리스크가 증가하고 있다(City of Richmond 2019).
폭풍해일감쇠	▷ 필요한 공간 규모: 100~1,000 m 이상 연안습지는 측정할 수 있는 혜택(이익)을 제공하기 위해 전체 유하(流下) 면적의 큰 비중을 차지해야 한다. ▷ 잠재적 혜택(이익) : • 폭풍해일로 인한 침수 감소 • 갯벌(연안습지)과 함께 사용되는 구조적 조치의 필요 높이를 줄인다. • 해일 방벽 가동 빈도 감소 ▷ 예시: • 네덜란드 헤드위그(Hedwige)와 프로스퍼(Prosper) 간척지 제방의 세트백(Setback)은 조수 해일 시 물을 저장할 수 있는 공간을 제공하여 서부 셸트 하구(Western Scheldt Estuary)를 따라 침수 리스크를 줄이고 하구 자연 지역을 복원하였다(climate-adapt.ea. europa.eu 2016, EEA 2018). • 미국 플로리다(Florida)에서는 맹그로브 숲이 허리케인 '어마(Irma)'로 인한 침수 면적을 3,200 ha 줄였다. 침수 범위와 높이의 감소로 인해 15억 달러($)(2.1조 원(₩), 2024년 11월 환율 (1달러($)=1400원(₩)))의 재산 피해를 막을 수 있었으며, 대부분 피해는 리 카운티(Lee County)와 콜리 카운티(Collier County)에서 발생하여 이 카운티들은 침수 피해가 가장 컸었다(Narayan 등. 2019).
침수와 폭풍해일 저장	▷ 필요한 공간 규모: 저장 용량 〉 1,000 ㎥ 침수저장은 면적보다는 체적 저장 용량의 함수로, 저장 용량은 총 유량의 상당 부분이거나 설계 강수량 사건을 포착할 수 있을 만큼 충분히 커야 한다. ▷ 잠재적 혜택(이익): • 수위 감소 • 침수 및 해일 저장 기능 제공 • 해안 폭풍(태풍) 동안 저장수(貯藏水) 유출 ▷예시: • 영국 험버 하구(Humber Estuary)의 트렌트(Trent)강과 오우즈(Ouse)강이 합류하는 지점에 있는 알크버러 플랫(Alkborough Flat)의 관리형 재조정 프로젝트는 극심한 홍수 발생 시 추가적인 홍수 저장 용량을 제공하며, 200년 빈도 홍수 발생 시 하구의 상류 수위를 15 ㎝ 낮추었다(Cali 등. 2008). • 미국 오리건(Oregon)주 틸라묵(Tillamook) 인근에서는 179 ha의 연안습지와 관련 지형을 조수(潮水) 작용시 개방하여 귀중한 연어 서식지를 제공하는 동시에 윌슨(Wilson) 강, 트래스크(Trask) 강, 틸라묵(Tillamook) 강 하구의 초과 홍수를 틸라묵만(Tillamook Bay)에 저장하였다. 이 프로젝트는 2017년 폭우 사건 이후 틸라묵 마을(Town of Tillamook)의 수위를 약 21 ㎝ 낮추었다(Northwest Hydraulic Consultants 2018).

210) 진흙 모터(Mud Motor): 네덜란드 북부 할링겐((Harlingen) 근처 자연적으로 발생하는 해류로 운반된 퇴적물과 할링겐 항구에서 준설된 진흙으로 염습지를 증진(增進)시킨 프로젝트이다.

- 침식 감소와 퇴적물 포착: 갯벌(연안습지)은 지상과 지하 바이오매스의 결합 효과로 인해 침식 속도를 효과적으로 감소시킨다(Gedan 등. 2011, Shepard, Crain, Beck 2011). 갯벌(연안습지)의 지상 바이오매스(예: 줄기와 잎)는 만조 시 유입되는 물의 속도를 줄여 퇴적물이 부유물에서 떨어질 수 있도록 하여 퇴적물을 효과적으로 포착하고 갯벌(연안습지) 표면의 축적을 촉진한다. 지상 바이오매스는 또한 지역적으로 생성된 바람의 에너지를 분산시켜 해안선에 가해지는 에너지를 줄인다. 동시에, 뿌리 및 뿌리줄기와 같은 지하 식물성 물질은 지반 입자를 제자리에 고정하는 결합 모체(母體, Matrix)를 형성하여 파랑과 해류로 인한 침식으로부터 해안선을 강화한다. 지하 바이오메스는 지하 뿌리와 뿌리줄기의 생성을 통해 지표면 높이를 더욱 높여 지반 체적을 크게 한다(Gedan 등. 2011). 침식 감소와 퇴적물 포착 혜택(이익)은 일상적인 조건과 극단 기상 현상 모두에서 실현된다. 비교적 좁은 갯벌(연안습지)대(帶)도 침식 속도를 줄이고(표 3.20 참조) 퇴적물을 가두어 해수면 상승의 영향에 탄력적으로 대응할 수 있는 연안 방호 혜택(이익)을 창출할 수 있다.
- 파랑감쇠: 지난 30~40년 동안 많은 과학 연구자가 맹그로브숲, 염습지, 갈대밭에서 폭풍(태풍)이 발생하는 동안 파랑 에너지와 파고를 감쇠시키는 능력을 관찰하고 기록하였다(예: Gedan 등. 2011, Shepard, Crain, Beck 2011, NRC 2014). 69개 이상의 연구를 종합한 결과, 염습지는 특히 파랑감쇠에 효과적이며, 모든 관측에서 입사하는 파고(波高)를 평균적으로 거의 70% 감소시키는 것으로 나타났다(Narayan 등. 2016). 맹그로브 숲은 입사파(入射波)에 대한 비교적 효과적인 장벽으로, 파고를 평균적으로 약 33% 감소시킨다(Narayan 등. 2016). 일반적으로 더 큰 파랑을 감쇠시키기 위해서는 더 큰 연안습지 폭이 필요하므로, 폭풍 시 파랑의 감쇠는 국지적으로 생성된 풍파로 발생하는 해안침식을 줄이기 위한 필요 면적보다 더 큰 연안습지 면적이 필요하다.
- 갯벌(연안습지)을 가로지르는 폭풍해일 감쇠: 갯벌(연안습지) 식생과 수심 측정을 함께 수행하면 갯벌(연안습지) 후면(後面)의 수위가 전면(前面)보다 낮아질 수 있다(때로는 '갯벌(연안습지) 내 감쇠 또는 갯벌(연안습지)을 가로지르는 감쇠'라고도 함, 그림 3.50 참조). 그러나, 연안습지 면적이 상대적으로 넓어야 수위 감소를 달성할 수 있다. 즉, 갯벌(연안습지) 폭이 10m 이상일 때는 0~70㎝/㎞ 범위로 보고된 급격한 폭풍해일 감쇠율은 폭풍(태풍)의 특성과 위치에 따라 다르며, 대부분의 추정치는 1.7~25 ㎝/㎞ 사이이다(Paquier 등. 2017, Leonardi 등. 2018). 식생으로 인한 급격한 폭풍해일 감쇠율은 본질적으로 무시할 수 있는 수준으로부터 지배적인 마찰 요소까지 다양하며, 어떤 경우에는 감쇠율의 약 60%를 차지한다(Loder 등. 2009). 기후변화에 따른 평균해수면 상승으로 기준 수위가 증가함에 따라 식생 마찰의 상대적 기여도는 극단 수위에서 거의 또는 전혀 영향을 미치지 않는 수준으로 감소한다. 갯벌(연안습지) 지형은 식생에 의해 유지되기 때문에, 식생에 따른 마찰의 영향만을 포함한 급격한 폭풍해일 감쇠율 모델 추정치는 기존 갯벌(연안습지)이 폭풍해일 전파에 미치는 영향을 정확하게 나타내지 않을 수 있다.
- 하구를 통과하는 폭풍해일 감쇠: 갯벌(연안습지) 네트워크는 폭풍해일이 하구 안팎으로 전파되는 속도를 줄임으로써 전체 하구의 수위를 낮출 수 있다(그림 3.50의 '갯벌(연안습지) 감쇠' 부분 참조). 모델링 연구에서, 하구 길이에 따른 갯벌(연안습지)이 폭풍해일과 조석 전파에 어떻게 영

향을 미칠 수 있는지를 보여주었다. 갯벌(연안습지)의 폭풍해일 감쇠 효과는 지형에 따라 다르며, 미국 미시시피(Mississippi)강의 삼각주 및 영국의 험버(Humber) 하구와 같은 깔때기 모양의 하구 내의 넓은 갯벌(연안습지)에서 가장 큰 효과를 미치는 것으로 나타났으며, 미국의 체서피크(Chesapeake)만과 자메이카(Jamaica)만과 같은 석호 하구의 갯벌(연안습지)에서는 중간 및 제한적 효과를 나타내었다(Leonardi 등. 2018). 예를 들어, 스타크 등(Stark 등. 2015)은 4 ㎞의 조석

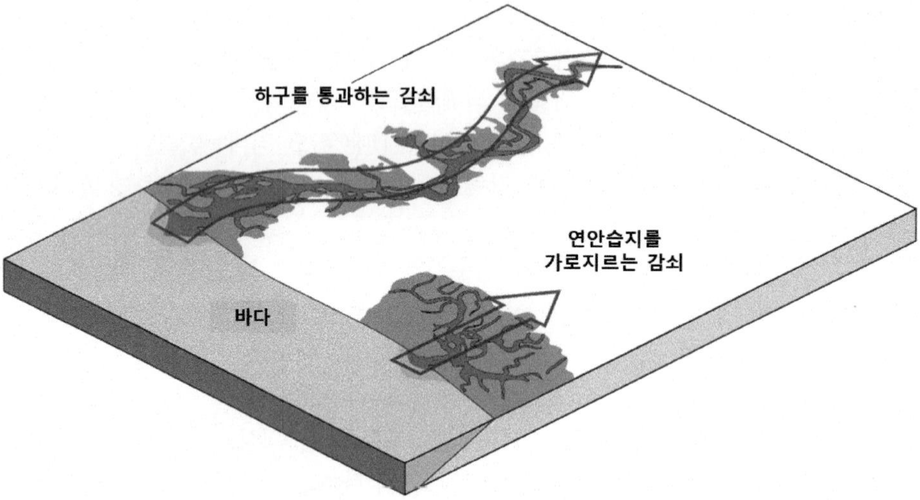

그림 3.50 갯벌(연안습지)을 통한 폭풍해일 감쇠

(a) 하구 근처에 새로이 조성된 대규모 갯벌(연안습지) (b) 하구 상류에 새로이 조성된 대규모 내륙습지

【(a) 하구 근처에 조간대 서식지를 새로 조성하면 하구로 더 많은 물을 끌어들여 하구의 수위를 높일 수 있다.
(b) 하구 내부에 새로운 조간대 서식지를 조성하면 하구에 추가적인 물이 유입하지 않고 물이 퍼질 수 있는 더 넓은 공간을 제공하여 수위를 낮출 수 있다.】

그림 3.51 습지의 침수저장 지역 위치가 하구 수위에 미치는 영향

수로 가장자리를 따라 연안습지 높이를 초과하는 폭풍 조석이 수위를 5 ㎝/㎞ 감소시킬 수 있음을 발견하였다. 좁은 하구를 따라 있는 온대 염습지의 경우, 전체 유량의 20~40%가 염습지를 통과할 때까지 큰 급격한 감소가 발생하지 않는다(Stark 등. 2016). 그러나 수위가 식물고(植物高)를 초과하기 시작하면 급격한 폭풍해일 감쇠효과는 다시 감소한다.

- 침수 저장(浸水貯藏): 하구 내에서 상대적으로 고지대(高地帶)를 새로운 조간대 지역으로 전환하는 것은 침수 발생 시 주기적으로 침수되는 침수 저장 지역을 조성하고, 이를 통해 더 넓은 하구의 수위를 낮추는 데 사용할 수 있다. 침수 저장 지역의 성공적인 기능은 하구 내 위치, 면적 크기, 넓은 하구와의 연결성(예: 암거, 웨어(Weir), 틈) 등 여러 설계 요소에 달려 있다. 침수저장 프로젝트는 하구 근처보다는 하구 상부에 위치하는 것이 일반적이다(그림 3.51 참조, Pontee 2015). 네덜란드 셸트(Scheldt) 하구에서는 하구의 상류 100 km 이상에 있는 일련의 갯벌(연안습지) 침수저장 계획인 시그마 플랜(Sigma Plan)(sigmaplan.be 2020)으로 2013년 12월 6일 폭풍해일 동안 수위를 최대 50 cm까지 감소시켰다(Smolders 등. 2020).

(2) 갯벌(연안습지)의 공동 혜택(이익)

연안습지 자연-기반 해법(CWNbS, Coastal Wetland Natured-based Solution)의 주요 장점 중 하나는 침수 리스크 관리(FRM) 혜택 외에도 다음과 같은 다양한 공동 혜택을 제공할 수 있다는 점이다.

- 어업생산 증가(Hutchison 등. 2014)
- 식물 바이오매스와 지반 내 탄소 격리 (Alongi 2014, Davis 등. 2015, Doughty 등. 2015, Howard 등. 2017)
- 수질 개선(Breux, Farber와 Day 1995, Zedler 2003)
- 퇴적물을 포착하여 인근 선박 수로의 유지보수 준설 요건을 감소
- 생태관광 지원 (Lee와 Hsieh 2016)
- 연료, 건설 및 의료용 재료 제공(Bandaranayake 1998, Barbier 2011)

3.3.3 갯벌(연안습지)의 개념적 시스템 이해

성공적인 연안습지 자연-기반 해법(CWNbS)을 실행하기 위해서는 물리적, 사회경제적 및 거버넌스 시스템의 여러 주요 측면을 고려한다. 물리적 시스템에는 물리적 시스템(예: 유체역학)과 생태적 시스템(식생 포함)의 일반적인 측면을 모두 포함한다. 새로운 습지나 기존 습지의 확장이 제안될 때는 이러한 조치가 유체역학 및 생태계 기능에 미치는 영향도 고려한다. 거버넌스 문제에 따라, 조하대(潮下帶) 또는 조간대(潮間帶)의 미식생 지역을 습지로 변경하려면 시스템의 생태적 기능이 저하되지 않도록 추가 허가나 조치가 필요할 수 있다. 제안된 모든 침수 리스크 관리(FRM) 조치와 마찬가지로 규제 기관 및 이해관계자와의 조기 참여는 제안된 습지에 대한 지원과 지지를 얻는 것뿐만 아니라 프로젝트의 성격에 대한 소문이나 잘못된 억측을 방지하는 데도 결정적이다.

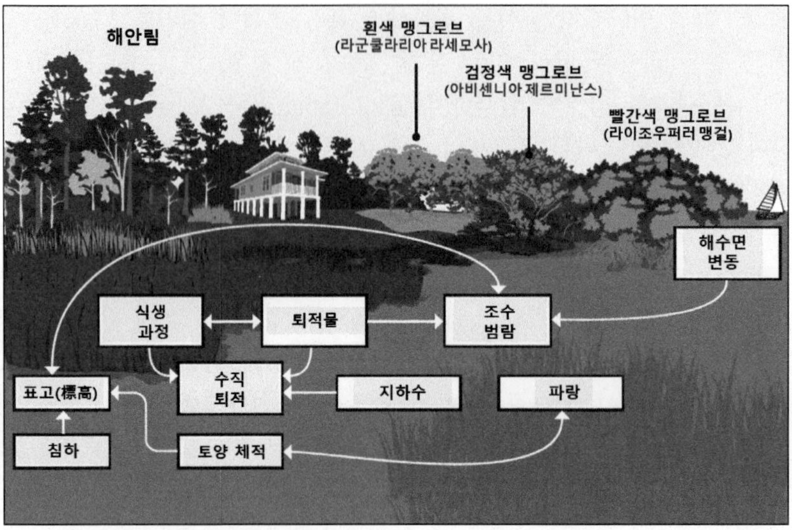

그림 3.52 하구 시스템의 일환으로 표고와 침식 역학을 제어하는 갯벌(연안습지)의 생물물리학적 과정

1) 물리적 시스템

갯벌(연안습지)에 영향을 미치는 물리적 시스템의 주요 측면에는 (ⅰ) 현장 경관 위치(그림 3.52 참고)와 지형학(예: 현장 높이, 현장 형태, 조식류 밀도, 유입구와의 접근성), (ⅱ) 수문학, 유체역학 및 퇴적물 수송(조석 범위, 지하수 유입 및 파랑 에너지), (ⅲ) 지반, (ⅳ) 식생; 그리고 어떤 경우에는 (ⅴ) 동물군이 포함된다(그림 3.52 참고).

- **갯벌(연안습지)의 유체역학적 제어**: 해안선 에너지는 갯벌(연안습지) 분포의 강력한 결정 요인이다. 습지 지지층이 침식되지 않고 식생이 정착하고 유지될 수 있도록 파랑과 해류 에너지가 충분하게 작아야 한다. 현장 경관 위치가 해안선 에너지를 강하게 제어한다. 갯벌(연안습지)의 가장자리 침식은 파랑의 힘과 선형적으로 상관관계가 있으므로 폭풍(태풍)이 갯벌(연안습지) 해안선을 크게 침식시킬 수 있지만, 빈번하고 낮은 에너지 조건이 장기 침식의 가장 큰 원인이다(Leonardi와 Fagherazzi 2015). 미국 앨라배마(Alabama)주의 부드러운 코드그래스(갯쥐꼬리풀(Sporobolus alterniflorus))가 지배하는 갯벌(연안습지) 해안선에 대한 관찰연구에 따르면, 침식되지 않는 갯벌(연안습지)은 유의 파고가 0.1 m이고, 전체 해안선 파고의 80%가 0.2 m 이하인 환경에서 발생한다고 한다(Roland와 Douglass 2005). 그러나 이러한 경험 법칙은 현장별로 다르다. 대표적인 파랑 에너지 또는 파력(波力) 계수 측정은 현장별 변동을 포착하며 갯벌(연안습지) 식생에 유리한 조건을 더 잘 정의할 수 있다. 커린, 데이비스와 말호트라(Currin, Davis, Malhotra 2017)는 미국 노스캐롤라이나(North Carolina)주 뉴 리버(New River) 하구에서 안정적이고 비교적 넓은 스파르티나 알터니플로라(Spartina alterniflora: 갯쥐꼬리풀)가 대표적인 파랑 에너지에 지속되는 것을 발견하였다. 이는 바람 사건의 상위 20% 동안 최대 250 J/m(파력 170 J/m/sec)의 파력에 해당한다. 갯벌(연안습지)은 에너지가 높은 조건에서 지속될 수 있지만, 침식을 방지하기 위해서는 사석턱[211](Sill)이나 방파제와 같은 일부 공학적인 구조적 조치가 필요하다.

관측에 따르면 안정적인 염습지는 비교적 적은 피해로 폭풍(태풍)을 견딜 수 있지만, 유기(有機)

퇴적물의 비율이 높은 기수 및 담수습지는 폭풍(태풍) 피해에 취약할 수 있다(Leonardi 등. 2018). 지반 전단 강도의 감소를 갖는 열화(劣化)된 염습지도 마찬가지로 폭풍(태풍) 피해에 취약하다(Day 등. 2011, Deegan 등. 2010). 구조물에 인접한 갯벌(연안습지) 또는 도랑이나 해안 제방과 같은 급격한 높이 변화는 극단 사건(폭풍(태풍) 내습 시)에서 집중적인 흐름이나 파랑 반사가 발생할 수 있으며, 높이가 변화하기 전의 습지보다 폭풍(태풍) 피해에 더 취약할 수 있다(Morton과 Barras 2011).

맹그로브는 강한 폭풍이 발생할 때 바람 피해에 취약할 수 있다. 복원기간은 18개월에서 4년까지 다양하며, 이는 파괴적인 폭풍(태풍) 피해 이후에도 자연적인 복원이 일어날 수 있음을 나타낸다(Smith, Knapp, Collins 2009, Barr 등. 2012, Long, Primavera, Trivedi 2016).

- **해수면 상승에 대한 레질리언스**: 갯벌(연안습지)의 조성능력은 상대적인 해수면 상승률, 조석 범위, 부유 퇴적물 농도에 따라 다르다. 일반적으로 주변 부유 퇴적물 농도가 ℓ당 20~50 ㎎ 정도인 지역에서는, 염습지(鹽濕地)가 해수면 상승 10~50 ㎜/년까지 레질리언스를 가지는 것으로 예상된다(Kirwan 등. 2016a). 반면, 모델 결과에 따르면 부유 퇴적물 농도가 낮은 소조차(小潮差) 조석(Microtidal) 지역에서는 해수면 상승률이 퇴적물 포착으로 인한 높이 상승률을 앞질러 결국 수몰(水沒)로 인한 습지 손실로 이어질 수 있다(Kirwan 등. 2010). 과도한 침수로 인해 습지 식생이 손실되면 조간대 높이를 복원하기 위해 퇴적물을 추가하지 않으면 복원이 불가능하다(Day 등. 2011, Marioti 2016). 지상의 바이오매스 밀도가 높을수록 특히 광물 퇴적물의 퇴적 속도를 높일 수 있다(Davis, Currin, Morris 2017). 퇴적물 수송 장벽은 하류 습지 생태계의 퇴적물 아사(餓死)로 이어질 수 있으며, 이는 연안습지의 높이 유지 능력을 저해한다(Kemp 등. 2016). 습지의 장기적인 열화는 침수 리스크 관리(FRM) 혜택(이익)을 창출하는 능력에 영향을 미칠 것이다(Bouma 등. 2014).

  갯벌(연안습지)은 육지 쪽으로 이동함으로써 해수면 상승률 증가에 적응할 수 있다. 그러나 이 이동은 습지 내륙 이동을 위한 미개발된 이동 통로의 존재 여부에 따라 달라진다(Enwright, Griffith, Osland 2016, Anderson과 Barnett 2017). 따라서 장래의 갯벌(연안습지) 지역을 보장하기 위해서는 기존의 감조습지(減潮濕地)와 맹그로브 숲 뒤에 있는 현재 상대적으로 높은 고지대(高地帶) 생태계를 도시 개발로부터 보호하여 이동 기회를 보장해야 한다. 습지 시스템의 고지대 가장자리 근처에서 자연 지형이나 호안, 옹벽, 또는 기존 제방과 같은 인위적인 변화로 인해 경사가 갑자기 증가하면 습지 공동체의 이동 능력이 차단되거나 방해를 받아 습지가 수위 변화에 잘 적응치 못하는 레질리언스를 가진다. 관리형 재조정이라는 용어는 자주 침수 기반시설(예: 제방)을 육지 쪽으로 이동시켜 갯벌(연안습지)을 재조성하는 과정을 설명하는 데 사용된다(Pontee 2007).

211) 턱(Sill): 감세지(減勢池)의 양끝에 설치하여 흐름을 하상(河床)으로부터 떨어지도록 해서 감세지 하류의 하상 세굴을 방지하기 위한 디플렉터 구조물을 말하며, 이 장에서는 조수(潮水)로 인한 침식을 방지하기 위해 설치한 사석층을 일컫는다.

2) 사회경제 시스템

갯벌(연안습지)은 사회경제적 맥락에서 가치(價値)가 있는 여러 가지 생태 서비스와 공동 혜택(이익)을 제공한다. 갯벌(연안습지)이 포괄적인 침수 리스크 관리(FRM)의 계획이나 계획의 일부로 사용된다면, 이러한 시스템에 연관된 사회적, 경제적 가치는 유지한다. 예를 들어, 염습지가 갯벌(연안습지)에서 얻은 침식과 침수 리스크 관리(FRM)의 혜택(이익) 감소를 방지하기 위한 구조적 조치가 필요하다면, 그 구조는 어류가 갯벌(연안습지)의 조류 세곡(Tidal Creek)과 식생 지역에 쉽게 접근할 수 있도록 설계한다.

3) 거버넌스 시스템

갯벌(연안습지) 거버넌스의 구체적인 내용은 국제적으로 다양하지만, 갯벌(연안습지)은 다양한 국제 조약, 국가 간 협정, 법률 및 기타 규칙의 적용을 받는다. 이러한 특별 규정은 모든 연안 자연-기반 해법(CNbS)의 프로젝트에 대해 추가 적으로 권장하는 참여 수준을 넘어서는 특별한 조정과 검토가 필요하며, 필요한 승인을 얻기 위해 추가적인 협의나 시간이 필요할 수 있다. 허가 요건은 일반적으로 거의 최종적인 설계에서 필요하지만, 연안습지 자연-기반 해법(CWNbS)의 프로젝트 개발을 위한 모범 사례는 프로젝트 개념화 및 설계 초기 단계에서 규제 기관을 참여시켜 모든 요건을 점진적으로 세부적인 설계에 쉽게 통합할 수 있도록 해야 한다.

3.3.4 갯벌(연안습지) 조성 시 목표, 성능 및 지표

1) 목표 설정

설계팀은 각 프로젝트의 주요 목적과 목표를 파악해야 한다. 연안 자연-기반 해법(CNbS)의 프로젝트의 주요 목적과 목표는 침수 리스크 관리(표 3.21 참조)와 관련이 있다. 갯벌(연안습지)이 제공하는 다른 생태계 서비스는 다양한 추가 목표를 달성할 수 있다.목표 선택은 필요한 연안습지 자연-기반 해법(CWNbS)의 위치, 크기 및 구조를 알려준다. 그러나 실행할 수 있는 연안습지 자연-기반 해법(CWNbS)의 유형은 지역 장소의 특성에 따라 달라진다. 예를 들어, 공간이 제한되면 폭풍해일이나 파고를 크게 줄일 수 있는 광범위한 기능을 창출하지 못할 수 있다. 이러한 상황에서는 갯벌(연안습지)과 기존 구조적 조치(예: 제방) 또는 다른 연안 자연-기반 해법(CNbS)(예: 굴 암초(Oyster Reef))을 결합하여 사용해야 할 수도 있다.

표 3.21 갯벌(연안습지)의 기능, 목표, 지표 및 성능 요인의 예시

기능	예시 목적	예시 성능지표	예시 성능 기준	적용할 수 있는 평가 기법
침식감소	해안선으로부터 퇴적물 감소	해안선 변화율	해안선 손실률 20% 감소	직접 또는 원격 측정
퇴적물 포착 및 토지 조성	갯벌(연안습지)의 표고(標高) 유지	갯벌(연안습지) 표고, 증대율	지역 해수면 상승률을 충족하거나 초과하는 증대율	직접 또는 원격 측정, 간접 측정
파랑감쇠	갯벌(연안습지)의 육지 쪽 구조물의 유지보수 감소	파랑추력*(波浪推力), 구조물 조건의 열화 속도	바람이 부는 조건에서 구조물에 작용하는 파랑 추력은 50% 감소	계산 또는 직접측정
	폭풍(태풍) 조건 동안 파랑으로 인한 총 수위의 구성성분 감소	파고	폭풍(태풍) 조건 동안 파고가 20 cm 이상 감소	계산 또는 직접측정
폭풍해일 감쇠	폭풍(태풍) 조건 동안 연안습지 상류의 수위 감소	갯벌(연안습지) 장소를 넘어서는 총 수위 중 폭풍해일 성분 변화	폭풍(태풍) 발생 시 연간 초과확률 2% 해당하는 30 cm 이상 폭풍해일 수위 감소	계산
홍수저장	폭풍(태풍) 조건 동안 갯벌(연안습지) 상류의 수위 저하, 강수에 의한 유출수 저장	폭풍(태풍) 발생 동안 갯벌(연안습지)에 저장된 물의 양	홍수위가 2.75 m를 초과할 때 4백만 ㎥의 홍수 저장, 하구의 홍수 저장 면적을 넓혀 총수위를 저감	계산 또는 간접측정

* 파랑추력(波浪推力): 연안습지 가장자리에 작용하는 파랑 내습의 지표를 나타내는 것으로, 파랑 동압력의 수직 적분으로 계산된다.

2) 성능

연안습지 자연-기반 해법(CWNbS)의 성능은 주로 설계에서 처리할 수 있는 두 가지 측면에 의해 크게 조정한다. (ⅰ) 식생 습지 표면 아래의 지형과 교차하는 수로, 일시적인 염전 및 영구적인 웅덩이, 그리고 (ⅱ) 식생. 성능을 평가하기 위해서는 두 측면의 영향을 정량화하여 성능을 추정하는 데 사용한다. 습지 식생에 대한 경관(예: 공간 제약)과 생물물리학적 요구 사항(예: 높이 제약)은 습지 지형과 식생이 침수 리스크 관리(FRM)의 혜택(이익)을 창출할 수 있는 정도를 제한한다.

또한 폭풍(태풍) 특성은 리스크 관리(FRM)의 목표와 관련하여 습지 성능에 큰 영향을 미치며, 폭풍(태풍)의 방향 및 전진 속도와 같은 폭풍(태풍) 특성의 변화로 인한 성능의 변화도 고려한다. 다른 연안 자연-기반 해법(CNbS) 및 구조적 조치도 다양한 폭풍(태풍) 조건에서 성능의 변화를 나타내므로, 선택한 침수 리스크 관리(FRM)의 조치가 문제가 되는 침수와 관련된 폭풍(태풍) 패턴을 해결할 수 있도록 공통적인 폭풍(태풍) 패턴을 고려하는 것이 계획 및 설계 과정 일부가 되어야 한다.

- **역학관계**: 갯벌(연안습지)은 역동적이기 때문에 시간이 지남에 따라 성능이 변할 가능성이 크다. 자연적인 연간 및 1년 미만 변동은 파랑과 폭풍해일 감쇠에 대한 보고된 성능 추정치의 변동을 초래한다. 예를 들어, 계절적인 식생 변화는 지상 생물량과 생물물리학적 특성에 영향을 미치며, 성장 기간의 절정기에는 더 큰 성능이 예상되고 휴면기간에는 식생의 줄기가 부러질 가능성이

더 높다(Schulze 등. 2019). 긴 시간적 규모에서 연안습지의 수직 퇴적은 연안습지의 높이가 해수면 상승에 비례하거나 심지어 초과할 때 성능을 유지하거나 향상하는 데 도움이 될 수 있다('2.4.3 개념적 시스템 이해 중 (1) 물리적 시스템' 참조).

갯벌(연안습지) 성능은 초기 프로젝트 조성 후에 변화할 것이다. 갯벌(연안습지) 조성 또는 복원에 연관된 수심 변화는 파랑 및 폭풍해일 감쇠 효과를 제공하기 때문에 어느 정도의 침수 리스크 관리(FRM)의 성능을 즉시 기대할 수 있다. 생태적으로 진화하고 식생이 정착됨에 따라 침수 리스크 관리(FRM)의 생태적 성능은 높아질 것이다. 예상 성능은 프로젝트 시작에 따른 일정표(예: 0~5년, 5~20년, 20~50년, 50~100년 이상)와 연관된다. 예를 들어, 식생은 처음 몇 년 안에 정착하여 침수 리스크 관리(FRM)의 혜택(이익)을 제공할 것이다. 그러나 일부 생태계 특성(예: 식물의 다양성, 지하의 바이오매스)은 자연 서석지와 완전한 호환성을 달성하는 데 더 오래 걸릴 수 있다(Mossman, Davy, Grant 2012).

- **피해**: 연안습지 자연-기반 해법(CWNbS)의 성능은 폭풍(태풍) 사건에 대응하여 일시적으로 감소할 수 있으며, 특히 갯벌(연안습지)이 피해를 본 경우 더욱 그렇다('2.4.3 개념적 시스템 이해 중 (1) 물리적 시스템' 참조). 갯벌(연안습지)의 식생은 식생 변형, 평탄화, 파손, 뿌리 뽑힘, 지반과 그 기층(基層)의 파괴를 통해 손상될 수 있다. 연안습지 자연-기반 해법(CWNbS)은 식생이 발달하거나 퇴적물이 굳어지고 있을 때인 조성 직후 폭풍으로 인한 피해에 더 취약할 수 있다. 그러나 갯벌(연안습지) 환경에서 폭풍(태풍)으로 인한 상당한 침식과 파괴는 흔하지 않으며, 지반 강도가 작은 장소로 유기물 함량이 높은 기수(汽水) 및 담수습지에서 발생할 가능성이 높다(Leonardi 등. 2018). 폭풍(태풍) 사건으로 인한 완전한 갯벌(연안습지) 손실 확률은 널리 정량화되지 않았다. 부익 등(Vuik 등. 2019)은 두 개의 북유럽 염습지 종(種)에 대한 개발된 모델을 사용하여 식생을 가진 전빈(Foreshore)(즉, 연안습지)과 결합한 제방이 파괴될 확률을 정량화하였는데, 줄기 파손을 유일한 피해 형식으로 간주하였다. 일부 습지 종에 대해서는 줄기 파손 및 뿌리 뽑힘과 관련된 전단 응력을 정량화하였지만, 갯벌(연안습지) 기층(基層)의 침식과 파괴는 일반적으로 모델링되지 않았다. 그러나 갯벌(연안습지) 가장자리의 침식 모델은 제안하였다(Kirwan 등. 2016b).

3) 지표 선택

연안 자연-기반 해법(CNbS) 프로젝트 목표는 프로젝트 성능을 설명하는 정성적 또는 바람직하게는 정량적 지표와 연결되어야 한다. 이러한 성능 지표는 초기 계획 단계에서 고려하여야 하며 모니터링 및 적응형 관리 계획의 설계에 직접적으로 정보를 제공해야 한다. '3.3.3 갯벌(연안습지)의 개념적 시스템 이해 중 (1) 물리적 시스템' 장에서 언급했듯이 연안습지 자연-기반 해법(CWNbS) 성능은 물리적 및 생태적 요인에 의존하므로 명시적인 생태적 목표가 없는 경우에도 생태 기반 지표가 필요하다. 대부분의 연안 방호를 위한 침수 리스크 관리(FRM)의 성능지표는 연안 자연-기반 해법(CNbS) 또는 기존 지표든 일반적으로 파랑 또는 유체역학 모델을 사용하여 계산 및 평가한다('3.1.5 연안 자연-기반 해법(CNbS)의 성능' 참조). 주요 습지 모델 매개변수는 계속적으로 연구되어 왔으며(Mendez와

Losada 2004), 산업 및 정부에서 사용하는 지표(예: Narayan 등. 2016)를 포함한 많은 모델에 통합되었다. 예를 들어, 표 3.21을 사용한 연안습지 자연-기반 해법(CWNbS)은 피크(Peak) 시 파고 또는 파랑 추력(즉, 습지 가장자리에 가해지는 파랑 에너지) 지표를 사용하여 측정된 파고와 파랑 에너지를 모두 줄이는 데 사용할 수 있다. 연안습지 자연-기반 해법(CWNbS)의 목표는 어떤 지표가 적용 가능한지를 결정한다. 갯벌(연안습지)이 자산이나 구조물에 대한 파랑 내습을 줄이는 데 사용될 때 파랑 에너지를 줄이는 것이 더 적절하며, 갯벌(연안습지)이 총 수위를 낮추거나 제방과 같은 관련 구조물의 월파를 방지하는 데 사용될 때는 파고를 줄이는 것이 더 적절하다.

3.3.5 갯벌(연안습지) 조성 시 개념적인 설계 고려 사항

연안습지 자연-기반 해법(CWNbS) 프로젝트는 해안침식을 줄이기 위해 설계된 좁은 길이(수십 m 정도)의 습지와 같은 소규모 개입으로부터 폭풍해일 감쇠 또는 홍수 저장으로 호우시 수위를 감소하기 위하여 하구 전역에 분포된 수백~수천 ha의 갯벌(연안습지)로 시스템 전체가 갯벌(연안습지)의 특징을 가진 네트워크(예: 벨기에의 시그마 플랜(Sigma Plan))에 이르기까지 다양한 규모를 가질 수 있다(그림 3.50, 그림 3.51 참조). 이러한 각 개입 규모는 구성 및 장소에 따라 다양한 유형과 규모의 혜택(이익)을 제공할 수 있으며, 다양한 수준의 설계 고려가 필요하다.

1) 프로젝트 영향권과 영향 지역

침수 리스크 관리(FRM)의 맥락에서 갯벌(연안습지)의 효율성은 종종 파랑 에너지 및 퇴적물 공급과 같은 큰 경관 과정에 의해 지배받으므로, 연안습지 자연-기반 해법(CWNbS)의 기능에 대한 경관 규모 제어는 설계 시 고려한다. 연안습지 자연-기반 해법(CWNbS)의 성능에서 경관 규모 제어의 역할 예로는 다음과 같은 것들이 있다.

- 하구의 새로운 갯벌(연안습지) 지역의 위치는 수위에 미치는 영향을 결정하는 데 중요한 요인이다('3.3.3 갯벌(연안습지)의 개념적 시스템 이해 중 (1) 물리적 시스템' 참조).
- 석호 환경에서, 유입구[212](Inlet)의 배치와 위치가 갯벌(연안습지) 자체의 특정 속성인 조류세곡(潮流細谷) 지형보다 습지를 통한 폭풍해일 전파에 더 큰 역할을 한다(Lawler, Haddad, Ferreira 2016).
- 지역 퇴적물 역학은 갯벌(연안습지)의 장기적인 지형과 생존 가능성에 영향을 미칠 수 있으며, 해수면 상승에 따라 습지 높이나 범위를 유지하지 못하면 향후 침수 리스크 관리(FRM)의 혜택(이익)이 악화할 수 있다(Mariotti 2016, 2018).

212) 유입구(Inlet): 인접한 울타리섬들의 측면에 석호(Lagoon)와 외해를 연결하는 상대적으로 작고 좁은 수로로써, 해안 전면부(Shoreface)와 석호 사이에 해수와 퇴적물의 주요 이동 경로이다.

또한, 해안선 변형, 토지이용 변화, 물 또는 퇴적물 저장, 선박 활동과 같은 지역적 인위적인 조치와 결합한 해수면 상승 및 기후변화와 같은 전 지구적인 과정은 연안습지 자연-기반 해법(CWNbS)의 기능에 중대한 변화(예: 식물종의 변화)를 초래하거나 전체 자원의 손실을 초래할 수 있는 물리적 조건을 변화시킨다. 연안습지 자연-기반 해법(CWNbS)이 현재와 장래에 어떻게 더 큰 조망(眺望)과 연결되는지 이해하는 것은 습지가 어떻게 거동할지 이해하는 데 매우 중요하다. 해수면 상승은 갯벌(연안습지)의 침수를 증가시킴에 따라 경관 내 갯벌(연안습지)의 위치에 변화를 일으킬 것이다(Mitchell 등. 2017).

2) 기본조건

이 장에서는 연안습지 자연-기반 해법(CWNbS)을 설계할 때 고려해야 하는 물리적, 생태적, 생물·지구화학적 조건을 설명한다. 이러한 조건에 대한 분석은 프로젝트 영향권과 영향 지역을 모두 포함해야 한다. 개별 설계 고려 사항은 다른 설계 고려 사항에 영향을 미치며 갯벌(연안습지) 개발에 대한 전체적인 접근 방식을 개발할 때 반드시 고려해야 한다. 기존 데이터는 설계 프로세스에 정보를 제공하기 위해 현장별 데이터와 통합되어야 한다. 프로젝트의 성격에 따라 설계를 만들어내는 데 필요한 세부 사항 수준을 결정하지만, 다음 각 설계 측면은 어느 정도 고려되어야 한다.

- **현장 경관 위치와 지형학**: 현장 경관 위치는 파랑, 해류, 바람, 담수 유입, 지하수와 같은 물리적 요인에 대한 현장의 노출을 결정한다. 갯벌(연안습지) 지형은 물과 퇴적물의 분포를 지배하며, 이는 다시 생물학적 생산성과 분포를 제어한다. 갯벌(연안습지) 지형에 대한 설명에는 습지 위치와 식생 지형의 일반적인 높이만 아니라 습지 지역의 갯고랑[213](Tidal Channel), 일시적인 염전, 영구적인 웅덩이의 높이, 분포 및 구성도 포함된다. 갯벌과 고지대와 같은 인접 지형 높이와 경사도도 설명되어야 한다. 대규모 갯벌(연안습지) 복원 프로젝트에는 수로 및 개방수(Open-water) 지형 설계가 필요하다. 지형학적 설계성분(수로 포함)을 포함한 대규모 갯벌(연안습지) 복원 프로젝트의 경우 표 3.22를 참조한다.
- **수문학, 동수역학, 퇴적물 수송**: 습지 기능에 있어 수문학적 및 동수역학적 과정의 상대적 중요성은 지역에 따라 매우 특징적이다. 연안 수역과 잘 연결된 갯벌(연안습지)은 일반적으로 지표수 동수역학으로 제어되며 조수, 파랑, 해류에 의해 움직인다. 그러나 간헐적으로만 연안 수역과 연결된 갯벌(연안습지(예: 폭풍이나 만조 시))은 강수량, 지하수, 고지대 유출과 같은 수문학적 과정에 의해 강하게 영향을 받을 수 있다. 갯벌(연안습지)은 퇴적층 표층의 압밀, 유기물 분해 및 일시적인 침식을 보충하기 위해 퇴적물 축적이 필요하다(Morris 등. 2016). 따라서 중요한 설계 고려 사항에는 퇴적물 공급, 퇴적률, 침식률, 갯벌(연안습지) 전체에 유입되는 퇴적물의 분포 등이 포함된다. 많은 지역에서 단기적 현상(예: 하천의 큰 유량이나 폭풍해일)은 갯벌(연안습지)에 연간 무기물 퇴적물 공급의 상당 부분을 차지하며, 이러한 퇴적 현상의 누적 효과를 특성화해야 한다.

---

213) 갯고랑(Tidal Channel): 갯벌의 수로로 해안과 근빈역(近濱域)을 왕복하는 조류가 우세한 경우에는 조류에 의해 퇴적물이 이동되면서 연안에 발달한 수로를 말한다.

표 3.22 갯벌(연안습지) 자연-기반 해법(CWNbS)의 범위

기술	방재선 전진	방재선 유지	후퇴	적절한 적용	필요한 노력
종 관리(예: 침입종 제거, 다양한 식물 식재)	○	○	○	• 토착종이 정착하거나 나은 경쟁을 할 수 있도록 갯벌(연안습지) 지역에서 비토착 식생종을 제거한다.	낮음
식물 파종 또는 식재	○	○	○	• 토종 종자(種子) 또는 충전물(充塡物) 혼합물을 식생이 잘 되지 않거나 미개척 갯벌(연안습지) 지역에 도입한다.	낮음
턱(Sill)이 있든 없든 살아있는 해안선	○	○	×	• 침식되거나 불안정한 해안선을 안정시키기 위해 갯벌(연안습지)을 포함한 자연 요소에 의존하는 해안선 방호 조치.	중간
조석교환 증진 (예: 암거 확대)	×	○	○	• 암거, 방조수문*1(Tidal Gate) 또는 기타 인공 장벽과 같은 해안구조물을 통해 더 완전한 조석 교환을 재정립한다.	중간
정체 지형 (예: 파랑 감소를 위한 버엄(Berm) 또는 번드(Bund))	○	○	○	• 저마루 방파제와 같은 구조물은 파랑 에너지를 줄이고 갯벌(연안습지)이나 얕은 수심 환경에서 구조물 배후에 퇴적물 축적을 촉진하도록 설계되었다.	중간
얇은 층의 배치 (현장에 퇴적물을 직접 투입)	○	○	○	• 갯벌(연안습지)에 상대적으로 얇은(㎝ 또는 10㎝ 정도) 퇴적물 층을 직접 투입하여 정해진 목표 높이에 도달하는 것이다(퇴적물 공급원으로부터의 거리, 퇴적물 깊이, 면적에 따라 비용이 크게 달라진다).	중간~ 높음
전략적 퇴적물 배치 (즉, 진흙 모터*2)	○	○	○	• 갯벌(연안습지)로의 퇴적물 적재량을 늘리기 위해 갯벌이나 근빈(近濱) 환경으로부터 퇴적물을 도입한다.	중간~ 높음
퇴적물 이동	○	○	○	• 강 유역을 통해 하구 환경에 퇴적물을 도입하여 갯벌(연안습지)로의 퇴적물 적재량을 늘린다.	높음
갯벌(연안습지)조성	○	○	○	• 얕은 개방수에 퇴적물을 공학적으로 투입하여 새로운 갯벌(연안습지) 특징을 만든다.	높음
경사조정	×	×	○	• 갯벌(연안습지)을 조성하기 위해 이전에 고지대였던 지역의 적절한 높이, 경사, 윤곽을 구축한다.	중간~ 높음
단구(段丘) 갯벌 (연안습지)	○	○	×	• 새로운 연안습지나 기존 습지에 높이 구역을 조성하여 다양한 식생 군집이 형성될 수 있도록 한다.	높음
관리형 재배치, 조류(潮流) 복원과 탈간척지화.	×	○	○	• 한때 갯벌(연안습지)이었을 가능성이 있는 이전 방호되고 배수되었을 가능성이 있는 지역으로의 조류 복원.	중간~ 높음
침수저장 지역	×	×	○	• 고수위에서 침수가 발생하도록 설계된 고지대 또는 이전에 방호되었던 지역으로, 침수를 저장하고 일시적으로 침수되는 갯벌(연안습지)을 조성한다.	높음

*1 방조수문(Tidal Gate): 조류(潮流)가 어떤 한 방향으로 흐를 때는 열려서 해수를 자유롭게 통과시키지만, 조류의 방향이 바뀌면 자동적으로 닫혀서 해수의 흐름을 차단하는 수문을 말한다.

*2 진흙 모터(Mud Motor):주석 114) 참조

- **지반**: 갯벌(연안습지)지반은 거대 무척추동물, 미세 무척추동물, 미생물 군집 및 식물의 생물학적 경계면 역할을 한다. 일반적인 영향력 있는 지반 매개변수로는 부피밀도[214](Bulk Density) , 입자 크기 분포, 유기물 구성, 염분 등이 있으며, 프로젝트 목표에 따라 산화-환원 포텐셜, 황화물 농도 또는 양분 함량[215](Nutrient Content)과 같은 습지 지반의 다른 측면도 관심을 끌 수 있

214) 부피밀도(Bulk Density): 퇴적물이나 토양에서 그 무게를 공극을 포함한 전체 부피로 나눈 값으로 단위 부피의 토양이나 퇴적물을 105℃에서 건조한 후 무게를 측정하여 구한다.

215) 양분함량(Nutrient Content, 養分含量): 토양 또는 식물이 가지고 있는 각종 원소의 양을 말한다.

다. 갯벌(연안습지) 조성에 사용되는 토양 또는 퇴적물의 지질학적 측면은 대규모 토공이 필요한 프로젝트에서 사용할 건설 장비의 주행성[216](Trafficability) 평가와 해안침식에 저항할 수 있는 퇴적물의 공급원이 필요하다. 갯벌(연안습지)을 조성하기 위한 퇴적물 공급원은 제한적이며(예: 항로 준설토 또는 채취 구역) 주변 갯벌(연안습지)의 조건을 재현하지 않는다. 그러나 이러한 공급원에서 나오는 퇴적물의 구성을 일반적인 갯벌(연안습지)의 기층과 비교하여, 조성된 기층이 예상 동수역학적 조건에서 그대로 유지되고 원하는 갯벌(연안습지) 서식지와 기능을 지원할 수 있는지를 결정해야 한다.

- **식생**: 식생은 갯벌(연안습지)을 유지하는 생물물리학적 피드백의 중요한 구성 요소이며, 대부분의 갯벌(연안습지) 복원의 주요 생태 목표이다. 갯벌(연안습지) 환경에서 파랑감쇠의 주요 마찰(摩擦) 요소인 식생은 침수 리스크 관리(FRM) 기능의 중요한 구동력이기도 하다. 식생 종의 분포, 풍부도, 지상 및 지하의 물리적 형태는 높이와 침수 경사가 식물 분포를 주도하므로 갯벌(연안습지) 지형과 관련이 있다. 식생은 종의 구성, 다양성 및 풍부도에 대한 예상 및 일반적인 지역 기준과 비교하여야 하지만, 연안습지 자연-기반 해법(CWNbS)의 프로젝트는 궁극적으로 가장 큰 침수 리스크 관리(FRM)의 혜택(이익)을 제공하는 식물 군집을 우선시할 수 있다.
- **동물군**: 일부 동물군은 침수 리스크 관리(FRM) 기능에 영향을 미칠 수 있는 능력을 갖추고 있지만, 달팽이나 물새와 같은 초식 동물군은 식생을 확립하거나 재확립하기 위해 통제가 필요할 수 있으며, 게와 기타 저서성 거대 무척추동물은 지반 형성과 생물 교란을 통한 새로 퇴적된 퇴적물의 안정화에 중요한 역할을 할 수 있다.

3) 개념 설계 개발

연안습지 연안 자연-기반 해법(CWNbS)의 선택지(選擇肢)는 기존 갯벌(연안습지)의 보전부터 이전에 존재하지 않았던 새로운 갯벌(연안습지)의 조성까지 다양하다. 최소 침습적이고 비용이 소요되는 연안습지 자연-기반 해법(CNbS)의 선택지는 다음과 같다. (i) 기존 갯벌(연안습지)의 보전, (ii) 훼손된 갯벌(연안습지)의 복원, (iii) 기존 갯벌(연안습지)의 확장, (iv) 이전에 존재하지 않았던 새로운 갯벌(연안습지)의 조성. 기존 갯벌(연안습지)의 보전이 가장 효율적인 선택지이지만, 인위적인 요인에 의해 변화되어 갯벌(연안습지)이 훼손되거나 손실되는 시스템에서 퇴적물 얇은 배치나 갯벌(연안습지)의 가장자리 방호와 같은 개입이 필요할 수 있다. 기존 갯벌(연안습지)은 침입종, 가뭄, 퇴적물 부족, 현장 수문학 변경, 해수면 상승으로 인한 침수 증가 등 여러 가지 이유로 인해 훼손될 수 있다. 일부 경우, 원하는 침수 리스크 관리(FRM)의 기능은 기존 갯벌(연안습지)의 확장, 새로운 갯벌(연안습지)의 조성 또는 완전히 상실된 역사적 갯벌(연안습지)의 재정립이 필요할 수 있다. 필요한 개입 범위와 관계없이, 원하는 갯벌(연안습지) 유형에 적합한 지질학적 및 생물·물리학적 조건의 수립 또는 재정립(再定立)에 필요한 개입이 있다면 이를 파악해야 한다.

---

216) 주행성(Trafficability, 走行性): 토공용 건설 기계로 시공할 때 기계의 주행성 양부(良否)의 정도를 표현하는 말로써 주행성의 양부는 작업 능률에 크게 영향을 미친다.

- **프로젝트 목표**: 프로젝트 목표는 침수 리스크 관리(FRM)의 혜택(이익)뿐만 아니라 해법에 필요한 공동 혜택(이익)도 갖는 갯벌(연안습지) 해법의 개념적 설계에 정보를 제공해야 한다. 설계 개념화는 해당 위치가 갯벌(연안습지)의 환경 요구 사항과 호환되는지, 그리고 모든 필요한 혜택(이익)과 공동 혜택(이익)이 연안습지 자연-기반 해법(CWNbS)의 단독으로 제공될 수 있는지 또는 구조적 조치와 결합하여 제공될 수 있는지를 분석해야 한다. 또한, 개념 설계는 상세 설계 단계에서 분석할 수 있는 물류 및 환경 제약 조건과 가능한 설계 해법을 파악해야 한다.
- **대안 설계**: 갯벌(연안습지)에서 원하는 침수 리스크 관리(FRM)의 기능을 달성하기 위한 여러 방법은 다양한 수준의 공학적 노력과 비용이 필요하다(표 3.22 참조). 이러한 방법들은 비교적 간단하고 저비용의 접근 방식인 재파종(再播種) 및 조류(潮流) 복원부터 퇴적물 적용 및 갯고랑 조성과 같은 능동적이고 비용이 많이 드는 접근 방식까지 다양하다. 이러한 기술들은 프로젝트 목표와 목표를 달성하고 사용할 수 있는 자금을 사용하여 선택된 장소의 요구를 충족시키기 위해 다양한 조합으로 사용할 수 있다. 해법은 현재 방재선에 비해 현재 방재선을 유지(같은 위치에 있음)하고, 후퇴(내륙 쪽에 위치)하며, 더 먼 바다로 이동하는 위치에 따라 분류할 수 있다. 일부 기술은 다양한 위치(예: 식재)에 배치될 수 있다. 모든 프로젝트에 동일한 수준의 공학이 필요하지는 않으며, 실제로 연안습지 자연-기반 해법(CWNbS)의 프로젝트는 일반적으로 공학이 최소화되고 시간이 지남에 따라 시스템의 자연스러운 적응 능력에 대한 의존이 극대화될 때 가장 효과적이다(Mohan 2001, Mitch 2006). 이 원칙을 준수하면 불필요한 비용을 최소화할 수 있다.
  자금 가용성(Funding Availability)은 가능한 공학적 개입의 범위를 크게 좌우한다. 예를 들어, 자금이 폭풍해일 감소나 파력 감쇠 효과를 충분히 달성할 수 있을 만큼 큰 갯벌(연안습지)의 조성을 허용하지 않는다면 프로젝트 요건을 재검토해야 할 수도 있다. 어떤 경우에는 조성이 단계적으로 진행되어 갯벌(연안습지)을 여러 해에 걸쳐 조성할 수 있다. 이는 항만 또는 항로의 유지보수 준설이 퇴적물의 공급원일 가능성이 높고, 완전한 침수 리스크 관리(FRM) 성능이 즉시 필요치 않은 경우, 현실적인 선택지이다. 어떤 경우에는 작은 갯벌(연안습지)과 추가 조치의 병행은 필요한 침수 리스크 관리(FRM)의 혜택(이익)을 가장 비용 효율적으로 창출하는 방법일 수 있다.
- **설계 시 갯벌(연안습지) 열화(劣化) 해결**: 해법이 엄격한 유지보수를 규정하더라도, 공학적 개입은 연안습지 자연-기반 해법(CWNbS)을 지속할 수 있도록 현장 열화의 근본적인 원인을 해결해야 한다. 갯벌(연안습지) 열화의 일반적인 전조(前兆)들, 예를 들어 지속적인 침식, 파편화 또는 해수면 상승에 따른 '적응' 실패는 부분적으로 지형, 침수, 물 교환, 파랑 기후[217](Wave Climate), 해류, 염분, 탁도[218](濁度), 퇴적물 공급과 같은 물리적 상태 및 과정의 변화에 기인한다. 적절한 물리적 조건과 과정이 부분적으로 또는 완전히 재확립되었을 때만, 자연적 정착, 식재 또는 보충을 통해 자생 식물 종의 복원이 이루어진다. 예를 들어, 인근 주운(舟運) 수로의 침식 증가로 인한 파랑 작용 증가는 갯벌(연안습지)의 급격한 손실로 이어질 수 있으며, 파랑 에너지를 줄이기 위한 공학적 개입이 필요하다. 암거(暗渠)의 부적절한 크기 또는 비슷한 제한으로

---

217) 파랑 기후(Wave Climate, 波浪氣候): 어떤 지역의 장기 파랑 자료에 근거한 월별 또는 계절별 파랑 특성을 말한다.
218) 탁도(Turbidity, 濁度): 수중의 부유물질 등에 의하여 물이 혼탁한 정도. 물로 통과하는 빛이 이러한 비용해성 부유물질에 의해 산란되거나 흡수되어 흐리게 보여지는데, 수질 지표로서 탁도는 보통 빛을 입사시켜 부유물질에 의해 산란된 정도를 광학적으로 측정하여 나타낸다.

인한 조석 교환 감소로 많은 갯벌(연안습지)이 열화되고 침하할 수 있어, 조석 교환을 개선하기 위한 개입이 있어야 한다. 퇴적물 적재량이 감소하거나 침하 정도가 높은 지역에서는, 얇은 퇴적층을 포설하거나 가까운 연안에 퇴적물을 배치하여 부유 퇴적물 농도를 국지적으로 증가시키는 등의 개입(미국과 네덜란드에서는 전략적 배치, 샌드 모터('4.2.5 네덜란드 중 (3) 샌드 모터(Sand Motor)' 참조) 또는 머드 모터(Mud Motor) 개념이라고 함, 표 3.20 참조))은 갯벌(연안습지) 환경의 높이를 직·간접적으로 증가시킬 수 있다. 물리적 조건의 완전한 복원이 불가능한 경우(예: 이전에 침수된 지역으로 조석 교환을 완전히 복원할 수 없는 경우)에도 최적의 조건을 달성할 수 없더라도 침수 리스크 관리(FRM)의 기능을 개선하기 위해 점진적인 조건 개선이 바람직할 수 있다.

- **역학관계와 불확실성**: '3.3.4 갯벌(연안습지) 조성 시 목표, 성능 및 지표 중 2) 성능'에서 언급한 바와 같이, 지속 가능한 갯벌(연안습지)의 설계 및 관리는 지정된 복원지 내외의 식생, 수리학(水理學), 기층 간의 동적 상호 관계를 고려해야 한다(Zeff 2011). 식생과 지형은 갯벌(연안습지)이 제공하는 침수 리스크 관리(FRM) 혜택(이익)을 제어하기 때문에 이러한 역학관계는 궁극적으로 갯벌(연안습지)이 침수 리스크 관리(FRM) 혜택(이익)을 생산하는 능력에 영향을 미친다. 설계는 극단 사건에서 성능뿐만 아니라 일상적인 조건에서 갯벌(연안습지)의 건전, 기능 및 지속가능성도 고려한다.
- **설계 제약**: 연안습지 자연-기반 해법(CWNbS)의 설계는 전통적인 해안 공학 설계와는 다른 제약조건을 가질 수 있으며, 이러한 차이는 설계 과정 초기에 고려되어야 한다. 갯벌(연안습지) 환경의 생물·물리학적 요구 사항(예: 높이와 파랑 에너지 허용오차)에 연관된 제약 조건은 '3.3.3 갯벌(연안습지)의 개념적 시스템 이해'에서 설명하였다. 다른 설계 요구 사항이나 계획된 관리, 복원 또는 창출 방법에 따라 추가 설계 제약 조건이 적용될 수 있다. 예를 들어, 준설토나 슬러리[219](Slurry) 퇴적물을 사용하는 프로젝트는 준설토 통합, 준설 프로젝트 일정 또는 현장에서 배출하는 방류수의 탁도 등을 고려할 수 있다. 갯벌(연안습지)이나 연안습지와 관련된 서식지에서 발생하는 프로젝트는 다른 이해관계자 그룹의 관심을 끌 수 있으며, 이해관계자 그룹의 조기 참여를 통해 프로젝트 설계가 잠재적으로 공동 혜택(이익)을 증가시키거나 프로젝트 협력자를 확보할 수 있다.
- **연안습지 자연-기반 해법(CWNbS)과 구조적 조치 결합(하이브리드 해법)**: 갯벌(연안습지)은 구조적 조치와 결합(하이브리드 해법)하여 연안습지 자연-기반 해법(CWNbS) 또는 구조적 조치와 같은 개별적인 조치보다 공학적 성능을 향상할 수 있다. 많이 개발된 지역의 공간 제약을 해결하기 위해 갯벌(연안습지)은 호안, 제방과 같은 전통적인 해안구조물(구조적 조치)과 결합하여 개별적인 두 조치(연안습지 자연-기반 해법(CWNbS) 또는 구조적 조치)만으로는 얻을 수 없는 침수 리스크 관리(FRM) 혜택(이익)과 공동 혜택(이익)을 높일 수 있다.

갯벌(연안습지)을 구조적 조치와 결합(하이브리드 해법)하여 사용하는 것을 고려할 때, 갯벌(연안습지)과 구조적 조치 간의 상호작용을 자세히 분석한다. 왜냐하면 결과적으로 성능이 추가적이지 않을 수 있고, 어떤 경우에는 상호작용이 모순(矛盾)일 수 있기 때문이다. 연안습지 자연-기반 해법(CWNbS)과 구조적 조치의 결합(하이브리드 해법) 효과는 복잡할 수 있으며, 다양한 폭풍(태풍) 조건

219) 슬러리(Slurry): 고체와 액체의 혼합물 또는 미세한 고체입자가 물 속에 현탁된 현탁액을 말한다.

에서 프로젝트 설계 구성의 상세한 계산 모델링이 필요하다. 구조적 요소가 연안 자연-기반 해법(CNbS)의 성능과 기능에 미치는 몇 가지 영향의 예로는 다음과 같다.

- 연안습지 자연-기반 해법(CWNbS)의 근처 또는 육지 쪽에 있는 방조제와 같은 구조물은 반사파로 인한 침식과 세굴(洗掘)을 최소화할 수 있도록 설계한다(Mattheus 등. 2010).
- 침수저장 지역의 전면 제방의 개수(個數), 너비, 턱(Sill) 높이 및 파손 위치는 침수저장 지역의 성능에 영향을 미친다(Kiesel 등. 2020).
- 제방과 같은 구조적 요소가 연안습지 자연-기반 해법(CWNbS)의 면적을 분할시켜 크기를 줄이면 성능이 저하된다(Stark 등. 2016).
- 연안습지 자연-기반 해법(CWNbS)의 지역 내 제방과 같은 구조물의 위치와 방향은 웨이브 셋업[220](Wave Set-up), 반사 또는 흐름 차단으로 인해 수위 증폭 지역이 국지화될 수 있다(Wamsley 등. 2010, Stark 등. 2016).

구조적 요소와 결합한 연안습지 자연-기반 해법(CWNbS)((하이브리드 해법)에 대한 이러한 많은 연구 결과는 미묘하여 장소에 따라 다르므로 보편적으로 적용하면 안 된다. 갯벌(연안습지)과 구조적 조치의 결합(하이브리드 해법)을 고려할 때, 가능한 한 급격한 높이 변화를 피해야 한다. 이는 경사가 급격히 증가하면 수위 증폭이 발생할 수 있기 때문이다. 일반적으로 해수면 상승에 대한 갯벌(연안습지)의 레질리언스를 높이는 데 사용하는 수평 제방 개념은 제방의 바다 쪽의 점진적인 경사(1:10 미만)를 사용하여 갯벌(연안습지)과 제방 사이의 경사 변화와 관련된 수위 증폭을 최소화하는 데 사용한다(ESA PWA 2013).

3.3.6 갯벌(연안습지) 조성 시 상세 설계 및 시방서 개발

상세 설계는 설계 내에서 제어할 수 있는 성능 측면(예: 식생 유형, 지표면 높이)과 설정 및 설계 폭풍(태풍) 특성을 고려하여 갯벌(연안습지)의 침수 리스크 관리(FRM)의 기능을 최적화하는 데 중점을 둔다. 갯벌(연안습지) 성능의 일부 측면은 환경 조건(예: 근빈(近濱) 수심, 파고, 수위)의 제약에 따라 달라져 자체적으로 '설계'할 수 있는 능력을 떨어뜨리지만, 다른 측면(예: 갯벌(연안습지) 플랫폼 높이, 갯고랑 유입구 구성)은 상대적으로 더 쉽게 제어할 수 있다는 점을 인식하는 것이 중요하다. 파랑과 폭풍해일 감쇠, 침식 방지 및 흐름 감소를 위한 갯벌(연안습지)의 성능은 폭풍 (태풍) 특성과 지형 설정에 크게 의존한다. 침수 리스크 관리(FRM)의 기능과 연계되어 설계에 규정될 수 있는 갯벌(연안습지) 자체의 측면은 표 3.23에 요약되어 있다.

220) 웨이브 셋업(Wave Set-up): 일반적으로 파랑이 해안에 도달하면, 그 형태가 불안정하게 되어 전방(前方)으로 뛰쳐나가듯이 무너지지만(쇄파(碎波)), 쇄파가 생긴 장소보다 해안 쪽의 해역에서는 조위 상승이 발생하는 것으로 쇄파에 따라 평균 해수면이 상승하는 현상을 말한다.

1) 갯벌(연안습지) 위치

갯벌(연안습지)의 위치는 습지 침수 리스크 관리(FRM) 기능의 주요 결정 요인 중 하나이다. 조수 유입구와 인접한 갯벌(연안습지)과 같은 강한 폭풍 에너지에 노출된 갯벌(연안습지)은 방호 지역 내에 있는 갯벌(연안습지)(Lawler, Haddad, Ferreira 2016)보다 파랑이나 폭풍해일을 상대적으로 덜 감쇠할 수 있다. 가장 큰 폭풍 피해 감소 혜택(이익)은 갯벌(연안습지) 바로 인접한 지역에서도 발생하기 때문에 (Narayan 등. 2017, 2019), 자산(資産)(재산과 인명) 근처에 있는 갯벌(연안습지) 프로젝트는 멀리 위치한 유사한 규모의 갯벌(연안습지) 프로젝트보다 더 많은 침수 리스크 관리(FRM) 혜택(이익)을 제공한다. 갯벌(연안습지) 지역은 자산(資産)의 전면(前面)에 위치하여야만 하는데, 이는 파랑과 폭풍해일 감소가 갯벌(연안습지)의 전면 가장자리 근처에서 국지적인 수위 상승으로 이어져 갯벌(연안습지) 앞 자산에 대한 피해가 증가할 수 있기 때문이다(Stark 등. 2016, Smolders 등. 2015, Zhang 등. 2012). 또한, 갯벌(연안습지)이 자산과 위험 사이에 위치하도록 폭풍과 침수의 주요 방향도 고려한다. 특히 자산이 과거 갯벌(연안습지)이 차지했던 경관 위치에 있고 높이가 낮은 해안 근처에 있는 경우, 일부 지역에서는 갯벌(연안습지)이 수위 상승, 침수 기간, 그리고 피해를 증가시킬 수 있다(Lathrop 등. 2019).

표 3.23 갯벌(연안습지)의 설계 변수와 성능 요인

설계 변수	영향을 받는 기능	성능 요인과 고려 사항	성능 지침
갯벌(연안습지) 위치	• 침식 방지 • 퇴적 • 파랑감쇠 • 폭풍해일 감쇠 • 침수저장	• 자산 대비 위치 • 하구에서의 위치(예: 하구입구 또는 유입구 근처) • 노출(예: 취송거리, 주운(舟運)수로에 대한 접근성) • 구조적 조치(예: 제방, 호안)와의 접근성	• 습지와 맹그로브 배후에 있는 토지는 습지가 없는 토지보다 침수 피해가 적다(Narayan 등. 2017, 2019). • 유입구와의 접근성 및 구성, 폭풍해일에 대한 노출은 갯벌(연안습지)의 폭풍해일 감쇠 능력에 영향을 미치는 주요 요인이다(Lawler, Haddad, Ferreira 2016). • 경성공법 구조물 설계는 갯벌(연안습지)의 파랑 반사와 세굴을 초래할 수 있다(Morton and Barras 2011).
갯벌(연안습지)의 형태와 크기	• 침식 방지 • 파랑감쇠 • 폭풍해일 감쇠 • 침수저장	• 해안선으로부터 고지대 또는 구조물까지의 거리 • 하구에 대한 크기 • 저류용적(貯留容積)	• 가장 큰 파랑감쇠는 갯벌(연안습지)의 첫 수십 m에서 발생한다(Garzon 등. 2019, Bao 2011). • 일반적인 폭풍해일 감쇠율은 갯벌(연안습지) 크기의 함수이며, 습지 1.7~25 ㎝/㎞(Leonardi 등. 2018)와 맹그로브 숲 4.2~48 ㎝/㎞(Narayan 등. 2019)에 대한 일반적인 폭풍해일 감쇠율은 보고되었다. • 저류용적은 중요 홍수를 저장하기 위해 하구 도달 총체적(總體積)의 20~40% 사이여야 한다(Stark 등. 2016).
갯벌(연안습지)의 높이	• 퇴적 • 파랑감쇠 • 폭풍해일 감쇠	• 조석 기준점 및 조차(潮差)에 대한 높이(1차 생산성에 가장 적합한 상부 조간대(潮間帶) 범위) • 방호 자산 및 구조적 조치에 대한 높이	• 높이가 높은 곳은 양호한 침수 방호를 제공한다(Loder 등. 2009). • 높은 플랫폼의 높이를 처리하여 여러 갯벌(연안습지)의 식생 구역을 조성하여 다양한 수위에서 침수 리스크 관리(FRM)의 혜택(이익)을 제공할 수 있다(Horstman 등. 2015).

근빈(近濱) 수심	• 침식 방지 • 퇴적 • 파랑감쇠 • 폭풍해일 감쇠	• 갯벌(연안습지)에 인접한 해저면 높이 • 갯벌(연안습지)에 인접한 해저면 형태	• 얕은 갯벌은 습지 침식이 적고 파랑 에너지를 소산(消散)하는데 도움이 된다(Bouma 등. 2016). • 넓은 갯벌은 폭풍 동안 습지 지형에 퇴적물을 공급하여 수직으로 퇴적할 수 있도록 도와줄 수 있다(Ganju 2019, Schuerch, Spencer, and Evans 2019).
다른 기능과의 연결성	• 파랑감쇠 • 폭풍해일 감쇠	• 갯벌(연안습지), 천이(遷移) 지대 및 고지대 식물 군집까지의 거리 • 갯벌(연안습지)과 인접 지형 사이의 경사	• 갯벌(연안습지)에 인접한 깊은 물은 갯벌(연안습지) 가장자리 침식을 악화시킬 수 있다(Ganju 2019). • 갯벌(연안습지) 폭을 줄이는 제방은 가용 흐름 면적을 줄임으로써 폭풍해일을 증폭시킬 수 있다(Stark 등. 2016).
갯고랑과 개방수(Open-water) 요소	• 침식 방지 • 퇴적 • 파랑감쇠 • 폭풍해일 감쇠 • 침수저장	• 고랑 폭, 깊이 • 고랑 방향 • 갯벌(연안습지) 가장자리 면적 비율 • 식생 면적 대비 무식생(無植生) 면적 비율	• 깊고 넓은 갯벌(연안습지) 수로는 얕고 좁은 수로보다 폭풍해일과 파랑이 갯벌(연안습지)로 더 멀리 전파될 수 있다(Stark 등. 2015, 2016, Lawler, Haddad, Ferreira 2016). • 수로와 연못의 비율이 높아지면 파력 및 폭풍해일 감쇠 능력이 감소한다(Barbier 등. 2013).
• 식생 유형 • 높이 • 밀도 • 지름 • 복잡성 • 유연성 • 뿌리	• 침식 방지 • 퇴적 • 파랑감쇠 • 폭풍해일 감쇠	• 높이: 습지 플랫폼 위의 일반적인 높이 • 밀도(높이에 따른 함수): 단위 면적당 차단된 흐름 면적의 비율, 단위 면적당 수직 요소(즉, 줄기)의 수, 엽면적(葉面積) 지수 • 유연성: 정성적 설명(유연성 대 강체), 정량적 설명(탄성계수, 관성 모멘트) • 뿌리: 살아있는 식물 뿌리의 토양 단위 체적당 질량, 살아있는 뿌리 질량의 95% 이상이 발생하는 깊이	• 높이: 키가 큰 초목은 더 넓은 수위 범위에서 흐름과 파랑에 더 큰 저항력을 제공한다(Beudin 등. 2017). • 밀도: 식생 밀도가 높을수록 밀도가 낮은 식생보다 더 많은 흐름이 차단하고 마찰이 더 많이 발생한다(Loder 등. 2009). 지상 바이오매스의 분포는 속도 프로필과 세굴 포텐셜에 영향을 미친다(Horstman 등. 2015). • 유연성: 경직된 식생은 유연한 식생보다 더 큰 감쇠 효과를 제공하지만(Beudin 등. 2017), 부러지거나 뿌리째 뽑힐 가능성이 더 높을 수 있으며, 유연한 식생은 엎드려서 지반을 세굴로부터 보호할 수 있다(Vuik 등. 2019). • 뿌리: 더 큰 뿌리 깊이와 높은 밀도의 뿌리는 갯벌(연안습지) 가장자리를 따라 더 깊은 깊이에서 침식 저항성을 제공할 것이다(Howes 등. 2010, Silliman 등. 2019).
구조적 요소	• 침식 방지 • 퇴적 • 파랑감쇠 • 폭풍해일 감쇠 • 침수저장	• 구조물 유형 • 임시 또는 영구 • 구조물 위치 • 구조 함수	• 구조물은 필요한 경우에만 사용하며, 갯벌(연안습지) 기능을 강화한다. • 침식을 방지하기 위해 설계된 구조물은 침식 문제를 해결하기 위해 적절하게 크기를 조정한다(Melby 등. 2005).
퇴적물 특성	• 침식 방지	• 부피밀도(Bulk Density), 유기물	• 낮은 부피밀도, 더 높은 유기물, 그리고 낮은 비율의 모래는 침식률을 낮추는 것과 관련이 있다 (또한 잘 발달한 갯벌(연안습지) 환경과도 관련이 있다, Feagin 등. 2009).

2) 갯벌(연안습지)의 형태와 크기

갯벌(연안습지)의 형태와 크기는 설계구조의 가장 기본적인 측면이며 갯벌(연안습지)이 제공할 수 있는 침수 리스크 관리(FRM)의 혜택(이익)을 크게 결정한다. 규모는 자주 경관에 의해 제어되며 깊은 물의 범위와 고지대 경계로 제한된다. 파랑의 감쇠를 위해서는 해안과 고지대 사이의 갯벌(연안습지) 거리를 최대화한다. 피해를 주는 주방향(主方向)의 파랑 조건을 검토한다. 이는 다양한 풍향과 수위 조건에 대한 파랑 조건을 고려해야 하며, 취송거리[221](Fetch Length), 수심, 폭풍 추적을 염두에 둔다(Duvall, Wiberg, Kirwan 2019). 폭풍해일 감쇠나 침수저장과 같은 혜택(이익)을 얻으려면 갯벌(연안습지)이 하구 크기에 비해 상당히 커져야 결과적으로 수위 감소를 알 수 있다. 사실상 네덜란드 서부 셸트 하구(Western Scheldt Estuary)의 모델링 연구에 따르면, 갯벌(연안습지) 면적은 하구 도달 범위에서 전체 폭풍해일량의 20~40%가 습지 면적을 통과할 수 있을 만큼 아주 커야 한다(Stark 등, 2016). 이 방법은 하구 입구보다 총 유량이 적은 하구 상류에서 가장 쉽게 달성할 수 있다. 도시 지역에서는 기존 방호 시설이 수직, 강철, 널말뚝 벽 또는 호안일 수 있어, 갯벌(연안습지) 조성을 위한 수평 공간이 거의 없을 가능성이 높다. 이러한 환경에서는 다양한 높이에 테라스(Terrace)를 만들어 식생 개발을 위한 좁은 플랫폼을 만들 수 있다. 비록 침수 리스크 관리(FRM)의 혜택(이익)은 제한적이지만, 이와 같은 공간 제약이 있는 갯벌(연안습지)은 생태적 혜택(이익)을 제공하고, 파랑 작용으로 인한 구조적 요소의 열화를 줄인다(Wilemsen 등. 2020). 구조적 조치의 접근성은 갯벌(연안습지)의 동수역학을 변화시키고 해수면 상승 변화에 따라 갯벌(연안습지)이 육지 쪽으로 이동하는 능력을 제한함으로써 습지식물 군집의 구성을 변화시킬 수 있다(Heatherington과 Bishop 2012). 이에 따라 지역 조석 체계에 비해 갯벌(연안습지)의 바닥높이를 유지할 수 없는 경우 갯벌(연안습지) 테라스의 장기적인 생존 가능성은 제한된다.

3) 갯벌(연안습지) 높이와 근빈(近濱) 수심

갯벌(연안습지)과 근빈 수심은 습지 설계구조의 다른 중요한 측면이다. 갯벌(연안습지)의 설계 높이는 주로 원하는 갯벌(연안습지) 유형과 종의 구성으로 결정된다. 대부분의 연안습지는 조간대 상부에서 발생한다. 종의 구성은 침수 기간으로 결정되며, 이는 연안습지 높이를 조정할 수 있는 정도를 다소 제한한다. 그러나 큰 조차(潮差)인 지역은 작은 조차인 지역보다 이러한 설계 측면에서 상대적으로 더 큰 자유를 허용한다. 수위가 식생 습지의 지표면보다 높지만, 식생 높이(즉, 출현 조건)보다 낮을 때 파랑 및 폭풍해일 감쇠 효과가 극대화된다(그림 3.53 참조).

가장 큰 파랑감쇠는 수위가 식생 캐노피[222](Vegetation Canopy)에 있거나 그 바로 아래에 있을 때 발생한다(Mazda 등. 2006, Quartel 등. 2007). 일반적으로 높이가 낮은 연안습지의 침수저장 지역은 높은 지역보다 더 많은 물을 저장할 수 있지만, 수위가 낮을 때 연안습지의 틈(Breach)으로부터

221) 취송거리(Fetch Length, 吹送距離): 항만 또는 해안에서 바람에 의한 파도의 크기를 추정할 때 그 지점까지 바람이 일정한 풍속 및 풍향을 가지고 장애물 없이 바다 위를 불어온다고 가정하는 수평거리를 말한다.

222) 식생 캐노피(Vegetation Canopy): 표면적의 50% 이상을 차지하는 가장 높은 연속적인 식물 덮개를 말한다.

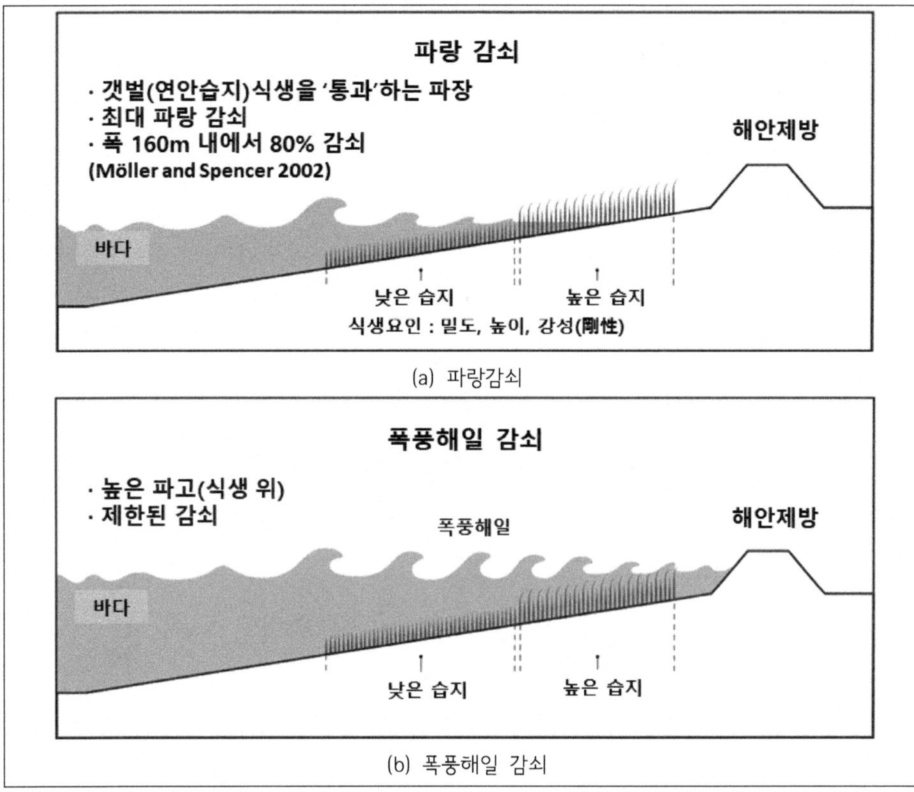

(a) 파랑감쇠

(b) 폭풍해일 감쇠

그림 3.53 갯벌(연안습지) 식생과 수위 간의 상호작용이 파력 감쇠 함수에 미치는 영향

의 유출이나 암거 개방으로 연안습지(갯벌) 내부가 채워지면 저장 용량이 감소할 수 있어 이를 방지해야 한다(Pontee 2015, Smolders 등. 2020). 평균 해수면이나 평균 고고조[223](Mean Higher High Water)와같은 조석 기준에 따른 갯벌(연안습지) 높이는 다양한 유형의 연안습지(예: 낮은 높이의 연안습지 대(對) 높은 높이의 연안습지)의 개발을 통해 조정할 수 있다. 적절한 높이 범위를 제공하기 위해 조성 및 복원된 갯벌(연안습지)을 등급화(Grading)하면, 갯벌(연안습지) 유형에 초점을 맞춘 접근 방식보다 더 넓은 범위의 수위에서 침수 리스크 관리(FRM) 혜택(이익)을 제공할 수 있다(그림 3.53 참조). 또한 생태학적 관점에서 일부 지형적 변동은 다양한 생태 조건을 제공하여 생태적 다양성을 높이고 다양한 식물이 자랄 수 있는 장소를 제공한다. 그러나 갯벌에서 연안습지, 연안습지에서 고지대로 급격한 수심 변화는 피해야 한다. 이러한 불연속성은 국소적으로 수위를 증폭시키거나 침식을 일으켜 갯벌(연안습지)이 주는 일부 혜택(이익)을 무효로 할 수 있기 때문이다(Stark 등. 2016).

223) 평균 고고조(Mean Higher High Water, 平均高高潮): 하루 2회 나타나는 일조부등 만조(滿潮) 중 높은 만조의 평균을 말한다.

4) 다른 기능과의 연결성

지형적 변동성을 가진 갯벌(연안습지)을 설계하는 것이 연안습지 자연-기반 해법(CWNbS)의 침수 리스크 관리(FRM)와 생태 기능을 모두 증가시킬 수 있는 것처럼, 갯벌(연안습지) 높이를 조하대(潮下帶)와 고지대로 원활하게 연결하면 침수 리스크 관리(FRM)의 혜택(이익)과 생태적 및 사회적 공동 혜택(이익)도 증가시킬 수 있다. 갯벌(연안습지) 가장자리 근처의 수심은 파랑 에너지의 변형에 큰 영향을 미쳐, 가파르거나 오목한 갯벌(연안습지) 가장자리는 파랑이 갯벌(연안습지) 가장자리에서 원활히 벗어날 수 있는 계단식 또는 볼록한 갯벌(연안습지) 가장자리보다 파랑 충격으로 인해 상대적으로 더

표 3.24 갯벌(연안습지) 설계에 통합될 수 있는 공학적 요소

구조적 요소	목적	설계 고려사항
• 식생 식재 • 지오텍스타일(임시)	퇴적물 안정화	• 식물 종 선택(토종이어야 함) • 큰 파랑이나 강한 해류에 의한 실생(實生)식물 손상 또는 제거
• 브러시우드(Brushwood) 울타리(임시) • 코이어 로그(Coir Log)(임시) • 굴 암초(Oyster Reef) • 지오텍스타일 컨테이너(Geotextile Container) • 근빈(近濱) 방파제-나무 또는 바위 • 가비온(Gabion) • 콘크리트 또는 유연한 매트리스 • 바위 • 오픈스톤(Open-stone)아스팔트	침식 방지	• 파랑 또는 해류 에너지 • 수심 • 요소의 내구성 • 요소 또는 채움(Fill) 성분의 크기 • 요소 또는 채움 성분의 공급원 • 기층(基層)의 지지력 • 염분(鹽分)(굴(Oyster))
• 브러시우드 울타리(임시) • 코이어 로그(임시) • 나무 울타리 • 암석 또는 퇴적물 버엄(Berm) 또는 번드(Bund) • 식생 식재 • 돌제(Groin)	퇴적물 유지 또는 퇴적	• 파랑 또는 해류 에너지 • 수심 • 요소의 투과성 • 요소의 기하학적 구조(예: 높이, 길이, 간격)
• 방조문[*1](Tide Gate) • 지오텍스타일 컨테이너 • 나무 울타리	흐름감소	• 파랑 또는 해류 에너지 • 채움의 공급원 • 연약한 퇴적물의 안정성 • 투과성
• 퇴적물 배치 • 테라스(Terrace)	지표면 높이의 증고(增高)	• 입자 크기 특성 • 수송 방법(예: 선박, 덤프트럭) • 사용할 수 있는 공간 • 원하는 높이
• 흙 제방 또는 해안제방	침수방지	• 파랑 또는 해류 에너지 • 극단사건의 수위 • 기층의 지지력 • 채움의 공급원

*1 방조문(Tide Gate): 강이나 작은 하천의 바다로 향하는 입구를 막아 조류가 상류로 유입되지 않도록 막은 문을 말한다.

큰 힘을 받는다(Toneli, Fagerazzi, Petti 2010). 인접한 갯벌이나 모래 갯벌[224](Sand Flat)이 너무 깊으면 연안습지 가장자리에서 직접 쇄파가 발생하여 장기 침식률이 높아질 수 있다. 연안습지에 인접한 깊은 물은 침식을 악화시키거나 연안습지 지표면에 퇴적될 퇴적물이 우선 적으로 침전(沈澱)할 수 있다(Ganju 2019). 얇은 층 또는 전략적 퇴적물 배치는 이러한 기술을 사용하여 식생 연안습지 지역의 높이를 높이는 것과 같은 방식으로 인접한 갯벌과 모래 갯벌의 높이를 높이는 데 사용할 수 있다(표 3.24 참조).

5) 갯고랑(Tide Channel)과 개방수(Open-Water) 요소

갯벌(연안습지) 구조의 설계는 갯고랑, 얕은 고랑, 깊은 웅덩이와 같은 개방수 요소들도 명시적으로 고려해야 한다. 이러한 요소들은 갯벌(연안습지)로부터 자연적으로 발생하는 구성요소이며, 시스템의 올바른 수문학적 및 생태학적 기능에 매우 중요하다. 갯고랑 및 기타 개방수 요소의 설계가 항상 필요하거나 권장되는 것은 아니지만, 갯고랑의 형상은 파랑과 폭풍해일이 습지를 통해 전파되는 방식에 영향을 미칠 수 있다(표 3.23 참조). 소수의 현장, 실험실, 모델링 연구 결과에 따르면, 비교적 넓고 밀도가 높으며 갯고랑이 없는 갯벌(연안습지)은 장파(長波)와 지진해일을 줄이는 데 효과적이며, 이러한 장벽을 통과하는 시간이 느린 천천히 움직이는 장시간 폭풍에서는 이러한 해일(폭풍해일, 지진해일)의 감쇠 능력이 상대적으로 덜 효과적이다(Stark 등. 2015, Yao 등. 2015, Zhang 등. 2012). 갯고랑 네트워크의 모든 부분에 대한 인위적인 조성 등과 같은 갯벌(연안습지) 현장을 과도하게 설계하지 않기 위해, 새로 조성된 갯벌(연안습지)의 갯고랑은 전략적으로 억제되었던 일부 지역의 해안제방을 철거함으로써 갯고랑을 자체적으로 형성할 수 있다(van Proosdij 등. 2010). 그러나 미세조석(微細潮汐) 환경의 조류(潮流)는 퇴적물을 침식할 만큼 강하지 않아 갯벌(연안습지) 내부에 물이 차게 되고 궁극적으로 예비(豫備) 갯고랑을 발굴하기 위해 추가적인 토공이 필요할 수 있다. 만조와 간조 시 예상되는 전단 응력과 토양의 침식 가능성을 조사하여 조석 갯고랑이 스스로 형성될 수 있는지 또는 토공이 필요한지를 결정한다. 갯고랑을 조성 또는 복원하거나, 이전에 매립(埋立) 또는 간척(干拓)된 지역의 해안제방이 뚫은 경우, 갯고랑은 꾸불꾸불하게 갈라져 있어 갯벌(연안습지) 깊숙이 해일이 빠르게 유입되지 않아, 식생대를 실제 적으로 우회(迂廻)하여 파랑에 대한 식생의 감쇠 효과를 줄일 수 있다. 갯벌(연안습지)의 잠재적인 파랑·해일 감쇠에 대한 갯고랑과 개방수 요소의 최적화가 갯벌(연안습지)을 지배하지 않을지라도, 갯벌(연안습지)을 유지하기 위해 충분한 조석 교환과 퇴적물 운반을 제공할 수 있을 만큼 갯고랑 밀도가 높아야 한다. 갯벌 복원 및 조성 프로젝트를 계획하는 데는 갯고랑 크기(예: 폭, 수심, 밀도, 만곡(彎曲)) 간의 지역적 관계를 일반적으로 사용한다(Hood 2015, Odell, Hall, Brooks 2008).

---

224) 모래 갯벌(Sand Flat): 식생이 없는 모래 갯벌로 광범위하고 수평에 가까운 습지 또는 척박한 땅으로, 조수(潮水)가 유입 또는 유출하며 주로 진흙과 모래로 이루어진 비압밀 퇴적물로 이루어져 있다.

6) 식생

우점(優占)식생의 선택은 일반적으로 대상 갯벌(연안습지) 유형과 설계 높이에 따라 미리 결정되지만, 다양한 갯벌(연안습지) 높이를 설계하여 침수 리스크 관리(FRM) 혜택(이익)을 최적화하도록 조정할 수 있다. 일반적으로 갯벌(연안습지)의 염분이 많을수록 식물 군집의 다양성이 떨어지고, 원하는 혜택(이익)을 극대화하기 위한 식물을 선택하는 능력이 제한된다. 기수에서 담수까지의 환경이나 조석 프리즘[225](Tidal Prism) 이상에서는 종의 다양성이 더 커지며, 파랑을 감쇠시키거나 침식을 방지하는 능력에 따라 식물을 선택할 수 있다.

- **성장 형태**: 식물의 성장 형태와 물리적 특성(예: 줄기 밀도, 높이, 강성)은 식생이 퇴적물을 효과적으로 포착하거나 파랑과 해일을 감쇠시키는 데 영향을 미친다. 맹그로브 습지와 염습지 습지에 대한 여러 현장 연구에 따르면, 파랑 저감 능력은 넓은 식생 폭, 식생 밀도 및 높이가 높을수록 증가하고, 수면이 식생 높이를 초과할 때 더 높은 수위에서 감소하는 것으로 나타났다(Brinkman 2006, Möller 등. 1999, Narra 2012, Vuik 등. 2015). 식물의 강성(剛性), 다공성, 휴면 상태와 같은 다른 종별 식생 특성뿐만 아니라 현장 지형 및 해류(海流) 유속도 갯벌(연안습지)의 파랑감쇠 능력에 영향을 미친다(Bouma, De Vries와 Herman 2010, Ysebaert 등. 2011, Vuik 등. 2018, Armanini, Righetti와 Grisenti 2005, Maza, Lara와 Losada 2015, Losada 등. 2016) 크고 단단한 식물을 지원하는 조건을 가진 갯벌(연안습지)을 조성하면 파랑감쇠 기능을 극대화할 수 있다. 깊고 밀도가 높은 뿌리 네트워크를 가진 갯벌(연안습지) 식물은 폭풍(태풍)이 발생힐 때 침식과 세굴에 저항하므로(Howes 등. 2010, Silliman 등. 2019), 에너지가 높은 파랑 조건이 발생하기 쉬운 지역에서는 이런 식물을 선택한다. 다양한 연안습지 식물의 종은 조건에 따라 제한되지만, 연안습지의 높이와 지형은 다른 종들보다 일부 종들에게 유리하도록 설계할 수 있다. 다양한 습지 식생의 틈새를 촉진하는 소규모 및 현장 규모의 지형 변화를 제공하기 위한 부지를 조성한다. 다양한 종이 서식할 수 있는 갯벌(연안습지)을 설계하는 것은 생물학적 용도로, 생태적으로 바람직하며, 종의 다양성이 커지면 다양한 생물·역학적 특성을 가진 다양한 식물 성장 습관을 제공하여 다양한 수위와 조건에서 침수 리스크 관리(FRM)의 혜택(이익)을 제공할 수 있다. 폭풍(태풍)이 발생하는 동안과 통과한 직후에는 유연한 종들은 엎드려서 토양 표면을 황폐화로부터 방호하는 반면, 단단한 줄기는 더 큰 손상이나 뿌리 뽑힘의 리스크에도 불구하고 똑바로 서서 파랑을 감쇠시킨다(Vuik 등. 2019).
- **식생 설계의 고려 사항**: 비용을 최소화하기 위해 실제적 경우 자연적 정착을 최소화한다. 프로젝트 현장이 상대적으로 작고, 자연적 종자은행[226](Seed Bank)은 충분히 존재하며, 생물물리학적 조건이 적합하다면, 모니터링된 자연 정착은 일반적으로 받아들일 수 있다. 그러나, 재식생(再植生) 과정은 상당히 느려질 것이며, 식재된 현장과 동일한 침수 리스크 관리(FRM) 혜택(이익)이나 생태적 공동 혜택(이익)을 생성하는 데 더 오랜 시간이 걸릴 것이다. 침입종이 서식하기 쉬운 지역, 성장기가 짧은 위도(緯度), 매우 넓은 지역, 또는 자연 종자 은행이 제한된 새로 조성된 지역의 희귀종은 자연적 정착이 불가능할 수 있다(Mossman, Davy와 Grant 2012).

---

225) 조석 프리즘(Tidal Prism): 천체 조석에 의하여 해만(海灣) 내에 유·출입하는 해수의 총칭으로 간단하게는 해만의 면적과 조차(潮差)와의 합으로 표시된다.

226) 종자은행(Seed Bank, 種子銀行):토양 속에 저장(埋沒)되어 있는 종자 및 휴면 종자의 총화를 말한다.

현장에 일정 수준의 식재가 필요한 경우, 습지나 맹그로브 종의 단형(單型) 식재를 위한 중앙 간격과 행 간격뿐만 아니라 시기, 토양 조건, 염분, 수위, 지하수 수문학 등 식재에 필요한 조건도 포함한다. 식물 군집이 다양한 습지는 종과 개별 식물 간의 시너지 효과와 경쟁 관계를 활용하는 복잡한 계획이 필요할 수 있다. 기존 조성 조건은 원래 설계가 아닌 최종 식물 선택에 영향을 미쳐야 하는데, 이는 기존 조성 조건이 원설계(原設計)와 다를 수 있기 때문이다. 식재는 일반적으로 조성 후 일정 기간(현장 조건에 따라 수개월~수년 후)에 이루어지기 때문에, 식재 설계는 변경 사항에 맞게 조정할 수 있다.

7) 갯벌(연안습지) 방호를 위한 구조적 요소

갯벌(연안습지) 설계의 추가적인 사항은 갯벌(연안습지) 가장자리의 침식을 방지하고, 갯벌(연안습지)을 형성함에 따라 피해를 막으며, 식생 지속성을 위한 파랑 작용을 줄이거나, 갯벌(연안습지) 기능에 영향을 미치는 물리적 과정의 변화를 해결하기 위한 구조적 요소가 포함될 수 있다. 갯벌(연안습지) 설계의 일부로 포함된 구조적 요소는 다른 목적을 가지고 있으므로 다른 구조적 조치와 결합한 연안 자연-기반 해법(CNbS)과 구별된다는 점에 주의한다('3.3.5 갯벌(연안습지) 조성 시 개념적인 설계 고려 사항 중 3) 개념설계 개발' 참조). 구조적 요소는 비용이 많이 소요되고, 일부 자연습지 과정을 방해할 수 있으므로 일반적으로 고지대 개발로 인해 갯벌(연안습지) 위치를 유지해야 하는 지역에만 권장된다. 갯벌(연안습지) 해안선을 강화하여 이동을 방지하면, 자연 기반 침수 리스크 관리(FRM) 접근 방식을 사용하여 얻은 고유한 레질리언스를 억제한다. 마찬가지로 갯벌(연안습지)의 가장자리 침식은 갯벌(연안습지) 플랫폼에 일부 퇴적물을 다시 공급하므로 침식을 방지하며, 다른 지역의 퇴적물이 제한되어 갯벌(연안습지)의 해수면 대한 높이 유지 능력에 영향을 미칠 수 있다. 이러한 구조적 요소는 일반적으로 빈번하지 않고 규모가 큰 사건에서 자산을 방호하기 위해 설계된 해안구조물보다 덜 엄격한 설계기준에 따라 설계된다. 많은 상황에서 지속적인 갯벌(연안습지) 침식을 유발하는 조건은 드물거나 특별히 극단적이지 않다. 예를 들어, 레오나르디 등(2016)은 2.5개월 빈도의 바람 사건(풍속 10~40㎞/hr에 해당)이 염습지의 장기적인 열화를 초래하며, 극단 폭풍 사건은 장기적인 비율의 약 1%에 불과하다는 사실을 발견하였다. 대규모 연안습지 자연-기반 해법(CWNbS) 프로젝트의 경우 갯벌(연안습지) 프로젝트에 필요한 최적의 방호 수준을 결정하기 위해 생애 주기 비용 분석 접근 방식이 필요할 수 있다(Melby 등. 2005). 해안선이 정기적으로 경험할 가능성이 높은 파랑에너지를 평가할 때는 항주파[227](Ship Wave)가 해안 침식의 강력한 원인이 될 수 있으므로 현장과 수운 수로의 접근성을 고려하는 것도 중요하다(Bilkovic 등. 2017). 구조적 요소는 영구적이거나 임시로 설계할 수 있으며 표 3.24에 나타내었다.

---

227) 항주파(Ship Wave, 航走波): 선박의 항해에 의해 생기는 파랑으로 선수(船首)로부터 나오는 경사파와 선미(船尾)로부터 나오는 횡단방향파의 2종류가 있다. 항주파는 어선이나 낚시배 등의 소형 선박 또는 작업선을 요동시키는 것 외에 운하 호안의 비탈면 침식의 원인이 된다.

8) 퇴적물 특성

연안습지 자연-기반 해법(CWNbS)을 조성 또는 기존 갯벌(연안습지)의 높이를 높이거나 면적을 넓히기 위해 퇴적물을 사용하는 경우 퇴적물의 특성을 고려해야 한다. 갯벌(연안습지)은 모래로부터 실트(Silt)와 점토에 이르는 퇴적물로 조성된다. 적어도 최상층의 경우 자갈과 암석이 많은 퇴적물은 피해야 하지만 모래나 진흙을 사용한다고 해서 반드시 조성된 갯벌(연안습지)의 성공에 영향을 미치는 것은 아니다(Campbell 등. 2017). 모래 퇴적물과 진흙 퇴적물은 조성 중과 조성 후에도 다르게 작용하여 다른 설계 고려 사항이 필요하다. 모래 퇴적물은 비교적 쉽게 쌓이고 높이를 증고(增高)하는 경향이 있으며, 특히 모래가 부유물에서 빠르게 가라앉기 때문에 수리적(水理的) 특성을 고려한 배치를 한다. 진흙 퇴적물은 높이가 천천히 쌓이고 수리(水理) 슬러리(Slurry)가 수십 m 동안 흐를 수 있어, 드문드문하고 얇게 배치(즉, 연안습지 위 또는 얕은 물 내)가 적합할 수 있다. 갯벌(연안습지)의 조성 후, 세립(細粒) 진흙 퇴적물은 모래 퇴적물보다 압밀(壓密)하는 경향이 있으며, 파종이나 식재 전 장기간의 안정화가 필요할 수 있다. 임시 격리 구조물은 조성 후 비교적 빨리 제거하여 조석 교환이 다시 이루어질 수 있도록 한다. 흙 제방이나 흙 방조제를 사용하는 경우, 퇴적물이 완전히 굳어지기 전에 틈(Notch)을 만들어 갯고랑을 형성하기 시작해야 한다.

9) 설계 도구

연안습지 자연-기반 해법(CWNbS)의 설계 개발에는 여러 가지 도구를 사용할 수 있다. 수많은 모델이 동수역학적 강제 조건을 특징짓고 퇴적물과 식생 반응을 추정한다. 이 장에서는 연안습지 자연-기반 해법(CWNbS) 설계와 관련된 모델 클래스에 초점을 맞추고 이러한 모델의 예를 제공한다(표 3.25 참조). 도구는 복잡성과 비용이 다양하므로 모델링 노력 수준은 프로젝트의 규모와 복잡성에 비례한다. 연안습지 자연-기반 해법(CWNbS)의 모델은 의도한 목적에 따라 시간적 규모가 달라진다. 연안습지 연안 자연-기반 해법(CWNbS)의 공학적 성능은 일반적으로 다른 구조적 조치와 유사한 모델링 도구를 사용하여 폭풍 사건 규모로 결정하는 반면, 장기 성능은 수십 년 또는 수 세기 동안 계절적 또는 연간 시간 규모로 작동하는 모델을 사용한다. 연안습지 자연-기반 해법(CWNbS)의 모델링에 적용할 수 있는 공간 규모도 다양하며 갯벌(연안습지)의 크기와 모델링의 의도된 목적에 따라 달라진다. 일부 모델은 갯벌(연안습지)을 균일한 블록으로 나타나지만, 다른 모델은 고랑(Creek) 네트워크와 식생 커뮤니티 규모를 결정한다.

- **파랑 모델**: 파랑 모델은 갯벌(연안습지) 설계에 다음 두 가지 목적으로 사용할 수 있다. (ⅰ) 파랑감쇠에서 연안습지 자연-기반 해법(CWNbS)의 성능을 평가하는 것과 (ⅱ) 파랑이 갯벌(연안습지)의 자체에 미치는 영향을 평가하는 것이다. 선택된 파랑 모델의 유형과 적용 방식은 파랑-갯벌(연안습지) 상호작용의 어떤 측면이 관심을 가지는지에 따라 달라진다. 파랑 모델 결과는 파랑이 폭풍해일과 상호작용을 하거나 퇴적물 수송 과정을 주도하는 방식을 평가하는 원동력으로서 동수역학 및 퇴적물 모델과 결합할 수 있다. 위상-평균 스펙트럼 파랑 모델은 식생으로 인한 소산을 포함한 파랑 발생 및 변형을 시뮬레이션하여 갯벌(연안습지)의 성능을 결정하고 갯벌(연안

표 3.25 습지 연안 자연-기반 해법(CNbS) 대책 개발을 위한 대표적인 모델

파랑 모델	갯벌(연안습지) 생물물리학 모델
사용 시기: • 갯벌(연안습지) 특징에 대한 파랑 감소 정도 평가 • 파랑 사건 중 가장자리 침식 • 항주파의 갯벌(연안습지) 침식에 미치는 영향 예시: • FUNWAVE (fengyashi.github.io 2019) • STWAVE (xmswiki.com 2019) • SWAN (swanmodel.sourceforge.net, N.D.)	사용 시기: • 높이, 식생 밀도, 크기에 따른 특징의 장기적인 전개 예측 • 해수면 변화에 따른 갯벌(연안습지)의 대응 예시: • MARSED (Temmerman 등. 2004) • 갯벌(연안습지) 균형 모형(MEM)(Morris 등. 2002) • 갯벌(연안습지) 모델에 영향을 미치는 해수면 (SLAMM) (coast.noaa.gov 2020) • 생태계 레질리언스를 위한 갯벌(연안습지) 퇴적률 모델 (WARMER) (Swanson 등. 2014)
동수역학 모델	**하이브리드 모델**
사용 시기: • 침수저장 기능 평가 • 폭풍해일 감소 평가 • 해류 평가 • 수문 체류 시간 • 시간에 따라 변하는 염분 예시: • ADCIRC(adcirc.org , n.d.) • Delft3D(oss.deltares.nl 2020) • HEC-RAS(hec.usace.army.mil, n.d.) • MIKE 21/3(mikepoweredbydhi.com, n.d.) • ROMS(myroms.org 2020) • Telemac(opentelemac.org 2020)	사용 시기: • 갯벌(연안습지) 높이와 동수역학 모델을 결합한 고급 응용 프로그램 예시: • Delft3D+ 식생 모듈(Best 등. 2018) • Hydro-MEM (Alizad 등. 2016) • 습지 횡단 모형 (Kirwan 등. 2016b)
퇴적물 수송 모델	**식생모델**
사용 시기: • 단기 침식 평가 • 장기 무기물 퇴적 경향 평가 • 해안선 형태학 예시: • COAWST (usgs.gov 2019) • Delft3D(oss.deltares.nl 2020)	사용 시기: • 갯벌(연안습지) 높이와 조석 데이터를 기반으로 적절한 식생 군집 결정하기 예시: • 조수와 높이를 통합한 갯벌(연안습지) 분석 및 계획 도구 (MAPTITE; NOAA 2014)

습지)의 조건에 대한 파랑의 영향을 조사하는 데 가장 일반적으로 사용한다. 위상-평균 모델은 파랑을 스펙트럼(파랑 주파수와 방향에 따른 에너지 분포)으로 나타낸다. 파랑은 취송거리(풍상향(風上向)의 개방수)에 따라 커지며, 식생, 갯벌(연안습지)의 지표면 거칠기와 쇄파로 소산(消散)된다. 갯벌(연안습지) 파랑의 파장이 충분하게 길면(수심에 대하여), 파랑 굴절과 천수(淺水)는 얕은 지형에 파랑에너지를 집중시키는 중요한 요소가 된다. 일반적인 파랑 모델 입력에는 갯벌(연안습지)의 수심 및 지형, 식생 피복(공간적 범위와 식생 특성(지름, 밀도, 식물 높이)), 바람 및 수위를 포함한다. 위상-평균 파랑 모델은 현장에서 예상되는 바람과 수위 범위를 정하여만 한다. 바람은 퇴적물을 수송하고 해안선을 침식하는 주요 구동력이므로, 일반적인 평상 수위(平常水位)에서 바람이 부는 조건의 파랑 조건을 시뮬레이션하는 것은 갯벌(연안습지)의 해안선 침식에 대한 파랑의 영향을 평가하고 침식 빈발 지역을 예측하는 데 필요하다. 바람과 수위가 모두 높은 폭풍(태풍) 조건으로 모델을 실행하면 파랑감쇠에 대한 성능을 평가하고 대안을 비교할 수 있다.

항주파는 갯벌(연안습지) 내 침식을 일으킬 수도 있으며, 지나가는 선박에서 생성하는 개별 파랑의 파봉[228](波峯)과 파곡[229](波谷)을 해결하는 위상-분해 항주파 모델이 필요하다.

- **동수역학 모델**: 특히 동수역학은 갯벌(연안습지)의 생물 지구화학적 및 생태적 기능을 크게 제어하므로 갯벌(연안습지)에 중요한 과정이다. 동수역학 모델은 폭풍해일 감쇠 및 침수 저장 용량에 연관하여 연안습지 자연-기반 해법(CWNbS)의 기능을 평가하는 데에도 사용한다. 동수역학 모델은 복잡성뿐만 아니라 적용할 수 있는 시간적 및 공간적 규모도 다양하며, 선택한 동수역학 모델은 모델링의 의도된 목적에 따라 달라진다. 파랑을 감쇠시키거나 침식을 방지하기 위해 설계된 작은 갯벌(연안습지) 프로젝트는 많은 동수역학 모델링이 필요하지 않을 수 있지만, 폭풍해일을 감쇠시키거나 침수를 저장하기 위해 설계된 크고 복잡한 갯벌(연안습지)은 공학적 및 생태학적 기능을 평가하기 위해 모델링이 필요하다. 갯벌(연안습지)의 성능을 평가하는 데 일반적으로 사용되는 동수역학 모델은 짧은 시간적 규모를 사용하는 반면, 생태학적 기능 설계를 평가하는 데 사용되는 모델은 긴 시간적 규모를 사용한다. 침수 리스크 관리(FRM) 조사에서 일반적으로 사용되는 대부분의 2D 및 3D 동수역학 모델은 연안습지 자연-기반 해법(CWNbS)의 영향을 시뮬레이션할 수 있다. 여기에는 TELEMAC(Hervouet 2007), Delft3D(oss.deltares.nl 2020), ADvanced CIRCulation(ADCIRC; Luettich와 Westerlink 2004, 2012), Regional Ocean Modeling System(지역 해양 모델링 시스템)(ROMS; Shchetpetkin과 McWilliams 2005)이 포함된다. 그러나 갯벌(연안습지)이 이러한 모델에 표현되는 방식은 복잡성이 다양하며, 일부는 단순 매개변수를 사용하여 갯벌(연안습지)에 연관된 수심 및 마찰의 변화를 포착하고, 다른 일부는 시간에 따라 변하는 식생 형태 항력(抗力)의 매개변수를 사용하여 식생 줄기의 휨과 굽힘의 변화를 알아낸다. 일반적으로 이러한 종류의 동수역학 모델을 사용하여 소규모 프로젝트의 효과를 결과에서 감지(感知)할 가능성이 작으므로, 대규모 연안습지 자연-기반 해법(CWNbS)의 프로젝트(수만 ㎡ 오더(Order) 또는 그 이상)만 시뮬레이션한다. 또한, 조성하거나 상당히 복원된 갯벌(연안습지)을 모델 영역(Domain)으로 구현하는 것은 간단하지 않을 수 있으며, 때로는 갯벌(연안습지)을 표현하는 데 필요한 공간 해상도를 얻기 위해 모델 격자(Grid)나 메쉬(Mesh)를 변경하는 데 시간이 많이 소요될 수 있다. 동수역학 모델은 일반적으로 부지의 복잡성에 따라 1D 또는 2D이다. 강수량과 지하수는 조수(潮水)로 가끔 침수되는 갯벌(연안습지)의 기수(汽水)와 천이(遷移) 구역에서 물 수지(收支)의 중요한 구성성분인 경우에 포함할 수 있다. 맥브룸과 쉬프(MacBroom과 Schiff 2012)는 염습지 환경에서 복원 프로젝트를 설계하는 데 사용할 수 있는 다양한 적용 가능한 유체역학 모델링 접근법을 다루었다.
- **퇴적물 수송 모델**: 적절한 퇴적물 공급은 특히 해수면이 상승하는 지역에서 갯벌(연안습지)을 유지하는 데 매우 중요하지만, 퇴적물 수송 모델은 연안습지 자연-기반 해법(CWNbS)의 침수 리스크 관리(FRM) 또는 생태적 기능을 평가하는 데 일반적으로 사용하지 않는다. 그러나 일부 유형의 연안습지 자연-기반 해법(CWNbS)의 프로젝트, 특히 갯벌(연안습지)을 복원하거나 유지하기 위해 전략적 퇴적물 배치를 사용하는 프로젝트에서는 퇴적물수송 모델링이 필요할 수 있다. 퇴

228) 파봉(Wave Crest, 波峰): 파랑(wave)의 변위가 정수면(淨水面)으로부터 가장 높게 나타나는 부분을 말한다.
229) 파곡(Wave Trough, 波谷): 파랑(wave)의 변위가 정수면(淨水面)으로부터 가장 낮게 나타나는 부분을 말한다.

적물수송 모델은 (폭풍(태풍) 사건과 관련된 며칠 또는 몇 주와는 달리) 수개월 또는 몇 년에 걸쳐 동수역학 모델을 구현해야 하므로 개발 및 운영 비용이 상대적으로 많이 들 수 있다.

- **생물물리학적 모델**: 생물물리학적 갯벌(연안습지) 모델은 설계 시 변경된 해수면, 퇴적물 공급 또는 기타 환경 상태 변화가 갯벌(연안습지) 특성(예: 식생 밀도, 높이)에 미치는 장기적인 영향을 결정하는 데 사용한다. 연안습지, 특히 염습지와 맹그로브 숲은 퇴적물 퇴적과 지하 바이오매스 축적을 통해 조석기(潮汐期)와 해수면 변화와 관련된 침수 증가(또는 감소)에 대응하여 축적될 수 있는 복잡한 생물물리학적 피드백(Feedback)을 한다. 이러한 피드백은 복잡하고 종에 따라 다를 수 있으므로 단순한 축적률 추정만으로는 프로젝트 생애 주기 전반에 걸친 연안습지 특성을 이해하기에 불충분할 수 있다. 이러한 피드백을 설명하기 위해 다양한 복잡성을 가진 여러 모델이 개발되었으며, 한 지점의 수직 축적만을 설명하는 0차 모델부터 완전히 3D로 결합된 생물물리학적 및 동수역학적 모델까지 다양한 모델(표 3.25의 하이브리드 모델)이 있다. Hydro-MEM은 연안습지 퇴적 지점 모델(Marsh Equilibrium Model; Morris 등. 2002)과 폭풍해일을 시뮬레이션하는 데 자주 사용되는 동수역적 해양 순환 모델인 ADCIRC(ADvanced Circulation)을 결합하여 해수면 상승 시 장래의 연안습지 조건을 예측하고, 연안습지 조건의 변화가 다양한 연안습지 시스템에서 폭풍해일 전파의 변화와 어떻게 관련되는지를 예측하는 데 사용하였다(Alizad 등. 2016).
- **식생 모델**: 식생 역학은 대부분의 생물물리학적 모델에서 암묵적 또는 명시적으로 모델링하지만, 간단한 모델을 사용하여 현장 지형과 수분주기[230](水分週期)를 기반으로 습지 종 분포를 예측할 수도 있다. 그러나 이러한 모델에서 갯벌(연안습지) 식생 역학의 표현은 종종 단순하여 습지 식생 성장과 분포의 변화가 수십 년 동안 연안습지 자연-기반 해법(CWNbS)의 성능에 어떤 영향을 미칠 수 있는지 이해하는 데 사용이 제한된다. 지리정보체계(GIS) 소프트웨어로 구현된 연안습지 분석 및 계획 도구(MAPTITE, Marsh Analysis and Planning Tool Incorporating Tides and Elevations, NOAA 2014)와 같은 간단한 서식지 적합성 모델과 도구는 현장 식재 계획을 개발하거나, 조성 또는 복원된 현장에서 발생할 가능성이 있는 종의 범위를 결정하는 데 사용할 수 있으며, 이를 통해 식생 높이와 밀도의 추정치를 동수역학 또는 파랑 모델로 매개변수화하는데 사용할 수 있다.

10) 비용 및 이익 추정

재정적 비용과 이익은 일반적으로 프로젝트 진행 여부를 알려주거나 다양한 선택을 비교하는 데 도움이 된다. 이러한 분석을 비용-편익 분석이라고 하며, 결과적으로 비용과 이익의 비율을 편익-비용 비율이라고 한다. 일반적으로 분석을 진행하기 위해서는 프로젝트 비용이 이익보다 적으며, 때로는 정해진 금액만큼 적다는 것을 입증해야 한다. 프로젝트 진행 여부를 결정할 때는 방문객의 즐거움이나 미적 가치와 같이 금진적 가치로 쉽게 표현되지 않는 다른 비용과 이익도 고려할 수 있다 ('3.1.6 연안 자연-기반 해법(CNbS)의 혜택(이익)과 비용' 참조).

230) 수분주기(水分週期): 지역이 물로 덮여 있는 시간의 길이, 그리고 그것이 일어나는 빈도와 시기를 말한다.

3.3.7 갯벌(연안습지) 조성 시 고려 사항과 방법

조성방법과 장비 선택은 개별 설계와 현장 특성에 따라 프로젝트마다 다르다. 무엇보다도 모든 조성계획은 안전을 최우선으로 고려한다. 갯벌(연안습지) 환경에서의 조성은 물속 또는 인근에서의 작업, 불안정한 지반조건, 잠재적 리스크까지 포함하여 특별한 리스크를 초래한다. 현장 접근이 제한될 수 있으며 대피가 어려울 수 있다. 프로젝트 복잡성도 매우 다양하며 조성계획과 시방서도 마찬가지로 여러 가지이다. 단순히 심거나 파종이 필요한 현장은 상세한 식재 계획만 필요할 수 있으며, 품질보증 요건은 예를 들어 첫 재배 기간의 생존율로 제한될 수 있다. 대규모 토공이 필요한 현장은 훨씬 세밀한 계획과 시방서(示方書)가 필요하다. 필요한 조성 시 고려 사항의 차이에도 불구하고 대부분 프로젝트는 예상치 못한 조건 또는 문제가 발생하거나 어느 정도의 해석이 필요한 경우 조성 중 현장에 전문 습지 기술자 또는 환경 고문을 두어 지침을 제공받아야 한다. 일반적으로 적용되는 기타 주요 고려 사항과 모범 사례는 다음과 같다.

- 조성 시방서는 계약자가 하지 말아야 할 일 중점을 두고, 하지 말아야 할 조치 및 방법에 명시해야 한다.
- 최종 갯벌(연안습지) 높이는 중요한 설계기준이며 품질 보증 및 품질 관리 계획에서 명시적으로 다루어야 한다. 높이를 조정하는 프로젝트의 경우 퇴적물 압축 및 압밀(壓密)을 고려한다.
- 조성 인·허가는 특히 다른 가치 있는 생태 자원 인근에 있는 프로젝트의 경우 추가적인 시간과 협의가 필요할 수 있다.
- 대규모 프로젝트와 새로운 설계 및 조성 기법을 활용하는 프로젝트에 대해 시험(Pilot) 조성 단계를 권장할 수 있다.
- 규제기관(인·허가기관)이 가능하다고 하면, 조성 중 적응형 관리를 통해 결과를 개선할 수 있다.
- 필요한 경우, 식재 활동은 프로젝트 일정에 의해 결정되지 않고 현장 조건(예: 압밀, 염분, 온도)에 따라 일정을 조정해야 한다.

1) 조성 인허가

갯벌(연안습지)은 여러 국가와 국제기구가 보전지정으로 보호될 가능성이 높은 민감한 서식지이다. 따라서 조성 작업은 진행되기 전에 동의 또는 허가가 필요할 가능성이 높다. 일부 규제 당국이 연안습지 자연-기반 해법(CWNbS)에 대해 잘 알지 못하므로 일부 연안습지 자연-기반 해법(CWNbS)은 구조적 조치보다 더 어려울 수 있다.

2) 조성 계획, 시방서 및 일정

연안습지 자연-기반 해법(CWNbS)의 프로젝트 계획 및 시방서와 다른 형태의 복원 프로젝트 간에는 눈에 띄는 차이가 없다. 조성계획 및 시방서는 프로젝트의 복잡성을 반영해야 하며, 많은 요소를

표 3.26 갯벌(연안습지) 프로젝트를 위한 계약자의 시공계획 요소

항목	내용
프로젝트 관리와 조직	• 주요 직책과 책임을 포함한 프로젝트 관리 구조.
건강 및 안전 계획	• 안전한 작업 수행을 위해 필요한 요소들을 상세히 계획하고, 갯벌(연안습지) 환경에 특화된 위험에 대처하는 방법에 대해 자세히 설명한다.
인력·장비 동원 및 동원 해제 계획	• 현장 장비의 배치 및 고장 시 대처계획—특히 접근하기 어려운 장소에서 인력과 장비의 접근 계획을 포함한다.
조성 장비	• 모든 장비의 사양과 접근, 배치 및 개별 장비가 허용되는 위치에 관한 세부 사항.
배치 지역	• 인접 지역 또는 인근 고지대로부터 즉각적인 프로젝트 현장으로 지원할 수 있는 지역 파악.
환경 제어	• 주변 지역(예: 소음, 퇴적물 배출)으로부터 불리한 조성 충격(영향)을 최소화하기 위한 모든 제어 장치.
허가 요건 준수	• 허가 요건 준수 방법에 대한 세부 사항 및 특별 규정에 필요한 추가 세부사항.
제출물	• 프로젝트를 담당하는 조직에 제출할 예정인 제출물.
작업공정(作業工程)	• 근무 일수, 교대 근무 시간, 비상 계획.
조성 품질 관리 계획	• 설계 시방서의 준수 여부를 결정하는 방법.
현장 복원	• 프로젝트 완료 시 허가 조건으로 현장의 복원 계획.
퇴적물 배치 프로젝트인 경우	
채취 공급원	• 채취 공급원 수송에 관한 세부 사항
격리 계획	• 명시되지 않은 경우, 계약자는 퇴적물을 배치할 수 있는 격리 구역의 설정.
파이프라인 수송경로	• 퇴적물 슬러리를 활용한 프로젝트에 대한 유압 파이프라인의 위치 및 배치.

포함하는 프로젝트에는 자세한 계획이 필요하다. 조성계획에는 공정표와 실행할 작업 순서가 포함되어야 하며, 이는 여러 단계가 포함될 수 있는 프로젝트에 매우 중요하다. 수리적 퇴적물 배치와 관련된 갯벌(연안습지) 프로젝트의 경우, 조성 일정이 조성 단계 간에 충분한 시간을 확보하기 위해 매우 중요할 수 있다. 갯벌(연안습지) 프로젝트는 인·허가 일환으로 연간 시간제한을 받는 경우가 많으며, 이러한 제한 사항은 명확하게 명시하여야 한다. 연안습지 자연-기반 해법(CWNbS)의 조성계획은 각 프로젝트 단계(예: 평탄(平坦) 작업 및 식재)를 포함한다. 갯벌(연안습지) 가장자리, 갯고랑, 고지대 또는 인접 지형으로의 천이 지역, 암거 또는 방조수문(Tidal Gate)과 같은 구조물이 갯벌(연안습지)과 접촉하는 지역, 설계된 웅덩이와 같은 독특한 서식지 지형 및 기타 특별 설계 지형에 대해서는 많은 세부 사항이 필요하다. 계약자가 선정되면 계약자의 시공계획이 제공되어야 하며, 표 3.26에 요약된 항목을 포함해야 한다.

3) 품질 보증 계획

조성 단계에 대한 품질 보증 계획은 설계 과정 초기에 결정된 성공 기준 및 지표와 호환하여수립하여야 한다. 모범 사례는 조성 수단과 방법을 명시하지 말고, 성능-기반 기준에 초점을 맞추어야 한다. 조성 성공 여부를 결정하는 데 사용되는 지표는 프로젝트 성능을 결정하는 데 사용되는 지표와 다르다. 품질 보증 계획은 설계 시방서에 따라 조성된 부지를 평가하는 방법을 규정해야 하며 시방서

에서 벗어날 수 있는 일부 허용 사항을 포함한다. 조성 후 프로젝트를 평가하는 방법(예: 조사 방법 및 성공 기준)과 해당 평가를 담당하는 당사자는 결정해야 한다. 품질 보증 계획은 갯벌(연안습지)의 피해를 최소화하기 위한 최선의 관리 관행과 피해를 평가하고 정량화하는 방법도 규정한다. 금지된 조치는 명시적으로 명시되어야 하며, 필요한 피해 복구도 규정한다. 계약자 시공계획(표 3.26 참조)의 다른 일반적인 구성 요소로는 접근, 동원 및 동원 해제 계획, 유출 방지 계획, 침입종 방제(防除) 계획 및 통신 계획을 포함한다.

4) 갯벌(연안습지) 환경의 토공

갯벌(연안습지)은 그 특성상 저지대에 위치할 가능성이 높으며, 하중 지지 능력이 낮은 퇴적물로 형성되어 있으며, 침수하거나 주기적인 조수 범람의 영향을 받을 수 있다. 이러한 조건에서는 긴 붐(Boom)의 굴착기와 트랙터 차량을 사용해야 할 수 있다. 일부 시나리오에서는 수륙양용 굴착기가 필요할 수 있다. 저중량 및 초저지압(超低地壓) 장비는 하중 지지 능력이 낮은 현장에 필요하다. 이동 경로와 한 장소를 가로지르는 이동 횟수에 대한 제한도 필요할 수 있다. 가능한 경우, 조성 작업은 조수 환경보다는 건조한 곳(예: 기존제방을 제거한 제방 배후)에서 실시하는 것이 바람직하다. 일부 프로젝트의 경우, 퇴적물을 수송하기 위해 잭업(Jack-up) 바지선, 바지선 부착 굴착기 또는 바닥이 개방되는 바지선과 같은 해양 기반 장비를 사용해야 할 수도 있다. 갯벌(연안습지) 설계에서 매우 중요한 것은 적절한 수분주기(水分週期)를 생성하기 위해 지역 조석 체계에 대한 올바른 높이를 아는 것이다. 갯벌(연안습지) 설계는 프로젝트 지역에 조수가 유입될 수 있도록 제방과 같은 기존 구조적 조치를 철거하고, 해당 지역이 침수와 배수를 할 수 있도록 수로를 만드는 것도 포함될 수 있다. 수로 외부 지역은 배수를 개선하거나 서식지 이질성(異質性)을 촉진하기 위한 낮은 움푹한 땅이나 낮은 언덕을 형성하기 위해 고랑 쪽으로 경사를 둘 수 있다. GPS 제어식 식재는 설계 시방서를 충족하도록 하는 데 사용할 수 있다. 일부 프로젝트는 현장 높이를 증고(增高)하는 것을 포함할 수 있다. 새로운 자재는 철도나 도로를 통해 수송할 수 있지만, 많은 갯벌(연안습지) 복원 프로젝트는 준설 재료의 배치를 포함한다. 준설 재료는 기계적 배치(예: 크람셀(Clamshell) 준설선으로부터 준설 재료를 배치하는 경우)나 펌핑(예: 커터헤드(Cutterhead) 유압식 준설 작업으로 퇴적물을 수송하는 경우) 등 여러 가지 방식으로 배치할 수 있다. 세립질 진흙 퇴적물은 갯벌(연안습지) 기층이 배수하여 압밀하는 동안 퇴적물을 담기 위해 격리 셀(Cell)이나 차단벽(Baffle)과 같은 반영구적 또는 영구적인 주변 구조가 필요하다. 격리 셀은 충분히 압밀(壓密)된 현장 채취 재료로 만든 흙 제방이나 어떤 경우는 짚단벽(Straw Bale)과 같은 생물분해성[231](Biodegradable) 재료로 만든다. 브러시우드 패널(Brushwood Panel)로 차단벽을 만들 수도 있고, 특수 스프레더(Spreader)를 사용하여 슬러리가 파이프라인을 빠져나갈 때 속도를 늦추고 배분할 수도 있다. 그러나 조성(공사) 중에 현장을 너무 꽉 가두는 것은 현장 배수를 방해하고 비용을 증가시킬 수 있다. 식생 발달을 위해 올바른 높이에 도달하는 것이 중요하므로, 퇴적물 침하 과정과 반복적인 퇴적물 배치 단계의 필요성을 고려하는 것이 중요하다. 조성되

231) 생물분해성(Biodegradable, 生物 分解性): 박테리아나 곰팡이와 같은 생물에 의해 분해되어지는 특성을 의미하며, 자연의 요소로 분해될 수 있는 친환경 제품들에 적용된다.

거나 복원된 습지에 관한 과거연구(예: Coast America 1996, Mohan 2001, Mohan과 Palermo 1998, Mohan과 Urso 1997)로부터 몇 가지 교훈을 얻을 수 있다. 기계적으로 배치된 퇴적물의 경우, 올바른 현장 지형을 수정하기 위해 재료를 재배열하는 것이 필요할 수 있다. 일부 조간(潮間) 갯벌(연안습지) 프로젝트의 경우 과거 농업 관행이나 조성 중 중장비 사용으로 인해 퇴적물의 과도한 다짐으로 향후 퇴적물 배수 및 식생 형성을 방해할 수 있다. 이를 방지하는 방법으로는 저지압(低地壓) 장비 사용, 임시 운반 도로 또는 조성 후 퇴적물의 깊은 쟁기질(Ploughing)이 포함된다.

5) 갯벌(연안습지) 식재(植栽)의 고려 사항

식재 계획은 갯벌(연안습지) 시방서의 일부로 포함되는 경우가 많다. 그러나 모든 현장이 조성이 완료된 직후에 식재(植栽) 준비가 되어 있다. 식재가 필요하거나 원하는 경우, 특히 준설 퇴적물을 사용할 때 해당 현장의 조건에 따라 식재 시기를 결정한다. 이러한 퇴적물은 식물이 성공적으로 정착하기 전에 새로운 환경 조건에 압밀되어 평형을 이루는 데 시간이 필요하다. 높은 침식 리스크를 갖는 현장은 침식과 퇴적물을 방지하기 위해 일시적인 덮개가 필요할 수 있다. 이는 빠르게 성장하는 일년생 종(갯벌(연안습지)조건에 적응한 토착종)을 파종하거나 짚이나 코이어(Coir) 지오텍스타일과 같은 생물 분해성 재료로 현장을 덮음으로써 달성할 수 있다. 프로젝트에 새로운 제방이 포함된 경우, 조석 조건에 따라 안정화되고 식생할 수 있도록 일찍 조성해야 한다. 종자 혼합물은 전 세계 여러 지역에서 상업적으로 이용할 수 있거나 주변 서식지로부터 현지의 종자를 수확할 수도 있다. 식물 재고(在庫)를 사용하는 가장 좋은 방법은 식물 재료가 공급될 때 종의 정확성, 지역 유전자형, 생장력(生長力) 또는 질병, 적절한 식재 수를 검사하여 허용할 수 있는 재료만 심는 것이다. 실생 식물은 염분을 포함한 조건에 충분히 적응(때로는 경화(硬化)라고도 함)되어야 하며, 이 조건에서 식물을 심어야 실패율을 최소화할 수 있다.

3.3.8 갯벌(연안습지)의 모니터링, 유지보수, 평가 및 적응형 관리

프로젝트 목표가 달성되고 있는지 평가하고, 목표가 달성되지 않을 때 시정 조치의 필요성을 평가하기 위해서는 조성 후 모니터링과 유지보수가 필요하다. 연안습지 자연-기반 해법(CWNbS)의 적응형 관리는 설계된 대로 수행되고 있는지 확인하는 것이 필요하다('3.1.7 연안 자연-기반 해법(CNbS)의 적응형 관리' 참조). 파랑 방호 또는 물 조절을 위한 구조물(예: 수문, 웨어(Weir), 방파제)을 포함하는 연안 자연-기반 해법(CNbS) 설계에서는 다른 장소에서와 마찬가지로 이러한 구조물을 주기적으로 점검하고 유지해야 한다. 지속적인 퇴적물 부족을 경험하고 있는 갯벌(연안습지)의 경우, 정기적인 유지보수를 위해 얇은 층의 퇴적물 배치를 통한 주기적인 퇴적물 공급이 필요할 수 있다. 자연 회복 과정이 너무 느릴 것으로 예상되는 경우, 침수 리스크 관리(FRM) 시스템의 일환으로 갯벌(연안습지)을 사용하려면 폭풍으로 인한 피해를 복구해야 할 수 있다. 각 연안습지 자연-기반 해법(CWNbS)은 고유하게 자신의 위치와 원하는 프로젝트 목표에 맞게 맞춤화되어 있으므로 일률적인 유지보수 및 모니터링 계획은 없다. 잘 설계된 적응형 관리 프로그램의 6단계(계획, 설계, 구축, 모니터링, 평가 및 적응)는 '연안 자연-기반 해법(CNbS)의 적응형 관리'에서 자세히 설명하였다. 이 장에서는 자연-기반 침수 리스크 관리(FRM) 계획 또는 계획의 일환으로 사용되는 갯벌(연안습지) 시스템의 모니터링 및 유지보수, 평가 및 적응형 관리를 위한 일반적인 지침에 중점을 둔다.

1) 모니터링 및 유지보수

시간이 지남에 따라 현장의 변화를 감지하기 위해 설계된 모니터링 계획은 현장 내 식생(植生)이 성숙(成熟)함에 따라 원하는 관리 혜택을 지속적으로 제공하기 위해 필요하다. 연안습지 자연-기반 해법(CWNbS)의 성능 모니터링은 명시된 프로젝트 목표에 기여(寄與)하는 갯벌(연안습지) 측면에 초점을 맞추고 설계의 목적으로 개발된 성능 지표를 알리는 데 사용된다. 따라서 연안습지 자연-기반 해법(CWNbS)의 모니터링은 갯벌(연안습지) 복원을 위해 설정된 일반적인 모니터링 프로토콜에 비해 제한된다. 그러나 침수 리스크 관리(FRM) 성능은 건전한 식생 유지에 의존하므로 주로 침수 리스크 관리(FRM) 혜택을 위해 구현된 프로젝트라도 모든 연안습지 자연-기반 해법(CWNbS)의 프로젝트에 대해서도 일부 생태 매개변수를 모니터링해야 한다. 표 3.27은 연안습지 자연-기반 해법(CWNbS)의 성능을 평가하기 위한 간단한 잠재적 모니터링 매개변수와 지표를 제시한다. 최소한 모니터링 계획은 침수 리스크 관리하는 갯벌(연안습지)의 능력에 영향을 미치는 핵심 특성이므로 식물 군집의 지형과 상태를 평가한다. 침수 및 침식 제어에서 2차 조치는 현장의 성능과 직접적으로 관련이 없지만, 식물 군집의 성공을 이끄는 핵심 구동력이므로, 전체 현장 성능을 평가한 후 핵심 성능 기준을 충족하지 못할 때 적절한 적응 전략을 선택하는데 유용하다.

2) 평가하기

'3.1.5 연안 자연-기반 해법(CNbS)의 성능'에서 설명한 바와 같이 성능은 직접, 간접 또는 계산적으로 평가할 수 있으며, 성능을 평가하는 데 사용되는 방법에 따라 모니터링 매개변수가 결정된다. 갯벌(연안습지)의 경우 해안선 침식을 직접 측정하는 것은 비교적 간단하며 주기적인 현장 측정이나 원격 탐사 사진 측량을 통해 쉽게 수행할 수 있다. 그러나 폭풍해일 감쇠의 직접적인 측정은 적절하지 않다. 왜냐하면 (ⅰ) 폭풍해일 수위가 폭풍(태풍)마다 다르거나, (ⅱ) 프로젝트 조성에 프로젝트 시행 전후의 수위 변화가 큰 원인이 되지 않으며, (ⅲ) 프로젝트 수명 동안 최대 규모의 설계 폭풍(태풍)사건이 발생하지 않을 수 있기 때문이다. 대신 계산 방법을 선호하므로 모니터링 계획은 갯벌(연안습지) 크기, 모양, 식생 구조와 같은 수문학적 모델에서 갯벌(연안습지) 효과 시뮬레이션에 관련된 매개변수를 측정한다. 성능이 간접적으로 평가되는 경우, 선택된 모니터링 매개변수는 파악된 성능 지표와 관련이 있거나 상관관계가 있는 간단한 측정값일 것이다. 예를 들어, 습지 식생 밀도가 파랑 감쇠 능력과 양(+)의 상관관계가 있다고 이전 연구에서 밝혔기 때문에 지상 식생의 풍부도는 피복률

(Percent Cover)의 단순한 추정치로 측정할 수 있다. 성능 기준은 일시적으로 명시되어야 하며, 광범위한 복원을 거쳤거나 최근에 조성된 갯벌(연안습지)은 조성 직후 바로 성능 기준을 달성할 수 없다는 점을 알아야 한다. 식물 군집이 프로젝트 현장의 특성으로 되는 데는 몇 년이 걸릴 수 있으므로, 문제의 지표가 수용할 수 있는 궤도에 있는 한 초기에 이러한 목표를 달성하지 못하는 것만으로 적응적 조치를 할 이유가 되지 않을 수 있다. 마찬가지로 해수면 상승과 영구 구조물 사이에 끼어 있는 기존 갯벌(연안습지)은 프로젝트 수명 후반기에 동일한 성능 기준에 충족하지 못할 수 있다.

표 3.27 연안습지 자연-기반 해법(CWNbS)의 성능 기준

조치의 유형		모니터링 매개변수	모니터링 지표 예시	모니터링 기준 예시
핵심조치	지형학	• 공간 면적 및 형상 • 고랑 및 웅덩이 • 높이 • 해안선 위치	• 해안선에 수직인 총 습지 길이 • 식생이 없는 습지와 식생이 있는 습지 지표면의 비율 • 정의된 기준점을 기준(基準)한 습지 지표면의 높이 • 시간에 따른 위치 변화	• 최소 허용 설계 기준을 초과해야 한다. • 참고 현장에 비해 안정적이거나 감소해야 한다. • 국지적 해수면의 변동에 상응하는 속도로 안정적이거나 변동해야 한다. • 안정적이거나 퇴적물로 인해 높아져야 한다.
	식생	• 풍부도 • 구조	• 지상 바이오매스 또는 피복률[*1] (Percent Cover) • 줄기와 나무의 밀도와 높이	• 바이오매스는 조석에 비해 동일한 높이의 참고 현장과 비슷해야 한다.
이차적 조치	수문학	• 프로젝트 현장의 수위	• 침수 시간 비율	• 침수 경향은 원하는 식물 군집에서 요구하는 것과 일치한다.
	토양의 물리적 특성	• 구성과 구조	• 부피밀도, 입자 크기, 유기 함량 백분율	[*2] 아래 주의 참조
	토양의 생지화학적 특성	• 공극수(孔隙水) 화학 • 영양염류 효용성	• 염분, 황화물, pH • 무기 영양소	[*2] 아래 주의 참조
	식생	• 풍부도	• 지하 바이오매스, 뿌리 깊이	• 바이오매스는 조석 체계 내에서 동일한 상대 높이를 가진 참고 현장과 비슷해야 한다.
공동혜택 조치	생물학적 사용 (생태적)	• 저서생물 풍부도	• 내생(內生)동물의 바이오매스	• 바이오매스는 참고 현장과 비슷해야 한다.
	식생 (생태적)	• 다양성	• 심슨의 생물다양성 지수[*3] (Simpson's biodiversity index)	• 다양성은 참고 현장과 비슷해야 한다.
	레크레이션 (사회적)	• 방문자 이용	• 매달 방문자 수	• 프로젝트 전 방문자 수가 매달 증가한다.
	수산업가치 (경제적)	• 새우 생산	• 염습지 가장자리 지역(대용(代用) 생산 지역)	• 염습지 가장자리 면적을 25% 늘린다.

*1 피복률(Percent Cover): 식물이나 기타 지형으로 표면이 얼마나 덮여 있는지를 나타내는 의미이다.

*2 참고: 이러한 요인에 연관된 구체적인 성능 기준은 없으며, 오히려 식물 군집 성능의 진단으로 가치가 있다. 예를 들어 황화물 농도가 높고 pH 값이 5.8 미만 또는 7.5 이상이며 유기물 함량이 낮은 것은 모두 영양염류 제한의 지표로, 식물의 성장을 저해할 수 있다. 세립질 토양이나 유기물 함량이 매우 높은 토양은 공극수 교환 능력이 제한되어 있어 식물의 성장이 저하될 수 있다.

*3 심슨의 생물다양성 지수(Simpson's Biodiversity Index): 서식지 내 다양한 종의 수(종 풍부도(Species Richness))와 각종 내 개체 수(종 균일도(Species Evenness))간의 관계를 측정하는 지표를 말한다.

3) 적응형 관리

각 프로젝트 현장의 복잡성과 유일성, 그리고 장래 조건(예: 해수면)에 대한 불확실성은 초기 설계의 재평가와 시간 경과에 따른 현장의 가능한 조정 또는 변경이 필요할 수 있다. 장래 조건이 알려지지 않아 설계가 변경될 가능성은 갯벌(연안습지) 나 일반적인 연안 자연-기반 해법(CNbS)에만 국한되지 않지만, 연안습지 자연-기반 해법(CWNbS)에 대한 변경은 구조적 조치의 설계에 대한 변경보다 비교적 간단하고 잠재적으로 저렴할 수 있다. 습지 평가 결과 성능 부족의 원인이 합리적으로 확실하게 밝혀진 경우에만 적응적 조치 또는 개입을 시행해야 한다. 갯벌(연안습지)은 자연적으로 역동적이므로 변화가 예상될 뿐만 아니라 원하기도 한다. 그러나 일부 변화는 갯벌(연안습지)이 자연적으로 적응할 수 있는 능력을 초과하거나, 여러 모니터링 주기에 걸친 변화의 궤도(軌道)가 갯벌(연안습지)이 곧 필요한 수준의 성능을 제공하지 못하고 프로젝트 목표를 계속 달성하지 못할 수 있음을 나타낼 수 있다. 따라서 가뭄, 폭풍 피해 등의 교란으로 인한 일시적인 환경 영향은 갯벌(연안습지) 식생의 생장력 저하를 초래할 수 있지만, 열악한 조건이 지속되지 않는 한 적응형 관리 조치를 시행하여서는 안 된다. 갯벌(연안습지)의 넓은 지역이나 여러 모니터링 사건에 대한 지표가 성능 기준을 충족하지 않는 한, 시간과 공간에 따라 변동성이 클 수 있는 식생 피복과 같은 모니터링 지표는 적응적 조치를 유발해서는 안 된다. 설명할 수 없는 열악한 생태적 성능의 경우, 적응형 관리 조치가 감소 원인을 파악하기 위해 보다 견고한 모니터링 및 평가가 필요할 수 있다. 그러나 갯벌(연안습지) 높이와 같은 갯벌(연안습지) 성능의 중요한 측면이 의도한 범위와 현저히 다른 것으로 확인된 경우, 단일 모니터링 사건이라도 적절한 높이 증고가 식생의 기본이기 때문에 즉각적인 적응적 조치가 필요할 수 있다. 갯벌(연안습지)의 변화로 인한 환경 조건, 예를 들어 파랑 기후와 수분주기 등의 변화로 인해 발생하는 상황에서는 가능한 한 이러한 조건을 개선하기 위한 적응적 조치가 직접적으로 이루어져야 한다. 해수면 상승률이 가속화되면 일부 지역에서는 갯벌(연안습지)의 유지 관리가 불가할 수 있어 인접한 고지대의 확보와 구조적 방호의 제거 또는 재배치를 통해 갯벌(연안습지) 지형의 육지 쪽 이동을 허용하는 규정이 필요할 수 있다. 고지대 이동이 차단된 지역에서는 갯벌(연안습지)의 상태가 완화할 수 없을 정도로 악화하면, 일부 갯벌(연안습지) 프로젝트에서 제공하는 침수 리스크 관리(FRM) 기능을 추가적인 구조적 조치로 대체하는 규정이 있을 수 있다.

3.4 연안 레질리언스를 갖는 환경적, 사회적 및 공학적 혜택(이익)을 위한 구조적 조치 강화[16]

3.4.1 개요

1) 범위 및 목적

이 장에서는 연안 자연-기반 요소를 침수 리스크 관리(FRM)의 전통적인 구조적 조치(예: 해안 제방, 방조제, 방파제 등)와 결합할 수 있는 잠재력에 대해서 알아보기로 한다. 즉, 이러한 연안 자연-기반 요소는 환경적 혜택(이익)을 창출하기 위한 구조적 조치(예: 콘크리트 방파제의 표면 질감(質感)을 수정하여 단단한 바닥 공동체232)(Hard-bottom Community)의 발전을 도모한다.)및 연안 자연-기반 해법(CNbS)을 전통적인 구조적 조치(예: 제방 앞 습지군(濕地群) 조성)와 본격적으로 결합하는 방법과 프로세스에 대해 자세히 알아보기로 한다. 기존 기반 시설에 연안 자연-기반 해법(CNbS)을 적용하는 것은 다양한 형태와 규모에 걸쳐 연속적으로 나타나는 특징이 있다. 연안역의 간단한 적용 예로는 다음과 같은 것들이 있다. 사진 3.3(a)는 기존 구조물에 소규모 특징을 적용하여 먹이사슬 기저부에 서식지를 조성하는 사진이고, 사진 3.3(b)는 폭풍해일로 인한 침수 리스크를 줄이고 서식지를 늘리기 위해 기존의 노후화된 해일 방벽을 모래로 보강한 사진이다.

국립해양조사원에 따르면 2024년 5월 31일 기준 우리나라의 총해안선 길이는 약 15,241 ㎞로 이 가운데 자연 해안선은 9,670 ㎞로 63%가량 차지하고 인공 해안선(해안제방, 방조제, 방파제, 호안 등)은 5,571 ㎞로 37%에 달해 인공 해안선이 매년 늘어나는 경향이다(그림 3.54 (a) 참조). 전체 해안선 길이 약 15,241 ㎞ 중 전라남도가 6,868 ㎞로 가장 길고, 울산광역시가 152 ㎞ 로 가장 짧다(그림 3.54 (b) 참조).

또한 2021년 이전에는 감소 추세에 있던 자연 해안선이 인공 해안선보다 길었으나, 2021년 이후 증가 추세에 있던 인공 해안선이 자연 해안선을 추월하였다. 해안선 변화 원인으로는 인공 해안선은 항만 및 방파제 건설 연장 증가, 매립 증가, 해안도로 건설 증가 등이고, 자연 해안선은 노출암과 해안침식 등 연안 침·퇴적 등, 측량기술의 정밀화에 있다(그림 3.55 참조).

따라서 이 장에서는 기후변화에 따른 해수면 상승 또는 태풍의 강대화로 인한 폭풍해일·고파랑이 초래하는 우리나라 전체 인공 해안선에 대한 연안 침수와 해안침식을 효율적으로 대처하기 위해서는 연안 자연-기반 해법(CNbS)과 통합한 기존의 전통적인 기반 시설(구조적 조치)의 개선이 필요하다. 이 장에서 제공된 개념과 지침은 새로운 구조물이나 대체 구조물의 설계와 건설에도 적용될 수 있다.

232) 바닥 공동체 발전(Hard-bottom Community): 바위나 암초와 같은 단단한 표면에 사는 고착성 유기체로 구성된 해양 서식지이다.

(a) 기존 해안구조물에 적용된 성형 블록으로 무척추동물 및 기타 종의 서식지를 조성(스코틀랜드, 에딘블러)

(b) 후트리브딕(Houtribdijk) 해일방벽의 모래 보강(네덜란드)

【라리사 네일러(Larissa Naylor)는 스코틀랜드 에든버러 해안의 조간대에서 무척추동물과 다른 종들의 서식지를 만들기 위해 비교적 작고 형성된 블록을 적용함으로써 기존 해안구조물을 어떻게 개선할 수 있는지 보여준다(왼쪽). 네덜란드 연안에 있는 후트리브딕 해일 방벽은 개정된 침수 리스크 감소 기준을 충족하지 못하여 모래로 해일 방벽을 보강하였고, 보강 모래는 다양한 수생 종들의 서식지를 만들기 위해 전략적으로 배치하였다.】

사진 3.3 연안 자연-기반 요소와 구조적 조치를 결합한 사례

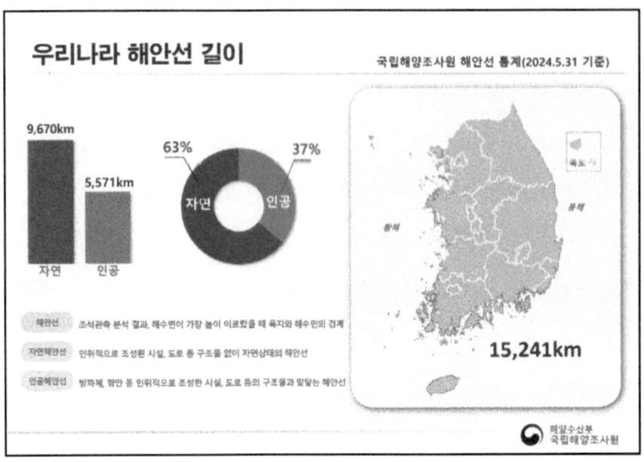

(a) 우리나라 해안선 길이

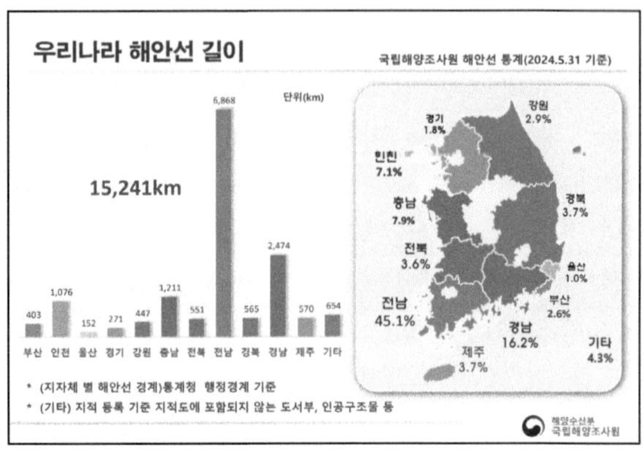

(b) 지역별 해안선 길이

그림 3.54 우리나라의 해안선 길이

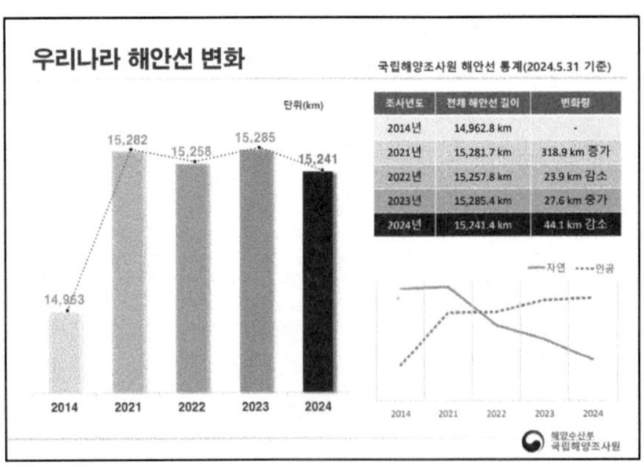

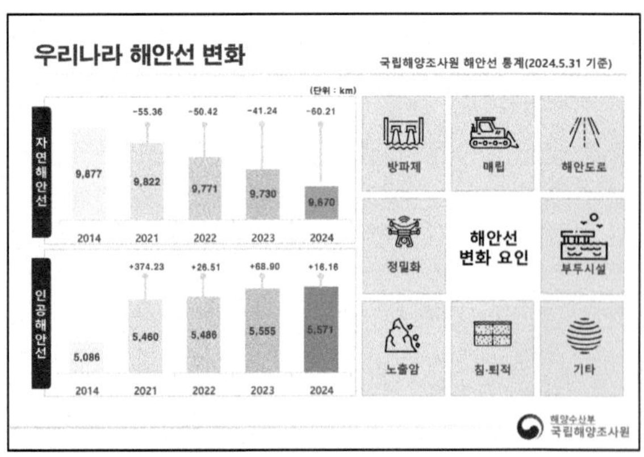

그림 3.55 우리나라 해안선 변화

2) 원칙

전통적인 구조적 조치는 침수 리스크 관리(FRM)에서 중요한 역할을 한다. 연안과 하구 지역의 기반 시설에는 흙, 사석 또는 콘크리트 구조물을 결합할 수 있는 방파제, 방조제, 해안 제방, 호안, 홍수벽 등을 포함한다. 이러한 전통적인 구조적 조치는 폭풍해일과 파랑을 약화해, 침수 리스크 관리(FRM)의 혜택(이익)을 제공한다. 이 장에서는 추가적인 공학적, 환경적, 사회적 혜택(이익)을 제공하여 기반 시설의 가치를 확장하는 자연 기반 요소를 포함함으로써 구조적 조치의 가치를 향상하는 방법을 제시한다. 이는 기반 시설의 설계자, 운영자, 관리자, 토지 소유자와 의사 결정자에게 향상된 가치를 창출할 기회를 주고 이러한 개입을 실행하는 방법에 대한 지침을 제공함으로써 달성한다. 이러한 기회는 구조적 조치의 생애 주기, 초기 건설 시 또는 구조물의 수리 또는 유지보수 중에 발생할 수 있다. 레크리에이션 혜택(이익)이나 서식지 및 수질 개선을 포함한 구조적 조치의 가치와 혜택(이익)을 향상할 기회를 파악하는 과정에 이해관계자를 참여시키는 것은 기반 시설 프로젝트에 대한 지원 기반을 넓힐 수 있다. 또한 자연 기반 요소를 통합하면 프로젝트 발주자와 지방자치단체가 환경 법규를 준수하는 데 도움이 될 수 있다.

이 장에서는 연안의 구조적 조치와 기반 시설 시스템을 개선하기 위해 자연-기반 요소를 평가하고 실행하는 접근 방식을 제공한다. 엔지니어, 시설 소유자와 시설 관리자를 위한 자연-기반 대안은 다양한 상황에서 존재한다(그림 3.56 참조). 이 장에서 제공하는 예시는 기존의 구조적 조치가 침수나 침식으로부터 방재하는 주요 수단인 장소와 관련이 있다. 표 3.28의 예시는 기존 연안 기반시설 개념의 환경 개선 적용 범위를 광범위하게 나타낸다. 연안 자연-기반 해법(CNbS)과 관련된 혜택(이익)은 리스크 감소 관련 혜택(이익)과 공동 혜택(이익)으로 구분할 수 있다('3.1.6 연안 자연-기반 해법(CNbS)의 혜택(이익)과 비용' 참조). 리스크 감소 혜택(이익)은 침수 방재 및 침식 제어를 의미하며, 공동 혜택(이익)에는 대중이 자연 시스템으로부터 얻는 혜택(이익)을 포함한다. 리스크 감소와 관련된 여러 공학적 혜택(이익)은 기반 시설 자체의 지속 가능성을 포함하여 연안 자연-기반 해법(CNbS)의 강화를 통해 실현할 수 있다. 생태적 공동 혜택(이익)에는 어류 서식지와 수질 개선이 포함될 수 있으며, 이는 레크리에이션 또는 상업적 어업 증가를 통해 사회경제적 혜택(이익)을 촉진할 수 있다. 전반적으로 이러한 방식으로 기존 기반 시설을 개선하면 궁극적으로 장래 가치 창출을 통해 지속 가능하고 이해관계자의 지원이 증가한다. 기존의 구조적 조치에 대한 개선은 구조물의 효율성을 향상하는 동시에 침수 리스크 줄일 수 있는 잠재력을 가지고 있다. 개선 사항은 다음 두 가지 일반적인 사항에 해당한다. (ⅰ) 생물이 성장하여 이 기능을 사용하거나 사람들이 이 기능을 사용할 수 있도록 설계를 조정하거나, (ⅱ) 이 기능에 인접한 새로운 서식지나 공간이 존재하고 가치를 제공할 수 있도록 기반 시설을 조정한다. 표 3.28 중 '자주 개선'과 '이따금 개선'은 특정 기반시설 유형에 대한 사례 연구 중 25% 이상이 개선된 것으로 입증되면, 이 특성을 '자주 개선'으로, 25% 미만이 개선된 것으로 입증되면 '이따금 개선'으로 나타내었다.

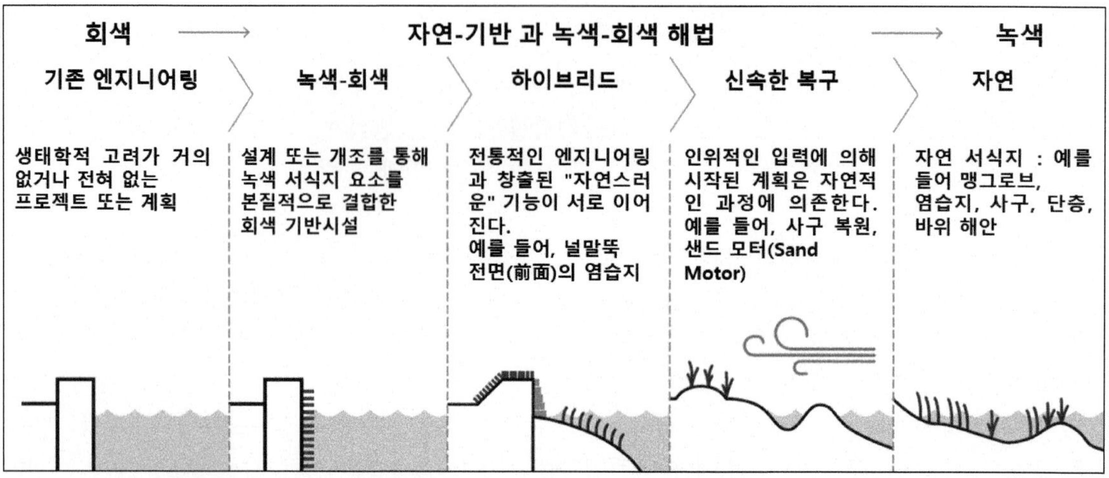

그림 3.56 기존 기반 시설에 간단한 추가부터 자연-기반 요소 모음을 결합한 정교한 계획에 이르기까지 실무에서 사용되는 자연-기반 기술의 연속체

표 3.28 기존 연안 기반시설(해안구조물) 유형에 대한 개선 예

해안구조물 유형	개선	전통적인 해안구조물의 특성에 대한 향상 효과	
		자주 개선	이따금 개선
방파제  돌제 	해상: 사석, 생물 강화 콘크리트 (구멍과 웅덩이 추가)	· 어패류 서식지 · 서식지 생물 다양성 · 어메니티(Amenity) 가치 · 사회적 결속 · 레크리에이션 활동	· 구조물 설계 수명 · 새 먹이 또는 둥지 서식지 · 퇴적물 운반 · 상업적 어패류
사석 호안 	조간대: 강화된 재료 또는 피복석 (즉, 타일, 생태학적으로 민감한 재료)	· 어패류 서식지 · 서식지 생물 다양성 · 상업적 어패류 · 어메니티 가치	· 구조물 설계 수명 · 새 먹이 또는 둥지 서식지 · 레크리에이션 활동 · 사회적 결속
방조제 	조하대(潮下帶), 조간대(潮間帶), 조상대*(潮上帶): 강화된 방조제 재료(벽 구조 구성 또는 표면 질감)	· 어패류 서식지 · 서식지 생물 다양성 · 어메니티 가치 · 사회적 결속	· 상업적 어패류 · 파랑에너지 · 레크리에이션 활동 · 구조물 설계 수명
방조제 	조간대: 기존 방조제에 개조 서식지 추가	· 어패류 서식지 · 서식지 생물 다양성 · 어메니티 가치 · 상업적 어패류 · 사회적 결속	· 파랑에너지 · 퇴적물 운반 · 레크리에이션 활동

방조제 	조간대: 사구(砂丘)나 다른 서식지 내부에 설치된 벽(매장(埋藏)됨)	· 구조 설계 수명 · 서식지 생물 다양성 · 퇴적물 운반 · 새 먹이 또는 둥지 서식지	· 사회적 결속 · 어메니티 가치 · 레크리에이션 활동 (구조물 점검이 어려울 수 있다.)
호안, 널말뚝, 제방 	조간대~하천: 복잡성을 높이기 위해 표면 거칠기와 구멍을 개선	· 어패류 서식지 · 새 먹이 또는 둥지 서식지 · 서식지 생물 다양성 · 어메니티 가치 · 사회적 결속	· 구조 설계 수명 · 구조물 점검 또는 유지보수 · 레크리에이션 활동
호안, 널말뚝, 제방 	조간대~하구 또는 하천 (염전 평원 및 갯벌, 부유 습지, 사구 또는 숲)	· 구조물 설계 수명 · 구조물 점검 또는 유지보수 · 파랑에너지 · 어메니티 가치 · 사회적 결속 · 레크리에이션 활동 · 상업적 어패류 · 새 먹이 또는 둥지 서식지 · 어패류 서식지 · 서식지 생물 다양성	· 퇴적물 운반 · 연안 침수

* 조상대(潮上帶): 연안의 고조선(high water line) 상부 지역으로서 극고조시나 폭풍(태풍)시에는 해수의 영향이 미치는 지역을 말한다.

3.4.2 프로젝트 목적, 목표 및 가치

기존 기반시설의 설계 개선을 위한 사전 계획에서는 여러 가지 요소를 고려해야 한다. 이 장에서는 연안 자연-기반 해법(CNbS)의 프로젝트 개발 체계 내에서 프로젝트를 초기에 수립할 때 고려해야 할 사항에 대한 정보를 제공한다('3.1.3 연안 자연-기반 해법(CNbS)의 원칙, 체계와 결과' 참조). 구체적으로 엔지니어링 및 개선 목적, 목표 및 가치를 파악하고 기존 기반시설에 대한 모든 제안된 환경 개선 사항의 실행을 고려해야 한다.

전반적인 목적과 구체적인 목표를 설정하는 것은 개선 프로젝트 기대치를 명확하게 설명하고 관리하기 위해 필요하다('3.1.5 연안 자연-기반 해법(CNbS)의 성능', '3.1.6 연안 자연-기반 해법(CNbS)의 혜택(이익)과 비용' 참조). 그런 다음 이러한 목표에 대해 설계 아이디어를 개발하고 평가할 수 있다. 기존 기반시설의 개선 목표를 달성할 수 있는 여부는 이러한 개선을 통해 실현할 수 있는 혜택(이익)(즉, 제공할 수 있는 생태계 서비스)에 대한 지식에 따라 달라진다. 이 장에서 제시된 연안 프로젝트에서 침수 리스크 감소를 위한 프로젝트 목표를 달성하려면 강화된 기반시설과 부가 가치를 제공하는 향상된 조치를 결합해야 한다. 뜻있는 이해관계자 참여는 기존 기반시설을 개선하는 성공적인 프로젝트를 이루는 데 중요한 요인이다('4.2.5 네덜란드 중 (2) 브루어스담(Brouwersdam) 해빈 및 하구 개선 프로젝트(네덜란드 남서부) 사례' 참조). 범위설정 단계에서 이해관계자의 적극적인 조기(早期) 참여는 목적과 목표 설정을 개선하고 긍정적이고 성공적인 의사결정 과정에 기여(寄與)할 수 있다. 이 성공의 핵심은 기존 기반시설을 개선하려는 방식으로 혁신하려는 동기(動機)를 가진 이해관계자를 파악하고 참여시키는 것이다. 또한 프로젝트 목표를 발전시킬 수 있는 강력한 정책 구동력이나 자발적인 시설 소유자도 있을 수 있다. 이 프로세스를 실행하기 위해 취할 수 있는 조치에는 주요 정책 및 입법 동기 파악, 개선 기회 탐색, 설계 초기에 연안 자연-기반 해법(CNbS)의 통합, 이해관계자 및 기타 사람들의 의견 수렴, 설계 최종 확정 및 구성 등이 포함된다. 이 과정에서 이해관계자와 기타 관련된 사람들에 대한 교육 및 홍보를 통해 암묵적(暗黙的)으로 혜택(이익) 개선 기회를 통합할 수 있다(Naylor 등. 2012, Evans 등. 2017). 사회적 요인 외에도 지역 동수역학, 지형학적 과정, 기상 조건과 같은 위치별 요인을 신중하게 고려해야 한다.

3.4.3 프로젝트 혜택(이익)

프로젝트 초기에 특정 기능을 향상함으로써 바람직한 혜택(이익)과 공동 혜택(이익)의 유형을 파악해야 한다. 방재 침수 리스크 관리(FRM)의 혜택(이익)은 기능의 방재 강화 또는 구조적 성능 향상을 통해 프로젝트에 녹아들 수 있다. 여기에는 예를 들어, 기능을 보호하기 위해 종의 서식지를 강화하는 질감(Texture)을 추가하는 것(예: 따개비, Coombes 등. 2017), 원하는 기능에 대한 스트레스 감소, 혜택(이익)과 생애 주기의 연장 및 개선(예: 따개비의 염화물 유입 감소 및 풍화(風化) 관련 열화(劣化)), 추가 연안 보호(예: 추가 습지 또는 굴 암초를 통한 침수 리스크 감소) 등이 포함될 수 있다.

침수 리스크 관리(FRM)의 혜택(이익) 외에도 다음과 같은 공동 혜택(이익)을 프로젝트 설계에 포함할 수 있다(표 3.28 참조, '4.2.5 네덜란드 중 (2) 브루어스담(Brouwersdam) 해빈 및 하구 개선 프로젝트(네덜란드 남서부) 사례' 참조).

사진 3.4 미국 밀워키 항만의 방파제를 보수하기 위해 수중에 설치된 작은 돌들

- 수생 또는 육상 동식물을 통한 서식지 추가 또는 개선
- 레크리에이션 또는 상업적 어업을 강화하기 위해 서식지를 추가하거나 개선
- 사람들에게 새로운 또는 향상된 접근성 제공
- 편의 시설 또는 사회적 및 레크리에이션 가치 향상(예: 조류 관찰을 위한 경로)
- 부동산 가치 추가(예: 미학)
- 규제 서비스 제공(예: 변두리 습지에 오염 물질 가두기)
- 탄소 감축 공동 혜택을 제공하는 기능 추가(예: 혁신적이고 탄소 집약적이지 않은 소재 사용을 통한 탄소 발자국 감소)

성능 목표 및 지표의 목적으로 개선 고려 사항을 성공적으로 적용한 예는 미국 위스콘신(Wisconsin) 주(州) 밀워키(Milwaukee) 항만 프로젝트(사진 3.4 참조)이다. 이 프로젝트는 항만 내 선박 운항을 방재하는 데 사용되는 방파제 구조의 정상적인 기능을 방해하지 않도록 적절한 수심, 경사 및 크기의 돌로 구성된 향상 기능을 설계하여 어류 서식지를 결합하였다. 이는 구조물 보수의 설계 초기에 연안 자연-기반 해법(CNbS)을 결합한 프로젝트의 좋은 사례이다.

1) 계획 및 실행 가능성 단계: 실무자를 위한 주요 권장 사항

계획 단계(Planning Phase)에서 개선 사항이 완료된 프로젝트 일부가 될 가능성을 높이기 위해 여러 가지 조치를 취하는 것이 좋다. 여기에는 개선 기회를 파악하고 다음 질문에 답하여 이를 실현하기 위한 설계 기능이나 자금 흐름을 만드는 것이 포함된다.

i) 주어진 장소에서 요구되는 최적의 생태 조건은 무엇인가?
   a. 예를 들어, 어떤 조치 범위가 추가적인 어류 서식지를 제공할 것이며, 이 장소에 가장 적합한 조치는 무엇인가?
   b. 선행(先行) 프로젝트의 어떤 설계 아이디어를 사용하여 프로젝트의 개선 사항을 전달하는 데 도움이 되는 개념을 입증(立證)할 수 있나?

ii) 프로젝트를 지원하기 위해 어떤 구체적인 정책이나 절차적 조치를 사용할 수 있나?

iii) 순익, 자연자본, 부지 완화 요건 또는 명성(名聲) 획득이 개선의 동기(動機)가 되는가?

iv) 개선 사항을 제공하는 데 사용할 수 있는 자금조달 메커니즘은 무엇인가? 개선 사항을 포함하는 것에 대한 혜택(이익)을 입증할 수 있는 비용 편익 평가는 무엇인가?

v) 개선 사항의 건설, 점검, 유지보수 및 설계 수명 혜택(이익)이나 의미는 무엇이며, 개선 사항을 제공하기 위해 어떻게 해결할 수 있을까?

vi) 개선 사항의 성공을 평가하는 데 가장 적절한 지표는 무엇이며, 여기에는 개선 사항의 성공을 비교할 수 있는 기준 생태 데이터 수집이 포함되나?

vii) 구조물의 설계 수명 동안 지속 가능하고, 이 기간 예측된 기후변화가 생태 과정에 미치는 영향에 적합한 향상 기능을 설계하는 데 필요한 매개변수는 무엇인가?

3.4.4 설계 고려 사항

성공적인 프로젝트의 개발과 실행을 촉진하기 위해서는 잘 통합된 여러 전문 분야로 구성된 팀이 필요하다. 특히 생물학자, 생태학자, 해안 공학자, 토목 공학자, 지형학자, 환경공학자, 기후변화 과학자 등 여러 전문 분야로 구성한 기술팀이 필요한 연안 자연-기반 해법(CNbS) 프로젝트의 경우 더욱 그렇다. 팀원들이 공학 분야의 역할을 잘 정의하고 이해하는 기존 기반 시설 프로젝트와 달리, 연안 자연-기반 해법(CNbS)의 프로젝트는 통례상(通例上) 함께 일하지 않았을 수도 있고 서로의 기술 분야, 실무 원칙 및 업무 프로세스를 완전히 이해하지 못하는 실무자들의 전문 지식을 통합해야 한다. 공학적 기능적 요구가 프로젝트 목표를 주도하고 연안 자연-기반 해법(CNbS)이 가치를 향상하거나 추가하려는 경우, 전통적으로 설계 프로세스는 공학자가 주도하며 필수 공학적 기능 요구 사항을 달성하는 것을 주요 목표로 한다. 이러한 상황에서는 설계자는 연안 자연-기반 해법(CNbS)을 차우선순위(次優先順位)로 두거나 연안 자연-기반 해법(CNbS)을 설계에 통합하는 데 덜 집중하는 경향이 있을 수 있다. 설계자가 연안 자연-기반 해법(CNbS)의 실행 가치를 이해하는 상황에서도 원하는 기능에 대한 이해 부족, 성능 사양 및 설계 확실성 부족, 기능의 설계 통합에 대한 이해 부족, 재료의 기능성, 시공성(施工性), 시공 순서 및 재료 구매와 관련된 문제, 모니터링 및 유지보수 불확실성과 같은 문제로 인해 주저할 수 있다. 이러한 문제를 극복하기 위해 연안 자연-기반 해법(CNbS)의 기술팀원은 공학적 설계 프로세스를 이해해야 한다. 연안 자연-기반 해법(CNbS)의 전문가는 설계 개발 진행 상황에 맞춰 조정하고 설계 진전의 필요한 단계에서 필요한 설계 입력 데이터를 제공할 준비가 되어 있어야 한다.

1) 설계 목표: 엔지니어링과 향상

일반적인 설계 프로세스는 계획 단계(Planning Phase)에서 여러 대안 중 목표를 가장 잘 충족하는 것을 결정하기 위한 사전 설계 계획 조사(Predesign Planning Investigation)로 시작한다('3.1.3 연안 자연-기반 해법(CNbS)의 원칙, 체계와 결과' 참조). 사전 설계 중에는 개념적 및 개략적인 설계를 조사하고 진전(進展)시킨다. 이러한 논의는 연안 자연-기반 해법(CNbS)의 팀원들과 함께 어떤 개선 사항이 기능의 공학적 목적과 공존할 수 있는지, 구조물의 설계 수명에서 이러한 개선 사항을 언제 어디서 통합할 수 있는지 결정하는 것이 이상적이다(그림 3.57 참조). 프로젝트 생애 주기에는 연안 자연-기반 해법(CNbS)의 개선 사항을 통합할 수 있는 여러 삽입점(插入点)이 있으므로, 이는 중요한 고려 사항이다. 이러한 향상은 그림 3.57의 다양한 '진입점'에서 볼 수 있듯이 신규 또는 교체 계획의 일부, 기존 구조물에 대한 개조, 일상적인 유지보수의 일부 또는 구조물 수리의 일부로 포함될 수 있다. 이러한 '설계 수명 중'의 많은 개선 사항은 표 3.28에 제시된 기능을 통합하는 기존 관행의 간단하고 저렴한 변경 사항일 수 있다. 기반 시설이 신축, 교체, 개조, 수리 또는 변경된 유지보수 관행이든 간에, 각 개선사항은 맥락적으로 관련된 위치에 배치하여야 하며 구조적 측정의 공학적 기능, 운영 또는 유지보수(이하 공학적 기능)를 방해해서는 안 된다. 예를 들어, 많이 보강되는 방조제의 경우, 콘크리트 피복두께에 대한 공학적 요구 사항(예: 70~100 ㎜)과 건설 중 허용되는 결함 허용 오

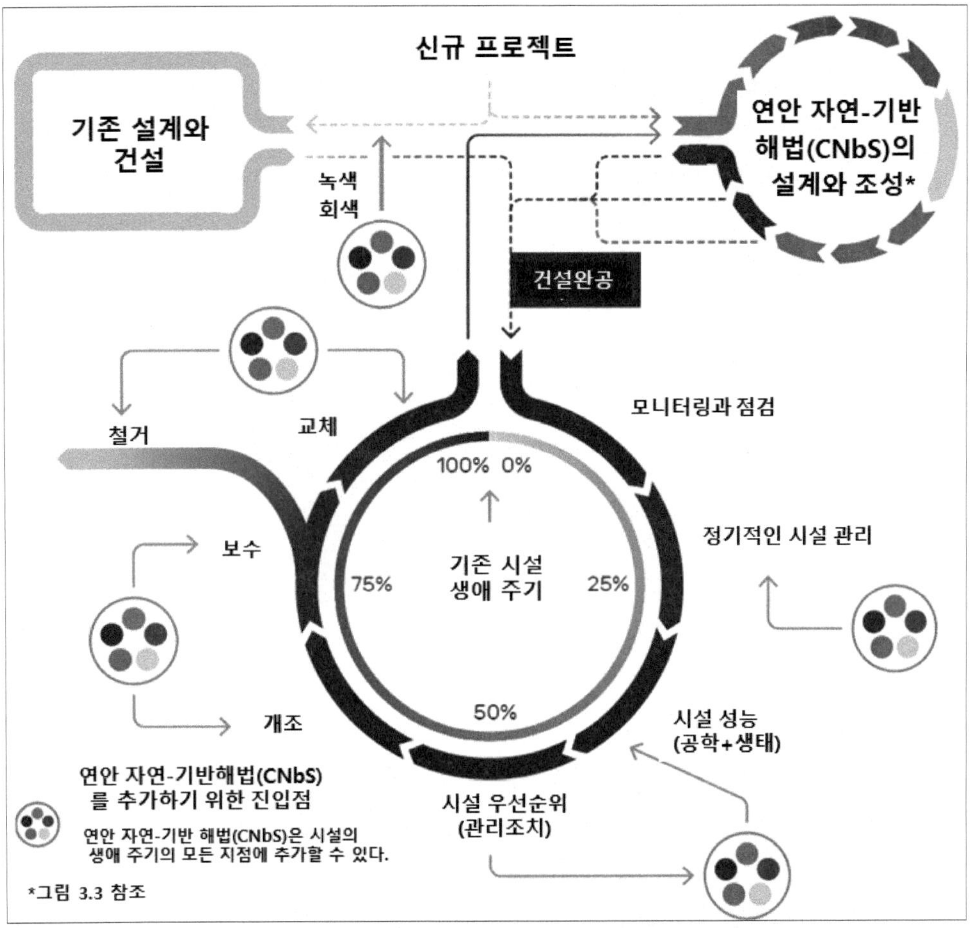

그림 3.57 연안 자연-기반 해법(CNbS)의 체계에 따른 기존 기반 시설의 개선과 관련된 조치

차가 보강의 크기를 제한하여 허용할 수 있는 생태 설계 대안의 범위를 제한할 수 있다. 개선 사항은 구조물의 설계 수명 동안 다기능성을 개선할 기회를 제공한다(그림 3.57 참조). 이는 개선 사항을 추가하기 위한 삽입점으로 여길 수 있다.

2) 불확실성 및 대안 평가

향상 프로젝트를 명확하게 설명하고 가치 및 관련 제약과의 상호작용을 고려하려는 노력에도 불구하고, 향상의 혜택(이익)을 나타내는 사용 가능한 증거에 대한 신뢰도가 낮을 수 있다는 점에서 자주 불확실성이 존재한다. 이는 혜택(이익)을 실현할 가능성이 높더라도 불확실성은 존재한다.

3.4.5 비용 대비 혜택(이익)

연안 자연-기반 해법(CNbS)의 실행 비용은 계획 단계에서 결정되어야 하며, 개선 사항을 포함하기 위해 추가 자금이 필요한 여부도 결정하여야 한다. 프로젝트에서 신규, 교체, 수리 또는 변경된 유지 보수의 목적으로 개선 사항을 승인받기 위한 주요 과제 중 하나는 자연-기반 개선 대안의 비용과 혜택(이익)을 기존의 평상적인 일반 공학적 해법과 비교하는 것이다('3.1.6 연안 자연-기반 해법(CNbS)의 혜택(이익)과 비용' 참조). 프로젝트에서 개선의 경제적, 사회적, 환경적 혜택(이익)과 비교하여 비용을 평가할 때는 여러 대안을 고려하는 것이 중요하며, 개선 대안은 단순히 동일한 선택의 재탕(再湯)이 아니다. 이는 너무 많은 대안을 고려하는 것과 균형을 맞춰야 하며, 이는 의사결정 마비로 이어질 수 있다. 새로운 대안을 만들면 연안 자연-기반 해법(CNbS)을 프로젝트 설계에 실행할 때 긍정적인 환경 결과를 위한 새로운 기회를 고려하고 통합할 수 있다(사진 3.5 참조).

3.4.6 계약 및 허가

제안된 프로젝트에 개선 사항을 포함하기 위한 원칙적인 합의가 이루어지면, 다음과 같은 주요 사항에 대한 서면 합의를 하는 것이 중요하다.

- 현장 완화 계획은 기존의 완전한 기능을 갖춘 서식지에 대한 개선 또는 전체 프로젝트의 충격을 제한하고, 충격에 필요한 완화, 개선 또는 보상 조치를 나타낸다.
- 시간이 지남에 따라 개선 사항을 모니터링하고 관리하는 방법에 대한 계획, 서명자들이 향후 실

【엘리오트만 해안선에서 진행된 올림픽 조각 공원(Olympic Sculpture Park) 프로젝트에서는 서식지 벤치가 설계에 통합되었다. 간조(干潮)때호안의 바깥쪽인 사석(연안 자연-기반 해법(CNbS)의 일환으로 특별히 설치함)의 가장자리에 서식하는 다시마가 보인다(사진 중 왼쪽). 이해관계자의 성공적인 통합과 비용 분담이 이 프로젝트를 성공시켰다.】

사진 3.5 서식지 벤치를 설계에 통합시킨 미국 시애틀의 엘리오트 만 해안선(Elliott Bay Shoreline)

행에 대한 책임을 지는 조치, 그리고 적절한 성공 조치(성공 조치는 생태적 〔예: 생물 다양성 목표 달성〕 또는 공학적 〔전체 프로젝트 목표 달성〕 일 수 있다. 이는 프로젝트별 목표가 될 수 있으며, 자주 개선 사항을 요구하는 촉매제가 된다. 성공을 평가하기 위해서는 기본 모니터링이나 비교 연구 〔개선된 영역과 미개선된 영역을 비교하는 것〕)가 필요하다.

- 설계가 특정 계획의 공학적 요구 사항 내에 있는지에 대한 공학적 승인이 필요하다.

3.4.7 실행 단계 시 고려 사항

이 장에서는 새로 건설(축조), 교체 또는 보수의 목적으로 구조적 조치에 개선 사항을 추가할 때 특정 건설-관련 고려 사항을 논의한다. 모든 건설 프로젝트와 마찬가지로 환경에 민감한 건설 관행에 따라 시공 작업에 영향을 미칠 수 있는 기반 시설 또는 운영 요인(예: 가스 파이프라인과 준설)과 나란히 지역적 생물-다양성 또는 문화적, 고고학적 또는 지질-다양성 문제에 대한 영향을 최소화할 필요가 있다. 프로젝트의 단기적인 영향을 풀기 위해서는 균형 잡힌 접근 방식이 필요하다. 건설로 인한 단기적인 영향(일, 주, 수개월)을 프로젝트의 장기적인(년, 수십 년) 혜택(이익)과 비교하여 평가해야 한다. 많은 경우 환경 기능을 추가하면 단기적인 영향보다 장기적인 혜택(이익)이 훨씬 더 커진다.

3.4.8 모니터링, 운영, 유지보수 및 관리

실행 단계에서 구조적 조치에 향상을 추가한 후, 향상이 운영 단계에서 프로젝트 목표를 충족하는지 확인하기 위해 모니터링, 유지 또는 관리해야 할 수도 있다. 적절하게 설계되고 실행된 모니터링

(a) 콘크리트 블록 사이에 식생이 자라는 도쿄만 조석 테라스

(b) 도쿄만의 조석 테라스 사석

【콘크리트 블록 사이에서 발견되는 식생에는 멸종 위기에 처한 갯개미취(Aster tripolium, 바닷가의 습지에서 무리 지어 자생하는 2년생 초본)(왼쪽), 조석 테라스 사석은 침수 방재를 위해 방조제 바깥쪽 경사를 방재하고 퇴적물과 갯개미취군(群)의 식생 기회를 제공한다.】

사진 3.6 일본 도쿄시(東京市) 가사이 임해공원(葛西臨海公園)의 방조제에 설치된 조석 테라스

은 프로젝트 발주자에게 프로젝트 목표가 충족되고 있는 여부를 아는 데 필요한 정보를 제공해야 한다. 이를 위해 모니터링의 목표를 명확하게 설명하고, 프로젝트 목표가 충족되고 있는 여부를 알려주는 데이터 출력을 생성하는 데 중점을 두어야 한다. 모니터링 활동을 통해 생태적 향상 설치의 성공(또는 실패)을 평가하는 방법에는 여러 가지가 있다. 이러한 모니터링은 생태적 향상 자체(이 개입의 성공 여부를 측정하기 위해)와 구조물의 주요 공학적 기능을 통합한 생태적 향상 요소와 함께 모니터링하는 방법이 있다.

Chapter 4

연안 레질리언스 실행사례

4.1 기후변화에 따른 해안 도시의 연안 레질리언스 수단과 접근 방식[1]

4.1.1 기후대응 수단

세계 각지의 해안 도시(뉴욕, 도쿄, 상하이, 방콕, 부산, 인천 등)는 기후변화로 인한 리스크에 대해서 포괄적인 대응(對應)과 방재(防災)를 위한 수단이 필요하다. 기후변화로 인한 리스크에는 폭풍해일 증가, 해수면 상승(조석침수와 지하수위 상승에 대한 영향도 포함), 강수량 증가, 길고 빈번한 폭염 등이 포함된다. 그러므로, 이 장에서는 다양한 기후변화로 인한 리스크를 해결하고 여러 리스크 저감 수준을 제공하는 20가지 이상의 대응 대책, 즉 '수단(手段, Toolkit)'에 대하여 알아보겠다(그림 4.1, 그림 4.2, 그림 4.3 그림 4.4 참조). 또한, 개별건물과 공공시설로부터 공공영역과 해안가에 이르기까지 실행 규모에 따라 대응 수단을 체계화하였다.

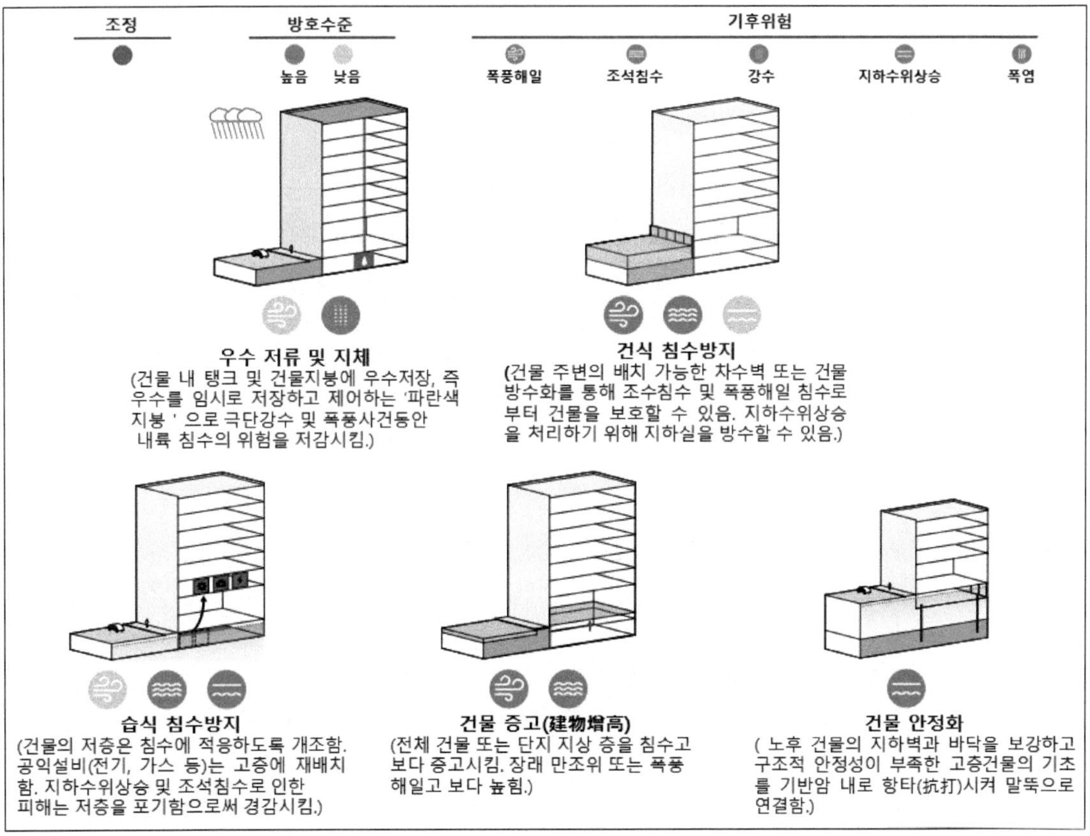

그림 4.1 기후대응 수단(Toolkit)(건물)

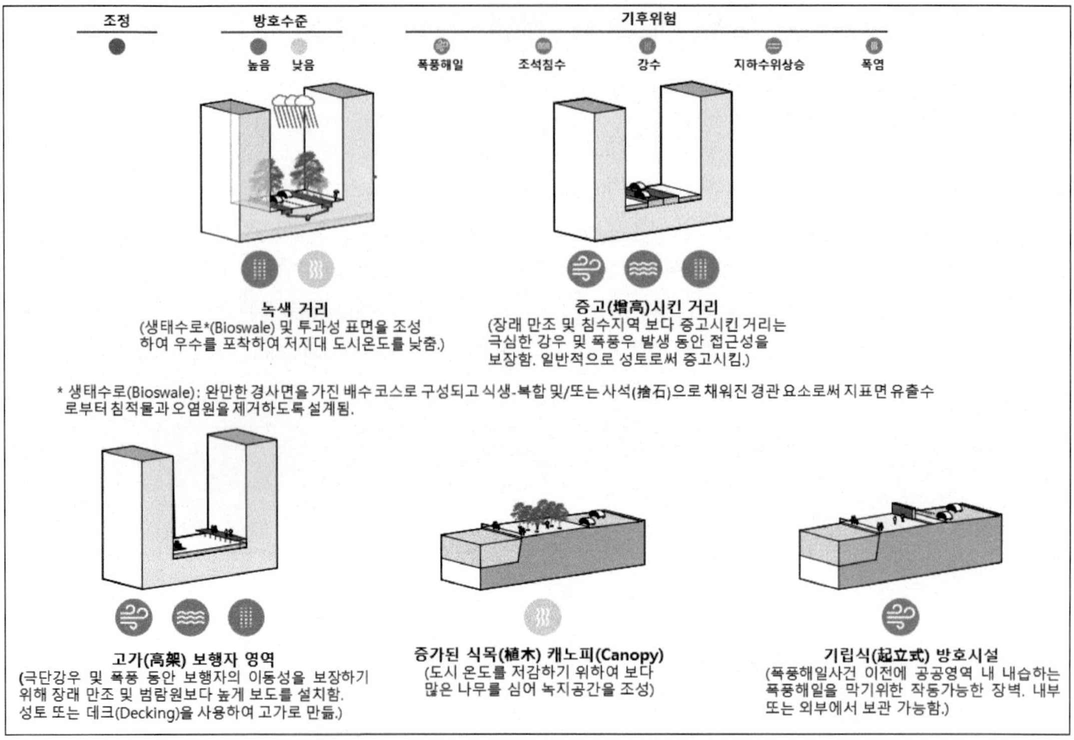

그림 4.2 기후대응 수단(거리(Street))

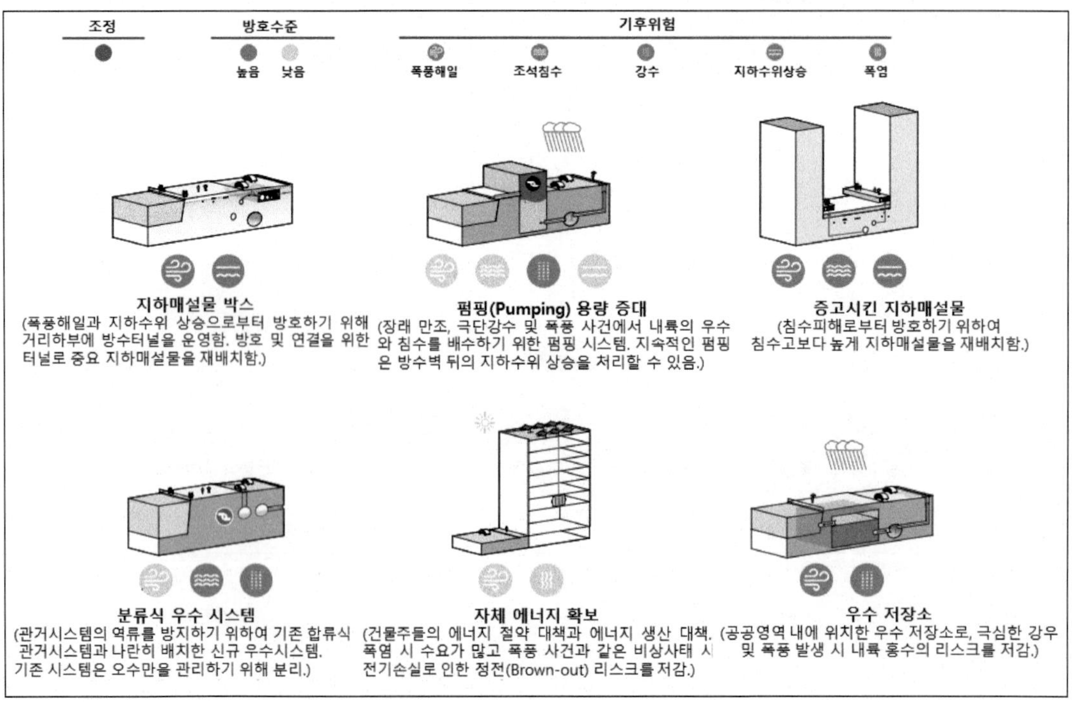

그림 4.3 기후대응 수단(공익설비(상·하수도, 전기 등))

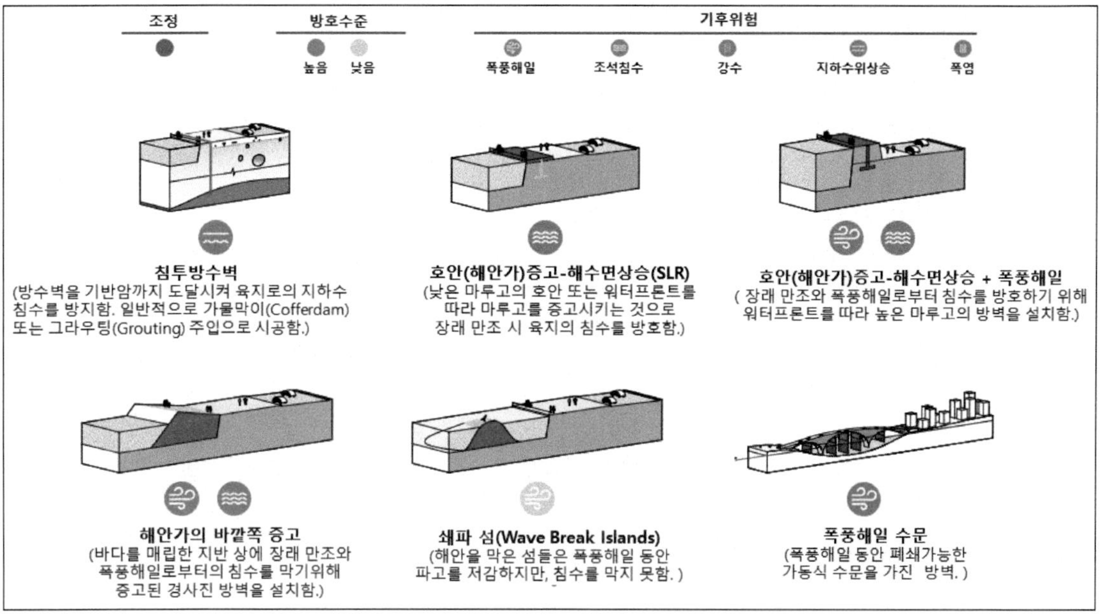

그림 4.4 기후대응 수단(해안가)

4.4.2 대응에 대한 접근 방식

어떤 단일 도구(Tool) 하나로 해안 도시 전역(全域)에 대한 광범위한 기후 리스크에 대응하도록 조정할 수 없으므로 5가지 다른 규모의 기후 대응을 어떻게 달성할 수 있는가를 나타내는 수단(Toolkit)의 도구(Tool)를 그룹화시킨 예시적(例示的) 접근법으로 분류하였다(그림 4.5 참조). 여러 환경에서 다양한 기후 리스크에 대한 포괄적인 대응을 달성하기 위해서는 도구를 결합해야만 한다. 실행 규모에 따른 다른 수단의 그룹화는 이런 대응접근 방식을 개발하였다. 모든 접근 방식은 실제 현장에 기반을 둔 프로젝트가 아니라 대응을 향한 여러 경로를 분석하고 평가한 것으로 개념적이고 예시적(例示的)이다. 해안 도시는 여러 지역에 걸쳐 광범위한 건물 종류, 지형, 기반 시설, 지역사회 요구 및 기타 특성을 포함하고 있다. 이러한 접근 방식은 해안 도시의 전체 또는 심지어 한 지역에서도 균일하게 적용할 수 없다. 오히려, 현실에서의 해안 도시 접근 방식은 다양한 도구를 각각의 독특한 주변 환경 아래에서 조정하여야 한다. 이론적인 접근 방식에 관한 평가의 과정은 제약(制弱), 실현가능성, 전후사정(前後事情) 및 규모에 근거한 실제 지역의 프로젝트와 구분함으로써 다음 단계를 위한 토대를 마련한다. 모든 접근 방식은 폭풍해일, 조석 침수, 지하수위 상승 및 강수로 인한 침수 등과 같은 동일 기후위험군(氣候危險群)으로부터 방재한다. 그러나, 각 접근 방식은 실행 규모에 따라 이러한 기후위험군으로부터 방재를 달성할 수 있다. 개별건물과 공공영역의 측면에서 대응에 따른 이러한 예시적 접근 방식은 해안 도시의 해안선에 대한 다양한 개입을 통해 해안 도시의 전 지역에 대한 방재 범위를 가진다. 대응 접근 방식은 다음 기준에 따라 평가 및 분석하였다.

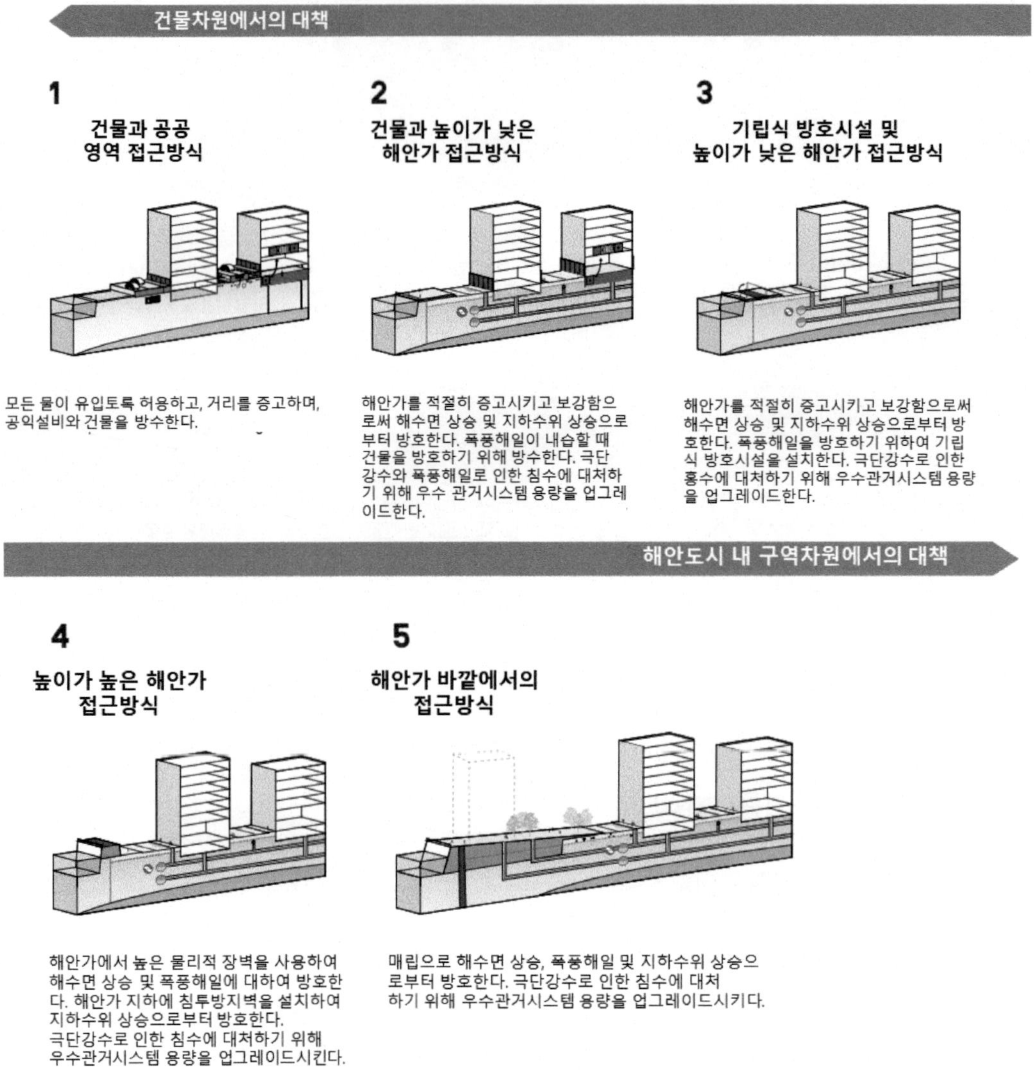

그림 4.5 대응에 대한 접근 방식

- 기술적인 장애: 기술적 측면에서의 실행 문제와 복잡성, 예를 들어 대규모 운영 중단과 인허가 받지 않은 시공성과 단계적 실행 능력.
- 인근 고려 사항: 접근 방식 또는 접근 방식 내의 특정 대책이 특히 복잡하고 부담스러워 실현 불가능한 특정한 사정(事情)을 가질 수 있음.
- 부문별 책임: 해결책을 실행하는 책임과 자원을 시(市), 도(道), 국가 수준의 모든 정부 기관으로 정의되는 공공부문과 모든 개인, 기업, 부동산 소유자 및 기타 행위자로 정의되는 민간 부문으로 나누는 방법.
- 잠재적 도시 공동 혜택(이익): 개선(改善)된 도로, 새로운 공개 용지, 새로운 개발 및 건설 환경의 변화와 같은 다른 공공 혜택(이익)과 통합할 수 있는 잠재적 접근 방법은 저렴한 주택 공급

및 지역 경제 활성화와 같은 정책 목표의 달성에 필요하다. 그러나, 반대로 접근 방법은 공공영역에 부정적인 영향을 미칠 수 있고, 다른 공공 혜택(이익)의 가능성을 제한할 수 있다.

1) 접근 방식 1 - 건물과 공공영역

접근 방식 1은 기후변화로 발생(해수면 상승, 폭풍해일과 극단 강수 등)한 침수된 해수(海水)를 해안 도시 내로 유입하도록 허용하면서 개별건물, 거리 및 지하매설물이 손상되지 않도록 방재함으로써 기후 대응을 달성한다(그림 4.6 참조). 시설물은 다양한 메커니즘을 사용하여 침수, 지하수위 상승 및 조석 침수로부터 방재할 수 있다(방수(습식 및 건식)). 즉, 깊은 기초의 설치를 통한 안정화 및 증고(增高)), 도로와 보도(步道)는 방재를 위해 증고시킬 것이다. 지하 매설물은 방수된 지하 매설물 박스 내로 재배치하여 밀폐시킬 것이다. 이론적으로 이러한 접근 방식은 건물, 거리 및 지하 매설물을 방재하지만, 2100년까지 해안 도시 내에서 발생이 예상되는 주기적인 조석 침수를 고려하면 시민의 생활과 삶의 질에 부정적인 영향을 미칠 수 있다. 이 접근방식을 사용하면, 해안 도시 내 모든 건물의 방재는 건물주의 임시방편적인 실행에 의존하게 될 것이다. 이 접근방식은 그들 자신을 위한 대응 대책을 실행하기 시작했지만, 해안 도시 내 모든 건물주가 그렇게 하기를 기대하는 것은 비현실적이다. 또한, 많은 개별 행위자(건물주)의 임시방편적이고 분산적(分散的)인 실행은 건물주들 사이의 잠재적 갈등을 야기(惹起)하여 그 지역의 기후 대응이 완료되는 일정에 많은 불확실성을 초래할 것이다(표 4.1, 사진 4.1 참조).

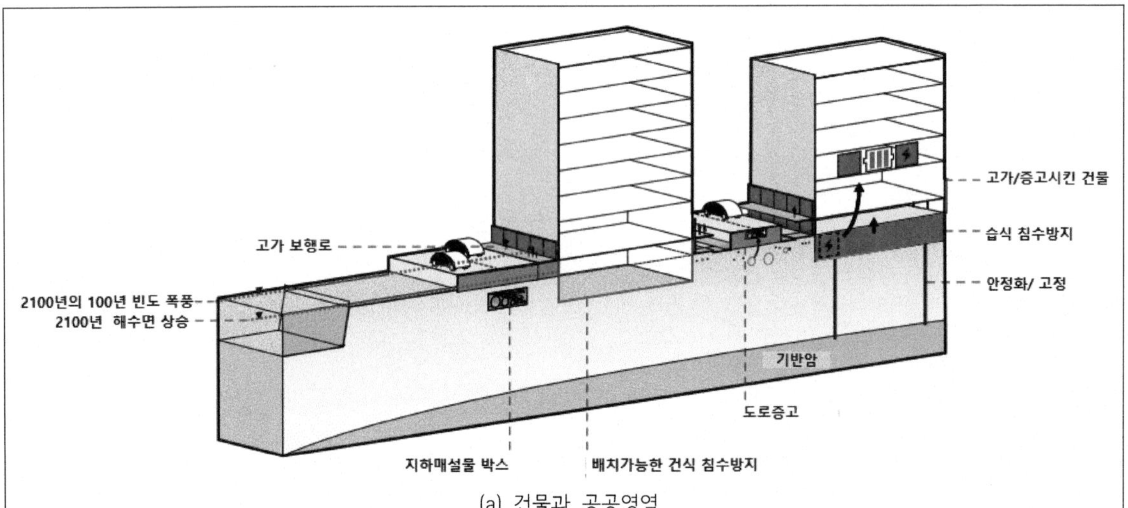

(a) 건물과 공공영역

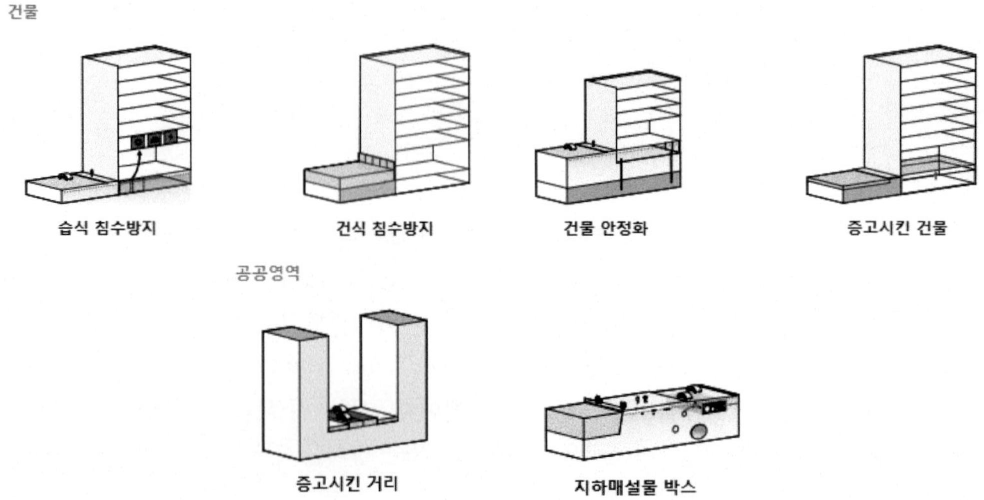

(b) 도구

그림 4.6 건물 및 공공영역의 개념도와 도구(접근 방식 1)

표 4.1 접근 방식 1-건물과 공공영역 평가

기술적인 장애
• 이러한 규모로 지하매설물을 지하매설물 박스 내로 이설하려면 복잡한 절차가 필요하며, 해당 지역의 상업활동에 상당한 지장을 초래할 수 있다. • 이 접근 방식으로 해안도시의 방재를 달성하려면 개별건물주에 의한 건물높이 방재실행에 의존한다. • 일부 소유주에 대한 제한된 재정 및 기술적 능력 때문에 모든 건물주가 이러한 대책을 실행할 가능성은 적다. • 건물전체에 걸친 임시 방편적인 실행은 개별 건물주간의 갈등과 조정 문제를 야기할 수 있어 기후대응을 달성하는데 걸리는 시간을 지연시킬수 있다. • 도로와 인도를 증고하는 것은 지장을 초래하여 안전하지 않거나 실현 불가능한 거리 네트워크를 만들 수 있다.
주변 고려사항
• 노후되고 소규모인 건물은 노후화 및 개축에 필요한 구조적 안전성 부족으로 대응이 곤란할 수 있다. • 밀집도가 높은 건물과 같은 대형신축 건물에서 실현 가능하다. • 낮은 지형을 가진 인근 지역과의 연결을 위해 거리 네트워크를 증고하여야 하기 때문에 이런 접근 방식의 실현 가능성을 어렵게 한다. • 이 접근 방식은 지역 내로 물의 유입을 허용한다. • 침수는 개인의 생활과 그 지역의 공동체적 삶의 질과 장기적인 명성에 부정적인 영향을 미칠 수 있다.
부문별 책임
• 건물높이에 대한 대책 실행은 주로 민간부문과 개별 부동산 소유자가 담당할 것이다. • 공익기업은 지하 매설물을 박스 내로 재배치할 책임이 있다. • 공공부문은 공공영역의 증고를 실행할 책임이 있을 것이다.
잠재적 도시 공동혜택(이익)
• 민간소유주가 주로 실행하는 임시방편적인 실행으로는 해안도시 전체의 공동 혜택과 방재로 통합될 가능성이 한정적이다. • 공공영역에 대한 일부 투자는 도로와 인도의 증고화(增高化)와 통합시킬 수 있다.

사진 4.1 접근 방식 1 사례(뉴욕시 로어 맨허튼 내 건물의 건식(乾式) 침수방지)

2) 접근방식 2 - 건물과 낮은 지반 높이를 갖는 해안가 공공영역

접근방식 2는 해수면 상승 영향을 해안가에서 방재하는 한편, 폭풍해일은 건물고(建物高)로부터 방재함으로써 기후 대응을 달성한다(그림 4.7 참조). 개별건물은 폭풍(태풍) 강대화의 영향을 완화하기 위한 침수 방지 방법(습식 및 건식)을 실시한다. 침투방지벽과 해안가 호안의 증고는 해수면 상승, 지하수위 상승 및 정기적인 조석 침수의 영향으로부터 각각의 방재를 제공한다. 이에 따라 해안가의 조석 침수는 해결하겠지만, 폭풍해일과 극단 강수 시 침수 리스크를 저감하기 위한 관거(管渠)시스템의 추가적인 용량 증대가 필요할 것이다. 이 문제는 비상용 펌프 용량, 분류식 관거 시스템 또는 기타 대책을 통해 해결될 것이다. 해안가의 높은 증고는 불가능하지만, 건물의 밀집도가 높아 폭풍해일에

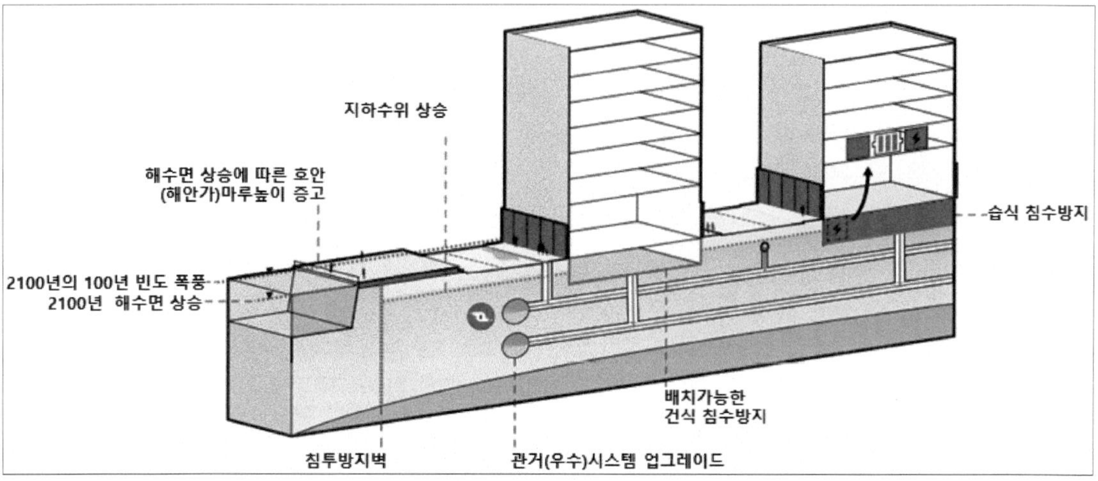

(a) 건물과 낮은 지반고를 갖는 해안가 공공영역

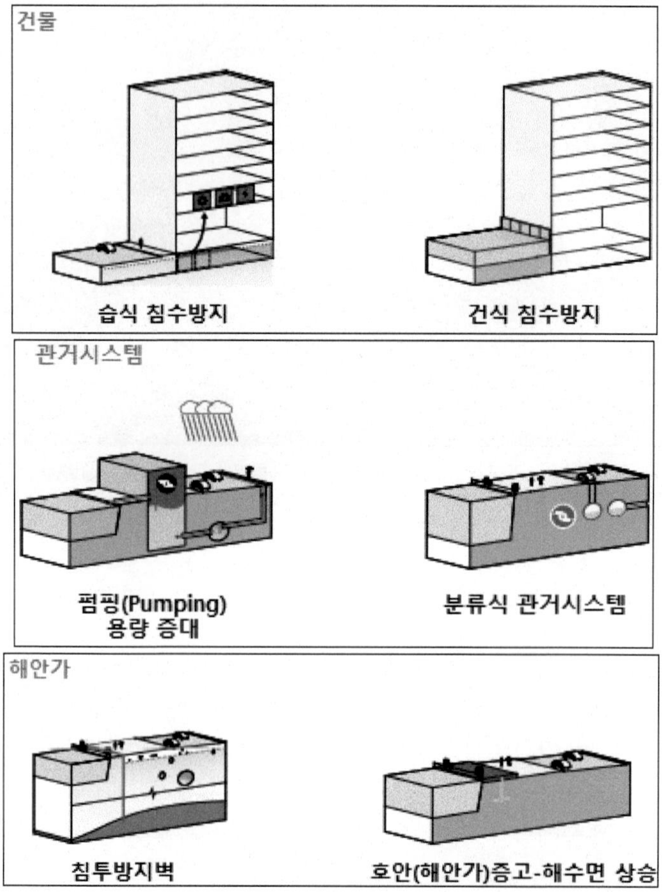

(b) 도구

그림 4.7 건물 및 낮은 지반고를 갖는 해안가 공공영역 개념도와 도구(접근 방식 2)

대응할 수 있는 용량을 갖는 지역에서는 해수면 상승으로부터 해안 도시를 방재하기 위해 해안가의 적절한 증고는 바람직할 수 있다. 그러나, 이 접근방식은 접근방식 1과 마찬가지로 해안 도시 전체 지역에 대한 대응을 달성하기 위해 모든 건물주의 폭풍해일 대응 대책에 대한 실행에 의존한다. 실제 해안 도시 내 모든 개별 행위자의 다양한 재정적 및 기술적 능력 수준의 차이로 이러한 대책을 실행할 가능성은 작다(표 4.2, 사진 4.2 참조).

표 4.2 접근방식 2 - 건물과 낮은 지반 높이를 갖는 해안가 공공영역

기술적인 장애
• 접근 방식 1과 마찬가지로, 이 접근 방식은 개별 건물주의 건물 높이 방재의 실행에 의존하며, 일부 건물주의 제한된 재정적, 기술적 능력 때문에 모든 건물주가 그렇게 할 가능성은 낮다. • 그러나 개별건물주가 실행할 작업의 규모는 접근방식 1과 비교하면 적을 것이다. • 접근 방식 1과 마찬가지로, 건물 전체에 걸친 임시방편적인 실행은 개별 건물주간의 갈등을 초래하여 기후대응을 달성하는 일정이 불확실할 수 있다. • 해안가를 증고하려면 기존 지하매설물이 밀집된 지역이나 해안가에 충분한 여유 공간이 없는 지역에 시공하기 어려운 깊고 큰 지하기초가 필요하다.
주변 고려사항
• 접근 방식 1과 마찬가지로, 오래된 건물을 개축하기 어려울 것이다. • 건물높이 대응은 오랜 건물보다 대형 신축 건물이 더 실현 가능성이 높을 것이다. • 그러나 접근방식 1과는 대조적으로, 대책을 실행하지 않은 개별건물에 대한 영향은 높은 강도를 갖는 폭풍(태풍)에 국한될 것이다. • 해안가 증고 실행은 해안가를 따라 충분한 빈 공간이 있는 곳에서 가능하다.
부문별 책임
• 접근 방식 1과 마찬가지로, 건물높이의 대책의 실행은 주로 민간 부문과 개별건물주에게 영향을 미칠 것이다. • 공공부문은 주로 해안가의 조석침수 및 지하수 위 상승에 대한 대응과 관거시스템 용량의 업그레이드에 대한 책임이 있다.
잠재적 도시 공동혜택(이익)
• 이 접근 방식은 특히 건물높이 대책의 임시방편적인 실행과 함께 해안도시 전체에 상당한 잠재적 공동혜택(이익)을 제공하지 않는다. • 일부 지역의 기존 워터프론트 개방공간에 대한 약간의 개선과 함께 해안가 증고를 실행할 수 있다.

사진 4.2 접근 방식 2 사례(호안을 이용한 낮은 해안가 증고)

3) 접근방식 3 - 기립식(起立式) 방재시설 및 낮은 지반 높이를 갖는 해안가

접근방식 3은 주로 해수면 상승을 방재하기 위한 수동적 개입과 폭풍해일을 방재(防護)하기 위한 기립식(起立式) 개입을 결합하여 해안가의 기후 대응을 달성한다(그림 4.8 참조). 접근방식 2와 비슷한 이 접근 방식은 해안선에 대한 침투방지벽 설치와 해안가를 증고시킴에 따라 각각 해수면 상승, 지하수위 상승 및 조석 침수 영향으로부터 방재할 수 있다. 해안 도시의 기립식 방재시설은 폭풍해일에 대한 방재를 제공하기 위해 증고된 해안가 위에 설치될 것이다. 따라서 해안가의 조석 침수와 폭풍해일은 모두 해결되지만, 극단 강수 시 침수 리스크를 줄이기 위해서는 관거 시스템의 추가적인 용량 증대가 필요할 것이다. 이 문제는 비상 펌프 용량, 분류식 관거 시스템 또는 기타 대책을 통해 해결될 것이다. 해안가에 따른 수동적 개입과 기립식 방재시설의 결합은 연안 재난으로부터 해안 도시 지역 전체를 방재하는 동시에 주변 지역 특성, 워터프론트 접근성 확보 및 경관 보전을 가능케 한다. 그러나, 기립식 침수방지벽은 기술적으로 복잡하여, 실행하기 위해서는 공공 재원뿐만 아니라 해안가를 따라 상당한 규모의 지하 공간과 지상 위 여유높이가 필요하다. 또한, 기립식 방재시설을 사용하려면 공공재원과 장기간 운영 및 유지·관리 계획이 필요하다(표 4.3, 사진 4.3 참조).

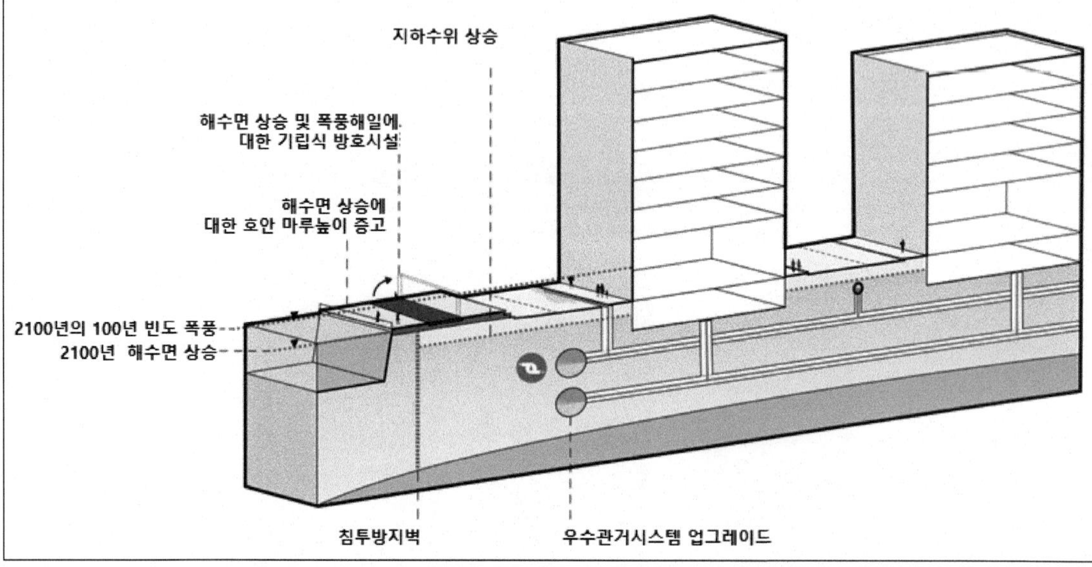

(a) 기립식 방재시설 및 낮은 지반고를 갖는 해안가

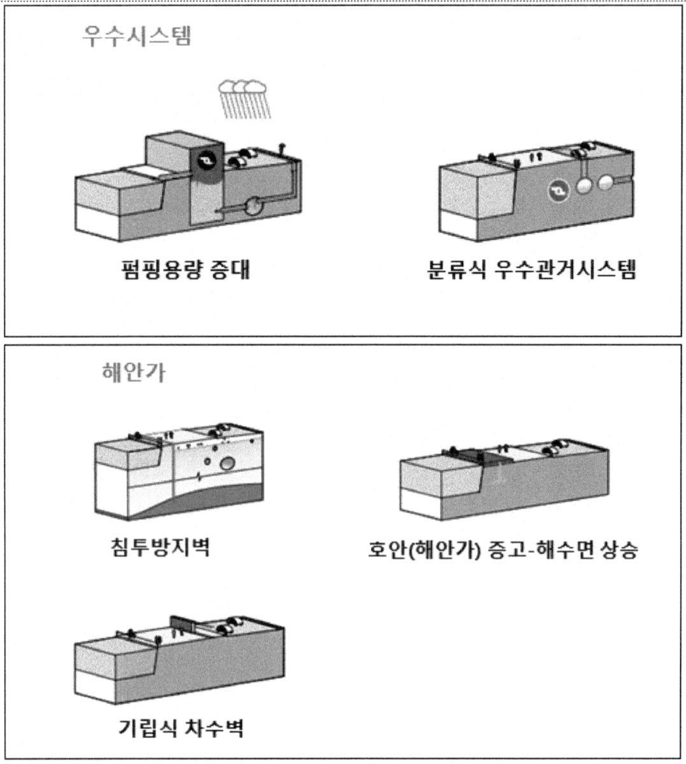

(b) 도구

그림 4.8 기립식 방재시설 및 낮은 지반 높이를 갖는 해안가 개념도와 도구(접근방식 3)

사진 4.3 접근방식 3 사례(기립식(Flip-up) 차수벽 형태의 소규모 기립식 방재시설)

표 4.3 접근방식 3 - 건물과 낮은 지반 높이를 갖는 공공영역

기술적인 장애
• 이러한 규모로 기립식 방재를 실행하려면 지상 및 지하의 기존 기반 시설주위를 조정하기 어려운 지하매설물을 통합시켜 복잡하게 재배치해야 한다. • 기립식 방재시설 및 해안가 증고는 깊고 큰 지하 기초를 필요로 하므로, 기존 지하매설물이 매우 밀집된 지역 또는 충분한 공간이 없는 해안가 지역에 설치하기 어렵다. • 또한, 기립식 시설에서는 운영 및 유지보수를 위한 자원, 계획 및 조정이 필요하다. • 장래 기후 리스크에 대해 해안가의 기립식 차수벽을 조정하는 것은 어려울 것이다. • 기립식 시설의 높이를 높이려면 기초가 더 깊고 커야 한다.
주변 고려사항
• 해안가에 고가도로 있는 경우 기립식 시설과 해안가 증고의 실행이 고가도로교의 기둥이나 기초와 접촉하지 않아야 하므로 상당한 제약으로 작용한다. • 고가도로가 가로면(街路面)까지 기울어지는 경우, 하부 여유공간이 기립식 차수벽과 해안가 증고의 높이에 대해서는 충분하지 않을 수 있다. • 워터프론트를 따라 설치된 파일 지지 구조물은 기립식 차수벽 기초의 추가 중량을 지지하지 못할 수도 있다. • 저지대인 인근 지역에는 높은 기립식 시설이 필요하다. • 이 접근 방식은 지상 및 지하 기반시설의 필요한 재배치를 가능케 하고, 워터프론트에 대한 접근성과 조망의 유지가 지역사회와 공공의 우선순위인 경우에 가장 바람직하다.
부문별 책임
• 기립식 차수벽의 장기적 운영 및 유지는 물론 이러한 개입의 실행은 공공 부문의 책임일 가능성이 높다.
잠재적 도시 공동혜택(이익)
• 기립식 시설은 폭풍(태풍)이 발생할 경우를 제외하고 시야에서 숨겨져 있으므로, 워터프론트의 열린 공간 및 조망에 대한 접근성을 유지하면서 해안도시 전체의 방재를 제공할 수 있다. • 기립식(Flip-up)차수벽 *1 을 밀폐하는 날개벽 *2 (Wing Wall)이나 각락(角落, Stop Log) 방벽 *3 을 고정하는 기둥과 같은 기립식 시설의 기반시설의 고정요소는 워터프론트 접근성에 부정적인 영향을 미칠 수 있다. • 또한, 기립식 시설은 옥외 공공시설의 어매니티 및 워터프론트 레크리에이션 용도와 통합할 수 있다.

*1 기립식(Flip-up, 起立式) 차수벽: 평상시는 방벽(防壁)이 누워있으나 해수면의 상승 시(폭풍해일 등) 세워져 침수를 방지.
*2 날개벽(Wing Wall): 큰벽이나 구조물에 인접하여 설치하거나 붙여 설치한 작은 벽(짧은 벽).
*3 각락(角落, Stop Log) 방벽: 수문의 양쪽 측벽에 홈을 만들어 두꺼운 판이나 각재를 수평으로 삽입하여 수위나 유량을 조절할 수 있도록 하여 침수를 방지.

4) 접근방식 4 - 높은 지반 높이를 갖는 해안가

접근방식 4는 해안 도시의 해안가를 따라 완전히 수동적이고 영구적인 방재를 통해 기후 대응을 달성한다(그림 4.9 참조).

이 접근 방식은 해안가를 조석 침수 및 폭풍해일을 모두 방재할 수 있는 높이까지 영구적으로 증고(增高)하는 것이다. 방재할 수 있는 높이는 워터프론트를 따라 투과성 조망 방조제 또는 불투과성 방조제를 증고시키면 가능하다. 해안가를 따라 설치한 침투방지벽은 지하수위 상승의 영향으로부터 방재를 할 수 있다. 따라서 해안가의 조석 침수와 폭풍해일은 모두 해결할 수 있으나, 극단강수 시 침수 리스크를 줄이기 위해서는 관거 시스템의 추가적인 용량 증대가 필요할 것이다. 이 문제는 비상

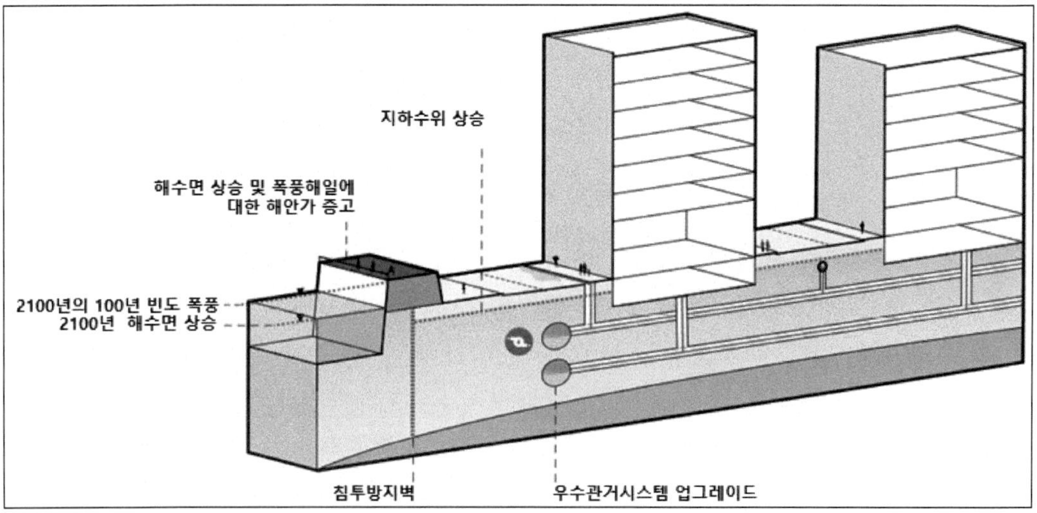

(a) 높은 지반고를 갖는 해안가

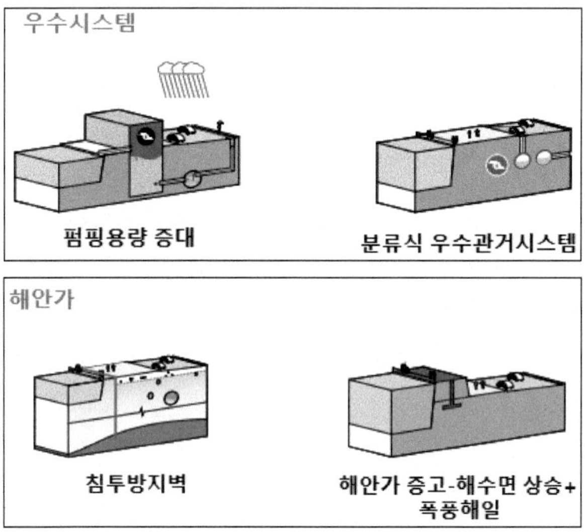

(b) 도구

그림 4.9 높은 지반 높이를 갖는 해안가 개념도 및 도구(접근 방식 4)

펌프 용량, 분류식 관거 시스템 또는 기타 대책을 통해 해결할 것이다. 해안가를 그러한 높이로, 수동적으로 증고시키는 것은 사람들이 워터프론트에 접근하여 조망하려는 욕구를 제한할 수 있다. 해안가를 따라 수동적 방재를 수용할 수 있는 공간이 충분한 지역은 완만한 비탈면을 가진 공개 공지[233]와 결합하면 공공영역에 대한 이러한 부정적인 영향을 완화할 수 있다. 이러한 완만한 비탈면과 결합하기 위해서는 접근 방식 3에서 요구되는 것보다 더 많은 공공재원은 물론 기존부지(旣存敷地)에 대한 물리적 공간이 필요할 것이다(표 4.4, 그림 4.10 참조).

233) 공개 공지(公開空地): 건물을 소유한 민간 건축주가 용적률 상향 등의 혜택을 받는 대가로 자신의 땅 일부를 일반 시민이 사용할 수 있도록 제공키로 약속한 공간을 말한다.

【'4.2.1 미국 뉴욕시' 중 '가) 이스트 사이드 연안 레질리언스 프로젝트(East Side Coastal Resilience Project)' 참조】

그림 4.10 접근방식 4 사례(뉴욕시 이스트 사이드 연안 레질리언스 프로젝트(East Side Coastal Resilience Project)

표 4.4 접근방식 4 - 높은 지반고를 갖는 해안가

기술적인 장애
• 그러한 높이로 해안가 증고를 실행하려면 깊은 기초와 해안가의 교통 네트워크 및 공공설비와 같은 지하외 지상 기반시설에 대한 상당한 재배치가 필요할 것이다. • 장래 기후리스크에 대한 대응으로 접근 방식 3보다 이 접근 방식이 더 실현 가능성이 있다. • 해안가 증고는 장래에 수동적이거나 기립식(起立式) 방재시설의 설치가능성을 높인다.
주변 고려사항
• 해안가의 고가도로는 접근방식 4의 실행에 상당한 제약을 가한다. 즉, 고가도로가 가로면(街路面)까지 기울어지는 지역의 하부 여유공간은 해안가의 증고높이로 인한 폭풍해일을 방재할 만큼의 충분한 공간이 나오지 않을 수 있다. • 이 접근 방식은 워터프런트를 따라 충분한 빈공간이 있는 지역에서 실행가능성이 높다. • 해안가의 선박 접안을 저해하는 높이로 증고하면 워터프론트 자산과 페리(Ferry)에 영향을 줄 수 있다.
부문별 책임
• 이러한 개입의 실행과 증고된 해안가의 장기적 유지·관리는 공공부문의 책임일 가능성이 높다.
잠재적 도시 공동혜택(이익)
• 증고된 해안가와 열린 공간을 통합하면 공동 혜택(이익)을 위한 제한된 기회를 제공할 수 있다. • 증고된 해안가는 야외 공공시설 및 워터프론트 휴양시설과 통합될 수 있는 잠재력을 가지고 있다. • 이 접근 방식은 특히 가용공간이 제한되어 있고 가파른 경사면에서 가장자리를 높여야만 하므로, 지역의 조망, 기존개방 공간 및 워터프론트 접근에 부정적인 영향을 미칠 가능성이 있다. • 접근 방식 3은 폭풍(태풍) 발생 시 일시적으로 워터프론트 접근과 조망을 저해하는 방재시설만 제공하지만, 증고된 해안가를 갖는 접근 방식 4는 영구적인 영향을 미칠 수 있다. • 그러나 실행공간이 충분한 지역에서는 증고된 해안가를 완만한 경사로써 달성할 수 있으므로 공공영역에 대한 영향을 완화할 수 있다.

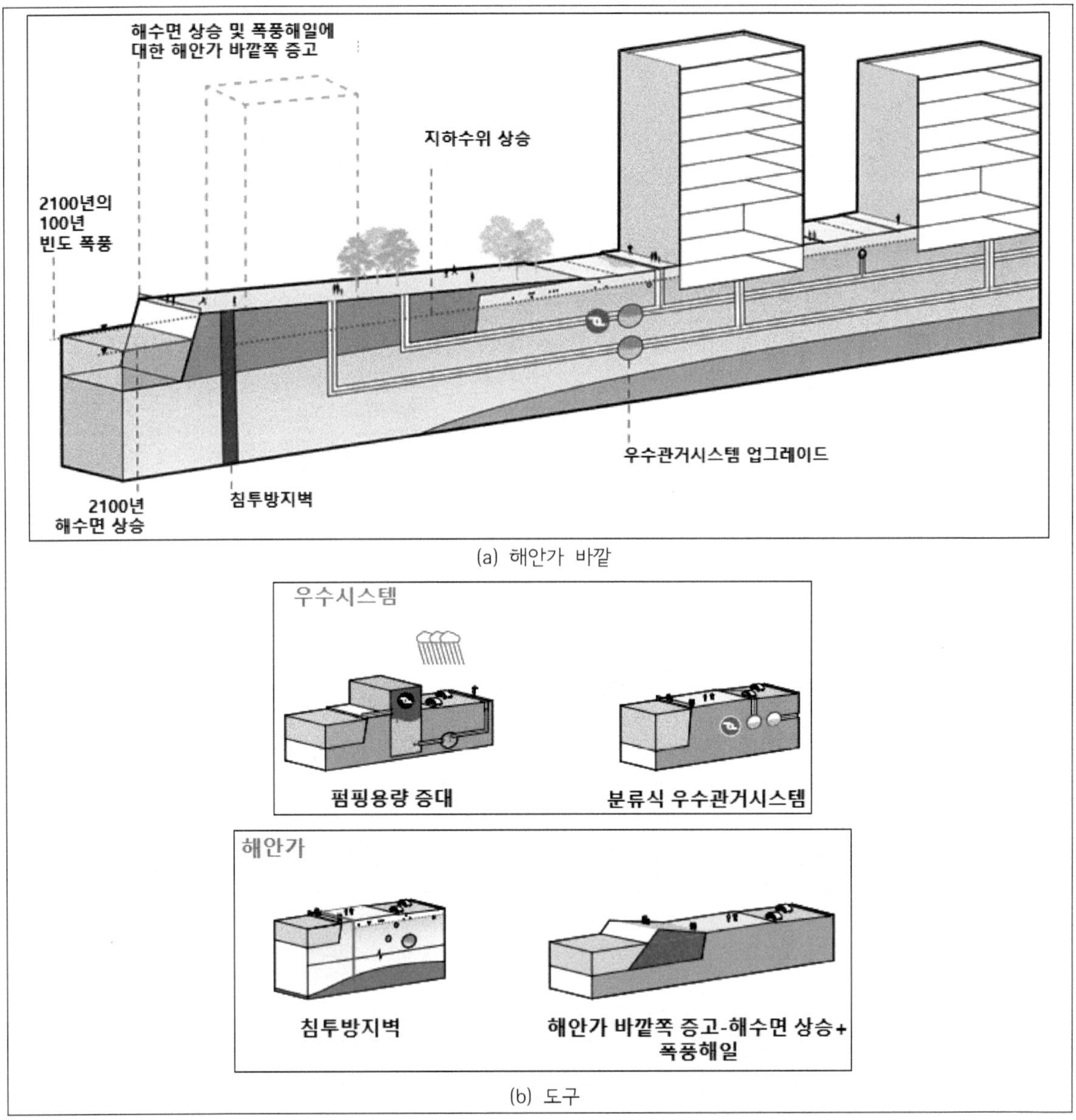

그림 4.11 해안가 바다 쪽 외부 개념도 및 도구(접근방식 5)

5) 접근방식 5 – 해안가 바다 쪽 외부

접근방식 5는 기존 토지와는 별도로 새로이 매립(埋立)된 후 토지의 조석 침수 및 폭풍(태풍) 해일에 대한 방재를 위해 해안가를 증고시킴으로써 기후 대응을 달성한다(그림 4.11 참조). 매립을 이용한 신규 토지조성은 매립지 가장자리를 해중(海中) 속으로 확장하여 조석 침수 및 폭풍해일로부터 방재할 수 있는 높이까지 점진적으로 증고시킬 것이다. 새로운 가장자리를 설치된 침투방지벽은 지하수위 상승의 영향으로부터 방재할 수 있다. 신규 해안가 조성을 통해 조석 침수 및 폭풍해일 문제를 모두 해결할 수 있지만, 극단 강수 시 침수 위험을 줄이기 위해서는 관거 시스템의 추가적인 용량 증대가 필요할 것이다. 이 문제는 비상 펌프 용량, 분류식 관거 시스템 또는 기타 대책을 통해 해결할 수 있다. 추가적인 펌프장 시설은 매립지에 설치할 수 있다. 해안가에 따른 바다 쪽 외부 또는 해중 속의 방재를 실행하기 위해서는 매우 복잡한 인허가 및 공공 조정 프로세스를 수반할 것이다. 기반 시설, 건설 환경 및 주변 환경을 포함한 신규 토지조성과 새로운 잠재적 개발을 기존 해안가의 구조와 결합하기 위해서는 종합적이고 복잡한 계획이 필요할 것이다. 이 접근 방식은 기존 토지의 공간이 너무 제한적이고 제약이 있어 다른 대응 대책으로는 좋지 않은 결과를 초래할 수 있는 지역에서 바람직할 것이다. 5가지 접근방식 중, 이 접근방식은 개발 현장의 창출을 통한 부분적인 자금 조달 메커니즘이 가능한 유일한 방법이다. 또한, 해안가 바다 쪽 외부의 방재는 다양한 도시 공동 혜택(이익)과 통합할 수 있으며 주거, 일자리 증가, 공개공지 창출과 같은 추가적인 정책 목표를 달성할 수 있다(표 4.5, 사진 4.4 참조).

표 4.5 접근방식 5 - 해안가 바다 쪽 외부 매립

기술적인 장애
• 신규 토지조성에 대한 인·허가 승인 프로세스는 다른 접근 방식보다 복잡할 것이다. • 중앙정부의 승인이 필요할 수 있다. • 기존의 하수구, 배수구, 교통 기반시설과 신규 토지 조성과의 조정은 복잡하고 어려울 것이다. • 시공 단계도 매우 복잡할 수 있으며, 이 접근방식을 실행하는 데 필요한 일정은 다른 접근 방식보다 지연될 수 있다.
주변 고려사항
• 해안가 바다 쪽 외부로부터의 접근방식은 물리적 제약이 많은 인근 환경의 기후리스크를 종합적으로 다룰 수 있다. • 토지매립은 다른 개입을 실행할 수 있는 가용공간이 없거나 기존토지가 없는 지역에 방재를 제공할 것이다. • 가항수역(可航水域)을 둘러싼 문제와 인·허가 조건에 따라 해안가 바다 쪽 외부의 매립 범위가 정해지며, 그 범위는 주변환경에 따라 크게 변할 것이다. • 다양한 맥락에서 이 접근 방식을 실행하는 기회와 한계를 이해하려면 종합적이고 집중적인 계획이 필요할 것이다. • 이러한 접근 방식은 해안도시 일부 지역의 역사적인 워터프론트 자연과 정체성을 변화시키고 영향을 미칠 것이다. • 또한, 신규 토지조성과 기존 지역 구조를 적절히 통합하기 위한 종합적인 계획이 필요할 것이다.
부문별 책임
• 이 접근방식을 실행하려면 재원의 강력한 통합과 정부 내 다양한 부서 간의 조정이 필요할 것이다. • 이 접근방식은 매립지의 잠재적 개발이익을 통해 부분적인 자금 조달 메커니즘이 가능한 유일한 방법이다. • 개발 현장의 통합은 실행에 앞서 각 특정 상황에 따라 평가하고 분석할 필요가 있다. • 매립지에 대한 그러한 개발이 이 접근 방식과 관련된 기반시설 요구에 따라 자금조달이 가능한 범위도 검토할 필요가 있다.
잠재적 도시 공동혜택(이익)
• 이 접근 방식은 공동혜택(이익)과 통합된다고 평가되는 접근 방식 중 가장 높은 잠재력을 가지고 있다. • 토지매립은 새로운 개방공간, 교통 연결, 개발, 저렴한 주택 및 일자리 창출 등 다양한 공공 편의 시설 및 이익과 통합될 수 있는 잠재력을 제공한다.

【뉴욕시 배터리 파크 시티(1973년)의 매립지 조성 또는 해안가 바다 쪽 외부의 전례(典例). 1973년 당시에는 레질리언스적 설계를 하지 않았다.】

사진 4.4 접근방식 5 사례

4.2 연안 레질리언스 실행사례

4.2.1 미국 뉴욕시

1) 뉴욕시의 연안 레질리언스와 로어 맨허튼 연안 레질리언스 프로젝트(LMCRP, Lower Manhattan Coastal Resilience Project)

(1) 뉴욕시의 로어 맨허튼 연안 레질리언스 프로젝트(LMCRP, Lower Manhattan Coastal Resilience Project)[2]

가) 추진 배경

기후변화는 오늘날 뉴욕시가 직면한 가장 큰 위협이다. 2012년 10월, 허리케인 '샌디'가 뉴욕시를 강타하여 뉴욕시 토지의 17%가 침수되어 44명이 사망하고 190억 달러($)(26.6조 원(₩), 2024년 11월 환율 (1달러($)=1400원(₩)))의 피해와 경제 활동 손실이 발생하였다(사진 4.5 참조). 88,700동의 건물이 침수되고 23,400개의 기업이 피해를 보았으며 뉴욕시의 기반 시설은 심각한 혼란에 빠졌다. 2백만 명 이상의 주민이 몇 주 동안 정전을 경험하였고 연료 부족은 한 달 넘게 지속하였다. 로어 맨해튼(Lower Manhattan)에서만 허리케인 '샌디'의 영향으로 2명이 사망하고 수천 채의 주택이 파손되었으며 중요한 교통 중심시설이 중단되는 등 엄청난 피해를 보았다. 허리케인 '샌디'로 발생한 폭풍해일은 허드슨강, 이스트강과 뉴욕항으로부터 내습하여 맨해튼 남쪽 전역의 호안을 월파(越波)하여 내륙으로 침수를 발생시켰다. 맨허튼 지역 전역에서 침수는 일반적으로 해안선으로부터 1~2블록234)(Block)까지 수심 0.6~0.9 m로

사진 4.5 허리케인 '샌디' 내습 시 뉴욕시 로어 맨허튼 내 사우스 스트리트 시포트 지역의 침수 및 건물 피해

234) 블록(Block, 街區): 가로(街路)로 둘러싸인 시가지의 범위로, 도시계획에 있어서 토지이용·인구·배분·교통·공급 처리시설 등의 계획을 세우는 단위이며 도시의 행정·관리의 단위이다.

내습하였다. 폭풍이 절정에 달했을 때 배터리(Battery) 지역은 평균 저저조[235](MLLW) 상 4.3 m 이상의 수위를 기록하여 1960년 허리케인 '도나(Donna)'의 이전 고수위(高水位) 기록을 1.2 m 가까이 뛰어넘었다(그림 4.12 참조). 허리케인 '샌디' 내습 이후 뉴욕시는 중요한 조치가 취해지지 않으면, 기후변화가 이전에 예상했던 것보다 빠른 속도로 파괴적인 결과를 초래한다고 인식하였다. 현재 예측에 따르면, 아무런 조치도 취하지 않으면 21세기에 기후변화로 인한 해수면 상승으로 인해 로어 맨해튼 일부가 정기적으로 침수되고 뉴욕시와 지역 전체에 서비스를 제공하는 중요한 기반 시설과 일자리는 위험에 직면할 것이다(사진 4.6 참조). 여기에는 지하철과 페리선 네트워크, 하수도 시스템, 뉴욕시 일자리의 10%, 그리고 많은 역사적 문화 및 지역사회 자산이 포함된다. 그러므로 뉴욕시는 현재 로어 맨해튼을 방재하기 위한 기후 적응 프로젝트에 9억 달러($)(1.26조 원(₩), 2024년 11월 환율 (1달러($)=1400원(₩)))를 투자하고 장래의 과제를 해결하기 위한 장기적인 기후 적응 계획을 세우는 등 대담하고 중요한 조치를 현재 진행하고 있다.

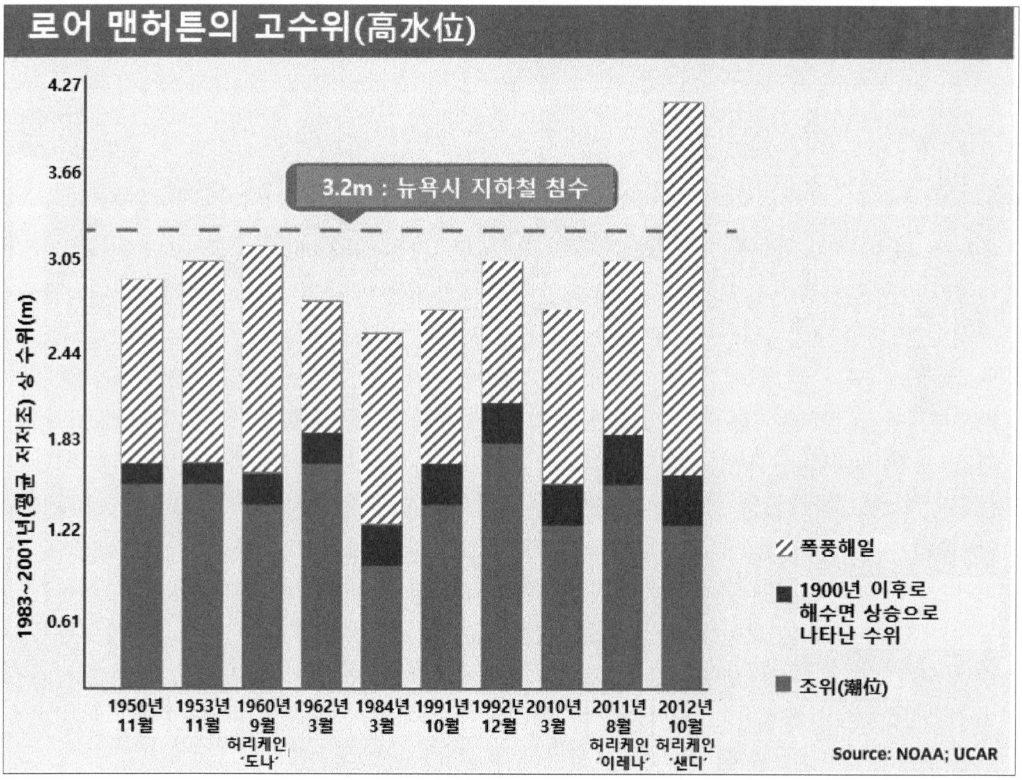

그림 4.12 뉴욕시 로어 맨허튼 내 고수위(高水位)(1950~2012년)

235) 평균 저저조(Mean Lower Low Water, 平均低低潮):하루 2회 나타나는 간조(干潮)를 말하며, 일조부등(日潮不等) 간조 중 낮은 간조의 평균을 일컫는다.

사진 4.6 로어 맨허튼 전경(미국 뉴욕시)

(나) 개요

총비용 50~70억 달러($)(7~9.8조 원(₩), 2024년 11월 환율 (1달러($)=1400원(₩)))가 소요될 것이라고 예상되는 이 프로젝트는 100만 명에 가까운 인구가 일하고, 거주하며, 출퇴근하는 저지대인 파이낸셜 디스트릿(Financial District)와 사우스 스트리트 시포트(South Street Seaport) 지구와 함께 심각한 폭풍해일과 해수면 상승을 견딜 수 있는 레질리언스가 있는 워터프론트를 조성하는 것이다. 2012년 허리케인 '샌디'로 큰 피해를 본 배터리(Battery)~브루클린 브릿지(Brooklyn Bridge)까지 거의 약 6.0 ㎞에 달하는 이 지역을 방재하기 위한 마스터 플랜은 이스트 리버(East River)의 해안선을 확장하는 다층식 워터프론트(Multi-level Waterfront)가 특징이다(그림 4.13 참조). 상층과 하층의 2개 마루를 갖는 다층식 워터프론트는 장래 허리케인 '샌디'와 같은 심각한 폭풍해일로부터 방재하기 위해 상부 마루높이를 높이는 동시에 도시와 항만이 넓게 보이는 공공 개방공간을 2배로 늘릴 계획이다. 하부 마루는 뉴욕 주민과 수변(水邊) 가장자리를 연결하면서 해수면 상승으로부터 방재하기 위해 증고(增高)시킨 지속적인 워터프론트 산책길이 될 것이다. 이 혁신적인 설계가 실행되면 해수면 상승과 빈번하고 강력한 폭풍해일이 발생하는 시기에 로어 맨해튼을 방어할 수 있다.

뉴욕시는 이 계획을 수립하기 위해 지역사회와 긴밀히 협력하였다. 뉴욕시는 수많은 주민설명회와 워크숍, 온라인 참여 포털, 지역 학교와의 청소년 지원 활동 및 기타 창의적인 참여 형태를 통해 모든 단계에서 피드백하였다. 또한, 외부 의견을 극대화하기 위해 지역 및 시 전체 이해관계자 그룹인 로어 맨해튼 기후 연합(Climate Coalition for Lower Manhattan)을 결성하였다.

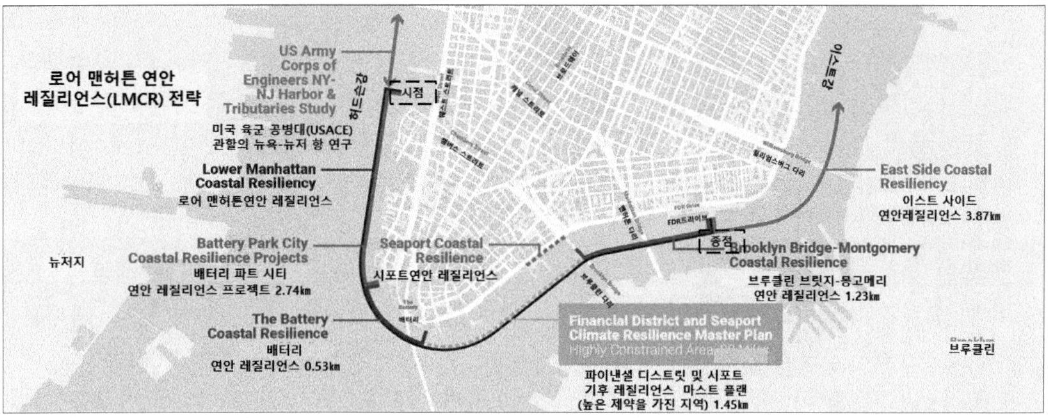

그림 4.13 로어 맨허튼 연안 레질리언스(LMCR, Lower Manhattan Coastal Resilience) 전략

파이낸셜 디스트릿-시포트 기후 레질리언스 마스터 플랜 외에도 로어 맨해튼을 침수로부터 방재하기 위해 9억 달러($)(1.26조 원(₩), 2024년 11월 환율 (1달러($)=1400원(₩)))이상의 시 투자를 통해 지원되는 대규모 로어 맨해튼 연안 레질리언스 전략에는 배터리 파크 시티(Battery Park City), 배터리(Battery), 투 브리지(Two Bridges) 지역에서 활발한 자본 프로젝트가 포함되어 있다. 로어 맨허튼 연안 레질리언스 프로젝트는 2019년 3월, 뉴욕시가 현재와 장래의 기후 리스크와 로어 맨해튼에 미치는 영향을 종합적으로 살펴본 "로어 맨해튼 기후 레질리언스 연구(Manhattan Climate Resilience Study, 자세한 내용은 '기후변화와 연안방재' 수록되어 있음)" 보고서를 발표하면서 주목을 받기 시작하였다. 그 보고서의 주요 예측 내용은 ⅰ) 2050년대까지 로어 맨해튼에 있는 건물의 37%가 폭풍해일의 리스크에 직면할 것이다. ⅱ) 2100년까지 로어 맨해튼 내 건물의 거의 50%가 폭풍해일 위험에 리스크에 처해 있으며, 로어 맨해튼 거리의 20%는 예상되는 해수면 상승으로 매일 침수될 리스크에 직면할 것이다. ⅲ) 지하수위가 상승하면 로어 맨해튼 내 건물의 7%가 불안정해질 리스크에 처하고 지하 공공기반시설이 있는 도로의 39%가 부식과 침투수(Water Infiltration)에 노출될 것이라고 하였다. 뉴욕시는 이 보고서 결론을 바탕으로 적응 프로젝트를 파악하여 로어 맨해튼의 기후 레질리언스를 위한 전반적인 전략을 개발하였다.

다) 뉴욕시에서의 로어 맨허튼 역할

로어 맨해튼은 뉴욕시의 교통체계, 경제, 시민 생활의 핵심으로 도시, 지역 및 전 세계에서 온 주민, 근로자, 방문객을 위한 목적지이자 관문 역할도 한다. 매일 수백만 명의 사람들이 철도, 버스, 자동차와 페리 선박을 타고 로어 맨해튼을 여행하고 있으며, 이 지역의 고속도로, 터널, 다리를 통해 사람과 상품이 유입·출하고 있다. 매일 41만 5천 명 이상의 지하철과 PATH[236] (Port Authority Trans-Hudson) 열차 승객과 9만 3천 명의 일일 페리 승객이 오고 가는 로

236) PATH(Port Authority Trans-Hudson): 철도 교통 시스템으로 뉴저지 북동부 도시인 뉴어크(Newark), 해리슨(Harrison), 저지시티(Jersey City), 호보켄(Hoboken)과 뉴욕시의 로어 맨허튼(Lower Manhattan)과 미드타운 맨허튼(Midtown Manhattan)을 연결하는 22.2 ㎞의 고속 교통 시스템을 말한다.

어 맨해튼은 5개 자치구 전역과 미드타운(Midtown), 저지시티(Jersey City), 다운타운 브루클린(Downtown Brooklyn)과 같은 다른 지역 중심지와의 연결을 제공한다. 소상공인부터 건설 및 건축업자, 의료, 교육, 기술, 시민, 금융 분야에 이르기까지 모든 지역의 뉴요커(New Yorker)들이 로어 맨해튼에서 일하고 있다. 미국에서 가장 큰 비즈니스 지구 중 하나인 로어 맨해튼은 뉴욕시의 지역 경제의 중심지이다. 최근 수십 년 동안 로어 맨해튼은 주민, 학생, 근로자, 방문객을 위한 연중무휴 서비스와 편의 시설을 갖춘 복합용도 지역으로 변모하였다. 2000년 이후 지난 20년 동안 주거 인구는 170% 증가하였다. 오늘날 로어 맨해튼은 비즈니스 지구, 교통 중심지 및 문화 목적지일 뿐만 아니라 집단 거주지이기도 하다. 로어 맨해튼은 17세기로 거슬러 올라가는 뉴욕시의 발상지이지만, 이 지역의 인류 역사는 3,000여 년 전 레나프(Lenape) 족(族)이 이곳에 정착하면서 훨씬 일찍 시작되었다. 수 세기 동안 로어 맨해튼은 변화하고 성장하는 도시 일부로 계속 발전해 왔다. 오늘날 이곳은 상징적인 글로벌 상징이자 기후변화에 가장 잘 적응하는 연안 레질리언스의 중심지로 진화를 거듭하고 있다.

라) 기후변화로 인한 향후 연안 재난 내습 시 로어 맨허튼의 영향

① 해수면 상승, 폭풍해일, 해안 폭풍 및 조수(潮水)의 내습

2040년대까지 로어 맨해튼의 해안선은 해수면 상승으로 인한 잦은 조수(潮水) 침수는 도로, 보도, 건물과 주요 기반 시설에 영향을 미치기 시작할 것이다. 2050년대에는 이러한 침수는 매달 발생하며, 2080년대에는 매일 발생할 것이다(그림 4.14, 그림 4.15 참조). 미국에서 가장 붐비는 여객 페리 노선인 스태튼 아일랜드 페리(Staten Island Ferry)의 화이트홀 터미널(Whitehall Terminal)은 2050년대에 운영 차질을 받기 시작할 것이다. 2100년까지 매일 만조(滿潮)시 침수는 로어 맨허튼 내 펄 스트리트(Pearl Street)가 있는 최대 3블록(Block)까지 도달할 것이다(그림 4.16 참조). 그때가 되면, 이 지역의 대부분을 사용할 수 없게 되어 오늘날 우리가 알고 있는 중요한 도시 전체의 기능과 함께 로어 맨해튼을 잃게 될 것이다. 수백만 명의 뉴욕 주민의 삶과 생계에 영향을 미치는 경제, 교통체계, 정체성에 대한 이러한 영향은 선택사항이 아니다. 로어 맨해튼은 조수 침수 외에도 허리케인이나 북동쪽에서 불어오는 빈번하고 심각한 폭풍의 위험에 처해 있다.

2012년 허리케인 '샌디(Sandy)'는 이 지역을 초토화(焦土化)시켜 2명의 목숨을 앗아갔고 건물, 거리 및 기반 시설에 피해를 주었다. 2021년 열대성 폭풍 '헨리(Henri)'와 허리케인 '아이다(Ida)'는 도시에 기록적인 강우량을 기록하였다. 이러한 위협은 시간이 지남에 따라 증가할 것이다. 2050년대까지 아무런 조치가 취하지 않으면, 건물 손상, 의료 비용 및 서비스 손실 등 해안 폭풍으로 인한 연간 손실은 연간 10억 달러($)(1.4조 원(₩), 2024년 11월 환율 (1달러($)=1400원(₩)))를 초과할 것이다. 2100년까지 심각한 폭풍으로 최대 4.6m의 침수가 발생하여 이스트 리버(East River) 해안선에서 5블록 떨어진 윌리엄 스트리트(William Street)까지 도달한다. 또한, 강우량 증가와 해안 폭풍과의 복합적인 영향으로 배수 시스템이 점점 부하(負荷)를 받아 아무런 조치가 취해지지 않으면 거리와 지하실이 침수될 것이다.

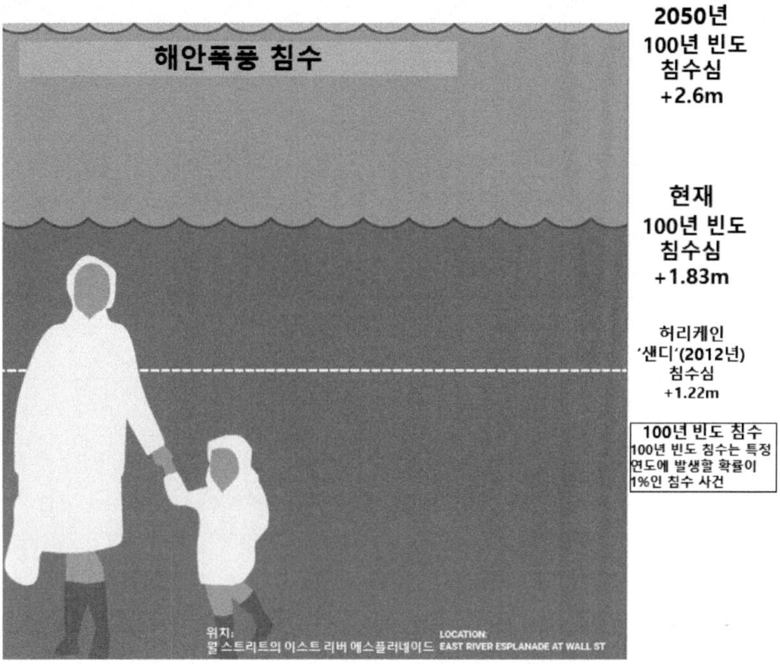

그림 4.14 로어 맨허튼의 장래 연안 재난(해안폭풍, 조수 침수) 영향(1)

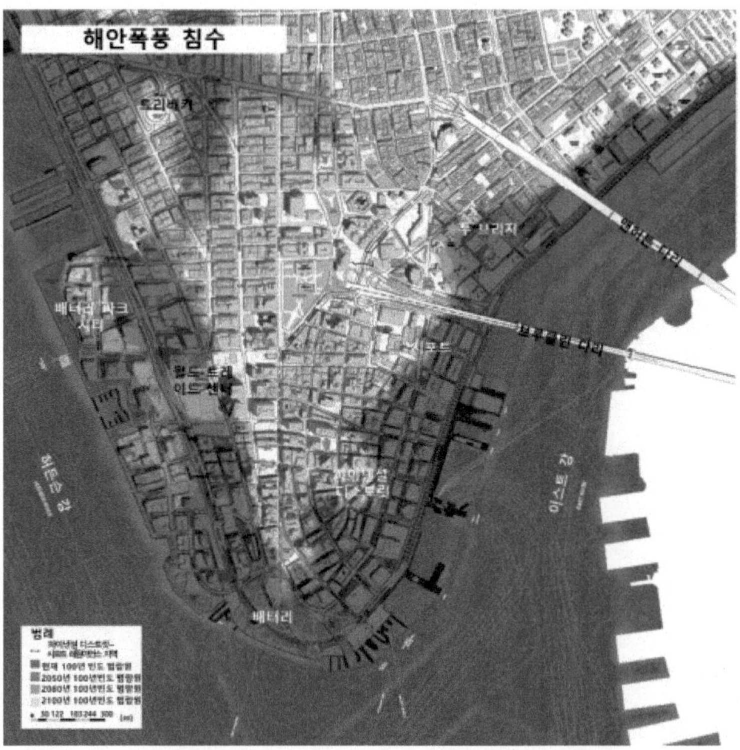

그림 4.15 로어 맨허튼의 장래 연안 재난(해안폭풍, 조수 침수) 영향(2)

그림 4.16 로어 맨허튼의 장래 연안 재난(해안폭풍, 조수 침수) 영향(3)

② 우수(雨水)와 합류식 하수관거 시스템

기후변화로 인한 해수면 상승과 함께 점점 더 빈번해지는 극단 강수 사건은 도시의 우수관거 시스템의 용량을 초과할 수 있어, 건물로의 역류(逆流)와 도로 침수를 일으킬 수 있다. '로어 맨해튼 기후 레질리언스 연구(Manhattan Climate Resilience Study, 2019년)' 보고서에서 2050년까지 극단 강수 사건이 현재보다 약 30% 더 빈번하게 발생할 수 있다고 예측하였다.

허리케인 내습 시 호우(豪雨)가 우수와 하수를 동시에 운반하는 로어 맨허튼 지역 내 합류식 관거 시스템 용량을 초과할 경우, 우수(雨水)는 이른바 '합류식 하수관거 월류(CSO, Combined Sewer Overflow)'사건이리 일컫는 차단(Interceptor) 피이프로부디 과다 유출(流出)한다. 합류식 하수관거 월류(CSO) 사건은 유출(流出) 시 하수처리되지 않은 오수(汚水)가 존재하므로 수돗물의 수질에 악영향을 미칠 수 있다. 하천(또는 바다)으로 방류되는 합류식 관거 시스템 유출용량은 하천(또는 바다)의 수위 상승과 관거 시스템 내 수위 상승 간의 차이에 따라 결정된다. 해수면이 높아지면 수위를 상승시켜 조류[237](藻類)가 오랫동안 관거 출구를 막아 유출량(流出量)을 줄이거나 역류시킬 수 있다. 실제로 해수면 상승은 극단 강수 시 용량을 저해(沮害)하여 합류식 관거 시스템의 유출용량을 감소시킬 수 있다. 관거 시스템의 수로에 대한 유출용량이 줄어들면 도로 침수가 증가하고 건물 지하로 역류할 수 있다. 그림 4.17은 현재 운영되고 있는 로어 맨허튼 내 우수 및 합류식 하수관거 시스템의 처리순서, 그림 4.18(a)와(b), 그림 4.19(a)와(b)는 각각 맑은 날, 이슬비, 호우(豪雨) 및 장래 해수면 상승 시 합류식 관거 시스템의 처리 과정을 나타낸 그림이다.

237) 조류(藻類, Algae): 일반적으로 수중에 생육하는 부유 식물의 총칭으로 무기물을 영양으로 섭취하고 광합성을 하며 생활하는 하등 식물로, 단세포의 미소한 종류가 많다.

【범례 내 색상을 정확히 구별하려면 출처를 참고 바란다.】

그림 4.17　로어 맨허튼 내 우수 및 합류식 하수관거 시스템의 처리순서

(a) 맑은 날　　　　　　　　　　(b) 이슬비

【(a) 맑은 날: 합류식 하수관거 시스템에는 건물에서 하수 처리장으로 가는 하수와 함께 우수 및 기타 홍수를 모두 운반하는 단일 차단 파이프가 있다. 맑은 날에는 차단 파이프를 통해 맨해튼 펌프장으로 하수를 운반한 다음 뉴타운 크릭 하수 처리장으로 펌핑하여 처리한다. 그런 다음 처리된 물은 강으로 유출된다. (b) 이슬비가 내릴 때: 이슬비가 내리는 동안 우수는 도로의 우수 배수구로 들어가 차단 파이프로 유입된다. 충분한 용량 또는 공간을 가진 차단 파이프는 우수와 하수(폐수)를 모두 맨해튼 펌프장으로 이송(移送)한 다음, 뉴타운 크릭 하수처리장으로 펌핑하여 처리한다. 그 후 처리된 물은 강으로 유출된다.】

그림 4.18 로어 맨허튼 내 우수 및 합류식 하수관거 시스템의 우·하수 처리 과정

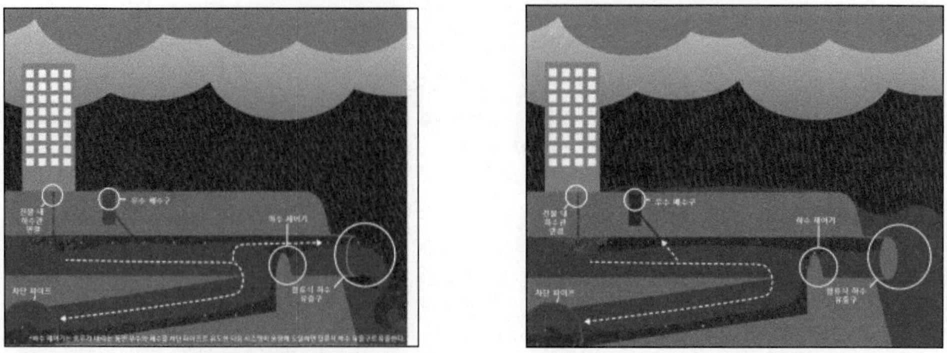

(a) 호우 (b) 장래 해수면 상승

【(a) 호우: 호우가 내리는 동안 합류식 하수관거에는 우수와 하수의 합류 흐름을 관리할 수 있는 용량이 충분하지 않다. 우수가 특정 임계점을 초과하여 시스템 용량에 도달하면 제어기는 폐수를 합류식 하수 유출구로 안내한다. 이 시스템은 미처리된 하수를 이스트 강을 포함한 뉴욕시의 수로로 직접 유출한다. 이러한 현상을 합류식 하수관거 월류(CSO)라고 한다. CSO는 수질과 레크리에이션을 위해 수로를 사용하는 데 부정적인 영향을 미친다. (b) 장래 해수면 상승: 현재 합류식 하수관거 시스템은 중력에 의해 배수되는데, 물은 자연적으로 유출구로 흘러 들어가 강으로 직접 방류된다. 해수면이 상승하면 이러한 유출구가 물에 잠기고 심지어 막혀서 시스템의 방류 능력에 영향을 미친다. 이에 따라 시스템의 용량을 늘리기 위한 중요한 개입이 이루어지지 않는 한 도로와 지하실에서 많은 침수가 발생할 것이다.】

그림 4.19 로어 맨허튼 내 우수 및 합류식 하수관거 시스템의 우·하수 처리 과정

마) 로어 맨허튼 연안 레질리언스의 세부 프로젝트

로어 맨해튼 연안 레질리언스(LMCR, Lower Manhattan Coastal Resilience)는 이번 세대와 다음 세대를 위해 로어 맨해튼을 기후변화에 적응시키려는 뉴욕시의 계획이다. 뉴욕시는 현재 로어 맨해튼을 방재하기 위해 기후 적응 프로젝트에 5억 달러($)(0.7조 원(₩), 2024년 11월 환율 (1달러($)=1400원(₩)))를 투자하는 대담하고 중요한 조치를 하였으며, 장래의 과제를 충족하기 위해 장기적인 기후 적응을 계획하고 있다. 이러한 자본 프로젝트에는 각 지역 환경에 맞는 다양한 적응 도구가 포함된다. 뉴욕시 조직과 산하기관으로 구성된 협력팀은 2021년에 이 모든 프로젝트에 대한 설계를 착수하였다.

로어 맨해튼 연안 레질리언스는 배터리 파크시티 레질리언스 프로젝트(Battery Park City Resilience Projects), 배터리 연안 레질리언스(The Battery Coastal Resilience), 파이낸셜 디스트릿과 시포트 기후 레질리언스 마스트플랜(Financial District and Seaport Climate Resilience Master Plan), 브루클린 브릿지-몽고메리 연안 레질리언스(Brooklyn Bridge-Montgomery Coastal Resilience) 및 시포트 연안 레질리언스(Seaport Coastal Resilience)로 구성되어 있고 2024년 7월 기준 프로젝트별 공정 상황은 그림 4.20과 같다.

① 배터리 파크시티 레질리언스 프로젝트(Battery Park City Resilience Projects)

1970년대 세계무역센터(World Trade Center) 공사장에서 주로 절취(切取)한 토사를 이용해 조성된 배터리 파크시티는 주로 주거용 및 복합용도로 워터프론트를 따라 공개공지와 함께 조성돼 있다(사진 4.4 참조). 이 지역은 매립을 통한 성토(盛土)로 비교적 높게 조성되었으며

프로젝트명	설계	조달(調達)	공사 착공	공사 완공	'24 '25 '26 '27 '28 '29
브루클린 브릿지-몽고메리 연안 레질리언스	완료	완료	진행 중	2026년 가을	
사우스 배터리 파크 시티 레질리언스	완료	완료	진행 중	2025년 중순	
배터리 연안 레질리언스	완료	완료	진행 중	2026년 여름	
노스/웨스트 배터리 파크 시티 레질리언스	2025년 초	완료	2025년 중순/말	2030년 중순/말	
시포트 연안 레질리언스	2026년 초	2025년 말	2026년 초	2028년 초	
파이낸셜 디스트릿-시포트 마스트 플랜	진행 중	추후 결정 예정	추후 결정 예정	추후 결정 예정	

그림 4.20 로어 맨허튼 연안 레질리언스 각 프로젝트별 진척상황(2024년 7월 기준)

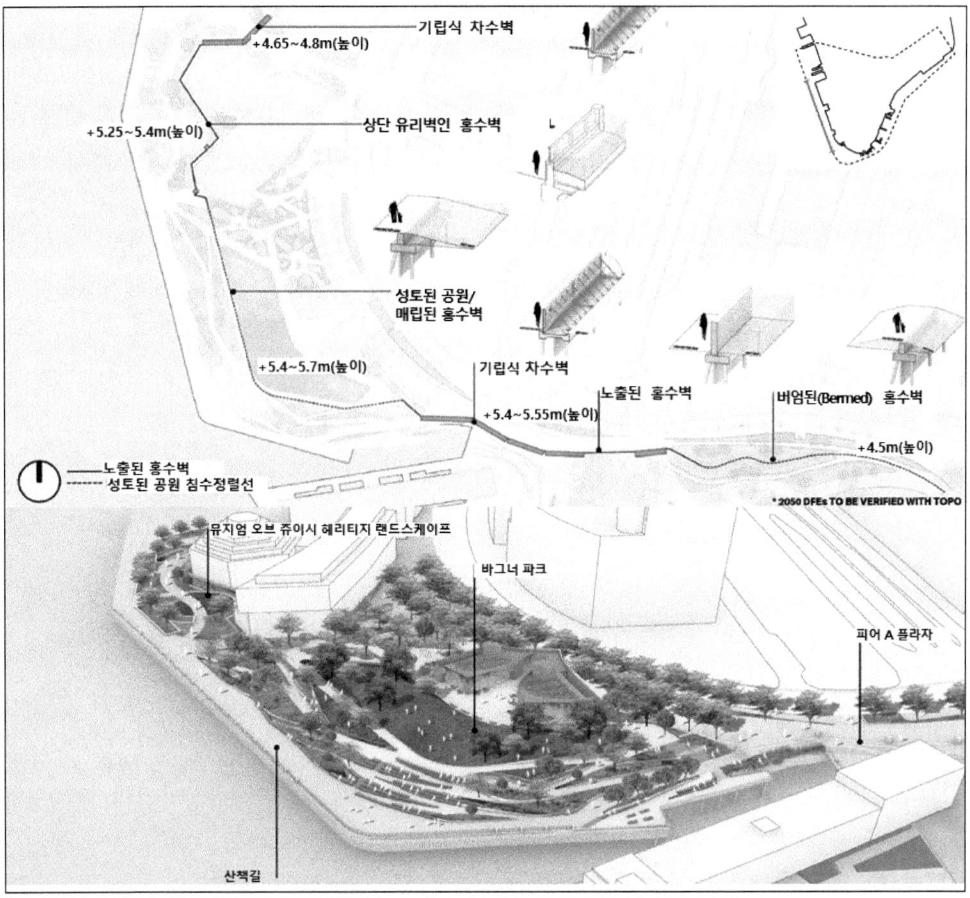

그림 4.21 배터리 파크시티 레질리언스 프로젝트(Battery Park City Resilience Projects)

이는 허리케인 '샌디' 내습 시 이 지역은 침수로부터 안전하였음을 의미한다. 배터리 파크 시티 오소리티(BPCA, Battery Park City Authority)는 해안 폭풍과 해수면 상승의 위협으로부터 배터리 파크 시티(BPC)와 주변 지역의 리스크를 줄이기 위해 4개의 연안 레질리언스 프로젝트를 전개하고 있다. 이 프로젝트는 남쪽의 피어 A 플라자(Pier A Plaza)와 더 배터리의 워터프론트로부터 스튜이베산트 고등학교(Stuyvesant High School), 북쪽의 트리베카(Tribeca), BPC 볼 필드(BPC Ball Fields)까지 해안을 따라 단계적으로 시행될 예정이다. 이 프로젝트는 고정된 홍수벽을 성토(盛土)시킨 공원과 정원 공간을 통합하여 해안 폭풍 침수를 완화할 것이다. 사우스 BPC 레질리언스 프로젝트(South BPC resilience Project, 그림 4.21 참조)에는 배터리 북쪽 가장자리를 따라 조경된 버엄(Berm)과 홍수벽이 포함될 예정이다.

- 수단: 기립식 차수벽, 상단에 유리를 설치한 홍수벽, 성토시킨 공원, 조경(造景)한 버엄(Berm)과 홍수벽
- 기간: 2020년 착공

② 배터리 연안 레질리언스(The Battery Coastal Resilience)(그림 4.22 참조)

배터리는 자유의 여신상(the Statue of Liberty)과 엘리스섬(Ellis Island)을 조망(眺望)할 수 있으며 선박의 이·접안(離·接岸)이 가능한 역사적으로 중요한 뉴욕시의 공원이다. 비교적 넓은 공원의 공개공지는 침수 방재대책을 실행하는데, 많은 유연성과 통합의 기회를 제공한다. 공원인 배터리 지역의 기후변화 대응은 관광객과 주민을 위한 역사적 특성 및 워터프론트에 대한 접근성의 유지가 주요 설계 고려 사항이다.

배터리 연안 레질리언스(The Battery Coastal Resilience) 프로젝트는 현재 열악한 상태인 부두와 산책로를 재건하고 2100년까지 해수면 상승으로 인한 일일 조수 침수로부터 공원을 방재하기 위해 이를 개선할 예정이다. 별도 프로젝트의 목적으로 배터리 파크 시티 오소리티(Battery Park City Authority)는 해안 폭풍 침수를 완화하기 위해 공원 뒤편에 조경된 버엄과 홍수벽을 통합할 예정이다.

- 수단: 증고시킨 부두/조망, 조경한 버엄 및 홍수벽
- 기간: 2021년 착공

③ 파이낸셜 디스트릿과 시포트 기후 레질리언스 마스트플랜(Financial District and Seaport Climate Resilience Master Plan)[3]

㉠ 현황

맨해튼에서 가장 오랜 지역 중 한 곳인 역사지역(歷史地域)인 시포트의 일부(一部)는 19세기 조성된 매립지 위에 조성되었다. 시포트는 주요 관광명소 역할을 하며 많은 기업체의 본거지이다. 최근 이곳은 재개발로 주거 인구가 늘고 있다. 해안선 가장자리의 침수방재(浸水防災)를 설계할 때 고려해야 할 핵심 사항은 적극적인 워터프론트 활용, 전망 통로 및 공공 개방 공간을 위한 접근로 보존이다. 워터프론트에는 파일(Pile) 위에 세워진 잔교(棧橋) 및

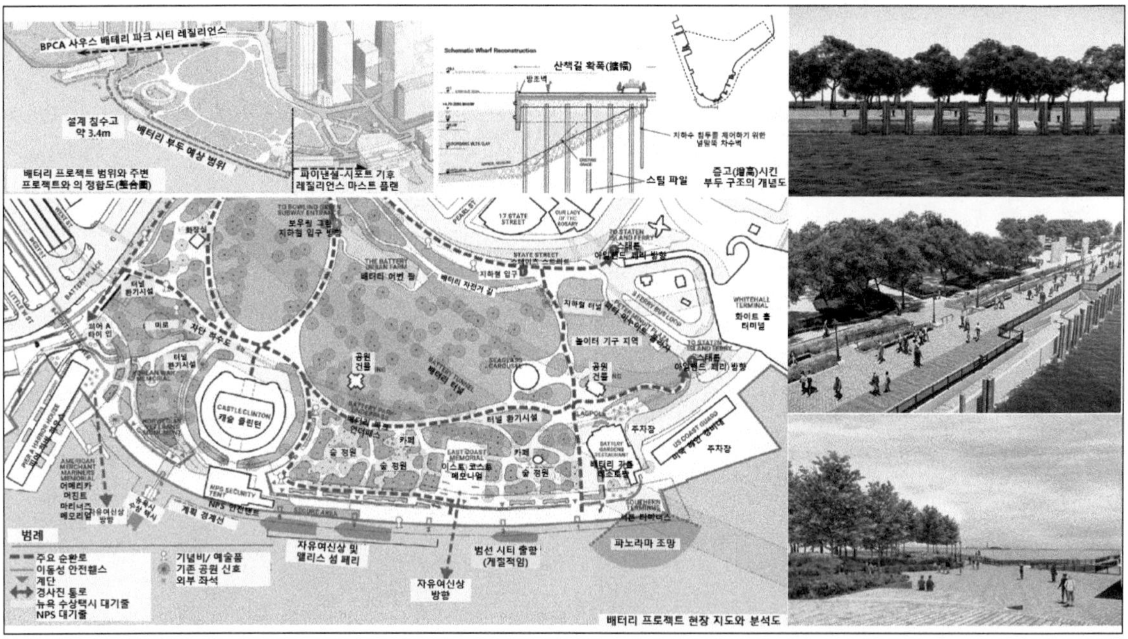

그림 4.22 배터리 연안 레질리언스(The Battery Coastal Resilience) 프로젝트

일부 산책로와 같은 여러 구조물이 있다. 투 브릿지 지역과 비슷하게, 고가도로 FDR [238]드라이브(Drive)와 브루클린다리(Brooklyn Bridge)는 워터프론트 가장자리를 따라 복잡한 기반 시설 네트워크를 제공한다. 시포트에는 A/C 지하철 터널과 콘 에디슨(Con Edison) 변전소와 같은 다른 중요한 기반 시설이 집중되어 있다. 전체적인 이 지역의 지형은 내부 고지대와 비교하여 해안가에 오래전 축조되어 열화(劣化)된 구호안(舊護岸)을 갖는 저지대로 특히 침수에 취약하다. 그리고, 뉴욕시의 경제 중심지인 파이낸셜 디스트릿 지역은 주로 대규모 상업용 건물로 이루어져 있으며, 매우 밀집된 좁은 골목의 연결망을 가진 일부 주거용 건물도 있다. 이 근처의 공개공지는 한정되어 있다. 로어 맨허튼의 동쪽에 있는 다른 지역과 마찬가지로 FDR 드라이브가 파이낸셜 디스트릿 지역을 제약하는데, 특히 고가도로인 FDR 드라이브가 도로면 높이까지 낮아져 배터리 파크 지하도(Battery Park Underpass)와 연결되기 때문이다. 특히 해안가는 이 터널이 배터리 마린 빌딩 페리터미널(Battery Maritime Building Ferry Terminal)과 교차하는 지점이므로 복잡하다. 스태튼 아일랜드 페리/화이트홀 터미널(Staten Island Ferry/Whitehall Terminal)도 이 근처에 있다.

ⓛ 기후 레질리언스 계획이 필요한 이유

파이낸셜 디스트릿와 사우스 스트리트 시포트(시포트) 지역은 로어 맨해튼 지역에서 독특한

238) FDR 드라이브(Drive): 프랭클린 D. 루스벨트 이스트 리버 드라이브(Franklin D. Roosevelt East River Drive)는 간단히 줄여 FDR 드라이브로 표시하며, 미국 뉴욕시 맨해튼을 지나가는 15.19 ㎞의 고속도로로써, 북쪽 125번가에서 할렘 리버 드라이브(Harlem River Drive)와 연결되고, 남쪽은 배터리 파크에서 배터리 파크 언더패스와 연결되어 그 사이의 구간을 이스트강을 따라 지나고 있다. 도로의 대부분은 고가도로이다.

지역으로 침수 방재시스템을 시행하는 데 전례 없는 어려움에 직면해 있다. 길이 1.8 ㎞의 도로변에는 지하철 터널과 역, 차량 터널, 지하 공익시설, 고가 고속도로 등 복잡한 기반 시설과 결합하여 기존토지에 건설할 수 있는 공간이 제한되어 있다(그림 4.23 참조). 해안가를 따라 제한된 공간과 함께 운영 중인 페리, 선박 통행 및 기타 해상 활동의 존재로 인해 침수 방재시스템의 구축이 어려운 문제이다. 또한, 이 지역은 저지대로 인근 지역과 비교하여, 해안 폭풍 시 큰 파랑의 내습이 빈번하여 방재를 제공할 수 있는 침수 방재 기반 시설의 형태를 더욱 제한한다. 따라서, 파이낸셜 디스트릿과 시포트 기후 레질리언스 마스트플랜은 이 지역의 필수 기능과 역사적 특성을 보전하면서 모두를 위한 워터프론트를 만들 수 있는 한 세대에 한 번뿐인 기회이다. 이 마스터 플랜은 침수 방재를 이러한 지역의 지형에 접목하고, 매우 복잡한 기술적 제약을 극복하며, 모두가 즐길 수 있는 변화된 공공 워터프론트를 계획하는 것이다.

(a) 연안 침수 방재 기반시설을 수용할 수 있는 넓은 공간이 있는 로어 이스트 사이드(Lower East Side).

(b) 공간이 제한되어 있는 파이낸셜 디스트릿과 시포트 지구.

그림 4.23 공간 제약이 없는 이스트 사이드와 공간 제약이 있는 파이낸셜 디스트릿과 시포트 지구

㉢ 마스터 플랜 수립 이유

이 마스터플랜은 파이낸셜 디스트릿과 시포트 지역을 기후변화의 영향에 적응시키기 위한 실행 가능한 레질리언스 해법을 추진하기 위해 시작하였다. 2019년 가을, 뉴욕시 경제개발공사(NYCEDC, New York City Economic Development Corporation)와 기후 레질리언스 시장실(MOR, Mayor's Office of Climate Resilience)은 2년간의 공공 계획 프로세스를 시작하여 시 기관, 지역 전문가 및 네덜란드 엔지니어링 회사 아카디스(Arcadis)가 이끄는 여러 전문분야의 팀원들로 구성된 팀으로 구성된 프로젝트팀(기술팀)을 만들어 마스터플랜을 수립하였다. 마스터플랜의 궁극적인 성공은 광범위한 지역사회 지원을 촉진하고 기술적 타당성을 보장하며 명확한 실행 경로를 파악하는 데 달려 있다. 이 마스터플랜을 개발하는 과정에서 뉴욕시는 로어 맨해튼 지역사회 대표, 시 전역의 조직 및 개인, 대중과 긴밀히 협력하여 워터프론트에 대한 공동의 비전을 반영하였다. 이 마스터플랜을 안내하기 위해 결성된 이해관계자 그룹인 '로어 맨해튼 기후연합(CCLM, Climate Coalition for Lower Manhattan)'은 주민, 기업 대표, 지역사회 단체, 환경 및 레질리언스 그룹을 한데 모아 마스터플랜을 적극적으로 지원하였다. 마스터플랜 성공의 핵심은 신뢰할 수 있고 기술적으로 실현할 수 있는 침수 방재시스템을 제안하는 것이다. 이를 위해 프로젝트팀은 해안 폭풍과 정상적인 기상 조건 모두에서 이스트 리버의 물이 어떻게 이동하는지, 이 지역의 다양한 침수 방어 수단의 실행 가능성, 수상 운송 수단 및 수생 생태계에 미치는 잠재적 영향을 연구하는 등 광범위한 기술적 분석을 수행하였다. 또한, 프로젝트팀은 현재 배수 시스템이 어떻게 작동하는지 연구하고 제안된 침수 방재시스템의 배후에 있는 우수를 제어하기 위한 전략을 개발하였다. 마스터플랜은 기술적 타당성과 지역사회 참여 외에도 설계, 허가 및 승인, 건설을 통한 방법을 제시한다. 여기에는 자금, 거버넌스, 시공 가능성에 이르기까지 많은 고려 사항이 포함되지만, 주 정부 및 연방 정부의 허가 요건이 실시설계에 가장 큰 영향을 미칠 것이다. 실행에는 주(州) 및 연방(聯邦) 정부의 허가가 필요하므로 뉴욕시는 이러한 요건을 마스터플랜 목표 및 시 정책 우선순위와 신중하게 균형을 맞추는 것이 중요하며, 2050년까지 탄소 중립을 달성하겠다는 원뉴욕 2050(OneNYC 2050) 및 시의 목표에 따라 마스터 플랜은 장래 세대의 요구를 훼손치 않으면서 파이낸셜 디스트릿 지구와 시포트가 기후변화의 영향에 적응할 수 있도록 이끄는 것을 목표로 한다.

㉣ 마스터 플랜 주요내용(그림 4.24 참조)

파이낸셜 디스트릿과 시포트 기후 레질리언스 마스터 플랜은 로어 맨해튼이 기후변화로 인한 해수면 상승과 점점 더 강력해지는 해안 폭풍을 견딜 수 있도록 보장하는 동시에 새로운 침수 방재시스템을 도시의 구조물에 적용하고 향후 몇 세대 동안 모든 뉴욕 주민에게 서비스를 제공할 수 있는 수변을 조성할 것이다.

이 마스터 플랜의 성공 핵심은 브루클린 다리~배터리(길이 1.8 ㎞) 구간에 장래의 조수 침수와 해안 폭풍으로부터 방호가 가능한 기술적으로 신뢰할 수 있는 기반시설을 설치해야 한다는 점이다. 주요 설계 과제는 이러한 레질리언스 목표를 달성하는 동시에, 이 워터프론트

(a) 파이낸셜 디스트릿과 시포트 지구의 남쪽을 바라본 조감도

(b) 파이낸셜 디스트릿과 시포트 지구의 북쪽에 있는 파인 스트리트 코브(Pine Street Cove) 조감도

그림 4.24 파이낸셜 디스트릿과 시포트 기후 레질리언스 마스터플랜의 조감도

에서 페리와 해상활동을 재건하여 레질리언스를 높이고 이스트 강의 생태계를 보전하는 데 사용할 수 있는 편리한 접근성의 지속적인 제공이다. 또한, 마스터 플랜은 사람들이 워터프론트를 따라 따뜻하게 맞이하는 입구, 다층식(多層式) 개방공간, 기존 역사적 목적지와의 강력한 연결로 워터프론트를 경험하는 방식을 개선하는 기회를 제공한다. 따라서 마스터플랜의 목적으로 주변 지역을 자세히 분석한 결과, 뉴욕시는 이러한 목표를 달성하려면 로어 맨해튼의 해안선을 이스트 강으로 확장하여 침수 방재 기반시설을 구축하는 데 필요한 공간을 만들어야 한다는 결론을 내렸다. 이 해안가를 따라 제한된 공간과 대부분 산책길이 파일로 지지(支持)된 구조물 위에 건설되었기 때문에 홍수벽을 건설하기 위해서만 이스트 강으로 해안선을 확장해야 한다. 뉴욕시는 홍수벽을 위한 공간 외에도 지역사회와 워터프론트가 차단되지 않도록 해안선 확장을 제안하고 있다. 제안된 설계는 침수 방재 기반시설을 모두가 즐길 수 있는 새로운 다층식 공공 워터프론트 개방공간으로 원활하게 통합할 것이다. 상층은 해안 폭풍으로부터 방재할 수 있으며, 설치된 홍수벽으로 인해 넓게 항만과 도시를 조망할 수 있는 성토된 개방공간이 두 배로 늘어난다. 하층 산책길은 물 자체에 가깝고 교각 및 페리와 연결될 것이다. 이 산책길은 해수면이 상승에도 물이 닿지 않는 상태를 유지할 수 있을 만큼 마루높이를 높여 해안 폭풍 시에도 안전하도록 설계할 것이다. 뉴욕시는 이 지역

을 방재하기 위해 해안선의 높이를 영구적으로 증고(增高)시키는 수동적인 침수 방재에 우선순위를 두고 있다. 기후변화로 인한 해수면 상승으로 이 지역은 결국 매일 조수(潮水) 침수에 직면하게 되므로 수동적인 조치가 필요하며, 수문을 매일 개폐(開閉)하는 것은 불가능하다. 또한, 파이낸셜 디스트릿과 시포트의 저지대 지형과 해안 폭풍 시 강한 파랑으로 인해 수문에만 의존하는 것이 적합하지 않다. 일부 지역에서는 수문이 지하철 터널에 대한 추가 중량을 가하여 긴급 및 유지보수 차량이 해안선에 도달할 수 있는 입구를 제한한다. 해안 폭풍이 발생하지 않을 때, 수문은 숨겨져 있어야만 강의 조망을 넓히고 해안선 가장자리에 직접 접근할 수 있다. 뉴욕시는 새로운 연안 침수 방재 기반시설의 배후에 있는 지역에 호우가 내려, 침수가 발생하는 것을 방지하기 위해 새로운 우수(雨水) 기반 시설을 검토하고 있다. 전통적 또는 '회색' 기반시설과 친환경 기반 시설을 결합하면(하이브리드 해법), 우수 유출을 제어하는 데 도움이 되어 호우와 해안 폭풍 발생 시 하수도 시스템에 가해지는 추가적인 압박을 제한할 수 있다. 침수 방재는 기존 도시 구조물과 통합되어 지역에 도움이 되는 다양한 용도를 계속 지원해야 한다. 워터프론트 내 페리 터미널은 공간이 있거나 향후 확장될 새로운 현대 시설로 재개발될 예정이다. 지역 주민들은 편리한 접근성을 위해 설계된 빈번하고 매력적인 출입구를 통해 워터프론트에 접근할 수 있다. 자전거 도로와 워터프론트 산책길은 브루클린 다리와 배터리 사이의 안전하고 지속적인 연결을 제공하기 위해 대체(代替) 및 개선할 예정이다. 또한, 이 워터프론트는 도시의 지속 가능성 목표를 발전시키는 데 도움이 되도록 설계할 것이다. 신규 해안선 가장자리에는 생태계 개선의 기회가 통합되어 어류 및 기타 수생 생물에게 새로운 서식지를 제공할 것이다. 연안 자연-기반 해법(Coastal Nature-based Solutions)('3. 연안 자연-기반 해법(CNbS, Coastal Nature-based Solution)' 참조)은 우수 관리, 그늘 제공, 지역 내 여름 기온 감소에 도움이 되도록 전체적으로 결합할 것이다. 마스터플랜은 워터프론트의 신규 건물이나 구조물 일부에 설치된 재생에너지를 통합하는 기회를 파악할 것이다. 마스터플랜을 완전히 실행하는 데는 15~20년이 걸리고, 건설비용은 50~70억 달러($)(7~9.8조 원(₩), 2024년 11월 환율 (1달러($)=1400원(₩))) 이상이 소요될 것이다.

④ 브루클린 브릿지~몽고메리 연안 레질리언스(Brooklyn Bridge~Montgomery Coastal Resilience)(그림 4.25 참조)[4]

㉠ 개요

주거지인 투브릿지는 주로 고층과 중층 건물로 구성되어 있으며, 소득이 낮은 이민자의 주거용 주택과 NYCHA(New York City Housing Authority, 뉴욕시 주택국)의 공공주택을 포함한다. 이 근처에는 브루클린 다리(Brooklyn Bridge)와 맨허튼 다리(Manhattan Bridge)가 있어 이 교량의 이름을 따서 붙여진 동네이다. 고가도로(高架道路) FDR 드라이브(FDR Drive)와 연결된 두 다리는 복잡한 차량 운송 기반 시설 네트워크를 형성한다. 투브릿지 지역에는 뉴욕시 설계 및 건설국(DDC, Department of Design and Construction)이 홍수벽과 기립식(起立式) 차수벽을 결합하여 2050년의 100년 빈도 폭풍해일로부터 지역을 방재하는 동시에 워터프론트에 대한 접근성과 경관을 유지할 예정이다. 브루클린 브리지~몽고메리 스트리트의 워터프론트를 따라 확장하는 이 프로젝트의 설계는 뉴욕시 경제개발공사(NYCEDC, New York City Economic Development Corporation)가 주도하여 2021년 가을에 설계를 완료했으며 현재 프로젝트의 건설을 담당하고 있다. 이 프로젝트의 통합 침수 방재시스템인 조수 침수를 방재하는 증고된 플랫폼(그림 4.26 참조)은 맑은 날에 산책로의 바닥 면과 같은 높이로 누워 있다가 허리케인 또는 폭풍이 내습 전에 세워져 투브릿지 지역을 방재하는 기립식 차수벽 또는 고정식 홍수벽으로 구성된다(모두 증고된 플랫폼 상에 설치, 그림 4.27 참조). 이 프로젝트에는 호우로 인한 내륙 침수를 해결하기 위해 배수(排水)를 위한 투자도 포함될 예정이다. 기립식 차수벽은 워터프론트의 경관을 보전하고, 지역

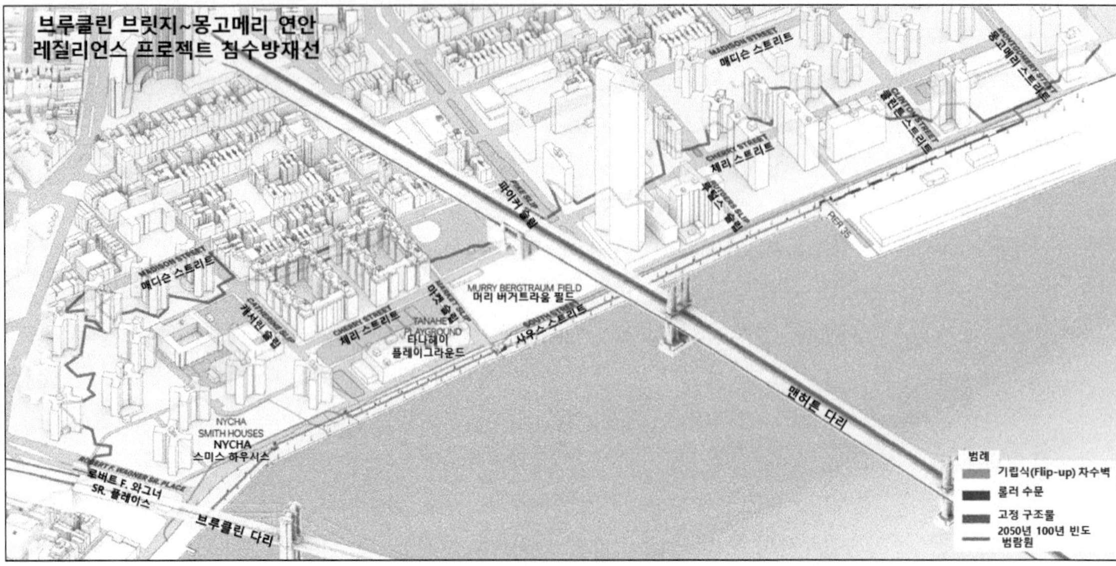

그림 4.25 브루클린 브릿지~몽고메리 연안 레질리언스 프로젝트의 침수방재선

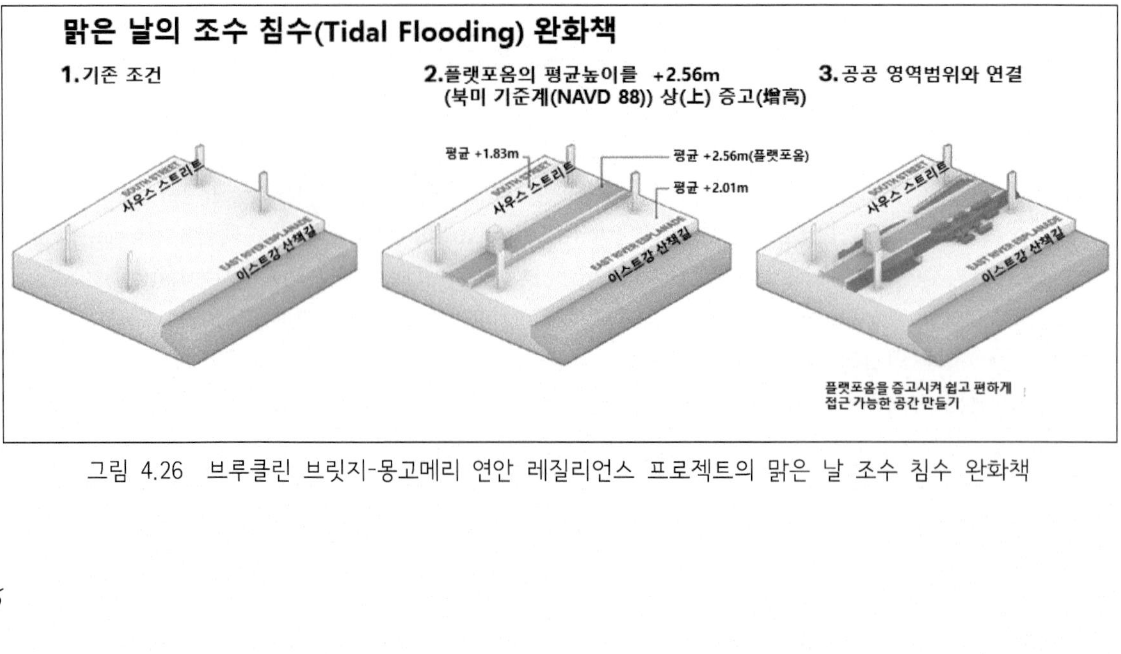

그림 4.26 브루클린 브릿지-몽고메리 연안 레질리언스 프로젝트의 맑은 날 조수 침수 완화책

사회를 해안가의 폭풍 침수로부터 방재하는 동시에 워터프론트에 접근할 수 있게끔 하는 시설이다.

- 주관부서: 뉴욕시 경제개발공사(NYCEDC), 뉴욕시 시장실의 기후 및 환경사무소(MOCEJ), 뉴욕시 설계 및 건설국(DDC)
- 사업비: 3억 4,900만 달러($)(4천9백억 원(₩), 2024년 11월 환율 (1달러($)=1400원(₩)))
- 수단: 기립식 차수벽 및 롤러 수문, 증고시킨 플랫폼, 고정 홍수벽, 배수 개선
- 기간: 2021년 착공(2024년 현재 공사 중)

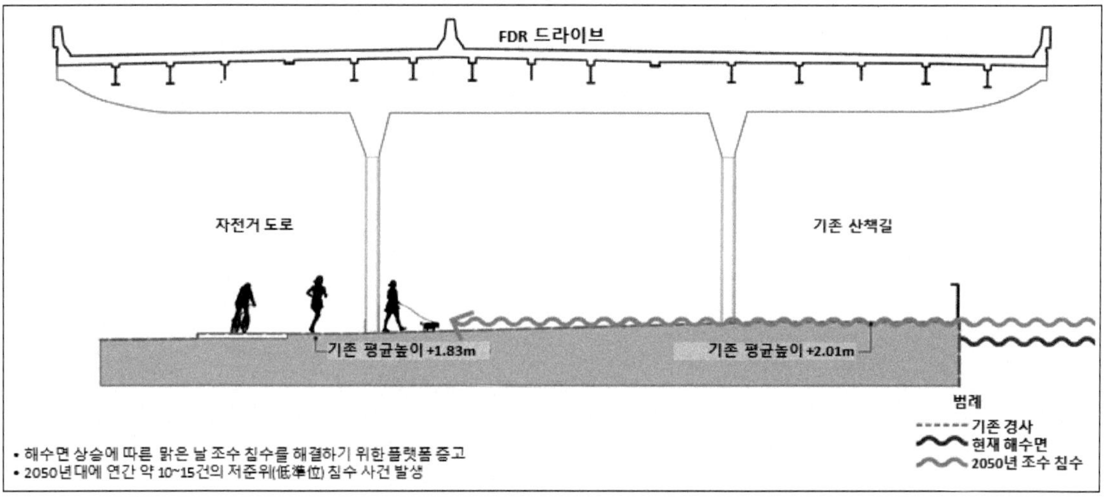

(a) 기존 조건

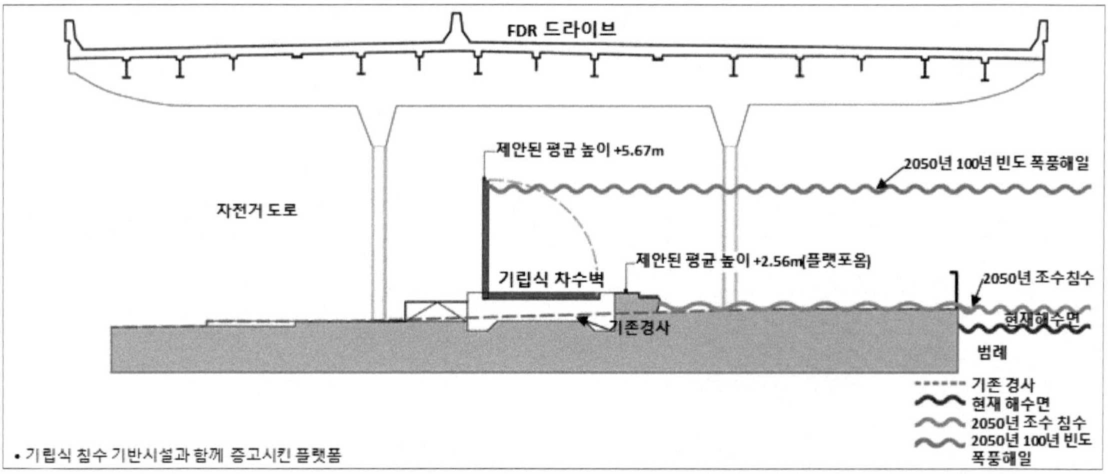

(b) 폭풍(허리케인) 또는 조수 침수내습 시 침수 방재시스템

그림 4.27 기존 브루클린 브릿지-몽고메리 연안(위) 및 프로젝트 후의 침수방재시스템(아래)

㉡ 사업 범위(사진 4.7, 그림 4.28, 그림 4.29 참조)

침수 방재는 높은 FDR 드라이브 아래 산책길의 인근 가장자리를 따라 설치될 기립식 차수벽, 수문과 홍수벽을 통해 제공된다. 수문에는 롤러 수문, 스윙 수문이 포함된다.

기립식 차수벽은 폭풍이 발생할 때만 가동되는 숨겨져 있는 영구 기반 시설이다. 홍수벽과 기둥의 위치는 지하 기반시설과의 충돌을 최소화하고 공공 공간 편의시설의 통합을 극대화하도록 설계하였다.

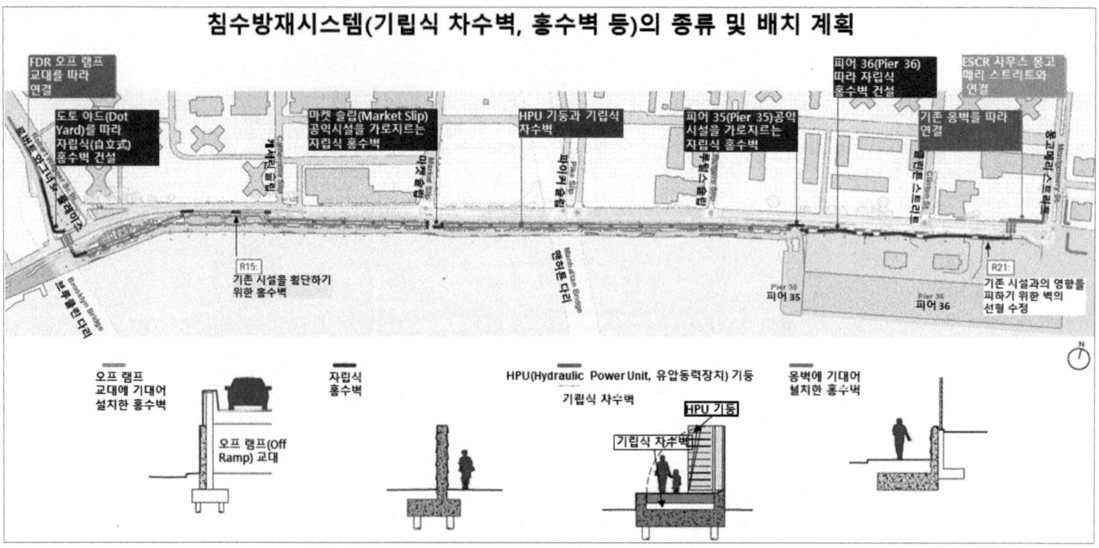

(a) 침수방재시스템(기립식 차수벽, 홍수벽)의 배치계획

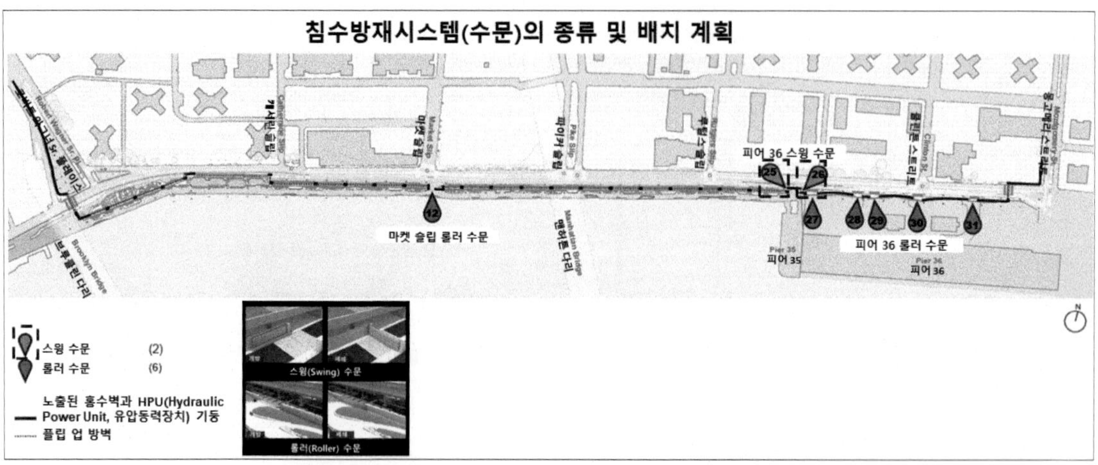

(b) 침수방재시스템(수문)의 배치계획

그림 4.28 브루클린 브릿지~몽고메리 연안 레질리언스 프로젝트의 침수방재시스템의 종류 및 배치계획

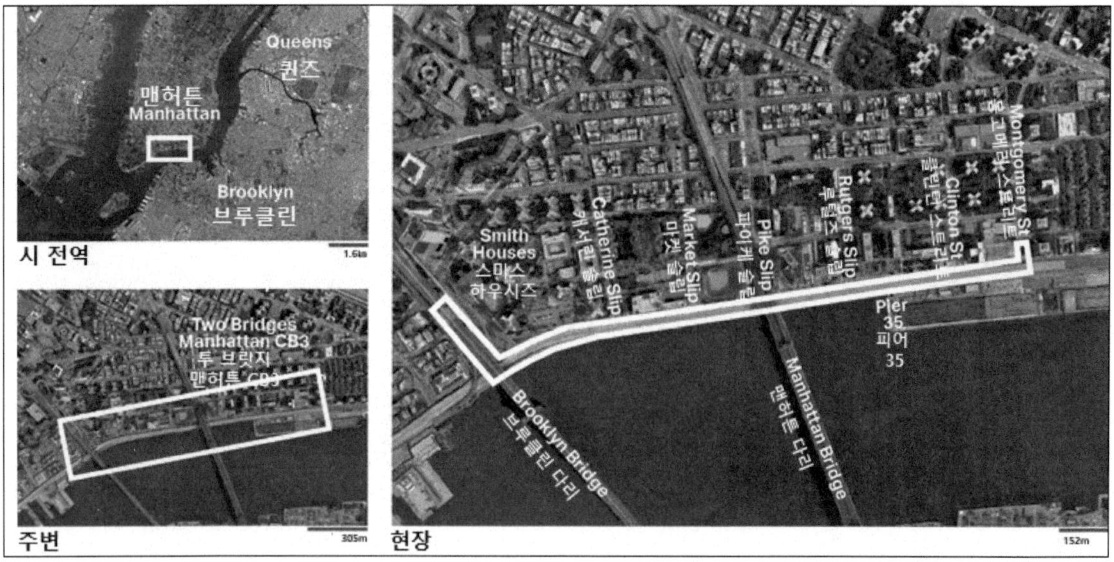

사진 4.7 브루클린 브릿지-몽고메리 연안 레질리언스 프로젝트의 위치 및 사업 범위(흰색 실선, 인공위성사진)

(a) 기립식(起立式) 차수벽의 조감도(왼쪽) 및 공사 중 사진(오른쪽)

(b) 고정식 홍수벽의 조감도(왼쪽) 및 공사 중 사진(오른쪽)

그림 4.29 브루클린 브릿지-몽고메리 연안 레질리언스의 침수방재선 조감도(왼쪽)와 공사 중 사진(오른쪽, 2024년 6월 현재)

⑤ 시포트 연안 레질리언스 프로젝트(Seaport Coastal Resilience Project)[5]

㉠ 개요

시포트 연안 레질리언스 프로젝트(SPCR)는 현재와 장래의 빈번한 조수 침수로부터 시포트 지역을 방재하는 것을 목표로 한다(사진 4.8 참조). 로어 맨허튼 중 가장 저지대에 있는 지역 중 하나인 시포트 지역은 정기적인 침수 발생에 특히 취약하다. 인위적인 개입이 없다면 해수면 상승과 조석 침수 발생은 시포트 지역에 점점 빈번하게 영향을 미칠 것이며, 2050년대에는 정기적인 월별 침수가 발생하고 2080년대에는 일일 침수가 발생할 것으로 예측된다. 뉴욕시 기후변화 패널은 2100년까지 해수면이 최대 1.9 m 상승할 것이며, 이는 주거용 건물, 비즈니스, 공공 공간, 기반시설 및 시포트 지역의 역사적 특성에 심각한 위협이 되고 있다. 이 지역의 장기적인 레질리언스와 생존 가능성을 확보하기 위해 워터프론트의 높이를 해수면 상 3.4m까지 높이는 것을 목표로 한다. 이렇게 하면 이 지역이 정기적인 침수 사건을 견디고 복구하는 데 도움이 될 것이다. 이 프로젝트에는 해수면 상승으로부터 방재 차원에서 뉴마켓 피어(New Market Pier)(17번 피어(Pier 17)에 인접)의 철거와 재건설을 포함한다. 피어는 프로젝트가 완료된 후 대중에게 개방될 예정이다. 이 프로젝트는 뉴욕시 경제개발공사(NYCEDC, New York City Economic Development Corporation)가 주관하고 있으며, 2024년에 시작하여 2028년 완공할 예정이다.

- 주관부서: 뉴욕시 경제개발공사(NYCEDC), 뉴욕시 시장실의 기후 및 환경사무소(MOCEJ, Mayor's Office of Climate and Environmental Justice)
- 사업비: 2억 2,880만 달러($)(3천2백억 원(₩), 2024년 11월 환율 (1달러($)=1400원(₩)))
- 사업기간: 설계 계약~공사완료(48개월)

사진 4.8 기후변화로 인한 해수면 상승으로 매일 만조 시 침수가 예상되는 시포트(Seaport) 지구

ⓛ 설계 목표

i) 기후변화로 인한 2100년 해수면 상승으로부터 프로젝트 지역 내 방재.

ii) 직접적인 유출을 관리하기 위한 신규 유입구, 배관, 맨홀, 유출구를 포함한 배수 및 친환경 기반시설 요소(FDR 드라이브 고가도로의 배수구 유출도 포함) 설치.

iii) 보행자 및 새로운 지역사회의 레크리에이션에 대한 접근성 향상, 워터프론트 녹지 이용 가능, 사우스 스트리트(South Street) 및 지역 스트리트와의 네트워크, FDR 드라이브, 자전거 도로 등과의 접근성 향상을 포함한 프로젝트 지역 내 기타 친환경 기반시설 요소의 개선.

iv) 침수 제어를 위해 인접한 부분과 통합시키면서, 방재를 위해 증고시키는 뉴마켓 피어의 철거 및 재건설.

v) 다양한 해양 동·식물 종을 지원할 수 있는 수중 생태적 개선.

ⓒ 해수면 상승 대 폭풍해일 및 강우 사건(그림 4.30 참조)

2080년까지 매일 침수가 발생할 것이 예상되는 해수면 상승으로부터 시포트 지구를 방재하기 위해서는 장기적인 기반시설 개발이 필요하다. 워터프론터를 증고시키고, 해안구조물을

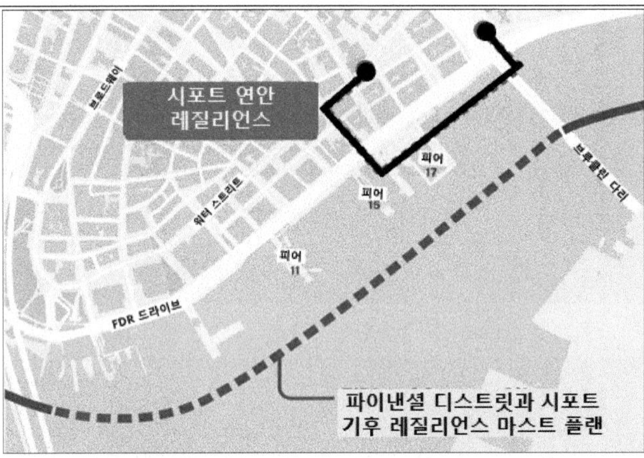

(a) 시포트 연안 레질리언스 프로젝트 사업 범위(검은 실선)

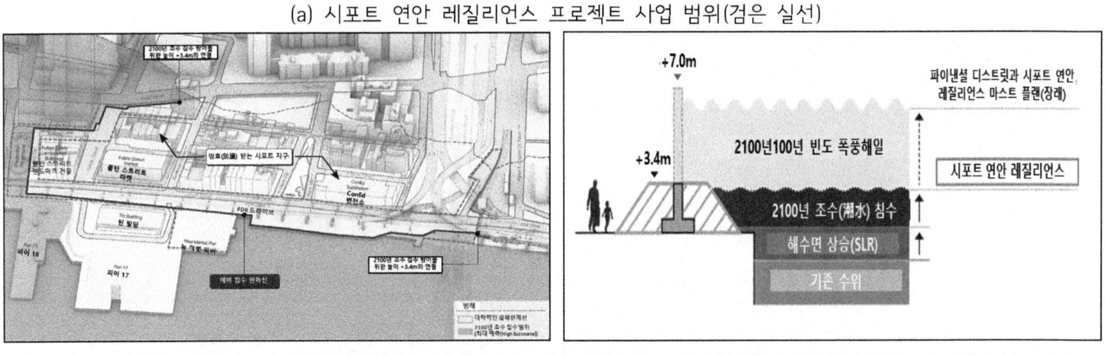

(b) 시포트 연안 레질리언스 프로젝트의 방재 범위(검은 실선, 왼쪽)와 연안 재난에 대비한 증고단면(增高斷面)(오른쪽).

그림 4.30 시포트 연안 레질리언스 프로젝트의 사업범위, 방재범위 및 증고

건설하면 시포트 지구는 조수 침수로부터 방재할 수 있다. 반면, 수위는 폭풍해일과 기상이변으로 인해 정상 조수 수위보다 훨씬 높은 수위가 일시적으로 증가하므로, 이러한 폭풍 사건으로부터 방재하려면 우수를 제어하고 우회시킬 수 있는 훨씬 높은 침수 방재시스템과 배수 기반시설을 구축해야 한다. 이 지역은 이미 해수면 상승을 목격하고 있다는 점에 유의한다. 이 프로젝트는 파이낸셜 디스트릿과 시포트 기후 레질리언스 마스터 플랜과는 별개의 프로젝트이지만, 두 프로젝트 모두 해당 지역에 침수 방재 기능을 제공한다. 시포트 연안 레질리언스 프로젝트(SPCR)은 존 스트리트(John Street)와 브루클린 다리 사이의 시포트 지역에 좁은 지리적 초점을 맞추고 있다. 반면, 파이낸셜 디스트릿과 시포트 기후 레질리언스 마스터 플랜은 배터리에서 브루클린 다리까지 거의 1.8 ㎞에 걸친 해안을 따라 넓은 지리적 초점을 맞추고 있다. 파이낸셜 디스트릿과 시포트 기후 레질리언스 마스터 플랜은 완공까지 긴 시간이 소요되며 2100년까지 100년 빈도 폭풍해일로부터 이 지역을 방재할 것이며, 시포트 연안 레질리언스 프로젝트(SPCR)는 지역에서 가장 취약한 지역을 즉각적으로 방재한다.

(a) 맑은 날에 설치된 HESCO 방벽

(b) 허리케인 또는 폭풍 내습 시 설치된 HESCO 방벽과 타이거 댐.

그림 4.31 임시 침수 방재 대책인 HESCO 방벽과 타이거 댐

⑥ 임시 침수방재대책(IFPM, Interim Flood Protection Measures)(그림 4.31 참조)[6]
뉴욕시 비상관리국(NYCEM, NYC Office of Emergency Management)은 시포트와 투브릿지 및 파이낸셜 디스트릿 지구의 일부 지역에 350만 달러($)(49억원(₩), 2024년 11월 환율(1달러($)=1400원(₩)))를 들여 영구적인 해결책을 앞두고, 임시 조치로 2019년 허리케인 시즌까지 사전에 현장에서 모래를 채운 방벽(HESCO 주머니)과 폭풍이 발생할 때 '적기(適期)에' 설치할 수 있는 댐(타이거 댐)을 조합하여 배치하였다. 폭풍이 내습하였을 때 물을 채운 타이거 댐과 사전 배치된 모래로 채워진 HESCO 주머니를 포함한 이러한 임시 개입은 1.8 ㎞ 정도 사용하였으며 10년 빈도의 침수로부터 방재할 것이다. 임시 침수 방재 대책(IFPM)은 2019년 9월에 설치되어 2020년 8월 열대성 폭풍 '이사이아스(Isaias)'에 앞서 처음으로 배치되었다.

- 수단: 고정식 임시 모래 채움 방벽(HESCO 방벽) 및 기립식 물 채움 튜브(타이거 댐)
- 기간: 2019년 가을에 시행

2) 기후변화에 대비하는 뉴욕 시역(市域) 내 연안 레질리언스 프로젝트

2012년 10월 29일, 허리케인 '샌디'가 뉴욕시를 휩쓸어 44명의 뉴욕 주민이 비극적으로 사망하고 190억 달러($)(26.6조 원(₩), 2024년 11월 환율 (1달러($)=1400원(₩)))이상의 피해와 경제 활동 손실을 보았다. 기후 위기에 대처하기 위해 뉴욕시는 기후변화에 대한 영향을 최소화하는 동시에 현재와 장래의 영향에 대비하기 위해 최선을 다하고 있다. 뉴욕시는 뉴욕시 전역에 적응을 위해 200억 달러($)(28조 원(₩), 2024년 11월 환율 (1달러($)=1400원(₩))) 이상을 투자하고 있다. 뉴욕시가 준비하고 있는 적응에는 해안 폭풍으로 인한 침수뿐만 아니라 강우량 증가, 치명적인 폭염, 해수면 상승의 만성적인 영향에 대한 적응도 포함한다. 이 장에서는 뉴욕시가 5개 자치구(브롱크스, 맨허튼, 퀸스, 브루클린, 스태튼 아일랜드)를 큰 변화가 있는 장래로 적응시키기 위해 시행하고 있는 몇 가지 조치를 서술하겠다.

(1) 연안 방재

연안 방재를 강화하는 것은 뉴욕시 적응 전략의 핵심 부분으로, 뉴욕시는 2013년부터 연안 레질리언스를 높이기 위해 5개 자치구 모두에 걸쳐 수십 개의 프로젝트를 시작하였다(사진 4.9 참조). 이러한 프로젝트는 신규 사구 조성, 습지 복원, 공원과 같은 공공 공간에 홍수벽(Floodwall)을 통합하고 다가오는 폭풍에 앞서 설치된 기립식(起立式) 차수벽을 가동하는 등 침수 예방을 위한 다양한 전략을 사용한다.

(2) 2020년 그라운드 브레이킹(Groundbreaking)

2020년에 세 개의 다른 자치구에 걸쳐 세 개의 대규모 연안 방재 프로젝트가 착공되었다. 첫 번째 프로젝트는 연안 재난에 취약한 11만 명 뉴욕 주민들을 폭풍해일과 해수면 상승으로부터 방재하는 맨해튼의 이스트 사이드 연안 레질리언스 프로젝트(East Side Coastal Resilience Project, 그림 4.13

사진 4.9 허리케인 '샌디' 이후 레질리언스를 갖는 구조물로 재건된 로케웨이 보드워크(Rockaway Boardwalk) (뉴욕시 퀸즈)

참조)이다. 3.9 ㎞ 길이에 달하는 이 프로젝트의 핵심은 이스트 리버 파크를 약 1.6 m 증고(增高)시키고, 해안가 접근성을 개선하며, 공원 편의시설을 개선하는 것이다. 둘째 프로젝트인 미국 육군 공병단(USACE)의 스태튼 아일랜드 연안 리스크 감소 프로젝트(Staten Island Coastal Risk Reduction Project)는 약 8.6 ㎞ 스태튼 아일랜드 해안선을 폭풍해일과 해수면 상승으로부터 방재하는 일련의 매립 방조제, 버엄(Berm), 해안제방을 건설하는 것이다. 세 번째 프로젝트인 퀸즈에 위치한 미국 육군 공병단(USACE)의 로커웨이 애틀랜틱 쇼어프론트 프로젝트(Rockaway Atlantic Shorefront Project)는 해안침식을 줄이기 위한 새로운 테이퍼형 돌제군(突堤群)(Stone Jetty)과 폭풍해일을 막기 위한 보강 사구를 통해 로커웨이 반도 대서양 쪽 약 9.7 ㎞에 대한 방재를 더욱 강화할 것이다. 이 세 프로젝트의 건설비용은 20억 달러($)(2.8조 원(₩). 2024년 11월 환율 (1달러($)=1400원(₩))) 이상의 예산투자가 이루어진다.

가) 이스트 사이드 연안 레질리언스 프로젝트(East Side Coastal Resilience Project)(그림 4.32 참조)[7]

이스트 사이드 연안 레질리언스(ESCR) 프로젝트는 허리케인 '샌디'의 영향을 받은 지역사회의 레질리언스를 높이기 위해 혁신적인 설계 해법을 개발하고자 했던 미국 주택도시개발부(HUD, US Department of Housing and Urban Development)의 리빌드 바이 디자인239)(Rebuild by Design) 경연대회로부터 비롯되었다. 몽고메리 스트리트(Montgomery Street)~이스트 25번 스트리트(East 25th Street)에 이르는 이 프로젝트 지역은 미국 연방 재난관리청(FEMA,

239) 리빌드 바이 디자인(Rebuild by Design): 2012년 허리케인 '샌디'가 미국 동부 연안 13개 주에 영향을 미치고 650억 달러($)(91조 원(₩), 2024년 11월 환율 (1달러($)=1400원(₩))) 이상의 피해와 경제적 손실을 입힌 후, 오바마 대통령의 허리케인 '샌디' 재건 태스크포스는 혁신적 디자인 경연 대회인 Rebuild by Design을 출범시켜 혁신과 글로벌 전문성을 커뮤니티 통찰력과 결합하여 이 지역의 가장 복잡한 요구 사항에 대한 실행 가능한 해결책을 개발하였다.

(a) 맑은 날의 이스트 사이드 연안 레질리언스

(b) 폭풍 내습 시의 이스트 사이드 연안 레질리언스

그림 4.32 맑은 날과 폭풍 시의 이스트 사이드 연안 레질리언스 조감도.

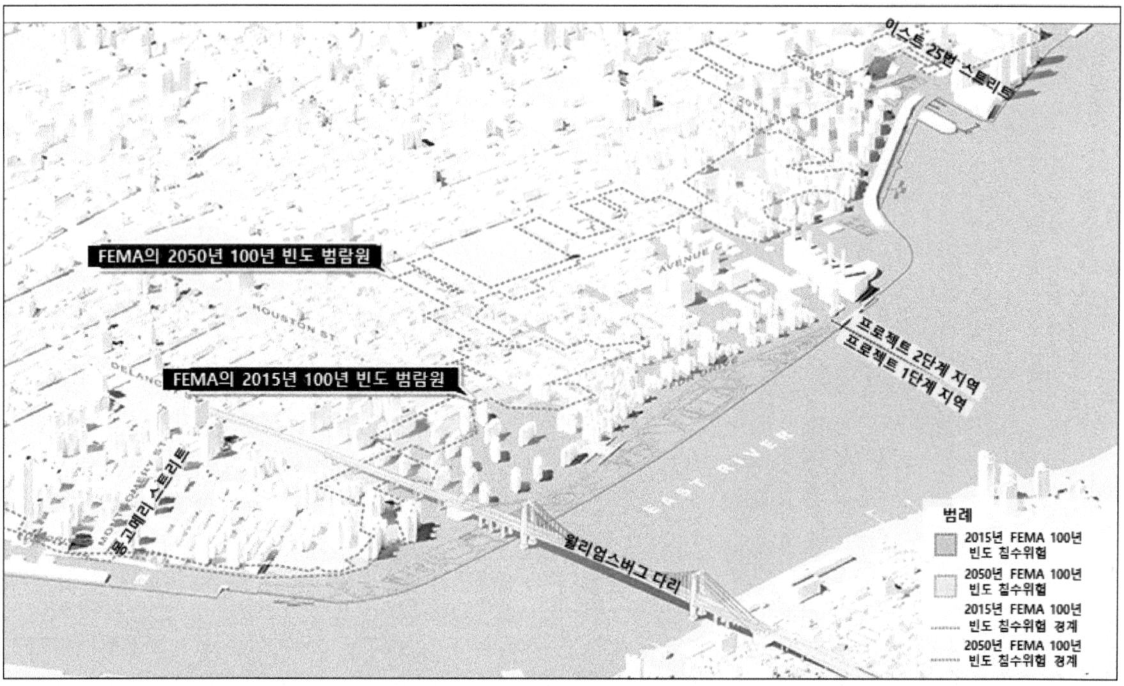

그림 4.33 허리케인 '샌디'와 같은 재앙적인 폭풍해일로 인한 향후 침수에 취약한 맨해튼의 이스트 사이드 (East Side).

Federal Emergency Management Agency)의 100년 범람원 내(그림 4.33 참조)에 있으며, 뉴욕시 주택관리부(New York City Housing Authority)가 관리하는 주민을 포함해 110,000명 이상의 뉴욕 주민이 사는 대규모적이고 다양한 주거 지역사회가 포함되어 있다. 레질리언스와 침수 방재를 위해 추진 중인 이스트 사이드 연안 레질리언스(ESCR) 프로젝트는 부동산, 경관, 기업과 주요 기반시설에 대한 침수 리스크를 줄이는 동시에 워터프론트 개방 공간과 접근성을 개선하여 이러한 위협에 대처할 것이다. 워터프론트 개방 공간, FDR 드라이브 구역, 도시 내 도로, 주거지, 기업, 학교 및 펌프장과 전기 변전소를 포함한 기타 중요 기반 시설을 포함하여 3.9 ㎞에 걸쳐 통합 침수 방재 시스템을 구축 중이다(2020년에 착공하여 현재 건설 중으로 2026년 말까지 완공 예정). 증고(增高)한 공원, 홍수벽, 수문, 기반 시설 개선 등과 같은 이스트 사이드 연안 레질리언스(ESCR)의 다양한 요소는 도시 디자인 체계에 통합시켜 워터프론트에 대한 접근성을 높이는 동시에 장기적인 침수 방재 기능을 제공할 예정이다. 이 장에서는 이스트 사이드 연안 레질리언스(ESCR) 프로젝트의 설계 마루 높이, 홍수벽, 수문, 합류식 하수관거에 관해서 설명하겠다.

① 설계 마루높이(Design Height)(그림 4.34 참조)

과학 및 확실한 근거를 갖는 공학에 깊은 뿌리를 두고 있는 이 프로젝트는 여러 세대의 뉴욕 시민을 보호(保護)하기 위해 설계하였다. 이 프로젝트의 설계는 세계에서 가장 저명한 기후 과학자들로 구성된 독립 기관인 '뉴욕시 기후변화위원회(NPCC, New York City Panel on Climate Change)'가 장래 기후변화 예측을 바탕으로 2050년대의 극단적으로 낮은 확률(즉, 최악의 조건)의 해수면 상승 예측을 사용하여 철저히 방재(防災)하는 기준에 맞추었다. 이 기준은 기후 과학자들이 2100년 고려할 예상치와 같은 값이다. 이 프로젝트는 100년의 내용연수(Useful Life)를 갖게끔 설계되었고, 프로젝트 전반에 걸친 침수 방지의 높이는 기존 높이보다 2.4~2.7 m 높을 것이다. 역동적인 위협인 기후변화에 대한 그 영향의 심각성은 전 지구적으로 탄소 배출량을 얼마나 빨리 줄이느냐에 따라 달라진다. 따라서, 이스트 사이드 연안 레질리언스(ESCR)는 향후 수십 년 내에 해수면이 현재 예측보다 훨씬 빠르게 상승할 경우, 0.6 m의 추가 높이를 수용할 수 있는 적응형 설계를 적용하였다.

② 홍수벽(Flood Wall)(그림 4.35, 그림 4.36, 그림 4.37, 사진 4.10 참조)

프로젝트 지역 전체의 침수를 방재하기 위해 프로젝트 경관(景觀)에 여러 개의 홍수벽을 통합(統合)시킨다. 프로젝트의 최남단부터 축조될 홍수벽은 몽고메리 스트리트(Montgomery Street, 그림 4.35의 원문자 ①)로부터 기존 원형 극장의 남쪽 끝까지 FDR 드라이브를 따라 이스트 강 쪽인 동쪽으로 건설된다. 또한, 이스트 리버 파크(East River Park)는 공원 자체와 그 배후에 있는 주거지 모두에 침수 방재 기능을 제공하기 위해 조성될 예정이다. 성토(盛土)시킨 이스트 리버 파크(그림 4.35의 원문자 ②)는 폭풍해일이 수변(水邊) 호안(Bulkhead)의 월파(越波)하는 것을 방지한다. 그 지점부터 공원의 경관은 점진적으로, 아래로 경사져 FDR 드라이브의 기존 지반(地盤)에 맞추어져(즉, 같은 높이가 됨), 그 결과 서쪽으로부터 바라보는 매력적인 경관 및 FDR 드라이브와 녹색 숲이 조화를 이룬다. 15번 스트리트(15th Street)에 있는 콘 에디슨 발전소(Con Edison Generating Station, 그림 4.35의 원문자 ③) 건물의 북쪽 면을 홍수벽과 연결하여 콘 에디슨 주차장 가장자리와 머피 브라더스 플레이그라운드(Murphy Brothers Playground, 그림 4.35의 원문자 ④)로 향하는 FDR 드라이브 사이를 북쪽으로 이어지게 한다. 머피 브라더스 플레이그라운드의 지상 홍수벽(그림 4.36 참조)은 공원의 동쪽과 정렬시켜 해수면 상승과 폭풍해일로부터 시설을 방재할 것이다. 홍수벽과 수문의 결합(그림 4.37 참조)은 FDR 드라이브 램프를 가로질러 스튜이베산트 코브 파크(Stuyvesant Cove Park, 그림 4.35의 원문자 ⑤)의 서쪽 가장자리로 연결되는데, 이는 공원의 워터프론트 가장자리와 이어진다. 스튜이베산트 코브 파크로부터의 홍수벽은 롤러(Roller)와 스윙(Swing) 수문을 활용하여 도로를 건너는 어서 레비 풀(Asser Levy Pool, 그림 4.35의 원문자 ⑥) 지역까지 계속 이어진다. 프로젝트 지역의 북쪽 끝에 재건된 어서 레비 플레이그라운드(Asser Levy Playground, 그림 4.35의 원문자 ⑦)에는 지상 홍수벽과 경관 결합이 포함되며, 이스트 24번 스트리트(East 24th Street)에 있는 VA 병원(VA Hospital, 그림 4.35의 원문자 ⑧) 부지 북쪽에 있는 기존 병원의 홍수벽과 연계될 예정이다.

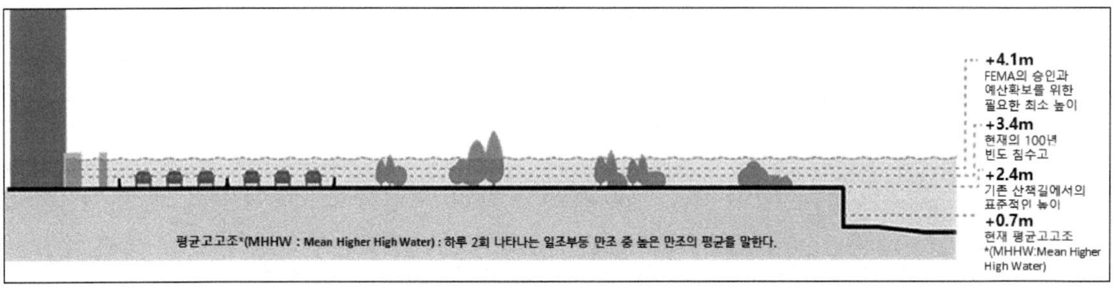

(a) 허리케인 '샌디'로 인한 폭풍해일로 침수에 취약하고 피해를 본 이스트 사이드

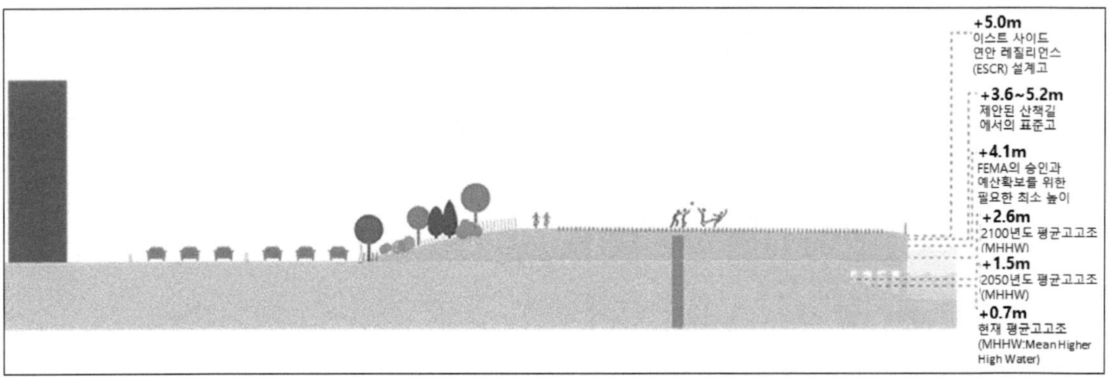

(b) 현재 FEMA 승인 조건을 초과하는 2050년대 100년 빈도 폭풍해일로부터 방재하도록 설계된 이스트 사이드 연안 레질리언스(ESCR)의 설계고

그림 4.34 현재 폭풍해일에 취약한 이스트 사이드와 장래 이스트 사이드 연안 레질리언스(ESCR)의 높이 비교

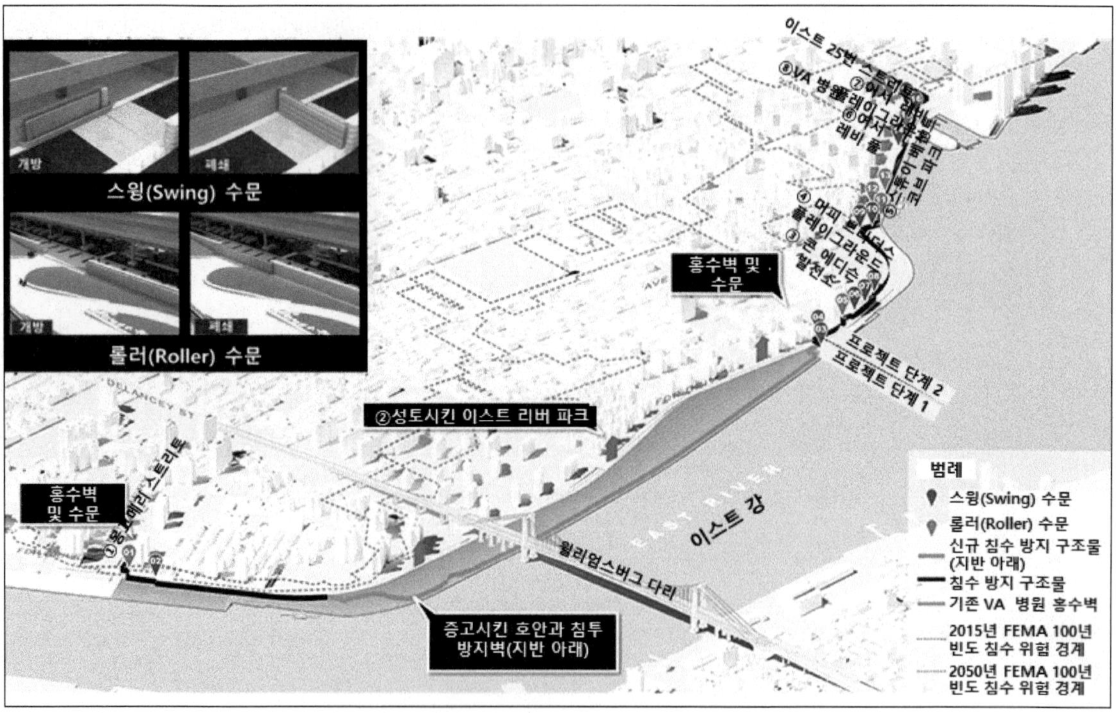

【범례의 색상을 정확히 구별하려면 출처를 참고 바란다.】

그림 4.35 맨해튼의 이스트 사이드를 따라 3.9 ㎞의 구간을 방재하는 이스트 사이드 연안 레질리언스(ESCR)의 통합 침수 방재 시스템

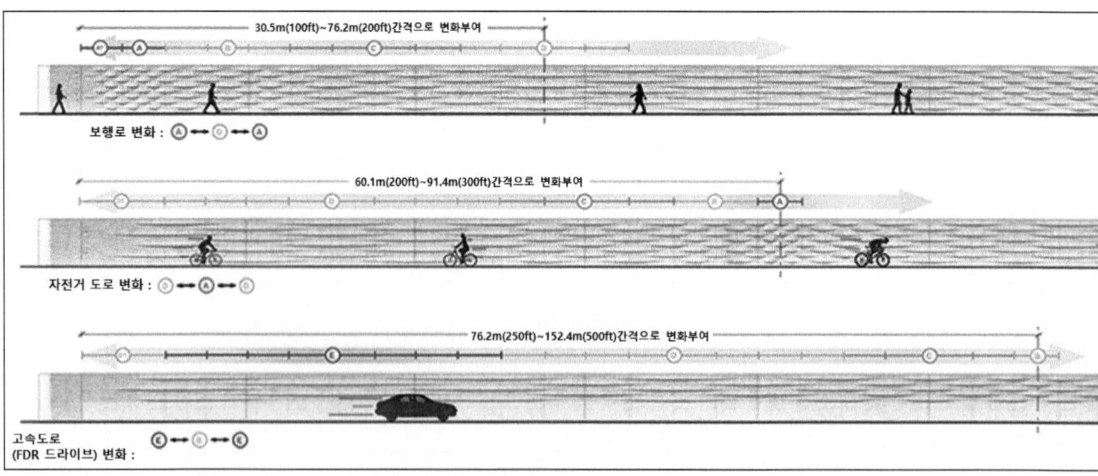

【보행로, 자전거 도로, 고속도로(FDR 드라이브)를 따라 건설된 홍수벽 패턴은 도보, 자전거, 차량 탑승 시 등 다양한 환경에서 사람들이 홍수벽의 패턴과 상호작용하며, 패턴을 경험하는 방법으로 적응한다.】

그림 4.36 이스트 사이드 연안 레질리언스(ESCR)의 홍수벽 패턴

그림 4.37 스튜이베산트 코브 파크(Stuyvesant Cove Park)의 경관에 통합될 예정인 홍수벽과 수문의 결합

(a) 스튜이베산트 코브 파크의 홍수벽과 롤러 수문(길이 12.8 m, 높이 3.1 m, 중량 14.5 ton) 건설공사 상황 (그림 4.35의 원문자 ⑤, 2022년 기준)

(b) 완공된 어서 레비 플레이그라운드(Asser Levy Playground)의 롤러 수문(길이 24.1 m, 높이 3.1 m,중량 45 ton, 그림 4.35의 원문자 ⑦, 2023년 기준)

사진 4.10 이스트 사이드 연안 레질리언스 프로젝트 내 건설 진척 상황

③ 수문(Floodgate)(그림 4.38 참조)

이스트 사이드 연안 레질리언스(ESCR) 프로젝트는 수문을 이용하여 지역과 워터프론트를 연결한다. 이 수문은 '맑은 날'에는 개방되어 있으며 해안 폭풍(폭풍해일 또는 호우 등)이 발생하는 경우에만 폐쇄된다. 롤러 수문과 스윙 수문을 포함한 18개의 수문이 프로젝트 현장 전체에 설치된다. 수문의 설계는 홍수벽 설계와 결합한다.

④ 합류식 하수관거 시스템(그림 4.39 참조)

이스트 사이드 연안 레질리언스(ESCR) 프로젝트에는 기존 합류식 하수관거 시스템에 대한 여러 변경 및 추가 사항이 포함될 예정이다. 강우로 인한 내륙 침수를 줄이기 위해 신규 하수도가 건설될 예정이다. 신규 하수도는 시스템 중 용량을 늘리고 폭풍이 몰아치는 동안, 초과수류(超過水流)를 맨해튼 펌프장으로 이송(移送)할 것이다(그림 4.17 참조). 신규 병렬 이송 시스템은 폐수를 처리장으로 운송되도록 보장한다. 또한, 프로젝트의 북쪽과 남쪽 끝에 있는 분기(分岐) 차단 파이프에는 두 개의 지하 차단 수문이 설치될 예정이다. 이 수문은 인접한 지역으로부터 하수 시스템으로 유입되는 하수를 차단한다. 이 두 곳에 중요한 장비를 가동하는 신규 지상 구조물도 건설될 예정이다.

(a) 맑은 날 개방된 몽고메리 스트리트의 롤러 수문

(b) 폭풍우 동안 폐쇄되어 지역을 방재하는 몽고메리 스트리트의 롤러 수문

그림 4.38 지역을 방재하는 몽고메리 스트리트(Montgomery Street)의 수문

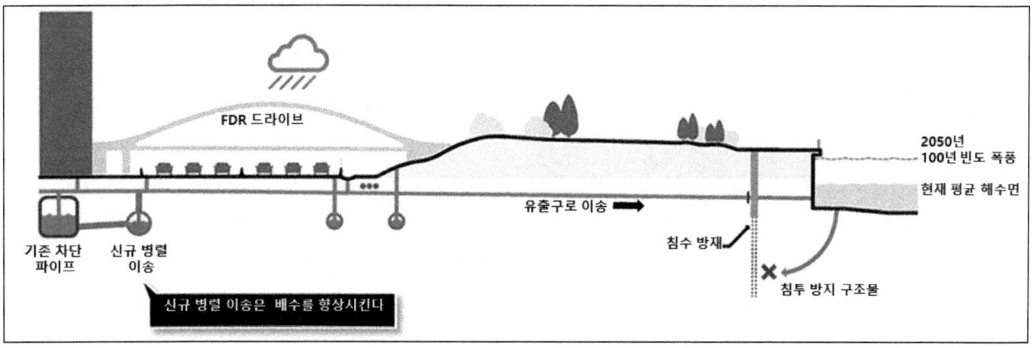

【합류식 하수관거시스템을 업그레이드하는 것을 병렬 이송(Parallel Conveyance)이라고 한다. 이러한 개선 사항은 맨해튼(Manhattan) 이스트 사이드(East Side)의 내륙 지역을 강우로 인한 침수로부터 방재할 것이다.】

그림 4.39 이스트 사이드 연안 레질리언스(ESCR) 프로젝트의 신규 하수관거 시스템

나) 뉴욕시의 스태튼 아일랜드 사우스 쇼어 연안 리스크 저감 프로젝트(South Shore of Staten Island Coastal Risk Reduction Project)[8]

① 추진 배경

오랜 폭풍 피해의 역사를 가진 뉴욕시 스태튼 아일랜드의 프로젝트 지역은 2012년 10월의 허리케인 '샌디' 내습으로 뉴욕시 전체 44명 사망자 중 24명이 사망하였고 침수 및 주택 파괴 등 심각한 피해가 발생하였다. 스태튼 아일랜드 연안 리스크 저감 프로젝트는 스태튼 아일랜드의 사우스 쇼어(South Shore)를 따라 내륙 지역사회를 허리케인 '샌디'와 같은 연안 침수로부터 방재(防災)하기 위해 추진 중이다. 이 프로젝트는 스태튼 아일랜드의 오크우드 비치(Oakwood Beach)로부터 포트 와드즈워스(Fort Wadsworth)에 이르는 약 8.5 ㎞ 길이에 배수 구조물, 방조제, 제방, 호안 시설의 건설을 하는 것이다. 이 프로젝트의 목표는 연안 침수 및 강우로 인한 침수피해 리스크를 줄이고 지역 주민의 생명과 안전에 대한 리스크를 관리하는 것이다. 미국 육군 공병단(USACE)이 프로젝트의 연방 주관기관이며, 뉴욕주 환경 보전국(New York StateDepartment of Environmental Conservation)이 주(州) 주관기관, 뉴욕시가 지역주관기관으로 참여한다. 프로젝트 총비용은 약 6억2천만 달러($)(8천7백억 원(₩), 2024년 11월 환율 (1달러($)=1400원(₩)))로 자금출처는 연방 65%, 주 24.5%, 시 10.5%이다.

② 사업개요

그림 4.40은 미국 국가 경제 개발(NED, National Economic Development) 계획에 반영된 스태튼 아일랜드 연안 리스크 저감 프로젝트의 사업규모를 나타낸 그림이다. 총 길이가 8.5 ㎞이고 표고(標高)는 +4.4 m (NAVD88[240])(북미기준계) 기준, 이후 '표고'는 이 기준에 따른다)인 3가지 구조물로 구성되어 있다. 첫 번째 구조물은 해안선 A-1과 A-2의 흙 제방(길이 1,036 m)이며, 마루높이는 +5.2 m이고 마루폭은 3~4.6 m이다. 제방은 하이란 블루바이드

240) NAVD88(북미기준계, The North American Vertical Datum of 1988): 1988년 북미 기준점의 일반 조정을 기반으로 미국의 수준측량(水準測量)을 위해 설정한 수준점에 대한 기준점이다.

(Hylan Boulevard) 북서쪽의 고지대(高地帶)에서 끝난다. 하이란 블루바이드의 도로 개폐 구조물은 롤러 수문으로 제방 옆에 위치하여 프로젝트 지역의 침수 리스크를 관리해야 할 만큼 심각한 해안 폭풍이 발생할 때만 폐쇄된다(그림 4.41 참조). 두 번째 구조물은 해안선 A-3의 홍수벽(길이 549 m)으로 표고 +5.9 m의 H-파일 지지 T-형 콘크리트 홍수벽(그림 4.42 참조)으로 구성되며, 철근 콘크리트 홍수벽은 오크우드 비치(Oakwood Beach) 하수처리장에 미치는 영향을 최소화하기 위해 건설할 것이다. 전면 조수 습지는 파력을 감쇠(減衰)시키고 프로젝트 내부 배수의 일부 역할을 담당하는 담수(淡水) 습지로 향하는 조수 수문을 통해 조류 세곡(Tidal Creek)의 기능을 유지할 것이다. 세 번째 구조물은 해안선 A-4의 매립된 방조제(길이 6,919 m)는 표고 +5.9 m와 1:1.5의 측면 경사를 가진다. 방조제의 바다 쪽 경사 끝에는 폭 3.0~5.5 m의 세굴 에이프런(Apron)과 연결된다. 방조제 바다 쪽 및 육지 쪽의 경사면에는 자연 해변 식생을 유지하기 위하여 주위에서 굴착(掘鑿)한 재료로 덮는다. 피복 재료는 매립된 방조제가 주변 지형과 어울릴 수 있도록 시각적으로 통합하는데 사용된다. 이 프로젝트는 기후변화로 인한 해수면 상승에 대한 적응성을 적용하였다. 따라서 가능한 경우 향후 구조물의 마루높이를 높일 수 있도록 계획하였다. 매립된 방조제의 마루 위에 건설된 철근콘크리트 파반공(返波工)벽과 바닥을 통해 구조물의 마루높이를 최대 0.9 m까지 끌어올려 파랑의 수평 및 수직력으로 인한 파반공 벽의 월파(越波) 및 활동(滑動)에 대한 리스크를 관리할 수 있다. 이 장에서는 스태튼 아일랜드 연안 리스크 저감 프로젝트의 핵심 해안 구조물인 방조제를 중심으로 기술적인 사항에 대해서 자세히 알아보겠다.

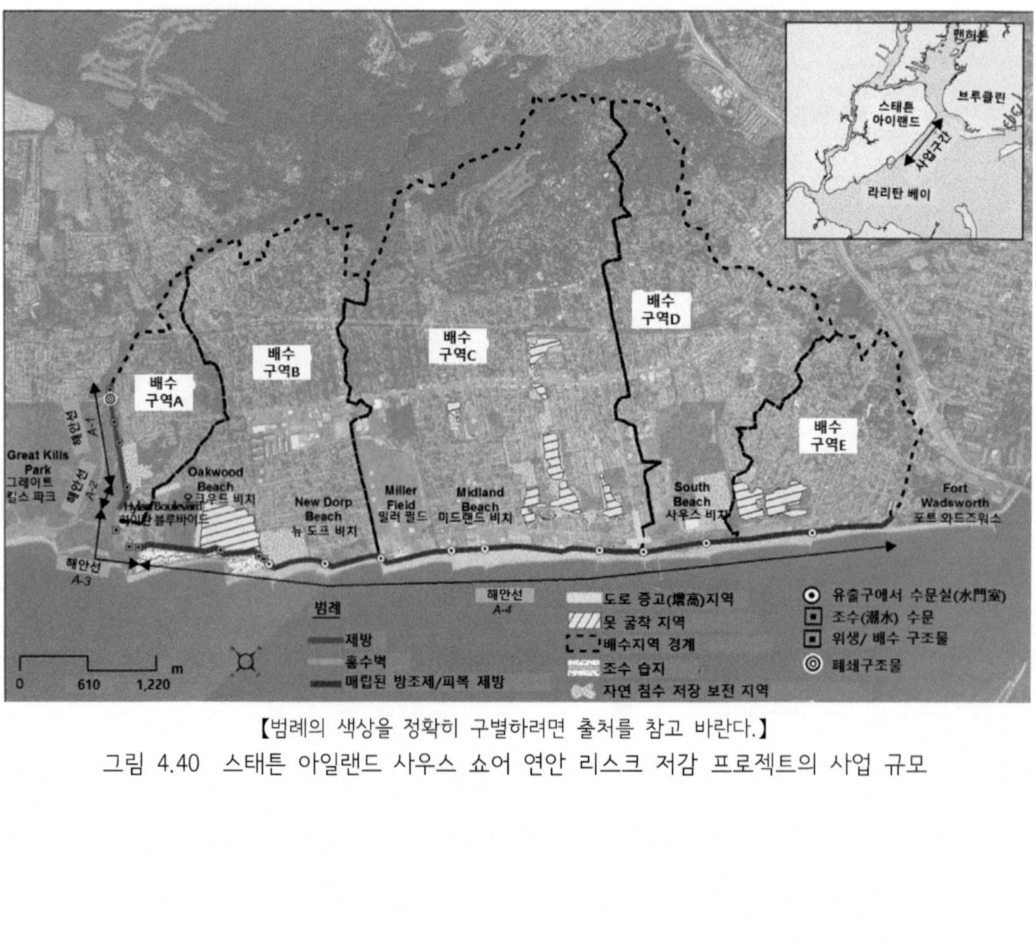

【범례의 색상을 정확히 구별하려면 출처를 참고 바란다.】

그림 4.40 스태튼 아일랜드 사우스 쇼어 연안 리스크 저감 프로젝트의 사업 규모

㉠ 2016년 설계(이사 보고서(DR, Director's Report))한 매립된 방조제 구조 설명
2016년 설계한 매립된 방조제는 표고 +5.9 m 및 1:1.5(수직:수평) 측면 경사인 마루폭 3.0 m인 사다리꼴 모양의 사석(捨石) 구조물이다. 구조물은 굴착 후 기존 지반 위에 2층 두께의 3 ton 피복석과 밑다짐 층(Bedding Layer), 바다 쪽 경사 끝에는 폭 3.0 m 세굴 에이프런으로 구성하였다. 밑다짐 층 아래에는 간극(間隙)을 빠져나가는 모래 손실을 최소화하기 위해 지오텍스타일[241](Geotextile) 섬유가 포함되었다. 구조물 내부로부터의 침투(浸透)를 방지하기 위해 수직 강널말뚝(Steel Sheet Pile)을 박는다. 밀러 필드(Miller Field)와 포트 워즈워스(Fort Wadsworth)(길이 4,426 m) 사이에는 기능적으로 동일한 폭 11.6 m, 표고 +6.5 m인 데크(Deck)를 파일이 지지하며(그림 4.43 참조), 오크우드 비치(Oakwood Beach)로부터 밀러 필드(약 2,816 m)까지는 매립된 방조제 위에 같은 기능을 가지며 증고(增高)시킨 콘크리트 산책로(표고 +6.5 m)(그림 4.44 참조)를 설치하였다. 사석 방조제의 마루높이 표고 +5.9 m는 +4.4 m(낮은 해수면 상승 아래에서 연초과확률[242](AEP, Annual Exceedance Probability)의 약 0.33%)의 정지수면[243](SWL, Still Water Level)에 대한 최대 허용 월파량인 0.05 ㎥/m/sec을 기준으로 결정되었다. 4가지

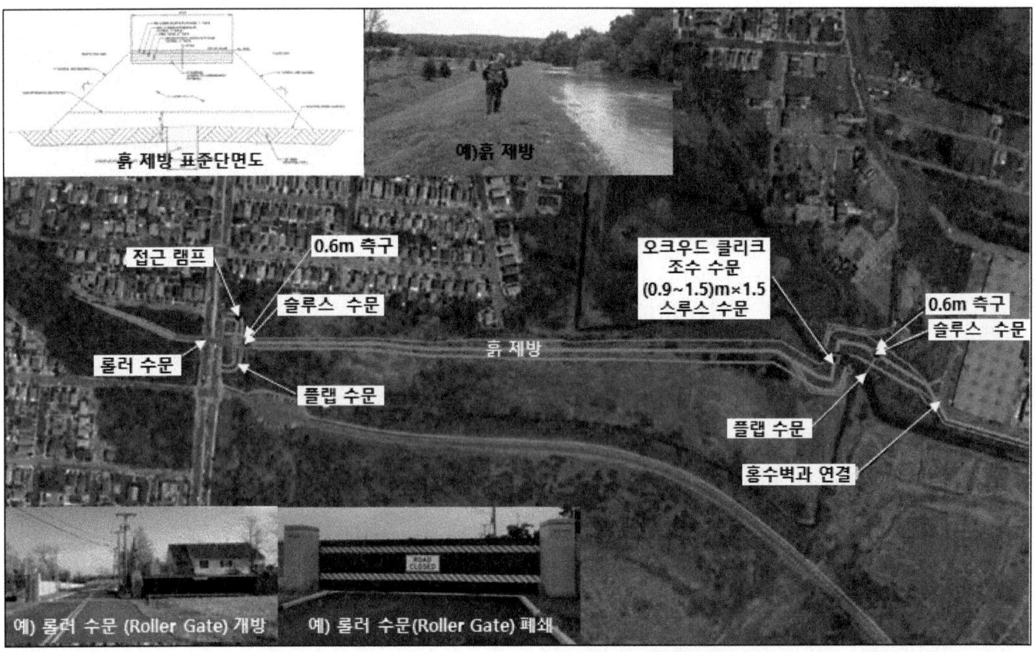

그림 4.41 스태튼 아일랜드 사우스 쇼어 연안 리스크 저감 프로젝트 중 하이란 블루바이드(Hylan Boulevard) 도로 개폐 수문, 흙 제방, 조수 수문의 예상 배치도(그림 4.40의 해안선 A-1과 A-2)

241) 지오텍스타일(Geotextile): 토질 개량에 사용하는 직포 또는 부직포로 배수, 토양의 분리, 성형 등에 사용되며, 해안토목공사에서는 파랑만 통과하고 모래 또는 기타 흙 입자가 빠져나가지 못하도록 사용한다.

242) 연초과확률(Annual Exceedance Probability, 年超過確率): 확률변수가 특정한 년(年) 이상을 갖는 사건이 발생할 확률을 말하며, 초과확률의 역수는 재현기간($T=\frac{1}{P}$(T: 재현기간, P: 초과확률))이다.

243) 정지수면(Still Water Level, 靜止水面): 파랑이 없는 상태에서 어느 시점 해면의 수위(Still Water Level) 혹은 모든 물의 운동이 정지하고 중력만으로 균형된 수면(Still Water Surface)을 말한다.

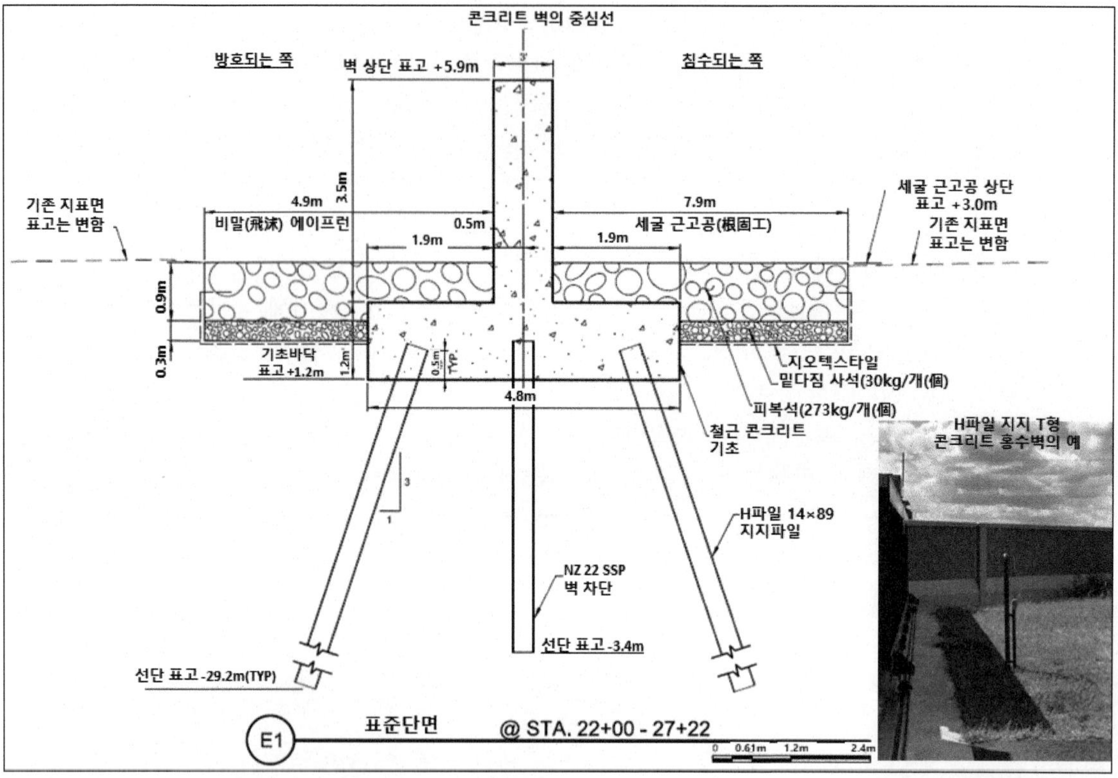

그림 4.42 스태튼 아일랜드 사우스 쇼어 연안 리스크 저감 프로젝트 중 H-파일지지 T-형 콘크리트 홍수벽의 표준단면(그림 4.40의 해안선 A-3)

다른 설계 정지 수면(+3.7 m, +4.0 m, +4.4 m, +4.7 m)에 대한 비용과 편익은 미국 국가 경제 개발(NED) 계획의 경제적 최적화 프로세스의 목적으로 비교하였다. 결국 +4.4 m 설계 정지수면이 4가지 설계 정지수면 중 가장 높은 편익-비용 비율(BCR, Benefit-Cost Ratio)이 나왔으므로 미국 국가 경제 개발(NED) 계획으로 채택되었다. 허용월파량 미만의 평균 월파량을 유지하는 데 필요한 사석 방조제 마루높이는 유로탑[244](EurOtop) 매뉴얼에서 권장하는 방법론에 근거하여 설정하였다(Pullen 등. 2007). 이 방법론과 공식은 경험적으로 기반을 두고 있으며, 월파량(파랑과 같은)은 해안구조물의 형태, 해안구조물 투과성, 해변 형상 및 현장별 파랑 조건에 매우 민감한 복잡하고 무작위적인 현상이다. 따라서 유로탑(EurOtop) 매뉴얼은 수리모형실험 데이터의 산포도[245](Scatter, 散布度)를 설명하기 위해 평균으로부터 떨어진 표준편차를 포함한 결정론적 공식을 사용할 것을 권장한다. 마지막으로 미국 육군 공병대(USACE)의 코스털 엔지니어링 매뉴얼(CEM, Coastal Engineering Manual)에서 권장하는 대로 반데미어(Van der Meer)와 허드슨(Hudson)이 개발한 피복석 안정성 방법론을 근거하여 피복석 크기를 결정하였다.

244) 유로탑(EurOtop): 연안 방재 및 관련 구조물의 월파량(越波量)에 관한 매뉴얼로써, 주로 유럽 연구를 기반으로 하지만 전 지구적으로 적용할 수 있는 월파량 매뉴얼이다(https://www.overtopping-manual.com/eurotop/downloads/).

245) 산포도(Scatter): 대표치를 중심으로 데이터들이 흩어져 있는 정도를 의미한다.

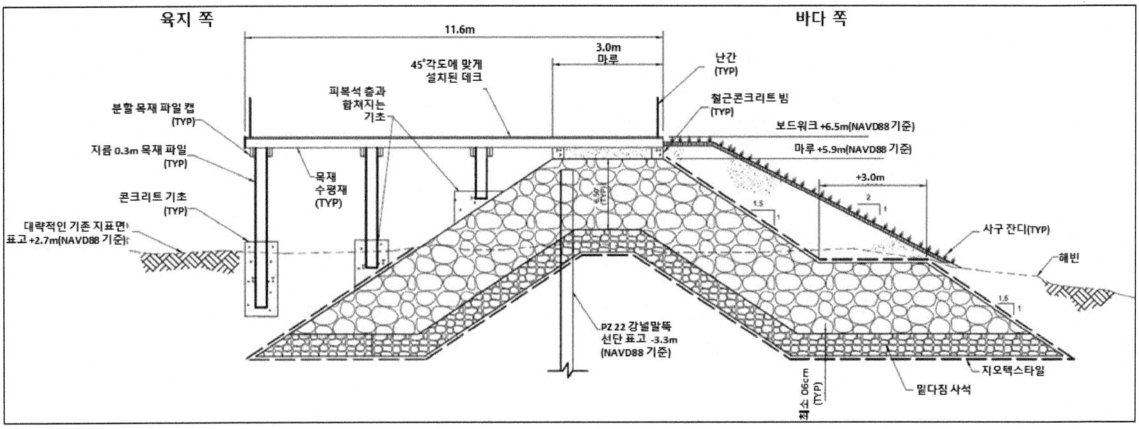

【(2016년 설계, 해안선 A-4)】

그림 4.43 스태튼 아일랜드 사우스 쇼어 연안 리스크 저감 프로젝트 중 밀러 필드(Miller Field)로부터 포트 와즈워스(Fort Wadsworth)까지 매립된 방조제의 보드워크(Boardwork) 구간

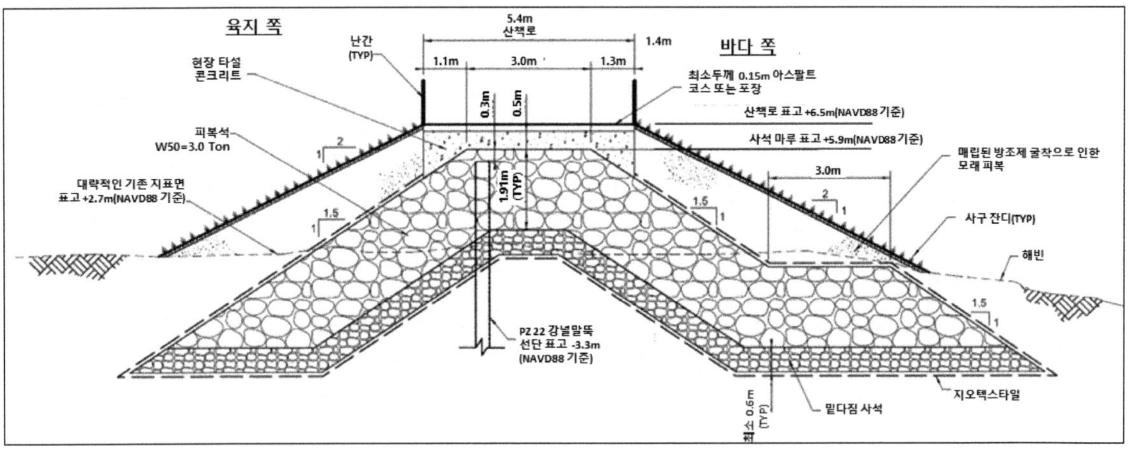

【(2016년 설계, 해안선 A-4)】

그림 4.44 스태튼 아일랜드 사우스 쇼어 연안 리스크 저감 프로젝트 중 오크우드 비치(Oakwood Beach)에서 밀러 필드(Miller Field)까지 매립된 방조제의 해변 산책로 구간

㉡ 사석 마루높이 변화

프로젝트의 건설 전 엔지니어링 및 설계(PED, Preconstruction Engineering and Design) 단계의 초기에 상세한 수리모형실험을 하여 매립된 사석 방조제 설계를 검증하고 필요에 따라 최적화하였다. 특히 모델 연구를 통해 아래 사항을 조사하고 확인하였다.

- 설계 조건 동안 월파량을 허용할 수 있다.
- 제안한 구조물의 모든 부분은 설계 조건 동안 안정적으로 유지된다.
- 설계 조건 동안 피해도 또는 재형성도(再形成度)는 허용할 수 있다.
- 바다 쪽 경사 끝의 세굴은 허용할 수 있다.

초기 수리모형실험에 따르면 +5.9 m의 사석 마루 높이를 가진 2016년 이사 보고서(DR)

의 매립된 방조제 개념은 76.2 m 미만의 해빈(海濱, Beach) 폭(평균만조(MWH, Mean High Wate)로부터 방조제 경사 끝까지의 거리)에 대해 설계사건 발생 시 최대 허용 월파량을 초과하는 월파량을 허용하며, 이는 기존 해빈의 50% 이상과 향후 높은 해수면 변동(SLC, Sea Level Change) 시나리오 하에서 75% 이상의 발생 가능한 조건이다. 무엇보다 중요한 것은 시더 그로브 비치(Cedar Grove Beach)를 제외한 모든 설계 하위 도달 범위에서 최소/제어할 수 있는 해빈 폭이 76.2 m 미만이 된다는 점이다. 최신 버전의 유로탑(EurOtop) II 매뉴얼(Van der Meer, 2018)을 사용하고 실험적 모델 데이터에 맞게 보정된 수리모형실험 결과와 추가적인 월파량 계산 결과, 마루높이가 +6.5 m(즉, 타당성 조사에서 권장하는 것보다 0.6 m 높다(+6.5 m = 5.9 m + 0.6 m))이면 낮은 해수면 변동(SLC) 시나리오에 따른 분석기간(50년) 동안 월파량을 설계 허용월파량 미만으로 제한되는 것으로 나타났다.

또한, 타당성 조사에서 권장하는 적응형 조치인 파반공 확장을 통해 향후 유효 마루높이를 0.9 m 높이면(그림 4.45와 그림 4.46의 파선 원), 높은 해수면 변동(SLC) 시나리오에 따라 최소 50년 동안 또는 중간(Intermediate) 해수면 변동(SLC) 시나리오에 따라 100년 동안 허용 월파량 이하로 유지할 수 있다. 업데이트된 매립된 사석 방조제 구조물의 표준 단면은 아래 그림 4.45 및 그림 4.46에 나타내었다.

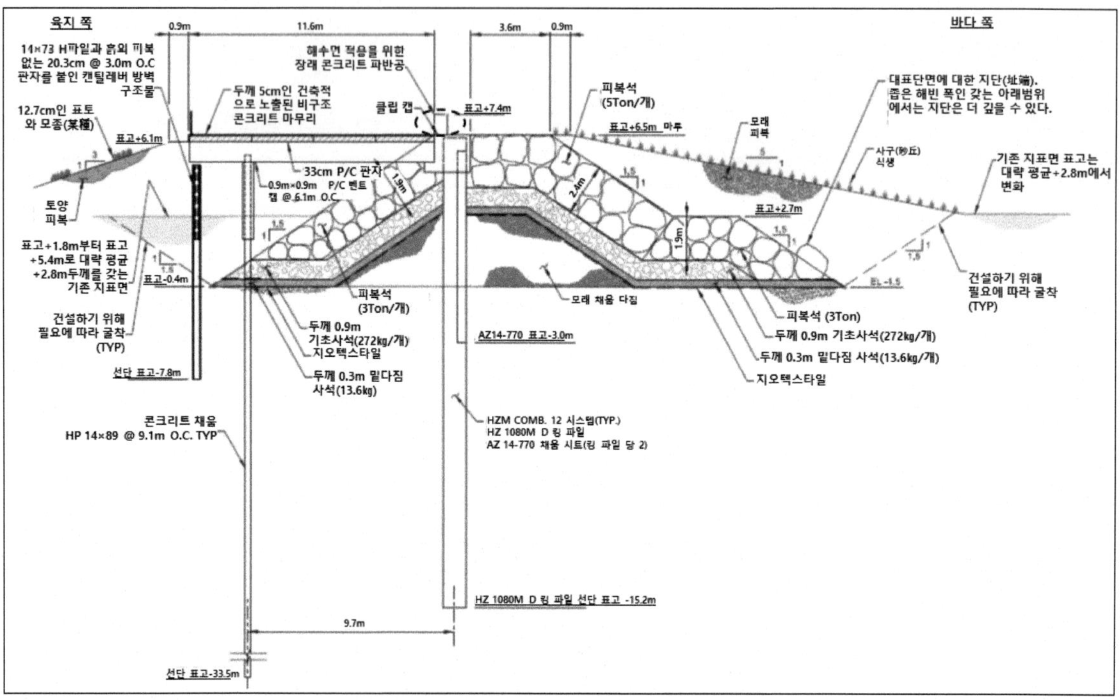

【(해안선 A-4)】

그림 4.45 스태튼 아일랜드 사우스 쇼어 연안 리스크 저감 프로젝트 중 밀러 필드에서 포트 와즈워스까지 보드워크가 있는 매립된 방조제 단면의 업데이트한 건설 전 엔지니어링 및 설계(PED, 2021년)

㉢ 피복석 크기 변경

수리모형실험에서 측정한 피복석 피해도(被害度)는 타당성 조사에서 선택한 일반적인 사석 크기(3 ton)가 초기에 실험한 기존 해빈 폭 범위에 적합한 것으로 나타났지만, 향후 침식되는 해빈 조건에서는 잠재적으로 과도한 피해를 볼 수 있는 것으로 나타났다. 해수면 상승 및 침식에 대응하여 향후 피복석을 교체하거나 크기를 늘리는 것이 실용적인 대안이라는 점을 고려할 때, 현재 권장 사항은 피복석의 크기를 3 ton에서 5 ton으로 늘리는 것이며, 이는 좁은/침식 단면(斷面) 조건에서 수리모형실험과 높은 해수면 변동(SLC) 시나리오와 결합하여 우수한 성능을 보인다. 전반적으로 사석의 높이와 크기의 변경으로 인해 매립된 방조제 건설에 필요한 사석의 양이 860천ton에서 1,300천ton으로 약 51% 증가하였다. 또한, 단가는 약 135달러($)(189천원(₩))/ton에서 77% 증가한 239달러($)(334천원(₩))/ton으로 증가하였다. 업데이트된 매립된 방조제 설계의 총 사석 비용 증가는 약 1억 9천만 달러($)(2천7백억 원(₩), 2024년 11월 환율 (1달러($)=1400원(₩)))로써 원래 사석 비용의 157%이다.

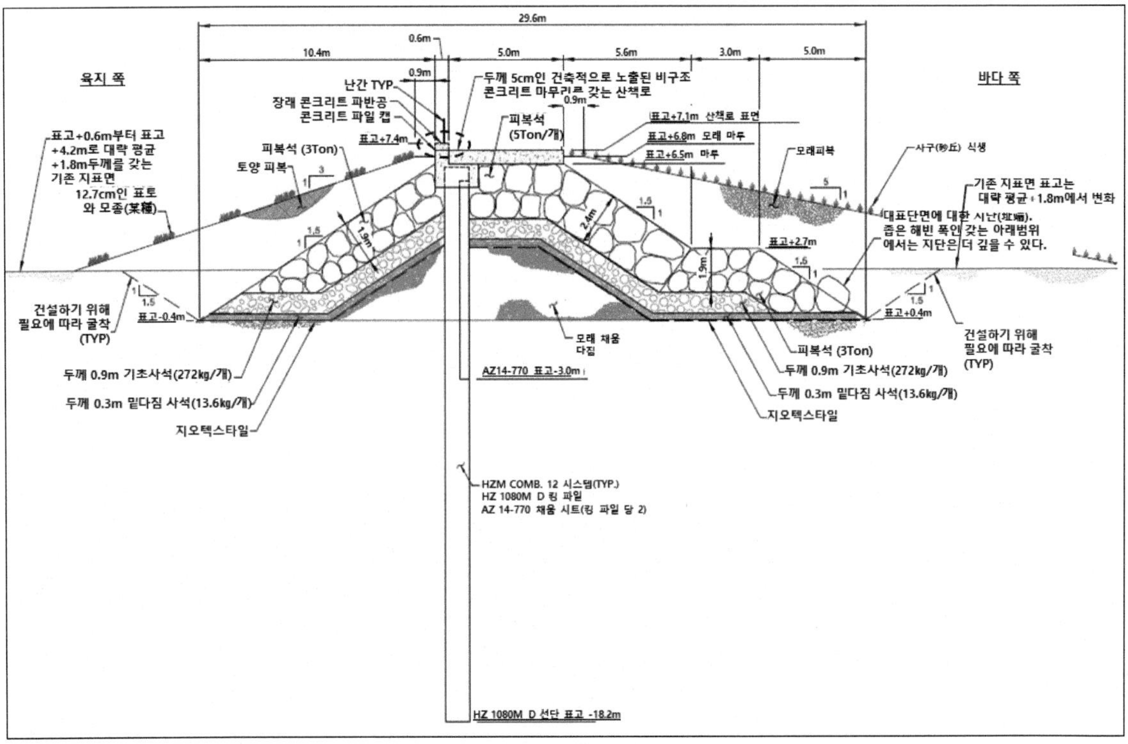

【(해안선 A-4)】

그림 4.46 스태튼 아일랜드 사우스 쇼어 연안 리스크 저감 프로젝트 중 오크우드 비치에서 밀러 필드까지 산책로가 있는 매립된 방조제 단면의 업데이트한 건설 전 엔지니어링 및 설계(PED, 2021년)

㉣ 해수면 변동(SLC, Sea level Change) 적응성 특징의 변화

타당성 조사(2016년 완료 및 승인)에서 처음 권장한 방조제 단면에는 과거 (낮은) 비율을 근거한 50년 경제적 분석 기간의 장래 해수면 변동을 고려하는 것이 포함되었다. 또한, 타당성 조사에서 일반적으로 제안된 구조물은 마루높이를 증고(增高)시켜 높은 해수면 변동 속도에 적응할 수 있는 기능을 고려하였다. 특히, 구조물의 마루높이를 최대 0.9 m까지 높일 수 있는 매립된 방조제의 마루 위에 철근 콘크리트 파반공 설치를 권장하였다(그림 4.47 참조).

수평 및 수직 파력으로 인한 파반공 벽체에 대한 월파와 활동을 방지하기 위해 매립된 방조제의 피복층과 통합된 콘크리트바닥을 설계할 수 있다고 가정하였다. 그러나 수리모형실험에서 조사한 파압(波壓) 측정에 따르면 콘크리트 바닥 및 파반공 벽과 침투방지벽(浸透防止壁) 상부에 파랑으로 발생하는 힘은 매우 큰 것으로 나타났다. 또한, 이러한 힘은 높은 해수면 변동(SLC) 시나리오와 0.9 m 파반공의 벽 높이 증고에 따라 기존 수위와 초기 벽면 높이 사이에서 약 3배로 증가한다. 이러한 하중의 크기는 파반공의 벽에 대한 깊은 기초인 견고한 침투방지벽 구조가 필요하다. 따라서 건설 전 엔지니어링 및 설계(PED) 기간 동안 침투방지벽의 선단 표고 -3.0 m인 비교적 가벼운 PZ22 널말뚝(그림 4.47 참조)에서 선단 표고 -18.2 m HZM 1180D 킹 파일(King Pile)과 선단 표고 -3.0 m인 AZ 14-770 채움시트(Infill Sheet)로 구성된 복합 깊은 킹 파일 벽 구조로 변경하였다(그림 4.46 참조). 이러한 변경으로 필요한 철강 수량이 7배로 증가했으며, 철강 단가는 강철 벽 상단의 신규 콘크리트 캡 비용을 포함한 전체 비용이 약 2천만 달러($)(280억 원(₩), 2024년 11월 환율 (1달러($)=1400원(₩)))에서 2억 4,700만 달러($)(3천5백억 원(₩), 2024년 11월 환율 (1달러($)=1400원(₩)))로 전체 비용의 약 50%인 해당하는 약 2억 2,500만 달러($)(3천150십억 원(₩), 2024년 11월 환율 (1달러($)=1400원(₩)))가 증가하였다.

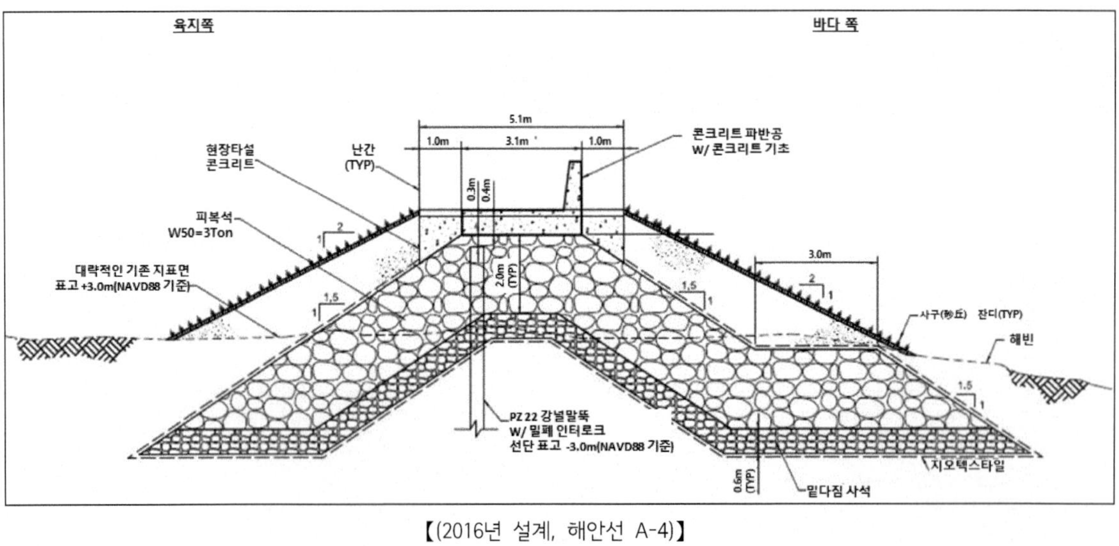

【(2016년 설계, 해안선 A-4)】

그림 4.47 매립된 방조제 위의 파반공

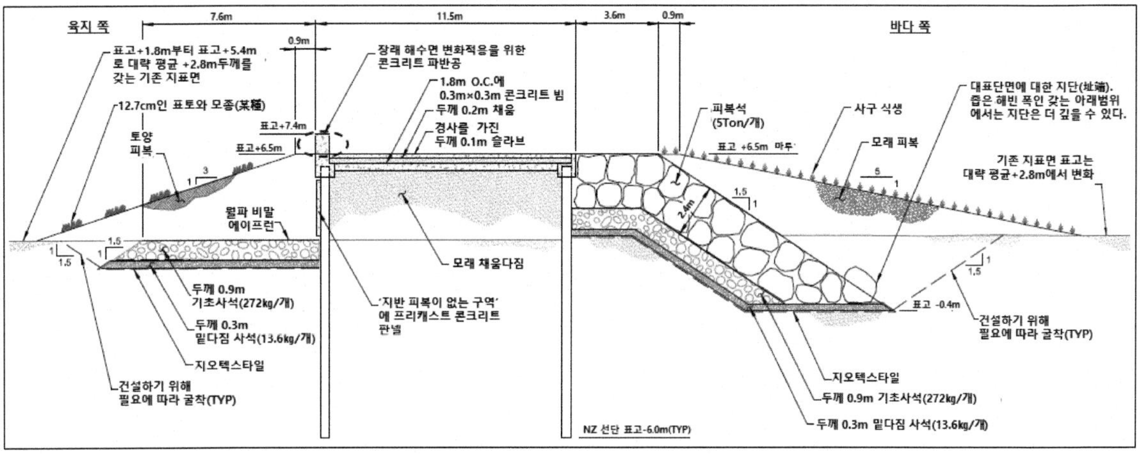

【(건설 전 엔지니어링 및 설계(PED), 2021년, 해안선 A-4)】

그림 4.48 스태튼 아일랜드 사우스 쇼어 연안 리스크 저감 프로젝트 중 밀러 필드에서 포트 와즈워스까지의 산책로에 있는 이중 널말뚝(DSP)을 갖는 매립된 방조제

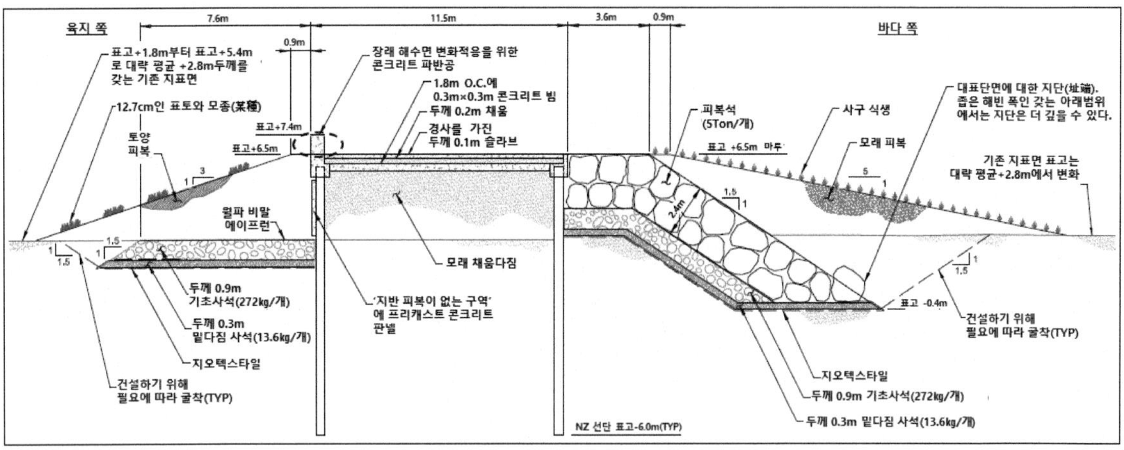

【(건설 전 엔지니어링 및 설계(PED), 2021년, 해안선 A-4)】

그림 4.49 스태튼 아일랜드 사우스 쇼어 연안 리스크 저감 프로젝트 중 오크우드 비치에서 밀러 필드까지의 산책로에 있는 이중 널말뚝(DSP)을 갖는 매립된 방조제

㉤ 매립된 방조제에서 이중 널말뚝 구조(Double Sheet Pile Structure)로 변경

사석 마루높이 및 크기의 변화는 방조제에 필요한 사석의 양을 증가시켜, 최근 몇 년 동안 단위 비용의 상당한 증가와 함께 약 1억 9천만 달러($)(2천6백억 원(₩), 2024년 11월 환율 (1달러($)=1400원(₩)))의 비용 증가로 이어진다(2016년 이사 보고서). 이러한 증가는 수리 모형실험에서 측정한 매우 큰 쇄파(碎波) 하중에 관련된 강철 침투방지벽 비용 2억 2,500만 달러($)(3천5백억 원(₩), 2024년 11월 환율 (1달러($)=1400원(₩)))(전체 4억 1,500만 달러($)(5천850억 원(₩), 2024년 11월 환율 (1달러($)=1400원(₩))))의 증가와 함께 매립된 방조제의 단면 설계를 재검토하였다. 특히 설계 해일(海溢) 및 파랑 하중

에 저항하는 중력 구조물에 작용하는 콘크리트 빔과 연결된 두 줄의 널말뚝 사이에 포함된 채움(Fill)에 대한 의존도가 낮은 이중 널말뚝 벽 시스템을 고려해야 한다. 이 대안은 방조제 위 또는 인접한 곳에 별도의 구조물을 건설할 필요 없이 보드워크/산책로의 표면에서 직접 타입(打入)할 수 있다는 장점이 있다. 파랑 하중과 월파를 줄이기 위해 이중 널말뚝 벽 앞에는 여전히 사석 경사(Rock Slope)가 필요하다. 마지막으로, 극단 사건이면(허리케인 또는 폭풍 내습) 월파량을 소산(消散)시키기 위해 월파 비말 에이프런(Overtopping Splash Apron)이 제안되었다. 제안된 이중 널말뚝(DSP, Double row of Sheet Pile)을 갖는 매립된 방조제의 일반적인 단면은 아래에 나타내었다(그림 4.48, 그림 4.49 참조). 이 단면에 표시된 0.9 m 높이의 콘크리트 파반공은 초기 건설 시에는 필요하지 않지만 향후 높은 해수면 변동률에 적응하기 위해 추가될 수 있다(그림 4.48과 그림 4.49 파선 원 참조). 또한, 2016년 이사 보고서에 목재 보드워크 또는 콘크리트 산책로를 추가하여 구조물의 총 높이가 표고 +6.5 m로 상향 조정되었다.

다) 뉴욕시의 로커웨이 아틀란틱 쇼어 프론트 프로젝트(Rockaway Atlantic Shore-front Project)[9]

① 추진배경 및 현황

로케웨이 비치(Rockaway Beach) 해안선은 지난 40년 동안 여러 차례의 심각한 허리케인과 폭풍을 겪었다. 1960년 허리케인 '도나(Donna)'로 6,000채의 주택과 수백 개의 상업 시설을 포함하여 8백 7십만 달러($)(121억 원(₩), 2024년 11월 환율 (1달러($)=1400원(₩)))(1960년 달러 가격 기준)의 피해를 보았고, 1962년 폭풍은 로커웨이 페닌실러(Rockaway Peninsula)에 8백 4십만 달러($)(113억 원(₩), 2024년 11월 환율 (1달러($)=1400원(₩)))(1962년 달러 가격 기준)의 손해를 입었다. 이 지역은 이스트 로커웨이 인렛(East Rockaway Inlet)과 로커웨이 인렛(Rockaway Inlet) 사이의 뉴욕시 대서양 연안과 뉴욕주 자메이카 베이(Jamaica Bay) 안팎의 바다와 육지로 구성되어 있다. 또한, 85만 명 이상의 주민, 4만 8천 개의 주거 및 상업 시설, 병원, 요양원, 하수처리장, 지하철, 철도, 학교와 같은 수많은 중요 기반 시설이 산재하고 있다. 이 지역은 미국 연방 재난관리청(FEMA)이 관리하는 1% 연간 초과 확률(AEP) 침수 범람원 또는 100년 빈도 침수 범람원 내에 있다. 이 지역의 해안가에 대하여 수행된 분석에 따르면 로케웨이 페닌실러를 따라 대서양 해안가의 양빈(養濱)을 증가시키는 돌제(突堤) 및 해빈 복원·해빈 채움과 함께 복합 방조제를 건설해야 할 필요성을 뒷받침하였다. 로커웨이 아틀란틱 쇼어 프론트 프로젝트는 총사업비 3억 3,600만 달러($)(4천7백억 원(₩), 2024년 11월 환율 (1달러($)=1400원(₩)))로 2020년에 시작되어 2026년 완료 예정이다. 이 프로젝트는 14개의 새로운 돌제 건설, 5개의 기존 돌제 재건, 보강 사구 조성, 로커웨이 페닌실러의 대서양 쪽 양빈으로 구성되어 있다. 돌제 건설은 2020년 봄에 시작되었고, 보강 사구(砂丘) 조성은 2022년 여름에 시작되었다. 이 장에서는 구조물인 복합 방조제 및 돌제 건설과 보강 사구에 대한 기술적 사항에 대해 자세히 서술하겠다.

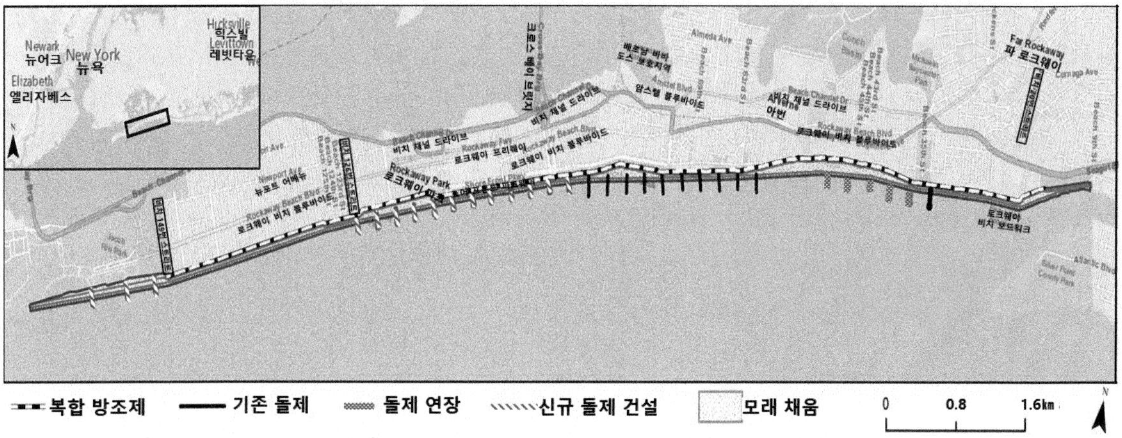

그림 4.50 로커웨이 아틀란틱 쇼어 프론트 프로젝트 중 복합 방조제, 돌제 및 모래 채움 배치도

② 사업개요(그림 4.50 참조)

구조물의 마루높이는 표고 +5.1 m(NAVD88(북미기준계) 기준, 이후 '표고'는 이 기준에 따른다.), 사구의 높이는 표고 +5.4 m, 설계 버엄 폭은 표고+2.4 m에서 18 m이다. 대서양 연안의 연안 레질리언스에 대한 구성요소에 대한 계획은 다음과 같다.

- 구조물 마루높이의 표고 +5.1 m, 사구 높이의 표고 +5.4 m, 설계 버엄(Berm)의 폭 18 m를 갖는 보강 사구(복합 방조제)로 비치 9번 스트리트(Beach 9th Street)에서 비치 149번 스트리트(Beach 149th Street)까지 약 10.6 ㎞ 직선이다. 보강 사구의 바닥은 사구 마루보다 최대 +4.5 m 아래까지 뻗어 있다.
- 표고 +2.4 m와 폐쇄 깊이 -7.6 m인 비치 버엄.
- 초기 조성 시 내구성, 초과 채움 및 4년간 주기의 약 85만 ㎥ 재양빈(再養濱)를 포함한 양빈의 총 해빈 채움량은 약 122만 ㎥로 18.2 m의 전진 버엄 폭을 갖게 된다.
- 로커웨이 페닌실러에서 남쪽으로 약 4.8 ㎞, 로커웨이 인렛에서 동쪽으로 약 11.2 ㎞ 떨어진 채취 구역에서 모래를 채취한다. 길이 약 4.1 ㎞, 폭 1.7 ㎞, 깊이 10.9~17.6 m인 채취 구역은 필요한 초기 해빈 채움과 모든 주기적인 재양빈에 필요량을 초과한 약 1,300만 ㎥로 사용할 수 있는 해빈 채움 물질이 포함되어 있다.
- 기존 돌제 5개 확장 및 13개 신규 돌제 건설.

㉠ 보강 사구(Reinforced Dune)- 복합 방조제(Composite Seawall)

비치 149번 스트리트에서 비치 20번 스트리트까지 로커웨이 비치를 위한 복합 방조제가 제안되었다(그림 4.50 참조). 복합 방조제 선형(線形)은 기존 보드워크 선형을 따른다. 복합 방조제는 불침투성 코어(즉, 콘크리트 캡이 있는 널말뚝 벽)와 벽의 바다 쪽에 있는 사석 마운드(Mound) 구조로 구성된다. 복합 방조제는 모래로 덮여 있고 사구의 육지 쪽에는 상단과 콘크리트 캡만 노출되어 있다(그림 4.51 참조). 구조물의 마루높이는 +5.1 m, 사구 높이는 +5.4 m, 설계 버엄 폭은 표고 +2.4 m에서 18 m이다. 복합 방조제 설계의 피복석 특징은 쇄파 압력을 많이 감소시키므로 벽의 표면이 피복석으로 완전히 막는 경우 작은 널말뚝 벽을 설계에 사용할 수 있다. 복합 방조제는 향후 피복석 1층을 추가하고 피복석의 높이까지 콘크리트 캡을 확장하여 해수면 상승에 적응할 수 있다. 비치 149번 스트리트와 비치 126번 스트리트 사이는 공간 제약으로 인해 이 단면에 대해 널말뚝 벽의 앞쪽에 비말 에이프런을 포함한 복합 방조제의 변경 버전으로 제안되었다(그림 4.50 내 파선, 그림 4.52 참조).

㉡ 해빈 복원(Beach Restoration)

대서양 연안에 대한 해빈 복원은 표고 +5.4 m에서 마루 폭 7.9 m와 1V(수직):3H(수평)의 후면 경사 및 1V:5H의 전면(前面) 경사를 가진 사구를 포함하는 단면을 가진다. 설계에는 표고 +2.4 m에서 최소 폭 18.2 m인 버엄(Berm)을 포함한다. 기준선(Baseline)의 정렬(整列)이 설계 버엄 폭을 제어한다. 기준선은 자연 해안선(Natural Shoreline)과 정렬되며 기준선에서 설계 해안선(Design Shoreline)까지의 거리는 항상 74 m이다. 사구의 정렬은 인공적인 보드워크의 정렬을 따르며, 그 결과, 사구의 지단(趾端)과 바다 쪽 버엄의 마루 사이의 거리는 변화한다(그림 4.53 참조). 따라서, 초기 조성 시 내구성, 초과 채움 및 4년간 주기의 약 85만 ㎥ 재양빈(再養濱)를 포함한 양빈의 총 해빈 채움량은 약 122만 ㎥로 18.2 m의 전진 버엄 폭을 갖게 된다.

㉢ 돌제(Groin)(그림 4.54 참조)

로커웨이 아틀란틱 쇼어 프론트 프로젝트는 13개 신규 돌제를 건설하는데, 그림 4.54에 신규 돌제의 평면도와 표준 단면도를 나타내었다.

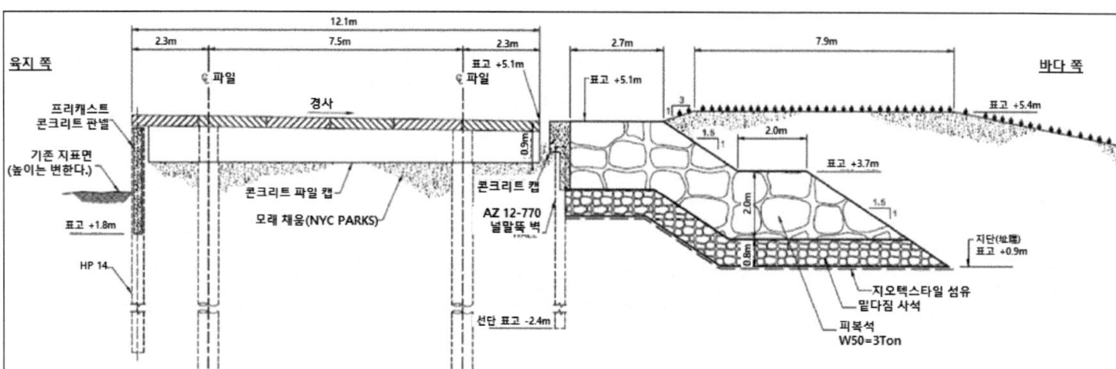

그림 4.51 로커웨이 아틀란틱 쇼어 프론트 프로젝트 중 복합 방조제 표준단면도

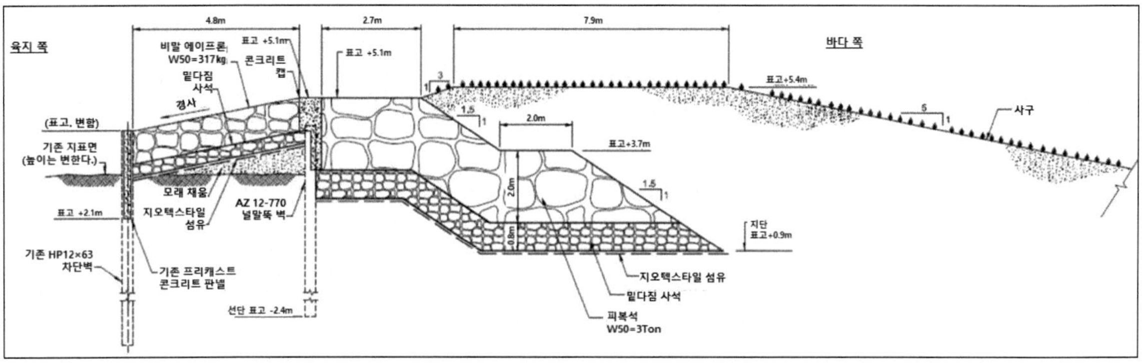

【(비치 126번 스트리트~비치 149번 스트리트)】
그림 4.52 로커웨이 아틀란틱 쇼어 프론트 프로젝트 중 복합 방조제 표준단면도

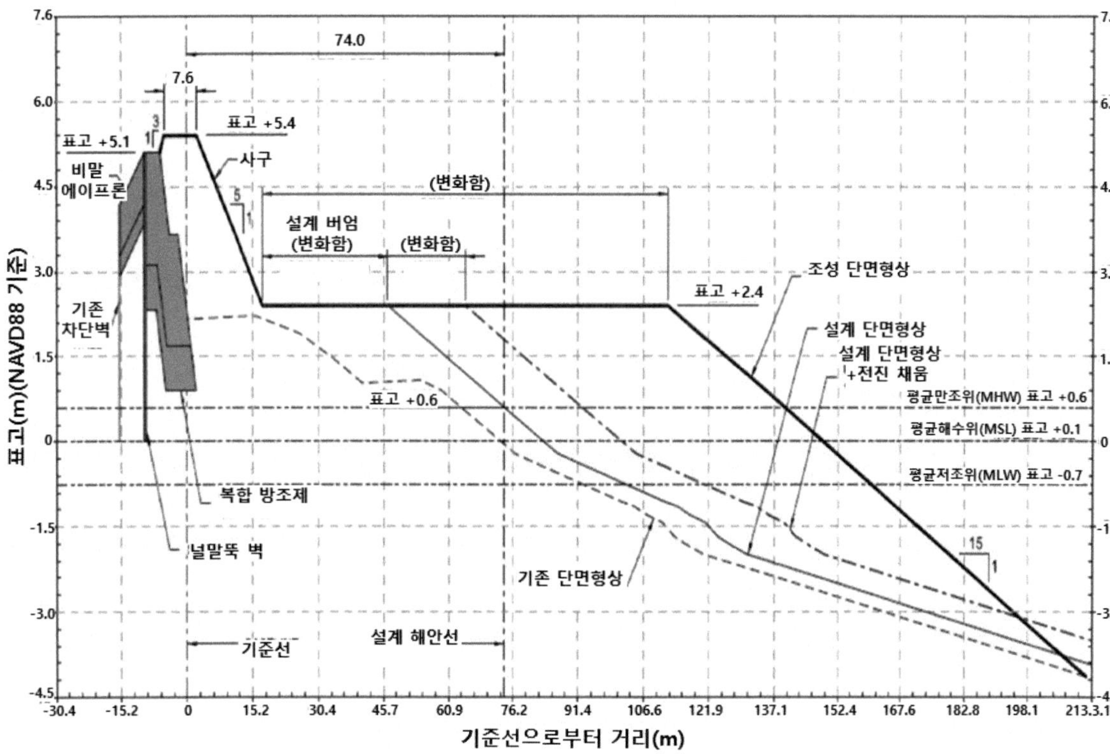

【(참고: 기존 단면 형상은 다양하다)】
그림 4.53 로커웨이 아틀란틱 쇼어 프론트 프로젝트 중 해빈 복원 단면형상

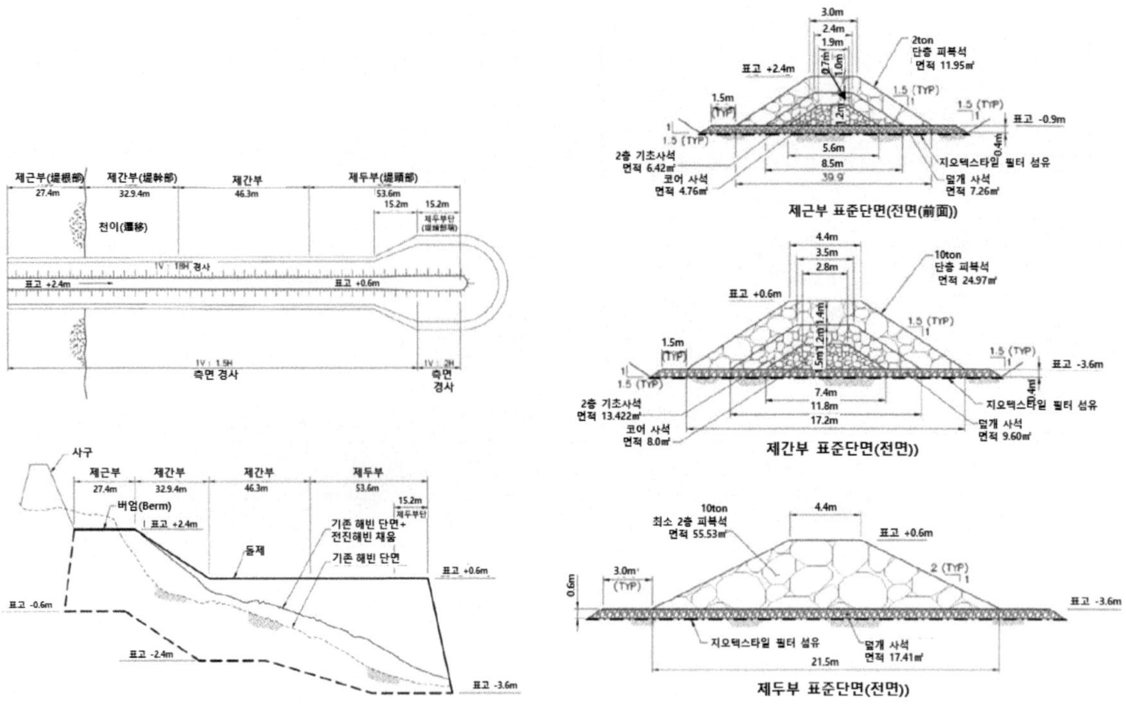

(a) 평면도와 측면도 (b) 표준단면도

그림 4.54 로키웨이 아틀란틱 쇼어 프론트 프로젝트 중 신규 돌제의 평면도와 표준단면도

4.2.2 미국 뉴저지주의 라이트하우스 센터 해안선 안정화 프로젝트(Lighthouse Center Shoreline Stabilization Project)[10]

1) 추진배경

자연자원 교육을 위한 라이트 하우스 센터는 바네갓 인렛(Barnegat Inlet) 맞은편 바네갓 베이(Barnegat Bay)의 서쪽 해안선에 있다(그림 4.55 참조). 이 센터는 바네갓 베이의 마지막 미개발지인 만(灣)의 앞쪽에 있는 환경 교육 및 연구센터이다. 0.78 ㎢ 규모의 이 부지에는 해안림(海岸林), 갯벌, 석호, 들판, 염습지, 작은 자분천(自噴泉) 등 다양한 연안 서식지가 포함되어 있다. 이 부지는 매년 학교, 지역사회 단체, 연구원 등 수천 명의 방문객이 방문하는 공공용지로 사용하고 있다.

지난 50년 동안 라이트 하우스 센터의 습지와 해안선은 주로 모기 급증, 농업, 해수면 상승, 만성적인 보트 항적(航跡), 심각한 폭풍으로 광범위한 악화를 겪고 있다. 최근 해안선 손실률은 연평균 1.2 m로 증가하였다. 습지와 해안선이 악화하면서, 라이트 하우스 센터의 시설은 연안 침수에 취약해졌다. 2012년 허리케인 '샌디' 내습 시 심각한 피해를 본 후 뉴저지 천연자원 교육재단(Natural Resource Education Foundation of New Jersey)은 해안선과 습지를 복원해야 할 필요성을 인식하고 전문가들을 소집하여 복원 계획을 수립하였다.

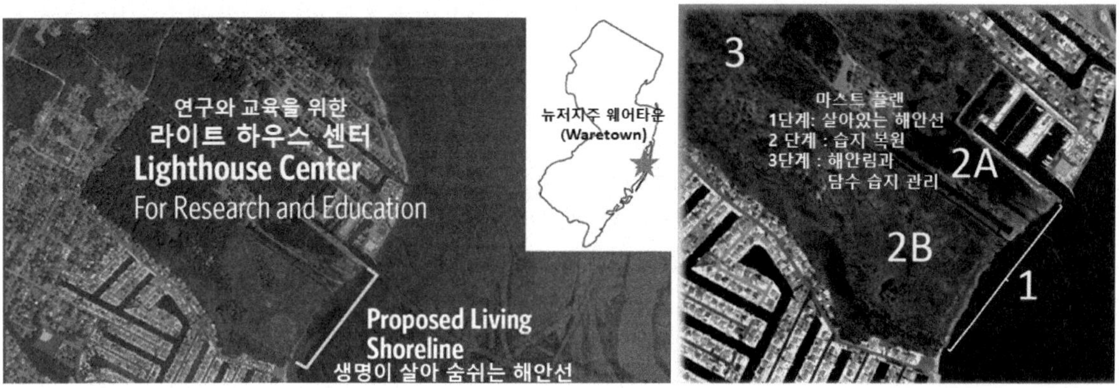

그림 4.55 미국 뉴저지주의 라이트하우스 센터의 전경(왼쪽) 및 마스트 플랜(오른쪽)

2) 하이브리드 연안 자연-기반 해법(CNbS, Coastal Nature-based Solution)의 적용

전체 하이브리드 연안 자연-기반 해법(CNbS) 계획의 1단계(그림 4.55의 오른쪽 그림 참조)는 파랑에너지로 인한 해안선 및 습지 손실률을 줄이고 해변이 스스로 회복하도록 하는 것이다. 이 작업이 완료되면 다음 단계인 습지 가장자리 및 습지 내부 복원이 가능해진다. 이를 위해 학술 기관, 비영리 보전 단체, 엔지니어링 용역 회사와 같은 전문가들과 이해관계자들의 지식 및 의견을 종합하여 생명이 살아있는 해안선, 습지 복원, 수문학적 개선을 포함한 개념적 복원 계획을 수립하였다. 1단계는 약 490 m의 자연 해안선을 방재하고 복원하기 위한 해안선을 설계하고 실행하는 것이었다. 현장 상황에 대한 평가가 완료됨에 따라 습지에 도달하기 전의 파랑 에너지를 줄이고 퇴적물이 해안선을 자연적으로 퇴적될 수 있는 해안선 설계가 이루어졌다. 이 설계에는 약 490 m 해안선을 따라 파랑 에너지를 감쇠시키고 육지로 퇴적물이 퇴적되도록 특별히 설계된 중공 콘크리트 구조물인 파랑감쇠구조물(WAD, Wave Attenuation Devices)가 필요하다. 이 구조물은 수생동물의 이동과 해안선 내 물과 퇴적물의 자연적인 교환을 허용하며, 구멍을 통해 작은 물고기에게 피난처를 제공한다. 구조물의 크

(a) 완공된 파랑감쇠구조물(WAD, 측면)

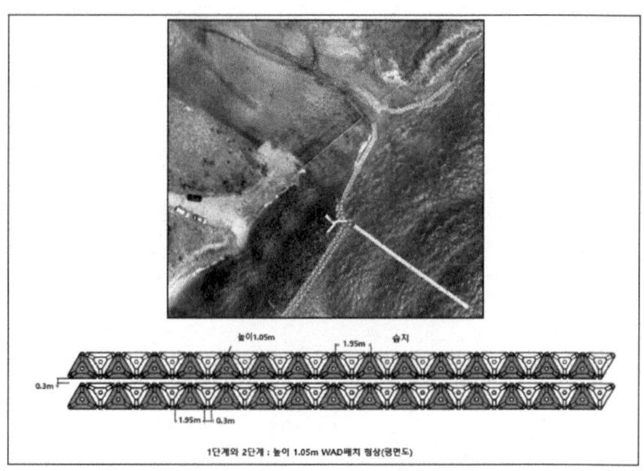

(b) 완공된 파랑감쇠구조물(WAD, 평면)

사진 4.11 라이트하우스 해안선 안정화 프로젝트 중 1단계 공사인 파랑감쇠구조물(WAD)의 완공된 모습

기가 큰 만큼 중량이 넓은 바닥에 분포되어 있어 사람 발의 압력보다 바닥에 가해지는 압력이 약하다. 1.0 m 높이의 파랑감쇠구조물은 표고(標高)가 높은 북쪽 해안선과 평행하게 설치되며, 2.1 m 높이의 파랑감쇠구조물은 표고가 낮은 남쪽 해안선과 평행하게 설치된다. 기존 및 제안된 현장 조건에 대해 잠재적인 침수 모델링을 실시하여 파랑감쇠구조물의 적절한 크기 결정과 배치를 하였다. 2022년 5월 기준 1단계 공사인 파랑감쇠구조물의 설치를 완공한 상태이다(사진 4.11 참조).

4.2.3 아일랜드(Ireland) 마하리스 반도(Maharees Peninsula)의 연안 레질리언스[11]

1) 배경(사진 4.12 참조)

마하리스 반도는 아일랜드 케리 카운티(Kerry County)의 좁은 땅으로 본토에 붙어 있는 저지대 섬이다. 이 반도는 뛰어난 자연경관을 자랑하는 지역으로, 주로 사빈과 사구로 구성된 해안 경관 내에서 독특한 보호종(保護種)과 서식지를 보유하고 있다. 해안사구는 유럽연합(EU, European Union)의 서식지 지침에 따라 보호되는 민감한 생태계이며, 종종 고유종인 다양한 식물 군집이 서식하고 있다. 이 반도는 아일랜드에서 가장 많은 보호 서식지(16개)와 세 번째로 많은 보호종(28개)을 보유하고 있다. 지난 40년 동안, 이 지역은 농업과 어업에서 벗어나 관광과 레크리에이션으로 전환하였으며, 현재 주요 서비스로는 서핑, 바다 카약, 윈드서핑, 패들보드, 바다 사파리, 워터파크 및 다이빙과 같은 레크리에이션 활동과 이를 지원하는 시설에 대한 접근을 제공하고 있다.

2) 압박과 충격(영향)

마하리스 반도는 해수면 상승, 열파[246](Heat Wave), 관광 및 토지 이용 관리로 인한 과밀화 등 여러 압박의 영향을 받고 있다. 해수면 상승은 빈번한 침수와 만성적인 해안침식을 초래하며, 기후변화에 관한 정부 간 패널(IPCC)의 중간 온실가스 경로(Moderate Greenhouse Gas Trajectory)를 사용하여 2150년까지 해수면이 1 m 상승할 것으로 예상된다. 2023년 6월, 아일랜드 해안에서 발생한 열파로 인해 마하리스 인근의 해수면 온도가 평균 6월의 해수면 기온보다 거의 4℃씩이나 높아졌다.

여름철 관광으로 인한 과밀화는 교통 혼잡, 쓰레기 처리, 오염, 무단 침입 및 야생 캠핑의 증가를 초래한다. 무단 침입과 야생 캠핑은 이미 대서양 폭풍에 매우 취약한 연약한 사구 생태계의 불안정에 영향을 미친다. 토지 이용 관리로 인한 인위적인 충격(영향)에 관련된 압박으로는 방목, 모래 채취, 침입종 도입 등이 있다. 산자나무(Sea Buckthorn)는 1970년대에 이동하는 사구를 안정시키고 바람에 의해 불어오는 모래 위험을 완화하기 위해 도입되었는데, 지난 50년 동안 마하리스 해안 면적의 30%를 차지하는 등 기하급수적으로 증가했으며, 사구 서식지와 사구가 조성하는 민감하고 희귀한 식물에 부정적인 충격(영향)을 미치고 있다.

246) 열파(Heat Wave): 극단적으로 뜨거운 공기덩어리가 지배하여 기온이 장기간 높은 상태를 말한다.

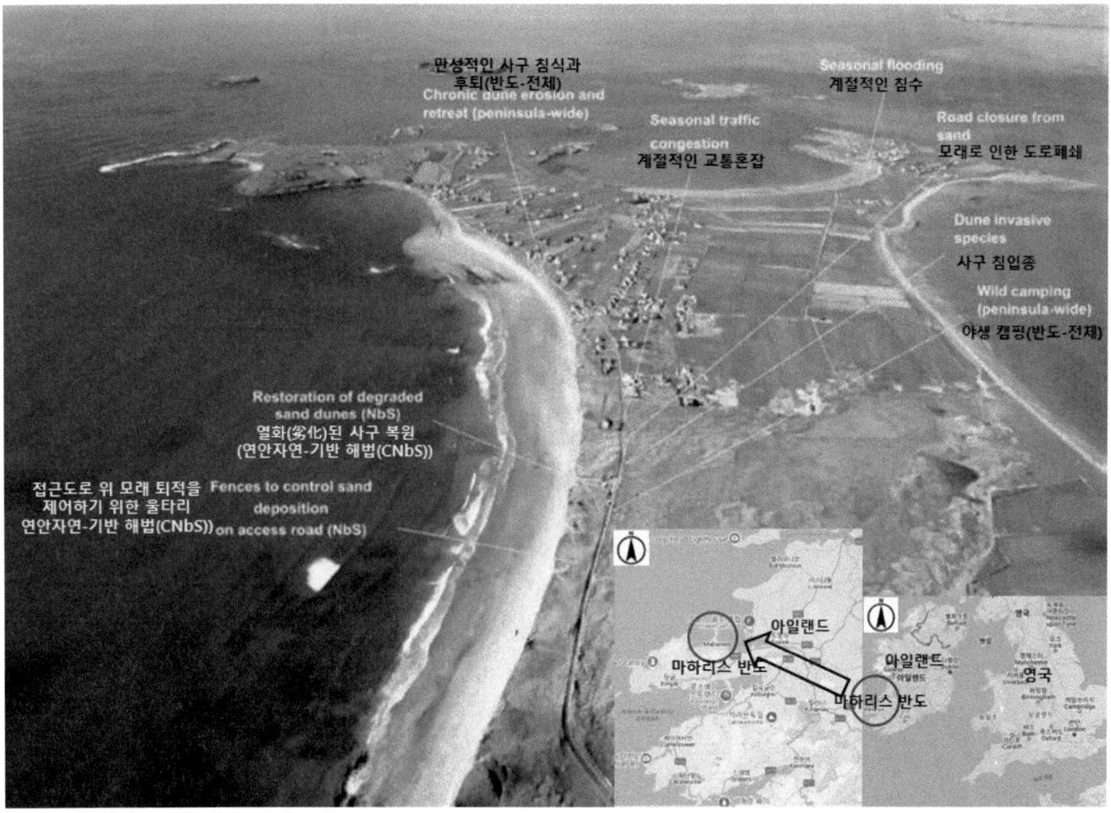

사진 4.12 아일랜드 마하리스 반도의 연안 레질리언스 문제, 연안 자연-기반 해법(CNbS)과 위치도

3) 연안 레질리언스를 평가하기 위한 개념 및 체계

마하리스 반도에서 "아일랜드 연안 및 해양 레질리언스 구축" 프로젝트는 IPCC 기회 공간과 기후 복원 경로 접근 방식('2.1.3 연안 레질리언스를 평가하기 위한 개념 및 체계 중 7) 기후 레질리언스 경로(CRP, Climate Resilient Pathways) 체계' 참조)을 사용하여 이 지역의 기후 및 개발 이니셔티브를 맥락화(脈絡化)하여 레질리언스적인 장래에 대한 지역사회 주도(主導)의 인식(認識)을 활용한 로드맵을 개발하였다(Farrell 등. 2023). 이 접근 방식은 레질리언스가 높고 리스크가 낮은 상태(반대로 리스크가 높은 상태)로 이어질 수 있으며, 기후변화 및 기타 압박에 대한 주요 취약성을 파악하고 리스크를 줄이기 위한 기회를 평가하기 위해 이해관계자 그룹 내와 전체의 협력 참여를 구조화하는 데, 사용되었다. 이 접근 방식은 특정 위협이나 기회에 대한 과거 및 장래 실행에 대한 논의를 촉발하고 레질리언스를 구축하기 위해 공무원, 시스템과 기관 간의 연결을 구축하였다(Moench, 2014). 이 접근 방식의 두 가지 주요 결과는 지역사회가 자신의 특정 요구를 파악하고 지속 가능한 장래에 대한 자신의 비전을 명확히 표현할 수 있지만, 정부 기관은 아일랜드 연안 지역사회의 요구에 신속하게 대응할 수 없다는 것이었다.

4) 레질리언스를 구축하기 위한 도구, 장벽 및 협력자

마하리스 반도의 레질리언스는 2016년에 결성된 지역사회 자원봉사 단체인 마하리스 보전 협회(MCA, Maharees Conservation Association)와 지방 및 중앙정부의 부서 및 공공 기관의 관련 이해관계자들, 그리고 보호 대상지 관리를 담당하는 연구 기관들 사이의 지속적이고 협력적인 참여를 통해 구축되고 있다. 마하리스 보전 협회(MCA)는 마하리스 반도의 연안 사회-생태 시스템(CSES, Coastal Social-Ecological Systems)의 기후 위협과 압박에 대응하기 위해 결성되었다. 이 단체는 기존의 지방자치단체와 중앙정부 시스템 내에서 그들의 목소리를 낼 수 있는 명확한 메커니즘이 없었으므로 지역사회가 직면한 압박과 위협에 대한 실제 경험을 발전시켰다. 국내외적으로 상당한 인정을 받은 마하리스 보전 협회(MCA)의 노력은 이러한 충격(영향)을 완화하기 위한 중요한 조치로 이어졌다. 이러한 지속적이고 목표화된 연안 관리 조치는 단기간에 성공을 거두었으며, 장래 아일랜드에서 관리할 해안 경관을 포괄(包括)할 기회를 열어주었다(Farrell 등. 2023). 마하리스 보전 협회(MCA)는 그 단체의 성공과 국가적인 인정에도 불구하고 이러한 노력이 영구적인 해결책이나 압박 관리 및 레질리언스 경로 결정을 위한 공식적인 권한 부여로 이어지지 않는다는 점을 인식하였다. 지속적인 지역사회 동원과 조치는 현재의 노력을 유지할 것이다(정신적 스트레스와 업무량 측면에서 지역 주민들에게 상당한 비용이 발생했음에도 불구하고). 그러나 지속 가능하고 통합적이며 집행할 수 있는 연안 계획을 공동 설계하고 실행할 방법이 없다면, 마하리스 반도의 레질리언스 구축은 여전히 어려울 것이다. '아일랜드의 연안 및 해양 레질리언스' 프로젝트는 마하리스 연안 지역사회에 대한 주요 제도적(거버넌스, 법적 책임, 이해관계자 포럼, 관광) 및 기술적(기후 적응, 자금 조달, 환경 지정, 기후 레질리언스 및 지속 가능성에 관한 다양한 용어, 침식 및 침수, 계절 관광) 장벽을 확인하여 기후변화에 대한 레질리언스를 높였다. 이 지역의 지속 가능한 관리를 가로막는 다른 장애물로는 지역 자원봉사 활동을 지원할 수 있는 전문 지식과 의사결정자에 대한 접근 부족, 특별 보전 지역 관리 방법의 혼란, 방문객들이 해안의 가치와 취약성에 대한 인식 미비 그리고 자원봉사 활동을 수행할 자금과 전문 지식의 부족 등이 있다.

프로젝트 결과는 연안 적응을 위해 지역 당국의 행동 및 지역 우선순위 조정의 필요성, 연안 관리를 위해 지역 당국과 지역사회에 권한을 부여하고 자원을 제공하는 중요한 필요성, 침식 및 침수 위험을 우선시하기 위한 일관된 국가 계획의 필요성을 강조한다. 많은 중앙정부 부처, 기관과 기타 공공 및 민간 부문 이해관계자 간에 지역사회 주도의 실행을 조정할 필요가 있으며, 이러한 행동 및/또는 책임이 지역사회의 레질리언스 비전을 정의하고 실현하려는 의지를 저해하거나 촉진할 수 있다. 마하리스 반도의 지역사회는 주요 이해관계자들에게 연안 관리와 생물다양성 보전이 상호 배타적이지 않다는 것을 보여주었다. 지역사회 주도의 자연-기반 해법(NBS), 예를 들어 도로의 모래 퇴적을 줄이기 위한 모래 울타리 설치(사진 4.13(a)), 지역사회 주도로 마람 잔디(Marram Grass) 식재(사진 4.13(b), Farrell & Farrell, 2023)는 지역적으로 레질리언스를 향상하고 교육, 유산 및 관광과 관련된 부수적인 활동의 기초를 제공할 수 있다. 마하리스 반도 지역사회의 경험은 아일랜드 해안선의 장래 관리를 변화시키고 있다. 예를 들어, 아일랜드에 새로 설립된 정부 기관들(아일랜드 국립 연안 변화 관리 전략 운영 그룹 기후행동 지역 사무소(National Coastal Change Management Strategy Steering Group Climate Action Regional Offices), 아일랜드 기후변화 자문 위원회 적응 위원회(Climate Change Advisory Council

(a) 사구 울타리 설치

(b) 마람잔디 식재

【도로 폐쇄로 이어지는 비사(飛砂)를 완화하기 위한 지역사회 주도의 사구 울타리 설치(왼쪽), 마람 잔디 식재(오른쪽)】
사진 4.13 아일랜드 마하리스 반도 내 연안 자연-기반 해법(CNbS)의 실행

Adaptation Commitee))은 연안 거버넌스와 관리 시 해결해야 할 과거 문제를 목표로 하며, 이들과 협력하는 마하리스 보전 협회(MCA)와 과학자들로부터 배우고 있다.

4.2.4 이탈리아 베니스 석호(Lagoon)의 연안 레질리언스[12]

1) 배경

베니스 석호247)(Lagoon)(사진 4.14 참조)는 북부 아드리아해(Adriatic Sea)의 얕은 연안 수역으로 면적이 550 ㎢에 달하며 독특하고 다양한 생물 환경을 보유하고 있어 유네스코 세계문화유산(UNESCO World Heritage Site)이다.

베니스 석호는 역사적, 자연적, 인간적 강제력의 복잡한 상호작용과 시스템을 현재 상태로 유지하기 위해 발전시켜 왔던 적응 및 완화 조치의 결과이다. 수 세기 동안 베니스의 석호는 경제성장, 군사 안보, 위생/공중 보건 및 식량 생산의 필요성 때문에, 신중하고 균형 있게 관리해 왔다. 석호의 수질 유지(수리적(水理的) 및 생물지화학적(生物地化學的) 목표를 모두 포함한다)는 이러한 목표의 핵심이었다. 석호의 형태학적 구조를 보전하기 위해 석호의 이용에 엄격한 제한을 두어왔다(Caniato, 2005). 즉, 미사 퇴적248)(Silting)과 침식의 서로 반대되는 경향을 방지하는 효과적인 물순환을 유지했으며, 지속 가능한 천연자원 개발을 포함한 석호 관리를 통해 본토(이탈리아)로부터 베니스로의 접근을 막았다. 서로 다른 베니스의 연안 사회-생태 체계(Coastal Social-Ecological System)는 1797년

247) 석호(Lagoon, 潟湖): 연안에서 파랑과 연안류의 작용으로 모래 등 퇴적물이 이동·퇴적되면 사취(砂嘴), 사주(砂洲) 등의 퇴적 지형이 발달하게 된다. 이때, 만(灣)이었던 지역은 사취(砂嘴)나 사주로 입구가 서서히 막히게 되어 바다와 분리된 호수가 생성되곤 하는데, 이러한 호수를 말한다.

248) 미사 퇴적(Silting, 微砂堆積): 하천의 유속이 느려지는 곳 또는 댐이나 저수지의 후방에서 정체수(停滯水)에 의하여 미사가 퇴적되는 것을 말하는데, 여기에서는 석호 주위에 퇴적하는 실트(Silt)를 말한다.

사진 4.14 인공위성 Sentinel-2에서 찍은 베니스 석호(2019년 2월 28일)

베니스 공화국이 멸망할 때까지 긴밀하게 연결되어 있었다. 그 후 산업 혁명의 결과 지역 연안 사회-생태 체계(CSES) 간의 연결이 약화(弱化)되고, 규모 간 상호작용이 증가했으며 여러 계층의 지배 체계가 이루어졌다. 따라서 변화와 압박에 대응하는 능력이 약해졌다. 산업화와 현대화의 시작은 연안 사회-생태 체계(CSES)의 주기(週期)에 심각한 영향을 미쳤다. 산업화는 천연자원에 대한 현지 의존도를 줄여 석호는 전략적 우선순위를 잃었다. 천연자원은 그 가치를 잃어버리자, 연안 사회-생태 체계(CSES)는 보전 우선순위를 잃은 생태계에 대한 압박을 가중(加重)시켰고, 새로운 우선순위를 설정하였고, 일자리와 사회구조를 변화시켰다. 모터보트는 석호로 가는 이동 시간을 단축하고 어업활동을 개선하며 지역사회 대비 개성을 강화하였으며 석호 공유지 개발에 대한 개방적인 접근 태도를 촉구하였다. 주거 수요를 능가하고 새로운 목표와 우선순위로 설정된 관광업은 역사적 도시인 베니스의 변화를 주도하는 주요 동력이 되었다. 관광객은 1950년대 이후 지속적으로 늘어 1960년 270만 명에서 2019년 1,290만 명으로 증가했지만, 거주자 수는 1960년 145,000명에서 2020년 51,000명으로 감소하였다. 이러한 변화는 지배 체계의 대응 능력보다 더 빠르게 발생하였다.

2) 압박과 충격(영향)

석호는 미사 퇴적/침식, 부영양화/이영양화(異榮養化)(즉, 생명을 유지하기에 너무 높거나 너무 낮은 영양염류 농도) 및 다양한 경제적 이해관계의 상반된 압박을 균형 있게 조정한다(예: 관광, 인구 증가, 농업, 수산양식 및 기타 산업, 보전, 회색 및 청록색 연안 방재 기반 시설). 베니스 석호는 인위

사진 4.15 베니스 석호에 충격(영향)을 미치는 주요 압박인 대중 관광

사진 4.16 베니스 석호에 충격(영향)을 미치는 주요 압박인 만조(滿潮) 또는 폭풍해일

적 활동의 영향을 많이 받는 유역으로 둘러싸여 있다. 베니스 석호 시스템의 주요 압박과 구동력(驅動力)은 다음과 같다.

i) 대중 관광: 세계 각지로의 연결 증가로 대중 관광과 대형 크루즈선이 증가하여 도시 주거 수요와 우선순위, 전통적인 석호 사용을 능가하고 있다(사진 4.15 참조).

ii) 만조(滿潮) 또는 폭풍해일: 기후변화로 인한 해수면 상승과 침하(주로 1950년대 지하수 사용 때문)의 동시 작용은 역사 도시인 베니스에 만조, 폭풍해일과 침수를 발생시킨다(Umgiesser, 2020)(사진 4.16 참조).

iii) 어업 위기: 전통 어업의 쇠퇴, 어업 장비의 효율성 증가, 마닐라 대합조개와 같은 비토착(非土着) 종의 도입(Canu 등. 2010)은 지역 경제와 석호 생태계에 충격(영향)을 미치는 어업 공동체에 몇 가지 중요한 결과를 초래하였다(사진 4.17 참조).

iv) 오염: 토지 기반 산업 및 농업 오염으로 인해 퇴적물 오염과 오염 사고가 발생하고 특히 1980년대에 새로운 환경 법안이 시행되기 전에 발생하였다.

이러한 압박과 구동력은 베니스 석호 연안 사회-생태학적 체계 내부에서 비롯되지만, 기후변화, 관광, 수산물 시장 수요, 넓은 시장의 산업재 및 농산물 수요와 같은 국가, 유럽 및 전 지구적인 구동력과도 연결된다(그림 4.56 참조).

사진 4.17 베니스 석호 생태계에 중요한 결과를 초래한 전통 어업의 쇠퇴와 어업 장비의 효율성 증가

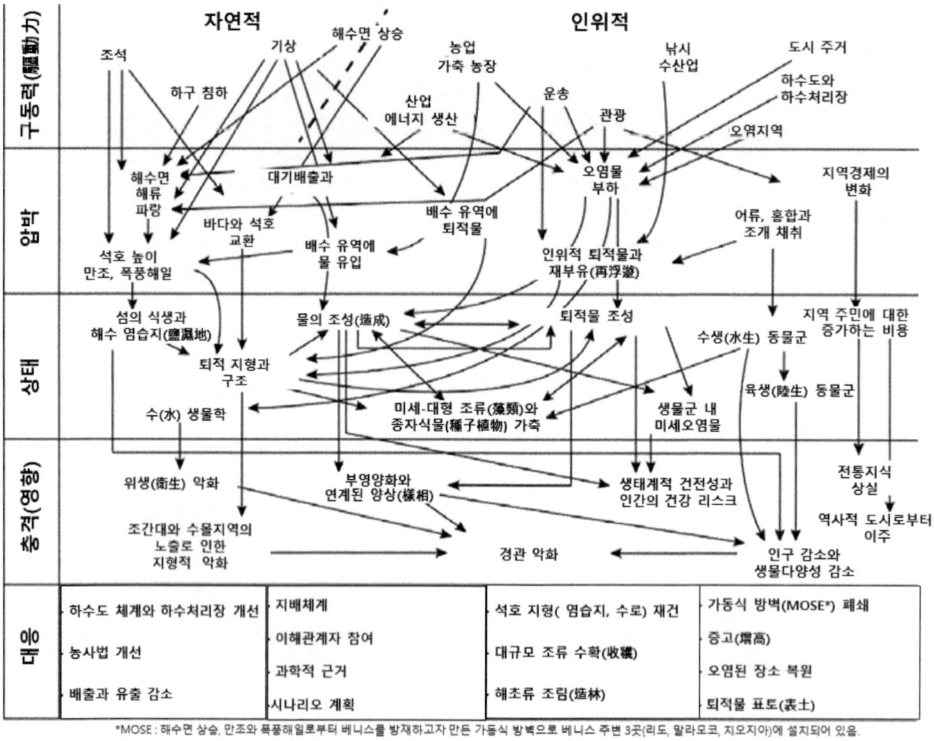

*MOSE : 해수면 상승, 만조와 폭풍해일로부터 베니스를 방재하고자 만든 가동식 방벽으로 베니스 주변 3곳(리도, 말라모코, 치오지아)에 설치되어 있음.

【대응은 ⅰ) 첫 칸: 구동력에 대한 활동, ⅱ)둘째 칸: 거버넌스 및 지식, ⅲ) 셋째 칸: 녹색 구조, ⅳ) 넷째 칸: 회색 기반 시설로 나눈다.】

그림 4.56 가장 관련성이 높은 구동력과 관련 압박, 상태 및 충격(영향) 사이의 연관성을 강조하는 베니스 석호 시스템의 구동력-압박-상태-충격(영향)-대응(DPSIR, Driver-Pressure-State-Impact-Response) 체계

3) 연안 레질리언스를 평가하기 위한 개념 및 체계

구동력-압박-상태-충격(영향)-대응(DPSIR) 체계(그림 2.2 참조)는 베니스 석호를 관리하기 위해 연안 사회-생태 체계(CSES) 분석에 관련된 여러 연구(예: Canu & Solidoro, 2017)와 하천 유역 관리계획(Autorita di Bacino del distretto della Alpi Orientali, 2015)에 사용되었다. 이러한 구동력-압박-상태-충격(영향)-대응(DPSIR) 체계의 시간적, 공간적 규모는 고려해야 할 레질리언스 향상을 위한 중요한 문제이다. 예를 들어, 마닐라 조개의 수입으로 인한 충격(영향)은 매우 빠르게(즉, 몇 년 이내에) 분명하게 나타나지만, 만조, 폭풍해일, 침수, 오염과 같은 다른 영향은 명확하게 인식되고 해결하는 데 수십 년이 걸렸다. 많은 경우 베니스 석호 시스템은 충격(영향)을 유도하는 데 필요한 압박과 대응하는 데 필요한 시간 사이의 불일치로 몇 가지 중요한 충격(영향)을 경험하였다. 이는 비효율적인 계획 및 대응의 징후(徵候)일 뿐만 아니라 패러다임과 가치 변화가 빠르며, 매우 복잡하고 계층화된 연안 사회-생태 체계(CSES)에서 집중적인 과학적, 사회적, 정치적 민주적 논쟁을 수행하는 데 필요한 시간의 결과이기도 하다. 충격(영향) 인식과 '대응' 실행 사이에 발생하는 시차(時差)는 연안 사회-생태 체계(CSES)에 매우 중요하다. 이러한 지연은 연안 사회-생태 체계(CSES)가 새로운 구성을 찾을 때까지 베니스 석호에서 몇 년 동안 계속되었다. 과학, 사회, 정치 논쟁의 장에서도 큰 지역사회(즉, 국가 및 EU)와 관련된 가치, 법률, 규칙 및 목표를 통합하여야 했다. 석호를 구역화하고 갈등 문제를 해결하기 위해 통합 연안역 관리(ICZM) 접근 방식('2.1.3 연안 레질리언스를 평가하기 위한 개념 및 체계 중 4) 통합 연안역 관리(ICZM, Integrated Coastal Zone Management)' 참조)을 사용하여 베니스 석호 시스템의 레질리언스를 향상했다.

4) 연안 레질리언스를 구축하는 수단, 장애 및 협력

통합 연안역 관리(ICZM)는 이용할 수 있는 최고의 과학 지식을 포함한 다양한 수단의 지원을 받았으며, 수치 모델링을 이용하여 시나리오를 제작했으며, 사회 참여와 토론을 포함하였다. 수로와 염습지(鹽濕池)의 형태적(形態的) 복원, 해초류 이식 등 다양한 청록색 기반 시설을 사용하였다. 가동식(可動式) 방벽(防壁)인 모세 프로젝트(그림 4.57, 그림 4.58 참조)와 역사적인 도시 하부를 증고(增高)하는 형태인 회색 기반시설은 만조 또는 폭풍해일 사건을 방호하고 석호의 형태를 복원하는 데 사용하였다. 석호 어업을 관리하기 위해 과학적 지식이 지원되는 공동 관리 접근 방식을 실현하여 거버넌스의 참여가 개선되었다. 1999년부터 총 허용 최대 부하량(물 프레임워크 지침(Water Framework Directive) 접근 방식)에 근거한 영양염류 부하를 규제하고, 모니터링, 평가 및 시나리오 모델링을 통해 지원하고 있다. 그 결과, 앞서 언급한 몇 가지 위기(어업, 오염, 만조, 폭풍해일)를 해결한 것으로 여길 수 있다. 규칙, 법률 및 제도 시스템이 수립되어 문제가 관리되고 점진적으로 회복되고 있다. 이 과정은 베니스를 방재하기 위한 1973년 특별법인 n° 171 법이 이 과정을 뒷받침하였다(다른 특별법도 그 뒤를 따랐다). 이 법률은 베니스 연안 사회-생태 체계(CSES)의 모든 구성요소를 광범위한 관점에서 고려한 최초의 법률로 1966년 베니스의 극적인 침수[249] 이후에 발표하였다. 이 법률은 전

249) 1966년 베니스 침수:1966년 베니스에서 '아쿠아 알타(Acqua Alta)'로 알려진 전례 없는 만조(滿潮)로 최대 194 ㎝에 달하였다.

략적 목표, 이를 달성하기 위한 절차, 개입을 조직적으로 실행하는 다양한 주체의 역량을 정의하였는데, 광범위한 관점을 가진 이 특별법에서 "이탈리아 공화국은 베니스시와 석호의 경관, 환경, 역사적, 고고학적, 예술적 가치를 방재(防災)하고, 수리학적 균형을 방호하며, 대기 및 수질 오염으로부터 환경을 보전하며, 지역의 일반 개발 및 영토 계획의 틀에서 사회경제적 생존 가능성을 보장한다"라고 하였다. 법률의 시행은 순탄하지 않았다. 서로 다르고 때로는 겹치는 역량을 가진 다양한 행위자 간의 조정 필요성은 어려운 과제였으며, 서로 다른 경제적, 사회경제적 이해관계의 존재로 인해 논쟁이

일시	내용	세부내용
1966년	대침수 발생	194㎝ 해수면 상승으로 침수발생 → 문화재 손실 등 재산상 피해가 발생했으나, 인명피해는 없었음
1971년	법령 제정	베니스를 침수로부터 구하기 위한 법률
1984년	환경복원사업 착수	베니스 석호에 대한 생태환경 복원사업
2003년	Mose project 착수	2015년 준공예정이었으나 환경파괴논란으로 2020년 상반기 완공(수문 3개소 설치)
원인 및 대응방안	침수원인	지반침하(마르겔라 공장지대)와 해수면 상승 동시 발생
	대응방안	환경피해를 최소화하기 위한 공법검토: 석호(潟湖) 내 생태환경을 고려한 종합적인 사업추진 → 사연환경을 훼손 및 변경하지 않는 공법 채택·적용 → 베니스 해상출입부 3곳에 방벽 설치
대책	① 리도 수문	여객선용 수문 • 인공섬 중앙에 설치하고 양쪽으로 각 400 m 갑문계획 • 갑문 앞면부에 항 계획(수문이 닫혔을 때(위급 시) 통행로 역할)
	② 말라모코 수문	대형선(화물선)용 수문 • 초대형 선박의 통항이 가능하도록 계획 • 외곽방파제는 갑문보호 및 해수면 60㎝ 상승을 막아주는 역할
	③ 치오지아 수문	어선용 수문 • 어선전용(규모가 제일 작음) • 갑문 2개 배치: 어업활동을 고려 계획(일시에 출항, 입항)

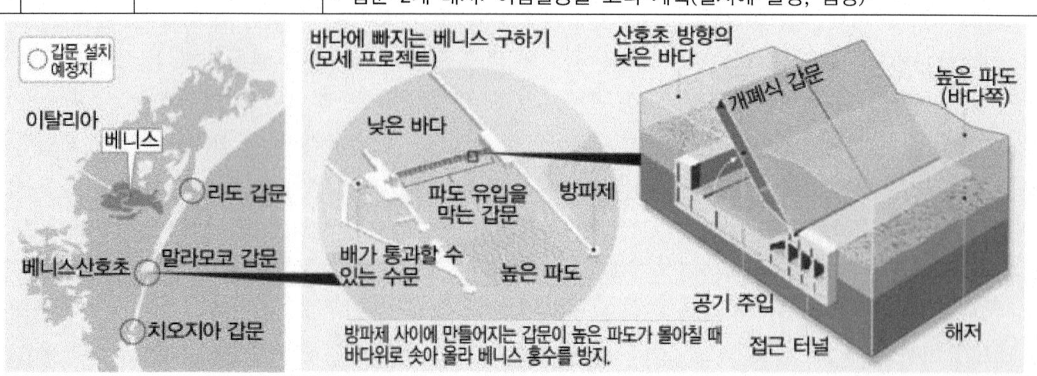

그림 4.57 Mose Project 개요(1)

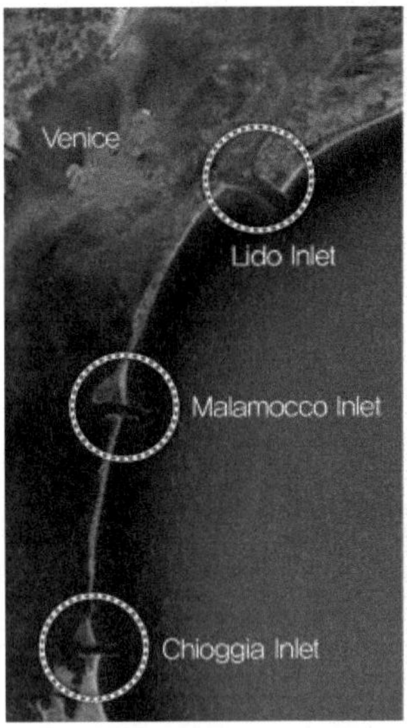

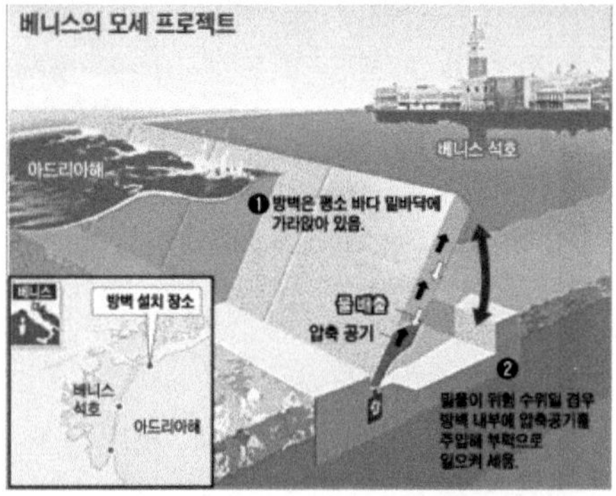

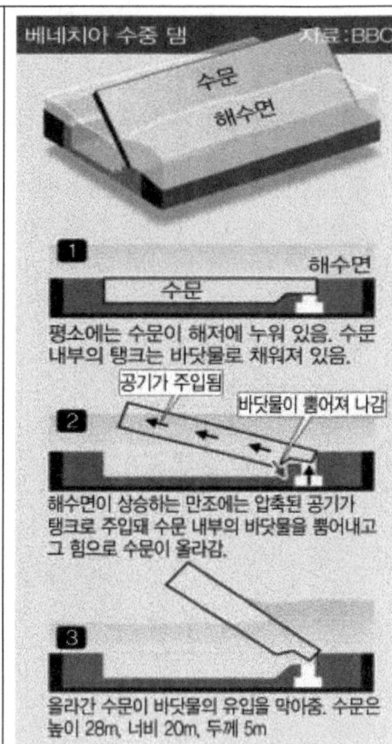

목적	베니스를 해수면 상승, 만조 및 폭풍해일로부터 보호 → 지속적인 해수면 상승에 의한 위협 및 폭풍해일의 위험요소를 차단
MOSE PROJECT 건설조건	• 자연환경 훼손 및 변경시키지 않으면서 재난에 대한 대책수립(수중 구조물 설치로 환경변화요인 최소화에 중점을 둠) • 1.2 m 이상의 해수면 상승 시 주민과 재산을 보호
형상	수중에 거대한 가라앉은 방벽이 압축공기주입으로 수문이 올라옴 • 방벽 길이: 1,520 m(3개소) • 수문 높이: 30 m×76기
공사기간	17년(2003~2020년)
공사비	총 7조 9천억원(석호 생태복원 및 Mose Project 포함: 1984~2020년)
내용	• 1971년 법 제정: 정부의 특별법으로 사업추진 • THETIS 탄생: 시민, 정부, 엔지니어 합동으로 컨소시엄 구성 → Mose project 총괄 지휘 • 담당 영역: 해수면 상승 및 폭풍해일 대응 → 국가 환경오염 방지 및 복원 → 주 정부 경제활동 → 베니스시 • 플랩형(Flap-Gate) 수문 채택: 환경변화 요인을 최소화할 수 있는 공법채택 -세계 최고권위자 5명으로부터 자문통과 -현 상태 유지, 자연훼손이나 공간차지가 없는 공법으로 환경측면에서 가장 작은 피해의 공법이라 판단 • 유지·관리: 1/5년 함체 교체, 100년의 내구연수(100명, 3,000만 유로/년) • 작동: 1.3 m 해수면 상승 시 수문(플랩) 가동 • 힌지: 청소선 운항과 잠수부 투입으로 청결유지 예정

그림 4.58 Mose Project 개요(2)

양극화되고 의사 결정이 지연되는 경우가 많았다. 관광업계의 압박은 여전히 뜨거운 이슈이다. 이러한 압박을 제한하고 관광객, 관광시장과 주민에게 도움이 될 수 있는 윈-윈(Win-win) 해법을 찾기 위한 어떤 조치를 설정할 수 있는지에 대한 논쟁은 지금도 이해관계자들 사이에서 진행 중이다. 과거 위기에서 교훈을 얻으려는 노력은 베니스 석호의 연안 레질리언스를 향상하는 데 필요한 대부분 수단, 즉 법률과 규정, 계획, 자금 조달, 과학 지식(연안 사회-생태 체계(CSES) 데이터, 평가), 토론 분야, 언론의 관심, 시민 참여 등이 가능하다는 것을 시사한다.

4.2.5 네덜란드의 연안 레질리언스

1) 연안 관리

저지대 국가인 네덜란드는 상승하는 물과 오랜 투쟁의 역사를 가진다. 지난 몇 세기 동안 상승하는 물과의 투쟁은 주로 지방 차원에서 현지 해법을 가지고 싸워 왔다. 그러나, 지난 수십 년 동안 이러한 사고방식은 여러 정부 기관, 연구 기관, 지역 이해관계자를 포함한 시스템 전반에 걸친 통합적인 접근 방식으로 전환하였다. 1990년 모래 양빈(養濱)을 통해 1990년 수준의 안정적인 해안선의 유지를 결정함으로써 이 비전의 기초가 마련되었다. 이러한 정치적(및 법적) 결정을 통해 자연적 과정이 핵심적인 역할을 하는 모래 해법을 기반으로 하는 역동적인 연안 관리 접근 방식을 공동 개발할 수 있었다. 또한, 이 비전은 연안에서의 양빈은 연안 시스템의 육지 부분(예: 보호된 사구 생태계)에 영향을 미쳐 연안 방재와 여러 국가 및 유럽연합(EU)의 자연 보호구역 관리와 연결된다. 이 비전이 형성된 후 네덜란드 전체 해안선은 이러한 비전에 따라 샌드 모터(Sand Motor) 및 혼드보스 사구(Hondsbossche Dune)과 같은 연안 자연-기반 해법(CNbS) 프로젝트와 함께 시행하였다. 네덜란드 연안 전체에 장기적인 비전을 적용하는 것은 시스템 사고의 가장 중요한 예로 볼 수 있다. 네덜란드는 작은 공간적 규모에서는 시스템 기반 접근 방식을 사용하여 다른 생태계 서비스를 포함한 맞춤형 해법의 개발에 익숙하여 왔다. 가능한 경우 연안 자연-기반 해법(CNbS)을 선호하고 필요한 경우 구조적 해법을 선택한다(예: 해안 도시 근처 또는 다양한 자연 시스템). 예를 들어, 네덜란드 연안은 남서쪽의 지우세 델타(Zeeuwse Delta)/셸트-뮤즈 하구(Scheldt-Meuse Estuary), 서쪽의 클로우져드 홀란드(Closed Holland) 연안, 북쪽의 와덴해(Wadden Sea) 울타리섬 시스템 등 세 가지 하위 시스템으로 나눌 수 있다(그림 4.59 참조). 각 시스템은 서로 다른 접근 방식이 필요하며 비용-편익 분석과 해법이 다르다. 국가 정책에 포함된 네덜란드의 장기 연안 관리 접근 방식은 네덜란드 전체 연안에 대해 비슷한 연안 방재 표준을 설정하는 체계를 제공함으로써 시스템적 사고를 사용하며, 이 체계는 자연과 지역 이해관계자의 요구를 포함하는 특정 프로젝트로 현지에서 최적화된다. 연안 방재(예를 들어 베이시스쿠슬리진[250)](Basiskustlijn) 유지)는 자연 보호와 여러 국가 및 유럽연합(EU)의 자연 보호구역(예: 세계 최대 규모의 보호구역 조직 네트워크인 나투라(Natura 2000)의 증진에 연관이 있다.

250) 베이시스쿠슬리진(Basiskustlijn): 네덜란드의 기본 해안선을 말하고 1990년의 저조위선(低潮位線)을 나타낸다. 이 선은 해안침식을 결정하고 필요한 경우 조치를 취하는 데 사용된다.

【도형은 연안 자연-기반 해법(CNbS)의 개입을 나타냄.】

그림 4.59 네덜란드 연안의 연안 관리 프로젝트 개요

이 접근 방식은 질소침적[251](窒素沈積)뿐만 아니라, 다양한 서식지 목표를 고려한다. 또한, 연안역 내 자연 가치가 증가하면 나은 레크리에이션 기회도 창출되어 지역 이해관계자에게 유익하다.

2) 연안 자연-기반 해법(CNbS)

(1) 혼드보즈 사구(Hondsbossche Dune)와 해빈(네덜란드 노르트홀란트(Noord-Holland))[13]

네덜란드 혼드보즈(Hondsbossche) 방조제와 페트메르(Pettemer) 방조제는 안전 기준을 만족하지 못했기 때문에 2015년 방조제의 바다 쪽으로 부드럽고 자연적인 모래로 양빈(養濱)(3천만 ㎥)하여 방조제를 보강하였다. 그 결과 해당 지역은 혼드보즈 사구로 이름이 바뀌었다(사진 4.18 참조).

네덜란드 연안 관리를 위해 채택된 전략은 유지(維持)이다. 네덜란드 연안은 대부분 지역에서 후퇴하고 있지만, 모래 양빈으로 해안선을 동적(動的)으로 유지해 왔다(선을 유지한다). 그러나, 이 중 네덜란드 북부 연안을 따라 5.5 km 길이의 혼드본즈와 페트메르 방조제(전통적인 설계)는 안전 기준을 충족하지 못하였다. 따라서 다음 네 가지 가능한 해법을 고려하였다. 세 가지는 전통적인 접근 방식이었고, 한 가지는 자연(모래) 접근 방식이었다(그림 4.60 참조).

251) 질소침적(窒素沈積): 대기 중의 질소가 토양이나 해양, 생태계 등에 침적되는 것을 말한다. 그 특징으로는 비농업(화석에너지 연소)에서 오는 질산화물 배출이 주요 원인으로 질소가 함유된 화합물은 탄소동화작용에 의해 생태계에 흡수되는 탄소의 양에 영향을 주며, 해양생산력을 증가시킬 수 있지만, 해수의 용존무기탄소 성분의 변화를 동반할 수 있다.

(a) 혼드보즈(Hondsbossche) 방조제(2015년 이전) (b) 혼드보즈 사구(2015년 이후)

사진 4.18 네덜란드 연안의 혼드보즈 방조제와 사구

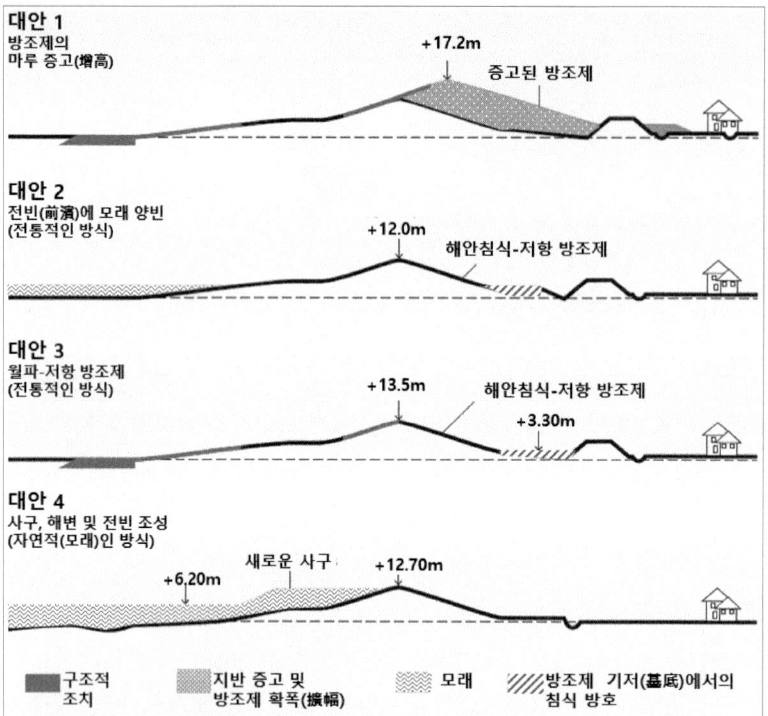

그림 4.60 혼드본즈 방조제와 페트메르 방조제의 연안 방재를 개선하기 위한 대안 설계

i) 방조제의 마루를 높인다(전통적인 접근 방식).

ii) 전빈(前濱)에 모래 양빈을 한다(전통적인 접근 방식).

iii) 방조제가 월파(越波)에 견딜 수 있도록 한다(전통적인 접근 방식).

iv) 사구, 해빈, 전빈 조성(자연적인(모래) 접근 방식)

네 가지 대안 모두 필요한 안전 표준을 충족하였다. 자연(모래) 해법은 다음과 같은 이유로 선택하였다.

- 안전: 가장 빠르게 실행할 수 있는 대안이었다. 또한, 모래는 장래에 적응할 수 있는 유연한 해법이며 높은 안전감을 제공한다(건물은 바다에서 멀리 떨어져 있다).
- 환경: 설계는 환경에 대한 방해 요소를 최소화하였다(방조제의 육지 쪽을 간섭하지 않는다). 자연과 경제 발전의 기회를 창출하고 자연에 대한 영향을 완화할 수 있었다.
- 실행: 모래 접근 방식은 공간성(空間性)(자연 및 레크리에이션용)을 개선하기 위한 해당 지역의 다른 프로젝트와 잘 부합(符合)한다.
- 비용-편익: 사회적 비용-편익 분석 결과, 이 해법은 가장 저렴하지는 않지만, 다른 대안에 비해 가장 높은 편익(관광 및 레크리에이션)을 제공한다.

모래 설계를 선택한 논리는 장래에 쉽게 변경할 수 있는 유연한 해법이라는 것이다. 자연(모래) 해법은 해수면 상승에도 불구하고 50년 동안 지속되도록 설계되었으며(그림 4.61, 그림 4.62 참조), 그 이후에는 필요한 경우 변화하는 조건에 맞게 조정할 수 있다. 표 4.6은 주요 설계 세부 사항을 요약한 것이다.

그림 4.61 자연 전개 및 레크리에이션을 위한 다양한 구역을 갖는 혼드본즈 사구 설계

그림 4.62 조성된 혼드보즈 사구의 중심 자연 구역 내 서식지 형태

표 4.6 혼드보스 사구의 주요 설계 세부사항

전략	해법 형태
해안선을 전진시킨 후 선을 유지한다.	자연-기반, 부드러움
계약 종류	**프로젝트 비용**
설계, 조성 및 유지보수 (20년간 약 14.4㎞의 해안선)	2억 7,100만 달러($)((3천8백억 원(₩), 2024년 11월 환율 (1달러($)=1400원(₩)))

목표

전략적

안전(침수 없음)을 보장하고 지역의 공간성을 개선하는 데 도움.

운영적

- 안전성: 10,000년 빈도 폭풍 조건을 견뎌야 하며, 해수면 상승을 고려한 50년 동안 방재로 설계.
- 공간성: 지역 정부(주(州))에서 제시한 안전 품질 기준을 준수.

연안관리에 대한 예산 기준은 '안정감 있고 견고하며 효과적'이다. 이는 예산 투입이 최저 비용 대비 안전성을 높이는 데 영향을 미칠 뿐만 아니라 조치의 수명이 길어야 한다는 것을 의미한다(견고해야 함).

설계 조건

엔지니어링

- 모래 및 연안 단면은 50년 동안의 안전 요건을 충족해야 하며, 이는 변화하는 파랑 조건을 포함하지 않고 해수면 상승 및 침하를 포함한 10,000년 빈도의 폭풍을 견딜 수 있는 수준이다.
- 방조제 전체 길이에 대한 안전한 사구가 되어야 한다. 폭은 최소 75 m, 최대 100 m이다. 사구 높이는 최소 7 m이며 방조제(12m + NAP[*1])보다 낮아야 한다. 안전한 사구는 방조제의 바다 쪽에 조성되어야 한다.
- 해안선은 부드럽고, 사구, 해빈, 근빈(近濱)은 다른 연안역(주로 방조제 육지 쪽)과 조화를 이루어야 한다. 사구는 물이 통과하지 못하도록 연결되어야 한다.

환경

- 설계의 중요한 부분인 사구에는 자연 기능이 있다. 자연 가치에 대한 부정적인 영향을 줄이거나 복원하기 위한 완화 조치가 취해졌다. 이러한 완화 조치에는 꼬까 도요새와 검은머리물떼새의 잃어버린 서식지에 대한 복원이 포함되었다.
- 사용되는 모래는 자연 및 인근 사구 시스템의 모래와 비슷한 물리적, 화학적 특성과 입자 크기를 가져야 합니다.

사회경제

- 해변은 걸을 수 있을 만큼 넓어야 한다.
- 모래 수송에 따른 장애는 해당 지역에 모래를 가두어 방조제 위로 모래 수송을 방지하는 조치를 취함으로써 최소화해야 한다.
- 기존 방조제는 문화유산으로 유지하여야 한다. 사구는 방조제보다 낮아져 배후지에서 바라본 조망이 변하지 않아야 한다.
- 마을과 가까운 사구에는 자전거 도로 조성, 해빈 출입구, 해빈 파빌리온 및 레스토랑 배치 등 레크리에이션 기능이 있어야 한다.

성능 모니터링

1. 안전: 네덜란드의 연안 안전 모니터링과 해안선의 변동은 국가기관인 릭스워터스타트[*2](Rijkswaterstat)가 담당한다. 연안 안전 기능을 모니터링하기 위한 변수는 고정된 기준선과 비교한 해안선의 위치와 전체 연안 구간(근빈(近濱), 해빈, 사구 포함)의 모래 체적이다.
2. 설계: 설계는 새로운 개념이었으므로, 에코쉐이프(EcoShape)는 자연과 여가를 위한 부가가치가 있는 효율적인 모래 양빈에 대해 자세히 알아보기 위해 혁신 프로젝트를 시작하였다. 이 프로젝트에서 에코쉐이프와 협력자들은 다음 세 가지 주제를 연구하였다.

i) 엔지니어링 서식지 개발의 예측 가능성 개선
ii) 설계 및 형태학적 발달 최적화
iii) 지역사회와 방문객에 대한 인식
이 결과는 다음과 같이 새로운 지식을 제공하는 지침서에 사용하였다. (1) 비구조적 해법이 부가가치를 제공하는 경우, (2) 설계를 최적화하는 방법, (3) 구조적 해법과 비교하여 얻을 수 있는 재정적 혜택(이익) 등이다 (ecoshape.org 2021 참조).

시방서
• 요청된 공개 범위: 20년간 설계, 구축 및 유지보수.
• 설계 요구 사항을 참조.

*1 각주 195) 참조
*2 릭스워터스타트(Rijkswaterstat): 네덜란드 국가기관으로 수로와 도로의 건설 및 유지보수, 홍수 보호 및 예방을 포함한 공공 공사 및 물 관리의 실질적인 집행을 담당한다.

(2) 브루어스담(Brouwersdam) 해빈과 하구개선 프로젝트(네덜란드 남서부)[14]

가) 개요

네덜란드 연안은 내륙으로의 해수 침투를 제어하는 육지와 방조제로 둘러싸여 있다. 네덜란드의 방조제는 자연-기반 사구에 묻혀 있거나 구조물 상단을 가로지르는 도로를 통해 교통수단으로 활용하는 등 다양한 방식으로 개선해 왔다. 브루어스담은 20세기 네덜란드 남서부의 작은 하구를 가로질러 건설된 델타 프로젝트(Delta Project)로 건설된 13개의 방조제 중 하나로, 바다-하구를 연결해 폭풍해일을 방재(防災)하기 위해 건설하였다(Elias, van der Spek와 Lazar 2016). 브루어스담 지역(그림 4.59 ★)은 교통과 방재를 위해 방조제에 의존하고 있다. 브루어스담 해변과 하구 개선 프로젝트는 다음과 같은 네 가지 주요 교훈을 제공한다.

• 성공적인 프로젝트는 환경과 사회의 요구를 충족시키기 위해 끊임없이 현장을 모니터링하고 적응해야 한다.
• 프로젝트는 자금을 확보되기 전에 잘 수립된 계획과 제안을 고려할 준비가 되어있을 뿐만 아니라, 대화를 시작하고 자금을 기부하는 전략을 통해 예상치 못한 자금 효용성을 활용할 수 있다(Huibregtse 2013).
• 토지관리 계획에 이해관계자를 참여시켜 관리자와 이해관계자 간의 지속성을 유지하는 것은 성공적인 프로젝트의 핵심 요소인 경우가 많다. 이해관계자들은 수년 동안 연안 방재의 결정을 위해 참여해 왔다. 이해관계자들은 심지어 양빈 비용의 일부를 지급하고, 관리 결정의 핵심 요소가 되기 위한 과정에 참여하였다.
• 경제적 이익이 분명한 여러 이해관계자를 위한 다양한 혜택을 갖춘 개선이 가장 큰 관심을 이끈다. 이러한 원칙 때문에 브루어스담 해빈을 해수면 위로 유지할 수 있어, 성공적이었다.

브루어스담 지역은 교통 혜택, 경제적 가치, 레크리에이션 기회, 생태계 건강 개선을 제공하며 친환경 에너지도 포함할 수 있다. 주요 관리기관은 네덜란드의 주요 기반시설(예: 도로, 수로 및 물관리 시스템)을 설계, 건설, 유지와 보수를 담당하는 릭스워터스타트(Rijkswaterstat, 네덜란드 기반시설 및 수자원 관리 사업부)이다. 방조제 위로는 중요한 해안고속도로(N57)가 통과하고, 북해 쪽에는 큰 해빈이 있다(사진 4.19 참조). 이 지역은 필수적인 기능을 담당하게

(a) 침식 중인 해빈(양빈 전) (b) 양빈된 해빈(양빈 후)

【두 육지 사이의 방조제 중앙에 있는 브루어스담 해빈은 방재 기능은 제공하지 않았지만, 해빈의 여러 벤더(검은 점)를 포함한 레크리에이션 가치를 제공했다. 해빈은 남쪽의 파랑 작용(2013년에 촬영된 패널 (a)의 사진에 표시)으로 크게 침식되었으며, 양빈이 없었다면 사라졌을 것이다. 이해관계자 주도의 프로세스로 방재 대상인 모래 양빈을 경제적으로 실행하였는데, 민간-공공 자금 협력관계를 통해 레크리에이션을 위해 브루어스담 해빈을 양빈한 후(패널 (b)의 사진에 표시됨, 2016년에 촬영됨) 연안 자산 보호를 개선할 수 있었다(검은 점 참조).】

사진 4.19 브루어스담 해빈 - 개선 프로젝트의 전(前)·후(後)

되었지만, 해빈은 이미 침수에 대해 안전하였기에 최초 프로젝트의 설계에는 포함되어 있지 않았다. 그러나, 2007년 결정적인 계기가 된 남쪽에서 내습하는 파랑 작용으로 많이 침식되어, 양빈하지 않으면 가까운 장래에 사라질 것이라고 예상하였다. 이해관계자와 매년 협력하는 연례 내서널 델타 프로그램(National Delta Program)은 2010년에 '지금과 내일, 안전하고 매력적인 네덜란드에 투자하는 것'에 초점을 맞춰 공식적으로 창시(創始)되었으며, 2012년 펄 프로젝트(Pearl Project)를 시작하였다(쇼웬-듀이벌랜드(Schouwen-Duiveland) 지방 자치 단체가 최초의 펄 프로젝트를 시작하였다). 이 시작은 적응형 접근 방식을 많이 취하였고, 브루어스담 방조제의 다기능적 혜택(이익)을 위한 대대적인 개선으로 이어졌다. 성공적인 방조제 개선은 이해관계자의 참여, 신중한 계획, 관리자와 이해관계자의 지속성에서 비롯되었으며, 창의적인 자금 조달 시나리오를 통해 비방재적(非防災的) 개선 사항을 포함하는 방향으로 관리 고려 사항의 발전이 이어졌다. 릭스워터스타트는 연안 침수 방재를 위해 이해관계자와 협력자를 위한 공식적인 고려 절차(범위설정 단계, 그림 3.2 참조)를 진행하였으며, 자연 보호법의 목적으로 생태적 개선을 고려하였다. 이 프로세스에는 다음과 같은 협력자가 참여하였다. 릭스워터스타트, 수자원 위원회(사구 관리자), 에비데스(Evides, 상수도 공급업자), 지방자치단체(레크리에이션 장려자), 지역 해변 기업가, 네덜란드 산림위원회, 델타레스(Deltares, 물과 물 관련 문제를 조사·연구하는 독립연구기관) 등이 있다. 모래 양빈을 위한 유일한 자금은 현재 방재 대상 프로젝트에 대한 것이었으므로 모두가 참여하였고, 방재 대상 모래를 레크리에이션 가치로 사용해야 하는지에 대한 논쟁이 벌어졌다. 해빈은 침수방재기능을 제공하지 않지만, 해빈에 대한 경제 분석(계획 단계, 그림 3.2 참조)에서 연간 5,400만 달러($)(756억 원(₩), 2024년 11월 환율 (1달러($)=1400원(₩))) 이상의 가치로 추정하였다. 이 가치는 관광객, 서핑 애호가, 보트타기(마리나)를 유치하고 대규모 콘서트(2022년 7월 브루어스담에서 개최된 콘서트)에 사용될 예정이었기 때문이다. 쇼웬(Schouwen) 해빈의 정기적인 방재에 사용되는 모래가 브루어스담 해빈의 침식 복원에 안전하게 사용되어 브루어스담 해빈의 남쪽을 증가(경제적인 개선)시킬 수 가에 대한 여부를 판단하기 위해 취약성 평가(계획 단계)를 수행하여야 했다. 브루어스담 해빈은 쇼웬 해빈의 자연 복원(주 정부(州政府) 주도)을 포함한 두 번째 펄 프로젝트로, 브루어스담 해빈에서 모래 양빈에 대한 기회를 진행하였다. 실제 복원은 가용한 총 모래를 유지할 뿐만 아니라, 발생하는 해빈 침식의 양을 줄이고 초본(草本) 식생이 서식하는 연속 사구인 회색사구가 육지 쪽으로의 모래 전달을 줄여 해빈과 사구를 안정시켰다. 이에 따라 주 정부는 바람과 파랑이 모래를 회색 사구로 운반하는 많은 기회를 제공하는 대신, 브루어스담 해빈으로 모래를 운반함으로써 얻을 수 있는 잠재적인 경제적 이익 때문에 정기적인 쇼웬 해빈의 양빈을 연기할 것을 권고하였다. 릭스워터스타트는 쇼웬 사구가 지역 식수원(침수 방재 사구는 내륙에 있다)에 제공하는 방재에 부정적인 영향을 미치지 않으면서 브루어스담 해빈의 복원을 돕기 위해 정기적인 쇼웬 해빈에 대한 한 번의 양빈을 생략(省略)할 수 있는가에 대한 조사를 요청받았다. 델타레스의 평가에 따라 릭스워터스타트는 정기적인 쇼웬 해빈에 대한 양빈(10년 주기로 재양빈한다)을 생략하는 대신 2016년 브루어스담 해변의 한 번의 양빈이 가능하도록 지원하였다. 이 프로젝트는 도로, 건물, 담수에 대한 연안 방재 가치를 제공하지 않았기 때문에 추가적인 지역 지원은 제공되지 않았다. 단기간의 수익률로 노력을 종료하거나 양빈을 실행하는 대신, 지방자치단체와 이해관계자들이 함께 모여 10년간의 침식(의사 결정 단계, 그림 3.2 참조)을 보충하는 데 필요한 나머지 모래(10만㎥)를 공급하였으므로 해빈의 중요성을 입증하였다. 릭스워터스타트는 최종 계획을 수립하고 네덜란드 경제부에 허가(실행단계, 그림 3.2 참조)를 요청하였다. 나투라(Natura) 2000[252] 관리 계획에 따라 허가가 필요했고, 북해 모래 채취에 필요한 자연보호법 허가를 취득하였다. 또한, 이 노력을 위해서는 릭스워터스타트, 수자원위원회, 에비데스, 지방 자치 단체, 지역 해변 기업가, 네덜란드 산림위원회, 델타레스 등이 포함된 시험 협약(실행단계, 그림 3.2 참조) 그룹 내 회원들의 승인이 필요하였다. 이 협약은 해수(海水)가 침투(浸透)하여 담수 시설을 위협할 때 조치할 수 있는 조건을 설정하였다. 시험 협약 그룹 내 회원들은 쇼웬 해빈에 대한 값비싼 긴급 양빈이 필요하다는 사실을 알고 있으므로 양빈을 생략한 결정을 따라야만 하였다. 릭스워터스타트는 브루어스담 해빈에서 해빈 양빈을 실행했으며(실행단계), 쇼웬 해변의 해변 침식에 대한 연례 모니터링을 계속하고 있다(운영단계, 사진 4.20 참조). 지역 경제적 가치는 이미 분명하였다. 2006년 침식으로 해빈을

252) 나투라(Natura) 2000: 유럽연합(EU) 내 자연 보호 구역 네트워크로 서식지 지침과 조류 지침에 따라 각각 지정된 특별보호구역과 특별 보호구역으로 구성되어 있고, 이 네트워크에는 육지 및 해양 보호 구역이 모두 포함된다.

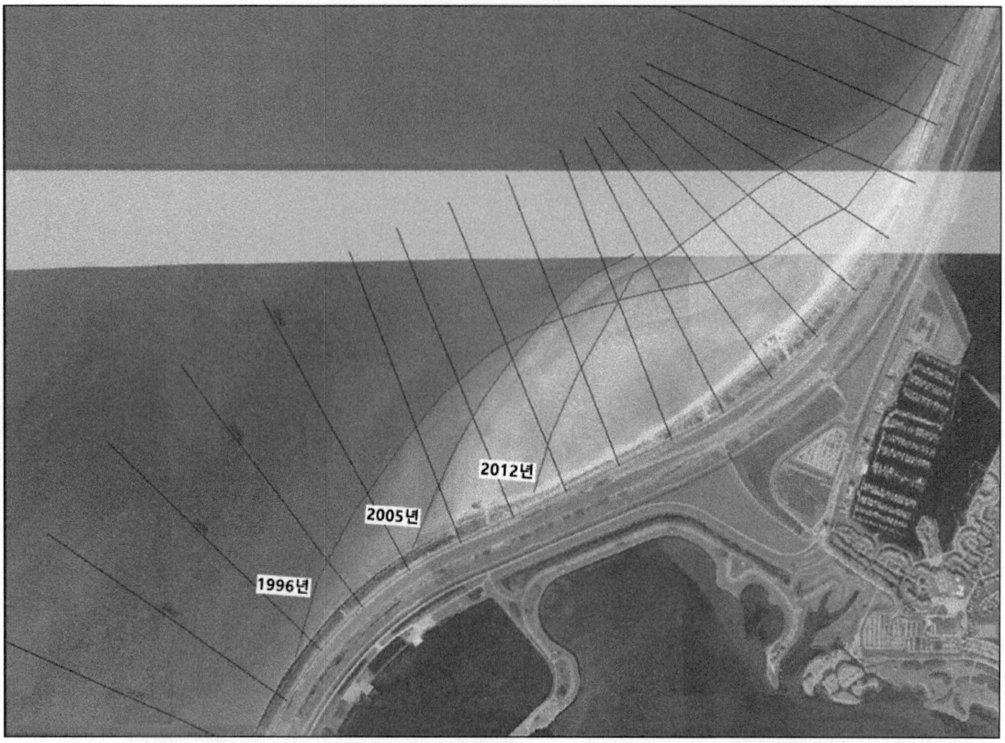

【1996년, 2005년, 2012년의 표시가 된 선 사이에 브루어스담 해빈이 침식되어 사라졌음을 나타낸다.】
사진 4.20 브루어스담 해변에서 릭스워터스타트가 실행한 양빈

【(사진 4.19 패널 (b) 참조, 해변 벤더는 가운데 검은색 점으로 표시됨).】
사진 4.21 해변 상인이 북해를 바라본 방향에 있는 브루어스담 해빈

떠났던 해변 상인(파빌리온 소유주)은 해빈 양빈 계획이 시작된 지 10년 후인 2016년에 복원된 해빈으로 되돌아왔다(사진 4.21 참조). 그러므로, 브루어스담 해빈의 양빈 모래는 여전히 지역 모래 기반에 영향을 미칠 것이며, 즉 모래가 침식되면 사라지지 않고 연안을 따라 이동하여 지역 전체에 방재 가치를 제공한다. 그러나, 이 양빈 계획은 향후 10년간의 해변 레크리에이션과 경제적 가치를 창출할 수 있게 해주었지만, 장래는 여전히 안전하지 않다.

나) 장래에 대한 계획

2016년에 이 지역은 시간을 벌었지만, 이 지역에 대한 많은 의문이 남아 있다. 다음 단계(범위설정단계)에서 모래는 어디에서 공급할 수 있을까? 건전한 생태계와 어업을 위해 자연 하구-북해 연결을 개선할 수 있을까? 그 밖에도 어떤 것을 개선할 수 있을까? 하구의 건전(健全)은 자연적인 조수(潮水)와 연결을 증가시킴으로써 혜택을 받을 것이다(Elias, van der Spek과

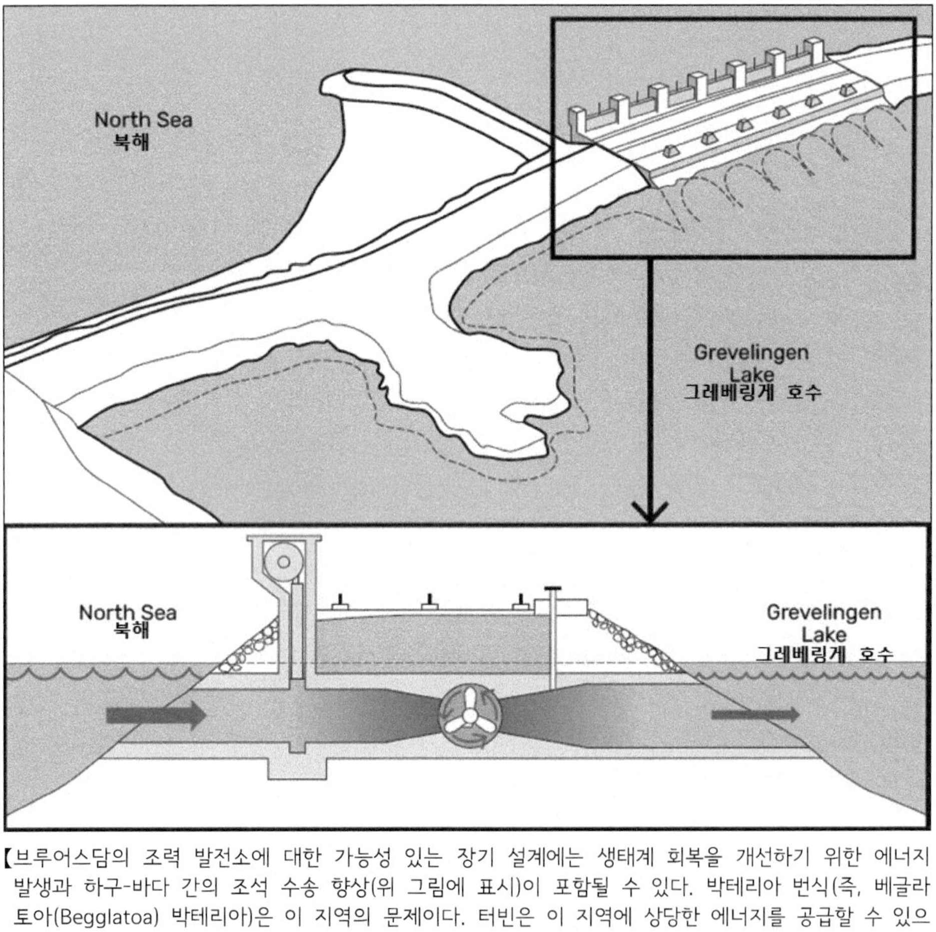

【브루어스담의 조력 발전소에 대한 가능성 있는 장기 설계에는 생태계 회복을 개선하기 위한 에너지 발생과 하구-바다 간의 조석 수송 향상(위 그림에 표시)이 포함될 수 있다. 박테리아 번식(즉, 베글라토아(BeggIatoa) 박테리아)은 이 지역의 문제이다. 터빈은 이 지역에 상당한 에너지를 공급할 수 있으며, 흡입 준설로 인한 깨끗한 모래는 이 지역의 양빈에 사용될 수 있으며, 수문은 자연 조수 이동을 허용할 수 있다. 터빈 관통로를 통한 평균유량은 950~1,000 ㎥/sec이다(아래 그림에 표시).】

그림 4.63 계획 중인 브루어스담 조력 발전소

Lazar, 2016). 해빈 양빈 노력과 함께 향후 지원이 필요할 것으로 알려져 브루어스담(Brouwersdam)의 그레벨링겐 호수(Grevelingen Lake) 수질 개선을 위한 관통로(貫通路) 연구가 완료되었다(Huibregtse, 2013). 2018년 3월, 기반시설 및 수자원 관리부 장관은 이 관통로(8,800만 달러($)(1.2천억 원(₩), 2024년 11월 환율 (1달러($)=1400원(₩)))의 건설에 서명하였다. 릭스워터스타트는 현재 상업적 관심과 함께 건설비용이 훨씬 비싼 조력 발전소(2억 9천5백만 달러($)(4.1천억 원(₩), 2024년 11월 환율 (1달러($)=1400원(₩)))를 고려하고 있다(그림 4.63 참조). 조력 발전소(조차(潮差) 0.5 m)는 25 MWh, 연간 85 GWh로 25,000명의 주민이 전기를 사용할 수 있는 양이다. 조력 발전소를 건설하기 위해서는 준설과 방파제가 필요하며, 이는 해빈을 안정시키고 해빈에 부분적인 양빈을 공급할 수 있다. 생태적 이유로 조차(潮差) 0.4 m인 조력 발전소가 계획되어 있다. 방조제 개선은 생태적 건전을 개선하고 친환경 에너지를 제공하며 브루어스담의 큰 문제를 해결할 수 있는 장기적인 해변 유지·관리 기회를 제공할 것이다. 이러한 개선 사항이 결실(結實)을 본다면, 브루어스담 지역은 희망찬 미래를 맞이할 수 있다(계획 단계, 그림 4.63 참조).

(3) 샌드 모터(Sand Motor)[15]

가) 개요

샌드 모터는 대량의 퇴적물을 해안에 추가하는 양빈(養濱)의 한 형태이다. 2011년부터 시행된 네덜란드의 초대형 양빈 프로젝트인 샌드 모터는 해안선 보호, 해수면 상승 완화, 레크리에이션 및 생태 공간 조성을 위해 갈고리 모양의 반도를 형성하였다(그림 4.64 참조). 20년간의 정기적인 양빈에 해당하는 이 프로젝트는 연안 보전, 서식지 조성, 여가 기회라는 목표를 달성하고 있다. 샌드 모터는 네덜란드 연안에서 정기적인 모래 양빈의 업스켈링253)(Upscaling)을 시험하기 위한 혁신적인 시범사업으로 네덜란드 연안(사우스 홀랜드(South Holland) 북해 연안)에서 릭스워터스타트가 시행하는 '메가 양빈 (Mega-nourishment)'이다(그림 4.59 참조). 이 정기적인 프로그램은 해안선 보전과 침수로부터 방재를 목표로 한다. 또한, 샌드 모터는 레저 활동과 자연 개발을 위한 (일시적으로) 공간을 조성하고 연안 시스템의 작용을 잘 이해하는 것도 목적이다. 이러한 다목적은 자연적인 프로세스를 사용하여 다기능 연안 관리 목적을 달성하는 연안 자연-기반 해법(CNbS)의 예가 된다. 샌드 모터의 개입은 갈고리 모양의 반도를 형성하기 위해 한 번의 작업으로 근빈(近濱)에서 모래를 준설 후 연안을 따라 퇴적시킨 막대한 양의 모래를 포함한다. 모래가 시간이 지남에 따라 재분배되는 자연적인 프로세스를 활용한 샌드 모터는 해수면 상승에 대한 완충 역할을 하며, 폭풍해일과 연안 침수의 충격도 완화한다. 이 개입은 20년 동안 지역에 정기적으로 모래를 공급한 양과 같은데, 가능한 예외적인 상황을 제외하고는 20년 동안 또는 그 이상, 추가 양빈이 필요하지 않다는 것을 의미한다. 이 해법이 어떻게 작동하는지에 대한 최초의 완전한 평가는 첫 4년간의 모니터링 끝에 2016년에 공식화되었으며, 이는 특히 샌드 모터로 연안 방재에 성공했음을 나타낸다. 지역의

253) 업스케일링(Upscaling): 무언가를 업스케일(Upscale)하는 행위로 여기에서는 규모의 확대를 의미한다.

토착 동식물을 위한 새로운 서식지가 조성되었고, 새로운 대형 모래톱이 레크리에이션 활동을 위한 새로운 기회를 제공하는 초기 기대치를 충족시켰다(사진 4.22 참조).

그림 4.64 네덜란드 델랜드(Delfland) 연안의 샌드 모터

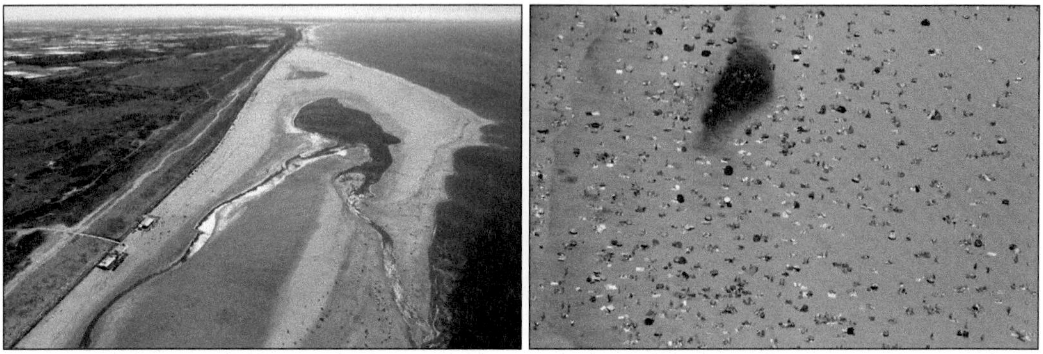

(a) 파랑에 작용하는 샌드 모터 (b) 양빈된 샌드 모터 근처 해수욕객들

【(2016년 7월 항공사진(왼쪽), 2016년 8월 항공사진(오른쪽))】

사진 4.22 네덜란드 자위드 홀란드(Zuid-Holland) 연안의 샌드 모터

나) 추진 배경

350 ㎞ 길이의 해안선과 평균 해수면 아래의 저지대에 9백만 명의 국민이 거주하는 네덜란드는 연안 침수의 위험에 심각하게 노출되어 있다. 지난 몇 세기 동안 해안선과 하구 유역 지역에서 이루어진 자연적 과정과 인간의 개입으로 인한 해안 침식은 현재 및 장래의 해수면 상승으로 악화일로에 있다. 네덜란드 델타 위원회(Delta Committee)에 따르면 침수에 대한 방재를 위해 장기간 지속 영향을 포함하여 2100년까지 0.65~1.3 m, 2200년까지 2~4 m의 네덜란드지역의 해수면 상승을 고려한다. 따라서, 1990년대부터 네덜란드의 해안 침식 문제에 직면하기 위해 릭스워터스타트는 정기적인 모래 양빈을 시작하였다. 운영 목표는 1990년 네덜란드의 해안선을 기준으로 제자리에 유지하는 것이다. 연간 모래 양빈 규모는 1,200만 ㎥이다. 이는 지난 세기(18 ㎝/세기(世紀))에 발생한 해수면 상승률을 고려할 때 네덜란드 연안 기반 전체(사구와 수심 -20 m 사이의 면적)를 보전하는 데 필요한 양이다. 이 물량은 향후 수십 년 동안 일관된 해수면 상승에 따라 증가할 것이다. 전통적인 모래 양빈 작업(해빈에 모래를 퇴적하여)은 전빈(前濱)에 양빈을 포설함에 따라 점진적으로 보완하였다. 이것은 자연력이 모래를 재분배하고 연안 기능에 미치는 충격(영향)을 줄일 수 있는 훨씬 저렴한 접근 방식이었다. 연안을 유지하는 훨씬 효율적인 방법을 조사하기 위해 2006년부터 '거대한 양빈'에 대한 아이디어가 등장하였다. 델랜드(Delfland) 연안의 확장에 대한 아이디어는 이미 1970년대부터 제안되어 2000년대 초 사우스 홀랜드(South Holland) 주(州)에서 강력한 영감을 얻었다. 2009년부터 시작된 계획 조사는 한 번의 작업으로 엄청난 양의 모래를 퇴적시켜 바람, 파랑, 해류가 전통적인 양빈 계획에 비교하여 장기간에 걸쳐 연안을 따라 모래를 점진적으로 확산하는 데 초점을 맞추었다.

다) 네덜란드 연안 정책과 샌드 모터의 목표

네덜란드 연안 정책의 주요 목표는 다음처럼 다양한 시간과 공간 규모를 가진 연안역을 지속 가능하게 유지하는 것이다.

- 안전한 해역 방재를 유지하여 파랑의 침수로부터 배후 지역을 방재.
- 해안선을 유지(1990년의 해안선 기준)하여 모든 연안 기능 보전.
- 상대적인 해수면 상승의 환경에서 연안 기반을 유지하는 것으로, 평균 해수면과 퇴적물 수지(Sediment Budget) 사이의 균형을 유지.

샌드 모터에 대한 다음 세 가지 목표가 공식화하였다.

- 후크 오브 홀랜드(Hook of Holland)와 셰베닝겐다(Scheveningen) 사이의 델랜드(Delfland) 연안을 따라 자연사구 성장과 넓은 해빈 보전을 장려한다. 이를 통해 연안 방재 기능과 함께 자연 보전 및 레저 활동에 대한 혜택(이익)을 제공할 수 있다.
- 해수면 상승이라는 측면에서도 해안선 유지와 레저 및 자연에 대한 부가가치를 어느 정도까지 달성할 수 있는지 결정하기 위한 지식 개발과 혁신이다.
- 델랜드 연안에 매력적인 레저 및 자연 지역을 조성한다.

라) 연안 자연-기반 해법(CNbS)으로써의 샌드모터

모래를 한 번의 작업으로 퇴적시켜 지속시키는 모래 공급원으로서의 '메가 양빈'이라는 개념은 1990년대부터 해안 침식을 대비하기 위해 정기적인 양빈을 한 델랜드 연안(사우스 홀랜드)에서의 샌드 모터 시범사업을 통해 실행되었다. 샌드 모터는 해수면 상승 충격(영향)으로부터 저지대 연안역을 방재하기 위한 혁신적인 개입이었다. 델랜드 연안 지역을 전반적으로 보강한 직후인 2011년부터 수행된 대규모 양빈이었다. 10㎞ 근빈(近濱)에서 모래를 채취(採取) 후 연안을 따라 퇴적시킨 모래의 양은 2,150만㎥로 사구 호수와 석호를 포함한 128만㎡의 갈고리 모양 반도를 형성하였다. 이 개입은 반도 양쪽에서 두 차례의 육지 양빈 작업으로 보완하였다. 이러한 '메가 양빈'은 자연을 기반으로 하는 해법으로 퇴적된 모래의 양은 해수면 상승에 대한 완충 역할을 한다. 또한, 이 해법은 정기적인 모래 양빈 개입으로 인한 지역 생태계의 교란 빈도를 줄이는 동시에 자연을 위한 새로운 영역과 레크리에이션 활동을 위한 새로운 기회를 제공한다. 원래 모양의 샌드 모터는 바다로 1km 돌출되어 2km의 해안을 따라 뻗어 있었다. 현재 샌드 모터의 여러 장소에서 평균 표고 5m까지 솟아 있다. 샌드 모터의 최종 설계는 사구 성장, 많은 자연 및 레저 시설 조성, 지식 개발 등 프로젝트 실현을 위해 수행된 환경영향평가에서 설정한 세 가지 주요 목표를 가장 잘 달성한 것으로 나타났다.

2011년 샌드 모터가 조성된 이후 모래는 실제로 연안을 따라 확산한 후 남쪽과 북쪽 모두에 해빈 퇴적(Coastal Accretion)이 있었다. 이는 조성 후 첫해에 (논리적으로) 가장 강력한 전개(展開)를 보이며 샌드 모터의 형태 변화를 이끌었고 지금도 이어지고 있다. 샌드 모터의 일시적인 전개는 '사취[254](Sand Spit)', 석호, 조수 수로, 샌드 모터 남쪽의 해빈평원[255](Beach Plain), 다양한 형태의 사퇴[256](Sand Bank) 등 새로운 지형학적 형태와 환경을 만들어내었다. 게다가, 배수 및 모니터링 시스템을 갖춘 새로운 사구 호수가 갈고리 바닥에 조성되어 샌드 모터가 육지 쪽 솔레벨드(Solleveld) 내 음용수(飮用水) 집수 구역의 지하수 흐름에 부정적인 영향을 미치지 않았다.

마) 참고 세부사항

① 이해관계자 참여

샌드 모터는 사우스 홀랜드(South Holland) 주(州), 릭스워터스타트, 헤이그(Hague) 시(市), 웨스트랜드(Westland) 지방자치단체, 델랜드 디스트릭트 수자원 관리위원회(Delfland District Water Control Board), 사우스 홀랜드 환경 연합(South Holland Environmental

254) 사취(Sand Spit, 砂嘴): 해안류(Shore Current)에 의하여 운반되어 온 모래가 만(bay)의 입구를 닫을 것처럼 좁고 긴 낚싯바늘 모양으로 퇴적된 모래나 자갈질의 융기 부분을 말한다. 이것은 해안의 침식이나 하구로부터 흘러내린 모래와 자갈이 파도, 조류 및 연안류 등에 의하여 만의 입구까지 운반되면 물의 속도가 갑자기 약해지므로 그대로 쌓이게 되어 형성된다.

255) 해빈평원(Coastal Plain): 파랑과 해류에 의해서 바다 방향으로 전진 또는 퇴적하면서 해안을 따라 연속적으로 발달하여 있는 모래 해안을 말한다. 사구나 쇄파 모래톱(Swash Bar)의 형성에 의한 해빈의 모래등성이와 저지대가 해안선에 평행 또는 비스듬하게 발달해 있는 것이 특징이다.

256) 사퇴(Sand Bank, 砂堆): 모래사장 해안에서 파랑이 쇄파하면서 해저의 모래가 교란되고 이동하여 쇄파선(碎破線) 부근에 쌓여 높아지는 것을 말한다.

Federation)이 체결한 계약을 통해 실현되었다. 이 프로젝트는 워크숍 내내 서명자들이 공동 설계했으며, 일반적으로 참여 이해관계자에게 부정적인 충격(영향)을 미치지 않도록 위치가 결정되었다. 계약에 참여한 당사자 외에도 시민 사회 단체로부터 조언을 받았으며, 특히 계획 단계에서 법적 절차를 통해 질문하고 공식적인 이의(異意)를 제기하는 기회를 가졌다.

② 성공 및 제한요인

샌드 모터 이니셔티브를 통해 연안의 장기적인 방재(주요 목표)는 자연 확장(지역의 토착 동·식물을 위한 새로운 서식지) 및 새로운 레크리에이션 공간과 결합하여 다양한 주체의 다양한 목표를 충족시킨다. 이를 통해 샌드 모터에 대한 상당한 국내 및 국제적 관심을 불러일으켰다. 네덜란드의 준설 및 엔지니어링 회사, 기술 업계 및 정부가 참여한 공동 노력인 에코쉐이프(Ecoshape)는 샌드 모터 이니셔티브를 확산하고 홍보하는 데 영향을 미쳐 '자연과 함께 조성'이라는 접근 방식을 강조하고 있다. 샌드 모터와 유사한 해법은 유럽(예: 스웨덴, 영국, 벨기에)과 다른 지역(미국, 멕시코) 등 여러 지역에서 고려되고 있다. 샌드 모터라는 개입이 실현되려면 해빈 퇴적 지역의 특성과 충분히 호환(互換)할 수 있는 입자 크기와 물량(2,150만㎥)을 근빈(近濱)에서 채취해야 한다. 샌드 모터는 만조(滿潮) 시 하루에 두 번 물에 잠긴 모래 평원을 포함한 독특한 연안 지역이다. 이 개입의 부작용으로는 갈고리 모양과 같은 반도의 동적 특성과 변화하는 형태로 인해 새로운 흐름이 발생하여 특히 해수욕에 일시적으로 위험한 상황을 발생시킬 수 있다. 이러한 상황은 주민에 대한 홍보, 수심 측정 조사와 스마트폰 애플리케이션의 도움을 받은 해안 경비대의 추가적인 관심으로 제어할 수 있다.

③ 비용과 혜택(이익)

이 프로젝트는 사우스 홀랜드 주와 릭스워터스타트의 자금 지원을 받았으며, 개입 비용은 7천5백만 달러($)(1천억 원(₩), 2024년 11월 환율 (1달러($)=1400원(₩)))이었다. 개입 후 강도 높은 모니터링 노력이 이루어졌다. 2019년 모니터링 활동의 결과, 특히 샌드 모터 인근의 연안 방재에 영향을 미치는 것으로 나타났다. 샌드 모터의 해안선은 바로 북쪽과 남쪽이 이동하여 2019년 현재 기준 해안선의 바다 쪽에 있다. 지금까지 광범위한 연구 결과에 따르면 샌드 모터를 통해 생성된 새로운 모래톱은 특히 석호의 차폐(遮蔽)구역과 얕은 구역에서 동·식물에게 새로운 서식지를 제공하는 것으로 나타났다. 또한, 샌드 모터는 사우스 홀랜드 주 관계 당국의 기대에 따라 레크리에이션 목적으로 사용되는 새로운 넓은 지역을 제공하고 있다. 다른 혜택(이익)은 연안 시스템에 대한 습득된 지식과 연안 강화를 위한 혁신적인 개입의 실행 가능성과 관련이 있다. 샌드 모터의 예상 수명(약 20년)은 해저를 자주 교란시켜 대량의 모래를 정기적으로 채취해야 하는 전통적인 모래 양빈과 비교하였을 때 확실한 혜택(이익)이다. 샌드 모터는 비용과 효과 측면에서 연안 관리를 위한 현실적인 대안으로 여겨지고 있다. 기존 유지보수 해법과 비교했을 때 혁신적인 개입에 대한 완전한 경제성 평가는 아직 공식화되지 않았다.

④ 법률 측면

2008년, 네덜란드 공공사업 및 수자원 관리부 장관(Dutch Secretary of Public Works and Water Management)의 의뢰를 받아 네덜란드 연안과 배후지의 장기적인 방재에 관한 비전을 수립하는 새로운 델타 위원회(Delta Committee, 1953년 재앙적 홍수를 관리하기 위해 설립된 최초의 위원회 이후)가 출범하였다. 2기(期) 델타 위원회는 해수면 상승과 연안 침수 등 기후변화로 인한 예상 영향으로부터 네덜란드 연안과 저지대 배후지를 방재하는 방법에 대한 제안을 제공하였다. 이러한 권고 사항은 2100년까지 연장되는 장래에 대한 통합적인 비전으로, 델타 법(Delta Act)에 포함된 기후 방지 네덜란드를 위한 델타 프로그램(Delta Programme)에 적용되었다. 북해 연안 지역을 침수로부터 방재하기 위해 모래 양빈하는 자연적인 접근 방식을 구축하는 것은 중장기적으로 준수해야 할 델타 위원회의 권고 사항 중 일부이다. 양빈-기반 연안 관리를 위한 가장 실현 가능하고, 환경친화적인 대안을 구별하기 위한 환경 영향 평가 절차에 샌드 모터의 계획 단계가 포함되었다.

⑤ 내용기간[257](耐用期間)

샌드 모터의 내용기간은 최소 20년이며, 20년 동안 바람, 파랑, 해류가 후크 오브 홀랜드(Hook of Holland)와 셰베닝겐(Scheveningen) 사이의 연안을 따라 모래를 확산시킬 것으로 예상된다. 그러나 퇴적된 모래의 완전한 재분배에는 확실히 20년 이상이 걸릴 것이며, 첫 20년 이후에도 샌드 모터의 혜택(이익)이 있다. 샌드 모터 조성 후 처음 4년이 지난 후의 모니터링 결과에 따르면 모래 체적의 95%가 여전히 퇴적 지역에 있는 것으로 나타나 시범사업의 수명이 예상보다 길어질 수 있음을 나타낸다.

4.2.6 우리나라의 연안레질리언스

1) 국민안심해안사업[16]

국민안심해안사업은 연안재난 리스크가 높은 해안 지역에 완충공간을 확보해 재난을 근본적으로 해결하기 위한 새로운 개념의 연안정비사업으로, 리스크가 높은 해안의 토지를 매입·정리하고 그 완충공간을 국민 친환경 공원 등으로 활용하는 사업이다. 그간 해양수산부의 연안정비사업은 해안 침식 등으로 훼손된 연안을 정비하기 위해 해안구조물 설치 위주의 사업 방식을 추진해 왔으나, '제3차 연안정비기본계획(2020~2029)' 수립 시 재해 완충구역을 확보하는 새로운 사업모델인 선진국형 토지매입 방식을 도입하여 시범사업을 계획한 바 있다. 국민안심해안사업 계획에 따라 2023년 3월에 실행방안 수립용역을 착수하여 사업대상지 선정, 사업구역 범위설정, 사업계획 수립, 사업효과 분석 등의 실행방안을 2024년 12월까지 수립하고, 2025년부터는 사업을 본격 추진할 계획이다.

---

257) 내용기간(Life Time): 설비나 기계 또는 구조체를 사용할 수 있는 기간을 말하는데, 여기에서는 샌드 모터의 모래를 재분배하는 데 걸리는 기간을 일컫는다.

(1) 추진배경

기후변화로 인한 해수면 상승 등으로 연안 재난 노출 증가 및 해안가 주택 밀집화로 인한 연안 공간이 사유화되는 실정이다. 해안 침식 가속화에 따른 우려·심각 비율 증가('21년 43.1%→'22년 44.7%)와 함께 최근 5년간 실태조사 결과, 침식으로 축구장 면적 390배의 사빈이 감소하는 등 연안 재난 완충공간이 감소하였으며, 최근 7년간 연안재난 복구비로 4.2조원 소요되는 심각한 연안 재난 피해가 발생하였다.

(2) 사업개요

국민안심해안사업은 연안재난 리스크가 높은 해안지역에 완충공간을 확보해 재난을 근본적으로 해결하기 위한 새로운 개념의 연안정비사업으로, 리스크가 높은 해안의 토지를 매입·정리하고 그 완충공간을 국민친환경 공원 등으로 활용하는 사업이다. 지방자치단체 수요조사를 받아 타당성검토 등을 거쳐 규모 결정하고, 토지 매입·수용 등 재해 완충구역을 확보하여 공원 등으로 활용하는 것이다(사진 4.23 참조). 사업수행을 위한 예산의 분담률은 국비 70%, 지방자치단체 30%이다. 2024년 기준 정비사업대상지 등 217개소 중 사업시행가능 지역 19개소(지역별 : 강원 5개소, 경북 3개소, 전남 4개소, 제주 3개소, 전북 2개소, 경남 · 경기 각 1개소)가 선정되어, 이 중 2개소(강원 강릉시 순긋~사근지구, 전북 고창군 명사십리지구)를 시범사업대상지로 선정하여 추진 중이다(그림 4.65 참조).

이 사업의 특징은 ⅰ) 연안정비사업의 일환으로 연안재난에 대응을 위한 완충공간확보사업이고, ⅱ) 연안재난 대응을 위해 해안구조물(경성공법)을 배제한 비구조적 대책이며, ⅲ) 완충공간은 평상시 국민휴식공간으로 활용하고자 한다. 표 4.7은 기존 연안정비사업과 국민안심해안사업을 비교한 표이다.

또한, 국민안심해안사업의 재해완충공간은 해안선 후퇴(Setback)를 통해 해안선으로부터 일정거리 만큼 이격된 구역을 의미하며, 주요기능은 폭풍해일, 해안침식 및 해수면 상승으로부터 배후 거주지를 안전하게 보호 및 해변의 자연환경 기능유지이며, 평상시에는 자연친화적 문화휴식공간으로서의 활용되어 시민의 건강·휴양 및 정서생활을 향상시키는 역할을 한다(그림 4.66 참조).

국민안심해안사업 사업대상지 완충공간 활용계획으로서는 완충공간 상부에 허용 가능한 행위를 기준으로 배후지와 연계(지형조건, 개발밀도, 도시계획, 관광문화적 특성)된 특화된 사업모델 마련하는 것으로, 사업대상지 19개소 중 적용모델은 자연친화형 7개소, 생활농업형 2개소 및 문화 공원형 10개소이다(그림 4.67 참조).

(a) 사업 전 (b) 사업 후

사진 4.23 국민안심해안 사업 전(현재)·후(장래) 전경(예시)

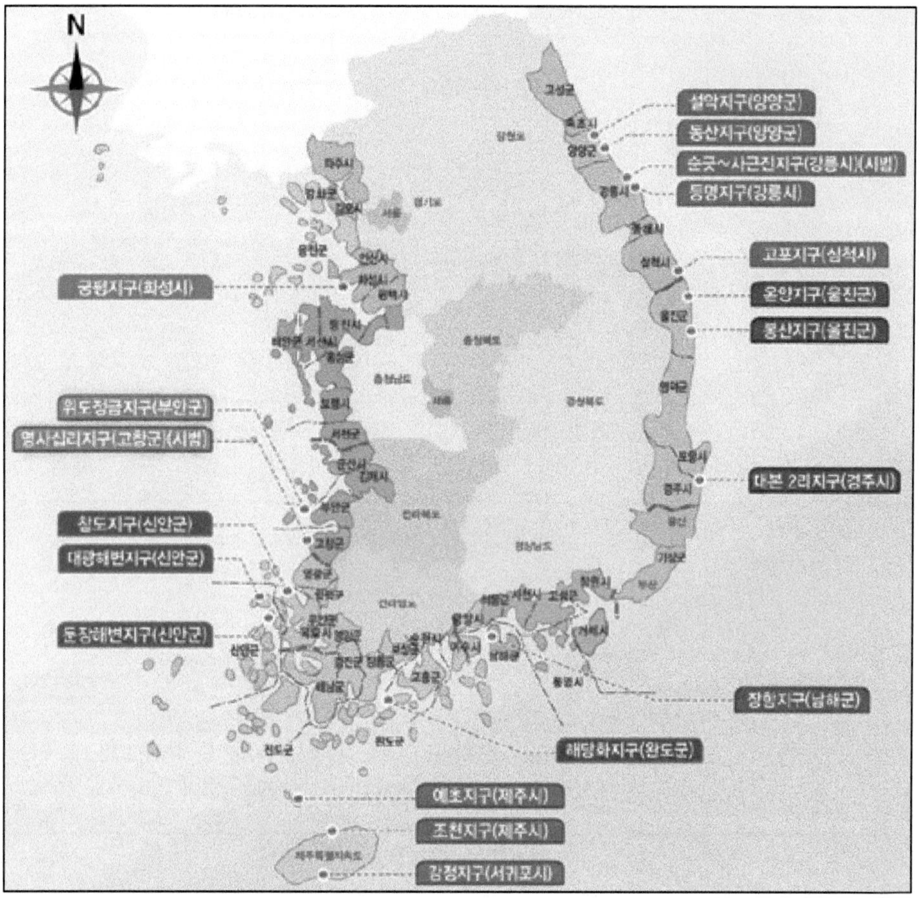

그림 4.65 국민안심해안사업 대상위치도

표 4.7 연안정비사업과 국민안심해안사업의 비교

구분		기존 연안정비(보전) 사업	국민안심해안사업
사업목적		연안보전: 연안보호·보전·개선	재난예방 등을 주목적으로 하고, 확보 토지는 주민들을 위해 활용
위험정도		침식 심각·우려 지역, 위험평가 4,5등급, 피해지역 등	기존 재난 위험정도 + 개발압력과 재해예방효과가 높은 지역
사업내용		연안보전: 수중방파제, 호안 등 친수연안: 산책로, 데크	재난 완충구역(토지매입) 확보 + 공공부지 활용
사업규모		연안보전: 평균 91억원	개소당 약 300억원 내외
사업주체 및 관리		지방자치단체	지방자치단체
국비 지원	지원율	70%	70%
	지원 계정	지특 지역자율계정 (지자체별 실링내 자율편성)	지특 지역지원계정 (국가편성)

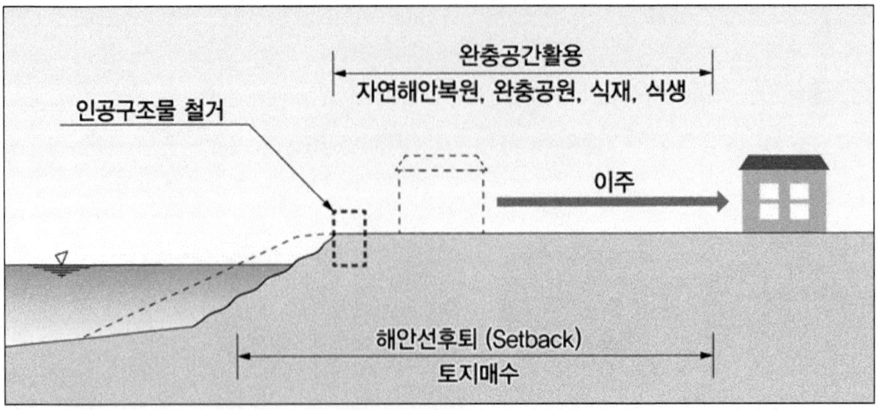

그림 4.66 국민안심해안사업의 재해완충구역 모식도

그림 4.67 국민안심해안사업의 모델유형

2) 재해 완충공간 설정: 해안선 후퇴 범위

그림 4.68에 나타낸 바와 같이 목표연도의 침식범위 및 침수범위를 검토하여 재해완충공간의 범위를 설정하는데, 산정결과의 침식범위 및 침수범위 중 큰 수치에 여유폭 10 m 고려하여 재해완충구역을 설정한다.

3) 관리해안선[17]

최근 기후변화와 연안개발 행위로 해안 침식·침수가 가속화되면서 연안 재난 방지를 위한 침식관리 기준의 필요성이 대두되고 있다. 이에, 해양수산부는 연안을 재난으로부터 효율적으로 보호하기 위해 설정하는 완충해안지대의 해측 경계선인 '관리해안선' (그림 4.69 참조) 제도를 마련하여 연안관리를 위한 기준을 수립하고 사전 예방 중심의 연안관리 체계로 전환할 계획이다.

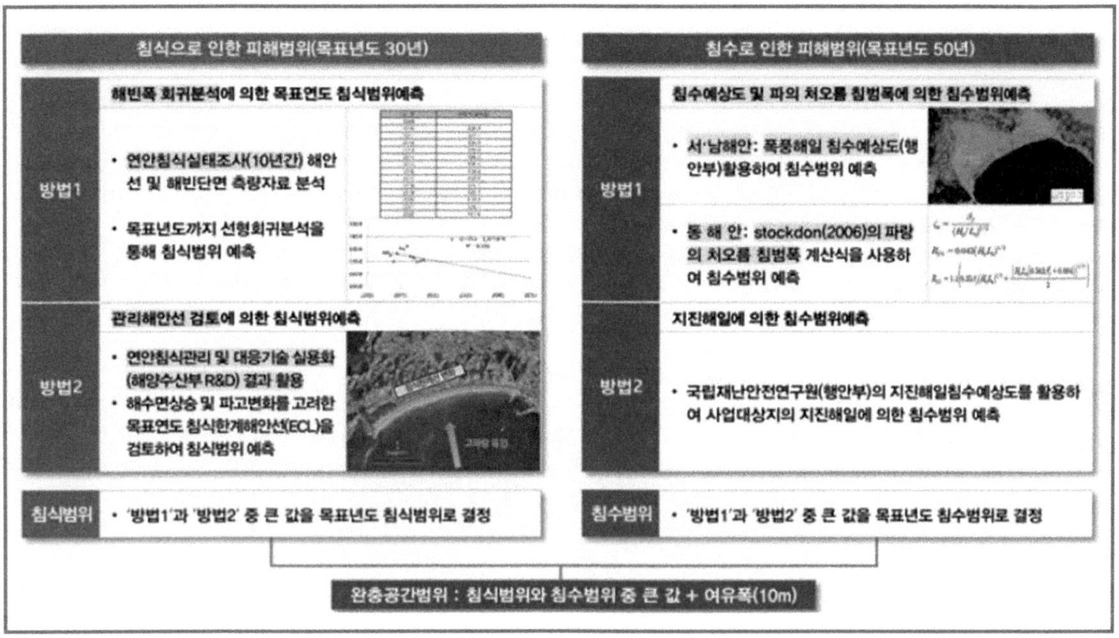

그림 4.68 해안선 후퇴 범위 산정

구 분	목 적	설정 방법
보호대상 해안선 (Protection Target Line)	재난으로부터 보호되어야 할 <u>배후지의 해측 경계선</u>	해안도로, 건축물 등 해안 배후 보호대상 시설·재산의 사빈 인접선 또는 연결선
관리해안선	보호대상해안의 <u>재난방지를 위해 최소한 유지해야할 해안선</u>	보호대상 해안선으로부터 해측으로 재난완충폭이 확보되도록 설정하는 관리 기준선

그림 4.69 관리해안선

Chapter 5
해수면 상승과 연안 레질리언스와 관련된 과제와 제언(안)

5.1 해수면 상승에 대한 기술적 과제와 제언

5.1.1 해수면 상승을 고려한 설계조위의 산정방법(안)

1) 월파를 허용하는 경우

월파를 허용하는 해안제방 또는 호안의 마루높이 증고를 위한 기준인 기존 설계조위는 과거의 조위 실적(潮位實績) 등에 근거하여 계획하였지만, 기후변화로 인한 해수면 상승을 고려한 설계조위 산정(안)은 과거(직전(直前) 5년간)의 대조평균고조위(H.W.O.S.T, High Water Ordinary Spring Tide)에 장래 예측기간(시설의 설계사용기간)에 해당하는 해수면 상승량을 더하여 산정한다(표 5.1, 그림 5.1 참조).

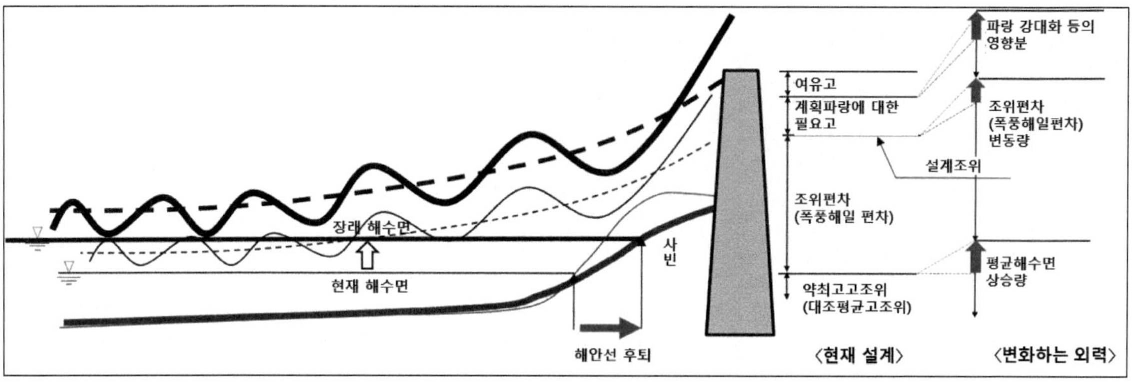

그림 5.1 기후변화로 인한 해수면 상승을 고려한 설계 조위 등의 산정(안)(월파 허용)

표 5.1 해수면 상승을 고려한 설계조위 산정방법(안)(월파를 허용하는 경우)

기존 산정방법	기후변화영향을 고려한 산정방법(안)	계획파랑
• 기왕의 고극조위 • 확률분석에 의한 고극조위 • 약최고고조위+조위편차(폭풍해일편차)	• 대조평균고조위+기왕의 조위 편차(폭풍해일 편차) 최대치 • 대조평균고조위[*1] +추산의 조위 편차(폭풍해일 편차) 최대치 • 대조평균고조위+장래 예측에 입각한 조위 편차(폭풍해일 편차) 최대치	30~50년 확률파 기왕의 최대파랑 등

*1: 대조평균고조위는 장래에 예측되는 평균 해수면의 상승량(국립해양조사원에서 발표, 그림 1.32 참조)을 포함한다.

2) 월파를 허용하지 않는 경우

월파를 허용하지 않는 해안 제방 또는 호안의 마루높이는 과거(직전(直前) 5년간)의 대조평균고조위(H.W.O.S.T, High Water Ordinary Spring Tide)에 장래 예측 기간(시설의 설계사용기간에 해당)에 해당(該當)되는 해수면 상승량과 처오름 높이·월파량으로 결정된 높이를 더하여 산정한다(그림 5.2 참조).

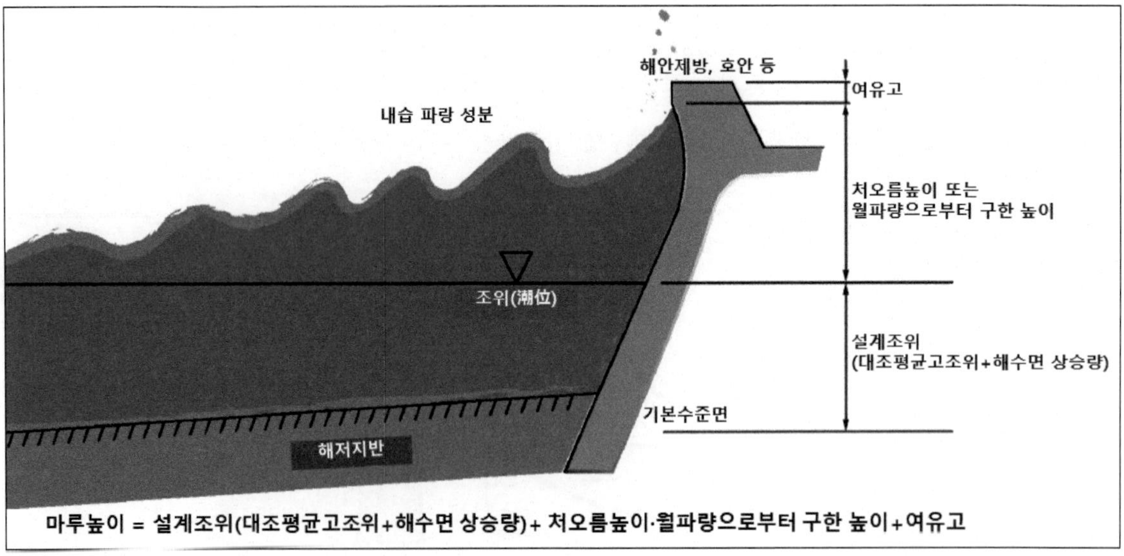

【(월파를 허용하지 않는 경우】

그림 5.2 기후변화로 인한 해수면 상승을 고려한 해안제방·호안의 마루 높이 산정(안)

5.1.2 예측을 중시한 순응적 사빈 관리와 종합적인 토사 관리

기후변화에 따른 해수면 상승과 태풍 강대화·고파랑 증가로 인해 해안침식이 가중되어 사빈의 소실이 예측된다. 그러므로 연안 레질리언스를 갖는 연안 자연-기반 해법(CNbS)으로 연안침식대책시설을 정비함으로써 사빈을 지키는 동시에 양빈(養濱) 등을 실시하여 사빈을 유지 또는 향상한다('3.2 연안 레질리언스를 갖는 해빈과 사구' 참조). 이를 위해서는 사빈을 모니터링 후 기후변화를 고려하여 평가 및 분류를 하고, 대책을 실시하는 '예측을 중시한 순응적 사빈 관리'를 실행한다. 즉, 우리나라 전국의 전체 해안의 사빈을 그림 5.3와 같이 표사특성(漂砂特性)에 근거한 지역별로 등급(Rank)을 매긴 해안(지역해안(地域海岸))으로 구분하고 매년 침식진단을 하여 체계적인 관리를 추진한다. 등급을 매긴 지역해안 중 침식이 진행되고 있는 a, b 등급인 사빈에 대해서는 연안정비사업과 같은 침식대책사업을 실시하며, 대책사업 실시 후에라도 모니터링을 이행하여 순응적인 사빈관리를 지속적으로 추진한다. 또한, 육지에서 해안으로의 적절한 토사공급이 도모될 수 있도록 하천 상류에서 해안까지의 유사계(流砂系)에 대한 종합적인 토사 관리 대책을 추진한다.

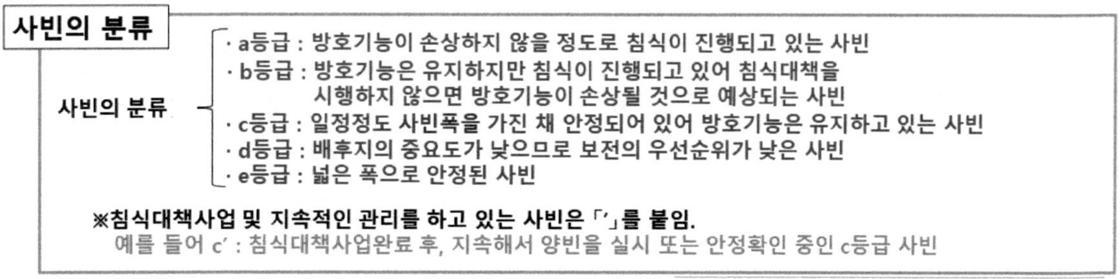

그림 5.3 사빈의 분류

5.1.3 해수면 상승을 고려한 항만기본계획

현재까지 우리나라의 항만법에는 기후변화(해수면 상승)에 대응하는 조항은 없는 실정이다. 현재 항만법상 항만기본계획은 10년 단위로 수립해야 하지만, 기후변화(해수면 상승) 대응을 위해서는 50~100년 등 장기적이고 지속적인 대응이 필요하다. 이러한 관점에서 항만의 골격을 이루는 항만구조물(시설)의 장래 수요에 관한 사항, 항만구조물(시설)의 공급에 관한 사항, 항만구조물(시설)의 규모와 개발 시기에 관한 사항, 항만구조물(시설)의 용도, 기능 개선 및 정비에 관한 사항 등을 계획할 때 기후변화를 고려하여 계획을 수립하여야 한다. 따라서 항만법 제6조(항만기본계획의 내용)를 표 5.2와 같이 변경함을 제안한다.

표 5.2 항만법 제6조(항만기본계획의 내용)

현행	변경안
제6조(항만기본계획의 내용) ① 항만기본계획에는 다음 각 호의 사항이 포함되어야 한다. 1. 항만의 구분 및 그 위치 등에 관한 사항 2. 항만의 관리 · 운영 계획에 관한 사항 3. 항만구조물(시설)의 장래 수요에 관한 사항 4. 항만구조물(시설)의 공급에 관한 사항 5. 항만구조물(시설)의 규모와 개발 시기에 관한 사항 6. 항만구조물(시설)의 용도, 기능 개선 및 정비에 관한 사항 7. 항만의 연계수송망 구축에 관한 사항 8. 항만구조물(시설) 설치 예정지역(항만구역 밖에 위치하는 것을 포함한다)에 관한 사항 9. 그 밖에 해양수산부장관이 필요하다고 인정하는 사항	제6조(항만기본계획의 내용) ① 항만기본계획에는 다음 각 호의 사항이 포함되어야 한다. 1. 항만의 구분 및 그 위치 등에 관한 사항 2. 항만의 관리 · 운영 계획에 관한 사항 3. 항만구조물(시설)의 장래 수요에 관한 사항(기후변화 포함) 4. 항만구조물(시설)의 공급에 관한 사항(기후변화 포함) 5. 항만구조물(시설)의 규모와 개발 시기에 관한 사항(기후변화포함) 6. 항만구조물(시설)의 용도, 기능 개선 및 정비에 관한 사항(기후변화 포함) 7. 항만의 연계수송망 구축에 관한 사항(기후변화포함) 8. 항만구조물(시설) 설치 예정지역(항만구역 밖에 위치하는 것을 포함한다)에 관한 사항(기후변화포함) 9. 그 밖에 해양수산부장관이 필요하다고 인정하는 사항

5.1.4 폭풍해일 대책에 대한 설계조위('항만 및 어항 설계기준·해설')

현재 우리나라의 항만 및 어항 설계기준·해설(상권, KDS 64 10 10 : 2023)에서 폭풍해일대책에 대한 설계조위의 결정방법에는 다음의 4가지 방법이 있다.

i) 기왕고극조위 또는 이것에 설계자의 판단으로 약간의 여유를 더한 조위

ii) 기왕 이상조위의 발생확률곡선을 산정하고, 외삽법(外插法)으로 구한 어떤 재현년도(예: 50년 등)의 조위

iii) 해당 수치시뮬레이션 실험 등에 의해 해일고(海溢高, 폭풍해일 편차)를 추산하는 경우는 약최고고조위에 해일고(폭풍해일 편차)를 더한 조위

iv) 이상고조위의 발생확률과 각 조위에 대한 배후지의 피해액 및 해일대책시설의 건설비를 고려하여 결정

따라서, 앞으로 실적값(관측값)에 근거한 전제로 만들어진 현재의 기준을 장래 기후변화에 따른 영향을 고려한 체계로 변경이 필요하다(그림 5.1 참조). 따라서 '설계에서 사용할 조위'는 현재의 기후에서 발생하는 조위에 덧붙여 '국립해양조사원의 장래 우리나라 평균해수면 전망'을 참고하여 '설계사용기간(50년 또는 100년 재현기간) 중에 발생하는 해수면 상승량('그림 1.32 IPCC 6차 평가보고서(AR6)의 시나리오별 우리나라 주변 해역 평균 해수면 전망' 참조)을 더한 조위'로 잡는 것이 바람직하다고 본다.

5.1.5 기후변화에 따른 항만구조물에 대한 대응책의 결정

기후변화에 따른 평균해수면 상승 또는 태풍강대화로 인한 폭풍해일 및 고파랑 증대에 대한 대책을 고려해야 할 항만구조물은 다수 있지만, 여러 조건(항만 운영, 예산 등)으로 인해 기존공법만으로는 해결하기 어려운 상황이 예상한다. 즉, 해수면 상승을 기본으로 설정한 외력은 여러 가지 불확실성이 내재(內在)하고 있으므로 '가능한 한 재설계 없는 설계' 또는 '과잉투자가 되지 않는 설계'를 하는 것이 중요하다. 그 때문에 항만·해안구조물 설계 시 미리 대책을 고려한 '선행형 적응책'과 장래 해수면 상승을 확인 후에 대책을 고려하는 '순응형 적응책' 중 어느 쪽이 적절한 대책 방법인가를 선택할 필요가 있어, '선행형 적응책'과 '순응형 적응책'을 포함한 '가능한 한 재설계 없는 설계'가 필요하다. 컨테이너 터미널인 경우, 기존 전체 시설부지의 지반고 증고(增高) 공사(많은 예산(豫算)이 소요)를 할 때 공사와 하역 운용과의 조정이 문제가 되므로, 단계적인 시공 방법 또는 관계자와의 조정이 중요하다. 따라서, 설계사용기간 중 컨테이너 터미널의 안벽 개량과 같이 단기간에 실시해야 함에 따라 방조벽 설치가 적용 가능성이 크다고 할 수 있다(표 1.22 참조). 그러므로, 안벽의 증고(增高)나 안벽 위에 방조벽을 설치할 때는 하역 작업이나 계류삭(繫留索) 작업의 안전성에 유의해야 한다. 안벽 위에 방조벽을 설치하려면 항만이용자의 의식변화도 필요하다. 그러므로 기후변화로 인한 항만구조물의 건설공법에 관한 해외사례 등을 참고하여 운영 중인 시설의 개량에도 대응시킬 수 있는 공법에 대해서 지침서 등에 기재하는 것을 검토한다. 또한, 기술기준 등을 작성하는 과정에서 항만운영·

이용자 등 관련자의 의견도 참고한다. 산학관(産學官)의 제휴로 기술개발에 추진하는 것을 검토한다.

5.1.6 기후변화에 따른 해안구조물에 대한 대응책의 결정

우리나라는 지구온난화에 따른 해수면 상승 또는 태풍강대화로 인한 폭풍해일 및 고파랑 증대로 태풍 내습 시 연안침수·해안침식 등과 같은 연안 재난의 발생 후 침수·침식 피해를 단순 복구(復舊)만으로 대응하고 있어 기후변화에 따른 반복적인 피해에 취약한 실정이다. 따라서, 피해복구와 같이 영향에 단순히 대응(주로 구조적 조치의 복구에만 집중)할 것이 아니라, 연성공법과 같은 비구조적 조치, 경성공법과 같은 구조적 조치 또는 하이브리드(Hybrid) 해법 등을 활용한 '반등(Bounce Back, 反騰)'하는 지역사회의 역량을 구축하는 연안 레질리언스(Coastal Resilience)의 구축이 필요하다('2 연안 레질리언스, 3. 연안 자연-기반 해법(CNbS)' 참조). 우리나라의 해안사구가 많이 분포된 서해 및 강원도 북부 지역과 갯벌(연안사주)이 많은 서해(경기도, 충청남도, 전라남·북도)와 남해(전라남도, 경상남도)는 연안 자연-기반 해법(CNbS)을 활용한 연안 레질리언스를 구축하여 연안침수와 해안침식에 대응할 필요가 있다. 또한 사용기간(30년 또는 50년)이 지난 해안구조물은 지역사회에 환경적, 사회적 및 공학적 혜택(이익)을 위한 구조적 조치를 강화하여 연안침수와 해안침식에 대한 연안 레질리언스를 높여야 할 것이다. 또한, 부산 및 인천 등과 같이 연안도시지역 내 설치하는 해안구조물(해안제방, 호안, 방조제 등)이면 반드시 계획부터 연안 레질리언스를 고려하여야 하며, 배후에 주거지역 또는 상업지역이 있는 경우, 접근성과 경관성(조망) 등을 고려하여 계획 또는 설계한다.

5.2 연안 레질리언스에 대한 과제와 제언[1]

5.2.1 과학적 측면

연안 레질리언스에 대한 중요한 과학적 도전 과제 중 하나는 누적 압박이 연안역, 특히 연안 레질리언스에 미치는 영향(충격), 기후변화와 생물 다양성 손실의 장래에 미치는 영향(충격)을 크게 알려지지 않았다는 점이다. 장래의 압박이 연안역에 미치는 영향(충격)을 예측할 때, 대규모에서 소규모(또는) 공간적 및 시간적 규모와 그 반대의 경우에서도 경향(傾向)의 예측이 어렵다. 또 다른 도전 과제는 레질리언스에 대한 위협과 레질리언스적 경로로부터의 이탈이 발생하는 위치를 파악하기 위해 개별 및 누적 압박의 임계점(Tipping Point)을 결정하는 것이다. 또한 환경 및 사회경제적 공동 혜택(이익), 장소별 타당성, 그리고 연안 레질리언스를 구축하기 위한 다양한 연안 자연-기반 해법(CNbS) 및 하이브리드(Hybrid) 해법과의 조합에 대한 영향에 대한 중요한 지식 격차도 존재한다. 따라서 과학적 측면에서 연안 레질리언스를 향상하기 위한 제언으로는,

첫째, 연안 사회-생태 시스템(CSESs)에 대한 통합적이고 여러 전문 분야를 아우르는 융합적(融合的)인 연구를 지역 이해관계자와의 협력을 통해 수립하여 단일 압박 및 지역별 다중 및 누적 압박-대응 관계에 대한 지식 격차를 해결하고, 여기에는 사회-생태적 임계점을 넘는 특성화와 결과가 포함된다. 이를 위해서는 육상-해양 경계면에서 연구 공동체 간의 일관성이 필요하며, 여러 전문 분야를 아우르는 융합적 연구를 효과적으로 실행하는 방법에 대한 이해가 필요하다. 또한, 지역 규모의 프로젝트에서 최첨단 지식과 기술이 사용될 수 있도록 이해관계자 간의 협력을 강화해야 한다.

둘째, 우리나라에 적합한 연안 레질리언스 지표를 개발하고 운영하여 레질리언스에 대한 위협과 레질리언스적 경로로부터의 이탈이 발생하는 지점을 파악한다. 견고하고 통합된 생태 및 사회적 임계점을 포함한 레질리언스 속성에 대한 지식을 향상하면 레질리언스 지표를 개발하고 분석하는 데 도움이 될 것이다. 이를 통해 연안 사회-생태 시스템(CSESs)의 내재적 레질리언스는 극단 사건에 대비하고 불확실성을 줄일 수 있다. 레질리언스 지표를 운영하고, 시간 경과에 따른 레질리언스를 측정하고 모니터링하는 방법론을 개발하며, 명확성과 표준화를 개선하기 위해 체계의 개발이 필요하다.

셋째, 장래의 기후변화와 생물다양성 손실에 직면하여 연안 사회-생태 시스템(CSESs)의 레질리언스를 구축하기 위한 의사 결정에 정보를 제공할 수 있는 충분한 관측, 모니터링 및 데이터에 대한 수집·분석 기술을 개발한다. 다양한 관측 시스템의 연안 데이터를 통합된 전문분야 간 플랫폼으로 통합해야 한다. 데이터 서비스는 환경 및 사회 데이터세트258)(Dataset)을 통합하여 여러 전문분야 간의 관리 관행을 간소화하고 연안 레질리언스 지표와 연계할 수 있도록 확장하여야 한다. 빅데이터259)(Big Data)와 인공지능260)(Artificial Intelligence)기술에 대한 투자는 여러 전문 분야에 걸쳐 크고 다

258) 데이터세트(Dataset): 컴퓨터가 처리하거나 분석할 수 있는 형태로 존재하는 관련 정보의 집합체를 말하며, 데이터 파일이나 데이터베이스와 동의어로 사용되기도 한다.

259) 빅데이터(Big Data): 기존 데이터베이스 관리 도구로 데이터를 수집, 저장, 관리, 분석할 수 있는 역량을 넘어서는 대량의 정형 또는 비정형 데이터 집합 및 이러한 데이터로부터 가치를 추출하고 결과를 분석하는 기술을 의미한다. 빅데이터는 통상적으로 사용하는 데이터 수집 및 관리, 처리 소프트웨어의 수용 한계를 넘어서는 크기의 데이터를 말하는데, 빅데이터의 크기는 단일 데이터 집합의 크기가 수십 테라바이트(Terabyte)에서 수 페타바이트(Petabyte)에 이르며, 그 크기가 끊임없이 변화하는 것이 특징이다.

260) 인공 지능(Artificial Intelligence): 컴퓨터에서 인간과 같이 사고하고 생각하고 학습하고 판단하는 논리적인 방식을 사용하는 인간지능을 본 딴 고급 컴퓨터 프로그램을 말한다.

양하며 이질적인 데이터세트를 처리하는 데 도움이 될 것이다. 모니터링 노력을 강화하여 다중 및 시너지 효과가 있는 연안 압박의 생태적, 사회경제적 충격(영향)을 해결하고 서식지 상태의 경향을 관리 개입과 연계해야 한다.

넷째, 장래 시나리오를 예측하고 개발하는 능력을 향상해 연안 사회-생태 시스템(CSESs)에 대한 여러 압박과 누적 압박의 크기, 시기, 위치 및 충격(영향)을 예측한다. 여기에는 머신러닝(Machine Learning), 데이터 마이닝(Data Mining) 및 앙상블 모델(Ensemble Model)을 사용하여 기후변화 및 기타 압박에 대한 연안 사회-생태 시스템(CSESs) 대응의 단기(~10년), 중기(10~100년) 및 장기(100년~) 예측을 개발하고, 생태계 역학관계, 선택적 상태 및 잠재적 임계점을 설명하는 방법이 포함된다. 연안 프로세스는 생태계 모델에 완전히 반영되어야 하며, 네트워크 모델을 사용하여 여러 스트레스 요인을 정책 선택과 연결한다. 전 지구적 기후변화 예측을 개선하여 전 지구적 기후변화 영향을 지역적 과제로 전환한다.

다섯째, 연안 레질리언스를 구축하기 위한 연안 자연-기반 해법(CNbS) 및 하이브리드(Hybrid) 해법에 관한 연구에 투자하고, 이들의 환경적 및 사회경제적 공동 혜택(이익), 현장별 타당성, 해양, 육상 및 하이브리드 해법의 다양한 조합에 대한 충격(영향)을 파악한다. 과학적 및 사회경제적 장벽과 이를 실행하는 데 도움이 되는 요소를 파악해야 한다.

5.2.2 정책적 및 관리적 측면

연안 레질리언스을 구축하고 향상하기 위한, 정책 및 관리의 주요 과제는 연안 사회-생태 시스템(CSESs)에 대한 여러 압박의 복잡성과 그 누적 충격(영향)을 다루는 것이다. 그러나 이는 누적 압박의 충격(영향), 기후변화 및 생물다양성 손실의 중요한 충격(영향)을 해결하고 레질리언스를 구축하기 위한 연안역을 방재하고 장래를 대비하기에는 충분하지 않다. 중요한 도전 과제 중 하나는 정책 및 관리 측면에서 현재 연안이 단일한 역동적인 시스템이 아니라 육지와 해양 시스템이 합쳐진 복합적 역동 시스템이라는 점이다. 추가적인 도전 과제로는 환경 및 사회적 임계점에 대한 지식 부족과 이러한 임계점에 대한 정책적 의미 이해, 불확실성과 불완전한 지식에 따른 의사 결정에 관련된 도전, 이해관계자들의 사고방식을 변화에 유연한 개방적으로 바꾸는 방법에 대한 문제들이다. 따라서 정책적 및 관리적 측면에서 연안 레질리언스를 향상하기 위한 제언으로는,

첫째, 적응형, 부문 간, 일관성 있는 정책에 기반한 연안 관리 시스템 접근 방식을 채택한다. 통합해양 정책(IMP)은 육상-해양 경계면의 모든 측면을 포함하도록 업데이트되어야 하며, 해양 및 육상 기반 정책 간의 연계를 개선해야 한다. 지역사회의 참여를 포함한 적응형 연안 관리는 육상을 포함한 인접 지역의 조치를 고려하고 여러 압박에 대한 완화와 적응과의 균형을 맞추는 것을 목표로 한다. 적응형 공간 계획을 촉진하기 위해서는 많은 참여 수단이 필요하며, 예측 및 시나리오 분석은 육상-해양 지역 계획에 통합되어야 한다. 뿌리 깊은 제도적 관행을 극복하고 다양한 법률 간에 정책 목표를 조정해야 한다. 효과적인 조기 경보 시스템을 통한 국가 간 협력과 시기적절(時期適切)한 리스크 관리가 필요하다.

둘째, 필요할 때 사용할 수 있는 자산(예: 금융, 전문성, 수단, 기술, 정보)을 늘리고, 전략을 변경할 수 있는 유연성을 개발하며, 공동적(共同的)으로 조직하고 행동하는 능력을 향상하고, 변화를 인식하고 대응하는 학습을 촉진하고, 변화에 대응하는 방법을 결정하는 기관을 설립하는 등 다양한 규모(지역사회, 지방, 국가)에서 적응 역량을 강화한다. 적응 역량을 강화하기 위한 구체적인 조치로는 레질리언스 개념, 체계, 데이터 분석 및 분석 도구에 대한 교육을 제공하여 모든 이해관계자가 동일한 비전을 공유하도록 하고, 모든 관련 이해관계자를 하나로 모으는 '토론의 장(Fora)'을 개발하는 것이 포함된다. 이러한 '토론의 장'은 상호 학습을 기반으로 토론을 촉진하고, 선호하는 미래 및 가능한 경로와 관련하여 합의를 구축하고, 다양한 이해관계와 우선순위를 해결하며, 지식, 정책, 거버넌스 및 관리의 격차를 논의할 수 있는 구조를 제공하고, 레질리언스을 구축하는 데 필요한 프로세스와 결정의 맥락 내에 이를 배치하는 것을 목표로 한다. 거버넌스에 대한 적응 전략이 누적 압박에 대한 레질리언스를 구축하는 데 충분하지 않을 경우, 변혁적(變革的) 변화가 필요할 수 있다.

셋째, 연안 방재와 생태계-기반 관리 접근 방식을 사용할 때, 연안 레질리언스 해결책의 설계 과정 중 초기 단계부터 자연과 사람들을 포함하여야 한다. 특히 연안 재난으로 피해를 본 소외된 연안 지역사회에서 사회적, 경제적 및 환경적 요인을 고려하는 자연-기반 해법은 지역, 국가의 계획과 법률에서 자연과 사람을 고려한다. 연안 사회-생태 시스템(CSESs)의 레질리언스에 미치는 충격(영향)과 여러 누적 연안 압박 및 변화하는 사회경제적 조건의 충격(영향)에 대비하여 장기적인 가치를 포함한 기존 연안 관리 개입에 대한 목록을 작성해야 한다.

넷째, 공공 정책과 의사 결정 과정에서 자연 자본의 다양한 사회적, 경제적 가치를 반영한다. 모든 형태의 생태계 서비스가 인간의 복지에 미치는 기여(寄與)는 비금전적(非金錢的) 가치 평가 방법을 통해 인식하고 평가해야 한다. 연안 자연-기반 해법(CNbS)의 사회적, 경제적, 환경적 공동 혜택(이익)을 촉진하고 가치를 평가해야 하며, 규제 및 정책 환경은 고품질의 투자 가능한 프로젝트와 민간-공공 협력 관계를 보장해야 한다.

다섯째, 연안 레질리언스를 위한 현장별 해결책을 개발하기 위한 6단계 접근 방식을 따른다. 즉, 전체 프로세스를 장기적이고 영구적으로 적응할 수 있다고 생각하고, 해결해야 할 문제를 정의하고 사용할 체계를 선택하며, 연안 사회-생태 시스템(CSESs)의 경계와 역학관계를 정의하고, 이해관계자를 참여시키고, 연안 레질리언스를 구축하기 위한 수단을 파악하고, 가능한 해결책을 분류하고 정교화한다('2.1.3. 중 10) 연안 레질리언스 향상을 위한 6단계 접근 방식' 참조).

5.2.3 지역사회 측면

지역사회(예: 시민단체, 자원봉사 단체)는 연안 레질리언스를 구축하는 데 중요한 역할을 한다. 지역사회가 연안 레질리언스를 향상하기 위해 참여해야 할 과제는 다음과 같다. i) 과학 지식이 전달하는 메시지에 대한 개방적인 태도, ii) 지역사회의 대응과 불평등 측면에서 승자와 패자를 고려하는 것, iii) 연안 지역사회의 문화와 지역 지식의 격차 해소, iv) 급변하는 지역사회와 함께 바람직한 연안역 상태에 대한 비전 정의. 연안 레질리언스의 향상을 위해 지역사회의 참여를 높이기 위한 제언으로는,

첫째, 개별 지역사회에 필요한 체계적인 자연 및 사회 과학적 지식을 얻고, 이를 모든 이해 당사자들에게 명확한 메시지로 공유한다.

둘째, 지역 관계 당국의 지역 우선순위와 지역사회의 조치를 조정하기 위해 일관된 국가차원의 연안 계획을 개발하고 고수(固守)한다.

셋째, 지역사회가 연안 데이터와 레질리언스 문제를 수집하고 이해할 수 있도록 지원하는 시민 과학 이니셔티브를 공동 설계한다.

넷째, 지역사회의 적응 역량을 강화하기 위해 금융, 전문 지식, 참여 도구, 기술 및 지식에 대한 접근성을 제공하고, 연안 레질리언스의 복잡성과 중요성에 대한 교육을 개발한다. 또한 서로에게서 배울 수 있도록 지역사회, 국가 및 국제 네트워크를 개발하고 강화하며, 지역 프로젝트의 소유권을 촉진하여 지역사회의 변화를 결정하는 주체성을 높인다.

출처

그림

1.1 日本文部科学省·気象庁(2020),日本の気候変動 2020— 大気と陸・海洋に関する観測・予測評価報告書 —.
1.2 IPCC第5次評価報告書より日本 環境省作成(2019).
1.3 アメリカ航空宇宙局 (NASA) ホームページ(https://climate.nasa.gov/evidence/)より環境省作成(2019).
1.4 日本文科省・統合プログラムテーマD資料.
1.5 日本文科省·気象庁·環境省(2012),「気候変動の観測・予測及び影響評価統合レポート」로부터 일부 수정.
1.6 https://www.ipcc.ch/about/structure/에서 수정.
1.7~1.8 日本 環境省(2023.8) : 第6次評価報告書 (AR6) のうち第3作業部会(WG3).
1.9 IPCC 第4次評価報告書(2007),https://www.data.jma.go.jp/cpdinfo/ipcc/ar4/index.html.
1.10 気候変動に関する政府間パネルIPCC「第5次評価報告書統合報告書政策決定者要約)」より環境省作成(2014).
1.11 IPCC 5차 평가보고서(AR5, 2013), p.11.
1.12~1.13 気候変動に関する政府間パネル(IPCC)「1.5℃特別報告書」より環境省作成(2019).
1.14 IPCC(2019), 土地関係特別報告書.
1.15 IPCC(2019), 海洋・雪氷圏特別報告書.
1.16~1.19 IPCC 제6차 평가보고서(AR6) 제1실무그룹보고서(WG1) 2021년
1.20 IPCC 해양·설빙권 특별보고서(2019)
1.21 IPCC 제6차 평가보고서(AR6) 제1실무그룹보고서(WG1) 2021년
1.22 IPCC 제6차 평가보고서(AR6) 제1실무그룹보고서(WG1) 2021년으로부터 일부 수정
1.23 IPCC 제6차 평가보고서(AR6) FAQ 9.2 Fig.1
1.24 IPCC 제6차 평가보고서(AR6) 제 1 실무그룹보고서(WG1) 2021년.
1.25 IPCC 해양·설빙권 특별보고서(2019)
1.26~1.27 IPCC 제6차 평가보고서(AR6, Sixth Assessment Report) 종합보고서(정책결정자를 위한 요약본(SPM)
1.28 IPCC 해양·설빙권 특별보고서(2019)
1.29 IPCC 제6차 평가보고서(AR6, Sixth Assessment Report) 종합보고서(정책결정자를 위한 요약본(SPM)) 에서 문맥에 맞게 수정.
1.30 국립해양조사원 보도자료(2024), 우리나라 연안 해수면 상승.
1.31 국립해양조사원 보도자료(2024), 우리나라 연안 해수면 상승률.
1.32 국립해양조사원 보도자료(2023), 우리나라 연안 해수면 전망.
1.33~1.36
https://coastal.climatecentral.org/map/11/128.8864/35.1934/?theme=sea_level_rise&map_type=year&basemap=roadmap&contiguous=true&elevation_model=best_available&forecast_year=2100&pathway=ssp3rcp70&percentile=p50&refresh=true&return_level=return_level_1&rl_model=coast_rp&slr_model=ipcc_2021_med(좌), https://sealevel.nasa.gov/ipcc-ar6-sea-level-projection-tool(우)
1.37 IPCC 5차 평가보고서(AR5, 2013년)(왼쪽), IPCC 6차 평가보고서(AR6, 2021년)(오른쪽)
1.38 日本 国土交通省(2019),気候変動を踏まえた海岸保全のあり方(参考資料)를 IPCC 6차 평가보고서(AR6)(2021년) 공표에 맞게 우리나라 실정에 맞게 수정
1.39 日本文科省・統合プログラムテーマD資料.

1.40 三村信南(1993), 砂濱に対する海面上昇の影響評価, 海岸工学論文集, 第40巻, p. 1046~1050.
1.41 Schwartz, M. L. 1967. The Bruun theory of sea-level rise as a cause of shore erosion. Jour. Geology, 75, 76-92.
1.42 有働(2019), Udo and Takeda(2017).
1.43 IPCC 해양·설빙권 특별보고서(2019).
1.44~1.47
https://www.mlit.go.jp/river/press_blog/past_press/press/200201_06/020502/pdf/siryo19_26.pdf
1.48 日本 国土交通省(2019),気候変動を踏まえた海岸保全のあり方(参考資料)
1.49 日本 国土交通省(2020), 気候変動を踏まえた海岸保全のあり方(参考資料)
1.50 日本国土交通省(2018),海岸保全施設の更新等に合わせた地球温暖化 適応策検討マニュアル(案)
1.51 해양수산부(2020), 항만 및 어항 설계기준·해설 및 日本 国土交通省(2020), 気候変動を踏まえた海岸保全のあり方(参考資料)
1.52 해양수산부(2020), 항만 및 어항 설계기준·해설 및 日本 第1回丹後沿岸海岸保全基本計画技術検討会「気候変動を踏まえた海岸保全基本計画の変更について」(2024)
1.53 해양수산부(2020), 항만 및 어항 설계기준·해설
1.54 日本 国土技術政策総合研究所 海岸研究室(2010년), 海面上昇に対する海岸堤防の性能強化について
1.55 https://adaptation-platform.nies.go.jp/local/measures/infographic/4_coasterosion.html
1.56~1.58 日本 国土交通省(2020), 気候変動を踏まえた海岸保全のあり方(参考資料)
1.59 日本 国土交通省HP(2018),
http://www.mlit.go.jp/river/kaigan/main/kaigandukuri/tsunamibousai/04/index4_1.htm#tsunami41
1.60
http://www.mlit.go.jp/river/kaigan/main/kaigandukuri/tsunamibousai/04/index4_1.htm#tsunami41
1.61
https://www.thr.mlit.go.jp/bumon/b00037/k00290/river-hp/kasen/shinsaikanren/ijikanrimanyuaru_sikensekouhen.pdf
1.62 https://ewn.erdc.dren.mil/wp-content/uploads/2021/02/NNBFbrochurepic-02.png.(좌), https://lh3.googleusercontent.com/-RHSN_SGgAcga5pZ5dwtZR6CFYpeXFYc94734Exf11ix7jkWVpdx_VtIFIsuRwzyibZGNrzfCYrGs79q1Kk21YkEc0IHMlezEQZd_y8BRrKg4slKodonGeiiOwqIz_nebU91lr8W(우)
1.63~1.64 日本 国土交通省(2015), 海岸保全施設の維持管理のあり方について
1.65 芦屋市(2018), https://www.city.ashiya.lg.jp/bousai/taifu21/documents/setumeikai2.pdf
1.66 芦屋市(2018) https://www.city.ashiya.lg.jp/bousai/taifu21/documents/setumeikai2.pdf http://www.kinam.co.kr/gn5/data/file/product/3731371751_fOtTQcuw_1e8aec4876a9be88a694bfee6110a665d24244d8.jpg, https://www.daiwae.com/wp/wp-content/uploads/2022/11/P4241037.jpg
1.67 日本 国土交通省(2024),「港湾の施設の技術上の基準」の改訂動向及び港湾工事における新技術導入に向けた取組み
1.68 日本 国土交通省(2019),「気候変動を踏まえた治水計画のあり方」提言(参考資料)
1.69 평택해양수산청(2024.11), 궁평리지구 연안정비사업 기본 및 실시설계 설계 자문(중간 단계) 보고서
1.70 국립해양조사원, https://www.joongang.co.kr/article/25099234
1.71 日本 国土交通省(2019), 沿岸部海岸)における気候変動の影響及び適応の方向性検討委員会
1.72 日本 国土交通省(2015),第1回沿岸部(港湾)における気候変動の影響及び適応の方向性検討委員会港湾分野に

おける影響について
1.73 日本 国土交通省(2020), 昨今の災害による港湾の被災状況と対応
1.74~1.78 日本 国土交通省(2015), 第1回沿岸部(港湾)における気候変動の影響及び適応の方向性検討委員会港湾分野における影響について.
1.79 日本 国土交通省(2020), 気候変動適応策の実装に向けた論点.
1.80~1.82 日本 国土交通省(2015), 第1回沿岸部(港湾)における気候変動の影響及び適応の方向性検討委員会港湾分野における影響について
1.83 Nittrouer,C.A. and Wright, L.D., Rev. Geophys.,32, 85.
1.84 中天康之(2017), 港湾の埋没対策と浚渫土砂の有効利用.
1.85 日本 国土交通省(2015),第1回沿岸部(港湾)における気候変動の影響及び適応の方向性検討委員会港湾分野における影響について.
1.86~1.92 安部智久,伊藤直樹(2024), 港湾利用に配慮した気候変動適応策に関する基本的検討：嵩上げと防潮壁設置を中心に
1.93~1.94 日本 国土交通省(2020), 昨今の災害による港湾の被災状況と対応
1.95 磯部雅彦(2016), 気象の極端化に伴う自然災害の極甚化と適応策, CDIT, pp.13～14.
1.96~1.98 日本 国土交通省(2019), 第1回 沿岸部(港湾)における気候変動の影響及び適応の方向性検討委員会
1.99~1.102 中天康之(2017), 港湾の埋没対策と浚渫土砂の有効利用.
1.103~1.106 日本 国土交通省(2020), 昨今の災害による港湾の被災状況と対応
1.107 日本 国土交通省(2021), 気候変動適応策の実装に向けた論点整理
1.108 해양수산부(2021).
1.109~1.112 日本 国土交通省(2020), 昨今の災害による港湾の被災状況と対応.
1.113 https://shinsui-portal.jp/voice/?itemid=10&dispmid=471.
1.114 日本 国土交通省(2020), 昨今の災害による港湾の被災状況と対応.
1.115 日本 国土交通省(2023), 港湾における気候変動適応策の実装方針
1.116 日本 国土交通省(2023), 港湾における気候変動適応策の実装方針
1.117 日本 国土交通省 港湾における気候変動適応策の実装に向けた技術検討委員会(2024), 港湾における気候変動適応策の実装方針
1.118 日本 日本 国土交通省(2023), 港湾における気候変動適応策の実装方針
1.119~1.125 日本 国土交通省 港湾における気候変動適応策の実装に向けた技術検討委員会(2024), 港湾における気候変動適応策の実装方針
1.129~1.130 日本 国土交通省(2019),気候変動への適応策について(素案).
1.131~1.133 日本 国土交通省(2020),昨今の災害による港湾の被災状況と対応

2.1 European Marine Board IVZW(2023.10) : Building Coastal Resilience in Europe, Position Paper 27, p.24.
2.2 European Marine Board IVZW(2023.10) : Building Coastal Resilience in Europe, Position Paper 27, p.25.
2.3 European Marine Board IVZW(2023.10) : Building Coastal Resilience in Europe, Position Paper 27, p.31.
2.4 European Marine Board IVZW(2023.10) : Building Coastal Resilience in Europe, Position Paper

27, p.35.
2.5 European Marine Board IVZW(2023.10) : Building Coastal Resilience in Europe, Position Paper 27, p.37.
2.6 European Marine Board IVZW(2023.10) : Building Coastal Resilience in Europe, Position Paper 27, p.38.
2.7~2.8 ERA5, Copernicus 기후변화 서비스/EcmWF.
2.9 NOAA/Climate Impact Company.
2.10 https://www.climate.gov/media/16320, Map by NOAA Climate.gov based on data provided by Philip Thompson, University of Hawaii.
2.11 https://www.climate.gov/media/14136, NOAA Climate.gov graph, adapted from Sweet 등. 2022.
2.12 https://tos.org/oceanography/assets/images/content/36-feely-title.jpg, Modified from Jiang 등 (2023)
2.13 https://scripps.ucsd.edu/research/climate-change-resources/faq-ocean-deoxygenation, Global Ocean Oxygen Network, Breitburg, D., M. Gregoire, K. Isensee (eds.) 2018. The ocean is losing its breath: Declining oxygen in the world's ocean and coastal waters. IOC-UNESCO, IOC Technical Series, No. 137,pp.40, (IOC/2018/TS/137).
2.14~2.16 茨城県 HP(2018), http://www.pref.ibaraki.jp/doboku/kasen/coast/051000.html.
2.17 日本土木学会(2000), 海岸施設設計便覧, p.422.
2.18 長岡技術科学大学 HP(2018), http://coastal.nagaokaut.ac.jp/~inu/rip_current/index.shtml.
2.19 부산광역시(2017), 부산연안방재대책수립 종합보고서, p.97.
2.20 日本大日百果全書(2018),
https://kotobank.jp/word/%E6%B6%88%E6%B3%A2%E5%B7%A5-1340096.
2.21 https://coast.noaa.gov/states/fast-facts/natural-infrastructure.html.
2.22 https://www.mdpi.com/2071-1050/13/16/8927
2.23 European Marine Board IVZW(2023.10): Building Coastal Resilience in Europe, Position Paper 27, p.71.
2.24 European Marine Board IVZW(2023.10): Building Coastal Resilience in Europe, Position Paper 27, p.72.,Weisscher 등. 2022; CC BY 4.0.

3.1 International Guidelines on Natural and Nature-Based Features for Flood Risk Management(2021), U.S Army Engineer Research and Development Center, p27.
3.2 International Guidelines on Natural and Nature-Based Features for Flood Risk Management(2021), U.S Army Engineer Research and Development Center, p28
3.3 International Guidelines on Natural and Nature-Based Features for Flood Risk Management(2021), U.S Army Engineer Research and Development Center, p29.
3.4 지혜 놀이 퍼즐에서 각색된 상단 그림, 아래쪽 그림은 다음 웹사이트의 생태 시스템 그래픽에서 각색되었다. http://ian.umces.edu/media-library
3.5 International Guidelines on Natural and Nature-Based Features for Flood Risk Management(2021), U.S Army Engineer Research and Development Center, p.113

3.6 Adapted from Slinger 등. 2013.
3.7 International Guidelines on Natural and Nature-Based Features for Flood Risk Management(2021), U.S Army Engineer Research and Development Center, p.125.
3.8 Adapted from Gallop 등. 2015 and Larson and Kraus 1995
3.9 Adapted from Gillis 등. 2014
3.10 Adapted from Reed, Martin, and Cushing 2013.
3.11 Adapted from Reed, Martin, and Cushing 2013.
3.12 International Guidelines on Natural and Nature-Based Features for Flood Risk Management(2021), U.S Army Engineer Research and Development Center, p.165.
3.13 International Guidelines on Natural and Nature-Based Features for Flood Risk Management(2021), U.S Army Engineer Research and Development Center, p.170
3.14 International Guidelines on Natural and Nature-Based Features for Flood Risk Management(2021), U.S Army Engineer Research and Development Center, p.172.
3.15 International Guidelines on Natural and Nature-Based Features for Flood Risk Management(2021), U.S Army Engineer Research and Development Center, p.188
3.16 International Guidelines on Natural and Nature-Based Features for Flood Risk Management(2021), U.S Army Engineer Research and Development Center, p.194.
3.17 International Guidelines on Natural and Nature-Based Features for Flood Risk Management(2021), U.S Army Engineer Research and Development Center, p.207.
3.18 International Guidelines on Natural and Nature-Based Features for Flood Risk Management(2021), U.S Army Engineer Research and Development Center, p.208
3.19 International Guidelines on Natural and Nature-Based Features for Flood Risk Management(2021), U.S Army Engineer Research and Development Center, p.210
3.20 International Guidelines on Natural and Nature-Based Features for Flood Risk Management(2021), U.S Army Engineer Research and Development Center, p.216.
3.21 International Guidelines on Natural and Nature-Based Features for Flood Risk Management(2021), U.S Army Engineer Research and Development Center, p.222.
3.22 International Guidelines on Natural and Nature-Based Features for Flood Risk Management(2021), U.S Army Engineer Research and Development Center, p.224.
3.23 International Guidelines on Natural and Nature-Based Features for Flood Risk Management(2021), U.S Army Engineer Research and Development Center, p.238.
3.24 International Guidelines on Natural and Nature-Based Features for Flood Risk Management(2021), U.S Army Engineer Research and Development Center, p.240.
3.25 International Guidelines on Natural and Nature-Based Features for Flood Risk Management(2021), U.S Army Engineer Research and Development Center, p.238
3.26 International Guidelines on Natural and Nature-Based Features for Flood Risk Management(2021), U.S Army Engineer Research and Development Center, p.238
3.27 International Guidelines on Natural and Nature-Based Features for Flood Risk Management(2021), U.S Army Engineer Research and Development Center, p.275
3.28 International Guidelines on Natural and Nature-Based Features for Flood Risk Management(2021),

U.S Army Engineer Research and Development Center, p.276
3.29 European Marine Board IVZW(2023.10): Building Coastal Resilience in Europe, Position Paper 27, p.79
3.30 강지현, 이성훈, 황현수(2024.12) : 우리나라 해안사구의 경계 설정을 통한 면적 변화 분석, GEO DATA.
3.31 International Guidelines on Natural and Nature-Based Features for Flood Risk Management(2021), U.S Army Engineer Research and Development Center, p.333
3.32 International Guidelines on Natural and Nature-Based Features for Flood Risk Management(2021), U.S Army Engineer Research and Development Center, p.333
3.33 Rijkswaterstaat, except Locations 9 and 11 - Environment Agency
3.34 Adapted from DSE 2012, Figure 5-4
3.35 Adapted from Rosati 2005 (reproduced with permission from the Coastal Education and Research Foundation, Inc.)
3.36 Elias and Van der Spek 2017
3.37 International Guidelines on Natural and Nature-Based Features for Flood Risk Management(2021), U.S Army Engineer Research and Development Center, p.347
3.38 International Guidelines on Natural and Nature-Based Features for Flood Risk Management(2021), U.S Army Engineer Research and Development Center, p.350
3.39 Adapted from Royal Haskoning 2011
3.40 Adapted from deltares.nl 2019.
3.41 Adapted from deltares.nl 2019.
3.42 International Guidelines on Natural and Nature-Based Features for Flood Risk Management(2021), U.S Army Engineer Research and Development Center, p.359
3.43 International Guidelines on Natural and Nature-Based Features for Flood Risk Management(2021), U.S Army Engineer Research and Development Center, p.360.
3.44 Based on original graph by Wiegel 1964 with additional data from case study sites in this chapter and other readily available case study information(adapted from McFall 2019). Reproduced with permission from the Coastal Education and Research Foundation, Inc.
3.45 International Guidelines on Natural and Nature-Based Features for Flood Risk Management(2021), U.S Army Engineer Research and Development Center, p.364
3.46 Adapted from Deltares 등. 2005
3.47 Adapted from Palumbi, McLeod, and Grünbaum 2008
3.48 해양환경정보포텔(2025), https://www.meis.go.kr/mes/mudFlat/internalSituation/view1.do.
3.49 International Guidelines on Natural and Nature-Based Features for Flood Risk Management(2021), U.S Army Engineer Research and Development Center, p.417
3.50 International Guidelines on Natural and Nature-Based Features for Flood Risk Management(2021), U.S Army Engineer Research and Development Center, p.425
3.51 International Guidelines on Natural and Nature-Based Features for Flood Risk Management(2021), U.S Army Engineer Research and Development Center, p.427
3.52 International Guidelines on Natural and Nature-Based Features for Flood Risk Management(2021), U.S Army Engineer Research and Development Center, p.429

3.53 International Guidelines on Natural and Nature-Based Features for Flood Risk Management(2021), U.S Army Engineer Research and Development Center, p.429
3.54~3.55 해양수산부 국립해양조사원
3.56 International Guidelines on Natural and Nature-Based Features for Flood Risk Management(2021), U.S Army Engineer Research and Development Center, p.707
3.57 International Guidelines on Natural and Nature-Based Features for Flood Risk Management(2021), U.S Army Engineer Research and Development Center, p.717

4.1~4.12 The Official Website of the City of New York(2019), https://www1.nyc.gov/site/lmcr/index.page
4.13~4.16 https://edc.nyc/project/lower-manhattan-coastal-resilience
4.16 https://fidiseaportclimate.nyc/plan
4.17~4.22 https://edc.nyc/project/lower-manhattan-coastal-resilience
4.23 https://www.nyc.gov/site/escr/about/resilience-and-flood-protection.page
4.24 https://fidiseaportclimate.nyc/plan
4.25~4.29
https://www.nyc.gov/site/lmcr/progress/brooklyn-bridge-montgomery-coastal-resilience.page
4.30 https://www.nyc.gov/site/lmcr/progress/seaport-coastal-resilience-project-presentation.page.
4.31 https://www.nyc.gov/site/lmcr/progress/interim-flood-protection-measure.page.
4.32 https://www.nyc.gov/site/escr/about/resilience-and-flood-protection.page.
4.33 https://www.nyc.gov/site/escr/about/project-background.page.
4.34~4.39 https://www.nyc.gov/site/escr/about/resilience-and-flood-protection.page.
4.40~4.42 https://www.nad.usace.army.mil/Media/News-Releases/Article/601169/
4.43~4.44 US Army Corps of Engineers(2024.01), South Shore of Staten Island, New York Coastal Storm Risk Management Validation Report, p23.
4.45~4.46 US Army Corps of Engineers(2024.01), South Shore of Staten Island, New York Coastal Storm Risk Management Validation Report, p25.
4.47 US Army Corps of Engineers(2024.01), South Shore of Staten Island, New York Coastal Storm Risk Management Validation Report, p26.
4.48~4.49 US Army Corps of Engineers(2024.01), South Shore of Staten Island, New York Coastal Storm Risk Management Validation Report, p28
4.50 US Army Corps of Engineers(2019.07), REVISED FINAL REPORT, Integrated Hurricane Sandy General Reevaluation Report and Environmental Impact Statement, Atlantic Coast of New York, East Rockaway Inlet to Rockaway Inlet and Jamaica Bay, p.6
4.51~4.52 US Army Corps of Engineers(2019.07), REVISED FINAL REPORT, Integrated Hurricane Sandy General Reevaluation Report and Environmental Impact Statement, Atlantic Coast of New York, East Rockaway Inlet to Rockaway Inlet and Jamaica Bay, p.147.
4.53 US Army Corps of Engineers(2019.07), REVISED FINAL REPORT, Integrated Hurricane Sandy General Reevaluation Report and Environmental Impact Statement, Atlantic Coast of New York, East Rockaway Inlet to Rockaway Inlet and Jamaica Bay, p.150
4.54 US Army Corps of Engineers(2019.07), REVISED FINAL REPORT Integrated Hurricane Sandy

General Reevaluation Report and Environmental Impact Statement, Atlantic Coast of New York, East Rockaway Inlet to Rockaway Inlet and Jamaica Bay Appendix A1 Shorefront Engineering and Design Appendix, p.84~85
4.55 A Community Resource Guide for NEW JERSEY, Planning Living Shorelines Projects.
4.56 European Marine Board IVZW(2023.10): Building Coastal Resilience in Europe, Position Paper 27, p.90, Canu 등. 2011 (CC BY-NC 4.0).
4.57 KOEM해양환경공단(2013), https://blog.naver.com/koempr/140199129636.
4.58 KOEM해양환경공단(2013), https://blog.naver.com/koempr/140199129636로부터 일부 수정,
https://th-thumbnailer.cdn-si-edu.com/27DEzaCZdrz1Y-AWxEhyCruzMhc=/1000x750/filters:no_upscale()/,
https://tf-cmsv2-smithsonianmag-media.s3.amazonaws.com/filer/36/ac/36ac498c-f88a-4d56-a3f1-53dafd71c14f/gettyimages-459681494.jpg
4.59 Adapted from dynamischkustbeheer.nl 2021.
4.60 Ecoshape.org 2021
4.61 Courtesy of Rijkswaterstaat
4.62 ZSHN combination Van Oord/Boskalis VOF (joint venture company of Van Oord and Boskalis).
4.63 Province South Holland.
4.64 By Smiley.toerist - Own work using Openstreetmap, CC BY-SA 3.0,
https://commons.wikimedia.org/w/index.php?curid=21971766.
4.65~4.68 평택해양수산청(2024.11), 궁평리지구 연안정비사업 기본 및 실시설계 설계자문(중간단계) 보고서.
4.69 해양수산부(2024.11),
https://www.mof.go.kr/doc/ko/selectDoc.do?docSeq=59381&menuSeq=971&bbsSeq=10.

5.1 해양수산부(2020), 항만 및 어항 설계기준·해설 및 日本 国土交通省(2020), 気候変動を踏まえた海岸保全のあり方(参考資料)로부터 우리나라 실정에 맞게 수정
5.2 해양수산부(2020), 항만 및 어항 설계기준·해설 및 日本 第1回丹後沿岸海岸保全基本計画技術検討会「気候変動を踏まえた海岸保全基本計画の変更について」(2024)로부터 우리나라 실정에 맞게 수정
5.3 日本 国土交通省(2020), 気候変動を踏まえた海岸保全のあり方 (参考資料)

표

1.1 日本 環境省、文部科学省、農林水産省、日本 国土交通省、日本 気象庁(2018). '気候変動の観測、予測及び影響評価統合レポート2018'.」

1.2 日本 環境省(2023.8)：第6次評価報告書（AR6）のうち第3作業部会(WG3).

1.3 気候変動に関する政府間パネルIPCC「第5次評価報告書統合報告書政策決定者要約」(2014).

1.4 気候変動に関する政府間パネル（IPCC）「1.5℃特別報告書」より環境省作成(2019)

1.5 기상청(2020년), '기후변화과학용어설명집'.

1.6~1.8 IPCC 제6차 평가보고서(AR6) 제1 실무그룹보고서(WG1) 2021년

1.9 IPCC 제6차 평가보고서(AR6) 제1 실무그룹보고서(WG1) 2021년으로부터 일부 수정.

1.10 IPCC 해양·설빙권 특별보고서(2019), 그림. SPM.5 (C)

1.11~1.12 국립해양조사원 보도자료(2022), 우리나라 연안 해수면 전망.

1.13 국립해양조사원 보도자료(2021), 우리나라 연안 해수면 상승.

1.14
https://www.mlit.go.jp/river/press_blog/past_press/press/200201_06/020502/pdf/siryo19_26.pdf

1.15 日本 国土交通省(2020), 気候変動を踏まえた海岸保全のあり方(参考資料)

1.16 해양수산부(2020), 항만 및 어항설계기준·해설(상권), 日本 国土交通省(2020), 気候変動を踏まえた海岸保全のあり方(参考資料)

1.17 日本 国土技術政策総合研究所 海岸研究室(2010년), 海面上昇に対する海岸堤防の性能強化について

1.18 https://adaptation-platform.nies.go.jp/local/measures/infographic/4_coasterosion.html

1.19 日本 国土交通省(2020),気候変動適応策の実装に向けた論点整理

1.20~1.25 安部智久,伊藤直樹(2024), 港湾利用に配慮した気候変動適応策に関する基本的検討：嵩上げと防潮壁設置を中心に

1.26 磯部등, (1991)

1.27 国土技術政策総合研究所 沿岸海洋研究部沿岸防災研究室：「三河港における平成 21 年台風第18 号高潮によるコンテナ漂流被害調査報告」より港湾局作成.

1.28~1.29 日本 国土交通省 港湾における気候変動適応策の実装に向けた技術検討委員会(2024), 港湾における気候変動適応策の実装方針

1.30 日本 国土交通省(2020),昨今の災害による港湾の被災状況と対応

3.1 European Marine Board IVZW(2023.10): Building Coastal Resilience in Europe, Position Paper 27, p.78.

3.2 US Army Corps of Engineers(2015), Use of Natural and Nature-Based Features(NNBF) for Coastal Resilience, p.4.

3.3 US Army Corps of Engineers(2015), Use of Natural and Nature-Based Features(NNBF) for Coastal Resilience, p.5.

3.3 Adapted from Bridges 등. 2015

3.5 International Guidelines on Natural and Nature-Based Features for Flood Risk Management(2021), U.S Army Engineer Research and Development Center, p.38~p.39.

3.7 International Guidelines on Natural and Nature-Based Features for Flood Risk Management(2021),

U.S Army Engineer Research and Development Center, p.172.
3.8 International Guidelines on Natural and Nature-Based Features for Flood Risk Management(2021), U.S Army Engineer Research and Development Center, p.191.
3.9 International Guidelines on Natural and Nature-Based Features for Flood Risk Management(2021), U.S Army Engineer Research and Development Center, p.212.
3.10 International Guidelines on Natural and Nature-Based Features for Flood Risk Management(2021), U.S Army Engineer Research and Development Center, p.214, 215
3.11 International Guidelines on Natural and Nature-Based Features for Flood Risk Management(2021), U.S Army Engineer Research and Development Center, p.217.
3.12 Narayan, Bitterwolf, and Beck 2019
3.13 Adapted from Mechler, 2014
3.14 International Guidelines on Natural and Nature-Based Features for Flood Risk Management(2021), U.S Army Engineer Research and Development Center, p.280 281
3.15 최광희, 김윤미, 길지현(2015), 한국의 해안사구: 분포와 생태, 국립환경과학원, p.11 12
3.16 International Guidelines on Natural and Nature-Based Features for Flood Risk Management(2021), U.S Army Engineer Research and Development Center, p.373~374
3.17 International Guidelines on Natural and Nature-Based Features for Flood Risk Management(2021), U.S Army Engineer Research and Development Center, p.375~376.
3.18 International Guidelines on Natural and Nature-Based Features for Flood Risk Management(2021), U.S Army Engineer Research and Development Center, p.398~399
3.19 해양환경정보포털(2025), https://www.meis.go.kr/mes/mudFlat/internalSituation/view1.do.
3.20 International Guidelines on Natural and Nature-Based Features for Flood Risk Management(2021), U.S Army Engineer Research and Development Center, p.422~424
3.21 International Guidelines on Natural and Nature-Based Features for Flood Risk Management(2021), U.S Army Engineer Research and Development Center, p.432
3.22 International Guidelines on Natural and Nature-Based Features for Flood Risk Management(2021), U.S Army Engineer Research and Development Center, p.439~441
3.23 International Guidelines on Natural and Nature-Based Features for Flood Risk Management(2021), U.S Army Engineer Research and Development Center, p.451~453.
3.24 International Guidelines on Natural and Nature-Based Features for Flood Risk Management(2021), U.S Army Engineer Research and Development Center, p.456~457
3.25 International Guidelines on Natural and Nature-Based Features for Flood Risk Management(2021), U.S Army Engineer Research and Development Center, p.463
3.26 International Guidelines on Natural and Nature-Based Features for Flood Risk Management(2021), U.S Army Engineer Research and Development Center, p.474
3.27 International Guidelines on Natural and Nature-Based Features for Flood Risk Management(2021), U.S Army Engineer Research and Development Center, p.463
3.28 International Guidelines on Natural and Nature-Based Features for Flood Risk Management(2021), U.S Army Engineer Research and Development Center, p.710~711

4.1~4.5 The Official Website of the City of New York(2019), https://www1.nyc.gov/site/lmcr/index.page
4.6 The information in this section is from EcoShape 2019, ecoshape.org 2021, and Arcadis 2013.
4.7 평택해양수산청(2024.11), 궁평리지구 연안정비사업 기본 및 실시설계 설계자문(중간단계) 보고서.

5.1 해양수산부(2020), 항만 및 어항설계기준·해설(상권), 日本 国土交通省(2020), 気候変動を踏まえた海岸保全のあり方 参考資料로부터 우리나라 실정에 맞게 수정
5.2 법제처(2025), 국가법령정보센터

사진

1 . 1

https://upload.wikimedia.org/wikipedia/commons/thumb/c/cf/Thwaites_Glacier.jpg/1920px-Thwaites_Glacier.jp(사진)

https://www.antarcticglaciers.org/wp-content/uploads/2020/07/101099662_thwaites_glacier_map_640v1-nc.png

1.2 부산일보(2017)(좌), Hiroshi Takagi, Miguel Esteban, Tomoya Shibayama(2015), Stochastic Design of Caisson Breakwaters, Lessons from Past Failures and Coping with Climate Change, pp.635~705(우).

1.3 日本 毎日新聞(좌), 日本 国土交通省(2020), 昨今の災害による港湾の被災状況と対応(우)

1.4 국제신문(2003)(왼쪽),

https://www.jiji.com/news/handmade/topic/d4_et/oam018-jpp028158468.jpg(오른쪽)

1.5~1.8 安部智久,伊藤直樹(2024), 港湾利用に配慮した気候変動適応策に関する基本的検討：嵩上げと防潮壁設置を中心に

1.9 日本 国土交通省(2019),第１回 沿岸部（港湾）における気候変動の影響及び適応の方向性検討委員会

1.10 日本 国土交通省(2020),気候変動適応策の実装に向けた論点整理

1.11 中天康之(2017), 港湾の埋没対策と浚渫土砂の有効利用.

1.12 日本 国土交通省(2020), 港湾施設の維持管理に関する取り組みについて

1.13 日本 国土交通省(2020), 港湾施設の戦略的な維持管理の推進について

1.14 日本 国土交通省(2020), 港湾施設の維持管理に関する取り組みについて

1.15~1.22 日本 国土交通省(2020), 昨今の災害による港湾の被災状況と対応

1.23 日本 毎日新聞(2018), 台風２１号 ２５００トンタンカー流され関空連絡橋に衝突.

2.1

https://pds.joongang.co.kr/news/component/htmlphoto_mmdata/202108/29/3fe5f399-dd5c-48f8-8506-c2a4347d6238.jpg(중앙일보).

3.1 Seychelles Coastal Management Plan, Government of Seychelles.

3.2 International Guidelines on Natural and Nature-Based Features for Flood Risk Management(2021), U.S Army Engineer Research and Development Center, p.418

3.3 Burton Suedel, U.S. Army Corps of Engineers(왼쪽),Frank Janssens, Rijkswaterstaat(오른쪽)

3.4 Burton Suedel, U.S. Army Corps of Engineers.

3.5 University of Washington

3.6 Tim Gardiner, Environment Agency (United Kingdom)

4.1~4.4 The Official Website of the City of New York(2019),

https://www1.nyc.gov/site/lmcr/index.page

4.5 https://www.nyc.gov/site/lmcr/background/background.page

4.6 The Official Website of the City of New York(2019),

https://www1.nyc.gov/site/lmcr/index.page.

4.7 https://www.nyc.gov/site/lmcr/progress/brooklyn-bridge-montgomery-coastal-resilience.page

4.8 https://www.nyc.gov/site/lmcr/progress/seaport-coastal-resilience-project.page

4.9 https://edc.nyc/project/lower-manhattan-coastal-resilience

4.10 https://www.nyc.gov/site/ddc/about/press-releases/2022/pr-022422-ESCR-Gate.page(좌) https://www.youtube.com/watch?app=desktop&v=wUDGdyRqazU(우)

4.11 A Community Resource Guide for NEW JERSEY, Planning Living Shorelines Projects/ Douglas Janiec, Natural Resources Program Manager Sovereign Consulting Inc.

4.12 European Marine Board IVZW(2023.10) : Building Coastal Resilience in Europe, Position Paper 27, p.85.

4.13 European Marine Board IVZW(2023.10) : Building Coastal Resilience in Europe, Position Paper 27, p.85.

4.14 European Marine Board IVZW(2023.10) : Building Coastal Resilience in Europe, Position Paper 27, p.88

4.15 European Marine Board IVZW(2023.10) : Building Coastal Resilience in Europe, Position Paper 27, p.89

4.16 CNN, Luca Bruno/AP

4.17 European Marine Board IVZW(2023.10) : Building Coastal Resilience in Europe, Position Paper 27, p.91

4.18 Courtesy of Rijkswaterstaat.

4.19 Rijkswaterstaat

4.20 Rijkswaterstaat

4.21 Marian Lazar

4.22 Rijkswaterstaat/Joop van Houdt, Source: www.flickr.com/photos/zandmotor - CC licensing.

4.23 해양수산부항만연안재생과) : '국민 안심 해안 만든다', 230228(조간).

참고문헌

1장

1. https://ko.wikipedia.org/wiki/%EA%B8%B0%ED%9B%84%EC%9C%84%EA%B8%B0
2. 日本 環境省(2023.8)：第6次評価報告書（AR6）のうち第3作業部会(WG3).
3. IPCC 第４次評価報告書(2007), https://www.data.jma.go.jp/cpdinfo/ipcc/ar4/index.html.
4. 気候変動に関する政府間パネルIPCC「第5次評価報告書統合報告書政策決定者要約）」より環境省作成(2014).
5. 気候変動に関する政府間パネル(IPCC)「1.5℃特別報告書」より環境省作成(2019).
6. IPCC(2019), 土地関係特別報告書.
7. IPCC(2019), 海洋·雪氷圏特別報告書.
8. IPCC 제6차 평가보고서(AR6) 제1 실무그룹 보고서(WG1) 2021년.
9. 제6차 평가보고서(AR6, Sixth Assessment Report) 종합보고서(정책결정자를 위한 요약본(SPM).
10. 국립해양조사원 보도자료(2024), 우리나라 연안 해수면 상승.
11. Sea Level Projection Tool, https://sealevel.nasa.gov/ipcc-ar6-sea-level-projection-tool.
12. Coastal Risk Screening Tool, https://coastal.climatecentral.org/
13. 日本 国土交通省(2019),気候変動を踏まえた海岸保全のあり方(参考資料).
14. Bruun, P. M.(1962), Sea level rise as a cause of shore erosion. Am. Soc. Civil Engineers Proc., Jour. Waterways and Harbors Div. 88, p.117~130.
15. Schwartz, M. L.(1967), The Brun theory of sea-level rise as a cause of shore erosion. Jour. Geology, 75, p.76~92.
16. 日本 国土交通省(2020), 気候変動を踏まえた海岸保全のあり方(参考資料).
17. 日本 国土技術政策総合研究所 海岸研究室(2010년), 海面上昇に対する海岸堤防の性能強化について.
18. https://adaptation-platform.nies.go.jp/local/measures/infographic/4_coasterosion.html.
19. 日本 国土交通省HP(2018), http://www.mlit.go.jp/river/kaigan/main/kaigandukuri/tsunamibousai/04/index4_1.htm#tsunami41
20. 日本 国土交通省(2015), 海岸保全施設の維持管理のあり方について.
21. 芦屋市(2018), https://www.city.ashiya.lg.jp/bousai/taifu21/documents/setumeikai2.pdf.
22. 日本 国土交通省(2024),「港湾の施設の技術上の基準」の改訂動向及び港湾工事における新技術導入 に向けた取組み.
23. 日本国土交通省(2015),第1回沿岸部(港湾)における気候変動の影響及び適応の方向性検討委員会港湾分野における影響について.
24. 中天康之(2017), 港湾の埋没対策と浚渫土砂の有効利用.
25. 安部智久,伊藤直樹(2024), 港湾利用に配慮した気候変動適応策に関する基本的検討：嵩上げと防潮壁設置を中心に.
26. 日本 国土交通省(2020), 昨今の災害による港湾の被災状況と対応.
27. 中天康之(2017), 港湾の埋没対策と浚渫土砂の有効利用.
28. 日本 国土交通省(2020), 港湾施設の維持管理に関する取り組みについて.
29. 日本 国土交通省(2021), 気候変動適応策の実装に向けた論点整理
30. 日本 国土交通省(2020), 昨今の災害による港湾の被災状況と対応.

31. https://shinsui-portal.jp/voice/?itemid=10&dispmid=471.
32. 日本 国土交通省 港湾における気候変動適応策の実装に向けた技術検討委員会(2024), 港湾における気候変動適応策の実装方針.
33. 日本 国土交通省(2020),昨今の災害による港湾の被災状況と対応.

【지금까지의 IPCC 평가보고서】

1) Siegert, M., R.B. Alley, E. Rignot, J. Englander, and R. Corell, 2020: Twenty-first century sea-level rise could exceed IPCC projections for strong-warming futures. One Earth, 3(6), 691-703, doi:10.1016/j.oneear.2020.11.002.
2) Stammer, D. et al., 2019: Ocean Climate Observing Requirements in Support of Climate Research and Climate Information. Frontiers in Marine Science, 6, 444, doi:10.3389/fmars.2019.00444.
3) Bamber, J.L., M. Oppenheimer, R.E. Kopp, W.P. Aspinall, and R.M. Cooke, 2019: Ice sheet contributions to future sea-level rise from structured expert judgment. Proceedings of the National Academy of Sciences, 116(23), 11195-11200, doi:10.1073/pnas.1817205116.
4) Hellmer, H.H., F. Kauker, R. Timmermann, J. Determann, and J. Rae, 2012: Twenty-first-century warming of a large Antarctic ice-shelf cavity by a redirected coastal current. Nature, 485(7397), 225, doi:10.1038/ nature11064.
5) Hellmer, H.H., F. Kauker, R. Timmermann, and T. Hattermann, 2017: The fate of the Southern Weddell sea continental shelf in a warming climate. Journal of Climate, 30(12), 4337-4350, doi:10.1175/jcli-d-16-0420.1.
6) Silvano, A. et al., 2018: Freshening by glacial meltwater enhances melting of ice shelves and reduces formation of Antarctic Bottom Water. Science Advances, 4(4), eaap9467, doi:10.1126/sciadv.aap9467.
7) Hazel, J.E. and A.L. Stewart, 2020: Bistability of the Filchner-Ronne Ice Shelf Cavity Circulation and Basal Melt. Journal of Geophysical Research: Oceans, 125(4), e2019JC015848, doi:10.1029/2019jc015848.
8) DeConto, R.M. and D. Pollard, 2016: Contribution of Antarctica to past and future sea-level rise. Nature, 531(7596), 591-597, doi:10.1038/nature17145.
9) DeConto, R.M. et al., 2021: The Paris Climate Agreement and future sea-level rise from Antarctica. Nature, 593(7857), 83-89, doi:10.1038/s41586-021- 03427-0.
10) Sun, S. et al., 2020: Antarctic ice sheet response to sudden and sustained ice-shelf collapse (ABUMIP). Journal of Glaciology, 66(260), 891-904, doi:10.1017/jog.2020.67.
11) Jeong, H. et al., 2020: Impacts of Ice-Shelf Melting on Water-Mass Transformation in the Southern Ocean from E3SM Simulations. Journal of Climate, 33(13), 5787-5807, doi:10.1175/jcli-d-19-0683.1.
12) Golledge, N.R. et al., 2019: Global environmental consequences of twenty-first-century ice-sheet melt. Nature, 566(7742), 65-72, doi:10.1038/ s41586-019-0889-9.
13) Moorman, R., A.K. Morrison, and A. McC. Hogg, 2020: Thermal Responses to Antarctic Ice Shelf Melt in an Eddy-Rich Global Ocean-Sea Ice Model. Journal of Climate, 33(15), 6599-6620, doi:10.1175/jcli-d-19-0846.1.

14) Sadai, S., A. Condron, R. DeConto, and D. Pollard, 2020: Future climate response to Antarctic Ice Sheet melt caused by anthropogenic warming. Science Advances, 6(39), eaaz1169, doi:10.1126/sciadv.aaz1169.
15) Aschwanden, A. et al., 2019: Contribution of the Greenland Ice Sheet to sea level over the next millennium. Science Advances, 5(6), eaav9396, doi:10.1126/sciadv.aav9396.
16) Khan, S.A. et al., 2020: Centennial response of Greenland's three largest outlet glaciers. Nature Communications, 11(1), 5718, doi:10.1038/s41467-020- 19580-5.
17) Slater, T., A.E. Hogg, and R. Mottram, 2020: Ice-sheet losses track high-end sea-level rise projections. Nature Climate Change, 10(10), 879-881, doi:10.1038/s41558-020-0893-y.
18) Delhasse, A., X. Fettweis, C. Kittel, C. Amory, and C. Agosta, 2018: Brief communication: Impact of the recent atmospheric circulation change in summer on the future surface mass balance of the Greenland Ice Sheet. The Cryosphere, 12(11), 3409-3418, doi:10.5194/tc-12-3409-2018.
19) Sasgen, I. et al., 2020: Return to rapid ice loss in Greenland and record loss in 2019 detected by the GRACE-FO satellites. Communications Earth & Environment, 1(1), 8, doi:10.1038/s43247-020-0010-1.
20) Cook, J.M. et al., 2020: Glacier algae accelerate melt rates on the south-western Greenland Ice Sheet. The Cryosphere, 14, 309-330, doi:10.5194/tc-14- 309-2020.
21) Hofer, S., A.J. Tedstone, X. Fettweis, and J.L. Bamber, 2019: Cloud microphysics and circulation anomalies control differences in future Greenland melt. Nature Climate Change, 9(7), 523-528, doi:10.1038/s41558-019-0507-8.
22) Gomez, N., M.E. Weber, P.U. Clark, J.X. Mitrovica, and H.K. Han, 2020: Antarctic ice dynamics amplified by Northern Hemisphere sea-level forcing. Nature, 587(7835), 600-604, doi:10.1038/s41586-020-2916-2.
23) Milillo, P. et al., 2019: Heterogeneous retreat and ice melt of thwaites glacier, West Antarctica. Science Advances, 5(1), eaau3433, doi:10.1126/sciadv. aau3433.
24) Yu, H., E. Rignot, H. Seroussi, M. Morlighem, and Y. Choi, 2019: Impact of Iceberg Calving on the Retreat of Thwaites Glacier, West Antarctica Over the Next Century With Different Calving Laws and Ocean Thermal Forcing. Geophysical Research Letters, 46(24), 14539-14547, doi:10.1029/ 2019gl084066.
25) Golledge, N.R. et al., 2019: Global environmental consequences of twenty-first-century ice-sheet melt. Nature, 566(7742), 65-72, doi:10.1038/ s41586-019-0889-9.
26) DeConto, R.M. et al., 2021: The Paris Climate Agreement and future sea-level rise from Antarctica. Nature, 593(7857), 83-89, doi:10.1038/s41586-021- 03427-0.
27) Scambos, T.A. et al., 2017: How much, how fast?: A science review and outlook for research on the instability of Antarctica's Thwaites Glacier in the 21st century. Global and Planetary Change, 153, 16-34, doi:10.1016/j. gloplacha.2017.04.008.

2장

1. https://oceanservice.noaa.gov/ecosystems/resilience/.
2. Gerd Masselink, Ei D Lazarus(2019): Defining Coastal Resilience, p.2~3.
3. European Marine Board IVZW(2023.10): Building Coastal Resilience in Europe, Position Paper 27, p.20~35.
4. European Marine Board IVZW(2023.10) : Building Coastal Resilience in Europe, Position Paper 27, p.36~53.
5. https://climateimpactcompany.com/august-2024-marine-heatwave-report-2-2/
6. https://www.climate.gov/news-features/understanding-climate/climate-change-global-sea-level
7. https://blog.naver.com/koreamof/221554191998
8. European Marine Board IVZW(2023.10) : Building Coastal Resilience in Europe, Position Paper 27, p.54~82.
9. 윤덕영 외(2022): 기후변화와 연안방재, p.294~312.

【연안 레질리언스를 평가하기 위한 개념 및 체계】

1) Österblom, H., Merrie, A., Metian, M., Boonstra, W. J., Blenckner, T., Watson, J. R., Rykaczewski, R. R., Ota, Y., Sarmiento, J. L.,Christensen, V., Schlüter, M., Birnbaum, S., Gustafsson, B. G., Humborg, C., Mörth, C.-M., Müller-Karulis, B., Tomczak, M. T., Troell, M., & Folke, C. (2013). Modeling Social—Ecological Scenarios in Marine Systems. BioScience, 63(9), 735-744. https://doi.org/10.1525/bio.2013.63.9.9.
2) Delgado-Serrano, M. del M., Oteros-Rozas, E., Vanwildemeersch, P., Ortíz-Guerrero, C., London, S., & Escalante, R. (2015). Local perceptions on social-ecological dynamics in Latin America in three community-based natural resource management systems. Ecology and Society, 20(4). https://doi.org/10.5751/ES-07965-200424.
3) Bennett, N. J., Villasante, S., Espinosa-Romero, M. J., Lopes, P. F. M., Selim, S. A., & Allison, E. H. (2022). Social sustainability and equity in the blue economy. One Earth, 5(9), 964-968. https://doi.org/10.1016/j.oneear.2022.08.004.
4) Gunderson, L., & Holling, C. (2002). Panarchy: Understanding Transformations In Human And Natural Systems. Bibliovault OAI Repository, the University of Chicago Press, 114.
https://doi.org/10.1016/S0006-3207(03)00041-7.
5) Ostrom, E. (2009). A General Framework for Analyzing Sustainability of Social-Ecological Systems. Science, 325(5939), 419-422.
https://doi.org/10.1126/science.1172133.
6) Castell, W. zu, & Schrenk, H. (2020). Computing the adaptive cycle. Scientific Reports, 10(1), 18175.
https://doi.org/10.1038/s41598-020-74888-y.
7) Mariojouls, C., & Prou, J. (2015). Changes, Adaptations, and Resilience: The Case of French Oyster Farming. In H.-J. Ceccaldi, Y. Hénocque, Y. Koike, T. Komatsu, G. Stora, & M.-H. Tusseau-Vuillemin (Eds.), Marine Productivity: Perturbations and Resilience of Socio-ecosystems

(pp. 299-307). Springer International Publishing.
8) Ostrom, E. (1990). Governing the Commons. Cambridge University Press.
https://doi.org/10.1017/CBO9780511807763
9) Ostrom, E. (2005). Understanding Institutional Diversity. Understanding Institutional Diversity.
https://digitalcommons.usu.edu/unf_research/54
10) Ostrom, E. (2009). A General Framework for Analyzing Sustainability of Social-Ecological Systems. Science, 325(5939), 419-422.
https://doi.org/10.1126/science.1172133.
11) Biesbroek, R., Dupuis, J., & Wellstead, A. (2017). Explaining through causal mechanisms: resilience and governance of social-ecological systems. Current Opinion in Environmental Sustainability, 28, 64-70.
https://doi.org/10.1016/j.cosust.2017.08.007.
12) Nkhata, A. B., Breen, C. M., & Freimund, W. A. (2008). Resilient Social Relationships and Collaboration in the Management of Social-Ecological Systems. Ecology and Society, 13(1).
http://www.jstor.org/stable/26267945.
13) de Kraker, J. (2017). Social learning for resilience in social-ecological systems. Current Opinion in Environmental Sustainability, 28, 100-107.
https://doi.org/10.1016/j.cosust.2017.09.002.
14) Cinner, J. E., & Barnes, M. L. (2019). Social Dimensions of Resilience in Social-Ecological Systems. One Earth, 1(1), 51-56.
https://doi.org/10.1016/j.oneear.2019.08.003.
15) Lewison, R. L., Rudd, M. A., Al-Hayek, W., Baldwin, C., Beger, M., Lieske, S. N., Jones, C., Satumanatpan, S., Junchompoo, C., & Hines, E. (2016). How the DPSIR framework can be used for structuring problems and facilitating empirical research in coastal systems. Environmental Science & Policy, 56, 110-119.
https://doi.org/10.1016/J.ENVSCI.2015.11.001.
16) Gabrielsen, P., & Bosch, P. (2003). Environmental Indicators: Typology and Use in Reporting. Internal Working Paper, Copenhagen.
17) GESAMP. (1996). The contributions of science to integrated coastal management. Rep.Stud. GESAMP, (61):66 p. FAO,.
http://digitallibrary.un.org/record/406687.
18) Gómez-Baggethun, E., de Groot, R., Lomas, P. L., & Montes, C. (2010). The history of ecosystem services in economic theory and practice: From early notions to markets and payment schemes. Ecological Economics, 69(6), 1209-1218.
https://EconPapers.repec.org/RePEc:eee:ecolec:v:69:y:2010:i:6:p:1209-1218.
19) Simpson, N. P., Mach, K. J., Constable, A., Hess, J., Hogarth, R., Howden, M., Lawrence, J., Lempert, R. J., Muccione, V., Mackey, B., New, M. G., O'Neill, B., Otto, F., Pörtner, H.-O., Reisinger, A., Roberts, D., Schmidt, D. N., Seneviratne, S., Strongin, S., Trisos, C. H. (2021). A framework for complex climate change risk assessment. One Earth, 4(4), 489-501.
https://doi.org/10.1016/j.oneear.2021.03.005.

20) Adger, W. N. (2006). Vulnerability. Global Environmental Change, 16(3), 268-281. https://doi.org/10.1016/j. gloenvcha.2006.02.006.
21) Haasnoot, M., Kwakkel, J. H., Walker, W. E., & ter Maat, J. (2013). Dynamic adaptive policy pathways: A method for crafting robust decisions for a deeply uncertain world. Global Environmental Change, 23(2), 485-498. https://doi.org/10.1016/J.GLOENVCHA.2012.12.006.
22) Bednar-Freidl, B., Biesbroek, R., Schmidt, D. N., Alexander, P., Borsheim, K. Y., Carnicer, J., Georgopoulou, E., Haasnoot, M., Le Cozannet, G., Lionello, P., Lipla, O., Möllmann, C., Muccione, V., Mustonen, T., Piepenburg, D., & Whitmarch, L. (2022). Europe. In: Climate Change 2022: Impacts, Adaptation and Vulnerability. Contribution of Working Group II to the Sixth Assessment Report of the Intergovernmental Panel on Climate Change [H.-O. Portner, D.C. Roberts, M. Tignor, E.S. Poloczanska, K. Mintenbeck, A. Alegria, M. Craig, S. Langsdorf, S. Loschke, V. Moller, A. Okem, B. Rama (eds.)].
23) Schupp, M. F., Bocci, M., Depellegrin, D., Kafas, A., Kyriazi, Z., Lukic, I., Schultz-Zehden, A., Krause, G., Onyango, V., & Buck, B. H. (2019). Toward a Common Understanding of Ocean Multi-Use. Frontiers in Marine Science, 6. https://doi.org/10.3389/fmars.2019.00165.
24) Townend, B. I. H., French, J. R., Nicholls, R. J., Brown, S., Carpenter, S., Haigh, I. D., Hill, C. T., Lazarus, E., Penning-Rowsell, E. C., Thompson, C. E. L., & Tompkins, E. L. (2021). Operationalising coastal resilience to flood and erosion hazard: A demonstration for England. Science of The Total Environment, 783, 146880. https://doi.org/10.1016/j.scitotenv.2021.146880.
25) Linkov, I., Anklam, E., Collier, Z. A., DiMase, D., & Renn, O. (2014). Risk-based standards: integrating top-down and bottom-up approaches. Environment Systems and Decisions, 34(1), 134-137. https://doi.org/10.1007/s10669-014-9488-3.
26) Morrison, A., Noble, B. F., & Westbrook, C. J. (2018). Flood risk management in the Canadian prairie provinces: Defaulting towards flood resistance and recovery versus resilience. Canadian Water Resources Journal / Revue Canadienne Des Ressources Hydriques, 43(1), 33-46. https://doi.org/10.1080/07011784.2018.1428501.
27) Smith, D., & Fischbacher, M. (2009). The changing nature of risk and risk management: The challenge of borders, uncertainty and resilience. Risk Management, 11(1), 1-12. https://doi.org/10.1057/rm.2009.1.
28) Almutairi, A., Mourshed, M., & Ameen, R. F. M. (2020). Coastal community resilience frameworks for disaster risk management. Natural Hazards, 101(2), 595-630. https://doi.org/10.1007/s11069-020-03875-3.
29) Morrison, T. H., Adger, W. N., Brown, K., Lemos, M. C., Huitema, D., & Hughes, T. P.(2017). Mitigation and adaptation in polycentric systems: sources of power in the pursuit of collective goals. WIREs Climate Change, 8(5), e479. https://doi.org/10.1002/wcc.479.

30) Farrell, M., & Farrell, E. (2023). Successful implementation of community-led nature-based solutions for climate change adaptation on the Maharees, Co. Kerry, Ireland. A case study identifying the barriers and enablers of community-led partnerships to sustainably deliver nature-based solutions for climate change adaptation and biodiversity conservation in Ireland.
https://aran.library.nuigalway.ie/handle/10379/17782.
31) Courtney, C., Jackson, R., Stein, A., White, A., Ahmed, A., Rubinoff, P., Ricci, G., & McKinnie, D. (2007). How Resilient is Your Coastal Community? A Guide for Evaluating Coastal Community Resilience to Tsunamis and Other Coastal Hazards.
32) Ewing, L. C. (2015). Resilience from coastal protection. Philosophical Transactions of the Royal Society A: Mathematical, Physical and Engineering Sciences, 373(2053), 20140383.
https://doi.org/10.1098/rsta.2014.0383.
33) Jurjonas, M., & Seekamp, E. (2018). Rural coastal community resilience: Assessing a framework in eastern North Carolina. Ocean & Coastal Management, 162, 137-150.
https://doi.org/10.1016/j.ocecoaman.2017.10.010.
34) Patel, S., Rogers, B., Amlôt, R., & Rubin, G. (2017). What Do We Mean by "Community Resilience"? A Systematic Literature Review of How It Is Defined in the Literature. PLoS Currents, 9.
https://doi.org/10.1371/currents.dis.db775aff25efc5ac4f0660ad9c9f7db2.
35) Head, B. W. (2019). Forty years of wicked problems literature: forging closer links to policy studies. Policy and Society, 38(2),180-197.
https://doi.org/10.1080/14494035.2018.1488797.
36) Xiang, W.-N. (2013). Working with wicked problems in socio-ecological systems: Awareness, acceptance, and adaptation. Landscape and Urban Planning, 110, 1-4.
https://doi.org/10.1016/j.landurbplan.2012.11.006.
37) Head, B. W., & Alford, J. (2015). Wicked Problems: Implications for Public Policy and Management. Administration & Society,47(6), 711-739.
https://doi.org/10.1177/0095399713481601.
38) Gurney, G. G., Blythe, J., Adams, H., Adger, W. N., Curnock, M., Faulkner, L., James, T., & Marshall, N. A. (2017). Redefining community based on place attachment in a connected world. Proceedings of the National Academy of Sciences, 114(38), 10077-10082.
https://doi.org/10.1073/pnas.1712125114
39) Pendleton, L., Mongruel, R., Beaumont, N., Hooper, T., & Charles, M. (2015). A triage approach to improve the relevance of marine ecosystem services assessments. Marine Ecology Progress Series, 530, 183-193.
https://doi.org/10.3354/meps11111
40) Mollinga, P., Meinzen-Dick, R., & Merrey, D. (2007). Politics, Plurality and Problemsheds: A Strategic Approach for Reform of Agricultural Water Resources Management. Development Policy Review, 25, 699-719.
https://doi.org/10.1111/j.1467-7679.2007.00393.x.

【연안에 미치는 압박과 충격(영향)】

1) Fox-Kemper, B., Hewitt, H. T., Xiao, C., A.algeirsdóttir, G., Drijfhout, S. S., Edwards, T. L., Golledge, N. R., Hemer, M., Kopp, R. E., Krinner, G., Mix, D., Notz, S., Nowicki, S., Nurhati, I. S., Ruiz, L., Sallée, J.-B., Slangen, A. B. A., & Yu, Y. (2021). Ocean, Cryosphere and Sea Level Change. In Climate Change 2021: The Physical Science Basis. Contribution of Working Group I to the Sixth Assessment Report of the Intergovernmental Panel on Climate Change. [Masson-Delmotte, V., P. Zhai, A. Pirani, S.L. Connors, C. Péan, S. Berger, N. Caud, Y. Chen, L. Goldfarb, M.I. Gomis, M. Huang, K. Leitzell, E. Lonnoy, J.B.R. Matthews, T.K. Maycock, T. Waterfield, O. Yelekçi, R. Yu, and B. Zhou (eds.)]. Available from https://www.ipcc.ch/
2) Kopp, H., Chiocci, F. L., Berndt, C., Çağatay, M. N., Ferreira, T., Fortes, C. J. E. M., Gracia, E., González Vega, A., Kopf, A. J., Sorensen, M. B., Sultan, N., & Yeo, I. A.(2021). Marine geohazards: Safeguarding society and the Blue Economy from a hidden threat. https://doi.org/10.5281/zenodo.5591938.
3) Bevacqua, E., Maraun, D., Vousdoukas, M. I., Voukouvalas, E., Vrac, M., Mentaschi, L., & Widmann, M. (2019). Higher probability of compound flooding from precipitation and storm surge in Europe under anthropogenic climate change. Science Advances, 5(9), eaaw5531. https://doi.org/10.1126/sciadv.aaw5531.
4) Gattuso, J.-P., Brewer, P. G., Hoegh-Guldberg, O., Kleypas, J. A., Pörtner, H.-O., & Schmidt, D. N. (2014). Cross-chapter box on ocean acidification. In: Climate Change 2014: Impacts, Adaptation, and Vulnerability. Part A: Global and Sectoral Aspects. Contribution of Working Group II to the Fifth Assessment Report of the Intergovernmental Panel on Climate Change [Field, C.B., V.R. Barros, D.J. Dokken, K.J. Mach, M.D. Mastrandrea, T.E. Bilir, M. Chatterjee, K.L. Ebi, Y.O. Estrada, R.C. Genova, B. Girma, E.S. Kissel, A.N. Levy, S. MacCracken, P.R. Mastrandrea, and L.L. White (eds.)].
5) Kelly, R. P., Foley, M. M., Fisher, W. S., Feely, R. A., Halpern, B. S., Waldbusser, G. G., & Caldwell, M. R. (2011). Mitigating Local Causes of Ocean Acidification with Existing Laws. Science, 332(6033), 1036-1037. https://doi.org/10.1126/science.1203815.
6) Hoppit, G., & Schmidt, D. N. (2022). A Regional View of the Response to Climate Change: A Meta-Analysis of European Benthic Organisms' Responses. Frontiers in Marine Science, 9. https://doi.org/10.3389/fmars.2022.896157.
7) Zunino, S., Libralato, S., Melaku Canu, D., Prato, G., & Solidoro, C. (2021). Impact of Ocean Acidification on Ecosystem Functioning and Services in Habitat-Forming Species and Marine Ecosystems. Ecosystems, 24(7), 1561-1575. https://doi.org/10.1007/s10021-021-00601-3.
8) Doney, S. C., Busch, D. S., Cooley, S. R., & Kroeker, K. J. (2020). The Impacts of Ocean Acidification on Marine Ecosystems and Reliant Human Communities. Annual Review of Environment and Resources, 45(1), 83-112. https://doi.org/10.1146/annurev-environ-012320-083019.
9) Goodwin, P., Williams, R. G., Ridgwell, A., & Follows, M. J. (2009). Climate sensitivity to the

carbon cycle modulated by past and future changes in ocean chemistry. Nature Geoscience, 2(2), 145-150.
https://doi.org/10.1038/ngeo416.

10) Malone, T. C., & Newton, A. (2020). The Globalization of Cultural Eutrophication in the Coastal Ocean: Causes and Consequences. Frontiers in Marine Science, 7.
https://doi.org/10.3389/fmars.2020.00670.

11) Kemp, W. M., Testa, J. M., Conley, D. J., Gilbert, D., & Hagy, J. D. (2009). Temporal responses of coastal hypoxia to nutrient loading and physical controls. Biogeosciences, 6(12), 2985-3008.
https://doi.org/10.5194/bg-6-2985-2009.

12) Breitburg, D., Levin, L. A., Oschlies, A., Grégoire, M., Chavez, F. P., Conley, D. J., Garçon, V., Gilbert, D., Gutiérrez, D., Isensee, K., Jacinto, G. S., Limburg, K. E., Montes, I., Naqvi, S. W. A., Pitcher, G. C., Rabalais, N. N., Roman, M. R., Rose, K. A., Seibel, B. A., ……Zhang, J. (2018). Declining oxygen in the global ocean and coastal waters. Science, 359(6371), eaam7240.
https://doi.org/10.1126/science.aam7240.

13) Galil, B. S., Marchini, A., Occhipinti-Ambrogi, A., Minchin, D., Narščius, A., Ojaveer, H., & Olenin, S. (2014). International arrivals: widespread bioinvasions in European Seas. Ethology Ecology & Evolution, 26(2-3), 152-171. https://doi.org/10.1080/03949370.2014.897651.

14) Corrales, X., Katsanevakis, S., Coll, M., Heymans, J. J., Piroddi, C., Ofir, E., & Gal, G.(2020). Advances and challenges in modelling the impacts of invasive alien species on aquatic ecosystems. Biological Invasions, 22(3), 907-934.
https://doi.org/10.1007/s10530-019-02160-0.

15) Molnar, J. L., Gamboa, R. L., Revenga, C., & Spalding, M. D. (2008). Assessing the global threat of invasive species to marine biodiversity. Frontiers in Ecology and the Environment, 6(9), 485-492.
https://doi.org/https://doi.org/10.1890/070064.

16) Jacquet, J., & Pauly, D. (2022). Reimagining sustainable fisheries. PLOS Biology, 20(10), e3001829.
https://doi.org/10.1371/journal.pbio.3001829.

17) Crowder, L. B., Hazen, E. L., Avissar, N., Bjorkland, R., Latanich, C., & Ogburn, M. B.(2008). The Impacts of Fisheries on Marine Ecosystems and the Transition to Ecosystem-Based Management. Annual Review of Ecology, Evolution, and Systematics, 39(1), 259-278.
https://doi.org/10.1146/annurev.ecolsys.39.110707.173406.

18) Möllmann, C., Cormon, X., Funk, S., Otto, S. A., Schmidt, J. O., Schwermer, H., Sguotti, C., Voss, R., & Quaas, M. (2021). Tipping point realized in cod fishery. Scientific Reports, 11(1), 14259. https://doi.org/10.1038/s41598-021-93843-z.

19) Bastesen, E., Haave, M., Andersen, G. L., Velle, G., Bodtker, G., & Krafft, C. G. (2021). Rapid Landscape Changes in Plastic Bays Along the Norwegian Coastline. Frontiers in Marine Science, 8.

https://doi.org/10.3389/fmars.2021.579913.

20) Byrnes, T. A., & Dunn, R. J. K. (2020). Boating- and Shipping-Related Environmental Impacts and Example Management Measures: A Review. Journal of Marine Science and Engineering, 8(11).
https://doi.org/10.3390/jmse8110908.

21) Oberle, B., Bringezu, S., Hatfield-Dodds, S., Hellweg, S., Schandl, H., Clement, J., Cabernard, L., Che, N., Chen, D., Droz-Georget, H., Ekins, P., Fischer-Kowalski, M., Flörke, M., Frank, S., Froemelt, A., Geschke, A., Haupt, M., Havlík, P., Hüfner, R., & Zhu, B. (2019). Global Resources Outlook 2019: Natural Resources for the Future We Want(A Report of the International Resource Panel).

22) Torres, A., Brandt, J., Lear, K., & Liu, J. (2017). A looming tragedy of the sand commons. Science, 357(6355), 970-971.
https://doi.org/10.1126/science.aao0503.

23) Cooper, K. M., Curtis, M., Wan Hussin, W. M. R., Barrio Froján, C. R. S., Defew, E. C., Nye, V., & Paterson, D. M. (2011). Implications of dredging induced changes in sediment particle size composition for the structure and function of marine benthic macrofaunal communities. Marine Pollution Bulletin, 62(10), 2087-2094.
https://doi.org/10.1016/J.MARPOLBUL.2011.07.021.

24) Walker, R., Bokuniewicz, H., Carlin, D., Cato, I., Dijkshoorn, C., Backer, A. De, van Dalfsen, J., Desprez, M., Howe, L., Robertsdottir, B. G., Rozemeijer, M., Russell, M., & Stolk, A. (2016). Effects of extraction of marine sediments on the marine environment 2005-2011.
https://doi.org/10.17895/ices.pub.5498.

25) Schultze, M., & Nehls, G. (2017). Extraction and dredging. In: Wadden Sea Quality StatusReport 2017. Eds.: Kloepper S. et al., Common Wadden Sea Secretariat, Wilhelmshaven, Germany. Last updated 21.12.2017.

26) Borja, Á., Chust, G., Rodríguez, J. G., Bald, J., Belzunce-Segarra, M. J., Franco, J., Garmendia, J. M., Larreta, J., Menchaca, I., Muxika, I., Solaun, O., Revilla, M., Uriarte, A., Valencia, V., & Zorita, I. (2016). 'The past is the future of the present': Learning from long-time series of marine monitoring. Science of The Total Environment, 566-567, 698-711.
https://doi.org/10.1016/J.SCITOTENV.2016.05.111.

27) Byrnes, T. A., & Dunn, R. J. K. (2020). Boating- and Shipping-Related Environmental Impacts and Example Management Measures: A Review. Journal of Marine Science and Engineering, 8(11).
https://doi.org/10.3390/jmse8110908

28) Duarte, C. M., Chapuis, L., Collin, S. P., Costa, D. P., Devassy, R. P., Eguiluz, V. M., Erbe, C., Gordon, T. A. C., Halpern, B. S., Harding, H. R., Havlik, M. N., Meekan, M., Merchant, N. D., Miksis-Olds, J. L., Parsons, M., Predragovic, M., Radford, A. N.,Radford, C. A., Simpson, S. D., ……Juanes, F. (2021). The soundscape of the Anthropocene ocean. Science, 371(6529), eaba4658.
https://doi.org/10.1126/science.aba4658.

29) Thomsen, F., Mendes, S., Bertucci, F., Breitzke, M., Ciappi, E., Cresci, A., Debusschere, E.,

Ducatel, C., Folegot, F., Juretzek, C., Lam, F.-P., O'Brien, J., & dos Santos, M. E.(2021). Addressing underwater noise in Europe: Current state of knowledge and future priorities. Kellett, P., van den Brand, R., Alexander, B., Muniz Piniella, A., Rodriguez Perez, A., van Elslander, J., Heymans, J. J. [Eds.] Future Science Brief 7 of the European Marine Board, Ostend, Belgium. ISSN: 2593-5232. ISBN: 9789464206104. doi: 10.5281/zenodo.5534224.

30) Floerl, O., Atalah, J., Bugnot, A. B., Chandler, M., Dafforn, K. A., Floerl, L., Zaiko, A., & Major, R. (2021). A global model to forecast coastal hardening and mitigate associated socioecological risks. Nature Sustainability, 4(12), 1060-1067. https://doi.org/10.1038/s41893-021-00780-w.

【연안 레질리언스를 구축하기 위한 수단, 장벽 및 협력자】

1) Bennett, N. J., Villasante, S., Espinosa-Romero, M. J., Lopes, P. F. M., Selim, S. A., & Allison, E. H. (2022). Social sustainability and equity in the blue economy. One Earth, 5(9), 964-968. https://doi.org/10.1016/j.oneear.2022.08.004.

2) Grasham, C. F., Calow, R., Casey, V., Charles, K. J., de Wit, S., Dyer, E., Fullwood-Thomas, J., Hirons, M., Hope, R., Hoque, S. F., Jepson, W., Korzenevica, M., Murphy, R., Plastow, J., Ross, I., Ruiz-Apilánez, I., Schipper, E. L. F., Trevor, J., Walmsley, N., & Zaidi, H.(2021). Engaging with the politics of climate resilience towards clean water and sanitation for all. Npj Clean Water,4(1), 42. https://doi.org/10.1038/s41545-021-00133-2.

3) Patel, S., Rogers, B., Amlôt, R., & Rubin, G. (2017). What Do We Mean by "Community Resilience"? A Systematic Literature Review of How It Is Defined in the Literature. PLoS Currents, 9. https://doi.org/10.1371/currents.dis.db775aff25efc5ac4f0660ad9c9f7db2.

4) Nelson, D. R. (2011). Adaptation and resilience: responding to a changing climate. WIREs Climate Change, 2(1), 113-120. https://doi.org/10.1002/wcc.91.

5) Costas, S., Ferreira, O., & Martinez, G. (2015). Why do we decide to live with risk at the coast? Ocean & Coastal Management,118, 1-11. https://doi.org/10.1016/J.OCECOAMAN.2015.05.015.

6) Cinner, J. E., Adger, W. N., Allison, E. H., Barnes, M. L., Brown, K., Cohen, P. J., Gelcich, S., Hicks, C. C., Hughes, T. P., Lau, J., Marshall, N. A., & Morrison, T. H.(2018). Building adaptive capacity to climate change in tropical coastal communities. Nature Climate Change, 8(2), 117-123. https://doi.org/10.1038/s41558-017-0065-x.

7) Whitney, C. K., Bennett, N. J., Ban, N. C., Allison, E. H., Armitage, D., Blythe, J. L., Burt, J. M., Cheung, W., Finkbeiner, E. M., Kaplan-Hallam, M., Perry, I., Turner, N. J., & Yumagulova, L. (2017). Adaptive capacity: from assessment to action in coastal social-ecological systems. Ecology and Society, 22(2). https://doi.org/10.5751/ES-09325-220222.

8) Piet, G., Culhane, F., Jongbloed, R., Robinson, L., Rumes, B., & Tamis, J. (2019). An integrated risk-based assessment of the North Sea to guide ecosystem-based management. Science of

The Total Environment, 654, 694-704.
https://doi.org/10.1016/J.SCITOTENV.2018.11.001.

9) Agnitsch, K., Flora, J., & Ryan, V. (2006). Bonding and Bridging Social Capital: The Interactive Effects on Community Action. Community Development, 37(1), 36-51.
https://doi.org/10.1080/15575330609490153.

10) Folke, C., Pritchard, L., Berkes, F., Colding, J., & Svedin, U. (2007). The Problem of Fit between Ecosystems and Institutions: Ten Years Later. Ecology and Society, 12(1).
http://www.jstor.org/stable/26267849.

11) Gaymer, C. F., Stadel, A. V, Ban, N. C., Cárcamo, P. F., Ierna Jr., J., & Lieberknecht, L. M. (2014). Merging top-down and bottomup approaches in marine protected areas planning: experiences from around the globe. Aquatic Conservation: Marine and Freshwater Ecosystems, 24(S2), 128-144. https://doi.org/10.1002/aqc.2508.

12) Biggs, R., Schlüter, M., Biggs, D., Bohensky, E. L., BurnSilver, S., Cundill, G., Dakos, V., Daw, T. M., Evans, L. S., Kotschy, K., Leitch, A. M., Meek, C., Quinlan, A., Raudsepp-Hearne, C., Robards, M. D., Schoon, M. L., Schultz, L., & West, P. C. (2012). Toward Principles for Enhancing the Resilience of Ecosystem Services. Annual Review of Environment and Resources, 37(1),421-448.
https://doi.org/10.1146/annurev-environ-051211-123836.

13) Porter, J. J., Demeritt, D., & Dessai, S. (2015). The right stuff? informing adaptation to climate change in British Local Government. Global Environmental Change, 35, 411-422.
https://doi.org/10.1016/J.GLOENVCHA.2015.10.004.

14) Graziano, M., Alexander, K. A., McGrane, S. J., Allan, G. J., & Lema, E. (2022). The many sizes and characters of the Blue Economy. Ecological Economics, 196, 107419.
https://doi.org/10.1016/J.ECOLECON.2022.107419.

15) Di Gregorio, M., Nurrochmat, D. R., Paavola, J., Sari, I. M., Fatorelli, L., Pramova, E., Locatelli, B., Brockhaus, M., & Kusumadewi, S. D. (2017). Climate policy integration in the land use sector: Mitigation, adaptation and sustainable development linkages. Environmental Science & Policy, 67, 35-43.
https://doi.org/10.1016/J.ENVSCI.2016.11.004.

16) Groen, L., Alexander, M., King, J. P., Jager, N. W., & Huitema, D. (2023). Re-examining policy stability in climate adaptation through a lock-in perspective. Journal of European Public Policy, 30(3), 488-512.
https://doi.org/10.1080/13501763.2022.2064535.

17) Anton, C., Gasparotti, C., Anton, I., & Rusu, E. (2020). Implementation of a Coastal Management Model at Kinvara Bay in the North Atlantic Ocean. Journal of Marine Science and Engineering, 8(2).
https://doi.org/10.3390/jmse8020071.

18) Nyström, M., Jouffray, J.-B., Norström, A. V, Crona, B., Sogaard Jorgensen, P., Carpenter, S. R., Bodin, Ö., Galaz, V., & Folke, C. (2019). Anatomy and resilience of the global production ecosystem. Nature, 575(7781), 98-108.

https://doi.org/10.1038/s41586-019-1712-3.

19) Jouffray, J.-B., Crona, B., Wassénius, E., Bebbington, J., & Scholtens, B. (2019). Leverage points in the financial sector for seafood sustainability. Science Advances, 5(10), eaax3324. https://doi.org/10.1126/sciadv.aax3324.

20) Sumaila, U. R., Walsh, M., Hoareau, K., Cox, A., Teh, L., Abdallah, P., Akpalu, W., Anna, Z., Benzaken, D., Crona, B., Fitzgerald, T., Heaps, L., Issifu, I., Karousakis, K., Lange, G. M., Leland, A., Miller, D., Sack, K., Shahnaz, D., ……Zhang, J. (2021). Financing a sustainable ocean economy. Nature Communications, 12(1), 3259. https://doi.org/10.1038/s41467-021-23168-y.

21) Porri, F., McConnachie, B., van der Walt, K.-A., Wynberg, R., & Pattrick, P. (2023). Eco-creative nature-based solutions to transform urban coastlines, local coastal communities and enhance biodiversity through the lens of scientific and Indigenous knowledge. Cambridge Prisms: Coastal Futures, 1, e17. https://doi.org/DOI: 10.1017/cft.2022.10.

22) Rumson, A. G., Hallett, S. H., & Brewer, T. R. (2017). Coastal risk adaptation: the potential role of accessible geospatial Big Data. Marine Policy, 83, 100-110. https://doi.org/10.1016/j.marpol.2017.05.032.

23) Pollard, J. A., Brooks, S. M., & Spencer, T. (2019). Harmonising topographic & remotely sensed datasets, a reference dataset for shoreline and beach change analysis. Scientific Data, 6(1), 42. https://doi.org/10.1038/s41597-019-0044-3.

24) Guidi, L., Guerra, A. F., Bakker, D. C. E., Canchaya, C., Curry, E., Foglini, F., Irisson, J.-O., Malde, K., Marshall, C. T., Obst, M., Ribeiro, R. P., & Tjiputra, J. (2020). Big Data in Marine Science. In S. J. J. Heymans, B. Alexander, Á. Muniz Piniella, P. Kellett, & J. Coopman (Eds.), EMB Future Science Brief 6 (Issue April). https://doi.org/10.5281/zenodo.3755793.

25) de Alencar, N. M., Le Tissier, M., Paterson, S. K., & Newton, A. (2020). Circles of Coastal Sustainability: A Framework for Coastal Management. Sustainability, 12(12). https://doi.org/10.3390/su12124886.

26) Spijkers, J., Merrie, A., Wabnitz, C. C. C., Osborne, M., Mobjörk, M., Bodin, Ö., Selig, E. R., Le Billon, P., Hendrix, C. S., Singh, G. G., Keys, P. W., & Morrison, T. H.(2021). Exploring the future of fishery conflict through narrative scenarios. One Earth, 4(3),386-396. https://doi.org/10.1016/J.ONEEAR.2021.02.004.

27) Cooper, K. M., Curtis, M., Wan Hussin, W. M. R., Barrio Froján, C. R. S., Defew, E. C., Nye, V., & Paterson, D. M. (2011). Implications of dredging induced changes in sediment particle size composition for the structure and function of marine benthic macrofaunal communities. Marine Pollution Bulletin, 62(10), 2087-2094. https://doi.org/10.1016/J. MARPOLBUL.2011.07.021

28) Wedding, L. M., Green, S. J., Reiter, S., Arrigo, K. R., Hazen, L., Ruckelshaus, M., van der Grient, J. M. A., Bailey, R. M., Cameron, M. A., Leape, J., Levi, M., Merkl, A., Mills, M. M.,

Monismith, S., Ouellette, N. T., van Dijken, G., & Micheli, F.(2022). Linking multiple stressor science to policy opportunities through network modeling. Marine Policy, 146, 105307. https://doi.org/10.1016/J.MARPOL.2022.105307.

29) Payo, A., French, J. R., Sutherland, J., A. Ellis, M., & Walkden, M. (2020). Communicating Simulation Outputs of Mesoscale Coastal Evolution to Specialist and Non-Specialist Audiences. Journal of Marine Science and Engineering, 8(4). https://doi.org/10.3390/jmse8040235.
30) Cowell, P. J., Roy, P. S., & Jones, R. A. (1992). Shoreface translation model: Computer simulation of coastal-sand-body response to sea level rise. Mathematics and Computers in Simulation, 33(5), 603-608. https://doi.org/10.1016/0378-4754(92)90158-D.
31) O'Connell, D., Walker, B., Abel, N., & Grigg, N. (2015). The Resilience, Adaptation and Transformation Assessment Framework: from theory to application. CSIRO, Australia.
32) Dakos, V., & Kéfi, S. (2022). Ecological resilience: what to measure and how. Environmental Research Letters, 17(4), 43003. https://doi.org/10.1088/1748-9326/ac5767.
33) Tomczak, M. T., Heymans, J. J., Yletyinen, J., Niiranen, S., Otto, S. A., & Blenckner, T.(2013). Ecological Network Indicators of Ecosystem Status and Change in the Baltic Sea. PLoS ONE, 8(10), e75439. https://doi.org/10.1371/journal.pone.0075439.
34) Heymans, J. J., & Tomczak, M. T. (2016). Regime shifts in the Northern Benguela ecosystem: Challenges for management. Ecological Modelling, 331, 151-159. https://doi.org/10.1016/j.ecolmodel.2015.10.027.
35) Saja, A. M. A., Goonetilleke, A., Teo, M., & Ziyath, A. M. (2019). A critical review of social resilience assessment frameworks in disaster management. International Journal of Disaster Risk Reduction, 35, 101096. https://doi.org/10.1016/j.ijdrr.2019.101096.
36) Schoonees, T., Gijón Mancheno, A., Scheres, B., Bouma, T. J., Silva, R., Schlurmann, T., & Schüttrumpf, H. (2019). Hard Structures for Coastal Protection, Towards Greener Designs. Estuaries and Coasts, 42(7), 1709-1729. https://doi.org/10.1007/s12237-019-00551-z.
37) Chávez, V., Lithgow, D., Losada, M., & Silva-Casarin, R. (2021). Coastal green infrastructure to mitigate coastal squeeze. Journal of Infrastructure Preservation and Resilience, 2(1), 7. https://doi.org/10.1186/s43065-021-00026-1.
38) Arkema, K. K., Griffin, R., Maldonado, S., Silver, J., Suckale, J., & Guerry, A. D. (2017). Linking social, ecological, and physical science to advance natural and nature-based protection for coastal communities. Annals of the New York Academy of Sciences, 1399(1), 5-26. https://doi.org/10.1111/nyas.13322.
39) Greene, K. E. (2002). Beach Nourishment: A Review of the Biological and Physical Impacts. https://api.semanticscholar.org/CorpusID:133616415.

40) Singhvi, A., Luijendijk, A. P., & van Oudenhoven, A. P. E. (2022). The grey - green spectrum: A review of coastal protection interventions. Journal of Environmental Management, 311, 114824.
https://doi.org/10.1016/J.JENVMAN.2022.114824.

41) Hirschfeld, D., & Hill, K. E. (2017). Choosing a Future Shoreline for the San Francisco Bay: Strategic Coastal Adaptation Insights from Cost Estimation. Journal of Marine Science and Engineering, 5(3).
https://doi.org/10.3390/jmse5030042.

42) Naylor, L. A., MacArthur, M., Hampshire, S., Bostock, K., Coombes, M. A., Hansom, J. D., Byrne, R., & Folland, T. (2017). Rock armour for birds and their prey: ecological enhancement of coastal engineering. Proceedings of the Institution of Civil Engineers - Maritime Engineering, 170(2), 67-82.
https://doi.org/10.1680/jmaen.2016.28.

43) Schoonees, T., Gijón Mancheno, A., Scheres, B., Bouma, T. J., Silva, R., Schlurmann, T., & Schüttrumpf, H. (2019). Hard Structures for Coastal Protection, Towards Greener Designs. Estuaries and Coasts, 42(7), 1709-1729.
https://doi.org/10.1007/s12237-019-00551-z.

44) Temmerman, S., Meire, P., Bouma, T. J., Herman, P. M. J., Ysebaert, T., & De Vriend, H. J. (2013). Ecosystem-based coastal defence in the face of global change. Nature, 504(7478), 79-83.
https://doi.org/10.1038/nature12859.

45) Moraes, R. P. L., Reguero, B. G., Mazarrasa, I., Ricker, M., & Juanes, J. A. (2022). Nature-Based Solutions in Coastal and Estuarine Areas of Europe. Frontiers in Environmental Science, 10.
https://doi.org/10.3389/fenvs.2022.829526.

46) Firth, L. B., Airoldi, L., Bulleri, F., Challinor, S., Chee, S.-Y., Evans, A. J., Hanley, M. E., Knights, A. M., O'Shaughnessy, K., Thompson, R. C., & Hawkins, S. J. (2020). Greening of grey infrastructure should not be used as a Trojan horse to facilitate coastal development. Journal of Applied Ecology, 57(9), 1762-1768.
https://doi.org/10.1111/1365-2664.13683.

47) Haasnoot, M., Brown, S., Scussolini, P., Jimenez, J. A., Vafeidis, A. T., & Nicholls, R. J. (2019). Generic adaptation pathways for coastal archetypes under uncertain sea-level rise. Environmental Research Communications, 1(7), 071006.
https://doi.org/10.1088/2515-7620/ab1871.

48) Zhu, Z., Vuik, V., Visser, P. J., Soens, T., van Wesenbeeck, B., van de Koppel, J., Jonkman, S. N., Temmerman, S., & Bouma, T. J. (2020). Historic storms and the hidden value of coastal wetlands for nature-based flood defence. Nature Sustainability, 3(10), 853-862.
https://doi.org/10.1038/s41893-020-0556-z.

3장

1. US Army Corps of Engineers(2015), Use of Natural and Nature-Based Features(NNBF) for Coastal Resilience, p.1~13.
2. International Guidelines on Natural and Nature-Based Features for Flood Risk Management(2021), U.S Army Engineer Research and Development Center, p.22~25.
3. International Guidelines on Natural and Nature-Based Features for Flood Risk Management(2021), U.S Army Engineer Research and Development Center, p.26~27.
4. International Guidelines on Natural and Nature-Based Features for Flood Risk Management(2021), U.S Army Engineer Research and Development Center, p.27~28.
5. International Guidelines on Natural and Nature-Based Features for Flood Risk Management(2021), U.S Army Engineer Research and Development Center, p.28~44.
6. International Guidelines on Natural and Nature-Based Features for Flood Risk Management(2021), U.S Army Engineer Research and Development Center, p.105~146.
7. International Guidelines on Natural and Nature-Based Features for Flood Risk Management(2021), U.S Army Engineer Research and Development Center, p.163~197.
8. International Guidelines on Natural and Nature-Based Features for Flood Risk Management(2021), U.S Army Engineer Research and Development Center, p.205~249.
9. International Guidelines on Natural and Nature-Based Features for Flood Risk Management(2021), U.S Army Engineer Research and Development Center, p.273~312.
10. European Marine Board IVZW(2023.10): Building Coastal Resilience in Europe, Position Paper 27, p.77~82.
11. International Guidelines on Natural and Nature-Based Features for Flood Risk Management(2021), U.S Army Engineer Research and Development Center, p.332~401.
12. 최광희, 김윤미, 길지현(2015), 한국의 해안사구 : 분포와 생태, 국립환경과학원, p.11.
13. 강지현 외(2017), 우리나라 해안사구의 현황과 사회·경제적 특성 고찰, 한국지형학회지 제3호, p153.
14. International Guidelines on Natural and Nature-Based Features for Flood Risk Management(2021), U.S Army Engineer Research and Development Center, p.416~500.
15. 세계의 유산, 한국의 갯벌(2025) :https://www.getbolworldheritage.org/k_getbol/value
16. International Guidelines on Natural and Nature-Based Features for Flood Risk Management(2021), U.S Army Engineer Research and Development Center, p.703~735.

【연안 자연-기반 해법(NbS, Nature-based Solutions)의 개요】

1) Cohen-Shacham, E., Walters, G., Maginnis, S., & Janzen, C. (2016). Nature-based Solutions to address global societal challenges.
https://doi.org/10.2305/IUCN.CH.2016.13.en.
2) Bouma, T. J., van Belzen, J., Balke, T., Zhu, Z., Airoldi, L., Blight, A. J., Davies, A. J., Galvan, C., Hawkins, S. J., Hoggart, S. P. G., Lara, J. L., Losada, I. J., Maza, M., Ondiviela, B., Skov, M. W., Strain, E. M., Thompson, R. C., Yang, S., Zanuttigh, B., ……Herman, P.M. J. (2014). Identifying knowledge gaps hampering application of intertidal habitats in coastal protection:

Opportunities & steps to take. Coastal Engineering, 87, 147-157.
https://doi.org/10.1016/j.coastaleng.2013.11.014.

3) Bridges, T., Wagner, P., Burks-Copes, K., Bates, M., Collier, Z., Fischenich, C., Gailani, J., Leuck, L., Piercy, C., Rosati, J., Russo, E., Shafer, D., Suedel, B., Vuxton, E., & Wamsley, T. (2015). Use of Natural and Nature-Based Features (NNBF) for Coastal Resilience. U.S. Army Engineer and Research Development Center.
https://hdl.handle.net/11681/4769.

4) Möller, I. (2019). Applying Uncertain Science to Nature-Based Coastal Protection: Lessons From Shallow Wetland-Dominated Shores. Frontiers in Environmental Science, 7.
https://doi.org/10.3389/fenvs.2019.00049.

5) de Smit, J., Noor, M., Infantes, E., & Bouma, T. (2021). Wind exposure and sediment type determine the resilience and response of seagrass meadows to climate change. Limnology and Oceanography, 67, 1-12.
https://doi.org/10.1002/lno.11865.

6) Chávez, V., Lithgow, D., Losada, M., & Silva-Casarin, R. (2021). Coastal green infrastructure to mitigate coastal squeeze. Journal of Infrastructure Preservation and Resilience, 2(1), 7.
https://doi.org/10.1186/s43065-021-00026-1.

7) Riisager-Simonsen, C., Fabi, G., van Hoof, L., Holmgren, N., Marino, G., & Lisbjerg, D.(2022). Marine nature-based solutions: Where societal challenges and ecosystem requirements meet the potential of our oceans. Marine Policy, 144, 105198.
https://doi.org/10.1016/J.MARPOL.2022.105198.

8) Cunniff, S., & Schwartz, A. (2015). Performance of Natural Infrastructure and Nature-based Measures as Coastal Risk Reduction Features. Environmental Defense Fund.
https://efaidnbmnnnibpcajpcglclefindmkaj/https://www.edf.org/sites/default/files/summary_ni_literature_compilation_0.pdf.

9) European Environment Agency. (2021b). Nature-based solutions in Europe: Policy, knowledge and practice for climate change adaptation and disaster risk reduction.
https://www.eea.europa.eu/publications/nature-based-solutions-in-europe.

10) Woodruff, J. D., J. L. Irish, and S. J. Camargo. 2013. Coastal flooding by tropical cyclones and sea level rise. Nature 504: 44-52.

11) Temmerman, S., P. Meire, T. J. Bouma, P. M. Herman, T. Ysebaert, and H. J. de Vriend. 2013. Ecosystem-based coastal defense in the face of global change. Nature 504: 79-83.

12) Benedict, M. A., and E. T. McMahon. 2002. Green Infrastructure: Smart conservation for the 21st Century. Washington, DC: Sprawl Watch Clearinghouse Monograph Series.
http://www.sprawlwatch.org/greeninfrastructure.pdf.

13) Ely, M., and S. Pitman. 2012. Green infrastructure life support for human habitats. A review of research and literature: Prepared for the Green Infrastructure Project, Botanic Gardens of Adelaide, Department of Environment, Water and Natural Resources.

14) Lafortezza, R., C. Davies, G. Sanesi, and C. C. Konijnendijk. 2013. Green infrastructure as a tool to support spatial planning in European urban regions. iForest 6: 102-108. doi:

10.3832/ifor0723-006.
15) Wickham, J. D., K. H. Riitters, T. G. Wade, and P. Vogt. 2010. A national assessment of green infrastructure and change for the conterminous United States using morphological image processing. Landscape Urban Planning 94: 186-195.
16) Williamson, K. S. 2003. Growing with green infrastructure. Doylestown, PA: Heritage Conservancy. Available online at:
http://www.dcnr.pa.gov/cs/groups/public/documents/document/dcnr_002286.pdf.
17) McNamara, D. E., A. B. Murray, and M. D. Smith. 2011. Coastal sustainability depends on how economic and coastline responses to climate change affect each other. Geophysical Research Letters 38: L07401. doi:10.1029/2011GL047207.
18) Gedan, K. B., M. L. Kirwan, E. Wolanski, E. B. Barbier, and B. R. Silliman. 2011. The present and future role of coastal wetland vegetation in protecting shorelines: Answering recent challenges to the paradigm. Climatic Change 106(1): 7-29.
19) Lopez, J. A. 2009. The multiple lines of defense strategy to sustain coastal Louisiana. J. Coast. Res. SI 54: 186-197.
20) Wamsley, T. V., M. A. Cialone, J. M. Smith, and B. A. Ebersole. 2009a. Influence of landscape restoration and degradation on storm surge and waves in southern Louisiana. Journal of Natural Hazards 51(1): 207-224
21) Redman, C. L. 2014. "Should Sustainability and Resilience Be Combined or Remain Distinct Pursuits?" Ecology and Sociology 19 (2): 37. https://doi.org/10.5751/ES-06390- 190237.
22) Marchese, D., E. Reynolds, M. Bates, H. Morgan, S. Clarke, and I. Linkov. 2018. "Resilience and Sustainability: Similarities and Differences in Environmental Management Applications." Science of the Total Environment 613-614: 1275-1283.
23) Kates, R. W., W. C. Clark, R. Corell, J. M. Hall, C. C. Jaeger, I. Lowe, J. J. McCarthy, et al. 2001. "Sustainability Science." Science 292 (5517): 641-642.
24) Ostrom, E. 2009. "A General Framework for Analyzing Sustainability of Social-Ecological Systems." Science 325 (5939): 419-422.
25) Lake, P. S. 2000. "Disturbance, Patchiness, and Diversity in Streams." Journal of the North American Benthological Society 19 (4): 573-592.
26) Burton, I., R. W. Kates, and G. F. White. 1978. The Environment as Hazard. New York: Oxford University Press.
27) WCED (World Commission on Environment and Development). 1987. Our Common Future. Oxford: Oxford University Press.
28) Costanza R., F. Andrade, P. Antunes, M. van den Belt, D. Boersma, D. F. Boesch, F. Catarino, et al. 1998. "Principles for Sustainable Governance of the Oceans." Science 281 (5374): 198-199.
29) ecoshape.org. 2021. Sand Nourishment - Hondsbossche Dunes, NL. Building with Nature. https://www.ecoshape.org/en/cases/sand-nourishment-hondsbossche-dunes-nl/.
30) Gallop, S. L., M. Collins, C. B. Pattiaratchi, M. J. Eliot, C. Bosserelle, M. Ghisalberti, M. Ghisalberti, et al. 2015. "Challenges in Transferring Knowledge between Scales in Coastal

Sediment Dynamics." Frontiers in Marine Science 2: 82.
31) Gillis, L. G., T. J. Bouma, C. G. Jones, M. M. Van Katwijk, I. Nagelkerken, C. J. L. Jeuken, P. M. J. Herman, and A. D. Ziegler. 2014. "Potential for Landscape-Scale Positive Interactions among Tropical Marine Ecosystems." Marine Ecology Progress Series 503: 289-303.
32) de Brito, M. M., and M. Evers. 2016. "Multi-Criteria Decision-Making for Flood Risk Management: A Survey of the Current State of the Art." Natural Hazards and Earth System Sciences 16 (4): 1019-1033.
33) Hochrainer-Stigler, S., and A. Lorant. 2018. "Evaluating Partnerships to Enhance Disaster Risk Management Using Multi-Criteria Analysis: An Application at the Pan-European Level." Environmental Management 61 (1): 24-33.
34) Holling, C. S., ed. 1978. Adaptive Environmental Assessment and Management. Chichester, UK: John Wiley and Sons.
35) McLain, R. J., and R. G. Lee. 1996. "Adaptive Management: Promises and Pitfalls." Environmental Management 20: 437-448.
36) van Koningsveld, M., and J. P. M. Mulder. 2004. "Sustainable Coastal Policy Developments in the Netherlands. A Systematic Approach Revealed." Journal of Coastal Research 20: 375-385.
37) Murray, C., and D. Marmorek. 2003. "Adaptive Management and Ecological Restoration." In Ecological Restoration of Southwestern Ponderosa Pine Forests. Washington, DC: Island Press.
38) Narayan, S., S. Hanson, R. J. Nicholls, D. Clarke, P. Willems, V. Ntegeka, and J. Monbaliu. 2012. "A Holistic Model for Coastal Flooding Using System Diagrams and the Source-Pathway-Receptor (SPR) Concept." Natural Hazards and Earth System Science 12 (5): 1431-1439.
39) Grilli, A., M. L. Spaulding, B. A. Oakley, and C. Damon. 2017. "Mapping the Coastal Risk for the Next Century, Including Sea Level Rise and Changes in the Coastline: Application to Charlestown RI, USA." Natural Hazards 88 (1): 389-414.
40) Zhu, Z., V. Vuik, P. J. Visser, T. Soens, B. van Wesenbeeck, J. van de Koppel, S. N. Jonkman, S. Temmerman, and T. J. Bouma. 2020. "Historic Storms and the Hidden Value of Coastal Wetlands for Nature-Based Flood Defence." Nature Sustainability 3: 853-862.
41) Checkland, P., and J. Poulter. 2006. Learning for Action: A Short Definitive Account of Soft Systems Methodology and Its Use for Practitioner, Teachers, and Students. Vol. 26. Chichester, UK: Wiley.
42) Holling, C. S. 1996. "Engineering Resilience versus Ecological Resilience." In Engineering Within Ecological Constraints. Edited by P. Schulze. Washington, DC: National Academies Press.
43) Holling, C. S. 1973. "Resilience and Stability of Ecological Systems." Annual Review of Ecology and Systematics 4 (1): 1-23.
44) Koliou, M., J. W. van de Lindt, T. P. McAllister, B. R. Ellingwood, M. Dillard, and H. Cutler. 2018. "State of the Research in Community Resilience: Progress and Challenges." Sustainable and Resilient Infrastructure 5 (4): 131-151.

45) Curt, C., and J. M. Tacnet. 2018. "Resilience of Critical Infrastructures: Review and Analysis of Current Approaches." Risk Analysis 38 (11): 2441-2458.
46) Francis, R., and B. Bekera. 2014. "A Metric and Frameworks for Resilience Analysis of Engineered and Infrastructure Systems." Reliability Engineering & System Safety 121: 90-103.
47) Morton, R. A., J. G. Paine, and J. C. Gibeaut. 1994. "Stages and Durations of Post-Storm Beach Recovery, Southeastern Texas Coast, USA." Journal of Coastal Research 10 (4): 884-908.
48) Defra and EA. 2013. Practical Guidance on Determining Asset Deterioration and the Use of Condition Grade Deterioration Curves. Revision 1. Report SC060078/R1. Bristol: Environment Agency.
49) Narayan, S., M. W. Beck, P. Wilson, C. J. Thomas, A. Guerrero, C. C. Shepard, B. G. Reguero, G. Franco. J. C. Ingram, and D. Trespalacios. 2017. "The Value of Coastal Wetlands for Flood Damage Reduction in the Northeastern USA." Scientific Reports 7 (1): 9463. https://doi.org/10.1038/s41598-017-09269-z.
50) Narayan, S., S. Bitterwolf, and M. W. Beck. 2019. The Costs of Mangrove and Reef Restoration Relative to Coastal Protection Structures in the Caribbean. Policy Brief. Arlington, VA: Nature Conservancy.
51) GCA (Global Commission on Adaptation). 2019. Adapt Now: A Global Call for Leadership on Climate Resilience. Washington, DC: World Resources Institute. https:// openknowledge.worldbank.org/handle/10986/32362.
52) Barbier, E. B., S. D. Hacker, C. Kennedy, E. W. Koch, A. C. Stier, and B. R. Silliman. 2011. "The Value of Estuarine and Coastal Ecosystem Services." Ecological Monographs 81 (2): 169-183.
53) Arkema K., S. Scychers, and C. Shephard. 2017. "Living Shorelines for Nature and People." In Living Shorelines: The Science and Management of Nature-Based Coastal Protection. Edited by D. M. Bilkovic, M. M. Mitchell, M. K. La Peyre, and J. D. Toft. Boca Raton, FL: Taylor & Francis Group and CRC Press, CRC Press Marine Science Series.
54) Borsje, B. W., B. K. van Wesenbeeck, F. Dekker, P. Paalvast, T. J. Bouma, M. M. van Katwijk, and M. B. de Vries. 2011. "How Ecological Engineering Can Serve in Coastal Protection." Ecological Engineering 37 (2): 113-122.
55) Gedan, K. B., M. L. Kirwan, E. Wolanski, E. B. Barbier, and B. R. Silliman. 2011. "The Present and Future Role of Coastal Wetland Vegetation in Protecting Shorelines: Answering Recent Challenges to the Paradigm." Climatic Change 106 (1): 7-29.
56) Guannel G., K. Arkema, P. Ruggiero, and G. Verutes. 2016. "The Power of Three: Coral Reefs, Seagrasses and Mangroves Protect Coastal Regions and Increase their Resilience." PLOS ONE 11:e0158094.
57) World Bank. 2017. Implementing Nature-Based Flood Protection: Principles and Implementation Guidance. Washington, DC: World Bank.
58) Morris, R. L., T. M. Konlechner, M. Ghisalberti, and S. E. Swearer. 2018. "From Grey to Green:

Efficacy of Eco-Engineering Solutions for Nature-Based Coastal Defence." Global Change Biology 24 (5): 1354-1013.
https://doi.org/10.1111/gcb.14063.

59) Keeler, B. L., S. Polasky, K. A. Brauman, K. A. Johnson, J. C. Finlay, A. O'Neill, K. Kovacs, and B. Dalzell. 2012. "Linking Water Quality and Well-Being for Improved Assessment and Valuation of Ecosystem Services." Proceedings of the National Academy of Sciences 109 (45): 18619-18624.

60) Olander, L. P., R. J. Johnston, H. Tallis, J. Kagan, L. A. Maguire, S. Polasky, D. Urban, J. Boyd, L. Wainger, and M. Palmer. 2018. "Benefit Relevant Indicators: Ecosystem Services Measures that Link Ecological and Social Outcomes." Ecological Indicators 85: 1262-1272.

61) Bilkovic, D. M., M. M. Mitchell, P. Mason, and K. Duhring. 2016. "The Role of Living Shorelines as Estuarine Habitat Conservation Strategies." Coastal Management Journal 44 (3): 161-174.

62) Temmerman, S., and M. L. Kirwan. 2015. "Building Land with a Rising Sea." Science 349 (6248): 588-589. doi:10.1126/science.aac8312.

63) Losada, I. J., B. G. Reguero, F. J. Méndez, S. Castanedo, A. J. Abascal, and R. Mínguez. 2013. "Long-Term Changes in Sea-Level Components in Latin America and the Caribbean." Global and Planetary Change 104: 34-50.

64) Beck, M. W., and G-M. Lange, eds. 2016. Managing Coasts with Natural Solutions: Guidelines for Measuring and Valuing the Coastal Protection Services of Mangroves and Coral Reefs. Washington, DC: Wealth Accounting and the Valuation of Ecosystem Services Partnership (WAVES), World Bank.
http://documents.worldbank.org/curated/en/995341467995379786/Managing-coasts-with-natural-solutions-guidelines-for-measuring-and-valuing-the-coastal-protection-services-of-mangroves-and-coral-reefs.

65) Arkema, K., G. Guannel, G. Verutes, S. Wood, A. Guerry, M. Ruckelshaus, P. Kareiva., M. Lacayo, and J. Silver. 2013. "Coastal Habitats Protect People and Property from Sea Level Rise and Storms." Nature Climate Change 3: 913-918.

66) Hoppler, T., and M. S. Meixler. 2016. "Modeling Coastal Vulnerability through Space and Time." PLOS ONE 11 (10): e0163495.
https://doi.org/10.1371/journal.pone.0163495.

67) Silver, J. M., K. K. Arkema, R. M. Griffin, B. Lashley, M. Lemay, S. Maldonado, S. H. Moultrie, et al. 2019. "Advancing Coastal Risk Reduction Science and Implementation by Accounting for Climate, Ecosystems, and People." Frontiers in Marine Science 6: 566.

68) Reguero, B. G., M. W. Beck, V. N. Agostini, P. Kramer, and B. Hancock. 2018a. "Coral Reefs for Coastal Protection: A New Methodological Approach and Engineering Case Study in Grenada." Journal of Environmental Management 210: 146-161.

69) Arkema, K., and M. Ruckelshaus. 2017. "Transdisciplinary Research for Conservation and Sustainable Development Planning in the Caribbean." In Conservation for the Anthropocene Ocean: Interdisciplinary Science in Support of Nature and People. Edited by P. Levin and M. Poe. San Diego, CA: Elsevier.

70) Erftemeijer, P. L. A., and R. R. Lewis. 1999. Migratory Shorebirds and Their Habitats in the Inner Gulf of Thailand. Publication No. 13. Thailand: Wetlands International, Thailand Programme and Bird Conservation Society.
71) Roeber, V., and J. D. Bricker. 2015. "Destructive Tsunami-Like Wave Generated by Surf Beat over a Coral Reef during Typhoon Haiyan." Nature Communications 6: 7854.
72) Williams, B. K., and E. D. Brown. 2014. "Adaptive Management: From More Talk to Real Action." Environmental Management 53 (2): 465-479.
73) Williams, B. K., R. C. Szaro, and C. D. Shapiro. 2009. Adaptive Management: the U.S. Department of the Interior Technical Guide. Washington, DC: U.S. Department of the Interior.
74) Canter, L. W., and S. F. Atkinson. 2010. "Multiple Uses of Indicators and Indices in Cumulative Effects Assessment and Management." Environmental Impact Assessment Review 31 (5): 491-501.
75) Stankey, G. H., R. N. Clark, and B. T. Bormann. 2005. Adaptive Management of Natural Resource: Theory, Concepts, and Management Institutions. Washington, DC: U.S. Department of Agriculture.
76) Chades, I., S. Nicol, T. M. Rout, M. Peron, Y. Dujardin, J. B. Pichancourt, A. Hastings, and C. Hauser. 2017. "Optimization Methods to Solve Adaptive Management Problems." Theoretical Ecology 10 (1): 1-20.
77) Holling, C. S, ed. 1978. Adaptive Environmental Assessment and Management. Chichester, UK: John Wiley and Sons.
78) McFadden, J. E., T. L. Hiller, and A. J. Tyre. 2011. "Evaluating the Efficacy of Adaptive Management Approaches: Is There a Formula for Success?" Journal of Environmental Management 92 (5): 1354-1359.
79) Walters, C. J., and C. S. Holling. 1990. "Large-Scale Management Experiments and Learning by Doing." Ecology 71: 2060-2068.
80) Williams, B. K. 2011. "Adaptive Management of Natural Resources: Framework and Issues." Journal of Environmental Management 92 (5): 1346-1353.
81) Williams, B. K., and E. D. Brown. 2014. "Adaptive Management: From More Talk to Real Action." Environmental Management 53 (2): 465-479.
82) Gold, B. 2006. "Active vs. Passive Adaptive Management." Adaptive Management: Summer Solstice IV (2).
https://www.biohabitats.com/newsletter/adaptive-management-2/active-vs-passive-adaptive-management/.
83) Rist, L., A. Felton, L. Samuelsson, C. Sandström, and O. Rosvall. 2013. "A New Paradigm for Adaptive Management." Ecology and Society 18 (4): 63.
84) Temmerman, S., Meire, P., Bouma, T. J., Herman, P. M. J., Ysebaert, T., & De Vriend, H. J. (2013). Ecosystem-based coastal defence in the face of global change. Nature, 504(7478), 79-83.
https://doi.org/10.1038/nature12859.
85) Zhu, Z., Vuik, V., Visser, P. J., Soens, T., van Wesenbeeck, B., van de Koppel, J., Jonkman, S.

N., Temmerman, S., & Bouma, T. J. (2020). Historic storms and the hidden value of coastal wetlands for nature-based flood defence. Nature Sustainability, 3(10), 853-862. https://doi.org/10.1038/s41893-020-0556-z.

86) Hu, Z., Borsje, B. W., van Belzen, J., Willemsen, P., Wang, H., Peng, Y., Yuan, L., De Dominicis, M., Wolf, J., Temmerman, S., & Bouma, T. (2021). Mechanistic Modeling of Marsh Seedling Establishment Provides a Positive Outlook for Coastal Wetland Restoration Under Global Climate Change. Geophysical Research Letters, 48. https://doi.org/10.1029/2021GL095596

87) Riisager-Simonsen, C., Fabi, G., van Hoof, L., Holmgren, N., Marino, G., & Lisbjerg, D. (2022). Marine nature-based solutions: Where societal challenges and ecosystem requirements meet the potential of our oceans. Marine Policy, 144, 105198. https://doi.org/10.1016/J.MARPOL.2022.105198

88) Morris, R. L., Graham, T. D. J., Kelvin, J., Ghisalberti, M., & Swearer, S. E. (2020). Kelp beds as coastal protection: wave attenuation of Ecklonia radiata in a shallow coastal bay. Annals of Botany, 125(2), 235-246. https://doi.org/10.1093/aob/mcz127.

89) James, R. K., Silva, R., van Tussenbroek, B. I., Escudero-Castillo, M., Marino-Tapia, I., Dijkstra, H. A., van Westen, R. M., Pietrzak, J. D., Candy, A. S., Katsman, C. A., van der Boog, C. G., Riva, R. E. M., Slobbe, C., Klees, R., Stapel, J., van der Heide,T., van Katwijk, M. M., Herman, P. M. J., & Bouma, T. J. (2019). Maintaining Tropical Beaches with Seagrass and Algae: A Promising Alternative to Engineering Solutions. BioScience, 69(2), 136-142. https://doi.org/10.1093/biosci/biy154

90) Bouma, T. J., van Belzen, J., Balke, T., Zhu, Z., Airoldi, L., Blight, A. J., Davies, A. J., Galvan, C., Hawkins, S. J., Hoggart, S. P. G., Lara, J. L., Losada, I. J., Maza, M., Ondiviela, B., Skov, M. W., Strain, E. M., Thompson, R. C., Yang, S., Zanuttigh, B., ……Herman, P. M. J. (2014). Identifying knowledge gaps hampering application of intertidal habitats in coastal protection: Opportunities & steps to take. Coastal Engineering, 87, 147-157. https://doi.org/10.1016/j.coastaleng.2013.11.014.

91) Ondiviela, B., Losada, I. J., Lara, J. L., Maza, M., Galván, C., Bouma, T. J., & van Belzen, J. (2014). The role of seagrasses in coastal protection in a changing climate. Coastal Engineering, 87, 158-168. https://doi.org/10.1016/J.COASTALENG.2013.11.005.

92) SAPEA. (2017). Food from the Oceans: SAPEA Evidence Review Report N° . 1. Science Advice for Policy by European Academies. https://doi.org/10.26356/foodfromtheoceans.

93) Krause, G., Le Vay, L., Buck, B. H., Costa-Pierce, B. A., Dewhurst, T., Heasman, K. G., Nevejan, N., Nielsen, P., Nielsen, K. N., Park, K., Schupp, M. F., Thomas, J.-B., Troell, M., Webb, J., Wrange, A. L., Ziegler, F., & Strand, A. (2022). Prospects of Low Trophic Marine Aquaculture Contributing to Food Security in a Net Zero-Carbon World. Frontiers in Sustainable FoodSystems, 6.

https://doi.org/10.3389/fsufs.2022.875509.
94) Duarte, C. M., Agusti, S., Barbier, E., Britten, G. L., Castilla, J. C., Gattuso, J.-P., Fulweiler, R. W., Hughes, T. P., Knowlton, N., Lovelock, C. E., Lotze, H. K., Predragovic, M., Poloczanska, E., Roberts, C., & Worm, B. (2020). Rebuilding marine life. Nature,580(7801), 39-51. https://doi.org/10.1038/s41586-020-2146-7
95) Jacquemont, J., Blasiak, R., Le Cam, C., Le Gouellec, M., & Claudet, J. (2022). Ocean conservation boosts climate change mitigation and adaptation. One Earth, 5(10), 1126-1138. https://doi.org/10.1016/J.ONEEAR.2022.09.002.

【연안 레질리언스를 갖는 해빈과 사구】

1) Yoo, K.B., Shin, Y.H., Kim, D.H., and Kim, S.H., 2013, Coastal dunes on the West coast of Korea as a habitat, SNU Press (in Korean).
2) CIRIA(Construction Industry Research and Information Association). 2010. Beach Management Manual. Second Edition. London: Construction Industry Research and Information Association.
3) Davis, R. A. 1985. Coastal Sedimentary Environments. New York: Springer. https://doi.org/10.1007/978-1-4612-5078-4.
4) Wright, L., and A. Short. 1984. "Morphodynamic Variability of Beaches and Surf Zones, A Synthesis." Marine Geology 56 (1-4): 92-118. https://doi.org/10.1016/0025-3227(84)90008-2.
5) Davidson-Arnott, R. 2010. Introduction to Coastal Processes and Geomorphology. Cambridge: Cambridge University Press.
6) Bridges, T. S., K. A. Burks-Copes, M. E. Bates, Z. A. Collier, J. C. Fischenich, C. D. Piercy, E. J. Russo, et al. 2015. Use of Natural and Nature-Based Features (NNBF) for Coastal Resilience. ERDC SR-15-1. Vicksburg, MS: U.S. Army Engineer Research and Development Center, Environmental Laboratory, Coastal and Hydraulics Laboratory. http://hdl.handle.net/11681/19336.
7) Luijendijk, A., G. Hagenaars, R. Ranasinghe, F. Baart, G. Donchyts, and S. Aarninkhof. 2018. "The State of the World's Beaches." Scientific Reports 8: 6641. https://doi.org/10.1038/ s41598-018-24630-6.
8) Davis, R. A. 1985. Coastal Sedimentary Environments. New York: Springer. https://doi.org/10.1007/978-1-4612-5078-4.
9) Everard, M., L. Jones, and B. Watts. 2010. "Have We Neglected the Societal Importance of Sand Dunes? An Ecosystem Services Perspective." Aquatic Conservation: Marine and Freshwater Ecosystems 20 (4): 476-487.
10) Barbier, E. B., S. D. Hacker, C. Kennedy, E. W. Koch, A. C. Stier, and B. R. Silliman. 2011. "The Value of Estuarine and Coastal Ecosystem Services." Ecological Monographs 81 (2): 169-183. doi:10.1890/10-1510.1.
11) Rodríguez-Revelo, N., I. Espejel, C. A. García, L. Ojeda-Revah, and M. A. S. Vazquez. 2018. "Environmental Services of Beaches and Coastal Sand Dunes as a Tool for Their Conservation." In Beach Management Tools - Concepts, Methodologies, and Case Studies.

Edited by C. M. Botero, O. D. Cervantes, and C. W. Finkl. doi:10.1007/978-3-319-58304-4_5.
12) French, J. R., H. Burningham, G. Thornhill, R. Whitehouse, and R. J. Nicholls. 2016a. "Conceptualizing and Mapping Coupled Estuary, Coast and Inner Shelf Sediment Systems." Geomorphology 256: 17-35.
13) Jervey, M. T. 1988. "Quantitative Geological Modeling of Siliciclastic Rock Sequences and Their Seismic Expression." In Sea-Level Changes: An Integrated Approach, Special Publication No. 42. Edited by C. K. Wilgus, B. S. Hastings, C. G. S. C. Kendall, H. W. Posamentier, C. A. Ross, and J. C. Van Wagoner. Tulsa, OK: Society of Economic Paleontologists and Mineralogists.
14) Bowen, A. J., and D. L. Inman. 1966. Budget of Littoral Sands in the Vicinity of Point Arguello, California. Technical Memorandum No 19. Vicksburg, MA: U.S. Army Coastal Engineering Research Center.
15) Jarrett, J. T. 1977. "Sediment Budget Analysis Wrightsville Beach to Kure Beach, NC." In Coastal Sediments. New York: American Society of Civil Engineers.
16) Dolan, T. J., P. G. Castens, C. J. Sonu, and A. K. Egense. 1987. "Review of Sediment Budget Methodology: Oceanside Littoral Cell, California." In Coastal Sediments. Edited by N. C. Kraus. New York: American Society of Civil Engineers.
17) Kana, T. W., and F. D. Stevens. 1992. "Coastal Geomorphology and Sand Budgets Applied to Beach Nourishment." In Coastal Engineering Practice. Edited by S. A. Hughes. New York: American Society of Civil Engineers.
18) Komar, P. D. 1996. "The Budget of Littoral Sediments, Concepts and Applications." Shore and Beach 64 (3): 18-26.
19) Rosati, J. D., and N. C. Kraus. 1999. Formulation of Sediment Budgets at Inlets. Coastal Engineering Technical Note CETN-IV-15 (rev. version September 1999). Vicksburg, MS: U.S. Army Research and Development Center.
20) Rosati, J. D. 2005. "Concepts in Sediment Budgets." Journal of Coastal Research 21 (2): 307-322. doi:10.2112/02-475A.1.
21) Elias, E. P. L., A. J. F. Van der Spek, and M. Lazar. 2016. "The 'Voordelta,' the Contiguous Ebb-Tidal Deltas in the SW Netherlands: Large-Scale Morphological Changes and Sediment Budget 1965-2013; Impacts of Large-Scale Engineering." Netherlands Journal of Geosciences 96 (3): 27. doi:10.1017/njg.2016.37.
22) Roberts, H., and T. Brooks. 2018. Sediment Budget Analysis: Practitioner Guide. No. SC150011. Bristol: Environment Agency.
23) Rosati, J. D. 2005. "Concepts in Sediment Budgets." Journal of Coastal Research 21 (2): 307-322. doi:10.2112/02-475A.1.
24) Cowell, P. J., M. J. F. Stive, A. W. Niedoroda, H. J. de Vriend, D. J. P. Swift, G. M. Kaminsky, and M. Capobianco. 2003. "The Coastal-Tract (Part 1): A Conceptual Approach to Aggregated Modeling to Lower-Order Coastal Change." Journal of Coastal Research 19 (4): 812-827.
25) French, J., A. Payo, B. Murray, J. Orford, M. Eliot, and P. Cowell. 2016b. "Appropriate Complexity for the Prediction of Coastal and Estuarine Geomorphic Behaviour at Decadal to Centennial

Scales." Geomorphology 256: 3-16.
26) Roberts, H., and T. Brooks. 2018. Sediment Budget Analysis: Practitioner Guide. No. SC150011. Bristol: Environment Agency.
27) De Vriend, H. J. 1991. "Mathematical Modelling and Large-Scale Coastal Behaviour." Journal of Hydraulic Research 29 (6): 727-740. doi:10.1080/00221689109498955.
28) Lodder, Q. J., J. L. Slinger, Z. B. Wang, and C. van Gelder. 2020. "Decision Making in Dutch Coastal Research based on Coastal Management Assumptions." In Proceedings ICE Coastal Management 2019. Edited by N. Hardman. London: Thomas Telford Ltd.
29) Marchand, M., A. Sanchez-Arcilla, M. Ferreira, J. Gault, J. A. Jimnez, M. Markovic, J. P. M. Mulder, et al. 2011. "Concepts and Science for Coastal Erosion Management - An Introduction to the Conscience Framework." Ocean and Coastal Management 54 (12): 859-866.
http://dx.doi.org/10.1016/j.ocecoaman.2011.06.005.
30) Garel, E., C. C. Rey, O. Ferreira, and M. van Koningsveld. 2014. "Applicability of the 'Frame of Reference' Approach for Environmental Monitoring of Offshore Renewable Energy Projects." Journal of Environmental Management 141: 16-28.
http://dx.doi.org/10.1016/j.jenvman.2014.02.037.
31) Haasnoot, M., J. H. Kwakkel, W. E. Walker, and J. ter Maat. 2013. "Dynamic Adaptive Policy Pathways: A Method for Crafting Robust Decisions for a Deeply Uncertain World." Global Environmental Change 23 (2): 485-498.
32) deltares.nl. 2019. Dynamic Adaptive Policy Pathways: Supporting Decision Making Under Uncertainty Using Adaptation Tipping Points and Adaptation Pathways in Policy Analysis. Deltares. Accessed 2019.
https://www.deltares.nl/en/adaptive-pathways/.
33) Haasnoot, M., A. Warren, and J. H. Kwakkel. 2019. "Dynamic Adaptive Policy Pathways(DAPP)." In Decision Making Under Deep Uncertainty. Edited by V. Marchau, W. Walker, P. Bloemen, and S. Popper. Cham, CH: Springer.
https://doi.org/10.1007/978-3-030-05252-2_4.
34) hbcoast.co.nz. 2020. Clifton to Tangoio Coastal Hazards Strategy 2120. Hawke's Bay Regional Council.
https://hbcoast.co.nz/.
35) Van Tomme, J. 2013. "Biotic Interactions within Sandy Beach Ecosystems, with Implications for an Ecologically-Sound Beach Nourishment." PhD thesis, Ghent University Faculty of Sciences.
36) Winnard, K. 2012. Ecological Effects of Re-Building Beaches on Intertidal Habitats in Wales. CCW Science Report No. 997. Bangor: Countryside Council for Wales.
37) Wright, L., and A. Short. 1984. "Morphodynamic Variability of Beaches and Surf Zones, A Synthesis." Marine Geology 56 (1-4): 92-118.
https://doi.org/10.1016/0025-3227(84)90008-2.
38) Hearin, J. 2014. "Historical Analysis of Beach Nourishment and Its Impact on the Morphological

Modal Beach State in the North Reach of Brevard County, Florida." Coastal and Marine Research 2: 37-53. doi:10.12966/cmr.10.01.2014.
39) Koch, J. L., B. M. Forrest, and R. M. Brantly. 2011. Sand Search and Fill Material QA/QC Plans for Beach Nourishment Projects in Florida. Tallahassee, FL: Florida Department of Environmental Protection, Bureau of Beaches and Coastal Systems.
40) Priestas, A., J. Berkowitz, and C. Vanzomeren. 2019. "Predicting Color Change of Dredge Sediment from Fine Sediment Losses and Mixing through Hobber Dredging and Beach Placement." Paper presented at the International Conference on Coastal Sediments, St. Petersburg, FL, May 2019.
41) Bascom, W. N. 1951. "The Relationship between Sand Size and Beach-Face Slope." Eos: Transactions American Geophysical Union 32 (6): 866-874.
42) Wiegel, R. L. 1964. Oceanographical Engineering. Englewood Cliffs, NJ: Prentice Hall.
43) Hallermeier, R. J. 1981. "A Profile Zonation for Seasonal Sand Beaches from Wave Climate." Coastal Engineering 4: 253-277
44) Marsh, S. W., R. J. Nicholls, A. Kroon, and P. Hoekstra. 1998. "Assessment of Depth of Closure on a Nourished Beach: Terschelling, The Netherlands." In Coastal Engineering 1998. Edited by B. L. Edge. Reston, VA: American Society of Civil Engineers. doi:10.1061/9780784404119.236.
45) Kleinhans, M. 2002. Sediment Dynamics on the Shoreface and Upper Continental Shelf, A Review. EC MAST Project No. MAS3-CT97-0086. Utrecht, NL: Universiteit Utrecht, Physical Geography.
46) van Rijn, L. C. 2014. Beach Nourishment. Blokzijl, NL: www.leovanrijn-sediment.com.
47) Bray, N., A. Bates, and J. Land. 1997. Dredging: A Handbook for Engineers. Second Edition. London: Butterworth-Heinemann.
48) Shulmeister, J., and H. Rouse. 2003. "Gravel and Mixed Sand and Gravel Systems." In The New Zealand Coast: Te tai o Aotearoa. Edited by J. R. Goff, S. L. Nichol, and H. L. Rouse. Palmerston North, NZ: Dunmore Press.
49) Simm, J., O. Orsini, B. Blanco, A. Lee, P. Sands, A. Williams, A. Camilleri, and R. Spencer. 2020. Groynes in Coastal Engineering: Guide to Design, Monitoring and Maintenance of Narrow Footprint Groynes. Report C793. London: Construction Industry Research and Information Association.
50) Deltares, Arens bureau voor strand en duinonderzoek, ecologisch adviesbureau B. Kruijser, Savesk Hydraulics and Royal Haskoning. 2005. Westerschelde Container terminal en het behoud van jonge duinvorming. Report (Dutch) for Zeeland Seaports.
51) Pye, K., S. Saye, and S. J. Blott. 2007. Sand Dune Processes and Management for Flood and Coastal Defence. R&D Technical Report FD1302/TR. London: Department for Environment, Food and Rural Affairs, Flood Management Division.
52) Pye, K., S. J. Blott, and G. Guthrie. 2017. Advice on Options for Sand Dune Management for Flood and Coastal Defence. NRW Evidence Report, Report No. 207. Wales: Natural Resources Wales, Bangor.
53) Simm and Cruickshank. 1998. Construction Risk in Coastal Engineering. London: Thomas

Telford.

54) Johnson, K. D., and G. A. Sraders. 2003. "Geotechnical Investigations for Dredging Projects: A Contractor's Perspective." Paper presented at the Proceedings of the Western Dredging Association 23rd Technical Conference, Oakbrook, IL.

【연안 레질리언스를 갖는 갯벌(연안습지)】

1) Kemp, A. C., B. P. Horton, C. H. Vane, C. E. Bernhardt, D. R. Corbett, S. E. Engelhart, S. C. Anisfeld, A. C. Parnell, and N. Cahill. 2013. "Sea-Level Change during the Last 2,500 Years in New Jersey, USA." Quaternary Science Reviews 81: 90-104.

2) Kirwan, M. L., and J. P. Megonigal. 2013. "Tidal Wetland Stability in the Face of Human Impacts and Sea-Level Rise." Nature 504: 53-60.

3) Gehrels, W. R. 2000. "Using Foraminiferal Transfers Functions to Produce High-Resolution Sea-Level Records from Salt-Marsh Deposits, Maine, USA." The Holocene 10 (3): 367-376.

4) Mitchell, M., J. Herman, D. M. Bilkovic, and C. Hershner. 2017. "Marsh Persistence under Sea-Level Rise is Controlled by Multiple, Geologically Variable Stressors." Ecosystem Health and Sustainability 3 (10): 1379888. doi:10.1080/20964129.2017.1396009.

5) Costanza, R., O. Perez-Maqueo, M. L. Martinez, P. Sutton, S. J. Anderson, and K. Mulder. 2008. "The Value of Coastal Wetlands for Hurricane Protection." Ambio 37 (4): 241-248.

6) Bayas, J. C. L., C. Marohn, G. Dercon, S. Dewi, P. H. Piepho, L. Joshi, M. Noordwijk, and G. Cadisch. 2011. "Influence of Coastal Vegetation on the 2004 Tsunami Wave Impact in West Aceh." In Proceedings of the National Academy of Sciences USA 108 (46): 18612-18617.

7) Nellemann, C., M. MacDevette, T. Manders, B. Eickhout, B. Svihus, A. Prins, and B. Kaltenborn. 2009. The Environmental Food Crisis: The Environment's Role in Averting Future Food Crises. A UNEP Rapid Response Assessment. Arendal, NO: United Nations Environment Programme.

8) Bromberg, K. D., and M. D. Bertness. 2005. "Reconstructing New England Salt Marsh Losses Using Historical Maps." Estuaries 28: 823-832.

9) Airoldi, L., and M. W. Beck. 2007. "Loss, Status and Trends for Coastal Marine Habitats of Europe." Oceanography and Marine Biology: An Annual Review 45: 345-405.

10) Doody, J. P. 2013. "Coastal Squeeze and Managed Realignment in Southeast England: Does It Tell Us Anything about the Future?" Ocean and Coastal Management 79: 34-41.

11) Pontee, N. 2013. "Defining Coastal Squeeze: A Discussion." Ocean and Coastal Management 84: 204-207.

12) McIvor, A. L., I. Möller, T. Spencer, and M. Spalding. 2012a. Reduction of Wind and Swell Waves by Mangroves. Natural Coastal Protection Series: Report 1. Cambridge Coastal Research Unit Working Paper 40. Arlington, VA: The Nature Conservancy and Wetlands International.

13) McIvor, A. L., T. Spencer, I. Möller, and M. Spalding. 2012b. Storm Surge Reduction by Mangroves. Natural Coastal Protection Series: Report 2. Cambridge Coastal Research Unit Working Paper 41. Arlington, VA: The Nature Conservancy and Wetlands International.

14) McIvor, A. L., T. Spencer, I. Möller, and M. Spalding. 2013. The Response of Mangrove Soil

Surface Elevation to Sea Level Rise. Natural Coastal Protection Series: Report 3. Cambridge Coastal Research Unit Working Paper 42. Arlington, VA: The Nature Conservancy and Wetlands International.

15) McIvor, A., T. Spencer, I. Möller, and M. Spalding. 2016. "Coastal Defence Services Provided by Mangroves." In Managing Coasts with Natural Solutions: Guidelines for Measuring and Valuing the Coastal Protection Services of Mangroves and Coral Reefs. Edited by M. W. Beck and G. M. Lange. Washington, DC: World Bank. http://documents1.worldbank.org/curated/en/995341467995379786/pdf/Managing-coasts-with-natural-solutions-guidelines-for-measuring-and-valuing-the-coastal-protection-services-of-mangroves-and-coral-reefs.pdf.
16) Cunniff, S., and A. Schwartz. 2015. Performance of Natural Infrastructure and Nature-Based Measures as Coastal Risk Reduction Features. New York: Environmental Defense Fund.
17) Pollard, J. A., T. Spencer, and S. M. Brooks. 2019. "The Interactive Relationship between Coastal Erosion and Flood Risk." Progress in Physical Geography: Earth and Environment 43 (4): 574-585.
18) Gedan, K. B., M. L. Kirwan, E. Wolanski, E. B. Barbier, and B. R. Silliman. 2011. "The Present and Future Role of Coastal Wetland Vegetation in Protecting Shorelines: Answering Recent Challenges to the Paradigm." Climatic Change 106 (1): 7-29.
19) Shepard, C. C., C. M. Crain, and M. W. Beck. 2011. "The Protective Role of Coastal Marshes: A Systematic Review and Meta-Analysis." PLOS ONE 6: e27374.
20) NRC (National Research Council). 2014. Reducing Coastal Risk on the East and Gulf Coasts. Washington, DC: National Academy of Sciences. https://www.nap.edu/resource/18811/coastal-risk-brief-final.pdf.
21) Narayan, S., M. W. Beck, B. G. Reguero, I. J. Losada, B. Van Wesenbeeck, N. Pontee, and K. A. Burks-Copes. 2016. "The Effectiveness, Costs and Coastal Protection Benefits of Natural and Nature-Based Defences." PLOS ONE 11 (5): e0154735.
22) Paquier, A. E., J. Haddad, S. Lawler, and C. M. Ferreira. 2017. "Quantification of the Attenuation of Storm Surge Components by a Coastal Wetland of the U.S. Mid Atlantic." Estuaries and Coasts 40 (4): 930-946.
23) Leonardi, N., I. Carnacina, C. Donatelli, N. K. Ganju, A. J. Plater, M. Schuerch, and S. Temmerman. 2018. "Dynamic Interactions between Coastal Storms and Salt Marshes: A Review." Geomorphology 301: 92-107.
24) Loder, N. M., J. L. Irish, M. A. Cialone, and T. V. Wamsley. 2009. "Sensitivity of Hurricane Surge to Morphological Parameters of Coastal Wetlands." Estuarine, Coastal and Shelf Science 84 (4): 625-636.
25) Stark, J., T. Van Oyen, P. Meire, and S. Temmerman. 2015. "Observations of Tidal and Storm Surge Attenuation in a Large Tidal Marsh." Limnology and Oceanography 60 (4): 1371-1381.
26) Stark, J., Y. Plancke, S. Ideas, P. Meire, and S. Temmerman. 2016. "Coastal Flood Protection by a Combined Nature-Based and Engineering Approach: Modeling the Effects of Marsh Geometry and Surrounding Dikes." Estuarine, Coastal and Shelf Science 175: 34-45.
27) Pontee, N. I. 2015. "Impact of Managed Realignment Design on Estuarine Water Levels."

Proceedings of the Institute of Civil Engineers - Maritime Engineering 168 (2): 48-61.
28) sigmaplan.be. 2020. What Is the Sigma Plan? Sigmaplan. https://www.sigmaplan.be/en/.
29) Smolders, S., M. João Teles, A. Leroy, T. Maximova, P. Meire, and S. Temmerman. 2020. "Modeling Storm Surge Attenuation by an Integrated Nature-Based and Engineered Flood Defense System in the Scheldt Estuary (Belgium)." Journal of Marine Science and Engineering 8 (1): 27.
30) Hutchison J., A. Manica, R. Swetnam, A. Balmford, and M. Spalding. 2014. "Predicting Global Patterns in Mangrove Forest Biomass." Conservation Letters 7 (3): 233-240.
31) Alongi, D. M. 2014. "Carbon Cycling and Storage in Mangrove Forests." Annual Review of Marine Science 6: 195-219.
32) Davis, J. L., C. A. Currin, C. O'Brien, C. Raffenburg, and A. Davis. 2015. "Living Shorelines: Coastal Resilience with a Blue Carbon Benefit." PLOS ONE 10 (11): e0142595.
33) Doughty, C. L., J. A. Langley, W. S. Walker, I. C. Feller, R. Schaub, and S. K. Chapman. 2015. "Mangrove Range Expansion Rapidly Increases Coastal Wetland Carbon Storage." Estuaries and Coasts 39: 385-396.
34) Howard, J., A. Sutton-Grier, D. Herr, J. Kleypas, E. Landis, E. Mcleod, E. Pidgeon, and S. Simpson. 2017. "Clarifying the Role of Coastal and Marine Systems in Climate Mitigation." Frontiers in Ecology and the Environment 15 (1): 42-50.
35) Breaux, A., S. Farber, and J. Day. 1995. "Using Natural Coastal Wetlands Systems for Wastewater Treatment: An Economic Benefit Analysis." Journal of Environmental Management 44 (3): 285-291.
36) Zedler, J. B. 2003. "Wetlands at Your Service: Reducing Impacts of Agriculture at the Watershed Scale." Frontiers in Ecology and the Environment 1 (2): 65-72.
37) Lee, T. H., and H. P. Hsieh. 2016. "Indicators of Sustainable Tourism: A Case Study from a Taiwan's Wetland." Ecological Indicators 67: 779-787.
38) Bandaranayake, W. M. 1998. "Traditional and Medicinal Use of Mangroves." Mangroves and Salt Marshes 2 (3): 133-148.
39) Barbier, E. B. 2011. "Wetlands as Natural Assets." Hydrological Sciences Journal 56 (8): 1360- 1373.
40) Leonardi, N., and S. Fagherazzi. 2015. "Effect of Local Variability in Erosional Resistance on Large-Scale Morphodynamic Response of Salt Marshes to Wind Waves and Extreme Events." Geophysical Research Letters 42 (14): 5872-5879.
41) Roland, R. M., and S. L. Douglass. 2005. "Estimating Wave Tolerance of Spartina alterniflora in Coastal Alabama." Journal of Coastal Research 21 (3): 453-463.
42) Currin, C., J. Davis, L. C. Baron, A. Malhotra, and M. Fonseca. 2015. "Shoreline Change in the New River Estuary, North Carolina: Rates and Consequences." Journal of Coastal Research 31 (5): 1069-1077.
43) Day, J. W., G. P. Kemp, D. J. Reed, D. R. Cahoon, R. M. Boumans, J. M. Suhayda, and R. Gambrell. 2011. "Vegetation Death and Rapid Loss of Surface Elevation in Two Contrasting Mississippi Delta Salt Marshes: The Role of Sedimentation, Autocompaction and Sea- Level

Rise." Ecological Engineering 37 (2): 229-240.

44) Deegan, L. A., D. S. Johnson, R. S. Warren, B. J. Peterson, J. W. Fleeger, S. Fagherazzi, and W. M. Wollheim. 2010. "Coastal Eutrophication as a Driver of Salt Marsh Loss." Nature 490 (7420): 388-392.

45) Morton, R. A., and J. A. Barras. 2011. "Hurricane Impacts on Coastal Wetlands: A Half-Century Record of Storm-Generated Features from Southern Louisiana." Journal of Coastal Research 27 (6A): 27-43.

46) Smith, M. D., A. K. Knapp, and S. L. Collins. 2009. "A Framework for Assessing Ecosystem Dynamics in Response to Chronic Resource Alterations Induced by Global Change." Ecology 90 (12): 3279-3289.

47) Barr, J. G., V. Engel, T. J. Smith, and J. D. Fuentes. 2012. "Hurricane Disturbance and Recovery of Energy Balance, CO2 Fluxes and Canopy Structure in a Mangrove Forest of the Florida Everglades." Agricultural and Forest Meteorology 153: 54-66. https://digitalcommons.unl.edu/cgi/viewcontent.cgi?article=1921&context=usgsstaffpub.

48) Long, J., C. Giri, J. Primavera, and M. Trivedi. 2016. "Damage and Recovery Assessment of the Philippines' Mangroves Following Super Typhoon Haiyan." Marine Pollution Bulletin 109 (2): 734-743.

49) Kirwan, M. L., S. Temmerman, E. E. Skeehan, G. R. Guntenspergen, and S. Fagherazzi. 2016a. "Overestimation of Marsh Vulnerability to Sea Level Rise." Nature Climate Change 6 (3): 253-260.

50) Kirwan, M. L., G. R. Guntenspergen, A. D'Alpaos, J. T. Morris, S. M. Mudd, and S. Temmerman. 2010. "Limits on the Adaptability of Coastal Marshes to Rising Sea Level." Geophysical Research Letters 37 (23).

51) Day, J. W., G. P. Kemp, D. J. Reed, D. R. Cahoon, R. M. Boumans, J. M. Suhayda, and R. Gambrell. 2011. "Vegetation Death and Rapid Loss of Surface Elevation in Two Contrasting Mississippi Delta Salt Marshes: The Role of Sedimentation, Autocompaction and Sea- Level Rise." Ecological Engineering 37 (2): 229-240.

52) Mariotti, G. 2016. "Revisiting Salt Marsh Resilience to Sea Level Rise: Are Ponds Responsible for Permanent Land Loss?" Journal of Geophysical Research: Earth Surface 121 (7): 1391-1407.

53) Davis, J., C. Currin, and J. T. Morris. 2017. "Impacts of Fertilization and Tidal Inundation on Elevation Change in Microtidal, Low Relief Salt Marshes." Estuaries and Coasts 40 (6): 1677-1687.

54) Bouma, T. J., J. van Belzen, T. Balke, Z. Zhu, L. Airoldi, A. J. Blight, A. J. Davies, et al. 2014. "Identifying Knowledge Gaps Hampering Application of Intertidal Habitats in Coastal Protection: Opportunities and Steps to Take." Coastal Engineering 87: 147-157.

55) Enwright, N. M., K. T. Griffith, and M. J. Osland. 2016. "Barriers to and Opportunities for Landward Migration of Coastal Wetlands with Sea-Level Rise." Frontiers in Ecology and the Environment 14 (6): 307-316.

56) Anderson, M. G., and A. Barnett. 2017. Resilient Coastal Sites for Conservation in the

Northeast and Mid-Atlantic U.S. Arlington, VA: The Nature Conservancy, Eastern Conservation Science.
57) Pontee, N. I. 2007. "Realignment in Low-Lying Coastal Areas: UK Experiences." Proceedings of the Institution of Civil Engineers - Maritime Engineering 160 (4): 155-166.
58) Schulze, D., F. Rupprecht, S. Nolte, and K. Jensen. 2019. "Seasonal and Spatial within-Marsh Differences of Biophysical Plant Properties: Implications for Wave Attenuation Capacity of Salt Marshes." Aquatic Sciences 81 (4): 65.
59) Mossman, H., A. Davy, and A. Grant. 2012. "Does Managed Coastal Realignment Create Saltmarshes with 'Equivalent Biological Characteristics' to Natural Reference Sites?" Journal of Applied Ecology 49 (6).
60) Vuik, V., B. W. Borsje, P. W. Willemsen, and S. N. Jonkman. 2019. "Salt Marshes for Flood Risk Reduction: Quantifying Long-Term Effectiveness and Life-Cycle Costs." Ocean & Coastal Management 171: 96-110.
61) Kirwan, M. L., D. C. Walters, W. G. Reay, and J. A. Carr. 2016b. "Sea Level Driven Marsh Expansion in a Coupled Model of Marsh Erosion and Migration." Geophysical Research Letters 43 (9): 4366-4373.
62) Narayan, S., M. W. Beck, B. G. Reguero, I. J. Losada, B. Van Wesenbeeck, N. Pontee, and K. A. Burks-Copes. 2016. "The Effectiveness, Costs and Coastal Protection Benefits of Natural and Nature-Based Defences." PLOS ONE 11 (5): e0154735.
63) Lawler, S., J. Haddad, and C. M. Ferreira. 2016. "Sensitivity Considerations and the Impact of Spatial Scaling for Storm Surge Modeling in Wetlands of the Mid-Atlantic Region." Ocean Coastal Management 134: 226-238.
64) Mariotti, G. 2016. "Revisiting Salt Marsh Resilience to Sea Level Rise: Are Ponds Responsible for Permanent Land Loss?" Journal of Geophysical Research: Earth Surface 121 (7): 1391-1407.
65) Mariotti, G. 2018. "Marsh Channel Morphological Response to Sea Level Rise and Sediment Supply." Estuarine, Coastal and Shelf Science 209: 89-101.
66) Mitchell, M., J. Herman, D. M. Bilkovic, and C. Hershner. 2017. "Marsh Persistence under Sea-Level Rise is Controlled by Multiple, Geologically Variable Stressors." Ecosystem Health and Sustainability 3 (10): 1379888. doi:10.1080/20964129.2017.1396009.
67) Mohan, R. K. 2001. "Design and Construction of Coastal Wetlands Using Dredged Material." In Handbook of Dredging Engineering. Edited by J. B. Herbich. New York: McGraw Hill Company.
68) Mitch, W. J. 2006. "Why a Natural Systems Approach to Estuarine Restoration Works." Paper presented at the 3rd National Conference on Coastal and Estuarine Habitat Restoration. New Orleans, LA, December 2006.
69) Mattheus, C. R., A. B. Rodriguez, B. A. McKee, and C. A. Currin. 2010. "Impact of Land-Use Change and Hard Structures on the Evolution of Fringing Marsh Shorelines." Estuarine, Coastal and Shelf Science 88 (3): 365-376.
70) Kiesel, J., M. Schuerch, I. Möller, T. Spencer, and A. Vafeidis. 2019. "Attenuation of High Water Levels over Restored Saltmarshes Can Be Limited: Insights from Freiston Shore,

Lincolnshire, UK." Ecological Engineering 136: 89-100.

71) Stark, J., Y. Plancke, S. Ideas, P. Meire, and S. Temmerman. 2016. "Coastal Flood Protection by a Combined Nature-Based and Engineering Approach: Modeling the Effects of Marsh Geometry and Surrounding Dikes." Estuarine, Coastal and Shelf Science 175: 34-45.

72) Wamsley, T. V., M. A. Cialone, J. M. Smith, J. H. Atkinson, and J. D. Rosati. 2010. "The Potential of Wetlands in Reducing Storm Surge." Ocean Engineering 37 (1): 59-68.

73) Stark, J., Y. Plancke, S. Ideas, P. Meire, and S. Temmerman. 2016. "Coastal Flood Protection by a Combined Nature-Based and Engineering Approach: Modeling the Effects of Marsh Geometry and Surrounding Dikes." Estuarine, Coastal and Shelf Science 175: 34-45.

74) ESA PWA (Environmental Science Associates and Philp Williams & Associates). 2013. Analysis of the Costs and Benefit of Using Tidal Marsh Restoration as a Sea Level Rise Adaptation Strategy in San Francisco Bay. Report prepared for The Bay Institute. San Francisco, CA: ESA PWA.

75) Lawler, S., J. Haddad, and C. M. Ferreira. 2016. "Sensitivity Considerations and the Impact of Spatial Scaling for Storm Surge Modeling in Wetlands of the Mid-Atlantic Region." Ocean Coastal Management 134: 226-238.

76) Duvall, M. S., P. L. Wiberg, and M. L. Kirwan. 2019. "Controls on Sediment Suspension, Flux, and Marsh Deposition near a Bay-Marsh Boundary." Estuaries and Coasts 42 (2): 403-424.

77) Heatherington, C., and M. J. Bishop. 2012. "Spatial Variation in the Structure of Mangrove Forests with Respect to Seawalls." Marine and Freshwater Research 63 (10): 926-933.

78) Mazda, Y., M. Magi, Y. Ikeda, T. Kurokawa, and T. Asano. 2006. "Wave Reduction in a Mangrove Forest Dominated by Sonneratia sp." Wetlands Ecology and Management 14: 365-378.

79) Quartel, S., A. Kroon, P. G. E. F. Augustinus, P. Van Santen, and N. H. Tri. 2007. "Wave Attenuation in Coastal Mangroves in the Red River Delta, Vietnam." Journal of Asian Earth Sciences 29 (4): 576-584.

80) Pontee, N. I. 2015. "Impact of Managed Realignment Design on Estuarine Water Levels." Proceedings of the Institute of Civil Engineers - Maritime Engineering 168 (2): 48-61.

81) Smolders, S., M. João Teles, A. Leroy, T. Maximova, P. Meire, and S. Temmerman. 2020. "Modeling Storm Surge Attenuation by an Integrated Nature-Based and Engineered Flood Defense System in the Scheldt Estuary (Belgium)." Journal of Marine Science and Engineering 8 (1): 27.

82) Tonelli, M., S. Fagherazzi, and M. Petti. 2010. "Modeling Wave Impact on Salt Marsh Boundaries." Journal of Geophysical Research: Oceans 115 (C9).

83) Ganju, N. K. 2019. "Marshes are the New Beaches: Integrating Sediment Transport into Restoration Planning." Estuaries and Coasts 42 (4): 917-926.

84) Stark, J., T. Van Oyen, P. Meire, and S. Temmerman. 2015. "Observations of Tidal and Storm Surge Attenuation in a Large Tidal Marsh." Limnology and Oceanography 60 (4): 1371-1381.

85) Yao, Y., R. Du, C. Jiang, Z. Tang, and W. Yuan. 2015. "Experimental Study of Reduction of Solitary Wave Run-Up by Emergent Rigid Vegetation on a Beach." Journal of Earthquake and Tsunami 9 (5): 1540003.

86) Zhang, K. Q., H. Q. Liu, Y. P. Li, H. Z. Xu, J. Shen, J. Rhome, and T. J. Smith. 2012. "The Role of Mangroves in Attenuating Storm Surges." Estuarine, Coastal and Shelf Science 102-103: 11-23.

87) van Proosdij, D., J. Lundholm, N. Neatt, T. Bowron, and J. Graham. 2010. "Ecological Re-Engineering of a Freshwater Impoundment for Salt Marsh Restoration in a Hypertidal System." Ecological Engineering 36 (10): 1314-1332.

88) Hood, W. G. 2015. "Geographic Variation in Puget Sound Tidal Channel Planform Geometry." Geomorphology 230: 98-108.

89) Odell, R. E., B. R. Hall, and P. C. Brooks. 2008. "Conceptual Design and Modeling of Restored Coastal Wetlands." International Journal of River Basin Management 6 (3): 283-295.

90) Brinkman, R. M. 2006. "Wave Attenuation in Mangrove Forests: An Investigation Through Field and Theoretical Studies." PhD diss., James Cook University.

91) Möller, I., and Spencer, T. 2002. "Wave Dissipation over Macro-Tidal Saltmarshes: Effects of Marsh Edge Typology and Vegetation Change." Journal of Coastal Research 36: 506-521.

92) Narra, P. M. F. 2012. "Attenuation of Wave Energy in Mangrove Forests." Master's thesis, Universidade de Aveiro Departamento de Engenharia Civil.

93) Vuik, V., B. W. Borsje, T. Suzuki, I. Kratzer, S. N. Jonkman, and T. Bouma. 2015. "Nature-Based Flood Protection: The Efficiency of Vegetated Foreshores in Reducing Wave Run-Up." Paper presented at the 36th IAHR World Congress, The Hague, The Netherlands, June 2015.

94) Bouma, T. J., M. B. De Vries, and P. M. J. Herman. 2010. "Comparing Ecosystem Engineering Efficiency of Two Plant Species with Contrasting Growth Strategies." Ecology 91 (9): 2696-2704.

95) Ysebaert, T., S. L. Yang, L. Zhang, Q. He, T. J. Bouma, and P. M. Herman. 2011. "Wave Attenuation by Two Contrasting Ecosystem Engineering Salt Marsh Macrophytes in the Intertidal Pioneer Zone." Wetlands 31 (6): 1043-1054.

96) Vuik, V., H. Y. S. Heo, Z. Zhu, B. W. Borsje, and S. N. Jonkman. 2018. "Stem Breakage of Salt Marsh Vegetation under Wave Forcing: A Field and Model Study." Estuarine, Coastal and Shelf Science 200: 41-58.

97) Armanini, A., M. Righetti, and P. Grisenti. 2005. "Direct Measurement of Vegetation Resistance in Prototype Scale." Journal of Hydraulic Research 43 (5): 481-487.

98) Maza, M., J. L. Lara, and I. J. Losada. 2015. "Tsunami Wave Interaction with Mangrove Forests: A 3-D Numerical Approach." Coastal Engineering 98: 33-54.

99) Losada, I. J., M. Maza, and J. L. Lara. 2016. "A New Formulation for Vegetation-Induced Damping under Combined Waves and Currents." Coastal Engineering 107: 1-13.

100) Howes N. C., D. M. FitzGerald, Z. J. Hughes, I. Y. Georgiou, M. A. Kulp, M. D. Miner, J. M. Smith, and J. A. Barras. 2010. "Hurricane-Induced Failure of Low Salinity Wetlands." Proceedings of the National Academy of Sciences 107 (32): 14014-14019.

101) Silliman, B. R., Q. He, C. Angelini, C. S. Smith, M. L. Kirwan, P. Daleo, J. J. Renzi, et al.

2019. “Field Experiments and Meta-Analysis Reveal Wetland Vegetation as a Crucial Element in the Coastal Protection Paradigm.” Current Biology 29 (11): 1800-1806.

102) Leonardi, N., N. K. Ganju, and S. Fagherazzi. 2016. “A Linear Relationship between Wave Power and Erosion Determines Salt-Marsh Resilience to Violent Storms and Hurricanes.” Proceedings of the National Academy of Sciences of the United States of America 113 (1): 64-68.

103) Melby, J. A., E. F. Thompson, M. A. Cialone, J. M. Smith, L. E. Borgman, Z. Demirbilek, J. L. Hanson, and L. Lin. 2005. Life-Cycle Analysis of Mid-Bay and Poplar Island Projects, Chesapeake Bay, Maryland. Coastal and Hydraulics Laboratory Technical Report ERDC/CHL-TR-05-12. Vicksburg, MS: U.S. Army Engineer Research and Development Center.

104) Bilkovic, D. M., M. M. Mitchell, M. K. La Peyre, and J. D. Toft, eds. 2017. Living Shorelines: The Science and Management of Nature-Based Coastal Protection. 1st ed. New York: CRC Press.

105) Campbell, A., Y. Wang, M. Christiano, and S. Stevens. 2017. “Salt Marsh Monitoring in Jamaica Bay, New York, from 2003 to 2013: A Decade of Change from Restoration to Hurricane Sandy.” Remote Sensing 9 (2): 131.

106) Hervouet, J.-M. 2007. Hydrodynamics of Free Surface Flows: Modelling with the Finite Element Method. Hoboken, NJ: John Wiley & Sons, Ltd.

107) oss.deltares.nl. 2020. Delft3D Open Source Community. Delft3D. https://oss.deltares.nl/web/delft3d.

108) Luettich, R. A., and J. J. Westerink. 2004. Formulation and Numerical Implementation of the 2D/3D ADCIRC Finite Element Model Version 44.XX. Morehead City, NC: University of North Carolina at Chapel Hill, Institute of Marine Sciences.

109) Luettich, R. A., and J. J. Westerink. 2012. ADCIRC: A Parallel Advanced Circulation Model for Oceanic, Coastal and Estuarine Waters. User's Manual for Version 50.99. Morehead City, NC: University of North Carolina at Chapel Hill, Institute of Marine Sciences.

110) Shchepetkin, A. F., and J. C. McWilliams. 2005. “The Regional Oceanic Modeling System (ROMS): A Split-Explicit, Free-Surface, Topography-Following-Coordinate Oceanic Model.” Ocean Modelling 9 (4): 347-404.

111) MacBroom, J. G., and R. Schiff. 2012. “Predicting the Hydrologic Response of Salt Marshes to Tidal Restoration.” In Tidal Marsh Restoration. Edited by C. T. Roman and D. M. Burdick. Washington, DC: Island Press.

112) Morris, J. T., P. V. Sundareshwar, C. T. Nietch, B. Kjerfve, and D. R. Cahoon. 2002. “Responses of Coastal Wetlands to Rising Sea Level.” Ecology 83 (10): 2869-2877.

113) Alizad, K., S. C. Hagen, J. T. Morris, P. Bacopoulos, M. V. Bilskie, J. F. Weishampel, and S. C. Medeiros. 2016. “A Coupled, Two-Dimensional Hydrodynamic-Marsh Model with Biological Feedback.” Ecological Modelling 327: 29-43.

114) NOAA (National Oceanic and Atmospheric Administration). 2014. A User Guide for Marsh Analysis and Planning Tool Incorporating Tides and Elevations (MAPTITE): A GIS Application for Marsh Restoration. NOS 2014. Silver Spring, MD: National Oceanic and Atmospheric

Administration (NOAA), U.S. Department of Commerce.
115) Coastal America. 1996. Coastal Restoration and Protection – Lessons Learned. Technology Transfer Report. Silver Spring, MD: Coastal America.
116) Mohan, R. K. 2001. "Design and Construction of Coastal Wetlands Using Dredged Material." In Handbook of Dredging Engineering. Edited by J. B. Herbich. New York: McGraw Hill Company.
117) Mohan, R. K., and M. R. Palermo. 1998. "Bottoms up." Civil Engineering 68 (12): 56.
118) Mohan, R. K., and D. C. Urso. 1997. "Design and Construction Aspects of Creating Artificial Islands Using Dredged Material. Proceedings," WEDA -XVIII Conference, Charleston, SC.

【연안 레질리언스를 갖는 환경적, 사회적 및 공학적 혜택(이익)을 위한 구조적 조치 강화】

1) Naylor, L. A., M. A. Coombes, O. Venn, S. D. Roast, and R. C. Thompson. 2012. "Facilitating Ecological Enhancement of Coastal Infrastructure: The Role of Policy, People and Planning." Environmental Science and Policy 22: 36–46. http://dx.doi.org/10.1016/j.envsci.2012.05.002.
2) Evans, A., B. Garrod, P. Moore, L. B. Firth, S. J. Hawkins, E. Morris, H. Goudge, and P. Moore. 2017. "Stakeholder Priorities for Multi-Functional Coastal Defence Developments and Steps to Effective Implementation." Marine Policy 75: 143–155.
3) Coombes, M. A., H. A. Viles, L. A. Naylor, and E. C. La Marca. 2017. "Cool Barnacles: Do Common Biogenic Structures Enhance or Retard Rates of Deterioration of Intertidal Rocks and Concrete?" Science of the Total Environment 580: 1034–1045. doi:10.1016/j.scitotenv.2016.12.058.

4장

1. NYCEC, NYC(2019.3), LOWER MANHATTAN CLIMATE RESILIENCE STUDY.
2. https://edc.nyc/project/lower-manhattan-coastal-resilience.
3. https://fidiseaportclimate.nyc/plan.
4. https://www.nyc.gov/site/lmcr/progress/brooklyn-bridge-montgomery-coastal-resilience.page.
5. https://www.nyc.gov/site/lmcr/progress/seaport-coastal-resilience-project-presentation.page.
6. https://www.nyc.gov/site/lmcr/progress/interim-flood-protection-measure.page.
7. https://www.nyc.gov/site/escr/about/resilience-and-flood-protection.page.
8. US Army Corps of Engineers(2024.01), South Shore of Staten Island, New York Coastal Storm Risk Management Validation Report.
9. US Army Corps of Engineers(2019.07), REVISED FINAL REPORT, Integrated Hurricane Sandy General Reevaluation Report and Environmental Impact Statement, Atlantic Coast of New York, East Rockaway Inlet to Rockaway Inlet and Jamaica Bay.
10. A Community Resource Guide for NEW JERSEY, Planning Living Shorelines Projects.
11. European Marine Board IVZW(2023.10): Building Coastal Resilience in Europe, Position Paper 27, p.85~87.
12. European Marine Board IVZW(2023.10): Building Coastal Resilience in Europe, Position Paper 27, p.88~91.
13. International Guidelines on Natural and Nature-Based Features for Flood Risk Management(2021), U.S Army Engineer Research and Development Center, p.385~390.
14. International Guidelines on Natural and Nature-Based Features for Flood Risk Management(2021), U.S Army Engineer Research and Development Center, p.743~750.
15. https://climate-adapt.eea.europa.eu/en/metadata/case-studies/sand-motor-2013-building-with-nature-solution-to-improve-coastal-protection-along-delfland-coast-the-netherlands.
16. 평택해양수산청(2024.11), 궁평리지구 연안정비사업 기본 및 실시설계 설계자문(중간단계) 보고서.
17. 해양수산부(2024.11), https://www.mof.go.kr/doc/ko/selectDoc.do?docSeq=59381&menuSeq=971&bbsSeq=10.

【미국 뉴욕시】

1) Pullen et al.(2007), EurOtop Wave Overtopping of Sea Defences and Related Structures: Assessment Manual.
2) Van der Meer et al.(2018), EurOtop Wave Overtopping of Sea Defences and Related Structures: Assessment Manual.

【아일랜드 마하리스 반도】

1) Farrell, E., Smith, G., O'Hagen, M., & Le Tisser, M. (2023). Building Coastal and Marine Resilience in Ireland. EPA Research Report. https://www.epa.ie/publications/research/epa-research-2030-reports/research-429-building-coastal-and-marineresilience-in-ireland.php

2) Farrell, M., & Farrell, E. (2023). Successful implementation of community-led nature-based solutions for climate change adaptation on the Maharees, Co. Kerry, Ireland. A case study identifying the barriers and enablers of community-led partnerships to sustainably deliver nature-based solutions for climate change adaptation and biodiversity conservation in Ireland. https://aran.library.nuigalway.ie/handle/10379/17782.

【이탈리아 베니스】

1) Caniato, G. (2005). Between salt and fresh water. in Flooding and Environmental Challenges for Venice and its Lagoon: State of knowledge. (eds C.A. Fletcher and T. Spencer). ISBN: 9780521124140.
2) Canu, D., & Solidoro, C. (2017). Clam harvesting in the Venice Lagoon, Italy: Integrating Natural, Social and Governing Responses (pp. 121-134). https://doi.org/10.4324/9781315163765-9.
3) Autorita di Bacino del distretto della Alpi Orientali. (2015). River Basin Management Plan. https://www.appenninosettentrionale.it/itc/?page_id=8768.

【네덜란드】

1) Elias, E. P. L., A. J. F. Van der Spek, and M. Lazar. 2016. "The 'Voordelta,' the Contiguous Ebb-Tidal Deltas in the SW Netherlands: Large-Scale Morphological Changes and Sediment Budget 1965-2013; Impacts of Large-Scale Engineering." Netherlands Journal of Geosciences 96 (3): 27. doi:10.1017/njg.2016.37.
2) Huibregtse, W. 2013. "Brouwersdam: Morphological Analysis of the Beach at Brouwersdam." Master's thesis, Section of Coastal Engineering, TU Delft.

5장

1. European Marine Board IVZW(2023.10) : Building Coastal Resilience in Europe, Position Paper 27, p.95~97.

찾아보기

해수면 상승과
연안 레질리언스

발 행 일 2025년 7월 23일 발행
저 자 윤덕영, 김홍선
발 행 인 송기수
발 행 처 도서출판 GS인터비전
편 집 인 송진우
편 집 처 도서출판 GS인터비전
표지디자인 도서출판 GS인터비전
인 쇄 처 디자인붐
등록번호 제 25100-2016-000050 호
전 화 02-976-7898
팩 스 02-6468-7898
이 메 일 gsinter7@gmail.com
홈페이지 gsintervision.kr
주 소 서울 은평구 증산로 15길 69, 2층
I S B N 979-11-5576-507-4(93530)

정가 70,000원

도서출판 GS인터비전